·经/济/科/学/译/丛·

Mathematics for Economics

(Third Edition)

经济数学

（第三版）

迈克尔·霍伊（Michael Hoy）
约翰·利弗诺（John Livernois）
克里斯·麦克纳（Chris McKenna） 著
雷·里斯（Ray Rees）
萨纳西斯·斯坦格斯（Thanasis Stengos）

张 伟 范 舟 顾晓波 等 译

中国人民大学出版社

·北京·

《经济科学译丛》总序

中国是一个文明古国，有着几千年的辉煌历史。近百年来，中国由盛而衰，一度成为世界上最贫穷、落后的国家之一。1949 年中国共产党领导的革命，把中国从饥饿、贫困、被欺侮、被奴役的境地中解放出来。1978 年以来的改革开放，使中国真正走上了通向繁荣富强的道路。

中国改革开放的目标是建立一个有效的社会主义市场经济体制，加速发展经济，提高人民生活水平。但是，要完成这一历史使命绝非易事，我们不仅需要从自己的实践中总结教训，也要从别人的实践中获取经验，还要用理论来指导我们的改革。市场经济虽然对我们这个共和国来说是全新的，但市场经济的运行在发达国家已有几百年的历史，市场经济的理论亦在不断发展完善，并形成了一个现代经济学理论体系。虽然许多经济学名著出自西方学者之手，研究的是西方国家的经济问题，但他们归纳出来的许多经济学理论反映的是人类社会的普遍行为，这些理论是全人类的共同财富。要想迅速稳定地改革和发展我国的经济，我们必须学习和借鉴世界各国包括西方国家在内的先进经济学的理论与知识。

本着这一目的，我们组织翻译了这套经济学教科书系列。这套译丛的特点是：第一，全面系统。除了经济学、宏观经济学、微观经济学等基本原理之外，这套译丛还包括了产业组织理论、国际经济学、发展经济学、货币金融学、公共财政、劳动经济学、计量经济学等重要领域。第二，简明通俗。与经济学的经典名著不同，这套丛书都是国外大学通用的经济学教科书，大部分都已发行了几版或十几版。作者尽可能地用简明通俗的语言来阐述深奥的经济学原理，并附有案例与习题，对于初学者来说，更容易理解与掌握。

经济学是一门社会科学，许多基本原理的应用受各种不同的社会、政治或经济体制的影响，许多经济学理论是建立在一定的假设条件上的，假设条件不同，结论也就不一定成立。因此，正确理解掌握经济分析的方法而不是生搬硬套某些不同条件下产生的结论，才是我们学习当代经济学的正确方法。

本套译丛于 1995 年春由中国人民大学出版社发起筹备并成立了由许多经济学专家学者组织的编辑委员会。中国留美经济学会的许多学者参与了原著的推荐工作。中国人民大学出版社向所有原著的出版社购买了翻译版权。北京大学、中国人民大学、复旦大学以及中国社会科学院的许多专家教授参与了翻译工作。前任策划编辑梁晶女士为本套译丛的出版作出了重要贡献，在此表示衷心的感谢。在中国经济体制转轨的历史时期，我们把这套译丛献给读者，希望为中国经济的深入改革与发展作出贡献。

《经济科学译丛》编辑委员会

序 言

对经济学家而言，写数学方面的专著所遇到的一个主要的挑战是如何选取合适的数学主题并清晰地表述出来，另外一个挑战是如何令人信服地说明这些主题在解决经济问题方面的用处，以激发经济学专业的学生们的学习热情，而这一切都必须以不损害数学本身的严密性和精确性为前提。

数学的发展脉络和经济学的发展脉络——通过市场模型和一般均衡从研究单个消费者和单个厂商的行为发展到宏观经济学的理论模型——之间存在着差异，于是问题就产生了。经济学基本的构成模块，即建立在有约束条件最优化模型下的消费者行为和厂商行为分析从数学角度而言已经成熟。我们沿着数学发展的脉络有选择地进行讲述，在对集合、数、函数等基本原理作一回顾之后，我们就来研究极限，接下来研究一元函数微积分学、线性代数、多元函数微积分学，最后是动态模型。我们的目标是使学生充分理解数学，我们认为这种理解对于培养学生解决经济分析问题的能力和信心是必需的，我们有意识地尽量避免“烹饪说明书”式的讲述。

我们试图通过一系列此类书籍中常用的例子和经济分析方法来培养学生解决问题的技巧和学习的热情，尽管我们所讲述的内容及讲述的次序是由数学发展脉络决定的，而不是由经济学课程决定的，但是最后学生将达到大学经济数学教学大纲的要求。

诸多人士在我们写作此书过程中给予了大力帮助，在此谨表谢意。以下诸位审阅了原稿，并提出了许多有益的改进意见，我们在书中采纳了其中的很多建议：

理查德·安德森	得州农工大学
保罗·安格林	圭尔夫大学
沃尔特·博塞特	滑铁卢大学
陈智琦	卡尔顿大学
彼得·库格林	马里兰大学科利奇帕克分校
斯瓦潘·达斯古普塔	达尔豪西大学
埃里克·戴维斯	卡尔顿大学
阿兰·德塞帕	亚利桑那州立大学
理查德·福尔斯	犹他大学
伊恩·欧文	康克迪亚大学
罗杰·莱瑟姆	约克大学
马诚虎	麦吉尔大学
凯瑟琳·施耐德	波士顿大学
保罗·西格斯托姆	密歇根州立大学
詹姆斯·A·斯蒂芬森	艾奥瓦州立大学
王儒渠	女皇大学
史蒂芬·威廉姆斯	伊利诺伊大学

本书不同阶段的原稿曾在威尔夫大学的课堂上试用，我们向对完善原稿给予大力合作的学生们表示感谢，我们向路易斯·格雷尼尔表示感谢，他指导学生予以协助。我们对马塞厄斯·波尔布、马塞厄斯·基夫曼、马库斯·韦恩、埃里克·科尔格、蒂纳·法博、厄休拉·巴克曼以及安德烈亚斯·瓦尔德穆特在准备练习答案和课本注释方面给予的帮助表示感谢。

许多用过本书第一版的读者也给出了大量有益的建议，我们对此表示感谢。我们要特别感谢南希·鲍文的诸多贡献。

目 录

第Ⅰ篇　引言和基本原理

第Ⅱ篇 单变量微积分和最优化

第Ⅲ篇 线性代数

第Ⅳ篇　多元计算

第Ⅴ篇　积分和动态方法

第 I 篇
引言和基本原理

第 1 章　引　言

自经济学作为一门学科出现起，数学在探索和说明经济学理论方面就发挥着重要作用。[1] 不仅因为许多经济概念是可量化的（如价格、产品数量、货币量），而且数学可以帮助我们探索这些数量之间的关系。这些关系反映在经济模型中，而这些模型又是本书的关键主题之一。数学精确、严格并且能够清晰地处理复杂系统，这使得数学在分析经济问题时有很高的价值。

本书涵盖了许多数学方法，并且概述了如何通过这些方法来解决众多经济问题。但是，经济学中的数学模型有一些共性和惯例，在本书一开始要加以总结。尽管具体的模型有其自身特性，但是建模过程中的一些基本原则是值得说明的。

1.1　何为经济模型

通常来说，模型是一种表达。因此，一个模型在一些方面与其初始模型有所不同，如规模、细节数量或者复杂程度，而同时又保留了其初始模型更广泛

[1] 早期比较著名的对经济学进行数学方面的拓展的著作包括：A. Cournot，*Récherches sur les principes mathématiques de la théorie des richesses*（1838），W. S. Jevons，*The Theory of Political Economy*（1874），L. Walras，*Eléments d'économie politique pure*（1874），A. Marshall，*Principles of Economics*（1890），and V. Pareto，*Cours d'économie politique*（1896）.

或最显著的重要方面。经济模型也如此，尽管不像飞机模型，我们的模型没有具体形式。我们把经济模型看成经济变量的数学关系集合。知道如何将一个经济问题的重要方面简单抽象化是经济学家正式训练的一部分。模型必须是有说服力的，且能够解决研究人员所提出的问题。我们现在开始介绍经济模型的关键特征。

数量、重要程度和关系

我们将以如何衡量经济学中的事物作为开始。数字代表数量，最终使得数学作为经济模型的工具。例如，当我们谈论市场活动时，我们关心交易数量和交易发生的价格，无论“数量”是指汽车、面包、理发、股份还是国库券。这些事物拥有基数，这意味着我们可以赋予所观察到的数量一个确定值。基数是绝对值，但并非总是为了比较。序数也是一个数字属性，但仅指事物的顺序。这两个数字概念差异可以通过下面两句话来解释。

1. 去年，经济增长率为 3%。

2. 去年的经济产出比前年高。

这两句话都表达了数量信息。第一句话表达了产出变化的基数属性。我们可以衡量其变化并赋予一个确定值。第二句话是关于去年经济活动的一个序数表达。去年的产出比前年高。这当然是第一句话隐含的意思，但第二句话无法推出第一句话。

但是，基数和序数有着很大差异，因为我们可以基于事物的质而非量特征来确定其排序。大部分关于偏好的描述都是序数意义上的，如“品牌 A 和品牌 B 比起来，我更喜欢品牌 A，而品牌 B 和品牌 C 比起来，我更喜欢品牌 B”就是一句关于主观评价三个品牌的序数描述。如果我们用较大的数代表更喜欢的品牌，我们就可以用数字 3 表示品牌 A、数字 2 表示品牌 B、数字 1 表示品牌 C。但是，在没有其他信息的情况下，也同样可以用数字 10、8 和 0 来表示。这句话可能提供了有用的信息，产生了某些逻辑和数学结果，但这就不是关于数量的描述了。

变量和参数

当我们开始搭建经济模型时，就会知道我们无法解释所有事情。问题中的一些事物可以被视为既定的或者数据。这些是模型中的外生变量和参数。外生变量将会由模型解释。下面举一个简单例子解释一下。

假设我们正尝试确定市场中同质商品的均衡价格和数量。我们假设一些商品的需求量可以表示为

$$q^D = a - bp + cy \tag{1.1}$$

这是一个简单的线性需求函数。商品价格 p 每上升 1 美元，商品的需求量就减少 b 单位，收入每增加 1 美元，商品需求量就增加 c 单位。这样就得到一条简单的需求曲线，根据市场信息可以知道此需求曲线就是如此简单。现在假设商品的供

给数量是一个确定的量，用 $\bar{q}^S$ 来表示，并且市场价格是商品需求等于商品供给时的价格，那么

$$q^D=\bar{q}^S \quad \Rightarrow \quad p=\frac{a-\bar{q}^S+cy}{b} \tag{1.2}$$

因此，这里的 p 是内生变量，a 和 b 是外部给定的参数，$\bar{q}^S$ 和 y 是外生变量。例如，需求是由偏好、天气及其他许多环境和社会因素决定的，这些因素在这里都由 a、b 和 c 涵盖。在这个尤其简单的例子中，所有供给方面的考虑因素都由 $\bar{q}^S$ 表示。参数可能也包含了外生变量的影响，这里我们不予详述。例如，a 可能表示其他商品价格对该商品需求量的影响。最后，在这个例子中，还有一个内生变量。因为需求量 q^D 部分取决于 p（内生变量），它也是内生变量：因此 q^D 只有在价格已知的情况下才是已知的。把等式（1.2）代入等式（1.1）并令 $q^D=\bar{q}^S$，即为需求量的值。

总的来说，在这个简单的例子中，我们可以用经济变量和既定参数之间的关系及其数学解来得出结论或预测。

行为和均衡

如我们刚才所描述的，进一步搭建经济模型需要识别行为方程，或者描述经济环境的方程，以及识别均衡条件。在上述简单的需求供给例子中，行为方程是描述外生变量和内生变量关系的需求供给函数。均衡条件决定了内生变量的值。在这个例子中，条件是需求等于供给。规范的均衡条件是基于我们对于该部分经济如何运作的理解，并体现了内生变量如何确定的关键假设。

行为方程包括关于个人、市场或经济运行方式的假设。经济学中数学分析的一个关键优势在于，这使得我们的假设更为精确。如果那些行为方程的含义被验证是未经证实或荒谬的，那么我们自然而然会更仔细检查假设以及尝试识别出那些使我们偏离的因素。

一元方程模型和多元方程模型

尽管有些时候我们尝试分析的问题可能可以用单方程模型，但也有很多时候需要两个或更多方程。许多经济主体之间或者不同经济部门之间的相互作用无法通过单方程来反映，因此需要同时定义和解决方程系统。我们可以沿用之前的例子来解释。

首先考虑两种商品的需求和供给。我们用 q_1^D 和 q_2^D 表示需求，q_1^S 和 q_2^S 表示供给，下标 1 和 2 表示所指的商品。现在，与之前一样，我们可以自己定义需求和供给如何与两种商品价格相联系，但这次商品 1 的需求和供给不仅依赖于其自身价格，而且依赖于商品 2 的价格。确认这一事项使得这两个市场相互依存。为了

简化，假设每种商品的需求取决于这两种商品的价格，而每种商品的供给只依赖于商品自身的价格。我们的问题是：如果两种商品之间是以这种形式相互依存，那么均衡时每个市场的均衡价格和交易数量是怎样的？与之前一样，我们会限制在线性关系范围内。我们可列方程如下：

$$q_1^D = a - b_1 p_1 + b_2 p_2, \quad b_1, b_2 > 0 \tag{1.3}$$

$$q_2^D = \alpha - \beta_1 p_2 + \beta_2 p_1, \quad \beta_1, \beta_2 > 0 \tag{1.4}$$

注意，此处不仅包括了一种商品的需求与其价格之间的负相关关系，还引入了商品的交叉价格效应，也就是说，这些商品是可相互替代的。如果商品 1 的价格上升，那么商品 2 的需求上升，反过来也是如此。设每个市场上商品供给量是一个外生变量，我们得到：

$$p_1 = \frac{a + b_2 p_2 - \bar{q}_1^S}{b_1} \tag{1.5}$$

$$p_2 = \frac{\alpha + \beta_2 p_1 - \bar{q}_2^S}{\beta_1} \tag{1.6}$$

解方程组，得：

$$p_1 = \frac{\beta_1(a - \bar{q}_1^S) + b_2(\alpha - \bar{q}_2^S)}{b_1\beta_1 - b_2\beta_2} \tag{1.7}$$

$$p_2 = \frac{\beta_2(a - \bar{q}_1^S) + b_1(\alpha - \bar{q}_2^S)}{b_1\beta_1 - b_2\beta_2} \tag{1.8}$$

注意，上述方程的解只用外生变量和参数表示——这是简化形式的解。现在开始考虑初始模型的含义。

静态和动态

在经济学的初始研究中，问题的时间维度经常被忽略或者简化。现实中，时间维度总是存在的。在我们已经讨论过的市场均衡例子中，我们应该将数量看作每个时期内的流量，这样 q^D 就是每个时期内商品的需求量，无论时间长短。我们把同一时间内既定条件下的模型称为静态模型。静态模型中所研究的经济活动不考虑这些活动的历史及其未来结果。静态问题的解决不考虑时间的变化。因而，经济分析的静态框架似乎有很大的局限性。但是，很多有用的经济行为模型是在静态框架下发展起来的，我们也会在本书中学到一些例子。然而，许多问题在本质上必然是动态的。例如，在不明确考虑时间维度的情况下，经济增长、通货膨胀和资源枯竭理论等是无法搭建其模型的。

明确考虑时间给建模者带来了新的挑战以及机会，在本书最后一章我们会提出一些对于研究动态模型更为重要的技术。在这里强调，明确考虑时间序列情形下出现的一些重要概念是很有用的。

在动态模型中，在每个时期内变化的数量和数值叫作流量，诸如收入、投资、储蓄、产出、就业量以及商品的购买量和消费量。一些流量可以积累。机器投资可积累成资本，储蓄可积累成资产。积累的就业量称为人力资本，积累的未出售的产出为存货，积累的赤字为总债务，不一而足。

在任何一个动态模型中，我们必须定义流量和存量之间的关系。投资和资本存量之间的关系就是一个很有用的例子。用 I_t 表示期间 t 的投资金额，用 K_t 表示期间 t 的期初资本存量。那么，我们可以用期间内资本存量的变动来表示投资流量（忽略资本折旧）：

$$I_t = K_{t+1} - K_t$$

投资流量就是资本存量的变动。注意，我们用时间下标来表示所研究的存量和流量。

从建模观点来看，在确定动态模型适当的数学结构时，我们有一些选择。其中一个就是模型时间本身。到现在为止，我们把时间视为一个个区间或者"期间"。在这些离散时间模型中，所有相关的经济因素可以在区间之间而非区间之内进行改动。当然，因为期间长短是随意的，这个条件不是很严格。如果希望把时间看成是连续发展的，那么我们需要不同的数学方法。在连续时间模型中，存量和流量都是瞬间的，我们引用微积分来定义流量和存量连续瞬时值之间的关系。我们会在本书后面的章节进行讲述。

1.2 如何利用本书

本书旨在为了本科生经济学课程全面介绍数学方法。材料安排遵循数学概念的逻辑而非经济学。案例和练习将纯粹的数学方法与经济学应用相联系。本书也包含了一些经济应用的展开讨论。那些高级的或者可以略过的章、节、练习、案例和经济应用等将会用星号标示。

重要概念将会突出标示。我们会列示关键理论和定义，关键词会加粗显示。每节末都有练习，并且每章末都有本章回顾，包括关键概念列示、讨论或回顾问题以及回顾练习。奇数号码的问题答案参见本书末。

建议在学习本书的第三版时，以网上配套内容为辅。网址为 http：//mit-press. mit. edu/math _ econ3。

我们决定将第二版中的一部分内容，比如一些证明和例子，放在网站上，同时也会增加一些例题和说明。这将完善本书的平衡性，并且使我们在增加内容的同时无须增加书的页码数，从而节约了成本。网站上的内容也是本书重要的一部分。这本书也可以被单独使用，但是出于完整性的考虑，我们强烈建议读者阅读网站上的内容，并且在本书中我们也会引用网站中的例子和图。

当将两种形式合并时，就减少了纸质书目的厚度，保留了第二版中的有用内容，并且增加了一些新的例题和说明。不管对于授课教师还是学生来说，每个单元都是独立的，不需要学习其他单元的内容就能理解。这增强了本书作为一本参考书目的价值，因为它的一些模型和例子在学生未来的课程中很有可能出现（例如，产业组织理论中的霍特林位置模型）。书中的一些材料提供了学生用以练习或授课老师可能觉得重要的额外例子，而另一些材料的高深和/或细致程度可能会让大多数（如果不是所有的）授课老师觉得并不合适讲授（例如，介值定理）。

致教师

一学期的课程不足以讲完所有的内容，本书不可能从第 13 章或 14 章讲起。第 16 章是关于积分的，安排在这里是为讲述动态模型的章节打下基础。在单学期课程中，如果要先讲积分，那么本章可以提前讲述。也可以以第 15 章为界，分为上下两学期讲述。

致学生

在任何课程中，你都需要做课本之外的练习和其他材料。学习数学和经济学的唯一途径就是“做”数学和经济学。为鼓励独立学习，我们提供了许多例题和练习。

1.3 结束语

本书的目的是为分析经济学问题提供常用的极有价值的数学概念，但是我们并不仅仅是提供一个只有过程和结果的菜单式说明书。我们的目的是通过大量的经济学范例使学生掌握构造经济模型的过程。学完本书之后，我们希望学生们不仅掌握了特殊的数学技巧，而且对主要的经济数学模型及其特性也有所了解。

第 2 章　基本原理回顾

我们鼓励读者通过我们的网站 http://mitpress.mit.edu/math_econ3 来获得如下有助于学习本章的材料：

- 一些幂函数的例子
- 定理 2.1 的证明
- **R** 的完备性
- 充分必要条件的证明
- 练习题

在本章，我们将简要概述一些基本概念，这些概念是本书其他部分的基础。

在 2.1 节中，我们将讲述集合理论的基本要素。在 2.2 节中讲述不同类型的数，最后是实数性质和经济变量的取值范围的简单讲解。我们接着会介绍点集的概念，首先是关于实线区间的简单例子，然后从经济学观点来定义其最重要的性质：封闭性、有界性和凸性。接下来，我们会介绍函数的通常定义，介绍经济学中经常遇到的函数种类的主要性质。我们也会定义凹、凸、拟凹和拟凸的重要性质。最后，对经济学范例中必要条件和充分条件以及如何证明进行简略讨论。

2.1 集合和子集

集合是可作为一个整体的元素的总体，这一总体是可进行数学运算的单一客体。可以通过列举法来定义一个集合：只需把集合中的**元素**列举出来；或者可以举出某种特征，凡具有这种特征的元素都属于这个集合，相反则不属于这个集合。后一种方法更为常用，因为用列举法来定义一个集合通常很麻烦，而且有时候是不可能的。

例如，对于 1～11 的偶数集合，用标准的表达方式，可记作

$$S=\{x:x\text{ 是 }1\sim 11\text{ 的偶数}\} \tag{2.1}$$

或者可以记作

$$S=\{2,4,6,8,10\} \tag{2.2}$$

第一种集合的记法是特征定义法（“:”表示“如果”），第二种记法是列举法。这两种集合记法的主要特征是：

- 用大写字母（如这里的 S）表示集合。
- 用小写字母（如这里的 x）表示集合中的特定元素。
- 大括号表示包含在集合中的所有元素，并且强调集合是一个整体。

一般地，x 之类的小写字母表示属于或不属于集合 S 的元素。例如，设 x 可代表任何数，那么如果 x 取属于集合的数值，我们记作

$$x\in S$$

如果 x 取不属于集合的数值，我们记作

$$x\notin S$$

通常，用特征法来定义的集合可记作

$$X=\{x:P(x)\}$$

这里 P 表示 x 具有或不具有的性质，$P(x)$ 表示“x 具有性质 P”。

再来看 3 个数的集合：

$$\mathbf{Z}_+=\{x:x\text{ 是正整数}\} \tag{2.3}$$

$$A=\{x\in\mathbf{Z}_+:x\leqslant 11\}=\{1,2,3,4,5,6,7,8,9,10,11\} \tag{2.4}$$

$$B=\{x\in A:x/2\in\mathbf{Z}_+\}=\{2,4,6,8,10\} \tag{2.5}$$

注意，在集合 A 和集合 B 中，对 x 所具有的性质（A 和 B 的性质）的定义或注释的扩展必须写在冒号的左侧。

例 2.1 用列举法表示式（2.3）的集合 $\mathbf{Z}_+$。

解：用列举法的困难是正整数这一集合非常大，所以在一般形式写出来之后，要有一个表示“等等”的符号，而后面就不用详细列举了。我们可以这样写：

$$\mathbf{Z}_+=\{1,2,3,4,\cdots\}$$

其中，“…”表示“等等”。注意，因为后面是 4 之后的正整数的无限数列，故这种表示法只是表示了 $\mathbf{Z}_+$ 的性质。■

我们还注意到，集合 A 的所有元素是集合 $\mathbf{Z}_+$ 的元素，集合 B 的所有元素也是集合 A 的元素。这样，我们可以得到如下重要定义：

定义 2.1 如果集合 X 的所有元素都是集合 Y 的元素，那么集合 X 是集合

Y 的**子集**，记作

$$X \subseteq Y$$

这里$\subseteq$代表集合包含于的关系。

在例 2.1 中，$B \subseteq A$，$A \subseteq \mathbf{Z}_+$，这样可以推出 $B \subseteq \mathbf{Z}_+$。因为 A 包含 B，$\mathbf{Z}_+$包含 A，故 $\mathbf{Z}_+$一定包含 B。

$\mathbf{Z}_+$是 A 的子集吗？显然不是。因为存在数 $x \geqslant 12$ 为 $\mathbf{Z}_+$的元素而又不属于 A，因此可得出：

定义 2.2 如果集合 X 的所有元素都是集合 Y 的元素，但是集合 Y 的元素不全是集合 X 的元素，则集合 X 称为集合 Y 的**真子集**，记作

$$X \subset Y$$

在例 2.1 中，显然我们有 $A \subset \mathbf{Z}_+$，同时因为 $B \subseteq A$，故一定有 $B \subset \mathbf{Z}_+$。现在来看 A 和 B 的关系，B 是 A 的真子集吗？很显然，$B \subset A$，因为奇数 1，3，…，11 是 A 的元素但不是 B 的元素。

两个集合相等被定义为：

定义 2.3 如果两个集合 X 、Y 包含恰好相同的元素，则称集合 X 与集合 Y 相等，记作

$$X = Y$$

注意，两个集合相等意味着两个集合完全相同，就如此前我们定义的集合 S 和集合 B。我们用两个集合彼此是对方的子集的方式来表示两个集合相等，即

$$X \subseteq Y \text{ 且 } Y \subseteq X \quad \underbrace{\Leftrightarrow}_{\text{可相互推出}} \quad X = Y$$

我们已经探讨了数的集合，但是仍有必要强调，我们有很多各种事物的集合。如下是一些经济学中集合的例子：

- 经济中所有厂商的集合。
- 生产某种产品的厂商的集合，一般用某种产业来表示。
- 某种产品的买方和卖方的集合，一般用某种产品的市场来表示。
- 消费者能够消费的产品和服务的数量的集合，一般称为消费者的消费集合。
- 消费者有能力购买的商品和服务的集合，一般称为消费者的预算集合。
- 一家厂商在技术上可生产的产量和生产这些产量所需的投入的集合，一般称为厂商的生产集合。
- 在既定的资源条件下，经济中在技术上可生产的产量的集合，一般称为经济的生产可能性集合。

集合的运算

现在我们来看集合的运算，集合可以像数一样进行加、减、乘、除等基本运

算。如果假设我们的对象是任意的集合，为避免逻辑上的错误，假定研究的是包含基本元素的既定集合，称为**集合空间**，用 U 来表示。我们定义集合的运算在 U 的子集中展开。图 2.1 所示的**维恩图**对于表示集合和子集之间的关系非常有用。矩形表示集合空间 U，矩形中的点表示集合空间中的元素 x，我们所要研究的集合是点集合 A 和 B 或者 X 和 Y。注意，这仅是一个图示，U 是基本元素的集合，而不是平面上的点的集合。当我们考虑集合间的关系的时候，我们注意到图 2.1(a) 和图 2.1(b) 中的集合是不一样的。在图 2.1(b) 中，X 和 Y 有重合的部分，在图 2.1(a) 中，A 和 B 没有重合的部分。

定义 2.4 **交集**是由既属于 X 又属于 Y 的元素组成的集合，可记作 W：

$$W=X\cap Y=\{x:x\in X,\ x\in Y\}$$

交集是共有元素的集合，$X\cap Y$ 读作" X 和 Y 的交集"。图 2.1(a) 中 A 和 B 的交集是什么呢？很明显不存在，因为不存在 A 和 B 的共有元素，这可以引出空集的定义。

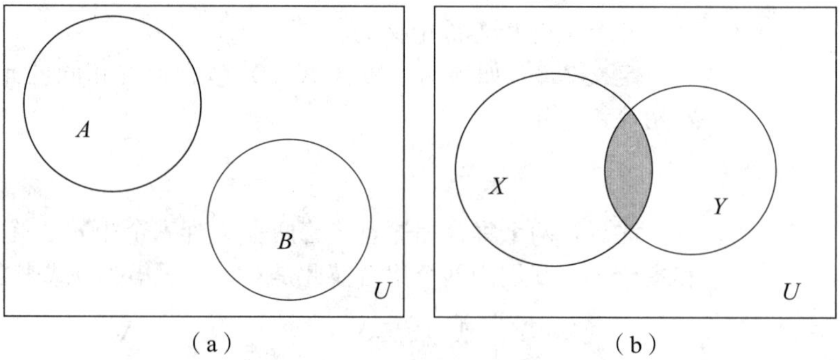

图 2.1 维恩图

定义 2.5 不含任何元素的集合称为**空集**，记作$\varnothing$。

因为集合 A 和集合 B 没有共有元素，我们可以得到

$$A\cap B=\varnothing \tag{2.6}$$

集合 A 和 B **不相交**。因为我们所研究的集合都在集合空间 U 中，故我们有$\varnothing\subseteq U$。我们亦可以考虑几个集合中的所有元素的和。

定义 2.6 由属于集合 A 或属于集合 B 的元素组成的集合，称为集合 A 和集合 B 的**并集**，记作

$$C= A\cup B=\{x:x\in A \text{ 或 } x\in B\}$$

$A\cup B$ 读作" A 和 B 的并集"。在图 2.1(a) 中，作为整体来考虑，则 C 包含集合 A 中的点和集合 B 中的点。如果设 $R=X\cup Y$，那么在图2.1(b)中，R 的形状就是"∞"。注意，现在我们有

$$X\cap Y\subset R,\quad \text{其中 } R= X\cup Y$$

如果我们设空集 $\varnothing$是集合空间 U 中任何非空子集的真子集，那么

$$A\cap B\subset C,\quad \text{其中 } C=A\cup B$$

我们得到：集合的交集包含在集合的并集中。

例 2.2 设集合空间为正整数集合 $\mathbf{Z}_+$，但

$$X=\{x\in\mathbf{Z}_+ : x\leqslant 20, x/2\in\mathbf{Z}_+\}$$
$$Y=\{x\in\mathbf{Z}_+ : 10\leqslant x\leqslant 24, x/2\in\mathbf{Z}_+\}$$

求 $X\cap Y$ 和 $X\cup Y$。

解： 解这道题目的最简单的方法是列举法，我们有

$$X=\{2,4,6,8,10,12,14,16,18,20\}$$
$$Y=\{10,12,14,16,18,20,22,24\}$$

那么

$$\begin{aligned}X\cap Y &=\{10,12,14,16,18,20\}\\ &=\{x\in\mathbf{Z}_+ : 10\leqslant x\leqslant 20, x/2\in\mathbf{Z}_+\}\\ X\cup Y &=\{2,4,6,8,10,12,14,16,18,20,22,24\}\\ &=\{x\in\mathbf{Z}_+ : x\leqslant 24, x/2\in\mathbf{Z}_+\}\end{aligned}$$

注意，在用并集的时候，不能把共有元素计算两次。 ■

例 2.3 求 $X\cap\mathbf{Z}_+$，$X\cup\mathbf{Z}_+$，$Y\cap\mathbf{Z}_+$，$Y\cup\mathbf{Z}_+$。

解： 参照图 2.1(b)，设 $\mathbf{Z}_+$ 为集合空间，我们可迅速得到

$$X\cap\mathbf{Z}_+=X,\quad X\cup\mathbf{Z}_+=\mathbf{Z}_+$$
$$Y\cap\mathbf{Z}_+=Y,\quad Y\cup\mathbf{Z}_+=\mathbf{Z}_+$$

因此可以得到一个一般规律：对两个集合 S 和 V，若 $S\subseteq V$，则 $S\cap V=S$，$S\cup V=V$。这个结果可以用图 2.2 来表示。 ■

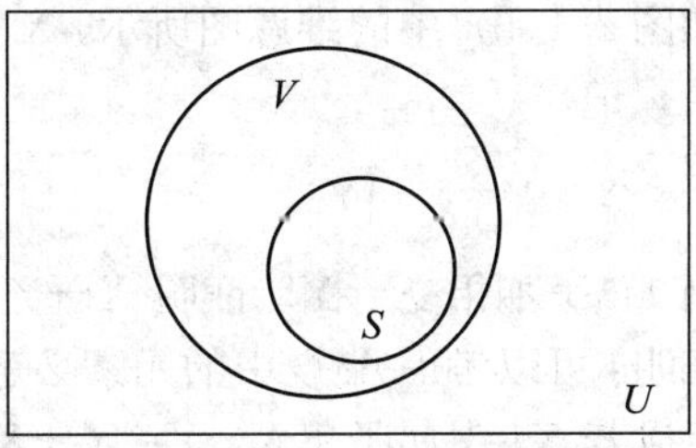

图 2.2 当 $S\subseteq V$ 时，$S\cap V=S$，$S\cup V=V$

这个方法在验证某集合的元素不属于给定的集合 X 时很有用处。

定义 2.7 若某集合的元素属于集合 U，但是不属于集合 X，我们就称此集合为集合 X 的**补集**，记作 $\overline{X}$，我们有

$$\overline{X}=\{x\in U : x\notin X\}$$

在图 2.1 和图 2.2 中，这几个集合的补集就是代表集合的区域之外的区域。注意，我们一定有

$$\overline{U}=\varnothing, \quad \overline{\varnothing}=U$$

例 2.4 已知例 2.2 中的 $\mathbf{Z}_+$、X、Y，求它们的补集。求 $X\cap Y$ 和 $X\cup Y$ 的补集，分别记作 $\overline{X\cap Y}$和$\overline{X\cup Y}$，并求$\overline{X\cap \mathbf{Z}_+}$和$\overline{X\cup \mathbf{Z}_+}$。

解：因为在题目中，$\mathbf{Z}_+$为集合空间，则有$\overline{\mathbf{Z}_+}=\varnothing$，由已知的 X 和 Y，我们可得

$$\begin{aligned}\overline{X} &=\{1,3,\cdots,19,21,22,\cdots\}\\ &=\{x\in \mathbf{Z}_+: x\leqslant 20 \text{ 且 } x/2\notin \mathbf{Z}_+, \text{或 } x>20\}\\ \overline{Y} &=\{1,2,\cdots,9,11,13,\cdots,25,26,\cdots\}\\ &=\{x\in \mathbf{Z}_+: x<10, \text{或 } x>24, \text{或 } 10\leqslant x\leqslant 24 \text{ 且 } x/2\notin \mathbf{Z}_+\}\\ \overline{X\cap Y} &=\{1,\cdots,9,11,13,\cdots,21,22,\cdots\}\\ &=\{x\in \mathbf{Z}_+: x<10, \text{或 } x>20, \text{或 } 10\leqslant x\leqslant 20 \text{ 且 } x/2\notin \mathbf{Z}_+\}\\ \overline{X\cup Y} &=\{1,3,5,\cdots,23,25,26,\cdots\}\\ &=\{x\in \mathbf{Z}_+: x\leqslant 24, \text{且 } x/2\notin \mathbf{Z}_+, \text{或 } x>24\}\end{aligned}$$

因为 $X\cap \mathbf{Z}_+=X$，我们有$\overline{X\cap \mathbf{Z}_+}=\overline{X}$，因为 $X\cup \mathbf{Z}_+=\mathbf{Z}_+$，我们有$\overline{X\cup \mathbf{Z}_+}=\overline{\mathbf{Z}}_+=\varnothing$。 ■

这些例子表明，若我们有集合 $X\subseteq U$ 或 $X=\{x\in U: P(x)\}$，那么集合 X 中的元素 x 必有性质 P，则 X 的补集是其元素不具有性质 P 的集合。我们可把集合 $X\subseteq U$ 的补集看作集合 U 和集合 X 的差，由此可得到两个集合的差的一般定义。

定义 2.8 集合 X 和集合 Y 的**相对差**指由属于集合 X 但不属于集合 Y 的元素构成的集合，用 $X-Y$ 表示：

$$X-Y=\{x\in U: x\in X \text{ 且 } x\notin Y\}$$

如图 2.1(b) 中的维恩图所示，$X-Y$ 可用去掉 X 和 Y 的交集后 X 所剩部分来表示，记作

$$X-Y=X\cap\overline{Y}$$

例 2.5 如果 $X=Y$，证明 $X-Y=Y-X=\varnothing$。

证明：因为任一集合中的元素必定不是其补集的元素，反之亦然。

所以若 $X=Y$，那么 $X-Y=X-X=X\cap\overline{X}=\varnothing$，$Y-X=Y-Y=Y\cap\overline{Y}=\varnothing$。 ■

例 2.6 如果 $X\cap Y=\varnothing$，证明 $X-Y=X$。

证明：如果 $X\cap Y=\varnothing$，那么 $X\cap\overline{Y}=X$，可得

$$X-Y=X\cap\overline{Y}=X$$ ■

我们已经研究了集合空间的单个子集，现在我们来看一下两个重要的子集的集合。

定义 2.9 一个集合空间中不相交的子集的集合叫作集合空间的**分区**，其和为集合空间 U。如果我们有 n 个子集 X_i，$i=1, \cdots, n$，且

$$X_i \cap X_j = \varnothing, \quad i, j = 1, \cdots, n$$

$$X_1 \cup X_2 \cup X_3 \cdots \cup X_n = U$$

那么这 n 个子集就组成了集合空间 U 的分区，如图 2.3 所示。关键的一点在于 U 中的每个元素属于且仅属于一个子集。用 S 表示子集的集合，以 $\bigcup_{i=1}^{n} X_i$ 表示 n 个子集的和，那么

$$S = \{X_i \subseteq U : \bigcup_{i=1}^{n} X_i = U \text{ 且 } X_i \cap X_j = \varnothing, i, j = 1, \cdots, n, i \neq j\}$$

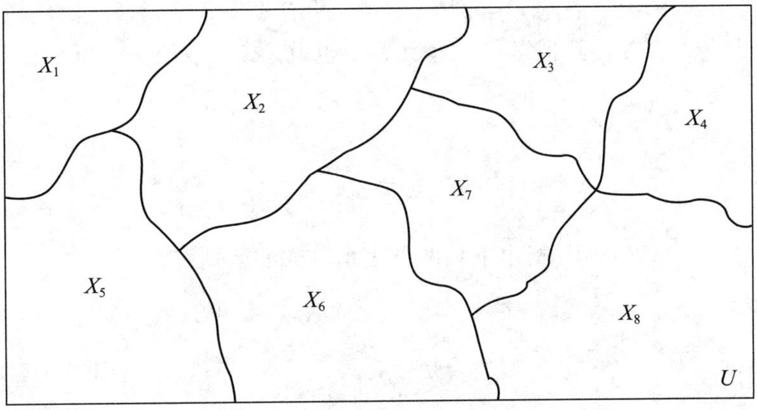

图 2.3　U 的分区

例 2.7　证明当 $X \subseteq U$ 时，$\{X, \overline{X}\}$ 为 U 的分区。

证明：根据补集的定义，我们有 $X \cup \overline{X} = U$ 且 $X \cap \overline{X} = \varnothing$。

所以 $\{X, \overline{X}\}$ 为 U 的分区。■

例 2.8　例 2.2 的集合 X 和 Y 是否构成 $\mathbf{Z}_+$ 的分区？

解：不构成，因为 $X \cap Y \neq \varnothing$ 且 $X \cup Y \subset \mathbf{Z}_+$。■

例 2.9　定义 $\mathbf{Z}_+$ 的子集的集合如下：

$$X_i = \{x \in \mathbf{Z}_+ : 10(i-1) < x \leqslant 10i, i \in \mathbf{Z}_+\}$$

X_i 的集合是否构成 $\mathbf{Z}_+$ 的分区？

解：前三个子集可以写作：

$$X_1 = \{x \in \mathbf{Z}_+ : 0 < x \leqslant 10\}$$
$$X_2 = \{x \in \mathbf{Z}_+ : 10 < x \leqslant 20\}$$
$$X_3 = \{x \in \mathbf{Z}_+ : 20 < x \leqslant 30\}$$

直觉告诉我们，X_i 的集合构成了 $\mathbf{Z}_+$ 的分区，理由如下：首先，我们要证明这些子集是不相交的，我们取 X_i 和 X_j，$j > i$（且 $j \geqslant i+1$）。如果 $x \in X_i$，那么 $x \leqslant 10i \leqslant 10(j-1)$，所以 $x \notin X_j$。如果 $x \in X_j$，那么 $x > 10(j-1) \geqslant 10i$，所以 $x \notin X_i$。所以这些子集是不相交的。其次，要证明 $\mathbf{Z}_+$ 中任何元素都是这些集合中的一个。取任意 $x \in \mathbf{Z}_+$，注意，x 或者是 10 的倍数或者不是。若 x 是 10 的倍数，设 $i = x/10$，那么我们有 $x \in X_i$；如果 x 不是 10 的倍数，那么 $x/10$ 可以写

成 $a+(b/10)$，这里 $a\in Z_+$ 且 $b/10<1$。令 $i=a+1$，可直接证明 $x\in X_i$。 ■

定义 2.10 集合 X 的所有子集的集合叫作集合的**幂集**，记作 $P(X)$，即 $P(X)=\{A: A\subseteq X\}$。

例 2.10 找出集合 $X=\{1, 2, 3\}$ 的幂集。

解： 首先注意，空集 $\varnothing$ 是任意集合 $X\subseteq U$ 的子集，而且任一集合 X 都是其自身的子集，我们有集合

$$P(X)=\{\{1\},\{2\},\{3\},\{1,2\},\{1,3\},\{2,3\},X,\varnothing\}$$ ■

注意，本例中 $P(X)$ 恰有 $2^3=8$ 个元素。对任意一个含有 n 个元素的集合 X，其幂集有 2^n 个元素，也就是说，含有 n 个元素的集合有 2^n 个子集。

练习

1. 指出下列两种表示方式的区别：

$$x\in X \quad 和 \quad A\subset X, \quad 其中 A=\{x\}$$

2. 下列集合是否有关系？如果有，请指出来（$\subseteq$，$\subset$，$=$）。

$A=\{x: 0\leqslant x\leqslant 1\}$
$B=\{x: 0<x<1\}$
$C=\{x: 0\leqslant x<1\}$
$D=\{x: 0\leqslant x^2\leqslant 1\}$
$E=\{x: 0\leqslant x<1/2,\ 1/2\leqslant x\leqslant 1\}$

3. 给定集合 $S=\{1, 2, 3, 4, 5\}$，指出其子集，S 共有多少个子集？

4. 对于任意集合 X，必有 $X\subseteq X$（尽管不是 $X\subset X$）。请解释下列两种说法的区别："X 是其自身的子集"和"X 是其自身的元素"。

5. 集合 $\{1, 2, 3\}$ 和集合 $\{3, 1, 2\}$ 相等吗？

6. 证明集合 $X=\{x: x^3>0$ 且 $x<0\}$ 为空集。

7. 一消费者的消费集合是

$$C=\{(x_1,x_2): x_1\geqslant 0,\ x_2\geqslant 0\}$$

其预算集合是

$$B=\{(x_1,x_2): p_1x_1+p_2x_2\leqslant M\}$$

其中，x_1 和 x_2 是消费商品的数量，p_1，p_2 是价格，$M>0$ 为收入。

用图表示下列集合并给予说明：

(a) B，C

(b) $B\cup C$

(c) $B\cap C$

8. 给出集合空间 U 的两个子集 X 和 Y，证明：

(a) $\overline{X \cap Y} = \bar{X} \cup \bar{Y}$

(b) $\overline{X \cup Y} = \bar{X} \cap \bar{Y}$

(c) $X - Y = X \cap \bar{Y}$

(d) $X \subseteq Y \Rightarrow \bar{Y} \subseteq \bar{X}$

(e) $X \subseteq Y \Rightarrow X \cup (Y - X) = Y$

(f) $X - Y \subseteq X \cup Y$

(g) $X \cap Y = \varnothing \Rightarrow Y \cap \bar{X} = Y$

9. 一厂商的生产函数是

$$P = \{(x, y): 0 \leqslant y \leqslant \sqrt{x}, 0 \leqslant x \leqslant \bar{x}\}$$

y 表示产出，x 表示劳动力投入。试用经济学术语描述 P。如何解释 $\bar{x}$？

10. 给出集合空间 U 的子集 X、Y 和 Z，证明下列命题并用维恩图表示出来。

(a) $X - Y = X - (X \cap Y) = (X \cup Y) - Y$

(b) $(X - Y) - Z = X - (Y \cup Z)$

(c) $X - (Y - Z) = (X - Y) \cup (X \cap Z)$

(d) $(X \cup Y) - Z = (X - Z) \cup (Y - Z)$

(e) $X - (Y \cup Z) = (X - Y) \cap (X - Z)$

2.2 数

最基本的以及我们最熟悉的数是**自然数**，即集合

$$\mathbf{Z}_+ = \{1, 2, 3, \cdots\}$$

中的元素。在计数事物的时候，自然就会用到自然数。计数一个事物（如一堆美元）的集合的意思是什么？当我们统计美元的时候，我们逐一计数美元集合并使之与集合 $\mathbf{Z}_+$ 中的元素相对应，从 1 开始连续进行，一直到整个集合的元素。当我们数完美元后，这个过程中我们最后数到的 $\mathbf{Z}_+$ 的元素就给了我们一个美元的数目，这个数目叫作美元集合的**基数**：一个集合的基数是其包含的元素的个数。我们在 2.1 节中得知 $\mathbf{Z}_+$ 含有无数个元素，对任意一个正整数，我们总能找到比它大的正数。现在我们给出一些自然数的性质并给出通过加、减、乘、除运算得到的其他种类的数。

考虑 $\mathbf{Z}_+$ 中任意两个元素 a 和 b 的加或乘运算。这两种运算密切相关，因为 a 和 b 相乘只不过是将 a 自身相加 b 次，或者将 b 自身相加 a 次。我们注意到这两个运算的结果仍然是 $\mathbf{Z}_+$ 中的元素：

$$a + b \in \mathbf{Z}_+, \quad ab \in \mathbf{Z}_+$$

我们说集合 $\mathbf{Z}_+$ 在加法和乘法运算中是封闭的。

集合 $\mathbf{Z}_+$ 在减法和除法运算中是否为封闭的？很明显不是。如果 $a\leqslant b$，我们有

$$a-b\leqslant 0\notin \mathbf{Z}_+$$

所以 $\mathbf{Z}_+$ 的封闭性在减法运算中不成立，我们也很容易找到 a/b 不是正整数的例子。

$\mathbf{Z}_+$ 的封闭性在减法运算中不成立这一命题可引出**整数**集合的定义：

$$\mathbf{Z}=\{\cdots,-3,-2,-1,0,1,2,3,\cdots\}$$

“…”表示向正方向或向负方向都是无限的。$\mathbf{Z}$ 是一个比 $\mathbf{Z}_+$ 复杂的集合，因为其包含的某些元素，如-3，很难观察到，所以除非引入负数，否则一般说来很难解出等式

$$x+b=a$$

凭直觉，我们可以想象负数是“欠的某些东西”—— 一种负债。用图 2.4 表示 $\mathbf{Z}$ 有助于我们认识集合。

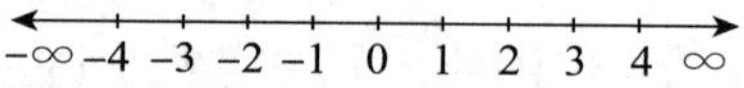

图 2.4　集合 Z

我们取相同长度的线段，取中点为零，设向右增加的方向得正整数，向左减少的方向得负整数（所以若 $a>b>0$，则$-a<-b$）。很显然 $\mathbf{Z}_+\subset\mathbf{Z}$。

很明显整数集合在加、减和乘法运算中是封闭的，但是在除法运算中，$\mathbf{Z}$ 和 $\mathbf{Z}_+$ 都不是封闭的。例如，取 $a=-2$，$b=3$，尽管 a 和 b 都属于 $\mathbf{Z}$，但是 $a/b\notin\mathbf{Z}$，也就是说，由

$$bx=a,\quad a,b\in\mathbf{Z}$$

我们并不能总是找到 $x\in\mathbf{Z}$。这可以引出**有理数**集合 $\mathbf{Q}$ 的定义

$$\mathbf{Q}=\left\{\frac{a}{b}:a\in\mathbf{Z},\ b\in\mathbf{Z}-\{0\}\right\}$$

注意，因为我们可以设 $a=kb$，$k\in\mathbf{Z}$，所以 $\mathbf{Z}\subset\mathbf{Q}$。另外，注意，零不可作除数，任何与零有关的表述是无法解释的，原因我们可以从等式 $bx=a$ 中看出。若 $b=0$，那么对任意 $a\neq 0$，不存在 x 使 $bx=a$ 成立，所以在除法中排除了零。（有理数意味着这些数是两个整数的比值。）图 2.5 表示有理数的集合，该集合包括任意两个整数之间的小数。在线上任取两点就可得到不同的有理数，在这两点之间又有无穷多个有理数。为说明这一点，考虑有理数 1 和 2，我们可以看到当 $c\in\mathbf{Z}_+$ 时，$1+(2-1)/c$ 必是介于 1 和 2 之间的有理数。c 取不同的值就得到不同的有理数。因为 $\mathbf{Z}_+$ 有无数个元素，那么在 1 和 2 之间也有无数个有理数。用 a 代替 1，b 代替 2，这里 a 和 b 是集合 $\mathbf{Q}$ 中的元素，我们就可以看到“有理数是无限的”是一个真命题。

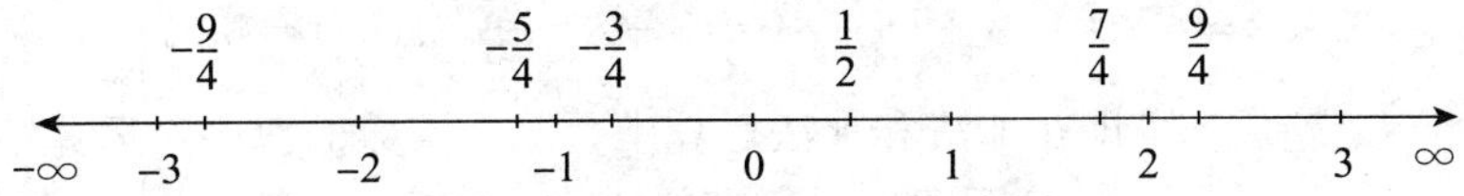

图 2.5　有理数集合 Q

我们可以观察到数 1 和 2 之间（或任两个有理数之间）的部分并非全都由有理数组成，还存在其他的数。在图 2.6 中，我们构造一个直角三角形，直角边 A 和 B 长度为 1，斜边 L 位于数轴上，根据勾股定理可知：

$$L^2=1^2+1^2=2$$

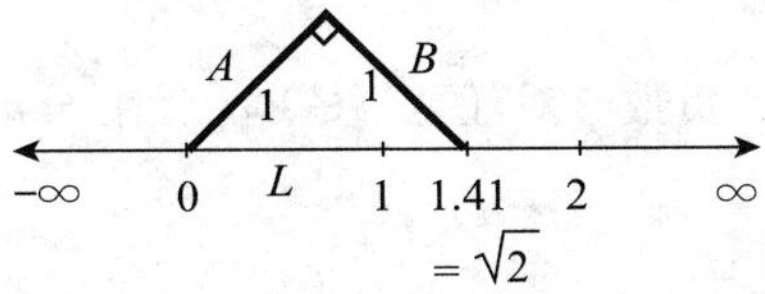

图 2.6　$\sqrt{2}$是无理数

故 $L=\sqrt{2}$。下面我们要讲到的著名的古希腊定理说明$\sqrt{2}$ 不是有理数。这告诉我们 **Q** 在取平方根时不是封闭的，或者说在有理数之外必存在其他数，即**无理数**。无理数不能用两个整数的比值来表示。

定理 2.1　$\sqrt{2}$ 不是有理数，即 $\sqrt{2}\notin \mathbf{Q}$。

证明可以在网站上找到。

实数及其性质

有理数和无理数的集合称为**实数**，我们用 **R** 来表示实数集合，如图 2.7 所示。我们把实数集合看作向两边无限延伸的数轴，这条数轴上没有停顿和间隔，称为**实线**。

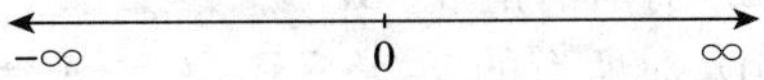

图 2.7　实数集 R

实数的性质决定了 **R** 中元素可进行的基本运算。任取 **R** 中的三个元素（并不需要具体的数字）a、b 和 c，我们将 **R** 的性质列举如下：

1. **封闭性**　若 a，$b\in \mathbf{R}$，则 $a+b\in \mathbf{R}$ 且 $ab\in \mathbf{R}$，所以 **R** 在加法和乘法中是封闭的。

2. **交换律**　对任意 a，$b\in \mathbf{R}$，有

$$a+b=b+a \quad 和 \quad ab=ba$$

也就是说，进行加法或乘法运算的两个实数交换次序不改变运算结果。

3. **结合律**　对所有的 a，b，$c\in \mathbf{R}$，有

$$a+(b+c)=(a+b)+c,\ a(bc)=(ab)c$$

即在加法和乘法运算中，三个实数的次序对运算结果没有影响。

4. **分配律** 对所有的 a，b，$c\in\mathbf{R}$，有

$$a(b+c)=ab+ac$$

5. **零** 对所有的 $a\in\mathbf{R}$，元素 $0\in\mathbf{R}$，有

$$a+0=a,\ a\,0=0$$

6. **1** 对元素 $1\in\mathbf{R}$，有

$$1(a)=a$$

7. **负数** 对任意 $a\in\mathbf{R}$，存在 $-a\in\mathbf{R}$，有

$$a+(-a)=0$$

8. **倒数** 对任意 $a\in\mathbf{R}-\{0\}$，存在 $\frac{1}{a}\in\mathbf{R}$，有

$$a\left(\frac{1}{a}\right)=1$$

对 $a=0$，倒数不存在。

例 2.12 对所有 a，$b\in\mathbf{R}$，若 $a+b=0$，试证明 $b=-a$。

证明：在 $a+b=0$ 的两边加上 $-a$，

$$-a+a+b=-a$$
$$(-a+a)+b=-a \quad (由性质 3)$$
$$0+b=-a \quad (由性质 7)$$
$$b=-a \quad (由性质 5)$$

如下是由上述性质推出的结论：

(a) 对所有的 $a\in\mathbf{R}$，$-a=(-1)a$。

(b) 对所有的 a，$b\in\mathbf{R}$，$-(a+b)=(-a)+(-b)$。

(c) 对所有的 $a\in\mathbf{R}$，$-(-a)=a$。

(d) 对所有的 a，$b\in\mathbf{R}$，$(-a)(-b)=ab$。

实际上所有的代数法则都可由性质 1～性质 8 推出。

实数的有序性

首先定义实数集的两个重要的子集：

定义 2.11 集合 $\mathbf{R}_{++}\subset\mathbf{R}$ 中的元素是严格的正实数，具有如下性质：

（ⅰ）$\mathbf{R}_{++}$ 在加法和乘法运算中具有封闭性。

（ⅱ）对任意 $a\in\mathbf{R}$，下列三种情况有且只有一种是真命题：

$$a\in\mathbf{R}_{++}\quad 或\quad a=0\quad 或\quad -a\in\mathbf{R}_{++}$$

定义 2.12 集合 $\mathbf{R}_+ = \mathbf{R}_{++} \cup \{0\}$ 是**非负实数**集合。

从图上来看，$\mathbf{R}_{++}$ 是图 2.7 中实线不包括零在内的右半部分，$\mathbf{R}_+$ 是包括零在内的右半部分。我们同样可以用 $\overline{\mathbf{R}}_+$ 表示实线不包括零在内的左半部分（注意，$\overline{\mathbf{R}}_+$ 在乘法运算中不具有封闭性），$\overline{\mathbf{R}}_{++} = \overline{\mathbf{R}}_+ \cup \{0\}$ 表示包括零在内的左半部分。

不等号“>”和“≥”可用 $\mathbf{R}_{++}$ 和 $\mathbf{R}_+$ 给出定义。

定义 2.13 对任意 a，$b \in \mathbf{R}$：

（ⅰ）如果 $a-b \in \mathbf{R}_{++}$，那么 $a>b$。

（ⅱ）如果 $-(a-b) \in \mathbf{R}_{++}$，那么 $b>a$。

（ⅲ）如果 $a-b \in \mathbf{R}_+$，那么 $a \geqslant b$。

（ⅳ）如果 $-(a-b) \in \mathbf{R}_+$，那么 $b \geqslant a$。

我们用“>”表示严格的不等性，因为“≥”允许 $a=b$，所以“≥”表示弱不等性。我们用如下定理表示不等性：

定理 2.2 对任意的 a，b，$c \in \mathbf{R}$：

（ⅰ）**完备性** 如下三种情况有且只有一种是真命题：

$$a>b \quad \text{或} \quad a=b \quad \text{或} \quad a<b$$

（ⅱ）**传递性** 若 $a>b$，$b>c$，那么 $a>c$；若 $a \geqslant b$，$b \geqslant c$，那么 $a \geqslant c$。

（ⅲ）**反身性** $a \geqslant a$。

（ⅳ）**相等性** 若 $a \geqslant b$ 且 $b \geqslant a$，则 $a=b$。

经济变量的度量

在经济模型中，通常用实数来表示变量，如成本、利润，或煤、面包、理发等商品或服务的价格和数量。这些变量用特定的单位来衡量，称为变量的**度量**。例如，成本、收入和利润通常用货币单位（美元）来度量；价格表示为每单位货币和每单位商品的比值（美元/单位数量）；煤、土豆、葡萄酒用重量（磅，公斤）或容量（升，加仑）来度量，等等。

与工程师和物理学家不同，经济学家通常不关心其所研究的变量是如何度量的。标准的代数学法则不仅应用于变量本身，而且应用于度量变量的单位——你不能把苹果和梨子相加！例如，总收入用美元来度量，它是所有物质产出的销售结果，其单位取决于产出，即吨和每吨的价格。因此，根据等式

$$\text{收入} = \text{价格} \times \text{数量}$$

我们得到用度量表示的等式：

$$\text{美元} = \frac{\text{美元}}{\text{吨}} \times \text{吨数}$$

一个含有经济变量的等式若不符合变量的度量关系，则不能称为一个有效的等式。例如，经过一系列复杂的经济分析，我们推出答案：

收入＝边际成本

由于收入用美元来度量，边际成本用美元/单位来度量，则有

美元＝美元/吨

这不可能成立。也许我们可以得到

边际收入＝边际成本

从度量的角度看，这个等式是正确的，两边的度量都是美元/吨。

一个**纯数**是指没有度量的数。例如，用利润和销售收入的比值来表示盈利率：

$$盈利率=\frac{利润}{收入}$$

因为利润和收入都是用美元来度量的，其比值的度量为美元/美元，是一个纯数。

练习

1. 说明下列集合是否有界。

(a) $\mathbf{Z}_+=\{1, 2, 3, \cdots\}$

(b) $\mathbf{Z}=\{\cdots, -3, -2, -1, 0, 1, 2, 3, \cdots\}$

(c) $\mathbf{R}_+=\{x\in\mathbf{R}: x\geqslant 0\}$

(d) $\overline{\mathbf{R}}_+=\mathbf{R}-\mathbf{R}_+=\{x\in\mathbf{R}: x<0\}$

(e) $S=\{x\in\mathbf{R}: 0<x<\sqrt{2}\}$

2. 我们可用下面的说法表示 **Q** 的完备性：任何具有上界的 **Q** 的非空子集有一个属于 **Q** 的上确界。试举出反例，证明这种说法是错误的。

3. 试给出下列等式中 λ 的度量。

(a) $\frac{工资率}{边际产品}=\lambda$

(b) 国民收入变化＝ λ×投资额变化

(c) $\frac{利润}{劳动力总量}=\lambda$

(d) 每单位商品的征税＝$\frac{1}{\lambda}$×商品的需求弹性

(e) $\frac{利润的变化}{商品进口配额的变化}=\lambda$

4. 给出下列经济变量的度量。

(a) 国民生产总值

(b) 生产每单位产品的成本

(c) 边际消费倾向

(d) 商品的需求

(e) 通货膨胀率

(f) 一件商品的边际生产成本

5. 一实数集若有上界，则有最大值。上界就是集合的最大值。举一个没有最大值的实数集的例子（包括有界子集）。

6. 借贷利率是在经过一段时间后，每单位美元应支付的利息额。证明利率是以时间单位表示的、仅随时间变化而变化的数。你如何像表示周利率一样来表示年利率？

2.3 *n* 维实数空间的点集合的一些性质

在 2.2 节中我们看到实数轴上的每一个点都对应一个实数。现在我们取两条垂直相交于 O 点的实线，如图 2.8 所示。在由这两条实线组成的**直角坐标系**中，任一点都可表示为一对有序数组（x，y），x 值对应于点在横轴上的坐标，y 值对应于点在纵轴上的坐标。图中给出了一些例子。两条向四个方向无限延伸的数轴可以看作布满点或有序实数对的两维空间，我们记作 $\mathbf{R}^2$。注意，我们称这些点为有序实数对是因为在实数对中，数字的次序非常重要。图 2.8 清楚地表明，实数对或点（2，3）与实数对或点（3，2）是截然不同的。

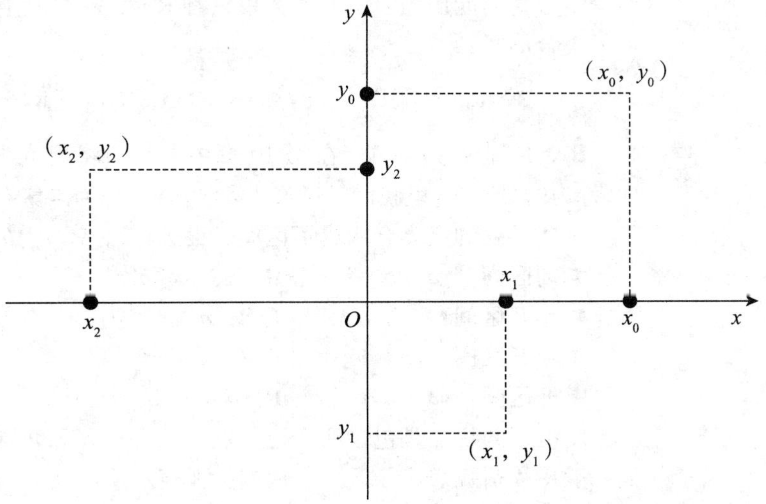

图 2.8　$\mathbf{R}^2$

这一概念可以规范地表述如下：设两个实数集 X 和 Y，把从实数集 X 中取出的每一个元素 x 和从实数集 Y 中取出的每一个元素 y 依次排列组合，得到的有序实数对的集合叫作集合 X 和集合 Y 的笛卡儿乘积，记作 $X \otimes Y$。例如，由集合｛1，2，3｝和集合｛a，b｝构成的笛卡儿乘积是

$$\{1,2,3\}\otimes\{a,b\}=\{(1,a),(1,b),(2,a),(2,b),(3,a),(3,b)\}$$

现在我们可以定义实数集合与其自身构成的有序实数对的笛卡儿乘积：

$$\mathbf{R}\otimes\mathbf{R}=\{(x,y):x\in\mathbf{R},y\in\mathbf{R}\}=\mathbf{R}^2$$

图 2.8 描绘了 $\mathbf{R}^2$。同理，我们可以定义三元有序数组集合：

$$\mathbf{R}\otimes\mathbf{R}\otimes\mathbf{R}=\{(x,y,z):x\in\mathbf{R},y\in\mathbf{R},z\in\mathbf{R}\}=\mathbf{R}^3$$

见图 2.9。

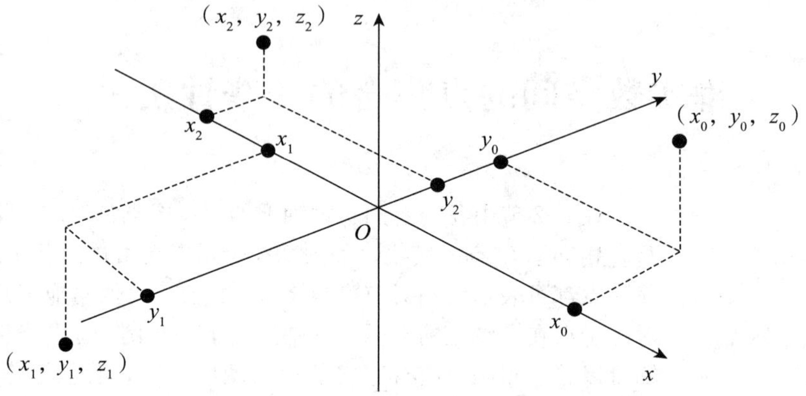

图 2.9　$\mathbf{R}^3$

尽管我们能用图表示的实数集只有 $\mathbf{R}^2$ 和 $\mathbf{R}^3$，但是可以定义 n 元有序数组的一般集合形式：

$$\mathbf{R}\otimes\mathbf{R}\otimes\cdots\otimes\mathbf{R}=\{(x,y,\cdots,z):x\in\mathbf{R},y\in\mathbf{R},\cdots,z\in\mathbf{R}\}=\mathbf{R}^n$$

$\mathbf{R}^1$、$\mathbf{R}^2$、$\mathbf{R}^3$ 是特例。在第 10 章中，我们将研究 n 元有序数组的代数形式（又称为向量）。这里我们只讨论 $\mathbf{R}^n$ 的子集（称为**点集合**）的一些性质。

一些重要的点集合构成了**区间**。设 a，$b\in\mathbf{R}$，且 $b>a$，我们有如下定义：

- **闭区间**：$[a, b]=\{x\in\mathbf{R}: a\leqslant x\leqslant b\}$
- **半开区间**：$[a, b)=\{x\in\mathbf{R}: a\leqslant x<b\}$
- **半开区间**：$(a, b]=\{x\in\mathbf{R}: a<x\leqslant b\}$
- **开区间**：$(a, b)=\{x\in\mathbf{R}: a<x<b\}$

闭区间的特征是包含两个边界点 a 和 b，开区间则不含点 a 和 b。注意，我们一般用圆括弧表示开区间，用方括弧表示闭区间。与下列四个区间相比，上述四个区间都是**有界**的：

无上界的区间：

$$[a,\infty)=\{x\in\mathbf{R}:a\leqslant x\}$$
$$(a,\infty)=\{x\in\mathbf{R}:a<x\}$$

无下界的区间：

$$(-\infty,b]=\{x\in\mathbf{R}:x\leqslant b\}$$

$$(-\infty, b)=\{x\in \mathbf{R}: x<b\}$$

若一个区间不可能趋向无穷，则称为有限区间，反之称为无限区间。注意，封闭性和有界性是两个不同的概念。区间 $[a, \infty)$ 和 $(-\infty, b]$ 尽管是无界的，但是因为它们包含了边界点，故它们是封闭的。一个既封闭又有界的区间称为**密闭区间**。在以上所说的区间内，只有 $[a, b]$ 是密闭区间。

我们可以通过如下方式来区别诸如 $[a, b]$ 的区间的内点和边界点。很明显，每一个包围边界点 b 的区间，无论多小，总是既包括区间 $[a, b]$ 内的某些点，又包含区间 $[a, b]$ 外的某些点。例如，考虑图 2.10 所示的区间 $(b-\varepsilon, b+\varepsilon)$，无论 ε 多小，满足 $b-\varepsilon<x<b$ 的点在 $[a, b]$ 区间内，满足 $b<x<b+\varepsilon$ 的点在 $[a, b]$ 区间外。反之，对区间内的点，总有一个包围该点的完全在 $[a, b]$ 区间之内的区间。例如，若 x_0 是 $[a, b]$ 区间的内点，设 $\varepsilon<(x_0-a)/2$ 且 $\varepsilon<(b-x_0)/2$，Z 则区间 $(x_0-\varepsilon, x_0+\varepsilon)$ 必在 $[a, b]$ 区间内。由于 $\mathbf{R}$ 具有稠密性，无论 x_0 如何接近 a 或 b，ε 一定存在，如图 2.10 所示。

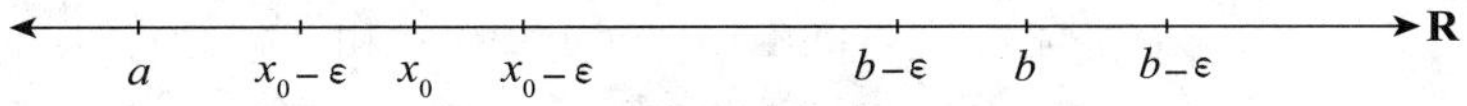

图 2.10　边界点和内点

最后，我们在 $\mathbf{R}$ 区间内简单探讨一下**凸性**。图 2.10 中所示的区间很清楚地表现出如下特性：取区间内的任意两点 x_0 和 b，在这两点之间的线段上的点也在区间内，这就是区间的凸性。设 x 和 x' 是区间上的任意两点，且 $x<x'$，那么

$$\bar{x}=\lambda x+(1-\lambda)x', \quad \lambda\in[0,1]$$

对应数轴上位于 x 和 x' 之间的一点。当 $\lambda\in(0, 1)$ 时，$\bar{x}$ 严格地位于 x 和 x' 之间。我们将上式简化一下就可以很容易地看到这一点：

$$\bar{x}=x'-\lambda(x'-x), \quad \lambda\in[0,1]$$

我们发现 $\bar{x}$ 是最大值 x' 减去 λ 与 x' 和 x 的差的乘积，$\bar{x}$ 的最小值是 x，最大值是 x'。随着 λ 从 1 到 0 变化，$\bar{x}$ 所取的值对应 $[x, x']$ 区间上所有的点。

我们把 $\bar{x}$ 叫作 x 和 x' 的凸组合。区间的凸性可表述如下：若 $x\in X$，$x'\in X$，且 $X\subset\mathbf{R}$，那么 x，x' 的凸组合 $\bar{x}=\lambda x+(1-\lambda)x'$，$\lambda\in[0, 1]$ 亦属于区间 X。

现在将有界性、封闭性和凸性推广至 $\mathbf{R}^2$、$\mathbf{R}^3$ 或 $\mathbf{R}^4$ 中的有序数组（点集合）。首先我们引入 n 维空间 $\mathbf{R}^n$ 中两点的**距离**这一概念。在一维空间 $\mathbf{R}$ 中，我们直观地认为两点 a、$b(a<b)$ 之间的距离是 $b-a$；在二维空间 $\mathbf{R}^2$ 中，我们引入两点间的欧几里得距离的概念来定义两点间线段的长度（如图 2.11 所示）。

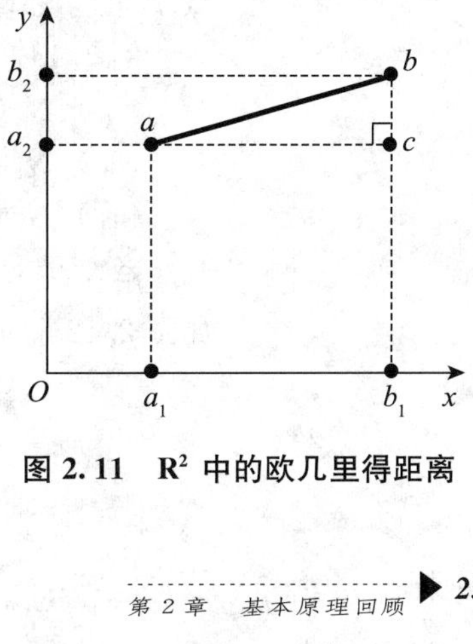

图 2.11　$\mathbf{R}^2$ 中的欧几里得距离

为求出线段 ab 之间的距离，我们设其为直角三角形 abc 的斜边，根据勾股定理，我们有

$$(ab)^2=(ac)^2+(bc)^2=(a_1-b_1)^2+(a_2-b_2)^2$$

设 $d(a, b)$ 为 a，b 之间的距离，则

$$d(a,b)=\sqrt{(a_1-b_1)^2+(a_2-b_2)^2}$$

（总是取正的平方根）叫作二维空间 $\mathbf{R}^2$ 的欧几里得距离函数。

我们很容易总结出距离的一般概念。对 n 维空间 $\mathbf{R}^n$（$n\geqslant 1$）中的两点 a、b，我们有：

定义 2.14 设 n 维空间 $\mathbf{R}^n$ 中的两点 $a=(a_1, \cdots, a_n)$ 和 $b=(b_1, \cdots, b_n)$，$n\geqslant 1$，两点间的**欧几里得距离**为

$$d(a,b)=\sqrt{\sum_{i=1}^{n}(a_i-b_i)^2}$$

例 2.12 求下列两点间的距离。

(ⅰ) 一维空间 $\mathbf{R}$ 中的 2 和 3；

(ⅱ) 二维空间 $\mathbf{R}^2$ 中的 (2, 3) 和 (4, 1)；

(ⅲ) 三维空间 $\mathbf{R}^3$ 中的 (2, 3, 4) 和 (4, 1, −5)；

(ⅳ) 四维空间 $\mathbf{R}^4$ 中的 (2, 3, 4, 5) 和 (−2, 4, 1, −5)。

解：(ⅰ) $d(2, 3)=\sqrt{(2-3)^2}=1$

(ⅱ) $d[(2, 3), (4, 1)]=\sqrt{(2-4)^2+(3-1)^2}=\sqrt{8}=2.83$

(ⅲ) $d[(2, 3, 4), (4, 1, -5)]=\sqrt{(2-4)^2+(3-1)^2+(4-(-5))^2}$

$=\sqrt{89}=9.43$

(ⅳ) $d[(2, 3, 4, 5), (-2, 4, 1, -5)]$

$=\sqrt{(2-(-2))^2+(3-4)^2+(4-1)^2+(5-(-5))^2}$

$=\sqrt{126}$

$=11.22$ ■

在给出两点间距离的定义之后，我们来总结一般意义上的点集合的开放性、封闭性、有界性和凸性。首先我们来定义 ε 邻域。

定义 2.15 对一点 $x_0\in\mathbf{R}^n$，集合 $N_\varepsilon(x_0)=\{x\in\mathbf{R}^n: d(x_0, x)<\varepsilon\}$ 称为点 x_0 的 **ε 邻域**。简单地说，$N_\varepsilon(x_0)$ 是与 x_0 的距离在 ε 之内的点的集合。

例 2.13 描述下列 ε 邻域。

(ⅰ) $N_\varepsilon(2)$；

(ⅱ) $N_\varepsilon[(2, 3)]$；

(ⅲ) $N_\varepsilon[(2, 3, 1)]$。

解：(ⅰ) $N_\varepsilon(2)=\{x\in\mathbf{R}: \sqrt{(x-2)^2}<\varepsilon\}$。ε 邻域是开区间 $(2-\varepsilon, 2+\varepsilon)$，如图 2.12 所示。

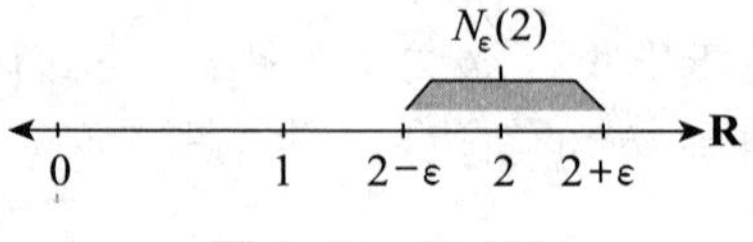

图 2.12 $N_\varepsilon(2)$

（ⅱ）$N_\varepsilon[(2,3)]=\{(x,y)\in\mathbf{R}^2:\sqrt{(x-2)^2+(y-3)^2}<\varepsilon\}$。ε 邻域是以点（2，3）为圆心，以 ε 为半径的圆周内的点的集合，如图 2.13 所示。

（ⅲ）$N_\varepsilon[(2,3,1)]=\{(x,y,z)\in\mathbf{R}^3:\sqrt{(x-2)^2+(y-3)^2+(z-1)^2}<\varepsilon\}$。ε 邻域是以点（2，3，1）为圆心，以 ε 为半径的球体内的点的集合，如图 2.14 所示。■

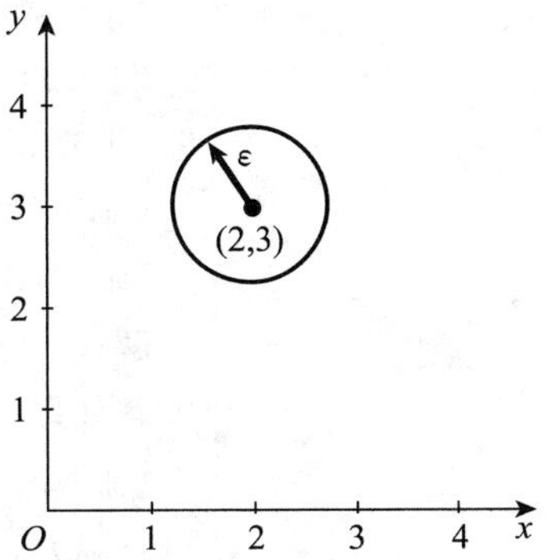

图 2.13　$N_\varepsilon[(2,3)]$

定义 2.16　集合 $X\subset\mathbf{R}^n$，如果对任意 $x\in X$，总存在一个 ε，使 $N_\varepsilon(x)\subset X$，则集合 X 是开放的。即如果对于集合内的任意一点，其 ε 邻域上的点都在这个集合内，那么这个集合是**开放**的。

定义 2.17　集合 $X\subset\mathbf{R}^n$，若有一点 x_0，其 ε 邻域 $N_\varepsilon(x_0)$ 既包含属于 X 的点，也包含不属于 X 的点，则 x_0 是集合 X 的**边界点**。

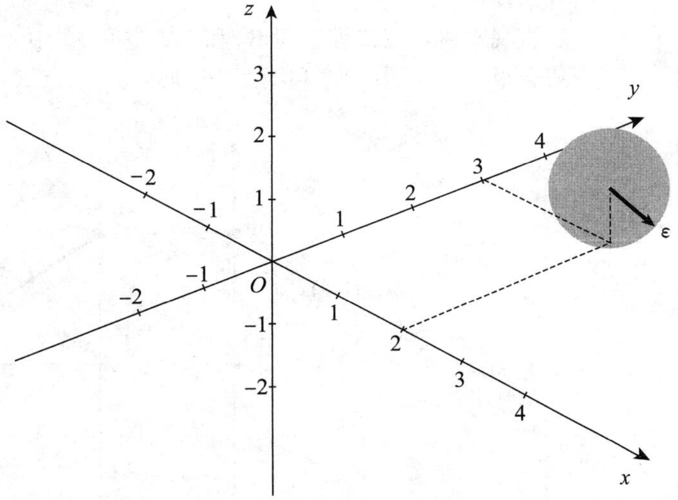

图 2.14　$N_\varepsilon[(2,3,1)]$

根据定义 2.16 和定义 2.17，我们知道一个开集合不包含其可能的边界点。

定义 2.18　集合 $X\subset\mathbf{R}^n$，若其补集 $\overline{X}\subset\mathbf{R}^n$ 是开放的，那么 X 是**封闭**的。很简单，闭集合是包含其边界点的集合。

定义 2.19　集合 $X\subset\mathbf{R}^n$，若对任意 $x_0\in X$，总存在一个 $\varepsilon<\infty$，使 $X\subset N_\varepsilon(x_0)$，那么集合 X **有界**。

换句话说，若一个集合中任一点都在（足够大的）ε 邻域内，那么这个集合有界。为得出 n 维空间 $\mathbf{R}^n$ 中的集合的凸性的定义，我们首先要总结一下凸组合的定义。

定义 2.20　对两点 x，$x'\in\mathbf{R}^n$，取 $\lambda\in[0,1]$，点集合

$$\bar{x}=\lambda x+(1-\lambda)x'=[\lambda x_1+(1-\lambda)x_1',\cdots,\lambda x_n+(1-\lambda)x_n']$$

为 x 和 x' 的**凸组合**。

例 2.14 求下面两点的凸组合。

(ⅰ)(2，1)和(−3，2)；

(ⅱ)(2，1，0)和(−3，2，1)；

(ⅲ)(2，1，0，−2)和(−3，2，1，5)。

解：(ⅰ) $\bar{x}=\lambda(2, 1)+(1-\lambda)(-3, 2)=[2\lambda-3(1-\lambda), \lambda+2(1-\lambda)]$。例如，如果 $\lambda=1/2$，则 $\bar{x}=(-1/2, 3/2)$。

(ⅱ) $\bar{x}=\lambda(2, 1, 0)+(1-\lambda)(-3, 2, 1)=[2\lambda-3(1-\lambda), \lambda+2(1-\lambda), 0+(1-\lambda)]$。例如，如果 $\lambda=1/4$，则 $\bar{x}=(-7/4, 7/4, 3/4)$。

(ⅲ) $\bar{x}=\lambda(2, 1, 0, -2)+(1-\lambda)(-3, 2, 1, 5)=[2\lambda-3(1-\lambda), \lambda+2(1-\lambda), 0+(1-\lambda), -2\lambda+5(1-\lambda)]$。例如，如果 $\lambda=2/3$，则 $\bar{x}=(1/3, 4/3, 1/3, 1/3)$。■

在定义 2.20 中，我们比较含蓄地通过相加各点相应的坐标引入了点的相加这一概念，这是研究线性代数的基础步骤，我们将在第 7～10 章中对线性代数进行详细探讨。

直观来看，在二维空间 $\mathbf{R}^2$ 和三维空间 $\mathbf{R}^3$ 中，两点的凸组合由两点连线上的点集合组成，如图 2.15 和图 2.16 所示。

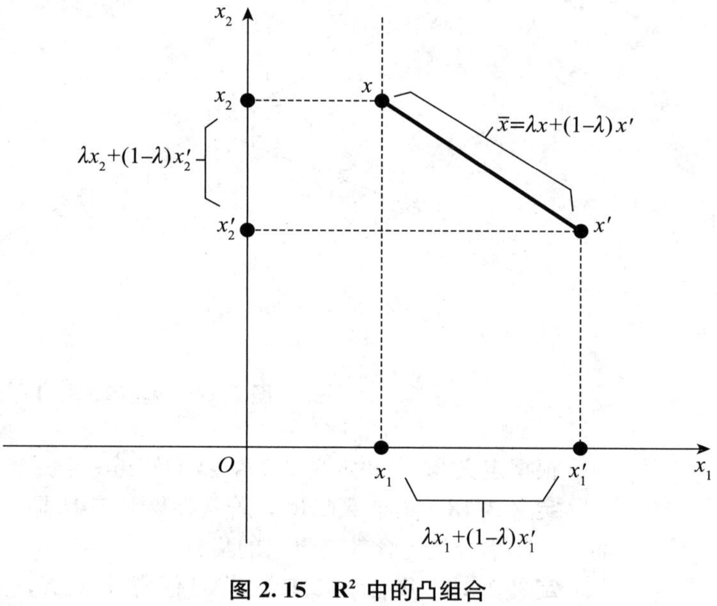

图 2.15 $\mathbf{R}^2$ 中的凸组合

定义 2.21 对于集合 $X\subset\mathbf{R}^n$ 中的任意两点 x，$x'\in X$，若当 $\lambda\in[0, 1]$ 时，点

$$\bar{x}=\lambda x+(1-\lambda)x'$$

也属于集合 X，则称集合 X 为**凸的**。

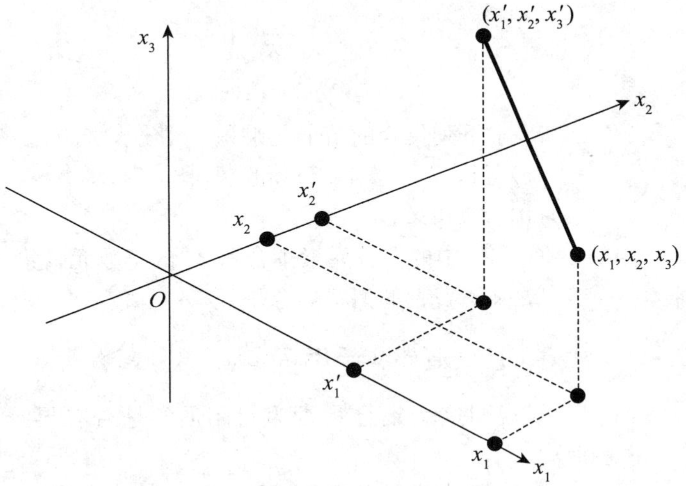

图 2.16　$\mathbf{R}^3$ 中的凸组合

简而言之，若连接集合中的任意两点的线段上的点也属于该集合，则称集合是凸的。在图 2.17（a）中，我们给出了一些二维空间的凸集合，在图 2.17（b）中给出了一些非凸集合。尽管从几何意义上来说，凸性是一个非常简单的概念，但是它非常重要。

定义 2.22　集合 $X\subset\mathbf{R}^n$ 的**内点**是指对于任意点 $x_0\in X$，存在一个 ε，使 $N_\varepsilon(x_0)\subset X$。

我们常发现一个集合的内点的 ε 邻域完全在集合之中，因此我们有：

定义 2.23　对于集合 $X\subset\mathbf{R}^n$ 中的两个点 x，x'，若当 $\lambda\in(0,1)$ 时，对于集合的内点 $\bar{x}$，有 $\bar{x}=\lambda x+(1-\lambda)x'$，则称集合 X 为**严格凸的**。

在图 2.17（a）中，只有 A 和 B 是严格凸的。注意，在定义中，我们排除了 $\lambda=0$ 和 $\lambda=1$ 的情况，因为 x 或 x' 可能是集合的边界点。

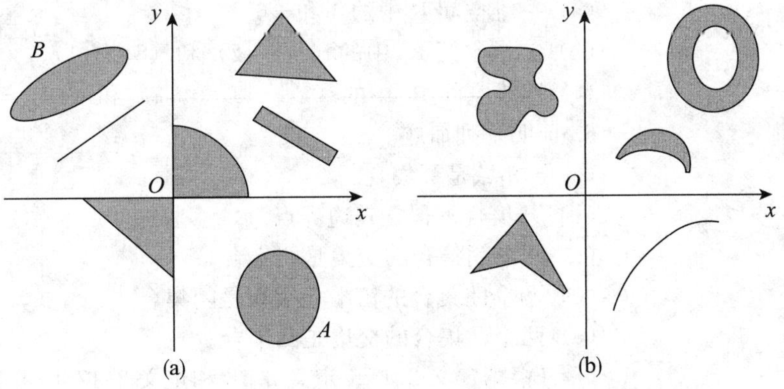

图 2.17　$\mathbf{R}^2$ 空间的凸集合和非凸集合

练习

1. 求下列集合的笛卡儿乘积。

(a) {1，2，3，4，5} 和 {7，8，9}。

(b) $\mathbf{Z}_+$ 和 $\mathbf{Z}_+$。

(c) $\mathbf{Z}_+$ 中的偶数元素集合和 $\mathbf{Z}_+$ 的奇数元素集合。

2. 某消费者的消费集合是

$$C=\{(x,y)\in\mathbf{R}_+^2: x\geqslant x'>0,\ y\geqslant y'>0\}$$

试说明这个集合是否为封闭的？是否有界？是否为凸集合？如何解释 x' 和 y'？

3. 一消费者的预算集合是

$$B=\{(x,y)\in\mathbf{R}_+^2: p_1x+p_2y\leqslant m\}$$

p_1，p_2 为价格，且 p_1，$p_2>0$，m 为收入，$m>0$。试说明这个集合是否为封闭的？是否有界？是否为凸集合？

取练习 2 的集合 C，令集合 $X=B\cap C$，试描述集合 X。如何解释 $X=\varnothing$ 的情况？X 是否为封闭的？是否为凸集合？

4. 在经济学教科书中，消费者对两种商品组合（x，y）的偏好是以光滑的凸向原点的无差异曲线来表示的。设消费者的消费组合是（x'，y'），则高效用的集合是

$$B(x',y')=\{(x,y)\in\mathbf{R}_+^2:(x,y)\text{至少和}(x',y')\text{一样好}\}$$

这个组合是否为封闭的？是否有界？是否为凸集合？

5. 求下列点之间的欧几里得距离。

(a) 一维空间 $\mathbf{R}$ 中的 4 和 -5。

(b) 二维空间 $\mathbf{R}^2$ 中的（-6，2）和（8，-1）。

(c) 四维空间 $\mathbf{R}^4$ 中的（5，-3，0，8）和（12，-6，3，1）。

6. 证明下列命题。

(a) ε 邻域是开集合。

(b) 开集合不包含其边界点。

(c) 两个闭集合的交集是闭集合。

(d) 两个闭集合的笛卡儿乘积是闭集合。

(e) 两个凸集合的交集是凸集合。

(f)（根据定义 2.15、定义 2.16 和定义 2.17 ）闭集合包含其边界点。

(g) 两个有界集合的并集和交集是有界集合。

7. 求 $\varepsilon=0.1$ 和 $\varepsilon=10$ 时的 ε 邻域。

(a) $N_\varepsilon(-1)$。

(b) $N_\varepsilon(-1, 1)$。

(c) $N_\varepsilon(-1, 1, -1)$。

8. 证明集合 $X=[1, 2]\cup[3, 4]\subset\mathbf{R}$ 是非凸集合。

2.4 函　　数

我们定义函数如下：

定义 2.24 设有两个集合 X 和 Y，若对于集合 X 中的每个元素，按照一定的法则，集合 Y 中总有唯一一个元素与之对应，则称 Y 是 X 的**函数**。

集合 X 叫作函数的**定义域**，集合 Y 叫作函数的**值域**，通过函数关系与 X 中的元素对应的 Y 中的元素（不一定是整个 Y）所组成的集合叫作函数的**取值范围**。设使两个集合的元素发生关系的法则叫作 f，我们可以把函数记作

$$f: X\rightarrow Y$$

或者

$$y=f(x),\ x\in X$$

y 通常叫作函数 f 在点 x 处的**像点**或**函数值**。在本书中，我们主要研究 f 是标准的代数表达式、Y 是实数集合、$X\subseteq\mathbf{R}^n$（$n\geqslant 1$）的情况。例如，如下函数：

$$y=a+bx,\quad x\in\mathbf{R}$$

$$y=ax_1^\alpha x_2^\beta,\quad (x_1, x_2)\in\mathbf{R}_+^2$$

$$y=\log x,\quad x\in\mathbf{R}_+$$

$$y=a\mathrm{e}^x,\quad x\in\mathbf{R}$$

我们将在下面详细探讨每一个函数。然而，定义 2.27 是一个较为一般的表达，因为它适用各种 f 函数关系下的集合 X 和集合 Y。为强调这种一般性，我们也用**映射**来作为函数的代名词，我们称上述例子为**实值函数**或映射，函数值可以写成映射集合：

$$f(X)=\{y\in Y: y=f(x), x\in X\}$$

也就是说将所有 x 代入函数，我们就得到了所有 y 的集合。如果 $f(X)\subset Y$，我们说 f 将 X 映射到 Y 内；如果 $f(X)=Y$，我们说 f 将 X 映射到 Y 上。在第一种情况下，不是所有的 $y\in Y$ 都是 $x\in X$ 的像点；在第二种情况下，所有的 $y\in Y$ 都是 $x\in X$ 的像点。

有的时候，同一个 y 可能是多个 x 的像点。一种极端的情况是连续映射 $f(X)=y^0$，y^0 是 Y 中的一个单一的元素。与之相反的是，每一个 x 都对应着 Y 中不同的元素，这种情况叫作一对一映射。一个一对一的且 x 映射到 Y 上的映射叫作**一一对应**。对于每一个 x，都有 Y 中一个不同的元素与之对应，而且 Y 的所有元素都是 X 中的元素 x 的像点。

对给定的函数 $y=f(x)$，我们有时候可以反过来将 x 写为 y 的函数，记作 $x=f^{-1}(y)$。很明显，只有当函数 f 是一对一的（x 映射到 Y 内或 Y 上）时才可以这样做，否则对于一些 y，将有多个 x 为其像点，而这样就违背了函数的定义。如果 f 是一一对应的函数，那么其反函数的定义域是 Y，且 $(f^{-1})^{-1}=f$。

例 2.15 求 $y=x^2$，$x\in\mathbf{R}$ 的反函数。

解：如图 2.18 所示的函数没有反函数，因为对于每一个非零的 y 值，都对应着两个 x 值——y 的正负平方根。但是，如果是以下两个函数：

$$y=x^2,\quad x\in\mathbf{R}_+$$
$$y=x^2,\quad x\in\bar{\mathbf{R}}_{++}$$

因为这两个函数都是一一对应的，故它们的反函数存在。■

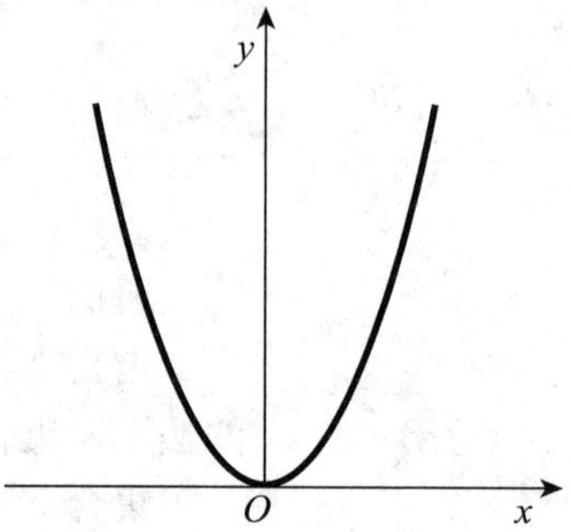

图 2.18　$y=x^2$ 的图示

如果 f 映射是一对一的，f 将 x 映射到 Y 内（不是映射到 Y 上），我们仍可以定义反函数，但是我们必须注意其定义域。用 $Y'=f(X)\subset Y$ 表示 f 的像点集合，我们可以将 Y' 定义为反函数的定义域。

最后，我们来定义两个映射的**复合映射**。设两个映射 f：$X\to Y$ 和 g：$Y\to Z$，我们将其复合映射记作

$$g\circ f:X\to Z$$

或

$$z=g[f(x)]$$

我们将每一个 $x\in X$ 代入函数 f，然后将得到的像点 y 代入函数 g，得到一个元素 $z\in Z$。如此反复，我们就得到了 X 到 Z 的映射。注意，为了使复合映射成立，第一个映射（f）的因变量必须是第二个映射（g）的定义域的子集，如图 2.19 所示。

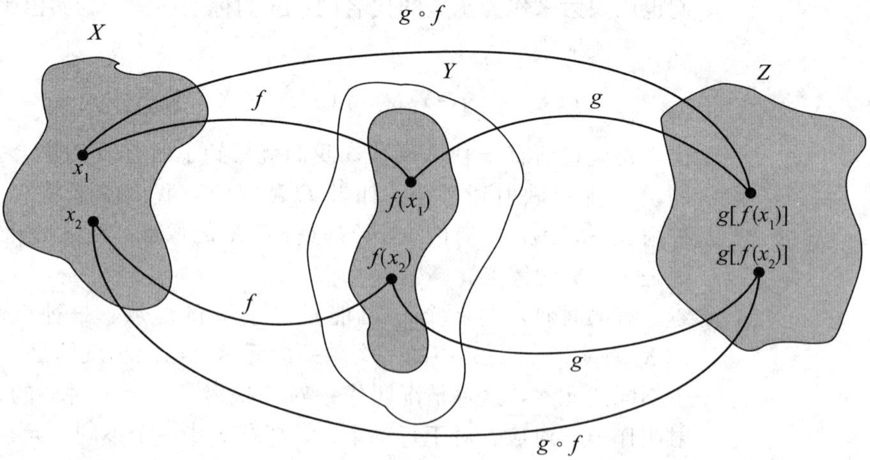

图 2.19　映射的组成

我们只研究实值函数。现在我们给出一些经济学上常见的函数，并对其性质加以说明。

线性方程

线性方程可记作

$$y=ax,\quad x\in\mathbf{R} \tag{2.7}$$

其中 a 为实数，如图 2.20 所示。在图（a）中，参数 a 为正值，在图（b）中，参数 a 为负值。

之所以称其为**线性方程**是因为其图形是一条直线，直线的斜度由 a 的绝对值决定。取两个 x 的值 x_1 和 x_2，有

$$y_1=ax_1,\quad y_2=ax_2$$

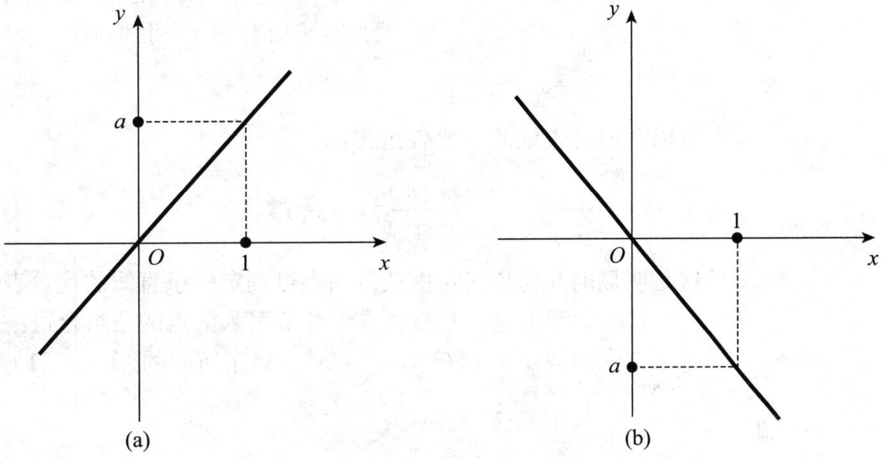

图 2.20　线性函数

即

$$y_2-y_1=a(x_2-x_1)$$

或

$$a=\frac{y_2-y_1}{x_2-x_1}=\frac{\Delta y}{\Delta x}$$

Δy 叫作 y 的变化量，Δx 叫作 x 的变化量，比值 $\Delta y/\Delta x$ 叫作直线的**斜率**，a 叫作**斜率系数**。注意，当 a 确定时，直线 $y=ax$ 就完全确定了。

在等式（2.7）中，y 通常叫作**因变量**，x 通常叫作**自变量**。这两个术语表明我们在描述变量之间的关系时有意识地辨别因果关系，像“x 的变化引起了 y 的变化”。当 x，y 都可作为自变量或因变量的时候（换言之，当因果关系不清楚或者不重要时），我们可以将方程写作**隐函数**形式：

$$f(x,y)=0$$

这些直线通过原点。引入**截距** $b\in\mathbf{R}$，我们可以移动直线，虽然其位置变化了，但是它们的斜率不变。因此，如果

$$y=ax+b,\quad x\in\mathbf{R}$$

那么当 $x=0$ 时，$y=b$。直线交 y 轴于 b，如图 2.21 所示。改变 b，我们就可得到一族平行线。

同样地，对于隐函数

$$a_1x+a_2y-c=0,\quad x,y\in\mathbf{R}$$

其中，$b=c/a_2$。在 a_1、a_2 不变的时候，改变 c，也可得到一族平行线。令 $y=0$，可得直线在 x 轴的截距：

$$\frac{c}{a_1}=\frac{ba_2}{a_1}=\frac{-b}{a}$$

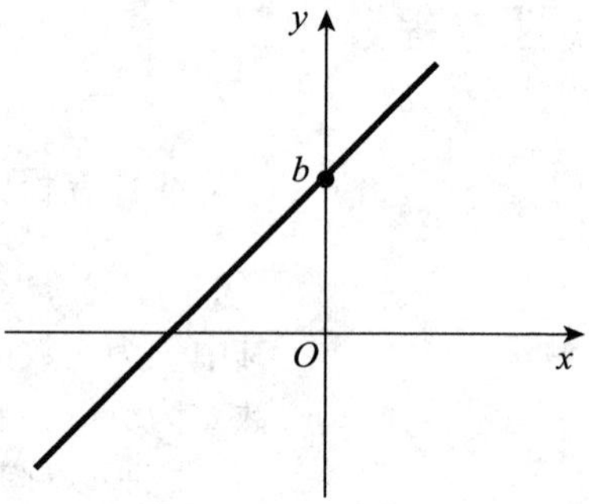

图 2.21　具有正截距的线性函数

注意，如果 $(x_1,\ y_1)$ 和 $(x_2,\ y_2)$ 是直线上的任意两点，则有 $a=(y_2-y_1)/(x_2-x_1)$，因为对于所有的 x，我们有

$$y=ax+b$$

所以我们有直线的一般表达式：

$$y-y_1=\frac{(y_2-y_1)}{(x_2-x_1)}(x-x_1)$$

这是明显的几何事实：由任意两点可确定一条直线的代数表达形式。

最后，我们进一步探讨在 2.3 节引入的点的凸组合这一重要概念。

首先假设 x'，$x''\in\mathbf{R}$，$x'<x''$，对于所有的 $\lambda\in[0,\ 1]$，

$$\bar{x}=\lambda x'+(1-\lambda)x''$$

很显然，$x'\leqslant\bar{x}\leqslant x''$。由

$$\bar{x}=x''-\lambda(x''-x')$$

有

$$\frac{(x''-\bar{x})}{(x''-x')}=\lambda$$

λ 是 x'' 与 $\bar{x}$ 的差在整个区间 $[x',\ x'']$ 上所占的比重。

将这一概念推广至 $\mathbf{R}^2$，取两个不同的点 $(x',\ y')$ 和 $(x'',\ y'')$，设两点的凸组合为 $(\bar{x},\ \bar{y})$，那么，

$$\begin{aligned}(\bar{x},\bar{y})&=\lambda(x',y')+(1-\lambda)(x'',y'')\\&=[\lambda x'+(1-\lambda)x'',\lambda y'+(1-\lambda)y''],\quad \lambda\in[0,1]\end{aligned}$$

由图 2.22 可以看到，点 $(\bar{x},\ \bar{y})$ 位于连接 $(x',\ y')$ 和 $(x'',\ y'')$ 两点的线上。实际上，我们可以把凸组合看作连接两点的直线的一种表达方式。为说明这一

点，我们设（x'，y'）和（x''，y''）在同一条直线上，而 $\bar{y}$ 是直线上相应于 x 值取 $\bar{x}$ 时 y 的取值。设直线是 $y=ax+b$，那么我们一定有

$$y'=ax'+b$$
$$y''=ax''+b$$

在第一个等式两端同乘 λ，第二个等式两端同乘（$1-\lambda$），求和，有

$$\begin{aligned}\bar{y}&=\lambda y'+(1-\lambda)y''=\lambda(ax'+b)+(1-\lambda)(ax''+b)\\&=a[\lambda x'+(1-\lambda)x'']+b\\&=a\bar{x}+b\end{aligned}$$

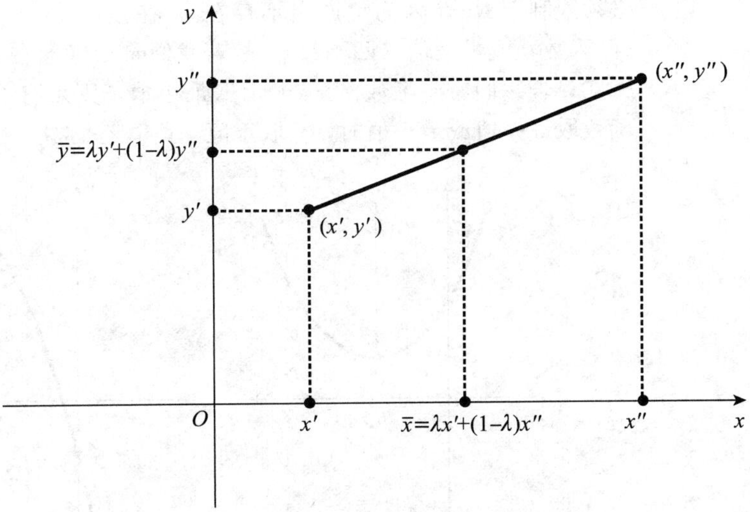

图 2.22　凸组合

之所以称之为凸组合是因为集合{($\bar{x}$，$\bar{y}$)}是凸集合，如图 2.22 所示。如果我们取消 $\lambda\in[0,1]$ 的限制，取任意 $\lambda\in\mathbf{R}$，则

$$(x,y)=\lambda(x',y')+(1-\lambda)(x'',y'')$$

表示通过点（x'，y'）和（x''，y''）的直线，那么我们有

$$x=\lambda x'+(1-\lambda)x''=x''+\lambda(x'-x'')$$
$$y=\lambda y'+(1-\lambda)y''=y''+\lambda(y'-y'')$$

由第一个等式，我们得到

$$\lambda=\frac{(x-x'')}{(x'-x'')}$$

代入第二个等式并化简得

$$y-y''=\frac{(y'-y'')}{(x'-x'')}(x-x'')$$

这就是此前我们得到的用两点确定的直线的一般方程。

二次函数

二次函数可写成如下形式：

$$y=ax^2+bx+c, \quad x\in\mathbf{R}, \quad a\neq 0$$

如图 2.23 所示。二次函数在经济学上非常有用。当 $a>0$ 时，它是一个凸函数，可用来描述 U 形的平均成本曲线或边际成本曲线；当 $a<0$ 时，它是一个凹函数，可用来描述总成本或总利润曲线。（注意，在这几个例子中，函数的定义域必须限制于 $\mathbf{R}_+$，因为负产出不存在。）在顶点 $x^*=-b/2a$ 处，函数取最小值（凸函数）或最大值（凹函数）。故若我们希望函数在 $x\geqslant 0$ 上取最大值，则须有 $b>0$；若我们希望函数在 $x\geqslant 0$ 上取最小值，则须有 $b<0$。最后，c 值将决定在函数取最大值或最小值时，y 取正值、负值还是零。

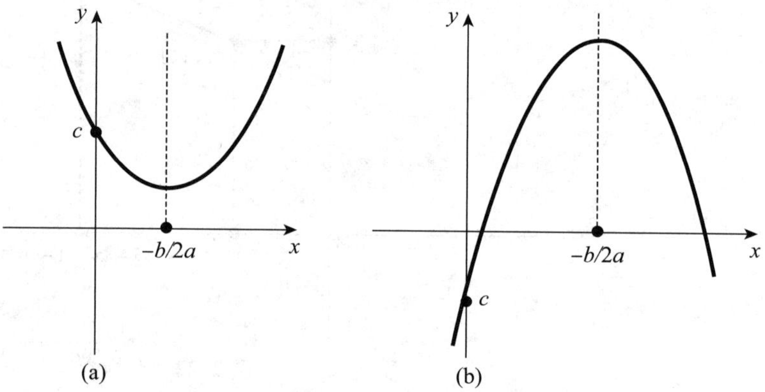

图 2.23　二次函数

矩形双曲线

矩形双曲线可以记作

$$xy=\alpha \quad 或 \quad y=\frac{\alpha}{x}, \quad x\in\mathbf{R}-\{0\}$$

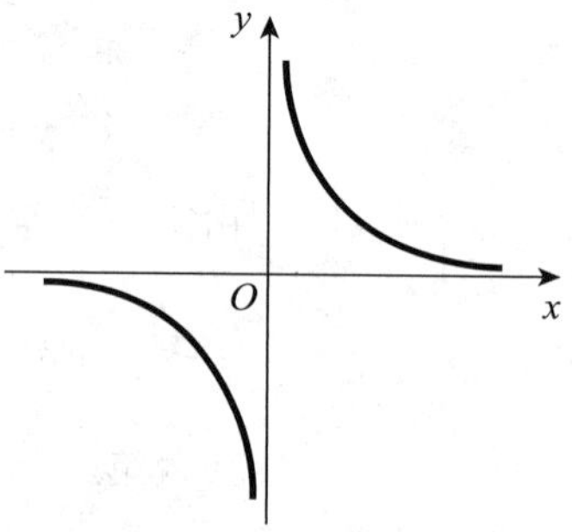

图 2.24　矩形双曲线

α 为正常数。之所以称之为矩形双曲线是因为由曲线方程得到的矩形有相同的截面积 α。注意，图 2.24 中的函数图分为两部分：一部分完全在正象限，另一部分完全在负象限。在经济学中，我们通常限定 $x\in\mathbf{R}_+$，所以只取正象限的部分。当 x 趋于零的时候，曲线逐渐靠近 y 轴；当 x 趋于无穷大的时候，曲线逐渐靠近 x 轴。当 α 逐渐增大的时候，曲线向外移动，但保持原来的形状不变。

幂函数、指数函数和对数函数

当一个数与其自身相乘 n 次，我们记作 a^n，n 叫作**指数**。下面是指数运算法则：

$$a^n a^m = a^{n+m}$$
$$(a^n)^m = a^{nm}$$
$$\frac{a^n}{a^m} = a^{n-m}$$
$$\frac{a^n}{a^n} = a^0 = 1$$

直觉上我们认为 n 是一个整数，但实际上 n 可以取任意实数。**幂函数**记作

$$y = ax^b, \quad x \in \mathbf{R}, \ a > 0$$

注意，矩形双曲线是 b 取 -1 时的特殊形式的幂函数，线性函数则是 b 取 1 时的特殊情况，二次方程可以认为是两个幂函数的和。

图 2.25 描述了 $b>1$ 和 $b<-1$ 时的两个幂函数（对于 $x \in \mathbf{R}$）的图形。

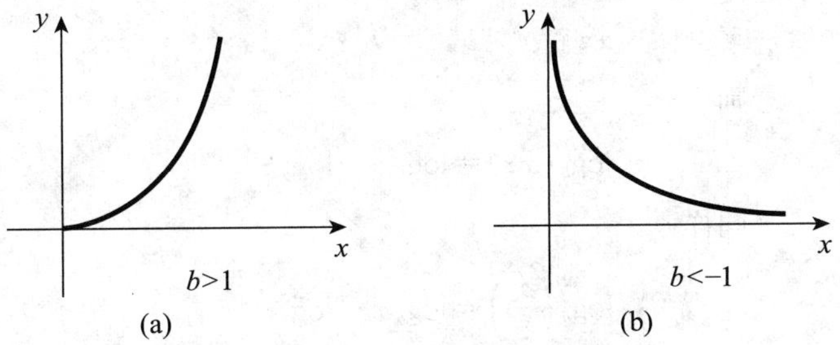

图 2.25　幂函数 ax^b：$\mathbf{R}_+ \to \mathbf{R}_+$

如果将指数作为函数的变量，我们就可得到**指数函数**：

$$y = ab^x$$

b 叫作函数的**底**，以 $e \doteq 2.718$ 为底的指数函数 $y = e^x$ 是实际中常用的函数。图 2.26 是 $a>0$ 时指数函数的一般图形。

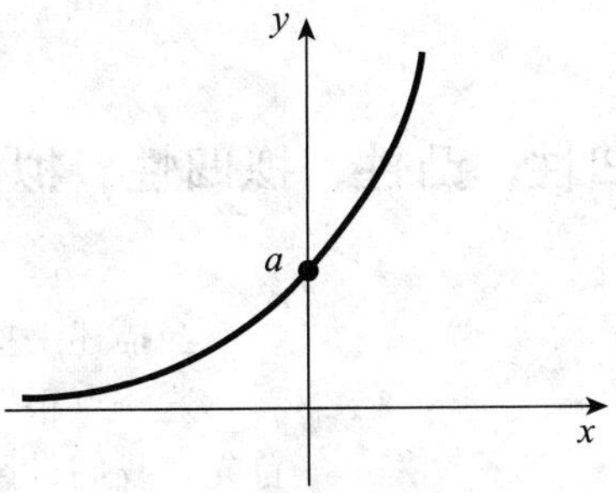

图 2.26　指数函数

如果 $x = b^y$，则称 y 是以 b 为底的 x 的对数，记作

$$y = \log_b x$$

这个表达式指 y 是以 b 为底的 x 的**对数函数**。我们取对数函数的定义域为 $\mathbf{R}_+$，$b>0$。此外，因为 1 的 n 次幂仍为 1，故我们排除 $b=1$ 的情

况。如图 2.27 所示，当 $b<1$ 时，对数函数是递减的凸函数；当 $b>1$ 时，对数函数是递增的凹函数。在实际中通常遇到底数 b 取 e 的情况，即 $x=e^y$，相应的函数叫作**自然对数**函数，记作

$$y=\ln x$$

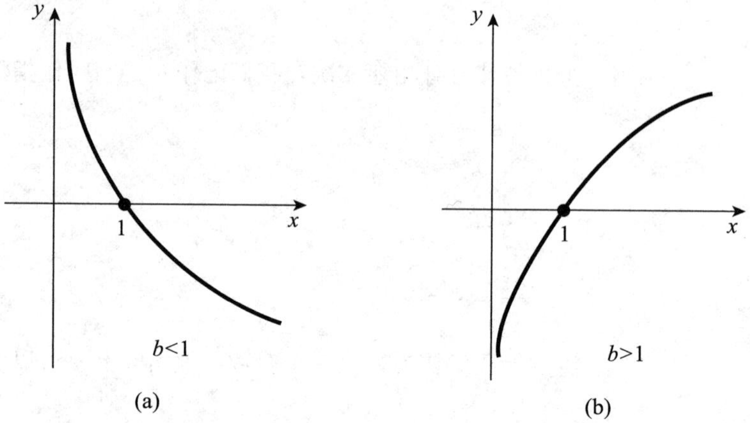

图 2.27　对数函数 $\log_b x$：$R_+ \to R$

（换言之，$\ln x=\log_e x$）将对数的定义和指数运算法则结合起来，可得

$$x=b^{\log_b x}, z=b^{\log_b z}$$
$$xz=b^{\log_b x}b^{\log_b z}=b^{\log_b x+\log_b z}$$

则

$$\log_b(xz)=\log_b x+\log_b z$$

同样

$$\log_b\left(\frac{x}{z}\right)=\log_b x-\log_b z$$

更进一步，我们有

$$x^a=(b^{\log_b x})^a$$

即

$$\log_b(x^a)=a\log_b x$$

凹性、凸性、拟凹性、拟凸性

当描述一些特殊的函数时，我们经常用到凹性和凸性这两个术语，从图上来看，这一点很明显，但是现在我们给出正式的定义。图 2.28 是凹函数的情况：首先，我们设函数的定义域是凸集合，因为我们想让定义域中点的凸组合仍处于定义域中。在函数的定义域中任取两点 x' 和 x''，相应的函数值为 $f(x')$ 和

$f(x'')$。凹函数的重要性质是其曲线弧位于连接这两个点的弦的上方，也就是说位于 x' 和 x'' 之间的一点 $\bar{x}$ 对应的函数值高于 $\bar{x}$ 对应的连接 x' 和 x'' 的弦上的值，我们有

$$\bar{x}=\lambda x'+(1-\lambda)x'',\quad \lambda\in[0,1]$$

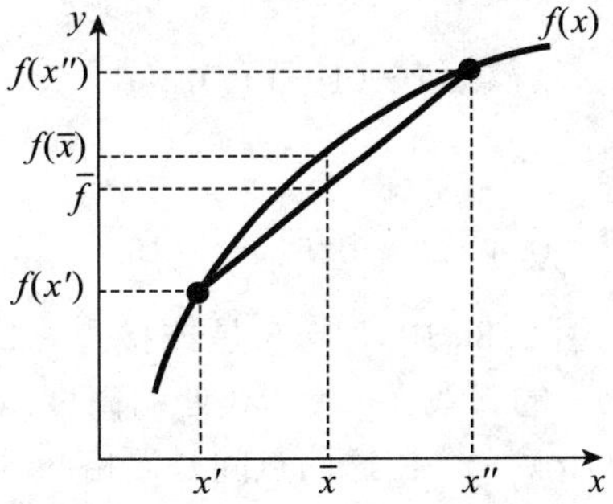

图 2.28　严格凹性

因为连接 x' 和 x'' 弦上的点对应一个 y 值，即

$$\bar{f}=\lambda f(x')+(1-\lambda)f(x''),\quad \lambda\in[0,1]$$

我们用性质 $f(\bar{x})>\bar{f}$ 表示在 $\bar{x}$ 点的严格凹性，这一性质可用图 2.28 表示，并且在下面的定义中总结出来。

定义 2.25　当 $\bar{x}=\lambda x'+(1-\lambda)x''$，$\lambda\in[0,\ 1]$ 时，如果

$$f(\bar{x})\geqslant\lambda f(x')+(1-\lambda)f(x'')$$

则称函数为**凹函数**。当 $\lambda\in(0,\ 1)$ 时，若上式保持严格不等，则称为**严格凹的**。注意，在图 2.28 中，曲线是严格凹的。线性函数是凹的但非严格凹的。

由类似的证明我们得到：

定义 2.26　当 $\bar{x}=\lambda x'+(1-\lambda)x''$，$\lambda\in[0,\ 1]$ 时，如果

$$f(\bar{x})\leqslant\lambda f(x')+(1-\lambda)f(x'')$$

则称函数是**凸函数**。当 $\lambda\in(0,\ 1)$ 时，若上式保持严格不等，则称为**严格凸的**。凸函数的曲线弧位于连接 $(x',\ f(x'))$ 和 $(x'',\ f(x''))$ 两个点的弦的下方，如图 2.29 所示。很明显，如果 $-f$ 是（严格）凹的，则 f 是（严格）凸的。根据这些定义可知，线性函数既是凸函数又是凹函数，但其凹凸性是非严格凹凸的。

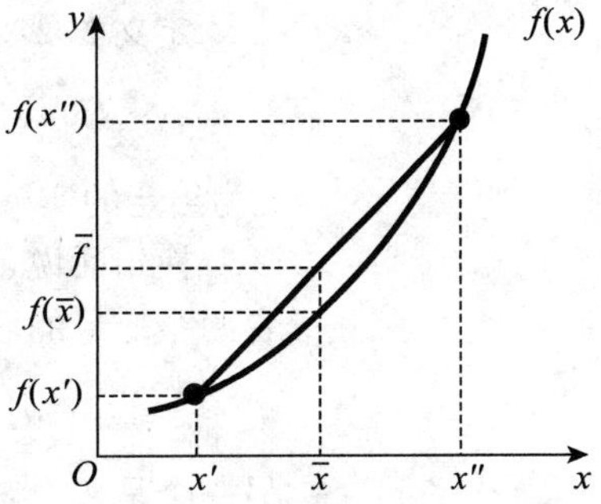

图 2.29　严格凸性

例 2.16　定义 2.25 和定义 2.26 中的点 $\bar{x}$ 是点 x' 和 x'' 的凸组合，设函数 $f(x)=x^2$，则当 $\lambda=0.4$，$x'=2$，$x''=5$ 时，我们有

$$\bar{x}=0.4\times2+0.6\times5=3.8$$

所以

$$f(\bar{x})=f(3.8)=(3.8)^2=14.44$$

是函数曲线在点 $\bar{x}$ 处的高度，如图 2.30 所示。现在根据凸组合的性质，我们可以得到一条连接两个点（x'，$f(x')$）和（x''，$f(x'')$）的直线：

$$\lambda f(x')+(1-\lambda)f(x'')$$

或

$$0.4\times 2^2+0.6\times 5^2=16.6$$

在图 2.30 中，16.6 是连接点（2，4）和（5，25）的直线在 $x=3.8$ 处的高度。很明显，函数 $f(x)=x^2$ 在这两点间是严格凸的。

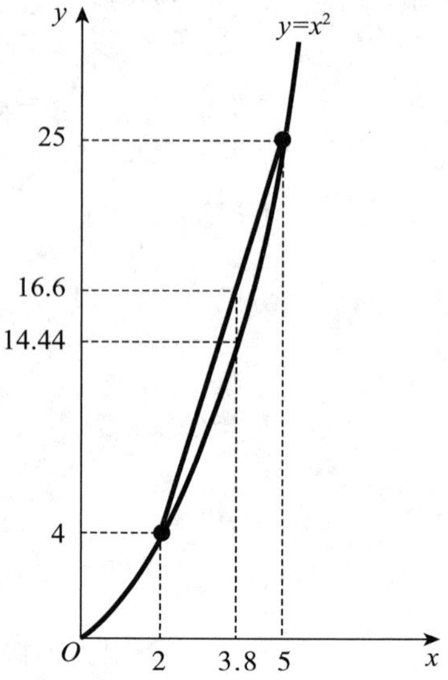

图 2.30　函数 $f(x)=x^2$ 是严格凸的

为证明 $f(x)=x^2$ 在一般情况下的凸性，我们需要证明对于任意一对 x' 和 x''，当 $\bar{x}=\lambda x'+(1-\lambda)x''$，$\lambda\in(0,1)$ 时，

$$f(\bar{x})<\lambda f(x')+(1-\lambda)f(x'')$$

不等式左边为

$$f(\bar{x})=[\lambda x'+(1-\lambda)x'']^2=\lambda^2(x')^2+2(1-\lambda)\lambda x'x''+(1-\lambda)^2(x'')^2$$

不等式右边为

$$\lambda(x')^2+(1-\lambda)(x'')^2$$

故我们有

$$\lambda^2(x')^2+2(1-\lambda)\lambda x'x''+(1-\lambda)^2(x'')^2<\lambda(x')^2+(1-\lambda)(x'')^2$$
$$(\lambda^2-\lambda)(x')^2+2(1-\lambda)\lambda x'x''+[(1-\lambda)^2-(1-\lambda)](x'')^2<0$$
$$-\lambda(1-\lambda)(x')^2+2(1-\lambda)\lambda x'x''-\lambda(1-\lambda)(x'')^2<0$$
$$(x')^2-2x'x''+(x'')^2=(x'-x'')^2>0$$

■

为建立**拟凹性**的概念，我们先要给出含 n 个变量的函数的**水平集**的概念。

定义 2.27　函数 $y=f(x_1, x_2, \cdots, x_n)$ 的水平集是集合

$$L=\{(x_1,\cdots,x_n)\in\mathbf{R}^n: f(x_1,x_2,\cdots,x_n)=c\}$$

c 为给定的实数。

换句话说，函数的水平集是函数定义域中使函数值相等的点的集合。我们取含两个变量的函数作为特例，一个是线性函数

$$y=a_1x_1+a_2x_2,\quad (x_1,x_2)\in\mathbf{R}_+^2,\ a_1,a_2>0$$

另一个是一个幂函数，经济学上的柯布-道格拉斯函数

$$y=x_1^a x_2^b,\quad (x_1,x_2)\in\mathbf{R}_+^2,\ a,b>0,\ a+b>1$$

图 2.31 和图 2.32 是这两个函数取特殊参数值时的三维图。

应用水平集的定义有

$$a_1x_1+a_2x_2=c \quad 或 \quad x_2=\frac{c}{a_2}-\left(\frac{a_1}{a_2}\right)x_1$$

和

$$x_1^a x_2^b=c \quad 或 \quad x_2=(cx_1^{-a})^{1/b}$$

水平集可用二维图表示，每条曲线对应一个不同的 c 值。图 2.31 和图 2.32 所引用的例子可用图 2.33 和图 2.34 表示。在经济学中，水平集被广泛用于消费者理论（**无差异曲线**）、生产者理论（**等产量曲线**）和其他实际应用中。

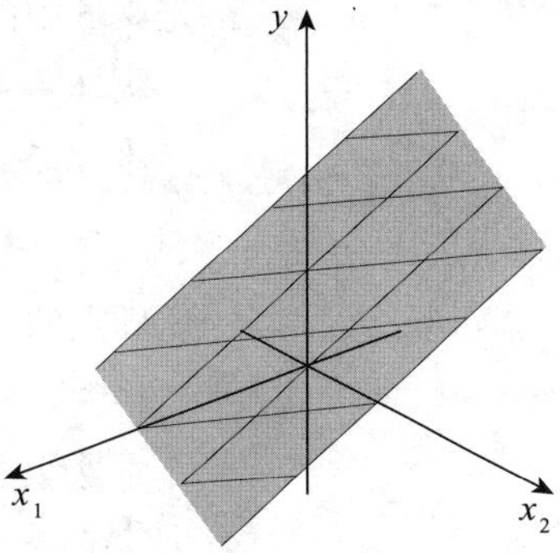

图 2.31　函数 $y=2x_1+3x_2$

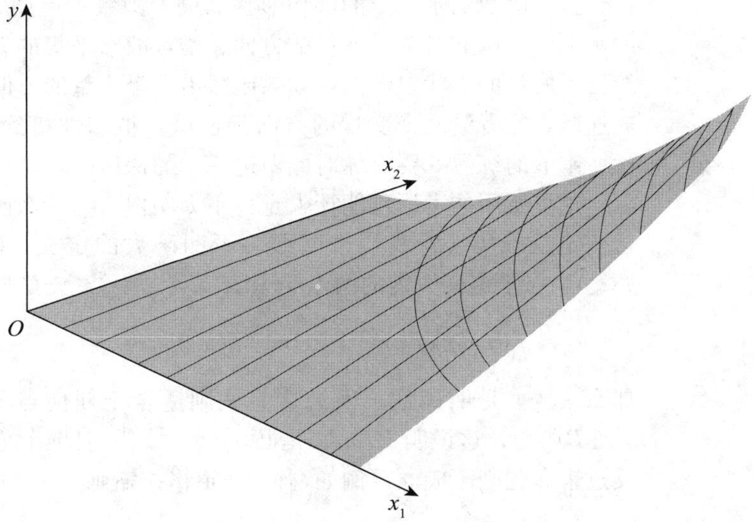

图 2.32　函数 $y=x_1^2x_2^2$

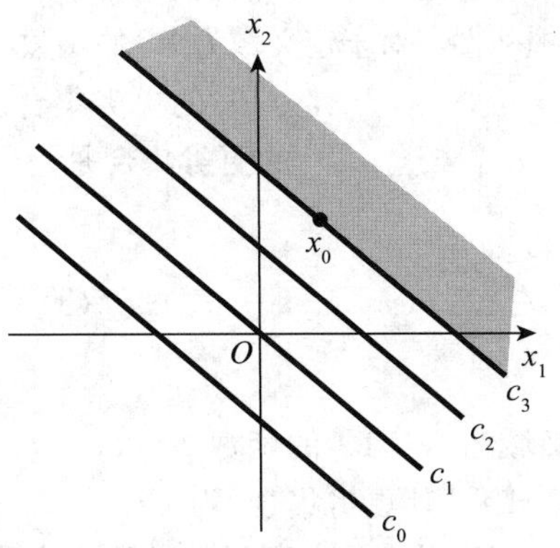

图 2.33　函数 $y=2x_1+3x_2$ 的水平集

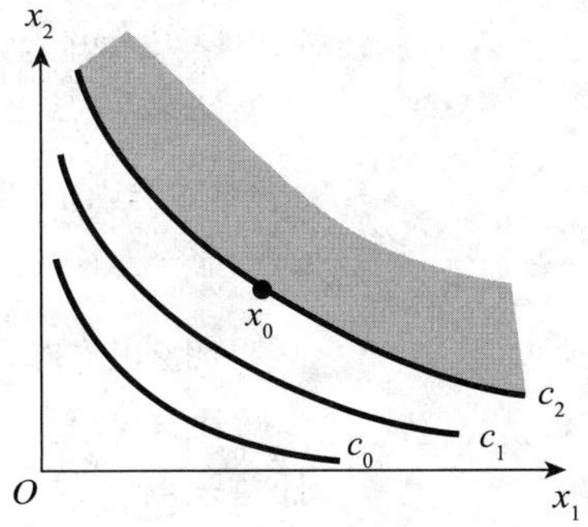

图 2.34　函数 $y=x_1^2x_2^2$ 的水平集

拟凹性与函数水平集的形状密切相关。首先，定义函数 $f(x_1, x_2, \cdots, x_n)$ 的定义域中的点（x_1^0，x_2^0，…，x_n^0）的**更佳集合**。

定义 2.28 点（x_1^0，x_2^0，…，x_n^0）的**更佳集合**是

$$B(x_1^0,x_2^0,\cdots,x_n^0)$$
$$=\{(x_1,x_2,\cdots,x_n)\in X: f(x_1,x_2,\cdots,x_n)\geqslant f(x_1^0,x_2^0,\cdots,x_n^0)\}$$

即点的更佳集合是函数定义域中使得函数取值至少等于该点函数值的点的集合，在图 2.33 和图 2.34 中 x_0 点的更佳集合是图中阴影部分。

定义 2.29 设定义域为 $X\subset\mathbf{R}^n$ 的函数 f，对于 X 中的每一点，若其更佳集合 B 是凸集合，则称 f 是**拟凹**的。若 B 是严格凸集合，则称 f 是**严格拟凹**的。

所以，图 2.33 中的线性函数是拟凹函数但不是严格的拟凹函数，图 2.34 中的柯布-道格拉斯函数是严格的拟凹函数。

拟凹函数的水平集的确切形状取决于函数的递增方向。在图 2.33 和图 2.34 的示例中，函数沿两个变量的方向递增，故水平集的斜率为负，更佳集合的凸性给出了所示的形状。但是，如果函数沿一个变量的方向递增，沿另一个变量的方向递减，或者沿两个变量的方向都递减，拟凹性将给出完全不同的水平集和形状。本节的练习 8 要求你对此做进一步的探讨。

这里所用的术语可能让人觉得不太明白，为什么函数是拟凹函数时其更佳集合一定是凸集合？我们来回顾一下凹函数的定义，问题就很清楚了。设函数 $f(x)$，对于定义域内的两点 x' 和 x''，令 $\bar{x}=\lambda x'+(1-\lambda)x''$，$\lambda\in[0, 1]$，如果

$$f(\bar{x})\geqslant\lambda f(x')+(1-\lambda)f(x'')$$

那么 $f(x)$ 是凹函数。因为这一法则适合于任何点 x' 和 x''，也一定适合于点 $x''\in B(x')$，这说明 $B(x')$ 是凸集合，故任何凹函数同时也是拟凹函数，但是反过来命题则不成立。例如，柯布-道格拉斯函数

$$y=x_1^a x_2^b,\quad a,b>0,\ a+b>1$$

（见图 2.32）是一个拟凹函数，但不是凹函数。

同样，我们可以定义拟凸性，对于定义域为 $\mathbf{R}^n$ 的函数 $f(x_1, x_2, \cdots, x_n)$，我们可以定义定义域中的点（x_1^0，x_2^0，…，x_n^0）的更劣集合。

定义 2.30 点（x_1^0，x_2^0，…，x_n^0）的**更劣集合**是

$$W(x_1^0,x_2^0,\cdots,x_n^0)$$
$$=\{(x_1,x_2,\cdots,x_n)\in X: f(x_1,x_2,\cdots,x_n)\leqslant f(x_1^0,x_2^0,\cdots,x_n^0)\}$$

那么我们有：

定义 2.31 设有定义域为 $X\subseteq\mathbf{R}^n$ 的函数 $f(x_1, x_2, \cdots, x_n)$，若对于 x 中任意一点（x_1^0，x_2^0，…，x_n^0），其更劣集合 $W(x_1^0, x_2^0, \cdots, x_n^0)$ 是一个凸集合，那么函数是**拟凸函数**。如果 W 严格凸，则函数是**严格凸函数**。

任何一个凸函数同时也是拟凸函数，反之则不成立。我们将在练习中进一步探讨这个问题。

练习

1. 给出下列直线的方程式并描绘出其图形。

(a) 过点 (0, 1)，斜率为-2。

(b) 过点 (-2, 2)，平行于 $y=2-5x$。

(c) 过点 (-1, 1)，平行于 $\frac{x}{-2}+\frac{y}{-3}=1$。

2. 一个班级有 120 名学生，如果汉堡的价格 $p=0$，则每个学生买 2 个，若汉堡的价格 $p\geqslant 4$ (美元)，则没有人买汉堡。设汉堡的需求曲线是线性的，试给出其方程式，并指出当 $p=3.99$ (美元) 时，汉堡的需求量是多少。

3. 求下列各对点的凸组合，如果可能，用图表示出来。

(a) -2 和 4。

(b) (-1, 1) 和 (3, 4)。

(c) (-2, 0, 1) 和 (1, -2, 2)。

4. 总收入＝价格×销售总量，试证明练习 2 中需求曲线对应的收入曲线是二次函数，并求其凹凸性。试问：x 取何值时，收入函数取得最值？是最大值还是最小值？

5. 一厂商的平均成本函数是二次方程

$$y=x^2-20x+120$$

y 是每单位产出的平均成本 (单位：美元)，所有产品的价格都是 10 美元/单位。试求厂商在损益均衡 (即价格＝平均成本) 时的产出水平，画出平均成本曲线并在图中表示出这一结果。当价格处于什么范围时，厂商在所有的产出水平上都亏损？

6. 化简以下表达式：

(a) $\sqrt{a^5}/a^3$

(b) a^2b^3/a^2b

(c) $bx_1^{b-1}x_2^c/cx_1^bx_2^{c-1}$

(d) $(x_1^{1/b}x_2^c)^{b/c}$

(e) $6x^{0.2}=5y^{0.4}$ (用 x 表示 y)

(f) $x=(2^{-1/2})^{-1/2}$ (求解 x)

(g) $y=ax_1^{b_1}x_2^{b_2}x_3^{b_3}$ ($\ln y$ 是什么?)

(h) $\log_b(b^x)$

(i) $b^{-\log_b(1/x)}$

(j) $\log_b[b(\log_a a^2)]$

7. 画出以下函数的水平集图，并说明它们是否为 (严格) 拟凹的或 (严格) 拟凸的，然后说明函数的凹凸性 (凹性、凸性或非凹非凸)。

(a) $y=2x_1^2-x_1x_2+2x_2^2$

(b) $y=(0.5x_1^2+0.5x_2^2)^{1/2}$

(c) $y=2x_1^{1/2}x_2^{1/2}$

8. (a) 设严格拟凹函数 $y=f(x_1, x_2)$，画出下列各种情况的水平集图：

(ⅰ) 函数沿 x_1 的方向递增，沿 x_2 的方向递减。

(ⅱ) 函数沿 x_1 的方向递减，沿 x_2 的方向递增。

(ⅲ) 函数沿两个变量的方向都是递减的。

(提示：首先决定水平集曲线是如何倾斜的，然后确定更佳集合的区域，再求出使更佳集合为凸集的曲率。)

(b) 其他条件同问题 (a)，设函数是严格拟凸的，举例说明每种情况下的水平集。

9. 举出一个是严格拟凹函数但不是凹函数的例子。

10. 设凹函数 $y=x^{1/2}$，$x>0$，取 $x'=1$，$x''=9$，$\lambda=5/8$，说明定义 2.25 并画图表示。

11. 根据定义 2.25，证明函数 $y=x^{1/2}$，$x>0$ 是严格凹函数。

12. 根据定义 2.26，证明函数 $f(x_1, x_2)=x_1^2+x_2^2$ 是严格凸函数。

本章小结

关键词

基	元素	集合	点集合
子集合	真子集	空集	并集
补集	整数	实数	自然数
无理数	非负数	边界点	邻域
有限	基数	笛卡儿乘积	区间
闭区间	有序数对	完备性	凹性
凸结合	凸性	坐标系	因变量
维数	无交集	距离	无单位数
拟凹性	维恩图	斜率	上界
函数	定义域	像点集合	值域
实值函数	线性函数	对数函数	指数
指数函数	柯布-道格拉斯函数		幂函数
矩形双曲线	欧几里得距离	隐函数	像点
自变量	无差异曲线	下界	截距
内部数	内点	交点	等产量曲线
水平集	映射	复合映射	自然对数
一一对应	拟凸性	有理数	实线
更佳集合	更劣集合	相对差	唯一模式

斜率系数　取值范围　有界的　密闭的
幂集　分区

思考题

1. 通过维恩图来说明集合与子集之间的可能的关系。
2. “实数轴”的意思是什么？
3. 何谓上界？何谓下界？
4. 何谓点集合？何谓凸集合？
5. 区分点集合的封闭性和有界性。
6. 区分函数的凹凸性。
7. 区分拟凹性和凹性。
8. 区分拟凸性和凸性。
9. 必要条件和充分条件的区别是什么？

复习题

1. 求下列各对点的凸组合。
(a) 一维空间 $\mathbf{R}$ 中的点 -2 和 2。
(b) 二维空间 $\mathbf{R}^2$ 中的点（-2，2）和（-3，3）。
(c) 二维空间 $\mathbf{R}^2$ 中的点（0，0）和（x_1，x_2）。
(d) 三维空间 $\mathbf{R}^3$ 中的点（-2，2，5）和（-3，3，8）。
在（b）与（c）中画图证明两点的凸组合位于连接两点的线段上。
2. 一厂商的生产函数是

$$Y=\{(x,y)\in\mathbf{R}_+^2: y\leqslant\sqrt{x}\}$$

在二维空间 $\mathbf{R}^2$ 中画出生产函数的图形。此函数是否为封闭函数？是否为有界函数？是否为凸函数？试说明为什么我们称一个集合的边界点为有效点，为什么称一个集合的内点为无效点。
3. 给出下列直线的方程式并画图表示。
(a) 经过点（-1，20），斜率为 2。
(b) 经过点（-2，1）且平行于直线 $3x-4y=2$。
4. 求出点（0，-2，1，-1）和点（-1，3，1，-2）的凸组合。
5. 化简下列表达式。
(a) $(ab)^3/a^2b$
(b) $a(b/a)^q$
(c) $10x^{0.25}=2y^{1/8}$（以 x 表示 y）
(d) $\log_b(b^x)^3$

6. 画出函数 $y=10x_1^{1/4}x_2^{1/2}$ 的水平集，并指出它是严格拟凹还是严格拟凸。函数$y=10x_1^{1/4}x_2^{1/2}$ 是凹函数还是凸函数？或者既不是凹函数，又不是凸函数？

7. 根据定义 2.28 证明函数 $y=10-x^2$ 是严格凹函数。

8. 设函数为 $y=10-x^2$，取 $x'=2$，$x''=6$，验证定义 2.25 并画图表示。

9. 根据定义 2.25，证明函数 $f(x_1, x_2)=(x_1+x_2)^{1/2}$，$x_1$，$x_2>0$ 是凹函数。

第 3 章　数列、级数和极限

我们鼓励读者通过我们的网站 http：//mitpress. mit. edu/math _ econ3 来获得如下有助于学习本章的材料：

- 级数的更多应用
- 凯恩斯乘数
- 圣彼得堡悖论
- 练习题

学习数列和级数是直观认识极大（无穷大）和极小（但非零）这两个复杂概念的最好方法。我们用数列的极限概念来理解上述概念。因此，从数学角度来讲，这一章的内容为重要的数学工具——函数的连续性做了很好的铺垫。我们将在第 4 章对函数连续性进行全面深入的探讨。经济学上也用到了级数和数列，特别是未来支付和收入的贴现，这对评价企业或政府的投资价值至关重要。

3.1　数列的定义

数列是一组连续的数。例如，数列 1，4，9，16，…由自然数的平方（即 1^2，2^2，3^2，4^2，…）构成。填出数列中的一个数字在智商或者数学能力倾向测试中很常见，涉及根据已有数列中的数字判断或猜想其公式。我们可以把上述数学公式写成

$$f(n)=n^2,\quad n=1,2,3,4,\cdots$$

那么该数列的下一个数字就是 $5^2=25$。

例 3.1 数列的前三项是 1，4，7，试求出数列的公式。

解：一个符合要求的函数是

$$f(n)=3n-2,\quad n=1,2,\cdots \tag{3.1}$$

另一个符合要求的数列的函数是

$$f(n)=(n-2)^3+2n,\quad n=1,2,\cdots \tag{3.2}$$

■

例 3.1 解释了一个数列中任意数字 n 的通常结果，上述数列可能会有多个公式与之对应。事实上，这有无限种可能。因此，智商测试中要求填出数列下一个数字的问题，可能是设计不当的。如果答题者用例 3.1 中的公式（3.1），那么“下一个数”就是 10，而如果用公式（3.2），那么“下一个数”就是 16。这两个回答都正确。

下面我们给出数列的正式定义，并举出几个例子。

定义 3.1 数列是定义域为正整数的函数。

下面是一些数列的范例：

1. $f(n)=2n$ 或 2，4，6，8，10，… （见图 3.1）
2. $f(n)=1/n$ 或 1，1/2，1/3，1/4，1/5，… （见图 3.2）
3. $f(n)=-1/n$ 或 −1，−1/2，−1/3，−1/4，−1/5，… （见图 3.3）
4. $f(n)=(-1)^n$ 或 −1，1，−1，1，−1，… （见图 3.4）
5. $f(n)=-n^2$ 或 −1，−4，−9，−16，−25，… （见图 3.5）
6. $f(n)=(-2)^n$ 或 −2，4，−8，16，−32，… （见图 3.6）

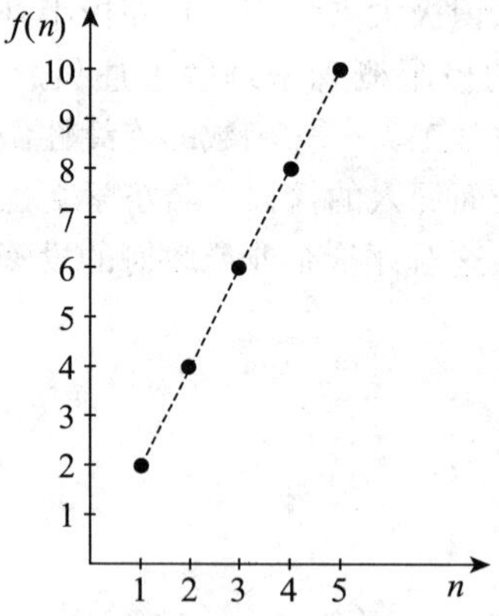

图 3.1 数列 $f(n)=2n$ 的前 5 项

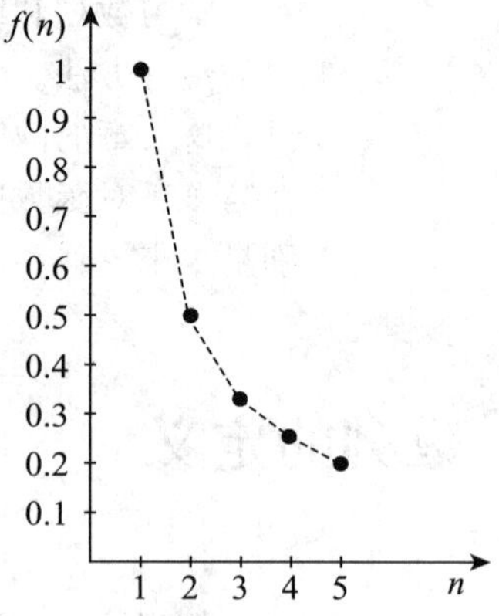

图 3.2 数列 $f(n)=1/n$ 的前 5 项

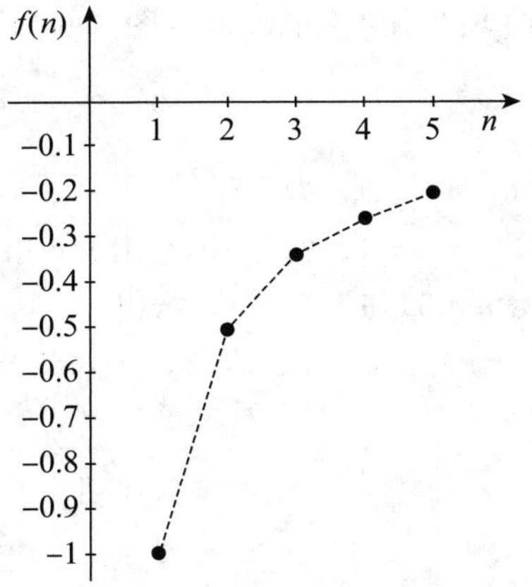

图 3.3　数列 $f(n)=-1/n$ 的前 5 项

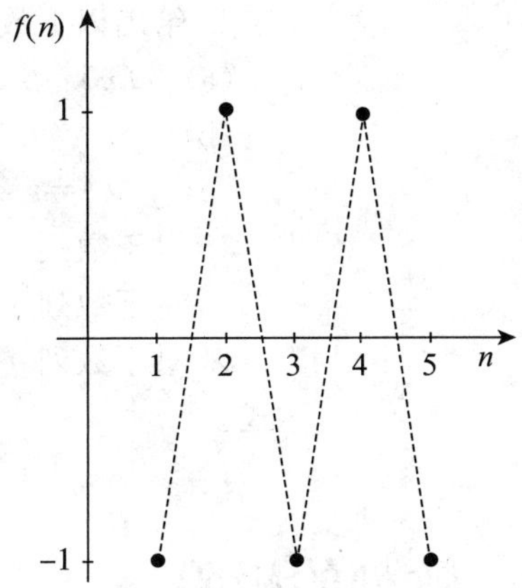

图 3.4　数列 $f(n)=(-1)^n$ 的前 5 项

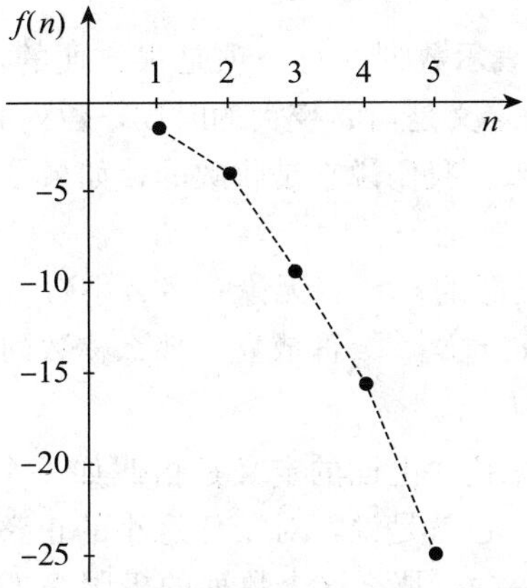

图 3.5　数列 $f(n)=-n^2$ 的前 5 项

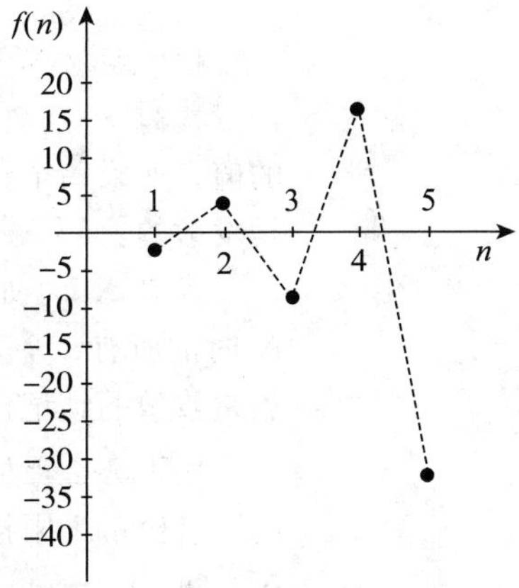

图 3.6　数列 $f(n)=(-2)^n$ 的前 5 项

很明显，例子中的数列 2 和数列 3 的绝对值会越来越小，并越来越趋向于零。我们说此类数列有极限。尽管这两个数列没有相同的元素，而且这两个数列没有一项为零，但是这两个数列的极限都为零。其他数列中的项都不倾向于接近一个确定的数值，所以它们没有极限。

在数列 1 和数列 5 中，我们看到数列的值或者趋于无限大，或者趋于无限小，我们说这两个数列是无界的。数列 4 是有界的，但是数列中的元素并不无限接近于任一个确定的数值，所以我们说这个数列也没有极限。在下一节，我们将正式给出极限的定义。

练习

1. 给出以下数列的前 10 项，并参照图 3.1～图 3.6 画图表示。

(a) $f(n)=5+1/n$

(b) $f(n)=5n/(2^n)$

(c) $f(n)=(n^2+2n)/n$。

2. 给出以下数列的前 10 项，并参照图 3.1～图 3.6 画图表示。

(a) $f(n)=5-1/n$

(b) $f(n)=n/(n+1)$

(c) $f(n)=c+[(-1)^n(1/n)]$，c 为常数

3. 对于数列 $f(n)=2n$，$n=0$，1，2，…，给出 $n=1$，2，3…时的表达式。

4. 对于数列 $f(n)=n^2$，$n=5$，6，7，…，给出 $n=1$，2，3…时的表达式。

5. 对于数列 $f(n)=(1+r)^n$，$n=1$，2，3，…，给出从第 26 项开始的表达式。

3.2 数列的极限

根据定义 3.1，用 a_n 表示数列的每一项是很方便的，这里 $a_n=f(n)$，$n=1$，2，3，…。数列极限的定义是当 n 变大的时候，数列的项 a_n 接近于唯一确定的值。如果一个数列有极限，我们说它是收敛的；如果数列没有极限，我们说它是**发散**的。

定义 3.2 如果对于任意的 $\varepsilon>0$（无论它多么小），总存在 N，使得对于 $n>N$ 时的所有 a_n，不等式 $|a_n-L|<\varepsilon$ 都成立，那么称数列的**极限**为 L，这样的数列是收敛的，记作 $\lim\limits_{n\to\infty}a_n=L$。

用不那么严格的语言来说，上面的定义是指假如一个数列“在某些项之外”的所有值都无限接近于 L（也就是说，对于任意小的正整数 ε，总存在任意大的 N，使 $|a_n-L|<\varepsilon$ 总成立），那么这个数列的极限为 L。例如，考虑数列 $a_n=1/n$（见图 3.2），其极限 $L=0$。当 $N>100$ 时，$|a_n-0|<0.01$；当 $N>500$ 时，$|a_n-0|<0.002$。更一般地来说，$|1/n-0|<\varepsilon$ 要求 $N>1/\varepsilon$。可以把 N 看作 ε 的函数，记作 $N(\varepsilon)$。

就像函数一样（见第 2 章），数列也分为**有界**和**无界**。特别地，如果存在一个确定的 $K>0$，对于 N，

$$\text{对所的 } n>N\text{，有 } a_n<K\text{，那么数列有上界}$$

$$\text{对所有的 } n>N\text{，有 } a_n>-K\text{，那么数列有下界}$$

我们就说数列是有界的。

如果以上两个条件都不具备或者不满足其中一个，我们说数列是无界的。例如，图 3.1 所示的数列

$$f(n)=2n,\quad n=1,2,3,\cdots$$

是无界的，因为它无上界。图 3.5 所示的数列

$$f(n)=-n^2,\quad n=1,2,3,\cdots$$

是无界的，因为它没有下界。一个数列也可能因为既无上界又无下界而无界，如

图 3.6 所示的数列

$$f(n)=(-2)^n, \quad n=1,2,3,\cdots$$

很明显，如果数列无界，那么数列没有极限，也就不满足定义 3.2 中收敛的定义。数列 $a_n=(-1)^n$（见图 3.4）给出的是另一类不收敛的数列。这种数列是有界的，但是没有极限，因为如果数列有界，那么数列的所有在 N 项之后的项必须满足定义 3.2。很明显，无论 L 取何值，当 $n>N$ 时，任何 a_n 的取值都只是 $+1$ 或 -1，a_N 之后的所有项不能无限接近于一个确定的值 L，所以一个有界的数列并不一定是收敛的。

定义 3.3 如果数列没有极限，那么数列一定**发散**。

我们可将发散数列分为两类：绝对发散或者仅仅是发散。例如，数列 $a_n=2n$（见图 3.1）是发散的，因为数列的项不接近于一个确定的数值 L。但是，数列的项在正方向无限增大，于是我们说这个数列接近于正无穷（$+\infty$），这是一个绝对发散的例子。

定义 3.4 如果一个发散数列满足下列两个条件中的一个，我们就说数列是**绝对发散**的：

（i）如果对于任意（极大）的数值 K，存在足够大的 N，对所有的 $n>N$，有 $a_n>K$，我们就说数列是绝对发散的且 $\lim\limits_{n\to\infty}a_n=\infty$。

（ii）如果对于任意（极大）的数值 K，存在足够大的 N，对所有的 $n>N$，有 $a_n<-K$，我们就说数列是绝对发散的且 $\lim\limits_{n\to\infty}a_n=-\infty$。

注意，图 3.1、图 3.4、图 3.5、图 3.6 所示的数列都是发散的，但是只有图 3.1 和图 3.5 中的数列是绝对发散的。另外注意，虽然图 3.6 所示的数列中的项既不接近于 $+\infty$，也不接近于 $-\infty$，但是数列是无界的。

下面的例子说明了如何根据题意来证明数列发敛或发散。

例 3.2 证明数列 $f(n)=1/n$，$n=1, 2, 3, \cdots$ 的极限为零，即 $\lim\limits_{n\to\infty}1/n=0$，数列收敛于零。

证明：根据定义 3.2，我们需证明对任意 $\varepsilon>0$，总存在 N，使得对于 $n>N$，

$$\left|\frac{1}{n}-0\right|<\varepsilon$$

成立。也就是说，我们需要找到一个 N，使得对于 $n>N$，$1/n<\varepsilon$ 成立。在不等式两边乘上 n，条件变为

$$1<\varepsilon n$$

或

$$\varepsilon n>1$$

或

$$n>\frac{1}{\varepsilon}$$

所以，若我们选取 N 为下一个大于 $1/\varepsilon$ 的整数，则满足条件。■

例 3.3 证明数列 $f(n)=(-1)^n$，$n=1, 2, 3, \cdots$是发散的。

证明：根据定义 3.3，如果数列无极限 L，则数列是发散的。很容易用图表示，对任意 $\varepsilon>0$，无论 N 取多大的值，当 $n>N$ 时，不存在一个 L 值，使得数列 $f(n)=(-1)^n$ 的项都在 L 的 ε 领域内。因为无论 N 取多大的值，当 $n>N$ 时，数列 $f(n)=(-1)^n$ 的项都只有-1和$+1$，所以如果我们取 $\varepsilon=1/2$，不存在一个 L 值落于$\left[-1\frac{1}{2}, -\frac{1}{2}\right]$和$\left[\frac{1}{2}, 1\frac{1}{2}\right]$之间，见图 3.7。

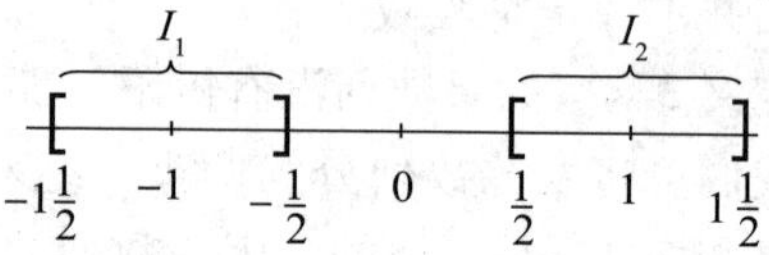

图 3.7 $f(n)=(-1)^n$ 无极限（例 3.3）

对于 $\varepsilon=1/2$，数字-1的极限 L 位于区间 I_1 内，数字$+1$的极限 L 位于区间 I_2 内，因为这两个区间不相交，不存在同时满足两个条件的值 L（也就是说，没有一个数同时位于这两个区间内）。从代数上来说，若 L 是数列的极限，则对任意 $\varepsilon>0$，都必须满足以下两个条件：

条件 A：$|-1-L|<\varepsilon$
条件 B：$|+1-L|<\varepsilon$

取 $\varepsilon=\frac{1}{2}$，条件 A 要求

$$|-1-L|<\frac{1}{2}$$

当 $L>0$ 时，这个条件不成立，因为

$$|-1-L|=1+L>\frac{1}{2}$$

同时，条件 B 要求

$$|+1-L|<\frac{1}{2}$$

当 $L<0$ 时，这个条件不成立，因为

$$|+1-L|=1+|L|>\frac{1}{2}$$

因为 L 不能同时为正数和负数，故数列极限不存在。■

例 3.4 证明数列 $a_n=2n$，$n=1, 2, 3, \cdots$是绝对发散数列。

证明：根据定义 3.4，如果$\lim\limits_{n\to\infty}a_n=+\infty$或$\lim\limits_{n\to\infty}a_n=-\infty$，那么数列是绝对发散的。对于数列 $a_n=2n$，$\lim\limits_{n\to\infty}a_n=+\infty$成立。为了更严格地表示这一点，我们需

要证明对任意（极大）值 K，总能找到一个足够大的 N，对每一个 $n>N$，$a_n>K$ 成立。对于数列$a_n=2n$，这显然成立，因为对任意 K，假设 $n>K/2$，我们有

$$2n>K$$

所以，我们只要选取 N 为大于 $K/2$ 的下一个整数，条件即可满足。 ■

练习

1. 用定义 3.2 证明下列数列的极限为给定的值。

(a) $\lim\limits_{n\to\infty}\frac{n}{n+1}=1$

(b) $\lim\limits_{n\to\infty}5+\frac{1}{n}=5$

(c) $\lim\limits_{n\to\infty}\left(-\frac{1}{2}\right)^n=0$

2. 求下列数列的极限，并用定义 3.2 证明所求极限是正确的。

(a) $\lim\limits_{n\to\infty}\frac{1}{n^2+2}$

(b) $\lim\limits_{n\to\infty}\frac{n}{(n+1)^2}$

3. 证明下列数列是发散的。如果数列绝对发散，用定义 3.4 证明。

(a) $\lim\limits_{n\to\infty}n^2$

(b) $\lim\limits_{n\to\infty}(-n)^3$

(c) $\lim\limits_{n\to\infty}(-c)^n$（$c$ 为常数且 $c\neq 0$）

3.3 现值计算

数列在经济学上的一个重要应用就是，确定在未来某个时点上收取的一笔钱的**现值**。这个计算是由现在的一笔投资计算未来收益的反向计算。例如，设现在一个人在目前年利率为10%的条件下投资的数额为90.91美元，那么在年末其收入为$90.91\times(1+0.1)\doteq 100$美元。一般的，在年利率为 r 的条件下，现在投资 X 美元，年末的总收入为 $V=X(1+r)$ 美元，也就是说数量为 V 的投资在一年内的收入的现值为 $X=V/(1+r)$，这里称 r 为收益率（或利率）。对于上面的例子来说，如果年利率是10%，那么在年末收到的100美元的现值是90.91美元。这是因为在给定年利率为10%的情况下，90.91美元恰好是在一年后产生100美元在当下所需要的投资额。

同样的理论可用于计算将来任何时期的收益。如果一个人现有 Y 美元。按照

年利率为10%的复利（也就是利息的储蓄和再投资），在第一年末，Y美元将变为$Y(1+0.1)$美元。再投资之后（包括利息），在第二年末将变为$[Y(1+0.1)](1+0.1)=Y(1+0.1)^2$美元。因此，设两年内的收益100美元的现值为$Y$美元，$Y(1+0.1)^2=100$或者$Y=100/(1+0.1)^2\doteq 82.64$美元。

如此我们便可以得到在每期利率为r的条件下，按复利计算t时期后的收益V的现值的公式：

$$PV_t=\frac{V}{(1+r)^t} \tag{3.3}$$

注意，当$r>0$时，$(1+r)^t$随t的增大而增大，PV_t变小。也就是说，取得未来收益所等待的时间越长，未来收益的现值越低。这是很明显的。因为一个人在未来取得固定收益V所需的时间越长，那么取得未来收益V所需的当前投资就越少。因此，经济学家经常用未来收益的**贴现**一词，$1/(1+r)$称为**贴现率**或**贴现因子**。此外，当$t\to\infty$时，$(1+r)^t$无限增大，故$t\to\infty$时，$PV_t\to 0$。这一命题的证明将作为本节末的一个练习。

例 3.5 计算在利率为8%的条件下，一年内取得500美元的现值。

解： 根据等式（3.3），我们有

$$PV_1=\frac{V}{(1+r)^1}=\frac{V}{1+r}=\frac{500}{1+0.08}=\frac{500}{1.08}=462.96(\text{美元})$$ ■

我们可以便利地验证上述结论是正确的，因为如果一个人将当期的462.96美元在利率为8%的条件下投资一年，那么在年末就会得到$462.96(1+0.08)=500$（美元）。

例 3.6 设利率为12%，未来三年内每年末的收益为100万美元，求每年末收益的现值。

解：

$$100\text{万美元在第一年末的现值}=\frac{1\,000\,000}{1.12}=892\,857.14(\text{美元})$$

$$100\text{万美元在第二年末的现值}=\frac{1\,000\,000}{(1.12)^2}=797\,193.88(\text{美元})$$

$$100\text{万美元在第三年末的现值}=\frac{1\,000\,000}{(1.12)^3}=711\,780.25(\text{美元})$$

故这三年每年收益的现值的总和为2 401 831.27美元。 ■

例 3.7 设利率为12%，在未来三年内，若每年年末的支出为100万美元，求现在需要投资的总额。

解： 从例3.6中，我们可以看出，本题的答案是2 401 831.27美元。

为验证这一点，我们从在利率为12%的条件下投资2 401 831.27美元开始，那么在第一年末，投资收益为

$$2\ 401\ 831.27\times 1.12=2\ 690\ 051.02(\text{美元})$$

在除去100万美元的支出之后，还有1 690 051.02美元可在第二年进行投资，在第二年末，投资收益为

$$1\ 690\ 051.02\times 1.12=1\ 892\ 857.14(\text{美元})$$

再除去100万美元的支出，剩余892 857.14美元可在第三年进行投资，在最后一年末，投资收益为

$$892\ 857.14\times 1.12=1\ 000\ 000.00(\text{美元})$$

恰好是这一年末的支出数额。 ■

连续复利计算

尽管通常在年支出或年收入中引入复利，但是我们经常遇到的是不同时间跨度的复利问题，如在储蓄账户中，每个月利息会自然增加并自动转入本金中（复利），这样做的结果是比在每一年末进行一次复利计算赚的钱多。下面我们通过一个例子来说明这一点。

设储蓄账户的年利率为12%（$r=0.12$），一个客户在其账户中存入1 000美元，在1年内，客户不提取。如果按年来进行复利计算，那么在1年末，客户账户中的金额为1 000×(1+0.12)=1 120（美元）。若银行以半年为期自动进行计算并将利息存入客户的账户，这就意味着按半年为期进行复利计算，年利率为12%，那么半年利率为6%。在第一个半年，所存的1 000美元所获得的利息为1 000×0.06=60（美元）。利息存入账户后，第二个半年的本金为1 060美元，所获得的利息为1 060×0.06=63.60（美元）。那么在1年末，账户中的金额为1 000+60+63.60=1 123.60（美元）。用更为数学化的方式来表示就是在第一个半年之后，账户中的金额为1 000(1+0.06)（美元）。这笔金额在第二个半年又获得了6%的利息，那么在1年末账户中的金额为

$$[1\ 000\times(1+0.06)]\times(1+0.06)=1\ 000(1.06)^2=1\ 123.60(\text{美元})$$

假设银行决定提供以3个月为期的复利（也就是以每季度为期的复利），那么1年中每季度的利率为3%，以季度为期的复利计算意味着1 000美元在1年后将变为

$$\begin{aligned}1\ 000(1+0.03)(1+0.03)(1+0.03)(1+0.03)&=1\ 000(1+0.03)^4\\&=1\ 125.51(\text{美元})\end{aligned}$$

假设银行提供以每个月为期的复利，则相应的利率为1%（每月），这1 000美元在1年末变为

$$\begin{aligned}1\ 000\underbrace{(1+0.01)(1+0.01)\cdots(1+0.01)}_{12\text{次}}&=1\ 000(1.01)^{12}\\&=1\ 126.82(\text{美元})\end{aligned}$$

毫无疑问，复利计算得越频繁，在年末的储蓄金额越大。

设r代表年利率，n表示每年复利计算的次数，则相应的每一期的利率为

r/n。所以在每一期，我们要用因子（$1+r/n$）来决定每一期末的金额。由此，在利率为 r 的条件下，投资的 P 美元在 1 年中进行 n 次复利计算后，在年末其值为

$$P\underbrace{\left(1+\frac{r}{n}\right)\left(1+\frac{r}{n}\right)\cdots\left(1+\frac{r}{n}\right)}_{n\text{次}}=P\left(1+\frac{r}{n}\right)^n$$

（试将此公式应用于上面所举的 $n=1$、4、12 的例子，即按年、季度、月进行复利计算。）

连续复利计算意味着利息被即时复合计算，或者说 $n\to\infty$，所以我们将公式中的（$1+r/n$）^{n} 看作一个数列，取其极限 $\lim\limits_{n\to\infty}(1+r/n)^n$，就得到了确定 P 美元的投资在 1 年中的连续复利所需的因子。以 $r=1$ 为特例，我们有

$$\lim_{n\to\infty}\left(1+\frac{1}{n}\right)^n=\mathrm{e}$$

e 是第 2 章所介绍的自然数，$\mathrm{e}\approx2.718\ 28$。

尽管很有意思，但这个公式却没有多少用处，因为几乎没有利率为 100％的情况。若利率为 r，那么相应的连续复利计算公式为

$$\lim_{n\to\infty}\left(1+\frac{r}{n}\right)^n$$

为了给出一个有用的表达公式，首先我们引入一个新的变量 s，$s\equiv n/r$，那么 $r/n=1/s$，$n=sr$。将用 s 表示的 r/n 和 n 代入上面的公式，并且注意到 $n\to\infty$ 时，$s\to\infty$，我们有

$$\lim_{n\to\infty}\left(1+\frac{r}{n}\right)^n=\lim_{s\to\infty}\left(1+\frac{1}{s}\right)^{sr}=\lim_{s\to\infty}\left[\left(1+\frac{1}{s}\right)^s\right]^r$$

暂时忽略 r，我们看到

$$\lim_{s\to\infty}\left[\left(1+\frac{1}{s}\right)^s\right]=\mathrm{e}$$

这一公式是上面公式的同一表达式，只不过改变了变量的名字，那么

$$\lim_{s\to\infty}\left[\left(1+\frac{1}{s}\right)^s\right]^r=\mathrm{e}^r$$

因此，在利率为 r 的情况下，P 美元的投资在 1 年内进行连续复利计算后年末得

$$P\lim_{s\to\infty}\left[\left(1+\frac{1}{s}\right)^s\right]^r=P\mathrm{e}^r$$

在我们的例子中，$P=1\ 000$ 美元，$r=0.12$，那么

$$P\mathrm{e}^r=1\ 000\mathrm{e}^{0.12}=1\ 127.50(\text{美元})$$

为得到复利计算的一般公式，我们考虑1年中不同的投资期会有什么影响。在每年进行 n 次复利计算的例子中，n 是确定的，r 是年利率，下面的公式表示 P 美元的投资额在 t 年后的值：

$$V=P\left[\left(1+\frac{r}{n}\right)^{n}\right]^{t}=P\left(1+\frac{r}{n}\right)^{nt}$$

在这个公式中，因子 $(1+r/n)$ 在 t 年中每一年需应用 n 次，这表示表达式中的幂为 nt。在我们的例子中，这意味着1 000美元在2年中进行复利计算后的值为

$V=1\ 000(1+0.12)^2=1\ 254.40$(美元)(1年期的复利计算)

$V=1\ 000(1+0.06)^4=1\ 262.48$(美元)(半年期的复利计算)

$V=1\ 000(1+0.01)^{24}=1\ 269.73$(美元)(按月进行的复利计算)

类似的结果应用于利率为 r 的条件下，在 t 期内进行复利计算，P 美元的投资额在 t 期后的值为

$$V=P(e^r)^t=Pe^{rt}$$

对于在我们的例子，在利率为12%的条件下，1 000美元的投资额在2年中进行连续复利计算，其值为

$V=1\ 000e^{0.12\times 2}=1\ 000e^{0.24}=1\ 271.25$(美元)

尽管连续复利计算看上去在现实中不像是真实的，似乎没有什么价值，但是它仍然是一个足够准确和有用的近似值。注意，1 000美元的投资额在2年中进行复利计算和进行连续复利计算所得结果的差别非常小。因为连续复利计算的公式非常简单，所以尽管其结果不是那么准确，但经济学家仍然经常用它。

因为计算未来收益的现值也就是确定取得未来收益所需的投资，所以现在投资的频率必须包括在现值计算中。例如，在利率为10%的条件下，按1年为期进行复利计算，1 000美元收益的现值为909.09美元，即

$909.09(1.10)=1\ 000$(美元) 或 $\dfrac{1\ 000}{(1.10)}=909.09$(美元)

然而，如果1年进行两次复利计算，1年后909.09美元将得到大于1 000美元的收益，即

$909.09(1+0.05)^2=1\ 002.27$(美元)

所以1年后1 000美元的现值将小于909.09美元，正确的计算是

$\dfrac{1\ 000}{(1.05)^2}=907.03$(美元)

为检查是否正确，我们注意到在利率为10%（每年）、以半年期进行复利计算的条件下，907.03美元的投资额所产生的未来收益为 $907.03(1.05)^2=1\ 000$ 美元。

一般说来，如果（年）利率为 r、每年进行 n 次复利计算，要在 t 年后得到

V 美元的收益，那么现在的投资额为 X 美元：

$$X\left(1+\frac{r}{n}\right)^{nt}=V \quad 或 \quad X=\frac{V}{[1+(r/n)]^{nt}}$$

故在每年贴现 n 次、未来收益为 V 的条件下，求现值 PV_t 的正确的贴现公式为

$$PV_t=\frac{V}{[1+(r/n)]^{nt}}$$

同样，如果是连续复利计算，在 t 年时间获得 V 美元收益的现值 X 美元可通过以下公式求得：

$$Xe^{rt}=V \quad 或 \quad X=\frac{V}{e^{rt}}=Ve^{-rt}$$

所以在连续贴现的条件下，正确的贴现公式是

$$PV_t=Ve^{-rt}$$

所有这些结果都在下面两个例子中予以说明。注意，每年进行确定次数的复利计算叫作**离散复利**计算，而 $n\rightarrow\infty$ 的复利计算叫作**连续复利**计算。

例 3.8 设年利率为 3%，求在下列情况下，10 000 美元的投资额产生的未来收益。

（ⅰ）以半年为期进行复利计算，1 年末的收益。

（ⅱ）以半年为期进行复利计算，5 年末的收益。

（ⅲ）按月进行复利计算，1 年末的收益。

（ⅳ）按月进行复利计算，5 年末的收益。

（ⅴ）连续复利计算，1 年末的收益。

（ⅵ）连续复利计算，5 年末的收益。

解： 应用离散复利计算公式

$$V=P\left(1+\frac{r}{n}\right)^{nt}$$

和连续复利计算公式

$$V=Pe^{rt}$$

有

（ⅰ）$V=10\,000\left(1+\frac{0.03}{2}\right)^{2}=10\,000(1.015)^{2}=10\,302.25$（美元）

（ⅱ）$V=10\,000\left(1+\frac{0.03}{2}\right)^{10}=10\,000(1.015)^{10}=11\,605.41$（美元）

（ⅲ）$V=10\,000\left(1+\frac{0.03}{12}\right)^{12}=10\,000(1.002\,5)^{12}=10\,304.16$（美元）

（ⅳ）$V=10\,000\left(1+\frac{0.03}{12}\right)^{60}=10\,000(1.002\,5)^{60}=11\,616.17$（美元）

(ⅴ) $V=10\ 000e^{0.03}=10\ 000(1.030\ 454)\ =10\ 304.54$（美元）

(ⅵ) $V=10\ 000e^{0.15}=10\ 000(1.161\ 834)\ =11\ 618.34$（美元） ■

例 3.9 设年利率为 8%，未来收益为 25 000 美元，求下列各种条件下的现值。

(ⅰ) 按年进行复利计算，未来收益在 1 年末取得。

(ⅱ) 按年进行复利计算，未来收益在 20 年末取得。

(ⅲ) 按季度进行复利计算（即每三个月进行复利计算），未来收益在 1 年末取得。

(ⅳ) 按季度进行复利计算，未来收益在 20 年末取得。

(ⅴ) 连续复利计算，未来收益在 1 年末取得。

(ⅵ) 连续复利计算，未来收益在 20 年末取得。

解： 应用离散复利计算公式

$$PV_t=\frac{V}{[1+(r/n)]^{nt}}$$

和连续复利计算公式

$$PV_t=Ve^{-rt}$$

有

(ⅰ) $\frac{25\ 000}{1+0.08}=\frac{25\ 000}{1.08}=23\ 148.15$（美元）

(ⅱ) $\frac{25\ 000}{(1+0.08)^{20}}=\frac{25\ 000}{(1.08)^{20}}=5\ 363.70$（美元）

(ⅲ) $\frac{25\ 000}{[1+(0.08/4)]^{4}}=\frac{25\ 000}{(1.02)^{4}}=23\ 096.14$（美元）

(ⅳ) $\frac{25\ 000}{[1+(0.08/4)]^{80}}=\frac{25\ 000}{(1.02)^{80}}=5\ 127.74$（美元）

(ⅴ) $25\ 000e^{-0.08}=25\ 000(0.923\ 116\ 3)=23\ 077.91$（美元）

(ⅵ) $25\ 000e^{-1.6}=25\ 000(0.201\ 896\ 5)=5\ 047.41$（美元） ■

正如上面的应用所示，计算未来收益的现值或定期收益是非常枯燥的，但是这对于银行或其他金融机构决定固定数额的现金所产生的收益是非常重要的。在 3.5 节，我们将进一步介绍一些技巧和公式。

练习

1. 设年利率为 12%，按年进行复利计算，3 年后的收益为 100 美元，求其现值。

2. 设利率为 10%，2 年后的收益为 100 万美元，求下列各种条件下所需的投资额：

(a) 按年进行复利计算。

（b）按半年进行复利计算。

（c）按月进行复利计算。

（d）连续复利计算。

3. 设利率为 r，按年进行复利计算，t_2 年后 V_2 美元收益的现值与 t_1 年后 V_1 美元的现值相等，$t_2>t_1$：

（a）证明 $V_2>V_1$。

（b）证明对于任意 k，（t_2+k）年后的收益 V_2 美元的现值与（t_1+k）年后的收益 V_1 美元的现值相等。

4. 根据定义 3.2，证明在利率 $r>0$ 的条件下，t 时期后的收益 V 的现值在 $t\to\infty$ 时趋向于零。

5. 设一个国家目前人口为 1 亿，在未来 50 年内的人口增长率为 2%，用连续复利计算下列各种情况下的人口数：

（a）5 年后。

（b）10 年后。

（c）20 年后。

6. 条件同练习 5，求这个国家人口翻一番所需的时间。

3.4 数列的特征

下面直接给出收敛数列的特征：

> **定理 3.1** 设数列 a_n 和 b_n 为收敛数列，其极限分别为 L^a 和 L^b，有：
>
> （ⅰ）$\lim\limits_{n\to\infty} ca_n=cL^a$，$c$ 为任意常数
>
> （ⅱ）$\lim\limits_{n\to\infty}(a_n\pm b_n)=L^a\pm L^b$
>
> （ⅲ）$\lim\limits_{n\to\infty}(a_n)(b_n)=L^aL^b$
>
> （ⅳ）如果 $L^b\neq0$，$\lim\limits_{n\to\infty}(a_n/b_n)=L^a/L^b$

定理 3.1 的用处在于，有时候利用它可以很容易确定组成数列的项的某一部分的极限。例如，对于数列

$$\left\{\frac{\alpha+\dfrac{2}{n^2+3}}{\beta+\dfrac{1}{n}}\right\}$$

展开这个数列，求 $n\to\infty$ 时数列的极限是一个非常沉闷的练习。但是很明显，分子的极限是 α，分母的极限是 β。应用定理 3.1 的（ⅳ），上面数列的极限是 α/β。下面两个例子是对定理 3.1（ⅰ）和（ⅱ）的应用。

例 3.10 应用 $\lim\limits_{n\to\infty}1/n=0$ 和定理 3.1（ⅰ）的结果，求数列 $f(n)=2/n$，$n=1$，

2，3,…的极限。

解：因为

$$\frac{2}{n}=2\left(\frac{1}{n}\right)$$

所以

$$\lim_{n\to\infty}\frac{2}{n}=\lim_{n\to\infty}2\,\frac{1}{n}=2\left(\lim_{n\to\infty}\frac{1}{n}\right)=2\times0=0$$ ■

例 3.11 根据$\lim\limits_{n\to\infty}1/n=0$，$\lim\limits_{n\to\infty}1/(n+1)=0$及定理 3.1（ⅱ），求 $f(n)=\dfrac{2n+1}{n^2+n},n=1,2,3,\cdots$的极限。

解：因为

$$\frac{2n+1}{n^2+n}=\frac{n+n+1}{n(n+1)}=\frac{n}{n(n+1)}+\frac{n+1}{n(n+1)}=\frac{1}{n+1}+\frac{1}{n}$$

我们可以写作

$$\lim_{n\to\infty}\frac{2n+1}{n^2+n}=\lim_{n\to\infty}\left[\frac{1}{n+1}+\frac{1}{n}\right]=\lim_{n\to\infty}\frac{1}{n+1}+\lim_{n\to\infty}\frac{1}{n}=0+0=0$$ ■

定理 3.2 给出了一些有关绝对发散数列和收敛数列的代数合成式的简单而有用的结果。

定理 3.2 设数列 a_n 是收敛数列，极限为 L^a，数列 b_n 是绝对发散数列，极限为$+\infty$，c 为常数，我们有：

（ⅰ）对于 $c>0$，$\lim\limits_{n\to\infty}cb_n=+\infty$；对于 $c<0$，$\lim\limits_{n\to\infty}cb_n=-\infty$

（ⅱ）$\lim\limits_{n\to\infty}(a_n+b_n)=+\infty$

（ⅲ）$\lim\limits_{n\to\infty}(a_n-b_n)=-\infty$

（ⅳ）对于 $L^a>0$，$\lim\limits_{n\to\infty}(a_n)(b_n)=+\infty$；对于 $L^a<0$，$\lim\limits_{n\to\infty}(a_n)(b_n)=-\infty$

（ⅴ）$\lim\limits_{n\to\infty}(a_n/b_n)=0$

作为特例，

$$\lim_{n\to\infty}\frac{c}{b_n}=0,\quad c\text{ 为常数}$$

同样，我们可以推出 b_n 的极限为$-\infty$的情况。

下面两个例子是对定理 3.2（ⅰ）和（ⅳ）的应用。

例 3.12 应用$\lim\limits_{n\to\infty}n=+\infty$和定理 3.2（ⅰ）的结果，求$\lim\limits_{n\to\infty}\dfrac{n}{2}$。

解：$\lim\limits_{n\to\infty}\dfrac{n}{2}=\lim\limits_{n\to\infty}\dfrac{1}{2}n=\dfrac{1}{2}[\lim\limits_{n\to\infty}n]$

所以$\lim\limits_{n\to\infty}\frac{n}{2}=+\infty$。 ■

例 3.13 应用$\lim\limits_{n\to\infty}\frac{n+3}{n}=1$，$\lim\limits_{n\to\infty}\frac{n^2-1}{n}=+\infty$和定理 3.2（ⅳ）的结果，求$\lim\limits_{n\to\infty}\frac{(n+3)(n^2-1)}{n^2}$。

解：$\frac{(n+3)(n^2-1)}{n^2}=\left(\frac{n+3}{n}\right)\left(\frac{n^2-1}{n}\right)$

我们有

$$\lim_{n\to\infty}\frac{(n+3)(n^2-1)}{n^2}=\lim_{n\to\infty}\frac{n+3}{n}\lim_{n\to\infty}\frac{n^2-1}{n}=+\infty$$ ■

这个定理可应用于 3.3 节给出的现值公式：

$$PV_t=\frac{V}{(1+r)^t}$$

由定理 3.2，我们得到如果 $r>0$，当 $t\to\infty$时，$PV_t\to 0$。因为分母是一个绝对发散数列（如果 $r>0$），分子是一个常数，定理 3.2（Ⅴ）给出了这一结果。

因为数列是定义域为正数的函数，所以我们可以像定义第 2 章的一般函数一样来定义数列的单调性和有界性，下面我们正式定义数列的单调性和有界性（在本章前面我们已经非正式地介绍了有界性）。

定义 3.5 如果 $a_1<a_2<a_3<\cdots$，则说数列是**单调递增**的，如果 $a_1>a_2>a_3>\cdots$，则说数列是**单调递减**的，这两种情况数列是单调的。

定义 3.6 当一个数列同时有上界和下界时，数列**有界**。

下面的定理可判断数列是否收敛。

定理 3.3 如果一个单调数列有界，则数列收敛。

例 3.14 应用定理 3.3，证明数列 $a_n=\frac{1}{2^n}$，$n=1$，2，3，…是收敛的。

证明：数列 $a_n=\frac{1}{2^n}$是单调递减的。为说明这一点，我们注意到

$$a_{n+1}=\frac{1}{2^{n+1}}=\frac{1}{2^n}\frac{1}{2},\quad a_n=\frac{1}{2^n},\quad \text{所以 } a_{n+1}<a_n$$

此外，这个数列是有界的，因为

$$\text{对任意 } n=1,2,3,\cdots,\quad 0<\frac{1}{2^n}<1$$

所以数列是收敛的。 ■

例 3.15 应用定理 3.3 证明数列 $a_n=-2n$，$n=1$，2，3，…是发散的。

证明：数列是单调递减的。为说明这一点，我们注意到

$$a_{n+1}=-2(n+1)=-2n-2,\quad a_n=-2n$$

所以 $a_{n+1}<a_n$。

此外，这个数列是无界的，因为对于任意 $K>0$（无论多大），取 $n>\frac{K}{2}$，总有

$$-2n<-K$$

即数列无下界，因此数列是发散的。 ■

从这两个例子中我们可以看到，对一个单调数列，与定义 3.2、定义 3.3、定义 3.4 相比，由定理 3.3 就可以更容易地判断其收敛还是发散。如果数列不是单调的，那么定理 3.3 就起不到作用了。下面两个数列就表明了这一点。数列

$$a_n=(-1)^n, \quad n=1,2,3,\cdots$$

和数列

$$a_n=\left(-\frac{1}{2}\right)^n, \quad n=1,2,3,\cdots$$

是有界的，但都不是单调数列，第一个数列不是收敛的，而第二个数列是收敛的。

练习

1. 应用定理 3.3 证明数列 $PV_t=V/(1+r)^t$ 在 $r\geqslant 0$ 时是收敛的，在 $-1<r<0$ 时是发散的。

2. 证明定理 3.2（ⅰ）。

3. 证明定理 3.2（ⅲ）。

3.5 级 数

级数是一类特殊的数列。考虑数列 $a_t=1/(t^2+t)$，$t=1, 2, 3,\cdots$，将数列前 n 项相加，我们就得到另一个数列：

$$s_n=\sum_{t=1}^{n}a_t=\sum_{t=1}^{n}\frac{1}{(t^2+t)}=1-\frac{1}{n+1}=\frac{n}{(n+1)}$$

为了说明这个结果的推导过程，我们注意到

$$a_t=\frac{1}{(t^2+t)}=\frac{1}{t}-\frac{1}{t+1}$$

将等式右边通分，我们有

$$\frac{1}{t}-\frac{1}{t+1}=\frac{(t+1)-t}{t(t+1)}=\frac{1}{t^2+t}$$

所以可以把 s_n 写作

$$\begin{aligned} s_n &= \sum_{t=1}^{n}\left(\frac{1}{t}-\frac{1}{t+1}\right) \\ &= \left(1-\frac{1}{2}\right)+\left(\frac{1}{2}-\frac{1}{3}\right)+\left(\frac{1}{3}-\frac{1}{4}\right)+\cdots \\ &\quad +\left(\frac{1}{n-1}-\frac{1}{n}\right)+\left(\frac{1}{n}-\frac{1}{n+1}\right) \end{aligned}$$

每个括弧中的第 2 项和下一个括弧中的第 1 项的和总为零，故最后我们有

$$s_n=1-\frac{1}{n+1}$$

s_n 本身是一个数列，因为这个数列是别的数列的前 n 项之和，故叫作级数。

$s_n=n$ 是与常数数列 $a_t=1$ 相联系的级数，这样，我们有下面的定义：

定义 3.7 如果 a_t，$t=1$，2，3，…是一个数列，那么 $s_n=\sum_{t=1}^{n}a_t$，$n=1$，2，3，… 称为**级数**。

因为级数是一类特殊的数列，故任何对数列适用的定义、定理等也适用于级数。例如，如果一个级数是单调的并且有界，那么它有极限（定理 3.3）。然而，根据定义 3.7 所规定的级数的一些特殊性质，我们可以进一步得到一些更有用的结论。例如，下面的定理在判断一个级数是否收敛方面非常有用。

定理 3.4 如果 $s_n=\sum_{t=1}^{n}a_t$ 是与数列 a_t 相联系的级数，且

$$\lim_{n\to\infty}\left|\frac{a_n+1}{a_n}\right|=L$$

那么：

（ⅰ）如果 $L<1$，则级数 s_n 收敛。

（ⅱ）如果 $L>1$，则级数 s_n 发散。

（ⅲ）如果 $L=1$，则级数 s_n 可能收敛，也可能发散。

定理 3.4 提供了判断级数收敛或发散的简便检验方法。这种检验方法基于构成级数的数列的后一项与前一项绝对值的比值的极限，如果这个比值最终大于 1，即

$$\lim_{n\to\infty}\left|\frac{a_{n+1}}{a_n}\right|>1$$

这意味着级数由递增的数加总而成，故毫无疑问级数是发散的；若此值小于 1，那么说明级数是由递减的数加总而成的，故级数是收敛的；若比值等于 1，那么这种检验方法便没有什么价值了，这时候就需要用其他方法来判别级数是收敛还是发散。

例 3.16 几何级数

数学和经济学上最重要的一个级数是**几何级数**，它为我们提供了证明定理

3.4 的收敛检验方法的有用性的很好的例子。为说明这一点，考虑数列 $a_t=a\rho^{t-1}$ 为常数，这个数列构成的级数是

$$s_n=\sum_{t=1}^{n}a\rho^{t-1}=a+a\rho+a\rho^2+a\rho^3+\cdots+a\rho^{n-1}$$

这是一个几何级数。数列 $a_t=a\rho^{t-1}$ 的后一项与前一项的比值是

$$\left|\frac{a_{n+1}}{a_n}\right|=\left|\frac{a\rho^n}{a\rho^{n-1}}\right|=|\rho|$$

由定理 3.4 我们可得，若 $|\rho|<1$，则级数是收敛的；若 $|\rho|>1$，则级数是发散的；很显然若 $|\rho|=1$，则 $a_t=a$，$s_n=na$，对于任意 $a\neq 0$，s_n 是发散的。下面的例子又提供了一个定理 3.4 无法确定一个级数是否收敛的案例。

例 3.17　由数列 $a_n=1/n$ 构成的级数叫作**调和级数**。尽管 $\lim\limits_{n\to\infty}a_n=0$，但级数不是收敛的（这留作练习）。从直觉上来说，如果一个级数是收敛的，那么构成级数的数列的第 n 项在 $n\to\infty$ 时要足够快地趋向于零，这样，各项之和就是有限的。定理 3.4 所述条件下的理论基础，即

$$\lim_{n\to\infty}\left|\frac{a_{n+1}}{a_n}\right|=L<1$$

保证了级数是收敛的。而在调和级数中，

$$\lim_{n\to\infty}\left|\frac{a_{n+1}}{a_n}\right|=\frac{1/(n+1)}{1/n}=1$$ ■

当 $|\rho|<1$ 时，很容易推出该几何级数的极限为

$$\lim_{n\to\infty}s_n=\frac{a}{1-\rho}$$

在 s_n 的表达式中各项都乘以 ρ，有

$$\rho s_n=a\rho+a\rho^2+a\rho^3+\cdots+a\rho^{n-1}+a\rho^n$$

其中，

$$s_n=a+a\rho+a\rho^2+a\rho^3+\cdots+a\rho^{n-1}$$

由上面两个表达式，我们可以看到

$$s_n-\rho s_n=a-a\rho^n$$

我们可以将 s_n 写为

$$s_n=a\left(\frac{1-\rho^n}{1-\rho}\right)\tag{3.4}$$

如果 $|\rho|<1$，当 $n\to\infty$ 时，$\rho^n\to 0$，所以

$$\lim_{n\to\infty}s_n=\frac{a}{1-\rho}\tag{3.5}$$

等式（3.4）是一个有限几何级数的表达式，等式（3.5）是一个无限几何级数的表达式，这两个等式在经济学中用处颇大。在本章中，我们主要考察与现金或票据流量现值相关的级数应用，如投资项目或抵押贷款。登录 http://mitpress.mit.edu/math_econ3 获得级数的更多应用以及被称作阿基里斯悖论的经典问题的介绍。

回报的现值

前面我们已经看到，数列 $PV_t=V/(1+r)^t$（等式（3.3））表示的是未来 t 时期之后的收益 V 的现值。在许多经济学应用中，我们需要算出这些金额的级数（总和）的现值。例如，一笔抵押贷款或其他长期贷款表示借给私人或机构以获取未来偿付的一笔现金。所以若在利率为 r 的条件下，一个人在 T 年内每年年末偿还数额为 V 的贷款，那么还贷的现值是

$$P_T=\sum_{t=1}^{T}\frac{V}{(1+r)^t}=\frac{V}{(1+r)^1}+\frac{V}{(1+r)^2}+\cdots+\frac{V}{(1+r)^T} \tag{3.6}$$

注意，式（3.6）其实就是我们在本章例 3.16 中所描述的几何级数。将原级数中的首项（a）替换为 $V/(1+r)$，并将公比 ρ 替换为 $1/(1+r)$，这里的 ρ 是贴现因子。对于有限的 T，可以利用等式（3.4）将等式（3.6）转化为

$$P_T=\frac{V}{(1+r)}\left\{\frac{1-[1/(1+r)]^T}{1-[1/(1+r)]}\right\} \tag{3.7a}$$

如果 $T\to\infty$，那么等式（3.5）将转化为

$$P_\infty=\lim_{T\to\infty}P_T=\lim_{T\to\infty}P_T\ \frac{V}{(1+r)}\left[\frac{1-\left(\frac{1}{1+r}\right)^T}{1-\left(\frac{1}{1+r}\right)}\right]$$

虽然这个等式有些烦琐，但我们通过 $1-1/(1+r)=r/(1+r)$ 和少量的代数运算就可以得到

$$P_\infty=\frac{V}{r} \tag{3.7b}$$

因此，举例来说，在 8%的利率下，未来 50 年，每年年末收到的 8 000 美元的现金或票据（即 $V=8\ 000$，$r=0.08$，$T=50$）的现值应通过等式（3.7a）计算出来，解出的值为 $P_{50}=97\ 867.88$（美元）。如果这一现金流永续（$T\to\infty$），它的价值将为 $P_\infty=100\ 000$（美元）。第二个结果是显而易见的，因为在年利率为 8%的情况下，100 000 美元将会产生一个永续的 8 000 美元的收入流。

令人惊讶的是，年金额为 8 000 美元的永续年金的价值仅仅比持续时间 50 年的年金多一点点。原因是，当 $T\to\infty$时，所有第 50 年年末后的收入都会被贴现得很厉害。事实上，在第 50 年末后开始的年金额为 8 000 美元的永续年金，在第 50 年开始的现值也是 100 000 美元。想要知道它在当期的价值，就需要用 $1/(1+r)^{50}$ 的贴现率来得到它的现值。计算得出 $100\ 000/(1+0.08)^{50}=2\ 132.12$

(美元)，这恰好是 P_∞ 和 P_T（令 $T=50$）在本例中的差别（即 100 000－97 867.88＝2 132.12（美元））。

很多时候我们希望将上述例子反过来讲。举例来说，某个银行以 8%的年利率将 100 000 美元以抵押贷款的形式贷给一个将在每年年末支付 V 美元的房产拥有者，银行需要计算 V 值的大小。如果这些支付是永续的（终身支付），那么计算 V 就是一件容易的事情，只需要转化等式（3.7b）；即，

$$V=P_\infty \cdot r=100\ 000\times 0.08=8\ 000(\text{美元})$$

然而，如果这些支付只进行 50 年，我们就需要转化等式（3.7a），得到

$$V=\frac{P_T\cdot(1+r)}{\left(\frac{1-[1/(1+r)]^T}{1-[1/(1+r)]}\right)}=\frac{100\ 000\times 1.08}{\left(\frac{1-[1/1.08]^{50}}{1-[1/1.08]}\right)}=8\ 174.29(\text{美元})$$

注意，50 年支付期所要求的支付水平与无限期的相差并不多（即 8 174.29 美元对 8 000.00 美元）。这是因为那些 50 年后的支付在计算现值的过程中会被贴现得很厉害，至少当年利率在相对较高的 8%时是这样的。

例 3.18 假设每年年末支付相等的 10 000 美元，终身支付，利率为 6%，计算：

（ⅰ）整笔收益的现值。

（ⅱ）在第 51 年之后开始收取的款项的现值。

（ⅲ）前 50 年收益的现值。

解：（ⅰ）

$$P_\infty=\lim_{T\to\infty}P_T=\sum_{t=1}^{\infty}\frac{10\ 000}{(1.06)^t}=\frac{10\ 000}{0.06}=166\ 666.67(\text{美元})$$

（ⅱ）如（ⅰ）中所计算的，从第 50 年开始算起，每年偿付 10 000 美元，终身偿付的金额的现值是 166 666.67 美元，因为这实际上是在第 51 年末收到的，它的目前（即现在）的现值必须贴现，其值为

$$\frac{166\ 666.67}{(1.06)^{50}}=9\ 048.06(\text{美元})$$

（ⅲ）前 50 年偿付金额的现值是（ⅰ）和（ⅱ）中答案之差：

$$166\ 666.67-9\ 048.06=157\ 618.61(\text{美元})$$ ■

注意，我们还可以用等式（3.7a）来计算（ⅲ）中的值；即，

$$P_{50}=\frac{10\ 000}{1.06}\left[\frac{1-\left(\frac{1}{1.06}\right)^{50}}{1-\left(\frac{1}{1.06}\right)}\right]=157\ 618.61(\text{美元})$$

上例是关于相等支付级数的现值的决定问题。一般说来，我们可以估算任何形式的偿付的现值。例如，设一公司正在考虑一笔金额为 C 美元的现期投资，其偿付是某种产品的销售收入，这种产品的销售量随时间而增加。假定生产过程

在某一年末开始，在第1年，产品的净销售利润是$\pi(1+g)$美元（假设它在每年的年末产生），其后每年增长率为g，故在第t期的利润是$a_t=\pi(1+g)^t$，故（未贴现）的收益（总收益）是

$$GB=\lim_{T\to\infty}\sum_{t=1}^{T} a_t=\lim_{T\to\infty}\sum_{t=1}^{T}\pi(1+g)^t$$

当π和g取正值时，这是一个发散级数，贴现过的利润或总收益的现值是

$$PVB=\lim_{T\to\infty}\sum_{t=1}^{T}=\frac{\pi(1+g)^t}{(1+r)^t} \tag{3.8}$$

这是一个几何级数，$a=\pi(1+g)/(1+r)$，$\rho=(1+g)/(1+r)$。故当$g<r$（即$|\rho|<1$）时，PVB是有限的，其值为$PVB=\pi(1+g)/(r-g)$。要决定投资是否有利可图，只需确定$PVB>C$还是$PVB<C$。这一过程说明了如何用贴现来评估投资项目的净收益。在大多数情况下，成本主要集中在早期，而收益则分散于一个较长的时间段内。

例 3.19 设某企业的收益以20 000美元开始，其后每年增长4%，令利率为8%，求收益现值。

解： 由等式（3.8），得到1年之后的收益的现值是

$$\begin{aligned}PVB&=\lim_{T\to\infty}\sum_{t=1}^{T}\frac{20\,000(1+0.04)^t}{(1+0.08)^t}\\&=\lim_{T\to\infty}\sum_{t=1}^{T}20\,000\left(\frac{1.04}{1.08}\right)^t(\text{美元})\end{aligned}$$

这是一个几何级数，$a=20\,000\times(1.04/1.08)$(美元)，$\rho=1.04/1.08$。应用等式（3.5）所给的求无限几何级数和的公式，我们有

$$PVB=\frac{a}{1-\rho}=520\,000(\text{美元})$$

加上最初的20 000美元，最后的答案是540 000美元。■

这个例子给出了项目评估中经常用到的非常有用的现值计算。许多投资计划或投资项目的成本和收益并不随时间同比例变化，而通常是在投资前期成本非常大，收益却在一个很长的时间内平均分布。水力发电建设项目是一个非常典型的例子。为比较前期的成本与后期的收益，比较所有成本和收益的现值就是一个标准的程序。下面的例子所示的就是如何创造性地应用现值计算来判断投资项目的价值。

例 3.20 设一家关注利润的公用事业单位正在研究是否通过建造一个新的大坝来扩充其水力发电能力，这个投资项目的成本和收益如下：

建设成本	200 000 000 美元	即期
	100 000 000 美元	接下来3年的每年年末
运转成本	5 000 000 美元	第4年末开始及接下来的时间
收入	30 000 000 美元	第4年末开始及接下来的时间

利率为6%。这家公用事业单位是否应采纳这一投资项目？

解： 建设成本的 $PV = 200\ 000\ 000 + \frac{100\ 000\ 000}{(1+0.06)} + \frac{100\ 000\ 000}{(1+0.06)^2} + \frac{100\ 000\ 000}{(1+0.06)^3}$

$$= 200\ 000\ 000 + \frac{100\ 000\ 000}{1.06} + \frac{100\ 000\ 000}{1.123\ 6} + \frac{100\ 000\ 000}{1.191\ 0}$$

$$= 200\ 000\ 000 + 94\ 339\ 623 + 88\ 999\ 644 + 83\ 961\ 928$$

$$= 467\ 301\ 195 \text{（美元）}$$

收入和运转成本发生在同一时期，故净运转收入的现值（即扣除运转成本而不是建设成本的收入）为

$$\sum_{t=1}^{\infty} \frac{25\ 000\ 000}{(1+0.06)^t} = \frac{25\ 000\ 000}{0.06} = 416\ 666\ 667 \text{(美元)}$$

但是我们必须说明净收入是从第 3 年末开始的，即我们必须对其加以贴现，使之与从今天的视角来评估的建设的现值相比较，所以

$$\text{净运转收入的 } PV = \frac{416\ 666\ 667}{(1+0.06)^3} = \frac{416\ 666\ 667}{1.191\ 016}$$

$$= 349\ 841\ 368 \text{(美元)}$$

因为建设成本的现值（467 301 195 美元）超过了净运转收入的现值（349 841 368.21 美元），所以这家单位不会实行这个计划。■

下面这个简单的例子清楚地解释了应用净现值公式的贴现收入和成本，以决定投资的经济可行性的基本原理。正如这个例子所示，现值方法是一个合适的框架，不管是否必须用借款来负担成本。

例 3.21 一个投资项目所需的即期成本为 200 000 美元，自第 1 年末起，每年的净收入为 15 000 美元。

（ⅰ）求利率为 9%时投资的净现值。

（ⅱ）说明为什么投资者以 9%的利率借款时，投资是不划算的。

（ⅲ）说明为什么如果投资者无须借款，但是可以以 9%的利率投资信贷资本时，这个投资就是不划算的。

解：（ⅰ）收入现值是

$$P_\infty = \frac{15\ 000}{0.09} = 166\ 666.67 \text{(美元)}$$

成本现值为 200 000 美元，因为成本现值超过收入现值，故投资是不划算的。

（ⅱ）如果投资者必须以 9%的利率借入资本，那么利息成本是 200 000×0.09=18 000 美元/年，超过了每年的收入，因而投资不划算。

（ⅲ）如果投资者有信贷资本可投资，他只需以 9%的利率进行投资以获取更多的利息收入（18 000 美元/年），而不是投资这个项目（收入为 15 000 美元/年）。■

在前面的例子中，计算投资的**内部收益率**是很有用的，它是投资回报与投资支出的固有比率。如果它超过市场利率，那么投资是有价值的，否则投资是不划算的。对上例来说，因为 200 000 美元的即期投资产生 15 000 美元的现金流，故内部收益率为

$$\frac{15\ 000}{200\ 000}=0.075 \quad 或 \quad 7.5\%$$

下面我们给出内部收益率的更一般的定义。

定义 3.8 一项投资的**内部收益率**是使收益和成本的现值相等的利率。

内部收益率的计算非常有用，因为它清楚地决定了使投资可行的利率组合。注意例 3.21 所描述的投资，如果市场利率超过 7.5%（投资项目的内部收益率），那么这个项目在经济上是不可行的。我们下面的例子会表明，内部收益率不是那么容易就能求出来的，需要通过计算机模拟试验计算完成。

例 3.22 求下列投资项目的内部收益率：

初始成本（即期）	100 000 美元
后期成本（自第 1 年末始）	每年 50 000 美元
收入（自第 6 年末始）	每年 70 000 美元

解： 内部收益率是在净现值计算中恰好使收益与成本相等的利率 $\hat{r}$（即使净现值为零）。因此，$\hat{r}$ 的值是下面等式的解：

$$\underbrace{100\ 000\text{美元}+\sum_{t=1}^{\infty}\frac{50\ 000\text{美元}}{(1+\hat{r})^t}}_{\text{成本的}PV}=\underbrace{\sum_{t=6}^{\infty}\frac{70\ 000\text{美元}}{(1+\hat{r})^t}}_{\text{收入的}PV}$$

等式右边代表自第 6 年末始，每年收到的 70 000 美元的年金之和，至第 6 年年初（即第 5 年年末），其现值为 70 000 美元$/\hat{r}$，因此将这个数目进行贴现意味着它的现值为

$$\frac{(70\ 000\text{美元}/\hat{r})}{(1+\hat{r})^5}$$

这个关系式可以写为

$$\underbrace{100\ 000\text{美元}+\frac{50\ 000\text{美元}}{\hat{r}}}_{\text{成本的}PV}=\underbrace{\frac{(70\ 000\text{美元}/\hat{r})}{(1+\hat{r})^5}}_{\text{利润的}PV}$$

在这个关系中，很难解出 $\hat{r}$。

用计算机对 r 进行试错，我们求出 $\hat{r}=0.05$。小于 0.05 的 $\hat{r}$ 值给出较高的收益现值和较低的成本现值；大于 0.05 的 $\hat{r}$ 值给出较高的成本现值和较低的收益现值。原因在于随着利率的提高，未来收益的减小幅度比成本的减小幅度更大，表 3.1 说明了这一观点。

表 3.1

利率（r）	成本的 PV	收益的 PV
0.04	1 350 000 美元	1 438 000 美元
0.05	1 100 000 美元	1 100 000 美元
0.06	933 300 美元	871 800 美元

■

网站 http：//mitpress. mit. edu/math _ econ3 上有更多利用这些公式来理解许多经济模型和概念的例子。

练习

1. 考虑数列 $a_n=c$，c 为常数，证明

$$\lim_{n\to\infty}\left|\frac{a_{n+1}}{a_n}\right|=1$$

且由其构成的级数是发散的（参见定理 3.4）。

2. 证明调和级数

$$s_n=\sum_{i=1}^{n}a_i\,,\quad a_i=\frac{1}{i}$$

发散。（提示：按从 $i=2^k+1$ 到 2^{k+1}，$k=1$，2，3，…将各项分组，注意各组的和大于 1/2。）证明这是一个 $\lim\limits_{n\to\infty}|a_{n+1}/a_n|=1$ 的数列，且由该数列构成的级数是发散的。

3. 写出并扩展表达式 s_n 和 $\rho^2 s_n$，证明当 $|\rho|<1$ 时，

$$\lim_{n\to\infty}s_n=\lim_{n\to\infty}\sum_{t=1}^{n}a\rho^{2t-1}=\frac{a\rho}{1-\rho^2}$$

4. 求下列收入现金流的现值。

(a) $V=1\,000$ 美元/年，利率为 5%，无限期。

(b) $V=1\,000$ 美元/年，利率为 12%，无限期。

(c) $V=100$ 万美元/年，利率为 10%，无限期。

(d) $V_t=100$ 万美元/年，利率 15%，从第 5 年开始（即从 $t=5$ 开始）无限期。

5. 设一项目即期成本为 1 000 万美元，自第 1 年建设期末始运转成本为 100 万美元/年，从该项目得到的年毛收入为 150 万美元，无限期。（可以假定运转成本和收入是在每年末产生的。）

(a) 在利率为 8% 的条件下，从净现值角度看，这个投资项目是否有利可图？

(b) 利率（非负）在什么范围波动时，净收入（包括即期成本 1 000 万美元）的现值为正值？

6. 一能源公司有水力发电项目，其中有两个容量水平可供选择，一个为 1 兆瓦特，另一个为 2 兆瓦特，其成本分别为 10 亿美元和 17.5 亿美元。两个方案均需 1 年时间完成，成本自建设之日起就产生。若选择容量小的项目，那么以后不能扩建容量。公司签订协议出售 1 兆瓦的容量，自第 2 年（即建设期结束之后的那年）开始每年可获取 2 亿美元的净收入（无限期）。现在没有顾客购买第 2 个兆瓦的容量，但是另一个集团（如另外一个州或国家）将在自现在起的第 10 年签

订协议购买第2个兆瓦的容量，自第10年末始每年支付3亿美元，无限期支付。

(a) 求利率为5%时每个容量水平建设的净现值。能源公司应该建设1兆瓦容量的水电站，还是2兆瓦容量的水电站？或是不建设？

(b) 利率为10%和15%时，再求上述问题。

本章小结

关键词

上界	下界	有界数列
连续复利计算	收敛序列	绝对发散
发散数列	离散复利计算	几何级数
调和级数	内部收益率	极限
单调递减	单调递增	现值
级数	数列	无限数列

思考题

1. 解释数列中各字符的含义。
2. 有界数列意味着什么？
3. 数列有极限是指什么？
4. 数列单调递减或单调递增是指什么？
5. 为何除非数列是单调递减或单调递增的，否则有界性不是数列极限存在的充分条件？
6. 对无界数列而言，绝对发散与发散之间的区别是什么？举例说明。
7. 解释数列和级数间的关系。
8. 写出一个有限几何级数的公式。
9. 写出一个无限几何级数的公式。
10. 为什么当计算某个在一个较长的时期内按期获得固定收入的投资项目的现值时，一般要假定收入是无限期连续的？
11. 何为连续复利计算？

复习题

1. 写出下列数列的前5项，并参照图3.1～图3.6，画图表示。

(a) $f(n)=1/n^2$

(b) $f(n)=2+[(-1)^n(1/n)]$

(c) $f(n)=n/(3n+2)$

(d) $f(n)=-n^2$

(e) $f(n)=(n^2+2n+1)/(n+1)$

(f) $f(n)=5+1/n$

(g) $f(n)=5-1/n$

2. 对上题中所列各数列，若其极限存在，求其值；若数列是发散的，判断其是否为绝对发散。(提示：应用定义 3.2 和定义 3.4。)

3. (a) 设利率为 8%，求下列金额的现值。

(ⅰ) 自现在起，1 年内收到的 100 美元。

(ⅱ) 自现在起，5 年内收到的 150 美元。

(b) 设某经济个体可以以 8%的利率获取收益或以 8%的利率借贷，解释为什么问题 (a) 中两个选择应与相应的现值相一致。

4. 证明定理 3.2 中的结论 (ⅳ)。

5. 求下列收益的净现值。

(a) $V=100$ 美元/年，无限期，利率为 10%。

(b) $V=100$ 美元/年，25 年，利率为 10%。

(c) $V=100$ 美元/年，25 年之后的 25 年内，利率为 10%。

6. 设一投资项目的即期成本为 1 亿美元，1 年之后的追加成本为 5 000 万美元，2 年之后的成本为 2 500 万美元。净收益（即收益大于运转成本的部分）在每年末开始累计，3 年累计为 1 600 万美元。设利率为 9%，求这一投资项目的净现值。

7. 一个经济学专业的学生已经取得学士学位，并获得资格接受 1 年的研究生商务课程教育。在取得硕士学位之后，在接下来的 40 年内，每年她将多赚 2 000 美元，为此她将放弃 18 000 美元的收入，并支付额外的 2 000 美元的诸如课本等教育材料的费用。这个学生只关心其决定所带来的财务意义。

(a) 设投资和借贷的利率都为 8%，这个学生是否会接受这个课程教育？为什么？

(b) 这个商务课程的内部收益率是多少？你的答案是如何说明这个课程值得参加的条件的？

(c) 问题 (a) 和问题 (b) 的答案是否取决于这个人是要借款还是要动用储蓄？为什么？

(d) 这个例子是如何解释当失业率上升时高等教育课程升温这一现象的？

第 II 篇

单变量微积分和最优化

第 4 章　函数的连续性

我们鼓励读者通过网站 http：//mitpress. mit. edu/math _ econ3 来获得如下有助于学习本章的材料：

- 完全竞争厂商的收益函数、支出函数和利润函数
- 霍特林位置模型
- 介值定理
- 练习题

函数连续性的概念在数学中极为重要。许多方便的分析技术只有在函数是连续时而非不连续时才可以运用。在对经济问题建模时，我们通常假设可以用连续函数来表示各种经济概念（如企业生产的商品的质量与其利润水平之间的关系）。因此，了解这个假设的明确含义非常重要，尤其是在许多情况下有些函数并不是处处连续的，此时从经济角度来看这是一个重要考虑事项。我们会在本章及后续章节探讨上述内容。根据确定的限制条件可对连续性和可微性方便地进行定义。

4.1　一元函数的连续性

可以利用图形更为直观地认识连续性。如果函数曲线没有断点或者跳跃，那么该函数是连续的。图 4.1 和图 4.2 是连续函数的图像，而图 4.3～图 4.6 是非

连续函数的图像。我们先定义函数 $y=f(x)$，$x\in\mathbf{R}$ 在点 $x=a$ 处的连续性。毫不出人意料，这种方法被称为逐点连续性。如果函数在一个点集内的任意一点都是连续的，那么这个函数在该集合内是连续的。如果函数在定义域内的任意一点都是连续的，那么这个函数就是连续的。在正式给出连续性的定义前，我们先介绍一下函数在给定一点的左极限和右极限的定义。

定义 4.1 函数 $f(x)$ 的**左极限**是在点 $x=a$ 的左侧进行定义的。设在点 $x=a$ 的左侧，函数极限存在并且等于 L^L，记作

$$\lim_{x\to a^-} f(x)=L^L$$

如果对任意的 $\varepsilon>0$，无论 ε 如何小，都存在 $\delta>0$，使得对任意满足 $a-\delta<x<a$ 的 x，均有 $|f(x)-L^L|<\varepsilon$，则称函数 $f(x)$ 存在左极限。

这个定义是说，如果总能找到 a 左侧（即严格小于 a）的 x 的范围（可能非常小），且 $f(x)$ 可以无限接近 L^L，那么 $f(x)$ 在 $x=a$ 的左极限存在且等于 L^L。

例 4.1 试给出 x 值的一个序列，其中 x 从左侧接近于 $a(x\to a^-)$。

解： 从左侧接近 $a(x\to a^-)$ 的 x 值的数列不妨设为 $x_n=a-(1/n)$，$n=1$，2，3，…。选择一个足够小的 δ 值，即选择一个足够大的 n 值（例如，对于 $n>1/\delta$，$a-\delta<x_n<a$），使 $|f(x)-L^L|<\varepsilon$ 成立。实际上，如果左极限是 L^L，那么对于 $x_n=a-(1/n)$ 来说，数列 $f_n=f(x_n)$ 的值一定收敛于 L^L。 ■

上述 x 值的数列从左侧靠近 $x=a$ 的例子说明了函数极限和数列极限的关系（见第 3 章），也解释了为什么用 $x\to a^-$ 来表示左极限（$x=a$ 减去一个很小的正数）。但是必须注意到，对于函数存在左极限且等于 L^L，那么任意数列 x_n 从左侧靠近 a 必然能推出函数值 $f_n=f(x_n)$ 收敛于 L^L。

类似定义也适用于右极限，即如果总能找到 a 右侧（即严格大于 a）的 x 的范围（可能非常小），且 $f(x)$ 可以无限靠近 L^R，那么 $f(x)$ 在 $x=a$ 的右极限存在且等于 L^R。

$$\lim_{x\to a^+} f(x)$$

表示右极限。

定义 4.2 函数 $f(x)$ 的**右极限**是在点 $x=a$ 的右侧进行定义的。设在点 $x=a$ 的右侧，函数极限存在并且等于 L^R，记作

$$\lim_{x\to a^+} f(x)=L^R$$

如果对任意的 $\varepsilon>0$，无论 ε 如何小，都存在 $\delta>0$，使得对任意满足 $a<x<a+\delta$ 的 x，均有 $|f(x)-L^R|<\varepsilon$，则称函数 $f(x)$ 存在右极限。

假定这个函数是定义在包含 $x=a$ 点的某个开区间上的，如果其在 $x=a$ 点处的左右极限都存在并且相等，那么我们说在点 $x=a$ 处 $\lim\limits_{x\to a} f(x)$ 存在。现在我们给出两个等价的连续性定义。

定义 4.3 假设函数 $f(x)$ 定义在包含点 $x=a$ 的开区间上，如果下列条件

同时成立：

（ⅰ）$\lim_{x\to a}f(x)$ 存在，即 $\lim_{x\to a^+}f(x)=\lim_{x\to a^-}f(x)$

（ⅱ）$\lim_{x\to a}f(x)=f(a)$

那么，这个函数是**连续**的。

定义 4.4 假设函数 $f(x)$ 定义在包含点 $x=a$ 的开区间上，如果存在某个 $\delta>0$，使得对于任何 $\varepsilon>0$，只要 $|x-a|<\delta$，都有 $|f(x)-f(a)|<\varepsilon$，则 $f(x)$ 是连续的。

函数不连续指函数是**间断**的。在某些试图说明函数是间断的情况下，定义 4.3 更为有用，这一点在讨论为什么图 4.3～图 4.6 中函数是间断的时表现得很清楚。每一个例子都说明了一种引起不连续的性质，所有的例子合在一起穷尽了函数间断的原因。

然而，从图 4.1 和图 4.2 中的连续函数可以看出，用定义 4.4 来表示函数是连续的往往更简单。定义 4.4 说明了函数连续性定义和数列极限定义（定义 3.2）之间的相似性。根据定义 4.4，如果对所有接近 a 的 x 值来说（即 $|x-a|<\delta$），$f(x)$ 是可以任意趋近 $f(a)$ 的，那么函数 $f(x)$ 在 $x=a$ 处是连续的。同时，如果对所有超过某个足够大的数值的 n 来说（即 $n>N$），$f(n)$ 任意趋近于 L，那么数列 $f(n)$ 有极限值 L。

例 4.2 试证明线性函数 $f(x)=2x$ 是连续的。

证明： 取函数 $f(x)=2x$，这个函数在 $x\in$ **R** 上的每一点都是连续的。为了证明这点，考虑图 4.1 中的点 $x=3$。在 $x=3$ 处，函数值是 $f(3)=6$。根据定义 4.4，在下列情况下，函数在这一点上是连续的：对于我们所选的任意小的数 $\varepsilon>0$，都有某个 $\delta>0$（可能非常小），使得定义在 x 的区间 $(3-\delta, 3+\delta)$ 上的函数的所有值都落在区间 $(6-\varepsilon, 6+\varepsilon)$ 内。这显然意味着定义在 $x=3$ 附近的函数值都会趋近于 $f(3)$。例如，如果我们选 $\varepsilon=0.01$，那么通过令 $\delta=0.002$，我们可以找出所有定义在区间 $(3-0.002, 3+0.002)$ 上的函数 $f(x)$ 的值与 $f(3)$ 的距离不超过 ε，即 $f(x)\in(f(3-0.002), f(3+0.002))$，也就是说 $f(x)\in(6-0.004, 6+0.004)$。所有的函数值都落在距离 $f(3)=6$ 不超过 $\varepsilon=0.01$ 处，这一点在 $\delta\leqslant 0.005$ 时仍然是对的。更一般地，对任意 $x=a$，只要取 $\delta<\varepsilon/2$，就能够保证所有 $f(x)$ 的值都落在距离 $f(a)$ 不超过 ε 处。也就是说，对于 $x\in(a-\varepsilon/2, a+\varepsilon/2)$，可得到 $f(x)\in(2a-\varepsilon, 2a+\varepsilon)$。 ■

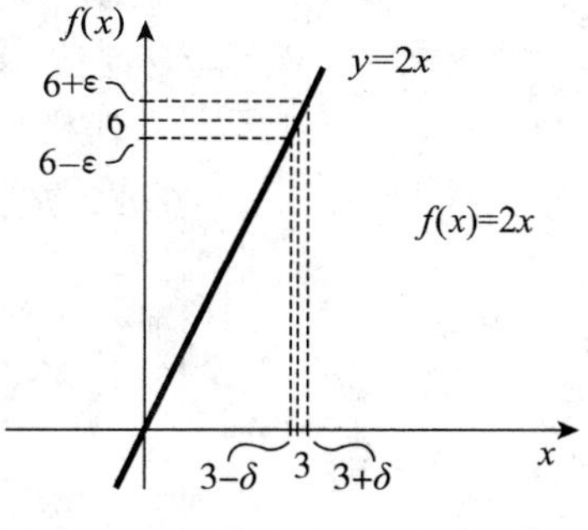

图 4.1 函数 $y=2x$（经证明在 $x=3$ 处是连续的）

简略地来说，当函数定义在点 $x=a$ 处（即 $f(a)$ 存在）并且满足下列条件时，我们说函数在点 $x=a$ 是连续的：对选定的任意小的数 $\varepsilon>0$，都能找到一个足够小的正数 δ，使得当 x 在距离点 $x=a$ 的 δ 范围内取值时，函数值都落在距离 $f(a)$ 不超过 ε 处。

例 4.3 证明多项式函数 $f(x)=x^3-2x^2+1$ 在点 $x=1/2$ 处是连续的。

证明： 图 4.2 画出了函数 $f(x)=x^3-2x^2+1$ 的图形。在 $x=1/2$ 处，函数

值是 $f(1/2)=5/8$。图形清楚地表明，对于任意 $\varepsilon>0$，总能找到一个 δ，使得当 $x\in(1/2-\delta,\ 1/2+\delta)$ 时，函数值 $f(x)\in(5/8-\varepsilon,\ 5/8+\varepsilon)$。在这个例子中，$\delta$ 的实际选择对任意给定的 ε 而言是不易确定的。本节的练习中给出了一些简单易懂的例子。 ■

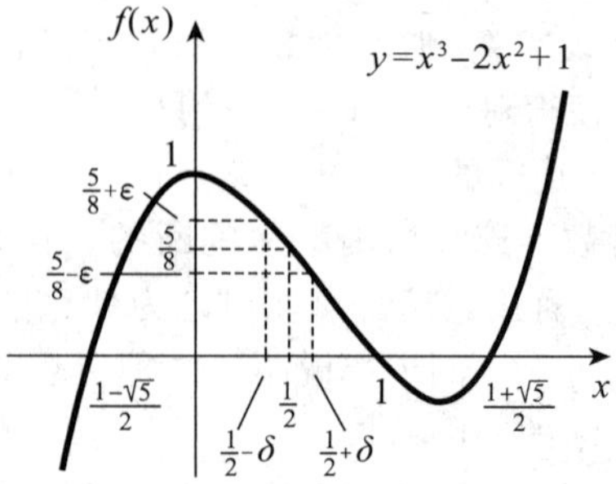

图 4.2　函数 $y=x^3-2x^2+1$（在 $x=1/2$ 处连续）

例 4.4　函数

$$f(x)=\begin{cases}+1, & x\leqslant 0\\ -1, & x>0\end{cases}$$

是不连续的。

证明： 函数图形如图 4.3 所示。注意，函数在 $x=0$ 处有明显的间断或跳跃。当 x 从左侧接近 0 时，函数值是 $+1$，而当从右侧接近 0 时，函数值是 -1。换句话说，左极限 $\lim\limits_{x\to 0^-}f(x)=+1$ 不等于右极限 $\lim\limits_{x\to 0^+}f(x)=-1$。这样，在点 $x=0$ 处，定义 4.3 中的条件（i）没有得到满足，因此函数在 $x=0$ 处不连续。

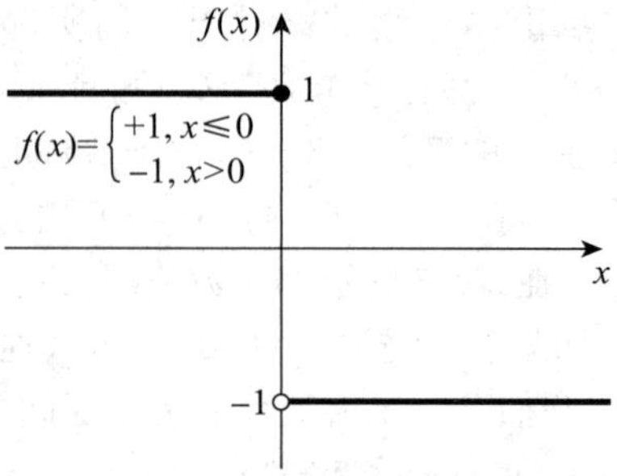

图 4.3　例 4.4 的函数（在 $x=0$ 点不连续）

我们也可以用定义 4.4 来判定函数在点 $x=0$ 处不连续。假设我们想找一个包含点 $x=0$ 的开区间，使得对所有属于这个区间的 x 值来说，对应函数值与 $f(0)$ 的距离为 $\varepsilon=0.5$，我们将会失败。无论选择多么小的 $\delta>0$ 的值，对于 $x\in(-\delta,\delta)$ 来说，函数 $f(x)$ 的值都是 $+1$ 或 -1。 ■

在考虑更多不连续函数的例子之前，先介绍函数渐近线的概念是很有用的。

定义 4.5　如果 $x\in\mathbf{R}$，随着 x 从左侧或右侧接近 a，函数值 $f(x)$ 趋于无限，则我们称 $x=a$ 是函数的**渐近线**。

在这种情况中，函数是不连续的。如果下列一个或多个条件也能得到满足，则称直线 $x=a$ 是**垂直渐近线**：

$$\lim_{x\to a^+} f(x)=+\infty, \lim_{x\to a^+} f(x)=-\infty$$
$$\lim_{x\to a^-} f(x)=+\infty, \lim_{x\to a^-} f(x)=-\infty$$

例 4.5 证明虽然函数 $f(x)=1/x^2$ 在 $x=0$ 点有相同的左右渐近极限，但是不连续。

证明： 直线 $x=0$ 是函数 $f(x)=1/x^2$ 的垂直渐近线，因为函数在 $x=0$ 点的左右极限都是 $+\infty$：

$$\lim_{x\to 0^-} f(x)=\lim_{x\to 0^+} f(x)=+\infty$$

我们称函数在点 $x=0$ 处的渐近极限是 $+\infty$。这种情况与第 3 章中讨论的数列的绝对发散概念近似。虽然函数的左右极限相等，但由于在 $x=0$ 点函数没有定义，因此函数是不连续的。这种情况违背了定义 4.3（ⅱ）。对于定义 4.4 来说，情况同样如此。定义 4.4 要求若要使函数在 $x=0$ 处连续，就需将 $f(x)$ 定义在一个包含点 $x=0$ 的开区间上（见图 4.4）。 ■

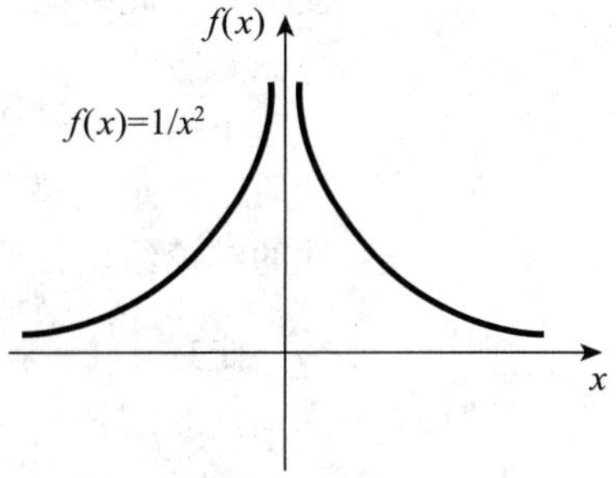

图 4.4　函数 $f(x)=1/x^2$

注：函数在 $x=0$ 点不连续，因为 $1/x^2$ 在该点没有定义。

例 4.6 找一个函数，它在某个点处的左右渐近极限不等，因而在该点不连续。

解： 函数 $f(x)=1/(x-1)$ 在 $x=1$ 处有不同的左右渐近极限。在 x 略小于 1 处，$x-1$ 是一个很小的负数，这样，$1/(x-1)$ 就是一个绝对值较大的负数。在 x 略大于 1 处，$x-1$ 是一个很小的正数，这样，$1/(x-1)$ 就是一个值较大的正数。因此，如图 4.5 所示，$\lim_{x\to 1^+} f(x)=+\infty$ 而 $\lim_{x\to 1^-} f(x)=-\infty$。函数在点 $x=1$ 处没有定义，因此也不连续。这个例子的特殊性是左右极限不相等。 ■

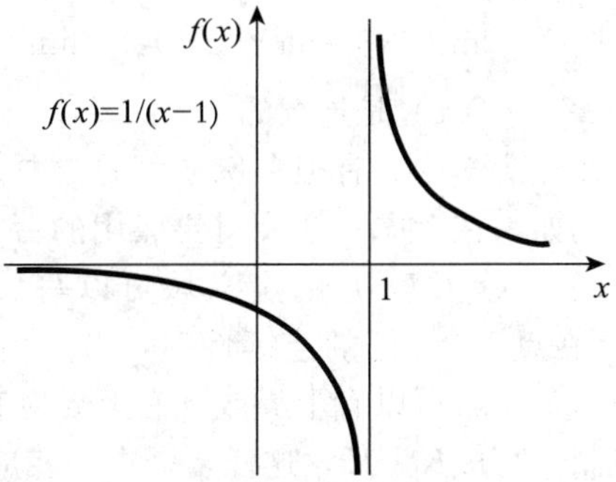

图 4.5　函数 $f(x)=1/(x-1)$

注：由于在 $x=1$ 处 $1/(x-1)$ 无定义，因此函数不连续。

例 4.7 试证明一个有断点的函数是不连续的。

证明： 如图 4.6 所示，函数

$$f(x)=\begin{cases}3x, \forall x\in \mathbf{R}, x\neq 2\\ 3, \quad x=2\end{cases}$$

尽管函数在 $f(2)$ 处有定义且在 $x=2$ 处左右极限相等，但是由于不满足定义 4.3（ⅱ），因此函数是不连续的。

如果使用定义 4.4，情况同样如此。在点 $x=2$ 处，$f(2)=3$。但是对于 $\varepsilon=1$，无论 $\delta(\delta>0)$ 取值多小，都不可能找到 x 的区间 $(2-\delta, 2+\delta)$，使得对于此区间内的任意 x，$f(x)$ 与 $f(2)$ 的距离在 ε 内。■

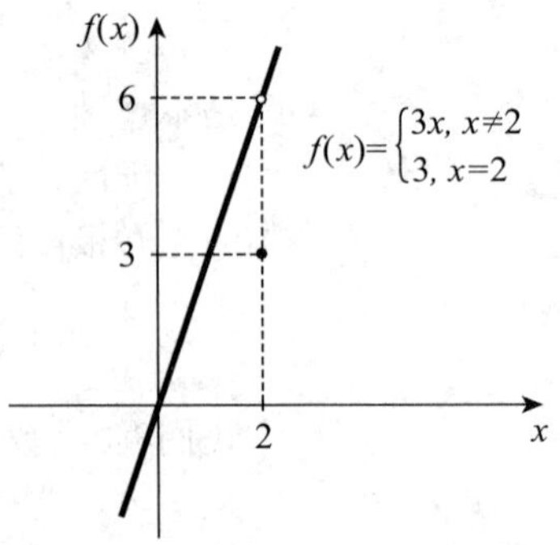

图 4.6　例 4.7 的函数（函数在 $x=2$ 处不连续）

下面的结论总结了连续函数的一些有用的性质，直观易懂。我们只对其中一条具有代表性的结论给出证明。

定理 4.1　假设 $f(x)$ 和 $g(x)$ 是连续函数，$c\neq 0$ 是一个常数，则下列函数也是连续的：

（ⅰ）$cf(x)$

（ⅱ）$f(x)+c$

（ⅲ）$f(x)\pm g(x)$

（ⅳ）$f(x)g(x)$

（ⅴ）$f(x)/g(x)$（假设 $g(x)\neq 0$）

（ⅵ）$f^{-1}(x)$（假设其存在）

证明： 因为假设 $f(x)$ 连续，从定义 4.3 可知，对任意 $x=a$，$\lim\limits_{x\to a}f(x)$ 存在且等于 $f(a)$，即 $\lim\limits_{x\to a^-}f(x)=\lim\limits_{x\to a^+}f(x)=f(a)$。令 $h(x)=cf(x)$，得到

$$\lim_{x\to a^-}h(x)=\lim_{x\to a^-}cf(x)=c\lim_{x\to a^-}f(x)=cf(a)$$

同样，$\lim\limits_{x\to a^+}h(x)=\lim\limits_{x\to a^+}cf(x)=c\lim\limits_{x\to a^+}f(x)=cf(a)$ 且 $h(a)=cf(a)$。因此，函数 $h(x)=cf(x)$ 是连续的。■

在经济学中，有很多例子都是这样的，函数定义域不是 $\mathbf{R}$ 而是它的某个子集。例如，在考虑一个公司要雇用的劳动力数量时，负值是没有意义的。因此，生产函数 $q=Q(L)$ 的定义域可以写成 $L\geqslant 0$ 或 $L\in[0, +\infty)$。当考虑函数 $Q(L)$ 在点 $L=0$ 处的连续性时，考虑包含该点的开区间是无意义的。在其他例子中，定义域可以有上界或既有上界也有下界。例如，短期中公司受到现有资本的限制，写成 $K\leqslant\overline{K}$，这样，资本的相应集合是 $K\in[0, \overline{K}]$。

我们利用定义 4.1 和定义 4.2 给出的左右极限概念来处理有边界点的定义域。假设函数 $f(x)$ 定义在闭区间上，$x\in[a, b]$，$a\leqslant x\leqslant b$。因为 x 不能小于 a，因此不能定义当 $x\to a^-$ 时 $f(x)$ 的左极限；因为 x 不能大于 b，因此也不能定义当 $x\to b^+$ 时 $f(x)$ 的右极限。但是，只要 $f(x)$ 在区间 $[a, b]$ 内的每一点处是严格连续的，也就是说，对于 $a<x<b$，并且当 $x\to a^+$（从右边趋近）以及

$x \to b^-$（从左边趋近）时 $f(x)$ 是连续的，则称函数 $f(x)$ 在闭区间 $[a, b]$ 上是连续函数。

定义 4.6 函数 $f(x)$ 定义在闭区间 $[a, b]$ 上，$x \in \mathbf{R}$ 且 $a < b$：

（ⅰ）如果 $\lim\limits_{x \to a^+} f(x)$、$f(a)$ 存在，并且 $\lim\limits_{x \to a^+} f(x) = f(a)$，那么称 $f(x)$ 在点 $x = a$ 处**右连续**。

（ⅱ）如果 $\lim\limits_{x \to b^-} f(x)$、$f(b)$ 存在，并且 $\lim\limits_{x \to b^-} f(x) = f(b)$，那么称 $f(x)$ 在点 $x = b$ 处**左连续**。

（ⅲ）如果函数在区间内（即 $a < x < b$）的每个点处都严格连续，并且在 $x = a$ 点右连续，在 $x = b$ 点左连续，那么称 $f(x)$ 在闭区间 $[a, b]$ 上是连续的。

与经济相关的不连续函数的例子，包括那些只定义在实数的闭子集上的函数，将在下一节给出。

练习

1. 对于下列函数，由 x 值形成的数列 $x_n = 2 - 1/n$，$n = 1, 2, 3, \cdots$ 导出函数值的数列。证明函数值数列收敛并求出其极限。在每种情况中，$f(x)$ 在 $x = 2$ 处的左极限即 $\lim\limits_{x \to 2^-} f(x)$ 是否存在？若存在，求其值。

(a) $f(x) = 5x$　　(b) $f(x) = -3x + 4$

(c) $f(x) = mx + b$（m 和 b 是常数）　　(d) $f(x) = x^2$

2. 对上述练习 1 中的那些函数，由 x 值形成的数列 $x_n = 2 + 1/n$，$n = 1, 2, 3, \cdots$ 导出函数值的数列。证明函数值数列收敛并求出其极限。在每种情况中，$f(x)$ 在 $x = 2$ 处的右极限即 $\lim\limits_{x \to 2^+} f(x)$ 是否存在？若存在，求其值。

3. 对下列每个函数，找出函数的不连续点，解释违背的是定义 4.3 中的哪个条件，并画出函数图形（函数的定义域都是 $\mathbf{R}$）。

(a) $f(x) = \begin{cases} 2x + 3, & x < 1 \\ x + 5, & x \geqslant 1 \end{cases}$

(b) $f(x) = 1/x$

(c) $f(x) = 1/(x-3)^2$

(d) $f(x) = (x-2)/(x^2 - x - 2)$（提示：对分母因式分解）

4. 对下列每个函数，找出不连续点，解释违背的是定义 4.3 中的哪个条件，并画出函数图形（函数的定义域都是 $\mathbf{R}$）。

(a) $f(x) = \begin{cases} -3x + 12, & x < 4 \\ -2x + 10, & x \geqslant 4 \end{cases}$

(b) $f(x) = 1/2x$

(c) $f(x) = 1/(x-b)^2$（b 是常数）

(d) $f(x) = (x-1)/(x^2 + 2x - 3)$（提示：对分母因式分解）

5. 根据定义 4.4 证明下列函数对每个 $x \in \mathbf{R}$ 都连续。

(a) $f(x)=4x+3$

(b) $f(x)=mx+b$

6. 根据定义 4.6 证明函数 $f(x)=2x-5$ 在区间 [0, 1] 上连续。特别注意在点 $x=0$ 和 $x=1$ 处的情况。

7. 假设将区间 [0, 10] 以下列方式划分成长度为 1 的子区间：

$$\{[0,1),[1,2),[2,3),\cdots,[8,9),[9,10]\}$$

函数 $f(x)$的定义如下：

$$f(x)=\begin{cases}k, & x\in[k-1,k),\ k=1,2,3,\cdots,9\\ 10, & x\in[9,10]\end{cases}$$

画出函数图形。注意，函数值是一个序列值，因此也叫分段函数。根据定义 4.3 讨论函数的连续性，并根据定义 4.6 讨论函数在每个子区间的连续性。

8. 这个问题介绍了分段函数的一种常见定义方法。假设从区间 [a, b] 中取出的点集满足

$$a=x_0<x_1<x_2<\cdots<x_{n-1}<x_n=b$$

则可利用这些点将区间 [a, b] 分成如下 k 个子集：

$$\{[x_0,x_1),[x_1,x_2),[x_2,x_3),\cdots,[x_{n-2},x_{n-1}),[x_{n-1},x_n]\}$$

设函数在子区间 $[x_{i-1}, x_i)$，$i=1, 2, 3, \cdots, n-1$ 上取值为 θ_i，且 θ_n 在子区间 $[x_{n-1}, x_n]$ 上。根据定义 4.3 讨论函数的连续性，并根据定义 4.6 讨论函数在每个子区间上的连续性。

4.2 连续函数和不连续函数的经济运用

经济学中有很多不连续函数的例子。实际上，当用不连续函数表示经济变量间的关系来解释现实世界过于烦琐时，经济学家经常用连续函数来表示。了解何时能够出于方便的考虑对连续性假设进行安全简化，以及何时可能对经济变量真实关系造成太大的歪曲，是非常重要的。第一个例子说明了一类情形，这类情形通常利用连续函数设立模型，尽管这是对真实世界的歪曲。在这类情形的大部分情况下，假设并无坏处。然而，诚如许多其他例子所示，由于解决方法完全取决于相关函数存在某个不连续点，因此不连续性的思想可能是经济模型本身内在的东西。

可分性和生产函数

对公司决策建模的第一步通常是对技术的可获得性进行分析。通常认为这种已用投入和相应产出之间的关系可由某种生产函数表示。在单投入 x 和单产出 y

的情况下，生产函数写作 $y=f(x)$。

函数在某个取值范围（通常 $x\geqslant 0$，$x\in\mathbf{R}$）连续意味着什么？第一步，假设函数 $f(x)$ 在点 $x=a$ 处连续意味着函数定义在包含点 a 的实数域的某个开区间上。这意味着 x 必须是无限可分的，也就是说可以在距离 $x=a$ 无穷近处取 x 值。

一个不具备无限可分的单投入单产出生产函数的例子是生产用于汽车的螺栓。由于不可能用半个或螺栓的碎片进行生产，因此只有将螺栓数量看成整数值才有理论意义。因此，考虑包含 $x=a$ 的开区间是没有意义的。然而，如果一个制造厂商每年生产 2 万辆汽车，每辆车使用 1 050 个螺栓，那么下面的处理方法看起来是合乎情理的：简单地将汽车和螺栓看成无限可分并将其关系写成 $y=x/1\,050$，其中 x 是使用的螺栓数量，y 是汽车产量。（此处当然忽略了其他投入。）

图 4.7 所示的是该函数图形，其中点（1 050，1）、（2 100，2）、（3 150，3）等是真实的变量关系。如果有人在公司决策的过程中利用连续函数$y=x/1\,050$，并发现解决方案中涉及的 x 值不是1 050 的整数倍，那么最接近 1 050 的整数倍的数可能是较合理的近似值。这样，即使商品不是无限可分的，也经常可假设其是，而不会过多歪曲现实。

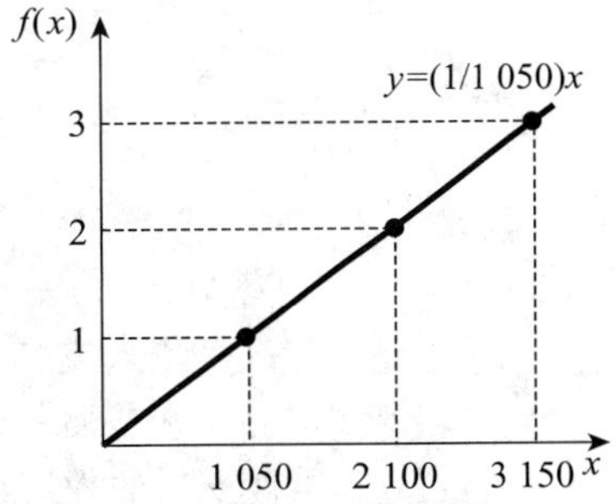

图 4.7　函数 $y=(1/1\,050)x$

带奖金的工资明细表

假设销售员得到一份根据合同确定的工资，此合同确立了工资额和销售员业绩之间的关系。特别地，假设合同规定销售员的月收入由三部分构成：（1）基本工资 800 美元，（2）10%的提成，（3）如果销售员的月销售额超过 20 000 美元，那么还可得到一次性奖励 500 美元。由此可以看到，如果销售员业绩达到 20 000 美元，则收入会有一个 500 美元的跳跃，这意味着其工资明细表是不连续的。令 S 代表每月销售业绩，P 代表销售员每月收入，下述函数描述了其收入和业绩之间的关系：

$$P=\begin{cases}800+0.1S, & S<20\,000\\ 1\,300+0.1S, & S\geqslant 20\,000\end{cases}$$

其图形见图 4.8。

一旦 S 达到 20 000 美元这个关键值就可获得 500 美元奖金，这个事实导致的结果是工资函数在 $S=20\,000$ 美元时的左极限是 2 800 美元，而右极限是 3 300 美元。这种不连续性的经济应用很有趣。考虑下列场景：有三个销售员 A、B 和 C，其当月累积业绩（不包含最后一天）分别是：A 是 26 000 美元，B 是 18 500美元，C 是 6 000 美元。业绩的 10%可以作为提成以给予销售员相同的内在激励，使之在该月的最后一天创造更多的业绩。但是，得 500 美元奖金的可能性会对三个销售员产生不同的效果吗？假设在一天之内创造数千美元的业绩理论上是可能的，但是创造 10 000 美元以上的业绩实际上不可能，那么可以期待销售员 B 在最后一天将比另外两个销售员更加努力地创造业绩。

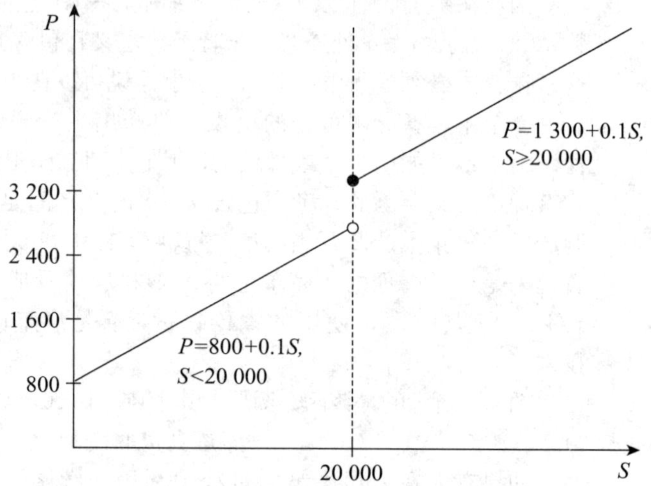

图 4.8 带奖金的工资明细

收入支持计划的不连续性

许多福利计划或收入支持计划给那些没有工作的人发放固定数额或按月一次性支付的救济金，这些救济金仅当此人不能获得任何收入时方可得到。一旦此人能够挣得收入，无论其来源、数量如何，一律停止此类支付。考虑下面这个例子：假设有一个带着两个学龄前儿童的单亲妈妈家庭，假定妈妈不进入劳动力市场，那么这个家庭每月可获得 750 美元的福利支付。但是只要她能挣得任何数量的收入，这种福利就会停止。假设她从事某种工作每小时可以得到 15 美元的报酬，而且这种工作的每月工作时间长短完全是灵活的，那么此人的收入 Y 作为工作时间 h 的函数如下所示：

$$Y(h)=\begin{cases}750, & h=0\\ 15h, & h>0\end{cases}$$

图 4.9 中的图形描述了此人收入作为工作时间的函数时的情形。在工作时间 $h=0$ 处函数显然是不连续的。

这种不连续性是许多“全部或者什么都没有”的收入支持计划的特点，是大量争论的焦点。可以看出，一个身处此计划的个人每月必须工作 50 小时，所获收入才和收入支持计划支付的数额相当。由于此人必须照顾孩子，还要面对其他工作成本，因此这种计划的“全部或者什么都没有”的特性成为阻止人们努力工作的障碍。

一个替代计划应当是允许此人在工作情形下保留超过 750 美元支付的收入的一部分。例如，假设允许此人保留任何收入的 50%，而另外 50%作为给予收入支持计划的回报，直到偿

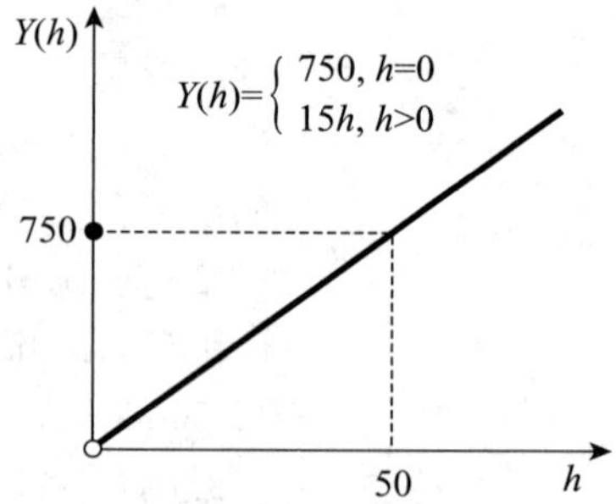

图 4.9 一个不连续的收入支持函数

还全部的750美元为止。一个每小时挣15美元工资的人，只需每月工作100小时就可全部偿还这750美元（$0.5\times100\times15=750$）。对 $0\leqslant h<100$，有效工资是15美元的50%（或7.5美元），因此工作时间的长度与净收入的关系是 $Y(h)=7.5h$。在超过这个收入之后，此人可以保留任何超过的部分。因此，在这个计划下收入明细如下：

$$Y(h)=\begin{cases}750+7.5h, & 0\leqslant h\leqslant 100\\ 15h, & h>100\end{cases}$$

图4.10描绘了此收入明细的图形。注意，函数是连续的（$\lim\limits_{h\to100^-}Y(h)=\lim\limits_{h\to100^+}Y(h)=Y(100)$）。

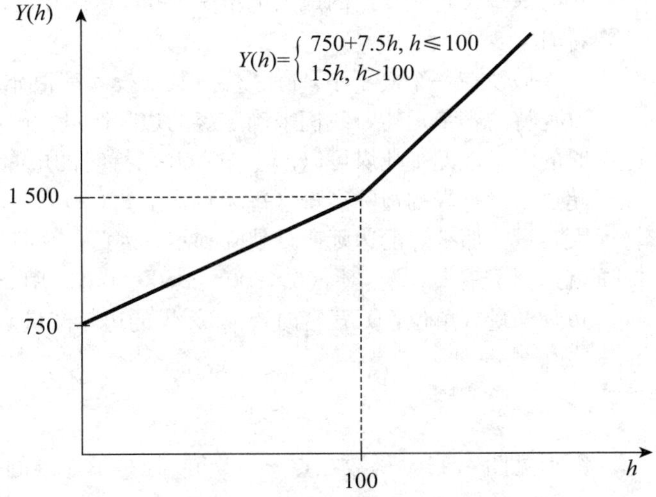

图4.10　一个连续的收入支持函数

许多经济学家更喜欢第二个计划，因为这个计划避免了第一个计划的不连续性。从根本上说，第一个计划带有对工作进行处罚的机制，因为如果此人仅选择每月工作若干小时，那么收入将从每月750美元降到几乎为零。然而，在第二个计划中，选择工作更长时间总是意味着收入更多。结果是在第二个计划中，此人更喜欢选择积极工作以使自己的经济状况好转，从而减少政府援助计划的成本。

连续的边际产量函数

某种投入的边际产量是指当其他投入数量不变时，某种投入增加额外1个单位致使产出增加的数量。当某些投入数量可以改变（可变投入）但其他投入数量不变（不变投入）时，边际产量这个经济学概念在进行公司短期决策分析时非常有用。对某种投入的边际产量的处理将在接下来关于导数的一章介绍。但是，与边际产量函数的连续性有关的一些有趣的问题，在此处进行讨论是有用的。例如，假设函数 $y=10L$ 将产出数量 y 与劳动投入数量 L 相联系。已知其他投入数量是固定的，那么可以看到每增加1个单位 L，总会导致产量增加10个单位。这样，劳动的边际产量函数是 $y=10$，在区间 $[0,+\infty)$ 连续。

注意，由于上述这个边际产量函数而认为“劳动投入越多产量越大，甚至劳动投入相当大时亦然”是相当不现实的。由于其他投入数量是固定的，人们可能会认为“随着劳动投入 L 的增加，产量的增加随之下降甚至可能是零或负数”更有意义。下面的讨论显示，这种情况将在边际产量函数不连续时出现。

受生产力限制的边际产量函数

在许多生产过程中，通过增加可变投入数量所能得到的最大产出往往取决于其他投入（不变投入）的数量。火力发电站就是一个很好的例子。从一个电站发出的电量有一个绝对的最大值，这个最大值通常指发电站的容量。例如，如果某个电站容量是150 000万瓦特，则意味着无论投入多少煤或其他投入，每24小时（每天）能发出的最大电量是3 600 000万瓦特时（也就是24×150 000万瓦特时）。

假设在一个例子中，除了煤，其他投入都很充足，可以使得电站维持150 000万瓦特的容量运转，我们来确定煤的边际产量。假设250磅煤可以产生100万瓦特时的电量，即1吨煤可以产生800万瓦特时的电量，那么只要电站的发电量尚未超过容量，煤的边际产量（每天）就是800万瓦特时（每吨）。然而一旦达到了最大容量，那么煤的边际产量就降到零。因此，一旦已经使用了4 500吨煤，发电站就达到了最大容量（4 500×800=3 600 000）。用 x 表示每天用煤吨数，y 是煤的边际产量（单位：万瓦特时），那么煤的边际产量函数表示如下：

$$y=\begin{cases}800, & 0\leqslant x\leqslant 4\ 500\\ 0, & x>4\ 500\end{cases}$$

图形见图4.11。函数在点 $x=4\ 500$ 处是不连续的。

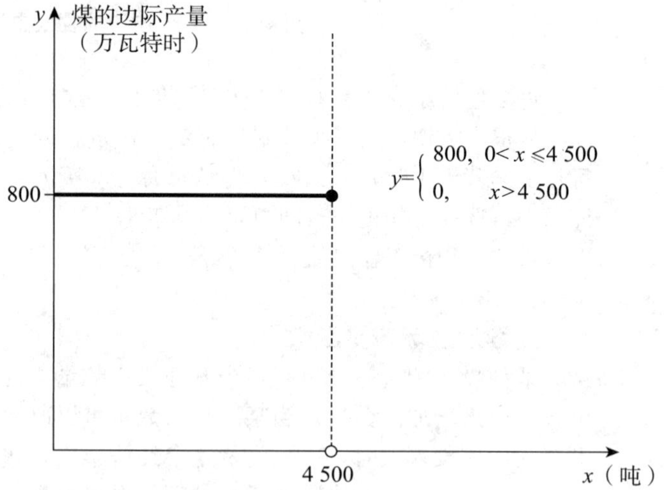

图 4.11 受生产力限制的单投入的边际产量

价格竞争的伯特兰德模型

如果市场中有不止一个制造者/销售者，但是数量不足以达到完全竞争的要求，则称市场结构是寡头垄断。寡头垄断一词的含义是“极少数销售者”。所谓的伯特兰德（Bertrand）模型描述了公司在此情形下的可能行为。尽管假设市场上公司数量多于两家时模型结果的性质不变，但是为简化讨论，我们假设市场上只有两家公司。

在伯特兰德模型中，假设两家公司在价格上进行竞争，即每家公司制定价格以满足在此价格下对其产品的实际需求。假设公司制造的产品同质，如果一家公司索取的价格更低，那么所有的消费者都会购买此公司的产品。如果两家公司制定的价格相同，那么可以假设消费者的购买量将在两个生产者之间平均分配。因此，我们需考虑价格改变时每家公司的收益会如何变化。为了搞清在此情况下公司将如何选择，考虑如下简单数字：令需求函数为 $y=20-2p$，边际成本（即多生产一单位产出的成本）对每家公司都是常数 $c=4$ 美元，即$C(y)=4y$ 是每家公司的成本函数。注意，只要价格超过 4 美元，每家公司都可以获得超额利润。如果价格等于 4 美元，每家公司只能获得正常利润（或零经济利润）。如果价格低于 4 美元，哪家公司进行生产都会遭受损失。因此，如果价格低于 4 美元，两家公司都会是零产出。

假设公司 2 制定了不同的价格，比如说 $p_2=7$，在此情形下，下面借助于分析公司 1 收益的变化来分析其可能的选择。假设公司 2 的产品价格是 $p_2=7$，如果公司 1 索价超过 7 美元，其销售量和收益将变成零。如果其索价等于 7 美元，则公司 1 将与公司 2 平分市场。为了找出所有的市场需求，注意在市场价格为 7 美元时有

$$y=20-2\times 7=6$$

由于索价相同时两个公司平分市场，有 $y_1=y_2=3$，公司 1 的收益是

$$R_1(p_1)=p_1y_1=7\times 3=21$$

相应的利润是

$$\pi_1=R_1(p_1)-C_1(y_1)=p_1y_1-4y_1=7\times 3-4\times 3=9$$

注意，只要公司 1 的索价稍稍高出 7 美元一点点，就会失去所有的市场，收益和利润函数值随之降为零。只要公司 1 的索价稍稍低于 7　点点，就会赢得所有的市场，收益和利润函数值随之上升。为了表明这一点，令 $p_1=7-\varepsilon$，其中 ε 是一个数值较小的正数。由于 p_1 小于其他公司的索价时，公司 1 的销售量由整个市场的需求决定，因此，公司 1 的销售量是

$$y_1=20-2p_1=20-2(7-\varepsilon)=6+2\varepsilon$$

挣得的收益为

$$R_1=p_1y_1=(7-\varepsilon)(6+2\varepsilon)=42+8\varepsilon-2\varepsilon^2$$

利润是

$$\pi=R_1(p_1)-C_1(y_1)=(42+8\varepsilon-2\varepsilon^2)-4(6+2\varepsilon)=18-2\varepsilon^2$$

由于 ε 数值较小（即 $\varepsilon\to 0$），因此公司 1 的收益 $R_1=42$，利润 $\pi_1=18$。

事实上，对于 $p_1<7$ 的任何价格，公司 1 都将赢得整个市场，其收益和利

润函数变成完全垄断时的形式。因此，公司 1 的收益函数是

$$R_1(p_1)=\begin{cases}p_1(20-2p_1), & p_1<7\\ 21, & p_1=7\\ 0, & p_1>7\end{cases} \tag{4.1}$$

公司 1 的利润函数是

$$\pi(p_1)=\begin{cases}p_1(20-2p_1)-4(20-2p_1), & p_1<7\\ 9, & p_1=7\\ 0, & p_1>7\end{cases} \tag{4.2}$$

收益和利润函数如图 4.12 所示。观察收益函数并回到定义 4.3 给定的连续条件会发现，在数学上这是一个特别有趣的例子。在点 $p_1=7$ 处，收益函数的左极限是 42，右极限是零，函数值是 21，即 $\lim\limits_{p_1\to 7^-}R_1(p_1)=42$，$\lim\limits_{p_1\to 7^+}R_1(p_1)=0$，$R_1(7)=21$，由于彼此不等，函数在该点不连续。对利润函数的结果亦然。

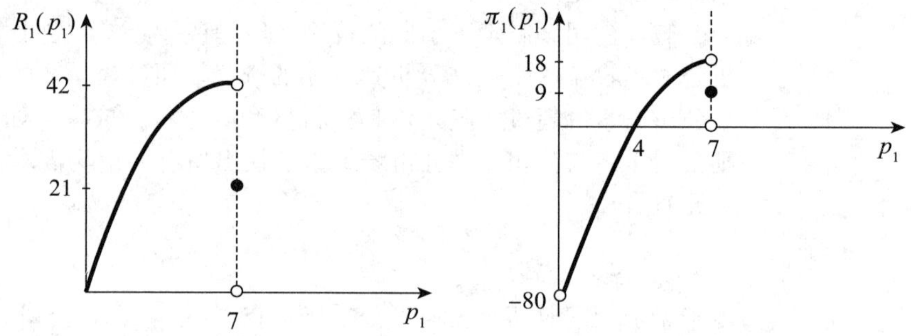

图 4.12 伯特兰德竞争模型中公司 1 的收益和利润函数

从经济角度看，这种不连续性也是特别重要的，因为模型的解往往在不连续点获得。为了表明这一点，考虑任意公司 2 可能的特定价格 $\bar{p}_2$，只要通过索取同样价格可以获得利润，公司 1 绝不会索取更高价格，因为那意味着零销售量和零利润。若公司 1 索价相同，$p_1=\bar{p}_2$，那么两个公司分享市场。然而，若公司 1 索价略低于公司 2，则公司 1 将赢得全部市场，其利润也将跃至更高值。因此，无论公司 2 如何索价，只要超过 4 美元，公司 1 为赢得全部市场都会低于此价格出售。由此得到如下收益函数和利润函数，如图 4.13 所示。

收益函数是：

$$R_1(p_1)=\begin{cases}p_1(20-2p_1), & p_1<\bar{p}_2\\ \left(\dfrac{1}{2}\right)p_1(20-2p_1), & p_1=\bar{p}_2\\ 0, & p_1>\bar{p}_2\end{cases} \tag{4.3}$$

利润函数是：

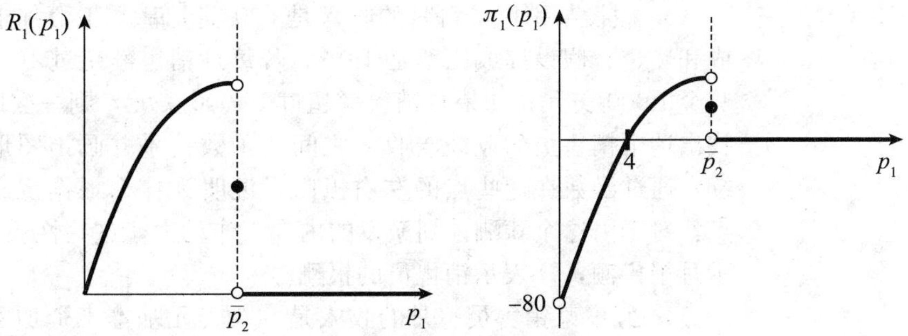

图 4.13　公司 2 设置任意价格时公司 1 的收益和利润函数，$p_2=\bar{p}_2>4$

$$\pi_1(p_1)=\begin{cases}p_1(20-2p_1)-4(20-2p_1), & p_1<\bar{p}_2\\ \left(\dfrac{1}{2}\right)(p_1(20-2p_1)-4(20-2p_1)), & p_1=\bar{p}_2\\ 0, & p_1>\bar{p}_2\end{cases}\tag{4.4}$$

如果公司 2 索价 $\bar{p}_2>4$ 美元，公司 1 为赢得整个市场总会有内在动力将价格设得低于公司 2 的价格。当然，对公司 2 也会有同样情况存在。只要公司 1 令价格高于 4 美元，公司 2 总会有内在动力使价格低于公司 1。无论哪家公司开始时索价超过 4 美元，都会导致两个公司互相削价，直到索价均为 4 美元且互相平分市场为止。此时两家公司都只能获得零经济利润，并不再有进一步削价的内在动力。

因此，通过集中分析收益和利润函数的不连续性，我们得到模型的最后结果。当然，必须认识到这种类型的竞争仅在特殊的假设条件下发生。首先，一旦有公司索价更低，这个结果要求消费者能立即转向这家公司购买。因此消费者必须总是全面地了解两家公司的价格，并且不关心公司的其他特点，例如位置的便利性。其次，这个结果也要求公司在将价格降低到对手之下后，必须能够提供满足市场需求的任意数量的产品。这个结果要求有相当多的存货或者对产量改变的反应时间相当短。如果公司有额外的生产能力，有一个例子能说明何时会出现上述结果。这也可以解释为什么美国的航空公司在放松管制后经常进行价格战。

练习

1. 某完全竞争厂商，已知其生产函数为 $Q(L)=bL$，$b>0$，定义域为 $[0,+\infty)$，导出成本函数 $C(Q)$ 和利润函数 $\pi(Q)$。用 c_0 表示固定成本，w 表示 L 的单位价格，证明生产函数连续（根据定义 4.4），并使用定理 4.1 说明成本函数和利润函数也连续。

2. 某完全竞争厂商，已知其生产函数为 $Q(L)=L^2$，定义域为 $[0,+\infty)$，导出成本函数 $C(Q)$ 和利润函数 $\pi(Q)$。假定生产函数是连续的（根据定义 4.4），用定理 4.1 说明成本函数和利润函数连续。

3. 假设某销售员每月的收入是 800 美元基本工资加上与销售业绩挂钩的提成和奖金。假设提成比率是 15%。若每月销售额超过 10 000 美元，一次性支付奖金 1 000 美元；如果月销售额超过 15 000 美元，则一次性支付奖金 2 500 美元。找出这个销售员的业绩与收入之间的函数关系并画出图形。在哪些点函数不连续？通过函数在这些点的左右极限，说明为什么根据定义 4.3 这些点是不连续点？对于由这个薪酬计划激发的内在工作动力，这些性质意味着什么？（用 S 表示月销售额，P 表示销售员的报酬。）

4. 假设某销售员每月的收入是 500 美元基本工资加上与销售业绩挂钩的提成。若每月销售额不超过 20 000 美元，提成比率为 10%；但如果月销售额超过 20 000 美元，则提成比率为 20%（以全部销售额为基数）。求出这个销售员的业绩与收入之间的函数关系并画出图形。函数有不连续点吗？如果有，找出这些点并说明根据定义 4.3，为什么这些点是不连续点。这些性质暗含了这种支付体系产生的哪些内在激励？（用 S 表示月销售额，P 表示销售员的报酬。）

5. 假设政府以边际税率 0.25 对每个人的收入中超过 20 000 美元的部分进行课税，也就是说，挣得的第一个 20 000 美元不课税。现在政府希望获得额外的税收收入，但是又希望避免加重低收入或中等收入者的负担。因此，政府决定对每个收入为 60 000 美元及以上的人一次性课征 1 000 美元附加税。画出税后收入曲线，y 是税前收入 x 的函数。说明根据定义 4.3，为什么函数在 $x=60\,000$ 美元处有一个不连续点。讨论税收计划中可能由不连续性引起的对工作时间的内在激励。

6. 在这个问题中我们考虑两个计划，每一个都结合受收入税计划影响的收入支持计划的效果进行讨论。用 x 表示税前收入，用 y 表示税后收入及任意受政府调节后的收入。

计划 A：在这个计划中，零收入（$x=0$）的个人每年可获得受政府调节（收入支持）的 60 000 美元免征税额。凡是有任何收入的个人都不能获得收入支持（$x>0$）。那些收入超过 60 000 美元的个人按 20%的边际税率对超过60 000 美元的部分纳税。

计划 B：在这个计划中，每个人都能收到 6 000 美元的收入补充，叫做示范性补助（demogrant）。每个人都按 40%的税率缴纳收入所得税（也就是税基不包含 6 000 美元的示范性补助）。

(a) 分别将各计划中的税后收入 y 定义为收入 x 的函数，写出其表达式并将其图形画在同一张图上。

(b) 从纳税人的角度，哪一个税收计划更可取？根据个人收入水平，你如何回答？

(c) 哪一个计划对个人收入具有更多的内在激励？答案依赖于个人收入的可能范围吗？如果有，那么不连续性在你的答案中充当了什么角色？

7. 当雇用 2 000 个工人时，某轿车生产厂每小时的生产能力是 100 辆轿车。工厂可以三班倒全天开工，包括周末。用 h 表示每周的工时，工人生产的边际产量 MP 用每工时轿车的产量度量。

(a) 画出边际产量函数的图形，$MP=MP(h)$。在哪一点边际产量函数不连续？根据定义 4.3 和定义 4.4 进行讨论。

(b) 假设汽车公司在每辆车不包含劳动成本时的利润为 1 000 美元。工人工资在正常工作日的任何班次中都是每小时 30 美元，但是周末翻倍——每小时 60 美元。因此，公司仅在需要生产比正常工作日的产量更多的轿车时，才安排周末班次加班。作为每周生产的轿车数量 y 的函数，用 $\pi(y)$ 表示每周的利润。写出函数表达式并画出图形。在哪一点函数不连续？试对此作直观解释。

8. 某轿车生产厂在雇用 N 个工人时每小时的生产能力是 B 辆轿车，工厂可以三班倒全天开工，包括周末。用 h 表示每周的工时，工人生产的边际产量 MP 用每工时轿车的产量度量。

(a) 画出边际产量函数的图形，$MP=MP(h)$。在哪一点边际产量函数不连续？根据定义 4.3 和定义 4.4 进行讨论。

(b) 假设汽车公司在每辆车不包含劳动成本时的利润为 F 美元。工人工资在正常工作日的任何班次中都是每小时 w 美元，但是周末翻倍——每小时 $2w$ 美元。因此，公司仅在需要生产比正常工作日的产量更多的轿车时，才安排周末班次加班。作为每周生产的轿车数量 y 的函数，用 $\pi(y)$ 表示每周的利润。写出函数表达式并画出图形。在哪一点函数不连续？试对此作直观解释。F 的取值范围是什么时（不包含劳动成本时每辆轿车的利润），全周生产是有意义的？

9. 考虑下面这个价格竞争伯特兰德模型：有两个公司 1 和 2，产品定价分别为 p_1 和 p_2。公司想通过更低的价格来赢得整个市场。但是如果它们定价相同，那么只能均分市场。假定市场需求由函数 $y=20-p$ 确定，每个公司的成本函数都是 $C(y_i)=2y_i$，这同时意味着单位成本是一个常数，即 2 美元。

(a) 如果公司 2 的产品价格是 $p_2=5$，试着找出公司 1 的收益函数 $R_1(p_1)$ 和利润函数 $\pi_1(p_1)$ 并分别画出图形，解释为什么两个函数在点 $p_1=5$ 处均不连续。

(b) 公司 2 的产品定价是 $\bar{p}_2$，当 $\bar{p}_2>2$ 时，重复 (a) 部分的练习。

(c) 考虑上面的结果，解释为什么模型的均衡状态是两个公司都将价格设为 2 美元。

本章小结

关键词

渐近线	左连续	右连续	连续函数
不连续函数	左极限	边际产品	右极限
垂直渐近线			

思考题

1. 表达式$\lim\limits_{x \to a^-} f(x)$的意思是什么？

2. 表达式$\lim\limits_{x \to a^+} f(x)$的意思是什么？

3. 当$x \to a$时，在什么情况下$f(x)$的极限存在？

4. 在点$x=a$处，给出函数$f(x)$连续的两种定义。

5. 给出两个函数不连续的例子。

6. $x=a$是函数的垂直渐近线的含义是什么？

7. 你如何描述函数在闭区间上连续的定义？

复习题

1. 指出下列每个函数在何处不连续，解释定义 4.3 的哪个条件未得到满足，画出函数曲线（定义域均为 $\mathbf{R}$）。

(a) $f(x)=\begin{cases}2x, & x<5\\ x+6, & x\geqslant 5\end{cases}$

(b) $f(x)=(x+1)/(x^2-1)$（提示：提取公因子）

2. 证明：由定义 4.4，函数$f(x)=3x$在$x\in\mathbf{R}$上处处连续。

3. 假设政府对超过 25 000 美元的那部分个人收入以边际税率 0.4 课税，此外，政府还对收入达到或超过 100 000 美元的个人征收一次性附加税 2 000 美元。税后收入y是税前收入x的函数，写出表达式并画出图形。指出根据定义 4.3，为什么函数在点$x=100\,000$处不连续。讨论税收计划的这种不连续性对工作时间会有什么内在影响。

4. 生产函数为$y=x^2$，$\bar{c}$是投入x的单位成本，假设总成本是固定成本C_0加上投入x的成本，$\bar{p}$表示产出y的价格。写出收益函数、成本函数和利润函数的表达式。已知函数$y=x^2$连续，那么这些函数连续吗？(利用定理 4.1 回答。)

5. 铁路公司从 A 到 B 通行火车，工程师和警卫的单程工资共 500 美元，火车的每节车厢最多可运载 50 名乘客。火车的动力成本和运载车厢数量之间的关系如下：

数量	价格（美元）
1 节车厢	1 000 美元
2 节车厢	1 800 美元
3 节车厢	2 400 美元
4 节车厢	2 600 美元
5 节车厢	3 400 美元
6 节车厢	4 600 美元
7 节车厢	8 000 美元

这些成本在车厢空载或满载情况下无区别。

(a) 从 A 到 B 仅搭载 1 名乘客时导致的成本是多少?

(b) 搭载第 2 名乘客，什么成本升高了?

(c) 搭载第 51 名乘客，什么成本升高了?

(d) 画出以下函数图形：总成本和每个人的平均成本。对乘客人数介于 0～350 的情况，讨论这些函数的连续性。

6. 考虑下面这个价格竞争伯特兰德模型：有两个公司 1 和 2，产品定价分别为 p_1 和 p_2。公司想通过更低的价格来赢得整个市场。但是如果它们定价相同，那么只能均分市场。假定市场需求由函数 $y=50-p$ 确定，每个公司的成本函数都是 $C(y_i)=10y_i$，这同时意味着单位成本是一个常数，即 10 美元。

(a) 如果公司 2 的产品价格是 $p_2=20$，试着找出公司 1 的收益函数 $R_1(p_1)$ 和利润函数 $\pi_1(p_1)$，并分别画出图形，解释为什么两个函数在点 $p_1=20$ 处均不连续。

(b) 公司 2 的产品定价是 $\bar{p}_2$，当 $\bar{p}_2>10$ 时，重复 (a) 部分的练习。

(c) 考虑上面的结果，解释为什么模型的均衡状态是两个公司都将价格设为 10 美元。

第 5 章　一元函数的导数和微分

我们鼓励读者通过网站 http：//mitpress. mit. edu/math _ econ3 来获得如下有助于学习本章的材料：

- 完全竞争厂商和垄断厂商的劳动的边际收益产出
- 例子：劳动的边际收益产出
- 关于弹性概念的更多细节
- 例子：求解需求弹性
- 练习题

导数的目的是以一种简洁的方式表述一个变量（例如，x）的变化怎样影响另一个变量（例如，y）的变化。实际上，经济中的很多问题恰与这种分析方式有关。例如，我们研究一个厂商的产出怎样影响它的成本，以及一个国家的货币供给如何影响该国的通货膨胀率。尽管将 x 和 y 之间的关系记为$y=f(x)$ 可以准确地表述这种思想，但是如果将 x 的变化记成 Δx，由它引起的 y 的变化记为 Δy，这样更加简洁。利用 Δy 和 Δx 之间的关系，我们可以研究经济学家所指的在经济学中具有十分重要的地位的边际分析。举例来说，它可以使我们得到某些重要的经济学命题，比如，“当额外或边际收益（ΔR）超过额外或边际成本（ΔC）时，一个追求利润最大化的厂商将会扩大生产”。本章和接下来的一章会讲述一元函数的导数在经济学中的一些应用。

5.1 切线的定义

曲线的切线是一条仅在给定点与曲线相交的直线。如图 5.1 所示，直线 l_P 是曲线 $y=f(x)$ 在P 点的切线。注意，这条直线仅在 P 点与曲线相交，再无其他交点。

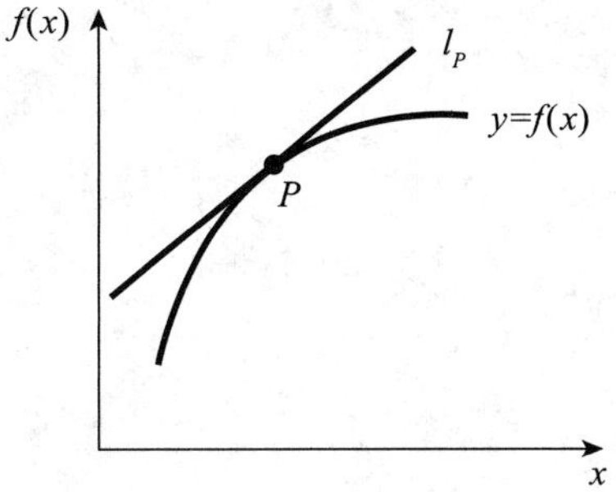

图 5.1　切线

很容易看出，在这条曲线的每一点都有一条不同的切线。令 $\Delta y/\Delta x$ 表示 y 和 x 的变化的比率，我们说在一点处曲线的斜率就等于当 Δx 取相当小的值时的这一比率。对于光滑的曲线，比如图 5.1 中所画的曲线，切线的斜率等于曲线在切点的倾斜度。切线在 P 点的斜率叫做函数 $y=f(x)$ 在点 P 的导数值。导函数可以给出由 x 的值决定的曲线上不同点的切线的斜率值。

在给出一般定义之前，先用一个简单的例子强调一下导数与变化率之间的关系是有必要的。假设某人要驾车穿过一个大城市去上班。令 y 表示她行驶的路程，花费的时间为 t，函数 $y=f(t)$ 表示 t 分钟她行驶的路程。假设前 5 英里她用了 20 分钟，那么她在这段时间内的平均速度为 $\Delta y/\Delta t=5/20=0.25$ 英里/分钟或者 15 英里/时。这是平均速度，但是在其间的每个给定点的速度可以是不相同的。例如，我们希望考察她在第 10 分钟时的速度。首先记 $\Delta\hat{y}/\Delta\hat{t}$ 为第10 分钟和第 11 分钟之间的速度，此处 $\Delta\hat{y}$ 表示在这段时间内行驶的距离，$\Delta\hat{t}=1$ 分钟为这段时间间隔，然而，这一比值仍然是速度的平均值。定义第 10 分钟初的即时速度或变化率 $\Delta y/\Delta t$ 需要考虑 Δt 值连续变小时的情况。我们将它记成 $\Delta t\rightarrow 0$，表示时间间隔趋于零，比值 $\Delta y/\Delta t$ 称为当 $\Delta t\rightarrow 0$时路程在此时间内的**即时变化率**，或者称为车速。尽管这个比值是含有零的除法，但是由于 Δt 永远不会等于零，而且 Δy 的值可以相应变小，所以即使分母可以任意小，比值 $\Delta y/\Delta t$ 也不会任意大。当 Δt 趋近于零时，$\Delta y/\Delta t$ 一系列比值的极限(如果这个极限存在）就等于函数 $y=f(t)$ 在点 t 处的导数。现在我们将这一思想正式表达出来。

为了定义函数在某一点的导数，我们先来定义割线。割线是连接函数曲线上两点的一条直线。通过取一系列连接 P 点和其他一系列与 P 点无限接近但与 P 并不重合的点的割线，我们就可以得到曲线在 P 点的切线。换言之，过点 P 的切线与这一系列割线的极限有相同的斜率。如果该极限存在，那么函数在点 P 处的导数定义为切线的斜率值。

最简单的方法是从图形上看。考虑函数 $y=f(x)$，将其曲线上的两点分别表示为 $P=(x_1, f(x_1))$ 和 $Q=(x_2, f(x_2))$，如图 5.2 所示。我们称连接任意两点的直线为**割线**，定义它的斜率等于 y 的变化（记为 $\Delta y=f(x_2)-f(x_1)$)除以 x 的变化（记为 $\Delta x=x_2-x_1$)，也就是

$$m_{PQ}=\frac{\Delta y}{\Delta x}=\frac{f(x_2)-f(x_1)}{x_2-x_1}$$

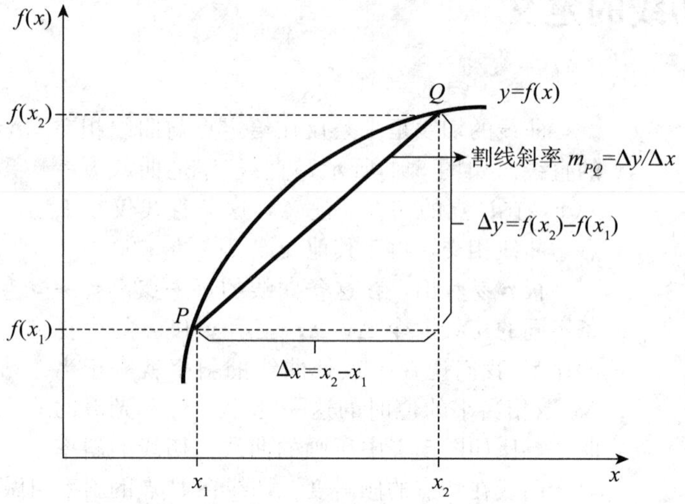

图 5.2　割线

定义 5.1　在函数 $y=f(x)$ 的曲线上给定两点 $P=(x_1,\ f(x_1))$和 $Q=(x_2,\ f(x_2))$，且 $x_2=x_1+\Delta x$，我们定义**割线**为连接点 P、Q 的直线。割线的斜率为

$$m_{PQ}=\frac{f(x_2)-f(x_1)}{x_2-x_1}=\frac{\Delta y}{\Delta x}$$

假设我们将点 $P=(x_1,\ f(x_1))$固定，考虑 x_2的一系列值并让它们与点 x_1 无限接近。由于 $x_2=x_1+\Delta x$，所以这等价于构造一系列无限小的 Δx 的值($\Delta x\to 0$)，从而生成一系列 m_{PQ}的值。如果这些值收敛到某个极限，记为 m^*，那么我们称这条过 P 点且斜率为 m^* 的直线为曲线过点 P 的切线。Δx 的一系列值($\Delta x\to 0$）生成了一系列点 Q_1，Q_2，Q_3，…，如图 5.3 所示。

定义 5.2　如果函数 $y=f(x)$ 定义在某个包含点 $P=(x_1,\ f(x_1))$的开区间上，且 $\lim\limits_{\Delta x\to 0}m_{PQ}$存在，那么过点 P 且斜率为 $\lim\limits_{\Delta x\to 0}m_{PQ}$的直线称为函数 $y=f(x)$ 在P 点的**切线**。

例如函数 $y=x^2$，如图 5.4 所示。如果比较点 $P=(2,\ 4)$ 和点 $Q=(4,\ 16)$，我们可以发现当从点 P 移动到点 Q 时，x 的变化为 $\Delta x=2$，y 的变化为 $\Delta y=12$，因此，这两个点间 y 关于 x 的变化率为 $\Delta y/\Delta x=12/2=6$，即为连接点 P 和点Q 的割线的斜率。然而，如果我们用点 $Q'=(5,\ 25)$ 代替点 Q，得到 $\Delta y/\Delta x=21/3=7$。因此，以某点（P）为起点的 y 关于 x 的变化率依赖于 x 的变化量。换言之，一个点沿着函数曲线移动时，变化率 $\Delta y/\Delta x$ 也将随之变化。因此，我们所指的 $\Delta y/\Delta x$ 是两点间的平均变化率。

如果我们对函数 $y=x^2$构造一系列 x 的变化 Δx，并且有 $\Delta x\to 0$，我们发现过相应的给定点 P 的一系列割线的斜率值收敛（即趋于单一值）。例如，考虑 $\Delta x=1/n$，$n=1,\ 2,\ 3,\cdots$，当 $n\to\infty$ 时 $\Delta x\to 0$。假设以函数 $y=x^2$上的点 $P=(2,$

4）为起点，令 $\Delta x=1/n$，这意味着 $x+\Delta x=2+1/n$，且 $f(x+\Delta x)=(2+1/n)^2$。那么由定义 5.1，将 x_1 写为 x，x_2 写为 $x+\Delta x$，我们得到下面的表达式：

$$m_{PQ}=\frac{f(2+1/n)-f(2)}{(2+1/n)-2}=\frac{(2+1/n)^2-2^2}{1/n} \tag{5.1}$$

$$=\frac{4+4/n+1/n^2-4}{1/n}=4+1/n \tag{5.2}$$

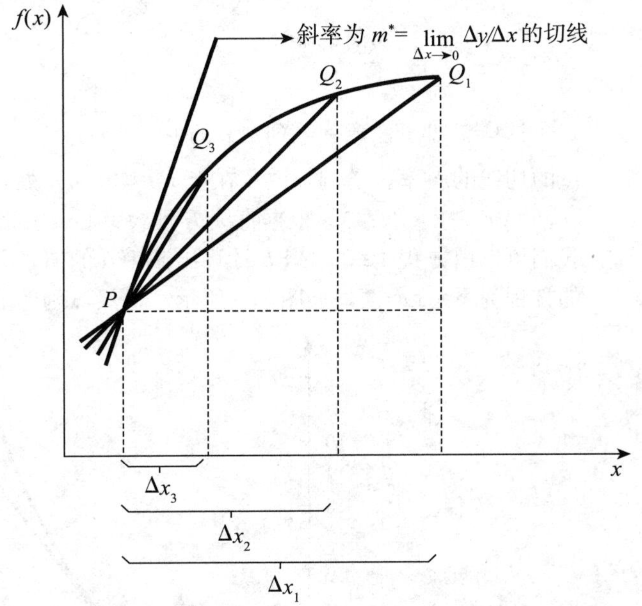

图 5.3　一系列割线

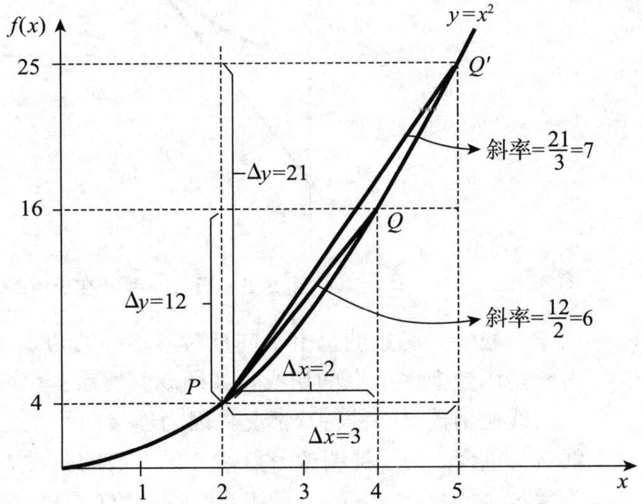

图 5.4　依赖于 Δx 的割线的斜率

当 $n\to\infty$ 时，有 $\Delta x\to 0$ 且 m_{PQ} 的一系列值收敛于 4。因此，函数 $y=x^2$ 在点 $x=2$ 处的切线的斜率值为 4。

通常，函数 $y=x^2$ 上任意两点 $P=(x_1, f(x_1))$ 和 $Q=(x_2, f(x_2))$（此处，$x_2=x_1+\Delta x$）之间割线的斜率为

$$
\begin{aligned}
m_{PQ}&=\frac{f(x_2)-f(x_1)}{x_2-x_1}=\frac{(x_1+\Delta x)^2-x_1^2}{\Delta x}\\
&=\frac{x_1^2+2(\Delta x)x_1+(\Delta x)^2-x_1^2}{\Delta x}\\
&=\frac{2(\Delta x)x_1+(\Delta x)^2}{\Delta x}=2x_1+\Delta x
\end{aligned}
$$

这样，对于任意一系列 Δx 的值，当 $\Delta x\to 0$ 时，有 $\lim\limits_{\Delta x\to 0}m_{PQ}=2x_1$，即为在 P 点的切线的斜率。举例来说，在点 $P=(2, 4)$ 处，$x_1=2$，则切线的斜率为 4（即 $m_{PQ}=2x_1=2\times2=4$）。根据直线方程 $y=4x+b$ 和点 $P=(2, 4)$ 在这条直线上，我们可以由方程 $4=4\times2+b$ 计算出截距 b 的值，即 $b=-4$。这样，过点 P 的切线的方程为 $y=4x-4$，如图 5.5 所示。显然，函数的不同点对应不同的切线。

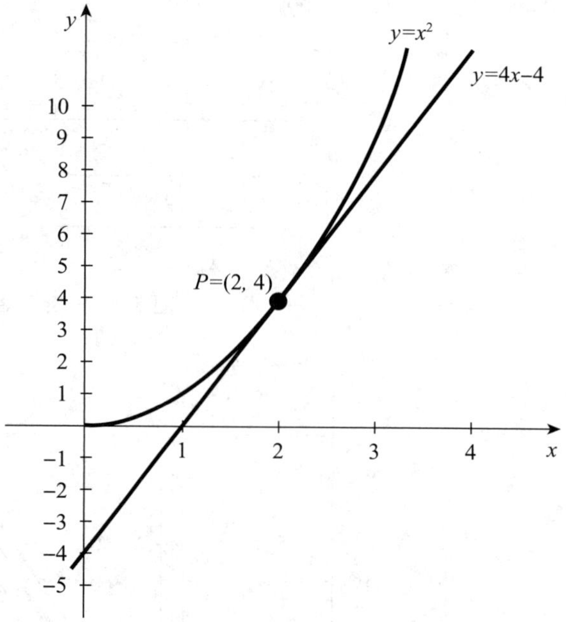

图 5.5　函数 $y=x^2$ 在 $x=2$ 处的切线

一般的，函数的每个不同点对应不同的切线。但是也存在这种巧合，即一条直线是函数上多个点的切线，如图 5.6 所示。

线性函数是一种特殊情况，因为连接曲线上任意两点的割线始终与该函数曲线自身重合。为了证明这一点，考虑一般的线性方程 $y=mx+b$，这里 m 和 b 均为常数。$P=(x_1, f(x_1))$ 和 $Q=(x_2, f(x_2))$（其中 $x_2=x_1+\Delta x$）两点之间割线的斜率为

$$m_{PQ}=\frac{\Delta y}{\Delta x}=\frac{f(x_2)-f(x_1)}{x_2-x_1}$$
$$=\frac{(m(x_1+\Delta x)+b)-(mx_1+b)}{(x_1+\Delta x)-x_1}$$
$$=\frac{mx_1+m\Delta x+b-mx_1-b}{x_1+\Delta x-x_1}$$
$$=\frac{m\Delta x}{\Delta x}=m$$

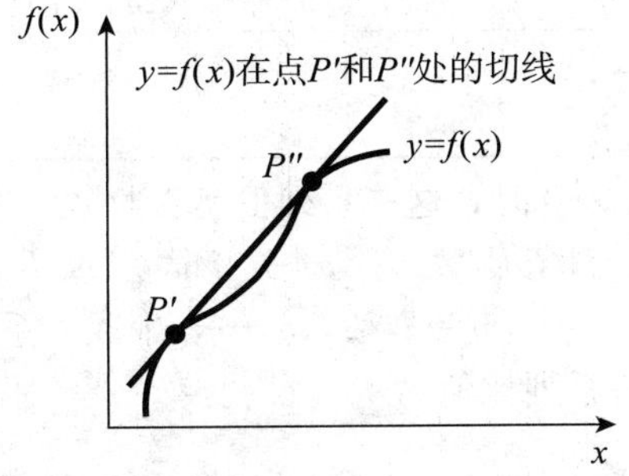

图 5.6　在两点有相同切线的函数

m 是一个常数。显然，割线就是这条直线本身，且它的斜率不依赖于 Δx 的大小，也不依赖于起始点 P，如图 5.7 所示。因此，对于线性函数，Δx 和 Δy 之间的关系可以表述为 $\Delta y/\Delta x=m$ 或 $\Delta y=m\Delta x$。换言之，当 x 的变化量为 Δx 时，相应的 y 的变化量为 Δx 的 m 倍，而且这种关系不管 Δx 的值是多少，也不论 P 点的位置如何，都将成立。这种情形仅对于线性函数是成立的。

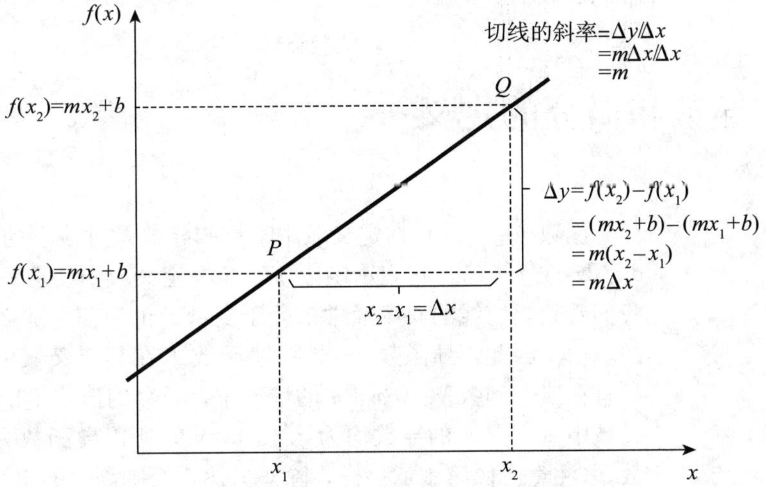

图 5.7　线性函数的切线

练习

1. 假设在函数 $y=x^2$ 中选一点 $P=(20, 400)$。分别与点 $Q_1=(25, 625)$，$Q_2=(24, 576)$，$Q_3=(23, 529)$，$Q_4=(22, 484)$，$Q_5=(21, 441)$ 相连接，计算每一条割线的比值 $\Delta y/\Delta x$，并列在下面的表中。

Q_i	(25，625)	(24，576)	(23，529)	(22，484)	(21，441)
Δx					
Δy					

当 $\Delta x \to 0$ 时，这一系列值是否收敛？用图形表示。

2. 计算函数 $y=x^2$ 关于固定点 $P=(20, 400)$ 的一系列比值 $\Delta y/\Delta x$。令 $\Delta x_n = 1/n$，$n=1, 2, 3, \cdots$，生成一系列点 $Q_n=((20+1/n), (20+1/n)^2)$，相应的一系列比值为

$$\frac{\Delta y_n}{\Delta x_n}=\frac{(20+1/n)^2-(20)^2}{(20+1/n)-(20)}$$

证明当 $n\to\infty$（即 $\Delta x_n \to 0$）时，比值 $\Delta y_n/\Delta x_n$ 收敛。利用这个结论求函数 $y=x^2$ 在点 $P=(20, 400)$ 处的切线方程。

3. 曲线 $y=x^2$ 的切线的斜率是 $2x$。写出在点 $x=3$ 处的切线方程，并画图表示。

4. 曲线 $y=\sqrt{x}$ 的切线的斜率是 $1/(2\sqrt{x})$。写出在点 $x=1$ 处的切线方程，并画图表示。

5.2 导数和微分的定义

函数 $y=f(x)$ 在定义域中某点的导数是过该点的切线的斜率，符号常记为 $\mathrm{d}y/\mathrm{d}x$ 或 $f'(x)$，它表示函数 $f(x)$ 在定义域中任意一点 x 的导数。在上一节中我们看到，切线的斜率通常依赖于变量 x 的取值，那么导数的值也依赖于变量 x 的取值。因此，导函数 f' 是描述函数 f 在其定义域中每一点的导数值的函数。只有在线性函数 $y=mx+b$ 的情形中，导数的值才不依赖于 x 的值。此时，在定义域中每一点 x 的导数均为 $f'(x)=m$，所以导函数为 $f'=m$，它是一个常函数。(注意，像第 4 章一样，除非另述，否则函数的定义域均设为 $\mathbf{R}$。)

定义 5.3 函数 $y=f(x)$在点 $P=(x_1, f(x_1))$ 处的**导数**为函数曲线在该点的切线的斜率。

$$f'(x_1)=\lim_{\Delta x\to 0} m_{PQ}=\lim_{\Delta x\to 0}\frac{f(x_2)-f(x_1)}{x_2-x_1}$$

其中 $\Delta x = x_2 - x_1$。我们也可以写成

$$f'(x_1) = \lim_{\Delta x \to 0} m_{PQ} = \lim_{\Delta x \to 0} \frac{f(x_1 + \Delta x) - f(x_1)}{\Delta x}$$

在上一节中，我们证明了曲线 $y = x^2$ 的切线斜率为 $2x$，所以函数的导数也是 $2x$，即 $f'(x) = 2x$ 或者 $dy/dx = 2x$。从直观来看，dy 和 dx 分别反映了 y 和 x 的变化，就像 Δy 和 Δx 一样。事实上，对于一个具体的 dx 的值，我们可以把 dy/dx 视为对 $\Delta y/\Delta x$ 的估计。因此，$dy/dx = 2x$ 可以写成 $dy = 2x(dx)$，其中当 dx 被视为与 Δx 相等时，dy 则表示对 Δy 的估计。表达式 $dy = (2x)dx$ 称为函数 $y = x^2$ 的微分。微分的正式定义将在下面给出。

定义 5.4 如果 $f'(x^0)$ 是函数 $y = f(x)$ 在点 x^0 处的导数，那么在点 x^0 处的**全微分**为

$$dy = df(x^0, dx) = f'(x^0)\, dx$$

因此，微分是 x 和 dx 的函数。

微分给我们提供了一种估计 x 的变化量 $dx = \Delta x$ 对 y 的影响的方法。这里，Δy 是 y 的确切变化量，而 dy 是 y 变化的近似值。利用导数的定义和利用曲线的切线来估计 x 的变化对 y 的影响是等价的。对于函数 $f(x) = x^2$，微分为 $dy = f'(x)\, dx = 2x\, dx$。这种表述仅仅是对 x 的变化和 y 的变化之间的关系的一种近似表述，如图 5.8 所示，从点 $P = (2, 4)$ 出发，x 的增加量 $\Delta x = dx = 2$ 导致 y 变化 $\Delta y = 12$。如果我们用点 $P = (2, 4)$ 处的切线来估计当 x 变化 2 单位时 y 的变化量，则可发现 $dy = 8$（即，$dy = f'(x)\, dx = (2x)dx = 4dx$，$dx = 2$）。在这种情形中，利用微分得出的 Δy 的估计值比较小。

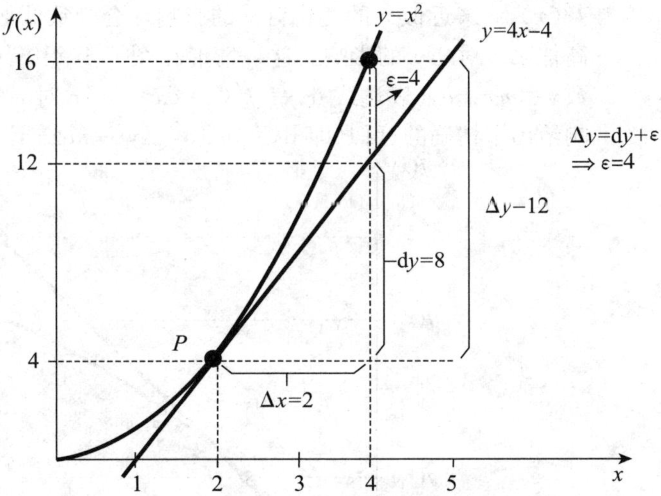

图 5.8　$dy = f'(x)dx$ 为 y 的变化量的近似值

实际上，不论是导数还是微分形式，dx 和 dy 之间的关系都可以看作是对 x 和 y 之间真实变化（Δx 和 Δy）的估计。如果我们将这种关系写成下面的形式，

这一点会更加清晰：

$$\Delta y = \mathrm{d}y + \varepsilon \tag{5.3}$$

此处 ε 为近似误差。例如在图 5.8 中，误差 $\varepsilon=4$。这样，作为对 y 的真实变化值的近似，方程（5.3）并不难理解。然而，对于 x 的微小变化，表达式 $\mathrm{d}y=f'(x)\,\mathrm{d}x$ 提供了一个更好的近似。例如，再次从 $x=2$ 开始（即 $P=(2, 4)$），选择 $\Delta x=\mathrm{d}x=1$ 使得 $\Delta y=5$，$\mathrm{d}y=4$（见图 5.9）。不仅 $\mathrm{d}y$ 和 Δy 十分接近，而且当 $\Delta x=2$ 变为 $\Delta x=1$ 时，误差百分比从 33%(4/12) 下降到 20%(1/5)。此外我们可以证明，通过要求 x 发生很小的变化，方程（5.3）可以无限精确（即，可以使误差百分比 $\varepsilon/\Delta y$ 无限小）。这可以正式地表示为 $\lim\limits_{\Delta x=\mathrm{d}x\to 0}\varepsilon/\Delta y=0$。

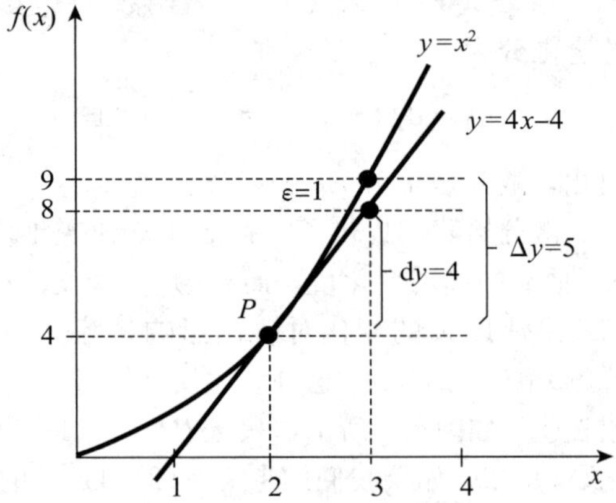

图 5.9　对 Δy 近似时 dy＝f′(x)dx 的精确度

值得注意的是，在函数 $y=x^2$ 这个例子中，利用切线或者表达式 $\mathrm{d}y=f'(x)\mathrm{d}x$ 来近似 x 的变化对 y 的影响，会导致低估。但是，利用切线也可能导致高估 Δx 对 Δy 的影响。这种情形在图 5.10 中清楚地表达了出来。对于线性函数 $y=mx+b$，表达式 $\mathrm{d}y=f'(x)\,\mathrm{d}x=m\mathrm{d}x$ 对 x 的变化量 $\mathrm{d}x$ 或者 Δx 对 y 的影响给出了精确的近似(即 $\mathrm{d}y=m\,\mathrm{d}x$，$\Delta y=m\Delta x$)。如图 5.11 所示。

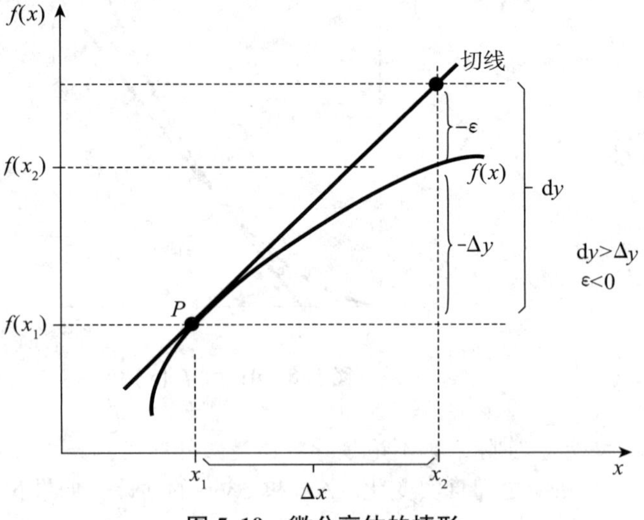

图 5.10　微分高估的情形

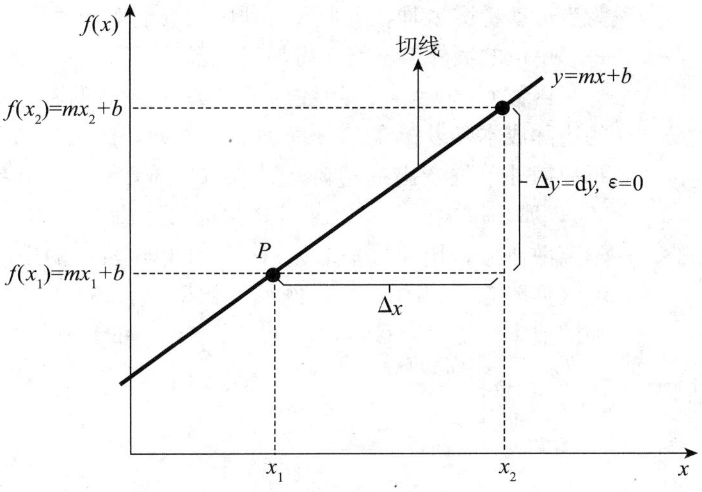

图 5.11　微分精确估计的情形

总成本函数和边际成本函数

厂商的总成本函数 $C=C(y)$ 表示当产量为 y 时的成本。这样，给定 $C=C(y)$，比值 $\Delta C/\Delta y=(C(y+\Delta y)-C(y))/\Delta y$ 表示每增加一单位的产出，成本的（平均）变化率。如果当 $\Delta y\to 0$ 时对比值取极限，我们得到即时变化率，这一般是指生产的边际成本：

$$\lim_{\Delta y\to 0}\frac{\Delta C}{\Delta y}=\lim_{\Delta y\to 0}\frac{C(y+\Delta y)-C(y)}{\Delta y}=C'(y)$$

它是总成本函数的导数。

我们从最简单的线性成本函数的情形开始。特别地，令 $C=80y$。这个函数的含义是无论当前的产出水平如何，额外一单位的产出的成本为 80（即 $C'(y)$ 或者 $dC/dy=80$）。微分 $dC=C'(y)dy$ 变为 $dC=80dy$，表明 y 的任何变化 dy 导致的成本的变化为 80 倍的 dy（即每多生产 $dy=3$ 单位的产出，将导致成本增加 $dC=80\times3=240$）。正如本节之前所讲的（见图 5.11），在线性函数情形中，微分表示对 C 的实际变化（即 ΔC）和 y 的实际变化（即 Δy）之间关系的确切估计。此外，导数是一个常数这一事实表明生产的边际成本独立于正在生产的现存产量。这可以由图 5.12 来表示。

只有在每增加 1 单位的额外产出需要同样数量的额外投入时，一个厂商才能具有一个线性成本函数，这就是规模收益不变的情形。这对于所有的生产过程不一定总是成立的。特别是对于那些短期生产，对于某些投入，比如资金设备是固定数目的情形，这可能就是不成立的。假设劳动是生产中唯一可变的投入，当厂商利用大量的劳动来提高产量时，每增加 1 单位的额外劳动，最终将导致生产率降低。这是因

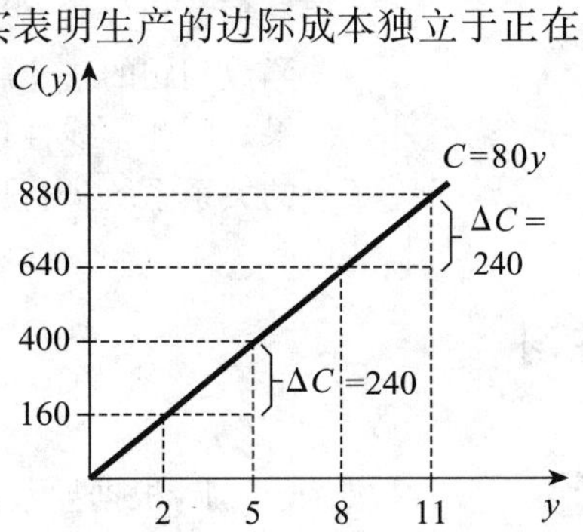

图 5.12　线性成本函数

为当劳动者增多时，每个人可利用的资金变少了，从而为了得到更高的产出水平，每一单位的额外产出将变得昂贵。函数 $C(y)= y^2$ 具有这种性质。

函数 $C(y)=y^2$ 的导数为 $C'(y)=2y$（见图 5.13）。根据这个导函数，生产的边际成本随着 y 的增加而增加。例如，产出的数量为 $y=200$ 单位，那么生产每一额外单位产出的边际成本为 $C'(y)=2\times 200=400$。如果当前产出水平是 300，那么每生产 1 单位额外产出的边际成本为 $C'(y)=2\times 300=600$。当然，对于离散情形，用导数来描述每生产 1 单位额外的产出需要增加多少成本是不正确的（见图 5.8 和图 5.9）。例如，如果 $y=300$，每多生产 1 单位的产出，额外增加的成本为 $\Delta C =C(301)-C(300)=90\ 601-90\ 000=601$。

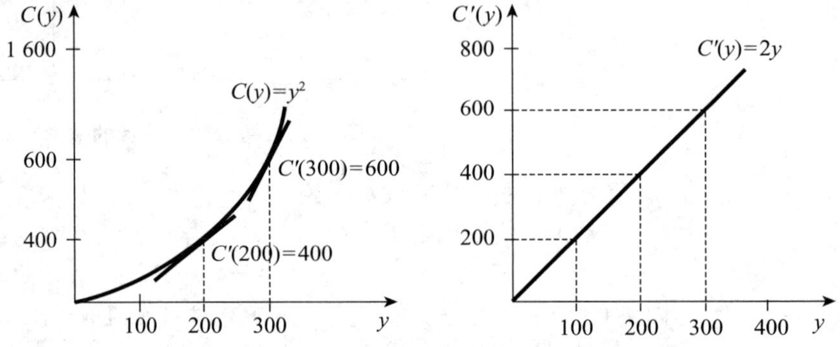

图 5.13　函数 $C(y)=y^2$ 的总成本函数和边际成本函数的关系

应注意大量额外产出的确切成本，比如额外生产 100 单位的产出，则 $\Delta C = C(400)-C(300)=160\ 000-90\ 000=70\ 000$。当用微分来估计增加的成本时，得到的结果是 $dC= C'(y)dy=2ydy=2\times 300\times 100=60\ 000$。对于产量大的变化，误差为（$10\ 000/70\ 000)\times 100\%=14.3\%$，而小的变化的误差为$(1/600)\times 100\%=0.17\%$。这个例子证明当 y 的变化很小时（即 $\Delta y\to 0$），误差的百分比将趋近于零。

本节的基本信息是，在给定点具有导数的任何函数都可以在该点的适当的小邻域中被近似为一个线性函数（其曲线由它的切线表示）。既然线性函数相对容易理解和分析，那么这个结果是有用的。具体地，我们可以通过集中分析非线性函数问题的一个解的某个小邻域，利用简单的线性函数数学方法得到有用的结果。因此，线性代数的技巧（从第 7 章到第 10 章）可以用来对非线性函数描述的关系系统进行比较静态分析。

练习

1. 根据导数的定义（定义 5.3），写出下面每个函数的导数：

(a) $f(x)=3x-5$

(b) $f(x)=8x$

(c) $f(x)=3x^2$

2. 根据导数的定义（定义 5.3），写出下面每个函数的导数：

(a) $f(x)=6x$

(b) $f(x)=12x-2$

(c) $f(x)=kx^2$，k 为常数

3. 回到 5.1 节的练习 1，函数 $f(x)=x^2$ 的导函数为 $f'(x)=2x$。用微分来估计 y 在点 $P=(20, 400)$ 和其他 5 个点之间的变化，这 5 个点为 Q_n，$n=1, 2, 3, 4, 5$。写出每个点的误差百分比，定义误差为 $\varepsilon=(\Delta y-\mathrm{d}y)/(\Delta y)\times 100$，此处 $\mathrm{d}y=f'(x)\,\mathrm{d}x$，$\mathrm{d}x\equiv\Delta x$。利用下面的表：

Q_i	(25, 625)	(24, 576)	(23, 529)	(22, 484)	(21, 441)
$\Delta x\equiv\mathrm{d}x$					
Δy					
$\mathrm{d}y=f'(x)\,\mathrm{d}x$					
ε					

在用微分估计 x 的变化对函数实际值的变动的影响时，此例子说明了什么？

4. 回到 5.1 节的练习 2，回忆（或计算）关于点 $P=(20, 400)$，与变化 Δx_n 相关的一系列变化 Δy_n。将由这个方程得到的 Δy_n 的结果，即 y 的实际变化值，与通过微分 $\mathrm{d}y=f'(x)\,\mathrm{d}x$ 估计的 y 的变化值相比较，其中 $\mathrm{d}x=\Delta x_n$。具体地，计算一系列误差百分比

$$\varepsilon_n=\frac{\Delta y_n-\mathrm{d}y}{\Delta y_n}\times 100$$

当用微分来估计 x 的变化对于函数实际变化值的影响时，这个方程说明了什么？

5.3 可微的条件

在 5.2 节中，我们将函数 $f(x)$ 的导数定义如下：

$$f'(x)=\lim_{\Delta x\to 0}\frac{f(x+\Delta x)-f(x)}{\Delta x}$$

因此，倘若这个极限存在，那么函数在点 x 处的导数就存在。通过在第 4 章对极限的讨论，我们知道 Δx 可以为正也可以为负，所以 $f'(x)$ 存在要求函数 f 必须在点 x 的某个邻域（即开区间）中的每一点都有定义。假设这个条件已经得到满足，下一步我们需要验证 $\lim\limits_{\Delta x\to 0} f(x+\Delta x)$ 存在，这意味着它的左极限和右极限

$$\lim_{\Delta x\to 0^-}\frac{f(x+\Delta x)-f(x)}{\Delta x}，\lim_{\Delta x\to 0^+}\frac{f(x+\Delta x)-f(x)}{\Delta x}$$

存在且相等。我们称这两个极限为函数 $f(x)$ 的**左导数**和**右导数**。这些条件可以总结在下面的定义中。

定义 5.5 定义在包含点 $x=a$ 的开区间中的函数 $f(x)$ 在该点是**可微**的，如果

$$\lim_{\Delta x\to 0}\frac{f(a+\Delta x)-f(a)}{\Delta x}$$

存在且有限。也就是

$$\lim_{\Delta x\to 0^-}\frac{f(a+\Delta x)-f(a)}{\Delta x}=\lim_{\Delta x\to 0^+}\frac{f(a+\Delta x)-f(a)}{\Delta x}$$

这个表达式的值就是导函数 $f'(x)$ 在点 $x=a$ 处的值。

理解可微性条件的最好方法是，通过一些在某些点不可微的函数的例子来体会。

例 5.1 下面一个不可微函数的简单例子说明了定义 5.5 中条件的意义。考虑定义如下的函数：

$$f(x)=\begin{cases}x, & x<1\\ 2-x, & x\geqslant 1\end{cases}$$

如图 5.14 所示。这个函数在 $x=1$ 点连续但是在该点不可微。原因是当 $x<1$ 时，由函数 $f(x)=x$ 得到的左极限为

$$\lim_{\Delta x\to 0^-}\frac{f(1+\Delta x)-f(1)}{\Delta x}=\lim_{\Delta x\to 0^-}\frac{(1+\Delta x)-1}{\Delta x}=1$$

当 $x>1$ 时，由函数 $f(x)=2-x$ 得到的右极限为

$$\lim_{\Delta x\to 0^+}\frac{f(1+\Delta x)-f(1)}{\Delta x}=\lim_{\Delta x\to 0^+}\frac{(2-(1+\Delta x))-(2-1)}{\Delta x}$$
$$=\frac{-\Delta x}{\Delta x}=-1$$

由于左导数和右导数不相等，所以在点 $x=1$ 处函数不可微。 ■

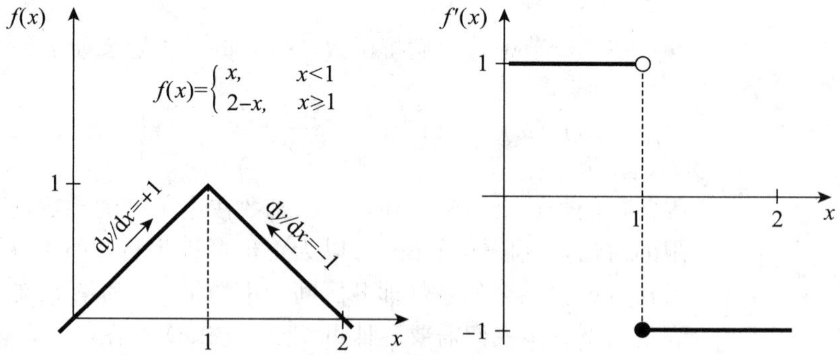

图 5.14 左极限和右极限不相等的函数

例 5.2 通常，收入所得税的边际税率在收入范围内是可变的。例如，假设

在最初挣得 5 000 美元时不用交税，之后挣得的 10 000 美元以 15%的税率交税，而后更多的收入将以 25%的税率交税。设 $T(y)$ 表示这个例子中的收入所得税计划。画出这个函数的图形的最简单的方法是考虑当收入在不同范围内变化时，边际税率是如何变化的。

$$\text{边际税率}=\begin{cases}0, & 0<y\leqslant 5\,000\\ 0.15, & 5\,000<y\leqslant 15\,000\\ 0.25, & y>15\,000\end{cases}$$

由于当收入为零时不交税，所以有 $T(0)=0$。知道税收增加的比率，我们可以画出税收函数曲线（见图 5.15）。注意，税收函数是连续的。然而，它在点 $y=5\,000$ 和 $y=15\,000$ 处是不可微的，这是因为边际税率在这些点上是变化的，并且左右导数不相等。如果我们在区间 $[0, 5\,000]$、$(5\,000, 15\,000]$ 以及 $(15\,000, \infty)$ 画出导函数 $T'(y)$ 的图像（如图 5.16 所示），可以看到在 $T(y)$ 不可微的点，$T'(y)$ 是不连续的。这个结果表明，在不可微的点上，导数的左右极限是不相等的，导函数在这样的点上无定义。

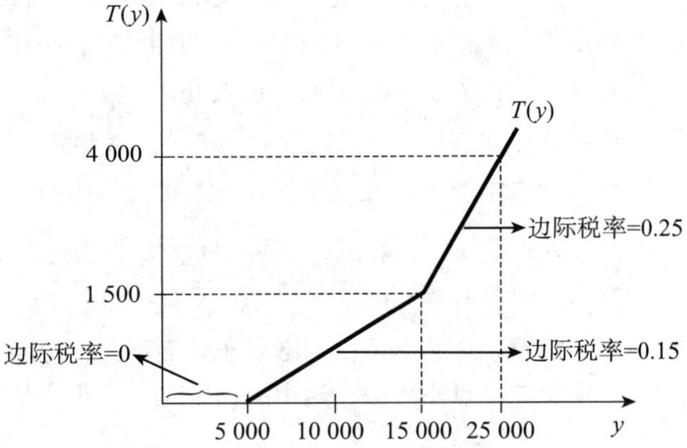

图 5.15　例 5.2 的收入所得税计划

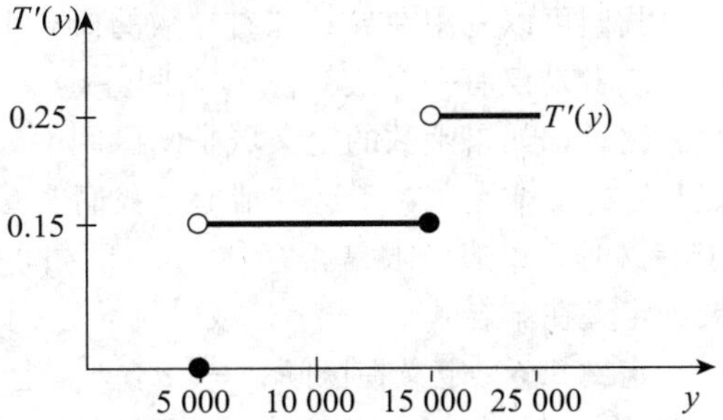

图 5.16　例 5.2 的边际所得税函数

税收函数 $T(y)$ 由方程（5.4）定义。函数的第一部分为 $T(y)=0$（当 $0\leqslant y\leqslant 5\,000$ 时），说明最初所得的 5 000 美元不用交税，因此收入少于这个数量的任何人都不用交税。第二部分为 $T(y)=0.15(y-5\ 000)$ $(5\ 000<y\leqslant 15\ 000)$，表明当收入超过 5 000 美元但是少于 15 000 美元时，要以 15%的税率交税。第三部分为 $T(y)=0.15(y-5\ 000)+0.10(y-15\ 000)(y>15\ 000)$，表明当收入超过15 000美元时要以 25%的税率交税，额外的 $0.10(y-15\ 000)$ 必须加到原来收入超过 5 000 美元时征收的 15%上。

$$T(y)=\begin{cases}0, & 0\leqslant y\leqslant 5\ 000\\ 0.15(y-5\ 000), & 5\ 000<y\leqslant 15\ 000\\ 0.15(y-5\ 000)+0.10(y-15\ 000), & y>15\ 000\end{cases} \tag{5.4}$$

税收函数可以简化为如下形式：

$$T(y)=\begin{cases}0, & 0\leqslant y\leqslant 5\ 000\\ 0.15y-750, & 5\ 000<y\leqslant 15\ 000\\ 0.25y-2\ 250, & y>15\ 000\end{cases} \tag{5.5}$$

■

回过来看可微的定义（定义 5.5），我们可以看到一个与连续条件（4.1 节）相近的关系。对于在点 x 处可微的函数 f，极限 $\lim\limits_{\Delta x\to 0} f(x+\Delta x)$ 存在，也就是说左极限 $\lim\limits_{\Delta x\to 0^-} f(x+\Delta x)$ 和右极限 $\lim\limits_{\Delta x\to 0^+} f(x+\Delta x)$ 是相等的。而且，在本节的开始我们就注意到 $\lim\limits_{\Delta x\to 0} f(x+\Delta x)=f(x)$。这些条件暗含着函数 $f(x)$ 是连续的。这样，如果函数不连续，那么它将不可微。由此我们得到下面的定理：

定理 5.1 如果在点 $x=a$ 处 $f'(x)$ 存在（即函数 $f(x)$ 是可微的），那么函数 $f(x)$ 在该点一定连续。

注意，连续是可微的必要条件而不是充分条件。换言之，函数可能在某点连续但是在该点不可微。这由上面的例 5.2 很容易看出。在点 $x=1$ 处，有

$$\lim_{\Delta x\to 0^-} f(x+\Delta x)=1,\ \lim_{\Delta x\to 0^+} f(x+\Delta x)=1,\ f(1)=1$$

这意味着函数在点 $x=1$ 处是连续的，但是并不可微。

我们可以利用左导数和右导数的概念来定义一个函数在定义域是闭区间 $[a,b]$，或者是仅有一个边界点的区间 $[a,+\infty)$ 或 $(-\infty,b]$ 的情况下是否可微。注意，如果函数的定义域是闭区间 $[a,b]$，那么问题为定义函数在点 a 和点 b 处的可微性。对于这种情形，我们要看当从右边趋近于 $x=a$ 和从左边趋近于 $x=b$ 时，单边极限是否存在。对闭区间 $[a,b]$ 上的函数可微的定义可以拓展到定义在集合 $[a,+\infty)$ 或 $(-\infty,b]$ 上的函数。

定义 5.6 定义在区间 $x\in[a,b]$ 上的函数 $f(x)$ 是可微的，如果（i）在点 $x=a$ 处的右导数存在，（ii）在点 $x=b$ 处的左导数存在，（iii）函数 $f(x)$ 在开区间 (a,b) 的每一点都可微。

利用定义在闭区间上的函数来描述限额交易的情形是很自然的。如果厂商能够向一国出口的某种产品的最大量是 b，那么出口的销售收入记为 $R(x)$，$x\in[0,b]$。销售量 x 必须不大于 b，并且不能为负值。

例 5.3　执行概率的模型

考虑一个行政部门选择对某种犯罪行为（比如，逃避税收）的惩罚力度的问题。我们用犯罪行为将被发现的概率来表示这种惩罚力度。设 p 是发现犯罪行为的概率，由定义知 p 一定在闭区间 $[0, 1]$ 上。如果函数 $c(p)$ 表示达到水平 p 时的资源成本，那么 $p\in[0, 1]$ 是这个函数的定义域。例如，$c(p)=kp^2$（见图 5.17）可以表示一个执行成本函数，此函数在点 $p=0$ 有值为零的右导数，在点 $p=1$ 有值为 $2k$ 的左导数。■

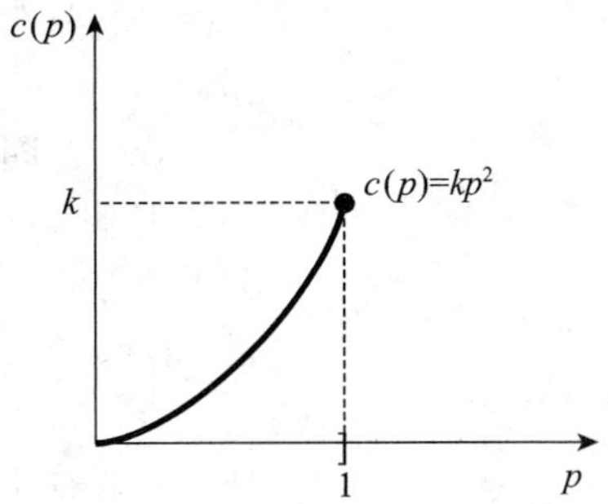

图 5.17　定义在闭区间上的函数

练习

1. 下列例子中的函数在某些点是不可微的。根据定义 5.5 解释为什么这些函数是不可微的，也就是在不可微点找出它的左导数和右导数。

(a) $f(x)=\begin{cases}3x+2, & x\leqslant 5\\ x+12, & x>5\end{cases}$

(b) $f(x)=\begin{cases}-x, & x\leqslant 0\\ x, & x>0\end{cases}$

(c) $f(x)=\begin{cases}4x+1, & x<2\\ 11-x, & x\geqslant 2\end{cases}$

2. 下列例子中的函数在某些点是不可微的。根据定义 5.5 解释为什么这些函数是不可微的，也就是在不可微点找出它的左导数和右导数。

(a) $f(x)=\begin{cases}-2x+20, & x\leqslant 4\\ -x+16, & x>4\end{cases}$

(b) $f(x)=\begin{cases}-2x+5, & x\leqslant 0\\ x+5, & x>0\end{cases}$

(c) $f(x)=\begin{cases}3x, & x<2\\ 8-x, & x\geqslant 2\end{cases}$

3. 考虑下面的收入所得税计划：最初收入的 6 000 美元不用交任何税，之后收入的 10 000 美元按 20%的税率交税，再后收入的 30 000 美元按 30%的税率交税，其他的更多收入按 40%的税率交税。

(a) 画出定义在 $y\geqslant 0$ 上的税收函数 $T(y)$ 的图形。

(b) 找出这个函数的不可微点，利用定义 5.5 说明为什么在这些点不可微。

(c) 在同一个图中画出边际税收函数和平均税收函数（$T(y)/y$）曲线。

4. 考虑下面的收入所得税计划：最初收入的 5 000 美元不用交任何税，之后收入的 15 000 美元按 20%的税率交税，再后收入的 30 000 美元按 35%的税率交税，其他的更多收入按 50%的税率交税。

(a) 画出定义在 $y \geqslant 0$ 上的税收函数 $T(y)$ 的图像。

(b) 找出这个函数的不可微点，利用定义 5.5 说明为什么在这些点是不可微的。

(c) 在同一个图中画出边际税收函数和平均税收函数（$T(y)/y$）曲线。

5. 假设有一个售货员签订了如下的合同：根据每月的销售额 S，售货员获得每月的所得 P。假设不考虑销售额，她每月的基本所得为 600 美元。从每月售出的最初的 10 000 美元中，她将得到 10%的提成，之后额外的销售额她将得到 20%的提成。

(a) 写出她的关于销售额的所得函数 $P(S)$，$S \geqslant 0$，并画出其图形。

(b) 找出函数 $P(S)$ 的不可微点，利用定义 5.5 说明为什么会这样。

5.4 微分法则

在 5.2 节中，我们用了很多例子说明怎样利用导数的定义求解简单函数的导数。但是如果每次求解函数的导数时我们都要这样，就会非常烦琐。既然对于一般类型的函数的导数都已经求解过了，我们就可以利用这些结果，从而避免每次重复的计算。求解导数的法则和方法以汇总方式收集在下面，并在之后通过其经济应用解释得更加充分。只有在某些相对简单的情形中，我们才需要证明是怎样得到这些结果的。

微分法则

法则 1 常函数的导数：

如果 $f(x)=c$ 是一个常数，那么 $f'(x)=0$。

法则 2 线性函数的导数：

如果函数 $f(x)=mx+b$，其中 m 和 b 是常数，那么 $f'(x)=m$。

法则 3 幂函数的导数：

如果函数 $f(x)=x^n$，那么 $f'(x)=nx^{n-1}$。

法则 4 函数的常数倍的导数：

如果 $g(x)=cf(x)$，其中 c 是常数，那么 $g'(x)=c\,f'(x)$。

法则 5 函数的和或差的导数：

如果 $h(x)=g(x)+f(x)$，那么 $h'(x)=g'(x)+f'(x)$。

如果 $h(x)=g(x)-f(x)$，那么 $h'(x)=g'(x)-f'(x)$。

法则 6 任意有限个函数之和的导数：

如果 $h(x)=\sum_{i=1}^{n} g_i(x)$，那么 $h'(x)=\sum_{i=1}^{n} g'_i(x)$。

法则 7　两个函数乘积的导数：

如果 $h(x)=f(x)g(x)$，那么 $h'(x)=f'(x)\,g(x)+f(x)\,g'(x)$。

法则 8　两个函数商的导数：

如果 $h(x)=\dfrac{f(x)}{g(x)}$，$g(x)\neq 0$，那么 $h'(x)=\dfrac{f'(x)g(x)-f(x)g'(x)}{[g(x)]^2}$。

法则 9　复合函数的导数——链式法则：

如果 $y=f(u)$，$u=g(x)$，则 $y=f(g(x))=h(x)$，那么 $h'(x)=f'(u)g'(x)$ 或者 $\dfrac{\mathrm{d}y}{\mathrm{d}x}=\dfrac{\mathrm{d}y}{\mathrm{d}u}\dfrac{\mathrm{d}u}{\mathrm{d}x}$。

法则 10　反函数的导数：

如果 $y=f(x)$有反函数 $x=g(y)$，即如果 $g(y)=f^{-1}(y)$且 $f'(x)\neq 0$，那么

$$\frac{\mathrm{d}x}{\mathrm{d}y}=\frac{1}{\mathrm{d}y/\mathrm{d}x}\text{ 或者 } g'(y)=\frac{1}{f'(x)}\text{，其中 } y=f(x)\text{。}$$

法则 11　指数函数的导数：

如果 $y=\mathrm{e}^x$，那么 $\mathrm{d}y/\mathrm{d}x=\mathrm{e}^x$。

法则 12　对数函数的导数：

如果 $y=\ln x$，那么 $\mathrm{d}y/\mathrm{d}x=1/x$。

法则 1　常函数的导数，$f(x)=c$

如果函数 $f(x)=c$ 是一个常数，那么 $f'(x)=0$。

当 $f(x)=c$ 时，$f'(x)=0$ 可以很直观地由函数 $f(x)=c$ 的图像得出（见图 5.18）。不论 x 如何取值，对 Δx 的任意值，$\Delta y=0$。这里，对任意大小的 Δx，$\Delta y=0$。

例 5.4　竞争厂商的边际收益函数

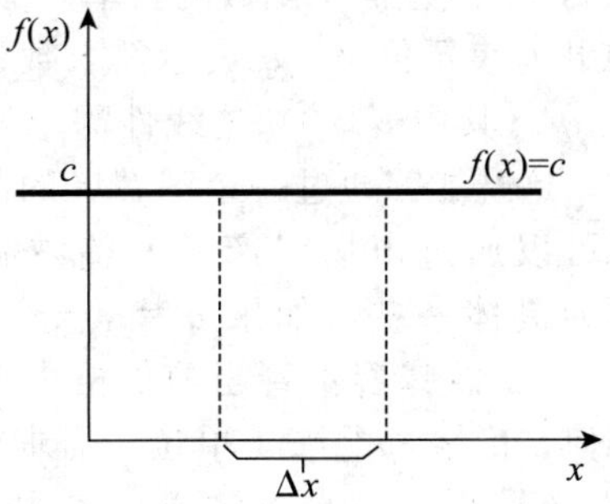

图 5.18　常函数 $f(x)=c$ 曲线的斜率为零

竞争厂商认为，如果它卖出更多的产出，并不会导致市场价格的降低。每多生产并销售 1 单位产出的额外收入就是这种产品的价格。当然，如果一个厂商是大市场中的小生产者，那么这种做法是明智的。这样，不管厂商的生产水平如何，每多生产 1 单位产出的额外收入是一个常数。如果我们设市场价格为 $\bar{p}$，$MR(q)$ 为生产厂商的边际收益，则有 $dMR(q)/dq=0$（见图 5.19）。

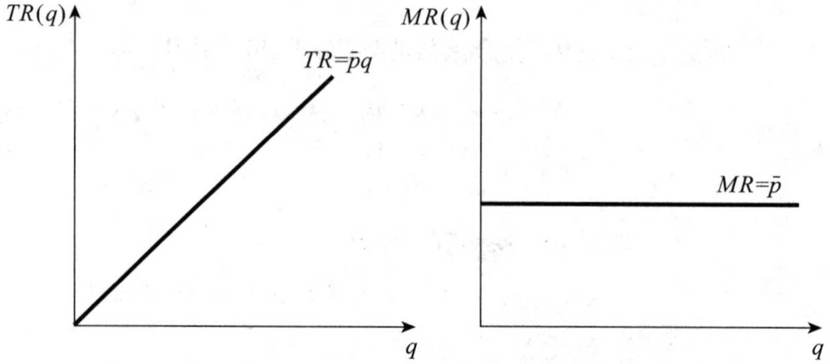

图 5.19 竞争厂商的总收益和边际收益（例 5.4）

当然，如果厂商的产出水平等于其他所有厂商产量的总和，也就是总产量的 1/2，那么对于厂商来说，认为额外销售一单位产品的收益与额外产出数量独立是没有意义的。在这种情形下，如果一个厂商的产出增量相对于市场规模而言较大，那么假设 $dMR(q)/dq$ 为负是恰当的。■

法则 2 线性函数的导数，$f(x)=mx+b$

如果 $f(x)=mx+b$,其中 m 和 b 都是常数,那么 $f'(x)=m$。

这个结果是由于 $\Delta y=f(x+\Delta x)-f(x)=m(x+\Delta x)+b-[m(x)+b]=m\Delta x$，所以 $\Delta y/\Delta x=m$，且 $\lim\limits_{\Delta x\to 0}\Delta y/\Delta x=m$。

例如，函数 $f(x)=3x-5$ 的导数为 $f'(x)=3$。这表明对于线性函数，相应于 x 的变化，变量 y 的变化在每一个 x 点上都是相等的。我们将利用一个经济例子来详细探究线性函数的性质。

例 5.5 线性需求函数的斜率

如果 p 表示价格，q 表示需求数量，那么 $q=a-bp$（其中 $b>0$）是线性需求函数的一般形式。这既能够通过一个消费者的需求来反映，也可以通过市场对产品的整体需求来反映。更为具体一些，如果 $q=30-2p$，那么 $dq/dp=-2$ 意味着不管当前价格水平和需求数量如何，价格每上涨 1 单位，需求将下降 2 个单位（见图 5.20）。注意，在描述函数 $q(p)=20-2p$ 时，可能会希望变量 p 画在横

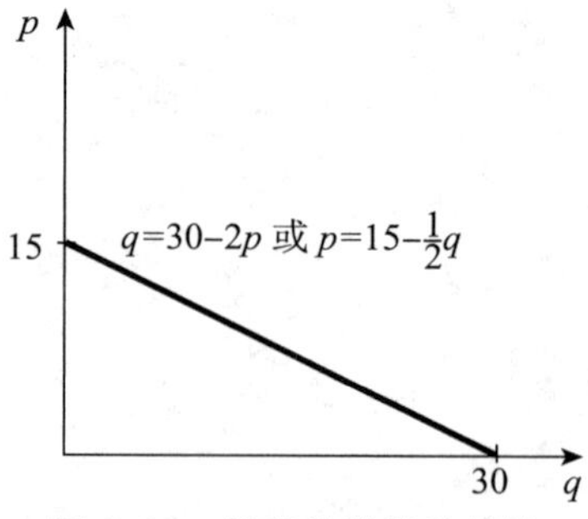

图 5.20 斜率为常数的线性需求（例 5.5）

轴上，q 画在纵轴上。但是，标准的做法与此相反，这样的对应会更加直观，并且以函数的反函数（也就是 $p=15-(q/2)$，即通常所称的反需求函数）来形象地思考更符合标准作法。

最后一个条件在某些情形下是不现实的。例如，假设我们考虑家庭用电需求。设 p 是电的价格，按美分/千瓦时计算，设 q 为单一家庭的需求量，以千瓦时计算。那么可能出现下面的情况，即如果价格由 $p=8$ 变为 $p=9$，需求量可能每月下降 200 千瓦时（从 $q=1\ 400$ 千瓦时到 $q=1\ 200$ 千瓦时）。如果价格由 $p=9$ 上升到 $p=10$，情况也是如此（需求从 $q=1\ 200$ 千瓦时变动到 $q=1\ 000$ 千瓦时）。然而，若原来的价格水平为 $p=14$，由于价格上升 1 个单位使得 $p=15$，那么期望家庭消费需求减少 200 千瓦时是不合理的，因为如果这样，消费者的需求水平将会是零。

对于很多日用品，当价格上升时消费者减少消费此物品的程度（$\mathrm{d}p/\mathrm{d}q$）取决于当前的消费水平，或者说取决于当前的价格。这就是为什么经济学家经常假设需求关于价格大体是线性的，这种假设仅在价格的某个范围内才是合理的。 ■

法则 3 幂函数的导数，$f(x)=X^n$

如果函数 $f(x)=x^n$，那么 $f'(x)=nx^{n-1}$。

例如，由 5.2 节中导数的定义可知，函数 $f(x)=x^2$ 的导数是 $f'(x)=2x$。下面列出的例子表明了利用这一法则得到的不同类型的结果。

对于 $f(x)=x^{3/2}$，$x>0$，我们得到 $f'(x)=(3/2)x^{(3/2-1)}=(3/2)x^{1/2}$。函数 $f(x)=x^{-2}$ 的导数 $f'(x)=-2x^{-3}$。函数 $f(x)=x^0$，$x\neq0$ 的导数为 $f'(x)=0x^{0-1}=0/x=0$，其中 $x\neq0$。由于当 $x\neq0$ 时有 $x^0=1$，这显然是正确的。（注意，0^0 没有定义。）

例 5.6 劳动的总产出和边际产出

考虑生产函数 $y=L^a$，$a>0$，这个函数将劳动投入量 L 和产出 y 联系在一起。这个函数经常被称为劳动的总产出函数，记为 $TP(L)$。劳动的边际产出为 $MP(L)=\mathrm{d}y/\mathrm{d}L=aL^{a-1}$。如果参数 $a>1$，那么劳动的边际产出随 L 的增加而增加。例如，对于 $y=L^{3/2}$，我们得到 $MP(L)=(3/2)L^{1/2}$。如果 $a=1$，此函数为简单的线性函数 $y=L$，导数为常函数 $\mathrm{d}y/\mathrm{d}L=1$。如果 $a<1$，那么劳动的边际产出随 L 的增加而降低。例如，对于 $y=L^{1/2}$，我们得到 $MP(L)=(1/2)L^{-1/2}$ 或者为 $1/(2L^{1/2})$。这些函数在图 5.21、图 5.22 和图 5.23 中给出。

如果除了劳动以外其他投入都固定不变，我们可以合理地推断，最后每增加一单位的劳动投入，我们只能得到较少的产出的增加。这种假设称为变量投入的边际生产率递减法则。在上面的例子中，唯一一个满足这种性质的函数形式为 $y=L^a$，$a<1$。我们可以看到，当用函数 $y=L^a$ 时，经常伴有约束条件 $a<1$。在 5.5 节中我们将进一步研究这个问题。

从最优化和多元微积分一章中可以看到，幂函数经常用于阐明各种经济概念

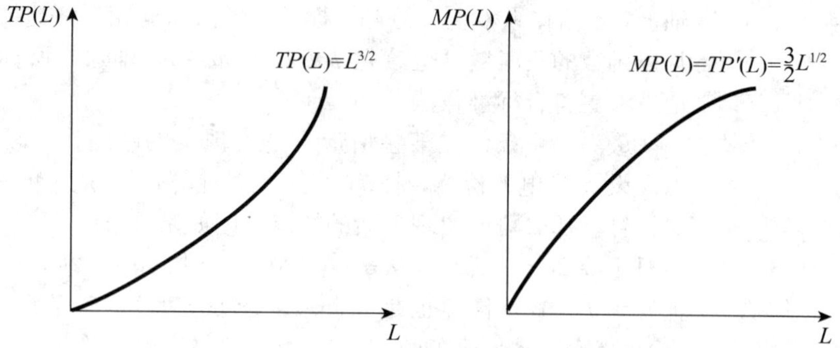

图 5.21　边际产品递增的劳动总产出

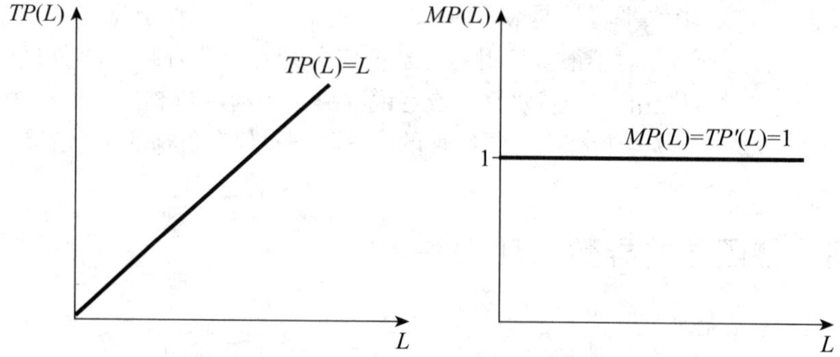

图 5.22　边际产品不变的劳动总产出

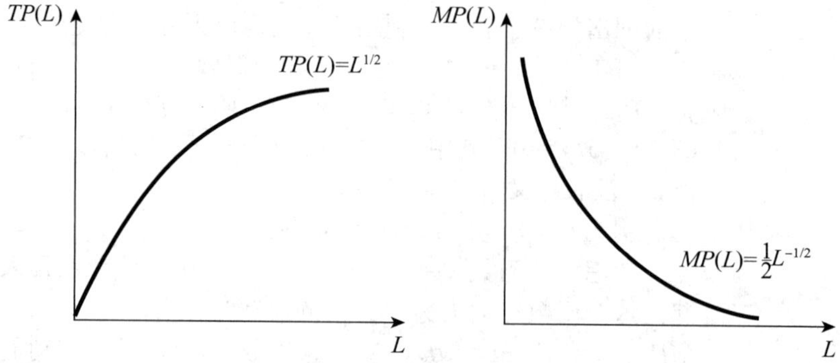

图 5.23　边际产品递减的劳动总产出

的性质，比如生产函数和效用函数。举例来说，上面所考虑的一元函数 $y=L^a$ 可以推广得到一类重要的例子，即柯布-道格拉斯生产或效用函数。因此，理解 a 的值与劳动的边际产出随 L 的增加而出现的变化值之间的关系是非常重要的。

法则 4　函数的常数倍的导数，$g(x)=cf(x)$

如果 $g(x)=cf(x)$，其中 c 是常数，那么 $g'(x)=cf'(x)$。

这个法则有十分直接的应用。

例 5.7 写出函数 $g(L)=5L^2$ 的导数。

解： 这个函数可以写成 $5f(L)$，其中 $f(L)=L^2$，因此 $g(L)$ 的导数为 $g'(L)=5f'(L)=5(2L)=10L$。 ■

这个法则很容易证明。注意

$$\begin{aligned}g'(x)&=\lim_{\Delta x\to 0}\frac{g(x+\Delta x)-g(x)}{\Delta x}\\&=\lim_{\Delta x\to 0}\frac{cf(x+\Delta x)-cf(x)}{\Delta x}\\&=\lim_{\Delta x\to 0}\frac{c[f(x+\Delta x)-f(x)]}{\Delta x}\\&=c\left[\lim_{\Delta x\to 0}\frac{f(x+\Delta x)-f(x)}{\Delta x}\right]=cf'(x)\end{aligned}$$

法则 5　函数和或差的导数，$h(x)=g(x)\pm f(x)$

如果 $h(x)=g(x)+f(x)$，那么 $h'(x)=g'(x)+f'(x)$。

如果 $h(x)=g(x)-f(x)$，那么 $h'(x)=g'(x)-f'(x)$。

这个法则的应用也是很直接的。

例 5.8 写出下列函数的导数：(ⅰ) $h(x)=5x+3x^2$，(ⅱ) $h(x)=7x^3-4x^5$。

解：(ⅰ) $h'(x)=5+6x$

(ⅱ) $h'(x)=21x^2-20x^4$ ■

法则 6　任意有限个函数之和的导数，$h(x)=\sum_{i=1}^{n}g_i(x)$

如果 $h(x)=\sum_{i=1}^{n}g_i(x)$，那么 $h'(x)=\sum_{i=1}^{n}g'_i(x)$。

这个结论也适用于包含几个或全部减法运算的情况。

法则 6 是由法则 5 直接得到的。因为既然两个函数和的导数是这两个函数的导数的和，那么将其反复运用就可以得到法则 6。例如，$h(x)=x^4+8x^2+2x$，其中函数 $h(x)$ 可以看成两个函数和的形式，$f(x)=x^4+8x^2$ 和 $g(x)=2x$。这样，由法则 5 可知 $h'(x)=f'(x)+g'(x)=f'(x)+2$。对函数 $f(x)$ 再次利用法则 5，得 $f'(x)=4x^3+16x$，将其代入得到 $h'(x)=4x^3+16x+2$。当然，如果我们将 x^4、$8x^2$ 以及 $2x$ 分别看成函数，那么可以直接利用法则 6 得到 $h'(x)=4x^3+16x+2$。

法则 6 为一般的多项式函数提供了有用的表示法。即对于函数

$$h(x)=a_0+a_1x+a_2x^2+a_3x^3+\cdots+a_nx^n=\sum_{i=0}^{n}a_ix^i$$

利用法则 6，我们可以写成

$$h'(x)=\sum_{i=0}^{n}ia_ix^{i-1}$$

法则 7　两函数乘积的导数

如果 $h(x)=f(x)g(x)$，那么 $h'(x)=f'(x)g(x)+f(x)g'(x)$。

例 5.9　写出下面函数的导数：

$$h(x)=(6x^4+2x^3)(5x-10x^2+18x^5-4)$$

解： 设

$$f(x)=6x^4+2x^3$$

$$g(x)=5x-10x^2+18x^5-4$$

那么

$$f'(x)=24x^3+6x^2$$

$$g'(x)=5-20x+90x^4$$

我们得到

$$\begin{aligned}h'(x)&=f'(x)g(x)+f(x)g'(x)\\&=(24x^3+6x^2)(5x-10x^2+18x^5-4)\\&\quad+(6x^4+2x^3)(5-20x+90x^4)\end{aligned}$$

■

这个例子表明了此法则的用途，即利用法则 7 比直接用 $h(x)$ 逐项求导要简便得多。更进一步地，如果我们面临的函数形式为 $h(x)=f(x)g(x)$，并且仅知道 $f(x)$ 和 $g(x)$ 的部分性质，那么利用这种方法，有时我们可以得到更多的信息。接下来的例子将会证明这一点。

竞争厂商和垄断厂商的边际收益函数

不论是竞争厂商还是单个垄断厂商，它们的总收益均为生产或销售的数量与产出的单位价格之积。因此，记 $TR(q)=pq$。竞争厂商将价格视为常数，它等于市场价格 $\bar{p}$。我们记 $TR(q)=\bar{p}q$ 为其总收益，边际收益为 $MR(q)=\mathrm{d}TR(q)/\mathrm{d}q=\bar{p}$（参见例 5.4）。然而对于一个垄断者，行业中只有一个厂商，它认为销售量取决于根据市场需求函数 $q=D(p)$ 制定的价格。需求函数的反函数为 $p=D^{-1}(q)=p(q)$，则垄断者的总收益函数为

$$TR(q)=pq=[p(q)]q$$

这样，垄断者的总收益函数为两个函数 $p(q)$ 和 q 的乘积，我们利用乘积法则来计算 $MR(q)$，则由

$$TR(q)=p(q)q$$

得

$$MR(q)=\frac{\mathrm{d}TR(q)}{\mathrm{d}q}=\frac{\mathrm{d}p}{\mathrm{d}q}q+p(q)\frac{\mathrm{d}q}{\mathrm{d}q}$$

或

$$MR(q)=p'(q)q+p$$

这里 $p'(q)$ 是反需求函数的导数。如果我们认为价格与销售量负相关，即 $p'(q)<0$，那么得到 $p'(q)q<0$ 且 $MR(q)<p$，即在任何 $q>0$ 的点，由于销售量增加而引起的边际收益的变动小于单位价格的变动。

为了理解上面的结果（如图 5.24 所示），我们沿着下列步骤进一步研究。一个厂商在价格 $\hat{p}=p(\hat{q})$ 下的销售量为 $\hat{q}$。为使销售量增加 Δq，它必须将卖出的产品的价格降低 Δp。

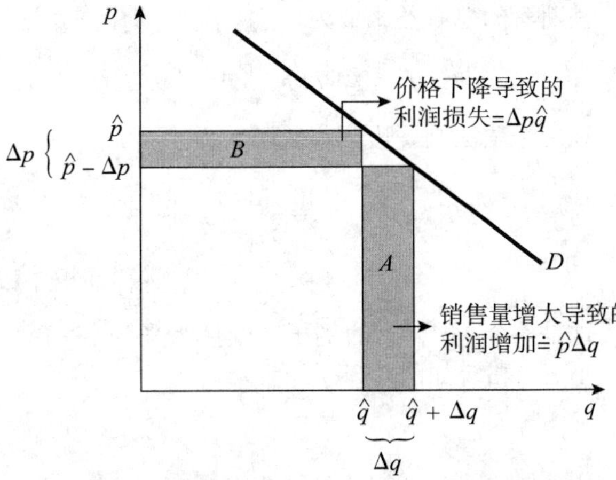

图 5.24　销售量增加 Δq 为垄断者带来的利润

这样，收益的变化为

$$\Delta R = \text{区域 } A - \text{区域 } B$$

我们得到

$$\Delta R=(\hat{p}-\Delta p)\Delta q-\Delta p\,\hat{q}$$

第一项为在新的价格 $(\hat{p}-\Delta p)$ 下，多销售 Δq 的产出得到的收益，这由图 5.24 中的区域 A 给出。第二项为由于价格下降 Δp，使得产出 $\hat{q}$ 不能在初始较高价格 $\hat{p}$ 下销售而造成的收益损失，这可以由图 5.24 中的区域 B 来表示。ΔR 是正还是负取决于这两个区域之间的相对大小。注意，$\hat{p}$ 越小，则 $\hat{q}$ 越大，同时

相对于区域 A 来说，区域 B 较大。这就解释了为什么当销售量增加时，边际收益会逐渐偏离价格。最后，注意，如果厂商对所有商品均以相同价格出售，即厂商不能有价格歧视，那么这种差异将会加大。

如果我们将上面关于 ΔR 的表达式除以 Δq，可得到

$$\frac{\Delta R}{\Delta q} = \hat{p} - \frac{\Delta p}{\Delta q}\ \hat{q} - \Delta p$$

那么，边际收益是当 $\Delta q \to 0$ 时上述表达式的极限。由于 $\Delta q \to 0$ 时，有 $\Delta p \to 0$，则

$$MR = \lim_{\Delta q \to 0} \frac{\Delta R}{\Delta q} = \hat{p} + \hat{q}\ \frac{\mathrm{d}p}{\mathrm{d}q}$$

注意，第二项的符号变为正。这说明对于表达式 $\Delta R / \Delta q$，我们认为价格下降带来一个正效应，而在表达式 $\lim\limits_{\Delta q \to 0} \Delta R / \Delta q$ 中，反需求函数的斜率 $\mathrm{d}p/\mathrm{d}q$ 是负的（即当 $\Delta q \to 0$ 时，$-\Delta p / \Delta q$ 是反需求函数的斜率 $\mathrm{d}p/\mathrm{d}q$）。这样，上述 MR 表达式的第二项实际是负的。

例 5.10 利用具体函数的例子对此作进一步的阐述。假设需求函数是线性的，它的反函数形式为

$$p(q) = 40 - 2q$$

垄断者的总收益函数为

$$TR(q) = p(q)q = [40 - 2q]q$$

利用乘法法则，边际收益函数为

$$\begin{aligned} MR(q) &= \frac{\mathrm{d}[40-2q]}{\mathrm{d}q} q + \frac{\mathrm{d}[q]}{\mathrm{d}q}[40-2q] \\ &= [-2]q + 1[40-2q] = 40 - 4q \end{aligned}$$

这是一个 $MR < p$ 的例子，产量水平为 $\hat{q} = 5$，价格 $\hat{p} = 30$，但是 $MR(\hat{q}) = 20$，小于价格。如图 5.25 所示。 ■

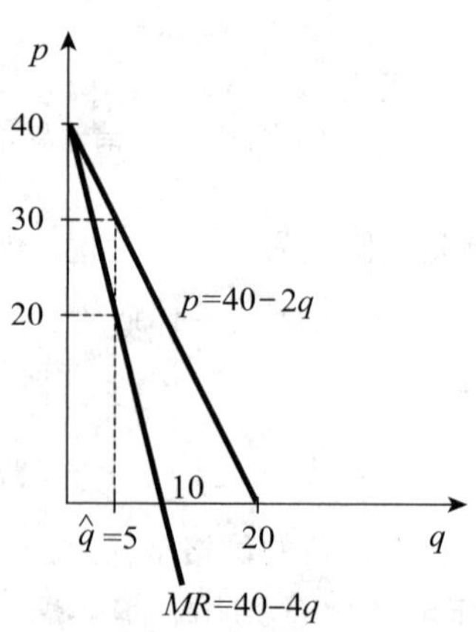

图 5.25 反需求函数为 $p=40-2q$ 的垄断厂商的边际收益

法则 8　两函数商的导数

如果 $h(x)=\frac{f(x)}{g(x)}, g(x)\neq 0$，那么 $h'(x)=\frac{f'(x)g(x)-g'(x)f(x)}{[g(x)]^2}$。

例 5.11　写出下面函数的导数：

$$h(x)=\frac{10x^2+3x^4+5}{x^2-5x}$$

解： 设

$$f(x)=10x^2+3x^4+5 \quad 和 \quad g(x)=x^2-5x$$

利用公式得

$$f'(x)=20x+12x^3 \quad 和 \quad g'(x)=2x-5$$

因此

$$h'(x)=\frac{(20x+12x^3)(x^2-5x)-(2x-5)(10x^2+3x^4+5)}{[x^2-5x]^2}$$ ■

函数平均价值与边际价值之间的关系

给定函数 $f(x)$（可以是消费函数、总生产函数，等等），它的平均价值函数为

$$A(x)=\frac{f(x)}{x}$$

根据除法法则，得到

$$\begin{aligned}A'(x)&=\frac{(f'(x)x)-(1f(x))}{x^2}\\&=\frac{1}{x}\left[f'(x)-\frac{f(x)}{x}\right]\\&=\frac{1}{x}[f'(x)-A(x)]\end{aligned}$$

这里，$f'(x)$ 为边际价值函数。我们得到下面的结果：

(i) 当 $f'(x)<A(x)$ 时，有 $A'(x)<0$，即平均价值函数是下降的。

(ii) 当 $f'(x)=A(x)$ 时，有 $A'(x)=0$，即平均价值函数是水平的，或在某点有水平的切线。

(iii) 当 $f'(x)>A(x)$ 时，有 $A'(x)>0$，即平均价值函数是上升的。

这种关系可以用平均成本函数 $AC(y)$ 和边际成本函数 $MC(y)$ 来验证，见图 5.26。注意，当每额外多生产一单位的产出时的成本，即边际成本低于平均成本时，例如在点 $y=y_1$ 处，生产的平均成本随 y 增加而降低。当边际成本与平均成

本相等时，如在点 $y=y_2$ 处，平均成本是不变的。当边际成本超过平均成本时，如在点 $y=y_3$ 处，平均成本函数是上升的。

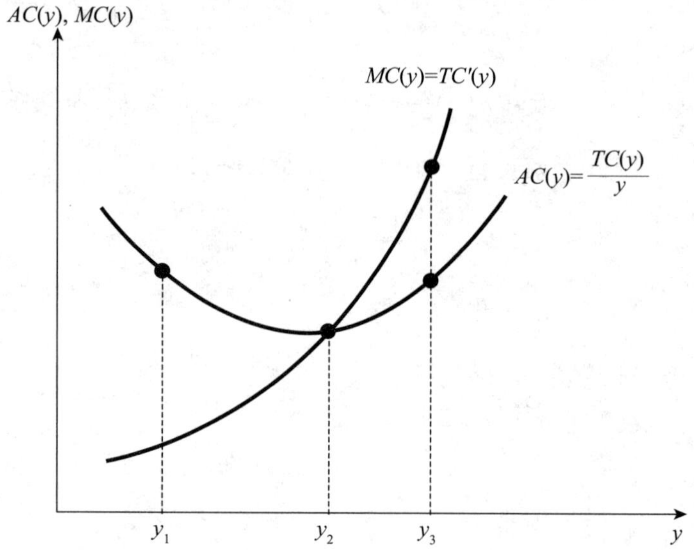

图 5.26　平均成本为 U 形函数时的边际和平均成本曲线

例 5.12　对于总成本函数

$$TC(y)=y^2+10y+25,\quad y>0$$

证明：

(ⅰ) 当 AC 下降时，$MC<AC$。

(ⅱ) 在 AC 曲线的水平点有 $MC=AC$。

(ⅲ) 当 AC 上升时，$MC>AC$。

证明：$MC(y)=2y+10$

$$AC(y)=y+10+\frac{25}{y}$$

$$AC'(y)=1-\frac{25}{y^2}$$

则

$$AC'(y)=0\Rightarrow 1-\frac{25}{y^2}=0$$

$$\Rightarrow 1=\frac{25}{y^2}$$

$$\Rightarrow y^2=25$$

$$\Rightarrow y=5\quad（由于\ y>0）$$

这样，AC 曲线在点 $y=5$ 处是水平的，对应于图 5.26 的点 y_2。在点 $y=5$ 处，有 $MC=2\times5+10=20$ 和 $AC=5+10+25/5=20$。这证明了结果 (ⅱ)。

$$MC<AC \Rightarrow 2y+10<y+10+\frac{25}{y}$$

$$\Rightarrow y-\frac{25}{y}<0$$

$$\Rightarrow y<\frac{25}{y}$$

$$\Rightarrow y^2<25$$

$$\Rightarrow y<5$$

这证明了结果（i）。相似地，$MC>AC \Rightarrow y>5$，这样就证明了结果（iii）。■

法则 9　复合函数的导数（链式法则）

如果 $y=f(u)$，$u=g(x)$，则 $y=f(g(x))=h(x)$，那么

$$h'(x)=f'(u)g'(x) \quad \text{或者} \quad \frac{dy}{dx}=\frac{dy}{du}\frac{du}{dx}。$$

这个方法之所以被称为链式法则，是因为由函数 $u=g(x)$ 可知变量 x 的变动会影响变量 u，同样，变量 u 的变化，根据函数 $y=f(u)$ 会影响变量 y。这样，x 对 y 就有一个链式影响。这可以描述成 $x \rightarrow u \rightarrow y$。

当面临一些直接求微分非常烦琐的函数时，运用链式法则就会相当简便。例如，求解下面函数的微分：

$$y=h(x)=(3x^4+5x^3-2x)^{30}$$

一种方法就是将其硬性展开，然后逐项求导。但是，如果看出这个函数可以写成

$$y=f(u)=u^{30}, \quad \text{其中 } u=g(x)=3x^4+5x^3-2x$$

那么，利用链式法则就可以很容易地求出导数

$$\frac{dy}{du}=f'(u)=30u^{29}$$

和

$$\frac{du}{dx}=g'(x)=12x^3+15x^2-2$$

这样，结果为

$$\frac{dy}{dx}=\frac{dy}{du}\frac{du}{dx}=30u^{29}[12x^3+15x^2-2]$$

由于原问题是以变量 x 的形式给出的，所以很容易将最后结果写成关于变量 x 的函数的形式，将 $u=3x^4+5x^3-2x$ 代入上面的结果，得

$$\frac{dy}{dx}=h'(x)=30(3x^4+5x^3-2x)^{29}(12x^3+15x^2-2)$$

经过一些练习，我们解这种问题时可以不用写出替代过程，直接计算即可。

例如，给定函数 $y=(3x-x^3)^6$，我们可以将导数直接写成

$$\frac{dy}{dx}=6(3x-x^3)^5(3-3x^2)$$

这个法则也可以描述某些经济关系。下面的例子将说明这一点。

法则 10　反函数的导数

如果 $y=f(x)$ 有反函数 $x=g(y)$，即如果 $g(y)=f^{-1}(y)$，且 $f'(x)\neq 0$，那么

$$\frac{dx}{dy}=\frac{1}{dy/dx} \text{ 或者 } g'(y)=\frac{1}{f'(x)}。$$

这在线性函数的情形下很容易理解。假设 $y=2x$，那么反函数为 $x=0.5y$。我们可以写成 $\Delta y/\Delta x=2$ 或者 $\Delta x/\Delta y=1/(\Delta y/\Delta x)=0.5$。由于函数 $y=f(x)$ 的导数为 $\Delta x\to 0$ 时 $\Delta y/\Delta x$ 的极限，函数 $x=f^{-1}(y)$ 的导数为 $\Delta y\to 0$ 时 $\Delta x/\Delta y$ 的极限，因而求一个函数的导数和求其反函数的导数是同样的道理。

反函数法则对于求解很难找到明确反函数的问题是非常有用的。例如，假设函数 $y=x^5+x^3$，我们想求解其反函数的导数。由于 $dy/dx=5x^4+3x^2$，那么 $dx/dy=1/(dy/dx)=1/(5x^4+3x^2)$。这样，不需要知道以 y 为变量的表达式时，就没有必要求出 $x=f^{-1}(y)$ 这种反函数形式。下面的例子表明了通常情况下，怎样利用反函数法则来证明厂商生产函数和成本函数之间的重要关系。

只有一种投入的情形下，成本函数和生产函数之间的关系

假设根据生产函数 $q=q(L)$，厂商利用单一投入 L 生产的某种产品的产量为 q。边际产品函数为 $MP(L)=dq/dL$。例如，如果 $q=L^{1/2}$，那么 $MP(L)=1/2L^{-1/2}$。如果当 L 增加时边际产量下降，正如这个例子，那么这意味着每增加 1 单位的投入，产量的增量会变少。反过来看，每多生产 1 单位的产出所需要的投入相对于初始情况要增多。如图 5.27 所示。在产出水平为 q^0 时，每增加 1 单位的产出需要的投入量为 ΔL_0；当产出水平为 q^* 时，每增加 1 单位的产出需要的投入量为 ΔL^*。在给定工资率的情况下，在产出水平 $q=q^*$ 时，每多生产 1 单位时的成本要大于 $q=q^0$ 时的成本。

这个例子说明，当劳动的边际产出下降时，产品的边际成本上升。同样的道理，当劳动的边际产出上升时，产品的边际成本会下降。我们将这个结论正规表述如下。

设 c_0 表示产品的任意固定成本，ω 为每单位劳动的成本，那么

$$C(L)=\omega L+c_0$$

为雇用 L 单位的劳动时的成本。代入反函数，即可将成本表示为产出的函数：

$$C(q)=\omega L(q)+c_0$$

这样，边际成本为

$$\frac{\mathrm{d}C}{\mathrm{d}q}=\omega\ \frac{\mathrm{d}L}{\mathrm{d}q}$$

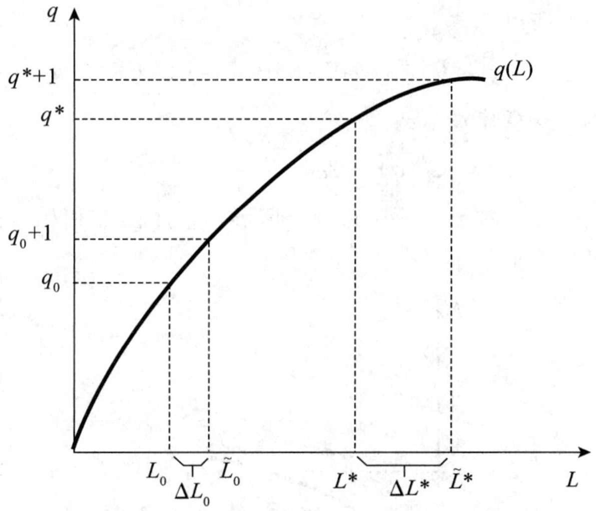

图 5.27　随着初始产出水平的提高，多生产 1 单位产出所需的投入在增加

利用反函数法则求微分，有

$$\frac{\mathrm{d}C}{\mathrm{d}q}=\omega\ \frac{1}{\mathrm{d}q/\mathrm{d}L}$$

这样，由于 $\mathrm{d}q/\mathrm{d}L$ 为函数 $\mathrm{d}C/\mathrm{d}q$ 的分母，我们得到如下结论：如果 $\mathrm{d}q/\mathrm{d}L$ 上升，那么 $\mathrm{d}C/\mathrm{d}q$ 将会下降，而如果 $\mathrm{d}q/\mathrm{d}L$ 下降，则 $\mathrm{d}C/\mathrm{d}q$ 将会上升。

例 5.13　利用求导的反函数法则来证明生产函数 $q=L^{1/2}$ 所对应的边际成本曲线是上升的。

证明： 由 $C(q)=\omega L(q)+c_0$

有

$$C'(q)=\omega\frac{\mathrm{d}L}{\mathrm{d}q}=\frac{\omega}{\mathrm{d}q/\mathrm{d}L}$$

由于 $q=L^{1/2}$，有

$$\frac{\mathrm{d}q}{\mathrm{d}L}=\frac{1}{2}L^{-1/2}$$

因此

$$C'(q)=\frac{\omega}{\frac{1}{2}L^{-1/2}}=2\omega L^{1/2}=2\omega q$$

随产量而增加。

注意，我们可以通过下面的形式直接验证：

$$q = L^{1/2} \Rightarrow L = q^2$$

所以

$$C(q) = \omega L(q) + c_0 \Rightarrow C(q) = \omega q^2 + c_0$$

这意味着

$$C'(q) = 2\omega q$$

对于 $c_0 = 0$ 的特殊情形，生产函数和相应的成本函数之间的关系如图 5.28 所示。

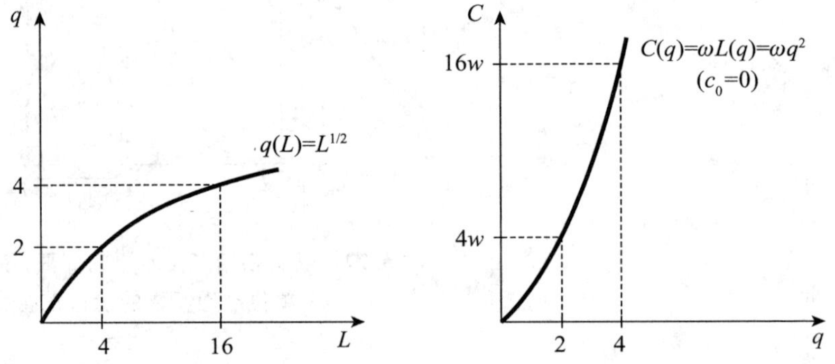

图 5.28　例 5.13 的生产函数和相应的成本函数 ■

法则 11　指数函数的导数

如果 $y = e^x$，那么 $dy/dx = e^x$。

这个法则说明函数 $f(x) = e^x$ 在任何点 $x = a$ 处的导数值与函数自身的值相等，即 $f(a) = e^a$，$f'(a) = e^a$。如图 5.29 所示。

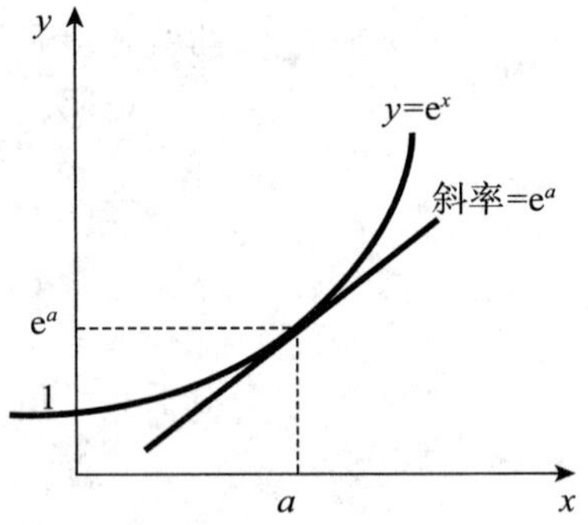

图 5.29　函数 $y = e^x$

应用链式法则可以推出 $f(x) = e^{g(x)}$ 的导数为 $f'(x) = g'(x)e^{g(x)}$。为了了解这个结果是如何得到的，令 $u = g(x)$。则 $f(u) = e^u$，且 $f'(x) = (dy/du)(du/dx) = e^u g'(x) = g'(x)e^{g(x)}$。例如，$f(x) = e^{x^2}$ 的导数为 $f'(x) = 2x(e^{x^2})$。

例 5.14　平装酒的价格按指数增长

酿酒专家认为酒的质量随储存时间的延长按指数增长，价格也一样。如果我们设 g 为价格增长的比率，t 为储存的年限，p_0 为酒立即卖出时的价格。那么，

$$p(t) = e^{gt} p_0$$

为价格关于时间 t 的函数。注意，

$$\frac{\mathrm{d}p}{\mathrm{d}t}=g\mathrm{e}^{gt}p_0$$

为每个时期价格的变化率。那么当 $\Delta t\to 0$ 时，价格增长率的百分比表示为

$$\lim_{\Delta t\to 0}\frac{\Delta p/\Delta t}{p}\times 100\%=\frac{\mathrm{d}p/\mathrm{d}t}{p}\times 100\%=\frac{g\mathrm{e}^{gt}p_0}{\mathrm{e}^{gt}p_0}\times 100\%=g\times 100\%$$

这表明 g 的确是价格的增长率。■

法则 12　对数函数的导数

如果 $y=\ln x$，那么 $\mathrm{d}y/\mathrm{d}x=1/x$。

由于函数 $y=\ln x$ 是指数函数的反函数，这个法则可以通过以下方法由法则 11 和法则 10 得出：表达式 $y=\ln x$ 和 $x=\mathrm{e}^y$ 是等价的。由法则 11 我们知道 $\mathrm{d}x/\mathrm{d}y=\mathrm{e}^y=x$，由这种方法，根据反函数的求导法则，有

$$\frac{\mathrm{d}y}{\mathrm{d}x}=\frac{1}{\mathrm{d}x/\mathrm{d}y}=\frac{1}{x}$$

即

$$\frac{\mathrm{d}[\ln x]}{\mathrm{d}x}=\frac{1}{x}$$

链式法则也可以应用于这个法则，从而得到更一般的结果，即如果 $y=\ln[g(x)]$，那么，

$$\frac{\mathrm{d}y}{\mathrm{d}x}=g'(x)\frac{1}{g(x)}$$

例 5.15　写出下面函数的导数：

$$y=\ln[5x^2-3x]$$

解： 导数为

$$\frac{\mathrm{d}y}{\mathrm{d}x}=(10x-3)\frac{1}{[5x^2-3x]}=\frac{10x-3}{5x^2-3x}$$ ■

这个结果也可以很容易地推广到其他不以自然数 e 为底的对数函数。由于

$$\log_b x=\log_b \mathrm{e}\ln x$$

那么

$$\frac{\mathrm{d}[\log_b x]}{\mathrm{d}x}=\log_b \mathrm{e}\left(\frac{\mathrm{d}[\ln x]}{\mathrm{d}x}\right)=\log_b \mathrm{e}\,\frac{1}{x}$$

这个法则在表述和求解弹性时是很有用的。

求解弹性

考虑一个线性需求函数 $y=a-bp$，其中，$b>0$。a 表示在价格 $p=0$ 时的需求量，$b=-\mathrm{d}y/\mathrm{d}p$ 表示当价格上涨 1 单位时需求的减少量。我们倾向于认为 $-b$ 是对需求关于价格变化的反应的很好的度量。然而，需求函数的斜率依赖于 p 和 y 的度量单位。例如，假设需求函数 $y=10-0.02p$ 表示对钢铁的需求量，此时 y 以（公制）吨为单位，p 表示每吨的价格，以美元计。这样，（$p=100$ 美元/吨，$y=8$ 吨）和（$p=200$ 美元/吨，$y=6$ 吨）是这个需求函数上的两点。如果我们将 y 计为千克（1 000kg=1 吨），p 表示每千克的美元价格，同样的需求函数为 $y=10\ 000-20\ 000p$。这可以通过上面提到的两点仍然在这个需求函数上来验证。即，($p=100$ 美元/吨，$y=8$ 吨)=($p=0.1$ 美元/kg，$y=8\ 000$kg)，($p=200$ 美元/吨，$y=6$ 吨)=($p=0.2$ 美元/kg，$y=6\ 000$kg)。这两个函数的斜率不相等，但表述的是同一个需求行为。

根据变量 p 和 y 变化的百分比来定义度量方式，我们可以避免上面遇到的“度量单位”的问题。首先，给出**弧弹性**的概念，它表示需求曲线上任意两点间的（平均）需求弹性。然后，我们将给出弹性的更精确的概念，即所谓的需求的点弹性。

设（y_1，p_1）和（y_2，p_2）为需求函数上的两点，则两点间价格变化的平均百分比为

$$\%\Delta p=\frac{p_2-p_1}{(p_2+p_1)/2}\times 100\%$$

数量变化的平均百分比为

$$\%\Delta y=\frac{y_2-y_1}{(y_2+y_1)/2}\times 100\%$$

注意，不管用哪一个等式表述，对于需求函数来说，这些值都是相等的。即

$$\%\Delta p=\frac{200-100}{150}\times 100\%=\frac{0.2-0.1}{0.15}\times 100\%\doteq 66.7\%$$

$$\%\Delta y=\frac{6-8}{7}\times 100\%=\frac{6\ 000-8\ 000}{7\ 000}\times 100\%\doteq -28.6\%$$

利用标准符号 $\Delta y=y_2-y_1$ 和 $\Delta p=p_2-p_1$，我们可定义**需求的弧弹性**为

$$\left[-\frac{\%\Delta y}{\%\Delta p}\right]=-\frac{\dfrac{y_2-y_1}{(y_2+y_1)/2}}{\dfrac{p_2-p_1}{(p_2+p_1)/2}}=-\frac{\Delta y/(y_1+y_2)}{\Delta p/(p_1+p_2)}$$

但是，运用弧弹性是存在麻烦或不便的。它的值一般取决于价格变化（Δp）以及相应需求量变化（Δy）的大小。对于 Δp 的大小，并没有确定的选择。这个问题在 http：//mitpress. mit. edu/math _ econ3 中可以找到详细说明。

一种避免这种麻烦的方法是运用需求的点弹性公式。这个公式也是运用弧弹性公式，但是取极限 $\Delta p\to 0$（因此也有 $\Delta y\to 0$）。这样做，我们就可以计算给定点的弹性，比如（y_1，p_1），而不是两点间的弹性，比如（y_1，p_1）和（y_2，

p_2）之间。需求的点弹性正式表述如下

$$\begin{aligned}\varepsilon &= \lim_{\Delta p \to 0} - \frac{\Delta y/(y_1+y_2)}{\Delta p/(p_1+p_2)} \\ &= \lim_{\Delta p \to 0} - \frac{\Delta y}{\Delta p}\frac{p_1}{y_1} = -\frac{\mathrm{d}y}{\mathrm{d}p}\frac{p_1}{y_1} \end{aligned} \tag{5.6}$$

对于这个公式，有三点需要注意：

当 $\Delta p \to 0$ 时，两点（p_1，y_1）和（p_2，y_2）收敛于一个单点，因此称为点弹性。

● 如果我们考虑的是产品（自身）价格变动对需求的影响，那么通常是指需求的弹性。当然，我们也可以计算其他的弹性，比如收入的变化对需求量的影响，或者某些其他产品价格的变化对需求量的影响。这些弹性将在第 11 章中讨论。

● 公式（5.6）中的负号是为了使通常情况下向下倾斜的需求曲线的弹性变为一个正值。并不是所有的书中都这样做，我们这样处理仅是为了方便。

对于一般的线性需求函数，$y=a-bp$，$b>0$，得到

$$\varepsilon = -\frac{\mathrm{d}y}{\mathrm{d}p}\frac{p}{y} = -(-b)\left(\frac{p}{y}\right) = b\left(\frac{p}{y}\right)$$

所以线性函数的斜率是常数，但是弹性并非常数。另一个常用来表示价格和需求量之间关系的函数称为弹性不变的需求函数：$y=\alpha p^{-\beta}$，$\alpha>0$，$\beta>0$。这个需求函数的斜率不是常数，但在每点都有相同的需求弹性。

在这种情形下，计算弹性的一种较简单的方法是，首先对需求函数 $y=\alpha p^{-\beta}$ 取对数，然后利用法则计算对数函数的导数。由于这和底的选择不相关，因此我们可以对 $y=\alpha p^{-\beta}$ 两边取自然对数，利用对数法则得到下面的结果：

$$\ln[y] = \ln[\alpha p^{-\beta}] = \ln[\alpha] - \beta \ln[p] \tag{5.7}$$

如果用 $\hat{y}$ 表示 $\ln[y]$，$\hat{p}$ 表示 $\ln[p]$，$\hat{\alpha}$ 表示 $\ln[\alpha]$，我们可以将公式（5.7）改写成简单的线性形式：

$$\hat{y} = \hat{\alpha} - \beta \hat{p}$$

有

$$\frac{\mathrm{d}\hat{y}}{\mathrm{d}\hat{p}} = -\beta \quad 或 \quad \frac{\mathrm{d}\ln[y]}{\mathrm{d}\ln[p]} = -\beta$$

这是需求弹性的相反数。事实上，可以证明

$$-\frac{\mathrm{d}\ln[y]}{\mathrm{d}\ln[p]} = \varepsilon = -\frac{\mathrm{d}y}{\mathrm{d}p}\frac{p}{y}$$

注意，

$$\frac{\mathrm{d}\ln[y]}{\mathrm{d}y} = \frac{1}{y} \Rightarrow \mathrm{d}\ln[y] = \frac{\mathrm{d}y}{y}$$

以及

$$\frac{\mathrm{d}\ln[p]}{\mathrm{d}p} = \frac{1}{p} \Rightarrow \mathrm{d}\ln[p] = \frac{\mathrm{d}p}{p}$$

通过直接代入，我们得到

$$-\frac{\mathrm{dln}[y]}{\mathrm{dln}[p]}=-\frac{\mathrm{d}y/y}{\mathrm{d}p/p}=-\frac{\mathrm{d}y}{\mathrm{d}p}\frac{p}{y}=\varepsilon \tag{5.8}$$

因此，如果一个具体的需求关系是关于变量 y 和 p 的对数，而不是关于 y 和 p 自身的线性函数，那么潜在的需求函数具有不变的弹性，且斜率系数即为需求弹性。

例 5.16 写出需求函数 $y=50-2p$ 在点 $p=5$（关于自身价格）处的需求点弹性。在价格的什么范围内有 $\varepsilon<1$，在什么范围内有 $\varepsilon>1$？

解： 由方程（5.6）知

$$\varepsilon=-\frac{\mathrm{d}y}{\mathrm{d}p}\frac{p}{y}$$

已知 $\mathrm{d}y/\mathrm{d}p=-2$，则

$$\varepsilon=\frac{2p}{y}=\frac{2p}{50-2p}$$

当 $p=5$ 时有

$$\varepsilon=\frac{2\times5}{50-2\times5}=\frac{10}{40}=\frac{1}{4}$$

若 $\varepsilon=1$，则

$$1=\frac{2p}{50-2p}$$

$$2p=50-2p$$

$$p=12.5$$

因此，当价格为 12.5 时 $\varepsilon=1$。

相似地，

$$\text{当}\ \frac{2p}{50-2p}<1\ (\text{即}\ p<12.5)\ \text{时}, \varepsilon<1$$

$$\text{当}\ \frac{2p}{50-2p}>1\ (\text{即}\ p>12.5)\ \text{时}, \varepsilon>1$$

这些结果如图 5.30 所示。 ■

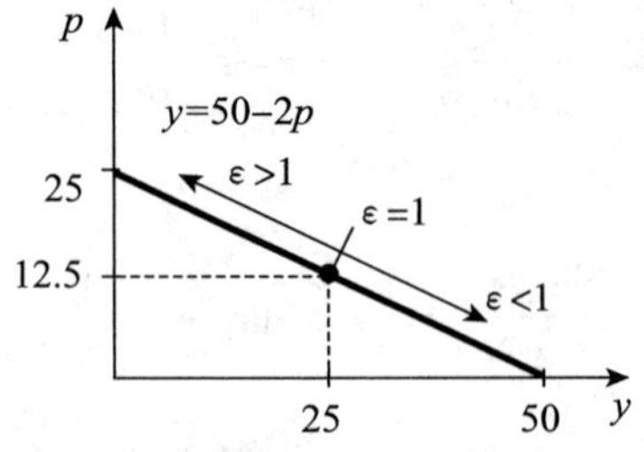

图 5.30 沿需求函数 $y=50-2p$ 弹性的变化

例 5.17 写出需求函数 $y=100p^{-2}$（关于自身价格）的点弹性。用两种方

法，即直接用方程（5.6）和先取对数再用方程（5.8）计算的方法。

解：由方程（5.6）有

$$\varepsilon=-\frac{\mathrm{d}y}{\mathrm{d}p}\frac{p}{y}$$

这里 $\mathrm{d}y/\mathrm{d}p=-200p^{-3}$，那么

$$\varepsilon=-(-200p^{-3})\frac{p}{y}=\frac{200p^{-2}}{100p^{-2}}=2$$

首先取对数，有

$$\ln y=\ln(100p^{-2})=\ln 100-2\ln p$$

由 $\varepsilon=-\mathrm{d}\ln y/\mathrm{d}\ln p$ 得

$$\varepsilon=-\frac{\mathrm{d}\ln y}{\mathrm{d}\ln p}=2$$

■

我们也可以定义供给的（价格）弹性，即由价格变动的比率导致的供给量变化的比率。例如，给定线性供给函数 $y=-5+3p$，我们得到供给弹性为

$$\gamma=\frac{\mathrm{d}y/y}{\mathrm{d}p/p}=\frac{\mathrm{d}y}{\mathrm{d}p}\frac{p}{y}=3\frac{p}{y}$$

实际上，弹性的概念是非常一般的。根据函数 $z=f(x)$，给定影响另一个变量 z 的变量 x，我们就可以定义变量 x 对变量 z 的弹性为

$$\upsilon=\frac{\mathrm{d}z/z}{\mathrm{d}x/x}=\frac{\mathrm{d}z}{\mathrm{d}x}\frac{x}{z}$$

法则 13　洛必达法则

$$\lim_{x\to a}\frac{f(x)}{g(x)}=\lim_{x\to a}\frac{f'(x)}{g'(x)}$$

这是一个常用来求微分而不是求导的法则。这个法则用于求解两个函数在一点（$x=a$）处比率的极限值，并且在这一点处该值没有定义，比如 0/0 型或 ∞/∞型。举例来说，如果函数 $f(x)=x^2-1$，$g(x)=x-1$，那么 $f(x)/g(x)$ 在点 $x=1$ 处是没有定义的（即，它是 0/0 型）。但是 $f'(x)/g'(x)$ 在点 $x=1$ 处是有定义的，并且很容易算得 $f'(x)/g'(x)=2x/1=2x=2\times 1=2$。

注意，上述的情形也可以通过因式分解来得到，由于 $(x^2-1)/(x-1)=[(x-1)(x+1)]/(x-1)=x+1$，当 $x=1$ 时值为 2。但是，利用洛必达（L'Hôpital）法则通常会更加容易。

练习

1. 写出下列生产函数 $y=f(L)$ 的斜率。画出函数和它们的导函数的图像。给出导函数斜率符号的经济解释（即，导数随 L 增大还是减小）。

(a) $y=10L$

(b) $y=8L^{1/3}$

(c) $y=3L^4$

2. 写出下列生产函数 $y=f(L)$ 的斜率。画出函数和它们的导函数的图像。给出导函数斜率符号的经济解释（即，导数随 L 增大还是减小）。

(a) $y=aL$，$a>0$

(b) $y=10L^{2/3}$

(c) $y=12L^2-L^3$

3. 假设有两个竞争性厂商 A 和 B，它们要决定生产多少产出来满足市场需求。厂商 A 的成本函数为 $C^A=10q+2q^2$，$q\geqslant 0$，厂商 B 的成本函数为 $C^B=15q+q^2$，$q\geqslant 0$。

(a) 写出定义在 $q\geqslant 0$ 上的每个厂商的供给函数，并将它们画在同一个图中。这些函数在定义域中的哪些点处是可微的？

(b) 写出这两个厂商的总供给函数，并画出图像。这个函数可微吗？试讨论。

4. 对于总成本函数

$$TC(y)=3y^2+7y+24, y>0$$

证明（并画图）：

(a) 在 AC 下降处有 $MC<AC$。

(b) 在 AC 曲线的水平点有 $MC=AC$。

(c) 在 AC 上升处有 $MC>AC$。

5. 根据生产函数 $q=16L^2$，厂商用单一投入 L 生产产出 q。投入品的价格为 ω，且有固定成本 $c_0>0$。证明当 dC/dq 下降时，dq/dL 上升。这个结果与反函数求导法则有什么关系？

6. 假设一个垄断厂商面临的反需求函数为 $p=a-bq$。找出它的边际收益函数。在同一个图中画出需求曲线和边际收益曲线。

7. 一个面包店为它的百吉饼做广告，无论是按打买（12 个百吉饼，而不是按“每炉”13 个算）还是按个买都不会有任何折扣。例如，如果每打（即 12 个百吉饼）的价格是 4.80 美元，那么每个百吉饼为 0.40 美元。由于价格是相同的，毫无疑问，无论面包师怎样报价，需求量是不变的。用每打的价格，面包师会发现需求函数为 $y=100-2p$，此处 y 表示每天卖出百吉饼的打数。

(a) 写出百吉饼的（自身）需求价格弹性。

(b) 写出这个例子（即可变单位）中百吉饼的需求函数$\hat{y}=a-b\hat{p}$，此处$\hat{y}$为每天卖出的百吉饼的数量，$\hat{p}$为每个百吉饼的价格。并由这个需求函数写出百吉饼需求的价格弹性，证明此结果与问题（a）相同。

8. 一个面包店为它的百吉饼做广告，无论是按打买还是按个买都不会有任何折扣。例如，如果每打（即 12 个百吉饼）的价格是 4.80 美元，那么每个百吉饼为 0.40 美元。由于价格是相同的，毫无疑问，无论面包师怎样报价，需求量是不变的。用每打的价格，面包师会发现需求函数为$y=100/p^2$，此处y表示每天卖出的百吉饼的打数。

(a) 通过先取对数再利用结果$\varepsilon=-\mathrm{d}\ln[y]/\mathrm{d}\ln[p]$，写出百吉饼需求的价格弹性。

(b) 根据变量$\hat{y}$和$\hat{p}$重新写出百吉饼的需求函数，这里$\hat{y}$表示每天卖出的百吉饼的数量，$\hat{p}$为每个百吉饼的价格。利用这个需求函数写出需求的价格弹性，并证明这个结果与问题（a）中的相同。

5.5 凹函数和凸函数的高阶导数

由于函数的导数也是一个函数，我们可以写出$\mathrm{d}y/\mathrm{d}x=f'(x)$的导数为$\mathrm{d}[f'(x)]/\mathrm{d}x$，称$f'$为函数$f$的**一阶导函数**，一阶导函数的导数

$$\frac{\mathrm{d}(\mathrm{d}y/\mathrm{d}x)}{\mathrm{d}x} \quad 或 \quad \frac{\mathrm{d}[f'(x)]}{\mathrm{d}x} \quad 或 \quad \frac{\mathrm{d}^2 y}{\mathrm{d}x^2} \quad 或 \quad f''(x)$$

为**二阶导函数**。由于二阶导函数仍然是一个函数，我们也能写出它的导数。称$\mathrm{d}[f''(x)]/\mathrm{d}x$为**三阶导函数**，记为$f'''$或$f^{(3)}(x)$，表示这个函数是由函数$f$经过连续三次求导得到的。当然，这个过程可以无限重复下去，因此通常我们用符号$f^{(n)}$表示对函数f的第n次求导。

例 5.18 写出函数$f(x)=x^4$的四阶导数。

解： 对函数连续求导

$$f'(x)=4x^3,\ f''(x)=12x^2,\ f'''(x)=24x,\ f^{(4)}(x)=24$$

在对四阶导数求导时，我们得到五阶导数$f^{(5)}(x)=0$。对于这个例子，每一个更高阶的导数都是常函数零（即对于$n\geqslant 5$，有$f^{(n)}(x)=0$）。■

如果一个函数的前两阶导数存在，我们就称这个函数是二阶可微的。在经济学中，我们通过对函数的一阶和二阶导数的分析得到了很多有用的结果。特别地，有些结果经常依赖于二阶导数是正还是负。因此，我们将进一步讨论函数的二阶导数正负的内在含义。这样，我们就可以通过简单的方法判断函数的凸凹性（见第 2 章）。

在$x>0$的范围内考虑函数$f(x)=x^2$。当$x>0$时函数曲线在切线的上方，从图 5.31 中我们可以看出，曲线斜率随x的增加而增加。这意味着一

阶导数随 x 的增加而增加，它的导数即函数的二阶导数在 $x>0$ 时一定是正的。求解导数，我们有 $f'(x)=2x$ 和 $f''(x)=2$。这样，二阶导数对于任意 x 值的确为正。

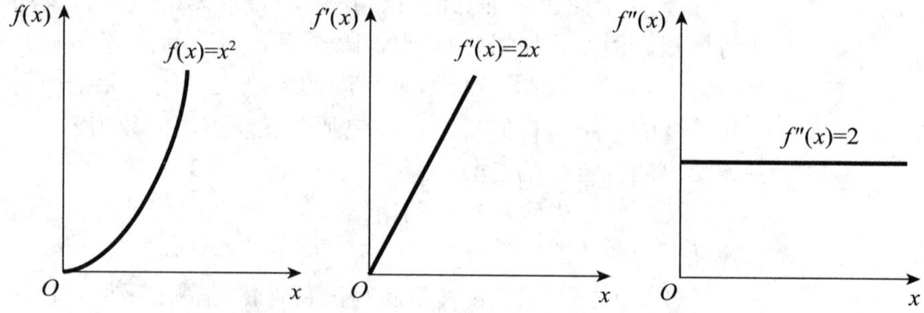

图 5.31　函数 $f(x)=x^2$，$x\geqslant 0$，以及它的一阶和二阶导数

现在继续考虑这个函数定义在 $x<0$ 范围内的图像（见图 5.32）。在这一范围内，函数的斜率为负，即当 $x<0$ 时，$f'(x)=2x<0$。x 的值越大，曲线的坡度越小。这样，当 x 增加时斜率的绝对值将减小，由于斜率为负值，这意味着斜率的值实际上随 x 的增加而增加。所以它的二阶导数是正的。

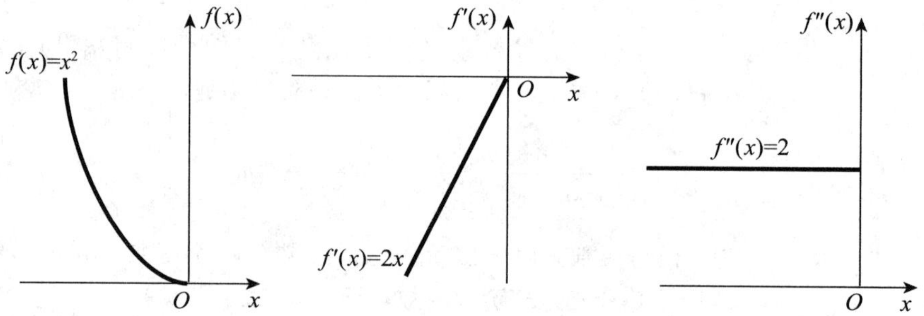

图 5.32　函数 $f(x)=x^2$，$x\leqslant 0$，以及它的一阶和二阶导数

将这个函数定义在 **R** 范围内（将 $x\geqslant 0$ 和 $x\leqslant 0$ 画在一起）我们可以看到二阶导数为正（见图 5.33）。当二阶导数为正时，具有这种形状的函数是凸的。

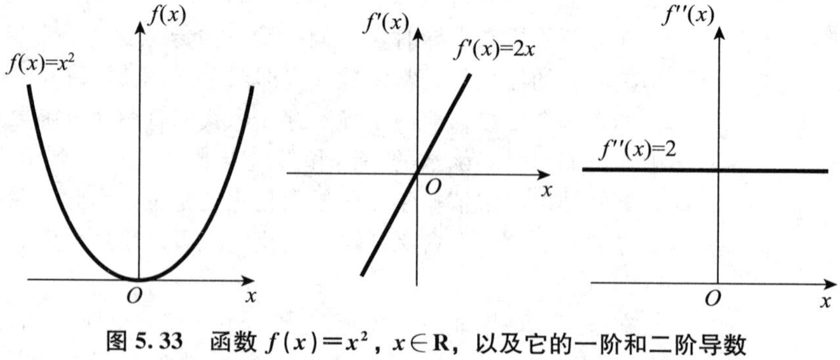

图 5.33　函数 $f(x)=x^2$，$x\in\mathbf{R}$，以及它的一阶和二阶导数

定义 5.7 二阶可微函数是**凸的**，如果对于它的定义域中的所有点都有 $f''(x) \geqslant 0$。

根据定义 5.7 可知线性函数是凸的。然而，在很多例子中，我们将线性函数与具有正的或非零的二阶导数的函数分开考虑。于是，我们常用严格凸的概念将线性函数排除在外。这个概念是将定义 5.7 中的弱不等号（$\geqslant$）换成严格不等号（$>$）。

定义 5.8 一个二阶可微的函数 $f(x)$ 是**严格凸的**，如果除去某个可能的单点外，有 $f''(x)>0$。

注意，函数 $f(x)=x^4$ 有二阶导数 $f''(x)=12x^2$，它除了在点 $x=0$ 处外都为正，而在点 $x=0$ 处二阶导数为零。根据定义 5.8 中的条件——除去某个可能点，都有 $f''(x)>0$——这个函数是严格凸的。

图 5.34 分别给出了单调增、单调减或者非单调的严格凸函数的形状。如果考虑函数 $f(x)=10-x^2$，我们会发现它的一阶导数 $f'(x)=-2x$，二阶导数 $f''(x)=-2$（见图 5.35）。当 $x<0$ 时这个函数是关于 x 递增的，当 $x>0$ 时则是关于 x 递减的。然而，它的斜率对于所有的 x 总是递减的。这意味着当 $f'(x)>0$ 时函数的斜率越来越小，当 $f'(x)<0$ 时函数斜率的绝对值越来越大，但是斜率会变得越来越小。

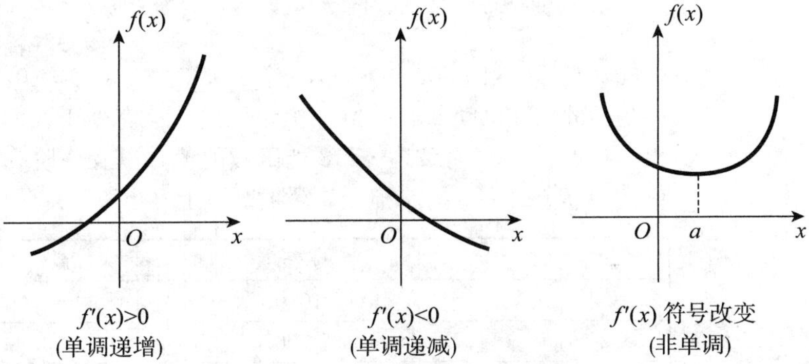

图 5.34 严格凸函数的可能形状

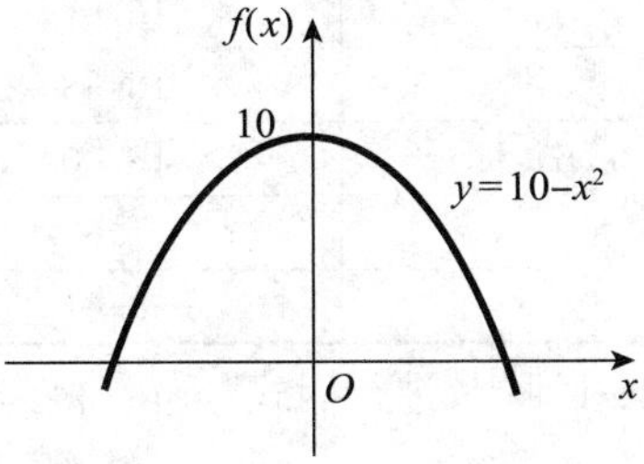

图 5.35 严格凹函数 $f(x)=10-x^2$

由于函数 $y=10-x^2$ 有负的二阶导数，它具备了与凸函数相反的性质，它是一个凹函数的例子。

定义 5.9 二阶可微函数 $f(x)$ 是**凹的**，如果在定义域内的所有点处都有

$f''(x) \leqslant 0$。

作为凸函数的线性函数，也满足凹函数的定义（对于所有的 x，都有 $f''(x)=0$）。将其排除在外，我们得到下面的严格凹函数的定义。

定义 5.10 二阶可微函数 $f(x)$ 是**严格凹的**，如果除去某个可能单点外，在定义域中的所有点处都有 $f''(x)<0$。

由于不等号乘以（-1）以后会变号，所以如果 $-f(x)$ 是（严格）凸的，我们就可以说 $f(x)$ 是（严格）凹的。

如果一个函数的二阶导数有时正有时负，那么它在整个区间上既不是凸的也不是凹的。然而，有时会看到这种函数在某段区间上是凸的或是凹的。利用这个信息，我们可以画出函数的图像，下面的例子将会证明这一点。

例 5.19 利用二阶导数的符号画出下面函数的图像：

$$f(x)=-\left(\frac{1}{3}\right)x^3+3x^2-5x+10,\ x \geqslant 0$$

解： 函数的前两阶导数为

$$f'(x)=-x^2+6x-5$$

和

$$f''(x)=-2x+6$$

这样，当 $x<3$ 时，$f''(x)>0$，当 $x>3$ 时，$f''(x)<0$，所有函数在区间 $[0,3]$ 中是凸的，在区间 $[3,+\infty)$ 上是凹的。这有助于我们画出函数的图像。下表给出了在点 $x=0,1,2,\cdots,8$ 处函数的值，以及一阶和二阶导数的值。注意，在任何使 $f'(x)=0$ 的 x 点处，函数既不上升也不下降，即在该点处是水平的。

x	$f(x)$	$f'(x)$	$f''(x)$
0	10.00	−5.00	6.00
1	7.67	0.00	4.00
2	9.33	3.00	2.00
3	13.00	4.00	0.00
4	16.67	3.00	−2.00
5	18.33	0.00	−4.00
6	16.00	−5.00	−6.00
7	7.67	−12.00	−8.00
8	−8.67	−21.00	−10.00

对一阶导数进行因式分解，得到

$$f'(x)=-(x-5)(x-1)$$

由代数性质可知一阶导数在点 $x=1$ 和 $x=5$ 处为零。因此，很容易看出当 $x<3$ 时函数有正的二阶导数，因此是凸的；当 $x>3$ 时有负的二阶导数，因此是凹的。这些信息使得我们可以画出图 5.36。 ■

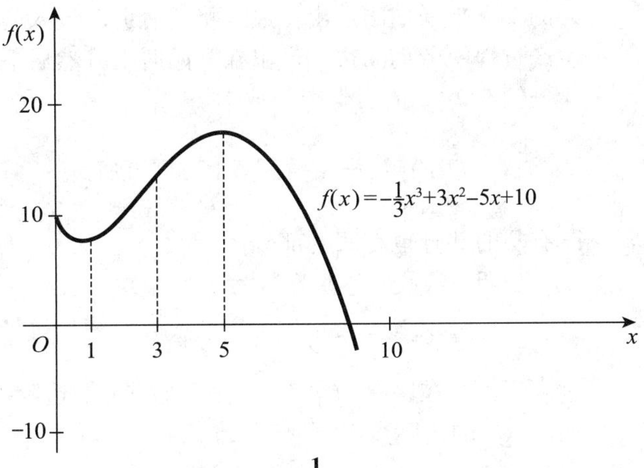

图 5.36　函数 $f(x)=-\frac{1}{3}x^3+3x^2-5x+10$（例 5.19）

生产函数的凹凸性

考虑一个短期生产函数的案例。令 x 表示单（变量）投入，用以生产产出 y，生产函数为 $y=f(x)$。所有其他投入在短期都假设为固定的。生产函数的一阶导数是 x 的边际产量，$MP(x)=f'(x)$。

如果 $f'(x)$ 随 x 递减，意味着当 x 的投入增加时边际产出减少，这就是可变投入的边际报酬递减规律。如果 $f'(x)$ 随 x 的增加而减少，那么它的二阶导数为负：

$$\frac{\mathrm{d}[f'(x)]}{\mathrm{d}x}=f''(x)<0$$

说明生产函数是严格凹的（定义 5.10）。例如，函数 $y=x^{1/2}$（$x\geqslant0$）的二阶导数

$$f''(x)=-\frac{1}{4}x^{-3/2}$$

为负（当 $x>0$ 时），所以这是一个凹生产函数的例子。

如果生产函数有正的二阶导数，且（在每一点）有 $f''(x)>0$，那么劳动的边际产出 $MP(x)=f'(x)$ 随 x 而递增。于是，严格凸的生产函数显示出可变投入的边际报酬递增的性质，例如 $y=x^2$。从经济角度来讲，这个性质好像是令人难以置信的。如果除劳动以外，其他所有的可利用的投入都是不变的，那么增加更多的劳动将不会导致产出的持续增加。这是因为由于固定投入水平的不足，劳动的额外产出迟早会下降。因此，当建立含有短期生产的经济模型时，一般会假设生产函数是凹的（即 $f''(x)<0$）。

然而，这并不是一成不变的。对于某些生产过程，在“低于正常”的生产水平下，可变投入的增加可能会导致产出的大量增加。例如，假设在一家大工厂中，只有少数工人可以操作机器，他们在不同的机器间来回跑，这些工人的产量可能不高，增加一个额外的工人也不可能使产出增加。只有增加大量工人来有效地操作不同的机器时，边际产出才有可能快速增加。但是，我们认为通过雇用额

外的工人来增加的产出，最终将随着劳动投入的增加而减少。因此，认为在某些生产过程中劳动的边际产出在开始时上升然后下降是合理的。

例 5.20 证明生产函数

$$f(x)=-\left(\frac{2}{3}\right)x^3+10x^2+5x$$

既有凸的部分也有凹的部分。

证明：函数的二阶导数为

$$f''(x)=-4x+20$$

这表明函数在区间 $[0, 5)$ 上是凸的（x 的边际产出增加），在区间 $(5, \infty)$ 上是凹的（x 的边际产出下降）。即

$$f''(x)=-4x+20>0 \Rightarrow x<5\ (\text{凸})$$
$$f''(x)=-4x+20<0 \Rightarrow x>5\ (\text{凹})$$

函数 $f(x)$ 的图像如图 5.37 所示。 ■

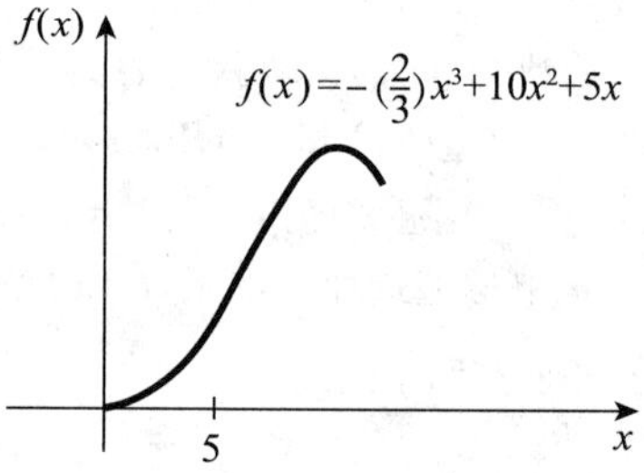

图 5.37 函数 $f(x)=-(2/3)x^3+10x^2+5x$（例 5.20）

成本函数的凹凸性

我们已经知道，投入的边际产出函数和短期边际成本函数的凹凸性相反。原因在于，如果当投入增加时投入的边际产出下降，那么原来的生产水平越高，每生产 1 单位的额外产出需要的投入将越多。因此，如果 x（投入）的边际产量随 x 的增加而下降，那么产品的边际成本将随 y 的增加（产出）而上升。以 $y=x^{1/2}$ 为例，我们将看到这一点。它的反函数为 $x=y^2$。如果我们假设投入的固定成本为 c_0，设 r 表示投入（x）的可变单位成本，那么我们可得到关于投入的总成本函数为 $C(x)=c_0+rx$，关于产出的总成本函数为 $C(y)=c_0+ry^2$，边际成本函数为 $C'(y)=2ry$ 且随 y 的增加而增加。得到这些结论的一个等价方法是考虑成本函数的二阶导数 $C''(y)=2r$，这是一个正数。对于这个例子，生产函数是凹的，而成本函数为凸的。对于凸的生产函数 $y=x^2$，根据同样的步骤可以得到生产函数的反函数为 $x=y^{1/2}$，以及 $C(y)=c_0+ry^{1/2}$，这是一个凹函数。这种关系也适用于生产函数从凹变为凸的区间。相应于图 5.37 中生产函数的图形，成本函数的图形如图 5.38 所示。

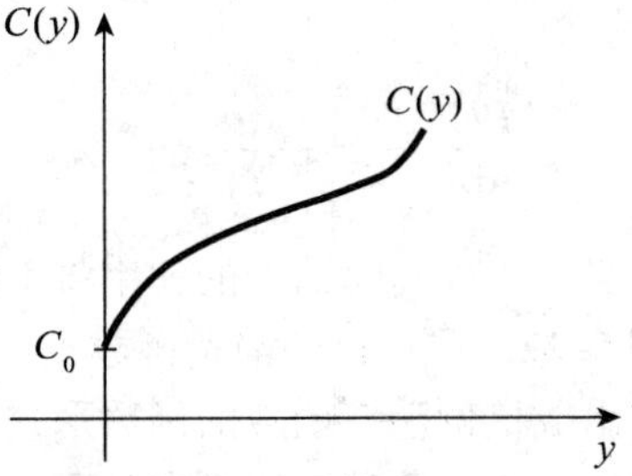

图 5.38 相应于图 5.37 中的生产函数的成本函数的图形

例 5.21 一种单一投入 x 被用于生产 y。证明：如果生产函数为 $y=x^{1/3}$，$x>0$，那么成本函数 $C(y)$ 是凸的，而生产函数为凹的。

解：生产函数：$f(x)=x^{1/3}$

一阶导数：$f'(x)=\dfrac{1}{3}x^{-2/3}$

二阶导数：$f''(x)=-\dfrac{2}{9}x^{-5/3}=-\dfrac{2}{9x^{5/3}}<0$，$x>0$

因此，生产函数是凹的。根据投入可知生产的成本函数为 $C(x)=c_0+rx$，其中 c_0 为固定成本，r 为每单位投入的成本。由于 $y=x^{1/3}$，我们有 $x=y^3$，代入$C(x)$中得到关于产出 y 的成本函数为 $C(y)=c_0+ry^3$，并有

$$C'(y)=3ry^2$$
$$C''(y)=6ry>0,\ y>0$$

因此，成本函数是凸的。 ■

我们以导数在宏观经济中的几个应用来结束本节。

凯恩斯消费函数

考虑由下式给出的国民收入和消费之间的一般关系：

$$C=C(Y),\ Y\geqslant 0,\ 0<C'(Y)<1$$

导函数 C' 通常称为消费的边际倾向，消费的平均倾向定义为 C/Y。

教材中最简单的叙述为，对 $C(Y)$ 取线性形式，即

$$C(Y)=a+bY,\quad a>0,\quad 0<b<1$$

这里 a 和 b 为常数。在这种情形下，消费的边际倾向为

$$MPC=\frac{\mathrm{d}C}{\mathrm{d}Y}=C'(Y)=b(\text{不变份额})$$

因此，总体来看，无论收入水平多高，这个经济中消费者的额外消费占额外收入的比例都是一个常数。然而，消费者不会消费总收入中的一个不变份额。在这种情况下，收入中用于消费的份额，或消费的平均倾向为

$$APC(Y)=\frac{C(Y)}{Y}=\frac{a}{Y}+b$$

并有

$$\frac{dAPC(Y)}{dY}=-\frac{a}{Y^2}<0$$

因此，当收入提高时消费的比率将下降。

例 5.22 成比例的消费函数

求出成比例消费函数的函数形式，其中，消费的平均倾向是不变的。

解：由于消费的平均倾向是不变的，我们令

$$APC(Y)=k，k\text{ 为常数}$$

现在，由 $APC(Y)$ 的定义可得

$$\frac{C(Y)}{Y}=k$$

或者

$$C(Y)=kY$$

这样，具有不变 APC 的消费函数有零截距，并且在这种情形下，消费的平均倾向和消费的边际倾向是相同的。■

当然，在考虑实际总消费函数时，我们不必局限于线性形式。在比较处于不同发展时期的各国之间的消费模式，或者一个国家在收入增长的较长时期内的消费模式时，这也是成立的。在这些情形下，一个可供选择的函数形式是允许 APC 和 MPC 随着收入的增加而下降。即一个凹函数

$$C=C(Y),\quad 0<C'(Y)<1,\text{且对于 }\forall Y,\text{有 }C''(Y)<0$$

注意，凹函数的假设意味着，对于最低的收入水平，消费的边际倾向接近于 1，而对于最高的收入水平，消费的边际倾向接近于零。（接近的程度依赖于参数和函数 $C(Y)$ 的具体形式。）

练习

1. 证明函数 $f(x)=x^4$ 满足严格凸函数的定义（定义 5.8）。

2. 证明函数 $f(x)=x^{1/4}$，$x>0$ 满足严格凹函数的定义（定义 5.10）。

3. 设 $y=x^{1/3}$，$x>0$ 为一个生产函数，其中 y 是产出，x 是单一投入。成本函数为 $C(y)=c_0+rg(y)$，其中 $x=g(y)$ 是生产函数的反函数，c_0 是固定成本，r 是投入的单位成本。证明当成本函数严格凸的时候，生产函数是严格凹的。用图形表示，并讨论这个结果的经济含义。

4. 设 $C(y)=y^3-9y^2+60y+10$，$y\geqslant 0$ 为一个厂商的成本函数。找出函数的凸区间和凹区间。利用这些信息和如例 5.20 中的表格，画出这个函数的图形。

5. 假设一个厂商处于竞争市场，以价格 $\bar{p}=45$ 销售产品，并且有与练习 4 相同的成本函数，即 $C(y)=y^3-9y^2+60y+10$，$y\geqslant 0$。写出这个厂商的利润函数

的凸区间和凹区间。利用这些信息和如例 5.20 中的表格，画出这个函数的图形。

5.6 泰勒公式和中值定理

回忆微分 $dy = f'(x)dx$，它可以用来得到给定变量 x 的变化量 $dx \equiv \Delta x$，变量 y 变化的近似值 $dy \doteq \Delta y$（见图 5.39）。我们在 5.2 节知道，如果我们能够使 x 的变化无限小，那么用 dy 作为 y 的实际变化 Δy 的近似值造成的误差就可以无限小。然而，我们并不能总是满足 Δx 无限小的约束，对于变量 x 的非无穷小的变化，这个近似值是不准确的。泰勒展开使我们可以更充分地研究这个问题。

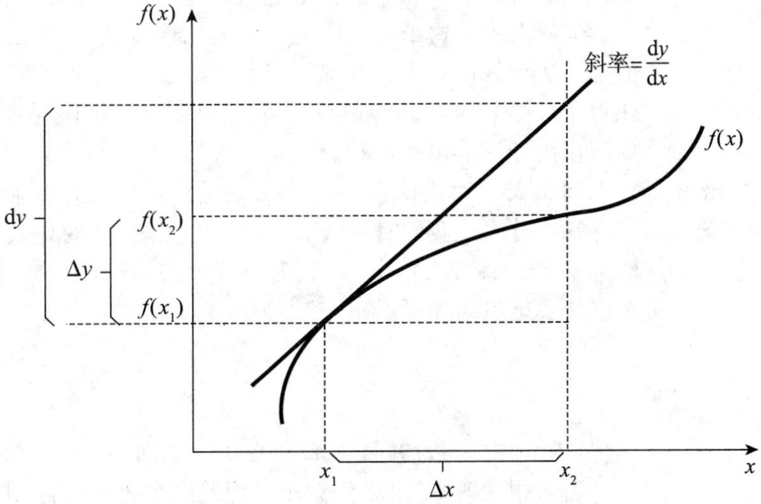

图 5.39　用全微分来近似函数值的变化

泰勒公式的思想是利用函数 $y=f(x)$ 在点 $x=x_0$ 处的信息及其导函数在点 $x=x_0$ 处的信息，得到函数在 x_0 的某个邻域中的点 $x=x_1$（$x_1 \neq x_0$）处的值。下面的式子有时被称为泰勒展开的余项形式：

$$
\begin{aligned}
f(x_1) = f(x_0) &+ \frac{f'(x_0)(x_1-x_0)}{1!} \\
&+ \frac{f''(x_0)(x_1-x_0)^2}{2!} \\
&+ \frac{f^{(3)}(x_0)(x_1-x_0)^3}{3!} \\
&+ \frac{f^{(4)}(x_0)(x_1-x_0)^4}{4!} + \cdots \\
&+ \frac{f^{(n-1)}(x_0)(x_1-x_0)^{n-1}}{(n-1)!} + R_n
\end{aligned}
$$

其中 $R_n = f^{(n)}(\xi)(x_1-x_0)^n/n!$，$\xi$ 介于 x_0 和 x_1 之间。

最后一项 R_n 被称为余项，它的计算方法与除第 n 阶导数以外的前面各项在某个（未知）数 x_0 和 x_1 之间的计算方法相同。这个表达式可用求和符号表示如下。

定义 5.11 函数 $f(x)$ 在点 $x=x_0$ 的邻域内的**泰勒展开式**为

$$f(x_1)=f(x_0)+\sum_{k=1}^{n-1}\left[\frac{f^k(x_0)(x_1-x_0)^k}{k!}\right]+R_n$$

其中 $R_n=f^{(n)}(\xi)(x_1-x_0)^n/n!$，$\xi$ 取值位于 x_0 和 x_1 之间。假设这个函数具有直到 n 阶的导数。

现在，知道了函数在点 $x=x_0$ 处的值，利用这个公式计算函数在其他某个点 x_1 处的值，与计算函数 f 随着 x 的变化量 $\Delta x=x_1-x_0$ 而变化的值是相同的。这可以在形式上将 $f(x_0)$ 移到表达式的左端，从而得到 $f(x_1)-f(x_0)\equiv\Delta y$。

乍看上去，这个公式用起来可能比较复杂，而且在点 $x=\xi$ 处，$f^{(n)}(\xi)$ 的值是无法计算的。但是在某种条件下，我们可以证明当 $n\to\infty$ 时有 $R_n\to 0$，因此对于具体的函数，当 $n\to\infty$ 时，只要这个极限是存在的，我们就可以忽略余项而仅仅计算简单的加和。

例 5.23 写出函数 $f(x)=e^x$ 在点 $x_0=0$ 处的泰勒展开式。

解： 首先，我们有 $f(x_0)=e^0=1$。由于 e^x 的导数为 e^x 自身，每一个高阶导数都是 e^x，即 $f^{(k)}(x)=e^x$，因此 $f^{(k)}(x_0)=e^0=1$。这样，e^x 在点 $x=0$ 处的泰勒展开式可以写为

$$e^x=1+x+\frac{x^2}{2!}+\frac{x^3}{3!}+\frac{x^4}{4!}+\frac{x^5}{5!}+\cdots+\frac{x^{n-1}}{(n-1)!}+R_n$$

其中，$R_n=\xi^n/n!$，并且 ξ 介于 0 和 x 之间。 ■

当 n 很大时 R_n 可以任意小，因此这个公式可以用来对 e^x 做希望的任意精确水平的近似。例如，假设我们希望利用这个公式来估计 x 在 0 和 1 之间时 e^x 的值。余项 $R_n=\xi^n/n!$，$\xi\in[0,1]$ 在 $\xi=1$ 处得到它的最大值，因此如果我们将其忽略，那么与真实值之间的差将在 $1/n!$ 以内。这样，我们可以选取 n 足够大以至于使得 $1/n!<0.000\,001$，得到的估计值可以保证精确到小数点以后6 位，即我们要使得 $n!>1\,000\,000$。经证明，$n=10$ 能满足这个条件。

在经济中，泰勒展开的重要用途可以仅由两个式子（$n=2$）来阐明。在这种情况下，我们有

$$f(x_1)=f(x_0)+f'(x_0)(x_1-x_0)+\frac{f''(\xi)(x_1-x_0)^2}{2!} \tag{5.9}$$

其中，ξ 介于 x_0 和 x_1 之间。

通过把 $f(x_0)$ 移到方程的左边，且 $dx=(x_1-x_0)$，$dy=f'(x)dx$ 以及 $\Delta y=f(x_1)-f(x_0)$，我们得到方程（5.10）：

$$\Delta y=dy+\frac{f''(\xi)(x_1-x_0)^2}{2} \tag{5.10}$$

其中，ξ 介于 x_0 和 x_1 之间。这更加充分地解释了微分 dy 怎样对 y 的实际变化量

Δy 进行了估计（见图 5.40）。误差实际上是泰勒展开式的余项（即 $\varepsilon=\Delta y-\mathrm{d}y=f''(\xi)(x_1-x_0)^2/2$）。

假设函数 $f(x)$ 是一个凹函数（处处都是凹的），因此 $f''(x)<0$。由于 $(x_1-x_0)^2$ 对于任何 $x_1\neq x_0$ 都是正的，这证明利用

$$\mathrm{d}y=f'(x_0)(x_1-x_0)=f'(x_0)\mathrm{d}x$$

表示 y 的实际变化量 Δy，总是高估的。这可由图 5.40 中的函数曲线看出来。如果函数 $f(x)$ 是严格凸的（$f''(x)>0$），那么如图 5.41 所示，反过来也成立。正如下一章中提到的，方程（5.10）在理解最优化问题上也是十分有用的。

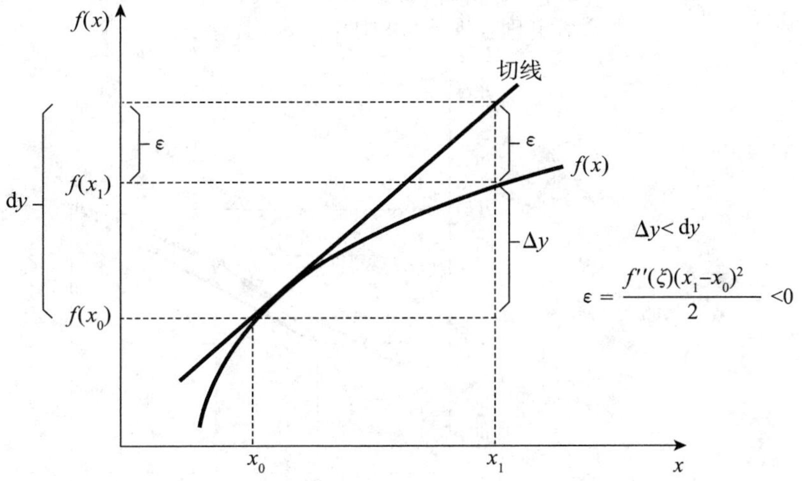

图 5.40　全微分高估了函数值的变化的例子

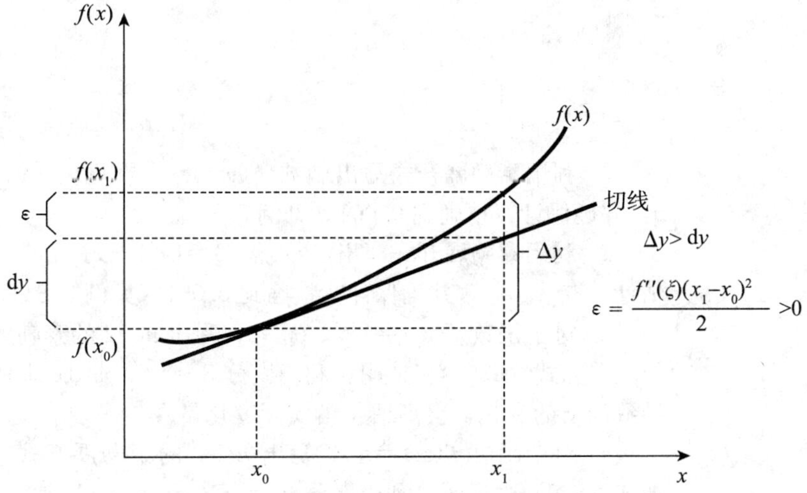

图 5.41　全微分低估了函数值的变化的例子

导数的中值定理可以由一阶泰勒展开式来阐明：

$$f(x_1)=f(x_0)+f'(\xi)(x_1-x_0) \tag{5.11}$$

其中，ξ 介于 x_0 和 x_1 之间。

通过重新整理这个式子，我们可以得到下面的定理。

定理 5.2（中值定理） 如果函数 $f(x)$ 在某个闭区间 $[a, b]$ 上是连续并且可微的，那么一定存在点 $c\in[a, b]$ 使得

$$f'(c)=\frac{f(b)-f(a)}{b-a}$$

这是连接点 a 和点 b 的割线的斜率。

这个定理在图 5.42 中得以说明。

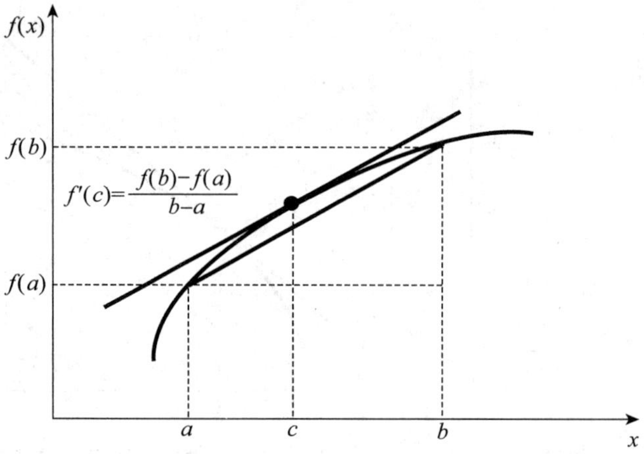

图 5.42 中值定理的图解

练习

1. 利用泰勒展开式写出函数 $f(x)=e^{-x}$ 在区间 $[0, 1]$ 上的估计。取 $x_0=0$，并确保计算精确到 0.001（见例 5.24）。

2. 利用泰勒展开式写出函数 $f(x)=\ln(1+x)$，$x>-1$ 在区间 $[0, 1]$ 上的估计。取 $x_0=0$，并确保计算精确到 0.001（见例 5.24）。

3. 对于函数 $f(x)=x^{1/2}$，$x\geqslant 0$，写出 $n=2$ 的泰勒展开式（即余项包含二阶导数，如式（5.9））。证明：利用微分 $dy=f'(x)dx$ 来估计由 x 的变化量 dx 所导致的 y 的变化，会高估 y 的实际变化量。

4. 对于函数 $f(x)=x^2$，写出 $n=2$ 的泰勒展开式（即余项包含二阶导数，如式（5.9））。证明：利用微分 $dy=f'(x)dx$ 来估计由 x 的变化量 dx 所导致的 y 的变化，会低估 y 的实际变化量。

本章小结

关键词

链式法则	可微函数	凹函数
一阶导函数	凸函数	即时变化率
导数	左导数	生产的边际成本
割线	中值定理	严格凹函数
乘法法则	严格凸函数	除法法则
切线	右导数	泰勒展开
微分法则	全微分	

思考题

1. 切线和割线的区别是什么？
2. 切线是怎样通过一系列割线来定义的？
3. 切线、函数的导数和全微分之间是什么关系？
4. 定义并解释函数 $f(x)$ 在点 $x=x_0$ 处的左导数和右导数。
5. 利用左导数和右导数说明函数 $f(x)$ 在点 $x=x_0$ 处是可微的。
6. 为什么说函数 $f(x)$ 在点 $x=a$ 处可微，它就一定在该点连续？
7. 写出本章中给出的关于可微的 13 个法则。
8. 利用图形说明为什么可微凸函数的二阶导数是大于或等于零的。
9. 利用图形说明为什么可微凹函数的二阶导数是小于或等于零的。

10. 利用泰勒展开式证明，用点 $x=x_0$ 处的切线（或微分）来估计函数在其他 $x\neq x_0$ 点处的值时，如果函数是严格凹的则会高估，如果函数是严格凸的则会低估。用图形说明你的结论。

复习题

1. 由导数的定义（定义 5.3），写出下面函数的导数：

$$f(x)=x^2+3x-4$$

2. 假设售货员每月的销售额 S 和每月所得 P 之间有如下关系：在不考虑销售额的情况下，她每月有基本收入 500 美元，在每月最初销售 10 000 美元时她可以得到 10%的提成，对于之后每月 10 000 美元的销售额，她可得到 20%的提成，对于更多的额外销售收入，她将得到25%的提成。

(a) 写出她的所得关于销售额的函数 $P(S)$，$S\geqslant 0$，并画出其图像。

(b) 找出函数 $P(S)$ 不可微的点，并利用定义5.5说明为什么会这样。

3. 写出下列生产函数 $y=f(L)$ 的斜率。画出函数及其导函数的图形。给出导函数斜率的经济意义（即，导函数随 L 是上升还是下降）。在每一种情形下均有 $L>0$。

(a) $y=64L^{1/4}$

(b) $y=10L+2L^{1/2}$

(c) $y=5L^3$

(d) $y=-L^3+12L^2+3L$

4. 假设有两个厂商A和B，在决定向市场提供多少产出时，它们的行为是竞争性的。厂商A的生产函数为 $C^A=\alpha q+\beta q^2$，厂商B的生产函数为 $C^B=\gamma q+\omega q^2$。假设 α，β，γ，$\omega>0$，$\gamma\geqslant\alpha$。

(a) 写出定义在 $q\geqslant 0$ 上的每个厂商的供给函数，并在同一个图中画出它们的图形。在它们定义域的哪些点上，这些函数是可微的？

(b) 写出两个厂商的总供给函数并画出图形。参数 α，β，γ，ω 在什么约束下，这个函数是可微的？

5. 写出需求函数 $y=200-5p$（关于自身价格）的点需求弹性的表达式。对于 $\varepsilon<1$ 和 $\varepsilon>1$，写出价格的变化范围。用图形表示出需求函数。

6. 假设一个厂商的总生产函数为 $y=40L^2-L^3$。证明当劳动的边际产出 $MP(L)$ 大于劳动的平均产出 $AP(L)$ 时，$AP(L)$ 上升，反之下降；在点 $MP(L)=AP(L)$ 处，$AP(L)$ 是水平的。

7. 根据生产函数 $q=aL^b$，a，$b>0(L\geqslant 0)$ 可知厂商用单一投入（L）生产产出（q）。投入品价格为 ω，固定成本为 c_0。证明：如果 dC/dq 下降，那么 dq/dL 上升；如果 dC/dq 上升，那么 dq/dL 下降；如果 dC/dq 既不上升也不下降，那么 dq/dL 也是既不上升也不下降。你的结论与 b 的值有何关系？你的结论与反函数的微分法则有什么关系？

8. 与练习7中的生产函数 $q=aL^b$ 相同，证明如果生产函数是凹（凸）的，那么成本函数是凸（凹）的。将这个结果与练习7的结果相联系。

9. 设 $C(y)=y^3-12y^2+50y+20$，$y\geqslant 0$ 为一个厂商的成本函数，找出函数的凸区间和凹区间。利用这些信息和如例5.19中的表格，画出函数的图形。

10. 对于下列函数，写出 $n=2$ 时的泰勒展开式（即如式（5.9）那样包含二阶导数）。验证：用微分 $dy=f'(x)dx$ 来估计 x 的变化量 dx 对 y 的变化的影响，是否会导致对 y 的实际变化值的高估或者低估。

(a) $f(x)=x^4$

(b) $f(x)=1/x^2$，$x>0$

第 6 章　一元函数的最优化

我们鼓励读者通过我们的网站 http：//mitpress. mit. edu/math _ econ3 来获得如下有助于学习本章的材料：

- 垄断均衡Ⅰ和Ⅱ
- 垄断均衡Ⅰ的例子
- 垄断均衡Ⅱ的例子
- 不变的需求弹性和固定成本的垄断
- 不变的需求弹性小于 1 的例子
- 对平均函数和边际函数的再次讨论
- 劳动者管理的厂商
- 具有立方成本函数的竞争性厂商
- 竞争性厂商的短期供给函数
- 对具有立方成本函数的竞争性厂商的再次讨论
- 最大化税收收入的例子

许多经济模型都是基于决策者在给定的选择中做出最优选择这一思想。为了将这个思想规范化，我们把最优选择解释为最大化或最小化某一函数的值。例如，假设一个厂商对于每个产出水平要最小化它的成本，并且最大化它的收益；一个消费者要最大化自身效用；一个政策制定者要最大化福利或者国民生产总值，等等。这说明了最优化数学在经济中占有非常重要的地位，在本章和第 12、13 章中，我们将在一定的深度上研究最优化理论。

在这一章中我们研究最简单的情形，即一元函数的最优化。我们将重点放在理论的直观解释和它们在经济问题的应用上。像最优解的存在性这种更技术性的问题将在第 13 章中进行讲解。

6.1 无约束最大最小值的必要条件

给定某一函数 f（例如 $y=f(x)$），我们使它最优化，即找到一个值 x 使得函数值达到最大值或最小值。这些值称为函数的**极值**。如果我们可以选择的 x 值的集合是整个实数集，则寻找极值的问题就是**无约束**的；同样，如果 x 值的集合约束在实数集的某一子集上，这个问题则是**有约束**的。首先，我们只讨论无约束的问题。我们假设函数 f 在它的定义域中至少是二阶可微的。

当然，一个特定的函数很可能是没有最大值和最小值的。例如，

$$y=a+bx, \quad a,b>0$$

既没有最大值也没有最小值，而

$$y=a+x^2$$

在 $x=0$ 处有最小值，但没有最大值。

$$y=a-x^2$$

在 $x=0$ 处有最大值，但没有最小值（见图 6.1）。

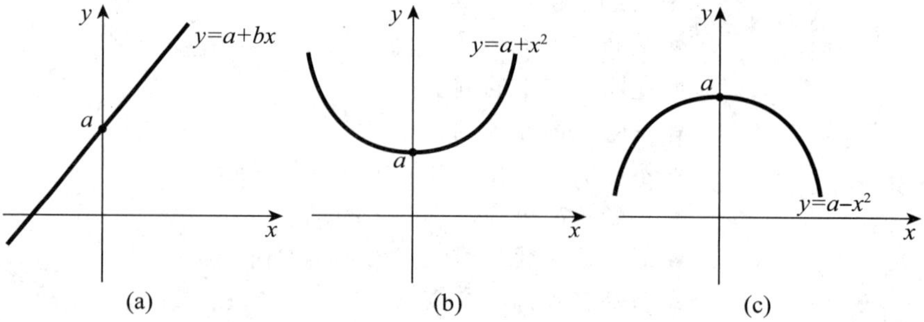

图 6.1 (a) 不存在最大最小值；(b) 不存在最大值；(c) 不存在最小值

我们从寻找一个函数的最大值问题开始，并且假设我们处理的函数 $y=f(x)$ 一定是存在的。区别函数的局部最大值和整体最大值是非常重要的。

定义 6.1 在**整体最大值** x^* 处，

$$f(x^*)\geqslant f(x)，对所有的 x \tag{6.1}$$

而在**局部最大值** $\hat{x}$ 处，

$$f(\hat{x})\geqslant f(x)，\hat{x}-\varepsilon\leqslant x\leqslant \hat{x}+\varepsilon \tag{6.2}$$

x 在 $\hat{x}$ 附近一个可能很小的区间中。

存在这个区别的原因是，在最优化问题中，我们通常希望找到一个整体最大值，但是我们求解问题的方法只是针对局部最大值的。为了保证我们得到的是一个整体的解，通常需要进一步的工作。这并不难。注意，整体解一定是一个局部解，因为如果对于所有的 x 有 $f(x^*)\geqslant f(x)$，这个条件对 x^* 附近的一个很小的区间中的 x 也是成立的。因此，我们可以通过计算所有的局部最大解，并比较每个解的函数值来得到整体最大解。当然，我们假设它是存在的。在许多经济问题中，必须添加一些条件来保证只存在一个局部最大解，且这个局部最大解也是整体最大解。然而，通常最优解不是唯一的，这是因为在式（6.1）和式（6.2）中存在弱不等式。

如果函数确实有一个局部最大解 x^*，则在 $x=x^*$ 处函数的一阶导数为零，即

$$f'(x^*)=0 \tag{6.3}$$

我们将这个条件称为**一阶条件**。容易看出它为什么成立。在 x^* 处对 $y=f(x)$ 求微分：

$$\mathrm{d}y=f'(x^*)\mathrm{d}x \tag{6.4}$$

如果函数在 x^* 处得到局部最大值，则微小的变化 $\mathrm{d}x$ 不可能使它的值增加。这在 $f'(x^*)\neq 0$ 处是不成立的。因为如果 $f'(x^*)>0$，则选择 $\mathrm{d}x>0$ 使得 $\mathrm{d}y>0$，函数值增加；如果 $f'(x^*)<0$，则选择 $\mathrm{d}x<0$ 也使得 $\mathrm{d}y>0$，函数值增加。只有在 $f'(x^*)=0$ 时，任意 $\mathrm{d}x\neq 0$ 都得到 $\mathrm{d}y=0$，因此函数值不可能增加。

这个原理在图形中更容易看出。在图 6.2 中，显然 x^* 使得函数得到一个局部最大值。在点（x^*，$f(x^*)$）处，函数的切线是水平的。但是 $f'(x^*)$ 是切线的斜率，而等值曲线的斜率为零。我们看到在点 $x^*+\Delta x$ 处，$f'(x^*+\Delta x)<0$，减少 x 可以使 y 增加；在点 $x^*-\Delta x$ 处，我们有 $f'(x^*-\Delta x)>0$，增加 x 可以使 y 增加。

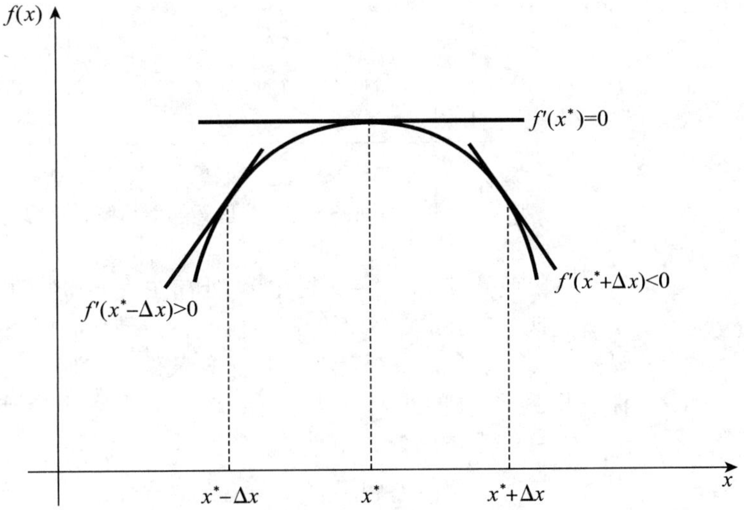

图 6.2　若 x^* 是局部最大解，则 $f'(x^*)=0$

我们强调式（6.3）即 $f'(x)=0$ 只能使我们得到一个局部最大解，而不是一个整体最大解。在图 6.2 中，如果我们移动到离 x^* 很远处，函数值可能开始增加并达到一个比 $f(x^*)$ 更大的值，但我们不能在不知道整个定义域中函数的形状时得到这个结论。

现在假设我们希望最小化函数 f，当然，是在函数的最小值一定存在的情况下。那么使用我们求最大值时的方法，可以得到：如果函数在点 x^* 处最小化，则在这一点有一阶条件

$$f'(x^*)=0 \tag{6.5}$$

也就是说在这一点上一阶导数为零。同式（6.4）中那样，在 x^* 处对函数求导，如果 $f'(x^*)\neq 0$，我们总能找到 x 附近的一个微小变动，使得函数的值减小。只有在 $f'(x^*)=0$ 的情况下函数值不会减小。图 6.3 显示了这一问题。同样，最小值点的切线也是水平的，这就是 $f'(x^*)=0$ 的几何解释。在任何导数不为零的点，总是可以找到 x 的一个变化使得函数值减小。

因此我们得到：

定理 6.1 如果可微函数 f 在 x^* 点有一个极值（极大值或极小值），则 $f'(x^*)=0$。

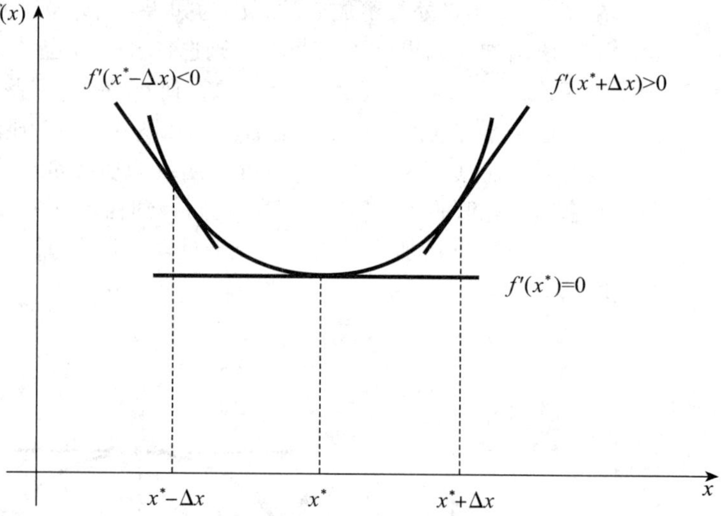

图 6.3 若 x^* 是局部最小解，则 $f'(x^*)=0$

一阶条件 $f'(x^*)=0$ 是在 x^* 处存在一个函数的极值的**必要条件**，因为任意不满足这个条件的 x 都不能产生极值。如果我们试图找到函数的一个最大值点，显然点 x^* 满足 $f'(x^*)=0$ 不是充分条件。实际上，x^* 满足这个条件不能充分保证得到函数的极值，因为存在一些被称作**拐点**的点，在这些点处导数 $f'(x)=0$。考虑函数

$$y=16x-4x^3+x^4$$

我们有

$$\frac{dy}{dx}=16-12x^2+4x^3=f'(x)$$

在 $x=2$ 处我们有 $f'(2)=0$。如图 6.4 中的函数图形所示，在 $x=2$ 处并不能产生函数的极值，但是在这一点，函数的切线是水平的。

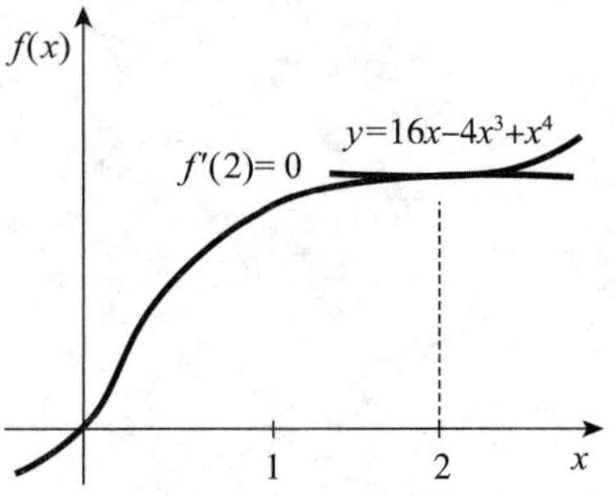

图 6.4　一个拐点

定义 6.2　对一个可微函数 f，若在点 x^* 处有 $f'(x^*)=0$，则 x^* 是函数的**稳态值点**。这个稳态值点可能是极值点或者拐点。每一个函数的极值点都是一个稳态值点，但并不是每一个稳态值点都是一个极值点。

我们立即可以清楚地看到，如果想单独使用式（6.3）来求解使得函数最大化或最小化的值 x^*，就会遇到问题。只有这一个条件不能告诉我们是否找到了最大值点、最小值点或者拐点。这还需要更多的条件，我们在下一节中讨论这一问题。首先，我们考虑一些例子和前面所讲的数学方法的经济应用。

例 6.1　找下列函数的极值点，并且指出每个函数是否有一个局部最大值或最小值。

（ⅰ）$y=2x^3-0.5x^2+2$

（ⅱ）$y=4x^2-5x+10$

（ⅲ）$y=6x/(x^4+2)$

（ⅳ）$y=0.5x^4-5x^3+2x^2$

解：（ⅰ）$dy/dx=6x^2-x=0\Rightarrow x^*=0.167$ 或者 $x^*=0$。

在 $x=0.167$ 处，y 的值为 1.995。我们通过这一点周围的微小变动来检查它是否为极小值点或极大值点。在 $x=0.15$ 处，y 的值为 1.996。在 $x=0.19$ 处，y 的值为 1.996。因此，在 $x^*=0.167$ 处产生了函数的局部最小值。在 $x=0$ 处，y 的值为 2。在 $x=0.1$ 处，y 的值为 1.997；在 $x=-0.1$ 处，y 的值为 1.993。因此，在 $x=0$ 处得到了函数的局部最大值。注意，如果我们选择 $x=0.3$ 做比较，得到 $y=2.009$，这使我们拒绝 $x=0$ 是局部最优解的结论。这里强调了这样一个事实：我们只是求解局部的极值，而极值点所在的邻域可能很小（见图 6.5）。

（ⅱ）$dy/dx=8x-5=0\Rightarrow x^*=0.625$。

在 $x=0.625$ 处，y 的值为 8.437 5；在 $x=0.5$ 处，y 的值为 8.5；在 $x=0.8$ 处，y 的值为 8.56。因此，在 $x=0.625$ 处得到函数的局部最小值（见图 6.6）。

（ⅲ）
$$\begin{aligned}\frac{dy}{dx}&=\frac{1}{(x^4+2)^2}\left[6(x^4+2)-6x(4x^3)\right]\\&=\frac{1}{(x^4+2)^2}(12-18x^4)\\&=0\Rightarrow x^*=\left(\frac{12}{18}\right)^{1/4}=\pm0.9\end{aligned}$$

在 $x=0.9$ 处，$y=2.03$。在 $x=1.0$ 处，$y=2.0$。在 $x=0.8$ 处，$y=1.99$。

因此，在 $x=0.9$ 处得到函数的局部最大值。

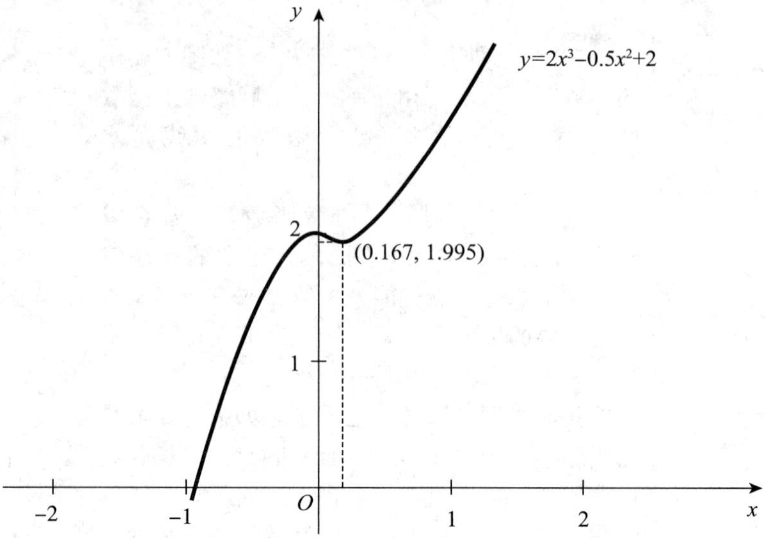

图 6.5　例 6.1（i）中 $y=2x^3-0.5x^2+2$ 的图形

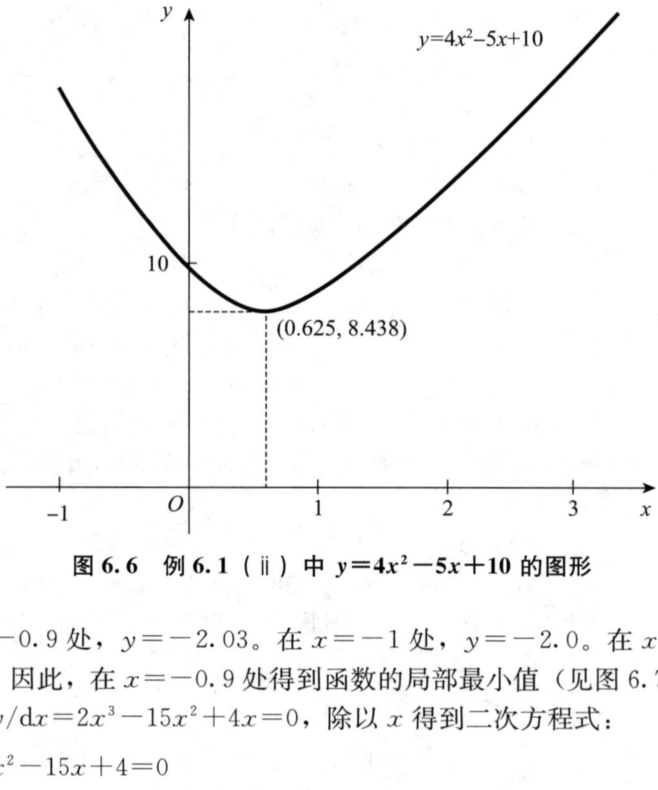

图 6.6　例 6.1（ii）中 $y=4x^2-5x+10$ 的图形

在 $x=-0.9$ 处，$y=-2.03$。在 $x=-1$ 处，$y=-2.0$。在 $x=-0.8$ 处，$y=-1.99$。因此，在 $x=-0.9$ 处得到函数的局部最小值（见图 6.7）。

（iv）$\mathrm{d}y/\mathrm{d}x=2x^3-15x^2+4x=0$，除以 x 得到二次方程式：

$$2x^2-15x+4=0$$

它的根为 $x=0.277$ 和 $x=7.222$。

在 $x=0.277$ 处，$y=0.05$。在 $x=0.4$ 处，$y=0.01$。在 $x=0.2$ 处，$y=0.04$。因此，在 $x=0.277$ 处得到函数的局部最大值。

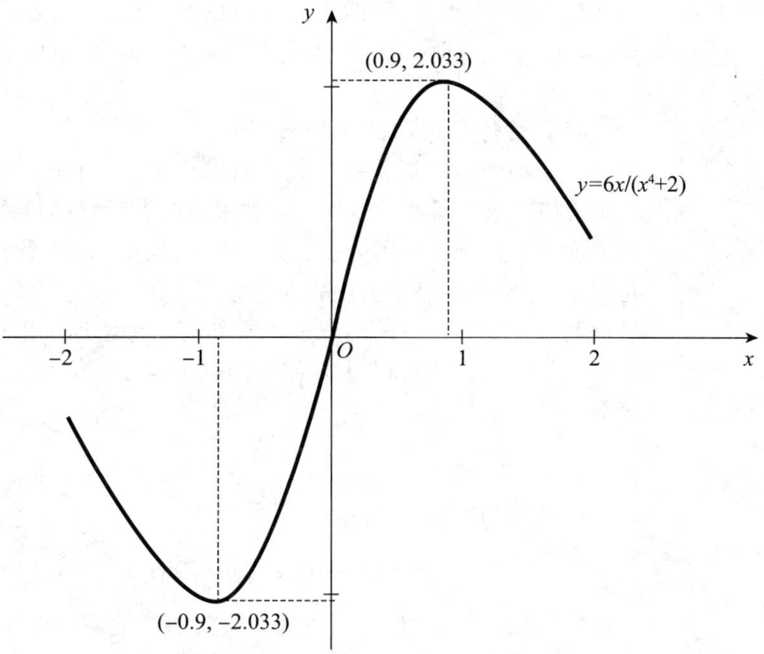

图 6.7　例 6.1（ⅲ）中 $y=6x/(x^4+2)$ 的图形

在 $x=7.222$ 处，$y=-418.89$。在 $x=7$ 处，$y=-416.5$。在 $x=8$ 处，$y=-384.0$。因此，在 $x=7.222$ 处得到函数的局部最小值（见图 6.8）。

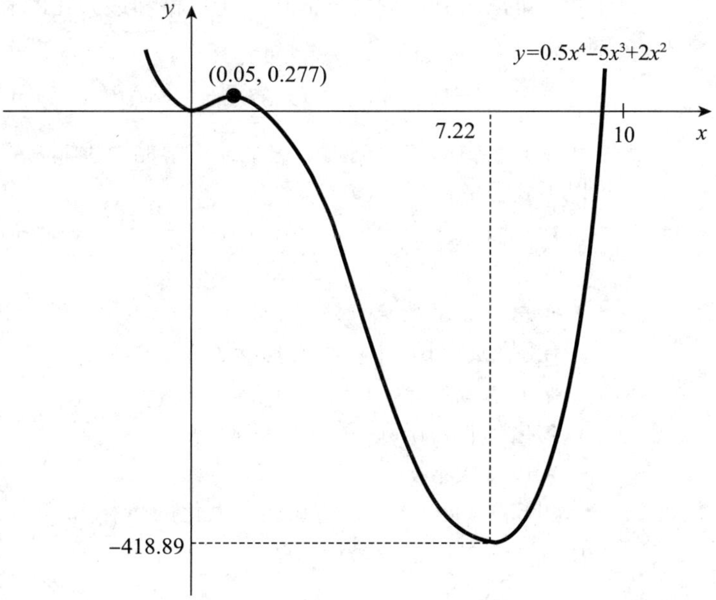

图 6.8　例 6.1（ⅳ）中 $y=0.5x^4-5x^3+2x^2$ 的图形

注意，$dy/dx=0$ 在 $x=0$ 处也成立。在 $x=0$ 处，$y=0$。在 $x=\pm0.01$ 处，$y=0.000\ 2$。因此，在 $x=0$ 处得到函数的局部最小值。■

具有线性需求和成本的垄断

一个垄断者面临着一个线性需求函数 $x=100-p$，其中 x 是需求（产出），p 是价格。这个函数的意思是，如果垄断者设置的价格大于等于 100 美元，他将不能卖出任何产品，因为没有人愿意出那么高的价钱。对于 $p<100$ 美元，价格每减少 1 美元会导致需求和销量增加 1 单位。这个厂商的成本函数为$C=25x$。这就是说，不管已有的总产量水平如何，每增加 1 单位产品需要 25 美元的成本来生产。我们希望将产量 x 作为问题的自变量，因此将需求函数转换成反需求函数：

$$p=100-x$$

厂商的利润为

$$\pi(x)=px-C=100x-x^2-25x \tag{6.6}$$

如果用 x^* 表示使厂商利润最大化的产量，由式（6.3）可得

$$\pi'(x^*)=100-2x^*-25=0 \tag{6.7}$$

或者

$$x^*=\frac{100-25}{2}=37.5$$

那么，可以得到厂商的利润最大化价格和最大化的利润，它们分别为

$$p^*=100-x^*=62.50(\text{美元})$$
$$\pi^*=(62.50-25)\times37.5=1\ 406.25(\text{美元})$$

图 6.9 中的图形刻画了这个经济学的学生非常熟悉的问题。图 6.9（a）描绘了以下式子的图形：

- 总收入函数 $R(x)=px=100x-x^2$
- 总成本函数 $C(x)=25x$
- 总利润函数 $\pi(x)=(100-25)x-x^2=75x-x^2$

在图 6.9（b）中，我们描绘了以下图形：

- 需求函数 $x=100-p$ 或 $p=100-x$
- 边际收益函数 $R'(x)=100-2x$
- 边际成本函数 $C'(x)=25$

图 6.9（b）显示，使利润最大化的价格和产出在边际成本和边际收入相等的点处。这可以很容易地从式（6.6）中看出：

$$100-2x^*=25$$
$$R'(x^*)=C'(x^*)$$

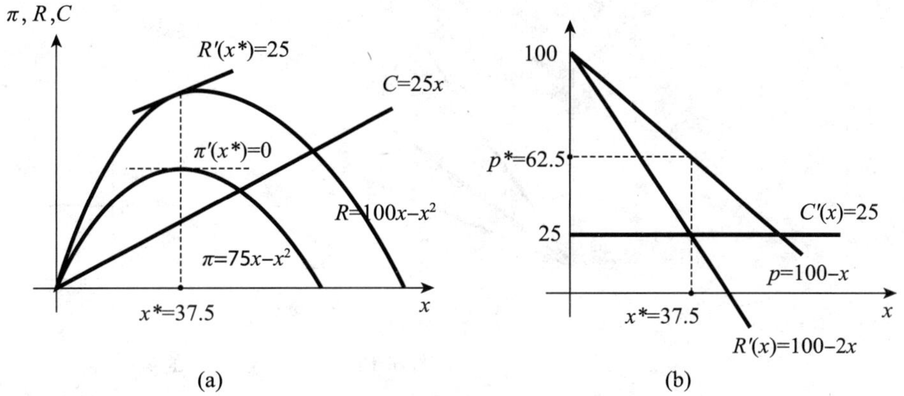

图 6.9　垄断均衡

从图 6.9（a）可以看到，$R(x)$ 在 x^* 点的切线的斜率等于函数 $C(x)$ 在该点的斜率。

注意，我们同样可以选择价格作为厂商的选择变量（虽然相应的图形看起来可能没有那么熟悉）。我们可以将利润解释为价格的函数，表示如下：

$$R(p)=px=p(100-p)=100p-p^2$$
$$C(p)=25(100-p)=2\,500-25p$$
$$\pi(p)=R(p)-C(p)=100p-p^2-(2\,500-25p)=125p-p^2-2\,500$$

则关于 p 最大化利润，有

$$\pi'(p^*)=125-2p^*=0$$

得到 $p^*=62.50$ 美元，这和前面的结果一样。

具有线性成本的竞争性厂商

假设一个厂商的成本函数为 $C=5x$，并且在完全竞争的市场中销售产品。这意味着该厂商将市场价格 p 作为固定的常数，而不是它的产量的一个函数。这个假设说明一个竞争性厂商相对于市场来说是非常小的，以至于它对产量的决策实质上对市场的价格没有任何影响。假设市场价格 $p=8$ 美元，则我们得到厂商的利润函数如下：

$$R(x)=px=8x$$
$$C(x)=5x$$
$$\pi(x)=(8-5)x=3x$$

如果我们现在使用式（6.3）来寻找利润最大化的产量，有

$$\pi'(x^*)=3=0$$

这是不可能的！什么地方错了呢？

图 6.10 显示了对这个问题的数学解释。在图 6.10(a) 中，厂商的利润函数总是随产量的增加而增加——它没有最大值。因此，这个厂商将希望能无限制地增加产量，因为这样总是可以增加利润。由图 6.10(b) 可以看出，价格（等于边际收入）总是大于边际成本，这说明每增加 1 单位的产出总是会增加更多的收入。

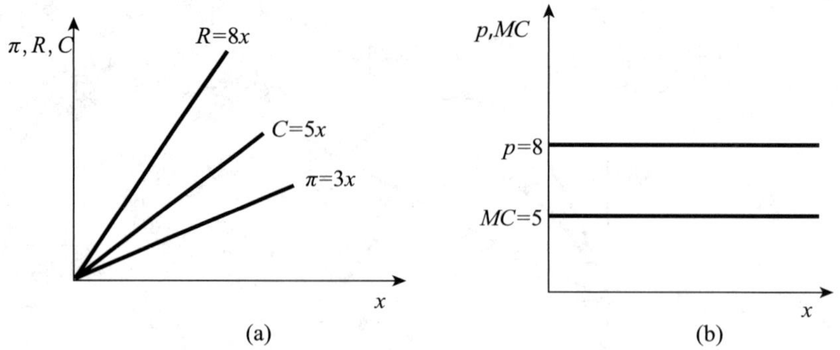

图 6.10　具有不变成本的竞争性厂商

从数学角度看，这个例子给了我们一个警告。如果我们希望使用条件 $f'(x^*)=0$ 来求解问题，必须保证函数确实拥有一个最大值。也就是说，这是一个没有最大值的例子（对比图 6.10(a) 和图 6.1(a)）。但是这个例子有什么经济意义吗？实际上它是有的。本质上，这说明如果在竞争市场中至少有一个厂商具有不变的规模报酬（也就是这里使用的线性成本函数），则我们可以预期完全竞争中止而被垄断或供不应求的市场所代替，因为它使厂商从无限扩大生产中获得收益。这时，市场结构将会随着企业被逐出市场而变得不那么具有竞争性，于是，厂商面对的“水平需求曲线”假设就会变得不合适：我们不能再假设厂商“非常小”以至于不能影响市场。因此，我们需要使用其他的模型，如供不应求的市场模型和垄断市场模型。在某种意义上，图 6.10 说明了一个逻辑上不连贯的状态：如果一个厂商在某个市场价格下具有不变的成本，则它不能将价格看作所有可能的产量水平下的一个给定的参数。

出版商总是定一个更高的价格而卖出比作者希望的数量少的书

考虑图 6.9 中所示的垄断厂商，假设它生产的产品是图书。图书的作者可以得到每本卖出的书的销售价格的 10%作为版税，因此，他的收入为

$$Y(x)=0.1px=0.1R(x)=0.1(100x-x^2)$$

现在，出版商的利润必须考虑付给作者的版税：

$$\pi(x)=R(x)-C(x)-Y(x)=75x-x^2-(10x-0.1x^2)=65x-0.9x^2$$

我们假设作者希望确定价格和数量来最大化他的收入，因此，我们有

$$Y'(x_A)=10-0.2x_A=0$$

令 $x_A=50$ 是作者希望的销售量，$p_A=100-50=50$ 美元是他期望的价格。然而，出版商选择书的数量以满足

$$\pi'(x_p)=65-1.8x_p=0$$

得到期望销售量为 36.1，其价格为 63.90 美元。

这个利益冲突总会产生而不是因为特殊例子的选择。如果我们令 r $(0<r<1)$ 表示版税率，我们可以将作者的收入和出版商的利润分别写为

$$Y(x)=rR(x)$$
$$\pi(x)=R(x)-C(x)-rR(x)=(1-r)R(x)-C(x)$$

则最大化 $Y(x)$ 得到

$$Y'(x_A)=rR'(x_A)=0 \quad 或者 \quad R'(x_A)=0 \tag{6.8}$$

因此，作者希望最大化销售收入。另一方面，最大化出版商的利润：

$$\pi'(x_p)=(1-r)R'(x_p)-C'(x_p)=0$$

或者

$$R'(x_p)=\frac{C'(x_p)}{1-r} \tag{6.9}$$

那么，只要边际成本大于零，即 $C'>0$，出版商的期望销售量 x_p 肯定和作者的期望销售量 x_A 不同。由于我们通常假设边际收入随产量的增加而减少，即 $R''(x)<0$，因此，式（6.7）和式（6.8）意味着 $x_A>x_p$。

例 6.2 一个出版商付给作者的版税率为 15%。图书的需求函数为 $x=200-5p$，成本函数为 $C=10+2x+x^2$。求出作者和出版商各自的最优化销售量。

解： 反需求函数为

$$p=40-0.2x$$

作者的收入为

$$Y(x)=0.15px=0.15(40-0.2x)x=6x-0.03x^2$$

从作者角度来看的最优销售水平 x_A 可以使 $Y(x)$ 取最大值，因此

$$Y'(x_A)=0 \Rightarrow 6-0.06\,x_A=0 \Rightarrow x_A=100$$

另一方面，出版商的利润为

$$\begin{aligned}\pi(x)&=R(x)-C(x)-Y(x)\\&=px-(10+2x+x^2)-(6x-0.03x^2)\\&=(40-0.2x)x-(10+2x+x^2)-(6x-0.03x^2)\\&=32x-1.32x^2-10\end{aligned}$$

从出版商角度来看的最优销售水平 x_p 可使 $\pi(x)$ 取最大值，因此

$$\pi'(x_p)=32-2.46x=0 \Rightarrow x_p=\frac{32}{2.46}=13$$

显然，图书作者寻找使销售收入最大化的销售水平，而出版商考虑成本（包括版税成本），更倾向于一个较低的销售水平。 ■

收入和弹性

一个具有反需求函数 $p=p(x)$ 的垄断者的收入函数为 $R=p(x)x=R(x)$，则边际收入为

$$R'(x)=p+x\frac{\mathrm{d}p}{\mathrm{d}x}$$

需求的价格弹性为

$$\varepsilon=-\frac{p}{x}\frac{\mathrm{d}x}{\mathrm{d}p}$$

则边际收入可以写为

$$R'(x)=p+\frac{x}{p}\frac{\mathrm{d}p}{\mathrm{d}x}=p\left(1-\frac{1}{\varepsilon}\right)$$

这个小公式在许多文章中都非常有用。例如，它用简单的方法建立了需求曲线某一点处的需求弹性和产量或价格的变动对销售收入的影响之间的关系。因此，令 $p>0$，从公式中我们可知：

$\varepsilon<1\Rightarrow R'(x)<0$，因此当需求无弹性时，产量的增加（价格降低）使收入减少；

$\varepsilon>1\Rightarrow R'(x)>0$，因此当需求有弹性时，产量的增加（价格降低）使收入增加。

此外，使收入最大化的产量 x^* 必须满足

$$R'(x^*)=p\left(1-\frac{1}{\varepsilon}\right)=0$$

这意味着在需求曲线上 $\varepsilon=1$ 点处收入最大化。

最后，由公式我们可以轻松地建立命题：一个具有正的边际成本的利润最大化垄断者，在 $\varepsilon>1$ 的需求曲线的点上总是处于均衡状态。为了说明这个问题，注意到在均衡状态下，

$$R'(x)=C'(x)>0$$

对于 $R'(x)>0$，我们肯定有 $\varepsilon>1$。这就是在前面的例子中讨论的作者和出版商的利益冲突所隐含的东西。

练习

1. 找出以下函数的稳态值点，说明它们是否为局部最大值点、局部最小值点或者拐点（画出稳态值点附近的函数图形）：

(a) $y=x^3-3x^2+1$

(b) $y=x^4-4x^3+16x-2$

(c) $y=3x^3-3x-2$

(d) $y=3x^4-10x^3+6x^2+1$

(e) $y=2x/(x^2+1)$

2. 试说明一个利润最大化的垄断厂商的产量，不会因对利润征一定比例的税

而受影响，但是利润会因为对每单位产品征 t 美元的税而减少。试解释这一结论。

3. 找出一个竞争性厂商的供给曲线，它的总成本函数为

$$C=0.04x^2+3x+80$$

4. 一个垄断厂商面临的需求函数为

$$x=ap^{-b}$$

试问：b 应该在什么范围内才能使得利润最大化问题有解？

5. 一个垄断厂商面临一个线性需求函数。说明如果它最大化销售收入，且以零价格售出它的产品，它确定的产量正是它所能生产的产品数量的一半。

6.2 二阶条件

我们在 6.1 节中看到条件 $f'(x^*)=0$ 自身不会告诉我们 x^* 是一个最大值点、最小值点还是函数 f 的一个拐点。由于这个条件是依据函数的一阶导数得到的，它通常称为一阶条件。我们现在继续检验如何利用函数的二阶导数（即**二阶条件**）来帮助我们区别这三种稳态值点。

在图 6.11 中我们看到三种可能的稳态值点的情形。对应于每个函数 f 的图形，下面是它的一阶导数 f' 在稳态值点附近的图形。函数 f 的曲率决定了它的一阶导数 f' 的斜率。

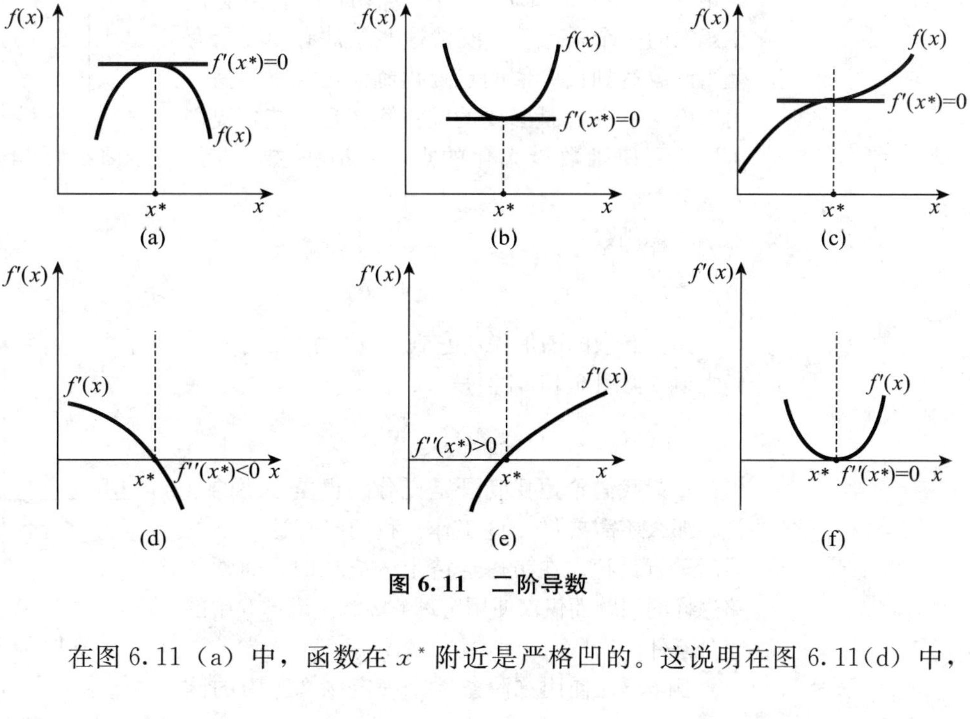

图 6.11　二阶导数

在图 6.11（a）中，函数在 x^* 附近是严格凹的。这说明在图 6.11(d) 中，

对于小于 x^* 的 x 值，有 $f'(x)>0$；而对那些大于 x^* 的 x 值，有 $f'(x)<0$。f' 的斜率就是二阶导数 $f''(x)$，因此我们有 $f''(x^*)<0$。由于在这个情形中，在 x^* 处取得了函数的最大值，我们得到：

定理 6.2 如果 $f'(x^*)=0$ 且 $f''(x^*)<0$，则 f 在 x^* 处有一个局部最大值。

在图 6.11(b) 中，函数在最小值点附近是严格凸的，说明当 x 增加并经过 x^* 点时，$f'(x)$ 增加，且 $f'(x)$ 在 x^* 点的斜率是正的。因此 $f''(x^*)>0$，同时我们得到：

定理 6.3 如果 $f'(x^*)=0$ 且 $f''(x^*)>0$，则 f 在 x^* 处有一个局部最小值。

在有一个拐点的情形中，我们看到函数在拐点处改变了它的曲率，从凹变为凸。导数 $f'(x)$ 在除 x^* 点以外都是正的，在 x^* 点处它有最小值。这个曲率的变化是拐点的特点，这意味着导数 f' 总是在拐点处得到一个极值（这种情形是极小值）。当然，相反的情形也是可能的，正如图 6.12 所示，在 x^* 的附近 $f'(x)$ 是负的，在 x^* 点处 $f'(x^*)=0$。

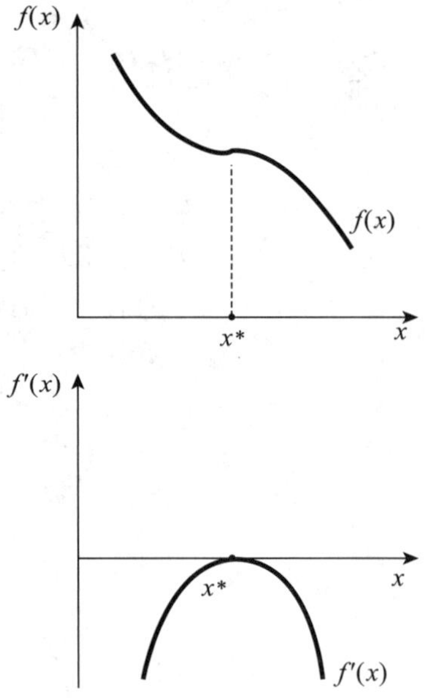

图 6.12 拐点的另一种情形

从现在开始我们集中到极值的问题上，如图 6.11 (a) 和图 6.11 (b) 所示。二阶导数 $f''(x^*)$ 这个条件的引入给出了函数取最大值的充分条件。满足 $f'(x^*)=0$ 和 $f''(x^*)<0$ 保证了 x^* 处会产生函数的一个最大值。既然这些条件必须在所有使得函数达到最大值的点处得到满足，我们是否可以说这些条件是必要的呢？答案是不能。我们可以找到使函数最大化的点，但是在这一点处 $f''(x^*)=0$。

考虑函数

$$y=-x^4$$

这个函数的图形说明它在点 $x^*=0$ 处有一个最大值（见图 6.13），但是

$$f''(0)=(-12)\times 0^2=0$$

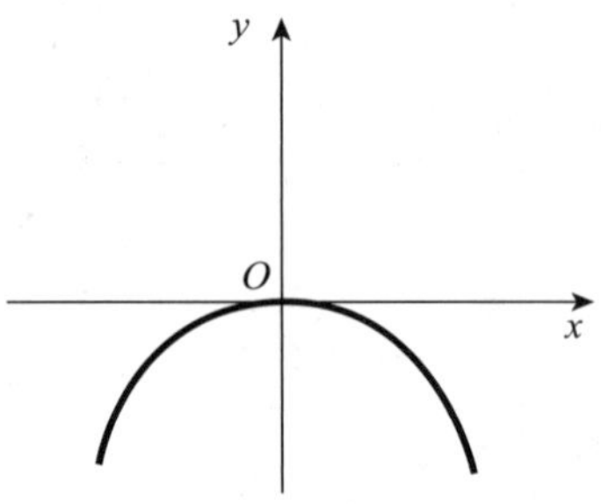

图 6.13 $y=-x^4$ 的图形

如果我们希望找到既是充分的也是必要的条件，那么还需要做一些工作，我们将在这一节的最后进行讨论。在考虑经济上的应用时，通常忽略这样的问题而仅仅使用定理 6.2 和定理 6.3 中的充分条件。

例 6.3 使用二阶条件来确定例 6.1 中的函

数的极值是极大值还是极小值。

解：（ⅰ）$y=2x^3-0.5x^2+2$

$$\frac{dy}{dx}=6x^2-x$$

$$\frac{d^2y}{dx^2}=12x-1=12\times0.167-1=1.004>0\ ,\ x=0.167$$

因此 $x=0.167$ 时函数有极小值。我们也有

$$y''(0)=-1<0$$

因此 $x=0$ 时函数有极大值。

（ⅱ）$y=4x^2-5x+10$

$$\frac{dy}{dx}=8x-5$$

$$\frac{d^2y}{dx^2}=8>0$$

因此 $x=0.625$ 时函数有极小值。

（ⅲ）$y=6x/(x^4+2)$

$$\frac{dy}{dx}=\frac{(12-18x^4)}{(x^4+2)^2}$$

$$\frac{d^2y}{dx^2}=\frac{(-(x^4+2)^2 72x^3-(12-18x^4)8x^3(x^4+2))}{(x^4+2)^4}$$

$$=\frac{72x^7-240x^3}{(x^4+2)^3}$$

由于 x^4+2 总是正的，我们可以在决定 d^2y/dx^2 的符号时忽略它。

在 $x=0.9$ 处，$72x^7-240x^3=-140.5<0$，此处是一个极大值点。

在 $x=-0.9$ 处，$72x^7-240x^3=140.5>0$，此处是一个极小值点。

（ⅳ）$y=0.5x^4-5x^3+2x^2$

$$\frac{dy}{dx}=2x^3-15x^2+4x$$

$$\frac{d^2y}{dx^2}=6x^2-30x+4$$

在 $x=0.277$ 处，$6x^2-30x+4=-3.85<0$，此处是一个极大值点。

在 $x=7.222$ 处，$6x^2-30x+4=100.28>0$，此处是一个极小值点。

在 $x=0$ 处，$y'=0$，$y''=4>0$，此处是一个极小值点。 ■

最大化税收收入

在一个商品市场中，我们有线性需求函数

$$D=a_0-a_1p_B,\quad a_0,\ a_1>0$$

和一个线性供给函数

$$S=b_0+b_1 p_S,\quad b_0, b_1>0$$

其中 D 是需求量，p_B是购买者支付的价格，S 是供给量，p_S是销售者获得的价格。在一般的没有税收的供给需求模型中，$p_B= p_S=p$，因此我们利用 $D=S$ 来求解市场均衡：

$$a_0-a_1 p=b_0+b_1 p$$

得出均衡价格为

$$p^*=\frac{a_0-b_0}{a_1+b_1}$$

注意，在这个问题中，为了给出一个正的均衡价格，我们要求 $a_0>b_0$，现在我们明确地给出这一假设。相应的均衡交易量为

$$D^*=S^*= b_0+b_1\left(\frac{a_0-b_0}{a_1+b_1}\right) = a_0-a_1\left(\frac{a_0-b_0}{a_1+b_1}\right)$$

这是将均衡价格代入需求或供给函数得到的。（由于在均衡条件下 $D^*=S^*$，我们只需要计算 $D^*=D(p^*)$ 和 $S^*=S(p^*)$ 中的一个，虽然同时计算可以让我们检验计算是否正确。）

当政府对物品征税时，即卖出 1 单位产品征 t 美元的税，将会导致购买者支付的价格和销售者得到的价格之间产生差异。实际上，销售者得到的是购买者的支付减去税收，因此，

$$p_S= p_B-t$$

我们也可以将购买者的支付看作销售者的价格加上税收：

$$p_B= p_S+t$$

由于这两个式子在数学上是等价的，我们使用第一个等式。

对于市场均衡来说，我们仍然要求需求等于供给，因此我们有

$$a_0-a_1 p_B=b_0+b_1(p_B-t)$$

这里，我们将供给函数中的 p_S用 p_B的函数代替。现在求解这个方程，得到购买者的均衡价格$\hat{p}_B$和销售者的均衡价格 $\hat{p}_S$，即

$$\hat{p}_B=\frac{a_0-b_0}{a_1+b_1}+\frac{b_1 t}{a_1+b_1}=p^*+\frac{b_1 t}{a_1+b_1}$$

$$\hat{p}_S=\hat{p}_B-t = p^*+\frac{b_1 t}{a_1+b_1}-t = p^*-\frac{a_1 t}{a_1+b_1}$$

因此我们看到，引入税收使得购买者的价格提高而销售者的价格降低，这个变化量是依赖于供给和需求曲线相应的斜率系数 a_1和 b_1的。此外，

$$\frac{\mathrm{d}\hat{p}_B}{\mathrm{d}t}=\frac{b_1}{a_1+b_1},\quad \frac{\mathrm{d}\hat{p}_S}{\mathrm{d}t}=-\frac{a_1}{a_1+b_1}$$

由于 $a_1/(a_1+b_1)+b_1/(a_1+b_1)=1$，这告诉我们每增加的 1 美元税收均来自购买者的价格上涨和销售者的价格下降，二者分担的比例是由斜率决定的，这被称为税收的投影。

现在考虑由税收引起的收入的增加。在价格 $\hat{p}_B$ 下，购买数量为 $\hat{D}$ 的商品，此处

$$\hat{D}=a_0-a_1\hat{p}_B=a_0-a_1p^*-\frac{a_1b_1t}{a_1+b_1}$$

由于购买 1 单位产品应支付税收 t，因此，税收收入为

$$T(t)=t\hat{D}=(a_0-a_1p^*)t-\frac{a_1b_1t^2}{a_1+b_1}=tD^*-\frac{a_1b_1t^2}{a_1+b_1}$$

假设政府热衷于寻找一个税率 t 使得税收收入最大化。应用定理 6.2，我们有

$$T'(t^*)=D^*-\frac{2a_1b_1t^*}{a_1+b_1}=0$$

因此，最大化的税收收入为

$$t^*=D^*\frac{a_1+b_1}{2a_1b_1}$$

我们可以将 D^* 的值代入 t^*，得到

$$\begin{aligned}t^*&=\left[a_0-a_1\frac{(a_0-b_0)}{(a_1+b_1)}\right]\frac{a_1+b_1}{2a_1b_1}\\&=\frac{[a_0a_1+a_0b_1-a_0a_1+a_1b_0]}{2a_1b_1}\\&=\frac{a_0b_1+a_1b_0}{2a_1b_1}\end{aligned}$$

现在我们有一个问题：t^* 是一个真正的最优解吗？为回答这个问题，计算

$$T''(t^*)=-\frac{2a_1b_1}{a_1+b_1}<0$$

因此 t^* 是一个最优解。注意，由于 $T''(t)$ 总是负的，$T(t)$ 一定是一个严格凹函数（见图 6.14）。

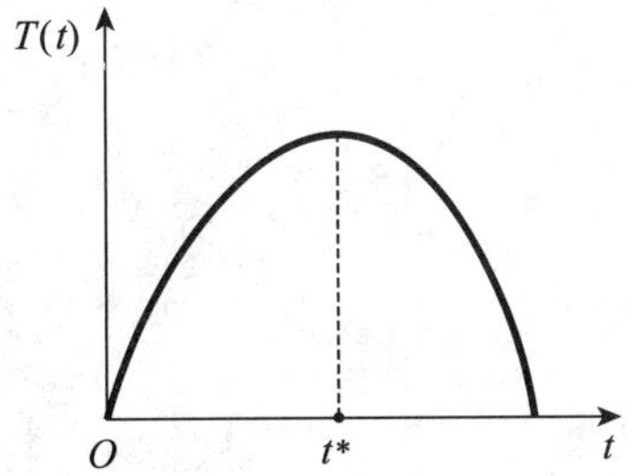

图 6.14 税收收入是税率的严格凹函数

这个凹的形状具有非常有趣的经济含义。当税率增大时，买入和卖出的均衡数量将会减少，开始时税率的增大超过了均衡量减少的影响，产生了逐渐增加的税收收入；但是在某一点以后这就不正确了，交易减少量大于税率的增加，从而产生了更低的税收收入。如果实际的税率超过 t^*，则税收收入可以随税率的减小而增加。若供给和需求曲线是（或接近）线性的，则需要评估一下需求和供给的四个参数—— a_0，a_1，b_0，b_1——的估计值实际上是不是这样的。

二阶条件和泰勒展开式

既能计算最大值和最小值的二阶条件，又可以让我们考虑到当 $f''(x^*)=0$ 时产生的问题的一个有用的方法就是泰勒展开式（见 5.6 节）。设 x^* 使得 $f'(x^*)=0$，且我们希望确定它是一个极大值还是一个极小值。设 $\hat{x}$ 是 x^* 附近的一个小邻域中的任意 x。则有余项的泰勒展开式为

$$f(\hat{x})=f(x^*)+\frac{f'(x^*)(\hat{x}-x^*)}{1!}+\frac{f''(\zeta)(\hat{x}-x^*)^2}{2!}$$

点 ζ 介于 x^* 和 $\hat{x}$ 之间。由于 $f'(x^*)=0$，如果 $f''(\zeta)<0$，则 $f(\hat{x})-f(x^*)<0$，或者 $f(x^*)>f(\hat{x})$，即 x^* 给出了一个极大值；同样，如果 $f''(\zeta)>0$，则 $f(\hat{x})-f(x^*)>0$ 或者 $f(x^*)<f(\hat{x})$，则 x^* 给出了一个极小值。如果 $f''(\zeta)=0$，为了判定 x^* 是一个极大值还是一个极小值，使用泰勒展开式则需要展开到二阶以上。展开式的下一项是 $f'''(x^*)(\hat{x}-x^*)^3/3!$，但是这不能给我们提供任何结论，因为 $(\hat{x}-x^*)^3$ 的符号可能是正的也可能是负的。

然而，如果 $f'''(x)=0$，实际上如果我们假设所有的更高阶的直到 n 阶的表示为 $f^{(n)}(x)$ 的导数均为 0，则我们有

$$f(\hat{x})=f(x^*)+\frac{f^n(\zeta)(\hat{x}-x^*)^n}{n!}$$

现在，如果 n 是偶数，我们可以使用 $f^{(n)}(\zeta)$ 的符号来说明 x^* 处得到的是极大值还是极小值。由于 $(\hat{x}-x^*)^n>0$，我们可以使用与 $f''(\zeta)$ 的情形下相同的方法。这就是所谓的极大极小值的 n 阶导数检验。

最后注意，泰勒展开式给出了对“图解显然”的事实的正式确认，如果一个函数在极值点 x^* 的附近是严格凹的，则 x^* 处一定会产生一个极大值；同样如果在该邻域内严格凸，则在 x^* 处会产生一个极小值（除去在某一点 $f''=0$ 的情形）。回忆 5.5 节中讲到的如果 $f''<0$，则 f 是严格凹的；同样如果 $f''>0$，则函数 f 是严格凸的。

例 6.4 考虑函数 $f(x)=x^2+5$，其中 $f'(x)=2x$，$f''(x)=2$。一阶导数在点 $x^*=0$ 处变为零，且 $f''>0$ 处处成立。因此这个函数是严格凸的，且在 $x^*=0$ 处有极值，这说明这里是一个极小值。在 $x^*=0$ 处泰勒展开得到：

$$f(\hat{x})=f(0)+f'(0)(\hat{x}-x^*)+\frac{f''(\zeta)\hat{x}^2}{2!}$$

$$f(\hat{x})=5+\frac{2\hat{x}^2}{2}=5+\hat{x}^2$$

显然对任意的 $\hat{x}\neq 0$ 有 $f(\hat{x})>f(0)=5$。由于对任意 x 值有 $f''>0$（对任意在 x^* 和 $\hat{x}$ 之间的 ζ 也成立），我们可以从泰勒展开式看到，在这个情形中 $x^*=0$ 产生了一个最小值（见图 6.15）。 ■

例 6.5 考虑函数 $f(x)=x^3$。我们有

$$f'(x)=3x^2$$

$$f''(x)=6x$$
$$f'''(x)=6$$

一阶导数在 $x^*=0$ 处为 0，二阶导数也为 0。因此，由于 $f'''(x^*)$是第一个在 x^* 处不为 0 的高阶导数，我们需要使用三阶导数（$n=3$）作为泰勒展开式的最后一项来研究函数在 $x^*=0$ 点附近的性质。即

$$f(\hat{x})=f(0)+\frac{f'''(\zeta)(\hat{x})^3}{6},\quad \zeta \text{ 介于 } x^* \text{ 和 } \hat{x} \text{ 之间}$$

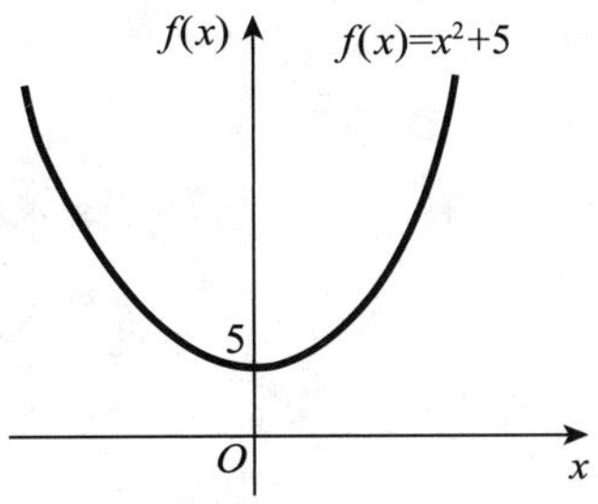

图 6.15　例 6.4 中 $f(x)=x^2+5$ 的图形

因为对于任意 x，$f'''(x)=6$，我们可以把这个方程写为：$f(\hat{x})=f(0)+\hat{x}^3$。

对于 $\hat{x}>0$，我们有 $f(\hat{x})>f(0)$；同样对 $\hat{x}<0$，我们有 $f(\hat{x})<f(0)$。因此 $x^*=0$ 处既得不到极大值也得不到极小值。这是一个拐点（见图 6.16）。■

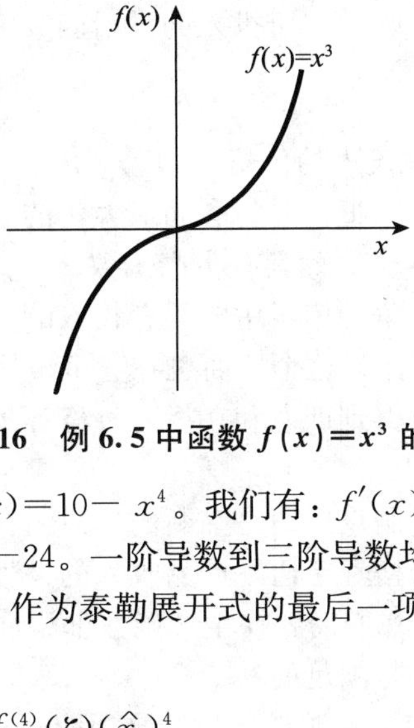

图 6.16　例 6.5 中函数 $f(x)=x^3$ 的图形

例 6.6　考虑函数 $f(x)=10-x^4$。我们有：$f'(x)=-4x^3$，$f''(x)=-12x^2$，$f'''(x)=-24x$，$f^{(4)}(x)=-24$。一阶导数到三阶导数均在 x^* 处为 0。这说明我们需要使用四阶导数（$n=4$）作为泰勒展开式的最后一项来研究函数在 $x^*=0$ 点附近的性质：

$$f(\hat{x})=f(0)+\frac{f^{(4)}(\zeta)(\hat{x})^4}{24}$$

由于对于所有的 x 都有 $f^{(4)}(x)=-24$，我们可以将上式写为

$$f(\hat{x})=f(0)-\hat{x}^4$$

或者　$$f(\hat{x})-f(0)=-\hat{x}^4$$

对任意的 $\hat{x}\neq 0$，我们有 $-\hat{x}^4<0$，因此 $f(\hat{x})-f(0)<0$ 或者 $f(0)>f(\hat{x})$。也就是说，在点 $x^*=0$ 处产生了这个函数的一个极大值（见图 6.17）。■

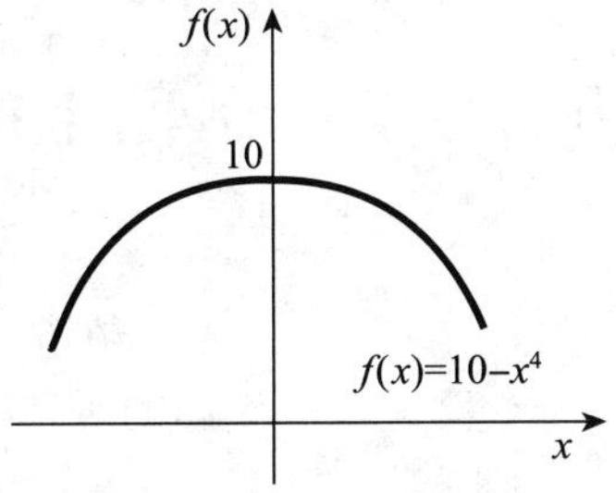

图 6.17　例 6.6 中 $f(x)=10-x^4$ 的图形

练习

1. 对 6.1 节练习 1 的每一个函数，使用二阶条件来确定每一个稳态值是极大值点、极小值点还是拐点。

2. 竞争市场中的一个厂商发现了一种新的生产工艺使得它的总成本函数变为

$$C=10\lg x$$

其中 x 是产量。尽你所能从数学和经济学的角度解释为什么在这个市场中完全竞争会瓦解。

3. 一个垄断者具有反需求函数 $p=a-bx$，总成本函数为 $C=10\lg x$。给出定义明确的利润最大化产量的条件，并用图形解释你的结论。

4. 一个垄断者的收入只是它的投入的函数，表示为

$$R= az-bz^2,\quad z\geqslant 0$$

它面临的关于投入的供给函数为

$$z=\alpha+\beta p,\quad p\geqslant 0$$

其中 p 是投入的价格，a，b，α，$\beta>0$。求出利润最大化的价格和垄断者将会选择的投入数量，并与利润最大化的垄断分析进行比较。

5. 一个厂商具有生产函数 $x=f(L)$，其中 x 是产量，L 是劳动投入。厂商在一个竞争的市场中购买它投入的产品。

(a) 假设这个厂商也在竞争市场中销售它的产品，说明在价格等于边际成本的条件下得到产量和在投入价格等于边际产品价值的条件下得到劳动投入量是等价的。

(b) 假设厂商是垄断的，说明在边际收入等于边际成本的条件下得到产量和在投入价格等于边际产品收入的条件下得到劳动投入量是等价的。

(c) 我们需要在生产函数上添加什么约束来保证问题 (a) 和问题 (b) 中的二阶条件是满足的？

6. 使用 n 阶导数检验来说明 $-x^4$ 在 $x=0$ 处有极大值。

6.3 一个区间上的最优化

在 6.1 节和 6.2 节中对一阶和二阶条件的讨论已经对无约束的情形进行了专门的研究，这种问题的解在实数区间上可以处处成立。然而，通常在经济当中这是不可能的。例如，在厂商选择产量（正如前面章节中的几个例子）或者消费者选择产品的时候，我们不能假设可能存在负的数量。在其他问题中，给一个变量设置一个上限可能是合理的。例如，一个厂商具有固定的生产能力，则可以给它

所能生产的产量设置一个上限，或者，一个决策者选择购买一个公司的股份的比例，自然需要给变量加上 0～1 之间的约束。

例 6.7 解下列在区间上的最优化问题：

（ⅰ）最大化 $y=3-2x$，在区间 $0\leqslant x\leqslant 1$ 上；

（ⅱ）最大化 $y=6$，在区间 $-1\leqslant x\leqslant 1$ 上；

（ⅲ）最小化 $y=6x^2$，在区间 $-2\leqslant x\leqslant 2$ 上；

（ⅳ）最小化 $y=2x^3-0.5x^2+2$，在区间 $0\leqslant x\leqslant 1$ 上；

（ⅴ）最小化 $y=4x^2-5x+10$，在区间 $1\leqslant x\leqslant 10$ 上。

解：（ⅰ）这是一个具有负斜率的线性方程，因此我们知道不会有一个内部的最大值点产生，显然解在 $x^*=0$ 处，相应的 $y^*=3$。注意，在 $x=0$ 处（实际上在这个区域的所有点上）有（见图 6.18）

$$\frac{\mathrm{d}y}{\mathrm{d}x}=-2\neq 0$$

（ⅱ）这是一个常数函数。在区间 $[-1,1]$ 中所有的点都是解，因为它们都能得到函数的最大值和最小值（见图 6.19）。

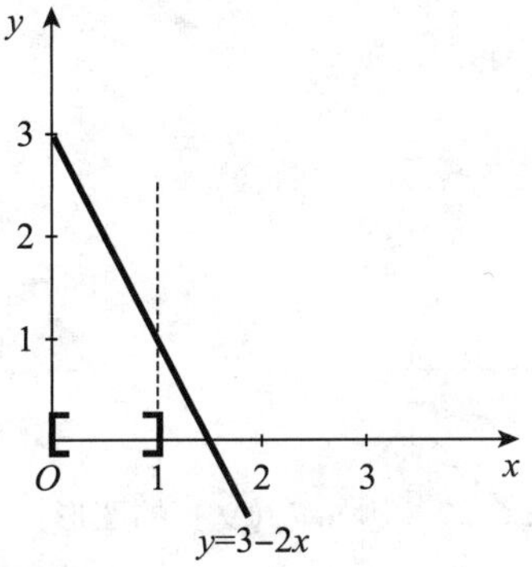

图 6.18 例 6.7（ⅰ）的图形

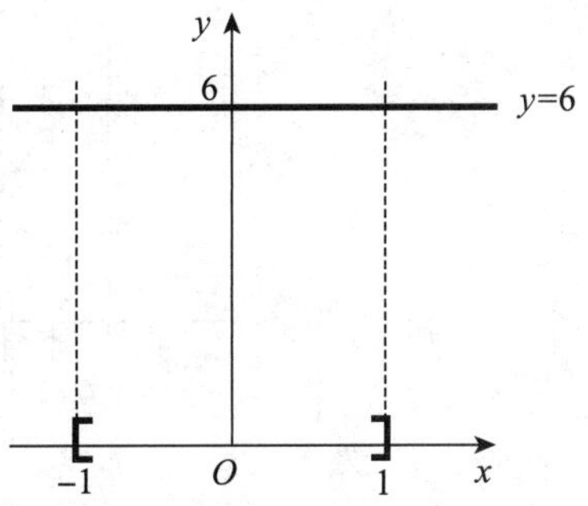

图 6.19 例 6.7（ⅱ）的图形

（ⅲ）这个函数在 $x^*=0$ 处有最小值。因此我们有一个内点解（见图 6.20）。

（ⅳ）我们首先像例 6.1 和例 6.3 中的问题（ⅰ）一样解无约束的 x。这个函数的无约束最小值在 $x^*=0.167$ 处产生，这个 x 值并不在约束之外。因此我们有内点解 $x^*=0.167$。$f(x^*)=1.995$，比 $f(0)=2$ 小，因此 x^* 是这个区间中的最小值（见图 6.21）。

（ⅴ）我们像例 6.1 和例 6.3 中的问题（ⅱ）一样解无约束的 x。无约束的解为 $x=0.625$，但是这个值现在不在约束内。这个函数的斜率表示为

$$\frac{\mathrm{d}y}{\mathrm{d}x}=8x-5$$

对于 $1\leqslant x\leqslant 10$，这个斜率总是正的。因此我们得到这个函数在约束区间的最小值产生在 $x=1$ 处，最大值产生在 $x=10$ 处（见图 6.22）。■

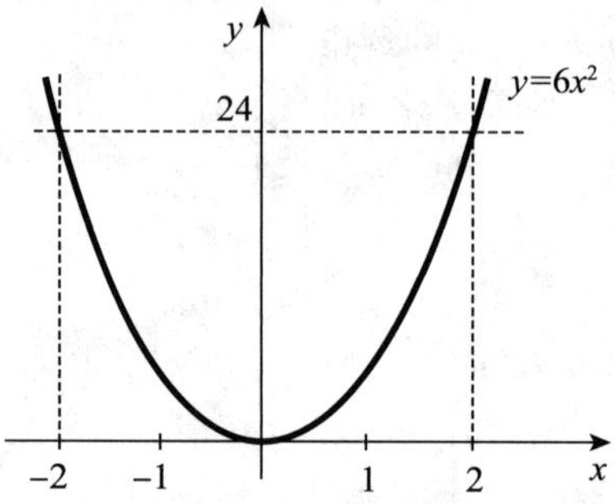

图 6.20　例 6.7（ⅲ）的图形

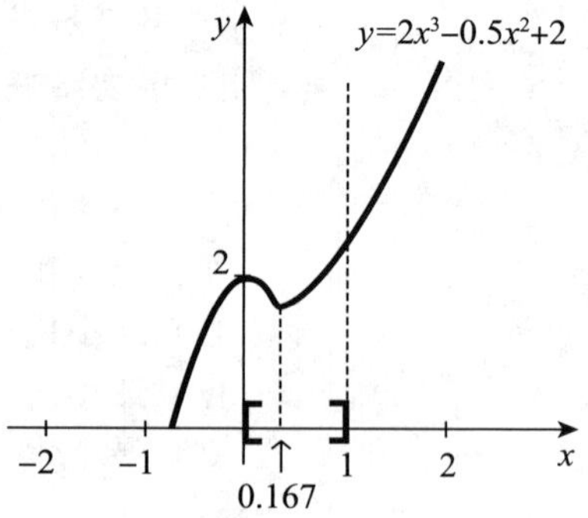

图 6.21　例 6.7（ⅳ）的图形

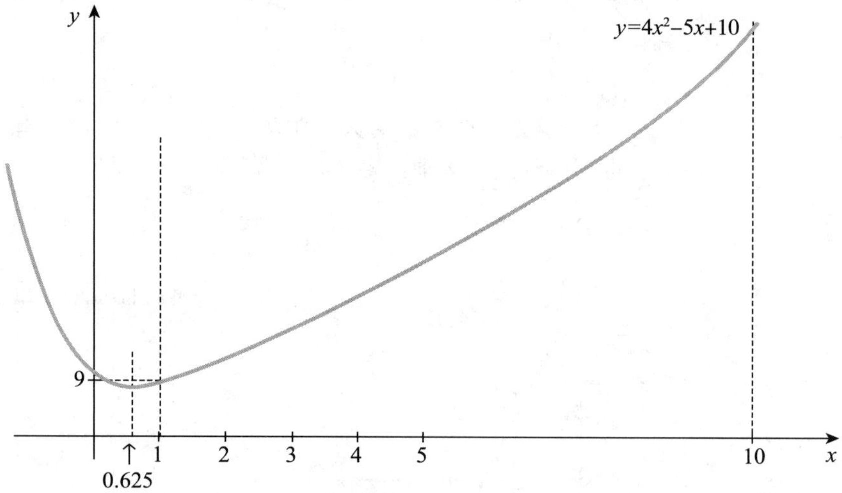

图 6.22　例 6.7（ⅴ）的图形

具有线性成本的竞争性厂商（再次讨论）

假设一个厂商的总成本函数为$C=20x$，产品在一个竞争性市场销售，给定价格为每单位 10 美元。它的利润函数为

$$\pi(x)=10x-20x=-10x$$

一阶导数为

$$\pi'(x^*)=-10=0$$

这当然是不能满足的。这个问题直观的回答是明显的：市场价格小于单位成本（水平需求曲线在水平边际成本曲线之下），因此厂商不生产任何产品是最好的选择。然而，这在数学中是不可能的，因为我们允许在整个实数区间上计算。数学解是让产出为$-\infty$，因为用-10乘以$-\infty$可以得到可能的最大利润！如果负产量这种情形是不可能的，我们应该明确地和问题结合起来，即指定约束

$$x\geqslant 0$$

那么，正如我们下面将要给出的，数学计算能得到正确的结果。

回到一般情形，我们假设适合这个问题的 x 的可能值是由约束

$$a \leqslant x \leqslant b$$

决定的，这定义了实数集上的一个区间。那么我们可以将这个问题写为

$$\begin{aligned}&\max f(x)\\&\text{s. t.}\quad a \leqslant x \leqslant b\end{aligned} \tag{6.10}$$

我们现在试着在这一给定区间中找出函数的最大值。图 6.23 显示了这一情况。我们可以看到导数为 0 不再是极值的必要条件。

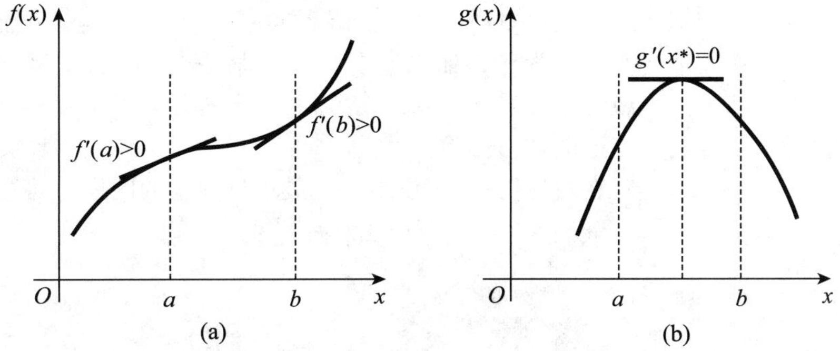

图 6.23 (a) 有区间约束的局部最值
(b) 无区间约束的局部最值

图 6.23 (a) 中所示的函数 f 在 b 点有一个局部（整体）最大值，在 a 点有一个局部（整体）最小值，且 $f'(b)>0$，$f'(a)>0$。虽然 $f'(b)>0$，但在 b 点得到了一个局部最大值是因为我们不能将 x 增加到 b 以上：x 唯一的可行变化就是小于 b 的方向，这会使 f 减小。同样，a 是一个局部最小值是因为 x 唯一的可行变化使得函数值增加。另一方面，图 6.23 (b) 也给出了一个函数 g 的例子，它在 x^* 处有最大值，且使用了标准的条件 $g'(x^*)=0$。

我们首先推导式 (6.10) 的最大化问题的一阶必要条件。令 x^* 表示这种问题的一个局部最大解（因此必须有 $a \leqslant x^* \leqslant b$），则有三种可能的情况：

1. $x^*=a$。在这种情况下我们一定有 $f'(x^*) \leqslant 0$。为了证明这个结论，考虑微分

$$\mathrm{d}y=f'(a)\mathrm{d}x$$

当 $x=a$ 时，x 所允许的变化是 $\mathrm{d}x>0$，因此为使 $\mathrm{d}y \leqslant 0$，我们必须有 $f'(a) \leqslant 0$。

2. $a<x^*<b$。在这种情况下我们必须有 $f'(x^*)=0$。这是因为当 x^* 在区间内时，我们可以选择 $\mathrm{d}x$ 为正或者为负，因此为保证 $\mathrm{d}y$ 不为正，我们必须有 $f'(x^*)=0$。

3. $x^*=b$。在这种情况下，我们必须有 $f'(x^*) \geqslant 0$。再次考虑微分

$$\mathrm{d}y=f'(b)\mathrm{d}x$$

当 $x=b$ 时，x 所允许的变化是 $\mathrm{d}x<0$。为了避免 $\mathrm{d}y>0$，我们必须有 $f'(b) \geqslant 0$。

这些讨论只是将图 6.22 和图 6.23 中的讨论稍微正规化，这些结论可以在下面简洁地给出：

定理 6.4 如果 x^* 是问题

$$\max f(x)$$
$$\text{s.t.} \quad a \leqslant x \leqslant b$$

的一个最优解，则它至少满足下面的一个条件：

$$f'(x^*) \leqslant 0 \quad 且 \quad (x^*-a)f'(x^*)=0$$
$$f'(x^*) \geqslant 0 \quad 且 \quad (b-x^*)f'(x^*)=0$$

其中，如果它同时满足两个条件且 $f'(a)\neq 0$，$f'(b)\neq 0$，我们一定有 $a<x^*<b$。

这些条件本质上说明如果 x^* 在区间内部，也就是说它是一个内点解，则它的导数一定为零；如果它在区间的某一个端点上，则导数一定是非正的（在 a 点）或者非负的（在 b 点）。需要注意的是，我们没有将导数恰好为零且在区间的端点上的情形排除。

现在对应图 6.23 作出一个最小化问题的图形，并给出下面的结论：

定理 6.5 如果 x^* 是问题

$$\min f(x)$$
$$\text{s.t.} \quad a \leqslant x \leqslant b$$

的一个最优解，则它至少满足下面的一个条件：

$$f'(x^*) \geqslant 0 \quad 且 \quad (x^*-a)f'(x^*)=0$$
$$f'(x^*) \leqslant 0 \quad 且 \quad (b-x^*)f'(x^*)=0$$

其中，如果它同时满足两个条件且 $f'(a)\neq 0$，$f'(b)\neq 0$，我们一定有 $a<x^*<b$。

再次讨论具有线性成本的竞争性厂商

接着前面的例子，我们现在明确地将约束 $x\geqslant 0$ 加上。这就得出了问题

$$\max \pi(x)$$
$$\text{s.t.} \quad x \geqslant 0$$

这是原来考虑的问题的一个特殊情形，即 $a=0$，b 在 $+\infty$ 处（也就是递减）。利用定理 6.4 得到它的解：

$$\pi'(x^*) \leqslant 0 \quad 且 \quad x^*\pi'(x^*)=0$$

由于在这个情形下，$\pi'=-10$，我们有

$$-10 \leqslant 0 \quad 且 \quad x^*(-10)=0$$

这说明解是 $x^*=0$。利润函数 $-10x$ 在图 6.24 中显示出来，由于实轴的正半部分是 x 值的可行集，我们在原点有解。

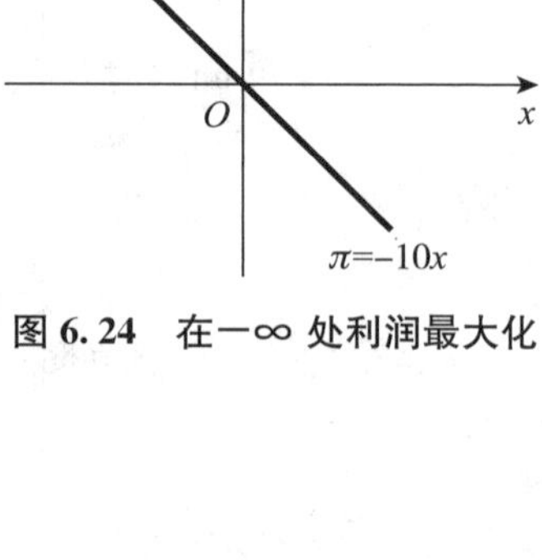

图 6.24 在 $-\infty$ 处利润最大化

有产出限额的垄断

考虑一个将产品销售到国外的垄断厂商，假

设该国家的政府给在其内销售的产品数量设置了一个最高限制 L。令 x 表示在该国家的销售量，$R(x)$ 表示从那些销售中得到的收入函数，$C(x)$ 表示成本函数，则这个厂商的问题为

$$\max \pi(x)=R(x)-C(x)$$
$$\text{s.t.} \quad x \leqslant L$$

当然，严格地讲，销售量是不能为负的，我们也需要加上约束 $x \geqslant 0$，但是我们假设销售总是正的。应用定理 6.4 得到

$$\pi'(x^*)=R'(x^*)-C'(x^*) \geqslant 0 \quad 且 \quad (L-x^*)\pi'(x^*)=0$$

由于我们没有具体的函数，只能考虑逻辑上的可能性：

1. $x^*<L$。在这种情形下，$\pi'(x^*)=0$。这里的约束是**无约束力**的（non-binding），厂商可以做任何它想做的使产量达到利润最大化时的水平。

2. $x^*=L$。在这种情形下，$\pi'(x^*) \geqslant 0$。我们现在有两种子情形：

(a) $\pi'(x^*)>0$。在这种情形下，厂商被产量限额所约束。它希望增加产量，因为它的边际利润是正的，但是它不能超过限额。注意一个重要的经济解释：如果限额轻微地增长，则厂商的利润会以速度 $\pi'(x^*)$ 增长。也就是说，对利润求微分且令 $x^*=L$，有

$$\mathrm{d}\pi=\pi'(L)\mathrm{d}L, \quad 即 \quad \frac{\mathrm{d}\pi}{\mathrm{d}L}=\pi'(L)$$

因此我们可以说它是限额放宽的边际值，或者限额的**影子价格**，即 $\pi'(L)$。

(b) $\pi'(x^*)=0$。在这种情形下，我们可以说限额对厂商而言是“无用的约束”。从某种意义上说，虽然 $x^*=L$，但厂商可以实现利润最大化产量。如果限额轻微地增长，厂商不会改变它的产量，因为 x^* 最大化了利润，因此它的利润也不会增加。我们可以说这种情形下产量限额的影子价格为零（至少对增加的限额是这样）。

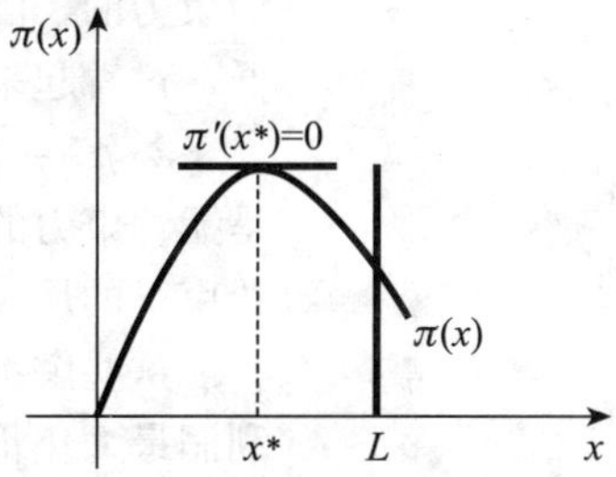

图 6.25　有限额约束的垄断，$x \leqslant L$ 是无约束力的

图 6.25 对应于情形 1，图 6.26 对应于情形 2(a)，图 6.27 对应于情形 2(b)。

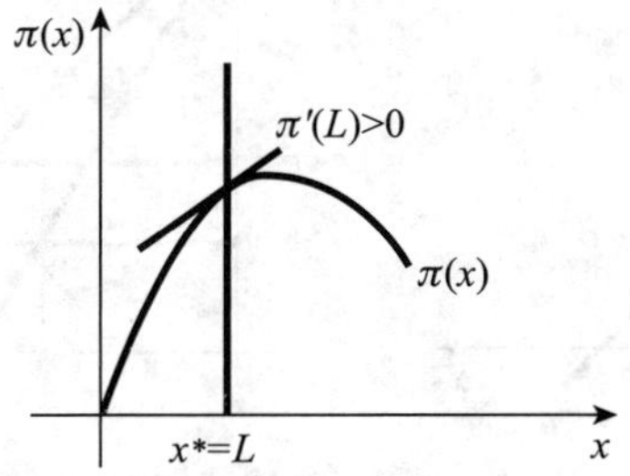

图 6.26　有限额约束的垄断，$x \leqslant L$ 是有约束力的

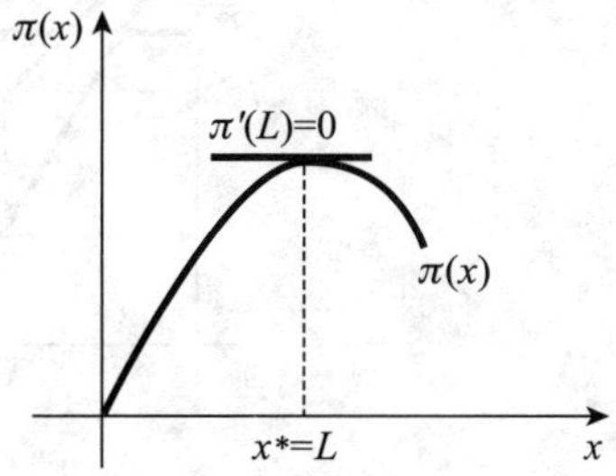

图 6.27　有限额约束的垄断，$x \leqslant L$ 是一个无用的约束

价格管制下的垄断

一个垄断厂商具有线性需求函数 $x=a-bp$，其中 x 是需求，p 是价格，且有一个线性总成本函数 $C=cx$。因此它和 6.1 节中研究的垄断很相似。但是，这个垄断者不能自由地选择它的价格。一个监管机构设定了一个它能要求的最大价格 $\bar{p}$。我们必须假设 $\bar{p}\geqslant c$；否则，这个厂商将会倒闭。我们可以将垄断厂商的收入函数写为

$$R(p)=px=ap-bp^2$$

它的成本函数为

$$C=cx=c(a-bp)=ca-cbp$$

则我们可以将这个问题写为

$$\max \pi(p)=ap-bp^2-(ca-cbp)$$
$$\text{s. t.}\quad p\leqslant\bar{p}$$

应用定理 6.4，我们得到

$$\pi'(p^*)=a-2bp^*+cb\geqslant 0\quad 且\quad (\bar{p}-p^*)\pi'(p^*)=0$$

则我们又有两种情形：

1. $p^*<\bar{p}$。在这种情形下，$\pi'(p^*)=0$，意味着

$$p^*=\frac{a+cb}{2b}$$

这当然是垄断厂商利润最大化的价格（从前面的例子可以确定）。约束价格是无约束力的，因为它允许厂商最大化利润。因此厂商的价格比监管者允许的价格低，这看起来对消费者来说是好消息，但实际上只是说明监管是无效的。

2. $p^*=\bar{p}$。在这种情形下，监管或者是有约束力的，使得 $\pi'(\bar{p})>0$，或者是无约束力的，使得 $\pi'=0$。在第一种情形下，我们可以将 $\pi'(\bar{p})$ 看作监管价格约束下的厂商的影子价格。

这些解都在图 6.28 中给出了图形，其中 $\tilde{p}$ 和 $\tilde{x}^*$ 分别是垄断厂商的无约束利润最大化价格和产量。

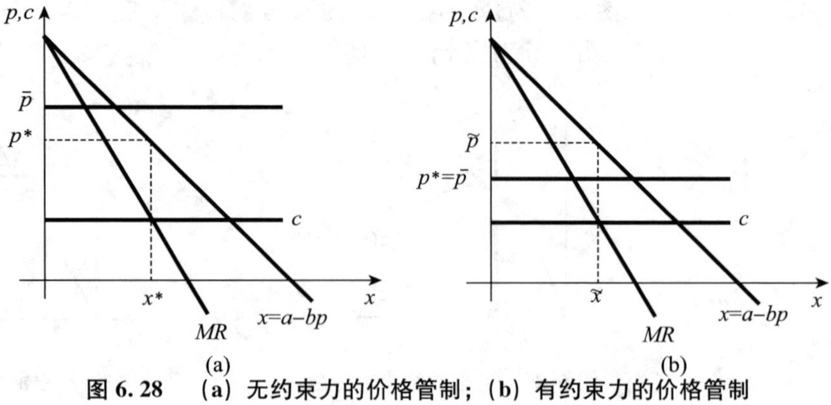

图 6.28　(a) 无约束力的价格管制；(b) 有约束力的价格管制

* 原书如此。——译者注

练习

1. 解下列问题：

(a) $\max 3+2x$ s. t. $0\leqslant x\leqslant 10$

(b) $\max 1+10x^2$ s. t. $5\leqslant x\leqslant 20$

(c) $\min 5-x^2$ s. t. $0\leqslant x\leqslant 10$

用图形表示出你的解。这些解和 x 在无约束条件下的解有什么不同？

2. 一个厂商有成本函数

$$C=\begin{cases}cx, & 0\leqslant x\leqslant \bar{x}\\ \infty, & x>\bar{x}\end{cases}$$

也就是说，它有固定的生产能力 $\bar{x}$，此时，其边际成本是常数 c。

(a) 用图形表示厂商的边际成本函数和平均成本函数。

(b) 如果它在一个完全竞争的市场中销售商品，求出它的利润最大化产量。

(c) 如果厂商是一个具有线性需求函数的利润最大化垄断者，描述产量的可行解。

(d) 指出情形 (b) 和 (c) 中的“能力的影子价格”。

3. 在一个竞争但是有管制的农业市场，产出价格是每单位 1 美元，一个农场有每单位 0.20 美元的固定边际成本，且产量限额为 100 单位。

(a) 产量限额的影子价格是多少？

(b) 假设农民希望卖出他的产量限额。他能要价多少？假设所有的农民有相同的边际成本。

本章小结

关键词

有约束极值	内点解	极值
局部最大值（最小值）	一阶条件	必要条件
整体最大值（最小值）	无约束力的约束	n 阶导数检验
稳态值	拐点	充分条件
二阶条件	影子价格	无约束极值

思考题

1. 区别局部最优值和整体最优值。

2. 最大值的一阶条件是什么？

3. 最小值的一阶条件是什么？

4. 利用二阶条件，最大值或最小值的充分条件是什么？

5. 什么是 n 阶导数检验？为什么它是必需的？

6. 当 x 被一个区间所约束时，为什么在最优点处的一阶导数为零不再是最大值或最小值的必要条件？

7. 解释什么是有约束力和无约束力的约束。

8. 陈述并解释函数在一个区间中取最大值和最小值的一阶条件。

9. 解释约束的影子价格的意思。

复习题

1. 用维恩图说明稳态值、极值、最大值、最小值之间的关系。

2. 解释为什么条件 $f'(x^*)=0$ 是在 x^* 处得到一个 f 的最大值的必要但不充分条件，而 $f'(x^*)=0$ 和 $f''(x^*)<0$ 是在 x^* 处产生最大值的充分但不必要条件。

3. 找出下列函数的稳态值，判断它们是否为最大值点、最小值点或者拐点。

(a) $y=0.5x^3-3x^2+6x+10$

(b) $y=x^3-3x^2+5$

(c) $y=x^4-4x^3+16x$

(d) $y=x+1/x$

(e) $y=x^3-3x-1$

(f) $y=3x^4-10x^3+6x^2+5$

(g) $y=(1-x^2)/(1+x^2)$

(h) $y=(3-x^2)^{1/2}$

(i) $y=(2-x)/(x^2+x-2)$

(j) $y=x^{0.5}e^{-0.1x}$

4. 葡萄酒股票的市场价值随时间 $t\in\mathbf{R}_+$ 而增加，对于函数 $v(t)$，对所有的 t 有 $v'>0$，$v''<0$。葡萄酒股票的现值由

$$V=v(t)e^{-rt}$$

给出，其中 r 是利率。求出并解释使得葡萄酒的现值最大的时间点。

5. 一个利润最大化厂商有总成本函数：

$$C=0.5x^3-3x^2+6x+50$$

其产品在一个竞争性市场中销售，价格为 1 美元。它生产的产量应该是多少？如果价格为 2 美元，你的答案会是怎么样的呢？

6. 一个厂商希望竞标一个棒球赛中的热狗专卖权。它估计热狗的反需求函数为

$$p=5-0.5x$$

式中，p 是美元价格，x 是以千为单位的销售量。它还估计每个热狗的固定单位成本为 0.50 美元。它对这个专卖权所能给出的最大标价是多少？

7. 在上一题描述的情形中，假设体育馆的所有者决定对每个热狗征收 0.25 美元的特许权使用费，请给出这个决定对你的答案的影响。

8. 现在假设除了特许权使用费以外，体育馆所有者为了防止“价格欺骗”还设置了一个每个热狗 2 美元的价格上限，请给出这个决定对特许权的最大标价的影响。

9. 一个学生正在准备两个科目的考试。她估计每个科目所能得到的成绩是她在这个科目上所花费的时间的一个函数，表示如下：

$$g_1=20+20\sqrt{t_1}$$
$$g_2=-80+3t_2$$

式中，g_i 是科目 i 的成绩，t_i 是每周花费在科目 i 上的学习时间，$i=1, 2$。她希望最大化她的平均成绩 $(g_1+g_2)/2$。她每周总共不能花费超过 60 小时的时间在学习上。试找出 t_1 和 t_2 的最优值，并讨论解的性质。为什么这本质上是一个经济问题？[提示：假设每周 60 小时是一个有约束力的约束，将这个问题解释为只涉及 t_1 的问题。]

10. 一个厂商在一个竞争性市场中以每单位 10 美元的价格出售商品，它的生产函数为

$$x=2L^{1/2}$$

式中，x 是产量，L 是劳动。它的最大劳动供给限制为 16 单位。它的劳动的影子价格是多少？现在假设厂商可以以每单位 2 美元的工资率雇用更多的劳动力。它会希望雇用多少劳动力呢？

第Ⅲ篇 线性代数

第 7 章　线性方程组

我们鼓励读者通过我们的网站 http：//mitpress. mit. edu/math _ econ3 来获得如下有助于学习本章的材料：

- 开放经济中的 IS-LM-BP 模型
- 高斯-约当消去法
- 例子：浮动汇率制度下开放经济的均衡

在第 2 章中，我们定义线性方程为

$$y=a+bx \tag{7.1}$$

a，b 为常数，x 为自变量，在一定的定义域内取值，y 是对应于每个 x 值的函数值。我们知道，通过 x 取一些特定值，就可以在二维空间中画出有关 x 和 y 的图形。如果这个图形是一条直线，就称为线性方程。经济学中有许多函数可用线性方程来表示。例如，一种商品的需求可简单表示为一条直线。在这种情况下，y 代表需求数量，x 代表单位价格，其中 a 取正值，b 取负值。

在本章中，我们将通过研究线性方程组的解来进一步探讨线性函数。在一些经济问题中，两个变量 x 和 y 的关系可用一元线性方程来表示。给定 x 值，我们可由方程推出相应的 y 值，但是通常需要同时满足两个或多个方程。例如，在简单市场的研究中，我们必须用另一个线性方程来表示供给中数量和价格的关系。方程的解是使需求和供给相等的值。

本章研究含两个或多个线性方程的方程组的解法。

7.1 求解线性方程组

求解线性方程组的方法有很多种，其中一些需要用到矩阵，我们将在第 8 章和第 9 章加以探讨。另外一些仅有少数方程的线性方程组仅需要简单的处理，我们将在本章中讨论，其中的方法我们已经很熟悉了。

图形解析法

我们来考虑包含两个变量 x 和 y 的方程组，可在 xy 空间中用图形求解。

首先，我们注意到任何包含两个变量 x 和 y 的线性方程都可写为

$$\alpha x+\beta y=\gamma \tag{7.2}$$

其中 α，β，γ 为常数。

例 7.1 方程（7.1）可以写为

$$-bx+y=a$$

故在等式（7.2）中，$\alpha=-b$，$\beta=1$，$\gamma=a$。 ■

现在考虑两个线性方程式：

$$2x+y=4$$
$$x-y=1$$

若要使这两个方程式同时被满足，那么至少存在一对 x 和 y 的取值，使这两个等式成立。我们很容易看出 $x=5/3$，$y=2/3$ 可使两个等式成立。而 $x=1$，$y=2$ 则不是方程组的解，因为它们使第 1 个等式成立，但是不满足第 2 个等式。这两个方程可用图 7.1 表示，两条直线分别表示方程 $y=4-2x$ 和方程 $y=x-1$，这两条直线的交点恰是方程组的解：$x=5/3$，$y=2/3$。注意，这是方程组唯一的解。

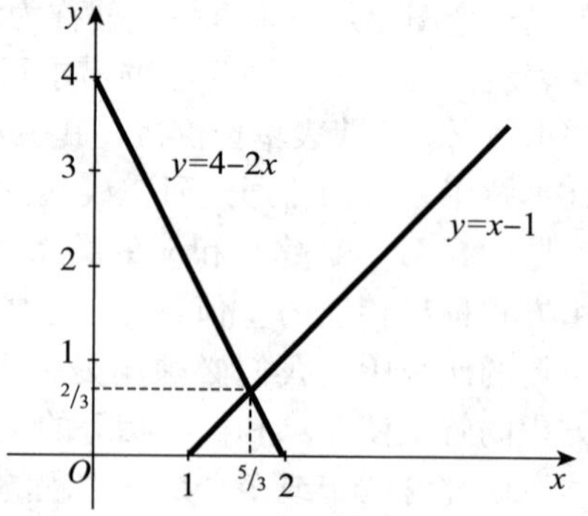

图 7.1 $y=4-2x$ 和 $y=x-1$ 的图形

例 7.2 求线性方程组的解

$$x+y=10$$
$$x-y=0$$

解：我们先将这两个方程用图表示出来（见图 7.2）。很显然，方程组的解是 $x=5$，$y=5$。我们可以将这个解代入两个方程来验证，证实这个解是方程组唯一的解。■

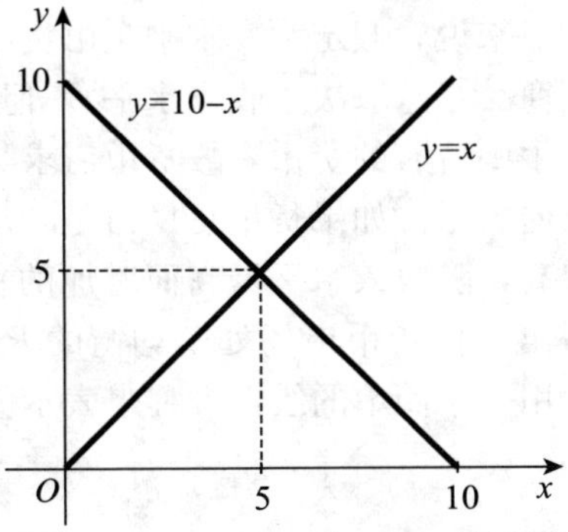

图 7.2　$y=10-x$ 和 $y=x$ 的图形

线性 IS－LM 模型

线性模型经常应用于大学经济课程中的宏观经济均衡研究。IS－LM 模型在经济中的总供给仅由总需求决定这一假定下研究国民收入或国民产出。图 7.3 表示的就是在这个假定下总需求和总供给的关系。这一思想就是在假定价格固定的情况下，我们可以估计宏观经济行为的某些方面。或者我们假定供给曲线有充分弹性，这样，无论价格如何，产出仅由需求曲线的位置决定，进而问题转化为在给定价格下求总需求的大小。

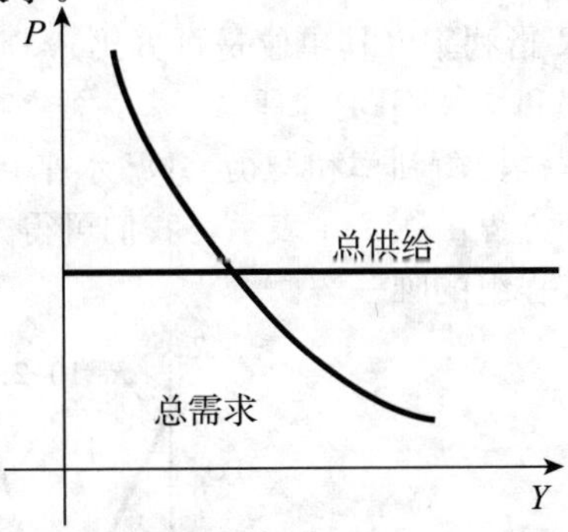

图 7.3　由简单 IS－LM 方法给出的总需求和总供给的条件

一般来说，在模型中经济中的需求取决于经济中各种资源的总消费支出，因此我们有私人消费支出、私人企业支出、政府支出和国外居民购买国内生产的产品后的支出——净出口。暂时忽略政府和净出口，假定消费和投资取决于总收入 Y 和利率 R，则收入越高支出越高，利率越高支出越低。消费函数可以解释前者，而投资决策则可以解释后者。如将产出看作“正常商品”，那么消费随着收入的增加而增加，而借贷成本的增加（或储蓄利率的提高）将阻碍诸如购买机器设备和耐用消费品等大宗消费项目的支出。所谓的 IS 曲线可以表示产出和利率的反向关系：利率水平越高，需求水平越低，总产出水平就越低。用一个简单的线性方程来表示就是

$$R=\alpha-\beta Y$$

当然，这个方程仅告诉我们在收入水平一定的情况下，如何决定利率水平。同时决定收入水平 Y 和利率水平 R 则需要 R 和 Y 的另外一个关系式。

一般来说，假定利率水平是由货币市场的力量决定的。个人持有货币的目的是购买商品（这取决于收入水平），但是如果可以得到较高的利息收入，他们将会减少手中持有的货币，故货币需求与收入水平（消费）成正向关系，与利率水平成反向关系。如果货币总供给是一定的（由政府或中央银行决定），那么利率水平提高，随收入水平提高而增加的货币总需求只能与既定的货币总供给相等，从而得出了使货币市场处于均衡的 R 和 Y 之间的正向关系。这就是所谓的 LM 曲线，用一个简单的线性方程来表示就是

$$R=-\gamma+\lambda Y$$

下面我们将用消费支出和货币市场的行为详细推导 IS 曲线和 LM 曲线。现在我们来考虑一个 IS 曲线和 LM 曲线的例子。

例 7.3 线性 IS - LM 模型

某经济有线性 IS 曲线，其方程式为

$$R=10-2Y \tag{7.3}$$

其线性 LM 曲线的方程式为

$$R=-8+4Y \tag{7.4}$$

其中 R 指利率（其单位是百分比），Y 指 GDP 或总收入（单位：亿美元）。求均衡利率和均衡 GDP 水平。

解： 均衡利率和均衡 GDP 水平可由方程（7.3）和方程（7.4）联合解出。这两个方程由图 7.4 表示，我们可得方程组的解：$R=4\%$，$Y=30$ 亿美元。这个解是方程组的唯一解。 ■

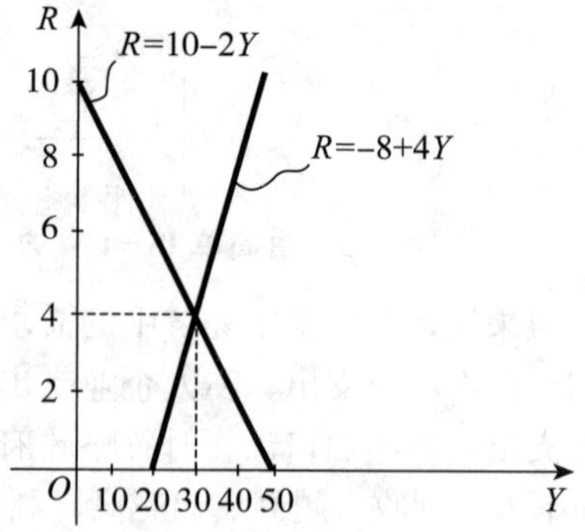

图 7.4 例 7.3 中线性 IS - LM 模型

现在考虑两线性方程：

$$y=2+x$$
$$y=1+x$$

如果我们画出这两个方程的曲线，将会发现这两条直线是平行的，没有交点。也就是说没有一对 x 和 y 的值能同时满足这两个等式，这叫作方程组无解。一般地，若两个方程对应的曲线有相同的斜率和不同的截距，那么方程组无解。（在上例中，两个方程有相同的斜率 $+1$，但截距不同，分别为 2 和 1。）

例 7.4 线性无差异曲线

考虑两种商品 x 和 y 的消费，消费者对两种商品的偏好用无差异曲线来表示：

$$x+y=a \quad 或 \quad y=a-x \tag{7.5}$$

换句话说，这个消费者认为这两种商品是可以完全替代的。在这里，效用函数是 $u(x, y)=x+y$，a 是给定的效用水平。现在设消费者的预算约束为

$$M=p_x x+p_y y \tag{7.6}$$

其中，M 指货币收入，p_x 和 p_y 分别表示两种商品的价格。这就是说，总支出必须等于总收入。我们可将此式写为

$$y=m-px$$

这里，$m=M/p_y$ 是用 x 来度量的实际收入，$p=p_x/p_y$ 是相对价格比，求消费者效用最大化时的 x 和 y。

解： 如果我们假设 $p=1$，那么最高的无差异曲线发生在 $a=m$ 处。此时消费者的预算约束曲线和最高的无差异曲线重合，如图 7.5 所示。

从这个结果我们可以很清楚地看出，有无数对 x 和 y 的取值满足这两个方程式，这一结果的经济学意义是，消费者偏好表明这两种商品是可以完全替代的，边际替代率为 -1；预算约束方程表明这两种商品的价格相同，其曲线的斜率为 -1。因此，这两种商品的任何组合都处于同一效用水平和同一消费水平。

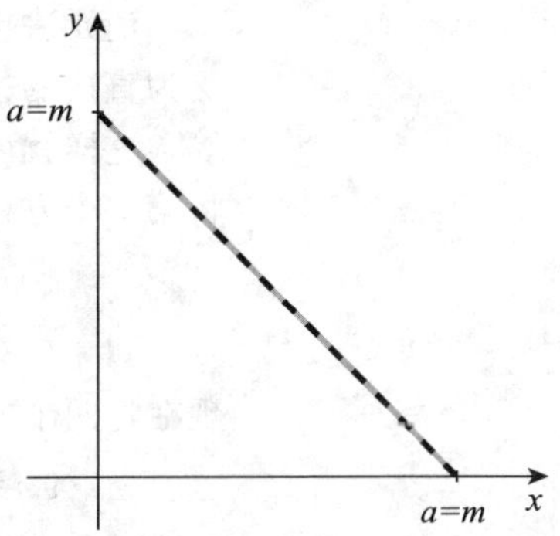

图 7.5 线性无差异曲线

我们继续这个例子。若 $p_x>p_y$，则 $p>1$，那么只有一个解，在这个解中，消费者只购买商品 y。若 $p_x<p_y$，则 $p<1$，方程也只有一个解，在这个解中，消费者只购买商品 x。这里的经济学意义非常清楚：如果商品是可以完全替代的，消费者将只关心商品的相对价格，而且只消费价格相对便宜的商品。

例 7.4 给出了所有线性方程组的一个通用性质。 ■

定理 7.1 由两个线性方程组成的方程组或者无解，或者有唯一解，或者有无数多个解。

我们意识到这一结论一定是正确的：两条直线或者没有交点，或者有唯一交

点，或者重合。这包括了两条直线位置关系的所有情况。

代入法和消元法

求解这些简单的线性方程组的分析（而不是图解）方法包括代入法和消元法。考虑图 7.1 所表示的两个方程，它们是

$$y=4-2x \tag{7.7}$$

$$y=-1+x \tag{7.8}$$

代入法是解其中一个方程式，求出 x 或 y，将结果代入另一个方程式。例如，我们从方程式（7.8）中求出 x，得 $x=y+1$。我们将 x 代入方程式（7.7），得 $y=4-2(y+1)$ 或 $y=2/3$。将 $y=2/3$ 代入方程式（7.7）或方程式（7.8），求得 $x=5/3$。

例 7.5 用代入法求下列方程组的解：

$$5x+2y=3$$
$$-x-4y=3$$

解：由第二个方程式我们得出 $x=-3-4y$。将其代入第一个方程式，得

$$5(-3-4y)+2y=3 \Rightarrow -15-20y+2y=3 \Rightarrow -18y=18 \Rightarrow y=-1$$

将 $y=-1$ 代入第一个方程式，得 $x=1$。 ■

消元法也可以用方程式（7.7）和方程式（7.8）来演示。消元法给出了一种更为直接的方程组的解析方法。令方程（7.8）的右边与方程（7.7）的右边相等，这样就可以消去 y。我们可以考虑例 7.5 中的方程组来进一步研究消元法。将第一个方程的两边乘以 2，得

$$10x+4y=6$$
$$-x-4y=3$$

现在将两个方程式相加消去 y，得

$$9x=9 \quad 或 \quad x=1$$

将 $x=1$ 代入其中一个方程式，得 $y=-1$。

例 7.6 用消元法解下面的方程组：

$$2x+5y=-10$$
$$-2x+4y=0$$

解：将两个方程式相加，就可以得到

$$9y=-10 \quad \Rightarrow \quad y=-\frac{10}{9}$$

将 $y=-\frac{10}{9}$ 代入其中一个方程式，得 $x=-\frac{20}{9}$。 ■

消元法通常比代入法更为直接，因为在方程组含有太多的方程式和变量时，

若每个变量都用其他的变量来表示和替代，所得到的方程式将会非常复杂。而消元法通过对方程式进行乘法和加法运算，可以减少变量的数量。稍后在本章中我们将会探讨有关方程组中行的操作的系统方法。

这两种常用的求解线性方程组的方法经常应用于大学经济学课程中的多市场均衡和简单 IS－LM 模型中。

两市场均衡

在多市场均衡模型中，代表各个市场需求和供给的方程组明确表明，每个市场的需求和供给都取决于其他市场的价格。例如，咖啡的需求不仅取决于咖啡的价格，还取决于茶——一种替代商品——的价格；汽车的需求取决于汽车的价格和汽油——一种互补商品——的价格。一家厂商的供给会由于各种原因受其他商品的价格影响。例如，一家厂商可能会把其他厂商生产的产品作为投入品，在这种情况下，这家厂商的供给由其生产的产品的价格和作为投入品的其他厂商生产的产品的价格所决定。

两种商品的市场模型的关系表达式一般写为

$$\left.\begin{aligned} q_1^s &= \alpha_1 + \beta_{11} p_1 + \beta_{12} p_2 \\ q_2^s &= \alpha_2 + \beta_{21} p_1 + \beta_{22} p_2 \end{aligned}\right\} \text{供给} \tag{7.9}$$

$$\left.\begin{aligned} q_1^d &= a_1 + b_{11} p_1 + b_{12} p_2 \\ q_2^d &= a_1 + b_{21} p_1 + b_{22} p_2 \end{aligned}\right\} \text{需求} \tag{7.10}$$

所以，若 $\beta_{12}<0$，那么商品 2（投入品）价格的上升会减少厂商 1 对它的使用量，从而降低商品 1 的产量。令每个市场的供给和需求相等，就得到决定均衡价格 p_1 和 p_2 的包含两个方程式的方程组。注意，某些 b_{ij} 和 β_{ij} 可能为零。这些方程是建立模型的基本元素，叫作**结构方程**：

$$(b_{11}-\beta_{11})p_1+(b_{12}-\beta_{12})p_2=\alpha_1-a_1$$
$$(b_{21}-\beta_{21})p_1+(b_{22}-\beta_{22})p_2=\alpha_2-a_2$$

用代入法求解。首先根据第二个方程式，用 p_2 表示 p_1：

$$p_1=\frac{(\alpha_2-a_2)-(b_{22}-\beta_{22})p_2}{(b_{21}-\beta_{21})}$$

然后我们将其代入第一个方程式，化简后得

$$p_2=\frac{(b_{11}-\beta_{11})(\alpha_2-a_2)-(b_{21}-\beta_{21})(\alpha_1-a_1)}{(b_{11}-\beta_{11})(b_{22}-\beta_{22})-(b_{21}-\beta_{21})(b_{12}-\beta_{12})}$$

将 p_2 代入方程式，得

$$p_1=\frac{(\alpha_1-a_1)(b_{22}-\beta_{22})-(\alpha_2-a_2)(b_{12}-\beta_{12})}{(b_{11}-\beta_{11})(b_{22}-\beta_{22})-(b_{21}-\beta_{21})(b_{12}-\beta_{12})}$$

这些 p_1 和 p_2 的表达式叫作**化简式**，因为它们仅仅取决于模型的参数。令参数 a_i、α_i、b_{ij} 和 β_{ij}（i，$j=1$，2）取一些特殊值，我们就可以得到 p_i 的值。将这些值代入方程式（7.9）和方程式（7.10），我们就得到均衡数量值。下面的例子向我们展示了如何求这些值。

例 7.7 互补品的两市场均衡

如果被消费者看作是互补品的两种商品的市场有如下的需求和供给方程式：

$$q_1^s=-1+p_1,\quad q_1^d=20-2p_1-p_2\quad（商品 1）$$
$$q_2^s=p_2,\qquad q_2^d=40-2p_2-p_1\quad（商品 2）$$

q_i^s、q_i^d 表示商品 $i(i=1,2)$ 的供给数量和需求数量，p_i 是商品 i 的单位价格。两种商品互补表现为一种商品的价格提高的时候，另一种商品的需求量下降。求这两种商品的均衡价格。

解：在均衡条件下，对每一种商品 i，有 $q_i^s=q_i^d$。我们可以得到下面两个方程式：

$$3p_1+p_2=21$$
$$p_1+3p_2=40$$

解第二个方程式，得 $p_1=40-3p_2$。将其代入第一个方程式，有

$$3(40-3p_2)+p_2=21\Rightarrow 8p_2=99\Rightarrow p_2=12.375$$

将 p_2 代入方程式，得 $p_1=2.875$。有且只有这两个价格可以使这两种商品市场同时达到均衡。 ■

再论线性 IS-LM 模型

我们已经研究过一个简单的 IS-LM 模型，进一步探讨经济中的 IS 和 LM 方程式的推导是很有意义的。若 C 表示消费总量，Y 表示总收入，那么消费函数可以写为

$$C=a+bY$$

$a>0$，$0<b<1$。在线性消费函数中，b 叫作边际消费倾向。在这个例子的消费函数中，很显然收入是线性的。现在忽略政府支出。我们用 I 表示投资支出，并假定它是利率 R 的线性递减函数。投资支出和利率成反向关系与第 3 章讨论的内部收益率联系起来：借贷成本 R 越高，投资项目的收益就越低，故 R 提高，则投资支出下降。特别地，

$$I=e-lR,\quad e,l>0$$

根据均衡的原理，这些支出恰好吸收了全部产出，所以，

$$\begin{aligned}Y&=C+I\\&=a+bY+e-lR\\&=\frac{a+e-lR}{1-b}\end{aligned}$$

或

$$R=\frac{a+e-(1-b)Y}{l}$$

这就是IS方程。很显然，这个方程是线性的，方程在R轴上的截距是$(a+e)/l$，斜率是$-(1-b)/l$。消费函数和投资函数是IS曲线的结构方程。IS曲线是与$Y=C+I$相应的R和Y的取值的轨迹。

货币市场用总货币需求函数来表示：

$$L=kY-hR,\quad k,h>0$$

设货币供给为固定的量$\overline{M}$。货币需求函数和货币供给量是LM曲线的结构方程。由货币需求和货币供给相等可得

$$R=\frac{kY-\overline{M}}{h}$$

这就是LM方程。LM曲线是与$L=M$即货币需求等于货币供给相应的R和Y的取值的轨迹。

解IS和LM方程，得化简式：

$$Y=\frac{h(a+e)+l\overline{M}}{lk+h(1-b)}$$

$$R=\frac{k(a+e)-(1-b)\overline{M}}{lk+h(1-b)}$$

应用这两个方程式，考虑到货币供给变化时对均衡收入和均衡利率的影响，可以提出一些问题。我们将在第14章进一步研究这些比较静态模型，但是现在，可写出货币供给的线性函数的化简式：

$$Y=\alpha+\beta\overline{M}$$

$$R=\gamma-\lambda\overline{M}$$

其中，α，β，γ，λ为常数：

$$\alpha=\frac{h(a+e)}{lk+h(1-b)}>0$$

$$\beta=\frac{l}{lk+h(1-b)}>0$$

$$\gamma=\frac{k(a+e)}{lk+h(1-b)}>0$$

$$\lambda=\frac{(1-b)}{lk+h(1-b)}>0$$

(在往下继续之前，请读者自己证明这几个常数为正。)通过观察化简式，我们可以看到随着货币供给的增加，均衡收入增加，均衡利率降低。

对许多有关利率的问题，这个模型一般被扩展为包括政府部门和国际商品贸易及国际资本流动等因素。在扩展模型中，政府有固定水平的支出$\overline{G}$，政府可以通过对收入征收比例税来使得政府税收增加，若（统一）税率为t，则消费取决于可支配收入$(1-t)Y$。本节的练习4就给出了一个例子。即使在简单模型中，开放经济也尤为复杂，因为均衡还依赖于资本流动性和汇率，例7.9就给出了一个开放经济模型的简单形式。

例 7.8 推导 IS 曲线和 LM 曲线

根据下面有关封闭经济的结构方程式推导 IS 和 LM 曲线，并求均衡收入和均衡利率。

$C=50+0.8Y$ （消费函数）

$I=20-5R$ （投资函数）

$L=100-R+0.5Y$ （货币需求）

$M=200$ （货币供给）

解： 根据 $Y=C+I$，将 C 和 I 代入，得

$$Y=350-25R \quad \text{(IS 方程)}$$

根据 $L=M$，我们可得

$$Y=200+2R \quad \text{(LM 方程)}$$

解这两个方程式，我们得到 $R=5.6$，$Y=211$（约数）。■

下面这个例子将应用线性 IS－LM 模型来进一步研究二元方程组。如果求 R、Y 这两个变量的解且解存在，那么我们只需要两个方程式。如果有两个变量和多于两个的方程式，那么我们说方程组是超定的。

例 7.9 开放经济的 IS－LM 模型。

考虑一个汇率固定的小型开放经济，IS 和 LM 曲线的方程是

$$R=20-Y \quad \text{(IS)} \tag{7.11}$$

$$R=-5+4Y \quad \text{(LM)} \tag{7.12}$$

其中，R 是利率（单位：百分比），Y 是实际国民生产总值（单位：十亿美元）。此外，我们假设资本具有完全流动性，则经济须保持与国际利率相等的利率 R^w。不受这个小型经济的影响，目前的国际利率为

$$R^w=15 \tag{7.13}$$

国际收支平衡曲线（BP）是从 $R^w=15$ 出发的一条等值曲线。求均衡利率和均衡收入。

解： 如图 7.6 所示，为达到内部均衡和外部均衡，三条曲线必须相交，我们所取的参数应使这一点成立。内部均衡的条件是 R 和 Y 满足 IS 和 LM 方程，外部均衡的条件是 R 和 Y 的组合是国际收支平衡曲线上的一点。注意，在这个例子中，要确定均衡只需要三条曲线中的两条就可以了：我们可以用方程式（7.11）和方程式（7.12）或用方程式（7.11）和方程式（7.13），或用方程式（7.12）和方程式（7.13），它们均得到同样的结果：$R^w=15$（%），$Y=5$（十亿美元）。方程组是超定的，只需要两个方程就可以求出方程组的解。

最后注意，如果国际利率不为 15%，那么方程组无解。方程式（7.11）和方程式（7.12）将在 $R=15$ 和 $Y=5$ 处给出内部收支平衡，但是如果国际收支平衡线或者高于 15%，或者低于 15%，那么这一结果并不在国际收支平衡线上。在这种情况下，经济并未实现均衡，需要一些经济机制来调整内部均衡和外部均衡，调整机制依赖于汇率和我们在这里没有讲到的一些因素。■

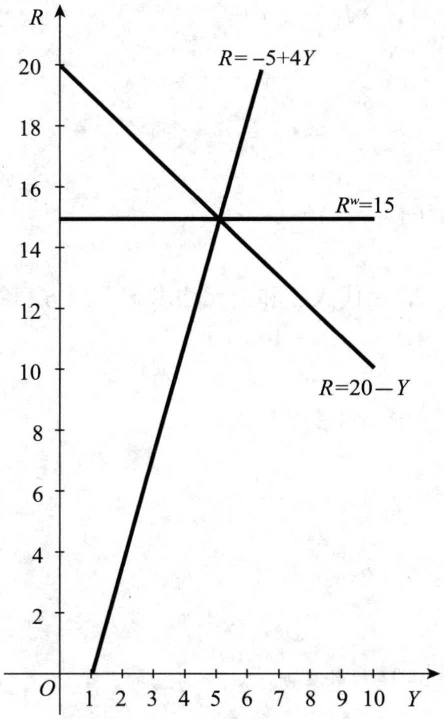

图 7.6　开放经济中的 IS-LM

若包含两个方程式的方程组有多于两个的未知变量，那么这个方程组叫作欠定的。考虑下面两个方程式：

$$y=z-2x$$
$$y=x-1$$

应用我们前面介绍的求解方法，有

$$x=\frac{1+z}{3},\quad y=\frac{z-2}{3}$$

当 $z=4$ 时，方程（7.7）和方程（7.8）与这两个方程相等，因此我们可以用这两个方程来检查前面的研究。但是，如果没有关于 z 的信息，就不能得到数字解，或者说有无数个解——每一个可能的 z 值都对应一个解。在方程组欠定的情况下，或者在只有某一变量被赋予特定值才能决定的情况下，我们将 x 和 y 叫作基本变量，z 叫作自由变量。

练习

1. 画图表示下列方程组，并求出它们的解。

(a) $2x=4$

$3y-x=10$

(b) $x+y=1$

$2x+2y=2$

(c) $-x+4y=10$

$-x/4+y=5$

(d) $y=10-x$

$y=2x$

2. 用代入法和消元法求解下列方程组。

(a) $x+y=10$

$2x=4$

(b) $x+y=0$

$x-y=0$

(c) $2x+4y=2$

$x+2y=1$

(d) $2x+y=8$

$x-z=2$

(e) $x/2-y=\frac{3}{2}$

$x+2y=15$

3. 当常数 c 取何值时，下面的方程组：(a) 无解，(b) 一个解？

$2x-y=10$

$-cx+2y=5$

4. 一个封闭经济的情况由下面的简单 IS - LM 方程组给出：

$C=a+b(1-t)Y-LR$ （消费）

$I=\overline{I}$ （投资）

$G=\overline{G}$ （政府支出）

$L=kY-hR$ （货币需求）

$M=\overline{M}$ （货币供给）

其中，R 和 Y 分别代表利率和实际国民生产总值，a、b、t、k、h 为常数，$a>0$，$0<b<1$，$0<t<1$，$k>0$，$h>0$。求 IS 曲线和 LM 曲线的表达式，并求 R 和 Y 的代数解。

5. 在方程 (7.9) 和方程 (7.10) 代表的两市场模型中，系数 β_{21} 为什么取正值？给出一个符合这种关系的经济学例子。

6. 两个替代品市场的供给和需求方程为

$q_1^s=2p_1$，　　$q_1^d=20-p_1+p_2$ （商品 1）

$q_2^s=-10+2p_2$，　$q_2^d=40-2p_2+p_1$ （商品 2）

求这两种商品的均衡价格和均衡数量。

7. 经济中的 IS 和 LM 曲线分别为

$$R=25-2Y$$

$$R=-10+\frac{M}{2}+Y$$

其中，R 为利率（单位：%），Y 为 GNP（单位：十亿美元），M 为货币供给。

（a）政府对 GNP 目标为 7.5，为实现这个目标，货币供给量应该为多少？实现目标后利率水平是多少？

（b）国际利率 $R^w=12$，资本具有完全流动性，求内外部收支均衡条件下的 GNP。什么地方出错了？

7.2　n 元线性方程组

尽管对二元方程组来说，图解法和简单的代入法是很好的求解方法，但我们要研究一些其他的线性方程组通用的求解方法。这需要归纳一下我们已经讲过的方法：方程式相减和用常数乘以方程式。

我们探讨这些方法的时候首先研究三元方程组，然后在需要的时候研究 n 元方程组。

首先，我们将定理 7.1 扩展至 n 元方程组。

定理 7.2　一个 n 元线性方程组或者无解，或者只有一个解，或者有无数多个解。

行变换解析法

行变换解析法就是将给定的方程组转化为具有相同数学特性的同解方程组来求解。行变换解析法的目标是将原方程组变为一个简单的、更易求解的方程组。行变换由三种变换构成：

1. 用非零的数乘某一方程。
2. 把一个方程的倍数加到另一个方程。
3. 互换两个方程的位置。

实际上，在简化一个方程组时，并不一定要全部用到这些变换。但是对一些复杂的方程组来说，在方程组的解开始明朗之前，可能要用到所有的这些变换。注意，第一个变换包括了方程除以一个非零常数，第二个变换包括把一个方程的−1倍加到另一个方程，即方程相减。

例 7.10　我们对下面的方程组实行这些变换，每一步的变换都是由我们观察和寻求的方程形式决定的。

$$\begin{array}{rcrcrcr} 4x & - & y & + & 2z & = & 13 \\ x & + & 2y & - & 2z & = & 0 \\ -x & + & y & + & z & = & 5 \end{array}$$

解：第 1 步：将第 2 个方程和第 3 个方程相加，并用结果取代第 3 个方程：

$$\begin{array}{rcrcrcr} 4x & - & y & + & 2z & = & 13 \\ x & + & 2y & - & 2z & = & 0 \\ & & 3y & - & z & = & 5 \end{array}$$

第 2 步：将第 2 个方程加到第 1 个方程上：

$$\begin{array}{rcrcrcr} 5x & + & y & & & = & 13 \\ x & + & 2y & - & 2z & = & 0 \\ & & 3y & - & z & = & 5 \end{array}$$

第 3 步：用第 2 个方程减去第 3 个方程的 2 倍：

$$\begin{array}{rcrcrcr} 5x & + & y & & & = & 13 \\ x & - & 4y & & & = & -10 \\ & & 3y & - & z & = & 5 \end{array}$$

第 4 步：把第 1 个方程乘以 4，再加上第 2 个方程：

$$\begin{array}{rcrcrcr} 21x & & & & & = & 42 \\ x & - & 4y & & & = & -10 \\ & & 3y & - & z & = & 5 \end{array}$$

第 5 步：第 1 个方程除以 21：

$$\begin{array}{rcrcrcr} x & & & & & = & 2 \\ x & - & 4y & & & = & -10 \\ & & 3y & - & z & = & -5 \end{array}$$

第 6 步：用第 1 个方程减去第 2 个方程，并用结果取代第 2 个方程：

$$\begin{array}{rcrcrcr} x & & & & & = & 2 \\ & & 4y & & & = & 12 \\ & & 3y & - & z & = & 5 \end{array}$$

第 7 步：第 2 个方程除以 4：

$$\begin{array}{rcrcrcr} x & & & & & = & 2 \\ & & y & & & = & 3 \\ & & 3y & - & z & = & 5 \end{array}$$

第 8 步：最后，第 2 个方程乘以 3，再减去第 3 个方程：

$$
\begin{aligned}
x \quad\quad\quad\quad &= 2 \\
y \quad\quad &= 3 \\
z &= 4
\end{aligned}
$$

■

我们上一节知道含 2 个线性方程的方程组可能无解，可能只有一个解，也可能有无数多个解。对含有 $m>2$ 个线性方程的方程组来说，这一点也是成立的，下面这个方程组就有无数多个解。

例 7.11 解下面的方程组：

$$
\begin{aligned}
-x - y + z &= -2 \\
3x + 2y - 2z &= 7 \\
x + 3y - 3z &= 0
\end{aligned}
$$

解：第 1 步：将第 1 个方程加到第 3 个方程：

$$
\begin{aligned}
-x - y + z &= -2 \\
3x + 2y - 2z &= 7 \\
2y - 2z &= -2
\end{aligned}
$$

第 2 步：第 2 个方程减去第 3 个方程，得到的结果与第 1 个方程互换位置：

$$
\begin{aligned}
3x &= 9 \\
-x - y + z &= -2 \\
2y - 2z &= -2
\end{aligned}
$$

第 3 步：第 2 个方程乘以 3 再加上第 1 个方程，然后第 1 个方程除以 3：

$$
\begin{aligned}
x &= 3 \\
-3y + 3z &= 3 \\
2y - 2z &= -2
\end{aligned}
$$

■

现在困难就出现了，因为我们不能再将第 2 个方程和第 3 个方程化简得到 y 和 z 的确定的解。两个方程都得到 $y=z-1$ 的结果，任何满足这种关系的 y 和 z 的取值都是解，有无数个解。所以，尽管 x 有确定的解 $x=3$，但方程组有无数个可能的解。在这种情况下，我们说变量 y 和 z 是相关变量。我们还注意到 y 和 z 之间的相关关系是一种线性相关关系，这种关系是方程组有无数多个解的必要条件。所以，通过这个例子，我们得到线性方程组的另一个重要特性。

定义 7.1 如果方程之间可经过一系列线性变换互相表出，那么称这些方程**线性相关**。

定理 7.3 如果线性方程组中有 2 个或 2 个以上的变量是（线性）相关的，那么必有 2 个或 2 个以上的方程是线性相关的。

例 7.11 是这一命题的一个范例。因为第 2 个方程乘以 -2，减去第 3 个方程，得到的结果再除以 7，就得到第 1 个方程，所以第 1 个方程是第 2 个方程和第 3 个方程的线性组合。

线性不相关的结果叫作**线性无关**，例 7.11 中的方程是线性相关的。

下面的例子讲的是方程组无解的情况。

例 7.12 考虑下面的方程组：

$$\begin{aligned} -x - y - z &= 0 \\ x + y + z &= 7 \\ 2x - 3y &= 0 \end{aligned}$$

解：第 1 个方程乘以−1，得

$$\begin{aligned} x + y + z &= 0 \\ x + y + z &= 7 \\ 2x - 3y &= 0 \end{aligned}$$

由第 1 个和第 2 个方程得到 0=7，显然这是矛盾的，故没有 x，y，z 可同时满足这个方程组。■

那么，我们有：

定义 7.2 若一个方程组无解，则这个方程组叫作**矛盾方程组**。

超定或欠定的线性方程组也可以扩展至含更多变量的方程组。

定义 7.3 含有 n 个未知量的 m 个线性方程组成的方程组，若 $m>n$，则方程组是**超定**的，若 $m<n$，则方程组是**欠定**的。

由此可以得到：

定理 7.4 一个相容的、欠定的线性方程组有无数多个解。

矩阵数组

我们将在后面两章详细讨论矩阵运算，但是在这里引入矩阵的概念是非常有用的，因为矩阵是一种非常方便的整合信息的方法。就我们现在的问题而言，矩阵是写出像例 7.10 那样的线性方程组所包含的系数信息的一种方法。注意，与其他例子相同，求解的关键在于如何处理多个系数以减少项数。例如，从例 7.10 中的第 1 步我们观察到方程 2 中的 x 和 1 相乘，方程式 3 中的 x 和−1 相乘，所以将这两个方程式相加得到的方程式中含有一个和零相乘的 x（即方程式中不含 x）。在所有步骤中，方程式中的变量 x，y，z 没有变换位置。考虑变量的位置，并仅仅注意各系数，我们可以用常数数组整合每一步的信息。例 7.10 中的行列式为

$$\begin{bmatrix} 4 & -1 & 2 & 13 \\ 1 & 2 & -2 & 0 \\ -1 & 1 & 1 & 5 \end{bmatrix}$$

现在考虑一下方程式的位置，我们知道第 1 行对应着第 1 个方程式，第 2 行对应着第 2 个方程式，等等。因为我们要考虑每个方程式中每个变量的位置，因

而令第1列表示各方程式中 x 变量的系数。因为每个等式右边的常数在求解方程组时扮演着重要的角色，所以它们作为最后一列也包括在矩阵中。于是，在每一行的前3列和第4列之间就隐含着一个相等的关系。

例 7.13 解数组

$$\begin{bmatrix} 4 & -1 & 2 & 13 \\ 1 & 2 & -2 & 0 \\ -1 & 1 & 1 & 5 \end{bmatrix}$$

解： 第1步：将第2行加到第3行上：

$$\begin{bmatrix} 4 & -1 & 2 & 13 \\ 1 & 2 & -2 & 0 \\ 0 & 3 & -1 & 5 \end{bmatrix}$$

第2步：将第2行加到第1行上：

$$\begin{bmatrix} 5 & 1 & 0 & 13 \\ 1 & 2 & -2 & 0 \\ 0 & 3 & -1 & 5 \end{bmatrix}$$

依此类推，我们有

$$\begin{bmatrix} 1 & 0 & 0 & 2 \\ 0 & 1 & 0 & 3 \\ 0 & 0 & 1 & 4 \end{bmatrix}$$

当行列式的前三列的对角线上的值为1，而非对角线的位置为0，行列式的最后一列为常数时，我们有解，解就是最后一列的常数。■

最后一个矩阵叫作**简化行阶梯形矩阵**。对任何矩阵，不管我们进行了多少次行运算，最后我们总要求出一个简化行阶梯形矩阵。

定理 7.5 任何一个矩阵都有唯一一个简化行阶梯形矩阵。

例 7.14 用行运算解下列方程组：

$$\begin{aligned} 2x + z &= 10 \\ 2y &= z \\ z - 3y &= 6x \end{aligned}$$

解： 第1步：将每个方程式用统一的格式写出来，这样，每个方程式中的变量有同一顺序：

$$\begin{aligned} 2x \phantom{{}-3y} + z &= 10 \\ 2y - z &= 0 \\ -6x - 3y + z &= 0 \end{aligned}$$

矩阵为

$$\begin{bmatrix} 2 & 0 & 1 & 10 \\ 0 & 2 & -1 & 0 \\ -6 & -3 & 1 & 0 \end{bmatrix}$$

第2步：第1行乘以3，再加到第3行上：

$$\begin{bmatrix} 6 & 0 & 3 & 30 \\ 0 & 2 & -1 & 0 \\ 0 & -3 & 4 & 30 \end{bmatrix}$$

第3步：第2行加到第3行上：

$$\begin{bmatrix} 6 & 0 & 3 & 30 \\ 0 & 2 & -1 & 0 \\ 0 & -1 & 3 & 30 \end{bmatrix}$$

第4步：第3行乘以2，再加上第2行：

$$\begin{bmatrix} 6 & 0 & 3 & 30 \\ 0 & 2 & -1 & 0 \\ 0 & 0 & 5 & 60 \end{bmatrix}$$

第5步：将第3行除以5，再加到第2行上：

$$\begin{bmatrix} 6 & 0 & 3 & 30 \\ 0 & 2 & 0 & 12 \\ 0 & 0 & 1 & 12 \end{bmatrix}$$

第6步：第2行除以2；第3行乘以3，并从第1行中减去：

$$\begin{bmatrix} 6 & 0 & 0 & -6 \\ 0 & 1 & 0 & 6 \\ 0 & 0 & 1 & 12 \end{bmatrix}$$

第7步：最后，第1行除以6，得到简化行阶梯形矩阵：

$$\begin{bmatrix} 1 & 0 & 0 & -1 \\ 0 & 1 & 0 & 6 \\ 0 & 0 & 1 & 12 \end{bmatrix}$$

由此可得出方程组的解：$x=-1$，$y=6$，$z=12$。 ■

简化行阶梯形矩阵有如下特征：

- 矩阵中的零行置于矩阵的下方。
- 非零行的第一个非零数字为1，叫作首1元素。
- 下一个非零行的首1元素一定在前一行首1元素的右方。
- 包含首1元素的列的其他元素为零。

一般的，若我们有 n 个变量 x_1，x_2，…，x_n，m 个线性方程，则方程组可写为

$$\begin{array}{ccccccccc} a_{11}x_1 & + & a_{12}x_2 & + & \cdots & + & a_{1n}x_n & = & b_1 \\ a_{21}x_1 & + & a_{22}x_2 & + & \cdots & + & a_{2n}x_n & = & b_2 \\ \vdots & & \vdots & & & & \vdots & & \vdots \\ a_{m1}x_1 & + & a_{m2}x_2 & + & \cdots & + & a_{mn}x_n & = & b_m \end{array} \tag{7.14}$$

其矩阵形式为

$$\begin{bmatrix} a_{11} & a_{12} & \cdots & a_{1n} & b_1 \\ a_{21} & a_{22} & \cdots & a_{2n} & b_2 \\ \vdots & \vdots & & \vdots & \vdots \\ a_{m1} & a_{m2} & \cdots & a_{mn} & b_m \end{bmatrix}$$

注意，元素 a_{ij} 的下标具有特殊的意义：i 表示元素所处的行数或所在方程数，j 表示元素所在的列数或与之相联系的变量数。这非常重要，因为由行运算求解要求我们考虑变量在方程式中的位置并记下方程式的变换。

三市场均衡

将前面我们所讨论的两市场问题扩展到 n 个市场的问题是水到渠成的事。当然，市场越多，分析越复杂。在第 8 章，我们将研究有 n 种商品时需求和供给方程组的简便解法。在第 9 章，我们将研究如何利用矩阵代数来求上述方程组的均衡价格。例如，我们可以将方程组（7.9）和方程组（7.10）扩展到三市场的情况：

$$q_1^s=\alpha_1+\beta_{11}p_1+\beta_{12}p_2+\beta_{13}p_3$$
$$q_2^s=\alpha_2+\beta_{21}p_1+\beta_{22}p_2+\beta_{23}p_3$$
$$q_3^s=\alpha_2+\beta_{31}p_1+\beta_{32}p_2+\beta_{33}p_3$$

$$q_1^d=a_1+b_{11}p_1+b_{12}p_2+b_{13}p_3$$
$$q_2^d=a_2+b_{21}p_1+b_{22}p_2+b_{23}p_3$$
$$q_3^d=a_3+b_{31}p_1+b_{32}p_2+b_{33}p_3$$

当然，某些 b_{ij} 或 β_{ij} 可能为零，这样就可能减少需求一方和供给一方的相互作用。在此我们不推导这些结构方程式的简化形式（这非常乏味，但其原理和两市场的情况一样），而是举一个例子，通过求简化的行阶梯形矩阵来解方程组。

例 7.15 三种商品的市场的均衡解

考虑三种商品的供给函数和需求函数：

$$q_1^s=-10+p_1$$
$$q_2^s=2p_2$$
$$q_3^s=-5+3p_3$$

$$q_1^d=20-p_1-p_3$$
$$q_2^d=40-2p_2-p_3$$

$$q_3^d=10+p_2-p_3-p_1$$

讨论这三个市场之间的明显的依存关系，写出均衡条件，求简化行阶梯形矩阵，并推导均衡价格。

解：首先我们注意到三个市场的供给不存在相关关系。

根据供给等于需求列出等式，并整理得

$$\begin{array}{rcrcrcr} 2p_1 & & & + & p_3 & = & 30 \\ & & 4p_2 & + & p_3 & = & 40 \\ p_1 & - & p_2 & + & 4p_3 & = & 15 \end{array}$$

用矩阵形式将方程组表示出来，通过一系列变换，我们得到简化行阶梯形矩阵：

$$\begin{bmatrix} 2 & 0 & 1 & 30 \\ 0 & 4 & 1 & 40 \\ 1 & -1 & 4 & 15 \end{bmatrix}$$

$$\begin{bmatrix} 2 & 0 & 1 & 30 \\ 0 & 4 & 1 & 40 \\ 0 & 2 & -7 & 0 \end{bmatrix} \quad 2\times\text{第 3 行}-\text{第 1 行}$$

$$\begin{bmatrix} 2 & 0 & 1 & 30 \\ 0 & 4 & 1 & 40 \\ 0 & 0 & -15 & -40 \end{bmatrix} \quad 2\times\text{第 3 行}-\text{第 2 行}$$

$$\begin{bmatrix} 1 & 0 & 1/2 & 15 \\ 0 & 1 & 1/4 & 10 \\ 0 & 0 & 1 & 40/15 \end{bmatrix} \quad \text{第 1 行}\div 2\text{,第 2 行}\div 4\text{,第 3 行}\div(-15)$$

$$\begin{bmatrix} 1 & 0 & 1/2 & 15 \\ 0 & 1 & 0 & 140/15 \\ 0 & 0 & 1 & 40/15 \end{bmatrix} \quad \text{第 2 行}-1/4\times\text{第 3 行}$$

$$\begin{bmatrix} 1 & 0 & 0 & 205/15 \\ 0 & 1 & 0 & 140/15 \\ 0 & 0 & 1 & 40/15 \end{bmatrix} \quad \text{第 1 行}-1/2\times\text{第 3 行}$$

解得均衡价格是 $p_1=41/3$，$p_2=28/3$，$p_3=8/3$。 ■

定义 7.4 当线性方程组等式右边的常数项均为零时，这样的线性方程组叫作**齐次线性方程组**。

齐次线性方程组可记作

$$\begin{array}{ccccccccc} a_{11}x_1 & + & a_{12}x_2 & + & \cdots & + & a_{1n}x_n & = & 0 \\ a_{21}x_1 & + & a_{22}x_2 & + & \cdots & + & a_{2n}x_n & = & 0 \\ \vdots & & \vdots & & & & \vdots & & \vdots \\ a_{m1}x_1 & + & a_{m2}x_2 & + & \cdots & + & a_{mn}x_n & = & 0 \end{array} \tag{7.15}$$

当然，在这个方程组中，某些 a_{ij} 也可能为零。注意，$x_1=x_2=\cdots=x_n=0$

恒为齐次线性方程组的解，这个解通常叫作零解。下面两个定理给出了齐次线性方程组的重要性质。

定理 7.6 齐次线性方程组或者只有零解，或者有无穷多个解，即除零解外还有非零解。

定理 7.7 如果齐次线性方程组的未知量 n 多于方程式个数 m（$m<n$），那么齐次线性方程组是相容的，且方程组有无穷多个解。

例 7.16 解线性方程组

$$\begin{aligned} x_1 + 2x_2 + x_3 &= 0 \\ x_1 - x_2 - 2x_3 &= 0 \\ x_1 + 4x_2 \qquad &= 0 \end{aligned}$$

解： 最后一个方程的解是 $x_1=x_2=0$ 和 $x_1=-4x_2$，而第 2 个方程的解是 $x_1=x_2=x_3=0$ 和 $x_1=x_2+2x_3$，由这两个非零解联立可以得到

$$x_2=-\frac{2}{5}x_3 \tag{7.16}$$

现在考虑第 1 个方程式，它的解是 $x_1=x_2=x_3=0$ 和 $x_1=-2x_2-x_3$，这个非零解与第 2 个方程的非零解联立可以得到

$$x_2=-x_3 \tag{7.17}$$

现在，只有 $x_1=x_2=x_3=0$ 才能同时满足等式（7.16）和等式（7.17），故方程组只有零解。■

从这个例子可以推出，如果齐次线性方程组除零解外还有非零解，方程之间一定存在线性相关关系，且方程组有无穷多个解。

例 7.17 解齐次线性方程组

$$\begin{aligned} 6x_1 + 3x_2 - x_3 &= 0 \\ -4x_1 + 3x_2 + x_3 &= 0 \\ 5x_1 \qquad - x_3 &= 0 \end{aligned}$$

解： 很明显，$x_1=x_2=x_3=0$ 是方程组的解。注意，第 1 个方程减第 2 个方程，得

$$10x_1-2x_3=0$$

这个结果就是第 3 个方程乘以 2 的结果。所以，当我们考虑非零解时，由定理 7.6 可知，方程组有无穷多个非零解。■

练习

1. 下面哪个方程组是线性相关的？对线性相关的方程组，指出其线性相关

的特征，最后求方程组的解。

(a)
$$\begin{aligned} 2x + 4y - z &= 5 \\ y + z &= 2 \\ x + y + z &= 7 \end{aligned}$$

(b)
$$\begin{aligned} 4x - 2y + 2z &= 6 \\ - y + z &= 1 \\ 2x &= 2 \end{aligned}$$

(c)
$$\begin{aligned} -x_1 + 2x_2 - 3x_3 &= 2 \\ - 2x_2 &= 3 \\ 2x_1 - x_2 + x_3 &= 9 \end{aligned}$$

(d)
$$\begin{aligned} x_1 + x_2 + x_3 + x_4 &= 1 \\ -x_1 + x_2 - x_4 &= 1 \\ x_1 - x_2 + x_3 &= 1 \\ x_2 + x_3 &= 1 \end{aligned}$$

(e)
$$\begin{aligned} 2x_1 + x_3 - 2x_4 &= 5 \\ -x_1 + 2x_2 + x_3 &= 4 \\ x_2 - x_3 + 3x_4 &= 1 \\ 2x_1 - x_2 + 2x_3 - 5x_4 &= 4 \end{aligned}$$

2. 下面哪个方程组是不相容的（矛盾的）？

(a)
$$\begin{aligned} x + 2y + z &= 2 \\ x + y &= 3 \\ 2x + y + 2z &= -4 \end{aligned}$$

(b)
$$\begin{aligned} x + y + z &= 0 \\ 2x + 2y - z &= 0 \\ y + z &= 0 \end{aligned}$$

(c)
$$\begin{aligned} \frac{1}{2}x_1 - 2x_2 + x_3 &= 10 \\ x_2 - x_3 + 2x_4 &= 5 \\ -x_2 + 2x_3 &= 0 \\ x_2 &= -4 \end{aligned}$$

(d)
$$\begin{aligned} ax + by &= c \\ \alpha x + \beta y &= \gamma \end{aligned}$$

3. 写出下列方程组的矩阵形式，并推出其简化行阶梯形式，最后求方程组的解。

(a)
$$\begin{aligned} 2x_1 - x_2 &= 0 \\ x_2 + x_3 + 2x_4 &= 100 \\ x_1 + 2x_2 + 2x_3 &= 60 \\ -x_1 + x_3 - x_4 &= -10 \end{aligned}$$

(b)

$$\begin{aligned} x_1 + x_2 + x_3 &= 0 \\ x_2 &= 20 \\ -x_1 + 2x_3 &= 10 \end{aligned}$$

4. 在一个小型的开放经济中汇率具有弹性，其 IS、LM 和 BP 曲线分别为

$$\begin{aligned} R &= 240 - 4Y + E \\ R &= -50 + Y \\ R &= 105 + \frac{1}{2}Y - 2E \end{aligned}$$

用行运算求均衡利率R、均衡产出Y和均衡汇率E（汇率E被定义为用外国货币表示的本国货币的价格）。

5. 解下面的超额需求函数，求 p_1，p_2，p_3 和 p_4。

$$\begin{aligned} 10 - p_1 - 2p_2 + 5p_3 - 2p_4 &= 0 \\ 5 - 2p_1 + p_2 - p_3 + 8p_4 &= 0 \\ 6 + 2p_1 - p_2 - 4p_3 - 9p_4 &= 0 \\ 20 - \frac{1}{2}p_1 - 2p_2 - 2p_3 - 2p_4 &= 0 \end{aligned}$$

本章小结

关键词

基本变量	自由变量	齐次方程组
不相容方程组	线性相关	超定方程组
简化形式	简化行阶梯形矩阵	结构方程
零解	欠定方程组	

思考题

1. 为什么两个线性方程组成的方程组或者无解，或者只有一个解，或者有无穷多个解？

2. 方程组线性相关是什么意思？

3. 方程组线性无关是指什么？

4. 比较线性方程的个数和未知变量的个数，我们可得出什么结论？

5. 线性方程组相容是指什么？

6. 用维恩图表示相容方程组、不相容方程组、超定方程组和欠定方程组的关系。

7. 如何推出数组（或矩阵）的简化行阶梯形式？

8. 齐次线性方程组的特点是什么？

复习题

1. 下列哪个方程是 x 的线性方程？

(a) $y=a+b/x \quad (a, b>0)$

(b) $y=a+b^x \quad (a, b>0)$

(c) $y=x+e^x$

(d) $y=-x+b \quad (b>0)$

(e) $y=\ln z+ax \quad (a>0)$

2. 用代入法和消元法解下列方程组。

(a) $y=24-x$

$2y=4+5x$

(b) $-y=-8x-4$

$y=20x+2$

(c) $0.5y+2x=0$

$-y+x=0$

(d) $0.5y+2x=0$

$-y-4x=0$

3. 下列方程组中，哪个是线性相关的？哪个是不相容的？

(a) $2x+y-z=10$

$4y+2z=4$

$x=0$

(b) $-y+z=0$

$4x+2y-z/3=0$

$x+z=0$

(c) $-3x+2y-z=14$

$-x-y-z=0$

$x+10y-3z=2$

4. 经济中存在三种商品的供给函数和需求函数，其表达式为

$$q_1^s=-20+p_1-0.5p_2$$
$$q_2^s=-100+2p_2$$
$$q_3^s=p_3$$

$$q_1^d=80-2p_1-p_3$$
$$q_2^d=200-p_2$$
$$q_3^d=100-2p_3-p_1$$

（a）试述三种商品在需求方面的关系。

（b）供给的生产外部性的特征是什么？

（c）求三种商品的均衡价格和均衡数量。

5. 经济的 IS 曲线为 $R=210-2Y$，LM 曲线为 $R=-M+Y/4$，产出的长期均衡值一定为 100。当 IS 和 LM 相交于 $Y=100$ 时，M 的值是多少？M 超过这一临界值的经济学解释是什么？M 小于这一临界值的经济学解释是什么？

第 8 章 矩 阵

我们鼓励读者通过我们的网站 http：//mitpress. mit. edu/math _ econ3 来获得如下有助于学习本章的材料：

- 转移矩阵
- 生产多种产品的厂商的利润

矩阵是整合和处理数据的有力工具。第 7 章对矩阵的研究主要集中在联立方程组中的参数和常数上。我们可以运用高斯-约当消去法对矩阵进行行运算来求解原始方程的未知量。很显然，在许多情况下，可以用矩阵来整合大量的信息。此外，还可运用矩阵的运算来探讨方程组的重要性质。

与其他数学领域相同，有一些规则引导我们对矩阵进行运算处理，这些规则规定了加、乘等基本运算，以及其他的一些有助于求解方程组的复杂运算。在本章，我们先从对矩阵的处理开始。

8.1 基本概念

在考虑矩阵代数的基本规则之前，我们先来看几个例子，看一下矩阵是如何整合信息的。

例 8.1 囚徒困境

在经济学中，博弈论被广泛用于研究决策者之间的策略互动，许多经济学行为可以用博弈的代理人之间的策略互动来解释。在博弈中，一个理性的个体在做出最佳选择的时候，必须考虑其他博弈参加者的反应。换句话说，以两人博弈为例，每个博弈参加者为做出其最佳选择，必须考虑博弈另一方面临的问题。

在"囚徒困境"这个博弈中，我们考虑两个博弈参加者，他们之间存在利益冲突，每个博弈者有两个策略：不招供或招供揭发。这两个博弈参加者是两个嫌疑犯，但是警方没有掌握每个嫌疑犯犯罪的证据，只是掌握这两个嫌疑犯作为一个整体犯罪的证据。博弈参加者（囚徒）可以选择不招供（策略 C）并保持沉默，或者选择招供（策略 D）。这些策略互动可用一个**博弈矩阵**来表示。因为我们描述的是只有两个参加者的博弈，故博弈矩阵是 2×2 的。在矩阵中，每个单元包含着两个参加者策略选择的收益。矩阵的行表示嫌疑犯 A 的策略选择 C、D，列表示嫌疑犯 B 的策略选择 C、D。矩阵的 4 个单元包含的是参加者策略选择组合的收益，描述收益的博弈矩阵可以表示为

$$
\begin{array}{ccc}
 & & \text{参加者 B} \\
 & & \begin{array}{cc} C & \qquad D \end{array} \\
\text{参加者 A} & \begin{array}{c} C \\ D \end{array} & \begin{bmatrix} (-1,-1) & (-4,0) \\ (0,-4) & (-3,-3) \end{bmatrix}
\end{array}
$$

第一个单元所代表的是两个参加者都选择不招供（C，C）并保持沉默的收益。在这种情况下，两个人将各被判处 1 年监禁，这种情况叫作"辩诉交易"。这两个参加者将对较轻控罪服罪，从而获得较之原指控成立时对他们的判决相对较轻的判决。如果一个嫌疑犯坦白，另一个嫌疑犯拒绝坦白，那么坦白者将被无罪释放（因为没有他犯罪的证据），拒绝坦白招出同伙的嫌疑犯将被从严判处 4 年监禁（因为所有的犯罪证据现在都针对他）。这时矩阵的单元为（C，D）和（D，C）。（C，D）表示嫌疑犯 A 不坦白而嫌疑犯 B 坦白，（D，C）表示嫌疑犯 A 坦白而嫌疑犯 B 不坦白。如果两人都坦白，那么每人将被判处 3 年监禁，因为警察现在掌握两人犯罪的证据。这一博弈的建立是因为两名嫌疑犯都有坦白的动机，不管他预料其同伙如何选择。如果嫌疑犯 A 预料其同伙会选择不招供并保持沉默，那么其最佳选择是认罪，因为他将被无罪释放。如果嫌疑犯 A 预料嫌疑犯 B 会招供，那么他最好的选择自然也是认罪，因为这样他可以避免 4 年监禁而将刑期减至为 3 年。从社会学观点来看，考虑到其整体效用水平，对两个嫌疑犯而言，最好的选择是两人均不招供，因为这样他们会获得较轻的判决。然而，如果两个人从自身的角度出发，他们都会选择认罪。这样，博弈就达到一个均衡，两人的策略选择是（D，D），两人的收益是（-3，-3）。 ■

例 8.2 一家汽车制造商的生产分布在 5 家工厂里，首席执行官希望看到在一年中的四个季度里，每家工厂的产值的细目分类。生产数据如下表所示（单位：万美元）：

	Q_1	Q_2	Q_3	Q_4
工厂 1	500	300	1 000	1 200
工厂 2	600	500	900	1 500
工厂 3	700	500	800	1 400
工厂 4	1 700	1 300	2 200	3 100
工厂 5	3 200	1 700	3 500	4 400

将上表中的数用方括号括起来，表示为一个矩阵：

$$A=\begin{bmatrix}500 & 300 & 1\,000 & 1\,200\\ 600 & 500 & 900 & 1\,500\\ 700 & 500 & 800 & 1\,400\\ 1\,700 & 1\,300 & 2\,200 & 3\,100\\ 3\,200 & 1\,700 & 3\,500 & 4\,400\end{bmatrix}$$

■

这一例子表明任何数据的“电子数据表格”实际上是一个数的行列式。但是注意，每一项的位置是非常关键的，而且我们知道行列式中每个位置的意义也是很重要的。为了正确地理解矩阵 A，我们必须知道 2 200 代表工厂 4 在第 3 季度的产值。

例 8.3 投入产出矩阵

一个经济由三个产业组成：农业、矿业和制造业。为生产 1 单位的农产品，农业部门需消耗 0.3 美元的农产品，0.2 美元的矿业产品，0.4 美元的制造业产品；为生产 1 单位的矿业产品，矿业部门需消耗 0.5 美元的农产品，0.2 美元的矿业产品，0.2 美元的制造业产品；为生产 1 单位的制造业产品，制造业部门需消耗 0.3 美元的农产品，0.3 美元的矿业产品和 0.3 美元的制造业产品。以上数据可以用投入需求矩阵来表示：

$$A=\begin{bmatrix}0.3 & 0.5 & 0.3\\ 0.2 & 0.2 & 0.3\\ 0.4 & 0.2 & 0.3\end{bmatrix}$$

■

建立在投入需求矩阵基础上的模型即投入产出模型。投入产出模型将经济看作各产业部门相互联系的体系，产业部门之所以相互联系是因为某个产业的产品通常被用作某些产业生产过程的投入品，并被计入消费者的最终需求中。因此，一般的，每一产业部门都是可能进入最终消费的中间产品的潜在生产者。问题在于要求出在既定价格下，足够满足产业和消费者总需求的每一产业部门的生产水平。我们将在第 9 章详细探讨投入产出模型并给出其一般的求解方法，我们也将用上面所说的投入需求矩阵来求解（见例 9.20）。

定义 8.1 由数字和括弧组成的矩形排列称为**矩阵**，一般用大写字母来表示。

数字是矩阵的元素，行（水平阵列）数和列（垂直阵列）数决定了矩阵的维数，也称为矩阵的阶次。在例 8.2 中，矩阵 A 的阶次是 5×4，而在例 8.3 和例 8.4 中，矩阵 A 的阶次是 3×3。注意，当我们表示一个矩阵的维数时，一般先给出行数。

一般的，一个 $m\times n$（m 行，n 列）阶的矩阵 A 可记作

$$\begin{bmatrix} a_{11} & a_{12} & a_{13} & \cdots & a_{1n} \\ a_{21} & a_{22} & a_{23} & \cdots & a_{2n} \\ \vdots & \vdots & \vdots & & \vdots \\ a_{m1} & a_{m2} & a_{m3} & \cdots & a_{mn} \end{bmatrix}$$

我们在第 7 章曾经讲过，矩阵的每个元素都有表示行数和列数的下标，下标可表示出这一元素的位置。例如，元素 a_{43} 就说明这一元素在第 4 行第 3 列。只有一行的矩阵 A 称为**行矩阵**，如矩阵 $[5,\ 3,\ 5,\ 4]$。只有一列的矩阵 A 称为**列矩阵**，如矩阵

$$\begin{bmatrix} -1 \\ 2 \end{bmatrix}$$

行矩阵通常又称为**行向量**，列矩阵通常又称为**列向量**，故 n 维行向量是 $1\times n$ 阶矩阵，n 维列向量是 $n\times 1$ 阶矩阵。

定义 8.2 只包括一行或一列的矩阵称为**向量**。

向量是特殊的矩阵，遵守所有矩阵运算法则。一般，向量用黑体的小写字母 **a**，**b** 等来表示，借以区别用大写字母表示的矩阵。

矩阵相等

如果两个矩阵有相同的维数，且对应位置上的元素相等，则称两个矩阵相等。

例 8.4 如果矩阵

$$\begin{bmatrix} 3 & 2 \\ x+y & 1 \end{bmatrix}=\begin{bmatrix} 3 & y \\ 2 & 1 \end{bmatrix}$$

求 x，y。

解： 通过比较相应的元素，我们有

$y=2,\ x+y=2$

故 $x=0$，$y=2$。 ■

方阵

定义 8.3 若一矩阵的行数和列数相等，则称为**方阵**。

故例 8.4 中的矩阵为方阵。

定义 8.4 如果一个矩阵只有主对角线上的元素是非零的，其余的元素均为

零，则称该矩阵为**对角矩阵**。

因此，如果 n 阶矩阵满足 $a_{ij}=0$，$i\neq j$，i，$j=1$，2，…，n，则 A 为对角矩阵。对角矩阵的一个特例是**单位矩阵**，一般用 I_n 来表示，n 表示矩阵的阶次（矩阵的行数和列数）。如，I_3 可记为

$$I_3=\begin{bmatrix}1 & 0 & 0\\ 0 & 1 & 0\\ 0 & 0 & 1\end{bmatrix}$$

我们将在后面的矩阵乘法中看到，单位矩阵在矩阵运算中的角色就相当于“1”在实数运算中的角色。

定义 8.5 所有元素均为零的矩阵称为**零矩阵**。

零矩阵在矩阵运算中所扮演的角色和零在实数运算中的角色一样。

练习

1. 如果

$$\begin{bmatrix}1 & 2\\ x-y & 2\end{bmatrix}=\begin{bmatrix}1 & y\\ 0 & 2\end{bmatrix}$$

求 x 和 y 的值。

2. 若

$$\begin{bmatrix}3 & x\\ x & 1\end{bmatrix}=\begin{bmatrix}3 & y\\ 2 & 1\end{bmatrix}$$

求 x 和 y 的值。

3. 若

$$\begin{bmatrix}3 & 4 & x\\ 2 & 5 & 7\end{bmatrix}=\begin{bmatrix}3 & 4 & y\\ 2 & 5 & 7\end{bmatrix}$$

求 x 和 y 的值。

4. 若

$$\begin{bmatrix}x & 1\\ y & 0\end{bmatrix}=\begin{bmatrix}3 & 1\\ 2 & 0\end{bmatrix}$$

求 x 和 y 的值。

5. 若

$$\begin{bmatrix}1 & 0 & 0\\ 0 & 1 & 1\\ 0 & 1 & 0\end{bmatrix}=\begin{bmatrix}1 & y & z\\ 0 & y & z\\ y & 1 & z\end{bmatrix}$$

求 y 和 z 的值。

8.2 矩阵的基本运算

矩阵的运算法则保证了我们对矩阵进行的变换符合数学逻辑要求。并不是所有的运算都适合所有的矩阵。特别地，在对矩阵进行运算的时候，矩阵的维数或阶次需要满足一些特殊的条件。

矩阵的加法和矩阵的减法

只有矩阵的阶次相等的时候，才能对矩阵进行加减运算。例如，

$$\begin{bmatrix}1 & 2\\3 & 1\end{bmatrix}+\begin{bmatrix}2 & -5\\4 & 0\end{bmatrix}=\begin{bmatrix}3 & -3\\7 & 1\end{bmatrix}$$

符合定义，或者说等式左边的两个矩阵可以进行加法运算。而

$$\begin{bmatrix}3 & 4 & 1\\6 & 5 & -3\end{bmatrix}+\begin{bmatrix}0 & 2\\-5 & 8\end{bmatrix}$$

不符合定义，或者说不可以进行加法运算。

例 8.5 汽车的产量

一家汽车制造商在三家不同的工厂 A、B 和 C 生产三种不同的车型，三种车型在上半年和下半年所达到的产值（单位：万美元）如下所示：

上半年

	车型 1	车型 2	车型 3
工厂 A	2 700	4 400	5 100
工厂 B	3 500	3 900	6 200
工厂 C	3 300	5 000	4 700

下半年

	车型 1	车型 2	车型 3
工厂 A	2 500	4 200	4 800
工厂 B	3 300	4 000	6 600
工厂 C	3 500	4 800	5 000

试用矩阵表示各种信息，并求在一年中每家工厂的总产值。

解：

以上信息可用矩阵表示，矩阵 F 表示上半年的生产数据，矩阵 S 表示下半年的生产数据：

$$F=\begin{bmatrix}2\,700 & 4\,400 & 5\,100\\3\,500 & 3\,900 & 6\,200\\3\,300 & 5\,000 & 4\,700\end{bmatrix},\quad S=\begin{bmatrix}2\,500 & 4\,200 & 4\,800\\3\,300 & 4\,000 & 6\,600\\3\,500 & 4\,800 & 5\,000\end{bmatrix}$$

要求一年的总产值，就要把矩阵对应位置上的元素相加。

$$F+S=\begin{bmatrix}2\,700+2\,500 & 4\,400+4\,200 & 5\,100+4\,800\\3\,500+3\,300 & 3\,900+4\,000 & 6\,200+6\,600\\3\,300+3\,500 & 5\,000+4\,800 & 4\,700+5\,000\end{bmatrix}$$
$$=\begin{bmatrix}5\,200 & 8\,600 & 9\,900\\6\,800 & 7\,900 & 12\,800\\6\,800 & 9\,800 & 9\,700\end{bmatrix}$$ ■

这可得出：

定义 8.6 两个矩阵相加得到一个矩阵，其元素就是两个矩阵对应位置上的元素之和。对两个 $m\times n$ 阶次的矩阵：

$$\begin{bmatrix}a_{11} & a_{12} & a_{13} & \cdots & a_{1n}\\a_{21} & a_{22} & a_{23} & \cdots & a_{2n}\\\vdots & \vdots & \vdots & & \vdots\\a_{m1} & a_{m2} & a_{m3} & \cdots & a_{mn}\end{bmatrix}+\begin{bmatrix}b_{11} & b_{12} & b_{13} & \cdots & b_{1n}\\b_{21} & b_{22} & b_{23} & \cdots & b_{2n}\\\vdots & \vdots & \vdots & & \vdots\\b_{m1} & b_{m2} & b_{m3} & \cdots & b_{mn}\end{bmatrix}$$
$$=\begin{bmatrix}a_{11}+b_{11} & \cdots & a_{1n}+b_{1n}\\a_{21}+b_{21} & \cdots & a_{2n}+b_{2n}\\\vdots & & \vdots\\a_{m1}+b_{m1} & \cdots & a_{mn}+b_{mn}\end{bmatrix}$$

如果我们将这三个矩阵分别叫作矩阵 A、B、C，那么我们有**矩阵方程**

$$A+B=C$$

其中，对任一对 i，j 来说，$c_{ij}=a_{ij}+b_{ij}$，$i=1, 2, \cdots, m$，$j=1, 2, \cdots, n$。

同样，矩阵的减法只能在同阶矩阵间进行。矩阵的减法就是将相同位置上的元素相减。在例 8.5 中，如果我们要求上半年和下半年的产值的差，就用 $F-S$：

$$F-S=\begin{bmatrix}2\,700 & 4\,400 & 5\,100\\3\,500 & 3\,900 & 6\,200\\3\,300 & 5\,000 & 4\,700\end{bmatrix}-\begin{bmatrix}2\,500 & 4\,200 & 4\,800\\3\,300 & 4\,000 & 6\,600\\3\,500 & 4\,800 & 5\,000\end{bmatrix}$$
$$=\begin{bmatrix}200 & 200 & 300\\200 & -100 & -400\\-200 & 200 & -300\end{bmatrix}$$

若用 D 表示矩阵的差，那么我们有矩阵等式

$$F-S=D$$

其中对任意一对 i，j 来说，$d_{ij}=a_{ij}-b_{ij}$，$i=1, 2, \cdots, m$，$j=1, 2, \cdots, n$。从矩阵的加法运算和减法运算的定义可以看出，矩阵的加法和减法只能在具有相

同的行数和列数的矩阵间进行。

常数乘法

在矩阵代数中，实数被称为**常数**，用一常数乘以矩阵称为常数乘法。

定义 8.7 **常数乘法**就是用常数乘以矩阵中的每个元素。

例如，若矩阵

$$A=\begin{bmatrix}2 & 1\\ 3 & 2\end{bmatrix},\quad \text{那么}\quad 3A=\begin{bmatrix}6 & 3\\ 9 & 6\end{bmatrix}$$

实际上，因为在一般代数中，对于任一实数 x，$3x=x+x+x$，这一原理同样适合矩阵，即 $3A=A+A+A$。可以得到

$$\begin{bmatrix}2 & 1\\ 3 & 2\end{bmatrix}+\begin{bmatrix}2 & 1\\ 3 & 2\end{bmatrix}+\begin{bmatrix}2 & 1\\ 3 & 2\end{bmatrix}=\begin{bmatrix}6 & 3\\ 9 & 6\end{bmatrix}$$

矩阵 A 的负矩阵 $-A$ 就是由 $A\times(-1)$ 得到的，若

$$A=\begin{bmatrix}2 & 1\\ 3 & 2\end{bmatrix},\quad \text{那么}\quad -A=\begin{bmatrix}-2 & -1\\ -3 & -2\end{bmatrix}$$

与实数运算相同，我们可以用矩阵的常数乘法和加法来定义矩阵的减法：

$$A-B=A+(-B)$$

矩阵乘法

从矩阵的加法和减法的定义中，读者可能会认为矩阵的乘法就是同阶次的矩阵对应位置上的元素相乘，但实际情况却不是这样。实际上矩阵的乘法比较复杂，看上去并不那么容易理解，我们先考虑方程组：

$$a_{11}x_1+a_{12}x_2=b_1$$
$$a_{21}x_1+a_{22}x_2=b_2$$

其中，x_1 和 x_2 是待定的未知变量，a_{ij} 和 b_i 是已知的变量。用矩阵形式来表述上述方程式是很方便的。

我们定义矩阵

$$A\equiv\begin{bmatrix}a_{11} & a_{12}\\ a_{21} & a_{22}\end{bmatrix},\mathbf{x}\equiv\begin{bmatrix}x_1\\ x_2\end{bmatrix},\mathbf{b}\equiv\begin{bmatrix}b_1\\ b_2\end{bmatrix}$$

写出矩阵方程

$$A\mathbf{x}=\mathbf{b}$$

为了使这一表达式可以表述上面的方程组，我们必须用一种特殊的方式来定义矩阵的乘法。首先，用矩阵 A 的第 1 行与列向量 $\mathbf{x}$ 相乘。在进行这一运算的时候，我们用矩阵 A 的第 1 行的元素乘以列向量 $\mathbf{x}$ 的对应元素：我们用矩阵 A 的第 1 行的第 1 个元素乘以（列）向量的第 1 个元素，用矩阵 A 的第 1 行的第 2 个元素乘以（列）向量的第 2 个元素，然后将两个乘积相加得

$$a_{11}x_1+a_{12}x_2$$

然后用矩阵 A 的第 2 行与列向量 $\mathbf{x}$ 相乘，得

$$a_{21}x_1+a_{22}x_2$$

如果这样来定义矩阵的乘法，那么 $A\mathbf{x}=\mathbf{b}$ 就可以表示上面的方程组了，因为

$$A\mathbf{x}=\begin{bmatrix}a_{11} & a_{12}\\ a_{21} & a_{22}\end{bmatrix}\begin{bmatrix}x_1\\ x_2\end{bmatrix}$$
$$=\begin{bmatrix}a_{11}x_1+a_{12}x_2\\ a_{21}x_1+a_{22}x_2\end{bmatrix}=\begin{bmatrix}b_1\\ b_2\end{bmatrix}$$

实际上，矩阵的乘法法则可由上面的推导过程得出。矩阵相乘不要求矩阵的阶次相等，但是要求第 1 个矩阵的列数与第 2 个矩阵的行数相等，满足这一条件的矩阵就可以进行矩阵乘法运算。

在我们正式给出矩阵乘法的定义之前，先来看几个例子。

例 8.6 总收入

根据以下数据，求周一、周二、周三各天总的停车收费：

	轿车的数目	公交车的数目
周一	30	5
周二	25	5
周三	35	15

每辆轿车的停车费用是 4 美元，每辆公交车的停车费用是 8 美元。用 m、t、w 分别表示周一、周二和周三的收费额，用矩阵形式表示上述数据，我们有

$$周一向量=[30 \quad 5]$$
$$周二向量=[25 \quad 5]$$
$$周三向量=[35 \quad 15]$$
$$收费向量=\begin{bmatrix}4\\ 8\end{bmatrix}$$

解： 为求 m，我们需要计算

$$[30 \quad 5]\begin{bmatrix}4\\ 8\end{bmatrix}=30\times4+5\times8=160$$

为求 t，我们需要计算

$$[25\quad 5]\begin{bmatrix}4\\8\end{bmatrix}=25\times4+5\times8=140$$

为求 w，我们需要计算

$$[35\quad 15]\begin{bmatrix}4\\8\end{bmatrix}=35\times4+15\times8=260$$

问题所讨论的泊车点在这三天的泊车数（TV）和每辆车的收费（CV）可表示为

$$TV=\begin{bmatrix}30 & 5\\25 & 5\\35 & 15\end{bmatrix}，CV=\begin{bmatrix}4\\8\end{bmatrix}$$

那么，每日的收费额可以通过（每日的泊车总数）×（每辆车的收费）得到，即

$$\begin{bmatrix}m\\t\\w\end{bmatrix}=\begin{bmatrix}30 & 5\\25 & 5\\35 & 15\end{bmatrix}\begin{bmatrix}4\\8\end{bmatrix}$$

所以，计算得

$$\begin{bmatrix}m\\t\\w\end{bmatrix}=\begin{bmatrix}160\\140\\260\end{bmatrix}$$

160 是积矩阵的第一个元素，处于积矩阵的第一个位置（第 1 行第 1 列），它对应着 m，它是 TV 矩阵的第 1 行与 CV 矩阵的第 1 列的对应元素乘积的和。当然，在我们的例子中，CV 矩阵只有 1 列，所以

$$30\times4+5\times8=160$$

同样，140 是积矩阵中对应着 t 的元素，它是 TV 矩阵的第 2 行与 CV 的第 1 列的对应元素乘积的和：

$$25\times4+5\times8=140$$

最后，我们通过矩阵的第 3 行与 CV 的第 1 列相乘，可得到积矩阵的第 3 行第 1 列的元素：

$$35\times4+15\times8=260$$ ■

例 8.7 一揽子商品的成本

设列向量

$$\mathbf{x}=\begin{bmatrix}x_1\\x_2\\\vdots\\x_n\end{bmatrix}$$

表示某一消费者在一周内购买的 n 种商品的数量。设行向量 $\mathbf{p}=[p_1\ p_2\cdots\ p_n]$ 是相应的以美元表示的各种商品的单位价格（p_1 是 x_1 的单位价格，p_2 是 x_2 的单

位价格，等等）。求消费者每周购买这些商品的支出。

解： 这个消费者每周购买这些商品的支出是

$$E=\mathbf{px}=[p_1 \quad p_2 \quad \cdots \quad p_n]\begin{bmatrix}x_1\\x_2\\\vdots\\x_n\end{bmatrix}$$
$$=p_1x_1+p_2x_2+\cdots+p_nx_n$$
$$=\sum_{i=1}^{n}p_ix_i$$

■

从这些例子中我们来看矩阵乘法的定义。

定义 8.8 设矩阵 A 的维数为 $m\times n$，矩阵 B 的维数是 $n\times q$，那么这两个矩阵可以相乘，因为矩阵 A 的列数与矩阵 B 的行数相等。积矩阵 AB 的维数为 $m\times q$，其第 i 行第 j 列的元素 c_{ij} 是 A 矩阵第 i 行与 B 矩阵第 j 列的对应元素乘积的和。通常，积矩阵的元素可表示为

$$c_{ij}=\sum_{k=1}^{n}a_{ik}b_{kj}$$

例 8.8 矩阵 A、B 能否相乘？若能，求其乘积。

（i）

$$A=\begin{bmatrix}5&1&0\\2&1&-1\end{bmatrix},\quad B=\begin{bmatrix}4&3\\1&1\\0&2\end{bmatrix}$$

（ii）

$$A=\begin{bmatrix}2&1\\2&3\end{bmatrix},\quad B=\begin{bmatrix}3&4\\2&4\\1&-2\end{bmatrix}$$

解： 对问题（i），A 矩阵为 2×3 矩阵，B 矩阵是 3×2 矩阵，故 A 的列数等于 B 的行数，它们有共同的维数 3，故 A，B 可以相乘。其乘积为

$$\begin{bmatrix}5&1&0\\2&1&-1\end{bmatrix}\begin{bmatrix}4&3\\1&1\\0&2\end{bmatrix}=\begin{bmatrix}5\times4+1\times1+0\times0 & 5\times3+1\times1+0\times2\\2\times4+1\times1-1\times0 & 2\times3+1\times1-1\times2\end{bmatrix}$$
$$=\begin{bmatrix}21&16\\9&5\end{bmatrix}$$

在情况（ii）中，A 是 2×2 矩阵，B 是 3×2 矩阵，因为 A 的列数不等于 B 的行数，故矩阵 A 和 B 不能相乘。■

对 $m\times n$ 矩阵 A 和 $n\times q$ 矩阵 B 来说，虽然用 A **左乘** B 得到的矩阵 AB 是有意义的，但用 A **右乘** B 即 BA 却没有意义（除了下面的特殊情况）。矩阵可乘是指或者可以用另一矩阵左乘某一矩阵，或者可以用另一矩阵右乘某一矩阵，而不是指两者都必须成立。实际上，只有对具有相同阶次的方阵 A 和 B 而言，积矩阵 AB 和 BA 才都有意义。

定理 8.1 只有矩阵 A 和 B 是具有相同阶次的方阵，或者 A 的维数是 $m\times n$，B 的维数是 $n\times m$ 时，积矩阵 AB 和 BA 才都有意义。

注意，即使 AB 和 BA 都有意义，它们一般也不相等。例如，如果

$$A=\begin{bmatrix}1 & 2\\2 & 1\end{bmatrix},\quad B=\begin{bmatrix}1 & 0\\1 & 0\end{bmatrix}$$

那么

$$\begin{aligned}AB&=\begin{bmatrix}1 & 2\\2 & 1\end{bmatrix}\begin{bmatrix}1 & 0\\1 & 0\end{bmatrix}\\&=\begin{bmatrix}1\times1+2\times1 & 1\times0+2\times0\\2\times1+1\times1 & 2\times0+1\times0\end{bmatrix}\\&=\begin{bmatrix}3 & 0\\3 & 0\end{bmatrix}\end{aligned}$$

而

$$\begin{aligned}BA&=\begin{bmatrix}1 & 0\\1 & 0\end{bmatrix}\begin{bmatrix}1 & 2\\2 & 1\end{bmatrix}\\&=\begin{bmatrix}1\times1+0\times2 & 1\times2+0\times1\\1\times1+0\times2 & 1\times2+0\times1\end{bmatrix}\\&=\begin{bmatrix}1 & 2\\1 & 2\end{bmatrix}\end{aligned}$$

可见 $AB\neq BA$。

例 8.9 移民

我们考虑网页中 S8.1 所讲的三地区的迁移矩阵。我们用 $\mathbf{x}^0$ 表示在某初始时间点“0”时的三地区的人口（单位：万人），给定

$$\mathbf{x}^0=\begin{bmatrix}500\\1\ 000\\600\end{bmatrix}$$

求三地区在下一个时期初的人口。

解：我们要求 $\mathbf{x}^1=P\mathbf{x}^0$。已知

$$P=\begin{bmatrix}0.80 & 0.15 & 0.05\\0.10 & 0.70 & 0.05\\0.10 & 0.15 & 0.90\end{bmatrix}$$

那么

$$\begin{aligned}\begin{bmatrix}0.80 & 0.15 & 0.05\\0.10 & 0.70 & 0.05\\0.10 & 0.15 & 0.90\end{bmatrix}\begin{bmatrix}500\\1\ 000\\600\end{bmatrix}&=\begin{bmatrix}0.80\times500+0.15\times1\ 000+0.05\times600\\0.10\times500+0.70\times1\ 000+0.05\times600\\0.10\times500+0.15\times1\ 000+0.90\times600\end{bmatrix}\\&=\begin{bmatrix}580\\780\\740\end{bmatrix}\end{aligned}$$

例如，

$$[0.8 \quad 0.15 \quad 0.05]\begin{bmatrix}500\\1\,000\\600\end{bmatrix}$$

是原来在地区 1 的人口（0.8×500）、原来在地区 2 后迁至地区 1 的人口（0.15×1 000），以及原来在地区 3 后迁至地区 1 的人口（0.05×600）的和，其值为 580 万人。我们可以看到三地区的人口分布由 $\mathbf{x}^0$ 变为 $\mathbf{x}^1$，地区 1 和地区 3 的人口增多了，而地区 2 的人口减少了。■

矩阵乘法的一个特例是方阵的 n 次幂，即方阵自身相乘 n 次，由此我们可以得到如下定义：

定义 8.9 矩阵 A^n 是方阵 A 自身相乘 n 次得到的积矩阵。

随时间变化的移民

在例 8.9 中，我们探讨了在两个时期中，三地区的人口分布变化。根据 $\mathbf{x}^1=P\mathbf{x}^0$，我们可以得到在一个时间段之后这三个地区的人口分布 $\mathbf{x}^1$，其中，$\mathbf{x}^0$ 是三地区在零时间点的人口分布，P 是转移矩阵。

为求出在 n 个时期之后三地区人口分布的变化，我们需要求

$$\mathbf{x}^n=P\mathbf{x}^{n-1} \tag{8.1}$$

其中，$\mathbf{x}^n$ 是三地区在时期 n 的人口分布，而 $\mathbf{x}^{n-1}$ 是三地区在时期 $n-1$ 的人口分布。很显然，由此我们可以推出 $\mathbf{x}^{n-1}=P\mathbf{x}^{n-2}$，将其代入等式（8.1），我们有 $\mathbf{x}^n=P^2\mathbf{x}^{n-2}$。实际上，依此类推，我们可以得到

$$\mathbf{x}^n=P^n\mathbf{x}^0 \tag{8.2}$$

这样，等式（8.2）就给出了在 n 个时期之后三地区的人口变化，这一等式建立在积矩阵 P^n 的基础上。我们可以把 $\mathbf{x}^n=P^n\mathbf{x}^0$ 看作是一个与第 3 章所讲的数列类似的向量的数列。在第 10 章中，我们将对这样的等式详加研究。

例 8.10 两个时间段之后的移民

考虑例 8.9 所讲的转移矩阵 P 和三地区的初始人口分布 $\mathbf{x}^0$，求两个时期之后三个地区的人口分布。

解： 由等式（8.2），我们有

$$\mathbf{x}^2=P^2\mathbf{x}^0$$

现在

$$P^2=\begin{bmatrix}0.80&0.15&0.05\\0.10&0.70&0.05\\0.10&0.15&0.90\end{bmatrix}\begin{bmatrix}0.80&0.15&0.05\\0.10&0.70&0.05\\0.10&0.15&0.90\end{bmatrix}$$

$$=\begin{bmatrix}0.660\,0&0.232\,5&0.092\,5\\0.155\,0&0.512\,5&0.085\,0\\0.185\,0&0.255\,0&0.822\,5\end{bmatrix}$$

所以

$$P^2\mathbf{x}^0=\begin{bmatrix}0.6600 & 0.2325 & 0.0925\\ 0.1550 & 0.5125 & 0.0850\\ 0.1850 & 0.2550 & 0.8225\end{bmatrix}\begin{bmatrix}500\\ 1000\\ 600\end{bmatrix}$$

$$=\begin{bmatrix}618\\ 641\\ 841\end{bmatrix}$$

同样，我们看到地区 1 和地区 3 的人口增多了，而地区 2 的人口减少了。

■

劳动力市场的转换*

我们在移民的例子中所用的方法亦可用于研究不同劳动力市场状况的变化。设一个经济个体在某时点上有三种不同的状况：被雇用（状况 E）、失业（状况 U）和不在劳动力市场中（不参与，状况 N）。在每一个时期，个体可能改变状况，也可能保持目前状况。转换概率矩阵包含诸如保持就业的平均概率 $\Pr(E, E)$，有工作的人失业的平均概率 $\Pr(U, E)$，即由就业状况转向失业状况，等等。转换概率矩阵可记作

$$P=\begin{bmatrix}\Pr(E,E) & \Pr(E,U) & \Pr(E,N)\\ \Pr(U,E) & \Pr(U,U) & \Pr(U,N)\\ \Pr(N,E) & \Pr(N,U) & \Pr(N,N)\end{bmatrix}$$

如果 $\mathbf{x}^0$ 表示在每种就业状况下的人数的初始向量，那么在 n 个时期之后，就业的、失业的和不参与劳动力市场的人的数量为

$$\mathbf{x}^n=P^n\mathbf{x}^0$$

或者分别用 E_t、U_t 和 N_t 表示在 t 时期就业者、失业者和不参加者的人数，我们有

$$\begin{bmatrix}E_n\\ U_n\\ N_n\end{bmatrix}=\begin{bmatrix}\Pr(E,E) & \Pr(E,U) & \Pr(E,N)\\ \Pr(U,E) & \Pr(U,U) & \Pr(U,N)\\ \Pr(N,E) & \Pr(N,U) & \Pr(N,N)\end{bmatrix}^n\begin{bmatrix}E_0\\ U_0\\ N_0\end{bmatrix}$$

注意，这三种状况是互斥的，故 P 中每列的概率之和必为 1。

例 8.11 在一个时期之后的劳动力市场状况

设劳动力市场转换概率矩阵为

$$P=\begin{bmatrix}0.80 & 0.1 & 0.01\\ 0.15 & 0.6 & 0.49\\ 0.05 & 0.3 & 0.50\end{bmatrix}$$

开始时人口分布（单位：百万）为

$$\mathbf{x}^0=\begin{bmatrix}10\\ 1\\ 5\end{bmatrix}$$

试评价概率 Pr(*E*，*N*) 和 Pr(*N*，*U*)，并求一个时期之后的劳动力市场状况向量。

解：由不参加就业市场到直接找到工作的概率 Pr(*E*，*N*)(=0.01) 较小，说明在一些时期很多失业者在寻找工作。概率 Pr(*N*，*U*) 表示失业者离开劳动力市场的概率，这些个体叫作丧失信心的劳动者，这个概率表示退出率。

在一个时期之后，我们有

$$\begin{aligned}\mathbf{x}^1 &= P\mathbf{x}^0 \\ &= \begin{bmatrix} 0.80 & 0.1 & 0.01 \\ 0.15 & 0.6 & 0.49 \\ 0.05 & 0.3 & 0.50 \end{bmatrix} \begin{bmatrix} 10 \\ 1 \\ 5 \end{bmatrix} \\ &= \begin{bmatrix} 0.8\times 10+0.1\times 1+0.01\times 5 \\ 0.15\times 10+0.6\times 1+0.49\times 5 \\ 0.05\times 10+0.3\times 1+0.5\times 5 \end{bmatrix} \\ &= \begin{bmatrix} 8.15 \\ 4.55 \\ 4.10 \end{bmatrix}\end{aligned}$$

注意，失业者的增加来自劳动力市场不参与者的净减少和就业者的净减少。失业者增加伴随着劳动参与者增加的情况称为励志工作者效应。 ■

在本节最后，我们用矩阵的加（减）法和矩阵的乘法来研究 7.2 节讨论过的一个经济学问题。

多市场的供给和需求均衡

回想 7.2 节讨论的三市场均衡。现在利用矩阵我们可以很便捷地表示出几个市场的均衡条件，我们将在第 9 章研究均衡价格的求解。在这里，我们只注重一些概念性的问题。

用 $\mathbf{q}^s$ 表示 n 种商品的市场供给向量，α 为 $n\times 1$ 的常数向量，β 为 $n\times n$ 的系数矩阵，$\mathbf{p}$ 为 $n\times 1$ 的价格向量，我们有

$$\mathbf{q}^s = \boldsymbol{\alpha} + \beta\mathbf{p}$$

同样，需求方程组可记作

$$\mathbf{q}^d = \mathbf{a} + B\mathbf{p}$$

其中，$\mathbf{a}$ 为 $n\times 1$ 的常数向量，B 为 $n\times n$ 的系数矩阵。设在每个市场上需求等于供给，那么

$$\boldsymbol{\alpha} + \beta\mathbf{p} = \mathbf{a} + B\mathbf{p}$$

或

$$\boldsymbol{\alpha} - \mathbf{a} = (B-\beta)\mathbf{p}$$

在第 9 章，我们将会研究如何解这个方程组，以解出价格向量 $\mathbf{p}$。

练习

1. 已知矩阵 A，求 $3A$。

$$A=\begin{bmatrix}1 & 0 & 0\\0 & 1 & 0\\0 & 0 & 1\end{bmatrix}$$

2. 已知矩阵 A、B，如果 A、B 可进行加减运算的话，求 $A-B$ 和 $A+B$。

(a) $A=\begin{bmatrix}1 & 0 & 0\\0 & 1 & 0\\0 & 0 & 1\end{bmatrix}$，　$B=\begin{bmatrix}2 & 0\\2 & -1\end{bmatrix}$

(b) $A=\begin{bmatrix}1 & 0 & 0\\0 & 1 & 0\\0 & 0 & 1\end{bmatrix}$，　$B=\begin{bmatrix}-1 & 2 & 0\\1 & -1 & 1\\0 & 0 & -1\end{bmatrix}$

3. 已知行向量 $\mathbf{a}$ 和列向量 $\mathbf{b}$，求 $\mathbf{ab}$ 和 $\mathbf{ba}$。

$$\mathbf{a}=[1 \quad 2 \quad 0],\quad \mathbf{b}=\begin{bmatrix}-1\\0\\1\end{bmatrix}$$

4. 已知矩阵 A、B，若二者可进行乘法运算，求 AB。

(a) $A=\begin{bmatrix}1 & 0 & 0\\0 & 0 & 1\end{bmatrix}$，　$B=\begin{bmatrix}4 & 3\\1 & 1\\0 & 2\end{bmatrix}$

(b) $B=\begin{bmatrix}1 & 0 & 0\\0 & 0 & 1\end{bmatrix}$，　$A=\begin{bmatrix}4 & 3\\1 & 1\\0 & 2\end{bmatrix}$

5. 设一公司用 3 种投入品生产 2 种产品，产量由列向量 $\mathbf{q}$ 表示：

$$\mathbf{q}=\begin{bmatrix}15\ 000\\27\ 000\end{bmatrix}$$

产品的价格用行向量 $\mathbf{p}=[10 \quad 12]$ 表示。投入品的数量用列向量 $\mathbf{z}$ 表示：

$$\mathbf{z}=\begin{bmatrix}11\ 000\\15\ 000\\15\ 000\end{bmatrix}$$

投入品的价格用行向量 $\mathbf{w}=[10 \quad 10 \quad 8]$ 表示。求公司利润。

6. 根据等式（8.2）和例 8.10 中的 P 和 $\mathbf{x}^0$，求 3 个时期之后的地区人口分布。

8.3 矩阵转置

矩阵转置在矩阵代数中非常有用。将矩阵 A 的行与列互换，得到的矩阵称为矩阵 A 的转置矩阵，记为 A^T。

定义 8.10 矩阵 A 的**转置矩阵** A^T 是将矩阵 A 的行与列互换得到的矩阵。

例 8.12 求 2×3 矩阵 A 的转置矩阵 A^T。

$$A=\begin{bmatrix}1 & 2 & 3\\ 2 & 5 & 7\end{bmatrix}$$

解：因为 A 是 2×3 矩阵，故 A 的转置矩阵 A^T 是 3×2 矩阵。将矩阵 A 的第 1 行（1，2，3）变为矩阵 A^T 的第 1 列，将矩阵 A 的第 2 行（2，5，7）变为 A^T 的第 2 列，则 A^T 为

$$A^T=\begin{bmatrix}1 & 2\\ 2 & 5\\ 3 & 7\end{bmatrix}$$ ■

定义 8.11 若矩阵 A 与其转置矩阵 A^T 相等，则称矩阵 A 为**对称矩阵**。

如矩阵

$$A=\begin{bmatrix}1 & 5 & 6\\ 5 & 2 & 0\\ 6 & 0 & -4\end{bmatrix}$$

为对称矩阵。将 A 的行与列互换，有 $A^T=A$。

根据我们前面所讲的，矩阵相等是指两个矩阵各个位置的元素都相等，因此，矩阵 A 和其转置矩阵 A^T 的阶次必相等，在这种情况下，A 和 A^T 必为方阵。

从现在开始，我们所说的向量都是指列向量，其转置即为行向量。

例 8.13 利润函数

根据一个厂商的利润函数 $\Pi=\mathbf{pq}-\mathbf{wz}$，将所有的向量都表示为列向量，那么利润函数

$$\Pi=\mathbf{p}^T\mathbf{q}-\mathbf{w}^T\mathbf{z}$$ ■

转置矩阵的性质

下面我们用一系列定理和例子给出一些转置矩阵的性质。

定理 8.2 转置矩阵的转置即 $(A^T)^T$ 是原矩阵 A：

$$(A^T)^T=A \tag{8.3}$$

例 8.14 矩阵

$$A=\begin{bmatrix}2 & 1 & 3\\3 & 1 & 4\end{bmatrix}$$

求 $(A^T)^T$。

解：

$$A^T=\begin{bmatrix}2 & 3\\1 & 1\\3 & 4\end{bmatrix}，所以(A^T)^T=\begin{bmatrix}2 & 1 & 3\\3 & 1 & 4\end{bmatrix}=A$$ ■

定理 8.3 矩阵和的转置是转置矩阵的和：

$$(A+B)^T=A^T+B^T \tag{8.4}$$

例 8.15 已知矩阵 A，B，求 $(A+B)^T$。

$$A=\begin{bmatrix}1 & 2\\3 & 0\end{bmatrix},\quad B=\begin{bmatrix}3 & 1\\-1 & 1\end{bmatrix}$$

解：我们先来求 A^T 和 B^T，然后求 $A+B$ 和 $(A+B)^T$：

$$A^T=\begin{bmatrix}1 & 3\\2 & 0\end{bmatrix},\quad B^T=\begin{bmatrix}3 & -1\\1 & 1\end{bmatrix}$$

而

$$\begin{aligned}A+B&=\begin{bmatrix}1 & 2\\3 & 0\end{bmatrix}+\begin{bmatrix}3 & 1\\-1 & 1\end{bmatrix}\\&=\begin{bmatrix}4 & 3\\2 & 1\end{bmatrix}\end{aligned}$$

则

$$(A+B)^T=\begin{bmatrix}4 & 2\\3 & 1\end{bmatrix}$$

所以

$$\begin{aligned}A^T+B^T&=\begin{bmatrix}1 & 3\\2 & 0\end{bmatrix}+\begin{bmatrix}3 & -1\\1 & 1\end{bmatrix}\\&=\begin{bmatrix}4 & 2\\3 & 1\end{bmatrix}=(A+B)^T\end{aligned}$$ ■

我们对 $(AB)^T$ 或者说积矩阵的转置要做一下解释。设 A 为 $m\times n$ 矩阵，B 为 $n\times q$ 矩阵，那么这两个矩阵是可以相乘的。AB 有意义，因为矩阵 A 的列数

与矩阵B的行数相等，而积矩阵BA则没有意义。现在

$$(AB)^T=A^TB^T$$

是不可能的。因为积矩阵AB的维数是$m\times q$，其转置矩阵的维数应该是$q\times m$，而A^T的维数是（$n\times m$），B^T的维数是（$q\times n$），这样，A^T的列数不等于B^T的行数。

下面的等式（8.5）给出了得出积矩阵的转置矩阵$(AB)^T$的法则：

$$(AB)^T=B^TA^T \tag{8.5}$$

在这个例子中，B^TA^T是$q\times m$矩阵。

定理 8.4 若A、B矩阵可以相乘，那么积矩阵AB的转置矩阵是A、B转置矩阵的积，乘式因子的顺序是B^TA^T。

以上法则可以推广至任意多个可乘的矩阵相乘得到的积矩阵上。如，由三个矩阵相乘得到的积矩阵ABC的转置矩阵为

$$(ABC)^T=C^T(AB)^T=C^TB^TA^T$$

练习

1. 求下列矩阵的转置矩阵。

(a)

$$I_3=\begin{bmatrix}1&0&0\\0&1&0\\0&0&1\end{bmatrix}$$

(b)

$$A=\begin{bmatrix}1&2&3\\2&1&0\\3&0&1\end{bmatrix}$$

2. 对于下面的矩阵，指出（a）～（e）的运算是否有意义，如果没有意义，试解释为什么。

$$A=\begin{bmatrix}7&0&-1\\2&3&1\end{bmatrix},\quad B=\begin{bmatrix}0&1&3\\-1&3&2\end{bmatrix}$$

$$C=\begin{bmatrix}1&4\\-1&0\end{bmatrix},\quad D=\begin{bmatrix}1&0\\-2&1\end{bmatrix},\quad E=\begin{bmatrix}1\\0\end{bmatrix}$$

(a) $-3A$

(b) $A+E$

(c) $B-3D$

(d) $3C-E$

(e) AC

3. 对于下面的矩阵 A 和 B，证明 $(AB)^T=B^TA^T$。

(a)

$$A=\begin{bmatrix}1 & 0 & 0\\0 & 0 & 1\end{bmatrix},\quad B=\begin{bmatrix}4 & 3\\1 & 1\\0 & 2\end{bmatrix}$$

(b)

$$A=\begin{bmatrix}1 & 0 & 0\\0 & 0 & 1\end{bmatrix},\quad B=\begin{bmatrix}1 & 2 & 3\\2 & 1 & 0\\3 & 0 & 1\end{bmatrix}$$

4. 厂商用 3 种投入品生产 3 种产品，产出向量为

$$\mathbf{q}=\begin{bmatrix}2\ 000\\3\ 000\\6\ 000\end{bmatrix}$$

产品的单位价格向量为

$$\mathbf{p}=\begin{bmatrix}10\\15\\20\end{bmatrix}$$

投入向量为

$$\mathbf{z}=\begin{bmatrix}2\ 000\\2\ 500\\2\ 000\end{bmatrix}$$

投入品的单位价格向量为

$$\mathbf{w}=\begin{bmatrix}5\\10\\15\end{bmatrix}$$

求厂商的利润。

5. 若矩阵 A 的阶数是 3×5，积矩阵 AB 的阶数是 3×7，求矩阵 B 的阶数。

6. 设

$$A=\begin{bmatrix}1 & 2\\3 & 6\end{bmatrix},\quad B=\begin{bmatrix}3 & -8\\2 & 3\end{bmatrix},\quad C=\begin{bmatrix}5 & 2\\1 & -2\end{bmatrix}$$

证明 $AB=AC$，尽管 $B\neq C$。

7. 若积矩阵 BA 是 2×6 矩阵，求 B 的行数。

8.4 几种特殊的矩阵

有一些矩阵具有特殊的性质，在方程组的研究中非常有用。

等幂矩阵

定义 8.12 一个方阵 A 是**等幂矩阵**，若

$$A=A^2=A^3=\cdots$$

其中 $A^2=AA$，$A^3=AAA$，等等。

等幂矩阵在统计分布理论中的作用非常大。在后面讨论二次方程式的章节中，我们将看到等幂矩阵的例子。

例 8.16 证明下面的矩阵 A 为等幂矩阵：

$$A=\begin{bmatrix} 1/6 & -1/3 & 1/6 \\ -1/3 & 2/3 & -1/3 \\ 1/6 & -1/3 & 1/6 \end{bmatrix}$$

证明：只需证明 $AA=A$ 即可（为什么?）

$$A=\begin{bmatrix} 1/6 & -1/3 & 1/6 \\ -1/3 & 2/3 & -1/3 \\ 1/6 & -1/3 & 1/6 \end{bmatrix}\begin{bmatrix} 1/6 & -1/3 & 1/6 \\ -1/3 & 2/3 & -1/3 \\ 1/6 & -1/3 & 1/6 \end{bmatrix}$$

$$=\begin{bmatrix} (1/6)\times(1/6)+(1/3)\times(1/3)+(1/6)\times(1/6) & -(1/6)\times(1/3)-(1/3)\times(2/3)-(1/6)\times(1/3) & (1/6)\times(1/6)+(1/3)\times(1/3)+(1/6)\times(1/6) \\ -(1/3)\times(1/6)-(2/3)\times(1/3)-(1/3)\times(1/6) & (1/3)\times(1/3)+(2/3)\times(2/3)+(1/3)\times(1/3) & -(1/6)\times(1/3)-(1/3)\times(2/3)-(1/6)\times(1/3) \\ (1/6)\times(1/6)+(1/3)\times(1/3)+(1/6)\times(1/6) & -(1/6)\times(1/3)-(1/3)\times(2/3)-(1/6)\times(1/3) & (1/6)\times(1/6)+(1/3)\times(1/3)+(1/6)\times(1/6) \end{bmatrix}$$

$$=\begin{bmatrix} 1/6 & -1/3 & 1/6 \\ -1/3 & 2/3 & -1/3 \\ 1/6 & -1/3 & 1/6 \end{bmatrix}$$

■

分块矩阵

定义 8.13 **分块矩阵**以子矩阵为元素，子矩阵是通过划分原矩阵的行和列

得到的。

例如

$$A=\left[\begin{array}{ccc|c}1 & 2 & 3 & 1\\ 2 & 1 & 0 & 1\\ \hline 3 & 0 & -1 & 2\end{array}\right]=\begin{bmatrix}A_{11} & A_{12}\\ A_{21} & A_{22}\end{bmatrix}$$

其中

$$A_{11}=\begin{bmatrix}1 & 2 & 3\\ 2 & 1 & 0\end{bmatrix},\quad A_{12}=\begin{bmatrix}1\\ 1\end{bmatrix},\quad A_{21}=[3\quad 0\quad -1],\quad A_{22}=[2]$$

如果子矩阵有合适的阶次，那么矩阵加法、减法和乘法法则可直接应用于分块矩阵。设 A、B 是两个分块矩阵，

$$A=\begin{bmatrix}A_{11} & A_{12}\\ A_{21} & A_{22}\end{bmatrix},\quad B=\begin{bmatrix}B_{11} & B_{12}\\ B_{21} & B_{22}\end{bmatrix}$$

设矩阵 A、B 的总维数相等，且 A_{11}和 B_{11}、A_{12}和 B_{12}、A_{21}和 B_{21}、A_{22}和 B_{22}有相同的阶次，那么

$$A+B=\begin{bmatrix}A_{11}+B_{11} & A_{12}+B_{12}\\ A_{21}+B_{21} & A_{22}+B_{22}\end{bmatrix}$$

矩阵的迹

矩阵的迹只是针对方阵而言的。

定义 8.14 对方阵 A，**矩阵的迹**就是主对角线上的元素之和。换句话说，若 A 为 $n\times n$ 矩阵，那么矩阵 A 的迹为

$$\text{tr}(A_n)=a_{11}+a_{22}+\cdots+a_{nn}$$

矩阵的迹如果有意义的话，则有非常有用的简化性质。例如：

定理 8.5 矩阵 A 的维数是 $m\times n$，矩阵 B 的维数是 $n\times m$，那么矩阵 AB 为 $m\times m$ 矩阵，矩阵 BA 为 $n\times n$ 矩阵，且

$$\text{tr}(AB)=\text{tr}(BA)$$

证明：因为矩阵 AB 的阶次为 $m\times m$，则其第 i 个对角元素为

$$c_{ii}=\sum_{j=1}^{n}a_{ij}b_{ji},\ i=1,\cdots,m$$

BA 的阶次为 $n\times n$，其第 j 个对角元素为

$$d_{jj}=\sum_{i=1}^{m}b_{ji}a_{ij},\ j=1,\cdots,n$$

故 AB 的迹为

$$\begin{aligned}\operatorname{tr}(AB)&=\sum_{i=1}^{m}c_{ii}=\sum_{i=1}^{m}\Big(\sum_{j=1}^{n}a_{ij}b_{ji}\Big)\\&=\sum_{i=1}^{m}\sum_{j=1}^{n}a_{ij}b_{ji}\end{aligned}$$

BA 的迹为

$$\begin{aligned}\operatorname{tr}(BA)&=\sum_{j=1}^{n}d_{jj}=\sum_{j=1}^{n}\Big(\sum_{i=1}^{m}b_{ji}a_{ij}\Big)\\&=\sum_{j=1}^{n}\sum_{i=1}^{m}b_{ji}a_{ij}\end{aligned}$$

由此我们得到

$$\operatorname{tr}(AB)=\sum_{i=1}^{m}\sum_{j=1}^{n}a_{ij}b_{ji}=\sum_{j=1}^{n}\sum_{i=1}^{m}b_{ji}a_{ij}=\operatorname{tr}(BA)$$ ■

例 8.17 对于下面的矩阵 A、B，证明 $\operatorname{tr}(AB)=\operatorname{tr}(BA)$。

$$A=\begin{bmatrix}2&1&3\\2&1&4\end{bmatrix},\quad B=\begin{bmatrix}3&1\\2&-1\\1&0\end{bmatrix}$$

证明： A 为 2×3 矩阵，B 为 3×2 矩阵，故 AB 为 2×2 矩阵，BA 为 3×3 矩阵。

$$AB=\begin{bmatrix}2&1&3\\2&1&4\end{bmatrix}\begin{bmatrix}3&1\\2&-1\\1&0\end{bmatrix}=\begin{bmatrix}11&1\\12&1\end{bmatrix}$$

$\operatorname{tr}(AB)=11+1=12$

$$BA=\begin{bmatrix}3&1\\2&-1\\1&0\end{bmatrix}\begin{bmatrix}2&1&3\\2&1&4\end{bmatrix}=\begin{bmatrix}8&4&13\\2&1&2\\2&1&3\end{bmatrix}$$

$\operatorname{tr}(BA)=8+1+3=12$。 ■

练习

1. 证明矩阵 I_3 是等幂矩阵：

$$I_3=\begin{bmatrix}1&0&0\\0&1&0\\0&0&1\end{bmatrix}$$

2. 证明矩阵 A 是等幂矩阵：

$$A=\frac{1}{11}\begin{bmatrix} 6 & -2 & -5 & 1 \\ -2 & 8 & -2 & -4 \\ -5 & -2 & 6 & 1 \\ 1 & -4 & 1 & 2 \end{bmatrix}$$

3. 证明矩阵 A 是等幂矩阵：

$$A=\begin{bmatrix} x & -x \\ x-1 & 1-x \end{bmatrix}$$

4. 对于下面的矩阵 A 和 B，证明 tr（AB）＝tr（BA）。

$$A=\begin{bmatrix} 1 & -1 & 1 \\ 2 & 2 & 0 \end{bmatrix}, \quad B=\begin{bmatrix} 3 & 1 \\ 0 & 1 \\ 1 & 1 \end{bmatrix}$$

5. 对于下面的矩阵 A，求 tr（A），tr（AA），tr（AAA）。

(a) $A=\begin{bmatrix} 1/6 & -1/3 & 1/6 \\ -1/3 & 2/3 & -1/3 \\ 1/6 & -1/3 & 1/6 \end{bmatrix}$

(b) $A=\frac{1}{11}\begin{bmatrix} 6 & -2 & -5 & 1 \\ -2 & 8 & -2 & -4 \\ -5 & -2 & 6 & 1 \\ 1 & -4 & 1 & 2 \end{bmatrix}$

本章小结

关键词

列矩阵	列向量	可乘矩阵	对角矩阵
等幂矩阵	单位矩阵	矩阵	矩阵方程
零矩阵	分块矩阵	右乘	左乘
积矩阵	行矩阵	行向量	常数
常数乘法	方阵	对称矩阵	迹
转置矩阵	向量		

思考题

1. 什么时候两个矩阵可以相加（相减）？
2. 什么时候两个矩阵可以相乘？
3. 为什么对于两个矩阵来说，区分左乘和右乘很重要，而对于常数却不是这样？

4. 对称矩阵的转置矩阵是什么？

5. 何为矩阵的迹？

复习题

1. 对下面的矩阵的运算，指出哪一个的运算结果为常数。

(a) AB，A 为 2×1 矩阵，B 为 1×2 矩阵

(b) A^TB，A 为 2×1 矩阵，B 为 2×1 矩阵

(c) A^TBA，A 为 2×1 矩阵，B 为 2×2 矩阵

(d) AA^TB，A 为 5×1 矩阵，B 为 5×5 矩阵

2. 矩阵

$$A=\begin{bmatrix}5 & 1\\3 & -2\end{bmatrix},\quad B=\begin{bmatrix}2 & 0\\4 & 3\end{bmatrix}$$

证明 $AB\neq BA$。

3. 矩阵

$$A=\begin{bmatrix}1 & -3\\-2 & 4\end{bmatrix},\quad \mathbf{x}=\begin{bmatrix}5\\3\end{bmatrix}$$

求 $(A\mathbf{x})^T$，$\mathbf{x}^TA^T$，$\mathbf{x}\mathbf{x}^T$ 和 $\mathbf{x}^T\mathbf{x}$。$A^T\mathbf{x}^T$ 有意义吗？

4.

$$A=\begin{bmatrix}1 & 1 & 1\\1 & 2 & 3\\1 & 4 & 5\end{bmatrix},\quad D=\begin{bmatrix}2 & 0 & 0\\0 & 3 & 0\\0 & 0 & 4\end{bmatrix}$$

求 AD 和 DA。

5. 设

$$A=\begin{bmatrix}3 & -4\\-5 & 1\end{bmatrix},\quad B=\begin{bmatrix}7 & 4\\5 & k\end{bmatrix}$$

求使 $AB=BA$ 的 k 值。

6. 设

$$A=\begin{bmatrix}1 & 2\\-3 & 4\end{bmatrix},\quad B=\begin{bmatrix}-8 & 4\\-7 & 5\end{bmatrix}$$

求：(a) A^T，B^T，A^T+B^T，$(A+B)^T$。

(b) AB，$(AB)^T$，A^TB^T，B^TA^T。

7. 根据例 8.10 的数据，求 4 个时期之后的人口分布。

8. 根据例 8.11 的数据，求 2 个时期之后的失业率。（提示：失业率是指失业的人数占劳动力市场上劳动参与者的总数的比例。）这些转移概率描述的情况能否按同样的方式演化？

第 9 章 行列式和逆矩阵

我们鼓励读者通过我们的网站 http://mitpress.mit.edu/math_econ3 来获得如下有助于学习本章的材料：

- 高斯-约当消去法和逆矩阵

在第 8 章中，我们定义了矩阵的加法、减法和乘法运算，那么除法是怎样的呢？我们能否定义一个矩阵除以另一个矩阵的法则？答案是肯定的。但是需要一定的限制条件，矩阵的除法只限于方阵，而且只限于那些非奇异的方阵。我们回顾一下矩阵代数和解线性联立方程组之间的关系，从而回答这些限制条件存在的原因。

9.1 逆矩阵的定义

首先考虑两个数之间的除法。如果我们用 b 除 $a(b\neq 0)$，那么可以记作 a/b。如果我们用 $1/b=b^{-1}$ 表示 b 的倒数或 b 的逆，那么可以将 a 除以 b 定义为 a 和 b^{-1} 相乘，即 $a/b=ab^{-1}$。实际上这种定义除法的方法在处理矩阵问题时非常有用。最后，注意数 b 的倒数或逆 b^{-1} 有如下性质：

$$bb^{-1}=b^{-1}b=1$$

例如，数 2 的倒数为 1/2，$2\times(1/2)=1$。这一点在我们考虑矩阵除法之前应该讲清楚。

定义 9.1 对于 n 阶方阵 A，其**逆矩阵** A^{-1} 就是满足

$$AA^{-1}=A^{-1}A=I_n$$

的矩阵，I_n 为 n 阶单位矩阵。

注意，A^{-1} 只对方阵有意义，但并不是所有的方阵都有逆矩阵。求矩阵的逆矩阵，就要解等式

$$A^{-1}A=I$$

求出 A^{-1} 的各元素。

在一般代数中处理实数问题时，我们知道，当且仅当 $a\neq 0$ 时，$a\times(1/a)=1$ 才有意义。在矩阵运算中，A^{-1} 对应着一般代数中的（$1/a$），但是 A 不是零矩阵并不能保证 A^{-1} 存在。

定义 9.2 不存在逆矩阵 A^{-1} 的矩阵 A 称为**奇异矩阵**，存在逆矩阵 A^{-1} 的矩阵 A 称为**非奇异矩阵**。

例 9.1 矩阵方程

$$A\mathbf{x}=\mathbf{b}$$

表示含 n 个未知量的 n 个线性联立方程的方程组，A 为 $n\times n$ 矩阵，$\mathbf{x}$ 为 $n\times 1$ 矩阵，$\mathbf{b}$ 为 $n\times 1$ 矩阵。求向量 $\mathbf{x}$。

解： 考虑一般方程

$$ax=b$$

a、x、b 为数量，要解这个方程，只需用 a 除 b，得

$$x=b/a$$

或

$$(a^{-1}a)x=a^{-1}b$$

很自然，要解矩阵方程，有

$$A^{-1}A\mathbf{x}=A^{-1}\mathbf{b}$$
$$I_n\mathbf{x}=A^{-1}\mathbf{b}$$
$$\mathbf{x}=A^{-1}\mathbf{b}$$

假如 A 和 $\mathbf{b}$ 已知，当 A^{-1} 存在的时候，$\mathbf{x}=A^{-1}\mathbf{b}$ 就是未知向量 $\mathbf{x}$ 的解。 ■

从上面这个例子我们可以看到，证明逆矩阵存在相当于证明一个线性方程组有解，就像我们在第 7 章中讨论的那样。实际上我们看到，线性方程组有解必须满足的条件也就是逆矩阵存在要满足的条件，求解线性联立方程组的高斯-约当消去法也可以用来求逆矩阵。

求 2×2 矩阵的逆矩阵

设 A 为一个一般的 2×2 矩阵：

$$A=\begin{bmatrix}a_{11} & a_{12}\\ a_{21} & a_{22}\end{bmatrix}$$

设 A 的逆矩阵 A^{-1} 存在：

$$A^{-1}=\begin{bmatrix}\alpha_{11} & \alpha_{12}\\ \alpha_{21} & \alpha_{22}\end{bmatrix}$$

根据逆矩阵的定义，我们有

$$\begin{bmatrix}a_{11} & a_{12}\\ a_{21} & a_{22}\end{bmatrix}\begin{bmatrix}\alpha_{11} & \alpha_{12}\\ \alpha_{21} & \alpha_{22}\end{bmatrix}=\begin{bmatrix}1 & 0\\ 0 & 1\end{bmatrix}$$

我们要根据 A 的已知元素 a_{11}、a_{12}、a_{21}、a_{22} 来求 A^{-1} 的未知元素 α_{11}、α_{12}、α_{21}、α_{22}。首先求 α_{11} 和 α_{21}，我们有

$$\begin{bmatrix}a_{11} & a_{12}\\ a_{21} & a_{22}\end{bmatrix}\begin{bmatrix}\alpha_{11}\\ \alpha_{21}\end{bmatrix}=\begin{bmatrix}1\\ 0\end{bmatrix}$$

根据矩阵的乘法，我们得到含 2 个未知量 α_{11} 和 α_{21} 的方程组：

$$a_{11}\alpha_{11}+a_{12}\alpha_{21}=1 \tag{9.1}$$

$$a_{21}\alpha_{11}+a_{22}\alpha_{21}=0 \tag{9.2}$$

我们将式（9.1）中的 $a_{12}\alpha_{21}$ 移到等式右边，然后两边都除以 a_{11}，得

$$\alpha_{11}=\frac{1-a_{12}\alpha_{21}}{a_{11}}$$

将 α_{11} 的值代入等式（9.2），得

$$a_{21}\left(\frac{1-a_{12}\alpha_{21}}{a_{11}}\right)+a_{22}\alpha_{21}=0$$

等式两边同乘以 a_{11}，得

$$a_{21}-a_{21}a_{12}\alpha_{21}+a_{11}a_{22}\alpha_{21}=0$$

合并 α_{21} 项，得

$$\alpha_{21}=\frac{-a_{21}}{a_{22}a_{11}-a_{21}a_{12}}$$

然后将 α_{21} 的值代入 α_{11} 的表达式，得

$$\begin{aligned}\alpha_{11}&=\frac{1}{a_{11}}-\frac{a_{12}}{a_{11}}\left(\frac{-a_{21}}{a_{22}a_{11}-a_{21}a_{12}}\right)\\&=\frac{a_{22}a_{11}-a_{21}a_{12}+a_{12}a_{21}}{a_{11}(a_{22}a_{11}-a_{21}a_{12})}\\&=\frac{a_{22}}{a_{22}a_{11}-a_{21}a_{12}}\end{aligned}$$

同样，我们可以根据

$$\begin{bmatrix} a_{11} & a_{12} \\ a_{21} & a_{22} \end{bmatrix}\begin{bmatrix} \alpha_{12} \\ \alpha_{11} \end{bmatrix}=\begin{bmatrix} 0 \\ 1 \end{bmatrix}$$

求 α_{12} 和 α_{22}，得

$$\alpha_{12}=\frac{-a_{12}}{a_{22}a_{11}-a_{21}a_{12}}$$

$$\alpha_{22}=\frac{a_{11}}{a_{22}a_{11}-a_{21}a_{12}}$$

根据所求得的 α_{11}、α_{12}、α_{21}、α_{22} 的值，我们可将逆矩阵 A^{-1} 表示出来：

$$A^{-1}=\frac{1}{a_{22}a_{11}-a_{21}a_{12}}\begin{bmatrix} a_{22} & -a_{12} \\ -a_{21} & a_{11} \end{bmatrix}$$

我们可证明 $AA^{-1}=A^{-1}A=I_2$。

2×2 矩阵的行列式及其性质

逆矩阵 A^{-1} 中的每一个元素都是矩阵 A 中元素的函数。很明显，A^{-1} 若存在，那么 $a_{22}a_{11}-a_{21}a_{12}$ 不为零，如果为零的话，那么 A^{-1} 的任一元素都没有意义，因为 1/0 是没有意义的。

定义 9.3　$a_{22}a_{11}-a_{21}a_{12}$ 叫作 2×2 矩阵 A 的**行列式**，它是由 A 的所有元素组成的，我们用 $|A|$ 或 $\det A$ 来表示。

除了上面所讲的代数意义，2×2 矩阵 A 的行列式还有其几何意义：它表示组成我们所讨论的矩阵的两个列向量围成的面积。在本节的最后，我们详细讨论它的几何意义。

如果 $|A|=0$，那么 A 称为奇异矩阵，因为 A^{-1} 不存在；当 $|A|\neq 0$ 时，A 称为非奇异矩阵。A 的行列式值 $a_{22}a_{11}-a_{21}a_{12}$ 构成了 A^{-1} 每个元素的分母，为求出 A^{-1} 每一元素的分子，我们按照以下步骤来做。

第 1 步：对 A 的每个元素，划掉此元素所处的行与列，对剩下的元素按照下面的方式标注"＋"、"－"号：

$$\begin{bmatrix} + & - \\ - & + \end{bmatrix}$$

则我们得到矩阵

$$\begin{bmatrix} a_{22} & -a_{21} \\ -a_{12} & a_{11} \end{bmatrix}$$

第 2 步：将上面得到的矩阵转置，得

$$\begin{bmatrix} a_{22} & -a_{12} \\ -a_{21} & a_{11} \end{bmatrix}$$

例 9.2 求下列矩阵的转置矩阵：

（ⅰ）$A=\begin{bmatrix}1 & 2\\ 3 & -1\end{bmatrix}$

（ⅱ）$B=\begin{bmatrix}1 & 2\\ 2 & 4\end{bmatrix}$

解：(ⅰ) 我们有 $|A|=-1-6=-7$，因为 $|A|\neq 0$，故 A 的逆矩阵 A^{-1} 存在。$|A|$ 是 A^{-1} 中每个元素的分母，我们根据上面所说的步骤求 A^{-1} 每一元素的分子：

第 1 步：我们求得矩阵

$$\begin{bmatrix}a_{22} & -a_{21}\\ -a_{12} & -a_{11}\end{bmatrix}$$

在本例中，是

$$\begin{bmatrix}-1 & -3\\ -2 & 1\end{bmatrix}$$

第 2 步：我们将上面的矩阵转置，得

$$\begin{bmatrix}-1 & -2\\ -3 & 1\end{bmatrix}$$

则逆矩阵为

$$A^{-1}=\frac{1}{|A|}\begin{bmatrix}-1 & -2\\ -3 & 1\end{bmatrix}=\begin{bmatrix}1/7 & 2/7\\ 3/7 & -1/7\end{bmatrix}$$

我们可以证明

$$\begin{bmatrix}1 & 2\\ 3 & -1\end{bmatrix}\begin{bmatrix}1/7 & 2/7\\ 3/7 & -1/7\end{bmatrix}=\begin{bmatrix}1/7+6/7 & 2/7-2/7\\ 3/7-3/7 & 6/7+1/7\end{bmatrix}$$
$$=\begin{bmatrix}1 & 0\\ 0 & 1\end{bmatrix}$$

（ⅱ）我们有 $|B|=4-4=0$，故 B^{-1} 不存在。■

现在我们给出矩阵的行列式的一些性质，并给出例子。尽管我们的例子讲的是 2×2 矩阵，但是下面的定理适用于任一 $n\times n$ 矩阵。

定理 9.1 矩阵 A 的转置矩阵的行列式 $|A^T|$ 等于矩阵 A 的行列式 $|A|$，即使 A 可能不是对称矩阵。

例 9.3 矩阵

$$A=\begin{bmatrix}1 & 2\\ 3 & 4\end{bmatrix}$$

求 $|A|$ 和 $|A^T|$。

解：

$$A^T=\begin{bmatrix}1 & 3\\ 2 & 4\end{bmatrix}$$

所以 $|A^T|=4-6=-2$。又 $|A|=4-6=-2$，因此 $|A|=|A^T|$ 。 ■

定理 9.2 如果矩阵 B 是通过交换矩阵 A 的两行或两列得到的，那么 $|B|=-|A|$ 。

例 9.4 矩阵

$$A=\begin{bmatrix}1 & 2\\ 3 & 4\end{bmatrix}$$

求定理 9.2 所讲的矩阵 B。我们可以通过两种方法求得 B：

（ⅰ）交换 A 的行；

（ⅱ）交换 A 的列。

解： 交换 A 的行，我们有

$$B=\begin{bmatrix}3 & 4\\ 1 & 2\end{bmatrix}$$

$|B|=6-4=2$。又 $|A|=-2$，故 $|B|=-|A|$ 。

交换 A 的列，我们有

$$B=\begin{bmatrix}2 & 1\\ 4 & 3\end{bmatrix}$$

因为 $|B|=2$，我们有 $|B|=-|A|$ 。 ■

定理 9.3 如果矩阵有两个相同的行或列，那么其行列式为零。

例 9.5 求矩阵 A 和 B 的行列式。

$$A=\begin{bmatrix}1 & 2\\ 1 & 2\end{bmatrix},\quad B=\begin{bmatrix}1 & 1\\ 2 & 2\end{bmatrix}$$

解： 我们看到 $|A|=2-2=0$（等行），$|B|=2-2=0$（等列）。 ■

定理 9.4 如果矩阵 A 有两行（列）的对应元素成比例，那么 $|A|=0$。

例 9.6 矩阵

$$A=\begin{bmatrix}1 & 3\\ 2 & 6\end{bmatrix},\quad B=\begin{bmatrix}1 & 2\\ 3 & 6\end{bmatrix}$$

求其行列式。

解： 矩阵 A 的第 2 行是第 1 行的 2 倍，在这种情况下，$|A|=6-6=0$。

矩阵 B 的第 2 列是第 1 列的 2 倍，在这种情况下，$|B|=6-6=0$。 ■

定理 9.3 和定理 9.4 给出了其行（列）线性相关的矩阵的行列式的性质。如果矩阵的两行（列）从某种意义来说没有什么区别，即它们含有公因子，那么我们说这两行（列）线性相关。在第 10 章线性空间的内容中，我们将进一步探讨

线性相关的意义。

定理 9.5 如果将矩阵 A 的某一行的倍数加到另一行，或将某一列的倍数加到另一列，得到一个新的矩阵 B，那么 $|A|=|B|$。

例 9.7 设

$$A=\begin{bmatrix}1 & 2\\3 & 4\end{bmatrix}$$

通过（ⅰ）将第 2 行的 2 倍加到第 1 行，（ⅱ）将第 1 列减去第 2 列，得到矩阵 B，求 $|B|$。

解： 由（ⅰ），我们得

$$B=\begin{bmatrix}7 & 10\\3 & 4\end{bmatrix}$$

那么 $|B|=28-30=-2$。我们又有 $|A|=4-6=-2$，故 $|B|=|A|$。

由（ⅱ），我们得

$$B=\begin{bmatrix}-1 & 2\\-1 & 4\end{bmatrix}$$

那么 $|B|=-4+2=-2$，则 $|B|=|A|$。 ■

定理 9.6 若矩阵主对角线以上（下）元素全为非零的元素，主对角线以下（上）的元素全为零，那么矩阵的行列式为对角元素的乘积，这样的矩阵称为**三角矩阵**。

例 9.8 令

$$A=\begin{bmatrix}1 & 0\\2 & 2\end{bmatrix},\quad B=\begin{bmatrix}1 & 1\\0 & -1\end{bmatrix}$$

求 $|A|$ 和 $|B|$。

解：

我们可以看到 $|A|=2-0\times 2=2$，$|B|=-1-1\times 0=-1$。 ■

三角矩阵的一个特例是对角矩阵，对角矩阵的行列式也等于对角元素的乘积。

定理 9.7 以数 λ 乘矩阵的某一行，得到的矩阵行列式等于以数 λ 乘原矩阵的行列式。以数 λ 乘 $n\times n$ 矩阵的每一个元素得到的矩阵的行列式等于以 λ^n 乘原矩阵的行列式。

例 9.9 设矩阵

$$A=\begin{bmatrix}1 & 2\\3 & 4\end{bmatrix}$$

证明定理 9.7：

（ⅰ）用 $\lambda=2$ 乘 A 的第 1 行；

（ⅱ）用 $\lambda=2$ 乘 A 的每一个元素。

证明：由问题（ⅰ），我们得

$$B=\begin{bmatrix}2 & 4\\ 3 & 4\end{bmatrix}$$

$|B|=8-12=-4$。因为 $|A|=-2$，故 $|B|=2|A|$。

由问题（ⅱ），我们得

$$B=\begin{bmatrix}2 & 4\\ 6 & 8\end{bmatrix}$$

$|B|=16-24=-8$。因为 $|A|=-2$，我们看到 $|B|=2^2\times(-2)=\lambda^2(-2)=-8$。

■

定理 9.8 同阶方阵 A 和 B 的乘积的行列式等于两方阵行列式的乘积，即 $|AB|=|A||B|$。

例 9.10 设

$$A=\begin{bmatrix}1 & 2\\ 3 & 4\end{bmatrix},\quad B=\begin{bmatrix}2 & 3\\ 4 & 5\end{bmatrix}$$

求 AB，并证明定理 9.8。

证明：

$$\begin{aligned}AB&=\begin{bmatrix}1 & 2\\ 3 & 4\end{bmatrix}\begin{bmatrix}2 & 3\\ 4 & 5\end{bmatrix}\\ &=\begin{bmatrix}2+8 & 3+10\\ 6+16 & 9+20\end{bmatrix}\\ &=\begin{bmatrix}10 & 13\\ 22 & 29\end{bmatrix}\end{aligned}$$

我们有 $|A|=-2$，$|B|=-2$，$|AB|=29\times10-13\times22=4$。故 $|AB|=|A||B|$。

■

例 9.11 线性生产技术

某厂商用两种生产要素 z_1 和 z_2 生产两种产品 y_1 和 y_2。a_{ij} 表示生产 1 单位 j 产品所需的投入品 i 的数量，那么 a_{ij} 就代表了投入需求矩阵的元素。投入产出系数矩阵为

$$A=\begin{bmatrix}3 & 1\\ 2 & 5\end{bmatrix}$$

设厂商生产 20 单位 y_1 和 15 单位 y_2，解等式 $\mathbf{z}=A\mathbf{y}$，可得投入品 z_1 和 z_2 的投入数量：

$$\begin{aligned}\begin{bmatrix}z_1\\ z_2\end{bmatrix}&=\begin{bmatrix}a_{11} & a_{12}\\ a_{21} & a_{22}\end{bmatrix}\begin{bmatrix}y_1\\ y_2\end{bmatrix}\\ &=\begin{bmatrix}3 & 1\\ 2 & 5\end{bmatrix}\begin{bmatrix}20\\ 15\end{bmatrix}=\begin{bmatrix}75\\ 115\end{bmatrix}\end{aligned}$$

设现在已知投入品的投入数量 z_1 和 z_2 分别为 10 和 20，求 y_1 和 y_2 的产量水平。这是厂商的生产函数。

解：根据已知的 $\mathbf{z}$，我们解 $\mathbf{z}=A\mathbf{y}$，求 $\mathbf{y}$，即求 $\mathbf{y}=A^{-1}\mathbf{z}$：

$$\begin{aligned}\begin{bmatrix}y_1\\y_2\end{bmatrix}&=\begin{bmatrix}a_{11}&a_{12}\\a_{21}&a_{22}\end{bmatrix}^{-1}\begin{bmatrix}z_1\\z_2\end{bmatrix}\\&=\begin{bmatrix}3&1\\2&5\end{bmatrix}^{-1}\begin{bmatrix}10\\20\end{bmatrix}\\&=\begin{bmatrix}5/13&-1/13\\-2/13&3/13\end{bmatrix}\begin{bmatrix}10\\20\end{bmatrix}\\&=\begin{bmatrix}30/13\\40/13\end{bmatrix}\\&=\begin{bmatrix}2.31\\3.08\end{bmatrix}\end{aligned}$$

逆矩阵的元素 α_{ij} 表示由 1 单位投入品 j 生产的产品 i 的数量。 ■

我们再来看一个多市场均衡的例子。取一个简单的两种替代产品的市场，求均衡价格。

例 9.12 茶叶和咖啡的市场

设茶叶市场的需求和供给函数为

$$D_t=100-5p_t+3p_c$$
$$S_t=-10+2p_t$$

设咖啡市场的需求和供给函数为

$$D_c=120-8p_c+2p_t$$
$$S_c=-20+5p_c$$

p_t 为茶叶的价格，p_c 为咖啡的价格，D_t 和 S_t 分别为茶叶的需求和供给，D_c 和 S_c 分别为咖啡的需求和供给。

我们注意到两种商品的需求都与自身的价格负相关，与另一种商品的价格正相关，而两种商品的供给则与自身的价格正相关。一种商品的需求与另一种商品的价格正相关表明这两种商品是替代产品，因为一种产品价格的上涨导致其需求数量下降，与此同时，因为消费者会转而购买相对便宜的商品，故另一种商品的需求上升。如果这两种商品是互补商品，那么一种商品的需求与另一种商品的价格负相关。

求茶叶和咖啡的均衡价格。

解：我们写出表示两市场均衡的方程组：

$$A\mathbf{p}=\mathbf{b}$$

A 为 2×2 的系数矩阵，$\mathbf{p}$ 为 2×1 的价格向量，$\mathbf{b}$ 为 2×1 的常数向量，则

$$\mathbf{p}=A^{-1}\mathbf{b}$$

为将表示茶叶和咖啡市场的方程组用 $A\mathbf{p}=\mathbf{b}$ 表示出来，我们首先要求得每个市场的均衡，即 $D_t=S_t$，$D_c=S_c$。

那么

$$100-5p_t+3p_c=-10+2p_t$$
$$120-8p_c+2p_t=-20+5p_c$$

即

$$7p_t-3p_c=110$$
$$-2p_t+13p_c=140$$

将其写成矩阵形式：

$$\begin{bmatrix}7 & -3\\ -2 & 13\end{bmatrix}\begin{bmatrix}p_t\\ p_c\end{bmatrix}=\begin{bmatrix}110\\ 140\end{bmatrix}$$

我们可求得

$$\begin{bmatrix}p_t\\ p_c\end{bmatrix}=\begin{bmatrix}7 & -3\\ -2 & 13\end{bmatrix}^{-1}\begin{bmatrix}110\\ 140\end{bmatrix}$$
$$=\begin{bmatrix}13/85 & 3/85\\ 2/85 & 7/85\end{bmatrix}\begin{bmatrix}110\\ 140\end{bmatrix}=\begin{bmatrix}21.76\\ 14.12\end{bmatrix}$$ ■

在第 7 章，我们介绍了一个线性模型——封闭经济的简单 IS-LM 模型。我们再来看一个与例 7.8 类似的模型，但是现在引入政府活动。政府用提高税收来实施支出计划。解方程组的基本原理不变。

例 9.13 封闭经济的 IS-LM 模型

一个封闭经济用商品市场和货币市场均衡的 IS 和 LM 方程组来表示。商品市场（IS）的关系式是

$$C=15+0.8(Y-T)$$
$$T=-25+0.25Y$$
$$I=65-R$$
$$G=94$$

其中，C 为消费，T 表示税收，Y 为总产出，I 为投资，R 为利率，G 为政府支出。货币市场（LM）的关系式为

$$L=5Y-50R$$
$$M=1\,500$$

其中，L 表示货币需求，M 为固定的货币供给。求市场均衡时的 Y 和 R。

解： 以上方程组可表示为

$$A\mathbf{x}=\mathbf{b}$$

其中，A 为 2×2 的系数矩阵，$\mathbf{x}$ 为 2×1 的关于变量 Y 和 R 的向量，$\mathbf{b}$ 为 2×1 的常数向量。首先，我们要根据 IS 和 LM 函数求出商品市场和货币市场的均衡，

然后将之联立。根据 $Y=C+I+G$ 得 IS 函数为

$$Y=15+0.8Y-0.8(-25+0.25Y)+65-R+94$$
$$Y(1-0.8+0.2)=15+20+65+94-R$$
$$Y=485-2.5R$$

根据 $L=M$ 得 LM 函数为

$$1\,500=5Y-50R \quad 或 \quad Y=300+10R$$

将 IS 和 LM 方程联立，得

$$Y+2.5R=485$$
$$Y-10R=300$$

或

$$\begin{bmatrix}1 & 2.5\\1 & -10\end{bmatrix}\begin{bmatrix}Y\\R\end{bmatrix}=\begin{bmatrix}485\\300\end{bmatrix}$$

解 Y 和 R，得

$$\begin{bmatrix}Y\\R\end{bmatrix}=\begin{bmatrix}1 & 2.5\\1 & -10\end{bmatrix}^{-1}\begin{bmatrix}485\\300\end{bmatrix}$$
$$=\begin{bmatrix}0.8 & 0.2\\0.08 & -0.08\end{bmatrix}\begin{bmatrix}485\\300\end{bmatrix}$$
$$=\begin{bmatrix}448\\14.8\end{bmatrix}$$

在这个经济中，均衡产出水平为 448，均衡利率为 14.8%。注意，在这个收入水平上，税收为 $T=-25+0.25\times448=87$，政府支出为 $G=94$，政府赤字为 $G-T=7$。最后我们有：■

定理 9.9 对于两个方阵 A 和 B，一般说来

$$|A+B|\neq|A|+|B|$$

行列式的几何意义

在本节中，我们将从几何观点来考虑行列式。先考虑两个向量：

$$\mathbf{x}=\begin{bmatrix}x_1\\x_2\end{bmatrix},\quad \mathbf{y}=\begin{bmatrix}y_1\\y_2\end{bmatrix}$$

设这两个向量的分量表示 $\mathbf{R}^2$ 空间的坐标，x_1 和 y_1 表示水平轴的坐标，x_2 和 y_2 表示垂直轴的坐标，图 9.1 将向量表示为 $\mathbf{R}^2$ 空间的点。

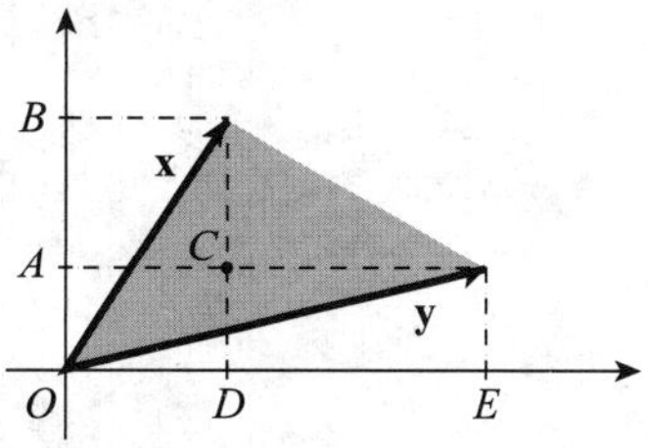

图 9.1 行列式的几何解释

由向量 **x**、**y** 和原点围成的阴影面积等于以向量 **x**、**y** 为列的矩阵的行列式的一半。如果将

面积 $OB\mathbf{x}D$ 和面积 $OA\mathbf{y}E$ 相加，减去面积 $OACD$（被计算了两次），最后加上三角形 $\mathbf{x}C\mathbf{y}$ 的面积，我们将得到面积 $OB\mathbf{xy}E$。为得到图 9.1 中的阴影面积，从面积 $OB\mathbf{xy}E$ 减去三角形 $OB\mathbf{x}$ 和三角形 $O\mathbf{y}E$ 的面积。

矩形的面积等于底乘以高，三角形的面积为 1/2（底×高），则图 9.1 中的阴影面积为

$$\begin{aligned}\text{阴影面积}&=x_1x_2+y_1y_2-y_2x_1+\frac{1}{2}(y_1-x_1)(x_2-y_2)-\frac{1}{2}x_1x_2\\&\quad-\frac{1}{2}y_1y_2\\&=\frac{1}{2}y_1x_2-\frac{1}{2}y_2x_1\\&=\frac{1}{2}\begin{vmatrix}y_1 & x_1\\ y_2 & x_2\end{vmatrix}\end{aligned}$$

将这一性质扩展一下：我们将在下一章讨论，3×3 矩阵的行列式将与组成矩阵各列的三个向量与原点围成的面积成比例。

练习

1. 如果存在的话，求下列矩阵的逆矩阵。

(a) $\begin{bmatrix}5 & 0\\ 0 & 3\end{bmatrix}$　　(b) $\begin{bmatrix}3 & 2\\ -1 & 1\end{bmatrix}$　　(c) $\begin{bmatrix}1 & 2\\ 2 & 4\end{bmatrix}$

2. 求下列矩阵的行列式。

(a) $\begin{bmatrix}1 & 2\\ 3 & 6\end{bmatrix}$　　(b) $\begin{bmatrix}2 & 4\\ 6 & 8\end{bmatrix}$

(c) $\begin{bmatrix}1 & 0\\ 37 & 2\end{bmatrix}$　　(d) $\begin{bmatrix}1 & 37\\ 0 & 2\end{bmatrix}$

3. 设一厂商投入两种生产要素 z_1 和 z_2 生产两种产品 y_1 和 y_2，投入需求矩阵为

$$A=\begin{bmatrix}2 & 1\\ 3 & 4\end{bmatrix}$$

(a) 若厂商生产 5 单位 y_1 和 10 单位 y_2，那么需要投入多少 z_1 和 z_2?

(b) 设生产要素 z_1 和 z_2 的价格分别为 5 美元和 10 美元，即

$$\mathbf{w}=\begin{bmatrix}5\\ 10\end{bmatrix}$$

为价格向量，$\mathbf{x}^TA\mathbf{y}$ 的意义是什么？它是一个数量矩阵吗?

4. 设咖啡和糖的市场需求和市场供给分别为

$$D_c=100-5p_c-p_s,\quad S_c=-20+2p_c$$

和

$$D_s=80-4p_s-2p_c,\quad S_s=-10+p_s$$

p_c 为咖啡的价格，p_s 为糖的价格。

(a) 建立均衡方程组的矩阵形式：

$$A\mathbf{p}=\mathbf{b}$$

其中，A 为 2×2 的系数矩阵，**p** 为 2×1 的价格向量，**b** 为 2×1 的常数向量。

(b) 求咖啡和糖的均衡价格。

5. 求扩展的 IS－LM 模型的均衡收入 Y 和均衡利率 R，模型可表示为

$$C=15+0.8(Y-T)$$
$$T=-25+0.25Y$$
$$I=65-R$$
$$G=94$$
$$X=50-10-0.1Y$$

其中，C 表示消费，T 表示税收，Y 表示总产量，I 表示投资，R 表示利率，G 表示政府支出，X 表示净出口（出口减进口）。

货币市场（LM）表示为

$$L=5Y-50R$$
$$M=1\,500$$

在这个模型中，我们并不要求国际收支平衡。求均衡时政府的预算赤字（或盈余）和贸易赤字（或盈余）。

9.2　3×3 矩阵的行列式和逆矩阵

在 9.1 节中，我们求得了 2×2 矩阵的行列式，下面我们来推导 3×3 矩阵和一般的 $n\times n$ 方阵的行列式。

3×3 矩阵 A 的行列式由 A 的所有元素组成，但是我们看到，A 的行列式将被表示为由 A 的 2×2 子矩阵的行列式所构成的特定的形式。从计算的角度来看，为求 $|A|$，我们只需记住怎样计算 2×2 矩阵的行列式。设3×3 矩阵为

$$A=\begin{bmatrix} a_{11} & a_{12} & a_{13} \\ a_{21} & a_{22} & a_{23} \\ a_{31} & a_{32} & a_{33} \end{bmatrix}$$

按照以下步骤来求：

第 1 步：将矩阵的第 i 行第 j 列去掉后，剩下的 2×2 的子矩阵的行列式 M_{ij} 称为**余子式**。

例 9.14 求 A 的 M_{11} 和 M_{31}。

解： 将 A 的第 1 行第 1 列去掉后，所得到的 2×2 的子矩阵对应的行列式就是 M_{11}。子矩阵为

$$\begin{bmatrix} a_{22} & a_{23} \\ a_{32} & a_{33} \end{bmatrix}, \quad M_{11}=a_{22}a_{33}-a_{23}a_{32}$$

将 A 的第 3 行第 1 列去掉后，所得到的 2×2 的子矩阵对应的行列式就是 M_{31}。子矩阵为

$$\begin{bmatrix} a_{12} & a_{13} \\ a_{22} & a_{23} \end{bmatrix}, \quad M_{31}=a_{12}a_{23}-a_{13}a_{22}$$ ■

第 2 步：在余子式 M_{ij} 前面添加符号 $(-1)^{i+j}$。令

$$C_{ij}=(-1)^{i+j}M_{ij}, \quad i=1,2,3;j=1,2,3$$

C_{ij} 称为**代数余子式**。如果 $(i+j)$ 为偶数，那么 M_{ij} 的符号不变；如果 $(i+j)$ 为奇数，那么 M_{ij} 的符号改变。例如，对于 M_{11}、M_{31} 和 M_{22}，$C_{11}=M_{11}$，$C_{31}=M_{31}$，$C_{22}=M_{22}$，而对于 M_{21} 和 M_{23}，$C_{21}=-M_{21}$，$C_{23}=-M_{23}$。那么，将 M_{ij} 变为 C_{ij} 的符号矩阵为

$$\begin{bmatrix} + & - & + \\ - & + & - \\ + & - & + \end{bmatrix}$$

第 3 步：A 的行列式值即为 A 的任一行（列）的各元素与对应的代数余子式乘积的和，这称为**代数余子式展开**。例如，展开 3×3 矩阵 A 的第 1 行的代数余子式，得

$$|A|=a_{11}C_{11}+a_{12}C_{12}+a_{13}C_{13}$$

同样，我们可以展开 A 的第 1 列，得

$$|A|=a_{11}C_{11}+a_{21}C_{21}+a_{31}C_{31}$$

矩阵的任一行或任一列展开，都得到同样的结果。

但是矩阵某一行（列）的元素与另一行（列）的代数余子式的乘积的和为零。例如，我们来看

$$a_{11}C_{21}+a_{12}C_{22}+a_{13}C_{23}$$

这是 A 的第 1 行元素和与第 2 行元素对应的代数余子式乘积的和。如果矩阵 A 的第 1 行与第 2 行相同，那么 A 的行列式就等于上面的展开形式，但是根据定理 9.3：如果矩阵有相同的行或列，那么矩阵的行列式为零。所以，将矩阵按某一行（列）元素和与另一行（列）元素对应的代数余子式展开，可以看作矩阵的行列式有相同的行（列）。

求 3×3 矩阵的逆矩阵

在求出 3×3 矩阵的逆矩阵的行列式之后，求它的逆矩阵就很简便了。下面我们分步来求 3 阶矩阵的逆矩阵，并举例说明。

第 1 步：对应于 A 的元素 a_{ij}，我们取其代数余子式 C_{ij}，$i=1, 2, 3, j=1, 2, 3$。然后建立由与元素 a_{ij} 相应的代数余子式构成的矩阵：

$$\begin{bmatrix} C_{11} & C_{12} & C_{13} \\ C_{21} & C_{22} & C_{23} \\ C_{31} & C_{32} & C_{33} \end{bmatrix}$$

第 2 步：求 A 的行列式。

第 3 步：将第 1 步求得的矩阵转置，所得的矩阵称为原矩阵 A 的**伴随矩阵**，用 adj(A) 来表示：

$$\operatorname{adj}(A)=\begin{bmatrix} C_{11} & C_{21} & C_{31} \\ C_{12} & C_{22} & C_{32} \\ C_{13} & C_{23} & C_{33} \end{bmatrix}$$

第 4 步：在求出 adj(A) 后，将其每个元素同除以 $|A|$，得到的结果为 A^{-1}：

$$A^{-1}=\frac{1}{|A|}\begin{bmatrix} C_{11} & C_{21} & C_{31} \\ C_{12} & C_{22} & C_{32} \\ C_{13} & C_{23} & C_{33} \end{bmatrix}$$

例 9.15 求矩阵 A 的逆矩阵。

$$A=\begin{bmatrix} 1 & 2 & 3 \\ 0 & 1 & -1 \\ 1 & 2 & 1 \end{bmatrix}$$

解：先求 $|A|$。我们先求出余子式 M_{11}，M_{12}，M_{13}，M_{21}，M_{22}，M_{23}，M_{31}，M_{32} 和 M_{33}，然后写出相应的代数余子式：

$$M_{11}=\begin{vmatrix} 1 & -1 \\ 2 & 1 \end{vmatrix}=3$$

$$M_{12}=\begin{vmatrix} 0 & -1 \\ 1 & 1 \end{vmatrix}=1$$

$$M_{13}=\begin{vmatrix} 0 & 1 \\ 1 & 2 \end{vmatrix}=-1$$

$$M_{21}=\begin{vmatrix} 2 & 3 \\ 2 & 1 \end{vmatrix}=-4$$

$$M_{22}=\begin{vmatrix}1 & 3\\1 & 1\end{vmatrix}=-2$$

$$M_{23}=\begin{vmatrix}1 & 2\\1 & 2\end{vmatrix}=0$$

$$M_{31}=\begin{vmatrix}2 & 3\\1 & -1\end{vmatrix}=-5$$

$$M_{32}=\begin{vmatrix}1 & 3\\0 & -1\end{vmatrix}=-1$$

$$M_{33}=\begin{vmatrix}1 & 2\\0 & 1\end{vmatrix}=1$$

所以

$$\begin{array}{lll}C_{11}=3 & C_{12}=-1 & C_{13}=-1\\C_{21}=4 & C_{22}=-2 & C_{23}=0\\C_{31}=-5 & C_{32}=1 & C_{33}=1\end{array}$$

将矩阵 A 按第 2 行展开，得 $|A|=0\times4-1\times2-1\times0=-2$。

我们之所以选取第 2 行展开，是因为第 2 行含有元素零，展开相对简单。由代数余子式组成的矩阵为

$$\begin{bmatrix}3 & -1 & -1\\4 & -2 & 0\\-5 & 1 & 1\end{bmatrix}$$

则 A 的伴随矩阵为

$$\operatorname{adj}(A)=\begin{bmatrix}3 & 4 & -5\\-1 & -2 & 1\\-1 & 0 & 1\end{bmatrix}$$

最后将 adj(A) 的每个元素同除以 $|A|$，得逆矩阵

$$A^{-1}=\begin{bmatrix}-3/2 & -2 & 5/2\\1/2 & 1 & -1/2\\1/2 & 0 & -1/2\end{bmatrix}$$

我们来证明 $AA^{-1}=I$：

$$AA^{-1}=\begin{bmatrix}1 & 2 & 3\\0 & 1 & -1\\1 & 2 & 1\end{bmatrix}\begin{bmatrix}-3/2 & -2 & 5/2\\1/2 & 1 & -1/2\\1/2 & 0 & -1/2\end{bmatrix}$$

$$=\begin{bmatrix}-3/2+1+3/2 & -2+2 & 5/2-1-3/2\\1/2-1/2 & 1 & -1/2+1/2\\-3/2+1+1/2 & -2+2 & 5/2-1-1/2\end{bmatrix}$$

$$=\begin{bmatrix}1 & 0 & 0\\0 & 1 & 0\\0 & 0 & 1\end{bmatrix}=I$$

■

练习

1. 求下列矩阵的行列式。

(a) $A=\begin{bmatrix}3 & 0 & 4\\ 2 & 3 & 2\\ 0 & 5 & -1\end{bmatrix}$　　(b) $C=\begin{bmatrix}2 & 3 & -4\\ 4 & 0 & 5\\ 5 & 1 & 6\end{bmatrix}$

(c) $B=\begin{bmatrix}2 & -4 & 3\\ 3 & 1 & 2\\ 1 & 4 & -1\end{bmatrix}$　　(d) $D=\begin{bmatrix}4 & 3 & 0\\ 6 & 5 & 2\\ 9 & 7 & 3\end{bmatrix}$

2. 求练习 1 中各矩阵的逆矩阵。

3. 若

$$|A|=\begin{vmatrix}a & b & c\\ d & e & f\\ g & h & i\end{vmatrix}=7$$

求矩阵

$$B=\begin{bmatrix}a & b & c\\ d & e & f\\ 3g & 3h & 3i\end{bmatrix}$$

的行列式。

4. 若

$$|A|=\begin{vmatrix}a & b & c\\ d & e & f\\ g & h & i\end{vmatrix}=3$$

求矩阵

$$C=\begin{bmatrix}a & b & c\\ g & h & i\\ d & e & f\end{bmatrix}$$

的行列式。

5. 若

$$|A|=\begin{bmatrix}a & b & c\\ d & e & f\\ g & h & i\end{bmatrix}=3$$

求矩阵

$$D=\begin{bmatrix} a & b & c \\ 3d+a & 3e+b & 3f+c \\ g & h & i \end{bmatrix}$$

的行列式。

6. 运用行列式的性质证明下面的向量是否线性相关。

$$\begin{bmatrix} 7 \\ -4 \\ -6 \end{bmatrix} \quad \begin{bmatrix} -8 \\ 5 \\ 7 \end{bmatrix} \quad \begin{bmatrix} 7 \\ 0 \\ -5 \end{bmatrix}$$

7. 设

$$A=\begin{bmatrix} 1 & 0 & 1 \\ 1 & 1 & 2 \\ 1 & 2 & 1 \end{bmatrix}$$

求 $|A^3|$ 。

9.3 $n\times n$ 矩阵的逆矩阵及其性质

我们按照前面讲的求 3×3 矩阵的逆矩阵的步骤来求 n 阶矩阵的逆矩阵。从计算的观点来看，求矩阵的代数余子式是一个很麻烦的过程。例如，对 4 阶矩阵

$$A=\begin{bmatrix} a_{11} & a_{12} & a_{13} & a_{14} \\ a_{21} & a_{22} & a_{23} & a_{24} \\ a_{31} & a_{32} & a_{33} & a_{34} \\ a_{41} & a_{42} & a_{43} & a_{44} \end{bmatrix}$$

比如说取余子式 M_{14}，就需要求解 3×3 矩阵的行列式，因为

$$M_{14}=\begin{vmatrix} a_{21} & a_{22} & a_{23} \\ a_{31} & a_{32} & a_{33} \\ a_{41} & a_{42} & a_{43} \end{vmatrix}$$

为求 M_{14}，我们仍然要继续求其相应的余子式和代数余子式，然后按照某行（列）展开。

求 $n\times n$ 矩阵的代数余子式，要继续将其代数余子式化为求 2×2 矩阵的行列式，这样运算就比较简便。我们在前面讨论过的 2×2 矩阵的行列式的性质仍适用于 n 阶矩阵。

在下一节我们将讨论无须计算伴随矩阵及行列式的求逆矩阵的方法。但在此之前，我们将给出 9.2 节介绍的余子式、代数余子式和伴随矩阵的定义，然后给出 n 阶矩阵的逆矩阵的性质。

定义 9.4 在 $n\times n$ 矩阵 A 中去掉元素 a_{ij} 所在的第 i 行和第 j 列后，余下的

$(n-1)\times(n-1)$ 矩阵的行列式，称为元素 a_{ij} 的**余子式**，记作 M_{ij}。

我们可以用每个元素的余子式来替代原矩阵的元素，得到的矩阵称为**余子式矩阵**。

定义 9.5 在 $n\times n$ 矩阵 A 中元素 a_{ij} 的余子式 M_{ij} 前面添加符号 $(-1)^{i+j}$，称为 a_{ij} 的**代数余子式**，记作 C_{ij}：

$$C_{ij}=(-1)^{i+j}M_{ij}, \quad i,j=1,2,\cdots,n$$

显然，若 $(i+j)$ 为偶数，则 a_{ij} 的余子式和代数余子式相等；若 $(i+j)$ 为奇数，则 a_{ij} 的代数余子式是其余子式的相反数。

定义 9.6 $n\times n$ 矩阵 A 中的元素 a_{ij} 被 a_{ij} 的代数余子式取代后得到的矩阵称为**代数余子式矩阵**。代数余子式矩阵也是 $n\times n$ 矩阵。

我们在 9.2 节介绍了用 3×3 矩阵的代数余子式展开求其行列式的方法。对于 $n\times n$ 矩阵，我们有：

定理 9.10 $n\times n$ 矩阵 A 的行列式等于它的任意一行（列）的各元素与其对应代数余子式乘积的和。

所以我们有

$$|A|=\sum_{i=1}^{n}a_{ij}C_{ij}, \ j=1,\cdots,n \tag{9.3}$$

或

$$|A|=\sum_{j=1}^{n}a_{ij}C_{ij}, \ i=1,\cdots,n \tag{9.4}$$

我们可以根据运算的简便选择某一行或某一列来展开矩阵的行列式。根据经验，我们一般选择含有最多个零元素的行或列，这些零元素的代数余子式不需要计算。重要的是只能按照一行或一列来展开。

定义 9.7 $n\times n$ 矩阵 A 的**伴随矩阵** $\text{adj}(A)$ 是矩阵 A 的代数余子式矩阵的转置矩阵。

这就引出了求任意矩阵的逆矩阵的一般方法：

定理 9.11 $n\times n$ 矩阵 A 的逆矩阵可以表示为 A 的伴随矩阵除以 A 的行列式：

$$A^{-1}=\frac{1}{|A|}\text{adj}(A) \tag{9.5}$$

下面的这些定理给出了逆矩阵的性质：

定理 9.12 设矩阵 A 和 B 是同阶矩阵，且 A^{-1} 和 B^{-1} 存在，那么 $(AB)^{-1}=B^{-1}A^{-1}$。

证明： 为证明这一命题，我们只需注意到

$$(AB)^{-1}AB=B^{-1}A^{-1}AB=B^{-1}IB=I$$ ■

逆矩阵的这一性质与积矩阵的转置相似。

定理 9.13 逆矩阵的逆矩阵等于原矩阵。

$$(A^{-1})^{-1}=A$$

根据逆矩阵的定义

$$(A^{-1})(A^{-1})^{-1}=I$$
$$AA^{-1}(A^{-1})^{-1}=A$$
$$(A^{-1})^{-1}=A$$

定理 9.14 转置矩阵的逆矩阵等于逆矩阵的转置矩阵。

$$(A^{T})^{-1}=(A^{-1})^{T}$$

我们有 $AA^{-1}=I$，取其转置 $(A^{-1})^{T}A^{T}=I$。在等式两边右乘 $(A^{T})^{-1}$，得 $(A^{-1})^{T}A^{T}(A^{T})^{-1}=(A^{T})^{-1}$，那么

$$(A^{-1})^{T}=(A^{T})^{-1}$$

定理 9.15 逆矩阵的行列式等于原矩阵的行列式的倒数，即 $|A^{-1}|=1/|A|$。

这一性质可以由行列式的定理 9.8 推导出来，即

$$A^{-1}A=I$$

在等式两边取行列式，得

$$|A||A^{-1}|=|I|$$

因为 $|I|=1$，得

$$|A||A^{-1}|=1$$
$$|A^{-1}|=\frac{1}{|A|}$$

定理 9.16 对角矩阵的元素 a_{ii}（$i=1$，2，…，n）在主对角线上，其逆矩阵亦为对角矩阵，其对角元素为 $1/a_{ii}$。

即若

$$A=\begin{bmatrix} a_{11} & & \\ & \ddots & \\ & & a_{nn} \end{bmatrix}$$

那么

$$A^{-1}=\begin{bmatrix} 1/a_{11} & & \\ & \ddots & \\ & & 1/a_{nn} \end{bmatrix}$$

我们可以很容易地证明 $AA^{-1}=I$。

练习

1. 用代数余子式方法求下列矩阵的逆矩阵。

(a) $\begin{bmatrix} 1 & 2 & 3 \\ 0 & 1 & 2 \\ 0 & 0 & 1 \end{bmatrix}$ (b) $\begin{bmatrix} 1 & 2 & -1 \\ 0 & 1 & 0 \\ -5 & 2 & 3 \end{bmatrix}$ (c) $\begin{bmatrix} 3 & 0 & 0 \\ 0 & -1 & 0 \\ 0 & 0 & 3 \end{bmatrix}$

2. 求下列矩阵的逆矩阵。

(a) $\begin{bmatrix} 1 & 2 & -1 \\ 0 & -1 & 2 \\ 0 & 1 & 0 \end{bmatrix}$ (b) $\begin{bmatrix} 3 & 0 & 1 \\ 0 & 2 & 1 \\ 1 & 2 & 0 \end{bmatrix}$

3. 设某厂商用 3 种生产要素 z_1、z_2 和 z_3 生产 3 种产品 y_1、y_2 和 y_3，生产要素需求矩阵

$$A=\begin{bmatrix} 1 & 0 & 5 \\ 1 & 1 & 0 \\ 3 & 2 & 6 \end{bmatrix}$$

若厂商生产 5 单位 y_1、5 单位 y_2 和 10 单位 y_3，则 z_1、z_2、z_3 的投入量是多少?

4. 用尽量少的步骤求

$$A=\begin{bmatrix} 1 & -3 & 1 & -2 \\ 2 & -5 & -1 & -2 \\ 0 & -4 & 5 & 1 \\ -3 & 10 & -6 & 8 \end{bmatrix}$$

的行列式。

5. 求下列矩阵的行列式。

(a) $A=\begin{bmatrix} 1 & 5 & -6 \\ -1 & -4 & 4 \\ -2 & -7 & 9 \end{bmatrix}$

(b) $B=\begin{bmatrix} 1 & 3 & 0 & 2 \\ -2 & -5 & 7 & 4 \\ 3 & 5 & 2 & 1 \\ -1 & 0 & -9 & -5 \end{bmatrix}$

(c) $C=\begin{bmatrix} 1 & -1 & -3 & 0 \\ 0 & 1 & 0 & 4 \\ -1 & 2 & 8 & 5 \\ -1 & -1 & -2 & 3 \end{bmatrix}$

6. 证明 $(ABC)^{-1}=C^{-1}B^{-1}A^{-1}$。

9.4 克莱姆法则

本节我们来看求解含 n 个未知量和 n 个方程的线性方程组的克莱姆法则 (Cramer's rule)。克莱姆法则是继逆矩阵方法之后的又一种解线性方程组的方法，方程组可以写为

$$A\mathbf{x}=\mathbf{b} \tag{9.6}$$

其中，A 为 n 阶方阵，其逆矩阵为 A^{-1}，$\mathbf{x}$ 是 $n\times1$ 维的 n 个未知量的向量，$\mathbf{b}$ 是 $n\times1$ 维的常数向量。在等式（9.6）两边左乘 A^{-1}，得

$$\mathbf{x}=A^{-1}\mathbf{b}$$

换句话说，为了求出 n 个未知量，我们必须求出 A^{-1}：

$$A^{-1}=\frac{1}{|A|}\begin{bmatrix}C_{11} & C_{21} & \cdots & C_{n1}\\ \vdots & \vdots & & \vdots\\ C_{1n} & C_{2n} & \cdots & C_{nn}\end{bmatrix}$$

其中 C_{ij}，$i=1$，…，n，$j=1$，…，n 是相应的代数余子式。故我们有

$$\begin{bmatrix}x_1\\ \vdots\\ x_n\end{bmatrix}=\frac{1}{|A|}\begin{bmatrix}C_{11} & C_{21} & \cdots & C_{n1}\\ \vdots & \vdots & & \vdots\\ C_{1n} & C_{2n} & \cdots & C_{nn}\end{bmatrix}\begin{bmatrix}b_1\\ \vdots\\ b_n\end{bmatrix}$$

根据上面的表达式，我们可知第一个未知量

$$x_1=\frac{1}{|A|}(b_1C_{11}+b_2C_{21}+\cdots+b_nC_{n1})$$

括弧中的部分是将矩阵的第 1 列元素对应地换为常数列向量 $\mathbf{b}$ 后得到的行列式，即

$$(b_1C_{11}+b_2C_{21}+\cdots+b_nC_{n1})=\begin{bmatrix}b_1 & a_{12} & \cdots & a_{1n}\\ b_2 & a_{22} & \cdots & a_{2n}\\ \vdots & \vdots & & \vdots\\ b_n & a_{n2} & \cdots & a_{nn}\end{bmatrix}$$

同样的，通过求将矩阵 A 的第 2 列元素对应地换为常数列向量 $\mathbf{b}$ 后得到的行列式，我们可求出 x_2。x_2 的值是矩阵 A 的第 2 列元素被向量 $\mathbf{b}$ 替换后的行列式与 A 的行列式的比值。实际上，第 j 个未知量 x_j 等于矩阵 A 中第 j 列元素被常数向量 $\mathbf{b}$ 替换后的行列式与 A 的行列式的比值。

例 9.16 用克莱姆法则解线性方程组：

$$2x_1+4x_2-x_3=15$$
$$x_1-3x_2+2x_3=-5$$
$$6x_1+5x_2+x_3=28$$

解：我们将上面的方程组写成如等式（9.6）$A\mathbf{x}=\mathbf{b}$ 的形式，其中

$$A=\begin{bmatrix}2 & 4 & -1\\1 & -3 & 2\\6 & 5 & 1\end{bmatrix},\quad \mathbf{x}=\begin{bmatrix}x_1\\x_2\\x_3\end{bmatrix},\quad \mathbf{b}=\begin{bmatrix}15\\-5\\28\end{bmatrix}$$

$x_1=|A_1|/|A|$，A_1 是用向量 $\mathbf{b}$ 替换矩阵 A 的第 1 列后得到的矩阵：

$$A_1=\begin{bmatrix}15 & 4 & -1\\-5 & -3 & 2\\28 & 5 & 1\end{bmatrix}$$

我们先求 $|A|$，将 A 的行列式按第 1 列展开：

$$|A|=2\begin{vmatrix}-3 & 2\\5 & 1\end{vmatrix}-1\begin{vmatrix}4 & -1\\5 & 1\end{vmatrix}+6\begin{vmatrix}4 & -1\\-3 & 2\end{vmatrix}$$
$$=2\times(-13)-9+6\times5=-5$$

然后将 A_1 的行列式按第 1 列展开，得

$$|A_1|=15\begin{vmatrix}-3 & 2\\5 & 1\end{vmatrix}+5\begin{vmatrix}4 & -1\\5 & 1\end{vmatrix}+28\begin{vmatrix}4 & -1\\-3 & 2\end{vmatrix}$$
$$=15\times(-13)+5\times9+28\times5=-10$$

因此，

$$x_1=\frac{|A_1|}{|A|}=\frac{-10}{-5}=2$$

同样，$x_2=\dfrac{|A_2|}{|A|}$。A_2 是用向量 $\mathbf{b}$ 替换矩阵 A 的第 2 列后得到的矩阵：

$$A_2=\begin{bmatrix}2 & 15 & -1\\1 & -5 & 2\\6 & 28 & 1\end{bmatrix}$$

A_2 的行列式为

$$|A_2|=-15\begin{vmatrix}1 & 2\\6 & 1\end{vmatrix}-5\begin{vmatrix}2 & -1\\6 & 1\end{vmatrix}-28\begin{vmatrix}2 & -1\\1 & 2\end{vmatrix}$$
$$=(-15)\times(-11)-5\times8-28\times5=-15$$

则

$$x_2=\frac{|A_2|}{|A|}=\frac{-15}{-5}=3$$

最后，$x_3=\dfrac{|A_3|}{|A|}$，其中

$$A_3=\begin{bmatrix}2 & 4 & 15\\1 & -3 & -5\\6 & 5 & 28\end{bmatrix}$$

那么

$$\begin{aligned}|A_3|&=15\begin{vmatrix}1 & -3\\6 & 5\end{vmatrix}+5\begin{vmatrix}2 & 4\\6 & 5\end{vmatrix}+28\begin{vmatrix}2 & 4\\1 & -3\end{vmatrix}\\&=15\times23+5\times(-14)+28\times(-10)=-5\end{aligned}$$

故

$$x_3=\frac{|A_3|}{|A|}=\frac{-5}{-5}=1$$

因此，方程组的解为

$$\begin{bmatrix}x_1\\x_2\\x_3\end{bmatrix}=\begin{bmatrix}2\\3\\1\end{bmatrix}$$

■

IS－LM 模型

我们来考虑一下在第 7 章中已介绍的 IS－LM 模型。商品市场为

$$C=a+b(1-t)Y$$
$$I=e-lR$$
$$G=\overline{G}$$

货币市场为

$$L=kY-hR$$
$$M=\overline{M}$$

经济的均衡可表示为

$$Y=C+I+\overline{G}$$
$$C=a+b(1-t)Y$$
$$I=e-lR$$
$$\overline{M}=kY-hR$$

方程组中有 4 个内生变量——Y，C，I 和 R，有 4 个外生变量——$\overline{G}$，a，e 和 $\overline{M}$。方程组可写成矩阵形式：

$$A\mathbf{x}=\mathbf{b}$$

A 为 4×4 的系数矩阵，$\mathbf{x}$ 为 4×1 的内生变量的向量，$\mathbf{b}$ 为常数和外生变量的向量。

如果我们要求 R，利用克莱姆法则来求解，方程组可表示为

$$\begin{bmatrix} 1 & -1 & -1 & 0 \\ -b(1-t) & 1 & 0 & 0 \\ 0 & 0 & 1 & l \\ k & 0 & 0 & -h \end{bmatrix}\begin{bmatrix} Y \\ C \\ I \\ R \end{bmatrix}=\begin{bmatrix} \bar{G} \\ a \\ e \\ \bar{M} \end{bmatrix}$$

可得 $R=|A_4|/|A|$，A_4 是用向量 **b** 替换矩阵 A 的第 4 列后得到的矩阵：

$$A_4=\begin{bmatrix} 1 & -1 & -1 & \bar{G} \\ -b(1-t) & 1 & 0 & a \\ 0 & 0 & 1 & e \\ k & 0 & 0 & \bar{M} \end{bmatrix}$$

将 A 的行列式按第 3 行展开：

$$\begin{aligned} |A| &= 1\begin{vmatrix} 1 & -1 & 0 \\ -b(1-t) & 1 & 0 \\ k & 0 & -h \end{vmatrix}-l\begin{vmatrix} 1 & -1 & -1 \\ -b(1-t) & 1 & 0 \\ k & 0 & 0 \end{vmatrix} \\ &= -h\begin{vmatrix} 1 & -1 \\ -b(1-t) & 1 \end{vmatrix}-l\left(-1\begin{vmatrix} -b(1-t) & 1 \\ k & 0 \end{vmatrix}\right) \\ &= -h[1-b(1-t)]-lk \end{aligned}$$

将 A_4 的行列式按第 3 行展开：

$$\begin{aligned} |A_4| &= 1\begin{vmatrix} 1 & -1 & \bar{G} \\ -b(1-t) & 1 & a \\ k & 0 & \bar{M} \end{vmatrix}-e\begin{vmatrix} 1 & -1 & -1 \\ -b(1-t) & 1 & 0 \\ k & 0 & 0 \end{vmatrix} \\ &= -k\begin{vmatrix} -1 & \bar{G} \\ 1 & a \end{vmatrix}+\bar{M}\begin{vmatrix} 1 & -1 \\ -b(1-t) & 1 \end{vmatrix}-e\left(k\begin{vmatrix} -1 & -1 \\ 1 & 0 \end{vmatrix}\right) \\ &= -k(a+\bar{G})+\bar{M}[1-b(1-t)]-ke \end{aligned}$$

故

$$R=\frac{k(a+e+\bar{G})-\bar{M}[1-b(1-t)]}{h[1-b(1-t)]+lk}$$

R 的解是一个简化式（将答案与 7.1 节练习中的问题 4 相比较），它表示内生变量 R 仅是外生变量和参数的函数。

例 9.17 考虑下面的封闭经济的 IS-LM 模型：

$C=15+0.8(Y-T)$

$T=-25+0.25Y$

$I=65-R$

$G=\bar{G}$

$L=5Y-50R$

$M=1\ 500$

用政府支出 $\bar{G}$ 表示均衡收入水平。公共支出位于什么水平时，政府的预算平衡?

解： IS 曲线是根据 $Y=C+I+\bar{G}$ 得出的：

$$0.4Y+R=\bar{G}+100$$

LM 曲线是根据 $L=M$ 得出的：

$$Y-10R=300$$

将 IS 曲线和 LM 曲线写成

$$\begin{bmatrix}0.4 & 1\\ 1 & -10\end{bmatrix}\begin{bmatrix}Y\\ R\end{bmatrix}=\begin{bmatrix}\bar{G}+100\\ 300\end{bmatrix}$$

$|A|=0.4\times(-10)-1\times1=-5$。为求 Y，我们需要求出 $|A_1|$：

$$\begin{vmatrix}\bar{G}+100 & 1\\ 300 & -10\end{vmatrix}=(\bar{G}+100)\times(-10)-300\times1=-10\bar{G}-1\,300$$

故

$$Y=\frac{-10\bar{G}-1\,300}{-5}=2\bar{G}+260$$

收入是政府支出的简单线性方程。在本例中，政府支出的乘数为 2——政府支出每增加 1 美元，收入就增加 2 美元。税收为

$$\begin{aligned}T&=-25+0.25Y\\&=-25+0.25[2\bar{G}+260]\\&=40+0.5\bar{G}\end{aligned}$$

这告诉我们，$\bar{G}$ 的增加使收入增加（通过乘数作用)。支出每增加 1 美元仅使税收增加 50 美分。政府赤字为 $\bar{G}-T$。当 $\bar{G}-T=0$ 时，政府预算平衡，即

$$\bar{G}=40+0.5\bar{G}\quad\Rightarrow\quad\bar{G}=80$$ ■

“开放”的列昂惕夫投入产出模型

这一模型将经济视为一系列相互关联的产业部门。产业部门之所以是相互关联的，是因为一个产业部门的产出，一般是作为另外一些产业的生产过程的投入，并且可能进入消费者的最终需求。因此，每一种产业都是一种潜在的可能用于最终消费的中间产品的生产者。我们的问题就是求出刚好可满足产业和消费者需求的每种产业的生产水平。

在建立这样一个模型时，我们用货币表示所有的产出和需求。因为价格被假设是固定的，我们可以用产出和需求除以相应的单位价格，求出产品的数量。设 n 个产业生产 n 种产品，用 x_i 表示 第 i 个产业的产量的货币价值，故用货币表示的产量向量是

$$\mathbf{x}=\begin{bmatrix}x_1\\x_2\\\vdots\\x_n\end{bmatrix},\quad \mathbf{x}\geqslant\mathbf{0}$$

用 d_i 指代用货币表示的消费者对第 i 个产业的产品的最终需求，则最终需求向量为

$$\mathbf{d}=\begin{bmatrix}d_1\\d_2\\\vdots\\d_n\end{bmatrix},\quad \mathbf{d}\geqslant\mathbf{0}$$

最后我们需要说明每种产业对投入品的需求。用 a_{ij} 表示生产 1 单位 j 产业的产品所需要的 i 产业产品的货币价值，这是固定的技术性需求。整个经济的生产要素需求矩阵为

$$A=\begin{bmatrix}a_{11}&a_{12}&\cdots&a_{1n}\\a_{21}&a_{22}&\cdots&a_{2n}\\\vdots&\vdots&&\vdots\\a_{n1}&a_{n2}&\cdots&a_{nn}\end{bmatrix}$$

注意，矩阵 A 必须是方阵，尽管某些 a_{ij} 可能为零，即产业 j 不会将产业 i 的产品作为生产要素。矩阵 A 被称作生产系数矩阵。注意，a_{ii} 可能对某些（或全部的）产业来讲是正值，这意味着某些（或全部）产业在生产过程中也需要投入自己生产的产品。

全部产业部门对产业 i 的产品需求的货币价值为

$$\sum_{j=1}^{n}a_{ij}x_j=a_{i1}x_1+a_{i2}x_2+\cdots+a_{in}x_n$$

其中，$a_{ij}x_j$ 表示生产 x_j 单位产业 j 的产品所需要投入的产业 i 的产品的货币价值。对所有产业部门的需求可表示为一个向量：

$$\begin{bmatrix}a_{11}x_1+a_{12}x_2+\cdots+a_{1n}x_n\\a_{21}x_1+a_{22}x_2+\cdots+a_{2n}x_n\\\vdots\\a_{n1}x_1+a_{n2}x_2+\cdots+a_{nn}x_n\end{bmatrix}$$

即

$$A\mathbf{x}=\begin{bmatrix}a_{11}&a_{12}&\cdots&a_{1n}\\a_{21}&a_{22}&\cdots&a_{2n}\\\vdots&\vdots&&\vdots\\a_{n1}&a_{n2}&\cdots&a_{nn}\end{bmatrix}\begin{bmatrix}x_1\\x_2\\\vdots\\x_n\end{bmatrix}$$

上面向量的每一行表示全部生产部门对产业 i 的产品的需求。当然，一般还

存在消费部门对产业 i 的产品的最终需求 d_i，故整个经济对产业 i 的产品的总需求为

$$\sum_{j=1}^{n} a_{ij}x_j + d_i$$

对部门 i 的需求等于部门 i 的供给，我们有

$$x_i = \sum_{j=1}^{n} a_{ij}x_j + d_i$$

如果经济中的需求都被满足，那么上面的公式适用于全部 n 个产业部门：

$$\mathbf{x} = A\mathbf{x} + \mathbf{d} \tag{9.7}$$

现在我们可以对此模型提出一个问题了：给定生产系数矩阵 A（整个经济对生产要素的需求）和最终需求向量 $\mathbf{d}$，求满足等式（9.7）的产量向量 $\mathbf{x}$。

等式（9.7）可化为

$$\mathbf{x} - A\mathbf{x} = \mathbf{d}$$

或

$$(I - A)\mathbf{x} = \mathbf{d}$$

故如果 $(I-A)^{-1}$ 存在，那么

$$\mathbf{x} = (I - A)^{-1}\mathbf{d}$$

定理 9.17 如果 $(I-A)^{-1}$ 只有非负元素，那么对任意 $\mathbf{d} \geqslant \mathbf{0}$，$\mathbf{x}$ 有唯一的非负解。

例 9.18 三部门的投入产出模型

我们将应用例 8.3 给出的投入需求模型。在这个例子中，经济包括三个产业部门：农业、矿业和制造业。为生产 1 单位的农产品，农业部门需投入 0.3 美元的农产品、0.2 美元的矿业产品和 0.4 美元的制造业产品；为生产 1 单位的矿业产品，矿业部门需投入 0.5 美元的农产品、0.2 美元的矿业产品和 0.2 美元的制造业产品；为生产 1 单位的制造业产品，制造业部门需投入 0.3 美元的农产品、0.3 美元的矿业产品和 0.3 美元的制造业产品。消费者对农产品、矿业产品和制造业产品的最终需求分别为 2 万美元、1 万美元和 4 万美元，求这三个生产部门的均衡产量。

解：

$$A = \begin{bmatrix} 0.3 & 0.5 & 0.3 \\ 0.2 & 0.2 & 0.3 \\ 0.4 & 0.2 & 0.3 \end{bmatrix}, \quad \mathbf{d} = \begin{bmatrix} 20\,000 \\ 10\,000 \\ 40\,000 \end{bmatrix}$$

首先建立 $(I-A)$：

$$I - A = \begin{bmatrix} 0.7 & -0.5 & -0.3 \\ -0.2 & 0.8 & -0.3 \\ -0.4 & -0.2 & 0.7 \end{bmatrix}$$

现在求 $I-A$ 的逆矩阵：

$$(I-A)^{-1}=\begin{bmatrix}4.4643 & 3.6607 & 3.4821\\ 2.3214 & 3.3036 & 2.4107\\ 3.2143 & 3.0357 & 4.1071\end{bmatrix}$$

故

$$\begin{aligned}\mathbf{x}&=\begin{bmatrix}4.4643 & 3.6607 & 3.4821\\ 2.3214 & 3.3036 & 2.4107\\ 3.2143 & 3.0357 & 4.1071\end{bmatrix}\begin{bmatrix}20\,000\\ 10\,000\\ 40\,000\end{bmatrix}\\ &=\begin{bmatrix}89\,286+36\,607+139\,284\\ 46\,424+33\,036+96\,428\\ 64\,286+30\,357+164\,284\end{bmatrix}\\ &=\begin{bmatrix}265\,177\\ 175\,892\\ 258\,927\end{bmatrix}\end{aligned}$$

当经济达到均衡时，农业部门应生产价值 265 177 美元的产品，矿业部门应生产价值 175 892 美元的产品，制造业部门应生产价值 258 927 美元的产品。

■

例 9.19　“封闭”的列昂惕夫模型

取例 9.18 中的经济。设有两种原始投入（即短期内不能增加的投入）——劳动力和资本向量。

$$\mathbf{e}=\begin{bmatrix}2.2\\ 3.0\\ 0.8\end{bmatrix},\quad \mathbf{k}=\begin{bmatrix}1.5\\ 2.6\\ 3.8\end{bmatrix}$$

代表生产 1 单位农产品、1 单位矿业产品和 1 单位制造业产品分别对劳动力和资本的需求。

（ⅰ）若经济的最终需求向量为

$$\mathbf{d}=\begin{bmatrix}20\,000\\ 10\,000\\ 40\,000\end{bmatrix}$$

求原始投入需求。

（ⅱ）若经济中可用的最大劳动力数量为 1 200 000 单位，最大资本数量为 1 700 000单位，（ⅰ）中所求的原始投入向量是否可行？

（ⅲ）根据（ⅱ）的条件，求经济中的最终需求向量。

解：（ⅰ）我们只需注意为得到给定的需求向量，需要的总产出向量为（例 9.18 计算得出）：

$$\mathbf{x}=(I-A)^{-1}\mathbf{d}=\begin{bmatrix}265\,177\\ 175\,892\\ 258\,927\end{bmatrix}$$

经济的总劳动力需求为

$$L_D=\mathbf{e}^T\mathbf{x}=[2.2\quad 3.0\quad 0.8]\begin{bmatrix}265\ 177\\175\ 892\\258\ 927\end{bmatrix}=1\ 318\ 207$$

同样，总资本需求为

$$K_D=\mathbf{k}^T\mathbf{x}=[1.5\quad 2.6\quad 3.8]\begin{bmatrix}265\ 177\\175\ 892\\258\ 927\end{bmatrix}=1\ 839\ 007$$

(ⅱ) 我们看到，若经济中有 1 200 000 单位劳动力和 1 700 000 单位资本，那么给定的最终需求向量是不可行的，因为它超出了经济所能提供的劳动力和资本数量。

(ⅲ) 首先我们从代数方面来求此问题。劳动力的需求数量为

$$L_D=\mathbf{e}^T\mathbf{x}=\mathbf{e}^T(I-A)^{-1}\mathbf{d}$$

资本的需求数量为

$$K_D=\mathbf{k}^T\mathbf{x}=\mathbf{k}^T(I-A)^{-1}\mathbf{d}$$

为求可行的最终需求向量，必须同时满足下面的不等式：

$$L_D\leqslant 1\ 200\ 000\quad 或\quad \mathbf{e}^T(I-A)^{-1}\mathbf{d}\leqslant 1\ 200\ 000$$
$$K_D\leqslant 1\ 700\ 000\quad 或\quad \mathbf{k}^T(I-A)^{-1}\mathbf{d}\leqslant 1\ 700\ 000$$

这些不等式定义了可行的最终需求向量。为了加深理解，我们求 1×3 向量 $\mathbf{e}^T(I-A)^{-1}$ 和 $\mathbf{k}^T(I-A)^{-1}$：

$$\mathbf{e}^T(I-A)^{-1}=[2.2\quad 3.0\quad 0.8]\begin{bmatrix}4.464\ 3 & 3.660\ 7 & 3.482\ 1\\2.321\ 4 & 3.303\ 6 & 2.410\ 7\\3.214\ 3 & 3.035\ 7 & 4.107\ 1\end{bmatrix}$$
$$=[19.357\ 1\quad 20.649\ 9\quad 18.188\ 4]$$

$$\mathbf{k}^T(I-A)^{-1}=[1.5\quad 2.6\quad 3.8]\begin{bmatrix}4.464\ 3 & 3.660\ 7 & 3.482\ 1\\2.321\ 4 & 3.303\ 6 & 2.410\ 7\\3.214\ 3 & 3.035\ 7 & 4.107\ 1\end{bmatrix}$$
$$=[24.946\ 4\quad 23.187\ 5\quad 27.098\ 0]$$

(注意，我们在例 9.18 中已求出 $(I-A)^{-1}$。)

那么我们可以将可行性限制写为

$$[19.357\ 1\quad 20.649\ 9\quad 18.188\ 4]\begin{bmatrix}d_1\\d_2\\d_3\end{bmatrix}\leqslant 1\ 200\ 000$$

$$[24.946\ 4\quad 23.187\ 5\quad 27.098\ 0]\begin{bmatrix}d_1\\d_2\\d_3\end{bmatrix}\leqslant 1\ 700\ 000$$

或

$$19.357\,1d_1+20.649\,9d_2+18.188\,4d_3 \leqslant 1\,200\,000$$
$$24.946\,4d_1+23.187\,5d_2+27.098\,0d_3 \leqslant 1\,700\,000$$

如果将上面的不等号改为等号，那么每个限制条件可围成一个三维平面图，如图 9.2 所示。

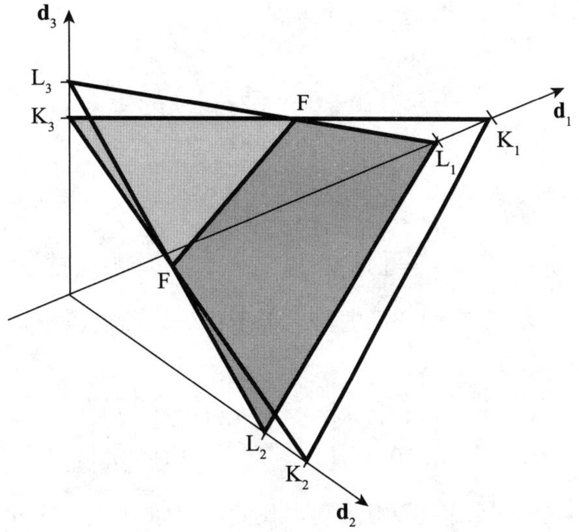

图 9.2　例 9.19 的可行性限制

每个平面的顶点可依次记为（d_1，0，0），（0，d_2，0），（0，0，d_3），那么可行的最终需求向量是由阴影区域的顶点及阴影部分决定的。我们看到点

$$\begin{bmatrix} 20\,000 \\ 10\,000 \\ 40\,000 \end{bmatrix}$$

是不可行的，因为它在劳动力平面之外。最后我们注意到，两个平面的交界 FF 所决定的最终需求向量使得经济中的劳动力和资本得到充分利用，其他的最终需求向量意味着至少一种原始投入没有得到充分利用。■

n 个市场的均衡

8.2 节给出了求 n 个市场均衡的一般的矩阵等式。现在我们有解这个方程组的方法了，n 个市场均衡的条件是：

$$\boldsymbol{\alpha}-\mathbf{a}=(B-\beta)\mathbf{p}$$

$\boldsymbol{\alpha}$ 与 $\mathbf{a}$ 是 $n\times1$ 的常数向量，$\mathbf{p}$ 是 $n\times1$ 的（均衡）价格向量，B 和 β 分别是 $n\times n$ 的需求参数矩阵和供给参数矩阵。

根据逆矩阵的定义，均衡价格向量的解为

$$\mathbf{p}=(B-\beta)^{-1}(\boldsymbol{\alpha}-\mathbf{a})$$

这是价格的简化方程组。我们用下面的例子来说明如何用克莱姆法则求特定的价格（而不是全部的价格向量）。

例 9.20 考虑咖啡、茶叶和糖的市场。这些商品的需求相互联系，因为咖啡和茶叶是替代产品，而糖与咖啡、茶叶则是互补产品。忽略供给市场（一般而言是不可能的），我们有

$$q_t^d=100-5p_t+3p_c-p_s$$
$$q_t^s=-10+2p_t$$

$$q_c^d=120-8p_c+2p_t-2p_s$$
$$q_c^s=-20+5p_c$$

$$q_s^d=300-10p_t-5p_c-p_s$$
$$q_s^s=15p_s$$

令三种商品的需求等于供给，然后给出均衡价格方程组的矩阵形式：

$$\begin{bmatrix}110\\140\\300\end{bmatrix}=\begin{bmatrix}7&-3&1\\-2&13&2\\10&5&16\end{bmatrix}\begin{bmatrix}p_t\\p_c\\p_s\end{bmatrix}$$

利用克莱姆法则，我们可以求任意一个价格，比如说 p_c。方程组的方阵行列式为

$$7\begin{vmatrix}13&2\\5&16\end{vmatrix}-(-3)\begin{vmatrix}-2&2\\10&16\end{vmatrix}+1\begin{vmatrix}-2&13\\10&5\end{vmatrix}$$

上面的式子是我们按第 1 行进行的代数余子式展开，可得

$$7\times(208-10)+3\times(-32-20)+(-10-130)=1\ 090$$

因为我们要求 p_c，故需要求

$$\begin{vmatrix}7&110&1\\-2&140&2\\10&300&16\end{vmatrix}$$

将 A_2 的行列式沿第 1 行展开，得

$$7\times(2\ 240-600)-110\times(-32-20)+(-600-1\ 400)=15\ 200$$

所以 $p_c=15\ 200/1\ 090\doteq14$。■

在接下来的练习中，我们会要求读者应用逆矩阵方法求全部价格向量。我们可看到，用克莱姆法则求某个价格在运算上比求全部均衡价格的向量要简便得多。

练习

1. 用克莱姆法则求下列方程组的解。

$$\begin{aligned} -2x_1 + x_2 &= 7 \\ -3x_1 + x_3 &= -8 \\ x_2 + 2x_3 &= -3 \end{aligned}$$

2. 用克莱姆法则求下列方程组的解。

$$\begin{aligned} 2x_1 + x_2 + x_3 &= 3 \\ -x_1 + 2x_3 &= 7 \\ 3x_1 + x_2 + 3x_3 &= -3 \end{aligned}$$

3. 解方程组，求 x_1，x_2 和 x_3。

$$2x_1+4x_2-x_3=3$$
$$x_1-3x_2+2x_3=-1$$
$$6x_1+5x_2+x_3=5$$

4. 根据下面的数值，求例 9.2 中三个生产部门的均衡产出水平。

(a) $A=\begin{bmatrix} 0.4 & 0.2 & 0.3 \\ 0.2 & 0.2 & 0.3 \\ 0.3 & 0.5 & 0.3 \end{bmatrix}$，　$\mathbf{d}=\begin{bmatrix} 40\,000 \\ 10\,000 \\ 20\,000 \end{bmatrix}$

(b) $A=\begin{bmatrix} 0.2 & 0.2 & 0.3 \\ 0.3 & 0.5 & 0.3 \\ 0.4 & 0.2 & 0.3 \end{bmatrix}$，　$\mathbf{d}=\begin{bmatrix} 10\,000 \\ 20\,000 \\ 40\,000 \end{bmatrix}$

5. 利用 9.4 节的 IS－LM 模型，求 Y 和 C 的简化形式。
6. 用逆矩阵方法求例 9.20 的全部均衡价格向量。

本章小结

关键词

伴随矩阵	代数余子式	代数余子式展开
代数余子式矩阵	克莱姆法则	行列式
逆矩阵	列昂惕夫模型	余子式矩阵
余子式	非奇异矩阵	奇异矩阵
三角矩阵		

思考题

1. 矩阵与其逆矩阵相乘的结果是什么?

2. 何为矩阵的行列式?

3. 行列式的主要性质是什么?

4. 何为矩阵的代数余子式?

5. 矩阵的余子式与矩阵的代数余子式之间存在什么关系?

6. 对含有 10 个方程和 10 个内生变量的方程组，若你只想求出其中两个变量的值，那么你会用哪种方法来求解：(a) 逆矩阵法，(b) 克莱姆法则? 或者难以在这两种方法之间选择?

复习题

1. 判断下面的矩阵是否有逆矩阵。

$$A=\begin{bmatrix}12 & 13 & 14\\15 & 16 & 17\\18 & 19 & 20\end{bmatrix}$$

2. 证明 $A=B+C$，其中

$$A=\begin{bmatrix}a_{11} & a_{12} & u_1+v_1\\a_{21} & a_{22} & u_2+v_2\\a_{31} & a_{32} & u_3+v_3\end{bmatrix},\ B=\begin{bmatrix}a_{11} & a_{12} & u_1\\a_{21} & a_{22} & u_2\\a_{31} & a_{32} & u_3\end{bmatrix}$$

$$C=\begin{bmatrix}a_{11} & a_{12} & v_1\\a_{21} & a_{22} & v_2\\a_{31} & a_{32} & v_3\end{bmatrix}$$

从命题“一般而言，对所有的矩阵 B 和 C，总有 $|B+C|=|B|+|C|$”中你可以得出什么结论?

3. 用代数余子式展开法求 $|A|$。

$$A=\begin{bmatrix}1 & 5 & 0\\2 & 4 & -1\\0 & -2 & 0\end{bmatrix}$$

4. 假设厂商投入三种生产资料 z_1、z_2 和 z_3，生产三种产品 y_1、y_2 和 y_3，投入需求矩阵为

$$A=\begin{bmatrix}3 & 1 & 2\\2 & 5 & 1\\1 & 1 & 3\end{bmatrix}$$

假如厂商生产 10 单位 y_1、20 单位 y_2 和 10 单位 y_3，那么需投入多少 z_1、z_2 和 z_3？

5. 用克莱姆法则解方程组。

$$\begin{array}{rcrcrcr} 2x_1 & + & x_2 & & & = & 3 \\ -3x_1 & & & + & x_3 & = & -8 \\ & & x_2 & + & 2x_3 & = & -2 \end{array}$$

6. 设矩阵 A 和 B 为方阵，证明尽管 AB 不一定等于 BA，但是 $|AB| = |BA|$ 总成立。

7. 设矩阵 A 为方阵，且 $A^TA=I$，证明 $|A|=\pm 1$。

8. 设矩阵 A 和 B 为方阵，B 为可逆矩阵，证明 $|BAB^{-1}|=|A|$ 。

9. 设矩阵 A 为方阵，且 $|A^3|=0$，证明 A 不可逆。

第 10 章　线性代数前沿

我们鼓励读者通过我们的网站 http：//mitpress. mit. edu/math _ econ3 来获得如下有助于学习本章的材料：

- 二次型的统计分布
- 例子：经典的最小二乘模型
- 例子：广义最小二乘转换

在本章中，我们来探讨线性代数的三个前沿问题：向量空间、特征值与二次型。这三个问题在经济学和计量经济学中应用广泛。在向量空间中我们将研究点与点之间的距离和向量的线性相关，这与我们在第 7 章研究的线性方程组问题紧密相关。特征值在研究动态模型的稳定性和线性方程组中发挥着重要的作用，故特征值在第 18、20、21、23 和 24 章有广泛应用。二次型在计量经济学中应用很广，在第 11 章多元函数的二次求导中亦用到二次型。

10.1　向量空间

向量可看作是 n 行 1 列的矩阵（见定义 8.2），故我们可将向量 $\mathbf{v}$ 记作

$$\mathbf{v}=\begin{bmatrix} v_1 \\ v_2 \\ \vdots \\ v_n \end{bmatrix}$$

我们将其称为列向量，其转置矩阵为 $1\times n$ 的矩阵：

$$\mathbf{v}^T=[v_1 \quad v_2 \quad \cdots \quad v_n]$$

我们将 $\mathbf{v}^T$ 称为行向量。向量的加、减和乘法运算法则均遵循我们第 8 章研究的矩阵的一般运算法则。两个同维数向量的加（减）法运算定义如下：

$$\mathbf{w}\pm\mathbf{v}=\begin{bmatrix} w_1 \\ w_2 \\ \vdots \\ w_n \end{bmatrix}\pm\begin{bmatrix} v_1 \\ v_2 \\ \vdots \\ v_n \end{bmatrix}=\begin{bmatrix} w_1\pm v_1 \\ w_2\pm v_1 \\ \vdots \\ w_n\pm v_n \end{bmatrix}$$

两个同维向量的乘积称为向量**内积**，记作 $\mathbf{w}\cdot\mathbf{v}$：

$$\mathbf{w}\cdot\mathbf{v}\equiv\mathbf{w}^T\mathbf{v}=[w_1 \quad w_2 \quad \cdots \quad w_n]\begin{bmatrix} v_1 \\ v_2 \\ \vdots \\ v_n \end{bmatrix}$$

$$=\sum_{i=1}^{n} w_i v_i$$

注意，$\mathbf{w}^T\mathbf{v}=\mathbf{v}^T\mathbf{w}$。例 8.7 给出了向量加（减）法和乘法的运算步骤。

不过，除了矩阵的一般运算法则之外，向量的加减法和乘法还有另外一种方法。这是关于向量的重要概念，这一方法用到了坐标系，故在一般的矩阵运算中不能用这一方法。向量和矩阵的联系在于我们将矩阵看作向量的集合。在本节中，我们先来介绍这一方法的重要概念。

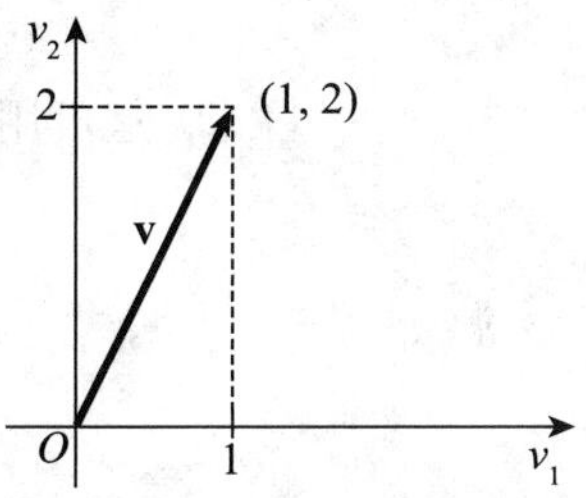

图 10.1　向量 $\begin{bmatrix} 1 \\ 2 \end{bmatrix}$

我们将实数向量定义为一组实数的排列，向量的加、减和乘法运算定义如上。在坐标系中，我们可以将二元向量 $\mathbf{v}$ 与 $\mathbf{R}^2$ 空间的一点联系起来，v_1 表示 x 坐标轴，v_2 表示 y 坐标轴。如图 10.1 所示。

$$\mathbf{v}=\begin{bmatrix} 1 \\ 2 \end{bmatrix} \tag{10.1}$$

向量 $\mathbf{v}$ 的图形是一条自原点出发，终点为向量 $\mathbf{v}$ 的两个分量所确定的坐标点的矢量。$\mathbf{v}$ 的第一个分量确定了终点的水平坐标，第二个分量确定了终点的垂直坐标。

根据勾股定理，我们可将向量的长度定义为两个坐标平方和的平方根，因为向量的长度就是由向量的终点向水平轴（或垂直轴）作垂线构成的直角三角形的斜边

的长度。故向量（10.1）的长度 $\|\mathbf{v}\| = \sqrt{1^2+2^2}$。一般地，对于 n 维向量，我们有：

定义 10.1　n 维向量 $\mathbf{v}$ 的**长度**为

$$\|\mathbf{v}\| = \sqrt{v_1^2+v_2^2+\cdots+v_n^2} \tag{10.2}$$

因为向量的长度这一概念是欧几里得几何的一个重要内容，故向量的长度通常称为**欧几里得模**。注意，向量的长度又可被定义为向量与其自身内积的平方根：$\|\mathbf{v}\| = \sqrt{\mathbf{v}^T\mathbf{v}}$。

例 10.1　求向量的长度。

$$(\text{i})\begin{bmatrix}1\\2\end{bmatrix} \qquad (\text{ii})\begin{bmatrix}1\\2\\-2\end{bmatrix}$$

解：（i）我们有 $\|\mathbf{v}\| = \sqrt{1^2+2^2} = \sqrt{5}$。

（ii）我们有 $\|\mathbf{w}\| = \sqrt{1^2+2^2+(-2)^2} = \sqrt{9} = 3$。■

现在我们来看向量**加法**的几何解释。

如果我们将向量 $\mathbf{v}$ 与向量

$$\mathbf{w} = \begin{bmatrix}3\\1\end{bmatrix}$$

相加，有

$$\mathbf{v}+\mathbf{w} = \begin{bmatrix}1\\2\end{bmatrix}+\begin{bmatrix}3\\1\end{bmatrix} = \begin{bmatrix}4\\3\end{bmatrix}$$

这可用图 10.2 表示。

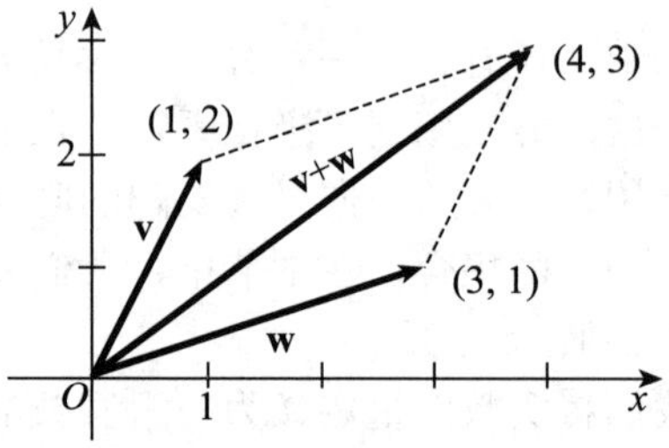

图 10.2　向量相加

从图上来看，两向量相加可以以这两个向量为边作一个平行四边形，平行四边形的对角线向量就是这两个向量的和。很显然，从这一点上来说，$\mathbf{v}+\mathbf{w}$ 和 $\mathbf{w}+\mathbf{v}$ 是相等的运算。

同样，两向量**相减**可表示为

$$\mathbf{w}-\mathbf{v} = \begin{bmatrix}3\\1\end{bmatrix}-\begin{bmatrix}1\\2\end{bmatrix} = \begin{bmatrix}2\\-1\end{bmatrix}$$

这可用图 10.3 表示。

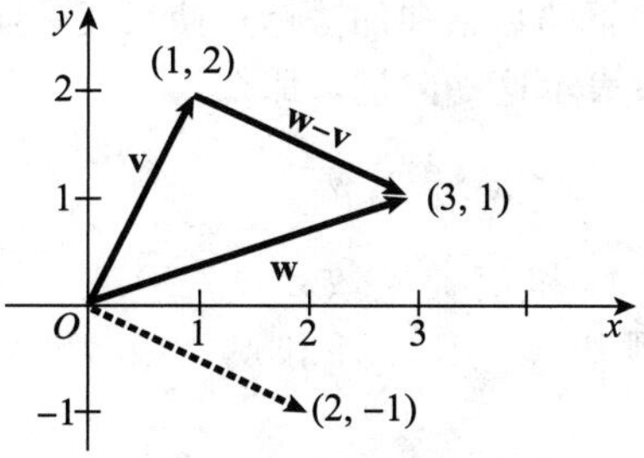

图 10.3　向量相减

两向量相减所得的向量是连接两原向量终点的向量。

图 10.3 给出了向量的另一个特征。因为向量由其长度和方向确定，故平行且长度相同的向量是相等的，故 **w**－**v** 得到的向量等于图 10.3 中由原点指向点（2，－1）的虚线向量。

一向量的**数乘**是用一个数乘以向量所有的分量。如果数取 2，那么

$$2\mathbf{v}=2\begin{bmatrix}1\\2\end{bmatrix}=\begin{bmatrix}2\\4\end{bmatrix}$$

从图上看，数乘改变了向量的长度，但不改变向量的方向。如果数取分数，那么数乘得到的向量的长度小于原向量的长度。如果数大于 1，那么数乘得到的向量的长度大于原向量的长度。这一结论可用图 10.4 表示。分数 k 乘以向量 **v** 得向量 k**v**，λ（$\lambda>1$）乘以向量 **u** 得向量 λ**u**。如果用一个负数乘以向量，那么所得的向量的方向与原向量的方向相反，长度随负数的绝对值而定。注意，向量 **v** 和向量－**v** 长度相等，但方向相反。

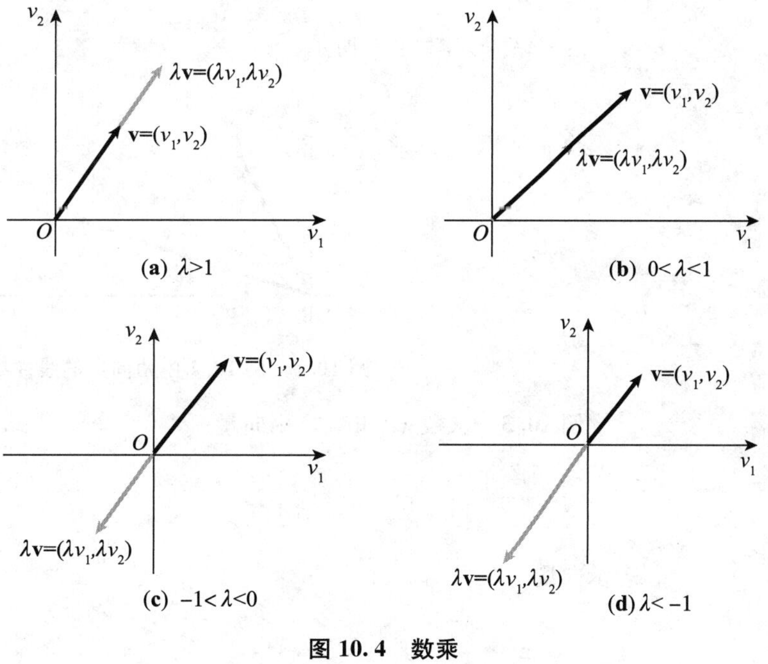

图 10.4　数乘

向量的数乘和加法运算使得任一向量都可表示为向量 **v** 和 **w** 的线性组合。如果用 **u** 表示这一向量，那么，

$$\mathbf{u}=\lambda_1\mathbf{v}+\lambda_2\mathbf{w} \tag{10.3}$$

其中，λ_1 和 λ_2 是常数。

例 10.2 求数 λ_1 和 λ_2，用向量

$$\mathbf{v}=\begin{bmatrix}1\\2\end{bmatrix} \quad 和 \quad \mathbf{w}=\begin{bmatrix}3\\1\end{bmatrix}$$

表示向量

$$\mathbf{u}=\begin{bmatrix}1\\0\end{bmatrix}$$

解： 应用等式（10.3），设 λ_1 和 λ_2 满足

$$\begin{bmatrix}1\\0\end{bmatrix}=\lambda_1\begin{bmatrix}1\\2\end{bmatrix}+\lambda_2\begin{bmatrix}3\\1\end{bmatrix}$$

或者运用数乘和向量的加法：

$$\lambda_1\begin{bmatrix}1\\2\end{bmatrix}+\lambda_2\begin{bmatrix}3\\1\end{bmatrix}=\begin{bmatrix}\lambda_1+3\lambda_2\\2\lambda_1+\lambda_2\end{bmatrix}=\begin{bmatrix}1\\0\end{bmatrix}$$

由第 2 个等式，得 $\lambda_2=-2\lambda_1$。将之代入第 1 个等式，得

$$3(-2\lambda_1)+\lambda_1=1 \quad\Rightarrow\quad \lambda_1=\frac{-1}{5},\quad \lambda_2=\frac{2}{5}$$

这一结果如图 10.5 所示。 ■

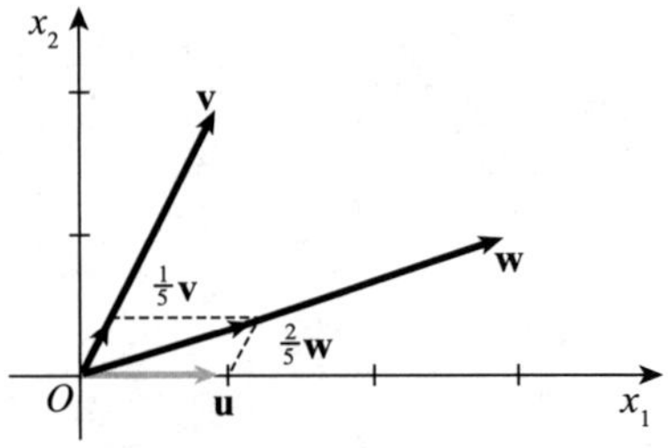

图 10.5 例 10.2 中两向量的线性组合

例 10.3 求数 λ_1 和 λ_2，用向量

$$\mathbf{v}=\begin{bmatrix}1\\2\end{bmatrix} \quad 和 \quad \mathbf{w}=\begin{bmatrix}3\\1\end{bmatrix}$$

表示向量

$$\mathbf{u}=\begin{bmatrix}3\\3\end{bmatrix}$$

解：应用等式（10.3），我们有

$$\begin{bmatrix}3\\3\end{bmatrix}=\lambda_1\begin{bmatrix}1\\2\end{bmatrix}+\lambda_2\begin{bmatrix}3\\1\end{bmatrix}$$

所以，

$$\lambda_1\begin{bmatrix}1\\2\end{bmatrix}+\lambda_2\begin{bmatrix}3\\1\end{bmatrix}=\begin{bmatrix}\lambda_1+3\lambda_2\\2\lambda_1+\lambda_2\end{bmatrix}=\begin{bmatrix}3\\3\end{bmatrix}$$

由第 1 个等式，我们得 $\lambda_1=3-3\lambda_2$。将之代入第 2 个等式，得

$$2(3-3\lambda_2)+\lambda_2=3 \quad \Rightarrow \quad \lambda_2=\frac{3}{5}, \ \lambda_1=\frac{6}{5}$$

这一结果如图 10.6 所示。 ■

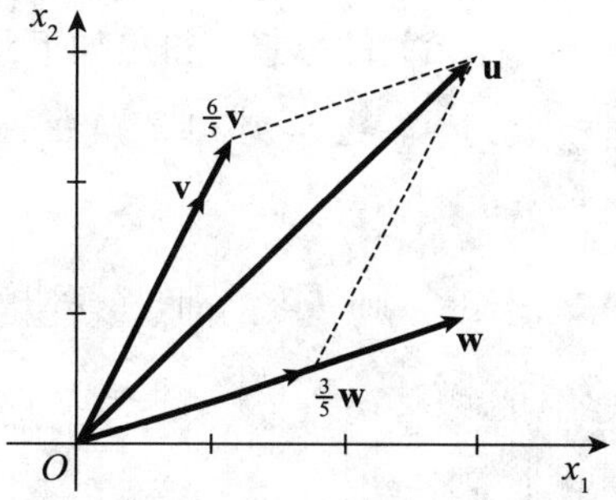

图 10.6 例 10.3 中两向量的线性组合

根据向量和几何的关系，两个长度不同的向量可能方向不同，也可能方向相同。首先考虑方向相同的向量，这些向量可表示为彼此的数乘，即向量 **v** 的方向必须与 λ**v** 的方向相同（$\lambda>0$），这样的向量称为**线性相关向量**。

向量 **v** 必与 λ**v** 的方向一致，那么称这一族向量是线性相关的：

$$\mathbf{v}=\begin{bmatrix}1\\2\end{bmatrix}, \quad \mathbf{w}=\begin{bmatrix}3\\1\end{bmatrix}$$

用 **v** 和 **w** 表示向量 $\mathbf{u}=\begin{bmatrix}1\\0\end{bmatrix}$，得 $\mathbf{u}=(-1/5)\mathbf{v}+(2/5)\mathbf{w}$。向量 **v** 和向量 **w** 方向不同，称为**线性无关**。

定义 10.2 对 $\mathbf{R}^2$ 空间中的向量 **v** 和 **w**，若仅当数 λ_1 和 λ_1 取值为 0 时下式成立

$$\lambda_1\mathbf{v}+\lambda_2\mathbf{w}=\mathbf{0}$$

则称向量 **v** 和 **w** **线性无关**，这里 **0** 为零向量。

如果 λ_i 为非零的数，那么 **v** 和 **w** 的方向必相同，**v** 和 **w** **线性相关**。等式 $\lambda_1\mathbf{v}+\lambda_2\mathbf{w}=\mathbf{0}$ 的非零解意味着

$$\mathbf{v}=-\frac{\lambda_2}{\lambda_1}\mathbf{w}$$

这表示 $\mathbf{v}$ 是 $\mathbf{w}$ 的数乘。

例 10.4 判断下列 $\mathbf{R}^2$ 空间的向量是否线性无关。

（ⅰ） $\mathbf{v}=\begin{bmatrix}2\\1\end{bmatrix}$，$\mathbf{w}=\begin{bmatrix}4\\2\end{bmatrix}$

（ⅱ） $\mathbf{v}=\begin{bmatrix}2\\1\end{bmatrix}$，$\mathbf{w}=\begin{bmatrix}1\\2\end{bmatrix}$

解：

（ⅰ） $\lambda_1\begin{bmatrix}2\\1\end{bmatrix}+\lambda_2\begin{bmatrix}4\\2\end{bmatrix}=\begin{bmatrix}0\\0\end{bmatrix} \Rightarrow \lambda_1=-2,\quad \lambda_2=1$

故 $\mathbf{v}$ 和 $\mathbf{w}$ 线性相关。

（ⅱ） $\lambda_1\begin{bmatrix}2\\1\end{bmatrix}+\lambda_2\begin{bmatrix}1\\2\end{bmatrix}=\begin{bmatrix}0\\0\end{bmatrix}$

这一等式的唯一解是 $\lambda_1=\lambda_2=0$，故向量线性无关。■

根据线性无关的思想，得出如下结论：

定理 10.1 设 $\mathscr{V}$ 是 m 维空间 $\mathbf{R}^m$ 中的向量组，

$$\mathscr{V}=\{\mathbf{v}_1,\mathbf{v}_2,\cdots,\mathbf{v}_n\}$$

如果 $n>m$，则 $\mathscr{V}$ 中的向量线性相关，且

$$\lambda_1\mathbf{v}_1+\lambda_2\mathbf{v}_2+\cdots+\lambda_n\mathbf{v}_n=\mathbf{0}$$

有唯一的非零解。

证明： 我们将此齐次方程组写出来，会发现它类似于第 7 章的等式（7.15），λ_i 为未知量。定理 10.1 可直接由定理 7.7 推导出来。■

现在考虑 $\mathbf{R}^2$ 空间两个线性无关的向量 $\mathbf{v}$ 和 $\mathbf{w}$，设 $\mathbf{u}$ 为 $\mathbf{R}^2$ 中的任一其他向量，那么我们总能找到两个数 λ_1 和 λ_2，使

$$\lambda_1\mathbf{v}+\lambda_2\mathbf{w}=\mathbf{u}$$

换句话说：

定理 10.2 $\mathbf{R}^2$ 中的任一向量均可表示为两个线性无关向量的线性组合。

证明： 设 $\mathbf{v}$、$\mathbf{w}$、$\mathbf{u}$ 是上述 $\mathbf{R}^2$ 空间的向量，那么我们写出方程组：

$$\lambda_1\mathbf{v}+\lambda_2\mathbf{w}=\mathbf{u}$$

即 $\lambda_1\begin{bmatrix}v_1\\v_2\end{bmatrix}+\lambda_2\begin{bmatrix}w_1\\w_2\end{bmatrix}=\begin{bmatrix}u_1\\u_2\end{bmatrix}$

$$\lambda_1 v_1+\lambda_2 w_1=u_1$$

$$\lambda_1 v_2+\lambda_2 w_2=u_2$$

由第 7 章我们已经知道，方程组的解为

$$\lambda_1=\frac{u_1w_2-w_1u_2}{w_2v_1-w_1v_2},\quad \lambda_2=\frac{u_2v_1-v_2u_1}{w_2v_1-w_1v_2}$$ ■

现在我们引入向量空间的概念。

向量空间的基本知识

我们可以确认 $\mathbf{R}^2$ 空间所有的二元向量，也可以确认 $\mathbf{R}^3$ 空间所有的三元向量，等等。我们也注意到：（ⅰ）如果 $\mathbf{v}$ 和 $\mathbf{w}$ 是 $\mathbf{R}^n$ 中的向量，那么 $\mathbf{v}+\mathbf{w}$ 是 $\mathbf{R}^n$ 中的向量；（ⅱ）如果 $\mathbf{v}$ 是 $\mathbf{R}^n$ 中的向量，那么对任意的数 λ，$\lambda\mathbf{v}$ 是 $\mathbf{R}^n$ 中的向量。所以我们说在加法和数乘运算中，$\mathbf{R}^n$ 是封闭的。对一个数学事物的集合，若集合对于加法和数乘两种运算封闭，则称该集合为**向量空间**。虽然 $\mathbf{R}^2$、$\mathbf{R}^3$、$\mathbf{R}^n$ 为向量空间，但如果说只有 $\mathbf{R}^2$、$\mathbf{R}^3$、$\mathbf{R}^n$ 为向量空间则是错误的。例如，定义域为 $[0, 1]$ 的实值连续函数也是一个向量空间，因为这样的两个函数的和也是定义在 $[0, 1]$ 上的连续函数，就像这样的一个函数的数乘一样。

例 10.5 设

$$\mathcal{V}=\left\{\begin{bmatrix}x\\y\end{bmatrix},\quad xy\geqslant 0\right\}$$

注意 x、y 在 xy 平面的第 1、3 象限。

（ⅰ）若 $\mathbf{u}$ 在 $\mathcal{V}$ 中，且 λ 为任一实数，$\lambda\mathbf{u}$ 在 $\mathcal{V}$ 中吗？

（ⅱ）求满足 $\mathbf{u}+\mathbf{v}$ 不在 $\mathcal{V}$ 中的 $\mathbf{u}$ 和 $\mathbf{v}$，这意味着 $\mathcal{V}$ 不是向量空间。

解：（ⅰ）我们选取

$$\mathbf{u}=\begin{bmatrix}-1\\-2\end{bmatrix}\quad 且\ \lambda=-1$$

那么

$$\lambda\mathbf{u}=\begin{bmatrix}1\\2\end{bmatrix}\quad 属于\ \mathcal{V}。$$

（ⅱ）我们选取属于 $\mathcal{V}$ 的向量

$$\mathbf{u}=\begin{bmatrix}-1\\-2\end{bmatrix},\quad \mathbf{v}=\begin{bmatrix}3\\1\end{bmatrix}$$

但是

$$\mathbf{u}+\mathbf{v}=\begin{bmatrix}-1\\-2\end{bmatrix}+\begin{bmatrix}3\\1\end{bmatrix}=\begin{bmatrix}2\\-1\end{bmatrix}$$

$\mathbf{u}+\mathbf{v}$ 不属于 $\mathcal{V}$，故 $\mathcal{V}$ 不是向量空间。 ■

我们刚才已经讲过，$\mathbf{R}^2$ 中的任一向量都可表示为 $\mathbf{R}^2$ 中两个线性无关的向量的线性组合，这样一对线性无关的向量称为向量空间的**基**。

定义 10.3 向量空间的**基**就是可线性表示向量空间所有向量的线性无关的向量的集合。

在 $\mathbf{R}^2$ 空间中，向量空间的基包括任意两个线性无关的向量。

例 10.6 设向量

$$\mathbf{e}_1=\begin{bmatrix}1\\0\end{bmatrix},\quad \mathbf{e}_2=\begin{bmatrix}0\\1\end{bmatrix}$$

为 $\mathbf{R}^2$ 的基，证明下面的向量都可由 $\mathbf{e}_1$ 和 $\mathbf{e}_2$ 线性表示：

$$(\text{i})\ \mathbf{v}=\begin{bmatrix}2\\1\end{bmatrix}\quad (\text{ii})\ \mathbf{w}=\begin{bmatrix}1\\2\end{bmatrix}\quad (\text{iii})\ \mathbf{y}=\begin{bmatrix}-3\\1\end{bmatrix}$$

解：

$$\begin{bmatrix}2\\1\end{bmatrix}=2\begin{bmatrix}1\\0\end{bmatrix}+\begin{bmatrix}0\\1\end{bmatrix}$$

$$\begin{bmatrix}1\\2\end{bmatrix}=\begin{bmatrix}1\\0\end{bmatrix}+2\begin{bmatrix}0\\1\end{bmatrix}$$

$$\begin{bmatrix}-3\\1\end{bmatrix}=-3\begin{bmatrix}1\\0\end{bmatrix}+\begin{bmatrix}0\\1\end{bmatrix}$$

■

向量正交性

我们已经知道线性无关的向量指向不同的方向，现在考虑图 10.2 中的两个向量：

$$\mathbf{v}=\begin{bmatrix}1\\2\end{bmatrix},\quad \mathbf{w}=\begin{bmatrix}3\\1\end{bmatrix}$$

设 $\mathbf{v}$ 与水平轴之间的夹角为 A，$\mathbf{w}$ 与水平轴之间的夹角为 B，两向量之间的夹角 $\phi=A-B$，$\mathbf{v}$ 的模为$\sqrt{v_1^2+v_2^2}$，$\mathbf{w}$ 的模为$\sqrt{w_1^2+w_2^2}$。那么

$$\cos A=\frac{v_1}{\|\mathbf{v}\|},\quad \cos B=\frac{w_1}{\|\mathbf{w}\|},\quad \sin A=\frac{v_2}{\|\mathbf{v}\|},\quad \sin B=\frac{w_2}{\|\mathbf{w}\|}$$

因为

$$\cos(A-B)=\cos A\cos B+\sin A\sin B$$

故

$$\begin{aligned}\cos(A-B)=\cos\phi&=\frac{v_1w_1}{\|\mathbf{v}\|\|\mathbf{w}\|}+\frac{v_2w_2}{\|\mathbf{v}\|\|\mathbf{w}\|}\\&=\frac{\mathbf{v}^T\mathbf{w}}{\|\mathbf{v}\|\|\mathbf{w}\|}\end{aligned}$$

如果 $\phi=0^\circ$，那么 $\mathbf{v}$ 和 $\mathbf{w}$ 线性相关，我们可以写为 $\mathbf{v}=\lambda\mathbf{w}$，则

$$\mathbf{v}^T\mathbf{w}=\lambda\mathbf{w}^T\mathbf{w}=\lambda\ \|\mathbf{w}\|^2$$

$$\|\mathbf{v}\|=\lambda\ \|\mathbf{w}\|$$

所以

$$\cos\phi = \frac{\lambda \| \mathbf{w} \|^2}{\lambda \| \mathbf{w} \|^2} = 1$$

如果 $\mathbf{v}$ 和 $\mathbf{w}$ 垂直相交，那么 $\phi=90°$，$\cos\phi=0$；反过来，若 $\mathbf{v}^T\mathbf{w}=0$，则 $\phi=90°$。

定义 10.4 对于向量 $\mathbf{v}$ 和 $\mathbf{w}$，若

$$\mathbf{v}^T\mathbf{w}=0 \tag{10.4}$$

那么 $\mathbf{v}$ 和 $\mathbf{w}$ **正交**。

例 10.6 中的 $\mathbf{e}_1$ 和 $\mathbf{e}_2$ 构成了向量空间的**正交基**，因为这两个向量彼此正交，且其模为单位长度。在三维正值的向量空间中，向量空间的正交基可记作

$$\mathbf{e}_1 = \begin{bmatrix} 1 \\ 0 \\ 0 \end{bmatrix}, \quad \mathbf{e}_2 = \begin{bmatrix} 0 \\ 1 \\ 0 \end{bmatrix}, \quad \mathbf{e}_3 = \begin{bmatrix} 0 \\ 0 \\ 1 \end{bmatrix}$$

空间的任一向量 $\mathbf{v}$ 都可表示为 $\mathbf{e}_1$，$\mathbf{e}_2$ 和 $\mathbf{e}_3$ 的线性组合，其坐标由 $\mathbf{v}$ 的元素决定。

例 10.7 用基向量 $\mathbf{e}_1$，$\mathbf{e}_2$ 和 $\mathbf{e}_3$ 表示下列向量：

$$\mathbf{v} = \begin{bmatrix} 3 \\ -1 \\ 0 \end{bmatrix}$$

解：

$$\begin{bmatrix} 3 \\ -1 \\ 0 \end{bmatrix} = 3\begin{bmatrix} 1 \\ 0 \\ 0 \end{bmatrix} - \begin{bmatrix} 0 \\ 1 \\ 0 \end{bmatrix} + 0\begin{bmatrix} 0 \\ 0 \\ 1 \end{bmatrix}$$

■

下面的应用将向量的减法运算和向量的正交结合了起来。

消费者的预算约束线

在标准的消费者行为理论中，消费者面临着预算约束线：

$$p_1x_1 + p_2x_2 = m$$

其中，p_i 是两种商品的（外生）价格，x_i 是所消费商品的数量，m 是既定消费者用于购买两种商品的收入。求预算约束线的向量表示，证明价格向量与预算约束线正交。

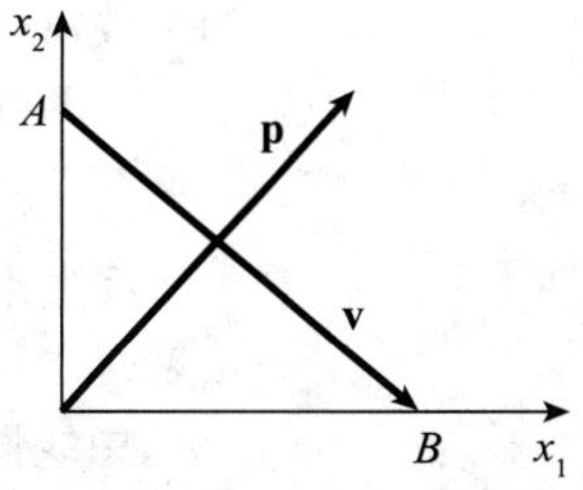

图 10.7 预算约束线和价格向量正交

解： 图 10.7 有助于我们解题，与点 A 相联系的向量为 $\begin{bmatrix} 0 \\ m/p_2 \end{bmatrix}$，与点 B 相联系的向量为 $\begin{bmatrix} m/p_1 \\ 0 \end{bmatrix}$。由向量的减法，我们知道连接点 A 和点 B 的向量为

$$\begin{bmatrix}0\\m/p_2\end{bmatrix}-\begin{bmatrix}m/p_1\\0\end{bmatrix}=\begin{bmatrix}-m/p_1\\m/p_2\end{bmatrix}\equiv\mathbf{v}$$

这是预算约束线 AB 的向量表示，价格向量为 $\mathbf{p}=\begin{bmatrix}p_1\\p_2\end{bmatrix}$。根据定义 10.4，

$$\mathbf{p}^T\mathbf{v}=[p_1\quad p_2]\begin{bmatrix}-m/p_1\\m/p_2\end{bmatrix}=-m+m=0$$

故价格向量与预算约束线正交。■

现在我们可以直接给出 n 维空间 $\mathbf{R}^n$ 的定义。$\mathbf{R}^n$ 是所有 n 元数组的集合，且 $\mathbf{R}^n$ 对于向量的加法和数乘是封闭的。$\mathbf{R}^n$ 的基是可线性表示空间中其他向量的线性无关的向量的最大集合。在 $\mathbf{R}^n$ 中，基向量个数为 n。若基向量的个数是有限的，那么向量空间称为**有限空间**。

定义 10.5 有限向量空间中基向量的个数称为向量空间的**维数**。

例如，$\mathbf{R}^3$ 的维数为 3，因为向量空间的基包含 3 个线性无关的向量。$\mathbf{R}^m$ 的维数为 m，是因为向量空间的基包含 m 个线性无关的向量。

矩阵的秩

向量线性无关和线性相关的概念与第 9 章讨论的非奇异矩阵和奇异矩阵密切相关。我们现在引进矩阵的秩，进一步探讨矩阵的非奇异（奇异）性。

考虑 $m\times n$ 阶矩阵，它包括 n 个列向量，每列有 m 个元素；包括 m 个行向量，每行有 n 个元素。故 n 列含 m 个元素的向量属于 $\mathbf{R}^m$，而 m 行含 n 个元素的向量属于 $\mathbf{R}^n$。用 c 表示矩阵 A 中线性无关的向量的个数，则 $c\leqslant n$。如果 c 严格小于 n，那么至少有一个子式由线性无关的向量组成。例如，若 $n=5$，可能是第 1 列、第 2 列和第 3 列组成了线性无关的子式，但也可能是第 1 列、第 4 列和第 5 列，但所有的列向量组合到一起却是线性相关的。在这个例子中，$c=3$。如果只取 c 列线性无关的列向量，而去掉其他的 $n-c$ 列，我们可建立一个含 c 个线性无关列向量的矩阵 B，它是 $m\times c$ 阶的。我们用 r 来表示 A 中线性无关的向量的个数，r 亦必定等于矩阵 B 中线性无关的向量的个数。因为 B 的每行含 c 个元素，且 $\mathbf{R}^c$ 中的任一向量都可以表示为 c 个线性无关的向量的线性组合，故

$$r\leqslant c \tag{10.5}$$

反过来，我们可通过保留 r 个线性无关的行向量，而去掉其他 $m-r$ 个行向量来建立一个 $r\times n$ 阶的矩阵 C。矩阵 A 的线性无关的列向量的个数 c 一定与矩阵 C 中线性无关的行向量的个数相等。因为矩阵 C 的每列含 r 个元素，故

$$c\leqslant r \tag{10.6}$$

根据等式（10.5）和等式（10.6），我们有 $r=c$。故对 $m\times n$ 矩阵 A，线性无关的行的最大个数必等于线性无关的列的最大个数。

定义 10.6 矩阵的线性无关的行向量的最大个数等于矩阵的线性无关的列向量的个数，这一个数称为矩阵的**秩**。

若 n 阶矩阵 A 的秩为 n，则矩阵是非奇异的。

定义 10.7 对于 $n\times n$ 矩阵 A，当且仅当

(ⅰ) $\det(A)\neq 0$

(ⅱ) A^{-1} 存在

(ⅲ) $\text{rank}(A)=n$

时，A 为非奇异的。

根据这一定义，若一个矩阵可逆，则其行和其列必线性无关。

例 10.8 求矩阵 A 的秩。

$$A=\begin{bmatrix}1&0&0&2\\1&1&0&2\\2&0&1&4\end{bmatrix}$$

解： 第 1 列和第 4 列线性相关，因为第 4 列＝第 1 列×2。第 1、2、3 列和第 2、3、4 列构成了矩阵 A 的两个线性无关的子式，故 $c=3$。矩阵的行也构成了一个线性无关的子式，因为不存在非零的 λ，使

$$\lambda_1\begin{bmatrix}1\\0\\0\\2\end{bmatrix}^T+\lambda_2\begin{bmatrix}1\\1\\0\\2\end{bmatrix}^T+\lambda_3\begin{bmatrix}1\\0\\1\\4\end{bmatrix}^T=\begin{bmatrix}0\\0\\0\\0\end{bmatrix}$$

故 $r=3$。因为 $c=r=3$，所以矩阵的秩为 3。■

练习

1. 求下列向量的长度。

$$\mathbf{y}=\begin{bmatrix}1\\2\\-1\end{bmatrix},\quad \mathbf{w}=\begin{bmatrix}-1\\-2\\1\end{bmatrix},\quad \mathbf{z}=\begin{bmatrix}0\\0\\-1\end{bmatrix},\quad \mathbf{v}=\begin{bmatrix}1/3\\1/3\\1/3\end{bmatrix}$$

2. 求下列各对向量的内积。

(a) $\mathbf{y}=\begin{bmatrix}0\\0\\1\end{bmatrix},\quad \mathbf{w}=\begin{bmatrix}1\\0\\0\end{bmatrix}$

(b) $\mathbf{y}=\begin{bmatrix}-1\\0\\1\end{bmatrix},\quad \mathbf{w}=\begin{bmatrix}0\\0\\1\end{bmatrix}$

(c) $\mathbf{y}=\begin{bmatrix}1/2\\0\\1/2\end{bmatrix},\quad \mathbf{w}=\begin{bmatrix}1\\0\\1\end{bmatrix}$

3. 证明下列向量组线性无关。

(a) $\mathbf{e}_1=\begin{bmatrix}1\\0\\0\\0\end{bmatrix}$，$\mathbf{e}_2=\begin{bmatrix}0\\1\\0\\0\end{bmatrix}$，$\mathbf{e}_3=\begin{bmatrix}0\\0\\1\\0\end{bmatrix}$，$\mathbf{e}_4=\begin{bmatrix}0\\0\\0\\1\end{bmatrix}$

(b) $\mathbf{v}_1=\begin{bmatrix}1\\0\\0\\0\end{bmatrix}$，$\mathbf{v}_2=\begin{bmatrix}0\\2\\0\\0\end{bmatrix}$，$\mathbf{v}_3=\begin{bmatrix}0\\0\\1\\4\end{bmatrix}$，$\mathbf{v}_4=\begin{bmatrix}0\\0\\0\\4\end{bmatrix}$

4. 用第 3 题中的基向量组（a）和（b）表示下列向量。

(a) $\mathbf{y}=\begin{bmatrix}3\\1\\2\\5\end{bmatrix}$　(b) $\mathbf{z}=\begin{bmatrix}-1\\2\\0\\1\end{bmatrix}$

5. 判断下面各对向量是否正交。

(a) $\mathbf{y}=\begin{bmatrix}1\\0\\-1\end{bmatrix}$，$\mathbf{w}=\begin{bmatrix}1\\0\\1\end{bmatrix}$

(b) $\mathbf{y}=\begin{bmatrix}0\\0\\-1\end{bmatrix}$，$\mathbf{w}=\begin{bmatrix}3\\1\\0\end{bmatrix}$

(c) $\mathbf{y}=\begin{bmatrix}1\\2\end{bmatrix}$，$\mathbf{w}=\begin{bmatrix}-2\\1\end{bmatrix}$

6. 用正交基（$\mathbf{e}_1$，$\mathbf{e}_2$，$\mathbf{e}_3$）表示下列向量。

$$(a)\mathbf{e}_1=\begin{bmatrix}1\\0\\0\end{bmatrix}\quad (b)\mathbf{y}=\begin{bmatrix}3\\1\\-2\end{bmatrix}\quad (c)\mathbf{z}=\begin{bmatrix}1/2\\0\\-1\end{bmatrix}$$

7. 设 $\mathscr{V}$ 是 x、y 平面上的第一象限

$$\mathscr{V}=\left\{\begin{bmatrix}x\\y\end{bmatrix},\quad x\geqslant 0, y\geqslant 0\right\}$$

（a）若两个向量 $\mathbf{u}$ 和 $\mathbf{v}$ 在 $\mathscr{V}$ 中，$\mathbf{u}+\mathbf{v}$ 是否在 $\mathscr{V}$ 中？

（b）若 $\mathbf{u}$ 在 $\mathscr{V}$ 中，$\lambda\mathbf{u}$ 在 $\mathscr{V}$ 中吗？其中 λ 为任意实数。

由问题（a）和（b），$\mathscr{V}$ 是否为向量空间？

8. 若 A 为 6×9 矩阵，求 A 中线性无关的列的最大个数。

9. 求下列矩阵的秩。

$$A=\begin{bmatrix}1&0&1\\0&1&0\\1&0&0\end{bmatrix},\quad B=\begin{bmatrix}1&0&1&0\\0&1&0&1\\1&0&0&1\end{bmatrix}$$

10.2 特征值问题

在前面的章节中，我们讨论了 n 维线性方程组

$$A\mathbf{x}=\mathbf{b}$$

的解。A 为 $n\times n$ 的系数矩阵，$\mathbf{x}$ 为 $n\times 1$ 的未知量向量，$\mathbf{b}$ 为 $n\times 1$ 的常数向量。在本节中，我们来看类似

$$A\mathbf{q}=\lambda\mathbf{q} \tag{10.7}$$

这种形式的问题的解。A 为 $n\times n$ 的方阵，$\mathbf{q}$ 为未知的含 n 个元素的列向量，λ 为未知的数。这一问题就是**特征值问题**。特征值问题出现在许多经济学和计量经济学的应用中，下面我们来看例子。与求解方程组的未知向量 $\mathbf{x}$ 相比，这里我们要求两个未知量：$\mathbf{q}$ 和 λ，一个向量和一个数。

定义 10.8 在等式（10.7）给出的特征值问题中，A 为已知的 $n\times n$ 阶方阵，$\mathbf{q}$ 是未知的**特征向量**或**潜在向量**，λ 为一个未知的数，称为**特征值**或**特征根**，或**潜在根**。

我们来看等式（10.7）的一个特例。A 为 2×2 矩阵，$\mathbf{q}$ 为 2×1 向量，我们有

$$\begin{bmatrix} a_{11} & a_{12} \\ a_{21} & a_{22} \end{bmatrix}\begin{bmatrix} q_1 \\ q_2 \end{bmatrix}=\lambda\begin{bmatrix} q_1 \\ q_2 \end{bmatrix}$$

上面的等式可写成方程组：

$$a_{11}q_1+a_{12}q_2=\lambda q_1$$
$$a_{21}q_1+a_{22}q_2=\lambda q_2$$

或

$$(a_{11}-\lambda)q_1+a_{12}q_2=0$$
$$a_{21}q_1+(a_{22}-\lambda)q_2=0$$

用矩阵形式表示上面的方程组为

$$(A-\lambda I)\mathbf{q}=\mathbf{0} \tag{10.8}$$

其中，I 为单位矩阵。当 $(A-\lambda I)$ 为非奇异矩阵时，要使方程组（10.8）成立，$\mathbf{q}$ 必须为零向量。而方程组存在非零解即 $\mathbf{q}\neq\mathbf{0}$ 的条件是 $(A-\lambda I)$ 为奇异矩阵。这意味着

$$|A-\lambda I|=0 \tag{10.9}$$

等式（10.9）称为矩阵 A 的**特征方程**或**特征多项式**，它给出了 λ 的 n 次多项式，n 为矩阵 A 的阶次。特征方程的根为 λ_1，…，λ_n，将每一个 λ_i，$i=1$，…，n

代回方程组（10.8），可求出相应的特征向量 $\mathbf{q}_i$。

例 10.9 求 2×2 矩阵 A 的特征方程。

解：我们来推出特征方程：

$$\left|\begin{bmatrix} a_{11} & a_{12} \\ a_{21} & a_{22} \end{bmatrix} - \begin{bmatrix} \lambda & 0 \\ 0 & \lambda \end{bmatrix}\right| = 0$$

$$\begin{aligned}\begin{vmatrix} (a_{11}-\lambda) & a_{12} \\ a_{21} & (a_{22}-\lambda) \end{vmatrix} &= (a_{11}-\lambda)(a_{22}-\lambda) - a_{12}a_{21} \\ &= a_{11}a_{22} - \lambda a_{22} - \lambda a_{11} + \lambda^2 - a_{12}a_{21} \\ &= \lambda^2 - (a_{11}+a_{22})\lambda + (a_{11}a_{22} - a_{12}a_{21}) = 0\end{aligned}$$

上述二次方程的根 λ_1 和 λ_2 为满足二次方程的 λ。一般说来，二次方程 $a\lambda^2 + b\lambda + c = 0$ 的根为

$$\lambda_1 = \frac{-b + \sqrt{b^2 - 4ac}}{2a}$$

$$\lambda_2 = \frac{-b - \sqrt{b^2 - 4ac}}{2a}$$

在我们的例子中，$a=1$，$b=-(a_{11}+a_{22})$，$c=a_{11}a_{22}-a_{12}a_{21}$，那么

$$\lambda_1 = \frac{1}{2}\left((a_{11}+a_{22}) + \sqrt{(a_{11}+a_{22})^2 - 4(a_{11}a_{22} - a_{12}a_{21})}\right)$$

$$\lambda_2 = \frac{1}{2}\left((a_{11}+a_{22}) - \sqrt{(a_{11}+a_{22})^2 - 4(a_{11}a_{22} - a_{12}a_{21})}\right)$$

在 A 为对称矩阵，即 $a_{12}=a_{21}$ 的特例中，二次方程的根为

$$\lambda_1 = \frac{1}{2}\left((a_{11}+a_{22}) + \sqrt{(a_{11}-a_{22})^2 + 4a_{12}^2}\right)$$

$$\lambda_2 = \frac{1}{2}\left((a_{11}+a_{22}) - \sqrt{(a_{11}-a_{22})^2 + 4a_{12}^2}\right)$$

■

例 10.10 求矩阵 A 的特征方程的根。

$$A = \begin{bmatrix} 4 & 2 \\ 2 & 1 \end{bmatrix}$$

解：已知

$$(A - \lambda I) = \begin{bmatrix} 4-\lambda & 2 \\ 2 & 1-\lambda \end{bmatrix}$$

即

$$\begin{aligned}|A - \lambda I| &= \begin{vmatrix} 4-\lambda & 2 \\ 2 & 1-\lambda \end{vmatrix} \\ &= (4-\lambda)(1-\lambda) - 4 \\ &= 4 - \lambda - 4\lambda + \lambda^2 - 4\end{aligned}$$

$$=\lambda^2-5\lambda=0$$

故方程的根为 $\lambda_1=5$，$\lambda_2=0$。■

方阵的对角化

当求出矩阵 A 的特征方程的解即特征根以后，我们继续来求相应的特征向量。这就得到一个重要的结果，在这个结果中，A 被转化为一个对角矩阵，这一结果称为方阵的**谱分解**。

例 10.11 对于例 10.10 中的矩阵 A，求与特征根 $\lambda_1=5$ 和 $\lambda_2=0$ 对应的特征向量。

解：将 $\lambda_1=5$ 代入式（10.8），得

$$\begin{bmatrix}-1 & 2\\ 2 & -4\end{bmatrix}\begin{bmatrix}q_1\\ q_2\end{bmatrix}=\begin{bmatrix}0\\ 0\end{bmatrix}$$

或

$$-q_1+2q_2=0$$
$$2q_1-4q_2=0$$

故 $q_1=2q_2$。因为特征向量的一个元素是任意的，故有无数个满足式（10.8）的特征向量。为求唯一的特征向量，我们设定 $\mathbf{q}$ 长度为单位长度。这意味着下面的条件：

$$q_1^2+q_2^2=1$$

这一条件称为**欧几里得距离条件**或标准化。如果我们将 $\mathbf{q}$ 表示为 $\mathbf{R}^2$ 空间由原点指向点（q_1，q_2）的射线，且其长度为 1。根据 $q_1=2q_2$，我们有

$$4q_2^2+q_2^2=1 \Rightarrow q_2^2=\frac{1}{5} \Rightarrow q_2=\pm\frac{1}{\sqrt{5}}$$

取 $q_2=1/\sqrt{5}$，则 $q_1=2/\sqrt{5}$，故对应于 $\lambda_1=5$ 的特征向量为

$$\mathbf{q}_1=\begin{bmatrix}2/\sqrt{5}\\ 1/\sqrt{5}\end{bmatrix}$$

同样，对应于 $\lambda_2=0$ 的特征向量为

$$\mathbf{q}_2=\begin{bmatrix}1/\sqrt{5}\\ -2\sqrt{5}\end{bmatrix}$$ ■

例 10.11 得到的特征向量可以用来说明对称矩阵的特征向量的性质，因为例 10.11 中的矩阵 A 是对称的。实际上，在本章的剩余部分，我们讨论的都是对称矩阵。

根据定义 10.4，如果两向量 $\mathbf{x}^T\mathbf{z}=0$，那么向量 $\mathbf{x}$ 和 $\mathbf{z}$ 正交。例 10.11 中的两个特征向量 $\mathbf{q}_1$ 和 $\mathbf{q}_2$ 是正交的，因为

$$\mathbf{q}_1^T\mathbf{q}_2=[2/\sqrt{5} \quad 1/\sqrt{5}]\begin{bmatrix}1/\sqrt{5}\\-2/\sqrt{5}\end{bmatrix}=2/5-2/5=0$$

此外，因为 $\mathbf{q}_1$ 和 $\mathbf{q}_2$ 的长度都为单位长度，故 $\mathbf{q}_1^T\mathbf{q}_1=1$，$\mathbf{q}_2^T\mathbf{q}_2=1$。若我们设这两个向量为2×2 矩阵 Q 的列，那么矩阵 Q 满足

$$Q^TQ=\begin{bmatrix}2/\sqrt{5} & 1/\sqrt{5}\\1/\sqrt{5} & -2/\sqrt{5}\end{bmatrix}^T\begin{bmatrix}2/\sqrt{5} & 1/\sqrt{5}\\1/\sqrt{5} & -2/\sqrt{5}\end{bmatrix}$$
$$=\begin{bmatrix}4/5+1/5 & 2/5-2/5\\2/5-2/5 & 1/5+4/5\end{bmatrix}=\begin{bmatrix}1 & 0\\0 & 1\end{bmatrix}$$

定义 10.9 若矩阵 Q 满足

$$Q^TQ=QQ^T=I$$

则称 Q 为**正交矩阵**。正交矩阵的逆矩阵等于其转置矩阵。

定理 10.3 在式（10.8）中，A 为对称矩阵，对应于不同特征值的特征向量是成对正交的，且可以构成正交矩阵。

证明： 设 $\mathbf{q}_1$ 和 $\mathbf{q}_2$ 为对应于 λ_1 和 λ_2 的特征向量，那么

$$A\mathbf{q}_1=\lambda_1\mathbf{q}_1 \quad \Rightarrow \quad \mathbf{q}_2^TA\mathbf{q}_1=\lambda_1\mathbf{q}_2^T\mathbf{q}_1$$

$$A\mathbf{q}_2=\lambda_2\mathbf{q}_2 \quad \Rightarrow \quad \mathbf{q}_1^TA\mathbf{q}_2=\lambda_2\mathbf{q}_1^T\mathbf{q}_2$$

因为 A 为对称矩阵，故

$$\mathbf{q}_1^TA\mathbf{q}_2=\mathbf{q}_2^TA\mathbf{q}_1$$

那么

$$\lambda_1\mathbf{q}_2^T\mathbf{q}_1=\lambda_2\mathbf{q}_1^T\mathbf{q}_2$$

若 $\lambda_1\neq\lambda_2$，由上面的等式可推出

$$\mathbf{q}_1^T\mathbf{q}_2=\mathbf{q}_2^T\mathbf{q}_1=0$$ ■

定理 10.4 若特征值 λ 重复 r 次，则有 r 个正交向量对应于 λ。

例 10.12 考虑对角矩阵

$$A=\begin{bmatrix}1 & 0 & 0\\0 & 3 & 0\\0 & 0 & 1\end{bmatrix}$$

求 A 的特征值和特征向量。

解： 特征方程为

$$|A-\lambda I|=\begin{vmatrix}1-\lambda & 0 & 0\\0 & 3-\lambda & 0\\0 & 0 & 1-\lambda\end{vmatrix}=(1-\lambda)^2(3-\lambda)$$

我们求得 $\lambda_1=1$（重复两次），$\lambda_2=3$。对于 $\lambda_2=3$，由（$A-\lambda_2 I$）$\mathbf{q}_2=\mathbf{0}$ 有

$$\begin{bmatrix}-2 & 0 & 0\\ 0 & 0 & 0\\ 0 & 0 & -2\end{bmatrix}\begin{bmatrix}q_1\\ q_2\\ q_3\end{bmatrix}=\begin{bmatrix}0\\0\\0\end{bmatrix}$$

对应于 λ_2 的特征向量为

$$\mathbf{q}_2=\begin{bmatrix}0\\1\\0\end{bmatrix}$$

注意，$\mathbf{q}_2$ 的长度为单位长度。对于 λ_1，我们有

$$\begin{bmatrix}0 & 0 & 0\\ 0 & 2 & 0\\ 0 & 0 & 0\end{bmatrix}\begin{bmatrix}q_1\\ q_2\\ q_3\end{bmatrix}=\begin{bmatrix}0\\0\\0\end{bmatrix}\Rightarrow\mathbf{q}_1=\begin{bmatrix}q_1\\0\\0\end{bmatrix}+\begin{bmatrix}0\\0\\q_3\end{bmatrix}\Rightarrow\mathbf{q}_1=q_1\begin{bmatrix}1\\0\\0\end{bmatrix}+q_3\begin{bmatrix}0\\0\\1\end{bmatrix}$$

即重复特征根 λ_1 有两个对应的特征向量：

$$\begin{bmatrix}1\\0\\0\end{bmatrix}\quad 和 \quad\begin{bmatrix}0\\0\\1\end{bmatrix}$$

我们称之为 $\mathbf{e}_1$ 和 $\mathbf{e}_2$。很容易证明 $\mathbf{e}_1^T\mathbf{e}_1=1$，$\mathbf{e}_2^T\mathbf{e}_2=1$，$\mathbf{e}_1^T\mathbf{e}_2=0$。 ■

定理 10.5 设 $n\times n$ 的对称矩阵 A 的特征值为 λ_1，λ_2，…，λ_n，可能有重根。那么根据定理 10.3 和定理 10.4，我们有一个包含 n 个正交向量 $\mathbf{q}_1$，$\mathbf{q}_2$，…，$\mathbf{q}_n$ 的向量组，即

$$\mathbf{q}_i^T\mathbf{q}_j=0,\quad i\neq j,\ i,j=1,2,\cdots,n \tag{10.10}$$

任何特征向量可随意地数乘，因为

$$A\mathbf{q}_i-\lambda\mathbf{q}_i\rightarrow A(c\mathbf{q}_i)-\lambda c\mathbf{q}_i$$

其中，c 为任意常数。现在我们规定特征向量为单位向量，那么

$$\mathbf{q}_i^T\mathbf{q}_i=1,\quad i=1,\cdots,n \tag{10.11}$$

等式（10.10）和等式（10.11）定义了正交向量组，可表述如下：

$$\mathbf{q}_i^T\mathbf{q}_j=\delta_{ij},\quad \delta_{ij}=\begin{cases}0, & i\neq j\\ 1, & i=j\end{cases} \tag{10.12}$$

δ_{ij} 称为**克罗内克符号**（Kronecker delta）。如果我们设这些特征向量为矩阵 Q 的列，那么等式（10.12）也记作

$$Q^TQ=I$$

Q 为正交矩阵。因为逆矩阵是唯一的，我们有

$$QQ^T=I$$

故矩阵 Q 的行和列均是正交的。

例 10.13 证明矩阵 A 为正交矩阵。

$$A=\begin{bmatrix}-1/\sqrt{3} & 2/\sqrt{10} & 2/\sqrt{15}\\ 0 & -2/\sqrt{10} & 3/\sqrt{15}\\ \sqrt{2}/\sqrt{3} & 1\sqrt{5} & \sqrt{2}/\sqrt{15}\end{bmatrix}$$

证明：我们只需证明 $A^TA=I$：

$$\begin{bmatrix}-1/\sqrt{3} & 0 & \sqrt{2}/\sqrt{3}\\ 2/\sqrt{10} & -2/\sqrt{10} & 1/\sqrt{5}\\ 2/\sqrt{15} & 3/\sqrt{15} & \sqrt{2}/\sqrt{15}\end{bmatrix}\begin{bmatrix}-1/\sqrt{3} & 2/\sqrt{10} & 2/\sqrt{15}\\ 0 & -2/\sqrt{10} & 3/\sqrt{15}\\ \sqrt{2}/\sqrt{3} & 1/\sqrt{5} & \sqrt{2}/\sqrt{15}\end{bmatrix}$$

$$=\begin{bmatrix}1/3+2/3 & -2/\sqrt{30}+\sqrt{2}/\sqrt{15} & -2/\sqrt{45}+2/\sqrt{45}\\ -2/\sqrt{30}+\sqrt{2}/\sqrt{15} & 4/10+4/10+1/5 & 4/\sqrt{150}-6/\sqrt{150}+\sqrt{2}/\sqrt{75}\\ -2/\sqrt{45}+2/\sqrt{45} & 4/\sqrt{150}-6/\sqrt{150}+\sqrt{2}/\sqrt{75} & 4/15+9/15+2/15\end{bmatrix}$$

$$=\begin{bmatrix}1 & 0 & 0\\ 0 & 1 & 0\\ 0 & 0 & 1\end{bmatrix}$$ ■

定理 10.6 特征向量构成的正交矩阵使对称矩阵 A 对角化：

$$Q^TAQ=\Lambda$$

其中

$$\Lambda=\begin{bmatrix}\lambda_1 & 0 & \cdots & 0\\ 0 & \lambda_2 & \cdots & 0\\ \vdots & \vdots & & \vdots\\ 0 & 0 & \cdots & \lambda_n\end{bmatrix}$$

证明:对于 λ_i 和 $\mathbf{q}_i$，我们有

$$A\mathbf{q}_i=\lambda_i\mathbf{q}_i$$

在等式两边左乘 $\mathbf{q}_j^T$，根据等式（10.12），有

$$\mathbf{q}_j^TA\mathbf{q}_i=\lambda_i\mathbf{q}_j^T\mathbf{q}_i=\lambda_i\delta_{ji}$$ ■

定理 10.7 若 A 为非对称矩阵，且其特征向量构成一个非奇异矩阵 Q，那么

$$Q^{-1}AQ=\Lambda$$

注意，在这种情况下，A 不是对称矩阵，Q 也不是正交矩阵。

例 10.14 对角化例 10.10 中的矩阵。

解：由例 10.10，我们有

$$A=\begin{bmatrix}4 & 2\\2 & 1\end{bmatrix}$$

且 $\lambda_1=5$，$\lambda_2=0$。由例 10.11 我们知道，对应于 λ_1 和 λ_2 的特征向量为

$$\mathbf{q}_1=\begin{bmatrix}2/\sqrt{5}\\1/\sqrt{5}\end{bmatrix} \quad 和 \quad \mathbf{q}_2=\begin{bmatrix}1/\sqrt{5}\\-2\sqrt{5}\end{bmatrix}$$

设 $\mathbf{q}_1$ 和 $\mathbf{q}_2$ 为矩阵 Q 的列，我们有

$$Q^TAQ=\Lambda$$

因为

$$\begin{bmatrix}2/\sqrt{5} & 1/\sqrt{5}\\1/\sqrt{5} & -2/\sqrt{5}\end{bmatrix}\begin{bmatrix}4 & 2\\2 & 1\end{bmatrix}\begin{bmatrix}2/\sqrt{5} & 1/\sqrt{5}\\1/\sqrt{5} & -2/\sqrt{5}\end{bmatrix}=\begin{bmatrix}5 & 0\\0 & 0\end{bmatrix}$$ ■

定理 10.8 对称矩阵 A 的特征值的和等于矩阵 A 的主对角线上的元素之和，即等于矩阵的迹。

证明： 因为 $Q^TAQ=\Lambda$，根据迹的性质（见第 8 章），我们有

$$\begin{aligned}\mathrm{tr}(\Lambda)&=\mathrm{tr}(Q^TAQ)\\&=\mathrm{tr}(AQQ^T)\\&=\mathrm{tr}(A)\end{aligned}$$

这意味着

$$\sum_{i=1}^{n}\lambda_i=\sum_{i=1}^{n}a_{ii}$$ ■

定理 10.9 对称矩阵的特征值的乘积等于矩阵的行列式。

$$|A|=\lambda_1\lambda_2\cdots\lambda_n$$

证明： 若矩阵 Q 是正交的，我们有 $|Q|=\pm1$，这是因为 $Q^TQ=I$，在等式两边取行列式：

$$|Q^TQ|=|Q^T||Q|=1$$

根据定理 9.8，因为 $|Q^T|=|Q|$，故

$$|Q|^2=1 \quad \Rightarrow \quad |Q|=\pm1$$

为证明定理 10.9，我们有 $Q^TAQ=\Lambda$，故 $|Q^TAQ|=|\Lambda|$。根据定理 9.8，我们有

$$|Q^T||A||Q|=|\Lambda|$$

再由 $|Q|^2=1$，我们有 $|A|=\lambda_1\lambda_2\cdots\lambda_n$。 ■

定理 10.10 矩阵 A^2 的特征值是矩阵 A 的特征值的平方，但二者的特征向量是一样的。

$$A^2\mathbf{q}=\lambda^2\mathbf{q}$$

证明：在等式两边左乘矩阵 A

$$A^2\mathbf{q}=\lambda A\mathbf{q}=\lambda^2\mathbf{q}$$ ■

定理 10.10 可归纳如下：

定理 10.11 矩阵 A^n 的特征值是矩阵 A 的特征值的 n 次方，但二者的特征向量相同。

例 10.15 移民

设我们有一个描述两地居民人口流动的转移矩阵（见例 8.9 和例 8.10）。故在时间 t 的人口为

$$\mathbf{x}^t=P\mathbf{x}^{t-1}$$

$\mathbf{x}^t$ 表示时间 t 的人口，$\mathbf{x}^{t-1}$表示时间 $t-1$ 的人口，P 为转移矩阵。如果我们从初始条件 $\mathbf{x}^0$ 开始，那么由例 8.10 可知

$$\mathbf{x}^t=P^t\mathbf{x}^0$$

注意，矩阵 P 不一定是对称的。设矩阵 P 的特征向量构成一个非奇异矩阵，将矩阵 P 对角化：

$$\begin{aligned}
&Q^{-1}PQ=\Lambda\Rightarrow\\
&P=Q\Lambda Q^{-1}\Rightarrow\\
&P^2=Q\Lambda Q^{-1}Q\Lambda Q^{-1}=Q\Lambda^2Q^{-1}\Rightarrow\\
&P^t=Q\Lambda^tQ^{-1}
\end{aligned}$$

x^t 是矩阵 P 的特征值的 t 次方的线性组合。为使这一过程稳定，我们要求所有的 λ_i 满足

$$-1\leqslant\lambda_i\leqslant1,\quad i=1,\cdots,n \tag{10.13}$$

因为 λ_i 的幂次越大，意味着 Λ^t 的对角线上的元素的值越小，矩阵 $P^t=Q\Lambda^tQ^{-1}$不随 t 值的增大而增大。换句话说，因为 $Q\Lambda^tQ^{-1}$稳定，所以，时间 t 的人口

$$\mathbf{x}^t=Q\Lambda^TQ^{-1}\mathbf{x}^0 \tag{10.14}$$

是稳定的。在例 8.9 中，三地的转移矩阵为

$$P=\begin{bmatrix}0.80 & 0.15 & 0.05\\0.10 & 0.70 & 0.05\\0.10 & 0.15 & 0.90\end{bmatrix}$$

三地区在 $t=0$ 时的人口（单位：万人）为

$$\mathbf{x}^0=\begin{bmatrix}500\\1\ 000\\600\end{bmatrix}$$

如果我们要求三地在10个时段之后的人口演化，通过解特征多项式可求得矩阵 P 的特征值为 $\lambda_1=1$，$\lambda_2=0.613\,397$，$\lambda_3=0.786\,603$。对应这些特征值的特征向量为

$$\mathbf{q}_1=\begin{bmatrix}0.557\,086\\0.371\,391\\1.114\,170\end{bmatrix}$$

$$\mathbf{q}_2=\begin{bmatrix}-0.495\,053\\0.676\,254\\-0.181\,202\end{bmatrix}$$

$$\mathbf{q}_3=\begin{bmatrix}-0.570\,945\\-0.208\,980\\0.779\,926\end{bmatrix}$$

这些特征向量可构成一个矩阵 Q，矩阵 Q 的逆矩阵为

$$Q^{-1}=\begin{bmatrix}0.489\,560 & 0.489\,560 & 0.489\,560\\-0.522\,497 & 1.070\,620 & -0.095\,624\\-0.820\,760 & -0.450\,629 & 0.560\,590\end{bmatrix}$$

我们可以看到特征值 λ_1、λ_2 和 λ_3 满足稳定性方程（10.14），因为其绝对值都小于等于1。

解方程（10.14），可得 $t=10$ 时的人口：

$$\begin{aligned}\mathbf{x}^{10}&=Q\Lambda^{10}Q^{-1}\mathbf{x}^{0}\\&=\begin{bmatrix}0.557\,086 & -0.495\,053 & -0.570\,945\\0.371\,391 & 0.676\,254 & -0.208\,980\\1.114\,170 & -0.181\,202 & 0.779\,926\end{bmatrix}\begin{bmatrix}1 & 0 & 0\\0 & 0.007\,540\,8 & 0\\0 & 0 & 0.090\,689\,3\end{bmatrix}\\&\times\begin{bmatrix}0.489\,560 & 0.489\,560 & 0.489\,560\\-0.522\,497 & 1.070\,620 & -0.095\,624\\-0.820\,760 & -0.450\,629 & 0.560\,590\end{bmatrix}\begin{bmatrix}500\\1\,000\\600\end{bmatrix}\\&=\begin{bmatrix}597\\396\\1\,107\end{bmatrix}\end{aligned}$$

在10个时段之后，地区1和地区3的人口增加了，而地区2的人口减少了。■

定理 10.12 矩阵 A^{-1} 的特征值是矩阵 A 的特征值的倒数，且二者的特征向量相同。

证明： 用矩阵 A^{-1} 左乘 $A\mathbf{q}=\lambda\mathbf{q}$，得

$$\mathbf{q}=A^{-1}\lambda\mathbf{q}\Rightarrow A^{-1}\mathbf{q}=\left(\frac{1}{\lambda}\right)\mathbf{q}$$

由此得证。■

定理 10.13 等幂矩阵的特征值为0或1。

证明： 根据定理 10.10，$A^2\mathbf{q}=\lambda^2\mathbf{q}$。因为 A 是等幂的，故 $A^2=A$，则 $A\mathbf{q}=A^2\mathbf{q}=\lambda^2\mathbf{q}$，因此 $A\mathbf{q}=\lambda^2\mathbf{q}$，且

$$A^2\mathbf{q}=\lambda\mathbf{q} \quad \Rightarrow \quad \lambda^2\mathbf{q}-\lambda\mathbf{q}=(\lambda^2-\lambda)\mathbf{q}=\mathbf{0} \quad \Rightarrow \quad \lambda(\lambda-1)\mathbf{q}=\mathbf{0}$$

因为 $\mathbf{q}\neq\mathbf{0}$，所以命题得证。 ■

练习

1. 矩阵

$$A=\begin{bmatrix}2 & 1\\1 & 2\end{bmatrix}$$

(a) 写出特征方程，并求出矩阵 A 的特征根。

(b) 求对应于特征方程的特征向量。

(c) 对角化矩阵 A。

2. 对于矩阵

$$A=\begin{bmatrix}1 & 0 & 1\\0 & 1 & 1\\1 & 1 & 2\end{bmatrix}$$

重复练习 1。

3. 设矩阵 $P=X(X^TX)^{-1}X^T$

(a) 证明 P 为等幂矩阵。

(b) 若

$$X=\begin{bmatrix}1 & 2\\1 & 4\\1 & 1\\1 & 3\end{bmatrix}$$

求矩阵 P 的特征值。

4. 已知矩阵 A 的特征值为二重根 2，求 $|A|$。

$$A=\begin{bmatrix}5 & -6 & -6\\-1 & 4 & 2\\3 & -6 & -4\end{bmatrix}$$

5. 证明两个等阶的正交矩阵的乘积亦为正交矩阵。

10.3 二次型

二次型是一种特殊的矩阵函数，它对于推导多元函数的最大值和最小值的二

阶条件非常重要（见第 11 章）。在计量经济学中，求解特殊的二次型的最小值，可得出模型参数的估计值。在假设检验中，所有的经典统计检验程序都依赖于二次型的分布特性。

设有 2×2 矩阵 A 和 2×1 向量 $\mathbf{x}$：

$$A=\begin{bmatrix}a_{11} & a_{12}\\ a_{21} & a_{22}\end{bmatrix},\quad \mathbf{x}=\begin{bmatrix}x_1\\ x_2\end{bmatrix}$$

函数 $q(\mathbf{x})=\mathbf{x}^TA\mathbf{x}$ 称为**二次型**。当矩阵 A 一定时，二次型的值取决于 $\mathbf{x}$。在上面的例子中，

$$q(\mathbf{x})=a_{11}x_1^2+a_{12}x_1x_2+a_{21}x_2x_1+a_{22}x_2^2$$

定义 10.10 设有 $n\times n$ 的矩阵 A，$n\times1$ 的向量 $\mathbf{x}$，则**二次型**为函数

$$q(\mathbf{x})=\mathbf{x}^TA\mathbf{x}=\sum_{i=1}^{n}\sum_{j=1}^{n}a_{ij}x_ix_j$$

若矩阵 A 不是对称矩阵，我们一般定义一个能给出与 A 相同的二次型的对称矩阵 A^*。

定理 10.14 对于一个一般的非对称矩阵，我们定义一个对称矩阵 A^*，其元素

$$a_{ij}^*=a_{ji}^*=\left(\frac{1}{2}\right)(a_{ij}+a_{ji})$$

那么，由矩阵 A 定义的二次型等于由矩阵 A^* 定义的二次型。

例 10.16 证明 2×2 矩阵 A 和 A^* 构成的二次型相等。

证明： 我们用 $q(\mathbf{x})$ 表示对应于 2×2 的非对称矩阵 A 的二次型，用 $q^*(\mathbf{x})$ 表示对应于矩阵 A^* 的二次型，则

$$\begin{aligned}q(\mathbf{x})&=a_{11}x_1^2+(a_{12}+a_{21})x_1x_2+a_{22}x_2^2\\&=a_{11}x_1^2+2(1/2)(a_{12}+a_{21})x_1x_2+a_{22}x_2^2\\&=a_{11}x_1^2+2a_{12}^*x_1x_2+a_{22}x_2^2\\&=q^*(\mathbf{x})\end{aligned}$$

■

因此我们一般设矩阵 A 为对称矩阵，这不失一般性。

例 10.17 求 3×3 矩阵对应的二次型。

解： 用 $q(\mathbf{x})$ 表示数量函数，A 为 3×3 的对称矩阵，$\mathbf{x}$ 为 3×1 的向量，则

$$\begin{aligned}q(\mathbf{x})=\mathbf{x}^TA\mathbf{x}&=[x_1\quad x_2\quad x_3]\begin{bmatrix}a_{11} & a_{12} & a_{13}\\ a_{12} & a_{22} & a_{23}\\ a_{13} & a_{23} & a_{33}\end{bmatrix}\begin{bmatrix}x_1\\ x_2\\ x_3\end{bmatrix}\\&=a_{11}x_1^2+2a_{12}x_2x_1+2a_{13}x_1x_3+a_{22}x_2^2+2a_{23}x_2x_3+a_{33}x_3^2\end{aligned}$$

■

定义 10.11 若对所有的 $\mathbf{x}\neq\mathbf{0}$，$q(\mathbf{x})=\mathbf{x}^TA\mathbf{x}>0$，则称 $q(\mathbf{x})$ **正定**，称 A 为正定矩阵。

若对所有的 $\mathbf{x}\neq\mathbf{0}$，$q(\mathbf{x})=\mathbf{x}^TA\mathbf{x}\geqslant0$，则称 $q(\mathbf{x})$ **半正定**，称 A 为半正定矩阵。

若对所有 $\mathbf{x}\neq\mathbf{0}$，$q(\mathbf{x})=\mathbf{x}^TA\mathbf{x}<0$，则称 $q(\mathbf{x})$ **负定**，称 A 为负定矩阵。

若对所有的 $\mathbf{x}\neq\mathbf{0}$，$q(\mathbf{x})=\mathbf{x}^TA\mathbf{x}\leqslant0$，则称 $q(\mathbf{x})$ **半负定**，称 A 为半负定矩阵。

若二次型对一些 $\mathbf{x}$ 正定，对另一些 $\mathbf{x}$ 负定，则称 $q(\mathbf{x})$ **不定**，相应地可定义 A 为不定矩阵。

定义 10.12 对于 $n\times n$ 的矩阵 A，我们去掉 $n-k$ 行与 $n-k$ 列，得到的 k 阶子矩阵称为 k 阶**主子矩阵**。

显然，对于任意 $k<n$，存在不止一个主子矩阵。例如，如果 $k=1$，在主对角线上的所有的元素构成了 1 阶主子矩阵。去掉后面的 $n-k$ 行和 $n-k$ 列得到的 k 阶子矩阵称为**顺序主子矩阵**。

定义 10.13 主子矩阵的行列式称为**子行列式**，前主子矩阵的行列式称为**顺序主子行列式**。

例 10.18 求 3×3 矩阵的主子矩阵。

解：设 3×3 矩阵为

$$A=\begin{bmatrix}a_{11} & a_{12} & a_{13}\\ a_{21} & a_{22} & a_{23}\\ a_{31} & a_{32} & a_{33}\end{bmatrix}$$

对于 $k=1$，主子矩阵是主对角线上所有元素 a_{11}、a_{22} 和 a_{33}；顺序主子矩阵为 a_{11}。对于 $k=2$，主子矩阵为

$$\begin{bmatrix}a_{11} & a_{12}\\ a_{21} & a_{22}\end{bmatrix}\begin{bmatrix}a_{11} & a_{13}\\ a_{31} & a_{33}\end{bmatrix}\begin{bmatrix}a_{22} & a_{23}\\ a_{32} & a_{33}\end{bmatrix}$$

其中 $\begin{bmatrix}a_{11} & a_{12}\\ a_{21} & a_{22}\end{bmatrix}$ 为顺序主子矩阵。 ■

定理 10.15 一个实对称矩阵正定的充分必要条件是其所有特征值都为正。

证明：根据定理 10.7，我们有

$$Q^TAQ=\Lambda$$

Q 为特征向量构成的正交矩阵，$Q^TQ=I$，Λ 为特征值构成的对角矩阵。取任一向量 $\mathbf{x}$，设 $\mathbf{x}=Q\mathbf{y}$，那么，

$$\begin{aligned}\mathbf{x}^TA\mathbf{x}&=\mathbf{y}^TQ^TAQ\mathbf{y}\\&=\mathbf{y}^T\Lambda\mathbf{y}\\&=\sum_{i=1}^{n}\lambda_i y_i^2\end{aligned}$$

当且仅当对于所有 i，$\lambda_i>0$，那么 $\mathbf{x}^TA\mathbf{x}>0$。如果其中一个特征值为负，如 $\lambda_1<0$，那么我们设

$$y_1=1,y_2=0,\cdots,y_n=0$$

在这种情况下，$\mathbf{x}^T A\mathbf{x}=y_1<0$，则 $\mathbf{x}^T A\mathbf{x}$ 不可能为正。故我们需要所有的特征值都为正值。■

定理 10.16 对称矩阵 A 半正定的充分必要条件是其特征值大于或等于零。

定理 10.17 对称矩阵 A 负定的充分必要条件是其特征值均为负。

定理 10.18 对称矩阵 A 半负定的充分必要条件是其特征值小于或等于零。

定理 10.19 对称矩阵 A 正定的充分必要条件是其顺序主子矩阵的行列式均为正。

矩阵 A 的顺序主子矩阵是以下子矩阵组：

$$A_1=a_{11},\quad A_2=\begin{bmatrix} a_{11} & a_{12} \\ a_{21} & a_{22} \end{bmatrix}$$

$$A_3=\begin{bmatrix} a_{11} & a_{12} & a_{13} \\ a_{21} & a_{22} & a_{23} \\ a_{31} & a_{32} & a_{33} \end{bmatrix},\quad \cdots,\quad A_n=A$$

证明： 若矩阵 A 正定，那么对于任意非零 $\mathbf{x}$，有 $\mathbf{x}^T A\mathbf{x}>0$。设 $\mathbf{x}$ 的前 k 个元素非零，后 $n-k$ 个元素为零：

$$\mathbf{x}^T=(\mathbf{x}_k^T,\mathbf{0}^T)$$

其中，$\mathbf{x}_k$ 是 $\mathbf{x}$ 的非零子向量，我们有

$$\mathbf{x}^T A\mathbf{x}=(\mathbf{x}_k^T,\mathbf{0}^T)\begin{bmatrix} A_{k,k} & A_{n-k,k} \\ A_{k,n-k} & A_{n-k,n-k} \end{bmatrix}\begin{bmatrix} \mathbf{x}_k \\ \mathbf{0} \end{bmatrix}=\mathbf{x}_k^T A_{k,k}\mathbf{x}_k$$

其中，矩阵 $A_{k,k}$ 是指矩阵 A 的前 $k\times k$ 部分，$A_{k,n-k}$、$A_{n-k,k}$、$A_{n-k,n-k}$ 为剩余部分，它们可以由 $\mathbf{x}$ 中的零元素来消掉。因为

$$\mathbf{x}^T A\mathbf{x}>0$$

我们有

$$\mathbf{x}_k^T A_{k,k}\mathbf{x}_k>0$$

由定理 10.15，$A_{k,k}$ 的所有特征值为 k，故

$$|A_{k,k}|>0$$

满足条件的所有的 $\mathbf{x}$ 向量给出了 A 正定的充分必要条件，因为

$$|A_1|>0,\quad |A_2|>0,\cdots,|A|>0$$

■

定理 10.20 对称矩阵 A 半正定而非正定的充分必要条件是某些主子式为零，其余的主子式为正。

定理 10.21 对称矩阵 A 负定的充分必要条件是其主子式由负号开始，符号交替变换。

定理 10.22 对矩阵 A 半负定而非负定的充分必要条件是其部分主子式为零，其余主子式由负号开始，符号交替变换。

例 10.19 判断矩阵 A 的“定性”。

$$A=\begin{bmatrix}1 & 0 & 0\\0 & 3 & 0\\0 & 0 & 1\end{bmatrix}$$

解： 因为矩阵的特征值为 $\lambda_1=1$，$\lambda_2=1$，$\lambda_3=3$，由定理 10.15，其二次型为正定的。

$$\begin{aligned}q(\mathbf{x})&=[x_1 \quad x_2 \quad x_3]\begin{bmatrix}1 & 0 & 0\\0 & 3 & 0\\0 & 0 & 1\end{bmatrix}\begin{bmatrix}x_1\\x_2\\x_3\end{bmatrix}\\&=x_1^2+3x_2^2+x_3^2\end{aligned}$$

除非 $\mathbf{x}$ 为零向量，否则对任意 $\mathbf{x}_i$，$q(\mathbf{x})$ 都为正。注意，所有主子式的值为正，矩阵为正定矩阵。 ■

例 10.20 判断下面矩阵 A 的“定性”。

$$A=\begin{bmatrix}4 & 2\\2 & 1\end{bmatrix}$$

解： 矩阵的特征值为 $\lambda_1=5$，$\lambda_2=0$，由定理 10.16，二次型半正定。

$$\begin{aligned}q(\mathbf{x})&=[x_1 \quad x_2]\begin{bmatrix}4 & 2\\2 & 1\end{bmatrix}\begin{bmatrix}x_1\\x_2\end{bmatrix}\\&=4x_1^2+4x_1x_2+x_2^2\end{aligned}$$

故对于不同的 $\mathbf{x}$，$q(\mathbf{x})\geqslant 0$。例如，如果 $\mathbf{x}=[-1 \quad 2]$，那么 $q(\mathbf{x})=0$。注意，第一个主子式为正，第二个主子式即 A 的行列式为零。 ■

例 10.21 判断矩阵的“定性”。

$$A=\begin{bmatrix}-1 & 0\\0 & -1\end{bmatrix}$$

解： 矩阵的特征值为 $\lambda=-1$，由定理 10.17，二次型负定。

$$\begin{aligned}q(\mathbf{x})&=[x_1 \quad x_2]\begin{bmatrix}-1 & 0\\0 & -1\end{bmatrix}\begin{bmatrix}x_1\\x_2\end{bmatrix}\\&=-x_1^2-x_2^2\end{aligned}$$

除非 $\mathbf{x}$ 为零向量，否则 $q(\mathbf{x})$ 为负。主子式值为 -1 和 1，交替变换符号，开始时为负。 ■

例 10.22 判断矩阵的“定性”。

$$A=\begin{bmatrix}-1 & 1\\ 1 & -1\end{bmatrix}$$

解：矩阵的特征值为 $\lambda_1=0$，$\lambda_2=-2$，由定理 10.18，二次型半负定。

$$\begin{aligned}q(\mathbf{x})&=[x_1 \quad x_2]\begin{bmatrix}-1 & 1\\ 1 & -1\end{bmatrix}\begin{bmatrix}x_1\\ x_2\end{bmatrix}\\ &=-x_1^2+2x_1x_2-x_2^2\end{aligned}$$

$q(\mathbf{x})$ 为负或为零取决于 x_1 和 x_2。注意，主子式为 -1 和 0，故根据定理 10.22，二次型为半负定且非负定。■

定理 10.23 若 A 为对称的正定矩阵，则有非奇异矩阵 P，使

$$A=PP^T$$

证明：因为 A 为对称矩阵，故

$$Q^TAQ=\Lambda$$

即

$$A=Q\Lambda Q^T$$

其中，Q 和 Λ 分别是特征向量构成的正交矩阵和特征值构成的对角矩阵。

因为 A 为正定矩阵，故根据定理 10.15，其特征值为正。我们可定义

$$\Lambda^{1/2}=\begin{bmatrix}\sqrt{\lambda_1} & \cdots & 0\\ \vdots & & \vdots\\ 0 & \cdots & \sqrt{\lambda_n}\end{bmatrix}$$

那么，$\Lambda=\Lambda^{1/2}\Lambda^{1/2}$，也就是

$$\begin{aligned}A&=Q\Lambda^{1/2}\Lambda^{1/2}Q^T\\ &=(Q\Lambda^{1/2})(Q\Lambda^{1/2})^T\\ &=PP^T\end{aligned}$$

其中，$P=Q\Lambda^{1/2}$ 是非奇异矩阵，因为它是两个非奇异矩阵的乘积。■

练习

1. 判断下列矩阵是否为正定矩阵、负定矩阵和不定矩阵。

$$A=\begin{bmatrix}1 & 1 & 0\\ 1 & 4 & 2\\ 0 & 2 & 3\end{bmatrix},\quad B=\begin{bmatrix}5 & -6 & -6\\ -1 & 4 & 2\\ 3 & -6 & -4\end{bmatrix},\quad C=\begin{bmatrix}1 & 0 & 1\\ 0 & 1 & 1\\ 1 & 1 & 2\end{bmatrix}$$

2. 设

$$\mathbf{x}=\begin{bmatrix}x_1\\x_2\end{bmatrix}$$

求 $\mathbf{x}^TA\mathbf{x}$。

(a) $A=\begin{bmatrix}4&0\\0&3\end{bmatrix}$

(b) $B=\begin{bmatrix}3&-2\\-2&7\end{bmatrix}$

3. 对于 $\mathbf{x}\in\mathbf{R}^3$，设

$$g(\mathbf{x})=5x_1^2+3x_2^2+2x_3^2-x_1x_2+8x_1x_3$$

写出形如 $\mathbf{x}^TA\mathbf{x}$ 的二次型。

4. 判断下列二次型是否正定、负定或不定。

(a) $6x_1^2+25x_2^2+9x_3^2-60x_2x_3+40x_1x_3-6x_1x_2$

(b) $9x_2^2+9x_3^2+10x_2x_3+x_3+6x_1x_2$

5. $g(\mathbf{x})=3x_1^2+2x_2^2+x_3^2+4x_1x_2+4x_2x_3$ 是正定、负定，还是不定？

本章小结

关键词

基	特征方程	特征多项式
特征根	特征向量	封闭
对角化	维数	特征值
特征值问题	欧几里得距离	欧几里得模
有限维数	不定	内积
克罗内克符号	潜在根	潜在向量
顺序主子式	顺序主子矩阵	线性相关
线性无关	子式	负定
半负定	标准化	正交
正交矩阵	正交基	正定
半正定	主子矩阵	二次型
秩	数乘	谱分解
向量加法	向量空间	向量减法

思考题

1. 向量之间的距离是如何与欧几里得模联系起来的？

2. 向量的内积与欧几里得模的关系是什么？
3. 用一个负分数与向量相乘，结果是什么？
4. 本章中的线性无关与第7章的线性无关的关系是什么？
5. 如何判断两向量正交？
6. 正交在向量空间中的几何意义是什么？
7. 何为矩阵的秩？
8. 何为特征值？
9. 何为二次型？
10. 指出判断矩阵负定的两种方法。
11. 指出判断矩阵半正定的两种方法。
12. 不定矩阵是指什么？

复习题

1. 判断下列向量组是否线性无关。

(a) $\mathbf{y}=\begin{bmatrix}0\\1\end{bmatrix}$，　$\mathbf{w}=\begin{bmatrix}-1\\1\end{bmatrix}$

(b) $\mathbf{y}=\begin{bmatrix}0\\1\end{bmatrix}$，　$\mathbf{w}=\begin{bmatrix}0\\-1\end{bmatrix}$

(c) $\mathbf{y}=\begin{bmatrix}0\\1\\-1\end{bmatrix}$，　$\mathbf{w}=\begin{bmatrix}1\\1\\0\end{bmatrix}$，　$\mathbf{z}=\begin{bmatrix}0\\3\\0\end{bmatrix}$

2. 若 A 为 7×9 矩阵，有三行线性无关，矩阵 A 的秩是多少？

3. (a) 若 A 为 9×7 矩阵，A 的最大可能的秩是多少？

(b) 若 A 为 7×9 矩阵，A 的最大可能的秩是什么？

4. 求下列矩阵的秩。

$$A=\begin{bmatrix}1&0&2\\0&1&0\\1&0&2\end{bmatrix},\quad B=\begin{bmatrix}1&0&1\\0&1&0\\1&0&2\end{bmatrix}$$

5. 求 $\mathbf{R}^3$ 中的两个不同的基，使这两个基向量彼此不正交且长度不是单位长度。

6. 设 $\mathcal{V}$ 是 xy 平面上圆上和圆内的点的集合：

$$\mathcal{V}=\left\{\begin{bmatrix}x\\y\end{bmatrix},\quad x^2+y^2\leqslant1\right\}$$

举一特例证明 $\mathcal{V}$ 不是向量空间。

7. 求下列矩阵的特征值。

(a) $A=\begin{bmatrix}2&3\\3&-6\end{bmatrix}$　(b) $B=\begin{bmatrix}2&7\\7&2\end{bmatrix}$

8. 求如下矩阵的特征值。

$$A=\begin{bmatrix}3 & 6 & -8\\0 & 1 & 6\\0 & 0 & 2\end{bmatrix}$$

9. 对矩阵 A 进行正交化。

$$A=\begin{bmatrix}7 & 2\\2 & 4\end{bmatrix}$$

10. 设向量 $\mathbf{x}$ 在 $\mathbf{R}^3$ 空间中，求与下列二次型对应的矩阵。

(a) $8x_1^2+7x_2^2-3x_3^2-6x_1x_2+4x_1x_3-2x_2x_3$

(b) $4x_1x_2+6x_1x_3-8x_2x_3$

第Ⅳ篇
多元计算

第 11 章　n 个变量函数的计算

我们鼓励读者通过我们的网站 http://mitpress.mit.edu/math_econ3 来获得如下有助于学习本章的材料：

- 齐次函数的更多性质
- 位似
- 例子：求解一阶偏导数
- 例子：求解边际产品函数
- 例子：求解边际技术替代率
- 练习题

我们已经详细讨论了单变量函数 $y=f(x)$，$x\in\mathbf{R}$ 微积分的基本原理。第 4 章介绍了函数的连续性，第 5 章介绍了导数。但是，经济分析通常需要考虑含多个变量的函数。例如，用模型描述厂商的产出水平如何依赖于几种投入而不是一种投入，通常很重要。在本章中，我们考虑多变量函数的微积分的基本关系式。幸运的是，第 4 章和第 5 章的很多内容都可以直接推广到本章的情况。例如，多变量函数的微分法则就是单变量函数微分法则的直接推广。不过，我们在解释这些新结果的时候必须谨慎。

11.1　偏微分

首先，我们介绍一下相关的符号。我们用 $(x_1, x_2, \cdots, x_n)$ 或者 $\mathbf{x}$ 表示函

数的定义域 $\mathbf{R}^n$ 中的一个点，用 $y=f(x_1, x_2, \cdots, x_n)$ 或者 $y=f(\mathbf{x})$ 表示函数。为了简单起见，我们通常集中讨论 $n=2$ 的情形。推广到包含 n 个变量的一般情形通常很直接，不过有些时候书写起来比较麻烦。

第 4 章已经详细讨论了单变量函数的连续性。第 4 章关于连续性的直观解释也适用于多变量函数的情形。如果函数 $f(\mathbf{x})$，$\mathbf{x}\in \mathbf{R}^n$ 随着 $\mathbf{x}$ 的值趋于 $\mathbf{a}$ 点，它的值不会跳跃或者间断，那么它在点 $\mathbf{x}=\mathbf{a}$ 处连续。对于单变量函数而言，x 只能从左边或者右边逼近 a 点，如图 11.1 所示。因此，可以定义函数在 a 点的左极限和右极限，即 $\lim\limits_{x\to a^-} f(x)$ 和 $\lim\limits_{x\to a^+} f(x)$。如果 $\lim\limits_{x\to a^-} f(x)=\lim\limits_{x\to a^+} f(x)=f(a)$，则称函数在点 $x=a$ 处连续，如图 11.2 中的例子所示。定义 4.3 正式地陈述了连续性。

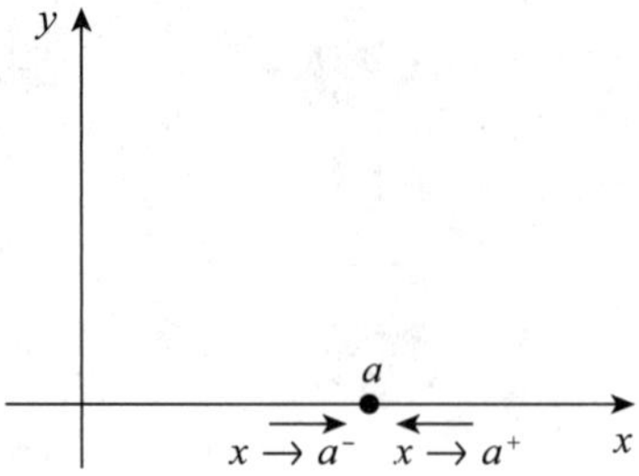

图 11.1　逼近 R 中的点 $x=a$ 的两条路径

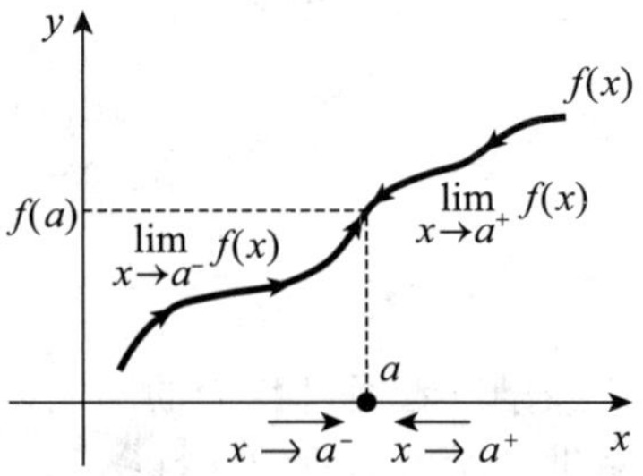

图 11.2　对连续函数而言，它的左极限和右极限都等于在点 $x=a$，$x\in \mathbf{R}$ 处的函数值

定义多变量函数的连续性更复杂的地方在于，对于任意点 $\mathbf{x}=\mathbf{a}$，都存在两个以上可以逼近它的方向，因此，我们不能只考虑函数在该点的左极限和右极限。实际上，在考虑逼近 $\mathbf{R}^n$（$n>1$）中的某点时，需要考虑的方向或者路径有无穷多。图 11.3 说明了这一点，图中标明的路径 P_1，P_2，…，P_5 只不过是几个例子。

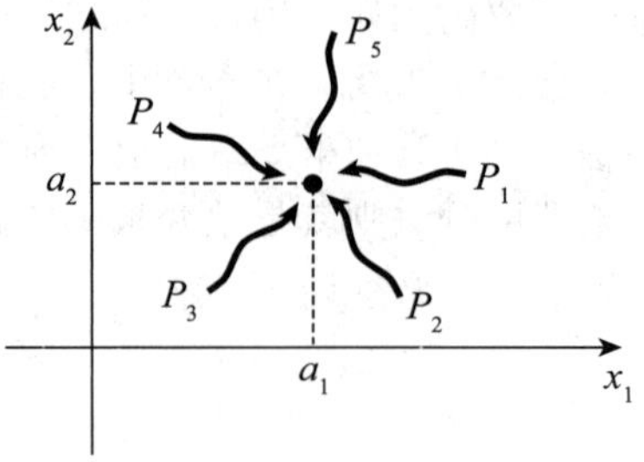

图 11.3　逼近 $\mathbf{R}^2$ 中某点的无穷多条路径中的几条

在 4.1 节，我们还考虑了连续性的另一个定义。在定义 4.4 中，称函数在点 $x=a$ 处连续，如果在该点的某个小邻域内（即对于靠近 $x=a$ 的点而言），函数

值 $f(x)$ 趋于值 $f(a)$。该连续性定义可以直接推广到定义在 $\mathbf{R}^n$ 上的函数。对 $x\in\mathbf{R}$ 而言，接近程度由（绝对）距离 $|x-a|$ 决定。为了将这一连续性概念推广到定义在 $\mathbf{x}\in\mathbf{R}^n$ 上的函数，我们可以直接利用第 2 章和第 10 章中介绍过的两点之间的欧几里得距离 $\|\mathbf{x}-\mathbf{a}\|$。例如，在 $\mathbf{R}^2$ 中，我们有

$$\|\mathbf{x}-\mathbf{a}\|=\|(x_1,x_2)-(a_1,a_2)\|=\sqrt{(x_1-a_1)^2+(x_2-a_2)^2}$$

在此，我们不去进一步研究连续性的这一定义，不过本节末的练习 12 解释了如何将该定义应用于 $\mathbf{R}^n$ 上的函数。

同连续性的推广相比，将单变量函数导数的概念推广到定义在 $\mathbf{R}^n$ 上的函数更加容易。在第 5 章我们已经知道，定义在 $\mathbf{R}$ 上的函数 $f(x)$ 的导数是当我们令 x 的变化无穷小时（即令 $\Delta x\to 0$），y 随 x 的相应变化率（$\Delta y/\Delta x$）。如果 y 取决于多个变量，譬如说 $y=f(x_1, x_2)$，那么我们可以用同样的方法定义 y 关于变量 x_1 和 x_2 的变化的变化速度。譬如说，我们可以令 x_2 保持不变，令 $\Delta x_1\to 0$，求比值 $\Delta y/\Delta x_1$。该运算的结果称为函数 $y=f(x_1, x_2)$ 关于变量 x_1 的偏导数，记为

$$\frac{\partial f(x_1,x_2)}{\partial x_1}\ ,\quad \frac{\partial y}{\partial x_1}\ ,\quad f_1(x_1,x_2)\quad 或\quad f_1$$

其中，

$$\frac{\partial f(x_1,x_2)}{\partial x_1}=\lim_{\Delta x_1\to 0}\frac{f(x_1+\Delta x_1,x_2)-f(x_1,x_2)}{\Delta x_1}$$

函数 $f(x_1, x_2)$ 关于变量 x_2 的偏导数记为

$$\frac{\partial f(x_1,x_2)}{\partial x_2}\ ,\quad \frac{\partial y}{\partial x_2}\ ,\quad f_2(x_1,x_2)\quad 或\quad f_2$$

其中，

$$\frac{\partial f(x_1,x_2)}{\partial x_2}=\lim_{\Delta x_2\to 0}\frac{f(x_1,x_2+\Delta x_2)-f(x_1,x_2)}{\Delta x_2}$$

之所以称上述表达式为偏导数，并且使用符号“∂”来表示，原因在于虽然 y 取决于 x_1 和 x_2 这两个变量，但是我们每次只改变其中一个变量的值。由于 y 是 x_1 和 x_2 的函数，所以比值 $\Delta y/\Delta x_1$ 一般会取决于 x_2 的值，记住这一点很重要。符号 $f_1(x_1, x_2)$ 和 $f_2(x_1, x_2)$ 提醒我们，y 关于 x_1 或者 x_2 的变化率本身通常也是依赖于 x_1 和 x_2 的取值的函数。

对于单变量函数而言，它的导数就是曲线在某点处切线的斜率。这一点也可以推广到 $\mathbf{x}\in\mathbf{R}^2$ 的情形。不过，在绘制和解释相关图形的时候，必须谨慎。

在图 11.4 (a) 中，固定 x_2，则逼近任意给定点的方向只有两个，而不是任意多个。在这种情况下，偏导数 $\partial y/\partial x_1$ 跟单变量函数的导数一样，因为只有一个变量 x_1 在变化。偏导数与单变量情形的相似性解释了为什么偏导数是单变量函数导数的直接推广。

偏导数的思想可以很容易地推广到含有 n 个变量的函数。

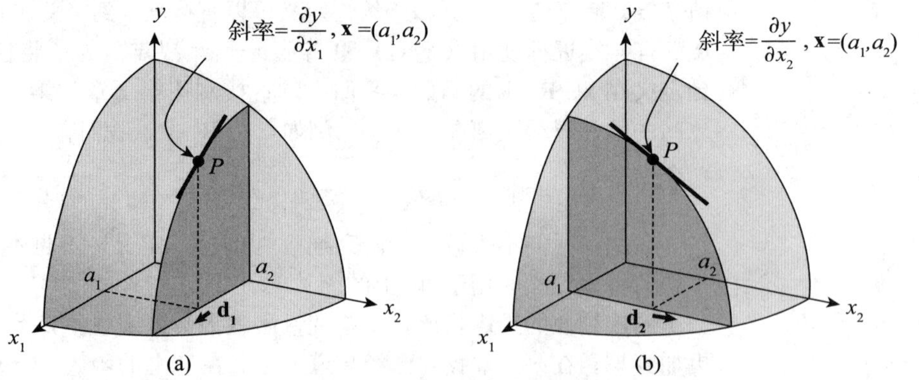

图 11.4　$\mathbf{R}^2$ 上函数的偏导数

定义 11.1　函数 $y=f(x_1,\ x_2,\ \cdots,\ x_n)$ 关于变量 x_i 的**偏导数**为

$$\frac{\partial f}{\partial x_i}=\lim_{\Delta x_i\to 0}\frac{f(x_1,\cdots,x_i+\Delta x_i,\cdots,x_n)-f(x_1,\cdots,x_i,\cdots,x_n)}{\Delta x_i}$$

符号 $\partial y/\partial x_i$ 或者 $f_i(\mathbf{x})$，或者更简单的 f_i 会在下文中交替使用。注意，在定义偏导数 $f_i(\mathbf{x})$ 的时候，所有其他变量 x_j $(j\neq i)$ 都保持不变。

与求解单变量函数的导数相同，我们可以利用定义 11.1 来计算某个具体函数的偏导数。下面的例子解释了这一点。

例 11.1　求一个多产品竞争厂商收入函数的偏导数，并予以解释。

解： 假定我们令 x_1 和 x_2 表示竞争厂商所销售的两种产品的数量，它们的价格分别为 p_1 和 p_2。厂商的总收入为 $R(x_1,\ x_2)=p_1x_1+p_2x_2$。根据定义 11.1，偏导数$\partial R(x_1,x_2)/\partial x_1$为

$$\begin{aligned}\frac{\partial R(x_1,x_2)}{\partial x_1}&=\lim_{\Delta x_1\to 0}\frac{R(x_1+\Delta x_1,x_2)-R(x_1,x_2)}{\Delta x_1}\\&=\lim_{\Delta x_1\to 0}\frac{[p_1(x_1+\Delta x_1)+p_2x_2]-[p_1x_1+p_2x_2]}{\Delta x_1}\\&=\lim_{\Delta x_1\to 0}\frac{p_1x_1+p_1\Delta x_1+p_2x_2-p_1x_1-p_2x_2}{\Delta x_1}\\&=\lim_{\Delta x_1\to 0}\frac{p_1\Delta x_1}{\Delta x_1}\\&=p_1\end{aligned}$$

偏导数 $R_2(x_1,\ x_2)$ 的求解留作本节的练习。■

所得结果 $R_1(x_1,\ x_2)=p_1$ 与简单的直觉相符。该结果意味着当另一种商品的销量保持不变时，厂商多销售一单位商品 1 所带来的收入增加额正好等于商品 1 的价格。注意，该导数是个常数。这一结果与单变量线性函数的情形相同。对任意线性函数而言，R_1 都独立于 x_1 或者 x_2 的值。对一般的函数来说，情况当然不是这样的，下面的例子将证明这一点。

例 11.2　本例中函数 $y=x_1^2x_2$ 的偏导数$\partial y/\partial x_1$ 的值依赖于 x_1 和 x_2 的取

值。根据定义 11.1，偏导数 $\partial f(x_1,x_2)/\partial x_1$ 为

$$\begin{aligned}\frac{\partial f(x_1,x_2)}{\partial x_1}&=\lim_{\Delta x_1\to 0}\frac{f(x_1+\Delta x_1,x_2)-f(x_1,x_2)}{\Delta x_1}\\&=\lim_{\Delta x_1\to 0}\frac{(x_1+\Delta x_1)^2x_2-x_1^2x_2}{\Delta x_1}\\&=\lim_{\Delta x_1\to 0}\frac{(x_1^2+2x_1\Delta x_1+(\Delta x_1)^2)x_2-x_1^2x_2}{\Delta x_1}\\&=\lim_{\Delta x_1\to 0}\frac{(2x_1\Delta x_1+(\Delta x_1)^2)x_2}{\Delta x_1}\\&=\lim_{\Delta x_1\to 0}(2x_1+\Delta x_1)x_2\\&=2x_1x_2\end{aligned}$$

■

我们也可以不用前面的原理（即导数的定义）导出上述结果，而是利用微分法则来求偏导数，即采取我们在第 5 章中对单变量函数的处理方法。由于我们在求$\partial f/\partial x_i$ 时令 x_i 之外的所有变量固定，所以我们可以明确地将函数$f(\mathbf{x})$ 中不依赖 x_i 的所有部分视为常数 c，然后利用单变量函数的微分法则。对于例 11.1 中的函数，$R(x_1,\ x_2)=p_1x_1+p_2x_2$，这意味着我们需要令 $p_2x_2=c$，c 为某个常数。则有

$$R(x_1,x_2)=p_1x_1+c$$

我们有

$$R_1(x_1,x_2)=\frac{\mathrm{d}[p_1x_1+c]}{\mathrm{d}x_1}=p_1$$

类似地，对于例 11.2 中的函数 $y=f(x_1,\ x_2)=x_1^2x_2$，在计算 $\partial f/\partial x_1$时，我们令变量 x_2 固定。如果我们明确地令 $x_2=c$，c 为常数，那么函数变为

$$y=cx_1^2$$

因此

$$\frac{\partial f(x_1,x_2)}{\partial x_1}=\frac{\mathrm{d}[cx_1^2]}{\mathrm{d}x_1}=2cx_1$$

将 $c=x_2$ 代回上式，可得如下结果：

$$\frac{\partial f(x_1,x_2)}{\partial x_1}=2x_2x_1$$

下面我们来看看如何将上述方法推广到含任意个变量的函数。如果我们有 $y=f(x_1,x_2,\ \cdots,\ x_n)$，那么为求 f 关于其中某个变量 x_i 的导数，我们将表达式中不依赖于 x_i 的所有部分分解出来，视它们为常数。譬如说，给定函数

$$y=5x_1^2x_2^4x_3^6$$

我们来求偏导数$\partial y/\partial x_2$。首先令

$$c=5x_1^2x_3^6$$

这意味着

$$y=cx_2^4$$

根据第 5 章所给出的微分法则，可得

$$\frac{\partial y}{\partial x_2}=4cx_2^3$$

再将 $c=5x_1^2x_3^6$ 代回上式，可以得到如下结果：

$$\frac{\partial y}{\partial x_2}=4(5x_1^2x_3^6)x_2^3=20x_1^2x_2^3x_3^6$$

做过一些练习之后，就不必像上面那样代换了。

从这些例子中我们可以看到，偏导数$\partial f/\partial x_i$ 通常依赖于所有变量，包括 x_j，$j\neq i$。不过，有一类函数，它们关于 x_i 的偏导数独立于所有其他变量 x_j，$j\neq i$。我们给出这类函数的如下定义：

定义 11.2 能够写成下列形式的函数 $y=f(x_1, x_2, \cdots, x_n)$ 是**加性可分**的：

$$f(x_1,x_2,\cdots,x_n)=g^1(x_1)+g^2(x_2)+\cdots+g^n(x_n)$$
$$=\sum_{k=1}^{n}g^k(x_k)$$

例 11.3 函数

$$f(x_1,x_2)=x_1^3+5x_2$$

和

$$g(x_1,x_2,x_3)=5x_1^2-6x_2+e^{x_3}$$

都是加性可分函数。注意，它们关于任意变量的导数都不依赖于任何其他变量的取值，因为

$$f_1=3x_1^2$$
$$f_2=5$$

$$g_1=10x_1$$
$$g_2=-6$$
$$g_3=e^{x_3}$$

同时注意，加性可分函数包括变量以负号出现在函数中的情形，如函数 g 中的项 $-6x_2$ 所示。 ■

边际产品函数

如果 $y=f(x_1, x_2, \cdots, x_n)$ 表示生产函数，x_i 为投入品 i 的数量，y 为产出水平，则偏导数$\partial y/\partial x_i$ 表示投入品 i 的边际产品，即其他投入保持不变，增加 i 的投入量所带来的产出增加量。由于偏导数定义为 $\Delta x_i\to 0$ 时的极限，所以仅当所选择的单位充分小的时候，$\partial y/\partial x_i$ 才（近似地）表示投入品 i 的单位增

加所带来的产出变化。

由于偏导数$\partial y/\partial x_i$通常依赖于其他变量x_j，$j=1, 2, \cdots, n$的取值，所以边际产品函数也是所有投入品的函数。注意，这些关系有助于我们理解所采用的特定生产函数所蕴含的技术假设。下面的例子解释了这一点。

例 11.4 求如下生产函数的偏导数并予以解释。

$$y=10x_1^{1/2}x_2^{1/2}$$

解：$f_1=\dfrac{\partial y}{\partial x_1}=\dfrac{1}{2}(10x_1^{-1/2}x_2^{1/2})=5x_1^{-1/2}x_2^{1/2}=\dfrac{5x_2^{1/2}}{x_1^{1/2}}$

$$f_2=\frac{\partial y}{\partial x_2}=\frac{1}{2}(10x_1^{1/2}x_2^{-1/2})=5x_1^{1/2}x_2^{-1/2}=\frac{5x_1^{1/2}}{x_2^{1/2}}$$

如果我们将x_1看作劳动投入，x_2看作资本投入，那么我们从劳动的边际产品函数f_1可以看出，当资本投入更大的时候，劳动投入的既定增加会带来更大的产出增加。在图 11.5 中，我们利用x_2的两个具体值（$x_2=4$和$x_2=9$）来解释x_1和y之间的关系如何依赖于x_2的值。随后，在图 11.6 中，我们看到x_2的值如何影响导函数f_1。（注意，对于$x_2=4$，$f_1=10/x_1^{1/2}$；而对于$x_2=9$，$f_1=15/x_1^{1/2}$。）这些图形也突出了这一事实：对于可供利用的固定资本量，劳动的边际产品随着劳动投入的增加而下降。因此，该生产函数服从投入品的边际生产率递减规律（见第 5 章例 5.6）。投入要素 2 的边际产品也有类似解释。

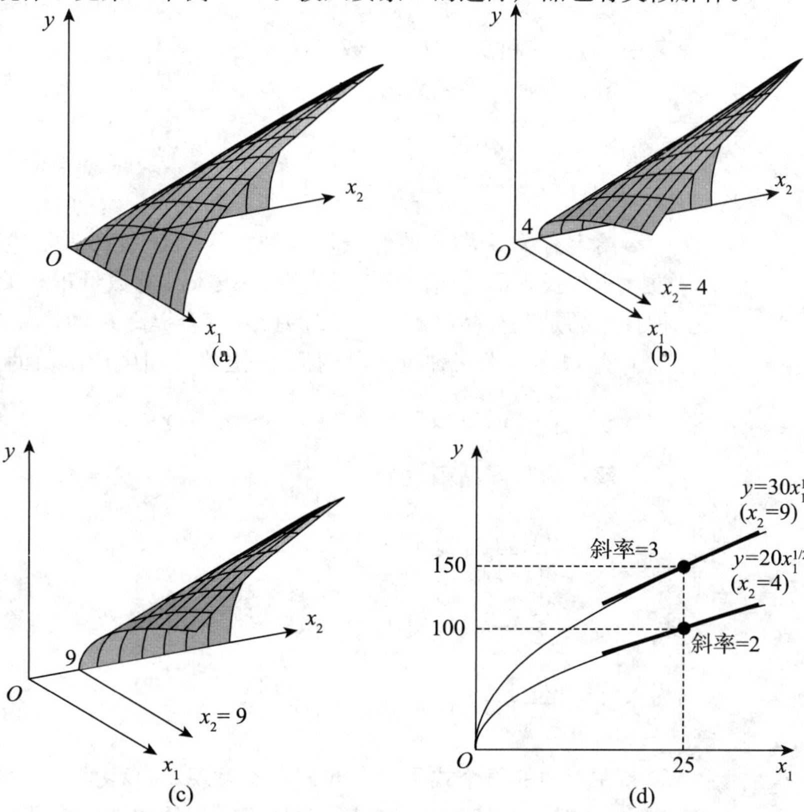

图 11.5 函数 $y=10x_1^{1/2}x_2^{1/2}$ 的剖面图。注意，图（d）中隐去了 x_2

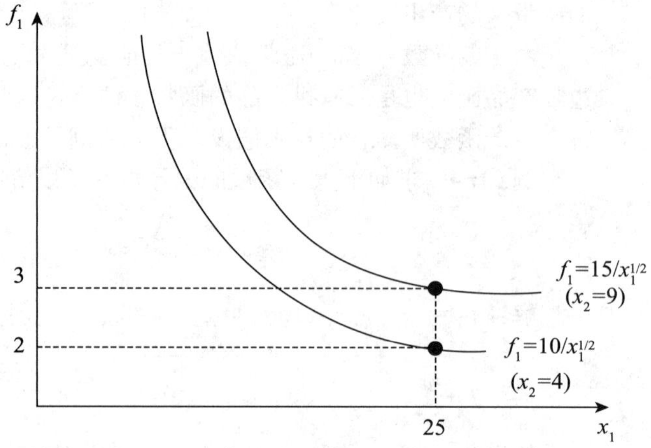

图 11.6　x_2 的值对函数 $f_1=5x_2^{1/2}/x_1^{1/2}$ 的影响

例 11.4 中的生产函数是柯布-道格拉斯生产函数的特例。下面我们考虑该函数更一般的形式。在下面的例子中，投入要素只有两种，我们用 L（劳动）和 K（资本）表示。■

例 11.5　求两种投入要素的柯布-道格拉斯生产函数的偏导数，并予以解释：

$$y=f(K,L)=AK^{\alpha}L^{\beta},\quad A>0,\quad 0<\alpha,\beta<1$$

其中，A，α 和 β 为技术参数。

解： 边际产品函数为

$$f_K=\alpha AK^{\alpha-1}L^{\beta}$$
$$f_L=\beta AK^{\alpha}L^{B-1}$$

给定有关 α 和 β 的假设，两种投入品显然都满足边际生产率递减规律。不过，每种投入品的边际产品都与另一投入品的数量正相关。在这一意义上，这两种投入品是互补品（即增加 K 的投入量会提高 L 的边际产品）。■

例 11.6　求三种投入品的柯布-道格拉斯生产函数的边际产品函数：

$$y=Ax_1^{\alpha}x_2^{\beta}x_3^{\gamma},\quad A>0,\quad 0<\alpha,\beta,\gamma<1$$

解： 边际产品函数为

$$\frac{\partial y}{\partial x_1}=\alpha Ax_1^{\alpha-1}x_2^{\beta}x_3^{\gamma}=\alpha A\,\frac{x_2^{\beta}x_3^{\gamma}}{x_1^{1-\alpha}}$$

$$\frac{\partial y}{\partial x_2}=\beta Ax_1^{\alpha}x_2^{\beta-1}x_3^{\gamma}=\beta A\,\frac{x_1^{\alpha}x_3^{\gamma}}{x_2^{1-\beta}}$$

$$\frac{\partial y}{\partial x_3}=\gamma Ax_1^{\alpha}x_2^{\beta}x_3^{\gamma-1}=\gamma A\,\frac{x_1^{\alpha}x_2^{\beta}}{x_3^{1-\gamma}}$$

在上面的每个式子中，我们再次发现，每种投入品的边际产品都会随着自身投入的增加而下降，随着其他两种投入品的增加而上升。■

显而易见，这些例子可以推广到多种投入品的一般情形。因此，柯布-道格拉斯生产函数的一般形式为

$$y=f(x_1,x_2,\cdots,x_n)=Ax_1^{\alpha_1}x_2^{\alpha_2}\cdots x_n^{\alpha_n}$$

其中，$A>0$，$0<\alpha_i<1$，$i=1$，2，…，n。那么，对于任意投入品 x_j，$j=1$，2，…，n，我们有

$$f_j\equiv\frac{\partial y}{\partial x_j}=\alpha_jAx_1^{\alpha_1}x_2^{\alpha_2}\cdots x_{j-1}^{\alpha_{j-1}}x_j^{\alpha_j-1}x_{j+1}^{\alpha_{j+1}}\cdots x_n^{\alpha_n}$$
$$=\alpha_jA\frac{x_1^{\alpha_1}x_2^{\alpha_2}\cdots x_{j-1}^{\alpha_{j-1}}x_{j+1}^{\alpha_{j+1}}\cdots x_n^{\alpha_n}}{x_j^{1-\alpha_j}}$$

式中，每种投入品的边际生产率都递减，所有投入品都是彼此互补的。

例 11.7 已知具有两种投入品的常替代弹性生产函数为

$$y=A[\delta x_1^{-r}+(1-\delta)x_2^{-r}]^{-1/r}$$

其中，$A>0$，$0<\delta<1$，$r>-1$。求两种投入品的边际产品函数。

解： 边际产品为

$$\frac{\partial y}{\partial x_1}=A\left(-\frac{1}{r}[\delta x_1^{-r}+(1-\delta)x_2^{-r}]^{-(1/r)-1}(-r\delta x_1^{-r-1})\right)$$
$$=\delta Ax_1^{-r-1}[\delta x_1^{-r}+(1-\delta)x_2^{-r}]^{-(1/r)-1}$$
$$\frac{\partial y}{\partial x_2}=A\left(-\frac{1}{r}[\delta x_1^{-r}+(1-\delta)x_2^{-r}]^{-(1/r)-1}(-r(1-\delta)x_2^{-r-1})\right)$$
$$=(1-\delta)Ax_2^{-r-1}[\delta x_1^{-r}+(1-\delta)x_2^{-r}]^{-(1/r)-1}$$

上面的式子可以写成更简便的形式。令$\partial y/\partial x_1$ 乘以 A^r/A^r，其值保持不变，同时注意到 $x_1^{-r-1}=1/x_1^{r+1}$，因此我们有

$$\frac{\partial y}{\partial x_1}=\frac{\delta A^{r+1}[\delta x_1^{-r}+(1-\delta)x_2^{-r}]^{-(1/r)-1}}{A^r(x_1^{r+1})}$$

另外，注意，

$$y^{r+1}=(A[\delta x_1^{-r}+(1-\delta)x_2^{-r}]^{-1/r})^{r+1}$$
$$=A^{r+1}[\delta x_1^{-r}+(1-\delta)x_2^{-r}]^{-(1/r)-1}$$

我们有

$$\frac{\partial y}{\partial x_1}=\frac{\delta y^{r+1}}{A^rx_1^{r+1}}=\frac{\delta}{A^r}\left(\frac{y}{x_1}\right)^{r+1}$$

按照类似的步骤，我们得到

$$\frac{\partial y}{\partial x_2}=\frac{(1-\delta)y^{r+1}}{A^rx_2^{r+1}}=\frac{(1-\delta)}{A^r}\left(\frac{y}{x_2}\right)^{r+1}$$ ■

第 5 章所研究的单变量函数微分法则通常可以直接用于多变量函数，不过，在此处重新考虑链式法则还是值得的。假设 $y=f(x_1(t),x_2(t))$，即两个变量 x_1 和 x_2 都依赖于时间 t。由于时间 t 会通过影响两个变量 x_1 和 x_2 来影响 y，所以在利用链式法则求 y 关于 t 的导数时，必须考虑到这一影响。因此，得到

$$\frac{\mathrm{d}y}{\mathrm{d}t}=\frac{\partial f}{\partial x_1}\frac{\mathrm{d}x_1}{\mathrm{d}t}+\frac{\partial f}{\partial x_2}\frac{\mathrm{d}x_2}{\mathrm{d}t}$$

为了说明这一法则是如何发挥作用的，我们考虑下面的例子：

$$y=f(x_1,x_2)=3x_1+5x_2,\quad 其中\ x_1=t^2,\quad x_2=4t^3$$

根据链式法则可得

$$\frac{\mathrm{d}y}{\mathrm{d}t}=3\ \frac{\mathrm{d}[t^2]}{\mathrm{d}t}+5\ \frac{\mathrm{d}[4t^3]}{\mathrm{d}t}=3[2t]+5[12t^2]=6t+60t^2$$

而直接代入可得

$$y=3[t^2]+5[4t^3]=3t^2+20t^3$$

这意味着

$$\frac{\mathrm{d}y}{\mathrm{d}t}=6t+60t^2$$

这一结果与根据链式法则求得的结果相同。

如果一个函数含有三个变量，但只有两个变量依赖于共同变量 t，譬如说 $y=g(x_1(t),x_2(t),x_3)$，那么我们有

$$\frac{\partial y}{\partial t}=\frac{\partial g}{\partial x_1}\frac{\mathrm{d}x_1}{\mathrm{d}t}+\frac{\partial g}{\partial x_2}\frac{\mathrm{d}x_2}{\mathrm{d}t}$$

注意，在上面的表达式中，我们用“∂”来表示函数关于 t 的导数。这么做的原因在于，虽然我们已经通过考虑 t 对变量 x_1 和 x_2 的影响，计算了 t 的变化对函数值 y 的影响，但是我们始终保持 x_3 固定不变。因此，我们将 $\partial y/\partial t$ 看作是偏导数，而不是 $\mathrm{d}y/\mathrm{d}t$ 所代表的全导数。虽然这一差异很小，但必须加以区别。

在做数学练习时，人们总是可以通过假定所有其他变量保持不变来计算函数的偏导数。但是，在考虑结果的经济意义时，人们有时必须谨慎。这一点很重要。

假定有人想确定经济中资本积累和技术变迁对生产力水平的影响。令函数 $K(t)$ 表示时刻 t 的资本存量值，假定资本量和资本的使用效率影响国民总产出 Y，则有

$$Y=f(K,t),\quad 其中\ K=K(t)$$

假定资本水平被人为固定在 $K(t)=\overline{K}$，同时假定随着时间的推移，该资本的使用效率提高。由此可得表达式

$$\frac{\partial[f(\overline{K},t)]}{\partial t}=f_t>0$$

它测度了假定资本存量不变时，时间对产出水平的影响。不过，如果资本存量随着时间增加，那么忽略其对 Y 的影响在经济上是不合理的。时间 t 的增加对产出的总影响为

$$\begin{aligned}\frac{\mathrm{d}[f(K(t),t)]}{\mathrm{d}t}&=\frac{\partial[f(K(t),t)]}{\partial K}\frac{\mathrm{d}K(t)}{\mathrm{d}t}+f_t\\&=f_K K'(t)+f_t\end{aligned}$$

上式中第一项表明随着时间的推移，资本存量的增加对产出的影响。而第二项表明随着时间的推移，现存资本的使用效率的提高对产出的影响。

在代表经济模型的简化方程中，多变量函数全导数和偏导数之间的区别通常很重要。也就是说，函数 $f(K(t),\ t)$ 含有许多可以被单独考虑的关系。在第 14 章中我们会讨论这一问题。

练习

1. 利用定义 11.1 求函数

$$y=3x_1+5x_2$$

的偏导数（见例 11.1）。

2. 利用定义 11.1 求函数

$$y=ax_1+bx_2$$

的偏导数（见例 11.1），其中，a 和 b 都是任意常数。

3. 对于例 11.1 中的收入函数 $R(x_1,\ x_2)=p_1x_1+p_2x_2$，利用定义 11.1 求偏导数 $\partial R(x_1,x_2)/\partial x_2$。给出你所得结果的一个直觉解释。

4. 讨论一下，为什么练习 1、练习 2、练习 3 中的偏导数都是常数。

5. 对于例 11.2 中的函数

$$y=x_1^2x_2$$

利用定义 11.1 求偏导数 $\partial y/\partial x_2$。

6. 利用定义求函数 $y=x_1x_2$ 的偏导数。

7. 求下面柯布-道格拉斯生产函数的边际产品函数。

$$y=10x_1^{1/2}x_2^{1/3}x_3^{1/4}$$

8. 求下面柯布-道格拉斯生产函数的边际产品函数。

$$y=Ax_1^{\alpha_1}x_2^{\alpha_2}x_3^{\alpha_3}x_4^{\alpha_4},\quad A>0,\quad 0<\alpha_i<1,\quad i=1,2,3,4$$

9. 求下面 CES（常替代弹性）生产函数的边际产品函数。

$$y=12[0.4x_1^{-1/2}+0.6x_2^{-1/2}]^{-2}$$

10. 求下面 CES 生产函数的边际产品函数。

$$y=A[w_1x_1^{-r}+w_2x_2^{-r}+w_3x_3^{-r}]^{-1/r}$$

其中 $A>0$，$r>-1$，$0<w_i<1$，$i=1, 2, 3$，且 $w_1+w_2+w_3=1$。

11. 假设在时刻 t，资本量为 $K=K(t)$，资本量和它的使用效率对 GNP 的影响满足下式：

$$Y=f(K,t)=0.2(1+t)^{1/2}K, \quad 其中 K=K_0e^{0.05t}$$

试推导出如下结果，并给出经济解释：

$$\frac{dY}{dt}=f_t+f_K\frac{dK}{dt}$$

12. 如果对于任意 $\varepsilon>0$，存在$\delta>0$（它可能很小），当 $\|\mathbf{x}-\mathbf{a}\|<\delta$ 时，都有 $|f(\mathbf{x})-f(\mathbf{a})|<\varepsilon$，其中 $\|\cdot\|$ 为欧几里得距离，则通常称函数 $f(\mathbf{x})$，$\mathbf{x}\in\mathbf{R}^n$ 在点 $\mathbf{x}=\mathbf{a}$ 处连续。

根据上述定义，证明线性函数 $f(x_1, x_2)=c_0+c_1x_1+c_2x_2$，$c_1$，$c_2\neq 0$ 在任意点 $(a_1, a_2)\in\mathbf{R}^2$ 处连续。

11.2 二阶偏导数

在第 5 章里，我们看到函数 $f(x)$ 的导数——有时写作 $f'(x)$ ——本身也是一个函数，因此，我们可以求解该导函数的导数 $df'(x)/dx$，并且称它为二阶导数，通常记作 $f''(x)$。二阶导数本身也是一个函数，因此我们可以继续求三阶导数，乃至任何阶导数 $f^{(n)}(x)$，$n=1, 2, 3, \cdots$。对于多变量函数，上述过程同样适用。不过，我们必须认识到一阶导数、二阶导数等都不止一个。也就是说，含有 n 个变量的函数 $y=f(x_1, x_2, \cdots, x_n)$ 有 n 个一阶导数，f_1，f_2，$\cdots$，f_n。它们中的每一个都可以再求关于 n 个变量中每一个变量的导数。因此，含有 n 个变量的函数有 n 组二阶偏导数，每一组中又含有 n 个二阶偏导数，共计 n^2 个偏导数。其中，每一个都可以表示为

$$f_{ij}\equiv\frac{\partial f_i(x_1,x_2,\cdots,x_n)}{\partial x_j}, \quad i,j=1,2,\cdots,n$$

其中，f_{ij}是通过函数 $f(\mathbf{x})$ 先对变量 x_i 求导，得到 $f_i(\mathbf{x})$，$f_i(\mathbf{x})$ 再对变量 x_j 求导得到的。我们可以按照这种方式用 f_{ij}来表示所有二阶偏导数。

从上面的讨论中我们可以看出，即便我们只关注多变量函数的一阶和二阶导数，我们仍然需要一种记录各个导数的简单工具。向量和矩阵符号可以充当这样的工具。标准的表示方法是将一阶偏导数表示成列向量或者行向量，称其为**梯度向量**，用下面的符号表示：

$$\nabla f=\begin{bmatrix}f_1\\f_2\\\vdots\\f_n\end{bmatrix} \quad 或 \quad \nabla f^T=[f_1 \quad f_2 \quad \cdots \quad f_n]$$

之所以称其为梯度向量是因为每一元素 f_i 都表明了函数值随变量 x_i 的变化速度。这类似于表示我们驾驶车辆翻山时所看到的梯度的符号。

例 11.8 求函数 $f(x_1, x_2)=5-2x_1+3x_2$ 的梯度向量。

解： 该函数的一阶导数为

$$f_1=-2, \quad f_2=3$$

因此梯度向量为

$$\nabla f=\begin{bmatrix}-2\\3\end{bmatrix}$$

梯度向量的意义为，对于变量 x_1 的 1 单位变化和变量 x_2 的 1 单位变化，函数值的变化分别为 −2 和 +3，如图 11.7 所示。■

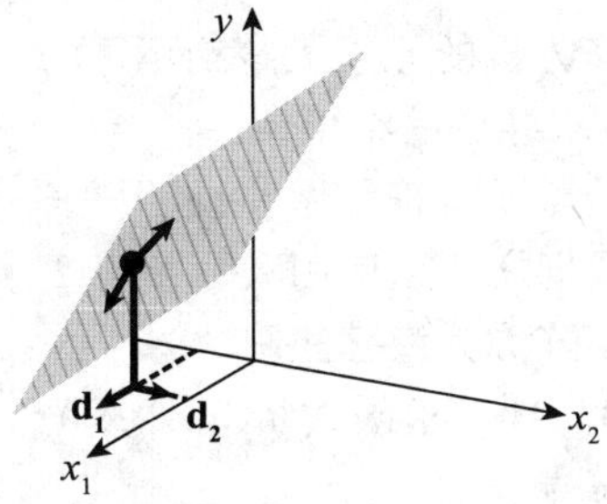

图 11.7 例 11.8 中函数 $y=5-2x_1+3x_2$ 的平面图形

例 11.9 求函数 $f(x_1, x_2, x_3)= x_1^{\alpha}x_2^{\beta}x_3^{\gamma}$ 的梯度向量。

解： 该函数的一阶导数为

$$f_1=\alpha x_1^{\alpha-1}x_2^{\beta}x_3^{\gamma}$$
$$f_2=\beta x_1^{\alpha}x_2^{\beta-1}x_3^{\gamma}$$
$$f_3=\gamma x_1^{\alpha}x_2^{\beta}x_3^{\gamma-1}$$

因此，梯度向量为

$$\nabla f=\begin{bmatrix}\alpha x_1^{\alpha-1}x_2^{\beta}x_3^{\gamma}\\\beta x_1^{\alpha}x_2^{\beta-1}x_3^{\gamma}\\\gamma x_1^{\alpha}x_2^{\beta}x_3^{\gamma-1}\end{bmatrix}$$ ■

矩阵是记录二阶导数的最好办法。以含有两个变量的函数 $y=f(x_1, x_2)$ 为例。它的偏导数有 $2^2=4$ 个：

$$f_{11}\equiv\frac{\partial f_1(x_1,x_2)}{\partial x_1}, \quad f_{12}\equiv\frac{\partial f_1(x_1,x_2)}{\partial x_2}$$

$$f_{21} \equiv \frac{\partial f_2(x_1, x_2)}{\partial x_1}, \quad f_{22} \equiv \frac{\partial f_2(x_1, x_2)}{\partial x_2}$$

而含有三个变量的函数 $y=f(x_1, x_2, x_3)$ 有 $3^2=9$ 个二阶偏导数，依此类推。它们都可以用矩阵符号方便地表示如下：

$$\nabla_2 F \equiv \begin{bmatrix} f_{11} & f_{12} \\ f_{21} & f_{22} \end{bmatrix}, \quad n=2$$

$$\nabla_2 F \equiv \begin{bmatrix} f_{11} & f_{12} & f_{13} \\ f_{21} & f_{22} & f_{23} \\ f_{31} & f_{32} & f_{33} \end{bmatrix}, \quad n=3$$

$$\nabla_2 F \equiv \begin{bmatrix} f_{11} & f_{12} & \cdots & f_{1n} \\ f_{21} & f_{22} & \cdots & f_{2n} \\ \vdots & \vdots & & \vdots \\ f_{n1} & f_{n2} & \cdots & f_{nn} \end{bmatrix}, \quad n \in \mathbf{N}$$

对于 n 个变量的情形，我们可以简单地将二阶偏导数记为

$$\nabla_2 F \equiv [f_{ij}]$$

矩阵 $\nabla_2 F$ 的元素 f_{ij} 表示函数 $f(\mathbf{x})$ 先对第 i 个变量求导，得到的导数再对第 j 个变量求导后的结果。

此处需要对符号做些说明，符号 ∇ 表示微分运算，∇_2 表示关于二阶偏导的运算。我们之所以使用大写字母 F 是因为它表示的是一个矩阵。函数 f 的二阶偏导数矩阵称为**海塞矩阵**。

例 11.10 求函数 $f(x_1, x_2)=x_1^2 x_2$ 的一阶和二阶偏导数，并且利用向量或者矩阵符号表示。

解：一阶偏导数为

$$f_1=2x_1x_2, \quad f_2=x_1^2$$

二阶偏导数为

$$f_{11}=2x_2, \quad f_{12}=2x_1$$
$$f_{21}=2x_1, \quad f_{22}=0$$

用向量和矩阵可以将它们表示为

$$\nabla f=\begin{bmatrix} 2x_1x_2 \\ x_1^2 \end{bmatrix}, \quad \nabla_2 F=\begin{bmatrix} 2x_2 & 2x_1 \\ 2x_1 & 0 \end{bmatrix}$$ ■

关于含有两个变量的函数，例 11.10 中函数的图像给出了二阶偏导数的直观意义。导数 $f_{11}=\partial f_1/\partial x_1$ 给出了 x_2 固定时，导数 f_1 随 x_1 变化的速度。注意，在该例中，当 $x_2>0$ 时，$f_{11}=2x_2$ 为正；当 $x_2<0$ 时，f_{11} 为负。因此，在 x_1 的方向上（即 x_2 固定，x_1 变化），函数在 $x_2>0$ 时表现为一个一维凸函数；在 $x_2<0$ 时表现为一个一维凹函数（回忆 5.5 节中的内容）。如图 11.8 所示。

二阶偏导数 f_{ij}，$i \neq j$ 称为**交叉偏导数**。交叉偏导数表明一阶导数 f_i 随变量

x_j 变化的速度。继续讨论例 11.10。我们看到 $f_{12}=2x_1$，因此，当 $x_1>0$ 时，$f_{12}>0$，这意味着 f_1 的值随 x_2 的增加而变大。如图 11.9 所示。在图中，我们看到由于 $d>b$，所以 f_1 在点 $v=(a,\ d)$ 处的值大于在点 $u=(a,\ b)$ 处的值。

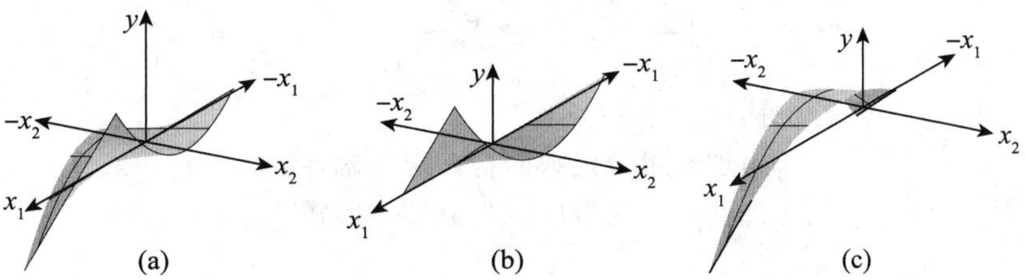

图 11.8　函数 $f(x_1,\ x_2)=x_1^2x_2$。在图（b）中 $x_2>0$；在图（c）中 $x_2<0$

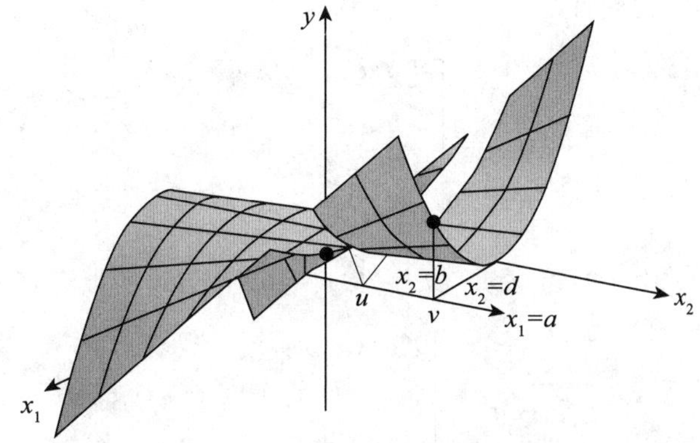

图 11.9　切除"一小片"后的函数 $y=x_1^2x_2$

注意，对该函数而言，$f_{12}=f_{21}=2x_1$。这两个交叉偏导数相等并非偶然。正如下面的定理所示，在求交叉偏导数的过程中，微分的顺序无关紧要。

定理 11.1（杨氏定理）　函数 $y=(x_1,\ x_2,\ \cdots,\ x_n)$ 有连续的一阶和二阶导数，在计算交叉偏导数时，微分顺序无关紧要，即 $f_{ij}=f_{ji}$ 对任意一对 $i,\ j$，$i,\ j=1,\ 2,\ \cdots,\ n$，$i\neq j$ 成立（当然，当 $i=j$ 时，该定理也成立，这一点微不足道）。

例 11.11　利用下面的函数证明杨氏定理（定理 11.1）：

$$f(x_1,x_2,x_3)=x_1^2\mathrm{e}^{3x_2+x_1x_3}+\frac{2x_2^3}{x_1}$$

解：本例中，根据定理可以预知

$$f_{12}=f_{21},f_{13}=f_{31},f_{23}=f_{32}$$

我们证明最后一个式子，剩下的留作练习。我们有

$$f_2=(x_1^2)3\mathrm{e}^{3x_2+x_1x_3}+\frac{6x_2^2}{x_1}$$

$$f_{23}=\frac{\partial f_2}{\partial x_3}=(3x_1^2)x_1\mathrm{e}^{3x_2+x_1x_3}=3x_1^3\mathrm{e}^{3x_2+x_1x_3}$$

$$f_3=(x_1^2)x_1\mathrm{e}^{3x_2+x_1x_3}$$

$$f_{32}=\frac{\partial f_3}{\partial x_2}=3x_1^3\mathrm{e}^{3x_2+x_1x_3}$$

因此 $f_{23}=f_{32}$。 ■

对加性可分函数而言，交叉偏导数为零。一般而言，这一点可按如下方法证明。加性可分函数可以写成如下形式：

$$f(x_1,x_2,\cdots,x_n)=\sum_{i=1}^{n}g^i(x_i)$$

我们有

$$\nabla f=\begin{bmatrix}\partial[g^1(x_1)]/\partial x_1\\\partial[g^2(x_2)]/\partial x_2\\\vdots\\\partial[g^n(x_n)]/\partial x_n\end{bmatrix}$$

由于$\partial[\partial g^i(x_i)/\partial x_i]/\partial x_j=0$，$i\neq j$，所以海塞矩阵为对角矩阵

$$\nabla_2 F=\begin{bmatrix}\partial^2 g^1(x_1)/\partial x_1^2 & 0 & \cdots & 0\\0 & \partial^2 g^2(x_2)/\partial x_2^2 & \cdots & 0\\\vdots & \vdots & & \vdots\\0 & 0 & \cdots & \partial^2 g^n(x_n)/\partial x_n^2\end{bmatrix}$$

杨氏定理等结果使经济学中所用到的很多微积分知识变得更直接了。因此，我们会经常使用具有连续一阶和二阶偏导数的函数，并且把它们称为 C^2 函数。在本章剩下的部分里，除非另行说明，函数都假定为 C^2 函数。

下面的例子说明如何对一阶和二阶偏导数进行经济解释。

例 11.12 求两种投入要素的柯布-道格拉斯生产函数的二阶偏导数，并予以解释。

解： 两种投入要素的柯布-道格拉斯生产函数的一般形式为

$$y=f(x_1,x_2)=Ax_1^{\alpha}x_2^{\beta},\quad x_1,x_2>0$$

其中，x_1 和 x_2 为投入水平，y 为产出水平，α、β 和 $A>0$ 为技术参数。通常我们还要求 $\alpha<1$，$\beta<1$，下面的内容会说明其原因。

该函数的（一阶）偏导数，即投入要素 1 和投入要素 2 的边际产品为

$$f_1=\alpha Ax_1^{\alpha-1}x_2^{\beta}$$

$$f_2=\beta Ax_1^{\alpha}x_2^{\beta-1}$$

条件 $\alpha>0$ 和 $\beta>0$ 确保了边际产品为正，这意味着增加任何一种投入都会带来更高的产出水平，这跟我们的预期一致。

二阶偏导数为

$$\frac{\partial f_1}{\partial x_1} \quad 或 \quad f_{11}=\alpha(\alpha-1)Ax_1^{\alpha-2}x_2^{\beta}$$

$$\frac{\partial f_1}{\partial x_2} \quad 或 \quad f_{12}=\alpha\beta Ax_1^{\alpha-1}x_2^{\beta-1}$$

$$\frac{\partial f_2}{\partial x_1} \quad 或 \quad f_{21}=\alpha\beta Ax_1^{\alpha-1}x_2^{\beta-1}$$

$$\frac{\partial f_2}{\partial x_2} \quad 或 \quad f_{22}=\beta(\beta-1)Ax_1^{\alpha}x_2^{\beta-2}$$

根据关于参数的假设 $0<\alpha,\beta<1$，$A>0$ 可知，f_{11} 和 f_{22} 皆为负（因为 $\alpha<1\Rightarrow\alpha-1<0$；$\beta<1\Rightarrow\beta-1<0$）。这意味着每种投入要素的边际生产率递减（参见例 5.15 对单要素投入情形这一现象的讨论）。f_{12} 和 f_{21} 为正，交叉偏导数 f_{12} 为投入要素 1 的边际产品随投入要素 2 增加的变化速度。$f_{12}>0$ 意味着随着要素 2（例如，资本）投入的增加，额外一单位要素 1（例如，劳动）的生产率变得更高；也就是说，边际生产率会随着另一种要素投入的增加而上升。 ■

练习

1. 求线性函数 $f(x_1, x_2)=a_1x_1+a_2x_2$（其中，$a_1$ 和 a_2 都是常数）的一阶和二阶偏导数，并且用向量或矩阵表示。给出你所得结果的一个直觉解释。

2. 已知线性函数 $f(x_1, x_2)=a_1x_1+a_2x_2+a_3x_3$，其中 a_1、a_2 和 a_3 都是常数，求一阶和二阶偏导数，并且用向量和矩阵表示出来。给出你所得结果的一个直觉解释。

3. 求函数 $f(x_1, x_2)=x_1^3x_2^4$ 的一阶和二阶偏导数，并且用向量和矩阵表示出来。

4. 求函数 $f(x_1, x_2)=x_1^2x_2^4x_3^5$ 的一阶和二阶偏导数，并且用向量和矩阵表示出来。

5. 求函数 $f(x_1, x_2)=x_1^2+x_2^2$ 的一阶和二阶偏导数，并且用向量和矩阵表示出来。

6. 求函数 $f(x_1, x_2)=a_1x_1^2+a_2x_2^2+a_3x_3^2$ 的一阶和二阶偏导数，并且用向量和矩阵表示出来。

7. 已知一个具体的柯布-道格拉斯生产函数：

$$y=50x_1^{1/2}x_2^{2/3}$$

求一阶和二阶偏导数，并且判断它们的符号。这些导数符号的经济解释是什么？

8. 考虑下面三种投入要素的柯布-道格拉斯生产函数：

$$y=Ax_1^{\alpha}x_2^{\beta}x_3^{\gamma}, \quad A>0, \quad 0<\alpha,\beta,\gamma<1$$

求一阶和二阶偏导数，并且判断它们的符号。这些导数符号的经济解释是什么？

9. 完成例 11.11 中的练习。即已知函数

$$f(x_1,x_2,x_3)=x_1^2e^{3x_2+x_1x_3}+2x_2^3/x_1$$

证明杨氏定理的结论：$f_{12}=f_{21}$ 和 $f_{13}=f_{31}$。

11.3 一阶全微分

在 5.2 节中，我们推导出了函数 $y=f(x)$ 的一阶全微分：

$$dy=f'(x)dx$$

对于 x 的具体值，譬如说 $x=a$，我们可以利用上述表达式来近似地表示 x 在点 $x=a$ 邻域内的变化量 Δx 所导致的 y 的变化量 Δy。即

$$\Delta y=f(a+\Delta x)-f(a)$$

可以近似地表示为

$$dy=f'(a)dx$$

图 11.10 解释了这一点。图中，x 的变化量为 $\Delta x(\equiv dx)$，y 的实际变化量为 Δy，y 的变化量的近似值为 dy，因此，$\varepsilon=\Delta y-dy$ 为近似误差。在 5.2 节我们解释过，随着 $\Delta x\to 0$，$\Delta y\to 0$。换句话说，人们可以通过较小的 x 变化使近似值更精确。

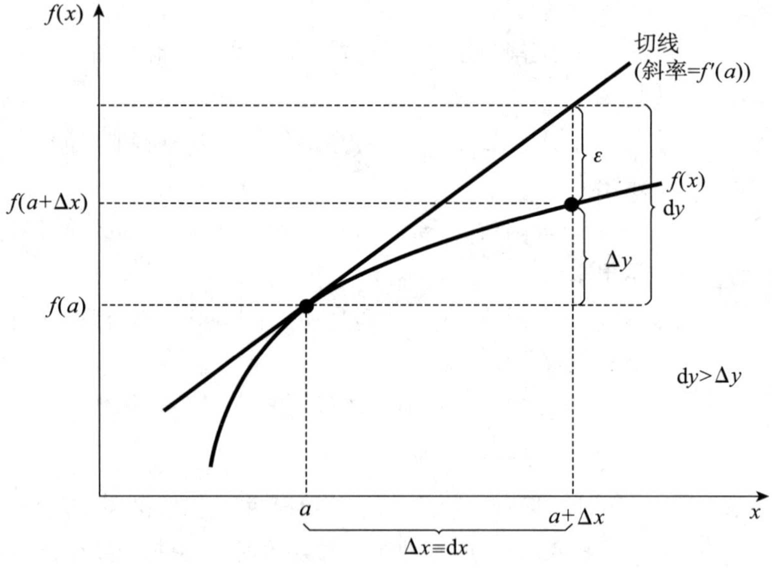

图 11.10　x 的变化所导致的函数值变化的全微分近似

类似的结果也适用于多变量函数，不过几何解释可能只适用于 $\mathbf{x}\in\mathbf{R}^2$ 的函数 $f(\mathbf{x})$。如果我们每次只改变一个变量的值，即进行偏微分运算，那么就很容易明白这一点。已知函数

$$y=f(x_1,x_2)$$

定义在点 $(a_1,\ a_2)\in\mathbf{R}^2$ 的某个邻域上，我们只改变 $x_1(\mathrm{d}x_1\equiv\Delta x_1)$，便会得到如下结果：

$$\Delta y=f(a_1+\Delta x_1,\ a_2)-f(a_1,\ a_2)$$

上式可以近似地表示为

$$\mathrm{d}y=f_1(a_1,\ a_2)\mathrm{d}x_1\quad(\text{即 } x_2 \text{ 固定意味着 } \mathrm{d}x_2=0)$$

类似地，我们也可以只改变 $x_2(\mathrm{d}x_2\equiv\Delta x_2)$，得到如下结果：

$$\Delta y=f(a_1,\ a_2+\Delta x_2)-f(a_1,\ a_2)$$

上式可以近似地表示为

$$\mathrm{d}y=f_2(a_1,\ a_2)\mathrm{d}x_2\quad(\text{即 } x_1 \text{ 固定意味着 } \mathrm{d}x_1=0)$$

令 x_1 和 x_2 都变化可得如下结果：

定义 11.3 函数 $y=f(x_1,\ x_2)$ 的一阶全微分为

$$\mathrm{d}y=f_1(x_1,\ x_2)\mathrm{d}x_1+f_2(x_1,\ x_2)\mathrm{d}x_2$$

给定 x_1 和 x_2 的变化，利用全微分来近似函数值的实际变化在几何上对应于利用切平面来近似函数。后者与我们利用切线来近似单变量函数的方式相同。如图 11.11 所示。

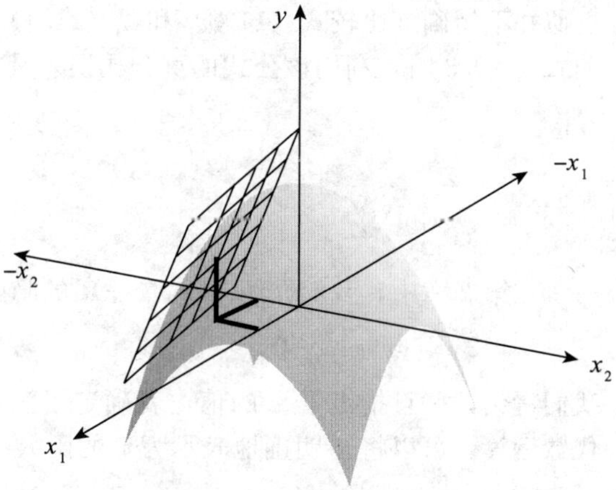

图 11.11 函数 $y=1-x_1^2-x_2^2$ 切平面的一部分

在第 5 章中，全微分是对线性函数 $y=ax+b$ 的准确近似。这一结果也可以推广到多变量函数的情形。例如，已知函数 $y=f(x_1,\ x_2)$，其中

$$f(x_1,\ x_2)=2x_1+3x_2$$

该函数意味着对 x_1 每单位的增加，函数值 f 增加 2 单位，而对于 x_2 每单位的增加，函数值 f 增加 3 单位。现在，已知 x_1 增加了 4 单位，x_2 增加了 5 单位，那么 x_1 的变化（$dx_1=4$）使 y 增加了 $2\times4=8$，而 x_2 的变化（$dx_2=5$）使 y 增加了 $3\times5=15$。也就是说，总效应为

$$dy=f_1dx_1+f_2dx_2=2\times4+3\times5=23 \tag{11.1}$$

对于一般的（非线性）函数 $f(x_1, x_2)$ 而言，

$$dy=f_1dx_1+f_2dx_2$$

是变量 x_1 和 x_2 各自变化 dx_1 和 dx_2 单位所带来的 f 总变化量的近似值。通常，dy 只是 Δy 的近似值，因为对非线性函数而言，偏导数 f_1 和 f_2 会随着 x_1 和 x_2 变化。为了说明这一点，考虑下面两个例子。假定我们计算函数 $f(x_1, x_2)=2x_1+3x_2$ 在点（1，1）和（5，6）处的函数值。在从点（1，1）移向点（5，6）的过程中，有 $dx_1=+4$ 和 $dx_2=+5$，得到的函数值的实际变化为

$$\Delta y=f(5, 6)-f(1, 1)=28-5=23 \tag{11.2}$$

这跟利用全微分所得到的式（11.1）的结果相同。

考虑非线性函数 $f(x_1, x_2)=x_1x_2$，它分别在（1，1）和（5，6）处取值，因此 $dx_1=+4$ 和 $dx_2=+5$，而我们得到的函数值的实际变化为

$$\Delta y=f(5, 6)-f(1, 1)=30-1=29 \tag{11.3}$$

利用 $f_1=x_2$，$f_2=x_1$，我们得到全微分在初始点（1，1）处的取值为

$$dy=f_1dx_1+f_2dx_2=1\times(+4)+1\times(+5)=9 \tag{11.4}$$

对于这些非无穷小的 dx_1 和 dx_2，我们发现此时全微分公式对函数值实际变化的近似并不精确（比较式（11.3）和式（11.4）可知）。请读者说明，当 $dx_1=0.2$ 和 $dx_2=0.3$ 时，利用该公式的百分比误差是如何依赖于变化量 dx_i 的。

隐函数微分

在第 2 章中，我们介绍了 x，$x\in\mathbf{R}$ 的隐函数 y。一个简单的例子为

$$2y+4x-10=0$$

我们看到，一旦指定了 x 的值，就确定了满足方程的具体的 y 值。经过简单的代数运算，可以将 y 明确地表示为 x 的函数：

$$y=-2x+5$$

我们看到导数为 $dy/dx=-2$。

不过，从包含 x 和 y 的方程中求出 y 的解并不总是这么简单，因此当 y 被隐含地定义时，求 dy/dx 的方法就非常重要。例如，在

$$e^{x^2+y}-5=0$$

中，给定 x 的值意味着给定满足方程的一个特定 y 值。无须求 y 的显式解，通过隐函数微分便可以确定 dy/dx。

首先，暂时假定上面的方程意味着 y 可以定义为 x 的函数，即 $y=f(x)$。此时，我们可以将方程写为

$$e^{x^2+f(x)}-5=0$$

上式中每一项都对变量 x 求微分，（利用链式法则）得到

$$\left(\frac{d}{dx}[x^2+f(x)]\right)e^{x^2+f(x)}=[2x+f'(x)]e^{x^2+f(x)}=0$$

$e^{x^2+f(x)}$不等于零，因而可以约掉，于是我们得到

$$2x+f'(x)=0$$

$$\Rightarrow f'(x) \quad 或 \quad \frac{dy}{dx}=-2x$$

这正是所要的结果。实际上，在本例中，通过直接求解 x 的函数 y，我们能够很容易地核实这一结果。如果在原式 $e^{x^2+y}=5$ 的两边取自然对数，那么我们得到

$$[x^2+y]\ln e=\ln 5$$

由于 $\ln e=1$，所以该式意味着

$$y=\ln 5-x^2$$

因此，$dy/dx=-2x$。

不过，按照上述步骤求隐函数的微分有些麻烦。更方便的方法是先写出表示 x 和 y 之间关系的隐函数：

$$F(x,y)=0$$

然后对该式求全微分，可得

$$F_x dx+F_y dy=0$$

移项整理，可得

$$\frac{dy}{dx}=-\frac{F_x}{F_y}$$

只要 $F(x,y)=0$ 意味着 y 是 x 的函数，那么这就是确定在某点（x_0，y_0）的邻域内，x 的变化（dx）和 y 的变化（dy）之间关系的有用途径。

定理 11.2 （两个变量的）隐函数定理：设 $F(x,y)=0$ 为具有连续一阶导数的隐函数，并在点（x_0，y_0）处成立，且在该点的某个邻域上有定义。如果在该点处 $F_y\neq 0$，那么在 $x=x_0$ 的某个邻域内存在满足关系式 $F(x,y)=0$ 的函数$y=f(x)$，使得下式成立：

（ⅰ）$y_0=f(x_0)$

（ⅱ）$f'(x_0)=-F_x/F_y$

该定理给出了隐函数 $F(x, y)=0$ 意味着显函数关系 $y=f(x)$ 所需满足的条件，并说明了如何计算它的导数。关键点在于 $F_y \neq 0$。下面的例子说明了如何应用该定理。

例 11.13 利用下面的函数解释隐函数定理：

$$F(x,y)=x^2+y^2-25=0$$

解： 这是 $\mathbf{R}^2$ 中以原点（0，0）为圆心，以 5 为半径的圆。我们还可以将方程写成

$$y^2=25-x^2$$

或者

$$x^2=25-y^2$$

由此可知，$-5 \leqslant x \leqslant 5$，$-5 \leqslant y \leqslant 5$。否则，就可能出现这种情况：某个数平方后取值为负，因此，它不是实数。所以，我们取 $x_0=3$，$y_0=4$，它是满足$F(x, y)=0$ 的一个特定点。由于 $F_y(x, y)=2y$，所以 $y_0=4$ 时 $F_y \neq 0$，因此关键条件得到了满足。那么在点（3，4）的邻域中，可以将 y 视为 x 的函数，有

$$f'(x)=\frac{\mathrm{d}y}{\mathrm{d}x}=-\frac{F_x}{F_y}=-\frac{2x}{2y}$$

在点（3，4）处，我们有

$$\frac{\mathrm{d}y}{\mathrm{d}x}=-\frac{6}{8}=-\frac{3}{4}$$

对本例而言，在点（3，4）附近求解 $y=f(x)$ 很容易。所得结果为 $y=\sqrt{25-x^2}$。按照下面的步骤来验证导数值也很容易：

$$\frac{\mathrm{d}y}{\mathrm{d}x}=\frac{1}{2}(25-x^2)^{-1/2}(-2x) \Rightarrow \frac{\mathrm{d}y}{\mathrm{d}x}=\frac{-x}{\sqrt{25-x^2}}$$

$x_0=3$ 时，我们有 $\mathrm{d}y/\mathrm{d}x=-3/4$。■

上述结果如图 11.12 所示。图中在点（5，0）和点（−5，0）处，不可能看到 x 和 y 之间的函数关系 $y=f(x)$，因为我们无法在 x 附近构造这样一个邻域（即一个开区间）：如函数的定义所要求的，在该邻域中，存在某个与区间内每个 x 值都相关联的 y 值。隐函数定理显示了这一困难，因为在 $x=5$ 或者 $x=-5$ 处，$F_y=2y=0$（因为在每种情况下都有 $y=0$）。

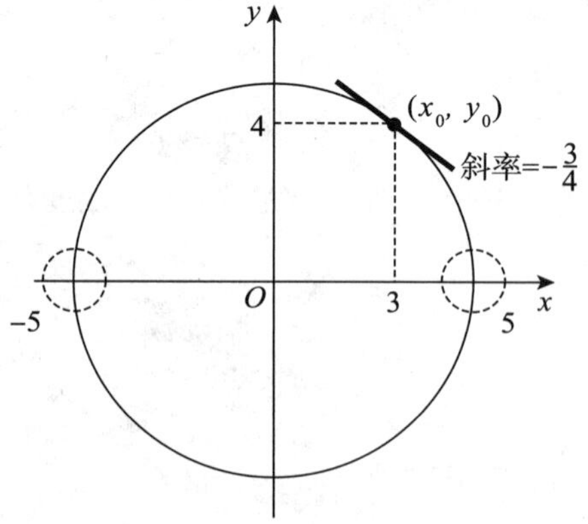

图 11.12 例 11.13 的图形

例 11.14 利用隐函数定理证明

$$x^2y^3+3xy^2+y=22$$

意味着在点（1，2）处存在显函数 $y=f(x)$，并且求出导函数 dy/dx 在该点的的值。

解：令 $F(x,y)=x^2y^3+3xy^2+y-22=0$，在点（1，2）处，该式成立。易得 $F_y=3x^2y^2+6xy+1$，因此 $F_y(1,2)=25\neq 0$。因此，我们可以将这一关系视为定义在点（1，2）邻域内的函数 $y=f(x)$。此外，相应的导数为

$$\frac{dy}{dx}=-\frac{F_x}{F_y}=-\frac{2xy^3+3y^2}{3x^2y^2+6xy+1}$$

因此在点（1，2）处，我们有 $dy/dx=-28/25$。■

一个类似的定理，也就是定理 11.2 的推广，适用于多变量函数。

定理 11.3　隐函数定理：$F(x_1,x_2,\cdots,x_n,y)=0$ 为具有连续一阶导数的隐函数，点$(x_1^0,x_2^0,\cdots,x_n^0)$ 满足该函数表达式，且 $F(x_1,x_2,\cdots,x_n,y)=0$ 在该点的某个邻域中有定义。如果在该点处 $F_y\neq 0$，那么存在定义于 $\mathbf{x}=\mathbf{x}^0=(x_1^0,x_2^0,\cdots,x_n^0)$ 的某邻域内的函数 $y=f(x_1,x_2,\cdots,x_n)$，满足

（ⅰ）$y^0=f(\mathbf{x}^0)$

（ⅱ）$f_i(\mathbf{x}^0)=-F_{x_i}/F_y$

例 11.15　利用隐函数定理求下式的偏导数 $\partial y/\partial x_1$ 和 $\partial y/\partial x_2$：

$$F(x_1,x_2,y)=3x_1x_2+x_2y^2+x_1^2x_2y-10=0$$

解：首先，我们有

$$F_{x_1}=3x_2+2x_1x_2y$$
$$F_{x_2}=3x_1+y^2+x_1^2y$$
$$F_y=2x_2y+x_1^2x_2$$

根据隐函数定理，我们可以将这一关系式视为某点任意邻域内的函数 $y=f(x_1,x_2)$，只要在该点处 $F_y\neq 0$。因此，在任何 $F_y\neq 0$ 的点，我们有

$$\frac{\partial y}{\partial x_1}=-\frac{F_{x_1}}{F_y}=-\frac{3x_2+2x_1x_2y}{2x_2y+x_1^2x_2}$$

和

$$\frac{\partial y}{\partial x_2}=-\frac{F_{x_2}}{F_y}=-\frac{3x_1+y^2+x_1^2y}{2x_2y+x_1^2x_2}$$ ■

跟单变量函数的情形一样，隐函数微分公式是对函数 $F(\mathbf{x},y)=0$ 求全微分，然后取相关比值。对于 $n=2$ 的情形，我们有

$$dF=F_{x_1}dx_1+F_{x_2}dx_2+F_ydy=0$$

为了求$\partial y/\partial x_1$，我们令 $dx_2=0$（因为在求关于 x_1 的偏导数时，我们令 x_2 固定不变），则有

$$F_{x_1}\mathrm{d}x_1+F_y\mathrm{d}y=0 \Rightarrow \frac{\partial y}{\partial x_1}=-\frac{F_{x_1}}{F_y}$$

类似地，为了求关于 x_2 的偏导数，我们令 $\mathrm{d}x_1=0$。

等值曲线和水平集

对于函数 $y=f(x_1, x_2)$，能够生成 y 的某个特定值 $\bar{y}$ 的数对 (x_1, x_2) 的集合称为**水平集**（level set）。在两个变量的情形中，对于任意假定的 $\bar{y}$值，如果我们能够通过求解方程将 x_2 用 x_1 和固定值明确表示出来，就可以得到 (x_1, x_2) 空间的等值曲线（level curve）方程，而导数 $\mathrm{d}x_2/\mathrm{d}x_1$ 是该等值曲线的斜率。

计算斜率的另一种方法是利用全微分，这种方法适用于非常复杂以至于无法用 x_1 明确表示 x_2 的函数。函数 $y=f(x_1, x_2)$ 的等值曲线记为

$$\bar{y}=f(x_1,x_2) \quad 或者 \quad f(x_1,x_2)-\bar{y}=0$$

我们可以将隐函数定理应用于上式，因为它等价于关系式

$$F(x_1,x_2)\equiv f(x_1,x_2)-\bar{y}=0$$

因此，我们得到

$$\mathrm{d}F=f_1\mathrm{d}x_1+f_2\mathrm{d}x_2=0 \quad (y\ 为既定值)$$

该式表示成如下形式会很有用：

$$\left.\frac{\mathrm{d}x_2}{\mathrm{d}x_1}\right|_{y=\bar{y}} \quad 或者 \quad \left.\frac{\mathrm{d}x_2}{\mathrm{d}x_1}\right|_{\mathrm{d}y=0}=-\frac{f_1}{f_2}$$

条件 $y=\bar{y}$或者 $\mathrm{d}y=0$ 明确表示，我们是沿着某条 y 值固定的等值曲线 $(y=\bar{y})$ 求 $\mathrm{d}x_2/\mathrm{d}x_1$，或者换句话说，我们所求的是 y 值不变时的导数值。

例 11.16 利用全微分计算函数 $f(x_1, x_2)=2x_1+3x_2$ 的等值曲线的斜率。

解： 沿着 $f(x_1, x_2)=2x_1+3x_2$的任意等值曲线，我们有

$$\mathrm{d}y=f_1\mathrm{d}x_1+f_2\mathrm{d}x_2=2\mathrm{d}x_1+3\mathrm{d}x_2=0$$

这意味着

$$3\mathrm{d}x_2=-2\mathrm{d}x_1$$

进一步可得

$$\left.\frac{\mathrm{d}x_2}{\mathrm{d}x_1}\right|_{\mathrm{d}y=0}=-\frac{2}{3}$$

如图 11.13 所示。 ■

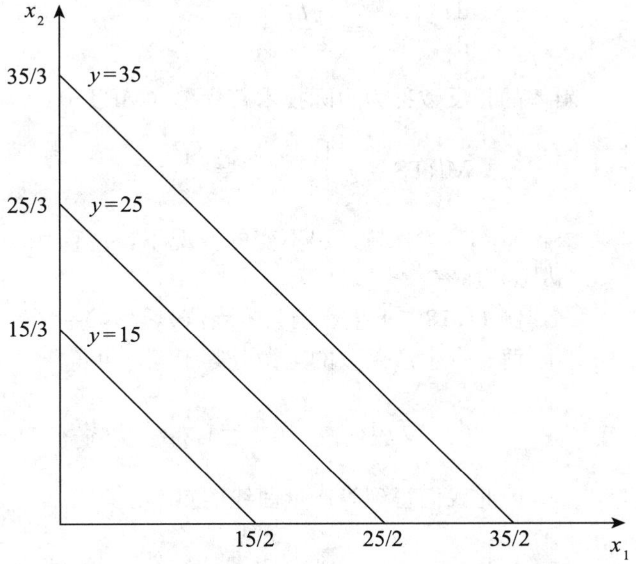

图 11.13　$y=2x_1+3x_2$（例 11.16）的代表性等值曲线

例 11.17　利用全微分计算函数 $f(x_1, x_2)=x_1^2x_2$ 等值曲线的斜率。

解： 函数 $f(x_1, x_2)=x_1^2x_2$ 的偏导数为

$$f_1=2x_1x_2$$

和

$$f_2=x_1^2$$

则等值曲线的斜率为

$$\left.\frac{\mathrm{d}x_2}{\mathrm{d}x_1}\right|_{y=\bar{y}}=-\frac{f_1}{f_2}=-\frac{2x_1x_2}{x_1^2}=-\frac{2x_2}{x_1}$$

与线性函数的例子不同，本例中等值曲线的斜率依赖于 x_1 和 x_2 的值。■

通常，我们只写出 $\mathrm{d}x_2/\mathrm{d}x_1$ 以表明等值曲线的斜率，而把约束 $y-\bar{y}$ 或 $\mathrm{d}y=0$ 视为理所当然的。

生产函数：等产量曲线和边际技术替代率

对于生产函数 $y=f(x_1, x_2)$，等值曲线 $x_2=g(x_1)$ 由集合

$$\{(x_1,x_2):\bar{y}=f(x_1,x_2)\}\Rightarrow x_2=g(x_1)$$

定义，它表示能够生产出相同产量 $y=\bar{y}$ 的投入要素组合。这条线称为等产量曲线，原因是满足上述条件的所有投入组合都会带来相同数量的产出。沿着等产量曲线移动 $\mathrm{d}y=0$，因此可以通过令全微分等于零，求出等产量曲线的斜率：

$$\mathrm{d}y=f_1\mathrm{d}x_1+f_2\mathrm{d}x_2=0$$

沿着 $\mathrm{d}y=0$，求解 $\mathrm{d}x_2/\mathrm{d}x_1$，可得等产量曲线的斜率：

$$\left.\frac{\mathrm{d}x_2}{\mathrm{d}x_1}\right|_{\mathrm{d}y=0}=-\frac{f_1}{f_2}$$

斜率的相反数称为边际技术替代率（MRTS）：

$$\mathrm{MRTS}=-\left.\frac{\mathrm{d}x_2}{\mathrm{d}x_1}\right|_{\mathrm{d}y=0}=\frac{f_1}{f_2}$$

MRTS为保持产出不变的情况下，厂商用一种投入要素替换另一种要素的（边际）速率。

例 11.18 求生产函数 $y=f(x_1, x_2)=x_1^{1/3}x_1^{1/2}$ 的边际技术替代率。

解：令生产函数的全微分等于零，可得

$$\mathrm{d}y=f_1\mathrm{d}x_1+f_2\mathrm{d}x_2=\left(\frac{1}{3}x_1^{-2/3}x_2^{1/2}\right)\mathrm{d}x_1+\left(\frac{1}{2}x_1^{1/3}x_2^{-1/2}\right)\mathrm{d}x_2=0$$

因此我们得到等产量曲线的斜率：

$$\left.\frac{\mathrm{d}x_2}{\mathrm{d}x_1}\right|_{\mathrm{d}y=0}=-\frac{\frac{1}{3}x_1^{-2/3}x_2^{1/2}}{\frac{1}{2}x_1^{1/3}x_2^{-1/2}}=-\frac{2x_2}{3x_1}$$

因此，边际技术替代率为

$$\mathrm{MRTS}=-\left.\frac{\mathrm{d}x_2}{\mathrm{d}x_1}\right|_{\mathrm{d}y=0}=\frac{2x_2}{3x_1}$$

■

该函数所代表的等产量曲线的图形“严格凸向原点”，（粗略地说）即它朝着原点弯曲（见图 11.14）。不过，还有另一种更正式的方法可以用来确定等产量曲线或者任何其他等值曲线的形状是否严格凸向原点。如果 $\mathrm{d}x_2/\mathrm{d}x_1<0$，那么等产量曲线的斜率为负，同时如果 $\mathrm{d}^2x_2/\mathrm{d}x_1^2>0$，那么该等产量曲线严格凸向原点（对于弱不等式 $\mathrm{d}^2x_2/\mathrm{d}x_1^2\geqslant 0$ ，我们只能说凸向原点）。如果我们画出例 11.18 中生产函数的等产量曲线图形（见图 11.14），我们会发现它确实严格凸向原点。为了利用前面介绍的正式方法来说明这一点，以如下等产量曲线为例：

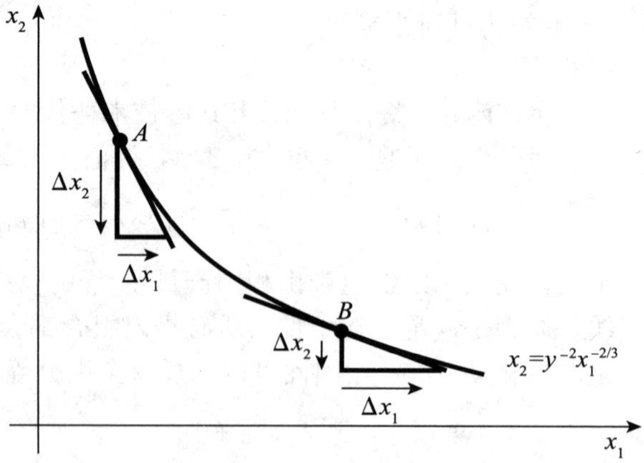

图 11.14 例 11.18 中生产函数 $y=x_1^{1/3}x_2^{1/2}$ 的代表性等产量曲线

$$x_1^{1/3}x_2^{1/2}=\bar{y}$$

意味着

$$x_2=g(x_1)=\frac{\bar{y}^2}{x_1^{2/3}}$$

是等产量曲线方程。该函数的前两阶导数为

$$\frac{\mathrm{d}x_2}{\mathrm{d}x_1}=g'(x_1)=-\frac{2}{3}\bar{y}^2x_1^{-5/3}<0,\ x_1,\bar{y}>0$$

$$\frac{\mathrm{d}^2x_2}{\mathrm{d}x_1^2}=g''(x_1)=\frac{10}{9}\bar{y}^2x_1^{-8/3}>0,\ x_1,\bar{y}>0$$

这意味着等产量曲线向下倾斜并且严格凸向原点。注意，正的二阶导数再加上负的一阶导数意味着图 11.14 中点 B 处斜率的绝对值小于点 A 处斜率的绝对值。

对一般的两种投入要素的生产函数而言，我们有

$$\mathrm{MRTS}=-\frac{\mathrm{d}x_2}{\mathrm{d}x_1}\bigg|_{y=\bar{y}}=\frac{f_1}{f_2}$$

从图形上看，等产量曲线严格凸向原点对应于这一事实：当我们沿着等产量曲线向右移动的时候，x_1 增加，x_2 减少，MRTS 递减（即曲线斜率的绝对值下降），这意味着

$$\frac{\mathrm{d}[-\mathrm{d}x_2/\mathrm{d}x_1]}{\mathrm{d}x_1}=\frac{\mathrm{d}[f_1(x_1,x_2)/f_2(x_1,x_2)]}{\mathrm{d}x_1}<0$$

在等产量曲线上，x_2 是 x_1 的函数，即 $x_2=g(x_1)$。因此，利用商法则和链式法则，我们得到

$$\begin{aligned}\frac{\mathrm{d}}{\mathrm{d}x_1}\left[\frac{f_1(x_1,x_2)}{f_2(x_1,x_2)}\right]&=\frac{(f_{11}+f_{12}g'(x_1))f_2-(f_{21}+f_{22}g'(x_1))f_1}{f_2^2}\\&=\frac{1}{f_2^2}\left[f_{11}f_2+f_{12}f_2\left(\frac{-f_1}{f_2}\right)-f_{12}f_1-f_{22}f_1\left(\frac{-f_1}{f_2}\right)\right]\\&=\frac{1}{f_2^3}[f_{11}f_2^2-f_1f_2f_{12}-f_1f_2f_{12}+f_{22}f_1^2]\\&=\frac{1}{f_2^3}[f_{11}f_2^2-2f_1f_2f_{12}+f_{22}f_1^2]\end{aligned}$$

其中，第二个等式利用了 $g'(x_1)=\mathrm{d}x_2/\mathrm{d}x_1=-f_1/f_2$ 和杨氏定理。因此，满足 $f_2>0$ 的一般函数的等产量曲线或者任何等值曲线严格凸向原点，如果下式成立：

$$f_{11}f_2^2-2f_1f_2f_{12}+f_{22}f_1^2<0 \tag{11.5}$$

在第 2 章中，这样的函数称为严格拟凹的。事实上，经济学家经常要求生产函数严格凹。严格凹的生产函数也是严格拟凹的，因此其等值曲线严格凸向原

点。在 11.5 节中我们会仔细分析这些关系。

例 11.19 考虑下面的柯布-道格拉斯生产函数：

$$y=Ax_1^\alpha x_2^\beta,\quad A>0,0<\alpha,\beta<1$$

解： 令该生产函数的微分等于零，可得

$$dy=f_1dx_1+f_2dx_2=(\alpha Ax_1^{\alpha-1}x_2^\beta)dx_1+(\beta Ax_1^\alpha x_2^{\beta-1})dx_2=0$$

因此，我们得到等产量曲线的斜率：

$$\left.\frac{dx_2}{dx_1}\right|_{dy=0}=-\frac{\alpha Ax_1^{\alpha-1}x_2^\beta}{\beta Ax_1^\alpha x_2^{\beta-1}}=-\frac{\alpha x_2}{\beta x_1}$$

边际技术替代率为

$$\text{MRTS}=-\left.\frac{dx_2}{dx_1}\right|_{dy=0}=\frac{\alpha x_2}{\beta x_1}$$

为了说明等产量曲线凸向原点，令 $x_2=g(x_1)$ 表示等产量曲线的一般方程，然后计算前两阶导数：

$$Ax_1^\alpha x_2^\beta=\bar{y}$$

这意味着等产量曲线方程为

$$x_2=g(x_1)=\left(\frac{\bar{y}}{Ax_1^\alpha}\right)^{1/\beta}=\left(\frac{\bar{y}}{A}\right)^{1/\beta}x_1^{-\alpha/\beta}$$

该函数的前两阶导数为

$$\frac{dx_2}{dx_1}=g'(x_1)=-\frac{\alpha}{\beta}\left(\frac{\bar{y}}{A}\right)^{1/\beta}x_1^{-1-\alpha/\beta}<0,\quad x_1,\bar{y}>0$$

$$\frac{d^2x_2}{dx_1^2}=g''(x_1)=-\frac{\alpha}{\beta}\left(-1-\frac{\alpha}{\beta}\right)\left(\frac{\bar{y}}{A}\right)^{1/\beta}x_1^{-2-\alpha/\beta}>0,\quad x_1,\bar{y}>0$$

上面导数的符号说明等产量曲线向下倾斜且严格凸向原点。 ■

在厂商行为理论的发展中，清楚地理解等产量线和生产函数之间的关系非常关键。这一点在第 13 章中将变得非常明显。描述消费者行为也要求我们理解表示消费者偏好的效用函数和该函数的水平集或者等值曲线之间的关系。效用函数的等值曲线称为**无差异曲线**。尽管生产函数和效用函数并不反映实际数量，但是二者在数学和图形分析上非常相似。

效用函数：无差异曲线和边际替代率

利用定义在 $\mathbf{R}_+^n$ 上的效用函数 $u(\mathbf{x})$ 表示个人对假设的消费束的偏好非常方便。效用函数的水平集为 $\{\mathbf{x}: u(\mathbf{x})=\bar{u},\ \mathbf{x}\in\mathbf{R}_+^n\}$。对于 $\mathbf{x}\in\mathbf{R}^2$，水平集或者等值曲线称为无差异曲线。尽管它们类似于生产函数的等产量曲线，但是二者有重要区别。称产量加倍了，这是一句有意义的陈述，而这样的说法用于效用时，没有任何意义。因此，我们说实物产品的产量测度具有基数性质，而效用测度只有序数性质。所以在图 11.15 中，只有消费束（B_1，B_2，B_3，B_4）的相对排序才有意

义。两个效用集合都可用，因为都有$u(B_1)>u(B_2)=u(B_3)>u(B_4)$ 成立。这说明在这些消费束中，B_1 最受欢迎，B_2 和 B_3 是相等（无差异）的，B_4 最不受欢迎。

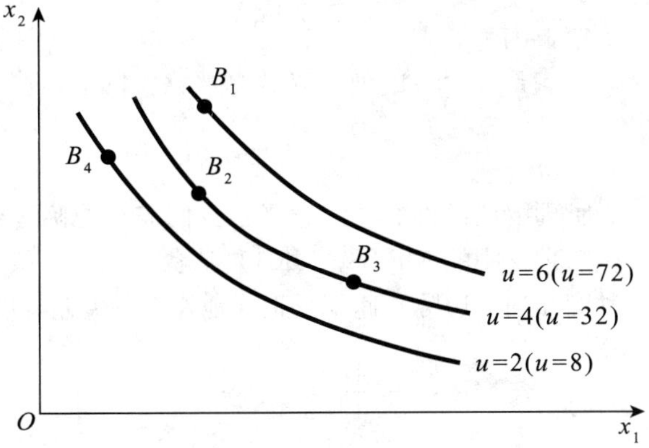

图 11.15　无差异曲线

因此，在消费者理论中，无差异曲线的形状最为重要。这意味着如果 u：$\mathbf{R}^n_+ \to \mathbf{R}$ 描述了一个偏好序，那么通过 u 的任何正单调变换 T 所得到的函数

$$\tilde{u}(\mathbf{x})=T[u(\mathbf{x})],\quad T'>0$$

都代表了这一偏好序。例如，假设柯布-道格拉斯效用函数

$$u=Ax_1^a x_2^b,\quad A,a,b>0$$

准确地表示一个特定偏好序，那么，

$$\tilde{u}=\frac{1}{A^k}u^k=x_1^{ka}x_2^{kb},\quad k>0$$

也表示相同的偏好序。

特别地，取 $k=1/(a+b)$，则效用函数 $\tilde{u}$ 的指数相加等于 1。因此，不失一般性，我们可将效用函数写为

$$u=x_1^{\alpha}x_2^{1-\alpha},\quad 0<\alpha<1$$

来描述任何柯布-道格拉斯偏好函数。（注意，$\alpha=a/(a+b)$，因此 $1-\alpha=1-a/(a+b)=b/(a+b)$。）

例 11.20　试说明效用函数 $u=x_1^{1/3}x_2^{2/3}$ 和 $\tilde{u}=[u]^6=x_1^2x_2^4$ 表示相同的偏好。

解：为了说明这一点，注意，$\mathbf{R}^2_+$ 中任一点处等值曲线的斜率对这两个函数而言相同：

$$\text{对于 } u,\quad \left.\frac{\mathrm{d}x_2}{\mathrm{d}x_1}\right|_{\mathrm{d}u=0}=-\frac{u_1}{u_2}=-\frac{\frac{1}{3}x_1^{-2/3}x_2^{2/3}}{\frac{2}{3}x_1^{1/3}x_2^{-1/3}}=-\frac{1}{2}\frac{x_2}{x_1}$$

$$\text{对于 } \tilde{u},\quad \left.\frac{\mathrm{d}x_2}{\mathrm{d}x_1}\right|_{\mathrm{d}\tilde{u}=0}=-\frac{\tilde{u}_1}{\tilde{u}_2}=-\frac{2x_1x_2^4}{4x_1^2x_2^3}=-\frac{1}{2}\frac{x_2}{x_1}$$ ■

针对生产函数，我们已经讨论了确保它的等值曲线严格凸向原点的条件，或者等价地说，确保函数严格拟凹的条件（见图 11.5）。下面我们针对效用函数 $u=u(x_1, x_2)$ 重述这些条件。同 2.4 节中所给条件相比，严格拟凹条件适用面更窄，因为它要求可微性。

满足 $u_2>0$ 的效用函数是严格拟凹的，当且仅当

$$u_{11}u_2^2-2u_1u_2u_{12}+u_{22}u_1^2<0 \tag{11.6}$$

为了理解该条件的经济意义，我们需要**边际替代率**（MRS）这一概念，它等价于生产理论中的 MRTS。MRS 是消费者在同一条无差异曲线上用一种商品替代另一种商品的（边际）速率。正式地，它是无差异曲线斜率的相反数。因此

$$\text{MRS}=-\left.\frac{\mathrm{d}x_2}{\mathrm{d}x_1}\right|_{u=\bar{u}}=\frac{u_1}{u_2}$$

通过下面两个例子，我们给出了对这一概念的直觉解释。

例 11.21 考虑效用函数 $u(x_1, x_2)=x_1^2x_2$。

解： 一阶偏导数为

$$u_1=2x_1x_2$$
$$u_2=x_1^2$$

由此得到 MRS

$$\text{MRS}=-\left.\frac{\mathrm{d}x_2}{\mathrm{d}x_1}\right|_{\mathrm{d}u=0}=\frac{u_1}{u_2}=\frac{2x_2}{x_1}$$

即无差异曲线斜率的绝对值，它随 x_2 递增，随 x_1 递减。 ■

通常，我们都假定无差异曲线具有严格凸向原点的形状。这一假定的理由是，随着我们从拥有较多 x_2 和较少 x_1（即 x_1 相对稀缺）的消费束开始移动，x_1 每减少一单位都会要求 x_2 增加更多来补偿消费者（也就是说，使其处于给定的无差异曲线上）。

例 11.22 确定完全替代效用函数 $u(x_1, x_2)=x_1+x_2$ 的无差异曲线的形状。

解： $u(x_1, x_2)= x_1+ x_2$ 的全微分为

$$\mathrm{d}u=1\mathrm{d}x_1+1\mathrm{d}x_2$$

在任何无差异曲线上都有 $\mathrm{d}u=0$，因此 $\mathrm{d}x_2=-\mathrm{d}x_1$，即 $\mathrm{d}x_2/\mathrm{d}x_1=-1$。这意味着

$$\text{MRS}=-\left.\frac{\mathrm{d}x_2}{\mathrm{d}x_1}\right|_{\mathrm{d}u=0}=1$$

可以看到，如果从某个初始消费束，例如图 11.16 中的点 A 开始，我们用 k 单位的商品 2 替代 k 单位的商品 1，即 $\mathrm{d}x_2=-\mathrm{d}x_1$，那么消费者仍然处于相同的无差异曲线上。因为消费者在这两种商品间的选择总是无差异的，所以我们说对于消费者而言，这些商品是完全替代品。 ■

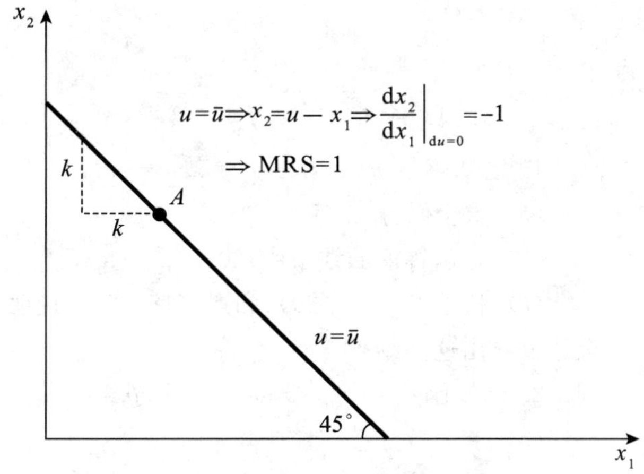

图 11.16　完全替代品的代表性无差异曲线

MRS 和 MRTS 的概念以及相关分析可以推广到多变量函数。如果 $y=f(x_1, x_2, \cdots, x_n)$，那么 $f_i dx_i$ 表示变量 x_i，$i=1, 2, \cdots, n$ 的变化量 dx_i 对变量 y 变化的贡献。定义 11.3 的推广如下。

定义 11.4　函数 $y=f(x_1, x_2, \cdots, x_n)$ 的一阶全微分为

$$dy=f_1 dx_1+f_2 dx_2+\cdots+f_n dx_n=\sum_{i=1}^{n} f_i dx_i$$

为了计算消费者在两种商品间的 MRS 或者厂商在两种投入品之间的 MRTS，假定对 x_k 和 x_l 以外的所有 x_i，$dx_i=0$，即令 $dx_i=0$，$i=1, 2, \cdots, n$，$i=k$ 和 $i=l$ 除外，于是可得

$$dy=f_k dx_k+f_l dx_l=0$$

这意味着

$$\frac{dx_k}{dx_l}\Big|_{dy=0, dx_i=0}=-\frac{f_l}{f_k}, i\neq k, l$$

下面的例子解释了这一点。

例 11.23　考虑如下生产函数中任意两种投入要素之间的 MRTS：

$$y=f(x_1, x_2, x_3)=Ax_1^{\alpha}x_2^{\beta}x_3^{\gamma},\quad \alpha, \beta, \gamma>0$$

解：该生产函数的全微分为

$$dy=f_1 dx_1+f_2 dx_2+f_3 dx_3$$

在等产量曲线上 $dy=0$，因此，令 $dx_1=0$，可得

$$MRTS_{2,3}=-\frac{dx_3}{dx_2}\Big|_{dy=0, dx_1=0}=\frac{f_2}{f_3}=\frac{\beta Ax_1^{\alpha}x_2^{\beta-1}x_3^{\gamma}}{\gamma Ax_1^{\alpha}x_2^{\beta}x_3^{\gamma-1}}=\frac{\beta x_3}{\gamma x_2}$$

利用类似方法可得到其他结果（$MRTS_{1,2}$ 等）。■

练习

1. 已知函数 $u(x_1, x_2)=5x_1+3x_2$：

(a) 求全微分；

(b) 画出等值曲线 $\bar{u}=120$；

(c) 利用点 (12，20) 和点 (18，20) 说明 MRS=5/3，并且利用 (a) 中的全微分导出这一结果。

2. 已知函数 $u(x_1, x_2)=ax_1+bx_2$：

(a) 求全微分；

(b) 画出等值曲线 $u=\bar{u}$；

(c) 利用全微分表达式说明MRS$=a/b$。

3. 利用全微分求生产函数 $y=x_1x_2$ 的 MRTS，说明等产量曲线严格凸向原点。

4. 利用全微分求生产函数 $y=x_1x_2x_3$ 的 $\text{MRTS}_{2,3}$。在 (x_2, x_3) 空间（即保持 x_1 固定的平面）中，说明相关等产量曲线严格凸向原点。

5. 利用全微分求下列效用函数的无差异曲线的斜率：

(a) $u(x_1, x_2)=x_1x_2$

(b) $\hat{u}(x_1, x_2)=x_1^2x_2^2$

(c) $\bar{u}(x_1, x_2)=Bx_1^Kx_2^K$，其中 B，$K>0$ 是常数

6. 注意，由于练习 5 中几个效用函数之间存在着一定的关系，无差异曲线的斜率都相同。即在$\hat{u}=F(u)=u^2$ 和 $\bar{u}=F(u)=Bu^K$ 两种情形中，当 $u>0$ 时，F 的导数 $F'(\cdot)$ 都为正。我们称函数 F 为 u 的正单调变换。证明：由任意变换 F 所生成的无差异曲线或者更一般意义上的等值曲线具有相同的形状（F 用于生成由某个原函数 $u(x_1, x_2)$ 变换得到的函数)。

7. 利用全微分求生产函数

$$y=[0.3x_1^{-3}+0.7x_2^{-3}]^{-1/3}$$

的 MRTS。说明它的等产量曲线严格凸向原点。

8. 利用全微分求生产函数

$$y=A[\delta x_1^{-r}+(1-\delta)x_2^{-r}]^{-1/r}, \quad A>0, \quad r>-1$$

的 MRTS。证明等产量曲线凸向原点。

9. 证明点 $A=(8, 1)$，点 $B=(4, 4)$，点 $C=(2, 16)$ 位于函数 $u=x_1^2x_2$ 生成的同一无差异曲线上。分别计算 B 和 C 与 A 和 B 之间的比值 $|\Delta x_2|/|\Delta x_1|$。这些比值同边际替代率之间有什么关系？为何当 x_1 沿着无差异曲线从左到右增加（x_2 减少）时，比值下降？

11.4 曲率：凹性和凸性

函数形状的一个重要方面是它的曲率。这一性质通常是由解释一阶导数如何变化的二阶导数来描述。在 5.5 节中，我们讨论了单变量函数的这一问题。图 11.7 总结了这些结果。当 $f''>0$ 时，函数是凸的，这意味着当 $f'>0$ 时，函数随 x 增加得更快，当 $f'<0$ 时，函数值随 x 下降得较慢；当 $f''<0$ 时，函数是凹的，这意味着当 $f'>0$ 时，函数值随 x 增加较慢，当 $f'<0$ 时，函数值随着 x 下降得更快。

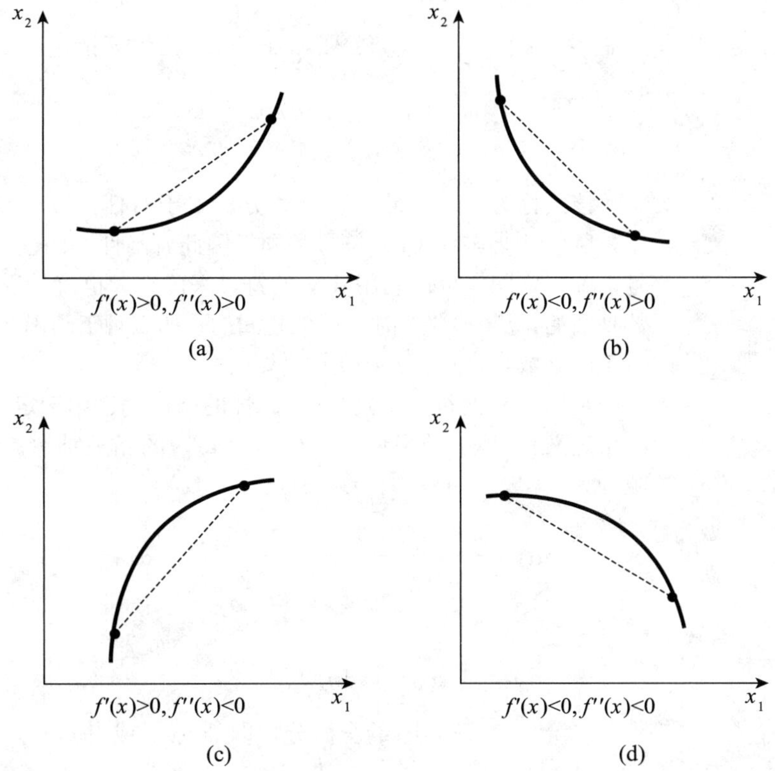

图 11.17　图(a) 和图 (b) 表示严格凸的函数，图 (c) 和图 (d) 表示严格凹的函数

有人可能会想，通过单独考虑每一个二阶偏导数和它的符号，可以将上述结论直接推广到定义在 $\mathbf{R}^n$ 上的函数。不过，这种方法的问题在于，它只是分离出了有限数量的具体方向（即通过使所有其他变量保持不变，单独改变每个 x_i）。实际上，如图 11.3 所示，从某一点出发的路径有无穷多。因此，同定义在 $\mathbf{R}$ 上的函数相比，确定定义在 $\mathbf{R}^n$ 或者 $\mathbf{R}^2$ 上的函数的凸性和凹性更难。

例 11.24　函数 $f(x_1, x_2)=x_1^2+x_2^2-5x_1x_2$的二阶导数为

$$f_{11}=2,\quad f_{22}=2,\quad f_{12}=-5$$

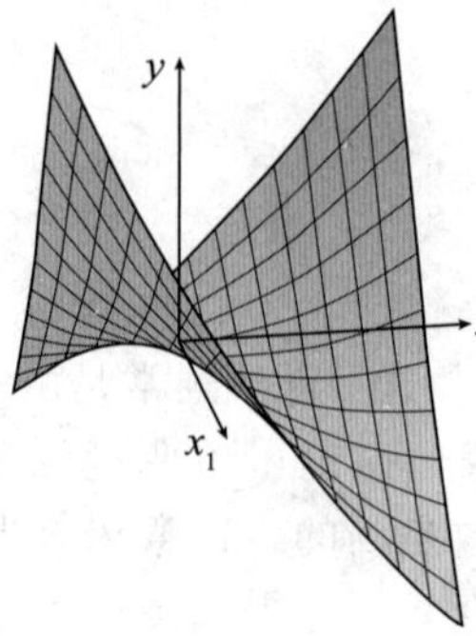

图 11.18　例 11.24 中函数 $f(x_1, x_2)=x_1^2+x_2^2-5x_1x_2$ 的图形

尽管 f_{11} 和 f_{22} 都是正的，该函数也不是（在所有方向上）严格凸的，如图 11.18 所示。交叉偏导数（$f_{12}=-5$）在确定函数曲率过程中也发挥着作用，本节中我们将会看到这一点。■

考虑定义在 $\mathbf{R}$ 上的函数 $y=f(x)$，它在 $x=x^0$ 点的一阶全微分为

$$dy=f'(x^0)dx$$

注意，dy 是 x 和 dx 的函数，但我们经常将 dx 视为给定的常数。取 dy 的全微分，记作 d^2y，得到

$$\begin{aligned}d^2y=d[dy]&=\frac{d[dy]}{dx}dx=\frac{d[f'(x)]dx}{dx}dx\\&=f''(x)dxdx\\&=f''(x)dx^2\end{aligned}$$

该式称为 $f(x)$ 的二阶全微分。由于对任意 $dx\neq0$，项 $dx^2\equiv(dx)^2$ 严格为正，所以 d^2y 与 $f''(x)$ 符号相同。因此，凸性和凹性不但可以利用 $f''(x)$ 的符号来确定，同样可以利用 d^2y 的符号来确定。也就是说，既然 $f''(x)\geqslant0$ 时，函数是凸的，$f''(x)\leqslant0$ 时，函数是凹的，那么对于凸函数，$d^2y=[f''(x)]dx^2\geqslant0$，对于凹函数，$d^2y=[f''(x)]dx^2\leqslant0$。

利用 d^2y 的符号来判断凸/凹性的条件也适用于定义在 $\mathbf{R}^n$ 上的函数。我们先给出定义在 $\mathbf{R}^2$ 上的函数 $y=f(x_1, x_2)$ 的相关结果。$y=f(x_1, x_2)$ 的一阶全微分为

$$dy=\frac{\partial f(x_1,x_2)}{\partial x_1}dx_1+\frac{\partial f(x_1,x_2)}{\partial x_2}dx_2$$

或者

$$dy=f_1dx_1+f_2dx_2$$

二阶全微分是 dy 的全微分，即 $d[dy]$ 或者 d^2y，其中，

$$\begin{aligned}d[dy]&=\frac{\partial[dy]}{\partial x_1}dx_1+\frac{\partial[dy]}{\partial x_2}dx_2\\&=\frac{\partial[f_1dx_1+f_2dx_2]}{\partial x_1}dx_1+\frac{\partial[f_1dx_1+f_2dx_2]}{\partial x_2}dx_2\\&=[f_{11}dx_1+f_{21}dx_2]dx_1+[f_{12}dx_1+f_{22}dx_2]dx_2\\&=f_{11}dx_1^2+2f_{12}dx_1dx_2+f_{22}dx_2^2\end{aligned}$$

上式中利用了杨氏定理的结果 $f_{21}=f_{12}$。

定义 11.5　函数 $y=f(x_1, x_2)$ 的二阶全微分为

$$d^2y=f_{11}dx_1^2+2f_{12}dx_1dx_2+f_{22}dx_2^2$$

从该表达式中，我们可以看到 d^2y 不仅依赖于 f_{11} 和 f_{22}，也依赖于二阶交叉偏导数 f_{12}。下面我们给出函数严格凸或者严格凹的充分条件。

定理 11.4 如果定义在 $\mathbf{R}^2$ 上的函数 $y=f(x_1, x_2)$ 二阶连续可微，并且当 dx_1 或 dx_2 至少有一个非零时，$d^2y=f_{11}dx_1^2+2f_{12}dx_1dx_2+f_{22}dx_2^2>0$，那么 $y=f(x_1, x_2)$ 为严格凸函数。

定理 11.5 如果定义在 $\mathbf{R}^2$ 上的函数 $y=f(x_1, x_2)$ 二阶连续可微，并且当 dx_1 或 dx_2 至少有一个非零时，$d^2y=f_{11}dx_1^2+2f_{12}dx_1dx_2+f_{22}dx_2^2<0$，那么 $y=f(x_1, x_2)$ 为严格凹函数。

例 11.25 利用二阶全微分的符号说明函数 $y=x_1^2+x_2^2$ 为严格凸函数。

解： 函数 $y=x_1^2+x_2^2$ 的二阶偏导数为

$$f_{11}=2, f_{12}=0, f_{22}=2$$

则有

$$d^2y=f_{11}dx_1^2+2f_{12}dx_1dx_2+f_{22}dx_2^2=2dx_1^2+2dx_2^2$$

由于 $dx_1^2\geqslant 0$，$dx_2^2\geqslant 0$，并且仅当 $dx_1=dx_2=0$ 时，二者才皆为零，所以定理 11.4 中严格凸的条件得到满足。 ■

定理 11.4 和定理 11.5 中给出的函数 $y=f(x_1, x_2)$ 严格凸和严格凹的条件是充分的，但不是必要的。下面的例子说明了其中的原因。

例 11.26 函数 $y=x_1^4+x_2^4$ 为严格凸的，但是如果 $x_1=x_2=0$，那么 $d^2y=0$。因为

$$f_1=4x_1^3, f_2=4x_2^3$$
$$f_{11}=12x_1^2, f_{22}=12x_2^2, f_{12}=0$$

因此

$$\begin{aligned}d^2y&=f_{11}dx_1^2+2f_{12}dx_1dx_2+f_{22}dx_2^2\\&=12x_1^2dx_1^2+12x_2^2dx_2^2\end{aligned}$$

在上面所示的情形中，上式取值为零。尽管如此，该函数仍是严格凸的（参见图 11.19）。

如果考虑线性函数或者包含线性部分的函数，那么关于凸性和凹性的更弱的条件如下：

定理 11.6 定义在 $\mathbf{R}^2$ 上的二阶连续可微函数 $y=(x_1, x_2)$ 是凸的，当且仅当

$$d^2y=f_{11}dx_1^2+2f_{12}dx_1dx_2+f_{22}dx_2^2\geqslant 0$$

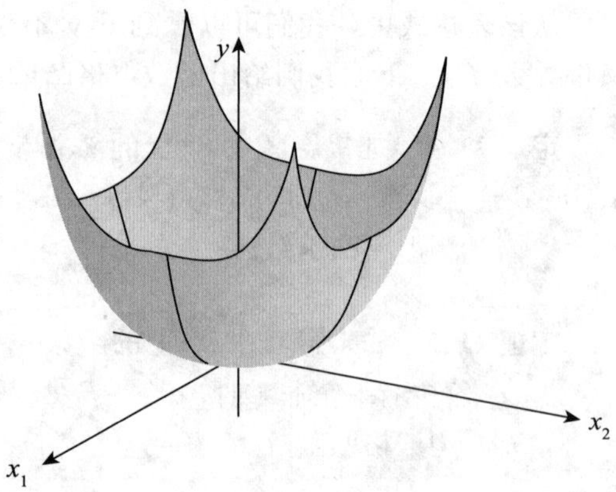

图 11.19 $y=x_1^4+x_2^4$（例 11.26）的图形 ■

定理 11.7 定义在 $\mathbf{R}^2$ 上的二阶连续可微函数 $y=(x_1, x_2)$ 是凹的，当且仅当

$$d^2y=f_{11}dx_1^2+2f_{12}dx_1dx_2+f_{22}dx_2^2\leqslant 0$$

注意，在（弱）凸或（弱）凹的情形中，d^2y 的条件包含一个弱不等式，该条件是充分必要条件。

例 11.27 利用二阶全微分的符号说明函数 $y=5-(x_1+x_2)^2$ 是凹的。

解： 该函数的一阶和二阶偏导数为

$$f_1=-2(x_1+x_2), f_2=-2(x_1+x_2)$$
$$f_{11}=-2, f_{22}=-2, f_{12}=-2$$

则有

$$\begin{aligned} d^2y &= f_{11}dx_1^2+2f_{12}dx_1dx_2+f_{22}dx_2^2 \\ &= -2dx_1^2-4dx_1dx_2-2dx_2^2 \\ &= -2(dx_1+dx_2)^2\leqslant 0 \end{aligned}$$

因此该函数是凹的。为了说明它并非严格凹的，注意到对于满足 $x_2=a-x_1$ 的（x_1，x_2）集合，其中 a 为任意常数，我们都有 $y=(x_1+a-x_1)^2=a^2$。这些（x_1，x_2）构成了函数 f 的图形中的水平直线段，如图 11.20 所示。 ■

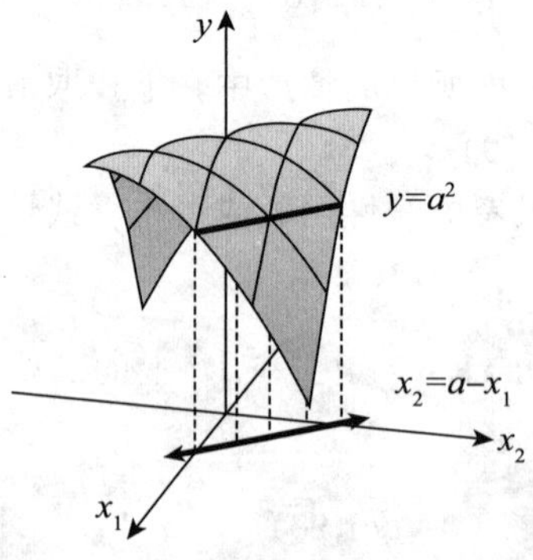

图 11.20 例 11.27 中函数 $y=5-(x_1+x_2)^2$ 的图形表面上的线段

关于凹性和凸性的这一分析可以推广到含两个以上变量的函数。$y=f(x_1, x_2, \cdots, x_n)$ 的一阶全微分为

$$dy=f_1dx_1+f_2dx_2+\cdots+f_ndx_n=\sum_{i=1}^{n}f_idx_i$$

由于每个偏导数 f_i 都是 $(x_1, x_2, \cdots, x_n)$ 的函数，所以 dy 也是 $(x_1, x_2, \cdots, x_n)$ 的函数。因此，我们可以得到它的全微分 $d[dy]$ 或者 d^2y，如下：

$$\begin{aligned}d^2y&=\frac{\partial[dy]}{\partial x_1}dx_1+\frac{\partial[dy]}{\partial x_2}dx_2+\cdots+\frac{\partial[dy]}{\partial x_n}dx_n\\&=\frac{\partial[\sum_{i=1}^{n}f_idx_i]}{\partial x_1}dx_1+\frac{\partial[\sum_{i=1}^{n}f_idx_i]}{\partial x_2}dx_2+\cdots\\&\quad+\frac{\partial[\sum_{i=1}^{n}f_idx_i]}{\partial x_n}dx_n\end{aligned}\tag{11.7}$$

式（11.7）中的每一项都包含 n 个偏导数，例如

$$\begin{aligned}\frac{\partial[\sum_{i=1}^{n}f_idx_i]}{\partial x_1}&=\frac{\partial[f_1dx_1+f_2dx_2+\cdots+f_ndx_n]}{\partial x_1}\\&=\frac{\partial f_1}{\partial x_1}dx_1+\frac{\partial f_2}{\partial x_1}dx_2+\cdots+\frac{\partial f_n}{\partial x_1}dx_n\\&=f_{11}dx_1+f_{21}dx_2+\cdots+f_{n1}dx_n\end{aligned}$$

由此可知，由于式（11.7）的 n 项中的每一项都包含 n 项，那么一共有 n^2 项。将它们全部写出很麻烦。但是，利用求和符号，可得

$$d^2y=\sum_{j=1}^{n}\left(\frac{\partial[\sum_{i=1}^{n}f_idx_i]}{\partial x_j}dx_j\right)=\sum_{j=1}^{n}\sum_{i=1}^{n}f_{ij}dx_idx_j$$

该式又表明，我们可以用矩阵符号将 d^2y 表示为

$$d^2y=\mathbf{dx}^T\nabla_2F\mathbf{dx}\tag{11.8}$$

其中，$\mathbf{dx}^T=[dx_1, dx_2, \cdots, dx_n]$ 为变化量 dx_i 的向量，而

$$\nabla_2F=\begin{bmatrix}f_{11}&f_{12}&\cdots&f_{1n}\\f_{21}&f_{22}&\cdots&f_{2n}\\\vdots&\vdots&&\vdots\\f_{n1}&f_{n2}&\cdots&f_{nn}\end{bmatrix}$$

是 f 的海塞矩阵。

利用式（11.8）所示的 d^2y 表达式，我们可以将反映含有两个变量的函数的凹凸性和 d^2y 的符号之间的关系的条件直接推广到含有 n 个变量的函数。

即使对相当简单的两个变量函数而言，直接判断 d^2y 的符号也涉及相当多的代数运算。所幸的是，第 10 章有关二次型的结论提供了判定 d^2y 正负号的更为简单的方法。为了说明这一点，由式（11.8）可知，d^2y 实际上是一个矩阵为 $\nabla_2 F$ 、向量为 $\mathbf{dx}$ 的二次型。而且，根据杨氏定理（$f_{ij}=f_{ji}$）可知，矩阵 $\nabla_2 F$ 是对称的。因此，我们可以利用二次型理论的结论来建立判断函数的凹凸性的其他条件。例如，根据定理 10.17，我们知道二次型 d^2y 为正（即矩阵 $\nabla_2 F$ 是正定的），当且仅当矩阵 $\nabla_2 F$ 的所有顺序主子式皆为正。这提供了另一种判定函数是否严格凸的方法。将海塞矩阵记为 H（即 $\nabla_2 F \equiv H$），我们可以得到判定函数凹凸性的如下规则：

定理 11.8 函数 $y=f(\mathbf{x})$，$\mathbf{x}\in\mathbf{R}^n$ 二阶连续可微，H 为其海塞矩阵，我们有：

1. 函数 f 在 $\mathbf{R}^n$ 上严格凸，如果对于任意 $\mathbf{x}\in\mathbf{R}^n$，$H$ 是正定的（即 $d^2y=\mathbf{dx}^T H\mathbf{dx}>0$）。

2. 函数 f 在 $\mathbf{R}^n$ 上严格凹，如果对于任意 $\mathbf{x}\in\mathbf{R}^n$，$H$ 是负定的（即 $d^2y=\mathbf{dx}^T H\mathbf{dx}<0$）。

3. 函数 f 在 $\mathbf{R}^n$ 上是凸的，当且仅当对于任意 $\mathbf{x}\in\mathbf{R}^n$，$H$ 是半正定的（即 $d^2y=\mathbf{dx}^T H\mathbf{dx}\geqslant 0$）。

4. 函数 f 在 $\mathbf{R}^n$ 上是凹的，当且仅当对于任意 $\mathbf{x}\in\mathbf{R}^n$，$H$ 是半负定的（即 $d^2y=\mathbf{dx}^T H\mathbf{dx}\leqslant 0$）。

注意，在严格凸/凹的情形中，关于矩阵 H 的条件只是充分的，而在（弱）凸/凹的情形中，关于矩阵 H 的条件既是充分的，又是必要的。这跟我们前面关于两个变量函数的讨论是一致的。

在 10.3 节，矩阵是正定还是负定取决于矩阵顺序主子式的符号。在下面的定理中，我们用海塞矩阵（即二次型 $d^2y=\mathbf{dx}^T H\mathbf{dx}$）来总结这些结论。我们知道，$|H_k|$ 表示 k 阶顺序主子式，$|H_k^*|$ 表示任意 k 阶主子式，即 $|H_k^*|$ 表示多个子式。因此，顺序主子式为

$$|H_1|=f_{11},|H_2|=\begin{vmatrix} f_{11} & f_{12} \\ f_{21} & f_{22} \end{vmatrix},\cdots$$

$$|H_n|=|H|=\begin{vmatrix} f_{11} & f_{12} & \cdots & f_{1n} \\ f_{21} & f_{22} & \cdots & f_{2n} \\ \vdots & \vdots & & \vdots \\ f_{n1} & f_{n2} & \cdots & f_{nn} \end{vmatrix}$$

写出 $|H_k^*|$ 的所有行列式太麻烦，所以这里我们只写到 $n=3$。

$$|H_1^*|=f_{11},f_{22},f_{33}$$

$$|H_2^*|=\begin{vmatrix} f_{11} & f_{12} \\ f_{21} & f_{22} \end{vmatrix},\begin{vmatrix} f_{11} & f_{13} \\ f_{31} & f_{33} \end{vmatrix},\begin{vmatrix} f_{22} & f_{23} \\ f_{32} & f_{33} \end{vmatrix}$$

$$|H_3^*| = \begin{vmatrix} f_{11} & f_{12} & f_{13} \\ f_{21} & f_{22} & f_{23} \\ f_{31} & f_{32} & f_{33} \end{vmatrix}$$

由于 $|H_n^*|$ 表示通过行列互换所形成的矩阵的行列式，因此，我们只需要检查 $|H_n| = |H|$ 的符号，便可以知道所有 $|H_n^*|$ 值的符号。

定理 11.9 H 为二阶连续可微函数 $y=f(\mathbf{x})$，$\mathbf{x}\in\mathbf{R}^n$ 的海塞矩阵，则有：

1. 矩阵 H 在 $\mathbf{R}^n$ 上正定，当且仅当它的顺序主子式皆为正；即对于 $\mathbf{x}\in\mathbf{R}^n$，$|H_1|>0$，$|H_2|>0$，$|H_3|>0$，…，$|H_n|=|H|>0$。此时，$d^2y>0$，因此 f 是严格凸的。

2. 矩阵 H 在 $\mathbf{R}^n$ 上负定，当且仅当它的顺序主子式的符号在 $k=1$ 时为负，并且由此开始正负交替更迭。对于 $\mathbf{x}\in\mathbf{R}^n$，

$$|H_1|<0, |H_2|>0, \cdots, |H_n| = |H| \begin{cases} >0, \text{如果 } n \text{ 是偶数} \\ <0, \text{如果 } n \text{ 是奇数} \end{cases}$$

此时，$d^2y<0$，因此 f 严格凹。

3. 矩阵 H 在 $\mathbf{R}^n$ 上半正定，当且仅当它所有的主子式都大于或等于零；对于 $\mathbf{x}\in\mathbf{R}^n$，$|H_1^*|\geqslant 0$，$|H_2^*|\geqslant 0$，$|H_3^*|\geqslant 0$，…，$|H_n^*|=|H|\geqslant 0$。此时 $d^2y\geqslant 0$，因此 f 是凸的。而且如果 f 是凸的，那么这组条件必然成立。

4. 矩阵 H 在 $\mathbf{R}^n$ 上半负定，当且仅当它所有的主子式在 $k=1$ 时小于或等于零，此后正负交替更迭。对于 $\mathbf{x}\in\mathbf{R}^n$，

$$|H_1^*|\leqslant 0, |H_2^*|\geqslant 0, |H_n^*| = |H| \begin{cases} \geqslant 0, \text{如果 } n \text{ 是偶数} \\ \leqslant 0, \text{如果 } n \text{ 是奇数} \end{cases}$$

此时 $d^2y\leqslant 0$，因此 f 是凹的。而且如果 f 是凹的，这组条件就必然成立。

下面的例子说明了如何利用定理 11.9 的结论来判别函数的凹凸性。

例 11.28 利用定理 11.9 来判别定义在 $\mathbf{x}\in\mathbf{R}_{++}^2$ 上的函数 $y=f(x_1, x_2)=(x_1+x_2)^{1/2}$ 的凹凸性。

解： 二阶偏导数为

$$f_{11} = -\frac{1}{4}(x_1+x_2)^{-3/2}$$

$$f_{12} = f_{21} = -\frac{1}{4}(x_1+x_2)^{-3/2}$$

$$f_{22} = -\frac{1}{4}(x_1+x_2)^{-3/2}$$

由于这些偏导数都是负的，所以我们先看看 f 是否严格凹：

$$|H_1| = f_{11}<0, |H_2| = \begin{vmatrix} f_{11} & f_{12} \\ f_{21} & f_{22} \end{vmatrix} = f_{11}f_{22}-f_{12}^2 = 0$$

由于 $|H_2|=0$，所以我们不能使用定理 11.9 的结论 2。因此，我们再来检验（弱）

凹性。$|H_1^*|=f_{11}$或 f_{22}，二者都为负。$|H_2^*|=|H_2|\geqslant 0$（因为$|H_2|=0$）。因此 f 是凹的。■

下面的例子说明，仅将顺序主子式的严格不等式放松为弱不等式并不能用来判别弱凹性或者弱凸性。要判别弱凸性或者弱凹性，我们必须计算所有主子式。

例 11.29 利用定理 11.9 来判别定义在 $\mathbf{R}^2$ 上的函数 $y=f(x_1, x_2)=3x_1+x_2^2$的凸/凹性。

解： 该函数的一阶和二阶偏导数为

$$f_1=3, \ f_2=2x_2$$
$$f_{11}=0, \ f_{12}=f_{21}=0, \ f_{22}=2$$

为了判别严格凹性/凸性，我们需要确定矩阵 H 的顺序主子式的符号：

$$|H_1|=f_{11}=0, \quad |H_2|=f_{11}f_{22}-f_{12}^2=0$$

可见，严格凹和严格凸的条件都未得到满足。

本例中，我们不能根据$|H_k|\leqslant 0$ 和$|H_k|\geqslant 0$就断定函数 f 既是弱凸的又是弱凹的。这一结论仅对线性函数成立。而在图 11.21 中，函数 f 的图像清楚地表明当前例子中这一点不成立。判别弱凸或弱凹性的正确做法是检验$|H_1^*|$的值，以及 f_{11}和 f_{22}的符号：

$$|H_1^*|=\begin{cases} f_{11}=0 \\ f_{22}>0 \end{cases}$$

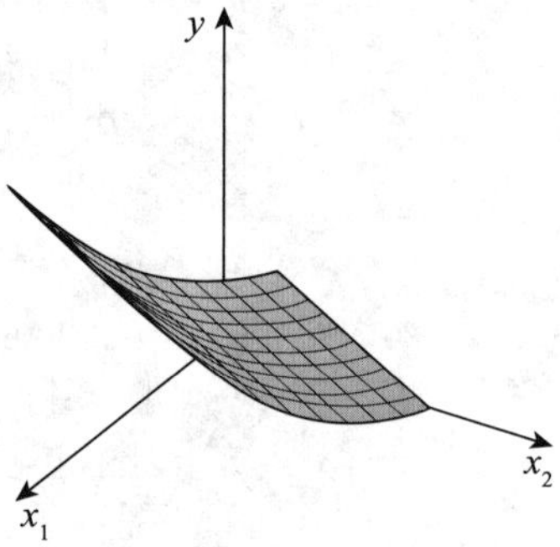

图 11.21 例 11.29 中 $y=3x_1+x_2^2$ 的图形

因此$|H_1^*|\geqslant 0$。$|H_2^*|=f_{11}f_{22}-f_{12}^2=0$，因此$|H_2^*|\geqslant 0$。所以该函数是凸的。（注意，由于$|H_1^*|$的值中只有一个为正，所以该函数不是凹的。）■

例 11.30 利用定理 11.9 来判别下面函数的凸/凹性：

$$y=f(x_1,x_2,x_3)=x_1^{\alpha}+x_2^{\beta}+x_3^{\gamma}, \quad \mathbf{x}\in\mathbf{R}_{++}^3, \quad 0<\alpha,\beta,\gamma<1$$

解： 该函数的一阶偏导数为

$$f_1=\alpha x_1^{\alpha-1}, \quad f_2=\beta x_2^{\beta-1}, \quad f_3=\gamma x_3^{\gamma-1}$$

由于所有二阶交叉偏导数均为零，所以二阶偏导数为

$$f_{11}=(\alpha-1)\alpha x_1^{\alpha-2}<0, \text{因为 } \alpha-1<0$$
$$f_{22}=(\beta-1)\beta x_2^{\beta-2}<0, \text{因为 } \beta-1<0$$
$$f_{33}=(\gamma-1)\gamma x_3^{\gamma-2}<0, \text{因为 } \gamma-1<0$$
$$f_{ij}=0, \ i\neq j$$

由此，我们得到 $|H|$ 的值：

$$|H|=\begin{vmatrix} f_{11} & f_{12} & f_{13} \\ f_{21} & f_{22} & f_{23} \\ f_{31} & f_{32} & f_{33} \end{vmatrix}$$

$$=\begin{vmatrix} (\alpha-1)\alpha x_1^{\alpha-2} & 0 & 0 \\ 0 & (\beta-1)\beta x_2^{\beta-2} & 0 \\ 0 & 0 & (\gamma-1)\gamma x_3^{\gamma-2} \end{vmatrix}$$

因此，我们有

$$|H_1|=(\alpha-1)\alpha_1 x_1^{\alpha-2}<0$$
$$|H_2|=[(\alpha-1)\alpha x_1^{\alpha-2}][(\beta-1)\beta x_2^{\beta-2}]>0$$
$$|H_3|=[(\alpha-1)\alpha x_1^{\alpha-2}][(\beta-1)\beta x_2^{\beta-2}][(\gamma-1)\gamma x_3^{\gamma-2}]<0$$ ■

上式意味着该函数严格凹。

这个例子说明了单变量函数凸（凹）性与多变量函数凸（凹）性之间的一般关系。这一点很有意思。例如，如果已知 $y=f(x)$，$x\in\mathbf{R}$，我们有 $f''(x)\leqslant 0$（或者 $d^2y\leqslant 0$），那么该函数就是凹的。如果已知多变量函数 $y=f(x_1, x_2, \cdots, x_n)$ 的交叉偏导数为零，那么该函数为凹的，当且仅当它的每个二阶偏导数 f_{ii} 皆为负或者零。特别地，如下形式的加性可分函数

$$f(x_1,x_2,\cdots,x_n)=g^1(x_1)+g^2(x_2)+\cdots+g^n(x_n)$$

具有这一性质（见定义 11.2）。我们在下面的定理中证明这一点。

定理 11.10 加性可分函数 $y=f(x)$ 是凹的，当且仅当 $f_{ii}\leqslant 0$，$i=1, 2, \cdots, n$。

证明：我们需要说明，对所有向量 $\mathbf{dx}$，$d^2y=\mathbf{dx}^T H\mathbf{dx}\leqslant 0$，当且仅当 $f_{ii}\leqslant 0$，$i=1, 2, \cdots, n$。首先注意，$f_{ij}=0$，$\forall j\neq i$，那么我们可以将 d^2y 写为

$$d^2y=\mathbf{dx}^T H\mathbf{dx}=\sum_{j=1}^{n}\sum_{i=1}^{n} f_{ij}dx_i dx_j=\sum_{i=1}^{n} f_{ii}dx_i^2$$

我们先证明如果对所有 i，$f_{ii}\leqslant 0$，那么 $d^2y\leqslant 0$。由于对于所有 dx_i，$dx_i^2\geqslant 0$ 且对于所有的 i，$f_{ii}\leqslant 0$，所以 d^2y 中的每一项都是负的或者零。定理的充分性得证（即如果所有的 $f_{ii}\leqslant 0$，那么 $d^2y\leqslant 0$）。

下面我们需要说明对任意向量 $\mathbf{dx}$，要使 $d^2y\leqslant 0$，必有 $\forall i$，$f_{ii}\leqslant 0$。首先假设这一点不成立，即存在一个 $f_{ii}>0$。不失一般性，假设 $f_{11}>0$。然后选择向量 $\mathbf{dx}$，它满足 $dx_1\neq 0$，$dx_j=0$，$j=2, 3, \cdots, n$。则有

$$d^2y=f_{11}dx_1^2>0$$

与原假设矛盾。定理的必要性得证（即 $d^2y\leqslant 0$ 仅当 $\forall i$，$f_{ii}\leqslant 0$ 时成立）。■

显然，我们也能够建立（弱）凹性和（严格和弱）凸性的类似定理。其中的

一些结果留作练习。定理 11.10 可直观解释为，如果多变量函数的交叉偏导数为零，那么它是凹的当且仅当它在任一方向 x_i（即关于任一变量 x_i）都是凹的。例如，函数 $f(x_1, x_2)=x_1^{1/2}+x_2^{1/2}$（$x_1>0$，$x_2>0$）在 $\mathbf{R}^2_{++}$ 上关于每个变量 x_i 严格凹（f_{11}，$f_{22}\leqslant 0$），如图 11.22 所示。而函数 $f(x_1, x_2)=x_1^{1/2}+x_2^2$ 在 $\mathbf{R}^2_{++}$ 上关于 x_1 严格凹（即 $f_{11}<0$），但是关于 x_2 严格凸（即 $f_{22}>0$），因此它既不凹也不凸，如图 11.23 所示。

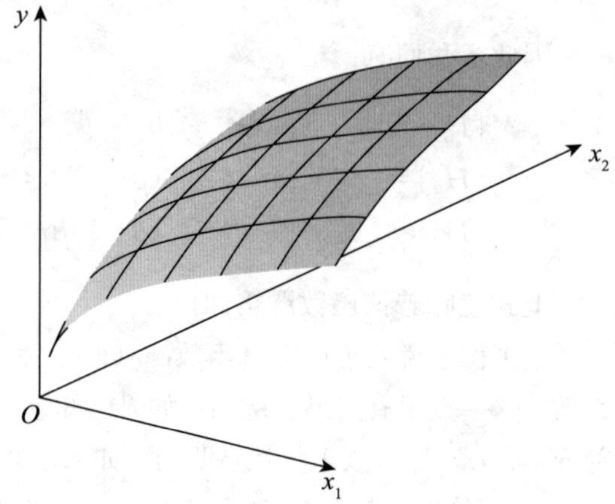

图 11.22　$y=x_1^{1/2}+x_2^{1/2}$ 的图形

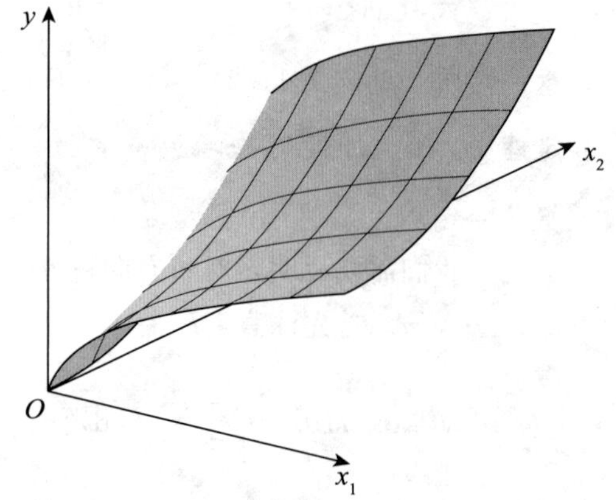

图 11.23　$y=x_1^{1/2}+x_2^2$ 的图形

如果交叉偏导数非零，那么定理 11.10 的必要条件仍然成立。

定理 11.11　如果函数 $y=f(\mathbf{x})$ 是凹的，那么必有 $f_{ii}\leqslant 0$，$i=1, 2, \cdots, n$。

证明：我们需要证明，如果对于所有向量 $\mathbf{dx}$（除了零向量），皆有

$$\mathrm{d}^2 y=\mathbf{dx}^T H\,\mathbf{dx}=\sum_{j=1}^{n}\sum_{i=1}^{n} f_{ij}\,\mathrm{d}x_i\,\mathrm{d}x_j\leqslant 0$$

那么每个二阶偏导数 f_{ij}，$j=i$（即每个 f_{ii}）必须小于或者等于零。不失一般性，我们考虑 $i=1$。选择向量 $\mathbf{dx}$，其中 $\mathrm{d}x_1\neq 0$，$\mathrm{d}x_j=0$，$j\neq 1$。则 $\mathrm{d}^2 y$ 的表达

式变为

$$d^2y=f_{11}dx_1^2$$

显然，$d^2y\leqslant 0$ 要求 $f_{11}\leqslant 0$，定理得证。 ■

在本节末我们来证明，如果柯布-道格拉斯生产函数的指数之和小于1，那么该函数严格凹。我们用两种投入品的情形来证明这一点，但它同样适用于任意多种投入品的情形。

例 11.31 证明柯布-道格拉斯生产函数

$$y=f(x_1,x_2)=Ax_1^{\alpha}x_2^{\beta}$$

为 x_1，$x_2>0$ 时的严格凹函数。其中，$0<\alpha$，$\beta<1$，$\alpha+\beta<1$ 。

解： 二阶偏导数为

$$f_{11}=\alpha(\alpha-1)Ax_1^{\alpha-2}x_2^{\beta}$$
$$f_{12}=\alpha\beta Ax_1^{\alpha-1}x_2^{\beta-1}$$
$$f_{22}=\beta(\beta-1)Ax_1^{\alpha}x_2^{\beta-2}$$

由于 $0<\alpha<1$ ，所以我们有 $\alpha-1<0$ ，因此 $|H_1|=f_{11}<0$。下面，我们需要说明 $|H_2|=f_{11}f_{22}-f_{12}^2>0$。也就是说，我们要证明

$$f_{11}f_{22}>f_{12}^2$$

将二阶导数代入上式可得

$$[\alpha(\alpha-1)Ax_1^{\alpha-2}x_2^{\beta}][\beta(\beta-1)Ax_1^{\alpha}x_2^{\beta-2}]>[\alpha\beta Ax_1^{\alpha-1}x_2^{\beta-1}]^2$$

下面我们来证明，当 $\alpha+\beta<1$ 时，上面的不等式确实成立：

$$\alpha\beta(\alpha-1)(\beta-1)A^2x_1^{2\alpha-2}x_2^{2\beta-2}>\alpha^2\beta^2A^2x_1^{2\alpha-2}x_2^{2\beta-2}$$
$$(\alpha-1)(\beta-1)>\alpha\beta$$
$$\alpha\beta-\alpha-\beta+1>\alpha\beta$$
$$-\alpha-\beta>-1$$
$$\alpha+\beta<1$$ ■

上面，我们已经说明如何利用全微分来判别函数是凹的还是凸的（或者兼具二者）。我们介绍了两种方法：（1）直接确定二阶全微分 d^2y 的符号，如例 11.27 所示；（2）利用有关二次型与（半）正或负定矩阵之间关系的某些结论来确定二阶全微分 d^2y 的符号，如例 11.30 所示。

练习

1. 利用定理 11.6 证明函数 $f(x_1, x_2)=(x_1+x_2)^2$ 是凸的（参见例 11.27）。

2. 利用定理 11.5 证明函数 $f(x_1, x_2)=10-x_1^2-x_2^2$ 是严格凹的（参见例 11.27）。

3. 利用定理 11.9 证明定义在 $\mathbf{R}_{++}^2$ 上的函数 $f(x_1, x_2)=x_1^{1/2}x_2^{1/3}$ 为严格凹的。

4. 利用定理 11.9 证明定义在 $\mathbf{R}_{++}^2$ 上的函数 $f(x_1, x_2)=x_1^{1/2}x_2^{1/2}$ 是凹的。

5. 利用定理 11.7 证明定义在 $\mathbf{R}_{++}^2$ 上的函数 $y=(x_1+x_2)^{1/2}$ 是凹的。说明该函数平面上存在着直线段，因此该函数不是严格凹的（参见例 11.27）。

6.* 证明加性可分函数 $y=f(x_1, x_2, \cdots, x_n)$ 为凸的，当且仅当 $f_{ii}\geqslant 0$，$i=1, 2, \cdots, n$（参见定理 11.10）。

7.* 证明如果 $f_{ii}<0$，$i=1, 2, \cdots, n$，那么加性可分函数 $y=f(x_1, x_2, \cdots, x_n)$ 为严格凹的（参见定理 11.10）。

8.* 证明如果函数 $y=f(x_1, x_2, \cdots, x_n)$ 是凸的，那么必有 $f_{ii}\geqslant 0$，$i=1, 2, \cdots, n$（参见定理 11.11）。

11.5 函数的其他性质和经济应用

在前面几节里，我们已经介绍了函数的一些重要性质，如凹性和凸性，并且将它们应用于很多经济问题。本节我们再充实一下这些结论，以备第 12 章和第 13 章之用。

凹性/凸性和拟凹/拟凸

在 11.3 节中，我们引入了一个重要命题，即如果下列条件成立，那么增函数 $y=f(x)$，$x\in\mathbf{R}^2$ 的等值曲线严格凸向原点：

$$f_2^{-3}\{f_{11}f_2^2-2f_1f_2f_{12}+f_{22}f_1^2\}<0 \tag{11.9}$$

满足上述条件的函数是第 2 章中所定义的拟凹函数。（在继续本节内容之前，读者应该复习一下 2.4 节中关于凹性、凸性、拟凹和拟凸的内容。）所有凹函数都是拟凹的，但反之不成立。下面的例子解释了这一关系的前半部分。

例 11.32 证明如果函数 $y=f(\mathbf{x})$，$\mathbf{x}\in\mathbf{R}^2$ 满足定理 11.9 中关于严格凹函数的条件，那么它也是拟凹的。

证明：根据定理 11.9，下面的条件意味着函数是严格凹的：

$$\mathrm{d}^2y=\mathbf{dx}^T H\mathbf{dx}<0 \quad 对于任意的向量\ \mathbf{dx}$$

我们需要证明，这一条件再加上 $f_1>0$ 和 $f_2>0$ 意味着 f 也满足式（11.9）。

既然 f 严格凹，那么对于任意向量 $\mathbf{dx}$(即 $\mathbf{dx}^T$)，$\mathrm{d}^2y<0$。因此，对于特定的 $\mathbf{dx}^T=[f_2 \quad -f_1]$，$\mathrm{d}^2y<0$。将该向量代入 d^2y 的表达式，可得

$$\begin{bmatrix} f_2 & -f_1 \end{bmatrix}\begin{bmatrix} f_{11} & f_{12} \\ f_{12} & f_{22} \end{bmatrix}\begin{bmatrix} f_2 \\ -f_1 \end{bmatrix}<0$$

这意味着

$$\begin{bmatrix} (f_{11}f_2-f_1f_{12}) & (f_2f_{12}-f_{22}f_1) \end{bmatrix}\begin{bmatrix} f_2 \\ -f_1 \end{bmatrix}<0$$

因此

$$f_2(f_{11}f_2-f_1f_{12})-f_1(f_2f_{12}-f_1f_{22})<0$$

这意味着

$$f_{11}f_2^2-2f_1f_2f_{12}+f_{22}f_1^2<0$$

由于 $f_2>0$，所以上式说明该函数也是拟凹的（见式（11.9））。 ■

图 11.24 和图 11.25 分别给出了 $\mathbf{R}_+^2$ 函数 $y=x_1^{1/4}x_2^{1/2}$ 和 $y=x_1x_2^2$ 的图形及其代表性等值曲线。它们解释了凹和拟凹之间的区别。这些等值曲线的形状显示，这两个函数的水平集严格凸向原点，因此它们都是拟凹的。不过，在图 11.25 中，函数 $y=x_1x_2^2$ 显然不是凹的。沿着给定的 x_2 值，将函数图形切开，如图 11.9 所示，便可以非常清楚地看出，该函数沿着 x_1 方向的形状实际上是凸的。

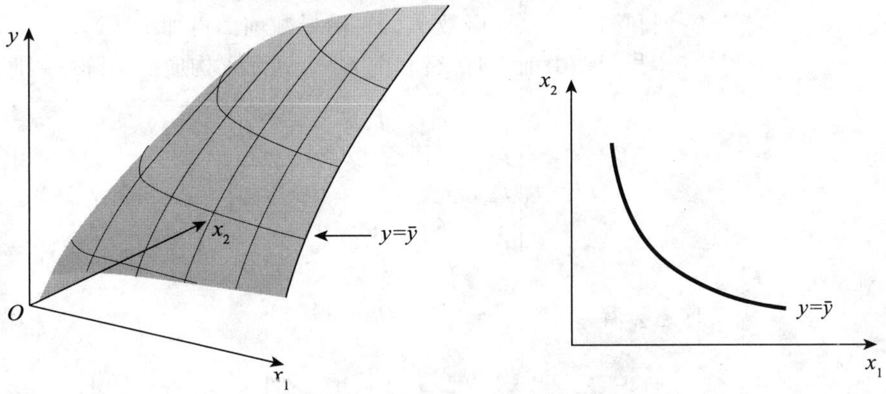

图 11.24　$y=x_1^{1/4}x_2^{1/2}$ 的图形和代表性等值曲线

定理 11.12 给出了函数拟凹和拟凸的充分条件，定理 11.13 概括了凹（凸）和拟凹（拟凸）函数之间的各种关系。下面，我们给出了函数 f 的加边海塞矩阵的定义。

定义 11.6　假设定义在 $\mathbf{R}^n$ 上的函数 f 有连续的一阶和二阶导数。函数 f 的加边海塞矩阵为

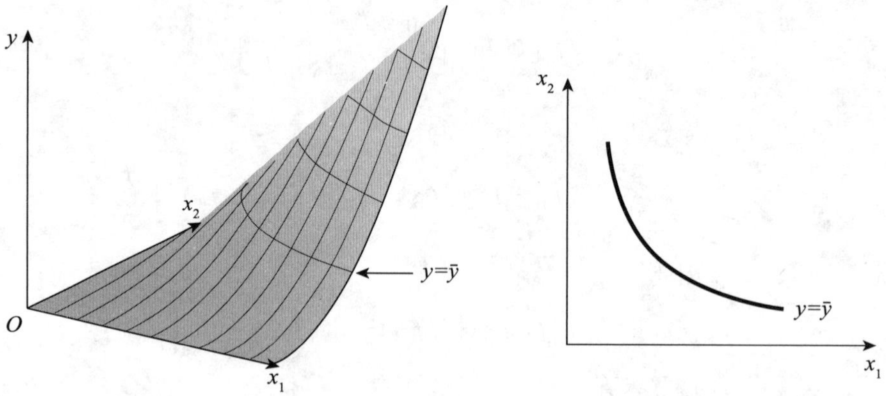

图 11.25　$y=x_1x_2^2$ 的图形和代表性等值曲线

$$\overline{H}=\begin{bmatrix}0 & f_1 & f_2 & \cdots & f_n\\ f_1 & f_{11} & f_{12} & \cdots & f_{1n}\\ f_2 & f_{21} & f_{22} & \cdots & f_{2n}\\ \vdots & \vdots & \vdots & & \vdots\\ f_n & f_{n1} & f_{n2} & \cdots & f_{nn}\end{bmatrix}$$

加边海塞矩阵是在海塞矩阵的基础上，加上 $[0, f_1, f_2, \cdots, f_n]$ 作为它的第一列和第一行（即函数 f 的一阶导数前面再加上零）。

我们将由前 $k+1$ 行和前 $k+1$ 列元素构成的矩阵（顺序主子式）记为

$$\overline{H}_k=\begin{bmatrix}0 & f_1 & f_2 & \cdots & f_k\\ f_1 & f_{11} & f_{12} & \cdots & f_{1k}\\ f_2 & f_{21} & f_{22} & \cdots & f_{2k}\\ \vdots & \vdots & \vdots & & \vdots\\ f_k & f_{k1} & f_{k2} & \cdots & f_{kk}\end{bmatrix}$$

这意味着

$$|\overline{H}_1|=\begin{vmatrix}0 & f_1\\ f_1 & f_{11}\end{vmatrix},|\overline{H}_2|=\begin{vmatrix}0 & f_1 & f_2\\ f_1 & f_{11} & f_{12}\\ f_2 & f_{21} & f_{22}\end{vmatrix}$$

$$|\overline{H}_3|=\begin{vmatrix}0 & f_1 & f_2 & f_3\\ f_1 & f_{11} & f_{12} & f_{13}\\ f_2 & f_{21} & f_{22} & f_{23}\\ f_3 & f_{31} & f_{32} & f_{33}\end{vmatrix}$$

注意，$|\overline{H}_1|=-f_1^2$ 必定非正，所以下面的定理中没有提到 $|\overline{H}_1|$ 的符号。以下定理给出了函数拟凹或者拟凸的充分条件：

定理 11.12　定义在 $\mathbf{R}^n$ 上的函数 f 具有一阶和二阶偏导数。令 H 表示 f 的加边海塞矩阵：

（ⅰ）如果 $|\overline{H}_2|>0$，$|\overline{H}_3|<0$，…，$|\overline{H}_n|=|\overline{H}|>0$（$n$ 为偶数），<0（n 为奇

数)，$\forall \mathbf{x}\in \mathbf{R}_+^n$，那么函数 f 是拟凹的。

（ⅱ）如果 $|\overline{H}_2|<0$，$|\overline{H}_3|<0$，…，$|\overline{H}_n|=|\overline{H}|<0$，$\forall \mathbf{x}\in \mathbf{R}_+^n$，那么函数 f 是拟凸的。

定理 11.13 （ⅰ）凸函数都是拟凸的，反之不成立。

（ⅱ）凹函数都是拟凹的，反之不成立。

例 11.33 利用定理 11.12 证明定义在 $\mathbf{R}_+^2$ 上的函数 $y=x_1x_2^2$ 是拟凹的。

证明： 由于本例中的顺序主子式只有 $|\overline{H}_2|=\overline{H}$，所以我们只需要计算它的值即可。

$$
\begin{aligned}
|\overline{H}_2|=|\overline{H}|&=\begin{vmatrix}0 & f_1 & f_2\\ f_1 & f_{11} & f_{12}\\ f_2 & f_{21} & f_{22}\end{vmatrix}=\begin{vmatrix}0 & x_2^2 & 2x_1x_2\\ x_2^2 & 0 & 2x_2\\ 2x_1x_2 & 2x_2 & 2x_1\end{vmatrix}\\
&=0\begin{vmatrix}0 & 2x_2\\ 2x_2 & 2x_1\end{vmatrix}-x_2^2\begin{vmatrix}x_2^2 & 2x_2\\ 2x_1x_2 & 2x_1\end{vmatrix}+2x_1x_2\begin{vmatrix}x_2^2 & 0\\ 2x_1x_2 & 2x_2\end{vmatrix}\\
&=-x_2^2(2x_1x_2^2-4x_1x_2^2)+2x_1x_2(x_2^22x_2)\\
&=6x_1x_2^4>0,x_1,x_2>0
\end{aligned}
$$

因此，f 满足拟凹性条件。 ■

例 11.34 已知 $\mathbf{R}_+^2$ 上的增函数 f 有连续的一阶、二阶偏导数，证明式(11.9) 所给的拟凹性条件与定理 11.12 所给的条件一致。

证明： 根据定理 11.12，定义在 $\mathbf{R}_+^2$ 上的函数 f 是拟凹的，如果

$$
|\overline{H}_2|=|\overline{H}|=\begin{vmatrix}0 & f_1 & f_2\\ f_1 & f_{11} & f_{12}\\ f_2 & f_{21} & f_{22}\end{vmatrix}>0
$$

这意味着

$$
\begin{aligned}
&0\begin{vmatrix}f_{11} & f_{12}\\ f_{21} & f_{22}\end{vmatrix}-f_1\begin{vmatrix}f_1 & f_{12}\\ f_2 & f_{22}\end{vmatrix}+f_2\begin{vmatrix}f_1 & f_{11}\\ f_2 & f_{21}\end{vmatrix}\\
&=-f_1(f_1f_{22}-f_2f_{12})+f_2(f_1f_{21}-f_2f_{11})\\
&=-f_1^2f_{22}+2f_1f_2f_{12}-f_2^2f_{11}>0
\end{aligned}
$$

上式两端乘以 -1，重新整理可得

$$
f_{11}f_2^2-2f_1f_2f_{12}+f_{22}f_1^2<0
$$

如果 $f_2>0$，那么该条件等价于式（11.9）所给的条件。 ■

在上面所给的条件下，定义在 $\mathbf{R}_+^n$ 上的柯布-道格拉斯生产函数

$$
f(x_1,x_2,\cdots,x_n)=Ax_1^{\alpha_1}x_2^{\alpha_2}\cdots x_n^{\alpha_n},\quad A>0,\quad \alpha_i>0,\forall i
$$

是拟凹的，但是仅当 $\sum\alpha_i<1$ 时为严格凹的。实际上，我们已经在例 11.31 中证明了当 $n=2$ 时，这一点成立。

齐次函数

在研究竞争厂商理论时，我们要求厂商的生产函数是凹的（而不是拟凹的）。凹性排除了规模报酬递增的可能。规模报酬递增现象与市场由众多小厂商构成这一点不一致。因为在规模报酬递增的情况下，厂商兼并或者扩大规模比处于“小”规模状态更有效率。如果我们只考虑齐次生产函数，那么规模报酬分析就会大大简化。

定义 11.7 定义在 $\mathbf{R}^n$ 上的函数 f 为 k 次齐次的，如果

$$f(sx_1,sx_2,\cdots,sx_n)=s^k f(x_1,x_2,\cdots,x_n)$$

其含义是如果 f 是 k 次齐次函数，那么所有要素投入量都增加为原来的 s 倍之后，产出将会增加为原来的 s^k 倍。例如，已知生产函数为 $f(x_1,x_2)=x_1x_2^2$，可见它是 3 次齐次的，因为

$$f(sx_1,sx_2)=(sx_1)(sx_2)^2=sx_1s^2x_2^2=s^3x_1x_2^2=s^3f(x_1,x_2)$$

特别地，如果我们将所有的要素投入水平加倍（$s=2$），产出将会增加为原来的 8 倍（$2^3=8$）。这是一个规模报酬递增的例子。对函数 $f(x_1,x_2)=x_1^{1/4}x_2^{1/2}$ 进行相同的分析，可知该函数是 3/4 次齐次的。在这种情况下，如果我们将投入加倍，那么产出会提高到原来的 $2^{3/4}\doteq1.68$ 倍。这是一个规模报酬递减的例子。而生产函数 $y=x_1^{1/2}x_2^{1/2}$ 的投入加倍时，产出也会加倍（见图 11.26）。这是一个规模报酬不变的例子。

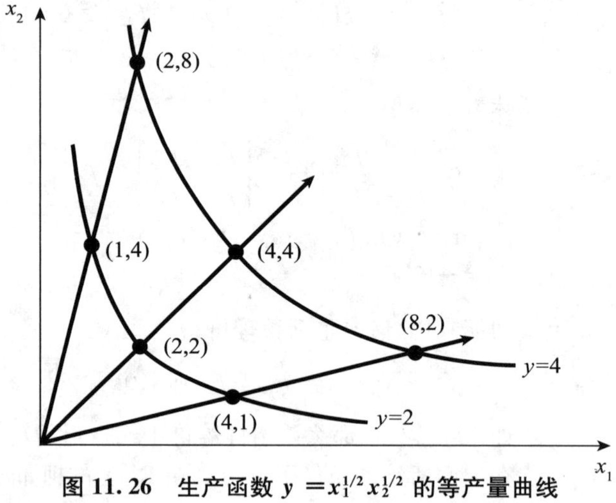

图 11.26 生产函数 $y=x_1^{1/2}x_2^{1/2}$ 的等产量曲线

并非所有的函数都满足齐次性。为了说明这一点，考虑下面的非齐次函数及其代表性等值曲线的相应图形。

例 11.35 证明生产函数 $y=f(x_1,x_2)=x_1^{1/2}x_2^{1/3}+x_2^{3/2}$ 不是齐次的。

证明： 我们有

$$f(sx_1,sx_2)=(sx_1)^{1/2}(sx_2)^{1/3}+(sx_2)^{3/2}$$
$$=s^{5/6}x_1^{1/2}x_2^{1/3}+s^{3/2}x_2^{3/2}$$

该函数无法写成下面的形式：

$$f(sx_1,sx_2)=s^kf(x_1,x_2)=s^k(x_1^{1/2}x_2^{1/3}+x_2^{3/2})$$

因此，它不是齐次的，它的规模报酬性质取决于 x_1 和 x_2 的值。参见图 11.27。图中，从投入束（16，1）开始，每种投入加倍后得到的产出不到原来的两倍，而从投入束（1，2.38）开始，每种投入加倍后所得到的产出超过原来的两倍。■

根据前面的这些例子，下面的定理应该一目了然：

定理 11.14 假设生产函数 $y=f(\mathbf{x})$，$\mathbf{x}\in\mathbf{R}_+^n$ 是 k 次齐次的。也就是说，

$$f(s\mathbf{x})=s^kf(\mathbf{x})$$

那么该生产函数

(i) 如果 $k>1$，则规模报酬递增。

(ii) 如果 $k=1$，则规模报酬不变。

(iii) 如果 $k<1$，则规模报酬递减。

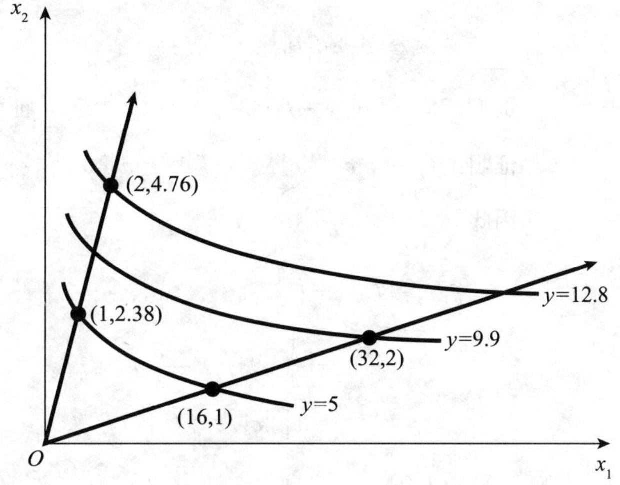

图 11.27 生产函数 $y=x_1^{1/2}x_2^{1/3}+x_2^{3/2}$ 的等产量曲线

欧拉定理

在生产函数为 $k=1$ 次齐次时，下面的欧拉定理是一个非常有趣的结果。我们先给出 k 取任意值的一般情形。

定理 11.15（欧拉定理） 如果 $f(\mathbf{x})$，$\mathbf{x}\in\mathbf{R}_+^n$ 为 k 次齐次的，则下面的条件成立：

$$f_1x_1+f_2x_2+\cdots+f_nx_n=kf(x_1,x_2,\cdots,x_n)$$

证明：由于 f 是 k 次齐次的，所以我们有

$$f(sx_1,sx_2,\cdots,sx_n)=s^k f(x_1,x_2,\cdots,x_n)$$

将 sx_i 记为 z_i，两边对 s 求导数，可得

$$\frac{\partial f}{\partial z_1}\frac{\partial z_1}{\partial s}+\frac{\partial f}{\partial z_2}\frac{\partial z_2}{\partial s}+\cdots+\frac{\partial f}{\partial z_n}\frac{\partial z_n}{\partial s}=ks^{k-1}f(x_1,x_2,\cdots,x_n)$$

上式意味着

$$f_1x_1+f_2x_2+\cdots+f_nx_n=ks^{k-1}f(x_1,x_2,\cdots,x_n)$$

由于对任意 $s>0$，上式皆成立，取 $s=1$，上式意味着

$$f_1x_1+f_2x_2+\cdots+f_nx_n=kf(x_1,x_2,\cdots,x_n) \tag{11.10}$$

■

欧拉定理说明，如果生产函数 f 是 k 次齐次的，那么投入品 i 的边际产品乘以它的投入量，然后求和所得到的结果 $\sum_{i=1}^{n} f_ix_i$ 是原来产出值的 k 倍。当 $k=1$ 时，我们有 $\sum_{i=1}^{n} f_ix_i$ 等于产出值。

例 11.36 已知 $y=f(x_1,x_2)=x_1^{1/4}x_2^{3/4}$，证明 $f_1x_1+f_2x_2=f(x_1,x_2)$。

证明：$f_1=\frac{1}{4}x_1^{-3/4}x_2^{3/4}$，　$f_2=\frac{3}{4}x_1^{1/4}x_2^{-1/4}$

因此

$$\begin{aligned}f_1x_1+f_2x_2&=\left(\frac{1}{4}x_1^{-3/4}x_2^{3/4}\right)x_1+\left(\frac{3}{4}x_1^{1/4}x_2^{-1/4}\right)x_2\\&=\frac{1}{4}x_1^{1/4}x_2^{3/4}+\frac{3}{4}x_1^{1/4}x_2^{3/4}\\&=x_1^{1/4}x_2^{3/4}=f(x_1,x_2)\end{aligned}$$

■

替代弹性

投入要素之间的替代弹性定义为

$$\sigma=\frac{\text{要素投入比一定比例的变化率}}{\text{MRTS 的相应变化率}}$$

边际技术替代率 MRTS 是等产量曲线的斜率。在图 11.28 中，我们画出了两个不同生产函数 f 和 g 的两条等值曲线（等产量曲线）。在从点 x^0 移到 $\bar{x}$ 时，等产量曲线 f 和 g 的要素投入比的变化率相同。但是 g 的等产量曲线斜率——MRTS（即 σ 的分母）——的变化率小于 f 的等产量曲线斜率的变化率。

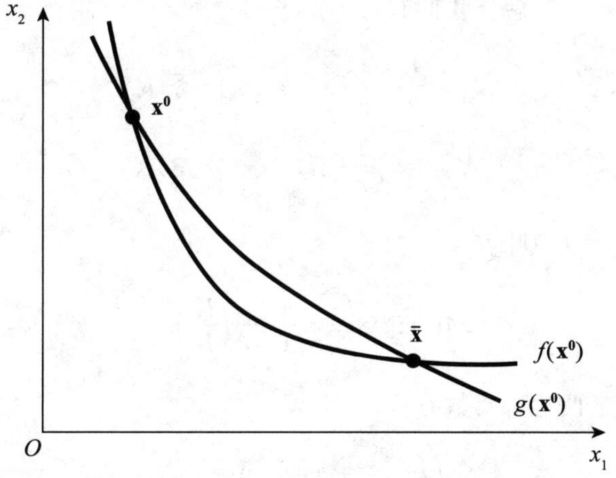

图 11.28　同等值曲线 g 相关的生产函数的替代弹性大于同等值曲线 f 相关的生产函数的替代弹性

因此，函数 g 的替代弹性更大。下面的定义给出了替代弹性的数学表达式：

定义 11.8　生产函数 $y=f(\mathbf{x})$，$\mathbf{x}\in\mathbf{R}_+^2$ 有连续的边际产品函数，它的两种投入之间的替代弹性为

$$\sigma=\frac{\mathrm{d}\ln(x_2/x_1)}{\mathrm{d}\ln(f_1/f_2)}$$

顾名思义，常替代弹性（CES）生产函数在等产量曲线上任意点的替代弹性相同。柯布-道格拉斯生产函数具有这一性质，其中 $\sigma=1$。

例 11.37　证明定义在 $\mathbf{R}_{++}^2$ 上的柯布-道格拉斯生产函数 $y=Ax_1^{\alpha}x_2^{\beta}$，$A$，$\alpha$，$\beta>0$ 在每点处 $\sigma=1$。

证明： 我们先求出偏导数 f_1 和 f_2：

$$f_1=\alpha Ax_1^{\alpha-1}x_2^{\beta}，\ f_2=\beta Ax_1^{\alpha}x_2^{\beta-1}$$

因此

$$\frac{f_1}{f_2}=\frac{\alpha x_2}{\beta x_1}\quad 或者\quad \frac{x_2}{x_1}=\frac{\beta}{\alpha}\frac{f_1}{f_2}$$

这意味着

$$\ln\left(\frac{x_2}{x_1}\right)=\ln\left(\frac{f_1}{f_2}\right)+\ln\left(\frac{\beta}{\alpha}\right)$$

由于 $\ln(\beta/\alpha)$ 为常数，所以我们得到

$$\sigma=\frac{\mathrm{d}\ln(x_2/x_1)}{\mathrm{d}\ln(f_1/f_2)}=1$$

■

例 11.38　求 CES 生产函数 $y=f(L, K)=[\delta L^{-r}+(1-\delta)K^{-r}]^{-1/r}$，$0<\delta<1$，$r>-1$ 的替代弹性。其中 L，$K>0$ 分别表示劳动和资本的投入量。

解： 我们有

$$f_L=-\frac{1}{r}[\delta L^{-r}+(1-\delta)K^{-r}]^{-1/r-1}(-r\delta L^{-r-1})$$

$$f_K=-\frac{1}{r}[\delta L^{-r}+(1-\delta)K^{-r}]^{-1/r-1}(-r(1-\delta)K^{-r-1})$$

这意味着

$$\text{MRTS}=\frac{f_L}{f_K}=\frac{\delta}{1-\delta}\left(\frac{K}{L}\right)^{r+1}$$

两边取对数有

$$\ln\left(\frac{f_L}{f_K}\right)=\ln\left(\frac{\delta}{1-\delta}\right)+(r+1)\ln\left(\frac{K}{L}\right)$$

或者

$$\ln\left(\frac{K}{L}\right)=\frac{1}{1+r}\ln\left(\frac{f_L}{f_K}\right)-\frac{1}{1+r}\ln\left(\frac{\delta}{1-\delta}\right)$$

由于最后一项只是一个常数，所以我们有

$$\sigma=\frac{\mathrm{d}[\ln(K/L)]}{\mathrm{d}[\ln(f_L/f_K)]}=\frac{1}{1+r}$$ ■

在例 11.38 中，r 越小，σ 越大，如图 11.29 所示。有关 r 的取值存在下列三种有趣的情形：

情形 1　$r\to\infty$，这意味着 $\sigma\to 0$。此时，如果 $L>K$，MRTS$\to 0$；如果 $K>L$，MRTS$\to+\infty$。这意味着等产量曲线有一个直角，两种投入之间的替代是不可能的。

情形 2　$r=0$，这意味着 $\sigma=1$。此时，我们不能用 CES 公式，因为 $-1/r$ 在 $r=0$ 处没有定义。但是我们知道，$\sigma=1$ 对应于柯布-道格拉斯函数。可以证明，柯布-道格拉斯函数是当 $r\to 0$ 时，CES 的极限情形。

情形 3　$r\to-1$(从右边，因为 $r>-1$)，这意味着 $\sigma\to+\infty$。这是两种商品间可以完全替代的情形，相应的等产量曲线为直线。

上述情形出现在 13.1 节对 CES 生产函数的成本最小化问题的介绍中。

在这些例子中，我们很容易将 $\ln(x_2/x_1)$ 写成 $\ln(f_1/f_2)$ 的函数，因此我们可以利用定义 11.8 中给出的公式。但情形并非总是如此，另一个可用的等价公式为

$$\sigma=\frac{f_1f_2(f_1x_1+f_2x_2)}{x_1x_2|\overline{H}|} \tag{11.11}$$

其中，$|\overline{H}|=-f_1^2f_{22}+2f_1f_2f_{12}-f_2^2f_{11}$ 为函数 f 的加边海塞矩阵的行列式。

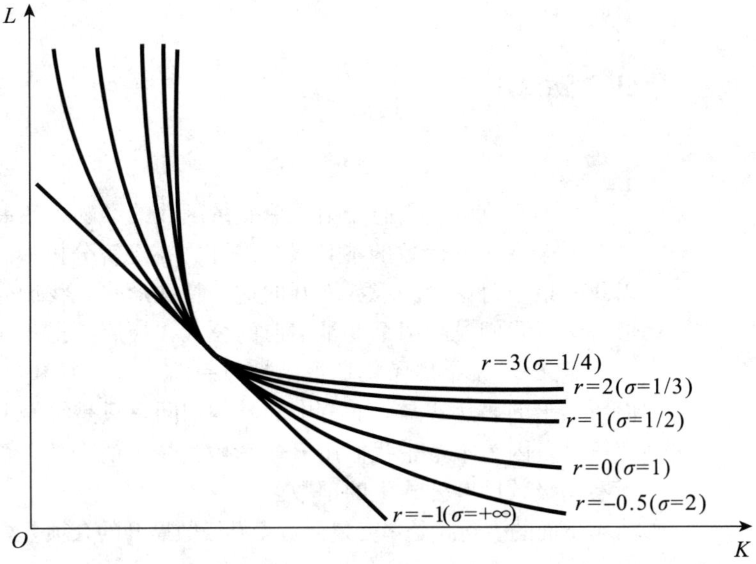

图 11.29　生产函数 $y=[0.5L^{-r}+0.5K^{-r}]^{-1/r}$ 的等产量曲线

练习

1. 证明定义在 $\mathbf{R}^2_{++}$ 上的下列函数是拟凹的，同时指出哪些是凹的。

(a) $f(x_1, x_2)=x_1^{1/2}x_2^{1/4}$

(b) $f(x_1, x_2)=x_1^{1/3}x_2^{2/3}$

(c) $f(x_1, x_2)=x_1^2x_2^3$

2. 证明下列定义在 $\mathbf{R}^2_{++}$ 上的函数是拟凸的，同时指出哪些是凸的。

(a) $f(x_1, x_2)=x_1^2+x_2^2$

(b) $f(x_1, x_2)=3x_1^4+5x_2^2$

(c) $f(x_1, x_2)=2x_1+3x_2-x_1^2x_2^3$

3. 证明：

(a) 在 $\mathbf{R}^3_{++}$ 上，函数 $y=x_1^{1/4}x_2^{1/3}x_3^{1/4}$ 满足拟凹性和严格凹性条件。

(b) 在 $\mathbf{R}^3_{++}$ 上，函数 $y=x_1^{1/2}x_2^{1/3}x_3^{1/4}$ 满足拟凹性条件，但不满足严格凹性条件。

4. 证明生产函数 $y=x_1^{1/2}x_2^{2/3}$ 为 7/6 次齐次的。

5. 已知定义在 $\mathbf{R}^2_{++}$ 上的柯布-道格拉斯生产函数 $f(x_1, x_2)=Ax_1^{\alpha}x_2^{\beta}$，$A$，$\alpha$，$\beta>0$。证明欧拉定理适用于该函数，即有

$$f_1x_1+f_2x_2=kf(x_1,x_2)$$

其中，f 是 k 次齐次的。

6. 证明：利用式（11.11）求得的柯布-道格拉斯生产函数的替代弹性 σ 与例 11.39 中所得到的结果相同。

11.6 泰勒级数展开

在 5.6 节中，我们介绍了单变量函数的泰勒级数展开。本节中，我们将介绍含有 n 个变量的函数的泰勒级数展开。在经济分析中，最有用的是**余项公式**，所以我们集中讨论泰勒级数展开的这一特殊形式。我们先回顾一下单变量的一般情形，然后我们说明两个变量情形的公式，最后给出 n 个变量的一般情形。

定义 5.11 给出了单变量函数 $y=f(x)$，$x\in\mathbf{R}$ 的**泰勒级数**展开式。我们下面所给出的表达式与 5.6 节中的基本相同，只是符号上有一些变化。之所以要改变符号是因为本章中我们用 n 表示函数变量的个数，而在 5.6 节中，我们用 n 表示泰勒级数展开公式中的项数。

下面的表达式是单变量函数泰勒级数展开的余项公式，其中的余项为第 p 项：

$$f(\hat{x})=f(x^0)+\sum_{k=1}^{p-1}\left[\frac{f^{(k)}(x^0)(\hat{x}-x^0)^k}{k!}\right]+R_p$$

其中

$$R_p=\frac{f^{(p)}(\xi)(\hat{x}-x^0)^p}{p!}$$

点 $x=\xi$ 位于 x^0 和 $\hat{x}$ 之间。假定函数具有 p 阶导数，这种特殊情况最有用，因此我们进行集中讨论。注意，由于 $\hat{x}-x^0$ 只是 x 值的变化，所以可以令 $\mathrm{d}x=\hat{x}-x^0$。因此，$p=2$ 时，得到如下表达式：

$$f(\hat{x})=f(x^0)+f'(x^0)\mathrm{d}x+\frac{f''(\xi)\mathrm{d}x^2}{2} \tag{11.12}$$

注意，在式 (11.12) 中，$f'(x^0)\mathrm{d}x$ 是 $\mathrm{d}y$ 在 $x=x^0$ 点的值，而 $f''(\xi)\mathrm{d}x^2/2$ 是 $\mathrm{d}^2y/2$ 在 ξ 点的值。因此，由于全微分是 x 的函数，而且 $\Delta y=f(\hat{x})-f(x^0)$，我们可以将式 (11.12) 改写为下面的简便形式：

$$\Delta y=\mathrm{d}y(x^0)+\frac{\mathrm{d}^2y(\xi)}{2} \tag{11.13}$$

式 (11.13) 强调了这一事实：一阶全微分是给定 x 的变化量时，对函数变化量的估计值。在泰勒级数展开的余项公式中，这一估计值就是精确值。而 $p=2$时，余项正好是二阶导数的一半。然而，利用该公式求 Δy 的精确值时，也存在问题：在计算二阶导数在 ξ 点的全微分时，我们只知道 ξ 介于 x^0 和 $\hat{x}$ 之间，但无法利用任何直接的方法准确地找出它的值。

不过，该公式仍然非常有用。譬如说，如果函数（处处）严格凹，那么我们知道它的二阶全微分（处处）为负，因此对于任意的 ξ，$\mathrm{d}^2y(\xi)<0$。由此我们断定，对于任意严格凹的函数，$\mathrm{d}y$ 总是会过高估计 Δy。这一结论从对式 (11.13) 的简单分析中便可直接看出：

$$dy(x^0)-\Delta y=-\frac{1}{2}d^2y(\xi)>0 \quad (\text{如果 } d^2y(\xi)<0)$$

我们还可以按照类似的方式得到另一结果：对于任意严格凸的函数，dy 总是低估 Δy。

用微分表示泰勒展开式的好处在于它可以直接推广到含 n 个变量的函数上。而且对于严格凹（凸）函数，dy 高估（低估）Δy 这一结论也成立。当 $n=2$ 时，我们给出式（11.13）的展开式，以显示多变量函数的泰勒级数展开式。这一过程也体现了全微分符号的便利性。

$$\Delta y=f(\hat{x}_1,\hat{x}_2)-f(x_1^0,x_2^0),$$

$$\mathbf{dx}=\begin{bmatrix}(\hat{x}_1-x_1^0)\\(\hat{x}_2-x_2^0)\end{bmatrix}$$

因此，我们得到如下的一阶全微分：

$$dy(\mathbf{x}^0)=[f_1(x_1^0,x_2^0)\quad f_2(x_1^0,x_2^0)]\begin{bmatrix}(\hat{x}_1-x_1^0)\\(\hat{x}_2-x_2^0)\end{bmatrix}$$

二阶全微分为（$H\equiv\nabla_2 F$）

$$\begin{aligned}d^2y(\xi_1,\xi_2)&=\mathbf{dx}^T H\,\mathbf{dx}\\&=[(\hat{x}_1-x_1^0)\quad(\hat{x}_2-x_2^0)]\\&\quad\begin{bmatrix}f_{11}(\xi_1,\xi_2) & f_{12}(\xi_1,\xi_2)\\f_{21}(\xi_1,\xi_2) & f_{22}(\xi_1,\xi_2)\end{bmatrix}\begin{bmatrix}(\hat{x}_1-x_1^0)\\(\hat{x}_2-x_2^0)\end{bmatrix}\end{aligned}$$

我们用定义 11.9、定理 11.16、定理 11.17 和一个例子来总结一下本节的结论。在第 12 章中，我们将会看到如何利用这些结论来解释最优化问题的二阶条件。

定义 11.9 定义在 $\mathbf{R}^n$ 上的函数 $y=f(\mathbf{x})$ 在点 $\mathbf{x}^0$ 附近的二阶泰勒级数展开的余项公式为

$$f(\hat{\mathbf{x}})=f(\mathbf{x}^0)+dy(\mathbf{x}^0)+\frac{1}{2}d^2y(\boldsymbol{\xi})$$

其中 $\boldsymbol{\xi}$ 位于 $\mathbf{x}^0$ 与 $\hat{\mathbf{x}}$ 之间。

定理 11.16 如果 $y=f(\mathbf{x})$ 为严格凹函数，那么一阶全微分会高估从 $\mathbf{x}^0$ 点移动到另一任意点 $\hat{\mathbf{x}}$ 时函数值的变化，即对于 $\Delta y\equiv f(\hat{\mathbf{x}})-f(\mathbf{x}^0)$，我们有

$$\Delta y=dy(\mathbf{x}^0)+\frac{1}{2}d^2y(\xi)\Rightarrow\Delta y<dy(\mathbf{x}^0)$$

因为当 $y=f(\mathbf{x})$ 严格凹时，$d^2y<0$。

定理 11.17 如果 $y=f(\mathbf{x})$ 为严格凸函数，那么一阶全微分会低估从 $\mathbf{x}^0$ 点移动到另一任意点 $\hat{\mathbf{x}}$ 时函数值的变化，即对 $\Delta y\equiv f(\hat{\mathbf{x}})-f(\mathbf{x}^0)$，我们有

$$\Delta y=dy(\mathbf{x}^0)+\frac{1}{2}d^2y(\xi)\Rightarrow\Delta y>dy(\mathbf{x}^0)$$

因为当 $y=f(\mathbf{x})$ 严格凸时，$d^2y>0$。

注意，对于（弱）凹和（弱）凸函数，存在与上面两个命题类似的结果。不过，不等式需要改为弱不等式（即 $\geqslant$ 和 $\leqslant$，而不是$>$和$<$）。

例 11.39 下面我们解释这一结果：凹函数 $y=f(x_1, x_2)=x_1^{1/2}+x_2^{1/2}$，$x_1$，$x_2>0$ 的全微分会高估函数值的实际变化。

解：容易证明该函数是严格凹的，因此定理 11.16 适用。为了说明这一点，考虑初始点 $\mathbf{x}^0=(4, 9)$，x_1和 x_2的变化量分别为 $\mathrm{d}x_1=12$ 和 $\mathrm{d}x_2=27$。这意味着该点变为 $\hat{\mathbf{x}}=(16, 36)$。相应的函数值变化为

$$\Delta y=f(16,36)-f(4,9)=[4+6]-[2+3]=5$$

如果用 $\mathrm{d}y(\mathbf{x}^0)$ 来估计 Δy ，得到

$$\begin{aligned}\mathrm{d}y(\mathbf{x}^0)&=[f_1(x_1^0,x_2^0)\quad f_2(x_1^0,x_2^0)]\begin{bmatrix}\mathrm{d}x_1\\\mathrm{d}x_2\end{bmatrix}\\&=\begin{bmatrix}\dfrac{1/2}{(x_1^0)^{1/2}} & \dfrac{1/2}{(x_2^0)^{1/2}}\end{bmatrix}\begin{bmatrix}\mathrm{d}x_1\\\mathrm{d}x_2\end{bmatrix}\\&=\begin{bmatrix}\dfrac{1/2}{(4)^{1/2}} & \dfrac{1/2}{(9)^{1/2}}\end{bmatrix}\begin{bmatrix}12\\27\end{bmatrix}\\&=\left(\frac{1}{4}\right)\times 12+\left(\frac{1}{6}\right)\times 27=7\frac{1}{2}\end{aligned}$$

因此，我们看到 $\mathrm{d}y=7\frac{1}{2}$ 确实高估了 $\Delta y=5$（见图 11.30）。 ■

$f(\mathbf{x})$，$\mathbf{x}\in\mathbf{R}^n$ 在点 $\mathbf{x}=\mathbf{x}^0$ 处的切平面为

$$T(x_1,x_2,\cdots,x_n)=f(\mathbf{x}^0)+[f_1(\mathbf{x}^0)\quad f_2(\mathbf{x}^0)\quad\cdots\quad f_n(\mathbf{x}^0)]\begin{bmatrix}(x_1-x_1^0)\\(x_2-x_2^0)\\\vdots\\(x_n-x_n^0)\end{bmatrix}$$

或者更紧凑地表示为

$$T(\mathbf{x})=f(\mathbf{x}^0)+\nabla\mathbf{f}^T(\mathbf{x}-\mathbf{x}^0)$$

从该表达式中我们看到，利用全微分（即忽略泰勒级数展开式中一阶导数项之外的所有项）估计函数值变化的思想跟利用某点的切平面来估计函数本身是一样的。（对具体函数的解释，参见图 11.30 和例 11.39。）人们可以按照自己的愿望选取较小的 $\mathrm{d}x_i$ 值，从而使估计值更精确。也就是说，随着 $\mathrm{d}\mathbf{x}\to 0$，函数 $T(\mathbf{x})$ 以 100%的精度近似 $f(\mathbf{x})$。注意，对于定义在 $\mathbf{R}^n$，$n>2$ 上的函数，不存在对 $T(\mathbf{x})$ 的几何解释。此时，我们称 $T(\mathbf{x})$ 为 $f(\mathbf{x})$ 在 $\mathbf{x}^0$ 点的切超平面。

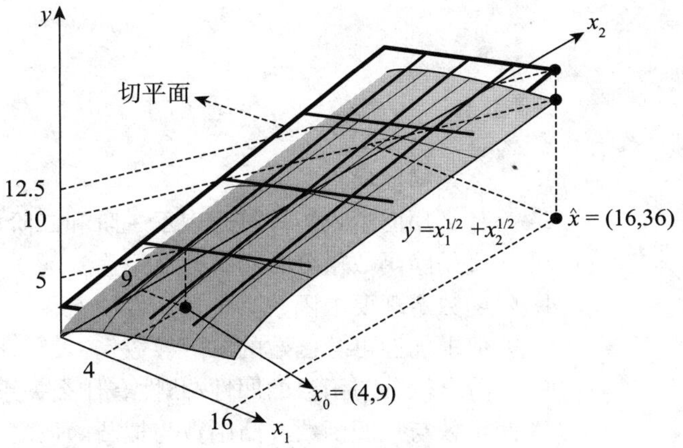

图 11.30　对于严格凹函数 $y=x_1^{1/2}+x_2^{1/2}$（例 11.39），切平面高估了函数值的变化

练习

1. 利用初始点 $\mathbf{x}=(1, 1)$ 和 x_i 的变化值 $dx_1=2$ 和 $dx_2=3$，说明一阶全微分高估了如下函数的函数值的变化：

$$y=10-(x_1^2+x_2^2)$$

2. 利用初始点 $\mathbf{x}=(1, 2)$ 和 x_i 的变化值 $dx_1=3$ 和 $dx_2=1$，说明一阶全微分低估了如下函数的函数值的变化：

$$y=x_1^2+x_2^2$$

本章小结

关键词

加性可分函数	加边海塞矩阵	交叉偏导数
替代弹性	欧拉定理	一阶全微分
梯度向量	海塞矩阵	齐次函数
隐函数微分	隐函数定理	无差异曲线
等产量曲线	等值曲线	边际替代率（MRS）
边际技术替代率（MRTS）	偏导数	正单调变换
余项公式	二阶全微分	泰勒级数
杨氏定理		

思考题

1. 什么是梯度向量？
2. 为什么用向量或矩阵符号表示一阶和二阶偏导数很方便？
3. 什么是隐函数微分？它有什么用途？
4. 隐函数定理要求函数具备什么性质？
5. 如何求加性可分函数的二阶导数？
6. 二阶全微分与函数的凹性/凸性有什么关系？
7. 凹函数与拟凹函数、凸函数与拟凸函数之间有什么区别？
8. 你会如何判断一个生产函数是否为齐次的？
9. 齐次函数的规模报酬性质如何？
10. 非齐次函数的规模报酬性质如何？
11. 什么是泰勒级数展开的余项公式？

复习题

1. 求下列生产函数的边际产品函数。

$$f(x_1,x_2)=Ax_1^{\alpha}x_2^{\beta},\quad 其中,A>0,\quad 0<\alpha,\beta<1,\quad x_1,x_2>0$$

2. 计算复习题 1 中所给函数的所有二阶偏导数，确定它们的符号并给出经济解释。

3. 计算下列函数的一阶和二阶偏导数，并且借此说明杨氏定理。

$$f(x_1,x_2,x_3)=\alpha x_1+x_2^{\beta}x_3^{\gamma}$$

4. 求下列函数的全微分，并且画出它们各自的一条代表性等值曲线。

(a) $y=x_1+x_2,\quad \forall x_1,\ x_2\geqslant 0$

(b) $y=x_1^{1/2}x_2^{1/3},\quad \forall x_1,\ x_2>0$

(c) $y=x_1^3x_2^2,\quad \forall x_1,\ x_2>0$

在哪个例子中，等值曲线严格凸向原点？通过求解这些等值曲线的函数的二阶导数来解释。

5. 利用定理 11.9 证明定义在 $\mathbf{R}_{++}^2$ 上的函数

$$y=x_1^{1/4}x_2^{1/2}$$

是严格凹的。

6. 证明定义在 $\mathbf{R}_{++}^3$ 上的函数

$$y=Ax_1^{\alpha_1}x_2^{\alpha_2}x_3^{\alpha_3}$$

$A>0$，$\alpha_i>0$，$\forall i$ 为拟凹函数。然后证明它是凹的，仅当我们施加约束 $\alpha_1+\alpha_2+\alpha_3\leqslant 1$ 时成立。

7. 利用维恩图来说明如下集合之间的关系：

(a) 拟凹函数集和凹函数集。

(b) 拟凸函数集和凸函数集。

8. 说明定义在 $\mathbf{R}^3_{++}$ 上的柯布-道格拉斯函数

$$f(x_1,x_2,x_3)=Ax_1^{\alpha_1}x_2^{\alpha_2}x_3^{\alpha_3},A>0,\alpha_i>0,\forall i,\sum\alpha_i=1$$

满足欧拉定理。

9. 考虑下面的 CES 生产函数：

$$y=f(x_1,x_2)=[0.3x_1^{-2}+0.7x_2^{-2}]^{-1/2}$$

(a) 求 MRTS 的表达式，说明等产量曲线严格凸向原点。

(b) 用定理 11.12 中的行列式条件说明 f 是拟凹函数。

(c) 证明 f 是凹函数。

(d) 证明 f 是齐次函数，并确定它的次数。

(e) 证明该函数满足欧拉定理，即有

$$f_1x_1+f_2x_2=kf(x_1,x_2)$$

其中，k 为 f 的齐次数。

(f) 利用定义 11.9 中的公式求该函数投入品之间的替代弹性。

10. 已知一般形式的 CES 生产函数为

$$y=A[\delta x_1^{-r}+(1-\delta)x_2^{-r}]^{-1/r},\quad A>0,\quad 0<\delta<1,\quad r>-1$$

其中，$x_1>0$，$x_2>0$

求解复习题 9 中的问题（a）、问题（d）和问题（e）。

第 12 章　n 个变量函数的最优化

我们鼓励读者通过我们的网站 http：//mitpress. mit. edu/math _ econ3 来获得如下有助于学习本章的材料：

- 线性需求和线性成本的价格歧视垄断
- 例子：n 个完全相同厂商的古诺均衡
- 例子：两工场垄断
- 例子：竞争厂商利润最大化的劳动和资本投入量
- 例子：再论多产品垄断模型
- 例子：线性成本的多工厂垄断
- 例子：存在产出约束的两工厂垄断

最优化是经济学的基本思想，最优化数学方法是多数经济模型的基础。例如，需求理论是以消费者从可承受的消费集中选择最优（最偏好）商品束这一模型为基础的。供给理论是以厂商在产出水平既定的条件下最小化成本，从而选择产出实现利润最大化这一模型为基础的。在经济学中，理性和最优化近乎同义词。

在正式的意义上，最优化意味着函数在某个给定集合上的最大化或者最小化。因此，最优化概念的意义在于，它为我们提供了一种求解经济模型的具有良好定义的数学方法：模型的预测是以求解最大化问题为基础的。

在第 6 章中，我们已经考虑了单变量函数的最优化方法，本章我们将这些方法推广到含任意多个变量的函数上。不过，与第 11 章一样，我们仍然集中讨论二阶连续可微函数，即 $f \in C^2$。我们首先考虑无约束问题，其中，$\mathbf{R}^n$ 中的任何点都是一个可能的解。本章最后，我们做一些修正，考虑经济学中经常出现的情形：至少一个变量的取值会被限制在实数集的一个子集上。在第 13 章中，我们考虑函数约束这一重要问题。

如果读者已经掌握了第 6 章和第 11 章所介绍的内容，加上 12.2 节中对二阶条件的讨论，学习本章和下一章所介绍的方法就比较容易。另外，10.3 节中关于二次型的内容，以及第 11 章中所介绍的二次型与凹性的关系对于下面的学习也很有帮助。

12.1 一阶条件

在第 6 章，我们定义了单变量函数的**极值**和**稳态值**。在本章中，类似的定义也适用。极值是函数的极大值或者极小值。而在当前的情形中，稳态值定义如下：

定义 12.1 $\mathbf{R}^n$ 上的函数 f 的稳态值在点（x_1^*，…，x_n^*）处达到，在该点处，下面的 n 个等式同时成立：

$$f_1(x_1^*,\cdots,x_n^*)=0$$
$$\cdots\cdots$$
$$f_n(x_1^*,\cdots,x_n^*)=0$$

与单变量函数相同，并非所有的稳态点都是极值点，因为可能存在拐点。在 n 个变量函数的情形中，稳态值还可能是**鞍点**。在鞍点处，函数关于某些 x 值取最大值，关于另一些 x 值取最小值。例如，考虑两个变量函数的情形。令变量 x_2 固定，那么该函数可以只看作是 x_1 的函数。如果在某个 $x_1=x_1^*$ 处，我们有 $f_1(x_1^*, \bar{x}_2)=0$，其中，$\bar{x}_2$ 是 x_2 的固定值，那么根据第 6 章的讨论，我们知道 x_1^* 对应于 x_1 的函数的极小值、极大值或者拐点。同样，如果我们固定 x_1，那么该函数可以看作只是单个变量 x_2 的函数，且使 $f_1(\bar{x}_1, x_2^*)=0$ 的点对应于 x_2 的函数的极小值、极人值或者拐点。当允许 x_1 和 x_2 从点（x_1^*，x_2^*）开始同时变动时，新的困难出现了。问题的复杂之处与例 11.24 和图 11.18 所讨论的函数 $f(x_1, x_2)=x_1^2+x_2^2-5x_1x_2$ 的难题有些类似。当只允许 x_1 变化，或者只允许 x_2 变化的时候，该函数似乎在点（x_1^*，x_2^*）=(0，0) 处取得极小值，它在每一个方向上都是凸的。但是在图 11.24 中，我们看到当 x_1、x_2 同时变动时，该函数并没有最小值。这意味着如果在点（x_1^*，x_2^*）处，两个偏导数都为零：

$$f_1(x_1^*,x_2^*)=0$$
$$f_2(x_1^*,x_2^*)=0$$

这并不意味着我们一定有极大值或者极小值。图 12.1 描绘了四种可能：图（c）和图（d）表示鞍点；仅在图（a）和图（b）两种情形中，我们有函数的极值，前者为极小值，后者为极大值。

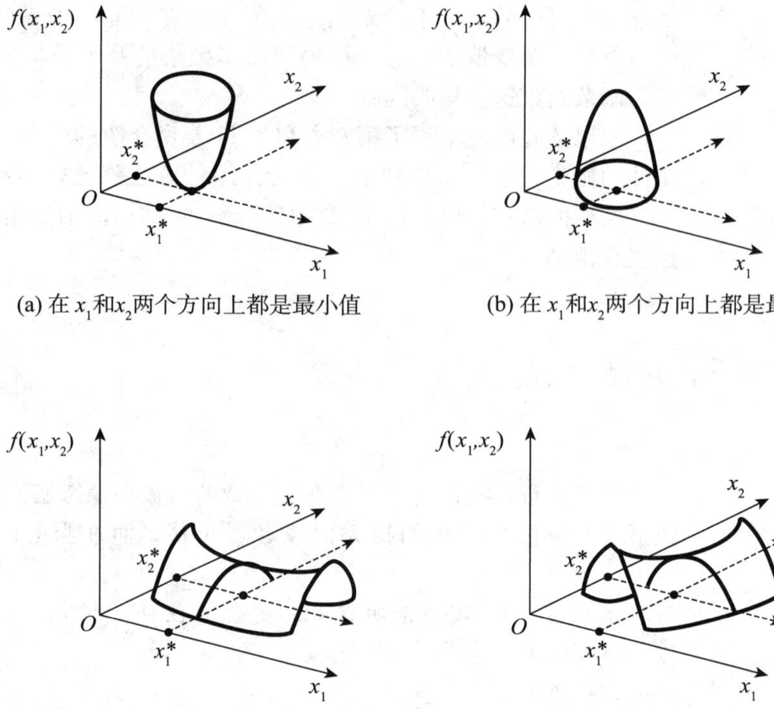

(a) 在 x_1和x_2两个方向上都是最小值　　(b) 在 x_1和x_2两个方向上都是最大值

(c) 在 x_1方向上是最小值，在 x_2方向上是最大值　　(d) 在 x_1方向上是最大值，在 x_2方向上是最小值

图 12.1　$f(x_1, x_2)$ 稳态值的可能情形

前面讨论的目的是说明定义 12.1 中的条件并不是（x_1^*，…，x_n^*）为该函数极值点的充分条件。与单变量函数情形一样，我们必须利用二阶条件来区分极大值点、极小值点和诸如鞍点等其他点。

不过，我们可以证明，要使点（x_1^*，…，x_n^*）产生一个最大值或者最小值，定义 12.1 中的条件必须得到满足。考虑图 12.1(b)。如果我们位于山峰处，那么从点（x_1^*，x_2^*）朝着任何方向移动都不可能使函数值增加。这意味着，无论沿着 x_1 的方向还是沿着 x_2 的方向，都不可能使函数值增加。因此，在该点处的偏导数为零是一个必要条件。类似的论证适用于图 12.1 (a)。我们可以将这些直观的论证做如下推广：

定理 12.1　如果在点（x_1^*，…，x_n^*）处得到函数 f 的局部最大值，即对于（x_1^*，…，x_n^*）（一个尽可能小）的邻域内的所有点（x_1，…，x_n）：

$$f(x_1^*,\cdots,x_n^*)\geqslant f(x_1,\cdots,x_n)$$

那么下列条件必然同时成立：

$$f_1(x_1^*,\cdots,x_n^*)=0$$
$$\cdots\cdots$$
$$f_n(x_1^*,\cdots,x_n^*)=0$$

为了说明这一点，考虑全微分

$$dy = df = f_1(x_1^*, \cdots, x_n^*)dx_1 + \cdots + f_n(x_1^*, \cdots, x_n^*)dx_n$$

假设在点（x_1^*，…，x_n^*）处，任意偏导数，譬如说一阶偏导数，都非零。那么如果 $f_1>0$，选取 $dx_1>0$，所有其他 $dx_i=0$（$i\neq 1$），可以增加函数值；如果 $f_1<0$，选取 $dx_1<0$，所有其他 $dx_1=0$（$i\neq 1$），也可以增加函数值；只有当 $f_1=0$ 时，才无法找到使函数值增加的 $dx_1\neq 0$。

图 12.2 给出了 $n=2$ 的图像。在图 12.2（a）中，我们有一个性态良好的山形函数。在它的峰值处，切平面是水平的。在 x_1 方向上，切平面的斜率为 f_1，在 x_2 方向上，切平面的斜率为 f_2，由于该切平面是水平的，所以这两个斜率都为零。在图 12.2（b）中，我们给出了函数的等值曲线，点（x_1^*，…，x_n^*）给出了函数的最大值。

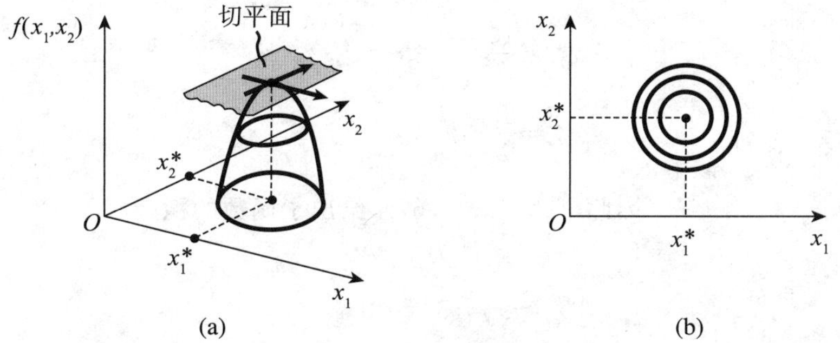

图 12.2　（x_1^*，x_2^*）处得到函数的最大值

定理 12.2 的证明遵循与前面完全相同的思路，所以我们将这一任务留给读者。

定理 12.2　如果在点（x_1^*，…，x_n^*）处，我们取得函数的最小值，即对于（x_1^*，…，x_n^*）（一个尽可能小）的邻域内的所有点（x_1，…，x_n）：

$$f(x_1^*, \cdots, x_n^*) \leqslant f(x_1, \cdots, x_n)$$

那么下列条件必然同时成立：

$$f_1(x_1^*, \cdots, x_n^*) = 0$$

……

$$f_n(x_1^*, \cdots, x_n^*) = 0$$

下面，在介绍这些重要定理的经济应用之前，我们考虑一些数学例题。

例 12.1　求下列函数的稳态值：

（ⅰ）$y=2x_1^2+x_2^2$

（ⅱ）$y=4x_1+2x_2-x_1^2-x_2^2+x_1x_2$

（ⅲ）$y=4x_1^2-x_1x_2+x_2^2-x_1^3$

（ⅳ）$y=2x_1^2+x_2^2+4x_3^2-x_1+2x_3$

（ⅴ）$y=x_1^2-x_2^2$

解：（ⅰ）一阶条件为

$$4x_1=0,\quad 2x_2=0$$

由此可得 $x_1^*=x_2^*=0$。因此，(0，0) 是稳态点。

(ⅱ) 一阶条件为

$$4-2x_1+x_2=0$$
$$2-2x_2+x_1=0$$

其矩阵形式为

$$\begin{bmatrix}2 & -1\\ -1 & 2\end{bmatrix}\begin{bmatrix}x_1\\ x_2\end{bmatrix}=\begin{bmatrix}4\\ 2\end{bmatrix}$$

根据克莱姆法则，可得

$$x_1^*=\frac{10}{3}=3.33$$

$$x_2^*=\frac{8}{3}=2.67$$

因此，(3.33，2.67) 给出了函数的稳态值。

(ⅲ) 一阶条件为

$$8x_1-x_2-3x_1^2=0$$
$$-x_1+2x_2=0$$

由第二个式子可得

$$x_2=\frac{x_1}{2}$$

将其代入第一个式子可得

$$8x_1-0.5x_1-3x_1^2=0$$

进一步可得

$$x_1^*=\frac{7.5}{3}=2.5,\quad x_2^*=1.25$$

因此 (2.5，1.25) 给出了函数的稳态值。不过，要注意，$x_1=x_2=0$ 也给出了一个稳态值。因此，该函数有两个稳态点 (0，0) 和 (2.5，1.25)。

(ⅳ) 一阶条件为

$$4x_1-1=0$$
$$2x_2=0$$
$$8x_3+2=0$$

由上式可得

$$x_1^*=0.25,\quad x_2^*=0,\quad x_3^*=-0.25$$

因此，(0.25，0，−0.25) 给出了函数的稳态值。

（V）一阶条件为

$$2x_1=0,\quad -2x_2=0$$

因此，$x_1^*=x_2^*=0$，(0，0) 给出了函数的稳态值。■

多产品垄断

一个垄断厂商生产两种产品 x_1 和 x_2，它们的需求函数是线性的：

$$x_1=100-2p_1+p_2$$
$$x_2=120+3p_1-5p_2$$

在第6章中，我们已经看到，在求解利润最大化问题时，将需求函数写成反函数形式，即将价格表示为产量的函数，非常有用。为了求本例中的反需求函数，我们将 p_1 和 p_2 视为未知数，求解上面的方程组，将它们表示为产量的函数。为此，我们将需求函数写成如下形式：

$$\begin{bmatrix}2 & -1\\ -3 & 5\end{bmatrix}\begin{bmatrix}p_1\\ p_2\end{bmatrix}=\begin{bmatrix}100-x_1\\ 120-x_2\end{bmatrix}$$

利用克莱姆法则可以求得

$$p_1=\frac{5(100-x_1)+(120-x_2)}{7}$$

$$p_2=\frac{2(120-x_2)+3(100-x_1)}{7}$$

进一步可得反需求函数：

$$p_1=88.57-0.71x_1-0.14x_2$$
$$p_2=77.14-0.29x_1-0.43x_2$$

注意，在反需求函数中，当商品互为替代品时，每种产品的产量以负数的形式进入另一种产品的反需求函数。一种产品产量的增加，譬如说 x_1 的增加，会导致该产品的价格下降，这又会引起对商品 x_2 需求的下降，进而在任意给定的产量 x_2 下 p_2 也下降。

下面，假设厂商的成本函数具有如下形式：

$$C=50+10x_1+20x_2$$

那么厂商的利润函数为

$$\begin{aligned}\pi(x_1,x_2)&=p_1x_1+p_2x_2-C\\&=88.57x_1-0.71x_1^2-0.14x_1x_2+77.14x_2\\&\quad-0.29x_1x_2-0.43x_2^2-50-10x_1-20x_2\\&=78.57x_1+57.14x_2-0.71x_1^2-0.43x_2^2-0.43x_1x_2-50\end{aligned}$$

为求一阶条件，我们利用定理12.1得到

$$\pi_1(x_1^*,x_2^*)=78.57-1.42x_1^*-0.43x_2^*=0$$

$$\pi_2(x_1^*, x_2^*) = 57.14 - 0.86x_2^* - 0.43x_1^* = 0$$

利用克莱姆法则得到利润最大化的产出：

$$x_1^* = \frac{\begin{vmatrix} 78.57 & 0.43 \\ 57.14 & 0.86 \end{vmatrix}}{1.04} = 41.35$$

$$x_2^* = \frac{\begin{vmatrix} 1.42 & 78.57 \\ 0.43 & 57.14 \end{vmatrix}}{1.04} = 45.53$$

为了确定相应的价格，我们将这些产出代入需求函数，得到

$$p_1^* = 52.84(\text{美元}), \quad p_2^* = 45.57(\text{美元})$$

这一结果给出了厂商的最大利润 $\pi^* = 2\,885.64$ 美元。当然，所有这些努力都假定我们已经找到了函数真正的最大值。一种检验方法是考虑函数的图形，如图 12.3 所示。(a) 中给出了三维图形：我们得到了一个漂亮的凹形图像，显然，点（41.35，45.53）是一个真正的最大值。在（b）中，我们画出了函数的水平集和最大值。在下一节中，我们考虑用来进行检验的更一般的二阶条件。

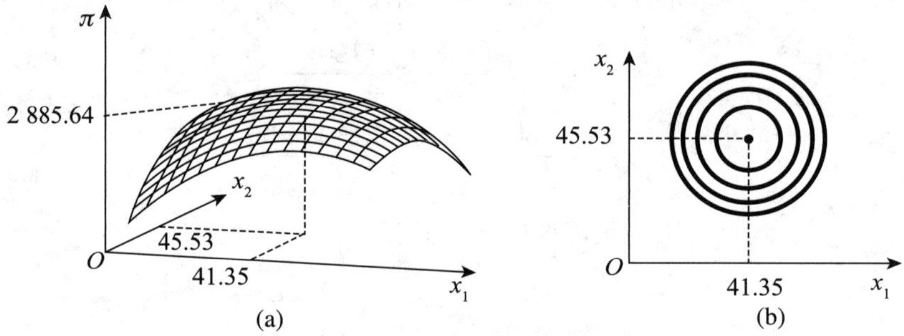

图 12.3　两种产品的垄断利润函数

古诺双寡头模型

同一个市场上有两个厂商，它们生产相同的产品。市场的线性需求函数为

$$p = 100 - (q_1 + q_2)$$

其中 q_i 是厂商 $i(i=1, 2)$ 的产出。我们假定厂商的生产成本都是零。每个厂商都希望最大化自己的利润：

$$\pi_i = pq_i = 100q_i - (q_1 + q_2)q_i, \quad i = 1, 2$$

这里的基本思想是，市场价格依赖于两个厂商的总产出，因此每个厂商的利润都依赖另一个厂商的产出以及它自身的产出。这种形式的相互依赖是寡头市场的典型特征，而两个厂商的双寡头市场只是个特例。厂商求解它的利润最大化问题所面临的困难是估计另一个厂商的产量，因为如果不知道另一个厂商的产量，它就无法算出自身的产出选择所能带来的利润。对此，法国经济学家奥古斯丁·古诺（Augustin Cournot）假定，每个厂商在选择自己的产出时，都将另一个厂

商的产出视为给定的参数，而市场均衡就是由此得到的两个方程的解。下面我们看看具体情况。

如果我们将另一个厂商的产出视为给定的参数来最大化厂商 i 的利润，那么会得到关于这两个厂商的两个方程：

$$\frac{\partial \pi_1}{\partial q_1}=100-2q_1-q_2=0$$

$$\frac{\partial \pi_2}{\partial q_2}=100-2q_2-q_1=0$$

求解产出可得

$$q_1=q_2=33.33,\quad p=100-66.67=33.33\text{(美元)}$$

正如我们从问题的对称性所能预料的，两个厂商平分市场。

我们在图 12.4 中给出了这个解。由上面的一阶条件，我们得到下面两个方程：

$$q_1=\frac{100-q_2}{2}$$

$$q_2=\frac{100-q_1}{2}$$

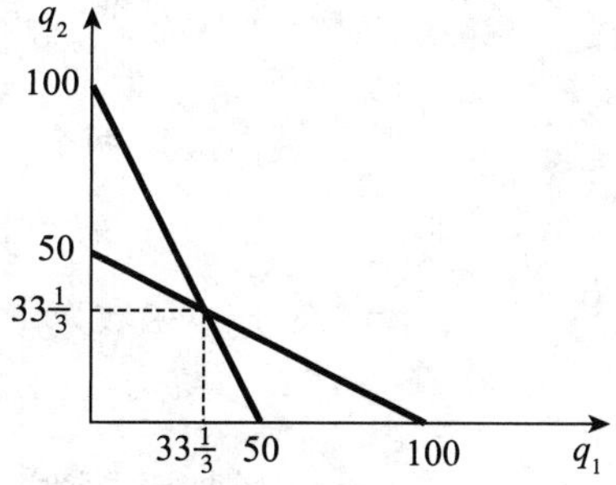

图 12.4　古诺均衡

这两个方程给出了一个厂商对应于另一个厂商的每一可能产出的最优产出，因此它们经常称为“最佳反应”或者“最佳回应”，或者“反应”函数。在图 12.4 中，我们画出了这两个函数。注意，它们的交点就是我们刚才推导出的古诺均衡产量。

练习 2 要求你证明，该市场的总产出位于垄断和完全竞争的产量之间，这是多个垄断厂商模型的突出特征，尽管这里厂商的数量相对较少。在下面的例子中，我们进一步扩展这一特征（见网上教材）。

练习

1. 求解下面函数的稳态值：

(a) $y=3x_1^2+2x_2^2+5$

(b) $y=2x_1^2-4x_2^2+1$

(c) $y=2x_1+x_2-3x_1^2-4x_2^2+x_1x_2$

(d) $y=0.5x_1-2x_1^2+4x_2-3x_2^2+2x_1x_2$

(e) $y=2x_1^3-3x_1x_2+x_1^2-2x_2^2$

(f) $y=x_1x_2^{0.5}(10-x_1-x_2)^{0.4}$

(g) $y=(x_1^2+x_2^4+x_3^6)^2$

(h) $y=4x_1^2+2x_2^2+x_2^3-x_1+5x_3$

(i) $y=x_1^3+x_2^3-3x_1x_2$

(j) $y=2(x_1-x_2)^2-x_1^4-x_2^4$

2. 利用古诺模型，计算：

(a) 所设定的价格等于边际成本时的产出。

(b) 两个厂商追求利润最大化时的产出。

证明古诺均衡产出介于上述两个极端之间。

3. 厂商在两个市场上销售自己的产品。在完全竞争市场中，销售的单位产品的价格为60美元；在另一个垄断市场中，厂商的需求函数为 $p_2=100-q_2$，其中 q_2 为垄断市场上的产出。它的总成本函数为 $C=(q_1+q_2)^2$，其中，q_1 是竞争市场上的产出。求两个市场上的利润最大化产出，并且讨论均衡的性质。假设竞争市场上的单位价格下跌到10美元。求新的利润最大化解，并且将它同原来的解做一个比较。

4. 考虑本节中价格歧视垄断的例子。不过，现在假定成本函数为 $C=(q_1+q_2)^2$。分别求实行价格歧视和不实行价格歧视时利润最大化的解。讨论你的结果。

5. 两个厂商在同一市场上提供相同的产品，需求函数为

$$p=10-0.1(q_1+q_2)$$

成本函数为

$$C_1=0.25q_1,\quad C_2=0.5q_2$$

首先请求解并讨论古诺双寡头均衡。然后求厂商追求联合利润最大化（即它们最大化双方的利润和）时的解，将这一结果同古诺均衡进行比较。

6. 垄断厂商的需求函数为 $p=D(q,a)$，其中，a 为广告支出，p 和 q 为价格和产出。你估计偏导数 D_a 和 D_{qa} 的符号如何？广告支出用美元表示，并且成本函数为 $C=C(q)+a$。求解并且讨论厂商的利润最大化均衡。

7. 垄断厂商面对的需求函数为

$$p=100-(q_1+q_2)$$

并且由两个工厂制造相同产品，这两个工厂的成本函数分别为

$$C_1=2q_1^2,\quad C_2=3q_2^2$$

求利润最大化的价格、总产出和每个工厂的产出。说明为什么在最优值处，两个厂商的边际成本相等。给出一个数值例子和一般性的解释，并且利用图形来说明你的答案。

12.2 二阶条件

我们知道，一阶条件本身无法区分极大值、极小值、拐点和鞍点，因为在这些点处，一阶条件都成立。下面我们介绍二阶条件，它告诉我们满足一阶条件的

点何时必然是一个真正的极大值点或者极小值点。我们先从一个直观的讨论着手，然后在本节末利用泰勒级数展开式给出更严格的论述。

假设（x_1^*，…，x_n^*）是函数 f 的稳态点。如果沿着该点任意方向的小变化都会降低 f 的值，那么该点一定是该函数的局部最大值点。类似地，如果沿着该点任意方向的小变化都会增加 f 的值，那么该点一定是函数的局部最小值点。最后，如果沿着某些方向函数值增加，而沿着另一些方向函数值降低，那么该稳态点一定是鞍点。

注意，上文中强调了“沿着任意方向”。如果对于每个 x_i，只是沿着 x_i 的方向（即平行于 x_i 轴的方向）移动会降低函数值，这并不能说明我们得到了最大值点，因为这些只不过是我们可能移动的所有方向的一个小子集。图 12.5 解释了含有两个变量的函数的情形。函数曲线上的凸起意味着（x_1^*，x_2^*）所给出的稳态值不是局部最大值，因为沿着图中所示的方向——该方向与两个坐标轴都不平行——函数值会增加。

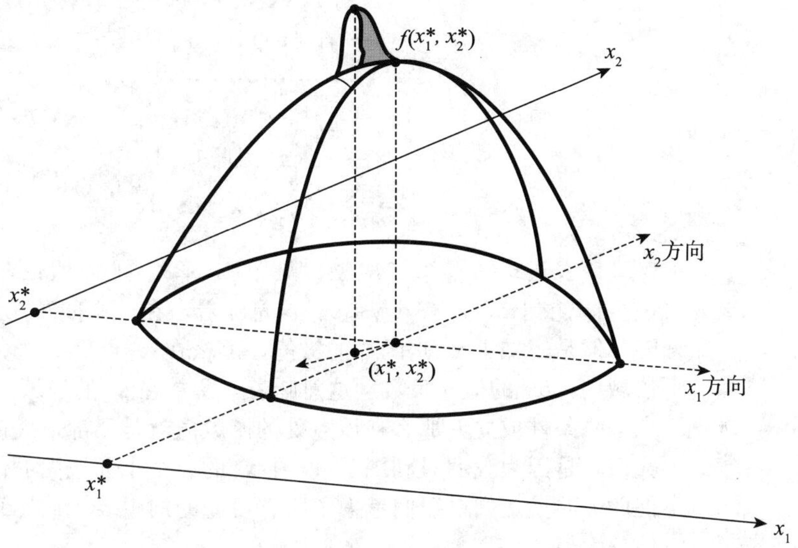

图 12.5　偏离（x_1^*，x_2^*）的非 x_1、x_2 方向的移动增加了函数值

考虑 x 向量所有可能的变化方向这一要求使二阶条件的代数形式复杂化了，这一点与它使对凹性和凸性的判别变得更复杂一样（见 11.4 节）。二阶偏导数 f_{ii} 告诉了我们函数在 x_i 方向上的曲率。如果（x_1^*，…，x_n^*）是极大值点，函数值必然会随着它从（x_1^*，…，x_n^*）点沿着 x_i 方向的移动而下降，那么我们有 $f_{ii}(x_1^*，…，x_n^*)<0$。但是，即使这一点对所有 i 都成立，也无法构成充分条件，因为它没有考虑沿着 x_i 方向移动之外的移动。由于这一原因，我们需要全微分。

对于有连续偏导数的函数而言，它对应于用任意变化 dx_i 的全微分表示函数值在任意方向上的变化。假设该函数为全微分 dy，在稳态点（x_1^*，…，x_n^*），这一全微分为 $dy=df(x_1^*，…，x_n^*)=0$。如果对于偏离该点的任意（小）的移动，dy 都为负，那么该函数递减，(x_1^*，…，x_n^*) 就会产生一个极大值。如果对于偏离该点的任意（小）的移动，dy 都为正，那么该函数递增，(x_1^*，…，x_n^*) 就会产生一个极小值。因此，局部最大值或最小值的充分条件可以用沿着任意方向偏离点 (x_1^*，…，x_n^*) 时，dy 的变化，即二阶微分 d^2y 来表示。我们可以将此更正式地表述如下：

已知函数 $y=f(x_1，…，x_n)$ 或者 $y=f(\mathbf{x})$，$\mathbf{x}=(x_1^*，…，x_n^*)$。在点 $\mathbf{x}^*$ 处，考虑如下全微分：

$$dy=f_1(\mathbf{x}^*)dx_1+f_2(\mathbf{x}^*)dx_2+\cdots+f_n(\mathbf{x}^*)dx_n$$

其中，微分 dx_i 为给定的很小的数。当然，上式只是向量 $\mathbf{x}$ 的一个函数，如同在第 11 章中，我们可以取该函数的微分，从而得到二阶微分：

$$\begin{aligned}
d(dy)\equiv d^2y &= [df_1(\mathbf{x}^*)dx_1]+[d(f_2(\mathbf{x}^*)dx_2)]+\cdots+[d(f_n(\mathbf{x}^*)dx_n)]\\
&= [f_{11}(\mathbf{x}^*)dx_1dx_1+f_{12}(\mathbf{x}^*)dx_1dx_2+\cdots+f_{1n}(\mathbf{x}^*)dx_1dx_n]\\
&\quad +[f_{21}(\mathbf{x}^*)dx_2dx_1+f_{22}(\mathbf{x}^*)dx_2dx_2+\cdots\\
&\quad +f_{2n}(\mathbf{x}^*)dx_2dx_n]\\
&\quad \cdots\cdots\cdots\cdots\cdots\cdots\\
&\quad +[f_{n1}(\mathbf{x}^*)dx_ndx_1+f_{n2}(\mathbf{x}^*)dx_ndx_2+\cdots\\
&\quad +f_{nn}(\mathbf{x}^*)dx_ndx_n]\\
&= \sum_i\sum_j f_{ij}(\mathbf{x}^*)dx_idx_j
\end{aligned}$$

该表达式为一个二次型（见第 10 章）。下面假设，对于任意向量值 (dx_i)（它可以很小），皆有 $d^2y<0$。这意味着，在 $\mathbf{x}^*$ 附近的所有方向上，dy 的值都下降。但是，如果 $\mathbf{x}^*$ 是函数的极值，那么在 $\mathbf{x}^*$ 点处 dy 必为零。因此，在 $\mathbf{x}^*$ 点的邻域内，dy 的值为负数。这意味着，函数在 $\mathbf{x}^*$ 的邻域内递减。因此，如果在 $\mathbf{x}^*$ 点一阶条件成立，那么在该点处的函数值就是局部最大值。之所以称其为局部最大值，是因为我们只利用了 dy 在 $\mathbf{x}^*$ 的一个小邻域内的信息，而没有考虑所有可能的 $\mathbf{x}$ 向量。如果我们考虑了所有可能的向量 $\mathbf{x}$，那么函数的极大值将是一个整体最大值。

我们有：

定理 12.3　$\mathbf{x}^*$ 为 C^2 函数 $y=f(\mathbf{x})$ 局部最大值点的充分条件是

$$f_i(\mathbf{x}^*)=0,\quad i=1,\cdots,n$$

并且二次型

$$dy(\mathbf{x}^*)=\sum_i\sum_j f_{ij}(\mathbf{x}^*)dx_idx_j<0,\quad i,j=1,\cdots,n$$

即 d^2y 是负定的，或者根据 $d^2y=d\mathbf{x}^THd\mathbf{x}$，海塞矩阵 H 是负定的。

证明： 根据泰勒级数展开式（11.6 节中的定义 11.1），我们可以将 $f(\mathbf{x})$ 在点 $\mathbf{x}^*$ 附近展开，对于 $\mathbf{x}^*$ 邻域内的任意 $\hat{\mathbf{x}}$（即靠近 $\mathbf{x}^*$ 的点），可得

$$f(\hat{\mathbf{x}})=f(\mathbf{x}^*)+dy(\mathbf{x}^*)+d^2y(\xi)$$

其中，ξ 位于 $\mathbf{x}^*$ 和 $\hat{\mathbf{x}}$ 之间。由于 $f_i(\mathbf{x}^*)=0$，$i=1$，2，…，n，我们有

$$dy(\mathbf{x}^*)=[f_1(\mathbf{x}^*) \quad f_2(\mathbf{x}^*) \quad \cdots \quad f_n(\mathbf{x}^*)]\begin{bmatrix}(\hat{x}_1-x_1^*)\\(\hat{x}_2-x_2^*)\\\vdots\\(\hat{x}_n-x_n^*)\end{bmatrix}=0$$

此外，由于 $d^2y(\mathbf{x})<0$，可得 $\hat{\mathbf{x}}$ 充分靠近 $\mathbf{x}^*$，从而 ξ 靠近 $\mathbf{x}^*$，$d^2y(\hat{\mathbf{x}})<0$ 且 $d^2y(\xi)<0$。这些结果一起给出下式：

$$f(\hat{\mathbf{x}})-f(\mathbf{x}^*)=d^2(\xi)<0$$

换句话说，如果 $f_i(\mathbf{x}^*)=0$，$d^2y(\mathbf{x}^*)<0$，那么对于靠近 x^* 的任意 $\hat{\mathbf{x}}$，$f(\hat{\mathbf{x}})$ 都小于 $f(\mathbf{x}^*)$。因此，$\mathbf{x}^*$ 会产生一个局部最大值。 ■

从这一证明中，我们看到，如果 $f(\mathbf{x})$ 是 $\mathbf{x}\in\mathbf{R}^n$ 上的严格凹函数，那么如果 $f_i(\mathbf{x}^*)=0$，$i=1$，2，…，n，则 $\mathbf{x}^*$ 一定是唯一的整体最大值。显然，对所有 $\mathbf{x}\in\mathbf{R}^n$，$d^2f(\mathbf{x})<0$ 是 f 严格凹的充分条件。

定理 12.4 假设 $y=f(\mathbf{x})$ 为 $\mathbf{x}\in\mathbf{R}^n$ 上的严格凹函数。如果在 $\mathbf{x}=\mathbf{x}^*$ 处所有一阶导数为零，即

$$f_i(\mathbf{x}^*)=0, \quad i=1,2,\cdots,n$$

那么 $\mathbf{x}^*$ 会产生一个唯一的整体最大值。

根据类似的论证，如果 d^2y 在 $\mathbf{x}^*$ 的邻域内为正，那么 $\mathbf{x}^*$ 产生函数的最小值。我们可以得到如下两个定理：

定理 12.5 已知函数 $f(\mathbf{x})$，如果

$$f_i(\mathbf{x}^*)=0, \quad i=1,\cdots,n$$

并且二次型

$$d^2y=\sum_i\sum_j f_{ij}(\mathbf{x}^*)dx_i dx_j>0, \quad i,j=1,\cdots,n$$

即 d^2y 是正定的，或者根据 $d^2y=d\mathbf{x}^T H d\mathbf{x}$，海塞矩阵 H 为正定的（见定义 10.13），那么 $\mathbf{x}^*$ 是该函数的局部最小值点。

定理 12.6 假设 $y=f(\mathbf{x})$，$\mathbf{x}\in\mathbf{R}^n$ 为严格凸函数。如果在 $\mathbf{x}=\mathbf{x}^*$ 点所有一阶导数皆为零，即

$$f_i(\mathbf{x}^*)=0, \quad i=1,2,\cdots,n$$

那么 $\mathbf{x}^*$ 会产生唯一的整体最小值。

下面我们用几个例子来说明这些条件。我们应该注意，这些条件是充分的，但不是必要的——在某些情形中，在最大值点处，这些条件不成立。例如，在最大值（或最小值）点，主子式可能全都为零。此时，你会发现 10.3 节中的二次型很有用。

例 12.2 已知例 12.1 中的函数，判断稳态点是局部或者整体最大值点、最小值点还是鞍点。

解：（ⅰ）$y=2x_1^2+x_2^2$

$$f_1=4x_1, \quad f_2=2x_2$$

$$f_{11}=4, \quad f_{12}=0, \quad f_{21}=0, \quad f_{22}=2, \quad \mathbf{x}\in\mathbf{R}^n$$

$$F=\begin{vmatrix}4 & 0\\ 0 & 2\end{vmatrix}=8>0, \quad \mathbf{x}\in\mathbf{R}^n$$

应用定理 12.5 可知，稳态点（0，0）产生了该函数的唯一整体最小值。

（ⅱ）$y=4x_1+2x_2-x_1^2-x_2^2+x_1x_2$

$$f_1=4-2x_1+x_2, \quad f_2=2-2x_2+x_1$$

$$f_{11}=-2, \quad f_{12}=1, \quad f_{21}=1, \quad f_{22}=-2, \quad \mathbf{x}\in\mathbf{R}^n$$

$$F=\begin{vmatrix}-2 & 1\\ 1 & -2\end{vmatrix}=4-1=3>0, \ \mathbf{x}\in\mathbf{R}^n$$

由于 $f_{11}=-2<0$，应用定理 12.4 可知，稳态点（3.33，2.67）为最大值点。

（ⅲ）$y=4x_1^2-x_1x_2+x_2^2-x_1^3$

$$f_1=8x_1-x_2-3x_1^2, \quad f_2=-x_1+2x_2$$

$$f_{11}=8-6x_1, \quad f_{12}=-1, \quad f_{21}=-1, \quad f_{22}=2$$

该函数的稳态点为（0，0）和（2.5，1.5）。在第一个稳态点（0，0）处：

$$f_{11}=8>0, \quad F=\begin{vmatrix}8 & -1\\ -1 & 2\end{vmatrix}=15>0$$

根据定理 12.5，该点产生函数的最小值。

在点（2.5，1.5）处：

$$f_{11}=8-15=-7<0, \quad F=\begin{vmatrix}-7 & -1\\ -1 & 2\end{vmatrix}=-14-1=-15<0$$

此时，定理 12.3 和定理 12.5 都不适用。实际上，（2.5，1.5）是该函数的鞍点，因为 $f_{11}<0$ 意味着该函数在 x_1 的方向上达到最大值，而 $f_{22}>0$ 意味着函数在 x_2 的方向上达到最小值。

（ⅳ）$y=2x_1^2+x_2^2+4x_3^2-x_1+2x_3$

$$f_1=4x_1-1, \quad f_2=2x_2, \quad f_3=8x_3+2$$

$$f_{11}=4, \quad f_{22}=2, \quad f_{33}=8, \quad f_{ij}=0, \quad i\neq j, \ \mathbf{x}\in\mathbf{R}^n$$

$$F=\begin{vmatrix}4 & 0 & 0\\ 0 & 2 & 0\\ 0 & 0 & 8\end{vmatrix}$$

因此，我们有

$$f_{11}=4>0, \quad \begin{vmatrix}4 & 0\\ 0 & 2\end{vmatrix}=8>0, \quad \begin{bmatrix}4 & 0 & 0\\ 0 & 2 & 0\\ 0 & 0 & 8\end{bmatrix}=64>0, \quad \mathbf{x}\in\mathbf{R}^n$$

则根据定理 12.5，该函数在稳态点（0.25，0，−0.25）处有唯一的整体最小值。■

竞争厂商的利润最大化投入选择

假设一家竞争厂商利用劳动 L 和资本 K 两种投入生产产品 y。厂商面临的产品价格为 p，投入品单位价格为 w 和 r。厂商的柯布-道格拉斯生产函数为 $y=AL^{\alpha}K^{\beta}$。在这一经典问题中，厂商通过选择 L 和 K 来最大化利润

$$\pi(L,K)=pAL^{\alpha}K^{\beta}-wL-rK, \quad \alpha,\beta>0$$

根据定理 12.1，一阶条件为

$$\frac{\partial\pi}{\partial L}=\alpha pAL^{\alpha-1}K^{\beta}-w=0$$

$$\frac{\partial\pi}{\partial K}=\beta pAL^{\alpha}K^{\beta-1}-r=0$$

根据定理 12.3，如果相关的二次型是负定的，那么上式的解给出了局部最大值。二次型负定相当于海塞矩阵负定。根据定理 11.9 的第二部分，这要求顺序主子式的符号从负号开始依次交替。（现在，你应该写出二阶偏导数构成的 2×2 海塞矩阵。）本例中，海塞矩阵的顺序主子式为导数 $\partial^2\pi/\partial L^2$或者

$$|H_1|=\alpha(\alpha-1)pAL^{\alpha-2}K^{\beta}$$

该式为负，当且仅当 $\alpha<1$ 时。二阶顺序主子式就是 H 的行列式：

$$|H|=\alpha\beta p^2A^2L^{2\alpha-2}K^{2\beta-2}(1-\alpha-\beta)$$

最大值要求该式为正，当且仅当 $1>\alpha+\beta$。(回想一下，$\alpha+\beta<1$ 意味着规模报酬递减，而 $\alpha+\beta=1$ 意味着规模报酬不变，$\alpha+\beta>1$ 意味着规模报酬递增。后两种情形与竞争市场不一致。)

练习

1. 考虑 12.1 节练习 1 中给出的函数，判断在每个例子中，稳态点给出的是极大值、极小值，还是鞍点。

2. 证明 12.1 节中利润最大化的价格歧视问题的解给出了一个真正的最大值。

3. 证明在古诺双寡头垄断模型中，每个厂商利润最大化问题的解给出了一个真正的最大值。

4. 证明 12.1 节练习 7 的解会产生一个真正的最大值。

5. 求解竞争厂商利润最大化的劳动和资本使用量，其中，$y=L^{0.25}K^{0.5}$，$p=64$，$w=2$，$r=4$。证明该问题的解会产生最大值。

6. 利用生产函数

$$y=L^{1/2}K^{3/4}$$

重做练习 5。此时，会出现什么问题？请解释原因。

7. 考虑如下函数的最大化问题：

$$y=-(x_1^4+x_2^4)$$

该问题的解如何？应用定理 12.3 时会出现什么问题？

12.3 对变量的直接约束

在 6.3 节中，我们考虑了函数的自变量被限制在某个区间上的情形。例如，如果厂商受制于生产配额，那么它的产出就被限制在零和某个等于配额的上限之间。实际上，在许多经济问题中，要求变量的值非负才有意义，但是人们通常会隐含或者公开地假定这一约束在最优值点不起作用。但是，通过明确地考虑这样的约束，我们经常会了解到一些有趣的事情，或者揭开一些一阶条件导致奇怪结果的谜团。

6.3 节所介绍的单变量函数的结果可以很容易地推广到 n 个变量函数的情形。因此，假设每个变量 x_i 都被限制在一个区间上，$a_i\leqslant x_i\leqslant b_i$，$i=1$，…，$n$。存在这样的可能：对于某个 i，$a_i=-\infty$，对于（另外）某个 i，$b_i=+\infty$，但是，我们假设至少对于某个 i，a_i 和/或 b_i 是有限的。下面的讨论就针对这些变量。

假设每个 x_i 的值都位于给定的区间内，点 $\mathbf{x}^*$ 给出了函数的最大值。对于每个 x_i，我们一定有三种情形之一，如图 12.6 所示。（注意，$\mathbf{x}_{-i}^*$ 为固定值（x_1^*，…，x_{i-1}^*，x_{i+1}^*，…，x_n^*）的向量。）

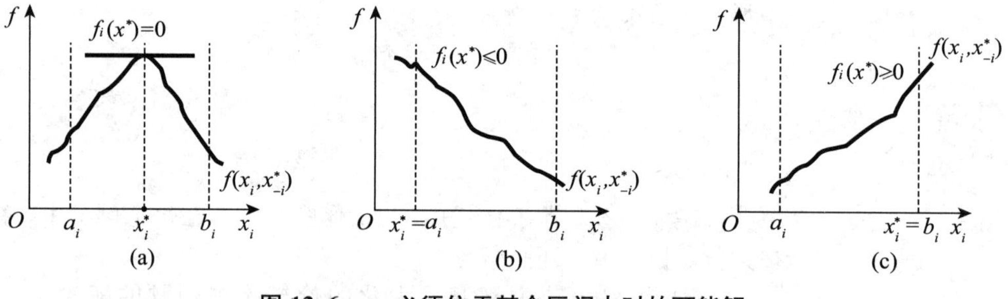

图 12.6　x_i 必须位于某个区间内时的可能解

情形 1　$a_i<x_i^*<b_i$。此时，我们有 $f_i(\mathbf{x}^*)=0$。为了说明这一点，考虑全微分 $\mathrm{d}f$ 相应于 x_i 的部分 $f_i(\mathbf{x}^*)\mathrm{d}x_i$。如果 $f_i(\mathbf{x}^*)\neq 0$，那么有可能找到一个较小的 $\mathrm{d}x_i$，使得 $f_i(\mathbf{x}^*)\mathrm{d}x_i>0$。我们可以按照这种方式增加函数值，这与 $\mathbf{x}^*$ 是一个最大值点矛盾。因此，我们一定有 $f_i(\mathbf{x}^*)=0$。当然，上面的论证跟无约束的情形一样。

情形 2　$a_i=x_i^*$。此时，我们必有 $f_i(\mathbf{x}^*)\leqslant 0$。为了说明这一点，假设

$f_i(\mathbf{x}^*)>0$。我们任意选择某个使 x_i 位于可行区间内的 $dx_i>0$，那么我们有 $f_i(\mathbf{x}^*)dx_i>0$，这与函数在该点处达到最大值矛盾。因此，我们排除了 $f_i(\mathbf{x}^*)>0$ 这种可能。另外，如果 $f_i(\mathbf{x}^*)<0$，我们可以取某个 $dx_i<0$，使函数值增加。但这是不允许的，因为这样做违背了约束条件。因此，我们无法排除 $f_i(\mathbf{x}^*)<0$ 以及 $f_i(\mathbf{x}^*)=0$ 的可能，因为在这两种情形中，我们都不能利用可行的 x_i 变化来增加函数值。

情形 3 $x_i^*=b_i$。此时，我们必有 $f_i(\mathbf{x}^*)\geqslant 0$。为了说明这一点，假设 $f_i(\mathbf{x}^*)<0$，我们可以任选一个 $dx_i<0$，使 $f_i(\mathbf{x}^*)dx_i>0$。可见，我们可以在不破坏约束的条件下增加函数值。由此，我们可以排除这种情况。另一方面，如果 $f_i(\mathbf{x}^*)>0$，那么只有 $dx_i>0$ 才能增加函数值，但这破坏了约束。因此，函数值无法增加。如果 $f_i(\mathbf{x}^*)=0$，那么函数值也无法通过 x_i 的小变化而得到增加。

我们可以将这三种情形更简练地表示为：

定理 12.7 如果 $\mathbf{x}^*$ 是下面问题的解：

$$\max f(\mathbf{x})$$
$$\text{s.t.}\quad a_i\leqslant x_i\leqslant b_i,\quad i=1,\cdots,n$$

那么下列条件中的一个或者两个必定成立：

（ⅰ） $f_i(\mathbf{x}^*)\leqslant 0$ 且 $(x_i^*-a_i)f_i(\mathbf{x}^*)=0$

（ⅱ） $f_i(\mathbf{x}^*)\geqslant 0$ 且 $(b_i-x_i^*)f_i(\mathbf{x}^*)=0$

对于所有 $i=1,\cdots,n$。

读者应该验证一下，这些条件是否恰当地概括了刚才考虑过的三种情况。如果 $a_i<x_i<b_i$，那么上述两个条件都成立。同时注意，不同条件适用于不同的 x_i。

通过完全相同的论证，我们还可以得到如下定理：

定理 12.8 如果 $\mathbf{x}^*$ 为下述问题的解：

$$\min f(\mathbf{x})$$
$$\text{s.t.}\quad a_i\leqslant x_i\leqslant b_i,\quad i=1,\cdots,n$$

那么下列条件中的一个或者两个必定成立：

（ⅰ） $f_i(\mathbf{x}^*)\geqslant 0$ 且 $(x_i^*-a_i)f_i(\mathbf{x}^*)=0$

（ⅱ） $f_i(\mathbf{x}^*)\leqslant 0$ 且 $(b_i-x_i^*)f_i(\mathbf{x}^*)=0$

再次，如果 $a_i<x_i^*<b_i$，那么两个条件都成立。

例 12.3 求解下面的问题：

（ⅰ） $\max y=10x_1-5x_2\quad \text{s.t.}\quad 0\leqslant x_1\leqslant 20,\ 0\leqslant x_2\leqslant 20$

（ⅱ） $\max y=x_1^{1/2}x_2^{1/2}\quad \text{s.t.}\quad 0\leqslant x_1\leqslant 10,\ 0\leqslant x_2\leqslant 10$

（ⅲ） $\max y=4x_1+2x_2-x_1^2-x_2^2+x_1x_2\quad \text{s.t.}\quad 0\leqslant x_1\leqslant 10,\ 0\leqslant x_2\leqslant 10$

（ⅳ） $\max y=4x_1+2x_2-x_1^2-x_2^2+x_1x_2\quad \text{s.t.}\quad 0\leqslant x_1\leqslant 1,\ 0\leqslant x_2\leqslant 2.67$

解：（ⅰ）该函数是 x_1 的线性增函数，x_2 的线性减函数。当不存在区间约束的时候，该问题无解。我们马上可以猜到，解位于 x_1 的上界和 x_2 的下界处：

$$x_1^*=20,\quad x_2^*=0$$

该点满足定理 12.7 中的必要条件，因为在点（20，0）处，

$$f_1=10\geqslant 0,\quad (20-x_1^*)\times 10=0$$
$$f_2=-5\leqslant 0,\quad (x_2^*-0)\times(-5)=0$$

（ⅱ）在给定区间上，该函数为单增函数。因此，我们可以猜测解位于两个区间的上界处：

$$x_1^*=10,\quad x_2^*=10$$

该点满足定理 12.7 中的必要条件，因为

$$f_1(10,10)=\frac{1}{2}10^{1/2}10^{1/2}\geqslant 0,\quad (10-10)f_1=0$$

$$f_2(10,10)=\frac{1}{2}10^{1/2}10^{1/2}\geqslant 0,\quad (10-10)f_2=0$$

（ⅲ）在例 12.1 中，我们已经求解过该问题，得到的最大值由点（3.33，2.67）给出。由于该点是两个区间的内点，所以本题中的约束不起作用，所以该点仍然是解。本例中，我们有

$$f_1=0,\quad (3.33-0)f_1=(10-3.33)f_1=0$$
$$f_2=0,\quad (2.67-0)f_2=(10-2.67)f_2=0$$

上式满足定理 12.7 中的条件。

（ⅳ）本题中的函数与前面的相同，但是定义区间不同。x_1 的给定区间将前面的最优解排除在外了，而对于 x_2，前面的最优解正好是该区间的上界，仍然可供选择。但必须小心！x_2 的该值未必是新的约束问题的最优解，实际上，我们看到，它确实不是。

我们可能被诱使将两个区间的上界——点（1，2.67）作为候选解。该函数的偏导数为

$$f_1=4-2x_1+x_2,\quad f_2=2-2x_2+x_1$$

因此，在点（1，2.67）处，我们有

$$f_1=4.67>0,\quad f_2=3-5.34=-2.34<0$$

我们断定该点不可能是最优的，因为定理 12.7 中的必要条件没有得到满足：我们要求当 x_2 位于它的定义区间的上界时，$f_2\geqslant 0$。

我们可以猜测最可能的解。首先，注意到对于区间［0，1］上的所有 x_1 和区间［0，2.67］上的所有 x_2，皆有 $f_1>0$，这意味着该函数是 x_1 的增函数。因此，令 x_1 取它的上界值，即 $x_1=1$ 是合理的。正如我们刚才看到的，在点（1，2.67）处，偏导数 $f_2<0$，这说明我们可以通过降低 x_2 来增加函数值。但是降低到何种程度呢？我们令函数 y 中 $x_1=1$，然后在区间［0，2.67］求 y 关于 x_2 的最大值：求解

$$\max\ y=3+3x_2-x_2^2$$
$$\text{s.t.}\quad 0\leqslant x_2\leqslant 2.67$$

我们猜测，会得到一个内点解，它满足一阶条件：

$$3-2x_2=0$$

上式意味着 $x_2^*=1.5$。为了检验它是否满足必要条件，我们有

$$f_1=4-2\times1+1.5=3.5>0,\quad f_1(1-x_1^*)=0$$
$$f_1=2-2\times1.5+1=0,\quad f_2(1.5-0)=f_2(2.67-1.5)=0$$

因此，必要条件成立。

图 12.7 给出了当前所讨论问题的图形解释。等值曲线反映了该函数的凹性，函数的峰值位于点（3.33，2.67）处。但是，在约束问题中，我们将 x_1 的取值限定在区间［0，1］上。那么点［1，2.67］就不在所能达到的最高等值曲线上。通过移至［1，1.5］，就可达到所能达到的最高等值曲线。注意，该点是垂直约束线和最高等值曲线的切点。

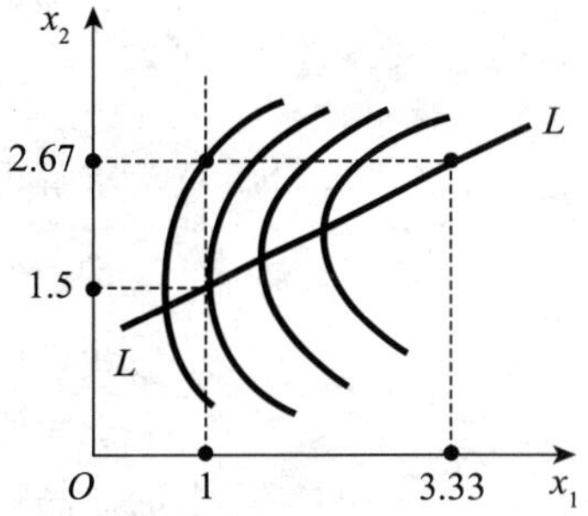

图 12.7　区间约束改变了两个变量的最优值

你可能觉得猜解太麻烦，因而需要一个更系统化的方法。下面就给出这样一种方法。注意，x_1 可任意取值，最优解需要满足的一个必要条件是，x_2 必须在给定的 x_1 下最大化函数。因此，我们可以求解下述问题：

$$\max\ y=4x_1+2x_2-x_1^2-x_2^2+x_1x_2$$
$$\text{s. t.}\quad 0\leqslant x_2\leqslant2.67$$

上式是在给定 x_1 时，关于 x_2 求最大化。其一阶条件为

$$2-2x_2+x_1=0$$

该式将 x_2 的解表示为 x_1 的函数：

$$x_2=1+0.5x_1$$

将 x_2 代入目标函数，所要求解的问题变为

$$\max\ y=4x_1+2[1+0.5x_1]-x_1^2-[1+0.5x_1]^2+x_1[1+0.5x_1]$$
$$=1+5x_1-0.75x_1^2$$
$$\text{s. t.}\quad 0\leqslant x_1\leqslant1$$

显然，最大值在 $x_1^*=1$ 处达到。相应地，$x_2^*=1+0.5x_1^*=1.5$。

从图形上看，这种方法的第一步相当于找出函数等值曲线与对应于 x_1 各个取值的垂线的切点的轨迹，如图 12.7 所示。然后，这条轨迹与 $x_1=1$ 这条线的交点给出了整体解。■

存在生产配额的歧视性垄断

假定垄断厂商为两国家——本国和外国——提供产品。反需求函数为

$$p_1=100-q_1$$
$$p_2=80-2q_2$$

总生产函数为

$$C=(q_1+q_2)^2$$

即，我们假定在两个国家的产品供应之间不存在成本差异，阻止两个市场间的无成本套利也是可能的。在没有其他约束时，我们就可以像在前面的歧视性垄断中一样，求解下面的问题，得到两个国家中的利润最大化产出和价格：

$$\max \pi(q_1,q_2)=100q_1+80q_2-q_1^2-2q_2^2-(q_1+q_2)^2$$

直接求解可得

$$q_1^*=22,\quad q_2^*=6,\quad p_1^*=78(\text{美元}),\quad p_2^*=68(\text{美元}),\quad \pi^*=1\,340(\text{美元})$$

我们可以断定，国家 2 在最优点处的需求弹性更高。

下面假定国家 2 的政府，即外国政府指责厂商“倾销”，因为它在外国市场上的产品售价低于本国。作为报复，外国政府对该进口品实施数量为 4 的配额。这一措施对厂商在两个市场上的产出以及利润有什么冲击呢？（后者将决定厂商所能承受的用于游说政府取消配额的支出。）我们需要求解如下问题：

$$\max \pi(q_1,q_2)$$
$$\text{s.t.}\quad q_2\leqslant 4$$

其中，利润函数同上。注意，严格地说，我们还应该加上非负性约束。但是，由于已经求解了无约束问题，所以我们确信，非负性约束在解点处不起作用。利用定理 12.7 可得条件：

$$100-4q_1-2q_2=0$$
$$80-2q_1-6q_2\geqslant 0 \quad 且 \quad (4-q_2)(80-2q_1-6q_2)=0$$

首先，我们一定有 $q_2=4$。如果 $q_2<4$，那么第二个条件意味着

$$80-2q_1-6q_2=0$$

但是，根据这一条件和第一个条件，我们得到 $q_2=6$。因此，我们可以排除这种可能。所以 $q_2=4$，即它的配额，将此代入第一个条件，求解 q_1，得到

$$q_1^*=23,\quad q_2^*=4,\quad p_1^*=77(\text{美元}),\quad p_2^*=72(\text{美元}),\quad \pi^*=1\,330(\text{美元})$$

因此，在国家 1 中，产出增加，价格下降；而在国家 2 中，价格上升，产出下降，这当然会使该国消费者境况变糟。厂商也会失去一些利润。图 12.8 解释了这些效应。

这些结果中，国家 1 的效应最不显著。作为练习，请读者证明，如果边际成本为常数，那么对国家 1 的影响将不存在。不过，因为边际成本递增，所以国家 2 中削减了的产出将边际成本降到了国家 1 的边际收入水平之下。因此，国家 1 增加产出有利可图。

在前面的例子中，我们看到边际收入等式是（无约束的）价格歧视解的一个

关键特征。那么在当前的条件下，这一等式又有什么变化呢？两个市场中的边际收入分别为

$$R_1'(q_1^*)=100-2q_1^*=54(\text{美元})$$

$$R'(q_2^*)=80-4q_2^*=64(\text{美元})$$

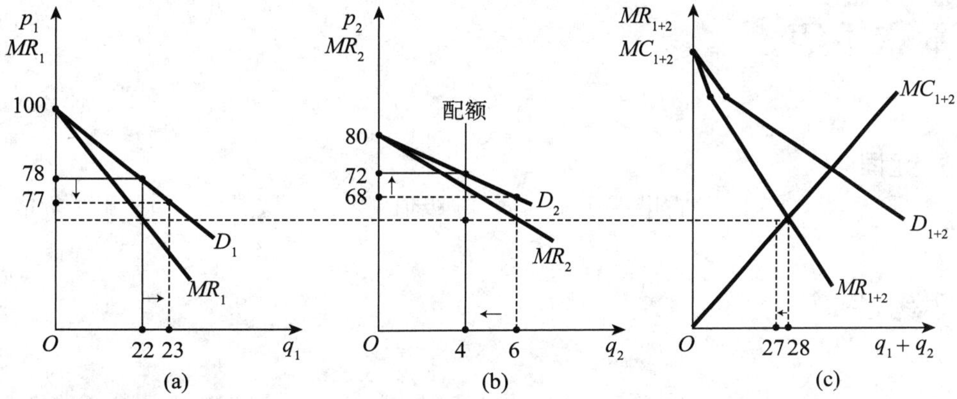

图 12.8　配额对歧视性垄断解的影响

因此，正如我们从配额为紧约束这一事实所预料到的，厂商其实愿意将产出从国家 1 转到国家 2。

最后，我们注意到，市场上产出的边际利润为正，因为我们有

$$\pi_2(q_1^*,q_2^*)=80-2q_1^*-6q_2^*=10>0$$

我们称之为厂商生产配额的**影子价格**，因为它表示生产配额的微小放松所带来的利润增加速度。注意，影子价格为正这一事实解释了为什么配额约束发挥了如上面的条件所示的作用。

练习

1. 求解下面的问题：

(a) $\min\ y=3x_1^2+2x_2^2+5$　s. t.　$0\leqslant x_1\leqslant 10$，$2\leqslant x_2\leqslant 10$

(b) $\max\ y=2x_1+x_2-3x_1^2-4x_2^2+x_1x_2$　s. t.　$0\leqslant x_1\leqslant 1$，$0\leqslant x_2\leqslant 1$

(c) $\max\ y=2x_1+x_2-3x_1^2-4x_2^2+x_1x_2$　s. t.　$1\leqslant x_1\leqslant 2$，$1\leqslant x_2\leqslant 2$

(d) $\max\ y=2x_1+x_2-3x_1^2-4x_2+x_1x_2$　s. t.　$0\leqslant x_1\leqslant 1$，$1\leqslant x_2\leqslant 2$

(e) $\max\ y=2x_1^3-3x_1x_2+x_1^2-2x_2^2$　s. t.　$0\leqslant x_1\leqslant 1$，$0\leqslant x_2\leqslant 1$

(f) $\max\ y=2x_1^3-3x_1x_2+x_1^2-2x_2^2$　s. t.　$0\leqslant x_1\leqslant 1$，$1\leqslant x_2\leqslant 2$

2. 在生产能力约束的两工厂垄断模型中，假定需求函数变为 $p=200-(q_1+q_2)$。求出并讨论该问题的利润最大化解。工厂生产能力微小增加的影子价格是多少？

3. 证明：在产出配额的歧视性垄断模型中，如果生产的边际成本为常数，那么国家 2 所施加的配额不会影响国家 1 的价格和产出。解释这一结果。

4. 如果局部最大值在 $x=a$ 处取得且 $f'(a)=0$，或者在 $x=b$ 处取得且 $f'(b)=0$，那么定理 12.7 中的两个条件都成立，请解释原因。对于定理 12.8 举一个相似的结果。

本章小结

关键词

古诺双寡头　　极值　　鞍点　　影子价格　　稳态值

思考题

1. 陈述并解释点（x_1^*，…，x_n^*）给出 $\mathbf{R}^n$ 上函数 f 的稳态值的必要条件。
2. 什么类型的点构成稳态点？
3. 陈述并解释点（x_1^*，…，x_n^*）给出 $\mathbf{R}^n$ 上函数 f 的局部最大值的充分条件。
4. 陈述并解释点（x_1^*，…，x_n^*）给出 $\mathbf{R}^n$ 上函数 f 的局部最小值的充分条件。
5. 解释二阶条件为什么不能仅用二阶偏导数 f_{ii} 表示。
6. 解释函数的鞍点。
7. 陈述并解释点（x_1^*，…，x_n^*）给出满足区间约束 $a_i \leqslant x_i \leqslant b_i$，$i=1$，…，$n$ 的函数 f 的局部最大值的必要条件。
8. 已知函数 f 满足区间约束 $a_i \leqslant x_i \leqslant b_i$，$i=1$，2，…，$n$。陈述并解释点（$x_1^*$，…，$x_n^*$）给出函数 f 的局部最小值的必要条件。

复习题

1. 找出下列函数的稳态值，利用二阶条件确定哪一个给出了极大值、极小值或者鞍点。

(a) $y=0.5x_1^2+2x_2^2$

(b) $y=x_1+x_2-x_1^2-x_2^2+x_1x_2$

(c) $y=10x_1+2x_2-0.5x_1^2-2x_2^2+5x_1x_2$

(d) $y=2x_1x_2-x_1^3-x_2^2$

(e) $y=x_1^3+x_2^3-4x_1x_2$

(f) $y=x_1x_2+2/x_1+4/x_2$

(g) $y=2x_1^2-4x_2^2$

2. 已知复习题 1 中的每个函数都满足下列约束：

$$0 \leqslant x_1 \leqslant 10, \quad 1 \leqslant x_2 \leqslant 20$$

求各个函数的最大值或者最小值。

3. 一家厂商打算购买在某个垒球馆销售可乐和热狗的许可权。它估计，可乐和热狗的需求函数分别为

$$D_C = 20 - 4p_C - p_H$$
$$D_H = 15 - p_C - 5p_H$$

其中，D_C 是可乐的需求量，单位为千罐，D_H 为热狗的需求量，以千计，p_C 为用美元表示的每罐可乐的价格，p_H 为热狗的价格。供应热狗的单位成本固定为 0.1 美元，供应可乐的单位成本固定为 0.5 美元。

(a) 求厂商为该许可权出价的上限。

(b) 解释两个需求函数，特别是交叉需求效应。

(c) 假设可乐和热狗必须由两个独立厂商供应，那么在分析两个厂商的许可权出价时，你会遇到什么样的问题？你会如何处理这些问题？

4. 一家公司拥有 100 单位某种商品存货。它必须在未来三个时期内卖光全部存货。在任何一个时期，销售的利润函数为

$$\pi(x_t) = 50x_t - 0.5x_t^2, \quad t = 1,2,3$$

该公司希望最大化利润现值：

$$V = \pi(x_1) + \beta\pi(x_2) + \beta^2\pi(x_3)$$

其中，$\beta = 0.8$ 为贴现因子。求 x_1，x_2 和 x_3 的最优值，并对解进行讨论。[提示：利用条件 $x_1 + x_2 + x_3 = 100$ 来替换 V 函数中的 x_3，然后求 V 关于 x_1 和 x_2 的最大值。]

5. 垄断厂商为国内和国外两个市场提供产品，需求函数为

$$q_1 = 10 - p_1, \quad q_2 = 5 - 0.5p_2$$

其中，q_1 表示国内销售量，q_2 表示国外销售量。该厂商的总成本函数为

$$C = 0.5(q_1 + q_2)^2$$

(a) 求利润最大化的产出和价格（假设两个市场之间不存在套利可能）。

(b) 现在假设国内市场存在价格管制，最高价格为 b 美元。这一措施对价格、产出和利润各有什么影响？解释你的结果。

第 13 章　约束最优化

我们鼓励读者通过我们的网站 http：//mitpress. mit. edu/math _ econ3 来获得如下有助于学习本章的材料：

- 农场主的土地配置
- 例子：土地配置问题的数值形式
- 柯布-道格拉斯效用的消费者需求函数
- 拥有柯布-道格拉斯生产函数的厂商的长期成本函数
- CES 生产函数的成本最小化
- 例子：CES 生产函数问题的数值形式
- 多个约束条件下的最优化
- 例子：点配给
- 点配给中的约束条件
- 例子：土地配置问题的二阶条件
- 例子：成本最小化问题的二阶条件
- 例子：柯布-道格拉斯函数的二阶条件

如果在最大化或最小化一个函数时，我们可以在实数轴上自由选择变量 x 的可能解，那么该问题就是无约束的。第 6 章和第 12 章所介绍的多数方法都与此相关。但是，在很多经济问题中，我们可选取作为可能解的 x 值的集合都被一个或多个约束所限制。在第 6 章和第 12 章，我们已经考虑了一种类型的约束，即 x 的值被限定在某个区间上。在这两章里，我们考虑过的例子表明，这样的限制在经济问题中会自然出现，并且对解有重要影响。本章我们介绍一些方法用来处理另一类约束，即变量 x 的取值满足一个或者多个函数方程。我们主要讨论拉格朗日乘子的推导和应用。

13.1 约束问题和求解方法

假设我们要最大化函数 $f(x_1, x_2)$，其中 $f \in C^2$ 为图 12.1（a）所示的严格凹函数。当不存在约束时，根据定理 12.1 我们知道，解（x_1^*，x_2^*）满足条件 $f_i(x_1^*, x_2^*)=0$，$i=1$，2。下面假设我们追加约束

$$g(x_1, x_2)=0$$

其中 $g \in C^2$。这意味着我们只能将满足该方程的（x_1，x_2）值作为可能解。

在图 13.1 中，我们画出了函数 f，图（a）给出了三维图形，图（b）给出了相关的等值曲线。在每个图中，曲线 G 都表示满足上述约束的（x_1，x_2）的集合。从图形上看，满足该约束的函数最大化问题，就是在曲线 G 上找出令函数取得最大可能值的点。在图 13.1（a）中，我们可以看出答案，不过图 13.1（b）显示得更清楚。显然，等值曲线 f^* 是曲线 G 上的点所能触及的最高等值曲线。因此，点（x_1^*，x_2^*）就是问题的解，它给出了满足约束的函数的最大值。

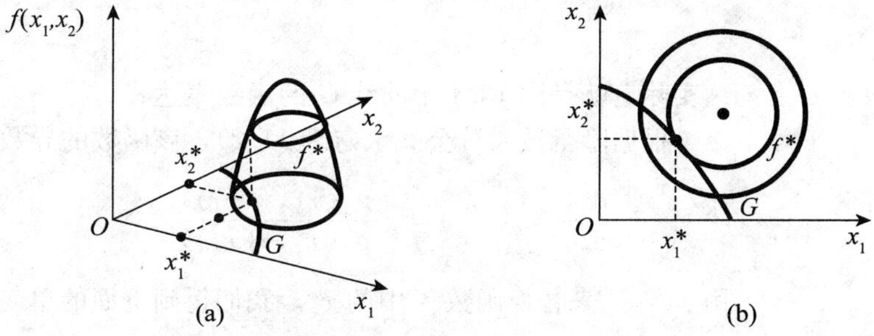

图 13.1　找出约束曲线上能取得最大函数值的点

点（x_1^*，x_2^*）最显著的特征是，它是曲线 G 和等值曲线 f^* 的切点。给定等值曲线 f 和曲线 G 的形状，该问题的任何解都必定是一个切点，这一点应该很清楚。移动曲线 G，同时保持它的大体形状，便可以证明这一点。

假设我们希望将图形解用代数表达出来——毫无疑问，这会简化求解问题。（在 11.3 节中）我们知道，函数 $f(x_1, x_2)$ 的等值曲线的斜率为

$$\frac{\mathrm{d}x_2}{\mathrm{d}x_1}=-\frac{f_1(x_1, x_2)}{f_2(x_1, x_2)}$$

曲线 G 的斜率为

$$\frac{\mathrm{d}x_2}{\mathrm{d}x_1}=-\frac{g_1(x_1, x_2)}{g_2(x_1, x_2)}$$

在切点处，这两个斜率必定相等，所以在点（x_1^*，x_2^*）处

$$\frac{f_1(x_1^*,\ x_2^*)}{f_2(x_1^*,\ x_2^*)}=\frac{g_1(x_1^*,\ x_2^*)}{g_2(x_1^*,\ x_2^*)}$$

注意，上面的方程中含有两个未知数。因此，它本身无法给出解 x_1^* 和 x_2^*。我们需要的第二个方程由约束条件 $g(x_1^*,\ x_2^*)=0$ 给出。因为如果 x_1^* 和 x_2^* 为最优的，那么它们必定是可行的，因此满足上面的约束。由这两个方程，我们可以解出 x_1^* 和 x_2^* 的值。

定理 13.1 如果 x_1^* 和 x_2^* 是下面有约束条件的最大化问题的切点解：

$$\max f(x_1,x_2)$$
$$\text{s.t.}\quad g(x_1,x_2)=0$$

那么，我们有 x_1^* 和 x_2^* 满足

$$\frac{f_1(x_1^*,\ x_2^*)}{f_2(x_1^*,\ x_2^*)}=\frac{g_1(x_1^*,\ x_2^*)}{g_2(x_1^*,\ x_2^*)}$$
$$g(x_1^*,\ x_2^*)=0$$

尽管图形方法很有帮助，但是下面我们要利用代数方法来研究该问题。再次考虑约束 $g(x_1,\ x_2)=0$，同时，假定我们可以从该式中求出 x_2，将其表示为 x_1 的一个函数：

$$x_2=\gamma(x_1)$$

这实际上就是图 13.1 中曲线 G 的函数表达式。

根据隐函数微分公式（定理 11.2），该函数的导数为

$$\frac{\mathrm{d}x_2}{\mathrm{d}x_1}=\gamma'(x_1)=-\frac{g_1(x_1,\gamma(x_1))}{g_2(x_1,\gamma(x_1))}$$

用 $\gamma(x_1)$ 来替换函数 f 中的 x_2，我们得到下面的单变量的约束问题：

$$\max f(x_1,x_2)=\max f(x_1,\gamma(x_1))=\max\phi(x_1)$$

我们通过微分，并且令导数等于零来最大化函数 ϕ：

$$\phi'=f_1(x_1^*,\gamma(x_1^*))+f_2(x_1^*,\gamma(x_1^*))\gamma'(x_1^*)=0$$

重新整理，代入 $\gamma'(x_1^*)$ 的表达式以及可行性要求 $x_2^*=\gamma(x_1^*)$，可得

$$\frac{f_1(x_1^*,\ x_2^*)}{f_2(x_1^*,\ x_2^*)}=\frac{g_1(x_1^*,\ x_2^*)}{g_2(x_1^*,\ x_2^*)}$$

这是定理 13.1 的相切条件。

下面我们介绍求解有约束条件的最优化问题的拉格朗日乘子法。我们将证明它等价于我们刚刚考察过的那两种方法，并借此说明其合理性。我们通过引入一个新的变量即拉格朗日乘子 λ 来构造如下的**拉格朗日函数**：

$$\mathscr{L}(x_1,x_2,\lambda)=f(x_1,x_2)+\lambda g(x_1,x_2)$$

然后，我们要找到 $\mathscr{L}$ 关于 x_1，x_2 和 λ 的驻点（后面我们将说明这也一定是拉格

朗日函数的鞍点)。由此得到条件:

$$\frac{\partial \mathscr{L}}{\partial x_1}=f_1(x_1^*,x_2^*)+\lambda^* g_1(x_1^*,x_2^*)=0$$

$$\frac{\partial \mathscr{L}}{\partial x_2}=f_2(x_1^*,x_2^*)+\lambda^* g_2(x_1^*,x_2^*)=0$$

$$\frac{\partial \mathscr{L}}{\partial \lambda}=g(x_1^*,x_2^*)=0$$

我们可以利用上面的三个方程来求解三个未知数 x_1^*、x_2^* 和 λ^*。使用拉格朗日方法的理由是,这些 x 值正好是我们所感兴趣的原来有约束条件的最优化问题的解。为了说明这一点,我们将前两个条件改写为

$$f_1(x_1^*,x_2^*)=-\lambda^* g_1(x_1^*,x_2^*)$$

$$f_2(x_1^*,x_2^*)=-\lambda^* g_2(x_1^*,x_2^*)$$

然后取两式左边和右边各自的比值,得到

$$\frac{f_1(x_1^*,x_2^*)}{f_2(x_1^*,x_2^*)}=\frac{g_1(x_1^*,x_2^*)}{g_2(x_1^*,x_2^*)}$$

这正好是我们前面所求得的相切条件。因此,以这种方式从前两个条件中消去拉格朗日乘子,正好给出了相切条件,而第三个条件就是约束条件。所以,可以求得与前面相同的解。我们可以这样来看待拉格朗日乘子方法:定义一个无约束条件的最优化问题,然后以一种例行的方式从中导出最优解的相切条件。

我们可以将此总结如下:

定义 13.1 求问题

$$\max f(x_1,x_2)$$

$$\text{s.t.} \quad g(x_1,x_2)=0$$

的解(x_1^*, x_2^*)的拉格朗日乘子法是给出拉格朗日函数

$$\mathscr{L}(x_1,x_2,\lambda)=f(x_1,x_2)+\lambda g(x_1,x_2)$$

的一阶条件,即

$$\frac{\partial \mathscr{L}}{\partial x_1}=f_1(x_1^*,x_2^*)+\lambda^* g_1(x_1^*,x_2^*)=0$$

$$\frac{\partial \mathscr{L}}{\partial x_2}=f_2(x_1^*,x_2^*)+\lambda^* g_2(x_1^*,x_2^*)=0$$

$$\frac{\partial \mathscr{L}}{\partial \lambda}=g(x_1^*,x_2^*)=0$$

然后通过一阶条件求出拉格朗日函数的极值点。

我们如何才能保证对于任意给定的问题,在约束曲线和 f 的等值曲线相切处总是存在唯一的解点,而且拉格朗日方法总是能够给出这一点呢?确切地说,关于函数 f 的等值曲线和 g 曲线的形状的假设有什么作用?在 13.3 节中,我们会考虑这些问题。下面,举几个例子说明这一方法的用途。

例 13.1 求解下面有约束条件的最优化问题:

$$\max\ y = x_1^{0.25} x_2^{0.75}$$

$$\text{s.t.}\quad 100 - 2x_1 - 4x_2 = 0$$

解：拉格朗日函数为

$$\mathscr{L} = x_1^{0.25} x_2^{0.75} + \lambda(100 - 2x_1 - 4x_2)$$

一阶条件为

$$0.25 x_1^{-0.75} x_2^{0.75} - 2\lambda = 0 \tag{13.1}$$

$$0.75 x_1^{0.25} x_2^{-0.25} - 4\lambda = 0 \tag{13.2}$$

$$100 - 2x_1 - 4x_2 = 0 \tag{13.3}$$

利用方程（13.1）和方程（13.2）消掉 λ，可得

$$x_2 = \frac{3}{2} x_1$$

将它代入方程（13.3），得到如下解：

$$x_1^* = \frac{600}{48},\quad x_2^* = \frac{300}{16}$$ ■

学生的时间分配问题

在第 6 章末复习题 9 中，我们提出了下面的问题：一个学生想将每周 60 个小时的可用学习时间分配在两门功课上，从而最大化他的平均分。我们可将该问题正式表述为

$$\max \frac{g_1(t_1) + g_2(t_2)}{2}$$

$$\text{s.t.}\quad 60 - t_1 - t_2 = 0$$

其中，t_i 为学生用于学习功课 $i=1$，2 的时间，函数 g_i 将分数表示为学习时间的函数：

$$g_1 = 20 + 20\sqrt{t_1},\quad g_2 = -80 + 3t_2$$

这是一个有约束条件的最优化问题。在第 6 章中，我们曾建议利用约束条件将 t_2 消掉，以求解该问题。我们有

$$t_2 = 60 - t_1$$

然后求解这个单变量无约束问题。

用本章讨论中的措辞来讲，$60 - t_1$ 相当于函数 γ。下面我们利用拉格朗日法来求解该问题。拉格朗日函数为

$$\mathscr{L} = \frac{20 + 20\sqrt{t_1} - 80 + 3t_2}{2} + \lambda(60 - t_1 - t_2)$$

一阶条件为

$$\frac{\partial \mathscr{L}}{\partial t_1}=\frac{10t_1^{-1/2}}{2}-\lambda=0$$

$$\frac{\partial \mathscr{L}}{\partial t_2}=\frac{3}{2}-\lambda=0$$

$$\frac{\partial \mathscr{L}}{\partial \lambda}=60-t_1-t_2=0$$

λ 从第二个条件可得出，将其代入第一个条件中，可得

$$5t_1^{-1/2}=3/2$$

这意味着

$$t_1^*=\left(\frac{10}{3}\right)^2=11.11$$

将 t_1 代入约束条件，可得

$$t_2^*=60-11.11=48.89$$

我们利用拉格朗日法所得到的条件表明了对结果的一些有趣的解释。可以将 λ 解释为在最优解处，学习每门功课对于平均分的边际贡献值。（在本节后面，我们将说明在有约束条件的最优化问题中关于 λ 的一般解释，见定理 13.2。）由此可见，3/2 是将一点儿额外时间用于学习功课 2 对平均分的贡献。这是一个常数，因为函数 g_2 是线性的。同样地，导数 $g_1'=5t_1^{-1/2}$ 是学习功课 1 对平均分的边际贡献。由于 g_1 是一个凹函数，所以这一边际贡献随着 t_1 的增加而下降。在最优的时间配置下，这两个边际时间配置相等，且都等于 λ：

$$\lambda^*=5\times(11.1)^{-1/2}=\frac{3}{2}$$

图 13.2 给出了图形解释。横轴上的距离 OT 表示总的可用时间，因此 t_1 从 O 开始，向右增加；t_2 从 T 开始，向左增加。最优配置由如下条件刻画：在每门功课上所花费的最后一点时间对于平均分的贡献相同。从一门功课上腾出少量时间用于另一门功课将不会改变平均分。

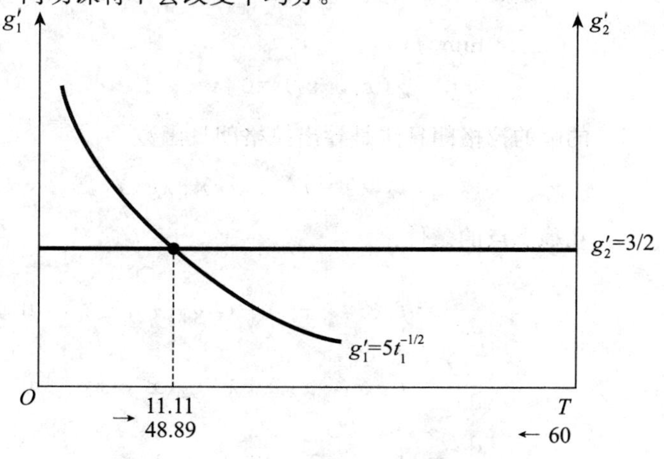

图 13.2　学习时间的最优配置

注意，在最优配置下，学生的每门功课的分数实际上大不相同：

$$g_1 = 20 + 20\sqrt{11.11} = 86.67$$
$$g_2 = -80 + 3 \times 48.89 = 66.67$$

尽管该学生在功课 2 上花的时间更多，但他得到的分数更少。不过，真正重要的是，学习每门功课对平均分的边际贡献。（见本节练习题的第 2 题）。 ■

到目前为止，我们只讨论了最大化问题。不过，最小化问题可以按类似方法处理。在图 13.3 中，我们给出了一个严格凸的函数 $f(x_1, x_2)$ 和对应于约束 $g(x_1, x_2)=0$ 的约束曲线 G。我们所要求解的问题是，沿着约束曲线尽可能达到函数的最低点。显然，解为切点（x_1^*，x_2^*）。实际上，等值曲线图形看上去与最大化问题中的类似，区别在于，随着我们朝着点 T 内移，函数值下降。因此，跟以前完全一样，我们可以证明，最优点一定满足相切条件：

$$\frac{f_1(x_1^*, x_2^*)}{f_2(x_1^*, x_2^*)} = \frac{g_1(x_1^*, x_2^*)}{g_2(x_1^*, x_2^*)}$$
$$g(x_1^*, x_2^*) = 0$$

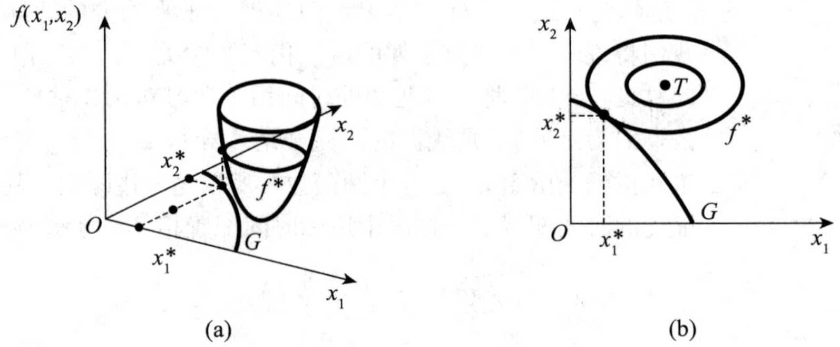

图 13.3 有约束条件的最小化问题

因此，对于有约束条件的最小化问题，我们有：

定义 13.2 求问题

$$\min\ f(x_1, x_2)$$
$$\text{s.t.}\quad g(x_1, x_2) = 0$$

的解的拉格朗日法是导出拉格朗日函数

$$\mathcal{L}(x_1, x_2, \lambda) = f(x_1, x_2) + \lambda g(x_1, x_2)$$

在稳态点的条件：

$$\frac{\partial \mathcal{L}}{\partial x_1} = f_1(x_1^*, x_2^*) + \lambda^* g_1(x_1^*, x_2^*) = 0$$
$$\frac{\partial \mathcal{L}}{\partial x_2} = f_2(x_1^*, x_2^*) + \lambda^* g_2(x_1^*, x_2^*) = 0$$
$$\frac{\partial \mathcal{L}}{\partial \lambda} = g(x_1^*, x_2^*) = 0$$

就像在无约束情形中一样，最大化和最小化问题的一阶条件相同，这说明需要进一步考虑二阶条件。我们在 13.2 节中研究二阶条件。

例 13.2 求解下面有约束条件的最小化问题：

$$\min\ y=x_1+x_2$$
$$\text{s. t.}\quad 1-x_1^{1/2}-x_2=0$$

解： 拉格朗日函数为

$$\mathcal{L}=x_1+x_2+\lambda(1-x_1^{1/2}-x_2)$$

一阶条件为

$$1-\left(\frac{\lambda}{2}\right)x_1^{-1/2}=0$$
$$1-\lambda=0$$
$$1-x_1^{1/2}-x_2=0$$

求解可得

$$x_1^*=\frac{1}{4},\quad x_2^*=\frac{1}{2},\quad \lambda^*=1$$

■

拥有柯布-道格拉斯效用函数的消费者的对偶问题

在前面柯布-道格拉斯效用函数的消费者需求函数的例子中，我们分析了服从预算约束的消费者效用最大化问题，并且导出了相应的需求函数。下面，我们分析一个紧密相关的问题，即前面问题的对偶。在这一问题中，我们取效用函数的固定值，然后求达到该效用的最小支出。即，我们求解

$$\min\ e=p_1x_1+p_2x_2$$
$$\text{s.t.}\quad u(x_1,x_2)=\bar{u}$$

其中，e 为支出，$\bar{u}$ 为所要求的效用水平。注意，我们仍然在给定价格下选择消费量 x_1 和 x_2。

我们可以将 $\bar{u}$ 的值视为给定的生活水平。然后，我们要问：给定商品的价格，达到这一生活水平的最便宜的方法是什么？

我们再次假定消费者的偏好由柯布-道格拉斯效用函数 $\bar{u}=x_1^{\alpha}x_2^{1-\alpha}$ 表示。因此，消费者的支出最小化问题为

$$\min p_1x_1+p_2x_2$$
$$\text{s. t.}\quad \bar{u}-x_1^{\alpha}x_2^{1-\alpha}=0$$

此时，注意到，我们可以省点事。这一问题实际上与柯布-道格拉斯生产函数中厂商的长期成本函数一例完全相同，只需要用 x_1 替换 K、用 x_2 替换 L、用 p_1 代替 r、用 p_2 代替 w、用 u 代替 y、用 $1-\alpha$ 替换 β。显然，问题也相同：x_1 和 x_2 都是效用函数的"投入"，我们想找到"生产"给定效用水平的成本最低的方法。因此，可直接利用在那个例子中所得到的有约束条件的成本最小化问题的结果：

$$x_1=\left(\frac{\alpha}{1-\alpha}\right)^{(1-\alpha)}\left(\frac{p_2}{p_1}\right)^{(1-\alpha)}\bar{u}$$

$$x_2=\left(\frac{1-\alpha}{\alpha}\right)^{\alpha}\left(\frac{p_1}{p_2}\right)^{\alpha}\bar{u}$$

它们是两种商品的补偿需求函数，因为它们表明消费量如何随价格和效用变化。显然，它们不同于在前面消费者需求一例中所得到的非补偿需求函数。为了便于比较，也将后两者在此写出：

$$x_1=\frac{\alpha m}{p_1}$$

$$x_2=\frac{(1-\alpha)m}{p_2}$$

其中，m 为消费者的收入。一个重要的区别是，对偶问题的需求函数中包含了两种商品的价格，它表明真正重要的是两种商品的价格之比。

为了说明其中的原因，考虑图 13.4。图中我们看到商品 1 的价格从 p_1^0降至 p_1^1的效应。如果我们要达到相同的效用水平，那么价格变化后的支出必须足以使得初始的无差异曲线 u^0 被达到。因此，预算线在 u^0 附近滑动，使得对 x_1 的需求从 x_1^0变动到 x_1^1。这称为补偿价格效应，因为支出的变化正好使效用保持不变。另一方面，如果收入（它等于支出）保持不变，那么价格变化后，预算线就会转向 B^1，新的效用水平为 u^1，需求变为 x_1^2。此时，我们得到了非补偿价格效应。因此，前面 x_1 的第一个需求函数给出了补偿效应，而第二个需求函数给出了非补偿效应。

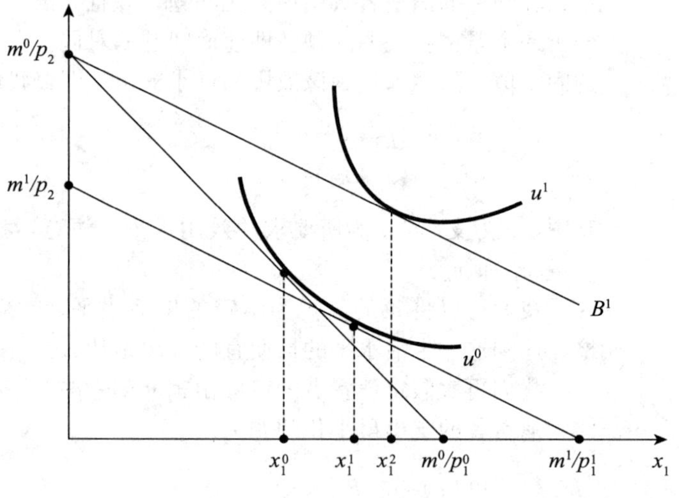

图 13.4　补偿和非补偿需求变化

正如前面推导厂商的成本函数一样，这里我们也可以推导出消费者的成本函数。它通常被称为支出函数，因为它将既定价格下达到给定效用水平所要求的支出表示为效用水平和价格的函数。因此，将 x_1 和 x_2 的补偿需求函数代入表达式 $e=p_1x_1+p_2x_2$，重新整理，可得支出函数

$$e = a p_1^{\alpha} p_2^{(1-\alpha)} \bar{u}$$

其中，$a = (\alpha/(1-\alpha))^{(1-\alpha)} + ((1-\alpha)/\alpha)^{\alpha}$。

对 λ 的解释

表面上看，我们人为地引入 λ 来帮助我们得到给出解的那些条件。但是实际上，在所有约束最优化问题中，λ 都有一个非常重要并且有趣的经济解释。我们将它概括如下：

定理 13.2 在最优解处，拉格朗日乘子 λ 的值总会给出稍微放松的约束条件对函数 f 最优值的影响。

我们会在 14.3 节证明这个重要的定理。

练习

1. 求解下面有约束条件的最大化和最小化问题，用图形解释你的答案：

(a) $\max\ y = 2x_1 + 3x_2 \quad \text{s. t.} \quad 2x_1^2 + 5x_2^2 = 10$

(b) $\max\ y = x_1^{0.25} x_2^{0.75} \quad \text{s. t.} \quad 2x_1^2 + 5x_2^2 = 10$

(c) $\min\ y = 2x_1 + 4x_2 \quad \text{s. t.} \quad x_1^{0.25} x_2^{0.75} = 10$

(d) $\max\ y = (x_1 + 2)(x_2 + 1) \quad \text{s. t.} \quad x_1 + x_2 = 21$

2. (a) $\max\ y = 2x_1 + 4x_2 - x^2 - 0.5x_2^2 - 2x_1x_2 \quad \text{s. t.} \quad 2x_1 + x_2 = 10$

(b) $\max\ y = x_1 x_2 \quad \text{s. t.} \quad x_1^2 + x_2^2 = 16$

(c) $\max\ y = x_1^2 + x_2^2 \quad \text{s. t.} \quad (x_1^2/25) + (x_2^2/9) = 1$

(d) $\min\ y = 2x_1 + x_2 \quad \text{s. t.} \quad (0.2x_1^{-0.5} + 0.8x_2^{-0.5})^{-2} = 1$

3. 在本节农场主土地配置的例子中，求解用产出而不是土地配置表示的问题。在（y_1，y_2）空间中画出净收入函数的等值曲线，解释切点解。利用图形说明，如果产出 1 的净收入相对于产出 2 的净收入增加，结果会如何。

4. 短期成本最小化。在本节的成本最小化厂商模型中，假定厂商可用资本固定为 $K = K^0$。求解成本最小化问题，导出它的成本函数，讨论它们的性质，并将它们同例子中导出的长期成本函数做比较。

5. 已知消费者的效用函数为

$$u = (x_1 - c_1)^{\alpha} (x_2 - c_2)^{1-\alpha}, \quad \alpha^{*} > 0$$

其中，c_1 和 c_2 为生存所要求的最低商品消费量。导出需求函数，讨论它们的性质，并将它们同柯布-道格拉斯一例中的结果进行比较。

6. 导出练习 5 中效用函数的补偿需求函数和支出函数，并将它们同柯布-道格拉斯一例中的结果进行比较。

---

* 原书为 $a, b > 0$，疑误——译者注

7. 考虑成本最小化问题：

$$\min C = rK + wL \qquad \text{s. t.} \quad \bar{y} = f(K, L)$$

证明：在最优值点处，λ^* 等于边际成本。

8. 在本节“学生的时间分配问题”一例中，画出如下平均分函数的等值曲线，并且指出切点解：

$$\bar{g} = \frac{20 + 20\sqrt{t_1} - 80 + 3t_2}{2}$$

13.2 有约束条件的最优化的二阶条件

在上一节中，与无约束情形一样，我们看到了约束问题的最大化和最小化的一阶条件。因此，我们有必要考察二阶条件。一种全局性方法是对经济模型做出假定，确保目标函数和约束函数具有合适的形状。在 13.3 节，我们将会看到，目标函数拟凹（拟凸）和约束函数定义了一个凸集是存在最大值（最小值）的充分条件。不过，出于某些考虑，特别是考虑到（下一章将会讨论的）比较静态分析，我们需要利用最优点附近的微小偏移表示的局部形式的二阶条件。

在 12.2 节中我们看到，无约束情形中的局部二阶条件可以用目标函数海塞矩阵行列式的顺序主子式的符号表示。在约束最优化问题中，方法类似，但更复杂。我们不去严格地推导这些条件，只是陈述并且解释一下。

首先，考虑最简单的带有两个变量和一个约束问题的情形：

$$\max f(x_1, x_2)$$
$$\text{s. t.} \quad g(x_1, x_2) = 0$$

拉格朗日函数为

$$\mathcal{L}(x_1, x_2, \lambda) = f(x_1, x_2) + \lambda g(x_1, x_2)$$

假设点（x_1^*，x_2^*，λ^*）产生了拉格朗日函数的一个稳态值，因此，我们有

$$\frac{\partial \mathcal{L}}{\partial x_1} = f_1(x_1^*, x_2^*) + \lambda^* g_1(x_1^*, x_2^*) = 0$$

$$\frac{\partial \mathcal{L}}{\partial x_2} = f_2(x_1^*, x_2^*) + \lambda^* g_2(x_1^*, x_2^*) = 0$$

$$\frac{\partial \mathcal{L}}{\partial \lambda} = g(x_1^*, x_2^*) = 0$$

下面，我们导出拉格朗日函数的海塞矩阵：

$$H^* = \begin{bmatrix} f_{11} + \lambda^* g_{11} & f_{12} + \lambda^* g_{12} & g_1 \\ f_{21} + \lambda^* g_{21} & f_{22} + \lambda^* g_{22} & g_2 \\ g_1 & g_2 & 0 \end{bmatrix}$$

矩阵中的偏导数都在点（x_1^*，x_2^*，λ^*）处取值，这也是矩阵上有上标“$*$”的原因。在标准的消费者问题中，约束函数为线性的（即 g_i 为零），该矩阵就是目标函数的海塞矩阵在边上加上向量 $[g_1, g_2, 0]$。

定理 13.3 如果（x_1^*，x_2^*，λ^*）给出了拉格朗日函数 $\mathcal{L}(x_1^*, x_2^*, \lambda^*)=f(x_1, x_2)+\lambda g(x_1, x_2)$ 的稳态值，那么

（ⅰ）如果加边海塞矩阵行列式 $|H^*|>0$，（x_1^*，x_2^*，λ^*）就会产生一个最大值。

（ⅱ）如果加边海塞矩阵行列式 $|H^*|<0$，（x_1^*，x_2^*，λ^*）就会产生一个最小值。

例 13.3 证明例 13.1 中的解是一个最大值。

证明： 海塞矩阵为

$$H=\begin{bmatrix}-0.1875x_1^{-1.75}x_2^{0.75} & 0.1875x_1^{-0.75}x_2^{-1.75} & -2\\ 0.1875x_1^{-0.75}x_2^{-1.75} & -0.1875x_1^{0.25}x_2^{-1.25} & -4\\ -2 & -4 & 0\end{bmatrix}$$

在最优解处，$x_1^*=600/48=12.5$，$x_2^*=300/16=18.75$，我们有

$$H^*=\begin{bmatrix}-0.0003 & 0.0002 & -2\\ 0.0002 & -0.0904 & -4\\ -2 & -4 & 0\end{bmatrix}$$

因此

$$|H^*|=0.6896>0$$

我们得到了一个最大值。 ■

消费者问题的二阶条件

假设我们面临的问题为

$$\begin{aligned}&\max u(x_1, x_2)\\ &\text{s. t.}\quad m-p_1x_1-p_2x_2=0\end{aligned}$$

其中，u 为效用函数，预算约束为一个特殊的线性函数 g。现在，我们已经熟悉一阶条件了，因此，直接求二阶条件。关于加边海塞矩阵行列式的条件为

$$|H^*|=\begin{vmatrix}u_{11} & u_{12} & -p_1\\ u_{21} & u_{22} & -p_2\\ -p_1 & -p_2 & 0\end{vmatrix}=-p_2^2u_{11}+2p_1p_2u_{12}-p_1^2u_{22}>0$$

（其中，我们利用了 $u_{12}=u_{21}$。）根据一阶条件可知 $p_1=u_1/\lambda$，$p_2=u_2/\lambda$，将它们代入上面的条件，可得

$$-\frac{u_2^2u_{11}-2u_1u_2u_{12}+u_1^2u_{22}}{\lambda^2}>0$$

上式乘以 $-\lambda^2$，得到如下条件：

$$u_2^2u_{11}-2u_1u_2u_{12}+u_1^2u_{22}<0$$

这正好是效用函数严格拟凹的条件（见 11.5 节）。因此，我们看到，就像图形通常所证实的，当无差异曲线严格凸向原点，即效用函数严格拟凹时，无差异曲线和预算线之间的切点是一个局部最大值点。

到目前为止，我们在本节中只处理了两个变量和一个约束的问题。下面，我们将定理推广到 $n\geqslant 2$ 个变量的情形。假设面临问题

$$\begin{aligned}&\max\ f(x_1,\cdots,x_n)\\&\text{s.t.}\quad g(x_1,\cdots,x_n)=0\end{aligned}$$

拉格朗日函数为

$$\mathscr{L}(x_1,\cdots,x_n,\lambda)=f(x_1,\cdots,x_n)+\lambda g(x_1,\cdots,x_n)$$

相关的加边海塞矩阵行列式为 $(n+1)\times(n+1)$ 行列式：

$$|H^*|=\begin{vmatrix}\mathscr{L}_{11} & \mathscr{L}_{12} & \cdots & \mathscr{L}_{1n} & g_1\\ \mathscr{L}_{21} & \mathscr{L}_{22} & \cdots & \mathscr{L}_{2n} & g_2\\ \vdots & \vdots & & \vdots & \vdots\\ \mathscr{L}_{n1} & \mathscr{L}_{n2} & \cdots & \mathscr{L}_{nn} & g_n\\ g_1 & g_2 & \cdots & g_n & 0\end{vmatrix}$$

我们用该行列式的顺序主子式表示二阶条件，有：

定理 13.4 如果拉格朗日函数 $f(x_1,\cdots,x_n)+\lambda g(x_1,\cdots,x_n)$ 在 $(x_1^*,x_2^*,\cdots,x_n^*,\lambda^*)$ 处有稳态值，那么 $(x_1^*,x_2^*,\cdots,x_n^*)$ 为下列问题的解：

（ⅰ）$\max\ f(x_1,\cdots,x_n)\quad \text{s.t.}\ g(x_1,\cdots,x_n)=0$，如果 $|H^*|$ 的顺序主子式的符号以下列方式交替：

$$\begin{vmatrix}\mathscr{L}_{11} & \mathscr{L}_{12} & g_1\\ \mathscr{L}_{21} & \mathscr{L}_{22} & g_2\\ g_1 & g_2 & 0\end{vmatrix}>0,\quad \begin{vmatrix}\mathscr{L}_{11} & \mathscr{L}_{12} & \mathscr{L}_{13} & g_1\\ \mathscr{L}_{21} & \mathscr{L}_{22} & \mathscr{L}_{23} & g_2\\ \mathscr{L}_{31} & \mathscr{L}_{32} & \mathscr{L}_{33} & g_3\\ g_1 & g_2 & g_3 & 0\end{vmatrix}<0,\cdots$$

因此，$|H^*|$ 的符号为 $(-1)^n$。

（ⅱ）$\min\ f(x_1,\cdots,x_n)\quad \text{s.t.}\ g(x_1,\cdots,x_n)=0$，如果 $|H^*|$ 的所有主子式严格为负。

注意，在定理 13.3 和定理 13.4 中，我们给出的是充分条件，而不是必要条件。向量 $(x_1^*,x_2^*,\cdots,x_n^*)$ 可以产生约束问题的最优解，但未必满足这些条件。然而，在经济应用，主要是在比较静态分析中，通常假定这些充分条件成立。因此，我们不去讨论数学上的一般性。

练习

1. 求 13.1 节练习 1 中的最优化问题，证明所得到的答案是一个最优值。

2. 考虑 13.1 节中的学生时间配置模型，证明模型的解会产生一个最大值。

3. 考虑 13.1 节中农场主土地配置的一般模型，证明模型的解会产生一个约束最大值。

13.3 存在性、唯一性和解的刻画

在 13.1 节和 13.2 节中，我们考察了利用拉格朗日乘子法求最优化问题的解，但没有考察该解是否存在，或者说在什么条件下存在这一问题。本节我们来回答这个问题。

考虑严格递增的可微函数 $f\in C^2$ 的最大化问题（严格递增这一假设可以用我们熟悉的图形表示，但不会改变命题的本质）。将约束问题的思想做一个更一般的表述也很方便，我们不引入函数约束，只用可行集来充当解点构成的集合。根据约束问题的定义，这一可行集 X 为集合 $\mathbf{R}^n$，$n\geqslant 1$ 的真子集。出于解释的需要，我们取 $n=1$ 和 $n=2$。

第一个最基本的问题是存在性问题：我们怎么能够确信给定的最优化问题的解存在？答案由下面的定理给出。

定理 13.5（威尔斯特拉斯定理） 如果函数 f 是连续的，X 是非空有界闭集，那么函数 f 在 X 上既有最大值又有最小值。

该定理说明，如果满足给定的条件，那么最大化或者最小化问题的解一定存在。注意，这些条件不是必要的：当它们不满足时，最大值或最小值可能存在，也可能不存在，这取决于具体问题。图 13.5 解释了函数不连续这类问题。在图 13.5（a）中，函数在 x^0 点不连续，显然，在集合 X 上不存在最大值或最小值。连续性这一要求排除了这类问题。但是，并非所有的不连续性都会产生问题，如图 13.5（b）所示。图中，函数在 x^* 点存在最大值，在 x_* 点存在最小值。在多数经济模型中，我们通常假定所要最大化或者最小化的函数可微，而这又意味着连续性，所以第一个条件通常满足。

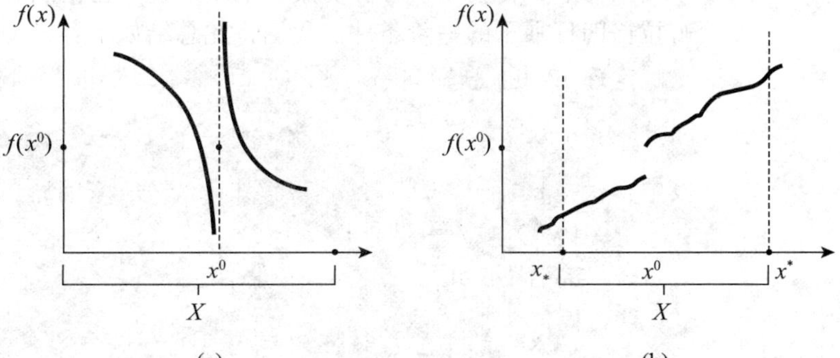

图 13.5　f 不连续

集合 X 非空是解存在的必要条件。如果没有可供选择的 x 值，就不可能存在解。如果我们将可行集视为某些潜在约束所界定的集合，那么集合为空集等价于这些约束没有公共解。例如，假设某个特定问题中的约束为

$$3x_1+6x_2=8$$
$$x_1+2x_2=4$$
$$x_1+x_2=6$$

本例中，不存在同时满足上述方程的 (x_1, x_2) 组合。就图形而言，这三个方程所界定的三条线不会相交于一点。因此，可行集是空的。（这也顺便解释了 13.2 节中所提及的约束个数多于变量个数这一问题。）

2.3 节给出了有界集的定义：如果 X 是一个有界集，那么在集合内不可能沿着任意方向趋于无穷大。为了说明集合无界时所产生的问题，考虑消费者的最大化问题。假设只有两种商品，其中一种商品的价格是零。那么价格为零的商品的购买量为无穷大，因而预算集是无界的。如果效用函数 f 是这种自由商品的函数，那么消费者永远都不会满足于消费有限数量的该商品。因此，该问题无解。

可行集不是闭集时可能出现的问题也容易解释，假设问题是

$$\max y=2x, \quad 0<x<1$$

可行集为开区间 (0, 1)，区间端点不包含在可行集中。相应的 y 值落入开区间 (0, 2)。此时，最大化问题无解，最小化问题也无解，因为我们可以随心所欲地让 x 逼近但不达到它的上界。当我们这样做的时候，y 的值朝着 2 增加，但不会达到该值。另一方面，问题

$$\max y=2x, \quad 0\leqslant x\leqslant 1$$

在 $x=1$ 处有解。本例中，可行集包含了它的边界点，因此是闭集。这就是为什么将最优化问题形式化的时候要避免严格不等式。如果随着我们移向可行集的边界点，函数值增加，而可行集又不包含边界点，那么最优解将不存在。

定理 13.5 的正式基础在于，如果 f 是连续函数，X 为有界闭集，那么像集 $f(X)$ 也是有界闭集。但是，这个像集是一个实数集，而有界、闭的实数集有最大值和最小值。

从现在起，假定在我们考虑的任何问题中，解的存在性条件都成立。下一个重要的问题是，假定解存在，拉格朗日方法能够给出该解吗？或者换句话说，在什么条件下，拉格朗日方法奏效？本质上说，拉格朗日法奏效，当且仅当可以求解拉格朗日乘子的一阶条件。我们将此总结如下：

定理 13.6 已知问题

$$\max f(\mathbf{x}) \qquad \text{s.t. } g^1(\mathbf{x})=0, \quad g^2(\mathbf{x})=0, \cdots, g^m(\mathbf{x})=0$$

其中，$\mathbf{x}=(x_1, \cdots, x_n)$，$m<n$。如果 x^* 是该问题的解，并且 $n\times m$ 矩阵 G ($G=[g_i^j(\mathbf{x}^*)]$, $i=1, \cdots, n$, $j=1, \cdots, m$) 的秩为 m，那么存在实数 $\lambda_1, \cdots, \lambda_m$，满足如下 $n+m$ 个条件：

$$f_i(\mathbf{x}^*)+\sum_j \lambda_j g_i^j(\mathbf{x}^*)=0, \quad i=1,\cdots,n$$

$$g^j(\mathbf{x}^*)=0, \quad j=1,\cdots,m$$

假定拉格朗日乘子存在，由拉格朗日问题的一阶条件可得到约束问题的最优解的证明是很直观的。对于最大值，因为 x^* 最大化拉格朗日函数，故我们有

$$f(\mathbf{x}^*)+\sum_j \lambda_j^* g^j(\mathbf{x}^*) \geqslant f(\mathbf{x})+\sum_j \lambda_j^* g^j(\mathbf{x}), \quad 对于\ \forall\ \mathbf{x}$$

但是，对于所有可行的 $\mathbf{x}$，$g^j(\mathbf{x})=0$。同时，根据一阶条件我们还知道，$g^j(\mathbf{x}^*)=0$ 。因此，我们必有

$$f(\mathbf{x}^*)\geqslant f(\mathbf{x}), \quad 对所有可行的\ \mathbf{x}$$

类似的证明适用于最小值的情形。

最后，我们需要考虑一点，最优性条件只是找出了局部而不是整体最优解。这一问题不同于上一节处理的二阶条件。一个点可能同时满足最大值的一阶和二阶条件，但未必是问题的真正解，因为尽管它是相对于它邻域中的点的最大值点，但是可行集中还有其他点给出了更大的函数值。如果我们使用可能找出局部最优解的方法求解，那么需要知道，在什么条件下该方法所找到的解确实是我们所要求的解。

图 13.6 给出了回答。图（a）和图（b）给出了局部最大值点不是整体最大值点的例子。在这两种情形中，局部二阶条件成立，但是，沿着约束等值曲线移动最终会产生位于所要最大化的函数的更高等值曲线上的点。图 13.6（c）给出了一个性态良好的例子：局部最优解也是唯一的整体最优解，因为约束等值曲线上不存在位于更高的 f 等值曲线上的点。

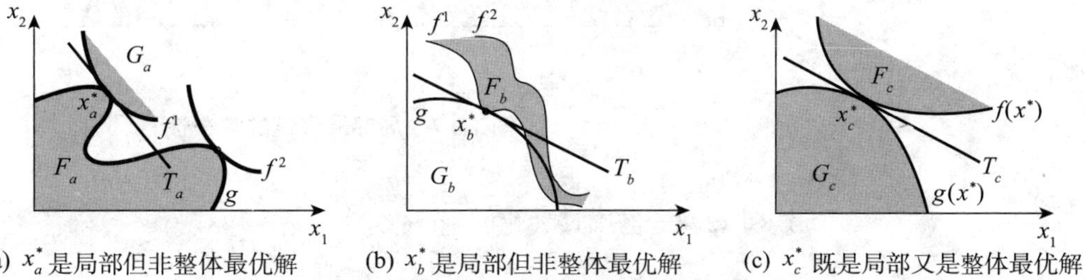

(a) x_a^* 是局部但非整体最优解　(b) x_b^* 是局部但非整体最优解　(c) x_c^* 既是局部又是整体最优解

图 13.6　局部和整体最优解

我们可以将这些情况中的区别用图中所示的切线 T_a、T_b 和 T_c 表示。关键区别在于，在图（c）中，T_c 将阴影集 F_c 与阴影集 G_c 分离开来了。这两个集合唯一的共同点是最大值点 x_c^*，G_c 中的所有其他点都位于切线下方，而 F_c 中所有其他点都位于切线上方。因此，在 G_c 内没有任何可行点能够给出比 $f(x_c^*)$ 更高的函数 f 的值。另一方面，在其他两种情形中，不存在这样的分离线。切线 T_a 和 T_b 无法分离集合 F_a 和 G_a 或者 F_b 和 G_b，使得一个集合位于切线一边，而另一个则位于另一边。

这说明要确保局部最优解也是整体最优解，我们需要保证，问题中的可行集能够在前述意义上与同局部最优解至少一样好的点集（例如 F_c）分离开来。回忆一下 2.5 节中拟凹和拟凸函数的定义。当 f 和 g 都是 x_1 和 x_2 的严格增函数时，拟凹函数的等值曲线为直线或者凸向原点，如图 13.6（c）中的 $f(x^*)$；拟

凸函数的等值曲线为直线或者凹向原点，如图 13.6（c）中的$g(x^*)$。这从直观意义上给出了下述定理的一个解释。

定理 13.7 已知有约束条件的最大化问题

$$\max f(\mathbf{x}) \quad \text{s.t.} \quad g^1(\mathbf{x})=0,\cdots,g^m(\mathbf{x})=0$$

如果函数 f 是拟凹的，函数 g^j，$j=1$，…，m 都是拟凸的，那么该函数的任何局部最优解同时也是整体最优解。

在求解最优化问题时，我们不仅要知道局部最优解也是整体最优的，而且还要知道局部和整体最优解是否唯一。如图 13.7（a）所示，当 f 为拟凹函数，约束函数 g 拟凸时，由于它们的等值曲线上存在线性部分，因此局部最优解尽管也是整体最优解，但可以不唯一。图 13.7（b）表明，将关于 f 的拟凹条件加强为严格拟凹就能够确保解的唯一性。同样，如果我们把对 g 的凸性要求强化为严格拟凸，那么也能确保解的唯一性。定理 13.8 给出了最常碰到的最大化问题的解唯一的充分条件。

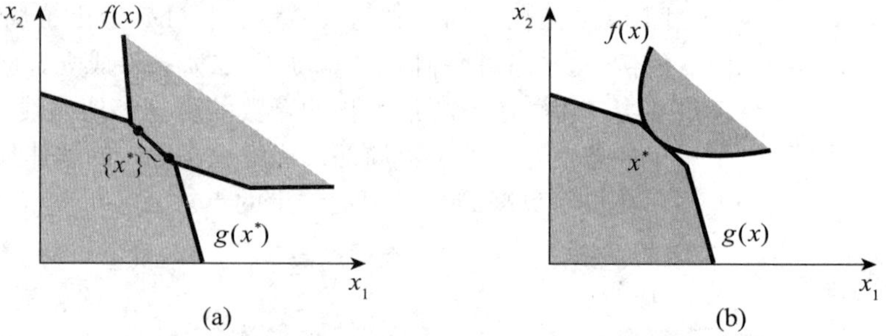

图 13.7 局部最大值的唯一性

定理 13.8 已知最大化问题

$$\max f(\mathbf{x}) \quad \text{s.t.} \quad g^1(\mathbf{x})=0,\cdots,g^m(\mathbf{x})=0$$

其中 f 和 g 为 $\mathbf{x}$ 的增函数，如果

（i）f 为严格拟凹的，函数 g^j，$j=1$，…，m 都是拟凸的，或者

（ii）f 为拟凹的，函数 g^j，$j=1$，…，m 都是严格拟凸的，

那么局部最优解也是整体最优解。

练习

1. 对 13.1 节末练习 1 中的每个问题，证明目标函数和约束满足定理 13.7 的条件。考虑定理 13.4 在每个例子中的应用。

2. 画出可行集为闭集或者无界集但解存在的例子的图形。

3. 画出函数 g 不是拟凸的，或者函数 f 不是拟凹的，但是局部最大值是整体最大值的例子的图形。

4. 利用类似于图 13.6 的图形证明，如果函数 g 拟凹，函数 f 拟凸，那么局部最小值也是整体最小值。

5. 讨论定理 13.6 在包含两个变量和一个约束的情形中的应用。

6. 就最小化问题给出与定理 13.8 等价的定理。

本章小结

关键词

拉格朗日函数　　拉格朗日方法　　拉格朗日乘子

威尔斯特拉斯定理

思考题

1. 已知含有 $n \geqslant 2$ 个变量和 $m \geqslant 1$ 个约束（$n > m$）的最大化或最小化问题，写出拉格朗日函数和一阶条件。

2. 在最优解处，拉格朗日乘子作何解释？

3. 给出含有两个变量和一个约束的问题的加边海塞矩阵。要确保最大值和最小值，行列式的符号如何？试推广到 $n > 2$ 个变量的情形。

4. 要确保有约束条件的最优化问题存在最大值或最小值，目标函数和可行集需要满足什么条件？这些条件中哪些是必要条件？

5. 对于给定的有约束条件的最优化问题，确保拉格朗日乘子存在的充分条件是什么？

6. 确保局部最优解也是整体最优解的条件是什么？

复习题

1. 厂商生产两种产品，在完全竞争市场上销售。它使用供给量固定的单一投入品。生产函数严格凹。给出并求解投入品在两种产品之间的最优配置问题。求可供使用的投入品数量的微小增加所导致的利润增加值或者表达式。

2. 厂商根据 CES 生产函数生产单一产品，并且在两个分离的垄断市场上销售，厂商在竞争市场上购买投入品。

给出并且求解使利润最大化的投入、总产出和在两个市场上的销售量的选择问题。解释这一问题中的拉格朗日乘子。

3. 企业可用于投资的货币额固定。它可以投资于一项生产性投资品，在一年后会产生利润，利润是投资额的严格凹的增函数。或者它可以将钱存入银行，一年后收到固定的利息。它也可以以相同的利率从银行借款并承诺用未来的利润偿还。正式描述这一投资问题，并且求解。

4. 两个生产单一产品的厂商的成本函数和需求函数完全相同。一个厂商在销售收入等于某个确定数额这一约束下最大化自身利润。另一个厂商在利润等于某个确定数额的约束下最大化销售收入。在什么条件下，它们会生产相同的产出？

第 14 章　比较静态

我们鼓励读者通过我们的网站 http：//mitpress. mit. edu/math _ econ3 来获得如下有助于学习本章的材料：

- 比较静态分析的一些例子
- 例子：简单凯恩斯模型中的政府
- 例子：收入变化对价格和产量的影响
- 例子：对垄断厂商征收产品税的影响
- 例子：折旧因子变化对投资的影响
- 例子：一个线性的 IS－LM 模型
- 例子：柯布-道格拉斯模型下工资变化的影响
- 例子：柯布-道格拉斯偏好下的斯卢茨基方程
- 利润函数
- 例子：一个竞争性厂商的利润函数
- 间接效用函数
- 支出函数
- 例子：消费者的支出函数

正如我们在第 1 章所言，经济模型有两类变量：其值由模型来确定的内生变量和其值由模型外部给定的外生变量。我们所求得的内生变量的解，通常会依赖外生变量的值。经济分析的中心部分就是说明内生变量的解如何随外生变量的变化而变化。这就是比较静态均衡分析问题或者称比较静态分析。

在 14.1 节，我们举一些简单的例子来说明比较静态分析。在 14.2 节，我们深入考察比较静态的标准模型。在最后一节，我们考虑一些更新的研究，它们利用了包络定理。

14.1 比较静态分析介绍

我们先介绍四个经济模型。

简单的凯恩斯收入决定模型

令Y表示经济中商品和服务的总供给价值。由于它会随着厂商的销售收入的增加而增加，而厂商又将部分收入支付给要素供应商，包括劳动者，所以我们也称Y为国民收入。商品和服务的总需求包括两部分：消费需求C和投资需求I。我们将I视为外生的，C由消费函数决定：

$$C=cY,\quad 0<c<1$$

其中，常数c为边际消费倾向。均衡条件为总供给必须等于总需求，或者

$$Y=C+I$$

我们用cY来替换上式中的C，然后求解Y可得

$$Y^{*}=\frac{I}{1-c}$$

图14.1给出了图形解释。图中，横轴表示Y，纵轴表示C、I和$C+I$。那么，45°线OE表示使$C+I=Y$的点集，即可能的均衡点集。直线OC，斜率为c，表示消费函数$C=cY$；而等值曲线给出了外生的投资水平I。直线IC'——斜率也为c——为总需求函数$C+I=cY+I$，它与45°线的交点给出了均衡收入水平Y^{*}。在该点处，总需求等于总供给。

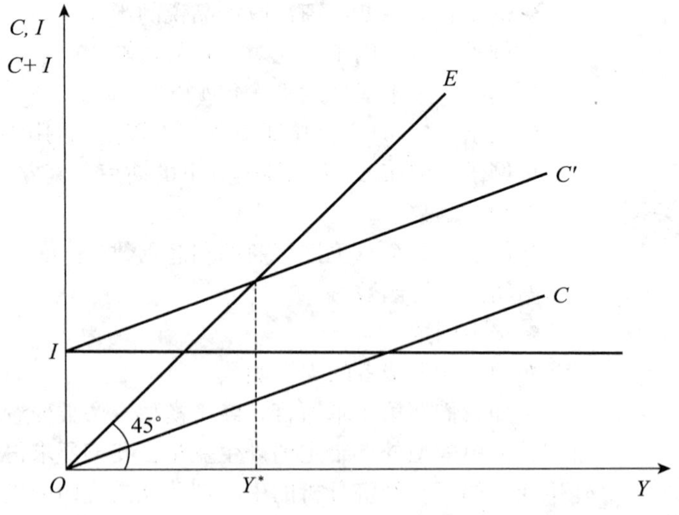

图 14.1　简单凯恩斯模型中的均衡

本模型中，我们要问的比较静态分析问题是，外生投资 I 的变化如何影响均衡收入水平 Y^*？

就数学表达而言，答案是将 Y^* 表示成 I 的函数，或者通过均衡条件

$$(1-c)Y^*-I=0$$

隐含地表示，或者通过解

$$Y^*=\frac{I}{1-c} \tag{14.1}$$

明确地表示出来。在每种情形中，通过微分都可以得到

$$\frac{dY^*}{dI}=\frac{1}{1-c}>0 \tag{14.2}$$

因此，投资增加可以使均衡国民收入变为原来的 $1/(1-c)$ 倍——这就是乘数（见 3.3 节对乘数的讨论）。

图 14.2 从图形上解释了比较静态分析。外生投资从 I 增加到 I'，使总需求曲线垂直上移相同的量，从而到达新的 $I'C''$，并且给出了更高的均衡收入 Y^{**}。

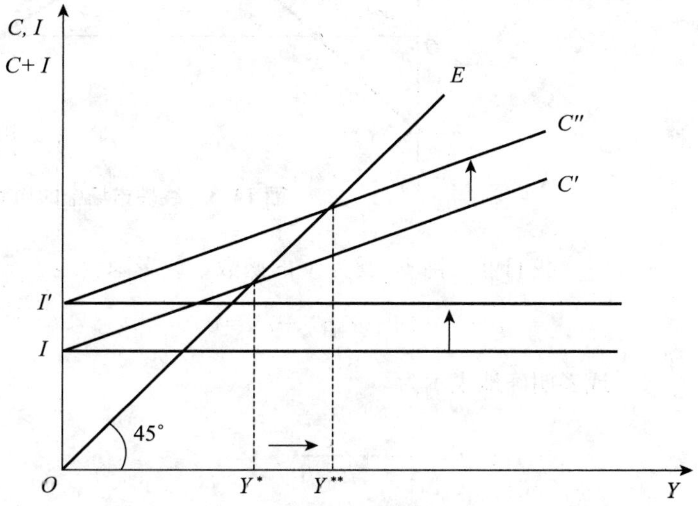

图 14.2　外生投资的增长增加了均衡收入

线性市场模型

已知商品的需求函数为下面的线性函数：

$$D=a-bp+cy,\quad a,b,c>0$$

其中，D 为需求量，p 为商品价格，y 为总的消费者收入。

商品的供给为下面的线性函数：

$$S=\alpha+\beta p,\quad \alpha,\beta>0;\quad \alpha<a+cy$$

其中，S 为供给量。市场均衡时，供给等于需求，这意味着

$$p^*=\frac{a-\alpha+cy}{b+\beta} \tag{14.3}$$

将 p^* 代入供给和需求函数，即可求得均衡的供给和需求数量。

图 14.3 给出了解的图形。注意，为了确保解位于正象限内，我们要求 $a+cy>\alpha$。本模型中的比较静态分析问题是，消费者收入 y 的变化如何影响均衡价格 p^*？

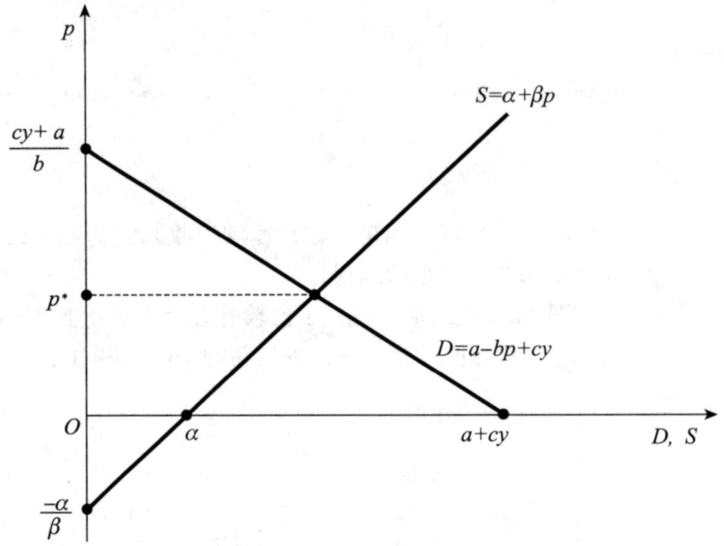

图 14.3　线性市场中的均衡

我们可以将 p^* 视为 y 的函数，或者隐含地表示为

$$a-\alpha-(b+\beta)p^*+cy=0$$

或者明确地表示为

$$p^*=\frac{a-\alpha}{b+\beta}+\frac{c}{b+\beta}y$$

无论哪种情形，我们通过微分都可以得到

$$\frac{\mathrm{d}p^*}{\mathrm{d}y}=\frac{c}{b+\beta}>0 \tag{14.4}$$

因此，模型中收入的增加会提高均衡价格，均衡价格上升的幅度如下：

1. 越高，如果 c 越大。c 表示消费者收入增加 1 美元对需求量的影响。

2. 越低，如果 b 和 β 越大。b 和 β 为需求和供给曲线的（关于价格坐标轴的）斜率。

图 14.4 给出了这一效应。消费者的收入从 y 增加到 y' 使需求曲线向外平行移动，它与供给曲线的新交点为 p^{**}。因此，新的均衡价格上升了。

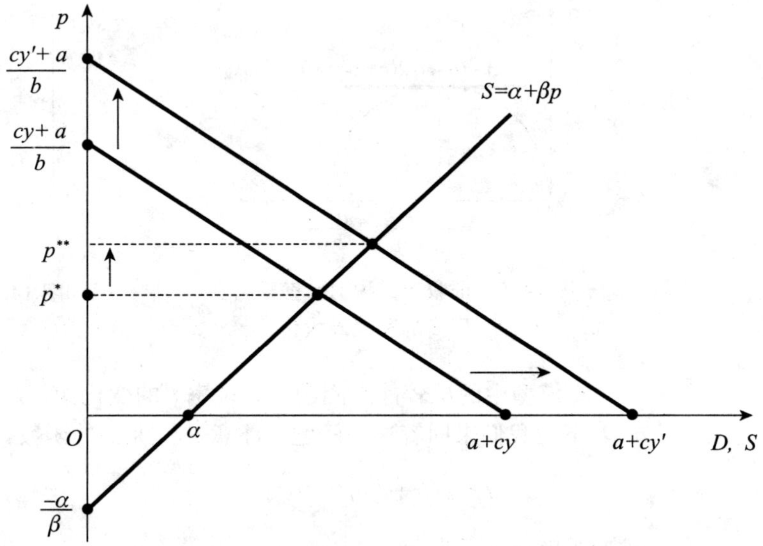

图 14.4　消费者收入的增加提高了均衡价格

对垄断厂商征收产品税模型

垄断厂商的（反）线性需求函数为

$$p=a-bq, \quad a,b>0$$

总成本函数为

$$C=cq^2, \quad c>0$$

政府对每单位产品征税的税率为 t，厂商的税后利润函数为

$$\begin{aligned}\pi(q,t)&=aq-bq^2-cq^2-tq\\&=(a-t)q-(b+c)q^2\end{aligned}$$

厂商的利润最大化产出必须满足条件（假设在解点 $q>0$）

$$a-t-2(b+c)q^*=0$$

由此得到解：

$$q^*=\frac{a-t}{2(b+c)}$$

如图 14.5 所示。注意，我们必须假定 $a>t$ 以确保解 $q^*>0$。线性需求函数和二次成本函数给出了一个二次利润函数。

在图 14.6 中，我们描述了边际利润函数

$$\frac{\mathrm{d}\pi}{\mathrm{d}q}=a-t-2(b+c)q$$

这是一条斜率为负的直线，它与横轴相交于点 q^*。

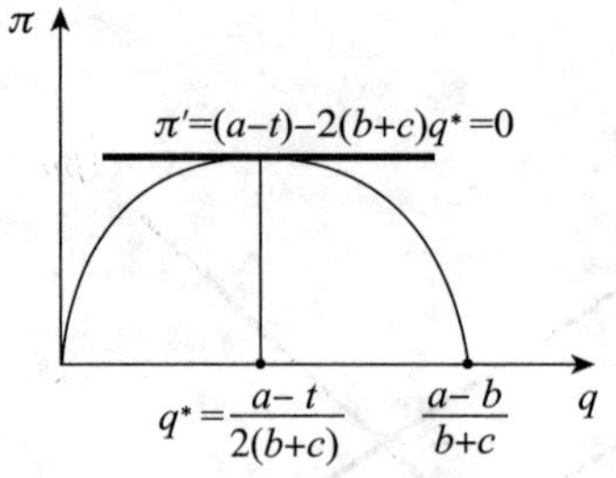

图 14.5　征收产品税时，垄断厂商的利润最大化

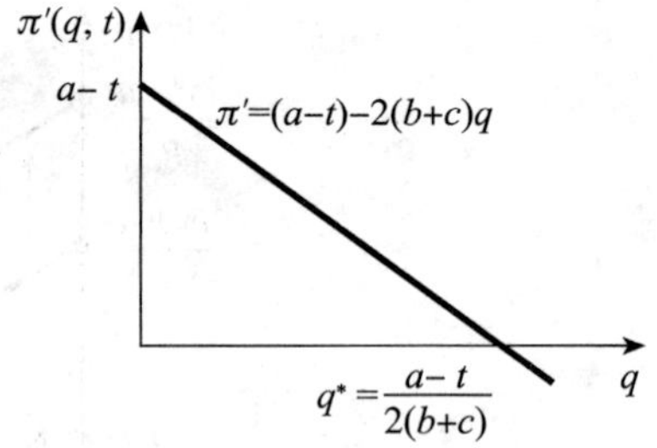

图 14.6　边际利润函数

本模型中的比较静态问题是，税率 t 的变化如何影响利润最大化的产出水平 q^*？下面我们来回答这一问题。注意，q^* 是 t 的函数，或者隐含地表示为

$$a-t-2(b+c)q^*=0$$

或者明确地表示为

$$q^*=\frac{a}{2(b+c)}-\frac{t}{2(b+c)} \tag{14.5}$$

在每种情形中，微分可得

$$\frac{\mathrm{d}q^*}{\mathrm{d}t}=-\frac{1}{2(b+c)}<0 \tag{14.6}$$

因此，税率提高降低了利润最大化的产出。需求曲线和边际成本曲线的斜率（关于数量轴）越大，减少量越小。

图 14.7 利用边际利润函数解释了这一结果。税率从 t 增加到 t' 使边际利润曲线平行下移，它与横轴的新交点，即新的利润最大化产出为 $q^{**}<q^*$。

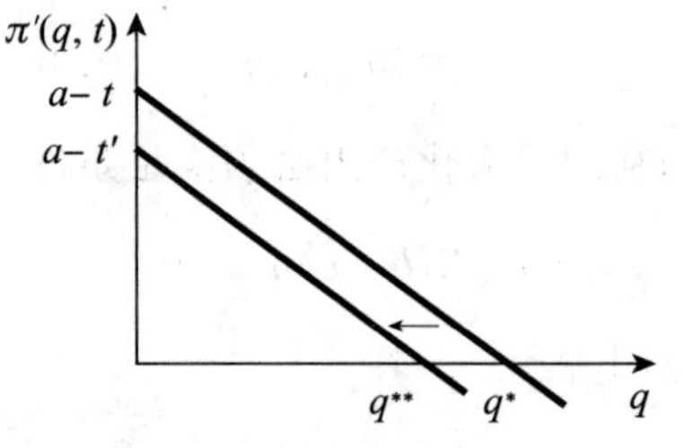

图 14.7　税率的增加减少了利润最大化的产出

最优增长模型

宏观计划者可以控制资源在消费和投资之间的配置。经济只存在两个时期，计划者希望最大化如下效用函数：

$$u(C_1,C_2)=\ln C_1+\beta\ln C_2,\quad 0<\beta<1$$

其中，C_t 为时期 $t=1$，2 的消费，β 为贴现因子。

在时期 1，外生给定的总收入为 Y_1^0，它必须全部用于消费和投资：

$$C_1+I=Y_1^0$$

由于时期 2 之后经济不复存在，所以第二期的全部收入都用于消费。第二期的收入（等于消费）和第一期的投资之间的关系由下面的函数给出：

$$C_2=I^{\alpha},\quad 0<\alpha<1$$

它是递增且严格凹的函数。我们希望确定经济中的最优投资。我们可以将问题正式表述为只含 I 的表达式，由于

$$C_1=Y_1^0-I$$

因此，将 C_1 和 C_2 的表达式代入目标函数，可得

$$\begin{aligned}v(I)&=\ln(Y_1^0-I)+\beta\ln(I^{\alpha})\\&=\ln(Y_1^0-I)+\alpha\beta\ln I\end{aligned}$$

v 的最大值关于 I 的一阶条件为

$$v'(I^*)=-\frac{1}{Y_1^0-I^*}+\frac{\alpha\beta}{I^*}=0$$

这意味着

$$\alpha\beta Y_1^0-[1+\alpha\beta]I^*=0$$

因此，最优解为将当前收入的 $\alpha\beta/(1+\alpha\beta)$ 部分用于投资，将剩下的部分用于当前消费。如图 14.8 和图 14.9 所示。此外，我们有一个严格的凹函数（对 v 再次微分可证明这一点）和斜率为负的边际效用函数 $v'(I)$。当然，在本例中，后者不是线性的。

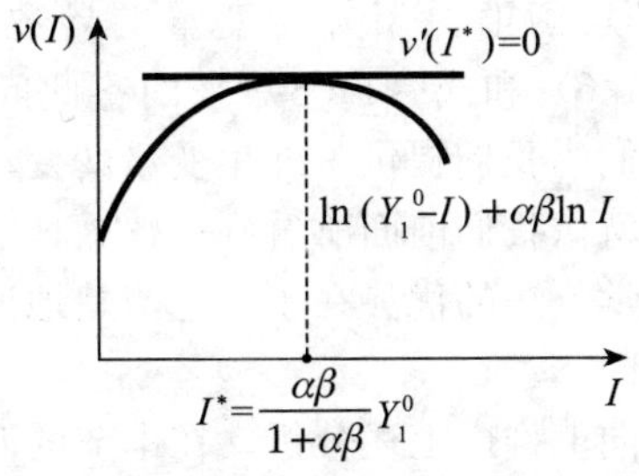

图 14.8　最优投资：总效用

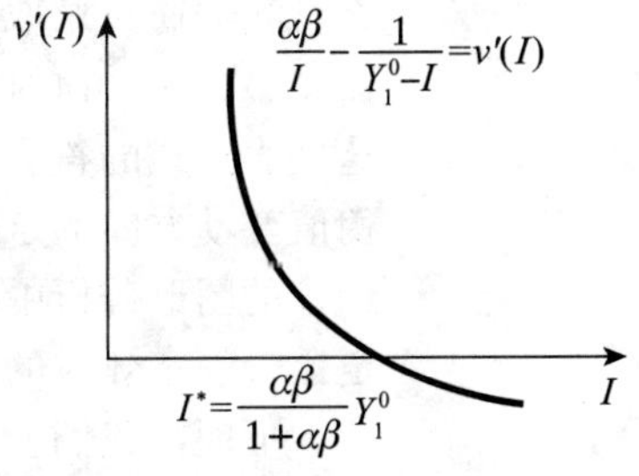

图 14.9　最优投资：边际效用

本模型的比较静态问题是，初始收入 Y_1^0 的变化如何影响最优投资 I^*？下面，我们来回答这一问题。注意，I 可以看作 Y_1^0 的函数，或者隐性地表示为

$$\alpha\beta Y_1^0-(1+\alpha\beta)I^*=0$$

或者明确地表示为

$$I^*=\frac{\alpha\beta}{1+\alpha\beta}Y_1^0 \tag{14.7}$$

无论哪种情形，微分可得

$$\frac{\mathrm{d}I^*}{\mathrm{d}Y_1^0}=\frac{\alpha\beta}{1+\alpha\beta}>0 \tag{14.8}$$

因此，初始收入的增加会提高最优投资。由于 $0<\alpha, \beta<1$，投资总是按照初始收入的一定比例增加。而且，由于 $\alpha\beta/(1+\alpha\beta)$ 是 α 和 β 的增函数（见本节练习 4），因而可以说 α 越大（即投资的生产力越高），β 越大（即未来效用的贴现程度越弱），那么收入变化对最优投资的影响越大。本质上，这是因为用于投资的收入份额更大了。

图 14.10 解释了这一点。Y_1^0 到 $\hat{Y}_1^0$ 的增加使曲线 $v'(I)$ 右移。函数的负数部分决定了曲线递减，那么 I 轴截距的增加意味着最优投资由 I^* 增至 I^{**}。

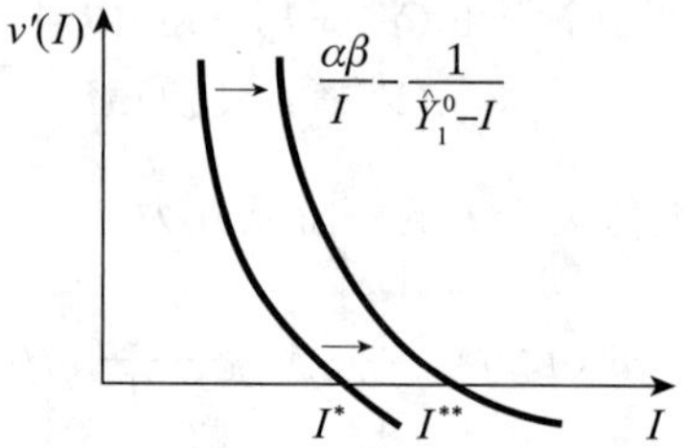

图 14.10　第一期收入的增加会提高最优投资

对四个模型的分析是经济学中的典型分析。它们都很简单，从中可以清楚地看到分析是如何进行的。我们利用模型中的基本关系来推导出只包含所要求解的内生变量、外生变量和模型参数的**基本方程**。然后再求解该方程的内生变量，将它表示为外生变量的函数（前面例子中的式（14.1）、式（14.3）、式（14.5）和式（14.7））。

比较静态分析所要回答的问题是，外生变量的变化对内生变量解的影响是什么？我们通过求取内生变量均衡值关于外生变量的导数（或前面例子中的式（14.2）、式（14.4）、式（14.6）和式（14.8））来回答此问题。我们感兴趣的是这些表达式的符号，因为它们为我们提供了外生变量的变动所导致的内生变量均衡值变动方向的定性信息。就像我们前面所看到的，这种定性信息通常也可以从纯粹的图形分析中获得。数学方法的优势在于，它清楚地说明了模型参数如何决定比较静态效应的大小和方向。

下面，我们会在两个方向上推广上述分析。在本节的四个模型中，我们采取了具体的函数形式，它们都很特别。我们需要考虑如何将该方法推广到一般函数形式的模型分析中。当然，对于这些一般函数，我们可能也要施加某些限制，譬如说凹性或者凸性。此外，前面的模型只含有一个内生变量和一个外生变量，我们希望将其推广到含有任意个变量的情形。在 14.2 节中，我们将讨论这两种推广情形。

练习

1. 在简单的凯恩斯收入决定模型中，假定开始时 $c=0.8$，$I=1\ 000$，然后 I 增加到1 200。画出图 14.2 的对应图形，并且求解两个国民收入水平。本例中的乘数是多少？

2. 在线性市场模型中，函数为

$$D=100-p+2y$$
$$S=50+2p$$

开始时，$y=10$，随后 $y=20$。画出图 14.4 的对应图形，并且求解均衡价格。

3. 在征税的利润最大化垄断模型中，函数为

$$p=100-q$$
$$C=0.5q^2$$

起初 $t=1$ 美元，然后 $t=2$ 美元，画出图 14.5 和图 14.7 的对应图形。求解每种情形中的利润最大化产出。利用边际收入和边际成本曲线的图形重新阐述比较静态分析。解释该图与图 14.5 和图 14.7 之间的关系。

4. 在最优增长模型中，假定

$$\alpha=0.5,\quad \beta=0.8,\quad Y_1^0=1\ 000,\quad \hat{Y}_1^0=1\ 500$$

画出图 14.8 和图 14.10 的对应图形，求解两个投资水平，同时说明比值 I^*/Y_1^0 是 α 和 β 的增函数。[提示：$\alpha\beta/(1+\alpha\beta)$ 对 α 或 β 求导。] 给出（与数学分析相对应的）经济解释。

5. 外生变量不变时，确定下列参数变化的比较静态效应：

(a) 在凯恩斯模型中，利用图形和数学说明 c 下降对均衡国民收入的影响，并且给出这一效应的经济解释。

(b) 在线性市场模型中，说明 y 给定时，b、β 和 c 的变化效应，并且解释这些结果。

(c) 在垄断征税模型中，说明 a 和 c 的变化效应，并且解释这些结果。

6. 住房需求函数为

$$D=100p^{-1}r^{-2}$$

其中 p 为住房价格，r 为外生的抵押贷款利率。住房的供给为

$$S=\bar{S}$$

$\bar{S}$ 为外生的。求解住房的价格，然后对抵押贷款利率和住房供给进行比较静态分析。

7. 厂商的出口需求函数为

$$X=a-br+cY_R,\quad a,b,c>0$$

其中，X 为出口需求，r 为汇率（用一篮子他国货币表示的本国货币价值），Y_R 为世界其他国家的收入。该国的进口需求为

$$Q=\alpha+\beta r+\gamma Y_D, \quad \alpha,\beta,\gamma>0$$

其中 Q 为进口需求，Y_D 为本国国民收入。

首先视所有收入为外生的，求解进出口均衡（贸易均衡）利率。解释 X 和 Q 中 r 的符号。其次，对收入变量进行比较静态分析，并且画图解释你的结果。

下面假定世界其他地区的汇率和收入是外生的，贸易必须通过国家收入的调整达到均衡。求解均衡收入水平，就汇率和其他国家的收入进行比较静态分析。画图解释你的答案。

如果在模型中汇率和本国收入都被视为内生变量，那么会出现什么问题？

8. 完全竞争厂商面临的市场价格为 p，产出 y 满足如下生产函数：

$$y=aL^b, \quad a>0, \quad 0<b<1$$

其中 L 为劳动投入。厂商在完全竞争市场上以价格 w 雇用劳动。仅用内生变量劳动表示利润函数，并且求解利润最大化的劳动需求，就产品价格和工资率进行比较静态分析。画图解释你的答案。

14.2 一般性的比较静态分析

下面，我们进一步推广上一节的讨论。我们先考虑只有一个内生变量 x 和一个外生变量 α，但函数形式一般化的情形。假定我们有一个经济模型，它的均衡解满足如下方程：

$$f(x^*,\alpha)=0$$

其中 x^* 为内生变量 x 的均衡值。假定函数 f 可微，它的具体解释取决于我们所研究的经济模型。我们想知道 α 的变化对 x^* 的影响。用数学语言解释为：我们想知道尽可能多的关于导数 $\mathrm{d}x^*/\mathrm{d}\alpha$ 的情况（假定该导数存在）。特别地，我们想知道该导数的符号。一旦掌握了这一点，我们就可以知道均衡值 x^* 随 α 变化的方向。

假定我们可以求解上面的方程，将 x^* 表示为 α 的可微函数（我们很快就会考虑这一点成立的条件），记为 $x^*(\alpha)$。将其代入均衡条件，可得

$$f(x^*(\alpha),\alpha)=0$$

上面的恒等式关于 x 微分，可得

$$f_x\frac{\mathrm{d}x^*}{\mathrm{d}\alpha}+f_\alpha=0$$

其中，$f_x\equiv\partial f/\partial x$，$f_\alpha\equiv\partial f/\partial\alpha$。求解该方程，假设 $f_x\neq0$，则有

$$\frac{\mathrm{d}x^*}{\mathrm{d}\alpha}=-\frac{f_\alpha(x^*,\alpha)}{f_x(x^*,\alpha)} \tag{14.9}$$

这正是我们所要求的导数。注意，这仅仅是定理 11.3——隐函数定理——的应用。因此，我们要注意：

- 必须假定 $f_x \neq 0$；
- 偏导数 f_x 和 f_α 在均衡点 $(x^*(\alpha), \alpha)$ 处取值，因此可视为给定值。

例 14.1 假设我们有如下隐函数：

$$f(x^*(\alpha), \alpha) = \ln x^* - 2\alpha^2 = 0$$

求 $\mathrm{d}x^*/\mathrm{d}\alpha$。

解： 利用式（14.9）的结果得到

$$\frac{\mathrm{d}x^*}{\mathrm{d}\alpha} = -\frac{f_\alpha}{f_x} = -\frac{(-4\alpha)}{(1/x^*)} = 4\alpha x^*$$ ■

商品市场中收入变化的效应

商品的市场需求函数为 $D(p, y)$，p 为价格，y 为总的消费者收入。商品的市场供给函数为 $S(p)$。此处，p 相当于内生变量 x，y 相当于外生变量 α。那么，价格 p^* 的均衡值由供给和需求相等决定：

$$D(p^*, y) - S(p^*) = 0$$

因此，函数 f 对应于 $D-S$，或者说过度需求。相关的导数为 $D_p - S_p$ 和 D_y。因此，我们有解

$$\frac{\mathrm{d}p^*}{\mathrm{d}y} = -\frac{D_y}{D_p - S_p}$$

假设 $D_p<0$（该商品不是吉芬商品）和 $S_p>0$。那么，收入增加对均衡价格的影响取决于该商品是正常品（$D_y>0$）还是劣质品（$D_y \leqslant 0$）。如果 $D_p>0$（该商品为吉芬物品），那么该商品必然是劣质品（$D_y<0$）。因此，收入增加对均衡价格的影响取决于 $D_p - S_p$ 的符号。

一般而言，该分析告诉我们，在比较静态分析中，任何事情皆有可能，而且这在很大程度上是常态，而不是例外。

之所以无法给出效应 $\mathrm{d}p^*/\mathrm{d}y$ 唯一的符号是因为分析所依赖的信息的一般性。我们只是对各种函数的斜率，即导数 D_p、D_y 和 S_p 的符号做了假设。因此，仅仅依靠这么少的信息，我们得不到分析的确定性结果就不足为奇了。

当然，这并不是说上面的分析无用——事实上，远非如此。这种分析方法可以使我们系统地研究所有逻辑上可能的情形，并且界定保证每一可能的情形出现的经济假设。在任何特定应用中，我们都可以找出合适的特定假设——例如，商品是否为正常品——然后利用该情形的结论。的确，分析的一般性是一个优势——我们看到，任何特定结果都必须明确或者隐含地依赖模型中函数形式的假设。例如，如果一家制造商声称消费收入的增加总是导致它所生产的商品价格上升，那么它一定隐含地假定了它的商品是正常品。

若干内生和外生变量的比较静态分析

我们已经看到，可以容易地将比较静态方法推广到一般函数形式的问题中。下面，进一步考虑多个内生和外生变量的情形。

我们首先考虑每种类型的变量都是两个的情形。正如我们将看到的，对每个内生变量，都需要一个均衡或者说一阶条件——一个 f 函数。因此，在两个内生变量和两个外生变量的模型中，解由下面的条件确定：

$$f^1(x_1^*, x_2^*, \alpha_1, \alpha_2)=0$$
$$f^2(x_1^*, x_2^*, \alpha_1, \alpha_2)=0$$

可见，内生变量的均衡解同时依赖于两个外生变量。我们需要求出四个导数 $\partial x_i^*/\partial\alpha_j$，$i$，$j=1$，2。可能的话，还要确定它们的符号。

假定我们可以求解方程，将 x_1^* 和 x_2^* 表示为 α_1 和 α_2 的可微函数 $x_1^*(\alpha_1, \alpha_2)$ 和 $x_2^*(\alpha_1, \alpha_2)$。然后将它们代入上面的条件，可得

$$f^1(x_1^*(\alpha_1,\alpha_2), x_2^*(\alpha_1,\alpha_2), \alpha_1, \alpha_2)=0$$
$$f^2(x_1^*(\alpha_1,\alpha_2), x_2^*(\alpha_1,\alpha_2), \alpha_1, \alpha_2)=0$$

我们将上式视为恒等式，对 α_1 微分，可得

$$f_1^1\frac{\partial x_1^*}{\partial\alpha_1}+f_2^1\frac{\partial x_2^*}{\partial\alpha_1}+f_{\alpha_1}^1=0$$

$$f_1^2\frac{\partial x_1^*}{\partial\alpha_1}+f_2^2\frac{\partial x_2^*}{\partial\alpha_1}+f_{\alpha_1}^2=0$$

其中，$f_{\alpha_1}^i\equiv\partial f^i/\partial\alpha_1$，$i=1$，2。再次，偏导数都在给定的均衡点取值，因此可以视为既定值。于是，我们可以将这些方程写成线性方程组：

$$\begin{bmatrix} f_1^1 & f_2^1 \\ f_1^2 & f_2^2 \end{bmatrix}\begin{bmatrix} \partial x_1^*/\partial\alpha_1 \\ \partial x_2^*/\partial\alpha_1 \end{bmatrix}=\begin{bmatrix} -f_{\alpha_1}^1 \\ -f_{\alpha_1}^2 \end{bmatrix}$$

为了求解方程组，我们要求行列式

$$|D|=f_1^1f_2^2-f_1^2f_2^1\neq0$$

假定这一条件成立，应用克莱姆法则，我们得到解

$$\frac{\partial x_1^*}{\partial\alpha_1}=\frac{\begin{vmatrix} -f_{\alpha_1}^1 & f_2^1 \\ -f_{\alpha_1}^2 & f_2^2 \end{vmatrix}}{|D|}=\frac{-(f_{\alpha_1}^1f_2^2-f_{\alpha_1}^2f_2^1)}{|D|}$$

$$\frac{\partial x_2^*}{\partial\alpha_1}=\frac{\begin{vmatrix} f_1^1 & -f_{\alpha_1}^1 \\ f_1^2 & -f_{\alpha_1}^2 \end{vmatrix}}{|D|}=\frac{-(f_1^1f_{\alpha_1}^2-f_1^2f_{\alpha_1}^1)}{|D|}$$

为了确定这些导数的符号，我们需要知道所有涉及的偏导数的符号。同时注意，分子和分母涉及两项的差。因此，要确定解的符号，我们需要知道或者假定

这些项的相对大小。

以完全相同的方式，我们还可以推导出 α_2 变化的比较静态效应。不过，过程的细节留给读者完成。下面我们考虑一些经济应用。

IS-LM 模型

下面考虑 IS-LM 模型。其中，总支出 E 是总收入 Y 和利率 R 的函数。我们假定 $\bar{E}$ 为外生的支出部分，则有

$$E=\bar{E}+E(Y,R),\quad 0<E_Y<1,\quad E_R<0$$

其中，偏导数表明当收入增加时，支出会增加；利率增加时，支出会下降。

均衡条件是商品和服务的总供给和总需求相等：

$$Y=\bar{E}+E(Y,R)$$

我们有两个内生变量 Y 和 R，一个外生变量 $\bar{E}$，但是只有一个方程。因此，我们无法求解内生变量的均衡值。这意味着给定利率，可以找到使商品和服务供求相等的收入值，或者反过来，给定收入水平，可以确定实现供求均衡的利率。但是这一条件自身不足以确定两个变量的唯一均衡水平。

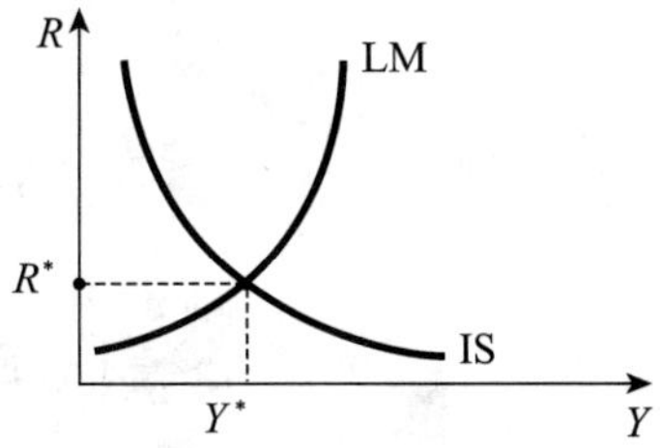

图 14.11　IS-LM 模型中的均衡

图 14.11 将上述问题用 IS 曲线表示。该曲线斜率为负，因为在给定 $\bar{E}$ 的情况下，Y 和 R 之间存在隐函数关系：

$$Y-\bar{E}-E(Y,R)=0 \tag{14.10}$$

根据隐函数微分法则，我们有

$$\frac{\mathrm{d}R}{\mathrm{d}Y}=\frac{1-E_Y}{E_R}<0$$

上式的符号得自关于偏导数的假定。$\bar{E}$ 增加使 IS 曲线上移。因此，如果固定 Y，将 R 和 $\bar{E}$ 视为变量，那么我们有

$$\frac{\mathrm{d}R}{\mathrm{d}\bar{E}}=-\frac{1}{E_R}>0$$

LM 曲线表示货币市场均衡。其中，货币需求为

$$L=L(Y,R),\quad L_Y>0,\quad L_R<0$$

货币需求等于外生的货币供给 $\bar{M}$ 时市场达到均衡，即

$$L(Y,R)-\bar{M}=0 \tag{14.11}$$

该条件确定了 Y 和 R 之间的另一层关系，如图 14.11 中的 LM 曲线所示。该曲线表明了使供求相等的组合（Y，R）的集合。对于任意给定的利率，它表明了达到货币市场均衡所需的收入水平；或者对于任意给定的收入水平，它表明了

该均衡所要求的利率。该曲线的斜率为正，这可以由货币市场均衡的条件中保持 $\overline{M}$ 固定，Y 和 R 变动来解释。微分可得

$$\frac{\mathrm{d}R}{\mathrm{d}Y}=-\frac{L_Y}{L_R}>0$$

其中，关于偏导数的假设暗示了上式的符号。

外生的货币供给是 LM 中的一个参数。为了说明 $\overline{M}$ 的变化如何影响 LM 曲线，在货币市场均衡条件中，将 Y 固定，视 R 和 $\overline{M}$ 为变量。微分可得

$$\frac{\mathrm{d}R}{\mathrm{d}\overline{M}}=\frac{1}{L_R}<0$$

因此，货币供应的增加降低了在每一收入水平上货币市场均衡所要求的利率。

然后，利用式（14.10）和式（14.11）来确定收入 Y^* 和利率 R^* 的整体均衡值：

$$Y^*-\overline{E}-E(Y^*,R^*)=0 \tag{14.12}$$

$$L(Y^*,R^*)-\overline{M}=0 \tag{14.13}$$

即 Y^* 和 R^* 使商品市场和货币市场同时达到均衡。如图 14.11 所示，这对应于 IS 和 LM 曲线的交点。这两个条件对应于前面一般性讨论中关于函数 f^1 和 f^2 的假设。其中，Y 和 R 分别对应于 x_1 和 x_2，$\overline{E}$ 和 $\overline{M}$ 对应于 α_1 和 α_2。

在比较静态分析中，我们希望求出两个外生变量 $\overline{E}$ 和 $\overline{M}$ 的变化对内生变量 Y^* 和 R^* 均衡值的影响。将前面的一般结果应用于 $\overline{E}$ 变化的情形，我们得到线性方程组：

$$\begin{bmatrix}(1-E_Y) & -E_R\\ L_Y & L_R\end{bmatrix}\begin{bmatrix}\partial Y^*/\partial\overline{E}\\ \partial R^*/\partial\overline{E}\end{bmatrix}=\begin{bmatrix}1\\0\end{bmatrix}$$

定义行列式

$$|D|\equiv(1-E_Y)L_R+L_YE_R<0$$

上式的符号可以根据对偏导数的约束确定。

比较静态效应为

$$\frac{\partial Y^*}{\partial\overline{E}}=\frac{\begin{vmatrix}1 & -E_R\\ 0 & L_R\end{vmatrix}}{|D|}=\frac{L_R}{|D|}>0$$

$$\frac{\partial R^*}{\partial\overline{E}}=\frac{\begin{vmatrix}(1-E_Y) & 1\\ L_Y & 0\end{vmatrix}}{|D|}=-\frac{L_Y}{|D|}>0$$

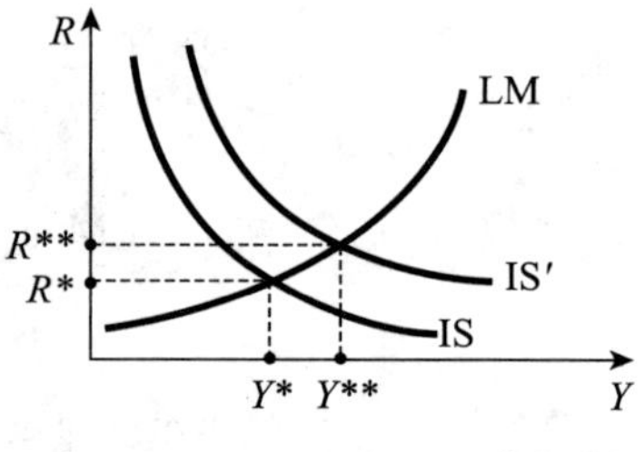

图 14.12　外生投资的增加提高了均衡收入和均衡利率

因此，投资增加会提高国民收入和利率。对投资品需求的增加会直接提高国民收入，这又会增加货币需求。因此，在货币供应固定的条件下，利率会提高。图 14.12 解释了这一点。尽管该模型相当一般化，

但是关于各个偏导数的符号的假定再加上假定 $E_Y<1$ 就足以明确比较静态分析的效应了。

$\overline{M}$ 变化的比较静态效应可以通过类似的方式得到，并且可以根据给定的假设明确化。这留作练习（见本节末练习 1）。

竞争厂商的要素投入需求

厂商在完全竞争市场上销售产品，面临着固定价格 p，它在完全竞争的劳动市场上以工资 w 雇用劳动，在竞争的资本市场上以租金率 r 租借资本。生产函数 $f(L, K)$ 为严格凹函数，厂商追求利润

$$\pi = pf(L, K) - wL - rK$$

最大化的一阶条件为

$$pf_L(L^*, K^*) - w = 0$$
$$pf_K(L^*, K^*) - r = 0$$

我们希望确定投入要素价格的变化对投入要素需求 L^* 和 K^* 的影响。将前面的一般结果应用于 w 的变化效应，可得线性方程组：

$$\begin{bmatrix} pf_{LL} & pf_{LK} \\ pf_{KL} & pf_{KK} \end{bmatrix} \begin{bmatrix} \partial L^*/\partial w \\ \partial K^*/\partial w \end{bmatrix} = \begin{bmatrix} 1 \\ 0 \end{bmatrix}$$

定义行列式

$$|D| = p^2(f_{LL}f_{KK} - f_{KL}f_{LK})$$

我们注意到，如果该问题的二阶充分条件成立，那么 $|D|>0$。求利润最大化问题的二阶条件所得到的行列式 $|D|$ 正好是海塞矩阵的行列式。这一点很重要，下面还会进一步考虑它。于是，比较静态分析的结果为

$$\frac{\partial L^*}{\partial w} = \frac{\begin{vmatrix} 1 & pf_{LK} \\ 0 & pf_{KK} \end{vmatrix}}{|D|} = \frac{pf_{KK}}{|D|} < 0$$

$$\frac{\partial K^*}{\partial w} = \frac{\begin{vmatrix} pf_{LL} & 1 \\ pf_{KL} & 0 \end{vmatrix}}{|D|} = -\frac{pf_{KL}}{|D|}$$

第一个导数的符号得自 $f_{KK}<0$，后者源自二阶条件。

由此可见，劳动需求曲线斜率为负。不过，为了确定工资率的变化对资本需求影响的符号，我们需要知道 f_{KL} 的符号，即劳动投入变化对资本边际产品的影响。假定它为正（不过，它可能非正）是合理的，那么工资率增加也会降低资本需求。我们可以用类似方式推导出资本租金率变化的效应，这留作练习。

约束最优化问题的比较静态分析

到目前为止，我们已经介绍和说明的比较静态分析模型无法应用于有约束条件的最优化问题。这是因为这样的问题会涉及两个选择变量和一个约束条件，从而产生关于三个内生变量、两个选择变量和拉格朗日乘子的三个一阶条件构成的方程组。我们可以将约束条件代入目标函数，从而将约束问题化为一个无约束问题。不过，出于一般性的考虑，我们需要将比较静态方法进一步推广到约束问题。

假定模型的解由关于三个内生变量和 m 个外生变量的如下三个条件给出：

$$f^1(x_1^*, x_2^*, x_3^*; \alpha_1, \cdots, \alpha_m)=0 \tag{14.14}$$

$$f^2(x_1^*, x_2^*, x_3^*; \alpha_1, \cdots, \alpha_m)=0 \tag{14.15}$$

$$f^3(x_1^*, x_2^*, x_3^*; \alpha_1, \cdots, \alpha_m)=0 \tag{14.16}$$

其中，m 为外生变量的个数，函数 f^k，$k=1$，2，3 都可微。假定我们可以将每个内生变量表示为外生变量的可微函数：

$$x_i^* = x_i(\alpha_1, \cdots, \alpha_m), \quad i=1,2,3$$

将它们代回函数 f^k，然后求关于任意 α_j，$j=1$，…，m 的微分，可得线性方程组：

$$\begin{bmatrix} f_1^1 & f_2^1 & f_3^1 \\ f_1^2 & f_2^2 & f_3^2 \\ f_1^3 & f_2^3 & f_3^3 \end{bmatrix} \begin{bmatrix} \partial x_1^*/\partial \alpha_j \\ \partial x_2^*/\partial \alpha_j \\ \partial x_3^*/\partial \alpha_j \end{bmatrix} = \begin{bmatrix} -f_{\alpha_j}^1 \\ -f_{\alpha_j}^2 \\ -f_{\alpha_j}^3 \end{bmatrix}$$

其中，所有偏导数都在点

$$(x_1^*, x_2^*, x_3^*; \alpha_1, \cdots, \alpha_m)$$

处取值，因此为给定值。给定左边矩阵的行列式 $|F|$ 的值非零，我们可以利用克莱姆法则解出 $\partial x_i^*/\partial \alpha_j$。将 $|F|$ 的第 i 列用下面的列来替换，从而得到行列式 $|F_{ij}|$：

$$\begin{bmatrix} -f_{\alpha_j}^1 \\ -f_{\alpha_j}^2 \\ -f_{\alpha_j}^3 \end{bmatrix}$$

计算可得

$$\frac{\partial x_i^*}{\partial \alpha_j} = \frac{|F_{ij}|}{|F|}, \quad i=1,2,3; \quad j=1,\cdots,m$$

当模型是有约束条件的最优化的时候，函数 f^k 为拉格朗日函数的一阶偏导数，均衡条件为一阶条件。此时，行列式 $|F|$ 为方程组的海塞矩阵行列式。回忆一下，二阶充分条件可以用 $|F|$ 的符号表示。这些条件可以用来确定比较静

态效应的符号。我们举几个例子来说明这一点。

斯卢茨基方程

在第 13 章中，我们考虑了消费者的最优消费决策问题。该问题的解为一组需求函数，每一个都代表对一种商品的需求。分析的主要目的是说明消费者的商品需求如何随价格变化。因此，这是一个比较静态分析问题。本例中，我们考虑两种商品 x_1 和 x_2 的情形。消费者对这些商品的需求为下面问题的解：

$$\max u(x_1,x_2) \qquad \text{s. t. } p_1x_1+p_2x_2=m$$

这里的内生变量为需求量 x_1 和 x_2，外生变量为价格 p_1 和 p_2 以及收入 m。利用拉格朗日法可得如下一阶条件：

$$u_1(x_1^*,x_2^*)-\lambda^*p_1=0$$
$$u_2(x_1^*,x_2^*)-\lambda^*p_2=0$$
$$m-p_1x_1^*-p_2x_2^*=0$$

下面，我们看一下价格和收入变化对需求的影响。利用标准方法，可得

$$\frac{\partial x_1}{\partial p_1}=\frac{\begin{vmatrix}\lambda^* & u_{12} & -p_1\\ 0 & u_{22} & -p_2\\ x_1^* & -p_2 & 0\end{vmatrix}}{|D|}=-\frac{\lambda^*p_2^2}{|D|}+\frac{x_1^*(p_1u_{22}-p_2u_{12})}{|D|} \tag{14.17}$$

$$\frac{\partial x_2}{\partial p_2}=\frac{\begin{vmatrix}u_{11} & 0 & -p_1\\ u_{21} & \lambda^* & -p_2\\ -p_2 & x_2^* & 0\end{vmatrix}}{|D|}=-\frac{\lambda^*p_1^2}{|D|}+\frac{x_2^*(p_2u_{11}-p_1u_{21})}{|D|} \tag{14.18}$$

$$\frac{\partial x_1}{\partial m}=\frac{\begin{vmatrix}0 & u_{12} & -p_1\\ 0 & u_{22} & -p_2\\ -1 & -p_2 & 0\end{vmatrix}}{|D|}=-\frac{p_1u_{22}-p_2u_{12}}{|D|} \tag{14.19}$$

$$\frac{\partial x_2}{\partial m}=\frac{\begin{vmatrix}u_{11} & 0 & -p_1\\ u_{21} & 0 & -p_2\\ -p_1 & -1 & 0\end{vmatrix}}{|D|}=-\frac{p_2u_{11}-p_1u_{21}}{|D|} \tag{14.20}$$

其中，行列式 $|D|$ 由下式给出：

$$|D|=\begin{vmatrix}u_{11} & u_{12} & -p_1\\ u_{21} & u_{22} & -p_2\\ -p_1 & -p_2 & 0\end{vmatrix}$$

该问题取最大值的条件为海塞矩阵的行列式为正。这正好是行列式 $|D|$，因此，根据二阶条件，$|D|>0$。

下面，考虑关于收入的偏导数$\partial x_1^*/\partial m$ 的符号。理论对于 u_{22}和 u_{12}的符号没

有限制。因此，我们无法说分子是正还是负。同样，我们也无法说$\partial x_2^*/\partial m$ 表达式中分子是正还是负。因此，收入变化对需求的影响无法明确确定。收入增加对商品需求影响的不确定性也是理论的优势，而不是劣势。它将商品分为三种类型：正常品，它的需求随收入增加而增加；严格劣质品，它的需求随收入增加而下降；弱劣质品，它的需求不随收入增加而变化。

这一讨论有助于确定价格对需求的影响。例如，将式（14.19）代入式（14.17），可得

$$\frac{\partial x_1^*}{\partial p_1}=-\frac{\lambda^* p_2^2}{|D|}-x_1^*\frac{\partial x_1}{\partial m} \tag{14.21}$$

这就是反映价格 p_1 变化对需求 x_1 的影响的**斯卢茨基方程**。其中的第一项，即替代效应，显然是负的，因为 $|D|>0$，$\lambda^*=u_1/p_1>0$。第二项，即收入效应，取决于$\partial x_1^*/\partial m$ 的符号。如果 x_1 是正常品，那么$\partial x_1^*/\partial m>0$，$\partial x_1^*/\partial p_1<0$；如果 x_1 是弱劣质品，那么$\partial x_1^*/\partial m=0$，$\partial x_1^*/\partial p_1<0$；如果 x_1 是严格劣质品，那么 $\partial x^*1/\partial m<0$，两种效应方向相反。替代效应可能更大，从而$\partial x_1^*/\partial p_1<0$，或者两种效应正好抵消（因此，需求曲线在该点垂直），或者收入效应更大，因此 $\partial x_1^*/\partial p_1>0$，需求曲线向上倾斜，这就是吉芬商品的情况。

我们将比较静态分析的一般方法总结如下：

定义 14.1　比较静态分析的一般方法　已知下面 n 个方程能够求解：

$$\begin{aligned}
&f^1(x_1^*,x_2^*,\cdots,x_n^*;\alpha_1,\cdots,\alpha_m)=0\\
&f^2(x_1^*,x_2^*,\cdots,x_n^*;\alpha_1,\cdots,\alpha_m)=0\\
&\qquad\cdots\cdots\\
&f^n(x_1^*,x_2^*,\cdots,x_n^*;\alpha_1,\cdots,\alpha_m)=0
\end{aligned}$$

从而 n 个内生变量 x_1^*，x_2^*，$\cdots$，x_n^* 的均衡值可以表示为 m 个外生变量的可微函数，则我们有

$$\frac{\partial x_i^*}{\partial \alpha_j}=\frac{|F_{ij}|}{|F|},\quad i=1,\cdots,n;\ j=1,\cdots,m$$

其中，$|F|\neq 0$ 为如下行列式：

$$|F|=\begin{vmatrix} f_1^1 & f_2^1 & \cdots & f_n^1\\ f_1^2 & f_2^2 & \cdots & f_n^2\\ \vdots & \vdots & & \vdots\\ f_1^n & f_2^n & \cdots & f_n^n \end{vmatrix}$$

$|F_{ij}|$ 表示用如下 $n\times m$ 矩阵的第 j 列替换行列式 $|F|$ 的第 i 列后所得到的行列式：

$$\begin{bmatrix} -f_{\alpha_1}^1 & -f_{\alpha_2}^1 & \cdots & -f_{\alpha_m}^1\\ -f_{\alpha_1}^2 & -f_{\alpha_2}^2 & \cdots & -f_{\alpha_m}^2\\ \vdots & \vdots & & \vdots\\ -f_{\alpha_1}^n & -f_{\alpha_2}^n & \cdots & -f_{\alpha_m}^n \end{bmatrix}$$

注意：

● 必须假定 $|F| \neq 0$。

● 偏导数在初始均衡点取值，因此为既定值。

● 当方程组表示一个最大化或最小化问题的一阶条件时，该问题的二阶条件将给出行列式 $|F|$ 的符号，因为这是二阶条件分析中确定的加边海塞矩阵的行列式。

你应该检查一下，看看我们所考虑过的例子是否都是该方法的具体应用。我们已经强调过，定义 14.1 中的方程组被假定产生了 n 个内生变量的解，并且将它们表示为 m 个外生变量的可微函数。给出这一条件的关键定理就是定理 11.3 的扩展。

定理 14.1（隐函数定理） 已知方程组

$$f^1(x_1^*, x_2^*, \cdots, x_n^*; \alpha_1, \cdots, \alpha_m) = 0$$
$$f^2(x_1^*, x_2^*, \cdots, x_n^*; \alpha_1, \cdots, \alpha_m) = 0$$
$$\cdots\cdots$$
$$f^n(x_1^*, x_2^*, \cdots, x_n^*; \alpha_1, \cdots, \alpha_m) = 0$$

点 $(x_1^*, \cdots, x_n^*; \alpha_1^0, \cdots, \alpha_m^0)$ 满足上述方程。在点 $(x_1^*, \cdots, x_n^*; \alpha_1^0, \cdots, \alpha_m^0)$ 附近 $\mathbf{R}^{n+m}$ 中的某个点集中，函数有连续的 r 阶偏导数。如果行列式

$$|F| = \begin{vmatrix} f_1^1 & f_2^1 & \cdots & f_n^1 \\ f_1^2 & f_2^2 & \cdots & f_n^2 \\ \vdots & \vdots & & \vdots \\ f_1^n & f_2^n & \cdots & f_n^n \end{vmatrix} \neq 0$$

其中，$f_i^k \equiv \partial f^k / \partial x_i$，所有偏导数都在 $(x_1^*, \cdots, x_n^*; \alpha_1^0, \cdots, \alpha_m^0)$ 点取值，那么上面的方程组将 $x_1, \cdots, x_n$ 表示为在 $(x_1^*, \cdots, x_n^*; \alpha_1^0, \cdots, \alpha_m^0)$ 邻域内 α_j 的函数。这些函数也有连续的 r 阶偏导数。在该邻域内，我们有

$$\begin{bmatrix} f_1^1 & f_2^1 & \cdots & f_n^1 \\ f_1^2 & f_2^2 & \cdots & f_n^2 \\ \vdots & \vdots & & \vdots \\ f_1^n & f_2^n & \cdots & f_n^n \end{bmatrix} \begin{bmatrix} \partial x_1^* / \partial \alpha_j \\ \partial x_2^* / \partial \alpha_j \\ \vdots \\ \partial x_n^* / \partial \alpha_j \end{bmatrix} = \begin{bmatrix} -f_{\alpha_j}^1 \\ -f_{\alpha_j}^2 \\ \vdots \\ -f_{\alpha_j}^n \end{bmatrix}, \quad j = 1, \cdots, m$$

该定理为定义 14.1 中比较静态分析的一般方法提供了基础。为了该目的，我们要求函数 f^i 具有连续的一阶偏导数。

练习

1. 在一般 IS－LM 模型中，货币供应量变化的比较静态效应如何？
2. 在竞争厂商要素投入需求模型中，资本价格 r 变化的比较静态效应如何？
3. 已知消费者效用函数为

$$\text{(a)}\, u = x_1 x_2, \quad \text{(b)}\, u = \sqrt{x_1} + x_2$$

试推导出相应的斯卢茨基方程并予以解释。

4. 在一般 IS－LM 模型中，假定偏导数 E_R 为正而不是负。对该模型进行比较静态分析。

5. 已知消费者购买三种商品，消费者的问题是

$$\max u(x_1, x_2, x_3) \qquad \text{s.t.} \quad p_1x_1 + p_2x_2 + p_3x_3 = m$$

u 是严格拟凹的。试推导出斯卢茨基方程。

6. 咖啡的需求函数为

$$D_c = 100 - 2p_c + 0.5p_t$$

茶叶的需求函数为

$$D_t = 120 - p_t + 0.75p_c$$

其中，p_c 为咖啡的价格，p_t 为茶叶的价格。

它们各自的供应函数为

$$S_c = 10 + p_c + 5w_c$$
$$S_t = t + 2p_t + 2w_t$$

其中，w_c 和 w_t 分别为影响咖啡和茶叶生产的天气条件指数。解释这些供给和需求函数，给出天气条件变量变动的比较静态效应。

7. 国家 1 和国家 2 在固定汇率下进行贸易，相关函数为

	国家 1	国家 2
消费函数	$C_1 = 0.8Y_1$	$C_2 = 0.7Y_2$
投资	$I_1 = I_1^0$	$I_2 = I_2^0$
进口	$Q_1 = 0.3Y_1$	$Q_2 = 0.5Y_2$

求每个国家外生投资的变化对两个国家均衡收入水平的影响。解释你的结果。[注意：一个国家的进口是另一个国家的出口。国家 1 的总需求为 $C_1 + I_1^0 + Q_2$，而总供给为 $Y_1 + Q_1$。国家 2 的情形类似。每个国家的均衡都要求总需求等于总供给。]

14.3 包络定理

在有约束条件的最大化和最小化问题的比较静态分析中，利用一种基于包络定理的方法也很方便。假设我们的问题是

$$\max_{x_1, x_2} f(x_1, x_2; \alpha) \qquad \text{s.t.} \quad g(x_1, x_2; \alpha) = 0$$

其中，α 是外生变量。该问题的拉格朗日函数为

$$\mathcal{L}(x_1, x_2, \lambda; \alpha) = f(x_1, x_2; \alpha) + \lambda g(x_1, x_2; \alpha)$$

一阶条件为

$$f_1(x_1^*, x_2^*; \alpha)+\lambda^* g_1(x_1^*, x_2^*; \alpha)=0$$
$$f_2(x_1^*, x_2^*; \alpha)+\lambda^* g_2(x_1^*, x_2^*; \alpha)=0$$
$$g(x_1^*, x_2^*; \alpha)=0$$

如果假定函数 f 和 g 具备连续一阶和二阶导数，而且行列式

$$|D|=\begin{vmatrix} f_{11}+\lambda^* g_{11} & f_{12}+\lambda^* g_{12} & g_1 \\ f_{21}+\lambda^* g_{21} & f_{22}+\lambda^* g_{22} & g_2 \\ g_1 & g_2 & 0 \end{vmatrix} \neq 0$$

那么我们可以利用隐函数定理。这等于说，在最优点邻域内可以将内生变量表示为外生变量的可微函数。因此，函数 f 在该邻域内的值为 $f(x_1(\alpha), x_2(\alpha); \alpha) \equiv V(\alpha)$，$V$ 为最大化问题的**价值函数**。价值函数直接表述了如下思想：根据最大化方法，函数 f 的最大值只依赖于问题中的外生变量。

我们可以按同样的方法将拉格朗日函数写成参数的函数：

$$\mathscr{L}=f(x_1(\alpha), x_2(\alpha); \alpha)+\lambda(\alpha) g(x_1(\alpha), x_2(\alpha); \alpha)$$

我们注意到一个有趣的事实。考虑拉格朗日函数关于 α 的导数：

$$\frac{\mathrm{d}\mathscr{L}}{\mathrm{d}\alpha}=(f_1+\lambda g_1)\frac{\mathrm{d}x_1}{\mathrm{d}\alpha}+(f_2+\lambda g_2)\frac{\mathrm{d}x_2}{\mathrm{d}\alpha}-g\frac{\mathrm{d}\lambda}{\mathrm{d}\alpha}+(f_\alpha+\lambda g_\alpha)$$

在最优点处，有 $f_i+\lambda g_i=0$，$i=1$，2，$g=0$。因此，如果在最优点计算 $\mathrm{d}\mathscr{L}/\mathrm{d}\alpha$ 的值，那么其中的前三项为零，于是，我们有

$$\frac{\mathrm{d}\mathscr{L}}{\mathrm{d}\alpha}=f_\alpha+\lambda^* g_\alpha=\frac{\partial L}{\partial \alpha}$$

也就是说，尽管 α 的变化导致了内生变量值的变化，但是最优点处足够小的变化对拉格朗日函数的影响可以忽略不计，因为拉格朗日函数关于内生变量的偏导数在该点处为零。

包络定理建立了在最优点处价值函数关于 α 的导数和拉格朗日函数关于 α 的导数之间的联系。因此，对于价值函数，利用链式微分法则，我们有

$$\frac{\mathrm{d}V}{\mathrm{d}\alpha}=f_1\frac{\mathrm{d}x_1}{\mathrm{d}\alpha}+f_2\frac{\mathrm{d}x_2}{\mathrm{d}\alpha}+f_\alpha$$

将由一阶条件得到的 f_1 和 f_2 代入上式，可知在最优点处

$$\frac{\mathrm{d}V}{\mathrm{d}\alpha}=-\lambda^*\left(g_1\frac{\mathrm{d}x_1}{\mathrm{d}\alpha}+g_2\frac{\mathrm{d}x_2}{\mathrm{d}\alpha}\right)+f_\alpha$$

我们可以将约束写为

$$g(x_1(\alpha), x_2(\alpha), \alpha)=0$$

其中，由于 x_i 是约束问题的最优解，它满足约束条件，所以上式恒成立。对 α 求微分，得到

$$g_1\frac{\mathrm{d}x_1}{\mathrm{d}\alpha}+g_2\frac{\mathrm{d}x_2}{\mathrm{d}\alpha}=-g_\alpha$$

将其代入 $\mathrm{d}V/\mathrm{d}\alpha$ 的表达式，可得

$$\frac{\mathrm{d}V}{\mathrm{d}\alpha}=f_\alpha+\lambda^* g_\alpha=\frac{\partial \mathscr{L}}{\partial \alpha}$$

这正是本例中包络定理所呈现的形式。

包络定理告诉我们，可以通过直接求取拉格朗日函数关于外生变量在问题最优解处的偏导数来得到外生变量的变动对目标函数最优值的影响。

定理 14.2（包络定理） 已知问题

$$\max f(x_1,\cdots,x_n;\alpha_1,\cdots,\alpha_m)$$

$$\text{s. t.}\begin{cases}g^1(x_1,\cdots,x_n;\alpha_1,\cdots,\alpha_m)=0\\ \quad\cdots\cdots\\ g^K(x_1,\cdots,x_n;\alpha_1,\cdots,\alpha_m)=0\end{cases}$$

和相应的价值函数 $V(\alpha_1,\cdots,\alpha_m)$ 以及拉格朗日函数 $\mathscr{L}=f+\sum\lambda_k g^k$，我们有

$$\frac{\partial V}{\partial \alpha_j}=\frac{\partial \mathscr{L}}{\partial \alpha_j}=f_{\alpha_j}+\sum_{k=1}^{K}\lambda_j g^k_{\alpha_j},\quad j=1,\cdots,m$$

包络定理的一个简单但很重要的应用给出了对最优化问题中拉格朗日乘子的解释。假设我们的问题是

$$\max f(x_1,\cdots,x_n)$$

$$\text{s. t.}\begin{cases}g^1(x_1,\cdots,x_n)+\alpha_1=0\\ \quad\cdots\cdots\\ g^K(x_1,\cdots,x_n)+\alpha_K=0\end{cases}$$

其中，外生变量 $\alpha_k(k=1,\cdots,K)$ 仅仅作为“约束常数”出现在约束条件中。拉格朗日函数变为

$$\mathscr{L}=f(x_1,\cdots,x_n)+\sum_{k=1}^{K}\lambda_k[g^k(x_1,\cdots,x_n)+\alpha_k]$$

直接应用包络定理可得

$$\frac{\partial V}{\partial \alpha_k}=\frac{\partial \mathscr{L}}{\partial \alpha_k}=\lambda_k^*$$

可见，拉格朗日乘子度量了相应的约束略微收紧或者放松时，价值函数的变化速度。对拉格朗日乘子的这种解释在有约束条件的最优化方法的经济应用中具有本质意义。它的一个直观含义是：如果约束在最优点处不起作用，从而它的略微放松或收紧对解没有影响，那么相关的拉格朗日乘子在最优解处的值为零。

长期和短期成本曲线

从包络定理的陈述中，我们无法清楚地看到它为何会得到这样一个名字。该

定理是在考察长、短期成本曲线之间的关系时得出的。这一关系可以表述为：

长期总成本曲线是通过改变固定要素的投入水平所生成的短期成本曲线族的包络线。

包络定理使这一关系得以严格地确立。为了说明这一点，我们考虑下面的例子。

在第 13 章中，我们已经推导过厂商的长期成本函数。一般而言，我们所要求解的问题是对于给定的 y，

$$\min C=wL+rK \qquad \text{s.t.} \quad y=f(L,K)$$

假定隐函数定理的条件成立，那么，由一阶条件可得函数 $L(w,r,y)$ 和 $K(w,r,y)$。用它们替换目标函数中的 L 和 K，便得到价值函数。在当前的例子中，就是长期成本函数：

$$C=wL(w,r,y)+rK(w,r,y)=C(w,r,y)$$

上式将最小化的生产成本表示为外生变量——投入品价格和产出——的函数。然而，在下面的内容里，我们固定投入品的价格，因此直接将长期成本函数记为 $C(y)$。在图 14.13 中，我们画出了长期总成本曲线。它表明在投入品的价格固定时，最小化的生产成本如何随产出变动。

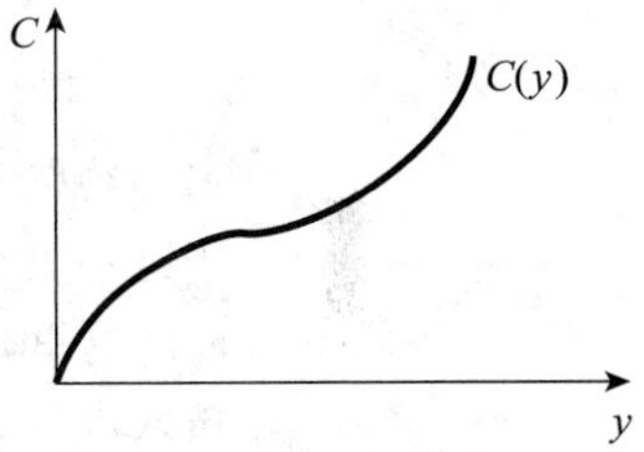

图 14.13　长期总成本曲线

在厂商的短期最小化问题中，假定一种投入品——通常是 K——数量固定，与 K 相关的成本为固定成本。资本的固定量为 K_a，令 $F_a=rK_a$ 表示相应的固定成本。那么厂商的短期成本最小化问题为

$$\min_L c=wL+F_a \qquad \text{s.t.} \quad y=f(L,K_a)$$

即在既定的产出水平下，用尽可能少的可变要素投入来最小化成本。因为 L 越低，成本也越低，所以可变要素投入要尽可能少。但是在 K 给定的条件下，这等价于求解满足约束的 L 值。我们将解记为

$$L=\phi(y,k_a)$$

那么，最小化的短期成本由短期总成本函数给出：

$$c=w\phi(y,K_a)+F_a=c(y,K_a)$$

这即是短期问题的价值函数。（这里，我们又隐去了投入品的价格，因为假定它们为常数。）

下面将 y_a 定义为满足下式的 y 值：

$$C(y)=c(y,K_a)$$

长、短期成本之间的关系如图 14.14（a）所示。短期成本在纵轴上的截距为 F_a，而且除了交点 y_a 之外，处处位于长期成本曲线之上。

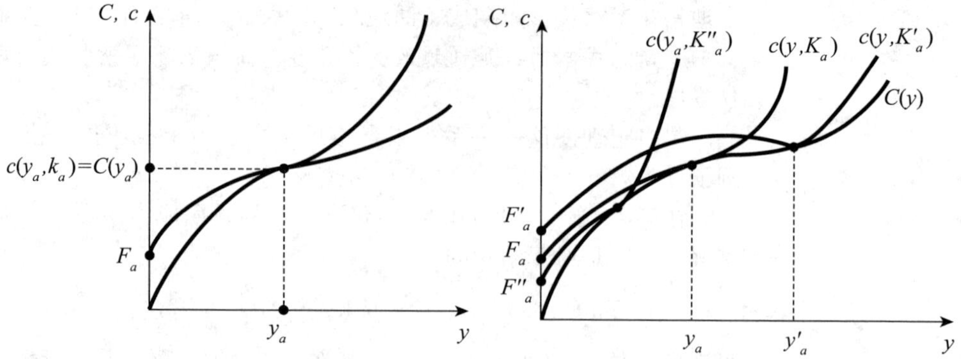

(a)短期和长期成本函数　　(b)包络定理

图 14.14

下面令产出 y 可变，第一个问题中的 K 固定在 K_a，而第二个问题中的 K 可根据最优性的要求变化，这意味着如下不等式：

$$c(y,K_a)\geqslant C(y)$$

因为约束——$K=K_a$——不能改进最优化问题的结果。事实上，我们知道，对于这一成本最小化问题，当 $y\neq y^a$ 时，不等式严格成立。

这里，资本水平 K_a 的选择是任意的。如果它移动到 K'_a，就会得到另一个投入水平 y'_a，该点处长、短期成本正好相等。对每一个资本水平都重复这一过程，便可以生成一族短期成本曲线，它们中的每一条都与长期成本曲线只交于一点，如图 14.14（b）所示。因此，长期成本曲线称为短期成本曲线的包络线(见本节末练习 7)。

影子工资率

一个中央计划者控制两个部门的经济，两个部门的产出分别为 x_1 和 x_2。相对于世界其他地区，该经济体很小，因此它是商品的世界价格 p_1 和 p_2 的接受者。计划者希望在这些世界价格下最大化国民产出 Y 的值。劳动是唯一的投入品，其固定总量为 L^0。两部门的生产函数为

$$x_1=a_1L_1^b,\quad x_2=a_2L_2^b,\quad a_i>0;\quad 0<b<1;\quad i=1,2$$

其中 L_i 为部门 i 的劳动使用量。计划者的问题是

$$\max Y=p_1x_1+p_2x_2\qquad \text{s.t.}\quad x_i=a_iL_i^b,\quad i=1,2;\quad L_1+L_2=L^0$$

我们利用这一信息写出拉格朗日函数：

$$\mathscr{L}=p_1a_1L_1^b+p_2a_2L_2^b+\lambda(L^0-L_1-L_2)$$

一阶条件为

$$bp_ia_iL_i^{b-1}-\lambda^*=0,\quad i=1,2$$
$$L^0-L_1-L_2=0$$

求解可得

$$L_1=c_1(p_1,p_2)L^0, \quad L_2=c_2(p_1,p_2)L^0$$

其中

$$c_1(p_1,p_2)=\left[1+\left(\frac{p_1a_1}{p_2a_2}\right)^{1/(b-1)}\right]^{-1}$$
$$c_2(p_1,p_2)=1-c_1(p_1,p_2)$$

可见，部门 i 得到总劳动投入中的 c_i，它独立于经济的总规模，只依赖产出的相对价格。

国民产出的最大值为

$$\begin{aligned}Y^*&=p_1x_1^*+p_2x_2^*\\&=p_1a_1[c_1(p_1,p_2)L^0]^b+p_2a_2[c_2(p_1,p_2)L^0]^b\\&=V(p_1,p_2,L^0)\end{aligned}$$

其中，V 是价值函数。我们所感兴趣的是该函数的导数，即可供使用的劳动量 L^0 和世界价格 p_i 的变化对国民收入的影响。

注意到 L^0 是一个约束常数，因此，我们可以直接利用包络定理，得到

$$\frac{\partial V}{\partial L^0}=\lambda^*$$

即该问题的解所给出的拉格朗日乘子的值度量了劳动供给的微小变化对国民产出的影响。我们可以将此解释为，社会计划者愿意支付最大值 λ^* 来获得少量的额外劳动。注意到 λ^* 的度量单位为美元/单位劳动，类似于工资率，因此，我们称之为**影子工资率**。

下面考虑世界价格比如 p_1 的变化对国民产出的影响。表面上看，这似乎会涉及复杂的微分。但是注意，价格只出现在问题的目标函数中，而没有出现在约束中。于是，利用包络定理可得

$$\frac{\partial V}{\partial p_1}=x_1^*=a_1[c_1(p_1,p_2)L^0]^b$$

因此，如果我们知道了最优解处某个部门的产出水平，就知道了价格的微小变化对国民产出的影响。

练习

1. 在影子工资率模型中，$p_1=1$，$p_2=2$，$a_1=100$，$a_2=50$，$b=0.5$，$L^0=1\,000$。计算最优劳动配置、产出和影子工资率。写出价值函数，利用数值来验证该函数导数的结果。

2. 证明支出函数的例子中导出的间接效用函数是价格的严格拟凸函数。解

释为什么它不能被限制为价格的凸函数、收入的凸或者凹函数。

3. 竞争厂商的生产函数为

$$x=L^{0.5}K^{0.3}$$

试导出它的利润函数，并验证本章所得到的关于它的导数的结果。

4. 已知消费者的效用函数为

$$u=x_1^{0.6}x_2^{0.4}$$

价格 $p_1=1$，$p_2=2$ 和收入 $m=100$。试导出间接效用函数和支出函数，然后求：

(a) 当商品 1 的价格增加到 $p_1=2$ 时，要使消费者维持初始的效用水平，我们必须付给消费者的额外收入。

(b) 为使我们不将商品的价格提高到 $p_1=2$，消费者准备付出的最大收入。

证明这两个量可以用支出函数值的差额来表示。

5. 消费者的效用函数为

$$u=(x_1-c_1)^a(x_2-c_2)^{1-a}$$

其中 c_1，$c_2>0$ 表示生存所需的消费水平。试推导出消费者的间接效用函数和支出函数。(注意：该问题的需求函数已在 13.1 节的练习 5 中导出。)

6. 对于 13.1 节末练习 1 中有约束条件的最优化问题，试推导出每道题的价值函数，将它表示为约束常数的函数。

7. 已知图 14.14 (b) 所示的长期和短期总成本曲线之间的包络关系，试说明它意味着：

(a) 在图 14.14 (b) 中的产出 y_a 处，短期边际成本$\partial c(y_a, k_a)/\partial y$ 等于长期边际成本 $C'(y_a)$。

(b) 短期平均成本 $c(y_a, k_a)/y_a$ 等于长期平均成本 $C(y_a)/y_a$。

画出隐含的平均和边际成本曲线。

本章小结

关键词

比较静态分析	包络定理	基本方程	隐函数
隐函数定理	影子工资率	斯卢茨基方程	价值函数

思考题

1. (a) 何为比较静态分析？

(b) 如何进行比较静态分析？

2. 我们可以对一般经济模型进行比较静态分析的充分条件是什么？

3. 在基于最优化问题的模型中，二阶条件在比较静态分析中有什么作用？

4. 如果比较静态效应的符号明确，那么我们如何继续下去呢？

5. 何为约束最优化问题中的价值函数？举几个价值函数的经济实例。

6. 陈述包络定理，并且予以证明和解释。

7. 在有约束条件的最优化问题中，包络定理如何解释拉格朗日乘子？给出一些这类拉格朗日乘子的例子，并予以解释。

复习题

1. 已知下面有约束条件的最优化问题，求变量变化的比较静态效应，推导出价值函数并且画出其图形：

(a) $\max y=x_1^{0.25}x_2^{0.75}$， s. t. $2x_1+4x_2=\alpha$

(b) $\max y=2x_1+3x_2$， s. t. $\alpha_1x_1^2+5x_2^2=\alpha_2$

(c) $\max y=x_1^{0.25}x_2^{0.75}$， s. t. $2x_1^2+5x_2^2=\alpha$

(d) $\max y=2x_1+4x_2$， s. t. $x_1^{0.25}x_2^{0.75}=\alpha$

(e) $\max y=(x_1+2)(x_2+1)$， s. t. $x_1+x_2=\alpha$

(f) $\max y=\alpha_1x_1+x_2$， s. t. $(x_1+2)(x_2+1)=\alpha_2$

2. 比较并解释下列 IS－LM 模型中的比较静态分析结果间的差异：

(a) 消费函数：$C=0.8Y+30r$

投资函数：$I=I^0+0.1Y-10r$

货币需求：$30+0.2Y-10.5r$

$M^0=100$，$I^0=20$

(b) 消费函数：$C=0.8Y-30r$

投资函数：$I=I^0+0.1Y-10r$

货币需求：$30+0.06Y-60r$

$M^0=100$，$I^0=20$

(c) 消费函数：$C=0.8Y-30r$

投资函数：$I=I^0+0.1Y-10r$

货币需求：$50+0.5Y-0.11r$

$M^0=100$，$I^0=20$

3. 消费者的效用函数为

$$u=u(x_{11},x_{12})+\beta u(x_{21},x_{22}),\quad 0<\beta<1$$

其中，x_{ti} 为消费者在时期 $t=1$，2 所消费的商品 $i=1$，2 的数量，商品的价格为 p_1 和 p_2，且在两个时期都相等。

(a) 先假定在每个时期都有独立的预算约束。试导出间接效用函数，并且对它的形式加以评论。解释本问题中的拉格朗日乘子。在什么条件下它们相等？

(b) 接下来假定在两个时期间，消费者可以按固定利息率 r 借贷。说明此时消费者的境况不可能更糟，给出能使他境况严格变好的条件，并求这种情形中的间接效用函数。

4. 两种商品的需求函数为

$$D_i = D_i(p_1, p_2, y), \quad i=1,2$$

其中，p_1 和 p_2 为价格，y 为消费者的收入。供给函数为

$$S_i = S_i(p_i), \quad i=1,2$$

试对消费者收入变化对商品均衡价格的影响进行一般性的比较静态分析。

5. 消费者有严格拟凹的间接效用函数

$$u = v(m_1) + \beta v(m_2), \quad 0<\beta<1$$

其中，m_t 为可用于时期 $t=1$，2 消费的收入。他的财富约束为

$$m_1 + \frac{m_2}{1+r} = \bar{m}_1 + \frac{\bar{m}_2}{1+r}$$

其中，r 为他的借贷利率，$\bar{m}_t$ 为时期 t 的外生收入禀赋，试导出并解释利率变化对时期 $t=1$，2 的收入选择的影响的斯卢茨基方程。

6. 厂商生产两种产品，目标是在税后利润 $(1-\tau)\pi$ 不小于给定值 π^0 的约束下最大化销售收入。分析利润税率 τ 的变化对厂商产出的比较静态影响，并且将结果同利润最大化厂商进行比较。

第 15 章 凹规划和库恩-塔克条件

我们鼓励读者通过我们的网站 http://mitpress.mit.edu/math_econ3 来获得如下有助于学习本章的材料：

- 成本最小化
- 线性规划问题

在第 13 章的有约束条件的最优化问题中，我们设定函数约束总是等式的情形，这通常称为经典最优化问题。不过，从经济学的角度来看，这种形式的问题有时并不是最合理的，而且有的问题要求我们采用不等式约束。在本章，我们介绍求解这类问题的必要条件。因为目标函数和约束函数都被假定为凹的，所以这类问题通常称为凹规划问题。

15.1 凹规划问题

我们可以将**凹规划问题**简单地表示为

$$\max_{x_1,x_2} f(x_1,x_2) \qquad \text{s.t.} \quad g(x_1,x_2)\geqslant 0, \quad x_1,x_2\geqslant 0 \tag{15.1}$$

凹规划这个名字用来与线性规划问题相区别，后者是凹规划的特例。“凹”字源于函数 f 和 g 为凹的假定。我们会在下面讨论这一假定的原因。我们还假定函数都可微。同时注意关于变量的非负性条件。增加变量和约束的个数可以得到该问题更一般的形式。当一个函数为凸的时候，它的相反数就是凹的（见 2.4 节），所以 f 或 g 为凸函数的问题也可以处理。

就像等式约束的最优化问题一样，式（15.1）中问题的最优解（x_1^*，x_2^*）也存在一阶必要条件。这些条件就是**库恩-塔克（K-T）条件**。我们先介绍导出 K-T 条件的定理，然后证明定理。接受证明的读者可以直接考虑它们的应用。

定义 15.1(库恩-塔克条件) 已知如下问题：

$$\max f(x_1,x_2) \qquad \text{s. t.} \quad g(x_1,x_2)\geqslant 0, \quad x_1,x_2\geqslant 0$$

f 和 g 都是凹函数并且可微。为了推导该问题解的 K-T 条件，我们先给出如下拉格朗日函数：

$$\mathscr{L}(x_1,x_2,\lambda)=f(x_1,x_2)+\lambda g(x_1,x_2)$$

然后，在约束 x_1、x_2 及 λ 都大于等于零的条件下，将其视作变量 x_1 和 x_2 的函数求最大化，以及将其视作变量 λ 的函数求最小化，由此得到 K-T 条件：

$$\frac{\partial \mathscr{L}}{\partial x_i}=f_i(x_1^*,x_2^*)+\lambda^* g_i(x_1^*,x_2^*)\leqslant 0, \quad x_i^*\geqslant 0, \quad i=1,2$$

$$x_i^*\frac{\partial \mathscr{L}}{\partial x_i}=0, \quad i=1,2$$

$$\frac{\partial \mathscr{L}}{\partial \lambda}=g(x_1^*,x_2^*)\geqslant 0, \quad \lambda^*\geqslant 0$$

$$\lambda^*\frac{\partial \mathscr{L}}{\partial \lambda}=0$$

读者应该参考一下 12.3 节，在那里，我们介绍了变量满足非负性约束的最大化和最小化问题的必要条件。

我们将在一些经济实例中探讨对 K-T 条件的解释。注意，我们已经引入了一种新的最优化方法，这种方法可用于求解一个函数关于某些变量的最大值，以及关于某个或者其他变量的最小值。我们在本书前面的内容中没有涉及这种方法。这种方法称为求一个函数的**鞍点**。在 12.1 节中，我们已经讨论了函数鞍点的意思。就本质而言，求解凹规划问题涉及寻找拉格朗日函数的鞍点。

库恩-塔克定理说明了该方法的合理性。下面，我们陈述该定理，并且证明含有一个约束条件和两个变量的简单情形。后面，我们还会给出更一般的陈述，但是不提供证明。

定理 15.1(库恩-塔克定理) 已知问题

$$\max f(x_1,x_2) \qquad \text{s. t.} \quad g(x_1,x_2)\geqslant 0, \quad x_1,x_2\geqslant 0$$

如果 f 和 g 都是凹函数并且可微，且存在点（x_1^0，x_2^0）满足 $g(x_1^0, x_2^0)>0$（这称为**斯莱特（Slater）条件**），那么存在拉格朗日乘子 λ^*，使定义 15.1 给出的 K-T条件为点（x_1^*，x_2^*）是该问题的解的充分必要条件。

证明：首先，我们证明，如果 f 和 g 是凹的并且可微，斯莱特条件成立，且若（x_1^*，x_2^*）是凹规划问题的一个解，那么存在λ^*，使（x_1^*，x_2^*，λ^*）满足K-T条件，并且这些条件是最优解的必要条件。

首先，我们利用凹函数的一条重要性质。假设我们有两个凹函数$h_1(x_1, x_2)$和$h_2(x_1, x_2)$，x_1，$x_2 \geqslant 0$，同时假设，定义域内不存在点（x_1^0，x_2^0）使得$h_1(x_1^0, x_2^0) > 0$和$h_2(x_1^0, x_2^0) > 0$，那么总能找到不同时为零的数p_1，$p_2 \geqslant 0$，使得对于所有定义域中的（x_1，x_2）满足

$$p_1 h_1(x_1, x_2) + p_2 h_2(x_1, x_2) \leqslant 0$$

用语言描述，只要定义域中不存在使函数值同时为正的点，那么总有可能找到非负权重，使函数值的加权和非正——对于固定权重p_1和p_2，函数的一个负值至少能抵消其他函数的正值。图15.1给出了许多对凹函数。

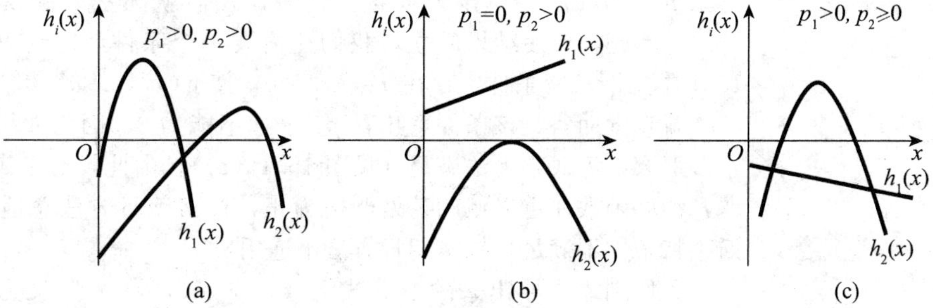

图15.1　凹函数的基本性质

这一事实可用于直接建立我们想要证明的命题。考虑下面一对不等式，它们包含了约束函数和凹规划问题的目标函数：

$$g(x_1, x_2) > 0$$
$$f(x_1, x_2) - f(x_1^*, x_2^*) > 0$$

x_1，$x_2 \geqslant 0$，（x_1^*，x_2^*）为凹规划问题的最优解。根据最优解的定义，定义域中不存在满足这些严格不等式的一对x值，因为如果存在，这将意味着存在比最优点更好的可行点。因此，存在p_1，$p_2 \geqslant 0$，两者不同时为零，使得

$$p_1[f(x_1, x_2) - f(x_1^*, x_2^*)] + p_2 g(x_1, x_2) \leqslant 0$$

这意味着

$$p_1 f(x_1, x_2) + p_2 g(x_1, x_2) \leqslant p_1 f(x_1^*, x_2^*)$$

由于$p_2 \geqslant 0$和$g(x_1^*, x_2^*) \geqslant 0$，所以我们必有$p_2 g(x_1^*, x_2^*) \geqslant 0$。但是，如果令第一个不等式中$x_1 = x_1^*$和$x_2 = x_2^*$，那么我们又有$p_2 g(x_1^*, x_2^*) \leqslant 0$。可见，我们必有$p_2 g(x_1^*, x_2^*) = 0$，因此，可以将它加到第二个不等式右边而不影响它的符号。同时，对于任意$p \geqslant 0$，我们必有$pg(x_1^*, x_2^*) \geqslant 0$，最后，得到

$$\begin{aligned} p_1 f(x_1, x_2) + p_2 g(x_1, x_2) &\leqslant p_1 f(x_1^*, x_2^*) + p_2 g(x_1^*, x_2^*) \\ &\leqslant p_1 f(x_1^*, x_2^*) + pg(x_1^*, x_2^*) \end{aligned}$$

对所有 $p \geqslant 0$，x_1，$x_2 \geqslant 0$ 成立。这非常接近我们想要的结果。如果定义 $\lambda^* = p_2/p_1$ 和 $\lambda = p/p_1$，则有

$$\begin{aligned} f(x_1,x_2)+\lambda^* g(x_1,x_2) &\leqslant f(x_1^*,x_2^*)+\lambda^* g(x_1^*,x_2^*) \\ &\leqslant f(x_1^*,x_2^*)+\lambda g(x_1^*,x_2^*) \end{aligned}$$

对所有 $\lambda \geqslant 0$，x_1，$x_2 \geqslant 0$ 成立。由此，我们似乎得到了如下结果：在 f 和 g 是凹的且（x_1^*，x_2^*）为凹规划最优解的条件下，总可以找到一个拉格朗日乘子 $\lambda^* \geqslant 0$，使得在 $x_1 \geqslant 0$，$x_2 \geqslant 0$，$\lambda \geqslant 0$ 的约束下，（x_1^*，x_2^*）最大化拉格朗日函数，λ^* 最小化拉格朗日函数。

在定义 λ^* 和 λ 的时候，我们暗含地假定 $p_1 \neq 0$，从而可以以它作为分母。不过，这一点并不总是成立。假定对所有 x_1，$x_2 \geqslant 0$，$g(x_1, x_2) \leqslant 0$。那么可以选取 $p_1 = 0$，$p_2 > 0$ 作为权重。此时，我们就无法定义 λ 和 λ^*（见图 15.1 (b)）。因此，要使结果成立，我们还需要一个条件，即约束条件，它就是定义 15.1 中的斯莱特条件：存在 x_1^0，$x_2^0 \geqslant 0$，使 $g(x_1^0, x_2^0) > 0$。

就直觉而言，该条件意味着 p_1 永远不能为 0，因为如果它为 0，p_2 必须为正，那么不等式就无法满足（见图 15.1（c））。由此，对于满足斯莱特条件的问题，约束函数在定义域的某处严格为正，拉格朗日方法总适用（见本节练习 1：斯莱特条件不满足，拉格朗日方法不适用）。

我们刚才推导出来的不等式将（x_1^*，x_2^*，λ^*）定义为拉格朗日函数的鞍点，因此，它们被称为**鞍点条件**。给定 f 和 g 的可微性，它们等价于 K-T 条件，因为它们都等价于下面的表述：

对所有 x_1，$x_2 \geqslant 0$，（x_1^*，x_2^*）最大化 $f(x_1, x_2)+\lambda^* g(x_1, x_2)$，对所有 λ，λ^* 最小化 $f(x_1^*, x_2^*)+\lambda g(x_1^*, x_2^*)$。

为了完成证明，下面我们必须证明，满足鞍点条件或者等价地说 K-T 条件的点（x_1^*，x_2^*）是凹规划问题的最优解，因此，这些条件既是充分的又是必要的。根据鞍点条件，我们有下面的不等式：

$$f(x_1^*,x_2^*)+\lambda^* g(x_1^*,x_2^*) \geqslant f(x_1,x_2)+\lambda^* g(x_1,x_2), \quad \forall\ x_1,x_2 \geqslant 0$$

根据定义 15.1 中的第二个 K-T 条件，我们有：如果 $\lambda^* > 0$，那么 $g(x_1^*, x_2^*) = 0$；如果 $g(x_1^*, x_2^*) > 0$，那么 $\lambda^* = 0$。在第一种情形中，不等式变为

$$f(x_1^*,x_2^*) \geqslant f(x_1,x_2)+\lambda^* g(x_1,x_2)$$

因为对于可行的（x_1，x_2），必有 $g(x_1, x_2) \geqslant 0$，所以有

$$f(x_1^*,x_2^*) \geqslant f(x_1,x_2)$$

在第二种情形中，如果 $\lambda^* = 0$，那么立即可得相同的不等式。 ■

我们对 K-T 条件理论基础的讨论到此为止，下面转向这些条件的应用。

消费者问题

当允许消费者的支出不超过上限并且考虑非负性约束时，消费者问题是

$$\max u(x_1,x_2) \qquad \text{s.t.} \quad m - p_1 x_1 - p_2 x_2 \geqslant 0 \quad 且 \quad x_1, x_2 \geqslant 0$$

拉格朗日函数为

$$\mathscr{L}=u(x_1,x_2)+\lambda(m-p_1x_1-p_2x_2)$$

K-T 条件为

$$\frac{\partial L}{\partial x_i}=u_i-\lambda^* p_i\leqslant 0,\quad x_i^*\geqslant 0,\quad x_i^*(u_i-\lambda^* p_i)=0,\quad i=1,2 \tag{15.2}$$

$$\frac{\partial \mathscr{L}}{\partial \lambda}=m-p_1x_1^*-p_2x_2^*\geqslant 0,\quad \lambda^*\geqslant 0,\quad \lambda^*(m-p_1x_1^*-p_2x_2^*)=0 \tag{15.3}$$

我们只需要考虑在最优解处至少有一种商品的需求为正的情形。那么，根据第一个条件，我们看到，如果 $x_i^*>0$，它的边际效用 u_i 为正，那么必有 $\lambda^*>0$。根据第二个条件，预算约束的等号必须成立，也就是说，它是紧约束。在消费者理论中，通常假定 $u_i>0$——即非饱和性假设。因此，我们有理由视预算约束为等式，而不是弱不等式。

下面，假设 $x_1^*>0$，$x_2^*>0$，那么条件（15.2）变为 $u_i=\lambda^* p_i$，$i=1$，2，由此可得如下条件：

$$\frac{u_1}{u_2}=\frac{p_1}{p_2}$$

这是无差异曲线与预算线相切这一条件，如图 15.2（a）所示。

不过，还有两种情况需要考虑，即一种商品的最优需求为零。考虑如下情形：

$$x_1^*>0,\quad x_2^*=0$$

由条件（15.3），我们有 $x_1^*=m/p_1$，而条件（15.2）意味着

$$u_1=\lambda^* p_1$$
$$u_2\leqslant\lambda^* p_2$$

即

$$\frac{u_1}{u_2}\geqslant\frac{p_1}{p_2}$$

（你自己肯定能解释这一不等式的方向。）该解如图 15.2（b）所示。由于沿着预算线，无差异曲线处处都比预算线陡峭，所以不存在内点相切解。如上面的条件所言，在角点解处，无差异曲线斜率的绝对值要么等于零，要么大于预算线斜率的绝对值。读者应该能够导出 $x_1^*=0$，$x_2^*>0$ 时的相应条件，并且画出图形。

在通常的教科书对消费者问题的处理中，两种商品的需求都为正。不过，如果我们考虑一个拥有许多而不止两种商品的世界，那么显然，角点解是常见的情形。因为没有哪个消费者会消费存在的每一种商品。对这一均衡的直觉解释如下：在图 15.2（b）的点（x_1^*，0）处，消费者可以用 1 单位商品 1 交换 p_1/p_2 单位商品 2，但是，她需要 u_1/u_2 单位商品 2 才能保持原来的效用水平，既然 $u_1/u_2\geqslant p_1/p_2$，那么她不会进行这项交易。

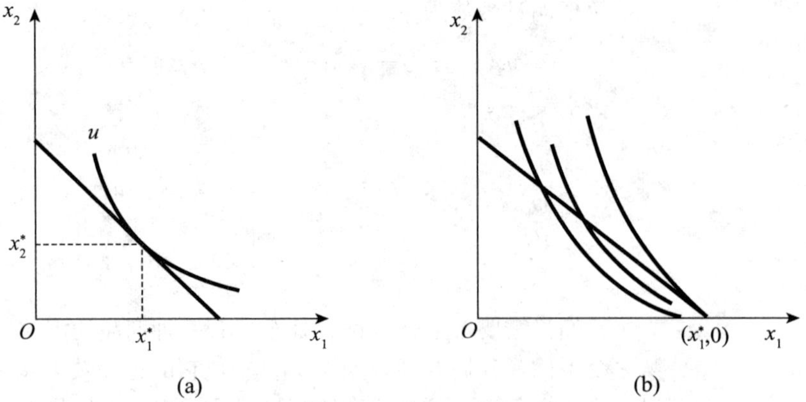

图 15.2　消费问题解的可能情况

练习

1. 考虑问题

$$\max(x_1+x_2) \qquad \text{s.t.} \quad -(x_1^2+x_2^2)\geqslant 0 \quad 且 \quad x_1,x_2\geqslant 0$$

试利用 K-T 条件求解。求解过程中会出现什么问题？为什么？[提示：验证斯莱特条件。]

2. 在成本最小化问题中，下面的假定会带来什么后果？

(a) 只用劳动进行生产是可能的。

(b) 一种投入品的价格为零。

3. 求解下面的问题：

$$\max u=(x_1+a)x_2^b \qquad \text{s.t.} \quad p_1x_1+p_2x_2\leqslant m \quad 且 \quad x_1,x_2\geqslant 0$$

其中 a，$b\geqslant 0$。讨论该解的经济意义。

4. 求解下列问题：

(a) $\max y=3x_1+2x_2$　s.t. $4x_1+x_2\leqslant 10$，x_1，$x_2\geqslant 10$

(b) $\max y=8x_1+2x_2$　s.t. $4x_1+x_2\leqslant 10$，x_1，$x_2\geqslant 10$

(c) $\max y=10x_1+2x_2$　s.t. $4x_1+x_2\leqslant 10$，x_1，$x_2\geqslant 10$

5. 中央计划者利用劳动来生产两种产品 x_1 和 x_2，生产函数如下：

$$x_1=10L_1-0.5L_1^2$$
$$x_2=8L_2-0.75L_2^2$$

其中，L_i 为用于部门 $i=1$，2 的劳动量。她希望最大化总产出

$$V=4x_1+5x_2$$

的价值。其中，4 和 5 为 x_1 和 x_2 各自的世界价格。

(a) 假定可供利用的劳动为 12 单位，求最优劳动配置和劳动的影子价格。

(b) 假定可供利用的劳动为 20 单位，求新的最优劳动配置和劳动的影子价格。

(c) 用图形解释每一种情形的结果。

(注：通过替换函数 V 中的 x_1 和 x_2，可以将该问题表示为只有一个约束的问题。)

6. 求解下面的成本最小化问题：

$$\min wL+rK+vR \quad \text{s. t.} \quad R^a(L+bK)^c-y\geqslant 0 \quad 且 \quad R,L,K\geqslant 0$$

其中，R 为原材料，L 为劳动，K 为资本，a，b，$c>0$，$a+c<1$。解释该问题中的生产函数。

15.2 多个变量和约束

在上一节中，我们介绍和应用了一个约束和两个变量情形的 K-T 条件。下面，我们将讨论推广到任意个变量和约束的情形。注意，在经典例子中，需要对变量个数和约束个数之间的关系做出假设，但现在这一点没有必要，因为约束都是不等式，我们无须担心约束条件的个数超过变量的个数而导致可行集为空集这种情况。

利用我们前一节所用的方法，可以证明

定理 15.2 (库恩-塔克定理) 已知问题

$$\max f(x_1,x_2,\cdots,x_n) \quad \text{s. t.} \quad \begin{cases} g^1(x_1,x_2,\cdots,x_n)\geqslant 0 \\ g^2(x_1,x_2,\cdots,x_n)\geqslant 0 \\ \cdots\cdots \\ g^m(x_1,x_2,\cdots,x_n)\geqslant 0 \\ x_1,x_2,\cdots,x_n\geqslant 0 \end{cases}$$

如果所有函数 f 和 g^j，$j=1$，…，m 都是可微凹函数，存在点 $(x_1^0$，x_2^0，…，$x_n^0)$ 使 $g^j(x_1^0$，x_2^0，…，$x_n^0)>0$，$\forall j=1$，…，m，那么存在 m 个拉格朗日乘子 λ_j^*，使得下列条件成为点 $(x_1^*$，x_2^*，…，$x_n^*)$ 为该问题的最优解的充分必要条件：

$$f_i(x_1^*,x_2^*,\cdots,x_n^*)-\sum\lambda_j^* g_i^j(x_1^*,x_2^*,\cdots,x_n^*)\leqslant 0, \quad x_i^*\geqslant 0$$

$$x_i^*(f_i-\sum\lambda_j^* g_i^j)=0, \quad i=1,\cdots,n$$

$$g^j(x_1^*,x_2^*,\cdots,x_n^*)\geqslant 0, \quad \lambda_j^*\geqslant 0$$

$$\lambda_j^* g^j(x_1^*,x_2^*,\cdots,x_n^*)=0, \quad j=1,\cdots,m$$

我们注意到要得到一般问题的 K-T 条件，可以通过构造拉格朗日函数

$$\mathscr{L}=f(x_1,x_2,\cdots,x_n)+\sum\lambda_j g^j(x_1,x_2,\cdots,x_n)$$

然后在非负性条件 $x_i\geqslant 0$，$\lambda_j\geqslant 0$ 的约束下，关于 x_i 最大化，关于 λ_j 最小化。

下面我们将其应用于经济实例中。

时间约束

时间跟收入一样，也是一种稀缺资源，而且购买和消费商品通常都要花费时间。

我们举一个简单的涉及两种商品的例子。假设单位商品 1 需要耗费 t_1 单位的时间。单位商品 2 需要花费 t_2单位的时间。可用于消费的总时间为 T。消费者的效用函数 $u(x_1, x_2)$ 仅定义在商品上。那么她的问题为

$$\max u(x_1,x_2) \qquad \text{s. t.} \quad \begin{cases} p_1x_1+p_2x_2\leqslant m \\ t_1x_1+t_2x_2\leqslant T \\ x_1,x_2\geqslant 0 \end{cases}$$

第一个约束是货币预算约束，第二个约束可以看成是时间预算约束。显然，将它们表示为不等式是合理的。当将它们表示为不等式的时候，我们考虑了这种可能：消费者时间充裕，但钱不够，或者相反。

该问题的拉格朗日函数为

$$\mathscr{L}=u(x_1,x_2)+\lambda_1(m-p_1x_1-p_2x_2)+\lambda_2(T-t_1x_1-t_2x_2)$$

K-T 条件为

$$\frac{\partial\mathscr{L}}{\partial x_i}=u_i-\lambda_1^* p_i-\lambda_2^* t_i\leqslant 0,\ x_i^*\geqslant 0,\ x_i^*(u_i-\lambda_1^* p_i-\lambda_2^* t_i)=0, i=1,2$$

$$\frac{\partial\mathscr{L}}{\partial\lambda_1}=m-p_1x_1^*-p_2x_2^*\geqslant 0,\ \lambda_1^*\geqslant 0,\ \lambda_1^*(m-p_1x_1^*-p_2x_2^*)=0$$

$$\frac{\partial\mathscr{L}}{\partial\lambda_2}=T-t_1x_1^*-t_2x_2^*\geqslant 0,\ \lambda_2^*\geqslant 0,\ \lambda_2^*(T-t_1x_1^*-t_2x_2^*)=0$$

这些条件确定了五种有趣的可能情形。但是，在其中两种情形中，某个 x 值为零。我们在前面已经讨论了这类情形，这里不再重复。我们直接假定，在最优解处两个变量都严格为正。那么第一个条件变为一个严格等式。给定非厌足性 $u_i>0$，第一个条件直接意味着，两个 λ 值不可能都为零——至少一个约束起作用。由此，我们考虑三种情形：

情形 1 $\lambda_1^*>0$，$\lambda_2^*>0$。第二和第三个条件变为等式，由此，我们可以解出最优的 x 值。根据克莱姆法则可得

$$x_1^*=\frac{mt_2-Tp_2}{p_1t_2-p_2t_1}$$

$$x_2^*=\frac{Tp_1-mt_1}{p_1t_2-p_2t_1}$$

如图 15.3（a）所示，从图形上看，该解出现在两条约束线的交点处。最高的无差异曲线通过两条线的交点。该问题的可行集自然是灰色区域。我们可以利用第一个条件得到该情形的下述条件：

$$\frac{u_1}{u_2}=\frac{\lambda_1^* p_1+\lambda_2^* t_1}{\lambda_1^* p_2+\lambda_2^* t_2}$$

这说明边际替代率位于 p_1/p_2 和 t_1/t_2 之间，利用图形很容易证实这一点。

情形 2　$\lambda_1^*>0$，$\lambda_2^*=0$。只有货币预算约束是紧的。此时，第一个条件变为

$$\frac{u_1}{u_2}=\frac{p_1}{p_2}$$

由此，在切点，我们得到了货币预算约束下的标准解。这种情形可能出现，因为时间预算约束处处位于货币约束之上，或者因为消费者偏好使得切点只能出现在货币预算约束所形成的可行集的边界部分。后者如图 15.3（b）所示。在这种情形中，消费者有时间，但是货币相对稀缺——这是消费者模型经常考虑的情形。

情形 3　$\lambda_1^*=0$，$\lambda_2^*>0$。只有时间约束是紧的。根据一阶条件有

$$\frac{u_1}{u_2}=\frac{t_1}{t_2}$$

这是时间约束下的相切条件，如图 15.3（b）所示。这样的消费者有钱，但是没有时间去花它！

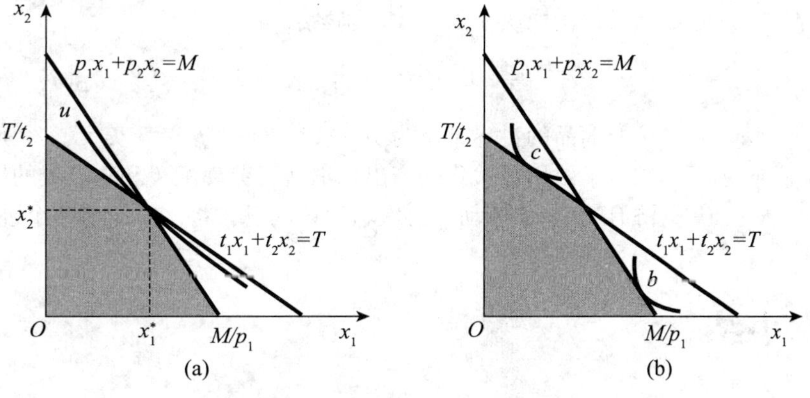

图 15.3　时间约束问题中的可能情形

练习

1. 消费者的效用函数为

$$u=x_1x_2$$

她面临的货币收入约束为

$$2x_1+3x_2\leqslant 100$$

时间约束为

$$x_1+4x_2\leqslant 80$$

求解她的效用最大化的消费束和约束的影子价格。

2. 假设可以按照固定工资率 w 进行货币和时间的交换（例如，你可以雇人购买并准备食品，或者为别人做这些事）。证明：在“时间约束问题”中，这两个预算约束最终会变为一个。这一预算线与图 15.4 中画出的那些有何关系？解释为什么市场的存在不会使任何人的境况变糟，而会使某些人变得比图 15.4 中所示的更好。

3. 在一个小的开放经济中，计划者的效用函数为

$$u=x_1x_2$$

其中，x_i 为商品 $i=1$，2 的总消费。经济中的生产取决于如下生产函数：

$$y_1=10l_1^{0.5},\quad y_2=5l_2^{0.5}$$

其中，y_i 为产出，l_i 为部门 i 的劳动投入。商品的世界价格为 $p_1=10$ 美元，$p_2=8$美元。经济中可供利用的劳动总量为 1 000 单位。求效用最大化的产出、消费和劳动配置。解点处影子工资率是多少？画图解释你的答案。

4. 在一个小的开放经济中，计划者的效用函数为

$$u=x_1x_2$$

产出取决于如下生产函数：

$$y_1=10L_1-0.5L_1^2,\quad y_2=10L_2-L_2^2$$

商品的世界价格为 $p_1=10$ 美元，$p_2=5$ 美元。经济中总的劳动供给为 5 单位。求效用最大化的产出、消费、劳动配置和解点处的影子工资率。现在假定经济有 20 单位劳动。再次求解该问题，将该解同前两个进行比较。

本章小结

关键词

凹规划	库恩-塔克条件	鞍点	鞍点条件
影子价格	斯莱特条件		

思考题

1. 凹规划问题有何特征？

2. 拉格朗日函数的鞍点意味着什么？

3. 阐述最大化问题和最小化问题的库恩-塔克（K-T）条件。

4. 满足凹规划问题 K-T 条件的点一定是该问题的最优解，为什么？

5. 为什么凹规划问题是线性规划问题的特例？

复习题

1. 工人的效用函数为

$$u=x_1x_2$$

其中，x_1 为收入，x_2 为休闲。她的预算约束为

$$x_1=m+w(T-x_2)$$

其中，m 为非工资收入，w 为给定的工资率，T 为可用于工作和休闲的总时间。不过，她能工作的最大时数为 $H\leqslant T$。正式描述并求解给定约束 T 时，收入和休闲的最优选择问题。

2. 消费者的效用函数 $u(x_1, x_2)$ 依赖两种商品，预算约束就是常见的那一种。不过，她面临着每种商品的配额，$\bar{x}_i$ 为她所能购买的商品 $i=1, 2$ 的最大量。求解该消费者的最优化问题，并且讨论她的需求函数的形式。

3. 投资者本期的收入为 1 000 美元，下期收入也为 1 000 美元。她能以利率 $r_L=0.05$ 向外贷款一个时期，或者以利率 $r_B=0.15$ 借入一个时期。她的效用函数为

$$u=\log x_1+0.8\log x_2$$

其中，x_t 为她在时期 $t=1, 2$ 的消费。求效用最大化的借款或者贷款。[提示：先画出可行集。]

4. 中央计划者希望将三种资源用于两种商品的生产。生产技术是线性的，下面的表格给出了生产单位每种产品所需要的投入量：

		产出	
		x_1	x_2
投入	L	2	3
	K	2.5	2
	R	3	0.5

计划者希望在给定的价格下最大化产出的价值，x_1 的价格为 10 美元，x_2 的价格为 8 美元。资源的可用量为 $L^0=100$，$K^0=100$，$R^0=90$。求解最优资源配置以及资源相关的影子价格。

5. 消费者的效用函数为

$$u=x_1x_2$$

其中，x_1 为肉的数量，x_2 为土豆的数量。肉的价格为每磅 10 美元，土豆的价格

为每磅 1 美元。她的收入为 80 美元。除了预算约束外，她还面临着生存卡路里约束：她必须消费至少 1 000 卡路里。1 磅土豆的卡路里为 20，1 磅肉的卡路里为 60，求她的最优消费束。下面假定土豆的价格每磅上升至 1.60 美元，求新的最优消费束。解释你的结果，讨论它们对吉芬商品概念的意义。

6. 垄断厂商的反需求函数为

$$p=100-(q_1+q_2)$$

其中，q_1 为工厂 1 的产出，q_2 为工厂 2 的产出。总成本函数分别为

$$C_1=q_1^2,\quad C_2=1.25q_2^2$$

每个厂商的最大产出量为 12 单位。

(a) 假设厂商只能够将一个工厂的生产能力提高 1 单位，那么它会选择哪个工厂？

(b) 假设厂商能够通过投资将生产能力提高 4 单位，那么这一生产能力应该如何在两个工厂间分配？

(c) 如果厂商投资能够增加 10 单位的生产能力产出，那么又应如何分配？

画图解释每一种情形中你的答案。

第 V 篇

积分和动态方法

第 16 章　积　　分

我们鼓励读者通过我们的网站 http：//mitpress. mit. edu/math _ econ3 来获得如下有助于学习本章的材料：

- 关于衡量消费者剩余的更多内容

在这一章里，我们所要讨论的问题是，在知道函数的导数 $f'(x)$ 的条件下，是否能够确定或者说找到它的原函数 $f(x)$？由于这一过程恰好是微分的反向运算，所以它除了被称为求不定积分之外，也常常被称做逆微分（antidifferentiation）。与这一概念相关的是函数的定积分，也就是介于两点之间的曲线下方区域的面积。积分运算在经济学中用途广泛，它反映了流量和存量（例如，投资和资本存量），以及边际和总量概念（例如，边际成本和总成本）之间的关系。此外，积分也是第 17 章到第 25 章动态分析所必需的基本数学准备。

16.1　不定积分

给定函数 $f(x)=x^2$，由微分法则可知，它的导数为 $f'(x)=2x$。因此，如果我们知道某个函数的导数为 $f'(x)=2x$，那么通过逆向推理，便可以预计具有这种导数形式的函数可以写成 $f(x)=x^2$。不过，对于任意常数 C，函数 $f(x)=x^2+C$ 都有相同的导数 $f'(x)=2x$。因此，仅仅知道一个函数的导数，我们无法确定原函数的具体形式。一般来说，由于任何常数的导数都是零，因此，如果函

数 $f(x)$ 的导函数为 $f'(x)$，那么任何函数 $g(x)=f(x)+C$ 的导函数都是 $f'(x)$。因此，仅仅给定一个函数的导数，我们所确定的原函数必须带有常数项。求解原函数的过程正好是微分的反向运算，由于这一显而易见的原因，该过程又叫做**逆微分**。我们称函数 $f(x)=x^2+C$ 的导数为 $f'(x)=2x$，$f'(x)=2x$ 的逆导数为 x^2+C。

显然，我们可以用逆微分这一术语来称呼微分的逆过程。不过，我们更常用的说法是**积分**，而函数的逆导数则称为**不定积分**。在本章的后面，我们还会引入**定积分**。在不引起混淆的情况下，我们通常会将二者笼统地称为积分（省略"定"和"不定"两个修饰词）。

尽管积分过程是微分的反向运算，我们仍然需要引入一些符号。我们不再用 $f(x)$ 表示函数，$f'(x)$ 表示该函数的导数。从现在开始，我们用 $F(x)$ 表示函数，$f(x)$ 表示它的导数（即，如果 $f(x)=\mathrm{d}F(x)/\mathrm{d}x$，那么 $F(x)$ 就是 $f(x)$ 的逆导数或者说是积分）。正如前面所言，知道了导函数 $f(x)$，我们所确定的原函数必须带有常数项。所以，我们称函数 $f(x)$ 的积分为 $F(x)+C$，其中，C 称为**积分常数**。我们用下面的符号来表示：

$$\int f(x)\mathrm{d}x=F(x)+C$$

其中，$f(x)$ 称为**被积函数**。由于

$$\frac{\mathrm{d}F(x)}{\mathrm{d}x}=f(x)$$

所以，函数 $f(x)$ 的积分的另一种表示为 $\int \mathrm{d}F(x)$，其中

$$\int f(x)\mathrm{d}x \equiv \int\left(\frac{\mathrm{d}F(x)}{\mathrm{d}x}\right)\mathrm{d}x \quad \text{或} \quad \int \mathrm{d}F(x)$$

由于积分是微分的反向过程，所以每一条微分法则都意味着相应的积分法则，因此下面给出的积分法则在 5.4 节中都可以找到相应的微分法则。

积分法则

法则 1：幂函数的积分法则：

$$\int x^n \mathrm{d}x=\frac{x^{n+1}}{n+1}+C, \quad n\neq -1$$

法则 2：函数和的积分法则：

$$\int[f(x)\pm g(x)]\mathrm{d}x=\int f(x)\mathrm{d}x\pm\int g(x)\mathrm{d}x$$

法则 3：数乘的积分法则：

$$\int kf(x)\mathrm{d}x = k\int f(x)\mathrm{d}x$$

法则 4：指数的积分法则：

$$\int \mathrm{e}^x \mathrm{d}x = \mathrm{e}^x + C$$

法则 5：对数的积分法则：

$$\int \frac{1}{x}\mathrm{d}x = \ln(x) + C, \quad x > 0$$

例 16.1 求下列积分：

（ⅰ）$\int x^3 \mathrm{d}x$

（ⅱ）$\int (x^2 + x^5)\mathrm{d}x$

（ⅲ）$\int 15x^2 \mathrm{d}x$

解：（ⅰ）利用法则 1，

$$\int x^3 \mathrm{d}x = \frac{x^4}{4} + C$$

（ⅱ）利用法则 2，

$$\begin{aligned}\int (x^2 + x^5)\mathrm{d}x &= \int x^2 \mathrm{d}x + \int x^5 \mathrm{d}x \\ &= \frac{x^3}{3} + C_1 + \frac{x^6}{6} + C_2 \\ &= \frac{x^3}{3} + \frac{x^6}{6} + C, \quad \text{其中 } C = C_1 + C_2\end{aligned}$$

（注意，本例题中，每一个积分都有一个积分常数，我们可以将它们合并为一个常数。）

（ⅲ）利用法则 3，

$$\begin{aligned}\int 15x^2 \mathrm{d}x &= 15\int x^2 \mathrm{d}x \\ &= 15\left[\left(\frac{x^3}{3}\right) + C_1\right] \\ &= 5x^3 + C, \quad \text{其中 } C = 15C_1\end{aligned}$$

（再次注意，本例题中，常数 15 和 C_1 直接合并为一个常数。）我们也可以对求得的结果利用微分法则进行验证，看看得到的被积函数与所给的是否一致。

■

上面给出的积分法则可以直接从微分法则中导出。例如，要证明法则 1，我们只需注意到，

$$\frac{\mathrm{d}[x^{n+1}/(n+1) + C]}{\mathrm{d}x} = \frac{1}{(n+1)}(n+1)x^n = x^n$$

与微分法则一样，积分法则也可以结合起来使用，从而得到更一般的结果。例如，给定任意个函数之和所构成的函数：

$$h(x)=f^1(x)+f^2(x)+\cdots+f^n(x)=\sum_{i=1}^{n}f^i(x)$$

连续利用积分法则 2，可以得到

$$\int h(x)\mathrm{d}x=\int\left(\sum_{i=1}^{n}f^i(x)\right)\mathrm{d}x=\sum_{i=1}^{n}\int f^i(x)\mathrm{d}x$$

因此，对于特定的例子，譬如下面给出的由多项之和所构成的表达式，可以通过逐项单独积分，然后再将所得结果加总来求得整个表达式的积分：

$$\int(x^2+3x^4+6x^5)\mathrm{d}x=x^3/3+3x^5/5+x^6+C$$

（将上式右端进行微分，看看是否能够得到被积函数。）

此外，我们还可以将法则 4 和法则 5 直接推广开来。例如，根据微分的链式法则，

$$\frac{\mathrm{d}[\mathrm{e}^{f(x)}]}{\mathrm{d}x}=f'(x)\mathrm{e}^{f(x)}$$

可知 $\mathrm{e}^{f(x)}$ 是 $f'(x)\mathrm{e}^{f(x)}$ 的逆导数，也就是说，

$$\int f'(x)\mathrm{e}^{f(x)}\mathrm{d}x=\mathrm{e}^{f(x)}+C$$

因此，如果被积函数是 $\mathrm{e}^{f(x)}$ 乘以 $f(x)$ 的导数，即 $f'(x)\mathrm{e}^{f(x)}$，那么我们可以直接写出它的积分。例如

$$\int 2x\mathrm{e}^{x^2}\mathrm{d}x=\mathrm{e}^{x^2}+C$$

源自链式法则的类似效应也可以应用于含有对数的函数。也就是说，由于

$$\frac{\mathrm{d}[\ln(f(x))]}{\mathrm{d}x}=\frac{f'(x)}{f(x)}$$

因此，我们有

$$\int\frac{f'(x)}{f(x)}\mathrm{d}x=\ln(f(x))+C$$

链式法则的应用范围是有限的。譬如说，要求带有 $\mathrm{e}^{f(x)}$ 项的函数的积分，被积函数中的 $\mathrm{e}^{f(x)}$ 就必须以与 $f'(x)$ 相乘的形式出现。因此，对于积分 $\int 2x^3\mathrm{e}^{x^2}\mathrm{d}x$ 而言，链式法则就失效了。不过，在很多重要的场合，链式法则都可使用。

上面的例子可能让人觉得求解任意选定函数的积分有时会颇费周折。一般来说，检验特定函数是否为某个给定的原函数的积分更容易办到。例如，要猜出下面的积分结果不太容易：

$$\int (x^3+e^x)(3x^2+e^x)dx=\frac{(x^3+e^x)^2}{2}+C$$

但是，检验上式的正确性却很容易（要得到被积函数，只需要对 $(x^3+e^x)^2/2$ 进行微分即可）。不过，通过练习，我们会发现某些类型的积分问题实际上并不像它们看上去那么复杂，这包括上面所给出的例子。在 16.5 节中，我们将会介绍积分方法，它们能够使更多积分计算起来很方便。

上面给出的简单的积分法则使我们能够解决许多简单的问题，并且将其应用到经济学问题中。例如，一个经济变量的变化率就是该变量的导数，因此，一旦知道了一个变量的导数，我们就可以求得该变量。下面的例子解释了这种关系。

边际产品和总产品之间的关系

令 $Q(L)$ 表示总产品函数，$MP(L)$ 表示边际产品函数，L 表示单一的劳动要素投入。由于边际产品函数是总产品函数的导数，所以我们可以将其表示为 $MP(L)=dQ(L)/dL$。既然积分是微分的反向过程，那么总产品函数就是边际产品函数的积分，$Q(L)=\int MP(L)dL$ 。因此，如果我们知道投入要素的边际产品为常数，即 $MP(L)=a$，a 为正常数，就可以得知，总产品函数是线性的，因为

$$Q(L)=\int a\,dL=a\int dL=aL+C$$

经济直觉告诉我们，如果 $L=0$，那么 $Q=0$。因此

$$Q(0)=a\times 0+C=0\Leftrightarrow C=0$$

这意味着我们可以直接将总产品函数写作 $Q(L)=aL$。实际上，对于这类问题，我们常常可以借助一些明显的经济条件来求解积分常数 C。

经济中货币供应量的增加和货币存量之间的关系

假设中央银行决定，在可预见的将来，每年货币供给增加 k 美元。令 $M(t)$ 表示经济在时刻 t 的货币存量，则有

$$\frac{dM(t)}{dt}=k$$

因此，

$$M(t)=\int k\,dt=k\int dt=kt+C$$

假设我们令 M^0 表示当前的货币存量（即 $M(0)=M^0$）。这意味着

$$M(0)=k(0)+C=M^0\Rightarrow C=M^0$$

因此，我们可以将 $M(t)$ 改写为

$$M(t)=kt+M^0$$

现在，如果消费价格水平是关于货币供应量的常数函数，即有

$$P(t)=\beta M(t)=\beta kt+\beta M^0, \quad \beta>0$$

由此我们可以推知，价格水平的上涨速度为 $\beta k(\mathrm{d}P(t)/\mathrm{d}t=\beta k)$。

在经济学中，$M(t)$ 是存量，而时间变化率 $\mathrm{d}M(t)/\mathrm{d}t$ 则是与之相关的流量。

一般来说，求解积分的过程中，我们需要确定什么函数在何时微分会产生给定的被积函数。在很多情况下，做到这一点并不容易。不过，我们可以参照《CRC 标准数学表》（*CRC Standard Mathematical Tables*）中所给出的积分表，或者使用数学软件 Mathematica 或者 Maple 来求解。16.1 节中的所有练习都要求利用本节前面所给出的简单积分法则来计算。

练习

1. 计算下列积分。

(a) $\int(x^4+2x^3+4x+10)\mathrm{d}x$

(b) $\int x^{2/3}\mathrm{d}x$

(c) $\int 10\mathrm{e}^x\mathrm{d}x$

(d) $\int 6x\mathrm{e}^{x^2}\mathrm{d}x$

(e) $\int \dfrac{3x^2+2}{(x^3+2x)}\mathrm{d}x$

2. 计算下列积分。

(a) $\int(6x^3+10x^2+5)\mathrm{d}x$

(b) $\int(x^{1/2}+5x^{-2/3})\mathrm{d}x$

(c) $\int 2\mathrm{e}^x\mathrm{d}x$

(d) $\int 8x^2\mathrm{e}^{x^3}\mathrm{d}x$

(e) $\int \dfrac{2x^3+1}{x^4+2x}\mathrm{d}x$

3. 计算下列积分，并且利用题中给出的条件确定积分常数。

(a) $F(x)=\int 2\mathrm{d}x, \quad F(0)=0$

(b) $F(x)=\int 6x\mathrm{d}x, \quad F(0)=5$

(c) $F(x)=\int(5x^3+2x+6)\mathrm{d}x, \quad F(0)=0$

(d) $F(x)=\int 2x\mathrm{d}x, \quad F(3)=10$

4. 计算下列积分，并且利用题中给出的条件确定积分常数。

(a) $F(x)=\int \mathrm{d}x$， $F(0)=0$

(b) $F(x)=\int x^{1/2}\mathrm{d}x$， $F(0)=5$

(c) $F(x)=\int (2x^3+4x)\mathrm{d}x$， $F(0)=0$

(d) $F(x)=\int x^{-1/2}\mathrm{d}x$， $F(4)=8$

5. 厂商利用单一要素投入劳动（L）进行生产，产出为 Q。要素投入的边际产品函数为 $MP(L)=10L^{1/2}$。请确定总产品函数 $Q(L)$。假定 $L=0$ 时，$Q=0$。

6. 令 $MP(L)=aL^b$ 表示利用单一要素投入劳动（L）进行生产的厂商的边际产品函数，产出为 Q。假定 $L=0$ 时，$Q=0$。请确定总产品函数 $Q(L)$。讨论 b 值如何决定劳动边际产品递减、递增或者不变。利用图形来解释在劳动边际产品递减、递增和不变三种情形中，边际产品函数和总产品函数之间的关系。

7. 利用相应的微分法则来证明第二条积分法则：

$$\int [f(x)\pm g(x)]\mathrm{d}x=\int f(x)\mathrm{d}x\pm\int g(x)\mathrm{d}x$$

16.2 黎曼（定）积分

函数在某个区间上的黎曼积分（Riemann integral），或者说定积分，是位于给定区间上、该函数曲线下面的区域的面积。例如，考虑函数 $f(x)=2x$，$0\leqslant x\leqslant 1$（参见图 16.1）。我们知道，三角形的面积等于底与高乘积的二分之一。显然，函数$f(x)$的图形在所给区间上的面积等于 1。我们将用这个例子来引入正式定义曲线下方面积的数学工具，并且介绍如何利用积分过程来计算该面积。

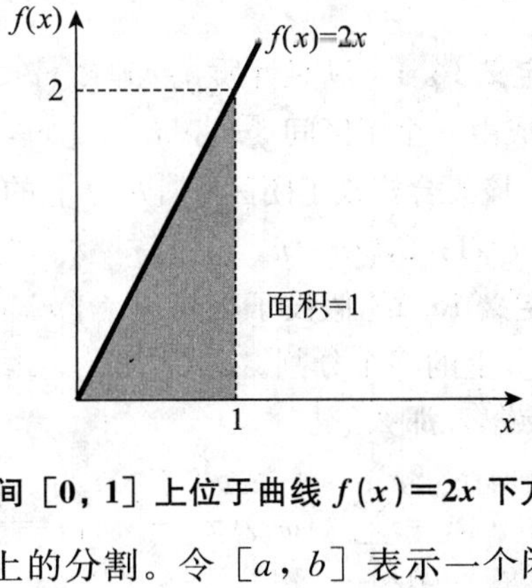

图 16.1　在区间 [0, 1] 上位于曲线 $f(x)=2x$ 下方的区域的面积

我们首先介绍区间上的分割。令 $[a, b]$ 表示一个闭区间。为了方便起见，用 $x_0=a$ 和 $x_n=b$ 等价地表示两个端点。区间 $[a, b]$ 或者 $[x_0, x_n]$ 的一个分割是下列子区间的集合：

$$[x_0, x_1], [x_1, x_2], [x_2, x_3], \cdots, [x_{n-1}, x_n]$$

其中，

$$x = x_0, x_1, x_2, \cdots, x_n$$

并且满足条件

$$a = x_0 < x_1 < x_2 < \cdots < x_n = b$$

在我们所举的例子中，$[a, b] = [0, 1]$，因此 x_i 的值满足条件

$$0 = x_0 < x_1 < x_2 < \cdots < x_n = 1$$

令 $I_i = [x_{i-1}, x_i]$ 表示所做分割的第 i 个区间或者子区间。由此可见，该分割由覆盖区间 $[0, 1]$ 的闭子区间构成，这些闭子区间只在端点处相交。

例如，通过选取点 $x_0 = 0$，$x_1 = 0.2$，$x_2 = 0.7$ 和 $x_3 = 1$，可以得到 $[0, 1]$ 的如下分割（见图 16.2）：

$$\{[0, 0.2], [0.2, 0.7], [0.7, 1]\}$$

相应的子区间长度为：$\Delta_1 = 0.2$，$\Delta_2 = 0.5$，$\Delta_3 = 0.3$。

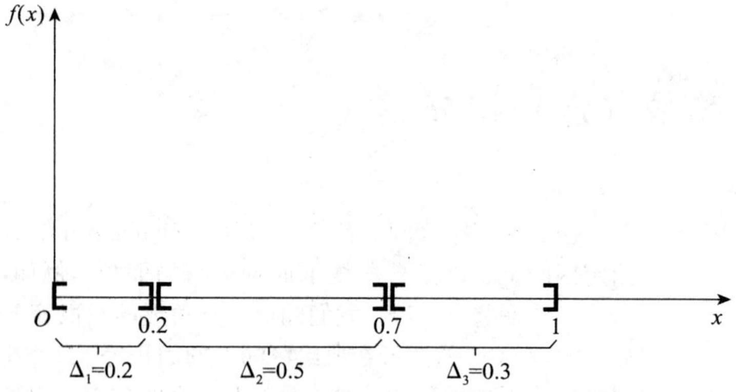

图 16.2　区间 [0, 1] 上的分割

定义 16.1　满足性质 $a = x_0 < x_1 < x_2 < \cdots < x_n = b$ 的点集 x_0，x_1，x_2，…，x_n 生成由 n 个子区间 $[x_0, x_1]$，$[x_1, x_2]$，$[x_2, x_3]$，…，$[x_{n-1}, x_n]$ 构成的集合。该集合构成了闭区间 $[a, b]$ 的一个分割。每个子区间的长度为 $\Delta_i = x_i - x_{i-1}$，$i = 1, 2, \cdots, n$。

定义 16.2　假设子区间 $I_i = [x_{i-1}, x_i]$，$i = 1, 2, \cdots, n$ 的集合是闭区间 $[a, b]$ 上的一个分割。$\omega_i \in [x_{i-1}, x_i]$，$i = 1, 2, \cdots, n$ 为取自子区间集合的任意点集。那么

$$S = \sum_{i=1}^{n} f(\omega_i)(x_i - x_{i-1}) = \sum_{i=1}^{n} f(\omega_i)\Delta_i$$

称为函数 $f(x)$ 在区间 $[a, b]$ 上的**黎曼和**。

如果在每一个子区间中任意选取点 $\omega_i \in I_i \equiv [x_{i-1}, x_i]$，$i = 1, 2, \cdots, n$，

就能够定义一个矩形集合。矩形的长由每个子区间的长度 Δ_i 确定，高等于 $f(\omega_i)$。这样的矩形集的面积之和称为黎曼和（定义 16.2）。

就我们的例子而言，选取 $\omega_1=0.2$，$\omega_2=0.6$，$\omega_3=0.8$，则 $f(\omega_1)=0.4$，$f(\omega_2)=1.2$，$f(\omega_3)=1.6$。最终结果为（见图 16.3）

$$S=0.4\times0.2+1.2\times0.5+1.6\times0.3=1.16$$

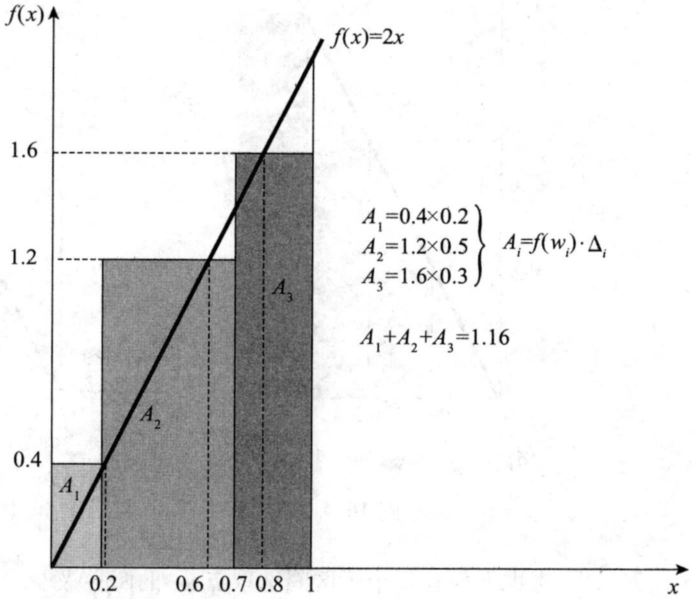

图 16.3　函数 $f(x)=2x$ 在子区间 [0, 1] 上利用图 16.2 中的分割所得到的黎曼和

现在假设我们把和 S 看成是对子区间 [0，1] 上，曲线 $f(x)=2x$ 下方区域面积的近似。这在直觉上似乎并不容易接受，因为我们所利用的子区间（分割）和每个子区间中的点都是任意选取的，所要计算的面积依赖于这些选择，因此并非是定义良好的。不过，可以看出，如果所做的分割越来越细密（以至于最大的子区间长度都接近于零），我们便可以得到收敛的 S 值序列，那么将这样一个序列的极限视为曲线下方区域的面积是合乎情理的。为了解释这一过程，考虑下面的分割：

$$x_i=\frac{i}{n},\quad i=0,1,2,\cdots,n$$

所生成的子区间为

$$\left[0,\frac{1}{n}\right],\left[\frac{1}{n},\frac{2}{n}\right],\left[\frac{2}{n},\frac{3}{n}\right],\cdots,\left[\frac{n-1}{n},1\right]$$

这个子区间集满足 [0，1] 上分割的要求，并且很自然地，n 的值越大，这一分割就越细密。（注意，每一个子区间的长度为 $1/n$。）例如，当 $n=4$ 时，我们得到分割

$$[0,\ 0.25],\ [0.25,\ 0.5],\ [0.5,\ 0.75],\ [0.75,\ 1]$$

图 16.4 对此作了说明。

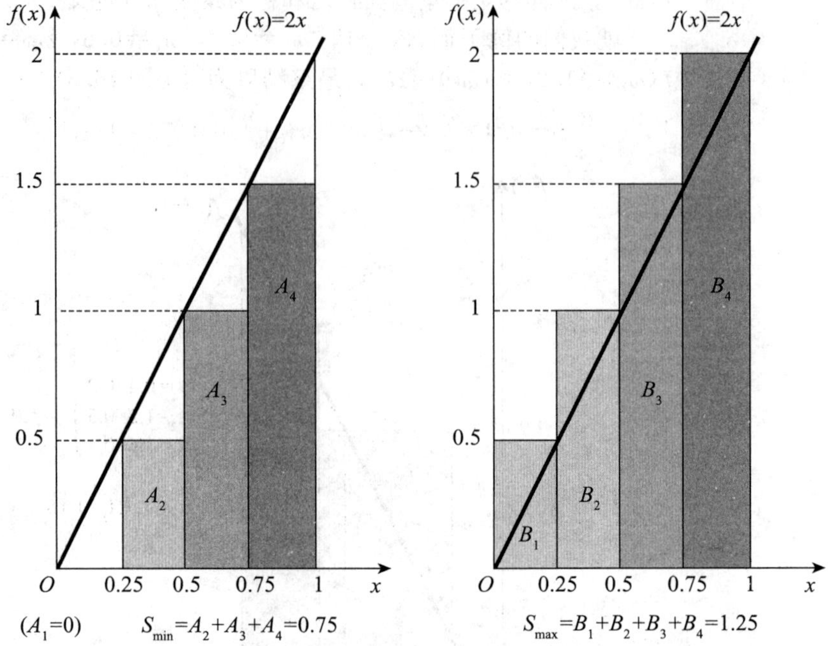

图 16.4　下界和（$S_{\min}$）与上界和（$S_{\max}$）的例子

考虑下面在每个子区间选取点 ω_i 的两种极端情况。首先，选取 ω_i 的值使所产生的黎曼和 S 最小；也就是说，选取 $\omega_i \in [x_{i-1}, x_i]$，使对所有的 $x \in [x_{i-1}, x_i]$，$f(\omega_i) < f(x)$。我们用 $\underline{\omega}_i$ 表示这些值，它们所产生的和称为**下界和** $S_{\min}$，其中

$$S_{\min} = \sum_{i=1}^{n} f(\underline{\omega}_i)\Delta_i$$

然后，选取 $\omega_i \in [x_{i-1}, x_i]$ 的值使所产生的黎曼和 S 最大；也就是说，选取 ω_i，使对所有的 $x \in [x_{i-1}, x_i]$，$f(\omega_i) \geqslant f(x)$。我们用 $\bar{\omega}_i$ 表示这些值，它们所产生的和称为**上界和** $S_{\max}$，其中

$$S_{\max} = \sum_{i=1}^{n} f(\bar{\omega}_i)\Delta_i$$

就我们的例子而言，容易看到，每个子区间最左边的点就是我们所要找的 $\underline{\omega}_i$，而每个子区间最右边的点就是我们所要找的 $\bar{\omega}_i$（见图 16.4）。结果如下：

$$S_{\min} = 0 \times 0.25 + 0.5 \times 0.25 + 1 \times 0.25 + 1.5 \times 0.25 = 0.75$$

而

$$S_{\max} = 0.5 \times 0.25 + 1 \times 0.25 + 1.5 \times 0.25 + 2 \times 0.25 = 1.25$$

显然，$S_{\min}$ 是对曲线下方区域面积的一个低估，而 $S_{\max}$ 则是对曲线下方区域面积的一个高估。如果所做的分割越来越细密，我们会发现，$S_{\min}$ 和 $S_{\max}$ 两者的

值都趋向于相同的数 S^*。从直觉上，我们有理由说曲线下方的区域面积是定义良好的，而且 S^* 就是这一面积值。在我们的例子中，随着 n 的增加，分割($\Delta_i=1/n$，$\forall i$）会变得更细密，而且随着 $n\to\infty$，$S_{\min}$ 和 $S_{\max}$ 确实收敛到相同的值。

为了更正式地说明这一点，注意到我们选取每个子区间 $[x_{i-1}, x_i]$ 内最左边的点作为$\underline{\omega}_i$，也就是说$\underline{\omega}_i=x_{i-1}$。对于分割 $x_i=i/n$，$i=0, 1, 2, \cdots, n$，可以得到

$$S_{\min}=\sum_{i=1}^{n} f(\underline{\omega}_i)\Delta_i=\sum_{i=1}^{n} f(x_{i-1})\Delta_i$$
$$=\sum_{i=1}^{n} 2\left(\frac{i-1}{n}\right)\left(\frac{1}{n}\right)=\frac{2}{n^2}\sum_{i=1}^{n}(i-1)$$

由于

$$\sum_{i=1}^{n}(i-1)=0+1+2+\cdots+(n-1)=\left(\frac{n}{2}\right)(n-1)$$

我们得到

$$S_{\min}=\left(\frac{2}{n^2}\right)\left[\left(\frac{n}{2}\right)(n-1)\right]=\frac{n^2-n}{n^2}=1-\frac{1}{n}$$

类似地，我们选取每个子区间 $[x_{i-1}, x_i]$ 内最右边的点作为$\bar{\omega}_i$，也就是$\bar{\omega}_i=x_i$。对于分割 $x_i=i/n$，$i=0, 1, 2, \cdots, n$，可以得到

$$S_{\max}=\sum_{i=1}^{n} f(\bar{\omega}_i)\Delta_i=\sum_{i=1}^{n} f(x_i)\Delta_i$$
$$=\sum_{i=1}^{n} 2\left(\frac{i}{n}\right)\left(\frac{1}{n}\right)=\frac{2}{n^2}\sum_{i=1}^{n} i$$

由于

$$\sum_{i=1}^{n} i=[1+2+\cdots+n]=\frac{n+1}{2}n$$

我们得到

$$S_{\max}=\left(\frac{2}{n^2}\right)\left(\frac{n+1}{2}n\right)=\frac{n^2+n}{n^2}=1+\frac{1}{n}$$

注意，正如我们所预计的，$S_{\max}>S_{\min}$。不过，随着分割变得任意细密（也就是说，随着 $n\to\infty$），$S_{\min}$ 和 $S_{\max}$ 收敛到相同的极限值：

$$\lim_{n\to\infty} S_{\max}=\lim_{n\to\infty} S_{\min}=1$$

如果上式成立，那么我们称该函数是可积的，而且所得到的极限值就是曲线下方区域的面积。

定义 16.3 如果对于任意 $\varepsilon>0$，都存在某个 $\delta>0$，使得对于满足 $\max\Delta_i<\delta$（即分割的最大子区间的长度小于 δ）的任意分割，以及任意点集 $\omega_i\in[x_{i-1}, x_i]$，都有下式成立：

$$\left|\sum_{i=1}^{n} f(\omega_i)\Delta_i - L\right| < \varepsilon$$

我们就称函数在闭区间 $[a, b]$ 上可积。

我们称该值 L 为函数 $f(x)$ 在区间 $[a, b]$ 上的定积分，记为

$$\int_a^b f(x)\mathrm{d}x = L$$

注意，要使函数在闭区间 $[a, b]$ 上可积，必须满足随着对区间 $[a, b]$ 所做的分割变得越来越细密，利用这些子区间中的任意点集 ω_i，我们所得到的黎曼和必须任意靠近（收敛到）某个值 L。在我们的例子中，随着 $n\to\infty$，我们所选择的使 S 取得最大或者最小可能值的 ω_i 会收敛到相同的值。因此，对于任意选择的这些 ω_i 值，黎曼和也会收敛到相同的值。

在记号 $\int_a^b f(x)\mathrm{d}x$ 中，$\int$ 代表字母 S，意味着一个求和过程，a 和 b 分别表示积分下限和积分上限，它们是区间 $[a, b]$ 的两个端点，而 $\mathrm{d}x$ 则相当于积分和 S 表达式中的积分长度 Δ_i。

即使在我们上面所给出的最简单的例子中，使用求和技术来求解曲线下方区域的面积也是非常烦琐的。不过，只要函数是连续的，我们就可以利用积分基本定理，其内容如下：

定理 16.1（积分基本定理） 如果函数 $f(x)$ 在闭区间 $[a, b]$ 上连续，并且 $F(x)$ 是 $f(x)$ 的任意逆导数（不定积分），那么

$$\int_a^b f(x)\mathrm{d}x = F(b) - F(a)$$

其中，$F(b)$ 是 $f(x)$ 在 $x=b$ 点的逆导数值，$F(a)$ 是 $f(x)$ 在 $x=a$ 点的逆导数值。表达式 $[F(b)-F(a)]$ 通常表示为 $[F(x)]_a^b$。

注意，在该定理中，我们忽略了积分常数。因为即使我们将它考虑进去，它最终也会被消掉；也就是说，$[F(b)+C]-[F(a)+C]= F(b)-F(a)$。

在求区间 $[0, 1]$ 上曲线 $f(x)=2x$ 下方区域面积的例子中，积分基本定理显然在起作用。即 $F(x)=x^2$ 是 $f(x)=2x$ 的逆导数，我们可以根据下面的表达式来计算该面积：

$$\int_0^1 2x\,\mathrm{d}x = F(1) - F(0) = 1^2 - 0^2 = 1$$

更一般地，对于该函数在区间 $[0, b]$ 上的积分，我们有

$$\int_0^b 2x\,\mathrm{d}x = [x^2]_0^b = b^2 - 0^2 = b^2$$

显然，这一结果是正确的。因为由区间 $[0, b]$ 和曲线 $f(x)=2x$ 所界定的面积为 $(1/2)\times b\times 2b=b^2$（见图 16.5）。

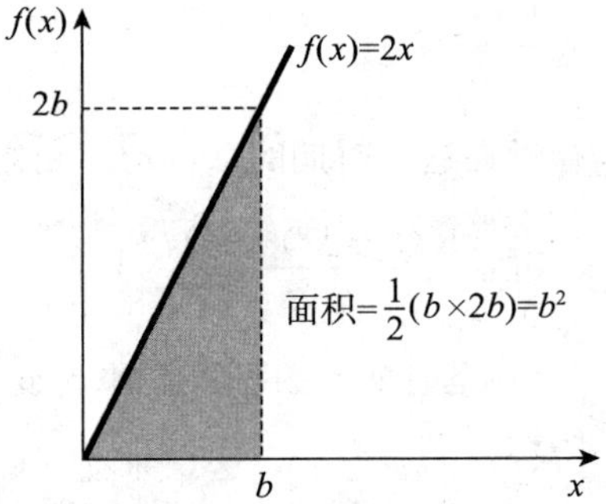

图 16.5　在区间 [0, b] 上，曲线 $f(x)=2x$ 下方区域的面积

对于比 $f(x)=2x$ 更复杂的函数而言，积分基本定理更有用。考虑前面提到过的一个例子：$f(x)=(x^3+e^x)(3x^2+e^x)$。要确定位于点 $x=0$ 和 $x=1$ 之间的曲线下方区域的面积，仅仅利用我们所知道的几何图形知识很难办到。不过，在前面，我们曾经计算过这个函数的逆导数：

$$F(x)=\int(x^3+e^x)(3x^2+e^x)dx=\frac{(x^3+e^x)^2}{2}$$

因此，相关的面积为

$$\begin{aligned}\int_0^1(x^3+e^x)(3x^2+e^x)dx&=\left[\frac{(x^3+e^x)^2}{2}\right]_0^1\\&=\frac{(1^3+e^1)^2}{2}-\frac{(0^3+e^0)^2}{2}\\&=\frac{(1+e)^2}{2}-\frac{1}{2}\doteq 6.38,\quad \text{其中 } e\doteq 2.71\end{aligned}$$

图 16.6 对这一结果进行了解释。

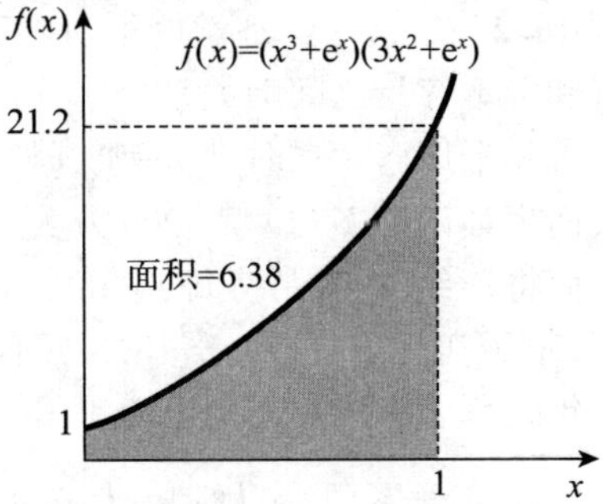

图 16.6　在区间 [0, 1] 上，曲线 $f(x)=(x^3+e^x)(3x^2+e^x)$ 下方区域的面积

某个区间上曲线下方区域的面积可以简单地通过该区间两个端点处函数的逆导数值相减求得。乍看上去，这似乎纯属机缘巧合。不过，通过存量和流量之间的经济关系，譬如说资本存量和净投资之间的关系，我们可以获得对积分基本定理直觉上的理解。

令 $K(t)$ 表示描述 t 时期资本存量的函数，$I(t)$ 表示净投资率（即总投资减去折旧）。则 $K(t+\Delta t)-K(t)$ 是在时间段 $[t, t+\Delta t]$ 上资本存量的增加值，

$$\frac{K(t+\Delta t)-K(t)}{\Delta t}$$

是资本存量在这一时期的（平均）变化率。根据定义有

$$\lim_{\Delta t\to 0}\left(\frac{K(t+\Delta t)-K(t)}{\Delta t}\right)=\frac{\mathrm{d}K}{\mathrm{d}t}=I(t)$$

其中，$I(t)$ 是时期 t 的净投资瞬时变化率。由于 $I(t)$ 是 $K(t)$ 的导数，所以 $K(t)$是 $I(t)$ 的逆导数，这意味着 $K(t)=\int I(t)\mathrm{d}t$ 。而且在两个时点之间所做的净投资之和代表在这两个时点之间资本存量的变化。在区间 $[a, b]$ 上，我们有

$$K(b)-K(a)=\sum_{i=1}^{n}I(\omega_i)\Delta_i=\int_a^b I(t)\mathrm{d}t$$

此处 $\sum_{i=1}^{n}I(\omega_i)\Delta_i$ 是在区间 $[a, b]$ 上进行细密分割得到的黎曼和（$\max\Delta_i\to 0$）。图 16.7 和下面的简单例子解释了这一一般关系。

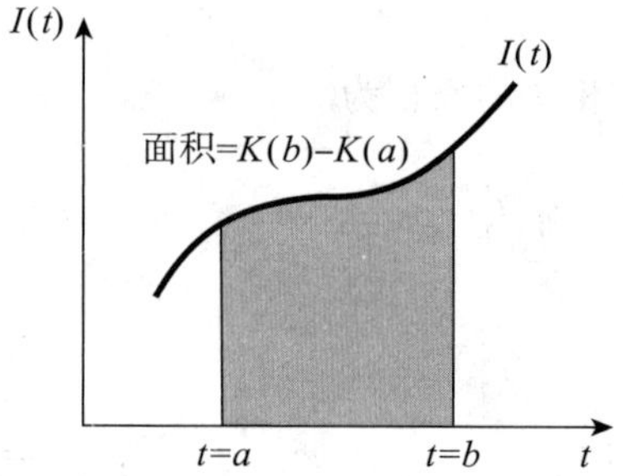

图 16.7 在时期 $t=a$ 和 $t=b$ 之间，资本存量 $K(t)$ 的变化是区间 $[a, b]$ 上投资函数曲线下方区域的面积

例 16.2 在这个经济学例子中，我们考察当净投资随着时间离散地变化时，净投资和资本存量之间的关系。

考虑一个厂商，在时期 $t=1$ 开始的时候，它拥有初始资本存量 1 000 万美元，我们将其记为 $K(1)=1\ 000$ 万美元。为了简单起见，我们假定不存在资本折旧，厂商将连续 3 年保持每年 150 万美元的新资本投资速度（因此，我们有 $I(t)=150$ 万美元，$t=1, 2, 3$）。厂商在第 3 年年末的资本存量为其初始资本存量与 3 年间所做净投资之和。即

$$\begin{aligned}K(3)&=K(1)+I(1)+I(2)+I(3)=1\ 000+150+150+150\\&=1\ 450(\text{万美元})\end{aligned}$$

重新整理可得

$$K(3)-K(1)=I(1)+I(2)+I(3)=\sum_{t=1}^{3}I(t)$$

上式是一个黎曼和，$\Delta_i=1$，$i=1, 2, 3$。注意，在这个例子中，我们可以用 $\Delta_i=1$ 的分割，而不是选择一个使最大的 $\Delta_i\to 0$ 的细密分割，这是因为在每个子

区间内投资率都是常数。 ■

例 16.3 在这个经济学例子中，我们考察当净投资随着时间连续地变化时，净投资和资本存量之间的关系。

假设厂商在时期 $t=0$ 时拥有资本存量 $K(0)=500\ 000$ 美元，而且除了替换资本折旧之外，它打算在未来 10 年以 $I(t)=600t^2$ 的速度进行新资本投资。从现在开始 10 年后的计划资本存量可以由下式求得：

$$K(10)=K(0)+\int_0^{10} I(t)\mathrm{d}t=500\ 000+\int_0^{10}(600t^2)\mathrm{d}t$$

$I(t)=600t^2$ 这一函数的不定积分为 $200t^3+C$，意味着

$$\int_0^{10}(600t^2)\mathrm{d}t=[200t^3]_0^{10}=200\times 10^3-200\times 0^3=200\ 000$$

因此

$$K(10)=500\ 000+200\ 000=700\ 000$$

是第 10 年末的计划资本存量水平。 ■

上面的例子解释了厂商在两个时期之间所进行的净投资之和代表厂商资本存量的增加。这一结果解释了更为一般的数学关系：

$$F(b)-F(a)=\int_a^b f(x)\mathrm{d}x=\sum_{i=1}^{n} f(\omega_i)\Delta_i$$

式中，$f(x)$ 是类似于投资的流量，而 $F(x)$ 是类似于资本的相关存量（也就是说，$\mathrm{d}F(x)/\mathrm{d}x=f(x)$）。下面的命题为这一一般关系提供了基础。该命题的证明留作本节的练习（练习 7）。

定理 16.2 如果 f 是闭区间 $[a, b]$ 上的连续函数，那么对于任意 $x\in[a, b]$，函数 $F(x)=\int_a^x f(t)\mathrm{d}t$ 是 f 的逆导数，也就是说，$F'(x)=f(x)$。

这个定理同定理 16.1 的关系可以通过 $f(t)=2t$ 这个简单例子来解释。对于这一函数，根据定理 16.1，我们可以得到

$$F(x)=\int_a^x f(t)\mathrm{d}t=F(x)-F(a)=x^2-a^2$$

由于 a 是常数，$F'(x)=f(x)$。因此，以变量 x 作为积分上限的定积分实际上确实生成了被积函数的逆导数。

严格地说，定理 16.2 应该位于定理 16.1 之前，并且能够用来证明定理 16.1。为了说明这一点，我们先令定理 16.2 中的 $x=b$，然后再令 $x=a$，于是可得

$$F(b)=\int_a^b f(t)\mathrm{d}t+C$$

和

$$F(a)=\int_a^a f(t)\mathrm{d}t+C$$

在长度为零的区间上，曲线下方区域的面积为零：

$$\int_a^a f(t)\mathrm{d}t=0$$

结果，我们得到

$$F(b)-F(a)=\int_a^b f(t)\mathrm{d}t+C-C$$

或者

$$\int_a^b f(t)\mathrm{d}t=F(b)-F(a)$$

除了解释积分基本定理之外，定理 16.2 还能用于经济问题。回到前面资本存量/投资的例子中，我们有

$$K(t)=\int_{t_0}^t I(x)\mathrm{d}x,\quad K'(t)=I(t)$$

因此，在时期 t，资本存量的变化率恰好是时期 t 被积函数（投资率）的值。

练习

1. 对区间［0，1］上的函数 $f(x)=3x+1$ 进行下列计算。

(a) 利用三角形和矩形的面积公式求解位于区间［0，1］上的函数 $f(x)=3x+1$ 下方区域的面积。

(b) 找出分割 {［0，1/3］，［1/3，2/3］，［2/3，1］} 的 $S_{\min}$ 和 $S_{\max}$。同 (a) 中所求的面积结果进行比较。给出函数的图形解释。

(c) 找出下面分割的 $S_{\min}$ 和 $S_{\max}$：

$$\left\{\left[0,\frac{1}{5}\right],\left[\frac{1}{5},\frac{2}{5}\right],\left[\frac{2}{5},\frac{3}{5}\right],\left[\frac{3}{5},\frac{4}{5}\right],\left[\frac{4}{5},1\right]\right\}$$

同 (a) 中所求的面积结果进行比较。给出函数的图形解释，并且同 (b) 中的答案进行比较。

(d) 找出下面分割的 $S_{\min}$ 和 $S_{\max}$：

$$\left\{\left[0,\frac{1}{n}\right],\left[\frac{1}{n},\frac{2}{n}\right],\cdots,\left[\frac{n-1}{n},\frac{n}{n}\right]\right\}$$

同 (a) 中所求的面积结果进行比较。当 $n\to\infty$ 时取极限，结果如何？联系定义 16.3 进行讨论。

2. 对函数 $f(x)=x^2$ 重复练习 1 中的（b）和（c）。

3. 计算下列各式的定积分。（注意，这组练习取自 16.1 节的练习 1。）

(a) $\int_0^1 (x^4+2x^3+4x+10)\mathrm{d}x$

(b) $\int_0^8 x^{2/3}\mathrm{d}x$

(c) $\int_{-1}^0 10\mathrm{e}^x\mathrm{d}x$

(d) $\int_1^2 6x\mathrm{e}^{x^2}\mathrm{d}x$

(e) $\int_1^2 \frac{3x^2+2}{x^3+2x}\mathrm{d}x$

4. 计算下列各式的定积分。（注意，这组练习取自 16.1 节的练习 2。）

(a) $\int_2^5 (6x^3+10x^2+5)\mathrm{d}x$

(b) $\int_0^{64} (x^{1/2}+5x^{-2/3})\mathrm{d}x$

(c) $\int_{-1}^1 2\mathrm{e}^x\mathrm{d}x$

(d) $\int_0^1 8x^2\mathrm{e}^{x^3}\mathrm{d}x$

(e) $\int_1^5 \frac{2x^3+1}{x^4+2x}\mathrm{d}x$

5. 假设一个经济体的净投资流量为 $I(t)=10t^{1/2}$。令 $K(0)=K^0$ 表示当前的资本存量，利用定积分计算从现在开始五年之后的资本存量水平。

6*. 假设一个经济体的净投资流量为 $I(t)=at^b$。令 $K(1)=\overline{K}$ 表示当前的资本存量，给出表示从现在开始 T 年之后的资本存量水平的函数。当 $b<1$ 时，$K(T)$ 是有限值吗？对此加以讨论。在 16.4 节，我们将会正式研究积分限不是有限值的积分。

7*. 证明定理 16.2。（你将会用到 16.3 节的性质 1。）

16.3 积分的性质

在这一节里，将会介绍一些有关定积分的简单却很有用的性质。我们将避免提及限定词“定”，而只谈论积分的性质。如果将定积分视为曲线下方区域的面积，那么本节我们所介绍的所有性质都是非常明显的。因此，我们只提供这些结果的简要证明。

例如，既然 $\int_a^c f(x)\mathrm{d}x=F(c)-F(a)$ 是曲线 $f(x)$ 下方介于 $x=a$ 和 $x=c$

两点之间的区域的面积，那么，如果 $x=b$ 是 a 和 c 之间的某个点，$\int_a^c f(x)\mathrm{d}x$ 就等于曲线 $f(x)$ 下方介于 $x=a$ 和 $x=b$ 两点之间区域的面积 $\int_a^b f(x)\mathrm{d}x$，加上曲线 $f(x)$ 下方介于 $x=b$ 和 $x=c$两点之间区域的面积 $\int_b^c f(x)\mathrm{d}x$ 。这一性质可以概括为下面的性质 1，并且可以用图 16.8 加以解释。

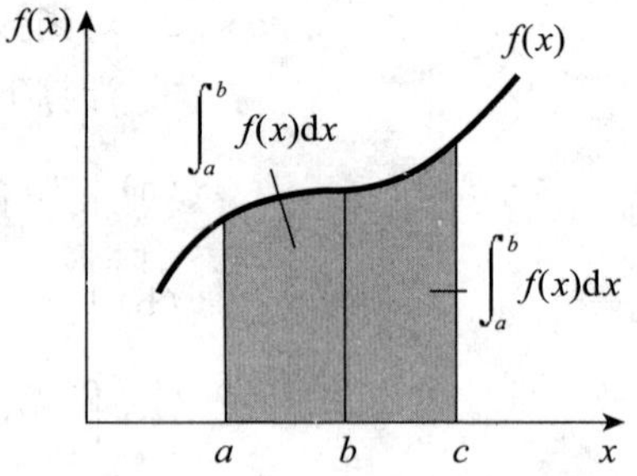

图 16.8　对性质 1 的解释

性质 1　如果 a，b 和 c 都是 **R** 中的点，$a<b<c$，那么有

$$\int_a^c f(x)\mathrm{d}x=\int_a^b f(x)\mathrm{d}x+\int_b^c f(x)\mathrm{d}x$$

性质 1 的证明很简单。等式左边为 $F(c)-F(a)$，显然等于等式右边，$[F(b)-F(a)]+[F(c)-F(b)]=F(c)-F(a)$。

性质 2

$$\int_a^a f(x)\mathrm{d}x\equiv\lim_{c\to a}\int_a^c f(x)\mathrm{d}x=0$$

由面积的概念可知，性质 2——$\int_a^a f(x)\mathrm{d}x=0$——也是显然的。我们也可以正式地推导出这一点。当点 c 趋近于点 a 时，对积分 $\int_a^c f(x)\mathrm{d}x$ 取极限：

$$\lim_{c\to a}\int_a^c f(x)\mathrm{d}x=\lim_{c\to a}[F(c)-F(a)]=F(a)-F(a)=0$$

第一次学习正数和负数的时候，老师通常都会告诉我们，譬如说，负数－2 和原点之间的距离与正数＋2 和原点之间的距离相同。只不过如图 16.9 所解释的，二者移动的方向相反（对负数而言←）。如果我们对函数 $f(x)$ 从点 c 到点 a 积分，而不是反过来，那么我们所得到的面积相同，只不过方向相反罢了。这为下面的性质 3 提供了直觉解释。

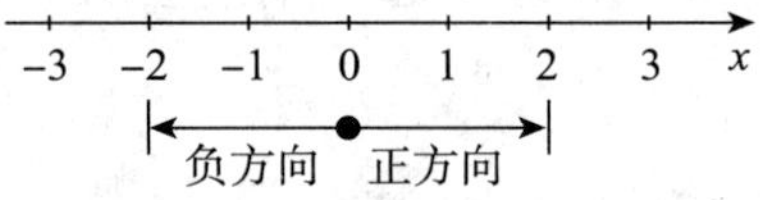

图 16.9　对性质 3 的解释

性质 3　改变积分方向会改变积分值的符号。也就是说，

$$\int_c^a f(x)\mathrm{d}x=-\int_a^c f(x)\mathrm{d}x$$

这一性质也很容易证明，

$$\int_c^a f(x)\mathrm{d}x=F(a)-F(c)=-[F(c)-F(a)]=-\int_a^c f(x)\mathrm{d}x$$

到目前为止，我们都一直将积分 $\int_a^c f(x)\mathrm{d}x$ 视为曲线 $f(x)$ 下方区域的面积，而且隐含地假定这一区域位于横轴或者说 x 轴之上。不过，如果函数 $f(x)$

在区间 $[a, c]$ 上的取值为负，那么积分 $\int_a^c f(x)\mathrm{d}x$ 即为曲线 $f(x)$ 上方和 x 轴下方之间区域的面积。更为一般地，我们说积分 $\int_a^c f(x)\mathrm{d}x$ 是区间 $[a, c]$ 上函数 $f(x)$ 和 x 轴之间区域的面积。x 轴下方任何区域的面积都用负值表示。这一点从下面的例子中可以清楚地看到，图 16.10 给出了解释。

$$\int_0^2 (-2x-1)\mathrm{d}x=[-x^2-x]_0^2=[-4-2]-[0-0]=-6$$

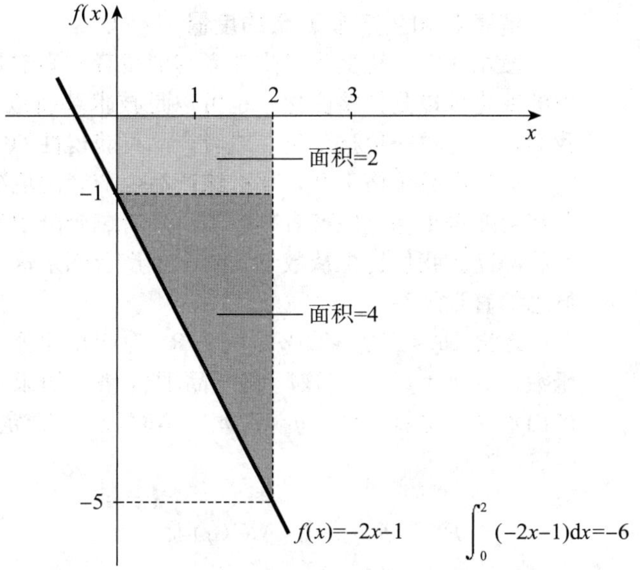

图 16.10　对性质 4 的解释

性质 4　如果函数 $f(x)$ 在区间 $[a, c]$，$a<c$ 上取值为负，那么 $\int_a^c f(x)\mathrm{d}x<0$，其中 $\left|\int_a^c f(x)\mathrm{d}x\right|$ 是区间 $[a, c]$ 上曲线 $f(x)$ 和 x 轴之间区域的面积。

作为性质 4 的经济应用，考虑厂商在时期 $t=a$ 到时期 $t=c$，$c>a$ 净投资的下列情形。假设在某些时间的子区间上，净投资为正（$I(t)>0$），而在另一些时间的子区间上，净投资为负（$I(t)<0$），如图 16.11 所示。时期 $t=a$ 到时期 $t=c$ 的总投资为取正值的面积之和减去取负值的面积之和，如下所示。

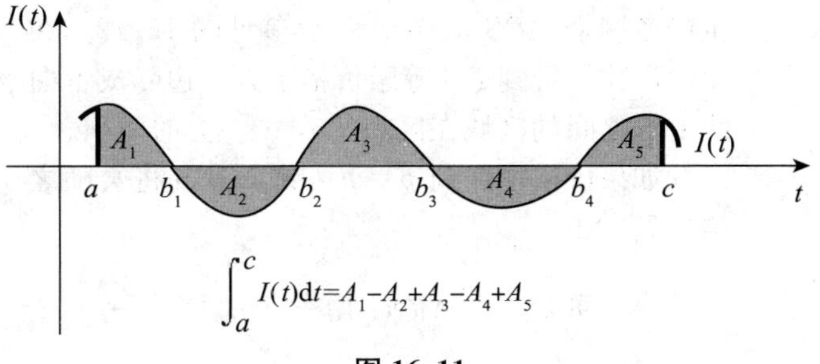

图 16.11

注：为了计算取值正负交替的函数的积分，可以将横轴上方所形成的区域的面积加总，然后减去横轴下方所形成的区域的面积。

$$\Delta I = A_1 - A_2 + A_3 - A_4 + A_5$$

等价的积分表述为

$$\int_a^c I(t)\mathrm{d}t = \int_a^{b_1} I(t)\mathrm{d}t + \int_{b_1}^{b_2} I(t)\mathrm{d}t + \int_{b_2}^{b_3} I(t)\mathrm{d}t + \int_{b_3}^{b_4} I(t)\mathrm{d}t + \int_{b_4}^{c} I(t)\mathrm{d}t$$

消费者和生产者剩余的度量

测量经济环境变化对生产者和消费者的影响是微观经济学的重要课题。所考虑的变化可以是价格变化，也可以是技术革新或者政府政策所导致的成本变化。我们将考虑单一价格变化，或者产品可获得性的完全消失。

如果产品价格上升，那么该产品生产者的境况将会变得更好，而消费者的境况将会变得更糟。生产者剩余和消费者剩余分别是对这一价格变化对二者各自影响的测度。我们首先从数学上给出生产者剩余这一概念的定义，然后给出对这一概念的直觉解释。

定义 16.4 令 $MC(q)$，$q \in \mathbf{R}_+$ 为产出水平是 q 的厂商的连续的边际成本函数，令 $p = p_0$ 表示该厂商产品的价格。如果 $q = q_0$ 是该厂商利润最大化的产出水平（也就是说，q_0 由 $p_0 = MC(q_0)$ 决定），那么该厂商的**生产者剩余**（PS）为

$$PS = p_0 q_0 - \int_0^{q_0} MC(q)\mathrm{d}q$$

假定该值非负。

既然边际成本函数是总可变成本函数 $TVC(q)$ 的导数，那么

$$\int_0^{q_0} MC(q)\mathrm{d}q = TVC(q_0) - TVC(0) = TVC(q_0)$$

因此，PS 实际上就是总收入减去总可变成本。也就是说，PS 等于未扣除固定成本的利润。之所以要求 PS 非负是因为如果 PS 是负的，那么厂商可以选择关闭工厂（$q_0 = 0$），从而获得零生产者剩余。PS 的图形表示参见图 16.12。在图中，我们看到 PS 等于价格下方、边际成本曲线上方之间的区域在区间 $[0, q_0]$ 上的面积。

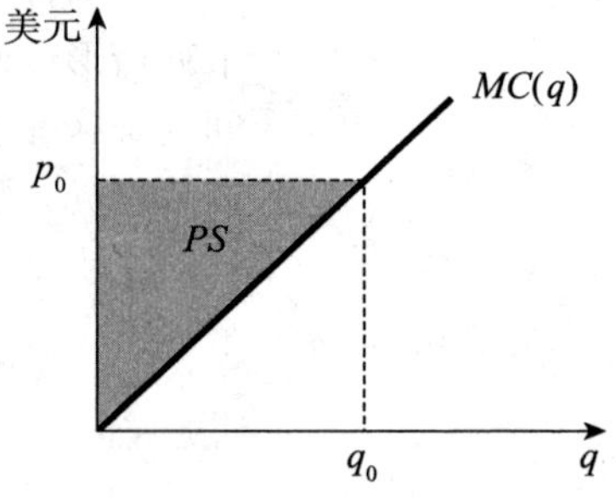

图 16.12 厂商在 $p = p_0$ 时的生产者剩余（PS）

如果价格增加到 $p = \hat{p}$，那么 PS 将会随之增加到

$$\hat{p}\,\hat{q} - \int_0^{\hat{q}} MC(q)\mathrm{d}q$$

其中，$\hat{q}$ 由关系式 $\hat{p} = MC(\hat{q})$ 决定。价格从 p_0 增加到 $\hat{p}$ 所导致的生产者剩余

变化如图 16.13 中的 $\Delta PS(p:p_0\to\hat{p})$ 所示。

要计算 ΔPS，我们不用找出 PS 在每个价格 p_0 和 $\hat{p}$ 处的表达式。从图 16.13 中，我们注意到 ΔPS 是 $MC(q)$ 曲线左边区域在 $p=p_0$ 到 $p=\hat{p}$ 上的面积。如果我们找出边际成本函数的反函数

$$q=MC^{-1}(p)$$

便可以将 ΔPS 写成下面的定积分形式：

$$\Delta PS(p:p_0\to\hat{p})=\int_{p_0}^{\hat{p}}MC^{-1}(p)\mathrm{d}p$$

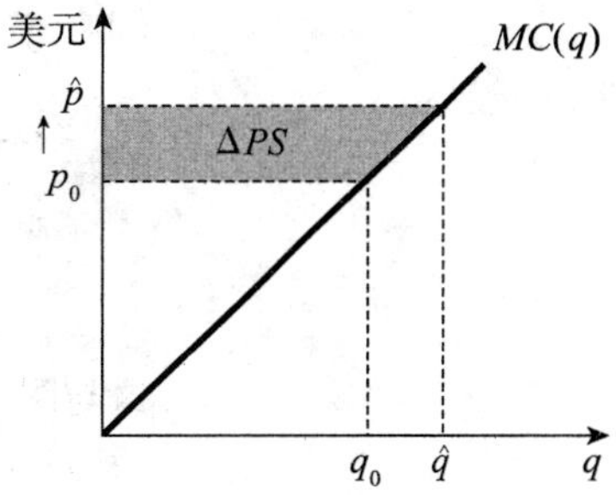

图 16.13　价格由 p_0 变至 $\hat{p}$ 时生产者剩余的变化

下面的例子解释了上述这些关系：

例 16.4　利润最大化厂商的边际成本函数为 $MC(q)=2q+1$，试求：

（ⅰ）价格 $p_0=10$ 时的 PS。

（ⅱ）价格 $\hat{p}=15$ 时的 PS。

（ⅲ）价格变化时的 $\Delta PS(p:10\to15)$。

解：（ⅰ）$p_0=10$ 时，$MC(q_0)=p_0$ 意味着 $q_0=4.5$，因此，

$$\begin{aligned}PS(p_0=10)&=10\times4.5-\int_0^{4.5}(2q+1)\mathrm{d}q\\&=45-[q^2+q]_0^{4.5}\\&=45-24.75=20.25\end{aligned}$$

这与图 16.14（a）中所示的面积对应。

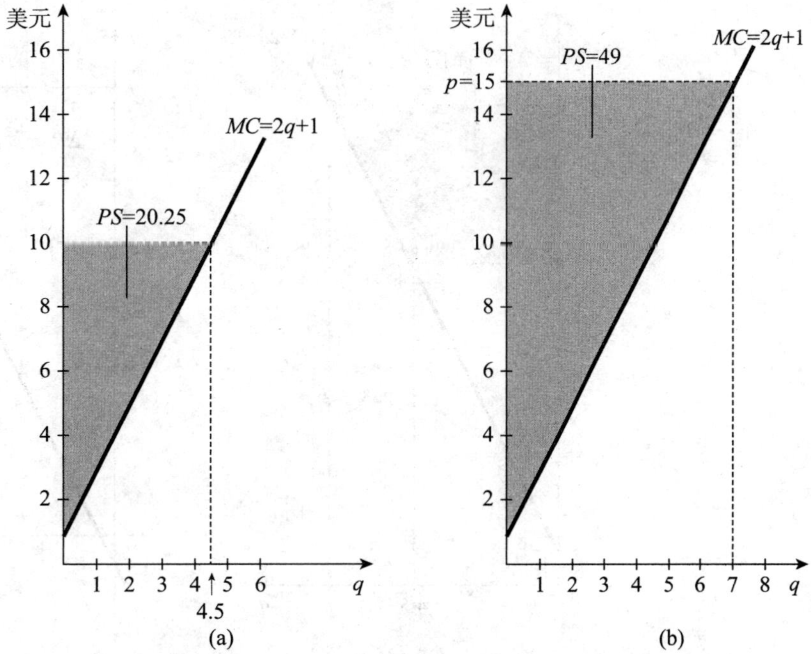

图 16.14　价格 $p=10$ 和 $p=15$ 时生产者剩余的计算（例 16.4）

（ⅱ）$\hat{p}=15$ 时，等式 $\hat{p}=MC(\hat{q})$ 意味着 $\hat{q}=7$，因此，

$$\begin{aligned}PS(\hat{p}=15)&=15\times 7-\int_0^7(2q+1)\mathrm{d}q\\&=105-[q^2+q]_0^7\\&=105-56=49\end{aligned}$$

这与图 16.14（b）中所示的面积对应。

（ⅲ）从问题（ⅰ）和问题（ⅱ）中，我们看到价格从 10 上升到 15 带来了 PS 的增加：49－20.25＝28.75。

此外，还可以用下面的方法得到相同的结果。$MC(q)=2q+1$ 的反函数是

$$MC^{-1}(p)=\frac{p}{2}-\frac{1}{2}$$

我们可以根据前面给出的公式来计算 PS 的变化：

$$\begin{aligned}\Delta PS&=\int_{p_0}^{\hat{p}}MC^{-1}(p)\mathrm{d}p\\&=\int_{10}^{15}\left(\frac{p}{2}-\frac{1}{2}\right)\mathrm{d}p=\left[\frac{p^2}{4}-\frac{p}{2}\right]_{10}^{15}\\&=\left(\frac{15^2}{4}-\frac{15}{2}\right)-\left(\frac{10^2}{4}-\frac{10}{2}\right)=28.75\end{aligned}$$

从图 16.15（a）可以看到，面积 $ABCD$ 测量了本例中的 ΔPS。既然这是 MC 曲线左边区域介于 $p=10$ 和 $p=15$ 两点之间的面积，那么它等价于 MC 的反函数的下方区域在这两个价格之间的面积 $abcd$，如图 16.15（b）所示。■

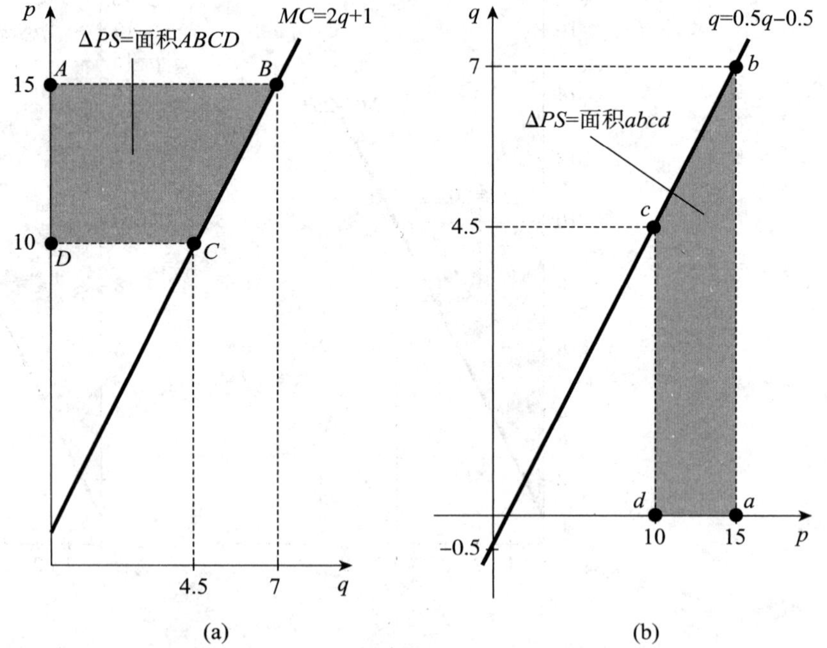

图 16.15　计算生产者剩余的两种方法，图（b）中应用了反边际成本函数（例 16.4（ⅲ））

假设在例 16.4 中，价格已经从初始值$\hat{p}=15$降到 $p_0=10$，那么我们有（参见积分性质 3）

$$\Delta PS=\int_{15}^{10} MC^{-1}(p)\mathrm{d}p=-\int_{10}^{15} MC^{-1}(p)\mathrm{d}p$$

因此，得到负的生产者剩余变化的值（-28.75）。这一结果说明价格下降减少了该厂商的剩余。最后，请大家注意，如果价格变化不牵扯到关张或者开业决策，那么生产者剩余的变化就相当于厂商利润的变化。

现在我们转向消费者剩余。消费者的目标是消费他最喜欢的同时又能够买得起的商品。因此，如何测量给定价格变化给消费者带来的好处并不像厂商的例子中那么明显。在各种可能的测度中，消费者剩余是经济学家们所使用的最简单的一个指标。

定义 16.5 令 $p=D^{-1}(q)$，$q\in\mathbf{R}_+$ 表示某个消费者连续的反需求函数，令 $p=p^0$ 表示消费者所购买商品的价格。如果 $q=q_0$ 是消费者相应的商品购买量（也就是说，$p_0=D^{-1}(q_0)$），那么消费者从以价格 $p=p^0$ 获得的该商品中所得到的**消费者剩余** CS 为

$$CS=\int_0^{q_0} D^{-1}(q)\mathrm{d}q-p_0q_0$$

假设该值非负。

练习

1. 利润最大化的完全竞争厂商的边际成本函数为 $MC(q)=q^2+3$。求解下列问题，并用图形对你得到的结果进行解释。

(a) 价格 $p_0=7$ 时的 PS。

(b) 价格$\hat{p}=12$ 时的 PS。

(c) 价格从 $p_0=7$ 变到$\hat{p}=12$ 时的 ΔPS。

2. 利润最大化的完全竞争厂商的边际成本函数为 $MC(q)=3q^2+4q+2$。求解下列问题，并用图形对你得到的结果进行解释。

(a) 价格 $p_0=9$ 时的 PS。

(b) 价格$\hat{p}=41$ 时的 PS。

(c) 价格从 $p_0=9$ 变到$\hat{p}=41$ 时的 ΔPS。

3. 消费者的需求函数为 $q=10-2p^{1/2}$，求解下列问题，并用图形对你得到的结果进行解释。

(a) 价格 $p_0=1$ 时的 CS。

(b) 价格$\hat{p}=4$ 时的 CS。

(c) 价格从 $p_0=1$ 变到$\hat{p}=4$ 时的 ΔCS。

4. 消费者的需求函数为 $q=5-p^{1/3}$，求解下列问题，并用图形对你得到的结果进行解释。

(a) 价格 $p_0=1$ 时的 CS。

(b) 价格 $\hat{p}=27$ 时的 CS。

(c) 价格从 $p_0=1$ 变到 $\hat{p}=27$ 时的 ΔCS。

16.4 广义积分

广义积分包括两种类型：第一类是无穷区间上的积分，也就是说积分的下限趋于$-\infty$或者积分上限趋于$+\infty$，或者两者同时存在；第二类是被积函数在区间的某（些）点上不连续的积分。

下面的定义适用于第一类广义积分，也就是积分的下限趋于$-\infty$或者积分上限趋于$+\infty$（或者两者同时存在）的积分。

定义 16.6

$$\int_a^{+\infty} f(x)\mathrm{d}x = \lim_{c\to+\infty}\int_a^c f(x)\mathrm{d}x$$

如果式中的极限存在。

定义 16.7

$$\int_{-\infty}^c f(x)\mathrm{d}x = \lim_{a\to-\infty}\int_a^c f(x)\mathrm{d}x$$

如果式中的极限存在。

定义 16.8

$$\int_{-\infty}^{+\infty} f(x)\mathrm{d}x = \lim_{a\to-\infty}\int_a^0 f(x)\mathrm{d}x + \lim_{c\to+\infty}\int_0^c f(x)\mathrm{d}x$$

如果式中的极限存在。

在经济学中，我们必须计算广义积分的例子很多。譬如说，考虑不变需求弹性下消费者剩余的计算问题。回忆一下，这一需求曲线可以表示为

$$q=ap^{-\varepsilon},\quad a,\varepsilon>0$$

或者，用反需求函数表示为

$$p=\left(\frac{q}{a}\right)^{-1/\varepsilon}$$

其中，ε 表示需求的自价格弹性。从这一需求函数的图形可以看到，它不会与 p 或者 q 轴相交（参见图 16.16）。这意味着在价格 $p=p_0$ 处的消费者剩余为

$$CS=\int_{p_0}^{\infty}(ap^{-\varepsilon})\mathrm{d}p$$

这正是定义 16.6 所认定的广义积分。我们可以利用定义 16.6 来计算消费者剩余：

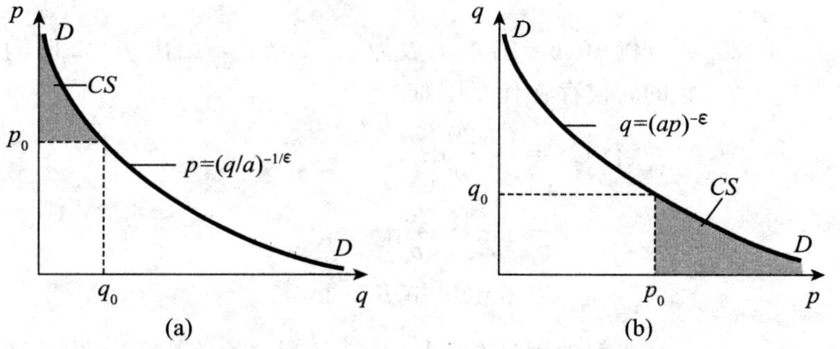

图 16.16　需求函数为 $q=ap^{-\varepsilon}$ 时的消费者剩余

$$\begin{aligned} CS &= \int_{p_0}^{\infty}(ap^{-\varepsilon})\mathrm{d}p \\ &= \lim_{p\to\infty}\int_{p_0}^{\hat{p}}(ap^{-\varepsilon})\mathrm{d}p \\ &= \lim_{\hat{p}\to\infty}\left[\frac{a}{1-\varepsilon}p^{1-\varepsilon}\right]_{p_0}^{\hat{p}} \\ &= \frac{a}{1-\varepsilon}\left[\lim_{\hat{p}\to\infty}\hat{p}^{1-\varepsilon}-p_0^{1-\varepsilon}\right] \end{aligned} \tag{16.1}$$

当且仅当 $\varepsilon>1$，等式（16.1）中的极限存在并且收敛。也就是说，不变需求弹性的消费者剩余为有限值，当且仅当需求弹性大于 1。

例 16.5　需求函数为 $q=50p^{-2}$。求 $p=10$ 时的消费者剩余。

解：
$$\begin{aligned} CS &= \int_{10}^{\infty}50p^{-2}\mathrm{d}p \\ &= \lim_{\hat{p}\to\infty}\int_{10}^{\hat{p}}50p^{-2}\mathrm{d}p \\ &= \lim_{\hat{p}\to\infty}-50[\hat{p}^{-1}-10^{-1}] \\ &= -50\left[\lim_{\hat{p}\to\infty}\frac{1}{\hat{p}}-\frac{1}{10}\right] \\ &= -50\left[0-\frac{1}{10}\right]=5 \end{aligned}$$

参见图 16.17。■

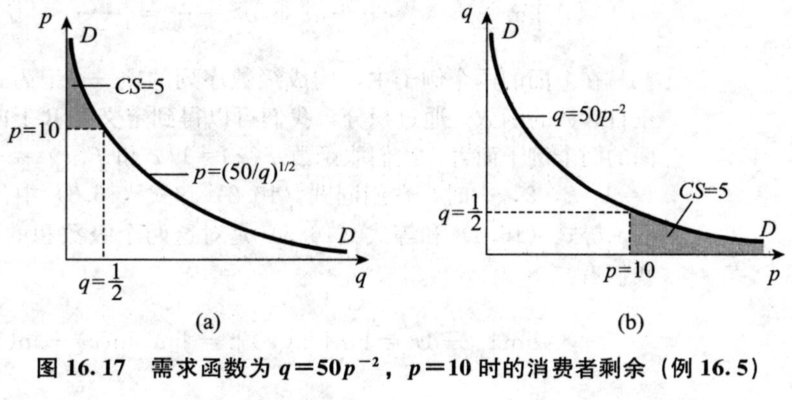

图 16.17　需求函数为 $q=50p^{-2}$，$p=10$ 时的消费者剩余（例 16.5）

例 16.6 需求函数为 $q=20p^{-1}$，给出 $p=2$ 时消费者剩余的表达式。在求解的时候存在什么困难？

解： $CS=\int_2^{\infty}\frac{20}{p}\mathrm{d}p$

$$=\lim_{\hat{p}\to\infty}\int_2^{\hat{p}}\frac{20}{p}\mathrm{d}p$$

$$=\lim_{\hat{p}\to\infty}20[\ln\hat{p}-\ln 2]$$

求解的困难在于 $\lim_{\hat{p}\to\infty}\ln\hat{p}$ 不是一个有限值（见图 16.18）。 ■

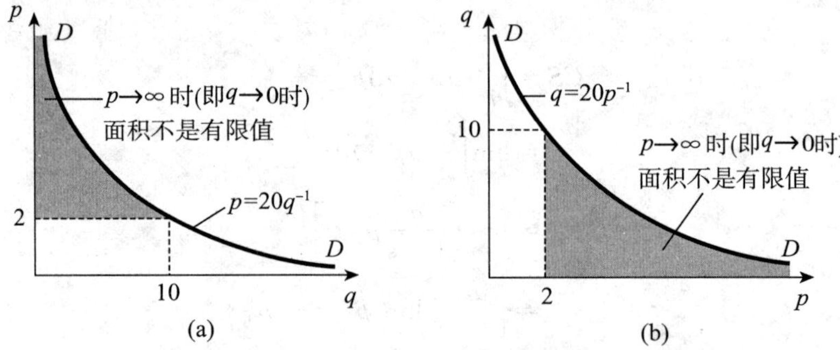

图 16.18 需求函数为 $q=20p^{-1}$，价格 $p=2$ 时的消费者剩余无法求解，因为它不是有限值（例 16.6）

例 16.5 和例 16.6 分别说明了正值函数在无限区间上的积分值为有限值和无限值的情况。一个图形在一个维度上具有正（非零）距离，而在另一个维度上具有“无限”距离，它的面积仍然为有限值，这看上去似乎不可能。然而，在第 3 章级数中，我们看到无穷个正数的和既可以是有限值，也可以是无限值。回想一下第 3 章中的一些结果，我们就可以理解当前这一可能的结果所依赖的直觉了。例如，在第 3 章里，我们发现无穷调和级数是发散的，也就是说，

$$\lim_{N\to\infty}\sum_{n=1}^{N}\frac{1}{n}=1+\frac{1}{2}+\frac{1}{3}+\cdots=\infty \tag{16.2}$$

而无穷几何级数却是收敛的（假设 $|r|<1$），也就是说，

$$\lim_{N\to\infty}\sum_{n=1}^{N}ar^{n-1}=a+ar+ar^2+\cdots=\frac{a}{1-r},\quad |r|<1 \tag{16.3}$$

在上面的两个例子中，构成级数序列的项——记为 $a_n=f(n)$ ——是值域为正自然数的函数。通过积分，我们可以得到定义在 $\mathbf{R}$ 上的函数的类似结果。对上面的两个例子而言，我们取函数 $f(x)=1/x$ 和 $f(x)=ar^{x-1}$，$x\geqslant 1$，$x\in\mathbf{R}_{++}$，在 $x=1$，2，3，…时，它们同式（16.2）和式（16.3）中代表级数项的函数取值相同。等式（16.4）和等式（16.5）是对这两个级数和的模拟。对应于调和级数，我们有

$$\lim_{c\to+\infty}\int_1^c\frac{1}{x}\mathrm{d}x=\lim_{c\to+\infty}[\ln(x)]_1^c=\lim_{c\to+\infty}[\ln(c)-\ln(1)]=+\infty \tag{16.4}$$

对应于几何级数，$|r|<1$，我们有

$$\lim_{c\to+\infty}\int_1^c (ar^{x-1})\mathrm{d}x = \lim_{c\to+\infty}\left[\frac{ar^{x-1}}{\ln(r)}\right]_1^c = \lim_{c\to+\infty}\frac{1}{\ln(r)}[ar^{c-1}-a]$$
$$= -\frac{a}{\ln(r)} \tag{16.5}$$

因此，与无穷级数的情形类似，定义在无穷区间上的定积分既可能收敛也可能发散。

另一类型的广义积分是关于在区间 $[a, c]$ 上某（些）点不连续的被积函数 $f(x)$ 的积分。例如，考虑定义在区间 $[0, 1]$ 上的函数 $f(x)=1/x$。这一函数在 $x=0$ 处不连续，因为在 $x=0$ 处没有定义，因而函数的右极限 $x\to0^+$ 不存在，也就是说，$\lim\limits_{x\to0^+}1/x=+\infty$。很自然地，有人会问，图 16.19（b）所示的面积是否有限？假设我们在区间 $[0+\varepsilon, 1]$，$\varepsilon>0$ 上计算 $f(x)$ 的积分，以及$\varepsilon\to0$ 时，$\int_{0+\varepsilon}^1 1/x\,\mathrm{d}x$ 的极限。如果这一积分值不是有限的，我们就说积分或者面积不存在。如下所示，对于当前的例子，这一积分不存在：

$$\lim_{\varepsilon\to0^+}\int_{0+\varepsilon}^1\left(\frac{1}{x}\right)\mathrm{d}x = \lim_{\varepsilon\to0^+}[\ln(x)]_\varepsilon^1$$
$$= \lim_{\varepsilon\to0^+}[\ln(1)-\ln(\varepsilon)] = 0-(-\infty) = +\infty$$

如果对函数 $f(x)=1/\sqrt{x}=1/x^{1/2}$施加相同的运算，我们会发现随着 $x\to0^+$，尽管 $1/\sqrt{x}\to+\infty$，但这一函数在相同区间上的积分收敛。结果如下所示：

$$\lim_{\varepsilon\to0^+}\int_{0+\varepsilon}^1\left(\frac{1}{x^{1/2}}\right)\mathrm{d}x = \lim_{\varepsilon\to0^+}[2x^{1/2}]_\varepsilon^1$$
$$= \lim_{\varepsilon\to0^+}[2-2\varepsilon^{1/2}] = 2-0 = 2$$

在这个例子中，我们说在区间 $[0, 1]$ 上，函数 $f(x)=1/\sqrt{x}$ 下方区域的面积是有限的，如图 16.19（a）所示。

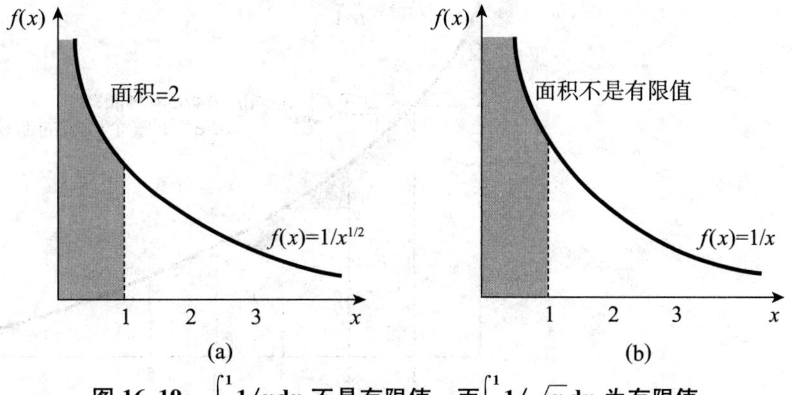

图 16.19　$\int_0^1 1/x\,\mathrm{d}x$ 不是有限值，而$\int_0^1 1/\sqrt{x}\,\mathrm{d}x$ 为有限值

连续贴现下无穷支付流的现值

在 3.3 节，我们导出了如下结论：如果利息按照连续复利方式计算，那么在第 t 年末收到的 b 美元的现值为

$$PV_t = be^{-rt} \tag{16.6}$$

其中，r 是年利率。如果每年年末投资者都会收到 b 美元，而且这一支付将会无限持续下去，那么这一系列支付流的现值为

$$\lim_{T\to\infty}\sum_{t=1}^{T} b\,e^{-rt} \tag{16.7}$$

现在，如果每年的支付在一年当中均匀分布，而不是在年末一次性支付，那么支付流的现值为

$$\begin{aligned}PVB &= \lim_{T\to\infty}\int_0^T b\,e^{-rt}\,dt\\ &= \lim_{T\to\infty} b\left[\frac{e^{-rt}}{-r}\right]_0^T\\ &= b\lim_{T\to\infty}\left[\frac{-e^{-rT}}{-r}-\frac{e^{-r0}}{-r}\right]\\ &= b\left[0+\frac{1}{r}\right]\\ &= \frac{b}{r}\end{aligned} \tag{16.8}$$

注意，在图 16.20 中，曲线 be^{-rt} 下方所有矩形的面积表示每年年末一次性总支付情况下的现值和，也就是式 (16.7)，而曲线下方的面积则表示每年连续支付条件下支付流的现值，也就是式 (16.8)。后者的值更高，因为支付的接受者不需要等到年末就能拿到这笔钱。

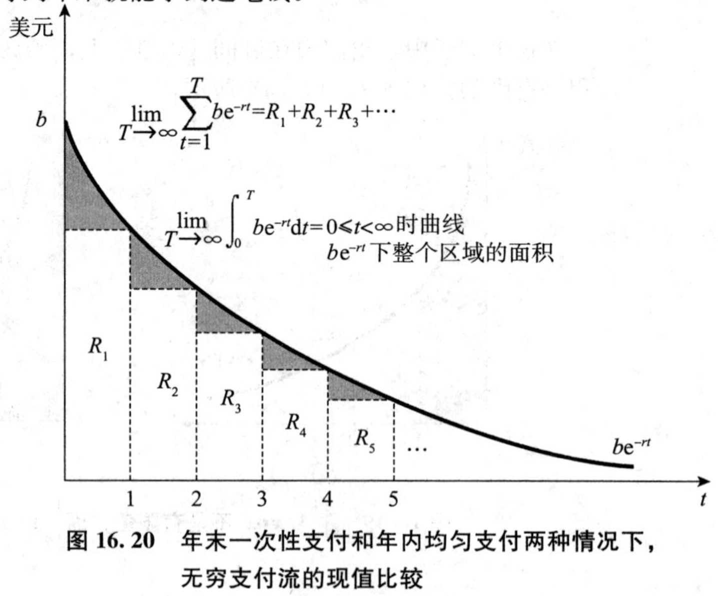

图 16.20 年末一次性支付和年内均匀支付两种情况下，无穷支付流的现值比较

例 16.7 每年的支付为 1 000 美元，年利率为 $r=0.04$（4%），支付在一年内均匀分布，计算这样一笔无穷支付流的现值。

解： 利用式（16.8），其中 $b=1\ 000$ 美元，$r=0.04$，可以求得

$$PVB=\frac{b}{r}=\frac{1\ 000}{0.04}=25\ 000(\text{美元})$$ ■

下面的定义囊括了被积函数在积分区间 $[a, c]$ 上有一个不连续点的广义积分的所有情形。前两种情形处理的是 $[a, c]$ 端点的不连续性，而第三种情形则涵盖了在区间 $[a, c]$ 的内点不连续的情形。如果被积函数在区间 $[a, c]$ 上不止一个不连续点，那么就可以利用积分性质（见 16.3 节），并且重复利用下面这些定义来求解。

定义 16.9 如果除了端点 $x=a$ 之外，函数 $f(x)$ 在区间 $[a, c]$ 的每一点处都连续，那么我们称函数 $f(x)$ 在区间 $(a, c]$ 上连续，而且

$$\int_a^c f(x)\mathrm{d}x=\lim_{\varepsilon\to 0^+}\int_{a+\varepsilon}^c f(x)\mathrm{d}x$$

如果上式中的极限存在。

定义 16.10 如果除了端点 $x=c$ 之外，函数 $f(x)$ 在区间 $[a, c]$ 的每一点处都连续，那么我们称函数 $f(x)$ 在区间 $[a, c)$ 上连续，而且

$$\int_a^c f(x)\mathrm{d}x=\lim_{\varepsilon\to 0^+}\int_a^{c-\varepsilon} f(x)\mathrm{d}x$$

如果上式中的极限存在。

定义 16.11 如果除了内点 $x=b$，$a<b<c$ 之外，函数 $f(x)$ 在区间 $[a, c]$ 的每一点处都连续，那么我们称函数 $f(x)$ 在区间 $[a, b)$ 和区间 $(b, c]$ 上连续，而且

$$\int_a^c f(x)\mathrm{d}x=\lim_{\varepsilon\to 0^+}\int_a^{b-\varepsilon} f(x)\mathrm{d}x+\lim_{\delta\to 0^+}\int_{b+\delta}^c f(x)\mathrm{d}x$$

如果上式中的极限存在。

例 16.8 对于需求函数 $q=5p^{-1/2}-1$，试求当价格从 $p=4$ 下降到 $p=0$，也就是说商品变成了免费品时，消费者剩余的增加量。

解： 随着 $p\to 0$，$q\to\infty$，因此，我们必须将消费者剩余的变化表示为广义积分：

$$\begin{aligned}\Delta CS&=\lim_{\hat{p}\to 0}\int_{\hat{p}}^4[5p^{-1/2}-1]\mathrm{d}p\\&=\lim_{\hat{p}\to 0}[10p^{1/2}-p]_{\hat{p}}^4\\&=[10\times 2-4]-[\lim_{\hat{p}\to 0}(10\,\hat{p}^{1/2})-\lim_{\hat{p}\to 0}\hat{p}]=16\end{aligned}$$

见图 16.21。 ■

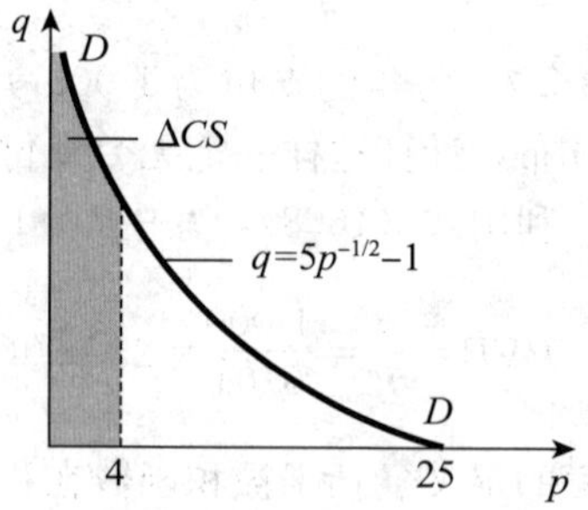

图 16.21　当价格从 $p=4$ 下降到 $p=0$（商品免费）时，消费者剩余的变化（例 16.8）

练习

1. 对于需求函数 $q=30p^{-2}$，试求 $p=2$ 时的消费者剩余。

2. 对于需求函数 $q=10p^{-1/2}$，试求 $p=4$ 时消费者剩余的表达式。求解时会遇到什么困难？

3. 根据下列需求函数，试求价格从 $p=1$ 降至 $p=0$（即商品免费）时，消费者剩余增加值的表达式。如果无法求解，请给出原因。

(a) $q=10p^{-1/3}$

(b) $q=25p^{-2}$

4. 需求函数为 $q=Ap^{-\varepsilon}$，其中，$A>0$，$\varepsilon>0$ 为参数。求解下列问题：

(a) 对价格 $p_0>0$，给出消费者剩余的表达式。要使该值存在（即使它为有限值），ε 需满足什么条件？

(b) 假设价格从 $p=p_0$ 下降到 $p=0$。给出消费者剩余变化的表达式。要使该值存在，ε 需满足什么条件？

(c) 你的答案跟练习 1、练习 2 和练习 3 有什么关系？

5. 每年的支付为 500 美元，年利率为 $r=0.02$（2%），支付在一年内均匀分布，计算这样一笔无穷支付流的现值。

16.5　积分方法

在这一节中，我们将介绍两种常用的积分方法，它们能够极大地拓展我们所能求解的积分的范围。第一种方法直接源自微分的链式法则。

考虑函数 $F(u)$，其中 u 是变量 x 的函数，因此可以写作 $u=g(x)$。令 $f(u)\equiv \mathrm{d}F(u)/\mathrm{d}u$，则 $F(u)$ 是 $f(u)$ 的逆导数。微分的链式法则意味着

$$\frac{\mathrm{d}F(u)}{\mathrm{d}x}=\frac{\mathrm{d}F(u)}{\mathrm{d}u}\frac{\mathrm{d}u}{\mathrm{d}x}=f(u)\frac{\mathrm{d}u}{\mathrm{d}x}=f(u)g'(x)$$

对上式积分可以得到逆微分的链式法则，或者更常用的称呼——积分的换元法则。

积分的换元法则

如果函数 $F(u)$ 是函数 $f(u)$ 的逆导数，也就是说 $\mathrm{d}F(u)/\mathrm{d}u=f(u)$，$u=g(x)$，那么

$$\int f(u)\frac{\mathrm{d}u}{\mathrm{d}x}\mathrm{d}x \quad 或 \quad \int f(g(x))g'(x)\mathrm{d}x=F(u)+C$$

当被积函数可以分解为（相乘的）两部分，其中一部分是另一部分的导数时，这条法则很有用。例如，下面表达式中的被积函数：

$$\int(x^3+\mathrm{e}^x)(3x^2+\mathrm{e}^x)\mathrm{d}x$$

可以分解为相乘的两部分，其中，第二部分是第一部分的导数：

$$\frac{\mathrm{d}(x^3+\mathrm{e}^x)}{\mathrm{d}x}=3x^2+\mathrm{e}^x$$

因此，令 $u=x^3+\mathrm{e}^x$，那么我们可以将积分变换为

$$\int f(u)\frac{\mathrm{d}u}{\mathrm{d}x}\mathrm{d}x=F(u)+C$$

其中，$f(u)=u$，因此 $F(u)$ 等于 $u^2/2$。将 u 代回表达式中，我们得到了下面的结果：

$$\int(x^3+\mathrm{e}^x)(3x^2+\mathrm{e}^2)\mathrm{d}x=\frac{(x^3+\mathrm{e}^x)^2}{2}+C$$

将这个例子稍微变化一下，就可以看到这一方法的更为一般的应用，如下所示：

例 16.9 求如下积分：

$$\int(x^3+\mathrm{e}^x)^n(3x^2+\mathrm{e}^x)\mathrm{d}x$$

解：在本例中，变量 u（或者函数 $g(x)$）所对应的函数很容易求微分。这里，我们利用了相同的替换 $u=x^3+\mathrm{e}^x$，并且注意到在换元后的表达式 $\int f(u)(\mathrm{d}u/\mathrm{d}x)\mathrm{d}x$ 中，$f(u)=u^n$，因此，$F(u)=u^{n+1}/n+1$。于是我们可以得到

$$\int(x^3+\mathrm{e}^x)^n(3x^2+\mathrm{e}^x)\mathrm{d}x=\frac{(x^3+\mathrm{e}^x)^{n+1}}{n+1}+C$$ ■

正如我们从上面的例子中所能看到的，找准被积函数中可以充当另一部分导数的那一部分是成功地运用换元法则的关键。不过，要利用换元法则，还要注

意，作为变量 $u=g(x)$ 的函数的逆导数必须容易找到。在上面的例子中，$f(u)$ 是一个多项式，这种形式的函数很容易计算逆导数。

本节中我们要介绍的第二种积分方法是分部积分法。这种方法来自微分的乘法法则，或者等价地说，来自全微分的乘法法则。考虑函数 $u=f(x)$ 和 $v=g(x)$。我们有

$$d(uv)=u\,dv+v\,du$$

因此，对上式两边积分，可以得到

$$\int d(uv)=\int u\,dv+\int v\,du$$

这意味着

$$uv=\int u\,dv+\int v\,du$$

或者

$$\int v\,du=uv-\int u\,dv$$

注意到 $du=f'(x)dx$ 和 $dv=g'(x)dx$，我们也可以将这一表达式记为

$$\int g(x)f'(x)dx=f(x)g(x)-\int f(x)g'(x)dx$$

分部积分

假设函数 $u=f(x)$ 和函数 $v=g(x)$ 连续。我们有

$$\int v\,du=uv-\int u\,dv$$

或者

$$\int g(x)f'(x)dx=f(x)g(x)-\int f(x)g'(x)dx$$

这种方法在下面的情形中非常有用：被积表达式很难积分，但可以分解成（相乘的）两部分，其中一部分很容易积分（$f'(x)$ 到 $f(x)$），而另一部分（$g(x)$）在微分并且与 $f(x)$ 相乘之后，所得到的表达式（$f(x)g'(x)$）很容易积分。乍看上去，这似乎是一个相当复杂的过程。然而，做过一些练习之后，你就会发现这种运算很直接，而且应用广泛。

考虑下面的例子：

$$\int x e^x dx$$

由于 $de^x/dx=e^x$，所以 e^x 的导数或者逆导数还是 e^x。因此，这一积分的复杂性

来自变量 x。不过，既然 $\mathrm{d}x/\mathrm{d}x=1$，如果我们选取 $v=x(\Leftrightarrow \mathrm{d}v=\mathrm{d}x)$ 和 $\mathrm{d}u=\mathrm{e}^x\mathrm{d}x$（这意味着 $\mathrm{d}u/\mathrm{d}x=\mathrm{e}^x$，因此 $u=\mathrm{e}^x$），我们可以用分部积分公式将这一问题改写，从而避免出现 x 和 e^x 相乘的形式。也就是说，通过换元，我们得到

$$\int(x)(\mathrm{e}^x)\mathrm{d}x=\mathrm{e}^x x-\int(\mathrm{e}^x)\mathrm{d}x=\mathrm{e}^x(x-1)+C$$

下面，我们来检验一下，看看上面结果的导数——$\mathrm{d}[\mathrm{e}^x(x-1)+C]/\mathrm{d}x$——是否等于原来的被积函数 $x\mathrm{e}^x$：

$$\begin{aligned}\frac{\mathrm{d}[\mathrm{e}^x(x-1)+C]}{\mathrm{d}x}&=\frac{\mathrm{d}\mathrm{e}^x}{\mathrm{d}x}(x-1)+\frac{\mathrm{d}(x-1)}{\mathrm{d}x}\mathrm{e}^x+\frac{\mathrm{d}C}{\mathrm{d}x}\\&=\mathrm{e}^x(x-1)+\mathrm{e}^x+0\\&=x\mathrm{e}^x\end{aligned}$$

在做积分练习的时候，进行这样的检验很有帮助。

例 16.10 求解下面的积分：

$$\int 10x\mathrm{e}^{2x}\mathrm{d}x$$

解： 令 $v=10x$，$\mathrm{d}u=\mathrm{e}^{2x}\mathrm{d}x$，则有 $\mathrm{d}v=10\mathrm{d}x$ 和 $u=\mathrm{e}^{2x}/2$。利用分部积分公式可得

$$\begin{aligned}\int 10x\mathrm{e}^{2x}\mathrm{d}x&=\left(\frac{\mathrm{e}^{2x}}{2}\right)10x-\int\frac{\mathrm{e}^{2x}}{2}10\mathrm{d}x\\&=5x\mathrm{e}^{2x}-5\int\mathrm{e}^{2x}\mathrm{d}x\\&=5x\mathrm{e}^{2x}-\frac{5}{2}\mathrm{e}^{2x}+C\\&=\mathrm{e}^{2x}\left(5x-\frac{5}{2}\right)+C\end{aligned}$$

■

参数积分

了解如何对影响积分或者被积函数极限的参数求微分也非常有用。在经济学中，这些方法主要应用于动态分析领域（参见第 25 章）。按照传统，我们用表示时间的变量 t 作为积分变量，用 x 表示影响积分或者被积函数极限的参数。

首先，考虑仅积分上限 U 依赖于参数 x 的情形，我们记 $F(x)=\int_a^{U(x)}f(t)\mathrm{d}t$。利用定理 16.2 的结果和微分链式法则，我们可以得到下面的结果：

$$F'(x)=\frac{\partial F}{\partial U}\cdot\frac{\partial U}{\partial x}=f(U)\cdot\frac{\partial U}{\partial x}$$

回忆一下来自定理 16.2 的直觉。上面结果中给出的部分 $\partial F/\partial U=f(U)$ 意味

着，积分上限值的边际增加导致曲线 $f(t)$ 下方的面积以等于 U 点处的曲线高度，也就是 $f(U)$ 的速率增加。类似地，如果积分下限也依赖于参数 x，记为 $L(x)$，那么 L 边际增加 1 单位，会导致两个积分限之间的曲线下方区域的面积减少 $f(L)$。因此，如果 $F(x)=\int_{L(x)}^{b} f(t)\mathrm{d}t$，那么

$$F'(x)=\frac{\partial F}{\partial L}\cdot\frac{\partial L}{\partial x}=-f(L)\cdot\frac{\partial L}{\partial x}$$

其中，负号意味着 L 的增加导致面积的减小（或者 L 的下降导致面积的增加）。

现在假设被积函数依赖于参数 x，我们记 $F(x)=\int_{a}^{b} f(t,\ x)\mathrm{d}t$，则有下面的结果，该结果通常称为莱布尼茨法则（Leibniz's rule）：

$$F'(x)=\int_{a}^{b}\frac{\partial f(t,x)}{\partial x}\mathrm{d}t$$

我们不提供上面结果的正式证明，但是直觉告诉我们它成立。等式右边的表达式本质上度量了以小的边际单位改变参数 x 的值时，曲线 $f(t,\ x)$ 下方区域面积的变化。我们可以通过对 $f(t,\ x)$ 在积分限之间关于 x 的变化率积分来求得变化率 $F'(x)$。

对于 $F(x)$ 同时通过积分限和被积函数而依赖于参数 x，也就是说 $F(x)=\int_{L(x)}^{U(x)} f(t,x)\mathrm{d}t$ 的情形，我们将结果总结如下：

$$F'(x)=-f(L,x)\cdot\frac{\partial L}{\partial x}+f(U,x)\cdot\frac{\partial U}{\partial x}+\int_{L}^{U}\frac{\partial f(t,x)}{\partial x}\mathrm{d}t$$

进一步推广上面的结果，我们考虑下述情形：被积函数依赖于 z，z 依赖于参数 x，那么我们记 $F(x)=\int_{L(x)}^{U(x)} f(t,z(x))\mathrm{d}t$。应用微分链式法则，我们得到如下结果：

$$F'(x)=-f(L,z)\cdot\frac{\partial L}{\partial x}+f(U,z)\cdot\frac{\partial U}{\partial x}+\int_{L}^{U}\frac{\partial f(t,z)}{\partial z}\frac{\partial z}{\partial x}\mathrm{d}t$$

练习

1. 利用换元法则计算下列积分：

(a) $\int(x^3+5x)^{10}(3x^2+5)\mathrm{d}x$

(b) $\int(\mathrm{e}^{x^2}+4x)(2x\mathrm{e}^{x^2}+4)\mathrm{d}x$

(c) $\int 2(\mathrm{e}^{x}+3x^2)(\mathrm{e}^{x}+6x)\mathrm{d}x$

(d) $\int \frac{2x}{(x^2+2)^{10}}\mathrm{d}x$

(e) $\int \frac{6x^2+8}{(x^3+4x)^2}\mathrm{d}x$

2. 利用换元法则计算下列积分：

(a) $\int (6x^3+3x^2+8x+2)^3(18x^2+6x+8)\mathrm{d}x$

(b) $\int (\mathrm{e}^{4x^3}+x^2)(12x^2\mathrm{e}^{4x^3}+2x)\mathrm{d}x$

(c) $\int (4\mathrm{e}^x+2x^2)(\mathrm{e}^x+x)\mathrm{d}x$

(d) $\int \frac{12x+2}{(6x^2+2x)^3}\mathrm{d}x$

(e) $\int \frac{15x^2+6x+2}{(10x^3+6x^2+4x+11)^2}\mathrm{d}x$

3. 利用分部积分法则计算下列积分：

(a) $\int x^2\mathrm{e}^x\mathrm{d}x$

[提示：这个问题可以分两个步骤求解。第一步，令 $v=x^2$，$\mathrm{d}u=\mathrm{e}^x\mathrm{d}x$。接下来对第一步所得到的结果再次应用分部积分法则。]

(b) $\int \frac{x^3}{\sqrt{1+x^2}}\mathrm{d}x$

(c) $\int x\ln x\,\mathrm{d}x$

4. 利用分部积分法则计算下列积分：

(a) $\int x^3\mathrm{e}^x\mathrm{d}x$

(b) $\int \frac{x}{\sqrt{1+x}}\mathrm{d}x$

(c) $\int \ln x\,\mathrm{d}x$

[提示：令 $u=x$，$v=\ln x$（$\Rightarrow \mathrm{d}v=(1/x)\mathrm{d}x$）。]

本章小结

关键词

逆微分	积分常数	积分
定积分	分部积分	流量
下界和	积分基本定理	分割

生产者剩余	广义积分	黎曼和
不定积分	存量	可积的
积分的换元法则	被积函数	上限和

思考题

1. 利用函数符号解释“逆微分是微分的逆运算”，并且给出具体的例子。

2. 不定积分和定积分有什么区别?

3. 何为积分常数?

4. 在计算定积分的时候，为什么我们可以忽略积分常数?

5. 微分和逆微分（或者说积分）运算与经济模型中的存量和流量之间的区别有何关系?

6. 何为区间的分割?

7. 说明函数 $f(x)$ 在区间 $[a, b]$ 上的黎曼和、下界和、上界和与定积分之间的关系。

8. 函数在闭区间上可积意味着什么?

9. 利用符号和图形解释积分基本定理的用途。

10. 广义积分包括哪些类型?

11. 解释积分换元法则与微分链式法则之间的关系。

12. 解释分部积分方法与微分乘法法则之间的关系。

复习题

1. 计算下列积分:

(a) $\int x^2 \mathrm{d}x$

(b) $\int (2x^3 + 5x^2 + x + 5)\mathrm{d}x$

(c) $\int \left(\sum_{i=0}^{n} a_i x^i\right) \mathrm{d}x = \int (a_0 + a_1 x + a_2 x^2 + \cdots + a_n x^n)\mathrm{d}x$

2. 计算下列积分:

(a) $F(x) = \int \mathrm{e}^{2x} \mathrm{d}x$， $F(0) = 1/2$

(b) $F(x) = \int \frac{3x^2 + 2}{x^3 + 2x + 1}\mathrm{d}x$， $F(0) = 0$

(c) $F(x) = \int x^2 \mathrm{d}x$， $F(0) = 3$

3. 如果厂商的边际产品函数为 $MP_L = 5L^{1/3}$，其中，L 是单一的劳动要素投入，$L=0$ 时，产出为零。试求该厂商的生产函数。

4. 假设在时间 $t=1$ 厂商的资本存量为 $K(1) = 200\ 000$。在可预见的将来，除了更新折旧资本之外，厂商计划以速率 $I(t)=50\ 000t^{-3/2}$ 追加新的资本投资。求解从现在开始，T 年之后的资本存量水平。随着 $T\to\infty$，厂商的资本存量会无限增长下去吗？利用图形进行解释。

5. 利润最大化厂商的边际成本函数为 $MC(q)=q^{3/2}+6$，求解下列问题，并利用图形对你得到的结果进行解释。

(a) 价格 $p_0=7$ 时的 PS（生产者剩余）。

(b) 价格 $\hat{p}=70$ 时的 PS。

(c) 价格从 $p_0=7$ 变到 $\hat{p}=70$ 时的 ΔPS。

6. 消费者的需求函数为 $q=100-5p^{1/2}$，求解下列问题，并用图形对你得到的结果进行解释：

(a) 价格 $p_0=9$ 时的 CS。

(b) 价格 $\hat{p}=4$ 时的 CS。

(c) 价格从 $p_0=9$ 变到 $\hat{p}=4$ 时的 ΔCS。

7. 需求函数为 $q=12p^{-3}$，求解价格 $p=1$ 时的消费者剩余。利用图形对你得到的结果进行解释。

8. 利用分部积分法则计算下面的积分：

$$\int(2+x)e^x\,dx$$

9. 利用换元法则计算下面的积分：

$$\int(x^3+4x^2+3)^4(3x^2+8x)\,dx$$

10. 在下面的每种情形中，假设每年的支付为 2 000 美元，年利率为 $r=0.05$（5%），利息按照连续复利计算，计算以下情形中无穷支付流的现值：

A：支付均匀地分布在一年内。

B：支付发生在每年年末。

C：支付发生在每年年初。

利用图形（类似于图 16.20）对这些值进行比较，并且说明同情形 A 相比，情形 B 代表了黎曼和的下界，而情形 C 代表了黎曼和的上界。

第 17 章 动态经济数学

动态经济学研究经济变量如何随时间演变。与研究静态经济系统的静态经济学不同，动态经济学关注的焦点是，经济系统从一个休止状态（譬如说，均衡）移动到另一个状态时会如何变化。在这种意义上，动态经济学增加了经济模型的时间维度，比静态经济学走得更远。不过，通常而言，这种增加了的现实性和复杂性只有通过减少经济模型其他方面的复杂性才能够得到处理。

一旦我们将时间引入经济模型，我们就可以探讨和研究更多的问题。在动态经济学中，经济增长是人们研究得最多的主题之一。什么决定了一个经济体的增长速度？为什么不同经济体的增长速度不同？增长路径会将经济引向何方？另一个受到关注的有趣的问题是国债的动态演变。人们关注的焦点是，持续的预算赤字政策是否会不可避免地导致国家丧失清偿能力，或者足够快的经济增长是否能够使一国避免清偿危机？经济动态学中的第三个问题，也是近些年来众多研究的主题，源自多数能源和矿产资源都是不可再生的这一事实。我们应该现在就充分利用这些资源，还是多省下一些留着将来用呢？上面所说的只是动态经济学中的三个例子。这三个例子和其他一些例子都会用到下面几章所要讲到的动态经济数学的知识。

动态经济数学依赖于我们从第 1 章到第 16 章已经介绍过的很多数学工具。此外，它还要用到很多我们前面尚未介绍的数学知识，主要是第 18 章到第 24 章的微分方程和差分方程。动态经济学中的最优化所用到的数学工具是第 6 章到第 13 章内容的延伸：最优控制理论、变分法和动态规划。第 25 章提供了对最优控制基本内容的初步介绍。我们觉得在本书中没有必要介绍变分法，因为它所能解决的那些问题也可以用最优控制理论来求解。我们也没有介绍动态规划，因为这会涉及不确定性条件下的动态经济学，从而偏离我们的主要目标。

17.1 动态模型

时间：连续变量还是离散变量？

动态模型中的变量都必须标注时间。我们可以用离散的时间间隔（例如，一月一次）来标注变量，也可以利用连续的时间间隔（时刻）来标注变量。现实中时间是连续的。如果我们以连续方式描述时间以及时间变量的变化，那么，在时刻 t 变量 y 的值可以表示为 $y(t)$。这里，t 是表示时间或者日期的连续变量。t 为实数，t 越大，表示时间距离现在越远。变量 $y(t)$ 可以随着时间而连续地变化，就像伦敦金属交易所铜的价格变化一样。

有时候，让变量每隔固定的时间长度（譬如说，一个月或者一天）而离散地变化更方便。如果这样的话，我们就将时间模型化为离散模型，并且以离散的时间间隔来标注变量。此时，我们将时期 t 变量 y 的值表示为 y_t。其中，t 是离散变量，取值为整数 0，1，2，3，4，…。在某个时期内，y 的值不变；只有从一个时期变化到另一个时期的时候，y 才发生变化。例如，尽管消费品的价格连续地变化，但是在许多国家，消费价格指数却是按月份计算的。一个消费价格指数的时间序列由每月的一个观测价格构成，是一个离散的数据序列。

差分方程

顾名思义，**差分方程**指定了一个变量连续值之间的差额。换句话说，它是关于变量改变量的方程。变量在两个时期之间的差分或者改变量为

$$\Delta y_t = y_{t+1} - y_t, \quad t=0,1,2,\cdots$$

差分方程是包含 Δy 的任何方程。在下面的例子中，p_t 代表消费价格指数：

$$p_{t+1} - p_t = \theta p_t$$

其中，$0<\theta<1$。这一差分方程说明，消费价格指数从时期 t 到下一期 $t+1$ 的变化等于 t 时期消费者价格指数的一定比例 θ。在下面的例子中，m_t 代表第 t 个月份的货币供给量，它由货币当局控制：

$$m_{t+1} - m_t = b + \alpha m_t$$

其中，$b>0$，$\alpha>0$。这一差分方程说明，货币当局的政策是使每月增加的货币供

给量等于 b（常数）与上个月货币供给量的 α 部分之和。

如果你想利用差分方程中的信息来算出随时间变化的消费者价格指数或者货币供给量，你就必须学会求解差分方程。

微分方程

微分方程类似于差分方程，也是表示变量如何随着时间而变化的。不过，微分方程中的时间是连续变量。因此，y 的微分可以正式表述为当时间间隔变得非常小的时候，y 的连续取值之间的差分：

$$\frac{\mathrm{d}y}{\mathrm{d}t}=\lim_{h\to 0}\frac{y_{t+h}-y_t}{h}$$

y 的微分就是 y 关于连续时间变量的导数。我们用下面的特殊符号来表示一个变量的**时间导数**：

$$\dot{y}\equiv\frac{\mathrm{d}y}{\mathrm{d}t}$$

也就是说，我们在变量的上方加了一个小圆点来表示它的时间导数。那么，微分方程就是包含 $\dot{y}$ 的任意方程。

在下面的例子中，$K(t)$ 表示经济体在时刻 t 的资本存量：

$$\dot{K}=I(t)-\delta K(t)$$

其中，$0<\delta<1$ 为折旧率。这一微分方程说明，资本存量的变化等于新增加的投资 $I(t)$，减去现存资本存量的折旧 $\delta K(t)$。给定了这一关系和投资路径$I(t)$ 的相关信息，你可能想确定在某个时点的资本存量，如果是这样的话，你就必须求解微分方程。

差分方程和微分方程可以分为几大类。在本章下面的部分，我们会简要地介绍一下它们的类型，并且说明后面我们要详细介绍的类型。

差分方程的分类

差分方程是含有变量差分的方程。我们可以按照以下标准对差分方程进行分类：差分方程的阶数（它是否包含一阶差分、二阶差分或者更高阶差分），它是线性的还是非线性的，它是自治的还是非自治的。

1. **阶数** 差分方程的阶数由方程中所包含的最高阶差分决定。例如，一阶差分方程只包含变量的一阶差分：两个相邻时期之间的变量差分（$y_{t+1}-y_t$）。二阶差分方程包含一个变量的二阶差分：每隔两个连续时期的变量差分（$y_{t+2}-y_t$）。

实际上，这意味着一阶差分方程包含至多相隔一个时期的变量，例如，

$$y_{t+1}=3y_t+2$$

而二阶差分方程包含至多相隔两个时期的变量，例如，

$$y_{t+2}=2y_{t+1}+3y_t+2$$

或者等价地，

$$y_t=2y_{t-1}+3y_{t-2}+2$$

n 阶差分方程包含至多相隔 n 期的变量。

本书中，我们关注的是一阶和二阶差分方程。

2. **自治性** 如果一个差分方程不显性依赖于时间，那么称这个差分方程是自治的，否则称它为非自治的。例如，

$$y_{t+1}=2y_t+3t$$

是非自治的，因为它明显地依赖于变量 t。而

$$y_{t+1}=2y_t+3$$

则是自治差分方程，因为它不显性依赖于变量 t。

本书中，我们重点考察自治差分方程，因为它们在经济学中更常见。不过，我们也会介绍如何求解非自治的线性差分方程。

3. **线性或非线性** 如果差分方程包含 y_t、y_{t+1} 和 y_{t+2} 等的非线性项，那么称差分方程是非线性的。如果所有包含 y 的项的次数都不超过 1，那么称差分方程是线性的。例如，

$$y_{t+1}=2y_t^2+3$$

是一个非线性的、自治的、一阶差分方程；

$$y_{t+1}=2\log y_t+3$$

也是一个非线性的、自治的、一阶差分方程，而

$$y_{t+1}=2y_t+3t^2$$

是线性的、非自治的差分方程。注意，我们所说的线性是指方程是否关于 y 是线性的。它可以是 t 的非线性方程，同时是 y 的线性方程。当然，在这种情况下，它是非自治的。下面是一个线性的、自治的、二阶差分方程：

$$y_{t+2}=5y_{t+1}+2y_t+3$$

和一个非线性的、自治的、二阶差分方程：

$$y_{t+2}=5y_{t+1}+\frac{2}{y_t}+3$$

本书主要考察线性差分方程，但是也有一章介绍了非线性差分方程，这很自然地引起了对混沌（chaos）这一令人痴迷的主题的讨论。

4. **解** 差分方程解的概念不同于此前本书中所讨论的其他解。我们很熟悉代数方程解的概念：解就是一个变量。然而，差分方程的解本身就是满足该差分方程的函数。

一个差分方程通常有很多解。例如，考虑下面的一阶线性差分方程：

$$y_{t+1}=2y_t,\quad t=0,1,2,\cdots$$

它的一个解为函数

$$y_t=2^t$$

为了证明该函数是差分方程的解，我们可以检验一下它是否满足差分方程。为了这一目的，首先注意到，该解意味着 $y_{t+1}=2^{t+1}$。而 2^{t+1} 等于 $2^t\times2$，所以方程的解 $y_t=2^t$ 满足差分方程 $y_{t+1}=2y_t$。

另一个解是函数

$$y_t=C2^t$$

其中，C 是任意常数。为了验证这也是一个解，注意到它意味着 $y_{t+1}=C2^{t+1}$。将 2^{t+1} 重新写为 $2^t\times2$，于是，我们有 $y_{t+1}=C2^t\times2$。将 $y_t=C2^t$ 代入，可得差分方程 $y_{t+1}=2y_t$。

由于 C 可以取无穷多个值，因此这个差分方程有无穷多个解。只有当我们被告知关于方程的更多信息，譬如说 y 的实际初始值时，我们才能够确定唯一解。例如，如果给定 $y_0=1$，那么我们知道要使解满足差分方程，C 必须等于 1。

在大多数情形中，我们通常不太可能找到差分方程的解。特别地，多数非线性差分方程都无法求得明确解 y_t。不过，我们可以在计算机的帮助下，通过数值计算来求解。或者我们可以在得不到明确解的情况下，通过定性分析来确定解的性质。不过，任何阶数的线性差分方程都有明确解。在第 18 章中，我们研究一阶线性差分方程；在第 19 章中，我们研究一阶非线性差分方程；在第 20 章中，我们研究二阶线性差分方程。

微分方程的分类

微分方程是包含微分或者导数的方程。在本书中，我们只研究**常微分方程**。常微分方程只包含导数，而不包含偏导数。后面我们会给出一个偏微分方程的例子。

1. **阶数** 微分方程的阶数由方程中所包含的导数的最高阶数决定。例如，一阶微分方程只包含函数的一阶导数，而二阶微分方程则包含二阶导数（而且可能包含一阶导数）。下面是一个二阶微分方程：

$$3\ddot{y}+2\dot{y}+y=2$$

注意，变量上面的两个点表示它是关于时间的二阶导数。下面是一个三阶微分方程：

$$\frac{\mathrm{d}^3y}{\mathrm{d}t^3}+4\frac{\mathrm{d}^2y}{\mathrm{d}t^2}+2\frac{\mathrm{d}y}{\mathrm{d}t}+y=2$$

在三阶微分方程中，我们没有使用“圆点”符号，因为在变量上面添加两个以上的圆点太麻烦。

本书中，我们只研究一阶和二阶常微分方程。

2. **自治性** 如果微分方程不显性地依赖于时间，那么称微分方程是自治的，否则称它为非自治的。例如，

$$\dot{y}+5y=t$$

是非自治的一阶微分方程。而

$$\dot{y}+5y=3$$

则是自治的一阶微分方程。同差分方程一样，我们将重点放在自治微分方程上，但我们也会介绍非自治一阶和二阶微分方程的求解方法。

3. **线性**或者**非线性** 如果微分方程包含 y、$\dot{y}$，$\ddot{y}$ 等的任何非线性项，那么称微分方程是非线性的。如果所有含 y 的项的幂不超过 1，那么称它是线性的。例如，

$$\dot{y}+t^2y=\cos t$$

是线性但非自治的一阶微分方程，而

$$\dot{y}+y^2=2$$

是非线性但自治的一阶微分方程。

本书介绍一阶和二阶线性微分方程，同时也有一章介绍了非线性一阶微分方程。

4. **解** 微分方程的解是使微分方程成立的函数。就像差分方程一样，一个微分方程通常也会有很多解。例如，考虑下面的一阶线性微分方程：

$$\dot{y}=b$$

它的一个解为

$$y(t)=bt$$

另一个是

$$y(t)=bt+1$$

通解为

$$y(t)=bt+C$$

其中，C 为任意常数。为了验证这确实是微分方程的解，我们可以对它进行求导，看看所求得的导数是否等于 b。

由于 C 可以取任何值，所以这个微分方程有无穷多个解。不过，如果我们知道了更多的信息，譬如说 y 的初始值，我们就能够确定 C 的值。例如，如果我们知道 $y(0)=3$，这意味着在 $t=0$ 时，y 的值为 3，那么 C 的值一定是 3。

同差分方程一样，我们无法求解非线性微分方程。不过，就线性微分方程而言，求得明确解是可能的。在第 21 章里，我们研究一阶线性微分方程；在第 22 章里，我们研究一阶非线性微分方程；在第 23 章里，我们研究二阶线性微分方程。

静态经济学中的微分方程和偏微分方程

微分方程不一定仅应用于时间函数的方程，任何包含导数的方程都是微分方程。例如，假设我们知道厂商的边际成本函数为

$$\frac{\mathrm{d}c(x)}{\mathrm{d}x}=b$$

其中，x 为厂商的产出，非负实数 $c(x)$ 为定义在 x 的值上的总成本函数，$\mathrm{d}c(x)/\mathrm{d}x$为边际成本函数，它等于常数 b。这就是一个微分方程，我们可以通过积分求得原函数，也就是本例中的总成本函数，它就是该微分方程的解。其解为

$$c(x)=bx+C$$

跟以前一样，式中 C 为任意积分常数。如果我们还知道，譬如说，$c(0)=F$，也就是说，即便厂商的产出为零，它仍要承担成本 F（固定成本），那么该微分方程的解变为

$$c(x)=bx+F$$

包含导数的任何方程都是常微分方程。因此，微分方程不仅出现在动态经济学中，而且还出现在静态经济学中。在两种场合中，求解和分析微分方程的方法都一样。不过，因为我们关心的是用于动态经济分析的数学工具，所以进行如下约定：将所有微分方程限定为关于时间变量的导数的方程，而不考虑关于其他任何变量的导数的微分方程，譬如，前面关于 x 的导数的例子。

包含偏导数的方程称为**偏微分方程**。下面给出偏微分方程的一个例子：假设家庭的效用函数依赖于两种商品 x 和 y 的消费，同时假设消费商品 x 所带来的边际效用依赖于 x 和 y 两者的消费量，那么边际效用函数可以表示为

$$\frac{\partial u(x,y)}{\partial x}=\alpha x^{\alpha-1}y^{\beta}$$

其中，u 是效用函数，$0<\alpha,\beta<1$。这是一个偏微分方程，因为它包含效用函数 u 的偏导数。在本书中，我们只研究常微分方程。

本章小结

关键词

自治方程	非自治方程	差分方程	微分方程
线性方程	非线性方程	方程的阶数	常微分方程

偏微分方程　　　时间导数

思考题

1. 分别给出随时间连续变化的变量和随时间离散变化的变量的例子。
2. 解释自治和非自治差分方程，以及自治和非自治微分方程之间的区别。
3. 如何确定差分或者微分方程的阶数？
4. 差分方程和微分方程解的概念与代数方程解的概念有何区别？
5. 说明常微分方程和偏微分方程之间的区别。

复习题

按照（a）阶数，（b）线性或者非线性，（c）自治性或者非自治性，（d）差分或者微分方程四个标准对下列方程进行分类。

1. $y_{t+1}-y_t=0$
2. $y_{t+2}+3y_{t+1}+2y_t=1$
3. $y_t+2y_{t-1}=t^3$
4. $y_{t+2}+2y_t=0$
5. $y_{t+1}=2y_t^2+3t$
6. $y_{t+4}+6y_{t+3}+y_{t+2}=3y_t$
7. $10y_{t+2}-y_t=e^{2t}$
8. $2y_{t+1}-5/y_t=2$
9. $y_{t+2}+ty_{t+1}-3y_t=10$
10. $y_{t+1}=(\log t)y_t+1$
11. $\dot{y}=(t+1)/y$
12. $\dot{y}+2y=5$
13. $\ddot{y}+2t\dot{y}+3y=1$
14. $\ddot{y}+2y^2=t$
15. $\dot{y}=y/2+e^t$
16. $\ddot{y}+2\dot{y}+2=\log y$
17. $d^3y/dt^3+10d^2y/dy^2=1$
18. $5\dot{y}=2y+10^t$
19. $\ddot{y}=2\dot{y}-y/2+e^t$
20. $\dot{y}=2y^3+t$

第 18 章　一阶线性差分方程

我们鼓励读者通过我们的网站 http：//mitpress. mit. edu/math _ econ3 来获得如下有助于学习本章的材料：

- 修订的蛛网模型
- 能源需求的局部调整模型
- 练习题

在此后的三章中，我们将介绍一些求解和分析经济学中常见的几种差分方程的基本方法。本章中，我们首先介绍一阶线性差分方程。在下一章中，我们介绍一阶非线性差分方程，包括广泛应用于混沌研究的著名的逻辑斯蒂方程。在第 20 章中，我们考察二阶线性差分方程。

18.1　一阶线性自治差分方程

本节我们说明如何求解一阶线性自治差分方程。

定义 18.1　一阶线性自治差分方程的一般形式为

$$y_{t+1}=ay_t+b,\quad t=0,1,2,\cdots \tag{18.1}$$

其中，a 和 b 为已知常数。

这一差分方程是一阶的，因为方程中出现的最高差分为一阶差分（相隔一个时期的差）；由于 y_{t+1} 和 y_t 的幂不超过 1，所以它又是线性的。同时，a 和 b 都是常数，因此，它又是自治的。如果 a 或者 b 随着 t 变化，那么差分方程就是非自治的。这类方程是 18.2 节所讨论的主题。

注意，如果 g 非零，那么形如 $gy_{t+1}=hy_t+k$ 的方程总可以通过两边同除以 g 而化为方程（18.1）的形式。

求解差分方程就是寻找使方程成立的潜在时间函数 y_t。我们首先直接考察初始条件 y_0 已知的例子。

如果 y_0 已知，那么在 $t=0$ 处，方程（18.1）意味着

$$y_1=ay_0+b$$

在 $t=1$ 处，

$$y_2=ay_1+b=a(ay_0+b)+b$$

化简之后，我们有

$$y_2=a^2y_0+b(a+1)$$

在 $t=2$ 处，

$$y_3=ay_2+b=a[a^2y_0+b(a+1)]+b$$

进一步整理为

$$y_3=a^3y_0+b(a^2+a+1)$$

y_1、y_2、y_3 的表达式显示了一定的规律性。我们猜想 y_t 的解为

$$y_t=a^ty_0+b(a^{t-1}+a^{t-2}+\cdots+a+1) \tag{18.2}$$

事实证明这一猜想是正确的，但是在接受它之前，我们还是要先给出证明。注意到括号里面的部分是等比数列的 t 项和，我们可以利用第 3 章所学到的知识将这一表达式简化：

$$1+a+a^2+\cdots+a^{t-1}=\begin{cases}\dfrac{1-a^t}{1-a}, & a\neq 1\\ t, & a=1\end{cases}$$

因此，我们猜想的差分方程的解可以表示为

$$y_t=\begin{cases}a^ty_0+b\left(\dfrac{1-a^t}{1-a}\right), & a\neq 1;t=0,1,2,\cdots\\ y_0+bt, & a=1\end{cases} \tag{18.3}$$

现在，我们证明式（18.3）的猜想是正确的。

定理 18.1 等式（18.3）所给出的函数 y_t 是一阶线性自治差分方程（18.1）的唯一解，其中 y_0 是给定的初始条件。

证明：当 $a\neq 1$ 时，我们分两步来证明（请读者自己证明 $a=1$ 的情形）。第 1 步，证明方程（18.3）是差分方程的解。第 2 步，证明解的唯一性。

第 1 步：如果等式（18.3）就是我们所要找的 y_t，那么它满足差分方程（18.1），也就是说，$y_{t+1}=ay_t+b$。我们来看看事实是否如此。从等式（18.3）我们可知

$$y_{t+1}=a^{t+1}y_0+b\left(\frac{1-a^{t+1}}{1-a}\right)$$

现在在上式的右边加、减一项 $ab(1-a^t)/(1-a)$，我们得到

$$y_{t+1}=a^{t+1}y_0+\frac{ab(1-a^t)}{1-a}-\frac{ab(1-a^t)}{1-a}+b\left(\frac{1-a^{t+1}}{1-a}\right)$$

进一步整理可得

$$y_{t+1}=a\left[a^t y_0+b\left(\frac{1-a^t}{1-a}\right)\right]+\frac{b}{1-a}[1-a^{t+1}-a(1-a^t)]$$

将解 y_t 代入上式中，化简之后可得

$$y_{t+1}=ay_t+\frac{b}{1-a}(1-a)$$

因此，我们有

$$y_{t+1}=ay_t+b$$

所以，等式（18.3）是方程（18.1）的解。

第 2 步：证明解的唯一性。我们用归纳法来证明。由于 y_0 的值已经给出，所以 y_1 的值被唯一地确定，我们可以通过直接计算求得 $y_1=ay_0+b$。此外，如果 y_t 的值已知（y_2 可以从 y_1 求得，y_3 可以从 y_2 求得，依此类推），那么 y_{t+1} 的值由 $y_{t+1}=ay_t+b$ 唯一确定。因此，给定 y_0 时，差分方程的解是唯一的。综合这两步证明可知，该差分方程的解存在并且唯一。 ■

例 18.1 假设在 $t=0$ 时，你在银行账户上存了 100 美元，年利率为 10%。假定在每年年末，所得利息被存入银行账户。那么 7 年之后，你的银行账户上有多少钱？

解： 在第 $t+1$ 年，银行账户上的钱数比第 t 年银行账户上的钱数多出 10%。那么，相应的差分方程为

$$y_{t+1}=1.1y_t$$

在本例中，我们有 $a=1.1$，$b=0$ 和 $y_0=100$。因此，该差分方程的解为

$$y_t=100(1.1)^t$$

7 年后，$y_7=100(1.1)^7=194.87$（美元）。 ■

例 18.2 假设从 $t=0$ 开始，你每年年初在银行账户上存款 100 美元，年利率为 10%。请导出第 t 年初银行存款的表达式。

解： 在第 $t+1$ 年，银行账户的金额比前一年多出 100 美元，与此同时，账户上还增加了前年账户余额 10%的利息。差分方程为

$$y_{t+1}=1.1y_t+100$$

我们有 $a=1.1$，$b=100$。因此，该差分方程的解为

$$y_t=100(1.1)^t+100\left(\frac{1-(1.1)^t}{1-1.1}\right)$$

我们可以用这一表达式来计算 t 年之后（假定利息率不变）银行账户中的存款。例如，25 年之后，账户存款金额将为 10 918.17 美元。■

通解

到目前为止，我们已经通过直接推算得到了给定 y 的初始值时，一阶线性自治差分方程的解。下面我们要逗留片刻，说明如下问题：尽管满足差分方程和初始条件的解是唯一的，但是一般而言，一阶线性差分方程本身有无穷多个解。

作为例子，考虑下面的差分方程：

$$y_{t+1}=5y_t,\quad t=0,1,2,\cdots \tag{18.4}$$

这一差分方程的一个解为定义在 $t=0$，1，2，…上的、对于定义域内所有可能的 t 值都能使差分方程成立的函数，例如

$$y_t=5^t$$

通过证明上面的等式满足原来的差分方程，我们便可以证实它确实是该差分方程的一个解。在 $t+1$ 期，上面的等式变为

$$y_{t+1}=5^{t+1}$$

但是，这一等式可以简化为

$$y_{t+1}=5(5^t)=5y_t$$

该式表明 $y_t=5^t$ 确实满足差分方程，因此是差分方程的一个解。

不过，我们还有另一个解：

$$y_t=2\cdot 5^t$$

证明如下：

$$y_{t+1}=2\cdot 5^{t+1}=5\cdot(2\cdot 5^t)=5y_t$$

差分方程（18.4）还有许多其他解。我们可以将其所有解表示为

$$y_t=C\times 5^t \tag{18.5}$$

其中，C 为任意常数。为了证明这一函数是差分方程的解，只需要确保它满足差分方程（18.4）：

$$y_{t+1}=C\times5^{t+1}=5(C\times5^t)=5y_t$$

方程（18.4）的通解是等式（18.5）。因为 C 可以取任意值，所以该差分方程本身有无穷多个解。下面的定理给出了一阶线性自治差分方程通解的正式表述：

定理 18.2 存在常数 C，使得一阶线性自治差分方程的任意解都可以表示为以下形式：

$$y_t=\begin{cases}Ca^t+b\left(\dfrac{1-a^t}{1-a}\right), & a\neq1;t=0,1,2,\cdots\\ y_t=C+bt, & a=1\end{cases}\tag{18.6}$$

证明：该定理的证明有两种方法。一种是像我们在证明定理 18.1 时所做的，直接将等式（18.6）代入差分方程；另一种是直接令 C 等于 y 的初始值，然后利用定理 18.1 来证明。 ■

定理 18.2 给出了差分方程（18.1）的通解的表达式。我们知道，它本身满足差分方程。如果我们还要求它满足初始条件，那么必须为常数 C 选择一个特定值。

例 18.3 求解下面的差分方程：

$$y_{t+1}=0.5y_t+10$$

解：应用定理 18.2 可得通解：

$$y_t=C(0.5)^t+10\left(\frac{1-(0.5)^t}{1-0.5}\right)$$ ■

例 18.4 求解例 18.3 中的差分方程，并且确保它满足初始条件 $y_0=1$。

解：令例 18.3 通解中的 $t=0$，则有

$$y_0=C+0$$

因此，我们必须令 $C=1$，以满足给定的初始条件。由此，我们所求的解变为

$$y_t=(0.5)^t+10\left(\frac{1-(0.5)^t}{1-0.5}\right)$$ ■

一阶线性差分方程的通解包含无穷多个特解，记住这一点很重要。不过，在本章剩下的部分里，我们只解决初始值问题。

稳态和收敛

给定 y_t，差分方程确定了 y_{t+1} 的值。一般来说，y 会随着时间变化，从而得

出变量自身的动态路径。不过，自治差分方程具有在经济学中非常重要的一条性质：它们通常具有稳态。稳态是指使动态系统变得平稳的 y 值（因此，它有时被称为 y 的稳态值）。也就是说，对所有的 t 值而言，y_{t+1} 与 y_t 取相同的值。在一阶线性自治差分方程中，只要 $a\neq 1$，稳态总是存在。下面，我们说明如何找出方程的稳态。

定义 18.2 一阶线性自治差分方程的**稳态**或者**稳态值**指使系统处于休止状态的 y 值。这意味着 $y_{t+1}=y_t$。

我们用 $\bar{y}$ 表示 y 的稳态值。为了找到稳态值，令差分方程中的 $y_{t+1}=y_t\equiv\bar{y}$。由此可得

$$\bar{y}=a\bar{y}+b$$

则 $\bar{y}$ 的值为

$$\bar{y}=\frac{b}{1-a},\quad a\neq 1$$

如果 $a=1$，那么方程没有稳态解。

一旦 y 达到了它的稳态值，那么在此后的所有时期里，y 的值不会再发生变化。因此，一个很重要的问题是，如果 y 从任意值开始，那么它是否总能够收敛到它的稳态值呢？

为了回答这个问题，我们将等式（18.3）所表示的解重新整理，得到下式：

$$y_t=a^t\left(y_0-\frac{b}{1-a}\right)+\frac{b}{1-a},\quad a\neq 1,\ t=0,1,2,\cdots \tag{18.7}$$

通过该式，可以明显地看出，有关**收敛**和**发散**的问题完全由 a^t 项决定，因为它是解中唯一依赖于 t 的项。如果当 $t\to\infty$ 的时候，该项趋于零，那么 y_t 收敛到 $b/(1-a)$。另一方面，如果当 $t\to\infty$ 的时候，该项趋于无穷，那么 y_t 发散。因此，当 $t\to\infty$ 时，理解 a^t 的性态是非常必要的。

$t=0$，1，2，…时，我们可以把 a^t 项看成是一个数字序列：

$$\{a^t\}=1,a,a^2,a^3,\cdots,a^t,\cdots$$

在第 3 章中我们了解到，随着 $t\to\infty$，当 $|a|<1$ 时，该序列收敛到零；当 $|a|>1$ 时，该序列发散。由此，我们得到了关于敛散性的主要结论：

定理 18.3 就一阶线性自治差分方程而言，y_t 收敛到它的稳态值 $b/(1-a)$，当且仅当 $|a|<1$。

尽管 $|a|<1$ 能确保 y_t 收敛，但是 y_t 所经历的时间路径依 a 的符号不同而有所不同。如果 $0<a<1$，那么 y_t 将单调收敛到 $b/(1-a)$。我们清楚这一点，因为序列 $\{a^t\}$ 中的每一项都比前一项小。例如，如果 $a=1/2$，则序列为

$$\left\{\left(\frac{1}{2}\right)^t\right\}=1,\frac{1}{2},\frac{1}{4},\frac{1}{8},\frac{1}{16},\frac{1}{32},\cdots$$

不过，如果$-1<a<0$，y_t 将沿着一条**振荡路径**收敛到 $b/(1-a)$。我们知道，之所以如此，是因为序列 $\{a^t\}$ 中的每一项的符号都与前一项的相反。例如，如果 $a=-1/2$，则序列为

$$\left\{\left(-\frac{1}{2}\right)^t\right\}=1,-\frac{1}{2},\frac{1}{4},-\frac{1}{8},\frac{1}{16},-\frac{1}{32},\cdots$$

到目前为止，我们已经知道，如果 a 是正的，那么 y_t 的路径是**单调的**，如果 a 是负的，那么 y_t 在正值和负值之间振荡。在两种情形中，仅当 $|a|<1$ 时，y_t 的路径才会收敛到稳态值。另外，还有三种需要单独讨论的情形：

（ⅰ）如果 $a=0$，那么从等式（18.7）我们知道，y_t 不随时间发生变化，始终等于 b。

（ⅱ）如果 $a=1$，那么从等式（18.3）我们知道，$b>0$ 时 y_t 趋于正无穷，$b<0$时 y_t 趋于负无穷。

（ⅲ）如果 $a=-1$，那么 y_t 在 y_0 和 $b-y_0$ 之间振荡。

例 18.5 令 y_t 表示鱼群的个体数量，鱼群的动态演变服从下列差分方程：

$$y_{t+1}=ay_t+10$$

求解鱼群的稳态数量，并且分别画出 $a=0.5$ 和 -0.5 时 y_t 的图形。

解：令 $y_{t+1}=y_t=\bar{y}$，则可以求得 y 的稳态值：

$$\bar{y}=\frac{10}{1-a}$$

该差分方程的解可以表示为

$$y_t=a^t\left(y_0-\frac{10}{1-a}\right)+\frac{10}{1-a}$$

显然，如果 $|a|<1$，那么随着 $t\to\infty$，y_t 收敛到 $10/(1-a)$。因此，如果 $a=0.5$，那么 y_t 趋于稳态值 $\bar{y}=20$。在图 18.1 中，我们给出了从初始值 10 开始的一条逼近路径。

如果 $a=-0.5$，那么 y_t 沿着一条振荡路径收敛到 $\bar{y}=20/3\approx6.7$。在图 18.2 中，我们给出了从初始值 10 开始的一条逼近路径。在两种情形中，y_t 都会在 7～8个时期之后靠近各自的稳态值。 ■

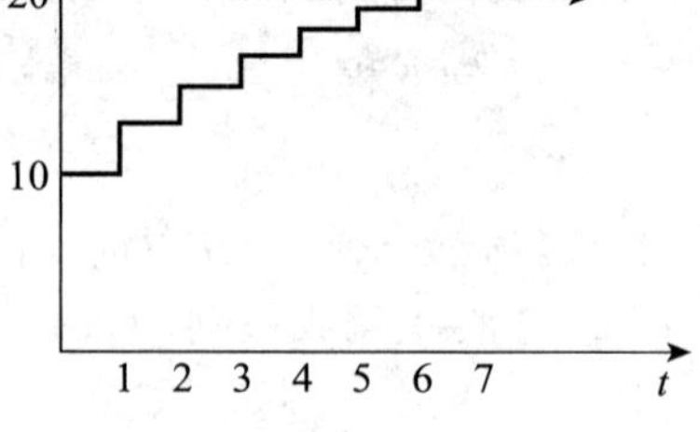

图 18.1　例 18.5 中，$a=0.5$ 时的逼近路径

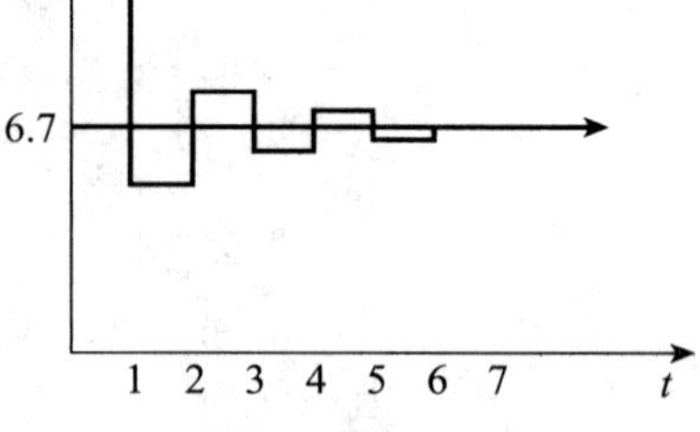

图 18.2　例 18.5 中，$a=-0.5$ 时的逼近路径

价格调整的蛛网模型

在多数市场中，供应商都必须在了解产品的未来价格之前做出供给决策。例如，在多数农产品市场上，农场主们春季播种、秋季收获，而收获季节的产品价格跟春季播种时的价格可能相差很大。在某些劳动力市场上（例如，律师、教师和护士等职业），个体通过参加大学的专业培训项目来进行人力资本投资，但是只有等到几年之后，也就是毕业的时候，他们才知道就业和工资前景。在供给过程中，市场价格在时间方面的这种滞后意味着什么呢？

我们利用下面的价格决定模型来讨论这一问题。我们将会了解到，如果供应商将当前的流行价格视为它们的产品将来抵达市场时的售价，并依此做出供给决策，那么价格的波动将不可避免。

市场需求函数由下式给出：

$$q_t^D=A+Bp_t$$

其中，q_t^D 为 t 时期的需求量，p_t 是 t 时期的市场主导价格。

我们假定供给决策是在产品上市的前一期做出的。因此，t 期市场的供给量是在 $t-1$ 期以供应商预期的未来市场价格为基础决定的。令 $E_{t-1}(p_t)$ 表示预期价格，那么时期 t 的供应量由下式给出：

$$q_t^S=F+GE_{t-1}(p_t)$$

为了使模型更完整，我们需要指定预期价格的形成方式。在基本的蛛网模型中，我们假定

$$E_{t-1}(p_t)=p_{t-1}$$

这意味着，供应商预期下一期的市场价格等于当前的市场价格。

假定在每一期价格都会调整到市场出清水平，那么每一期的供给和需求都相等。这意味着

$$A+Bp_t=F+Gp_{t-1}$$

重新整理，可以求得 p_t：

$$p_t=\frac{G}{B}p_{t-1}+\frac{F-A}{B} \tag{18.8}$$

该式说明，价格的时间路径服从一个一阶线性自治差分方程（以 t 和 $t-1$，而不是 t 和 $t+1$ 的项表示）。稳态价格 $\bar{p}$ 可以通过令 $p_t=p_{t-1}=\bar{p}$ 求得。

按照上述做法，我们求得

$$\bar{p}=\frac{A-F}{G-B}$$

注意，稳态价格也是供给和需求相等时的价格。

比较等式（18.8）和等式（18.1），我们知道

$$a=\frac{G}{B}, \quad b=\frac{F-A}{B}$$

应用定理 18.1 可得

$$p_t=p_0\left(\frac{G}{B}\right)^t+\frac{F-A}{B}\left(\frac{1-(G/B)^t}{1-G/B}\right)$$

将上述结果重新整理，并且利用 $\bar{p}$ 的表达式，我们有

$$p_t=(p_0-\bar{p})\left(\frac{G}{B}\right)^t+\bar{p} \tag{18.9}$$

价格收敛到 $\bar{p}$，当且仅当 $-1<G/B<1$，因为只有这时，等式（18.9）中的第一项才会随着 t 趋于无穷收敛到零。遗憾的是，并没有什么特别的原因能够使比率 G/B 满足这一条件，因为它只是供给曲线和需求曲线的斜率比。因此，价格是否收敛依赖于相对斜率。

通常 $B<0$（需求曲线斜率为负），$G>0$（供给曲线斜率为正），因此，B/G 为负。这意味着模型中的价格将会不断振荡，因为 $(G/B)^t$ 会随着 t 取奇数和偶数而在正负之间交替更迭。如果 $|G/B|<1$，那么价格将会沿着振荡路径收敛到它的稳态水平。如果 $|G/B|>1$，那么价格也会遵循振荡路径，不过振荡的幅度会随着时间而不断增大。在这种情况下，价格不会收敛到它的稳态均衡。

在图 18.3 中，我们描绘了价格收敛到稳态均衡价格的稳定市场情形。市场起初位于非均衡价格 p_0 处（由于需求移动等未知的原因）。在时期 0，供应商计划时期 1 生产数量 q_1。当这一数量的产品在时期 1 上市时，价格上升到 p_1，市场出清。在时期 1，供应商计划时期 2 生产数量 q_2。当这一数量的产品在时期 2 上市时，价格下降到 p_2，市场出清。在这一价格下，供应商计划时期 3 生产数量 q_3。在时期 3，价格上升到 p_3，市场出清。注意，价格从 p_0 上升到 p_1，然后又下跌到 p_2，接着又升至 p_3。价格的波动过程将会一直持续下去，直到价格收敛到供给和需求曲线相交的稳态均衡值。由于价格的这一调整过程的图形看上去像蜘蛛网，所以我们称之为**蛛网模型**。

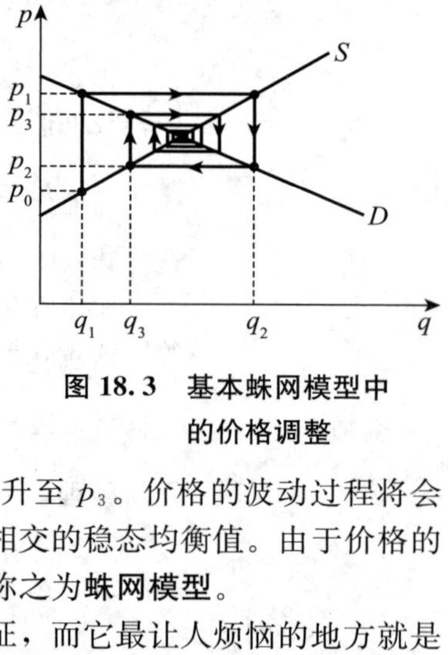

图 18.3　基本蛛网模型中的价格调整

蛛网模型的波动可能是它最令人感兴趣的特征，而它最让人烦恼的地方就是它的高度不稳定。由于比率 G/B 的绝对值大于 1 和小于 1 的可能性相同，所以它的发散和收敛也是等可能的。蛛网模型这一不合意的特征是供应商作出极其幼稚的价格预期假定的直接结果。尽管由于价格波动，价格预期从未实现过，但是模型仍然假定，供应商将持续认定当期的价格就是下一期的价格。在下面的例子中，预期价格的形成方式更为复杂一些。但我们将会看到，这一变化使得模型更加稳定。

收敛分析小结

微分方程

$$y_{t+1}=ay_t+b$$

的解为

$$y_t=\begin{cases}a^t(y_0-\bar{y})+\bar{y}, & a\neq 1,\ t=0,1,2,\cdots\\ y_0+bt, & a=1\end{cases}$$

其中，

$$\bar{y}=\frac{b}{1-a},\quad a\neq 1$$

为稳态（平稳）均衡。当 $a\neq 1$ 时，该均衡存在。

稳态均衡是稳定的（y_t 收敛到 $\bar{y}$），当且仅当

$$-1<a<1$$

时成立。随着 y_t 靠近 $\bar{y}$，它的路径（称为逼近路径）为

- 单调的，如果 a 为正数（并且小于 1）。
- 振荡的，如果 a 为负数（并且大于 -1）。

进一步地，如果 $a\geqslant 1$，那么 y_t 从 $\bar{y}$ 处单调发散。如果 $a<-1$，那么 y_t 不会收敛到 $\bar{y}$，而是在 y_0 和 $b-y_0$ 之间交替更迭。如果 $a=0$，那么 y_t 就是恒等于 b 的常数。

练习

1. 对于下面的微分方程：

(a) 求通解（也就是未指定 y_0 时的解）。

(b) 求 y_0 已知时方程的特解。

(c) 如果存在，试求稳态解，并且说明 y_t 是否收敛到稳态值。

(i) $y_{t+1}=2y_t-10$

(ii) $y_{t+1}=y_t$

(iii) $y_t=0.5y_{t-1}+1$

2. 对于下面的微分方程，重新求解练习 1 中的三个问题：

(i) $y_{t+1}=0.1y_t+9$

(ii) $y_t=y_{t-1}-1$

(iii) $y_{t+1}=5y_t-2$

下面的信息在练习 3 和练习 4 中将要用到：在一年中，利息会多次记入银行账户。例如，如果一年付息两次，每半年就要计算一次复利；如果每月付息一次，就要每月计算一次复利。令 r 表示年利率，n 为每年的付利次数。如果期限为 T 年，那么每期的利率为 r/n，总期数为 nT。

3. 储蓄账户的月利率为 0.5%，如果你在储蓄账户中存入 1 000 美元，那么 120 个月后，你的储蓄账户中将会有多少钱?

4. 银行账户的月利率为 1%，假设你每个月初在银行账户中存入 50 美元。那么，需要多少个月你账户中的金额才能达到 4 175 美元?

5. 厂商 0 时期的资本存量为 K_0，每期的投资为 I。每期的资本折旧率为 δ。给出资本存量的差分方程并且求解。

6. 给定下列供给和需求等式的参数值，求解基本蛛网模型中的价格差分方程。假定 $p_0=2$。

(a) $B=-10$，$G=5$，$A=100$，$F=25$。

(b) $B=-10$，$G=20$，$A=100$，$F=10$。

(c) $B=-10$，$G=10$，$A=100$，$F=20$。

绘出每种情形的供给和需求曲线，均衡价格和产量，以及价格运动的轨迹。特别注意，要说明价格是否收敛到均衡价格。

7. 假设 t 期的总消费 C_t 为前期总收入 Y_{t-1} 的线性函数：

$$C_t=A+BY_{t-1}$$

其中，A、$B>0$ 为常数。如果总投资为常数 I，总收入等于消费加上投资，即

$$Y_t=C_t+I$$

给出总收入的差分方程并且求解。为使收入单调地收敛到稳态均衡，B 必须满足什么条件？说明 I 的增加对总收入的短期（一期）和长期（稳态）影响。

18.2 一般一阶线性差分方程

如果线性差分方程中的参数随时间而变化，那么差分方程就是非自治的。不过，我们不称这类方程为非自治一阶线性差分方程，而是称其为一阶线性差分方程的一般形式，因为除此之外的情形，包括自治差分方程（a 和 b 都是常数）和三种可能的非自治差分方程（a 和 b 都随时间而变化，a 随时间变化而 b 是常数，b 随时间变化而 a 是常数），都属于特例。

定义 18.3 一阶线性非自治差分方程的一般形式为

$$y_{t+1}=a_t y_t+b_t,\quad t=0,1,2,\cdots \tag{18.10}$$

其中，a_t 和 b_t 都是定义在 $t=0$，1，2，…上的已知函数。

跟自治方程一样，给定 y_0，我们可以直接求解差分方程（18.10）。由于 a_0 和 b_0 已知，所以我们有

$$y_1 = a_0 y_0 + b_0$$

y_1 确定之后，在已知 a_1 和 b_1 的条件下，就可以得到

$$y_2 = a_1 y_1 + b_1 = a_1 a_0 y_0 + a_1 b_0 + b_1$$

如此下去，在已知 a_2 和 b_2 的条件下，又可以得到 y_3：

$$\begin{aligned} y_3 &= a_2 y_2 + b_2 \\ &= a_2 a_1 a_0 y_0 + a_2 a_1 b_0 + a_2 b_1 + b_2 \end{aligned}$$

通过观察 y_1，y_2 和 y_3 这三个连续解，我们可以发现某种规律。我们猜想 y_t 的解具有如下形式：

$$\begin{aligned} y_t = &(a_{t-1} a_{t-2} \cdots a_0) y_0 + (a_{t-1} a_{t-2} \cdots a_1) b_0 \\ &+ (a_{t-1} a_{t-2} \cdots a_2) b_1 + \cdots + a_{t-1} b_{t-2} + b_{t-1} \end{aligned}$$

表示上述解的更紧凑的方法就是运用连乘符号 $\prod$。我们有

$$\begin{aligned} y_t = &\prod_{i=0}^{t-1} a_i y_0 + b_0 \prod_{i=0}^{t-1} \frac{a_i}{a_0} + b_1 \prod_{i=1}^{t-1} \frac{a_i}{a_1} + \cdots \\ &+ b_k \prod_{i=k}^{t-1} \frac{a_i}{a_k} + \cdots + b_{t-1} \prod_{i=t-1}^{t-1} \frac{a_i}{a_{t-1}} \end{aligned}$$

将上式进一步简化，我们得到如下形式：

定理 18.4 满足初始条件 y_0 的一般形式的一阶线性差分方程的唯一解为

$$y_t = \prod_{i=0}^{t-1} a_i y_0 + \sum_{k=0}^{t-1} b_k \prod_{i=k}^{t-1} \frac{a_i}{a_k}, \quad t = 0, 1, 2, \cdots \tag{18.11}$$

证明：为了证明式（18.11）是一个解，我们需要说明它满足差分方程。只需要计算 $y_{t+1} - a_t y_t$，说明它确实等于 b_t 即可。首先，计算 y_{t+1}：

$$y_{t+1} = \prod_{i=0}^{t} a_i y_0 + \sum_{k=0}^{t} b_k \prod_{i=k}^{t} \frac{a_i}{a_k}$$

然后，计算 $a_t y_t$。我们得到

$$a_t y_t = a_t \prod_{i=0}^{t-1} a_i y_0 + \sum_{k=0}^{t-1} b_k \prod_{i=k}^{t-1} \frac{a_i a_t}{a_k}$$

进一步化简可得

$$a_t y_t = \prod_{i=0}^{t} a_i y_0 + \sum_{k=0}^{t-1} b_k \prod_{i=k}^{t} \frac{a_i}{a_k}$$

从 y_{t+1} 中减去 $a_t y_t$。在 y_{t+1} 的表达式中，除了求和部分的第 t 项之外，所有其他项全部抵消了，而剩下的第 t 项正好等于 b_t。因此，等式（18.11）是一个解。它的唯一性直接源自如下事实：已知 y_0，y_t 便可以从 y_0 直接求得，因此，y_{t+1} 能够从 y_t 直接求得。 ■

下面考虑三种特殊情形。首先，假设 $a_t = a$ 为常数，而 b_t 随着时间变化。

在这种情形中，等式（18.11）变为

$$y_t = a^t y_0 + \sum_{k=0}^{t-1} b_k a^{t-k-1} \tag{18.12}$$

其次，如果 $b_t = b$ 为常数，而 a_t 随着时间变化。此时，等式（18.11）变为

$$y_t = \prod_{i=0}^{t-1} a_i y_0 + b \sum_{k=0}^{t-1} \prod_{i=k}^{t-1} \frac{a_i}{a_k} \tag{18.13}$$

最后，如果 a 和 b 都是常数，那么我们有

$$y_t = a^t y_0 + b \sum_{k=0}^{t-1} a^{t-k-1} \tag{18.14}$$

我们可以将和式展开，从而将其进一步简化：

$$\sum_{k=0}^{t-1} a^{t-k-1} = a^{t-1} + a^{t-2} + \cdots + a^0, \quad k = 0,1,2,\cdots,t-1$$

注意，我们可以将上面的和式重新表示为

$$\sum_{k=0}^{t-1} a^{t-k-1} = \sum_{k=0}^{t-1} a^k$$

将其代入等式（18.14）可得

$$y_t = a^t y_0 + b \sum_{k=0}^{t-1} a^k$$

上式可进一步化为

$$y_t = \begin{cases} a^t y_0 + b\left(\dfrac{1-a^t}{1-a}\right), & a \neq 1 \\ y_0 + bt, & a = 1 \end{cases}$$

在 18.1 节中，我们就已经证明了上式为自治差分方程的特例的解。

例 18.6 求解差分方程 $y_{t+1} = (t+1) y_t + 3^t$。

解：本题中，$a_t = (t+1)$，$b_t = 3^t$。因此，应用等式（18.11）可得差分方程的解为

$$y_t = \prod_{i=0}^{t-1} (i+1) \left[y_0 + \sum_{k=0}^{t-1} \frac{3^k}{(0+1)(1+1)(2+1)\cdots(t-1+1)} \right]$$

进一步化简可得

$$y_t = t! \left[y_0 + \sum_{k=0}^{t-1} \frac{3^k}{k!} \right]$$

■

外生增长的乘数模型

假设时期 t 的总消费由下式给出：

$$C_t = A + B Y_{t-1}$$

其中，$0<B<1$ 为基于前一年收入的边际消费倾向。假设总国民收入等于投资与消费之和：

$$Y_t=C_t+I_t$$

同时假定投资满足下述方程：

$$I_t=(1+g)^t$$

其中，$g>0$ 是投资支出的外生增长率。将消费和投资函数代入国民收入恒等式，我们得到如下一阶线性差分方程：

$$Y_t=BY_{t-1}+A+(1+g)^t$$

将上式同定义 18.3 中的一般形式进行比较，可知 $a_t=B$，$b_t=A+(1+g)^t$。然后，根据等式（18.12），解为

$$Y_t=B^tY_0+\sum_{k=0}^{t-1}[A+(1+g)^k]B^{t-1-k}$$

由于 $0<B<1$，该解说明随着 t 趋于无穷，等式右边第一项趋于零。结果，随着 t 趋于无穷，Y_t 收敛于第二项。因此，第二项可以视为国民收入的长期增长路径。

练习

1. 给定 y_0，求解差分方程：

$$y_{t+1}=\frac{\alpha}{t+1}y_t$$

2. 给定 y_0，求解差分方程：

$$y_{t+1}=ay_t+t$$

3. 给定 y_0，求解差分方程：

$$y_{t+1}=(t+1)y_t+b$$

4. 给定 y_0，求解差分方程：

$$y_{t+1}=ay_t+\beta^t$$

5. 给定 y_0，求解差分方程：

$$y_{t+1}=\alpha^ty_t+b$$

6. t 时期厂商投资 I_t 以增加资本存量：

$$I_t=I_0(1+g)^{-t}$$

其中，I_0 和 g 为正常数。假定每期的折旧率为 δ，资本存量的初始值为 K_0。试给出资本存量的差分方程并求解。

7. 假设你每年（年初）在银行账户上存入 100 美元，年利率为 r_t（按年复利计算的利息），给出差分方程并求解，尽可能地将它表示为 r_t 的函数。

本章小结

关键词

逼近路径	蛛网模型	收敛	发散
单调路径	振荡路径	稳态值	稳态

思考题

1. 说明一阶线性差分方程的一般形式和自治形式之间的区别。
2. 说明等式（18.3）和等式（18.6）所表示的解之间的区别。
3. 解释一阶线性差分方程的稳态。
4. 说明为什么并非所有的一阶线性差分方程都有稳态。
5. 说明单调收敛和振荡收敛之间的区别。
6. 陈述并解释一阶线性自治差分方程收敛的充分必要条件。

复习题

1. 对于下面的差分方程：

(a) 求通解（也就是未指定 y_0 时的解）。

(b) 求 y_0 已知时方程的特解。

(c) 如果存在，试求稳态解，并且说明 y_t 是否收敛到稳态值。

（ⅰ） $y_{t+1}=0.8y_t+1$

（ⅱ） $y_{t+1}=y_t+10$

（ⅲ） $y_{t+1}+0.1y_t=9.9$

2. 对于下面的微分方程，重新求解复习题 1 中的三个问题：

（ⅰ） $y_{t+1}+y_t=0$

（ⅱ） $2y_{t+1}=y_t-6$

（ⅲ） $y_{t+1}=0.5y_t+50$

3. 对于下面的微分方程：

(a) 求满足给定 y_0 值的特解。

(b) 从差分方程中直接计算 y_1、y_2、y_3、y_4 和 y_5 的值。如果存在稳态，试分析方程收敛到稳态的速度。

(c) 利用问题 (a) 中所求的解，计算 y_5 的值，并检验它是否等于问题 (b) 中求得的值。

(ⅰ) $y_{t+1}+y_t=2$，$y_0=2$

(ⅱ) $y_{t+1}=3y_t-1$，$y_0=1$

(ⅲ) $y_{t+1}=0.5y_t+50$，$y_0=50$

(ⅳ) $3y_{t+1}+2y_t=1$，$y_0=2$

(ⅴ) $y_{t+1}=y_t+(-1)^t$，$y_0=2$

(ⅵ) $y_{t+1}=-y_t+(-1)^t$，$y_0=2$

(ⅶ) $y_{t+1}=(-1)^t y_t+1$，$y_0=2$

4. 对于下面的微分方程，重新回答上面复习题 3 中的问题：

(ⅰ) $y_{t+1}=-0.1y_t+9.9$，$y_0=15$

(ⅱ) $y_{t+1}=-2y_t+12$，$y_0=10$

(ⅲ) $y_{t+1}=10y_t+90$，$y_0=-5$

(ⅳ) $y_{t+1}=0.5y_t+(-1)^t$，$y_0=2$

(ⅴ) $y_{t+1}=(-0.5)^t y_t+(-1)^t$，$y_0=2$

(ⅵ) $y_{t+1}=(0.5)^t y_t+1$，$y_0=2$

5. 一个完全竞争产业的供给函数如下：

$$Q_t=F+Gp_t,\quad F,G>0,\quad t=0,1,2,\cdots$$

对该产品的需求为价格和产出滞后值的函数：

$$Q_t=A+Bp_t+\theta Q_{t-1},\quad A>0,\quad B<0,\quad 0<\theta<1,\quad t=1,2,3,\cdots$$

该式意味着，当期需求等于 θ 倍的上期产出值、常数 A 和反向依赖于价格的 Bp_t 三者之和。这样的需求函数可以用来刻画其消费依赖于习惯的商品（例如，香烟）。此外，它也可以用来刻画用于生产的原材料投入，这种原材料通常是同短期内固定的资本共同使用，由此导致的结果是能源需求对价格变化的缓慢调整。

假定在每个时期市场都出清，导出 Q_t 的一阶差分方程。求解差分方程，找出稳态，并说明其敛散性，即单调收敛、振荡收敛，还是发散。

6. 假定一个完全竞争产业的供给函数如下：

$$Q_t=F+Gp_t+\alpha Q_{t-1},\quad F,G>0,\quad 0<\alpha<1,\quad t=1,2,3,\cdots$$

该式意味着，当期供给等于 2 倍的上期供给量、常数 F 和 Gp_t 三者之和。(你能给出这样一个供给函数的经济背景吗?)

假定需求函数由下式给出：

$$Q_t=A+Bp_t,\quad A>0,\quad B<0,\quad t=0,1,2,\cdots$$

同时假定每一期市场都出清。导出 Q_t 的一阶差分方程，求解该方程，找出稳态，并说明其敛散性，即单调收敛、振荡收敛，还是发散。

7. 假设失业率满足如下模型：

$$U_t=\alpha+\beta U_{t-1},\quad \alpha,\beta>0,\quad t=1,2,3,\cdots$$

其中，U_t 是 t 时期的失业率。劳动经济学家将模型的稳态失业水平称为自然失业率。求解差分方程（假设 U_0 已知）和自然失业率，并确定 U_t 收敛到自然失业率的充分必要条件。

（a）假定劳动需求的偶然移动（即对劳动需求的冲击）会导致劳动需求时而增加、时而下降。劳动需求的移动会转化为失业率的波动。反映劳动需求上述移动的修正失业模型为

$$U_t=\alpha+\beta U_{t-1}+e_t,\quad \alpha,\beta>0,\quad t=1,2,3,\cdots$$

其中，e_t 随时间而变化（代表随机移动或者冲击），可以取正值或者负值，其均值假定为零。求解该差分方程。

（b）证明：问题（a）中的解可以表示为

$$U_t=\beta^t U_0+\frac{\alpha}{1-\beta}(1-\beta^t)+e_0\beta^{t-1}+e_1\beta^{t-2}+e_2\beta^{t-3}+\cdots+e_{t-2}\beta+e_{t-1}$$

评论如下说法：“如果 $0<\beta<1$，那么过去的冲击的效应会随着时间而消逝，而失业率将会倾向于收敛到自然失业率；但是，最近的冲击会阻止它达到自然失业率。”

（c）假定 $U_0=6$，$\alpha=3$，$\beta=0.5$，$e_0=3$，$e_1=e_2=e_3=0$，$e_4=-1$，$e_5=0$。求自然失业率，并计算 $U_1\sim U_6$ 的值。

（d）假定 $U_0=6$，$\alpha=1.2$，$\beta=0.8$，$e_0\sim e_5$ 同上。求自然失业率，并计算 $U_1\sim U_6$的值，将所得结果同问题（c）中的结果进行比较。

第 19 章　一阶非线性差分方程

我们鼓励读者通过我们的网站 http：//mitpress. mit. edu/math _ econ3 来获得如下有助于学习本章的材料：

- 经济增长模型
- 马尔萨斯增长模型
- 练习题

在上一章中我们看到，一阶线性差分方程有明确解。在下一章中，我们将会看到，二阶线性差分方程也有明确解。但是一般而言，非线性差分方程无法求得明确解。但我们可以借助于相图，对非线性差分方程进行定性分析。在经济学中，这种方法用处很大，因为通常我们所关心的主要是动态模型的性质。本章中，我们对一阶差分方程做这种分析，关心的焦点是确定解的稳定性这一问题。后面的分析会将我们引向对混沌研究的简要介绍。

19.1　相图和定性分析

一阶非线性差分方程的一般表达式为

$$y_{t+1}=g(y_t,t),\quad t=0,1,2,\cdots$$

不过，我们只考虑自治的非线性差分方程，也就是不明显地依赖于时间的非线性差分方程。

定义 19.1　一阶非线性自治差分方程可以表示为

$$y_{t+1}=f(y_t),\quad t=0,1,2,\cdots \tag{19.1}$$

如果方程存在一个（或者多个）**稳态均衡**，那么我们可以令 $y_{t+1}=y_t=\bar{y}$，从而找出均衡。其中，$\bar{y}$ 为 y 的稳态值。一般而言，由此可得

$$\bar{y}=f(\bar{y})$$

在对非线性差分方程的定性分析中，我们主要关心的是确定 y_t 是否会收敛到稳态均衡。如果收敛到稳态均衡，那么无论初始值 y_0 如何，y_t 的路径最终都会通向值 $\bar{y}$。因此，尽管无法将 y_t 明确地表示为时间 t 的函数，我们仍然可以说明它的最终去向。如果 y_t 不收敛，那么我们可能要设法确定 y_t 是发散到无穷，还是在特定值之间循环往复，抑或它表现出混沌行为。

为了说得更具体，考虑函数 f 的具体例子，其非线性差分方程如下：

$$y_{t+1}=y_t^{\alpha},\quad \alpha>0,\quad t=0,1,2,\cdots \tag{19.2}$$

为了求 y 的稳态（平稳）值，我们令 $y_{t+1}=y_t=\bar{y}$。经过重新整理之后，得到

$$\bar{y}(\bar{y}^{\alpha-1}-1)=0$$

因此，$\bar{y}=0$ 和 $\bar{y}=1$ 为稳态值。如果 y_t 变为 0 或者 1，那么它将永远处于该值处。那么，如何确定 y_t 是否收敛到这些值中的某一个呢?

为了确定 y_t 是逐渐靠近稳态值还是远离稳态值，构造相图很有帮助。差分方程的相图是用来表示 y_{t+1} 和 y_t 之间关系的图形。可以说它只是 $f(y_t)$ 的图形。稳态点为 $f(y_t)$ 与 45°线的交点，因为在 45°线上，$y_{t+1}=y_t$。

在图 19.1 中，我们画出了 $\alpha=1/2$ 时方程（19.2）的相图。由于经济变量通常都要满足非负约束，所以我们只给出相图位于第一象限的部分。

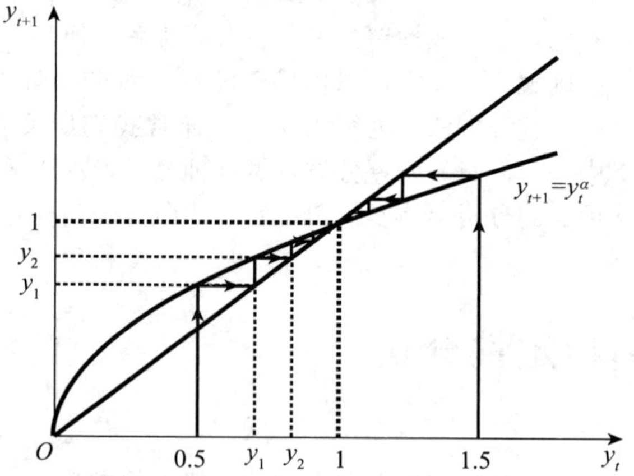

图 19.1　$\alpha=1/2$ 时方程（19.2）的相图

为了确定 y_t 的动态行为，考虑任意初始值，例如 $y_0=0.5$。给定 y_0，y_1 的

值可以通过始自 y_0、垂直于横轴的线与函数曲线的交点确定，由此我们得到 $y_1=f(y_0)$。为了确定 y_2，我们先将 y_1 转换到横轴上，取 y 的当前值为 y_1。具体说来，我们将始自 y_1 的等值曲线延长直到与 45°线相交，然后在交点处向横轴引垂线即可。现在我们利用相图来找出 $y_2=f(y_1)$。由此得到的 y_2 显示在纵轴上。重复上面的步骤，我们可以找到 y_3：首先将 y_2 转换到横轴上，取其为 y 的当前值。然后利用相图找到 $y_3=f(y_2)$。在这一过程中，我们注意到 y 的每个后续值都比前面的值更靠近稳态值 $\bar{y}=1$。至此我们断定，y_t 在 $\bar{y}=0$ 点发散，但是从任意初始点 $0<y_0<1$ 都可以收敛到 $\bar{y}=1$。

下面，我们来看一下稳态点 $\bar{y}=1$ 右侧系统的运动情况。考虑 y_0 的初值 1.5。我们采用与上面相同的方式来找出 y_1、y_2，等等。我们再次看到 y_t 从任意初始点 $y_0>1$ 收敛到 $\bar{y}=1$。

至此，我们可以得出如下结论：从任意初始点 $y_0>0$，y_t 的路径收敛到 $\bar{y}=1$，从而使 $\bar{y}=1$ 成为稳态均衡；而 $\bar{y}=0$ 不是稳态均衡，因为对于 $y>0$，y_t 在 $\bar{y}=0$ 点发散。我们将用更严格的测试来证明这些结论。

例 19.1 构造下列差分方程的相图，并且进行定性分析：

$$y_{t+1}=y_t^2$$

解：相图如图 19.2 所示。我们从点 $y_0=0.5$ 开始，按照前面的做法，先找出 y_1，然后利用 45°线将该值转换到横轴上。在横轴的 y_1 处做向上的垂线，它与 $f(y)$ 相交，于是，得到 $y_2=f(y_1)$。我们已经看到，系统逐渐偏离 $\bar{y}=1$ 而逼近 $\bar{y}=0$。的确如此，继续上面的过程，我们看到 y_t 收敛到 $\bar{y}=0$。

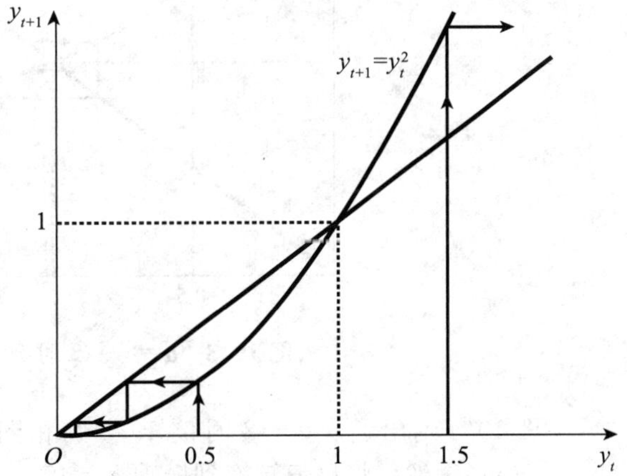

图 19.2 例 19.1 的相图

下面，我们从点 $\bar{y}=1$ 的右侧开始，考虑 $y_0=1.5$。利用相图找出 y_t 的序列值，我们看到 y_t 快速单调增加。至此我们可以断定，点 $\bar{y}=1$ 为**不稳定均衡**，而 $\bar{y}=0$ 为**局部稳定均衡**。

为什么在 $\alpha=1/2$ 时，$\bar{y}=1$ 稳定，而 $\alpha=2$ 时，$\bar{y}=1$ 不稳定呢？这两种情况

之间的关键区别，以及决定一个稳态点是否稳定的要点在于 $f(\bar{y})$ 的斜率；这一斜率就是相图和45°线交点处的斜率。不过，我们暂且不考虑这个重要的点，而是先考察一下相图斜率为负的情形。 ■

例 19.2 分别画出 $\alpha=-1/2$ 和 $\alpha=-2$ 时差分方程（19.2）的相图，并且进行定性分析。

解： $\alpha=-1/2$ 和 $\alpha=-2$ 时差分方程（19.2）的相图分别如图 19.3 和图 19.4 所示。现在只有一个稳态值，即 $\bar{y}=1$。

在图 19.3 中，假设初始值 $y_0=0.5$。我们像前面一样，找出 y_1 的值，然后用45°线将 y_1 转换到横轴上。这一次，$y_1>1$。在这个意义上，系统超过了稳态值。但是我们将会看到，系统仍然会收敛，不过是以振荡的方式收敛。找出 $y_2=f(y_1)$，然后将该值转换到横轴上。注意到，系统再次超过稳态点，这一次是在相反的方向上，但是上述迹象表明系统确实是不断收敛的。下面再找出 $y_3=f(y_2)$，然后将它转换到横轴上，可以看出它的值比 y_1 更接近 $\bar{y}=1$。如此看来，尽管系统在 $\bar{y}=1$ 附近振荡，但是振荡的幅度随着时间的推移变得越来越小。如果我们继续下去，将会看到通向 $\bar{y}=1$ 的蛛网逼近路径。此外，如果所选的 $y_0>1$，譬如说 $y_0=1.5$，我们也会找到一个性质相似的振荡收敛逼近路径。我们可以断定，$\bar{y}=1$ 似乎是一个稳定均衡，不过还需要更严格的检测来证明这一点。

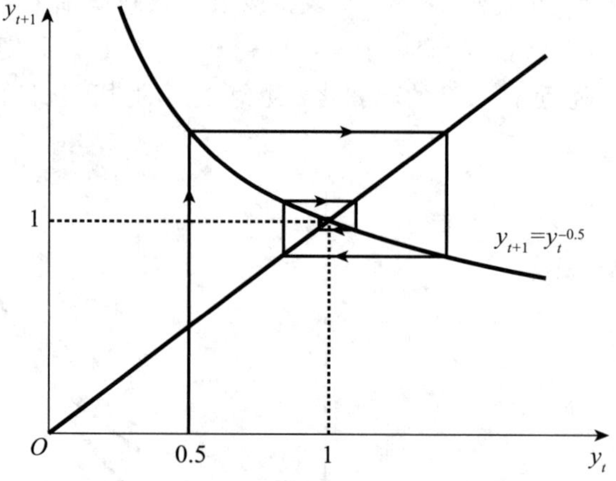

图 19.3 α=−1/2 时例 19.2 的相图

图 19.4 给出了 $\alpha=-2$ 时例 19.2 的相图。从 $y_0=0.9$ 开始，我们先找出 $y_1=f(y_0)$，然后将该值转换到横轴上。接着，我们找出 $y_2=f(y_1)$，再将该值转换到横轴上。同上面一样，系统是振荡的。但是，与上面的稳定情形不同，我们发现 y_2 比 y_0 离 $\bar{y}=1$ 更远。换句话说，系统似乎是发散的。继续上述过程，这一猜测便会得到证实。我们发现，y_3 离 y_0 比 y_1 离 y_0 还远。可见，系统不断振荡，而且振荡幅度随着时间的推移越来越大。据此，我们断定 $\bar{y}=1$ 是一个不稳定均衡。 ■

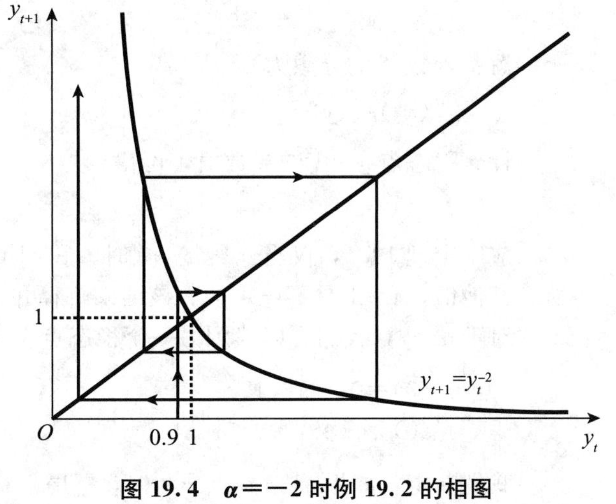

图 19.4　$\alpha=-2$ 时例 19.2 的相图

到目前为止，我们已经发现，对于差分方程（19.2）而言，无论 α 取什么值，点 $\bar{y}^*=1$ 都是一个稳态点。我们也看到，当 $\alpha=-1/2$ 或者 1/2 时，它是一个稳定的稳态点（也就是说，从任何初始值 $y_0>0$ 出发，y_t 都会收敛到该点），而当$\alpha=-2$ 或者 2 时，它是不稳定的。如果对于任意 α 值，我们不用每次都诉诸相图，就能够做出关于点 $\bar{y}=1$ 的稳定性的结论，那将会省去不少麻烦。很幸运，确实存在这样的方法，它不仅仅适用于我们当前的例子，而且适用于任何非线性自治差分方程。正如前面所言，问题的关键就在于相图中图形与 45°线交点处的斜率。稳态点是稳定的，当且仅当点 $\bar{y}$ 处斜率的绝对值小于 1。因为曲线 f 与 45°线交点处的斜率就是函数 f 在 $\bar{y}$ 处的导数值，所以我们可以将上述结论总结如下：

定理 19.1　如果导数$|f'(\bar{y})|<1$，则一阶非线性自治差分方程的稳态均衡点是局部稳定的；如果导数$|f'(\bar{y})|>1$,则一阶非线性自治差分方程的稳态均衡点是不稳定的。

这一定理非常有用。它说明对于任意一阶自治差分方程，我们都可以通过求函数 f 在点 y 的导数来判定该稳态点的局部稳定性。如果导数的绝对值小于 1，那么该点就是局部稳定的。如果相反，那么就是不稳定的。而且按照上述方法进行判断的时候，我们无须知道差分方程的解。

不过，上述方法也有它的局限性：它只能被用来判断局部的稳定性。如果 $\bar{y}$ 是局部稳定的，系统就会从 $\bar{y}$ 附近的任何点收敛到 $\bar{y}$。但是，这并不意味着从任何点出发，譬如从远离稳态的点出发，系统都能够收敛到 $\bar{y}$（这被称为**整体稳定**）。在非线性动态分析中，判断整体稳定性没有通用的方法。但是，一般来说，相图分析与局部稳定性判定方法结合使用，就足以给出我们想知道的整体稳定性信息。下面的例子就说明了这一点。

例 19.3　对不同的 α 值，利用定理 19.1 来判定下列差分方程的局部稳定性：

* 原书为 y，疑误。——译者注

$$y_{t+1}=y_t^{\alpha}$$

解： 函数 f 的导数为

$$f'(y_t)=\alpha y_t^{\alpha-1}$$

计算稳态点 $\bar{y}=1$ 的导数值，可得

$$f'(1)=\alpha$$

应用定理 19.1，仅当 $-1<\alpha<1$ 时，我们可以断定 $\bar{y}=1$ 是局部稳定的。对所有其他值，$\bar{y}=1$ 是不稳定的。该结果解释并且证实了我们的相图分析。

对于 $\alpha>0$，我们可以找到另一个稳态点 $\bar{y}=0$。计算该点的导数值，可得

$$f'(0)=0,\quad \alpha>1 \tag{19.3}$$

$$f'(0)\text{无意义},\quad 0<\alpha<1 \tag{19.4}$$

我们断定，如果 $\alpha>1$，点 $\bar{y}=0$ 就是局部稳定的。而图 19.2 中的相图分析证明，它不是全局稳定的。也就是说，y_t 从任何初始点 $y_t<1$ 收敛到零，但是对于 $y_t\geqslant 1$ 的初始点，y_t 不会收敛到零。

当 $0<\alpha<1$ 时，等式（19.4）表明，$\bar{y}$ 不稳定，因为在该点处的导数为无穷大（α 除以零）。■

我们看到，当 $\alpha=-1/2$ 或者 $\alpha=-2$ 时，差分方程（19.2）导致 y_t 的振荡，而当 $\alpha=1/2$ 或者 $\alpha=2$ 时，y_t 单调移动。由此，相图中图形斜率的符号决定了 y_t 是振荡，还是沿着一个方向移动。我们将这一重要结论总结如下：

定理 19.2 如果对于所有 $y_t>0$，导数 f' 为负，那么一阶差分方程将引起 y_t 的振荡；如果对于所有 $y_t>0$，导数 f' 为正，那么 y_t 将会单调移动。

在开始新的内容之前，我们先对定理 19.1 和定理 19.2 做两点评论。第一，这两个定理对线性和非线性一阶差分方程都适用。第二，如 19.2 节所示，如果作为 y_t 函数的导数 f' 改变符号，那么定理 19.2 就不再适用。在这种情况下，y_t 会展示出非常复杂的行为，这包括单调运动和振荡运动。

练习

1. 对于差分方程

$$y_{t+1}=\frac{3}{16}+y_t^2$$

找出稳态点，利用定理 19.1 来判定它们是否局部稳定，并且画出相图来分析它的全局稳定性。

2. 对于差分方程

$$y_{t+1}=2-3y_t^2$$

找出稳态点，利用定理 19.1 来判定位于第一象限的稳态点是否局部稳定，并且画出相图来分析它的全局稳定性。

3. 对于差分方程

$$y_{t+1}=4+\frac{9}{4y_t}$$

找出稳态点，利用定理 19.1 来判定位于第一象限的稳态点是否局部稳定，并且画出相图来分析它的全局稳定性。

4. 对于差分方程

$$y_{t+1}=1+\frac{3}{4y_t}$$

找出稳态点，利用定理 19.1 来判定位于第一象限的稳态点是否局部稳定，并且画出相图来分析它的全局稳定性。

19.2 循环和混沌

到目前为止，我们只考虑了斜率——f'——不改变符号的非线性差分方程。在这类差分方程的相图中，作为 y_t 函数的 y_{t+1} 的图形要么单调增加，要么单调递减，但绝不会呈现出山形或者谷形。在本章剩下的部分里，我们考虑相图中图形为山形曲线的非线性差分方程。这类差分方程会产生非常有趣的动态行为，譬如说每隔两个或者两个以上的时期就重复出现的循环，以及 y_t 的行为不存在规律性的混沌。对这些非线性差分方程进行正式分析超出了该书的范围，不过，我们希望能使学生对这一主题有个基本认识。

考虑一阶非线性差分方程

$$y_{t+1}=ry_t(1-y_t),\quad t=0,1,2,\cdots \tag{19.5}$$

为了找出稳态点 $\bar{y}$，求解下式：

$$\bar{y}-r\bar{y}(1-\bar{y})=0$$

化简之后，可得

$$\bar{y}\left(\frac{1-r}{r}+\bar{y}\right)=0$$

两个稳态点分别为

$$\bar{y}=0 \tag{19.6}$$

和

$$\bar{y}=\frac{r-1}{r} \tag{19.7}$$

仅当 $r>1$ 时，严格正的稳态均衡存在。因此，我们假定 $r>1$。如果 $r\leqslant1$，那么稳态点就分别为零和负值，这两种情形没有什么经济意义。

为了确定这两个均衡的稳态性质，我们应用定理 19.1。这要求我们计算方程（19.5）在 $\bar{y}$ 处的导数。我们有

$$\frac{dy_{t+1}}{dy_t}=r-2ry_t=\begin{cases}r, & \bar{y}=0\\ 2-r, & \bar{y}=(r-1)/r\end{cases}$$

这一结果说明，在假设 $r>1$ 的情况下，点 $\bar{y}=0$ 不稳定；而点 $\bar{y}=(r-1)/r$ 是局部稳定的，当且仅当 $|2-r|<1$。将绝对值展开，那么取值为正的稳态点是局部稳定的，当且仅当

$$1<r<3$$

我们画出这一差分方程的相图。可知，图形在取值为 0 和 $(r-1)/r$ 的点处与 45°线相交。计算斜率可知，图形在 $y=1/2$ 处取得最大值（此处斜率为 0）。快速计算可知，函数的二阶导数是负值（等于 $-2r$）。从这两点，我们确信该图形是山形的。图形的峰值出现在点 $\bar{y}=(r-1)/r$ 的左侧还是右侧取决于 r 大于 2 还是小于 2。如果 $r<2$（但是 $r>1$），那么图形与 45°线相交于峰值的左侧。因此，在稳定的稳态点处，图形的斜率为正。当 $r>2$ 时，图形在稳态点处的斜率为负，这种情况更有趣。图 19.5 给出了 $2<r<3$ 时的相图。它满足局部稳定条件，而且图形在稳定的稳态点处斜率为负。

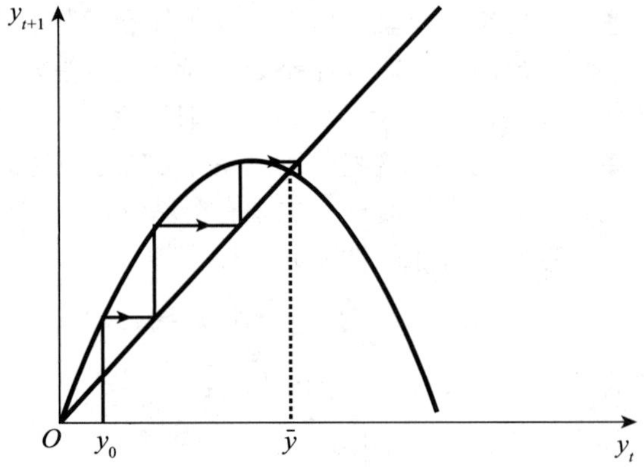

图 19.5　y_t 的路径起初单调收敛，最终振荡收敛到稳态

因为斜率为负，其绝对值小于 1，所以从（邻域内的）任何方向出发，y_t 都会收敛到 $\bar{y}$。但是其逼近路径将会在局部振荡。相图可以帮助我们分析全局的稳定性。例如，在图 19.5 中，自 $\bar{y}$ 邻域之外的点 y_0 开始，图形斜率为正。这一条件使 y_t 在几个时期之内保持单调增加，如图所示。然而，随着 y_t 逼近 $\bar{y}$ 的邻域，斜率变成负值，这使得 y_t 开始振荡收敛到稳态。这种动态行为非常有意思，不过当 $r\geqslant3$ 时，y_t 的动态变化更令人痴迷。

$r\geqslant3$ 时到底会出现什么情况呢？首先，$\bar{y}=(r-1)/r$ 不再是一个稳定的均衡点。不过，山形相图所具备的而单调相图所没有的一个重要特征是，当稳态点不稳定的时候，y_t 的路径不会无休止地发散或者趋于零。尽管它也不会收敛到 $\bar{y}$，但是 y_t 会在有界区域内振荡，甚至可能表现出规则的周期行为。

$r=3.5$ 时的相图如图 19.6 所示。我们知道在这种情形中，$f'(\bar{y})$ 为负，因此在稳态点附近，路径是振荡的。我们还知道，小于 -1 的 $f'(\bar{y})$ 不在稳定范围之内。不过，它们也没有趋于零或者无穷。原因是 $f(y)$ 是非单调的，这使得相图曲线呈山形。考虑图 19.6 中路径从 $\bar{y}$ 发散时的情形。从 y_0 点开始，在两个时期内，路径不断发散。也就是说，同 y_0 相比，y_1 离 $\bar{y}$ 更远，y_2 更是如此。不过，此后的路径进入到相图曲线的正斜率区域，从而使它向 $\bar{y}$ 的方向反弹。这一下子就使得路径回到了相图曲线的负斜率区域，此后路径再次振荡式发散。但是，路径最终又通向了正斜率区域，进一步向 $\bar{y}$ 靠近，并且落入有界范围之内。尽管路径永远无法抵达 $\bar{y}$，但它也不会偏离太远。

到目前为止，我们已经看到，$1<r<3$ 时 y_t 收敛到稳态点，而 $r\geqslant 3$ 时 y_t 不会收敛到稳态点，但也不会无休止地发散下去。非常有趣的是，当 r 的值比 3 稍大时，y_t 收敛到一个两时期长的**稳定极限循环**。也就是说，无论初始值如何，y_t 都会收敛到这样一条路径：该路径在相继两个时期、两个值之间循环往复地运动。用非线性动态学的语言来说，在 $r=3$ 时，系统分岔。这意味着它从一个稳态值 $\bar{y}$ 处进入一个新的均衡，在该均衡中，y 的路径在两个值之间振荡。如果 r 取值为 3.5 左右，那么两时期极限循环本身就不稳定，系统会再次分岔，产生一个新的长达四个时期的稳定极限循环。

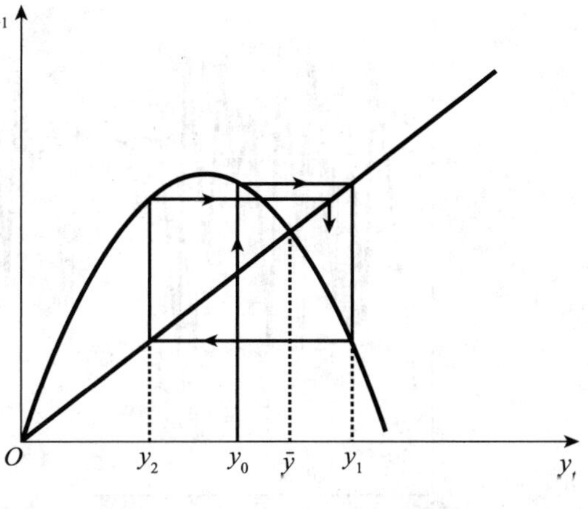

图 19.6 $r=3.5$ 时的相图

图 19.7 给出了 $r=3.2$ 时的相图。此时，我们得到了一个两时期极限循环。从任何值开始，譬如说，从相图中的 y_0 开始，y_t 最终收敛到图中所示路径，该路径在 $\bar{y}_H$ 和 $\bar{y}_L$（H 和 L 分别代表高和低）之间来回变动。

r 的更大取值会产生重复分岔，因此极限循环的周期也会不断加倍。但是最终，在 r 的某个值处，时间路径仍然有界，但不再有任何极限循环。这被称为**混沌**。粗略地说，这意味着 y_t 的路径明显地随着时间随机波动，不遵循任何有规律的运动形式。

混沌系统研究中最重要的发现之一就是路径 y_t 对初始值 y_0 的极度敏感性。这一发现有时被形象地称为**蝴蝶效应**：今天在北京振动翅膀的蝴蝶能够影响下个月纽约的天气。初始值 y_0 看似微不足道的变化能够极大地影响 y_t 的路径，以至于新的路径跟原来的路径迥然不同。这显然不同于无论初始值如何都能够收敛到相同稳态点的稳定动力系统。图 19.8 分别给出了 $r=3.7$，$y_0=0.20$ 和 $y_0=0.21$ 时，方程（19.5）所产生的两条 y_t 的路径。可以看出，两条路径之间的任何相似之处都随着时间迅速消失了。

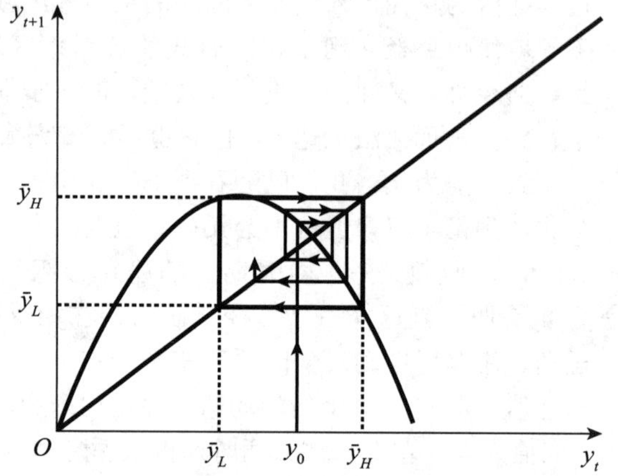

图 19.7　$r=3.2$ 时稳定的两时期极限循环

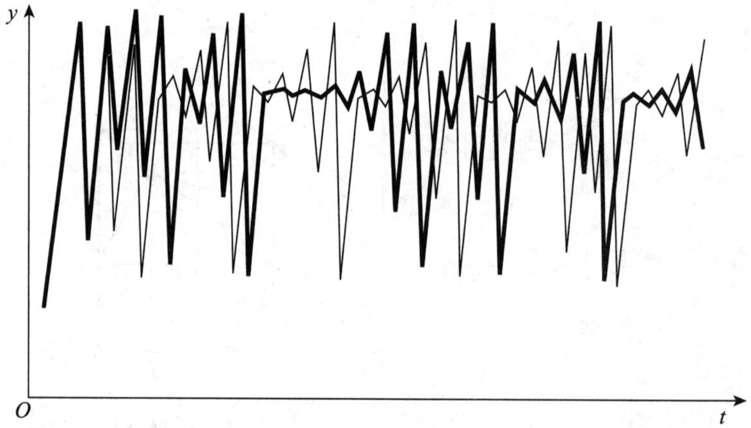

图 19.8　初始值的小差异导致两条相差甚远的混沌路径

在图 19.8 中，y_t 的路径看上去像随机变量的变动轨迹，但是它们确实是完全由差分方程确定的。根据这一发现，有些经济学家认为，商业周期的某些明显的随机波动，至少部分源于经济体内在的非线性动态关系。这些模型中的大多数都非常复杂，不适合在本书中讨论。我们会在 http：//mitpress. mit. edu/math _ econ3 上进行介绍，不过，我们提供一个相对简单的经济模型，依照参数取值的不同，该模型能够产生稳定均衡、循环，或者混沌。在开始介绍模型之前，还有最后一点需要指出：并非只有非线性差分方程能够产生混沌，三阶或者更高阶的非线性微分方程也能够产生混沌行为。

练习

1. 求下列差分方程的稳态点，判定它们的稳定性，在相图中画出 $y_0=2/3$ 时 y_t 的路径：

$$y_{t+1}=\frac{3}{2}y_t(1-y_t)$$

2. 求下列差分方程的稳态点，判定它们的稳定性，在相图中画出 $y_0=1/3$ 时 y_t 的路径：

$$y_{t+1}=\frac{5}{2}y_t(1-y_t)$$

3. 假定广告支出与利润之间的关系如下：

$$\prod_t=aE_t(1-E_t)$$

其中，$\prod$ 为利润，E 为广告支出。进一步假定厂商将利润的一定比例 b 用于下一年的广告宣传。特别地，假定

$$E_{t+1}=b\prod_t$$

推导广告支出的差分方程。求 E 的稳态值，导出使 E_t 收敛到稳态参数所必须满足的条件。

4. 考虑练习 3 中的模型，如果参数值满足 $ab=3$，结果将会如何？给定 $E_0=0.690$，计算 E_t，$t=1, 2, 3, 4$，保留四位小数。

5. 假定世界上小须鲸的数量满足下列差分方程：

$$y_{t+1}=2y_t(1-y_t)-H,\quad t=0,1,2,\cdots$$

其中，H 是鲸鱼的世界捕获量。现在假定世界上所有国家都签署了《鲸鱼捕捞国际公约》，该公约规定此种鲸鱼的年捕获量为 $H=0.08$。求鲸鱼量的稳态值并且画出相图。计算 $y_0=0.75$ 时 y_t 的值，$t=1, 2, 3, 4$，保留四位小数。

本章小结

关键词

蝴蝶效应	混沌	整体稳定性	局部稳定均衡
相图	极限循环	稳态均衡	不稳定均衡

思考题

1. 说明如何构造一阶非线性自治差分方程的相图，并且解释45°线的作用。
2. 说明依靠相图来分析非线性差分方程动态性质的意义和局限性。
3. 说明局部稳定均衡和整体稳定均衡的区别。
4. 说明稳态局部稳定的充分必要条件。
5. 分别说明逼近路径（ⅰ）单调收敛和（ⅱ）振荡收敛的条件。
6. 说明什么是两时期稳定极限循环。

复习题

1. 求下列差分方程的稳态点，并且在相图中分析 y_t 的动态行为：

$$y_{t+1}=2y_t-10y_t^2$$

2. 求下列差分方程的稳态点，并且在相图中分析 y_t 的动态行为：

$$y_{t+1}=\frac{1}{2}y_t^2-y_t$$

3. 求下列差分方程的稳态点，并说明 b 的取值对均衡稳定性的影响：

$$y_{t+1}=ay_t-by_t^2$$

4. 总消费函数为

$$C_{t+1}=a+bY_t^{\alpha},\quad 0<\alpha<1;\quad 0<b<1$$

其中，C 为总消费，Y_t 为总收入。假定

$$Y_t=C_t+I$$

其中，I 为固定不变的总投资水平。导出总收入的差分方程。画出相图，分析 Y_t 的动态行为，并特别说明它是否收敛到稳态值。

5. 考虑下面的非线性蛛网模型。假定玉米的市场需求曲线为

$$Q_t^D=2-P_t$$

玉米的市场供给曲线为

$$Q_t^S=P_{t-1}^{1/2}$$

均衡时，供给等于需求。试导出该模型所决定的价格一阶差分方程。求稳态价格水平，说明它是否稳定，并对该模型中价格的动态行为进行定性分析。

6. 假定大西洋鳕鱼数量满足下列差分方程：

$$y_{t+1}=6y_t-6y_t^2-H,\quad t=0,1,2,\cdots$$

其中，H 为固定不变的鳕鱼年捕获量。如果 $H=2/3$，求鳕鱼数量的稳态值，画出相图并说明稳态点的稳定性。

7. 假定秘鲁虾的数量满足下列差分方程：

$$y_{t+1}=3y_t-3y_t^2-H,\quad t=0,1,2,\cdots$$

其中，H 为固定不变的秘鲁虾年捕获量。如果 $H=7/48$，求秘鲁虾数量的稳态值，并说明稳态点的稳定性。

8. 考虑复习题 7。如果年捕获量增加到 $H=1/3$，秘鲁虾数量的稳态值及其稳定性又将如何？

第 20 章　二阶线性差分方程

我们鼓励读者通过我们的网站 http：//mitpress. mit. edu/math _ econ3 来获得如下有助于学习本章的材料：

- 乘数—加速模型
- 练习题

本章我们介绍二阶线性差分方程。在 20.1 节中，我们将注意力集中在二阶线性自治差分方程上，在 20.2 节中，我们介绍一种特殊的二阶线性非自治差分方程。此外，我们还会在本章中介绍差分方程的一种新的求解方法。该方法将求差分方程的通解这一相对较难的问题分解成两个部分，其中每一部分的求解都比整个方程的求解容易。这种方法不仅使本章的问题得到简化，而且也是在后面各章求解微分方程、差分和微分方程组时不可或缺的。

20.1　二阶线性自治差分方程

我们先从二阶线性自治差分方程着手。这种差分方程不显性地依赖时间。

定义 20.1　二阶线性自治差分方程的一般形式为

$$y_{t+2}+a_1y_{t+1}+a_2y_t=b, \quad t=0,1,2,\cdots \tag{20.1}$$

该方程是线性的，因为 y_t、y_{t+1} 和 y_{t+2} 的幂数都不超过 1。它是二阶的，因为方程中的最高阶差分为二阶差分。它是自治的，因为它带有常系数 a_1 和 a_2，以及常数项 b。如果方程的系数或者 b 随着时间而变化，那么该方程就是非自治的。在 20.2 节，考虑 b 可变的情形。

我们希望找到方程（20.1）的通解。所说的通解是指包含了所有可能的特解的表达式。我们很容易将这个问题分解成两个部分。在第一部分里，只找出方程（20.1）的一个解，而不是它所有的解，只要找出方程的稳态解 $\bar{y}$ 就可以了。在第二部分里，找出方程（20.1）齐次形式的通解。所谓的齐次形式是指当 b 为零时的方程。之所以采取两步攻略是因为，只要将这两部分所求的解加到一起就可以得到方程（20.1）的通解！我们更为正式地重述这一重要结果。

定理 20.1 如果 y_p 是方程（20.1）的特解，譬如说稳态解，y_h 是方程（20.1)的齐次形式的通解，那么方程（20.1）对应的非齐次差分方程的通解为

$$y_t = y_h + y_p$$

为了表示的方便，省略了 y_p 和 y_h 中的下标 t。

目前，我们不证明这一定理。不过，先说明一下本节的结构安排。首先，着手详细地分析一下求方程（20.1）的齐次形式的通解这一问题。然后，解决求稳态解这个相对容易的问题。在利用定理 20.1 的时候，这个稳态解将充当我们所需要的特解。最后，我们来讨论解的收敛性质。

齐次方程的通解

我们的第一个问题就是找出方程（20.1）的齐次形式的通解。方程（20.1）的齐次形式如下：

定义 20.2 二阶线性自治差分方程的齐次形式为

$$y_{t+2} + a_1 y_{t+1} + a_2 y_t = 0, \quad t = 0, 1, 2, \cdots \tag{20.2}$$

注意，这一方程和与之相对应的非齐次方程的唯一区别在于齐次形式中不存在 b。下面，我们先说一下方程的通解，然后对通解做进一步的解释。

定理 20.2 二阶线性自治差分方程的齐次形式的通解如下：

- 如果 $a_1^2 - 4a_2 > 0$（不等的实根），

$$y_h = C_1 r_1^t + C_2 r_2^t \tag{20.3}$$

- 如果 $a_1^2 - 4a_2 = 0$（相等的实根），

$$y_h = C_1 r^t + C_2 t r^t \tag{20.4}$$

- 如果 $a_1^2 - 4a_2 < 0$（复根），

$$y_h = a_2^{t/2}(C_1 \cos\theta t + C_2 \sin\theta t) \tag{20.5}$$

其中，C_1 和 C_2 为任意常数（它们的值将由给定的初始条件决定），r_1 和 r_2 由下式给出：

$$r_1, r_2 = \frac{-a_1 \pm \sqrt{a_1^2 - 4a_2}}{2} \tag{20.6}$$

而且，在复根的情况下，θ 可以通过下面的关系式算出：

$$\cos\theta = \frac{-a_1}{2a_2^{1/2}}, \quad \sin\theta = \frac{\sqrt{4a_2 - a_1^2}}{2a_2^{1/2}}$$

定理 20.2 用到了我们在差分方程的学习中尚未遇到过的术语——根。我们将会看到，每个二阶线性差分方程都有两个根，有时候称为特征值或者特征根。跟其他二次方程的根一样，它们可能是实数（不等或者相等的），也可能是复数。正如定理 20.2 所示，依所述的三种情形，解的形式有所不同。在对定理 20.2 做完解释之后，我们会逐一对三种情形进行分析。

如果对齐次差分方程（20.2）的解的形式一无所知，如何求解呢？我们知道，一阶齐次差分方程解的形式为 $y_t = Ar^t$（其中，$r=a$），A 为任意常数。对于二阶差分方程，我们也利用这种形式来试解。因此，假定方程（20.2）的解为

$$y_t = Ar^t$$

如果这是一个解，那么它必须满足方程（20.2）。为了验证这一点，首先注意到，所给出的解意味着 $y_{t+1} = Ar^{t+1}$ 和 $y_{t+2} = Ar^{t+2}$。将它们以及 y_t 代入方程（20.2），可以得到

$$Ar^{t+2} + a_1 Ar^{t+1} + a_2 Ar^t = 0$$

化简后可得

$$(r^2 + a_1 r + a_2)Ar^t = 0$$

如果选取的 r 值满足二次方程 $r^2 + a_1 r + a_2 = 0$（不考虑平凡解 $r=0$ 和 $A=0$），那么我们所给出的解就是原方程的解。这个二次方程称为差分方程（20.2）的特征方程。

定义 20.3 二阶常系数线性差分方程的**特征方程**为

$$r^2 + a_1 r + a_2 = 0$$

满足上述方程的 r 值称为特征方程的**根**（或者叫做**特征值**或**特征根**）。该特征方程有两个根，我们分别称之为 r_1 和 r_2。它们的值如等式（20.6）所示。

假设特征方程的两个根均为实数，而且不相等。那么我们实际上可以找到满足方程（20.2）的两个解。它们分别是

$$y_t^{(1)} = A_1 r_1^t \quad , \quad y_t^{(2)} = A_2 r_2^t \tag{20.7}$$

我们来验证 $y_t^{(1)}$ 确实是方程（20.2）的解（读者可以如法炮制对 $y_t^{(2)}$ 加以验证）。给定等式（20.7）中的 $y_t^{(1)}$，我们有

$$y_{t+1}^{(1)}=A_1r_1^{t+1},\quad y_{t+2}^{(1)}=A_1r_1^{t+2}$$

将这些值代入方程（20.2），可得

$$\begin{aligned}y_{t+2}^{(1)}+a_1y_{t+1}^{(1)}+a_2y_t^{(1)}&=A_1r_1^{t+2}+a_1A_1r_1^{t+1}+a_2A_1r_1^t\\&=A_1r_1^t(r_1^2+a_1r_1+a_2)\\&=0\end{aligned}$$

最后一步成立是因为我们知道 r_1 是特征方程的解。因此，$y_t^{(1)}$ 满足方程（20.2），是该方程的一个解。

我们得到了方程的两个解，这似乎会带来问题，因为我们最终只想找出方程的一个通解。事实上，方程的通解是两个线性无关的解的线性组合。就直觉而言，之所以如此是因为我们需要两个线性无关的解来恢复我们在求取 y_t 方程的一阶和二阶差分过程中所丢弃的常数。因此，真正的问题出现在特征方程有两个相等实根的情形中。也就是说，当 $a_1^2-4a_2=0$，即 $r_1=r_2$ 时，似乎只有一个解。不过，即便是在这种情况下，我们仍然可能找到另一个不同的解。在此我们不去推导，只是给出它的形式，并且加以验证。

如果 $r_1=r_2=r$，那么两个不同的解为

$$y_t^{(1)}=A_1r^t,\quad y_t^{(2)}=A_2tr^t \tag{20.8}$$

它们彼此线性无关（因此互不相等），因为我们无法将其中一个乘以某个常数而得到另一个。我们可以通过如上所做的替代来验证它们两个都是方程（20.2）的解。以第二个解为例。

给定 $y_t^{(2)}=A_2tr^t$，我们有

$$y_{t+1}^{(2)}=A_2(t+1)r^{t+1},\quad y_{t+2}^{(2)}=A_2(t+2)r^{t+2}$$

将上述值代入方程（20.2），可得

$$\begin{aligned}y_{t+2}^{(2)}+a_1y_{t+1}^{(2)}+a_2y_t^{(2)}&=A_2(t+2)r^{t+2}+a_1A_2(t+1)r^{t+1}+a_2A_2tr^t\\&=A_2r^t[(t+2)r^2+a_1(t+1)r+a_2t]\\&=A_2r^t[t(r^2+a_1r+a_2)+r(2r+a_1)]\\&=A_2r^t[0+r(-a_1+a_1)]\\&=0\end{aligned}$$

倒数第二个等式成立是因为 r 为特征方程的解，而且仅当 $a_1^2-4a_2=0$ 时，相等的特征根才会出现，此时有 $r=-a_1/2$。

到目前为止，我们已经分别导出了特征方程有不等实根和相等实根这两种情况下方程（20.2）的两个解。前面已经说过，差分方程的通解就是这两个不同解的线性组合。我们将其正式表述如下：

定理 20.3 令 $y_t^{(1)}$ 和 $y_t^{(2)}$ 表示方程（20.2）的两个解。当方程（20.2）的特征方程有两个不等的根时，它们由式（20.7）给出；当特征方程有两个相等的根时，它们由式（20.8）给出。则齐次差分方程（20.2）的通解为

$$y_t = C_1 y_t^{(1)} + C_2 y_t^{(2)}$$

其中，C_1 和 C_2 为任意常数。

上面的结果意味着，通解由等式（20.3）还是由等式（20.4）给出取决于特征方程的根是不等的还是相等的。我们不提供定理 20.3 的正式证明，只是通过下面的例子来说明。

例 20.1 求解下列差分方程，并证明解是通解：

$$y_{t+2} - 6y_{t+1} + 8y_t = 0, \quad t = 0, 1, 2, \cdots \tag{20.9}$$

解： 特征方程为 $r^2 - 6r + 8 = 0$，其特征根分别为 2 和 4。因此，两个不同解为

$$y_t^{(1)} = 2^t, \quad y_t^{(2)} = 4^t$$

根据定理 20.3，差分方程的通解为

$$y_t = C_1 2^t + C_2 4^t \tag{20.10}$$

其中，C_1 和 C_2 为任意常数，其取值由初始条件决定。

为了验证我们所得到的就是通解，需要证明：（ⅰ）等式（20.10）是方程（20.9）的解，（ⅱ）方程（20.9）的任何解都能够表示成式（20.10）的形式。只有证明了以上两点，我们才能够确定所找到的就是包含所有特解的通解表达式。

第一部分通过直接替代相对容易验证。利用等式（20.10）来计算 y_{t+2} 和 y_{t+1}，然后将它们代入方程（20.9），得到

$$\begin{aligned} y_{t+2} - 6y_{t+1} + 8y_t &= C_1[2^{t+2} - 6(2^{t+1}) + 8(2^t)] + C_2[4^{t+2} - 6(4^{t+1}) + 8(4^t)] \\ &= C_1 2^t[2^2 - 6\times 2 + 8] + C_2 4^t[4^2 - 6\times 4 + 8] \\ &= 0 \end{aligned}$$

由此可知，等式（20.10）是方程（20.9）的一个解。

第二部分的证明有点难。令 y' 表示任意解。那么我们能够找到使该解满足方程通解的唯一的 C_1 和 C_2 值吗？换句话说，存在使下式成立的 C_1 和 C_2 吗？

$$y'_t = C_1 y_t^{(1)} + C_2 y_t^{(2)}$$

回答是肯定的。给定 y' 的初值，譬如说 y'_0 和 y'_1，让所给的解满足下面的初始条件，就可以确定常数 C_1 和 C_2：

$$\begin{aligned} y'_0 &= C_1 y_0^{(1)} + C_2 y_0^{(2)} \\ y'_1 &= C_1 y_1^{(1)} + C_2 y_1^{(2)} \end{aligned}$$

将 $t=0$ 和 $t=1$ 时式（20.10）的值代入上式，可得

$$y'_0=C_1+C_2$$
$$y'_1=2C_1+4C_2$$

这是一个二元一次方程组。如果两个方程是线性无关的（这就是两个解必定线性无关的原因），我们就可以求得 C_1 和 C_2 的唯一解。求解该方程组可以得到

$$C_1=2y'_0-\frac{y'_1}{2}, \quad C_2=-y'_0+\frac{y'_1}{2}$$

由此可见，我们可以找到 C_1 和 C_2 的唯一值，它们使得任意解的前两个值（在 $t=0$ 和 $t=1$ 时）正好就是通解的一个特例。但是，如果我们知道 y'_t 的两个连续值，譬如说 y'_0 和 y'_1，那么下一个值 y'_2 就由差分方程唯一确定，随后 y'_3 也被唯一确定，依此类推。可见，如果我们已经确定了通解的特例 y' 前两个值中 C_1 和 C_2 的唯一值，那么所有的后续值（从 $t=2$ 开始）也必须是通解的特例。这就证明了式（20.10）是通解。■

例 20.2　求解下列齐次差分方程：

$$y_{t+2}+4y_{t+1}+3y_t=0$$

解： 特征方程的根为

$$r_1, r_2=\frac{-4}{2}\pm\frac{1}{2}\sqrt{16-12}$$

也就是－1 和－3。那么齐次差分方程的解为

$$y_t=C_1(-1)^t+C_2(-3)^t$$ ■

例 20.3　求解下列齐次差分方程：

$$y_{t+2}-4y_{t+1}+4y_t=0$$

解： 特征方程的根为

$$r_1, r_2=\frac{4}{2}\pm\frac{1}{2}\sqrt{16-16}$$

即两个根都是 2。由定理 20.2 可知，其差分方程的解为

$$y_t=(C_1+C_2t)2^t$$ ■

复根

如果二阶差分方程特征根为复数（当 $a_1^2-4a_2<0$ 时），如下所示，我们仍然能够找到方程的解。不过，一些学生可能需要在 http://mitpress.mit.edu/math_econ3 上复习一下复数和三角函数的知识，才能够理解后面的内容。

当 $a_1^2-4a_2<0$ 时，我们可以写出特征方程的代数解：

$$r_1, r_2 = \frac{-a_1 \pm \sqrt{(-1)(4a_2 - a_1^2)}}{2}$$

$$= \frac{-a_1 \pm \sqrt{-1}\sqrt{4a_2 - a_1^2}}{2}$$

利用虚数，$i = \sqrt{-1}$，特征方程的根可以记为如下共轭复数：

$$r_1, r_2 = h \pm vi$$

其中，

$$h = \frac{-a_1}{2}, \quad v = \frac{\sqrt{4a_2 - a_1^2}}{2}$$

所以，齐次差分方程的解为

$$y_h = c_1(h + vi)^t + c_2(h - vi)^t \tag{20.11}$$

为了使等式（20.11）更容易解释，我们利用复数的极坐标或三角形式：

$$h \pm vi = R(\cos\theta \pm i\sin\theta)$$

其中，$R = \sqrt{h^2 + v^2}$ 为复根的绝对值，$\cos\theta = h/R$，$\sin\theta = v/R$。下面，我们利用棣莫弗定理将式（20.11）化简为一个更容易解释的表达式。这一定理陈述如下：

$$[R(\cos\theta + i\sin\theta)]^n = R^n[\cos\theta n + i\sin\theta n]$$

因此，式（20.11）变为

$$y_h = c_1 R^t(\cos\theta t + i\sin\theta t) + c_2 R^t(\cos\theta t - i\sin\theta t) \tag{20.12}$$

上式可以进一步简化为

$$R = (h^2 + v^2)^{1/2} = \left(\frac{a_1^2}{4} + \frac{4a_2 - a_1^2}{4}\right)^{1/2} = (a_2)^{1/2}$$

通过合并同类项和定义包含等式（20.12）中常数的新常数，可以得到二阶*线性齐次差分方程的特征方程的根为复数时的解：

$$y_h = a_2^{t/2}(C_1\cos\theta t + C_2\sin\theta t) \tag{20.13}$$

在推导过程中，我们令 $C_1 = c_1 + c_2$，$C_2 = (c_1 - c_2)i$。尽管 C_1 和 C_2 是虚数的函数，但它们都是实数。这是因为 c_1 和 c_2 本身是共轭复数。证明 C_1 和 C_2 是实数的另一种方法是利用初始条件（给定的 y_0 和 y_1）计算 C_1 和 C_2 的值。因此，我们能够求得差分方程的实数解。同时，由于仅当 $a_2 > 0$ 时才有 $a_1^2 - 4a_2 < 0$，所以在复根的情形中一定有 $a_2 > 0$。

* 原书为一阶，疑误。——译者注

例 20.4 求解下列齐次差分方程：

$$y_{t+2}-2y_{t+1}+2y_t=0$$

解：特征方程的根为

$$r_1,r_2=\frac{2}{2}\pm\frac{1}{2}\sqrt{4-8}$$

因为它们含有负数的平方根，所以它们是复根。我们可以将它们记为

$$r_1,r_2=1\pm i$$

由式（20.5）可知，齐次方程的解为

$$y_t=2^{t/2}(C_1\cos\theta t+C_2\sin\theta t)$$

其中，θ 的值可以通过求解下式得到：

$$\cos\theta=\frac{h}{R}=\frac{1}{\sqrt{2}}$$

从三角函数表，我们可以查到 $\cos(\pi/4)=1/\sqrt{2}$，因此 $\theta=\pi/4$。于是，方程的解变为

$$y_t=2^{t/2}\left[C_1\cos\left(\frac{\pi}{4}t\right)+C_2\sin\left(\frac{\pi}{4}t\right)\right]$$ ■

通解

二阶差分方程（20.1）的通解可以通过利用定理 20.1 求得。由该定理可知，将相应齐次方程的通解和方程（20.1）的完全形式的特解相加，就可以得到完全形式的方程的通解。下面，我们转向求特解这个问题。

对于自治差分方程而言，我们要找的特解就是 y 的稳态值。通常，当 y_t 平稳的时候，即 $y_{t+2}=y_{t+1}=y_t$ 时，稳态值出现。像以前一样，我们称其为 $\bar{y}$。令 $y_{t+2}=y_{t+1}=y_t=\bar{y}$，我们得到

$$\bar{y}+a_1\bar{y}+a_2\bar{y}=b$$

求解上式，可得

$$\bar{y}=\frac{b}{1+a_1+a_2},\quad a_1+a_2\neq-1$$

如果 $a_1+a_2=-1$，那么稳态解不存在。在这种情况下，要得到通解，我们必须寻找其他特解。此时，可以利用的特解为 $y_p=At$，其中，A 为常数。我们可以利用 20.2 节所给的方法来确定它的值。在本节剩下的部分，我们将假定 $a_1+a_2\neq-1$，这确保了稳态解的存在性。

将 $\bar{y}$ 与齐次方程的解相加，我们得到完全形式的方程（20.1）的通解：

定理 20.4 当 $a_1+a_2\neq-1$ 时，方程（20.1）的通解如下：

● 如果 $a_1^2-4a_2>0$（不等实根），那么

$$y_t=C_1r_1^t+C_2r_2^t+\frac{b}{1+a_1+a_2} \tag{20.14}$$

● 如果 $a_1^2-4a_2=0$（相等实根），那么

$$y_t=C_1r^t+C_2tr^t+\frac{b}{1+a_1+a_2} \tag{20.15}$$

● 如果 $a_1^2-4a_2<0$（两个复根），那么

$$y_t=a_2^{t/2}(C_1\cos\theta t+C_2\sin\theta t)+\frac{b}{1+a_1+a_2} \tag{20.16}$$

其中，C_1 和 C_2 为任意常数（它们的值将由给定的初始条件确定），r_1，r_2 和 θ 由定理 20.2 给出。

例 20.5 求解下列差分方程：

$$2y_{t+2}+8y_{t+1}+6y_t=32$$

解：方程两边同除以 2，将其化为标准形式的差分方程。我们得到

$$y_{t+2}+4y_{t+1}+3y_t=16$$

该差分方程的齐次形式为

$$y_{t+2}+4y_{t+1}+3y_t=0$$

它与例 20.2 中的方程完全相同。因此，直接利用前面求得的结果，并且把它与完全方程的特解，即稳态解相加。稳态解满足下面的方程：

$$\bar{y}+4\bar{y}+3\bar{y}=16$$

解得 $\bar{y}=2$。因此，完全方程的通解为

$$y_t=C_1(-1)^t+C_2(-3)^t+2$$ ■

例 20.6 求解下列差分方程：

$$y_{t+2}-4y_{t+1}+4y_t=5$$

解：该差分方程的齐次形式与例 20.3 中的差分方程相同。我们利用例 20.3 求得的结果，然后将它与完全方程的稳态解相加，便可以得到完全方程的通解。稳态解满足如下方程：

$$\bar{y}-4\bar{y}+4\bar{y}=5$$

由上式可得 $\bar{y}=5$。因此，完全方程的通解为

$$y_t=(C_1+C_2t)2^t+5$$ ■

例 20.7 求解下列差分方程：

$$y_{t+2}-2y_{t+1}+2y_t=10$$

解：该差分方程的齐次形式与例 20.4 中的差分方程相同。我们利用例 20.4 求得的结果，然后将它与完全方程的稳态解相加，便可以得到完全方程的通解。稳态解满足如下方程：

$$\bar{y}-2\bar{y}+2\bar{y}=10$$

由上式可得 $\bar{y}=10$。因此，完全方程的通解为

$$y_t=2^{t/2}\left[C_1\cos\left(\frac{\pi}{4}t\right)+C_2\sin\left(\frac{\pi}{4}t\right)\right]+10$$ ■

初始值

如果给定了二阶差分方程所要满足的两个初始条件，那么常数的值就必须加以确定。下面的例子说明了确定常数值的步骤。

例 20.8 求解使例 20.5、例 20.6 和例 20.7 的解满足初始条件 $y_0=1$ 和 $y_1=2$ 的常数值。

解：当 $t=0$ 时，例 20.5 的解变为

$$y_0=C_1+C_2+2$$

当 $t=1$ 时，解变为

$$y_1=-C_1-3C_2+2$$

令 $y_0=1$ 和 $y_1=2$，然后求解 C_1 和 C_2 所满足的方程，可得 $C_1=-3/2$，$C_2=1/2$。则例 20.5 中满足初始条件的解为

$$y_t=-\frac{3}{2}(-1)^t+\frac{1}{2}(-3)^t+2$$

当 $t=0$ 时，例 20.6 的解变为

$$y_0=C_1+5$$

当 $t=1$ 时，解变为

$$y_1=2(C_1+C_2)+5$$

令 $y_0=1$ 和 $y_1=2$，求解方程可得 $C_1=-4$，$C_2=2.5$。则例 20.6 中满足初始条件的解为

$$y_t=(-4+2.5t)2^t+5$$

当 $t=0$ 时，例 20.7 的解变为

$$y_0=C_1+10$$

当 $t=1$ 时，解变为

$$y_1=\sqrt{2}\left(C_1\cos\frac{\pi}{4}+C_2\sin\frac{\pi}{4}\right)+10$$

但是，$\cos(\pi/4)=1/\sqrt{2}$和$\sin(\pi/4)=1/\sqrt{2}$。因此，

$$y_1=\sqrt{2}\left(\frac{C_1}{\sqrt{2}}+\frac{C_2}{\sqrt{2}}\right)+10$$

求解方程可得$C_1=-9$，$C_2=1$。则解变为

$$y_t=2^{t/2}\left[-9\cos\left(\frac{\pi}{4}t\right)+\sin\left(\frac{\pi}{4}t\right)\right]+10$$ ■

稳态和收敛

我们已经找到了二阶线性自治差分方程的通解。下面要做的是确定y_t收敛到$\bar{y}$的条件和y_t发散的条件。下面的定理说明了这些条件：

定理 20.5 在二阶线性自治差分方程中，当$a_1+a_2\neq-1$时，y_t从任意初始值收敛到稳态值$\bar{y}$，其中，

$$\bar{y}=\frac{b}{1+a_1+a_2}$$

当且仅当两个根的绝对值都小于1。

证明：我们考虑下面三种情况：

不等实根：此时差分方程的解为

$$y_t=C_1r_1^t+C_2r_2^t+\bar{y}$$

为了判定y_t是否收敛，$t\to\infty$时，对上式两边取极限。显然，所得结果完全依赖于包含r_1^t和r_2^t的项的性态。从我们对一阶差分方程的分析可知，如果r_1和r_2的绝对值小于1，那么这些项收敛到零，反之，它们发散。因此，y_t收敛到$\bar{y}$，当且仅当

$$|r_1|<1 \quad 且 \quad |r_2|<1$$

注意，两个根的绝对值都必须小于1。如果其中一个的绝对值大于1，那么y_t发散。

相等实根：此时差分方程的解为

$$y_t=C_1r^t+C_2tr^t+\bar{y}$$

如果根r的绝对值大于1，那么y_t显然发散。如果根的绝对值小于1，那么y_t收敛到$\bar{y}$。但是，同前面的情形相比，后一种情况更少见。很明显，如果$|r|<1$，那么$t\to\infty$时，$C_1r^t\to0$，而C_2tr^t的极限并不十分明确。我们可以忽略C_2，因为它是一个常数。项tr^t的极限形式为（$\infty\times0$）。为了求它的极限，我们将它转换为t/r^{-t}，于是，当$|r|<1$时，其极限形式为（∞/∞），因此可以利用洛

必达法则（参见 5.4 节）。利用微分法则 $da^x/dx=a^x\ln(x)$，分子分母对 t 求导可得 $1/[-r^t\ln(r)]$。现在，我们对该表达式取 $t\to\infty$ 时的极限，其分母趋于∞，因此，整个式子趋于零。这样，当 $t\to\infty$ 时，包含 t 的两项都趋于零，当且仅当 $|r|<1$。

复根： 此时差分方程的解为

$$y_t=a_2^{t/2}(C_1\cos\theta t+C_2\sin\theta t)+\bar{y}$$

其中，$\cos\theta=h/R$；$\sin\theta=v/R$，$H=-a_1/2$，$v=(4a_2-a^2)^{1/2}/2$，$R=a_2^{1/2}$。当 $t\to\infty$ 时，正弦和余弦函数介于 $-C_i$ 和 C_i 之间，$i=1,2$。因此，y_t 的敛散性完全由 $a_2^{t/2}$ 项的性态决定。如果 $a_2^{1/2}<1$，该项就收敛到零；否则，它发散。回忆一下，$\sqrt{a_2}=\sqrt{h^2+v^2}$ 为复根 $h+vi$ 的绝对值，于是，我们再次发现，y_t 收敛，当且仅当根的绝对值小于 1。 ■

蛛网模型

在第 18 章中，我们考察了这样一个价格决定模型：供应商以当期的价格为基础来形成它们的供给决策。我们发现该模型高度不稳定，因为除非供给函数的斜率小于需求函数斜率的绝对值，否则该模型会导致爆炸式的价格波动。该模型所假定的供应商形成价格预期的方式太简单了。

我们考虑另一种形式的价格预期过程，它构成了一个二阶差分方程，这不同于第 18 章中的一阶差分方程。

与前面一样，假设时期 t 的供给函数为

$$Q_t^S=F+GE_{t-1}(p_t)$$

其中，Q^S 为供给量，$E_{t-1}(p_t)$ 为供应商在第 $t-1$ 期对第 t 期的价格预期。我们假定

$$E_{t-1}(p_t)=p_{t-1}-\rho\Delta p_{t-2}$$

其中，

$$\Delta p_{t-2}=p_{t-1}-p_{t-2}$$

是时期 $t-2$ 到时期 $t-1$ 的价格变化，ρ 是我们下面所要讨论的参数。该模型中的价格预期过程如下：在 $t-1$ 期，供应商利用有关当期（那时）价格 p_{t-1} 的信息，以及前一个时期的价格变化 Δp_{t-2} 来预测下一期的价格。

如果 $0\leqslant\rho\leqslant1$，供应商预期下一期价格变化 $E_{t-1}(p_t)-p_{t-1}$ 与前一期价格变化 Δp_{t-2} 的方向相反。根据我们对蛛网模型中所出现的振荡的认识，可以断定这将是一个合理的价格预期。另一方面，如果 $-1\leqslant\rho\leqslant0$，供应商预期下一期价格变化与前一期价格变化方向相同。我们将会分别考察 ρ 取正值和负值时模型的稳定性。

需求函数由下式给出：

$$Q_t^D=A+Bp_t$$

当 $Q_t^D=Q_t^S$ 时，供求均衡。将需求函数和供给函数代入方程，可以得到如下等式：

$$A+Bp_t=F+G[p_{t-1}(1-\rho)+\rho p_{t-2}]$$

化简可得

$$p_t-\frac{G}{B}(1-\rho)p_{t-1}-\frac{G}{B}\rho p_{t-2}=\frac{F-A}{B},\quad t=2,3,4,\cdots$$

这一价格的二阶差分方程对所有 $t\geqslant 2$ 都成立。为了方便起见，我们将它改写为

$$p_{t+2}-\frac{G}{B}(1-\rho)p_{t+1}-\frac{G}{B}\rho p_t=\frac{F-A}{B},\quad t=0,1,2,\cdots \tag{20.17}$$

为了求解完全方程，我们先找出其齐次形式的通解。其齐次形式为

$$p_{t+2}-\frac{G}{B}(1-\rho)p_{t+1}-\frac{G}{B}\rho p_t=0,\quad t=0,1,2,\cdots \tag{20.18}$$

该差分方程的两个根为

$$r_1,r_2=\frac{-a_1\pm\sqrt{a_1^2-4a_2}}{2}$$

其中，$a_1=-G(1-\rho)/B$，$a_2=-G\rho/B$。因此，齐次形式的差分方程的解为

$$p_h=C_1r_1^t+C_2r_2^t \tag{20.19}$$

注意，如果 $\rho<0$，那么在 $B<0$，即需求曲线向下倾斜的正常情况下，这两个根是不等实根，因为根号里面的表达式的符号是正的。另一方面，如果$\rho>0$，那么两个根既可能是实根（不等或者相等），也可能是复根。

稳态解 $\bar{p}$（假定它存在）是完全差分方程的一个特解。它可以通过求解下式得到：

$$\bar{p}-\frac{G}{B}(1-\rho)\bar{p}-\frac{G}{B}\rho\bar{p}=\frac{F-A}{B}$$

由上式可得

$$\bar{p}=\frac{F-A}{B-G}$$

这是常见的市场出清价格。因此，完全方程的通解为

$$p_t=C_1r_1^t+C_2r_2^t+\bar{p}$$

如果两个根的绝对值都小于 1，那么价格就会收敛到它的稳态值。不过，在当前的模型中，很难判断这一条件是否满足。我们考虑该模型的两个数值例子，然后进行更为一般的稳定性分析。

例 20.9　给定如下的参数值：$B=-16$，$G=13$，$A=60$，$F=2$ 和 $\rho=-3/13$，确定蛛网模型中差分方程的解，判定价格是否收敛到它的稳态值。

解：利用蛛网模型中 a_1 和 a_2 的表达式，我们得到

$$a_1=\frac{-13}{-16}\left(1+\frac{3}{13}\right)=1$$

$$a_2=\frac{-13}{-16}\frac{3}{13}=\frac{3}{16}$$

因此，两个根为

$$r_1,r_2=\frac{-1}{2}\pm\frac{1}{2}\sqrt{1-\frac{3}{4}}=-\frac{3}{4},-\frac{1}{4}$$

价格的稳态值为

$$\bar{p}=\frac{2-60}{-16-13}=2$$

于是，通解为

$$p_t=C_1\left(-\frac{3}{4}\right)^t+C_2\left(-\frac{1}{4}\right)^t+2$$

因为两个根的绝对值都小于 1，所以当 t 趋于无穷的时候，无论常数 C_1 和 C_2 的初始值如何（由此，无论 p_0 和 p_1 的初始值如何），价格都会收敛到 2。

任意选取初始值 $p_0=6$ 和 $p_1=1$，可以得到两个常数的值 $C_1=0$ 和 $C_2=4$。然后，我们计算 p_t，$t=0$，1，2，3，…，结果如下：6.000，1.000，2.250，1.938，2.016，1.996，2.001，2.000，2.000，…。正如我们所看到的，在本例中，价格相当迅速地收敛到它的稳态值。■

例 20.10 给定如下的参数值：$B=-2$，$G=2/3$，$\rho=1/3$，$F=10$ 和 $A=27.5$，确定蛛网模型中差分方程的解，判定价格是否收敛到它的稳态值。

解：在本例中，我们求得 $a_1=0.5$ 和 $a_2=0.25$，并且发现两个根是复根。因此，齐次方程的解为

$$p_h=(0.5)^t[C_1\cos(\theta t)+C_2\sin(\theta t)]$$

θ 的值由关系式 $\cos(\theta)=h/R$ 或者 $\sin(\theta)=v/R$ 确定。我们将利用前者。由于 $h=-a_1/2$，因此

$$\cos(\theta)=\frac{h}{R}=\frac{-0.25}{0.5}=-0.5$$

由于 $\cos(2\pi/3)=-0.5$，我们断定 θ 的值为 $2\pi/3$。于是，齐次方程的解变为

$$p_h=(0.5)^t\left[C_1\cos\left(\frac{2\pi}{3}t\right)+C_2\sin\left(\frac{2\pi}{3}t\right)\right]$$

在求得稳态价格为 5 之后，可得完全差分方程的通解：

$$p_t=(0.5)^t\left[C_1\cos\left(\frac{2\pi}{3}t\right)+C_2\sin\left(\frac{2\pi}{3}t\right)\right]+5$$

图 20.1 给出了上述解所代表的价格运动轨迹。由于随着 t 的增加，$(0.5)^t$ 迅速趋于零，价格的周期波动也就迅速地得到遏制，结果导致了价格的快速收敛。对于 $\sqrt{a_2}$ 的更大值，例如 0.95，遏制效果更为缓慢，因此，价格的收敛也就更慢。当然，如果 $a_2>1$，价格就会以爆炸式振荡的方式发散。 ■

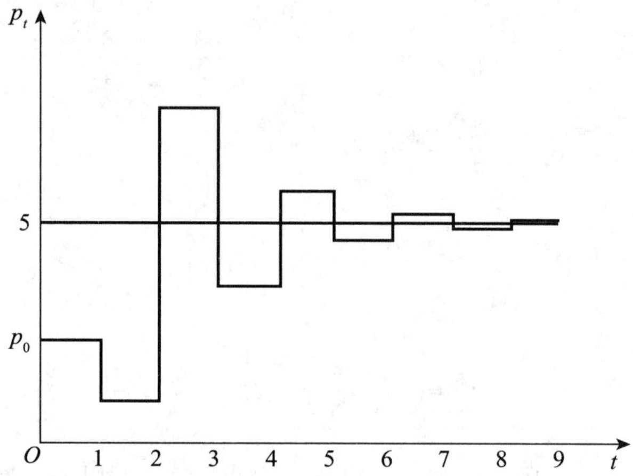

图 20.1　蛛网模型复根情形中的价格路径

收敛性的再讨论

到目前为止，我们已经确定，收敛的条件为两个根的绝对值都小于 1。尽管在前面蛛网模型的数值例子中，情形确实如此，但是我们仍然要问，这些例子的稳定性是否只是因为我们幸运地选择了参数值？或者说，对价格预期形成过程的修正是否已经给内在不稳定的蛛网模型添加了某种稳定性？

为了回答这一问题，我们必须搞清对差分方程的系数施加什么样的限制能够确保特征方程根的绝对值都小于 1。下面的条件说明了这一点：

定理 20.6　二阶线性差分方程的特征方程的根的绝对值都小于 1，当且仅当下面的三个条件得到满足：

（ⅰ）$1+a_1+a_2>0$

（ⅱ）$1-a_1+a_2>0$

（ⅲ）$a_2<1$

在解释这些条件之前，我们先看一下例 20.10 中的参数值是否满足这些条件。我们有 $a_1=0.5$ 和 $a_2=0.25$。既然 a_1 和 a_2 都是正数，那么条件（ⅰ）满足。然后检查条件（ⅱ），由于 $1-0.5+0.25=0.75>0$，因此该条件也满足。最后，由于 $a_2=0.25$，因此，条件（ⅲ）也满足。

组图 20.2 中的图（a）、图（b）、图（c）、图（d）给出了与不同 a_1 和 a_2 相

对应的如下特征方程的图形：

$$f(r)=r^2+a_1r+a_2$$

特征方程的根出现在函数曲线和横轴的交点处。我们要做的是确定如何限制参数才能够确保两个交点都位于−1 和+1 之间。

在组图 20.2 的前三张图中，两个根都位于−1 和+1 之间。注意，在所有这三种情形中，$f(1)>0$，$f(-1)>0$ 都成立；实际上，它们是根位于−1 和+1 之间的必要条件。图（d）中，一个根超过了 1；注意到在这一情形中，$f(1)<0$。因此，定理 20.6 中的条件（i）和条件（ii）就是必要条件 $f(1)>0$ 和 $f(-1)>0$。

尽管这些条件排除了很多其他可能，譬如说如下情形：两个根分别为+1 和−1，一个根小于−1 和一个根大于+1，一个根小于−1 以及一个根介于−1 和+1 之间，一个根介于−1 和+1 之间以及一个根大于+1，但它们没有排除另外两个重要的可能情形，也就是两个根都小于−1 或者都大于+1 的情形，在这两种情况下条件 $f(1)>0$ 和 $f(-1)>0$ 也满足。因此，我们还需要一个条件来排除这两种可能。在这两种情形中，两个根的乘积都大于+1。但是，既然一个二次函数特征根的乘积等于 a_2，那么我们只需要在前面已有的两个条件的基础上增加如下条件：$a_2<1$。这三个条件共同构成了两个根位于−1 和+1 之间的必要和充分条件。

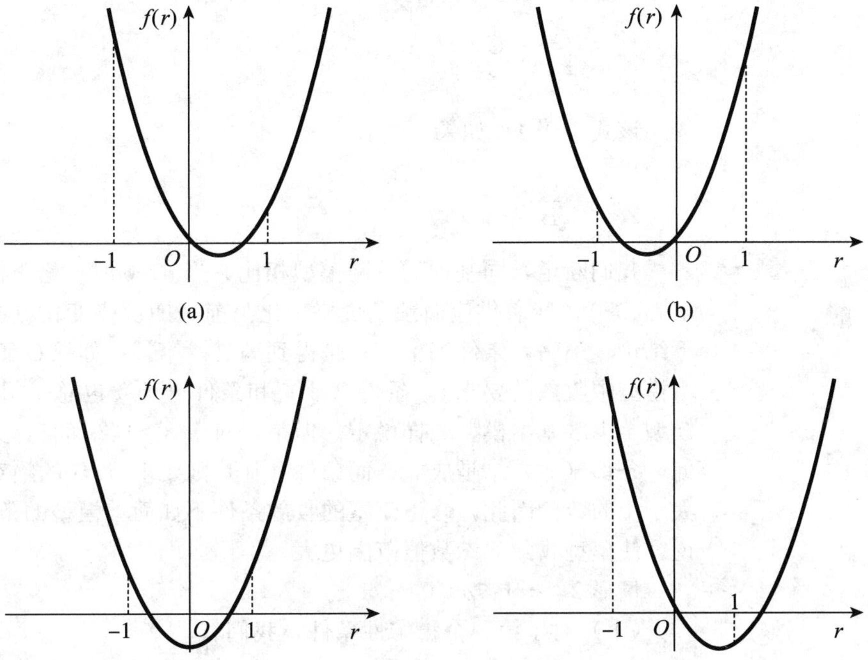

图 20.2　（a）两个小于 1 的正根；（b）两个大于−1 的负根；（c）两个根的绝对值都小于 1，但正负相反；（d）一个根大于 1

例 20.11　利用定理 20.6 来判定，通过修正基本蛛网模型中的价格预期过程，蛛网模型更可能收敛到它的稳态，抑或相反。

解：我们分别考虑 $\rho>0$ 和 $\rho<0$ 两种情形。

情形 1　$0<\rho<1$

定理 20.6 中的第一个稳定性条件为

（ⅰ）$1+a_1+a_2>0$。在修正的蛛网模型中，我们有

$$\begin{aligned}1+a_1+a_2&=1-\frac{G}{B}(1-\rho)-\frac{G}{B}\rho\\&=1-\frac{G}{B}\end{aligned}$$

对于通常的向下倾斜的需求曲线而言，它的取值为正。因此，第一个稳定性条件满足。第二个条件是

（ⅱ）$1-a_1+a_2>0$。我们有

$$\begin{aligned}1-a_1+a_2&=1+\frac{G}{B}(1-\rho)-\frac{G}{B}\rho\\&=1+\frac{G}{B}(1-2\rho)\end{aligned}$$

如果 $\rho>1/2$（当 $B<0$ 时），那么上式为正。第三个条件是

（ⅲ）$a_2<1$。我们有

$$a_2=-\frac{G}{B}\rho$$

该式小于 1，如果

$$-\frac{G}{B}<\frac{1}{\rho}$$

我们断定，同基本的蛛网模型相比，当 $\rho>0$ 时，修正模型更稳定。（回忆一下，$\rho>0$ 意味着供应商预期价格变化与前一期价格变化方向相反。）我们得到如下结论：第一，条件（ⅰ）总是得到满足。第二，如果 G/B 的绝对值小于 1（基本模型中收敛的要求），条件（ⅱ）和条件（ⅲ）也总是得到满足。因此，修正模型至少跟基本模型一样稳定。但是，对于 $\rho>1/2$ 而言，无论 G/B 的绝对值如何，条件（ⅱ）总是成立，而条件（ⅲ）则要求 G/B 的绝对值小于 $1/\rho$——一个大于 1 的数。因此，修正模型的收敛条件不如简单模型的条件那么苛刻。换句话说，使模型收敛的参数值范围更大。

情形 2　$-1<\rho<0$

（ⅰ）对于第一个稳定性条件，我们有

$$\begin{aligned}1+a_1+a_2&=1-\frac{G}{B}(1-\rho)-\frac{G}{B}\rho\\&=1-\frac{G}{B}\end{aligned}$$

与上面一样，对于通常的向下倾斜的需求曲线而言，第一个条件满足。

（ⅱ）对于第二个条件，我们有

$$1-a_1+a_2=1+\frac{G}{B}(1-\rho)-\frac{G}{B}\rho$$
$$=1+\frac{G}{B}(1-2\rho)$$

该式为正，如果

$$-\frac{G}{B}<\frac{1}{1-2\rho}$$

（ⅲ）对于第三个条件而言，我们有

$$a_2=-\frac{G}{B}\rho$$

对于通常的 $B<0$ 的情形，该式小于 1。

（对于 $B<0$ 的情形）条件（ⅰ）和条件（ⅲ）总是成立的，但是条件（ⅱ）存在问题。仅当 G/B 的绝对值小于一个小于 1 的数（因为 $1/(1-2\rho)<1$）时，它才会得到满足。我们断定，$\rho<0$ 时，修正模型比基本模型更不稳定。（记住，$\rho<0$ 意味着供应商预期价格变化与前一期的价格变化方向相同。） ■

古诺双寡头模型

假设市场中只有两家厂商。令 x_t 表示厂商 1 在 t 时期的产出，y_t 表示厂商 2 在 t 时期的产出。市场（反）需求函数假定为

$$p(x+y)=120-(x+y)$$

假定两个厂商的成本都为零。厂商 1 必须选择 $t+1$ 时期的产出量。我们采用古诺的假定：每个厂商都在另一个厂商保持其第 t 期的产出水平的信念下，选择自己第 $t+1$ 期的产出，最大化自身的利润。由于成本为零，所以第 $t+1$ 期的利润 π_{t+1} 就等于价格乘以产量。对于厂商 1 而言，利润为

$$\pi_{t+1}=(120-x_{t+1}-y_t)x_{t+1}$$

选择 x_{t+1} 来最大化 π_{t+1} 的一阶必要条件为

$$120-y_t-2x_{t+1}=0$$

厂商 2 的最大化问题与厂商 1 的对称，因此，我们会得到类似的一阶条件，只不过要将 x 和 y 的角色对调。这两个一阶条件一起给出了两个厂商的反应函数：

$$x_{t+1}=60-\frac{1}{2}y_t$$

$$y_{t+1}=60-\frac{1}{2}x_t$$

利用第二个反应函数来替代第一个反应函数中的 y_t，可以得到关于 x 的如下二阶差分方程：

$$x_{t+1}-0.25x_{t-1}=30,\quad t=1,2,\cdots$$

我们可以将它写成更熟悉的形式：

$$x_{t+2}-0.25x_t=30,\quad t=0,1,2,\cdots$$

对照二阶差分方程的一般形式，可知相关系数的值如下：

$$a_1=0,\quad a_2=-0.25,\quad b=30$$

x_t 的稳态值 $\bar{x}$ 可以通过令 $x_{t+2}=x_t$ 求得，解这一差分方程可得如下结果：

$$\bar{x}=40$$

x_t 确实收敛到40吗？我们甚至无须求解差分方程，利用定理20.5便可知道答案：

（ⅰ）$1+a_1+a_2=1+0-0.25=0.75>0$

（ⅱ）$1-a_1+a_2=1-0-0.25=0.75>0$

（ⅲ）$a_2=-0.25<1$

所有的三个条件都得到了满足，因此我们确信 x_t 收敛到40。通过求解特征根也可以证实这一点。特征根为1/2和−1/2，因此差分方程的解为

$$x_t=C_1(0.5)^t+C_2(-0.5)^t+40$$

例 20.12 假设古诺双寡头模型中的初始条件为 $x_0=50$ 和 $x_1=30$。求使方程的解满足初始条件的常数值。

解： 令 $t=0$，$x_0=50$，求解可得 $C_1=10-C_2$。令 $t=1$，$x_1=30$，求解可得 $C_2=15$。因此，初始值问题的解为

$$x_t=-5(0.5)^t+15(-0.5)^t+40$$

■

练习

1. 求解下列差分方程：

(a) $y_{t+2}-y_t=0$

(b) $2y_{t+2}-5y_{t+1}+2y_t=4$

(c) $y_{t+2}+2y_{t+1}+y_t=16$

(d) $y_{t+2}-6y_{t+1}+18y_t=26$

2. 求解下列差分方程：

(a) $y_{t+2}+\frac{1}{2}y_{t+1}-\frac{3}{16}y_t=6$

(b) $9y_{t+2}-6y_{t+1}+y_t=4$

(c) $y_{t+2}+2y_{t+1}+4y_t=21$

(d) $3y_{t+2}-9y_{t+1}-12y_t=-48$

3. 假设市场中只有两家厂商，它们的需求函数为

$$p(x+y)=A-B(x+y)$$

其中，x 表示厂商 1 的产出水平，y 表示厂商 2 的产出水平。假定每个厂商都对另一厂商的产出水平做古诺猜想，给出并且求解 x 的二阶差分方程。

4. 与练习 3 中一样，假定市场中只有两家厂商，每个厂商都对另一厂商的产出水平做古诺猜想。(反) 需求函数如下：

$$p(x+y)=126-(x+y)$$

现在假定厂商有如下成本函数：

$$C(x)=\frac{1}{2}x^2,\quad C(y)=\frac{1}{2}y^2$$

则厂商 1 的利润为

$$\pi_{t+1}=(126-x_{t+1}-y_t)x_{t+1}-\frac{1}{2}x_{t+1}^2$$

类似地，可以求得厂商 2 的利润表达式。

(a) 给出 x 的二阶差分方程。

(b) 利用定理 20.6 判定价格是否收敛到它的稳态水平。

(c) 求解该差分方程。

5. 考虑下面的乘数—加速模型。令总国民收入 Y 为

$$Y_t=C_t+I_t+G_t$$

其中，C、I 和 G 分别为消费、投资和政府支出。假定政府支出为常数 $\overline{G}$，消费由下式给出：

$$C_t=mY_t$$

其中，$0<m<1$ 为边际消费倾向。此外，假定投资占前一年国民收入增长的比例为 α：

$$I_t=\alpha(Y_{t-1}-Y_{t-2})$$

导出这一模型所蕴含的国民收入二阶差分方程，并且求解。利用定理 20.6 确定收敛时参数所要满足的条件。

6. 考虑本章所研究的修正的蛛网模型。给定下列两组参数值，找出完全方程的通解，并且判定价格是否收敛到稳态值。

(a) $\rho=-1/2$，$G=10$，$B=-20$，$F=20$，$A=140$

(b) $\rho=-1/2$，$G=10$，$B=-50$，$F=20$，$A=260$

20.2 可变项二阶线性差分方程

当 b_t 项不是常数的时候，二阶线性差分方程就是非自治的。求解非自治差分方程的方法仍然是将齐次方程的解与完全方程的特解相加。不过，我们所依靠的

特解不再是稳态解，因为它未必存在。当 $1+a_1+a_2=0$ 时，即便 b 是常数，稳态解也不存在。本节中，我们介绍寻找特解的另一种方法。

当 b_t 不是常数的时候，很多方法都可以用来寻找特解。我们只介绍这些方法中的一种——**待定系数法**。这种方法依赖于人们对特解的形式的猜测能力。乍看上去，这种方法似乎很随意，不过我们会提供三条可循的指导原则。

情形 1： 如果 b_t 是关于 t 的 n 次多项式，譬如说 $p_n(t)$，那么就假定特解也是一个多项式。也就是说，假定

$$y_p=A_0+A_1t+A_2t^2+\cdots+A_nt^n$$

其中，A_i 为待定的常数，可以利用下面例 20.13 中所介绍的方法来确定。

情形 2： 如果 b_t 具有形式 k^t，其中 k 为常数，那么就假定

$$y_p=Ak^t$$

其中，A 为待定的常数，可以利用 http://mitpress.mit.edu/math_econ3 上的经济应用中所给出的方法来确定。

情形 3： 如果 b_t 具有形式 $k^tp_n(t)$，那么假定

$$y_p=Ak^t(A_0+A_1t+A_2t^2+\cdots+A_nt^n)$$

上述这三条猜解原则有一个重要的例外值得注意。如果假定解中的某一项也是齐次方程解中的一项（解），那么所假定的解就必须按照以下方式进行修正：用 t^k 乘以所假定的解，其中 k 是使得公共项得以消除的最小正整数。下面的两个例子解释了这一方法。

例 20.13 求解

$$y_{t+2}-3y_{t+1}+2y_t=10$$

解： 特征方程为 $r^2-3r+2=0$，特征根分别为 1 和 2。因此，相应齐次方程的解为

$$y_h=C_12^t+C_2$$

我们希望找到一个特解，但是注意到，在当前的问题中 $1+a_1+a_2=1-3-2=0$。因此，无法找出 y 的稳态值来充当特解。我们转而利用寻找特解的待定系数法。在本例中，b_t 为常数（一个零次多项式），我们先试一下与之形式相同的特解，也就是 $y_p=A$，其中，A 为待定的常数。不过，忽略相乘的常数，这就是齐次方程解中的常数项 C_2。因此，需要通过令 $y_p=At$ 来修正我们的猜测。（注意，获知第一种猜测行不通的另一种方法是利用如下事实：我们已经知道不存在常数解，否则我们就会对它加以利用。）

特解必须满足差分方程。我们利用这一点来求解 A。将特解代入差分方程可以得到

$$A(t+2)-3A(t+1)+2At=10$$

求解上式可得 $A[t+2-3t-3+2t]=10$，由此我们得到 $A=-10$。因此，特解

为 $y_p=-10t$，所以完全方程的通解为

$$y_t=C_1 2^t+C_2-10t$$ ■

例 20.14 求解 $y_{t+2}-3y_{t+1}+2y_t=1+t$。

解：相应齐次方程的解与前面例子中的相同，不同的只是特解。由于 b_t 为 t 的一次多项式，我们先猜测特解为

$$y_p=A_0+A_1 t$$

此时，与前面例子中相同的问题出现了。也就是说，我们的猜测与齐次方程的解有一个共同项（相乘的常数视为一个常数项）。具体而言，两个解都有一个常数项。因此，我们将原来猜测的解乘上 t，从而得到新的猜测解：

$$y_p=A_0 t+A_1 t^2$$

这个解与齐次方程的解没有共同项，因此我们可以继续求解。（在求得用特解表示的 y_{t+2} 和 y_{t+1} 之后）将特解代入完全方程，可得

$$\{A_0(t+2)+A_1(t+2)^2\}-3\{A_0(t+1)+A_1(t+1)^2\}+2\{A_0 t+A_1 t^2\}=1+t$$

合并常数项、包含 t 的项和包含 t^2 的项：

$$(A_1-A_0-1)-t(2A_1+1)+t^2\times 0=0$$

由于上式对所有 t 值都成立，因此，括号中的项必须全部等于零：

$$A_1=-\frac{1}{2},\quad A_0=-\frac{3}{2}$$

因此，差分方程的通解为

$$y_t=C_1 2^t+C_2-\frac{3}{2}t-\frac{1}{2}t^2$$ ■

练习

1. 求解下列差分方程：

(a) $y_{t+2}-3y_{t+1}+2y_t=12$

(b) $y_{t+2}-\frac{5}{2}y_{t+1}+y_t=3^t$

(c) $y_{t+2}+2y_{t+1}+y_t=t$

2. 求解下列差分方程：

(a) $9y_{t+2}-6y_{t+1}-3y_t=4$

(b) $y_{t+2}-2y_{t+1}+\frac{3}{4}y_t=5+3t$

(c) $3y_{t+2}-9y_{t+1}-12y_t=3^t$

本章小结

关键词

特征方程	特征根	通解	复根
收敛	特征值	齐次形式	初始值
特解	不等实根	相等实根	稳态
待定系数法			

思考题

1. 解释定理 20.1 的用途。

2. 什么是特征方程？它在求解二阶线性差分方程中有什么作用？

3. 如何利用（给定的两个解所确定的）二阶线性齐次差分方程的两个解来求通解？

4. 在什么条件下，稳态解就是一个特解？

5. 给定初始条件，常数 C_1 和 C_2 的值应该在取得齐次形式的通解之后确定，还是只能在取得完全方程的通解之后确定？

6. 分别利用二阶线性差分方程的特征根和系数来说明收敛到稳态的充分必要条件。

7. 什么时候待定系数法可以用来求二阶线性差分方程的特解？

复习题

1. 解 $9y_{t+2}-6y_{t+1}+y_t=16$。

2. 解 $y_{t+2}-5y_{t+1}+6y_t=2$。

3. 解 $2y_{t+2}-5y_{t+1}+2y_t=10$。

4. 解 $y_{t+2}+2y_{t+1}+y_t=120$。

5. 解 $y_{t+2}-2y_{t+1}+y_t=2$。

6. 解 $2y_{t+2}-5y_{t+1}+2y_t=2^t$。

7. 解 $3y_{t+2}-6y_{t+1}+4y_t=14$。

8. 解 $y_{t+2}-y_t=1$。

9. 求复习题 1、复习题 3、复习题 5、复习题 7 中满足初始条件 $y_0=1$ 和 $y_1=-1$ 的差分方程的解。

10. 求复习题 2、复习题 4、复习题 6、复习题 8 中满足初始条件 $y_0=1$ 和

$y_1=-1$ 的差分方程的解。

11. 某产品市场中只有两个厂商。厂商 1 的产出为 x，厂商 2 的产出为 y。两个厂商的反应函数为

$$x_{t+1}+\beta y_t=b,\quad \beta\neq1$$
$$y_{t+1}+\alpha x_t=b,\quad \alpha\neq1$$

试导出并且求解该模型所暗含的 x 的二阶差分方程。

12. 假设国民产出 y_t 包括生产和投资两部分。当前产出的一部分用于当前的消费，另一部分为消费品存货。令 q_t 表示用于消费的产出，x_t 表示用于存货的产出。假定消费函数不存在时滞，则每期的实际消费可以表示为

$$C_t=my_t$$

生产者必须在知道 C_t 之前决定 t 期的产量。假定生产者预计 t 期的消费与 $t-1$ 期的消费相同。因此，它们用于消费的产出为

$$q_t=my_{t-1}$$

假定生产者希望维持固定的存货水平，它们生产的存货等于前期的实际销售量和计划销售量之间的差额。前期计划的销售量为 q_{t-1}，而实际销售量等于 C_{t-1}。因此，

$$x_t=C_{t-1}-q_{t-1}=my_{t-1}-my_{t-2}$$

在 t 期，国民产出为 $y_t=q_t+x_t+\bar{I}$，其中，$\bar{I}$ 代表外生投资，为常数。请导出该模型所暗含的 y_t 的二阶线性差分方程，并求方程的通解。

13. 在计量经济学研究中，我们有时会碰到自回归过程，它表示一个变量对自身的回归。例如，令

$$y_t=\beta y_{t-1}+e_t,\quad \beta<1$$

表示自回归过程，其中，y 是自身的滞后函数，而 e 是关系式中的随机误差项。通常，误差项具有以下形式：

$$e_t=\rho e_{t-1}+u_t$$

其中，u_t 也是误差项。不过，我们假定 u_t 的期望值为零。换句话说，如果我们取 u_t 多个时期的平均值，它将是零。通过将 e_t 和 e_{t-1} 从 y_t 的自回归方程中消除，导出该模型所暗含的关于 y_t 的二阶线性差分方程。

14. 令复习题 12 中的 $m=0.25$，$y_0=4$，$\bar{I}=3$，$y_1=1$。求解差分方程。

15. 令复习题 13 中的 u_t 等于它的期望值，求解相应的差分方程。该解给出了 y_t 的期望值。利用定理 20.6 来分析该模型的敛散性。

第 21 章　一阶线性微分方程

我们鼓励读者通过我们的网站 http：//mitpress. mit. edu/math _ econ3 来获得如下有助于学习本章的材料：

- 国债积累的动态分析
- IS－LM 模型的动态分析
- 练习题

在下面的三章中，我们介绍求解和分析常微分方程的方法。我们不打算进行全面介绍，而是集中介绍经济学中最常见的几种类型的微分方程和分析方法。本章我们先介绍一阶线性微分方程。在下一章我们转向一阶非线性微分方程。然后我们在随后的一章中考察二阶线性微分方程。在本章以及此后各章中，我们将会通过求解大量的例题和经济实例来解释常微分方程在经济学中的应用。

21.1　自治方程

本节我们说明如何求解一阶线性自治微分方程。自治意味着变量 t 不会显含在方程中。

定义 21.1　**一阶线性自治微分方程**的一般形式为

$$\dot{y}+ay=b \tag{21.1}$$

其中，a 和 b 为常数。

微分方程是线性的，因为 $\dot{y}$ 和 y 的幂都是 1。它是一阶的，因为方程中的最高阶导数是一阶导数。它是自治的，因为系数 a 和项 b 都是常数。如果 a 或者 b 随着 t 变化（也就是说，它们是 t 的显函数），那么方程就是非自治的——这种情形留待 21.2 节来处理。

本节我们所使用的求解方法要求将求完全方程通解这个问题分解为两个更简单的子问题。如果 y_h 表示齐次形式的通解（通过令 $b=0$ 求得），y_p 表示完全方程的**特解**（而不是通解），那么我们可以利用如下结果：

$$y=y_h+y_p$$

也就是说，完全方程的**通解** y 可以表示为齐次形式的通解与完全方程的一个特解——例如，稳态解——之和。而求 y_h 和 y_p 这两个子问题相对容易，而且它们提供了本节中我们用来求解完全微分方程的方法。在说明如何求 y_h 和 y_p 之后，我们会证明两者相加所得到的即是方程的通解。

齐次方程的解

我们从求解定义 21.1 中微分方程的齐次形式的通解开始。

定义 21.2 一阶线性自治微分方程的**齐次**形式为

$$\dot{y}+ay=0,\quad a\neq 0$$

如果 $a=0$，那么通过直接积分就很容易求解。此时解为 $y(t)=C$，其中，C 是任意积分常数。从现在开始，我们集中讨论 $a\neq 0$ 这种更一般的情形。

经过适当的变形之后，我们可以通过直接积分求解齐次方程。方程两边同时减去 ay，然后同除以 y。由此得到

$$\frac{\dot{y}}{y}=-a$$

在当前的形式下，我们能够较容易地在等式两边对 t 积分。右边积分的结果正好是 $-at+c_1$，其中，c_1 是积分常数。左边的积分为

$$\int\frac{\dot{y}}{y}\mathrm{d}t$$

由于 $\dot{y}$ 实际上就是 $\mathrm{d}y/\mathrm{d}t$，上式变为

$$\int\frac{\mathrm{d}y/\mathrm{d}t}{y}\mathrm{d}t$$

消除项 $\mathrm{d}t$ 后，可得

$$\int\frac{1}{y}\mathrm{d}y$$

由于 $1/y$ 的积分正好是 $\ln y+c_2$，其中，c_2 是积分常数，因此，方程 $\frac{\dot{y}}{y}=-a$ 左右两边对 t 积分得到

$$\ln y+c_2=-at+c_1$$

为了得到 y 的显式解，对上式两边取对数函数的反函数。由此得到

$$y=e^{-at+c_1-c_2} \tag{21.2}$$

$$=e^{-at}e^{c_1-c_2} \tag{21.3}$$

$$=Ce^{-at} \tag{21.4}$$

其中，$C=e^{c_1-c_2}$ 也是任意积分常数。

上式给出了齐次方程的解。为了避免混淆，后面我们将用 y_h 表示齐次方程的解（h 表示齐次）。为了清楚地表明它是一个解，我们将它表示为 t 的显函数 $y_h(t)$。

定理 21.1 一阶线性自治微分方程的齐次形式的通解为

$$y_h(t)=Ce^{-at}$$

下面先验证我们的解是正确的。为此，证明它满足微分方程就足够了。该解意味着

$$\dot{y}_h=-aCe^{-at}$$

将上式和解 $y_h(t)$ 代入 $\dot{y}+ay$，然后验证该式的值与原来微分方程中的相同，即等于零：

$$-aCe^{-at}+aCe^{-at}$$

该表达式确实等于零，因此，我们确信 $y_h(t)$ 是一个正确的解。

例 21.1 求下列微分方程齐次形式的解：

$$\dot{y}=3y+2$$

解： 齐次形式为

$$\dot{y}-3y=0$$

改写为

$$\frac{\dot{y}}{y}=3$$

两边积分可得

$$\ln y+c_2=3t+c_1$$

两边取反对数，化简可得解

$$y_h(t)=Ce^{3t}$$

■

例 21.2 令 y 表示国家的能源消费量，假设其增长百分比为 2%。写出这句话所描述的微分方程并且求解。

解： 增长率即增加额除以原来的水平：$\dot{y}/y$。如果增长百分比为常数 2%，那么增长率本身恰好是 0.02。因此，我们可以将“能源消费按照常数 2%增长”这句话表示如下：

$$\frac{\dot{y}}{y}=0.02$$

利用定理 21.1 可得解为

$$y(t)=Ce^{0.02t}$$

上述解给出了 t 时期的能源消费水平。 ■

特解

在求得了定义 21.1 中微分方程齐次形式的通解之后，我们转而寻找完全微分方程的特解。较容易得到的一个特解就是 y 的稳态均衡值。微分方程稳态解的概念与差分方程的完全相同，只是求解的方法略有不同。

定义 21.3 微分方程的**稳态解**由条件 $\dot{y}=0$ 界定。它是 y 的值，我们称之为 $\bar{y}$，在这一点 y 值是平稳的。

为了求 y 的稳态值，令定义 21.1 中完全微分方程的 $\dot{y}=0$。此即

$$0+a\bar{y}=b$$

求解可得 y 的稳态值：

$$\bar{y}=\frac{b}{a}$$

只要 $a\neq0$，稳态值就存在。一般而言，我们用 y_p 表示完全方程的一个特解。不过，在 $a\neq0$ 的一阶线性自治微分方程中，我们都会用稳态值来充当特解。也就是说

$$y_p-\bar{y}$$

为了验证 $\bar{y}$ 确实是完全微分方程的一个特解，将它代回方程并且确保它满足完全微分方程即可。为此，注意，解 $\bar{y}$ 的时间导数为零。将这一结果和 $\bar{y}$ 同时代入完全微分方程，可得

$$0+a\bar{y}=b$$

将 $\bar{y}$ 的表达式代入上式，可知 $\bar{y}$ 满足完全微分方程，因此是一个特解。

通解

鉴于线性微分方程的重要性，定理 21.2 重申了我们为什么要费心去找 y_h 和 y_p：

定理 21.2 线性微分方程的解等于齐次解和完全微分方程的任意特解之和。也就是说，

$$y=y_h+y_p \tag{21.5}$$

证明：令 y_1 和 y_2 表示完全微分方程的任意两个解，定义 $z=y_1-y_2$ 为两个解之差。我们可以说明 z 是微分方程齐次形式的一个解。按如下步骤验证：

$$\begin{aligned}\dot{z}&=\dot{y}_1-\dot{y}_2\\&=(-ay_1+b)-(-ay_2+b)\\&=-a(y_1-y_2)\\&=-az\end{aligned}$$

因此

$$\dot{z}+az=0$$

这意味着 z 满足微分方程的齐次形式，因此它是齐次形式的一个解。这一结果使我们可以做如下解释：令 y 表示完全微分方程的通解，y_p 表示任意特解。既然 y 和 y_p 都是完全方程的解，那么只需证明 $z=y-y_p$ 为齐次形式的解。但是，因为 y_h 是齐次方程的解，所以 $y_h=y-y_p$，由此可得 $y=y_h+y_p$。 ■

如果我们现在利用这一结果将 y_h 和 y_p 相加，那么就可以得到完全方程的通解：

定理 21.3 一阶线性自治微分方程的通解为

$$y(t)=Ce^{-at}+\frac{b}{a} \tag{21.6}$$

例 21.3 求解下列微分方程：

$$\dot{y}+2y=8$$

解：相应的齐次方程为

$$\dot{y}+2y=0$$

因此，齐次方程的解为

$$y_h(t)=Ce^{-2t}$$

我们所用的特解为 y 的稳态值，它可由下式求得：

$$0+2\bar{y}=8$$

由此得到

$$\bar{y}=4$$

因此，完全微分方程的通解为

$$y(t)=Ce^{-2t}+4$$ ■

例 21.4 令 $K(t)$ 表示 t 时期行业中可用资本的量。假设资本折旧率为 δ，行业的投资率为常数 $\bar{I}$。给出上述内容所暗含的微分方程并且求解。

解：如果 $\delta>0$ 为常数折旧率，那么 $\delta K(t)$ 为 t 时期的总资本折旧量。那么资本存量的变化为 $\bar{I}-\delta K$。因此，资本的微分方程为

$$\dot{K}=\bar{I}-\delta K$$

相应的齐次方程为

$$\dot{K}+\delta K=0$$

齐次方程的解为

$$K_h=Ce^{-\delta t}$$

我们用稳态解作特解。令 $\dot{K}=0$，并且求解可得

$$\bar{K}=\frac{\bar{I}}{\delta}$$

该式告诉我们，如果资本存量达到了水平 $\bar{I}/\delta$，折旧将等于新的投资，因此，资本存量不会再增大或者减小。

因此，完全微分方程的通解为

$$K(t)=Ce^{-\delta t}+\frac{\bar{I}}{\delta}$$ ■

初始值问题

给定 y 的初始值，也就是 y 在 $t=t_0$ 处的值，其中，t_0 是 t 的初始值，**初始值问题**的解就是既满足微分方程又满足 y 的初始值的解。

例 21.5 求解下列微分方程：

$$\dot{y}=0.1y-1$$

并且确保它满足初始条件：$t=0$ 时，$y(0)=5$。

解：微分方程齐次形式的解为

$$y_h(t)=Ce^{0.1t}$$

我们利用的特解是稳态解

$$\bar{y}=10$$

则通解为

$$y(t)=Ce^{0.1t}+10$$

为了找出同时还满足初始条件的解，计算 $t=0$ 时通解的值，可得

$$y(0)=C+10$$

要使 $y(0)=5$，必须有 $C=-5$。则初始值问题的解为

$$y(t)=-5e^{0.1t}+10$$

■

这个例子表明，当要求解满足一定的初始条件时，任意常数必须取特定值。这将通解转变成了满足给定条件的特解。在经济学中，我们几乎总是对满足已知初始条件的微分方程的特解感兴趣。

一般而言，如果初始时间为 t_0，初始条件为 $y(t_0)=y_0$，那么在 t_0 时通解变为

$$y_0=Ce^{-at_0}+\frac{b}{a}$$

这意味着

$$C=\left(y_0-\frac{b}{a}\right)e^{at_0}$$

则解变为

$$y(t)=\left(y_0-\frac{b}{a}\right)e^{at_0}e^{-at}+\frac{b}{a}$$

化简后可得

$$y(t)=\left(y_0-\frac{b}{a}\right)e^{-a(t-t_0)}+\frac{b}{a} \tag{21.7}$$

通常我们取 $t_0=0$，此时上式简化为

$$y(t)=\left(y_0-\frac{b}{a}\right)e^{-at}+\frac{b}{a} \tag{21.8}$$

例 21.6 时刻 $t=0$ 时的资本存量已知为 K_0，求例 21.4 中满足这一条件的微分方程的解。

解： 微分方程自身的解为

$$K(t)=Ce^{-\delta t}+\frac{\bar{I}}{\delta}$$

令 $t=0$ 和 $K(0)=K_0$，代入上式，可得

$$K_0=C+\frac{\bar{I}}{\delta}$$

这意味着

$$C=K_0-\frac{\bar{I}}{\delta}$$

将 C 的值代入通解中，整理可得

$$K(t)=\left(K_0-\frac{\bar{I}}{\delta}\right)e^{-\delta t}+\frac{\bar{I}}{\delta}$$

此即初始值问题的解。 ■

稳态和收敛

动态经济学主要关心的问题之一就是判定所分析的动态系统（变量为 $y(t)$）是否收敛到稳态均衡。例如，如果 y 表示市场均衡模型中的价格，那么了解它是否随着时间收敛到均衡值就很重要。

我们将初始值问题的解改写为

$$y(t)=(y_0-\bar{y})e^{-at}+\bar{y}$$

我们想判定 $y(t)$ 是否随着 t 趋于无穷而收敛到 $\bar{y}$。为此，我们计算 $y(t)$ 的极限：

$$\lim_{t\to\infty}y(t)=\lim_{t\to\infty}[(y_0-\bar{y})e^{-at}+\bar{y}]$$

$y(t)$ 的极限完全由 a 决定。如果 $a>0$，那么随着 t 越来越大，e^{-at} 项趋于零。因此，随着 $t\to\infty$，$y(t)$ 的极限为 $\bar{y}$。另一方面，如果 $a<0$，e^{-at} 项趋于无穷大。因此，$y(t)$ 自身也趋于无穷大（或者负无穷，这取决于 $(y_0-\bar{y})$ 的符号）。

我们将这一重要的结果总结如下：

定理 21.4 无论初始值 y_0 如何，一阶线性自治差分方程的解 $y(t)$ 都会收敛到稳态值 $\bar{y}=b/a$，当且仅当微分方程的系数为正，即 $a>0$。

例 21.7 判定例 21.6 中 $K(t)$ 的解是否收敛到稳态。

解： 资本存量微分方程的解为

$$K(t)=\left(K_0-\frac{\bar{I}}{\delta}\right)e^{-\delta t}+\frac{\bar{I}}{\delta}$$

其中，$\bar{I}/\delta$ 为资本存量的稳态值。检查该解可以发现，$K(t)$ 确实收敛到稳态，因为资本折旧率 δ 大于零。 ■

例 21.8 令 y 表示能源需求，假定它按如下方程增长：

$$\dot{y}=5y-10$$

如果 $t=0$ 时能源需求为 100，判定它是否收敛到稳态。

解： 利用本章中所介绍的方法得到通解：

$$y(t)=Ce^{5t}+2$$

在 $t=0$ 时，该解必须满足 $y(0)=100$。这意味着

$$100=C+2$$

因此，$C=98$。由此解变为

$$y(t)=98e^{5t}+2$$

（注意，我们也可以直接利用等式（21.8）来得到这一结果。）该模型中的能源需求会收敛到稳态值 $\bar{y}=2$ 吗？通过检验可知，$y(t)$ 随着 t 趋于无穷而变得无穷大。因此，在本模型中，能源需求没有收敛到稳态值。■

$a=0$ 的情形

如果 $a=0$，稳态解就没有定义。此时，我们该如何处理呢？由于此时微分方程变为

$$\dot{y}=b$$

对该式直接积分可得

$$y(t)=bt+C$$

瓦尔拉斯价格调整模型

在竞争市场中，价格由供给和需求共同决定。图 21.1 给出了典型的供给和需求曲线，其中，均衡价格为 p^e，均衡产量为 q^e。

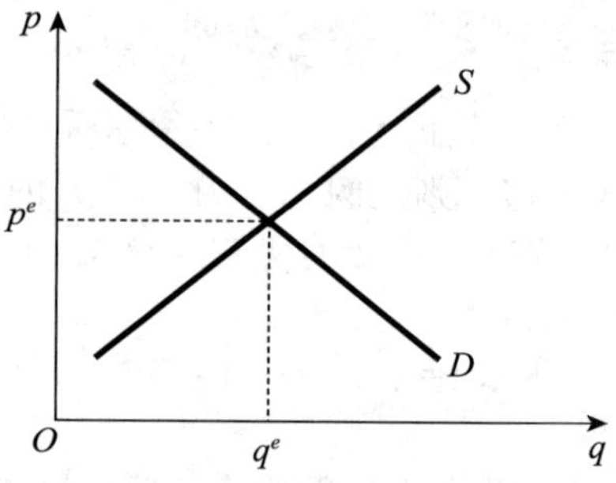

图 21.1　稳定均衡

点（q^e，p^e）是一个稳定均衡吗？如果是的话，那么即便市场暂时由于某种原因偏离均衡，价格和产量最终仍将回到均衡值。如果它是一个不稳定均衡，那么一旦市场处于非均衡状态，它就会无法恢复均衡。

例如，在图 21.1 中，均衡是稳定的，因为如果价格高于 p^e，过度供给就会迫使价格降至 p^e；如果价格低于 p^e，那么过度需求就会迫使价格升到 p^e。

在图 21.2 中，我们考虑了向下倾斜的供给曲线。在这个图形中，均衡是不稳定的。如果价格高于 p^e，那么过度需求将会使价格进一步提高，因此偏离均衡。

同样，如果价格低于 p^e，那么过度供给将会使价格进一步下降，偏离均衡价格。

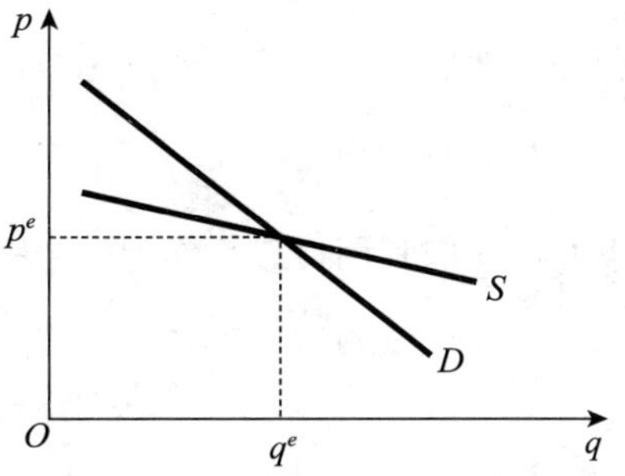

图 21.2　不稳定均衡

如何才能判定均衡是否稳定呢？分析供求模型的动态演变显然是一个好方法。我们下面就着手讨论这一问题。

理论表明，如果需求过度，价格就会上升；如果供给过度，价格就会下降。我们假定价格变化的速度与供求缺口成比例。用公式表示如下：

$$\dot{p}=\alpha(q^D-q^S),\quad \alpha>0 \tag{21.9}$$

其中，q^D 和 q^S 分别为需求量和供给量，α 是决定价格调整速度的正常数。我们视 α 的值为给定的。上述形式同经济理论是一致的，因为如果需求超过了供给，价格就会上升（$\dot{p}>0$）；如果供给超过了需求，价格就会下降（$\dot{p}<0$）。

现在假定需求函数和供给函数的表达式如下：

$$q^D=A+Bp$$
$$q^S=F+Gp$$

令 $q^D=q^S$，可以求得均衡价格 p^e 如下：

$$p^e=\frac{A-F}{G-B},\quad G\neq B$$

我们假定 $(A-F)/(G-B)>0$。我们知道，正常情况下，需求曲线斜率为负，也就是要求 $B<0$；供给曲线斜率为正，也就是要求 $G>0$。不过，我们对均衡点处这些系数的符号不加任何限制。我们考虑的是，要确保价格收敛到均衡价格，必须如何限制这些参数。

将供给和需求方程代入式（21.9），重新整理，可得如下带常数项的常系数线性微分方程：

$$\dot{p}-\alpha(B-G)p=\alpha(A-F) \tag{21.10}$$

为了求解上述方程，先看相应的齐次方程：

$$\dot{p}-\alpha(B-G)p=0$$

重新整理得到

$$\frac{\dot{p}}{p}=\alpha(B-G)$$

两边积分，然后取对数函数的反函数：

$$p_h(t)=Ce^{\alpha(B-G)t}$$

下面，我们利用稳态解作为一个特解。令 $\dot{p}=0$，然后求解，可得

$$0-\alpha(B-G)\bar{p}=\alpha(A-F)$$

因此，

$$\bar{p}=\frac{A-F}{G-B}$$

上式跟均衡价格相同。之所以如此是因为当供给和需求相等的时候，$\dot{p}=0$。

由此，完全方程的通解为

$$p(t)=Ce^{\alpha(B-G)t}+\frac{A-F}{G-B}$$

假定我们知道 $t=0$ 时，价格 $p(0)=p_0$，则该解必须满足

$$p_0=C+\frac{A-F}{G-B}$$

利用上式求得 C 的值之后，再将 $\bar{p}$ 代入，则解变为

$$p(t)=[p_0-\bar{p}]e^{-\alpha(G-B)t}+\bar{p} \tag{21.11}$$

市场价格会收敛到稳态均衡值吗？检验该解可以发现，因为 $\alpha>0$，价格收敛的必要条件是

$$G-B>0$$

只有当上式成立时，指数才是负数，但指数项会随着 t 趋于无穷大而趋于零。

这一条件有可能得到满足吗？在图 21.1 所示的正常情况下，需求曲线斜率为负（$B<0$），供给曲线斜率为正（$G>0$），这一条件成立。不过，即便需求曲线斜率为正（$B>0$），只要 G 也为正，并且大于 B，这一条件也就成立。而当供给曲线斜率为负（$G<0$）时，只要需求曲线斜率也为负，并且 $G-B>0$，这一条件就依然成立。但是，如果两条曲线的斜率都与通常的相反，这一条件就不成立。也就是说，如果 $B>0$ 并且 $G<0$，那么稳定性条件就不可能满足。

练习

1. 求满足初始条件的下列一阶线性微分方程的解。

(a) $\dot{y}-y=0$，$y(0)=1$

(b) $\dot{y}+3y=12$，$y(0)=10$

(c) $2\dot{y}+\frac{1}{2}y=12$，$y(0)=10$

(d) $\dot{y}=5$，$y(0)=1$

(e) $\dot{y}=6y-6$，$y(0)=3$

2. 求满足初始条件的下列一阶线性微分方程的解。

(a) $10\dot{y}=5y$，$y(0)=1$

(b) $4\dot{y}-4y=-8$，$y(0)=10$

(c) $\dot{y}=7$，$y(0)=2$

(d) $\dot{y}=2y-1$，$y(0)=5$

(e) $\dot{y}+2y=4$，$y(0)=3$

3. 令 $p(t)$ 表示消费者价格指数。如果经济的通货膨胀率固定在 5%（即 $p(t)$的增长率为 5%），价格指数在 $t=0$ 时的基期值为 100。求作为时间的函数的价格指数的表达式。

4. 如果人均国民收入按照 3%的固定速度增长，它需要多久才能加倍?

5. 令 $y(t)$ 表示 t 时期油井中剩下的油储备。假定采掘使油储备按照 α 的固定速度减少（储备的下降率为 α）。如果 $t=0$ 时的初始储备为 5 亿桶，求作为时间的函数的储备的表达式。

6. 题干同练习 5，并且假定 $\alpha=0.1$。求用完 50%的油储备所需要的时间。求用完 95%的油储备所需要的时间。

7. 交易员在股票交易所买卖各个公司的股票。假设一只特定股票的销售量的变化依赖于报价 p^D 和要价 p^S 之间的缺口。特别地，假定 $\dot{q}=\alpha(p^D-p^S)$。买者的反需求函数为

$$p^D=a+bq$$

卖者的反供给函数为

$$p^S=g+hq$$

如果 $t=0$ 时的初始价格为 p_0，求市场中销售的均衡数量以及作为时间的函数的销售量的表达式。要使均衡稳定，反需求和反供给函数中的参数需要满足什么条件?

21.2 非自治方程

在线性微分方程中，如果系数 a 或者 b 项为时间的函数，那么方程就是非自治的。此时，一般而言，上一节中所用的求解方法就行不通了。本节我们介绍一种适用于所有一阶线性微分方程的求解方法。

定义 21.4 一阶线性微分方程的一般形式为

$$\dot{y}+a(t)y=b(t) \tag{21.12}$$

其中，$a(t)$ 和 $b(t)$ 为 t 的已知函数。

注意，只要 $g(t)$ 不等于零，形如 $g(t)\dot{y}+h(t)y=k(t)$ 的方程总能够通过除以 $g(t)$ 化为定义 21.4 中的形式。

对于一般情形而言，一种求解策略就是利用定理 21.1，它适用于任何一阶线性微分方程，无论它是否自治。我们先求解齐次方程，然后求完全方程的特解。这种方法的难点在于我们无法再利用比较容易找出的稳态解来充当特解了。原因就是当 $a(t)$ 和/或 $b(t)$ 不是常数的时候，一般而言，不存在能够使 $\dot{y}=0$ 的 y 值。因此，我们将不得不利用其他方法，譬如在第 20 章中已经用过的待定系数法来求特解。

我们此处所采用的另一种求解策略是利用**积分因子**这一概念。积分因子能够将任意一阶线性微分方程转换为可直接积分求通解的方程。我们先给出通解，然后再解释它是如何导出的。

定理 21.5 一阶线性微分方程的通解为

$$y(t)=e^{-A(t)}\left[\int_0^t e^{A(t)}b(t)\mathrm{d}t+C\right] \tag{21.13}$$

其中 $A(t)=\int a(t)\mathrm{d}t$。

在举例之前，我们先看看通解是如何推导出来的。求解方法依赖于如下事实：任何一阶线性微分方程都能够通过乘以一个已知的因子转换成可直接积分的形式。

定理 21.5 利用了 $A(t)$ 项，它被定义为系数 $a(t)$ 的积分。要知道通解是如何求得的，先对下面的函数求导数：

$$e^{A(t)}y(t)$$

得

$$e^{A(t)}\left[\frac{\mathrm{d}A(t)}{\mathrm{d}t}y(t)+\dot{y}\right]$$

由于 $a(t)=\mathrm{d}A(t)/\mathrm{d}t$，将其代入上式，可得

$$\frac{\mathrm{d}}{\mathrm{d}t}[e^{A(t)}y(t)]=e^{A(t)}[a(t)y(t)+\dot{y}]$$

这一结果示意我们利用下面的微分方程求解方法：在方程两边同乘以 $e^{A(t)}$，由此得到

$$e^{A(t)}[\dot{y}+a(t)y]=e^{A(t)}b(t)$$

而我们刚才已经说明，上式左边即为

$$\frac{\mathrm{d}}{\mathrm{d}t}[e^{A(t)}y]$$

因此，该微分方程可以等价地表示为

$$\frac{\mathrm{d}}{\mathrm{d}t}[\mathrm{e}^{A(t)}y(t)]=\mathrm{e}^{A(t)}b(t)$$

在该形式下，微分方程可以通过直接积分求解。如此可得

$$\mathrm{e}^{A(t)}y(t)=\int \mathrm{e}^{A(t)}b(t)\mathrm{d}t+C$$

上式两边同除以 $\mathrm{e}^{A(t)}$，可得

$$y(t)=\mathrm{e}^{-A(t)}\left[\int \mathrm{e}^{A(t)}b(t)\mathrm{d}t+C\right]$$

积分因子

我们上面所介绍的技巧是在微分方程两边同乘以一个特定项。这使得微分方程转化为可以直接积分的形式。发挥这一作用的项称为积分因子。很久以前，数学家们就发现，对任意一阶线性微分方程而言，都存在一个积分因子，并且它总是取相同的形式。我们将此表述为如下定理：

定理 21.6 一阶线性微分方程积分因子的一般形式为

$$\mathrm{e}^{A(t)} \tag{21.14}$$

其中 $A(t)=\int a(t)\mathrm{d}t$。

在系数 $a(t)\equiv a$ 为常数的特殊情形中，积分因子变为 e^{at}。

例 21.9 求解下面的微分方程：

$$\dot{y}-2ty=bt$$

解：在本例中，我们有 $a(t)=-2t$。因此，

$$A(t)=-\int 2t\mathrm{d}t=-t^2$$

（我们忽略了求 $A(t)$ 时产生的积分常数，因为它总会被包含在最终的积分常数 C 中。）微分方程两边同乘以积分常数，可得

$$\mathrm{e}^{-t^2}[\dot{y}-2ty]=\mathrm{e}^{-t^2}bt$$

该式等价于

$$\frac{\mathrm{d}}{\mathrm{d}t}\mathrm{e}^{-t^2}y=\mathrm{e}^{-t^2}bt$$

两边积分可得

$$\mathrm{e}^{-t^2}y=\int \mathrm{e}^{-t^2}bt\ \mathrm{d}t$$

由此可得

$$y(t)=e^{t^2}\left[\int e^{-t^2}bt\,dt+C\right]$$

进一步计算可得

$$y(t)=e^{t^2}\left[-\frac{be^{-t^2}}{2}+C\right]$$
$$=-\frac{b}{2}+Ce^{t^2}$$

■

带有技术变化的总增长模型

考虑一个只使用资本进行生产的简单经济模型，产出量由生产函数给出。我们假定由于技术的变化，该生产函数会随着时间移动。令 y 表示产出，k 表示资本，我们假定技术关系为

$$y=(a+\alpha k)t^{1/2}$$

上式表明产出是经济中资本存量 k 的线性函数，但是随着时间的推移，整个函数递增。

我们进一步假定储蓄为产出的固定比例 s，$0<s<1$。经济中的基本积累等于储蓄。则有

$$\dot{k}=sy$$

将 y 的表达式代入上式，可得

$$\dot{k}=s(a+\alpha k)t^{1/2}$$

重新整理得到

$$\dot{k}-s\alpha t^{1/2}k=sat^{1/2}$$

我们希望求解该方程，以便得到作为 t 的函数的 k 的表达式。系数为 $-s\alpha t^{1/2}$，因此，

$$A(t)=-\int s\alpha t^{1/2}\,dt$$

计算上面的积分可得

$$A(t)=-\frac{2}{3}s\alpha t^{3/2}$$

则微分方程可以等价地表示为

$$\frac{d}{dx}\left[e^{-2s\alpha t^{3/2}/3}k\right]=sat^{1/2}e^{-2s\alpha t^{3/2}/3}$$

两边积分可得

$$e^{-2s\alpha t^{3/2}/3}k=sa\int t^{1/2}e^{-2s\alpha t^{3/2}/3}\,dt+C$$

计算上式右边的积分可得

$$e^{-2s\alpha t^{3/2}/3}k = sa\left[-\frac{e^{-2s\alpha t^{3/2}/3}}{s\alpha}\right]+C$$

求解 $k(t)$ 得到

$$k(t) = -\frac{a}{\alpha}+Ce^{2s\alpha t^{3/2}/3}$$

假定初始条件为 $k(0)=k_0$，则我们必须令

$$C=\frac{a}{\alpha}+k_0$$

代换后，我们得到模型中资本存量的显式解：

$$k(t) = -\frac{a}{\alpha}+\left(\frac{a}{\alpha}+k_0\right)e^{2s\alpha t^{3/2}/3}$$

尽管我们没有期望 $k(t)$ 会收敛到稳态，但是给定模型的非自治性，我们有理由问它是否收敛到一个特定路径。方程的解表明，在本模型中，$k(t)$ 不会收敛到特定路径，因为解中的指数项会无限制地增加。

练习

1. 求解 $\dot{y}-y=e^{2t}$ 且 $y(0)=1$。
2. 求解 $\dot{y}+4ty=0$。
3. 求解 $\dot{y}-3t^{-2}y=t^{-2}$。

4. 假定为了激励学生按时完成作业，一位经济学教授决定扣减迟交上来的作业的分数。对迟交的作业的初始惩罚为 10 分。此后，扣减的分数 m 按照迟交的时间长度增加。在连续时间框架中，这意味着

$$\dot{m}=t$$

其中，$\dot{m}$ 为扣减分数的增加量，t 为迟交的时间。求解该微分方程，给出作为迟交时间的函数的扣减分数表达式。

5. 在练习 4 中，令 1 单位的迟交时间为 24 小时。分别求迟交 4 天和 6 天的惩罚值。

6. 假定一位教员对迟交的作业采取扣减分数的做法。对于迟交的作业，自动扣减的分数为 5 分，此后，扣减的分数按照迟交时间的平方根递增。求作为迟交时间的函数的扣减分数的表达式。

7. 对经济增长模型做如下两个修正：首先，将生产函数改为 $y=\alpha tk$。其次，令储蓄 $S=y-\beta t$。假定 $k_0>\beta/\alpha$，求作为时间函数的资本存量的表达式。稳态资本存量为多少？资本存量会收敛到稳态吗？

本章小结

关键词

收敛	通解	齐次形式	初始值问题
积分因子	特解	稳态	

思考题

1. 描述求一阶线性自治微分方程通解的两个步骤。
2. 解释一阶线性微分方程稳态的含义。
3. 在什么条件下，特解等于稳态值？
4. 描述并解释一阶线性自治微分方程的解收敛的充分必要条件。
5. 说明如何找出一阶微分方程的积分因子。
6. 说明如何利用积分因子来求解一阶线性微分方程。

复习题

1. 假定能源消费 E 按照 2%的速度增长，它在 t_0 时的值为 2。求解作为时间的函数的能源消费。

2. 假定国民收入 Y 的增长速度为 g，全国人口 P 的增长速度为 α。定义人均国民收入为 $y=Y/P$。求解作为时间的函数的人均收入。

3. 令 $K(t)$ 表示行业在 t 时期可供利用的资本量。如果 $K(0)=500$，折旧率为 5%，投资率为常数 100 单位，求作为时间的函数的可供利用的资本量的表达式。求稳态资本存量，并且说明 $K(t)$ 会收敛到稳态。

4. 一个完全竞争厂商通过生产使边际成本等于价格的产出量来最大化自身的利润。假定厂商要改变产出量需要花费时间，其产出水平的调整与价格和边际成本的缺口成比例。也就是说，假定

$$\dot{q}=\alpha[p-MC(q)]$$

其中，q 为产出量，p 为产出价格，$MC(q)$ 为边际成本函数。令边际成本函数为 $MC(q)=aq$，其中 a 为正常数。求解 $q(t)$ 的微分方程，给出 q 的稳态，并判定$q(t)$是否收敛到稳态。

5. 令 K^* 表示厂商的意愿资本存量。K^* 通常依赖于多个因素，例如，厂商意愿的产出水平、产品价格、资本价格。假定这些因素都是常数，从而 K^* 也是

常数。因为厂商资本存量的调整是有成本的（例如，工人不得不从生产线转移到机器安装上），因此，厂商会逐渐地调整到 K^*。具体而言，假定资本存量 K 的变化同意愿资本存量和当前资本存量之间的缺口成比例，其中 α 为决定调整速度的比例因子。假定不存在折旧，$t=0$ 时的初始资本存量为 K_0，写出资本存量的微分方程并且求解。稳态的资本存量是什么？$K(t)$ 会收敛到稳态资本存量吗？

6. 在复习题 3 中，令投资从 $t=0$ 时的初始水平 I_0 按照速度 g 增长。求作为时间的函数的资本存量的表达式。$K(t)$ 收敛到有限值吗？

7. 在 21.2 节的增长模型中，假定 $a=0$。不使用积分因子，求解这一新的微分方程。

8. 假定小麦需求为 $q^D=A+Bp$，供给由下式给出：

$$q^S=F+Gp+H(1-e^{-\mu t}),\quad \mu>0$$

其中，最后一项反映了生产率随时间的提高。也就是说，小麦的供给曲线因为生产技术进步而随着时间向外（平滑地）移动。假定存在过度供求时，价格根据 $\dot{p}=\alpha(q^D-q^S)$ 来调整。给定 $p(0)=p_0$，求解 $p(t)$ 的微分方程。

第 22 章　一阶非线性微分方程

我们鼓励读者通过我们的网站 http：//mitpress. mit. edu/math _ econ3 来获得如下有助于学习本章的材料：

- 非线性微分方程的例子
- 例子：捕捞率与存量成比例时的渔场模型
- 例子：渔场模型的显示解
- 例子：技术进步和人口增长为零的总增长模型
- 练习题

在第 21 章中，我们看到仅利用一种求解方法就能够求解任意一阶线性微分方程。然而，当微分方程是非线性方程时，不存在任何普遍适用的求解方法。实际上，只有几种特殊类型的一阶非线性微分方程能够求解。我们将在 22.2 节中介绍两种更常见的类型。尽管在一定的连续性约束下，任何一阶非线性微分方程的解都存在，但是在很多情形中，根本不可能找出该解。经济学中常用的方法是利用相图进行定性分析。22.1 节介绍了这种方法。

22.1　自治方程和定性分析

在介绍对非线性自治差分方程的定性分析之前，必须知道解的存在性条件。我们先定义一个初始值问题，然后给出解的存在性条件。

定义 22.1 一阶非线性自治微分方程的初始值问题可以表述为

$$\dot{y}=g(y) \tag{22.1}$$

$$y(t_0)=y_0 \tag{22.2}$$

要确保初始值问题有解，函数 $g(y)$ 必须满足定理 22.1 所阐明的性质。

定理 22.1 如果函数 g 和它的偏导数 $\partial g/\partial y$ 在某个包含点 (t_0, y_0) 的闭矩形区域上连续，那么在该矩形内的 t_0 的某个邻域内，存在满足式（22.1）和式（22.2）的唯一解 $y=\xi(t)$。

定理 22.1 说明如果 $g(y)$ 满足所给出的条件，那么一阶非线性方程初始值问题的解确实存在。不过，解的存在并不能保证我们一定能够找到它。事实上，在经济应用中，能够找到非线性微分方程显式解的情形很少，而利用相图进行定性分析倒是很常见。

考虑下面的一阶非线性微分方程：

$$\dot{y}=y-y^2 \tag{22.3}$$

方程（22.3）是我们能够利用后面将介绍的某些特殊方法来求解的几类非线性微分方程之一。不过，目前先假定我们不知道这些特殊方法。很快会看到，我们所掌握的求解线性微分方程的知识将无法帮助我们求解方程（22.3）。但我们会利用相图对方程的解进行定性分析。为此，重新整理方程（22.3），可得

$$\dot{y}=y(1-y) \tag{22.4}$$

对于一阶自治微分方程，通过令 $\dot{y}=0$，我们能够找到 y 的稳态值。令方程（22.4）中 $\dot{y}=0$，可以得到该方程的稳态解为

$$y=0 \quad 和 \quad y=1$$

这一信息可用于构造图 22.1 所示的方程（22.4）的相图。

单个微分方程的相图描绘了 y 的函数 $\dot{y}$ 的图形。我们特别感兴趣的是 y 随着时间增加的区域($\dot{y}>0$)和 y 随着时间减少的区域($\dot{y}<0$)。我们用纵轴表示 $\dot{y}$，横轴表示 y，画出方程（22.4）的曲线。例如，我们已经确定，当$y=0$和$y=1$时，$\dot{y}=0$，这为我们提供了图形上的两点。我们现在想利用方程（22.4）来绘出这一关系的其他部分。可以利用标准的定性绘图技巧来做到这一点。首先，通过取 $\dot{y}$ 关于y 的导数并且令它等于零来确定使曲线到达极值的 y 值：

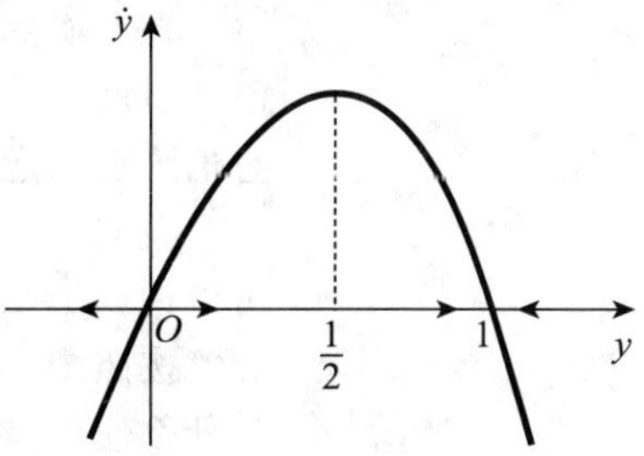

图 22.1 方程（22.4）的相图

$$\frac{d\dot{y}}{dy}=1-2y=0$$

由此得到 $y=1/2$。取 $\dot{y}$ 关于y 在$y=1/2$ 的二阶导数来判定曲线取得的是最大值

还是最小值：

$$\frac{d^2\dot{y}}{dy^2}=-2$$

二阶导数为负值说明曲线在 $y=1/2$ 处取得最大值。因此，我们知道曲线的形状必然如图 22.1 所示。

相图使我们无须求解一个微分方程就能够确定它的解的性质。在图 22.1 中我们看到，如果 y 的值达到零或者 1，那么它将永远停留在该值上，因为在这两个值上，$\dot{y}=0$。如果 y 的值介于 0 和 1 之间呢？相图表明，无论 y 的值处于 0 和 1 之间的哪一点上，y 都将随着时间的推移趋于增加。当然，我们已经知道，如果它达到了 1，它将永远停留在那里。

当 $y>1$ 时，情况又将如何呢？从图 22.1 中我们看到 $y>1$ 时，$\dot{y}<0$。如果 y 真的超过了 1，它的值将会下降并趋于 1。最后，如果 $y<0$，情况又会怎样呢？我们看到 $y<0$ 时 $\dot{y}<0$。这意味着如果 y 的值小于零，它的值将会持续下降。

在相图中，所有上述信息都用箭头表示，以提醒我们变量 y 在不同区域的运动方向。上述分析如图 22.1 中的箭头所示，y 的趋势是：如果它从大于零的值开始，它就收敛到值 1；如果它从小于零的值开始，那么它发散到负无穷；如果它从零开始，那么它永远停留在零处。

因此，在未求解微分方程的条件下，通过利用相图进行定性分析，我们仍然能获得对解的充分认识。一旦给定 y 的初始条件，我们就能够自信地说明 y 将如何随时间而变化（增加或者下降），以及它将收敛到何值。特别地，假定 $y_0>0$，我们能够断定 $y(t)$ 将会收敛到 $y=1$。

稳定性分析

在上面的定性分析中，我们需要两种类型的信息。第一，需要知道 y 的稳态值（也就是使 $\dot{y}=0$ 的 y 值）。第二，需要知道箭头的移动方向，或者说系统在稳态值附近的运动情况，以便确定系统是否会收敛到某个稳态值。

我们发现，系统会收敛到其中的一个稳态值（$y=1$），而不是另一个（$y=0$）。可以说，$y=1$ 是稳定均衡，$y=0$ 是不稳定均衡。为什么一个稳定，一个不稳定呢？按照图 22.1，运动的箭头指向稳定均衡，但是偏离不稳定均衡。但是，又是什么使得箭头如此表现呢？事实上，在图 22.1 中，$\dot{y}$ 曲线在穿过均衡点时的斜率决定了这些均衡点是否稳定。点 $y=1$ 处的斜率为负，而点 $y=0$ 处的斜率为正。因为 $\dot{y}$ 曲线在穿过均衡点时的斜率正好就是 $\dot{y}$ 关于 y 在均衡点处的导数，我们可以把这一新结果表述如下：

定理 22.2 一阶非线性微分方程的**稳态均衡点**是稳定的，如果导数 $d\dot{y}/dy$ 在该点处为负；该稳态均衡点是**不稳定**的，如果上述导数在该点处为正。

我们将定理 22.2 用于微分方程（22.4）：

$$\text{在 } y=0 \text{ 处，}\quad \frac{d\dot{y}}{dy}=1-2\times 0=1$$

$$\text{在 } y=1 \text{ 处，}\quad \frac{d\dot{y}}{dy}=1-2\times 1=-1$$

我们断定 $y=0$ 是不稳定均衡，$y=1$ 是稳定均衡。

稳定条件（在均衡值处 $d\dot{y}/dy<0$）直观上是合乎情理的。它说明，当原先处于均衡的系统在某种推力的作用下偏离了均衡时，y 将会按照与推力相反的方向（负导数）运动。这意味着系统会倾向于恢复均衡。如果 y 的运动方向与推力相同（如图 22.1 中 $y=0$ 处的正导数），系统将会进一步远离均衡。

最后，值得注意的是，稳定性条件不仅仅适用于一阶非线性微分方程。它也适用于带常数项的一阶线性微分方程：$\dot{y}+ay=b$。此时，导数 $d\dot{y}/dy=-a$ 为常数。因此，仅当 $a>0$ 时，y 的值才会收敛到均衡值(b/a)，这一收敛条件与我们在第 21 章所推导出来的结果相同。

例 22.1　求下面方程的稳态点，并且判断它的稳定性：

$$\dot{y}=3y^2-2y$$

解：稳态点满足条件 $\dot{y}=0$。由此可得

$$y(3y-2)=0$$

因此，$y=0$ 和 $y=2/3$ 都是稳态点。应用定理 22.2 可得

$$\frac{d\dot{y}}{dy}=6y-2=\begin{cases}-2, & y=0\\ 2, & y=2/3\end{cases}$$

因此，$y=0$ 是稳定的，但是 $y=2/3$ 是不稳定的。 ■

捕捞率为常数的渔场模型

假定鱼的数量按照下述函数增长：

$$g(y)=2y\left(1-\frac{y}{2}\right)$$

其中，y 是鱼群的存量。捕捞业对该鱼群的捕捞水平为一个常数。如果捕捞量为常数 3/4，那么鱼群数量会达到一个稳态（正的）规模吗？如果这样的话，捕捞就是一项可持续的活动，或者鱼群数量将会下降，进而灭绝？

为了回答这些问题，我们对鱼群的动态演变进行定性分析。由于捕捞，鱼群数量在每个时点上的增长减少 3/4，因此，鱼群存量的变化为

$$\dot{y}=2y\left(1-\frac{y}{2}\right)-\frac{3}{4}$$

鱼群数量的稳态值满足 $\dot{y}=0$，整理可得

$$y^2-2y+\frac{3}{4}=0$$

稳态解为

$$y=\frac{2\pm\sqrt{4-4\frac{3}{4}}}{2}$$

经计算可得鱼群数量的两个稳态值分别为 $y=1/2$ 和 $y=3/2$。它们稳定吗？我们可以利用定理 22.2 来判断。首先，取 $\dot{y}$ 关于 y 的导数，可得

$$\frac{\mathrm{d}\dot{y}}{\mathrm{d}y}=2-2y$$

则在 $y=1/2$ 处的导数值为正值 1，这意味着不稳定。在 $y=3/2$ 处的导数值为负值 -1，这意味着稳定。我们断定，$y=1/2$ 不是稳定的稳态存量规模，而 $y=3/2$ 则是稳定的稳态存量规模。

我们又如何能够确定哪个均衡可能出现，鱼群是否可能灭绝呢？利用图 22.2 中的相图进行定性分析即可回答这些问题。

我们没有画出方程 $\dot{y}$ 的图形，而是分别给出了曲线 $g(y)$ 和直线 $\dot{y}=3/4$。我们只需要记住，当 $g(y)>3/4$ 时，鱼群数量增加；当 $g(y)<3/4$ 时，鱼群数量减少；当 $g(y)=3/4$ 时，鱼群数量达到稳态。

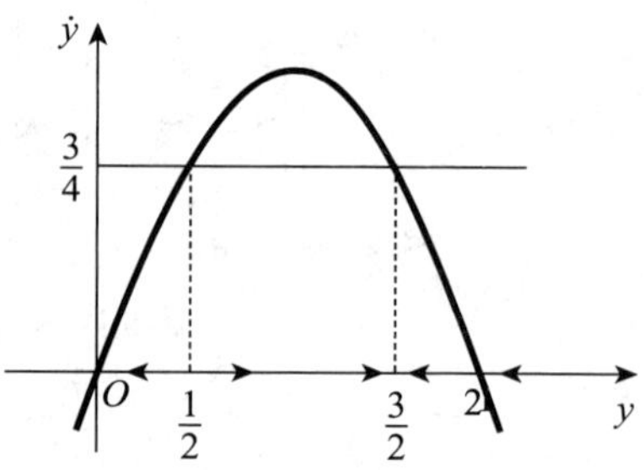

图 22.2　捕捞率为常数的渔场模型的相图

图 22.2 给出了 y 的两个稳态值。该动态系统的运动情况如何？也就是说，当 y 不在任何一个稳态值处的时候，y 朝着哪个方向移动？相图清楚地表明，当 $y\in\left(0,\ \frac{1}{2}\right)$ 即有 $g(y)<3/4$ 时，如箭头所示，鱼群数量减少。当 $y\in\left(\frac{1}{2},\ \frac{3}{2}\right)$ 即有 $g(y)>3/4$ 时，鱼群数量增加。最后，当 $y\in\left(\frac{3}{2},\ +\infty\right)$ 即有 $g(y)<3/4$ 时，鱼群数量减少。我们断定，如果 $y_0>1/2$，那么鱼群会达到稳态值 3/2，并且此后总是处于该值。另一方面，如果鱼群的初始存量小于 1/2，那么鱼群将会灭绝。

新古典经济增长模型

经济的长期增长率是由什么决定的呢？经济增长理论被提出以回答这一问题，而且它自身也在不断发展。在对这一理论的现代精炼中，最重要的一块基石就是诺贝尔奖得主罗伯特·索洛在 20 世纪 50 年代所提出的模型。

在这一模型中，我们假定经济中的人均产出可以表示为资本—劳动比的凹函数：

$$y=f(k)$$

其中，y 是人均产出，$k=K/L$ 为资本—劳动比。这里，K 是总资本存量，L 是

总劳动。为了简单起见，假定每个人都工作，则 L 等于总人数。凹性意味着 $f'(k)>0$ 和 $f''(k)<0$。

经济中的产出可以用于消费或者储蓄。经济中的资本存量 K 的增加量等于投资，投资定义为产出中用于储蓄的部分。我们假定储蓄率为常数 s。因此，

$$\dot{K}=sY$$

为资本存量的变化，其中，Y 为总产出。由于 $k=K/L$，所以，

$$\begin{aligned}\dot{k}&=\frac{\mathrm{d}}{\mathrm{d}t}\left(\frac{K}{L}\right)\\&=\frac{L\dot{K}}{L^2}-\frac{K\dot{L}}{L^2}\end{aligned}$$

重新整理可得

$$\dot{k}=\frac{\dot{K}}{L}-k\frac{\dot{L}}{L}$$

假定劳动力的增长速度为常数 n。替换上式中的劳动增长率和 $\dot{K}$，可得

$$\dot{k}=s\frac{Y}{L}-nk$$

由于 $y=Y/L$，利用 $y=f(k)$，上式变为

$$\dot{k}=sf(k)-nk$$

这一资本—劳动比的非线性微分方程描述了本模型中的经济增长。我们需要分析这一微分方程，看看索洛模型的假定对于经济增长路径的性质意味着什么。既然假定劳动力按照外生速率增长，那么这意味着资本—劳动比 k、人均产出 y 是随着时间增加，还是达到了一个稳定状态呢?

为了构造相图，我们首先令 $\dot{k}=0$，找出稳态点。这意味着

$$\frac{f(k)}{k}=\frac{n}{s},\quad k\neq 0$$

因为 $f(k)$ 是单调函数，我们知道，满足上式的 $k>0$ 只有一个，称该值为 k^*。不过，我们也假定 $f(0)=0$，因此，$k=0$ 也是一个稳态均衡。下面，我们求相线的斜率和斜率为零的点：

$$\frac{\mathrm{d}\dot{k}}{\mathrm{d}k}=sf'(k)-n$$

在 $\hat{k}$ 点，斜率等于零，并且

$$f'(\hat{k})=\frac{n}{s}$$

二阶导数

$$\frac{\mathrm{d}^2\dot{k}}{\mathrm{d}k^2}=sf''(k)<0$$

告诉我们，曲线在 $k=\hat{k}$ 时达到最大值。比较 k^* 和 $\hat{k}$ 所满足的方程，我们能够断定 $k^*>\hat{k}$。这得自以下事实：$f(k)$为凹函数（参见图 22.3）。在点 k^* 处，函数的平均值 $f(k)/k$ 等于 n/s；在点 $k=\hat{k}$ 处，函数的边际值 $f'(k)$等于 n/s。

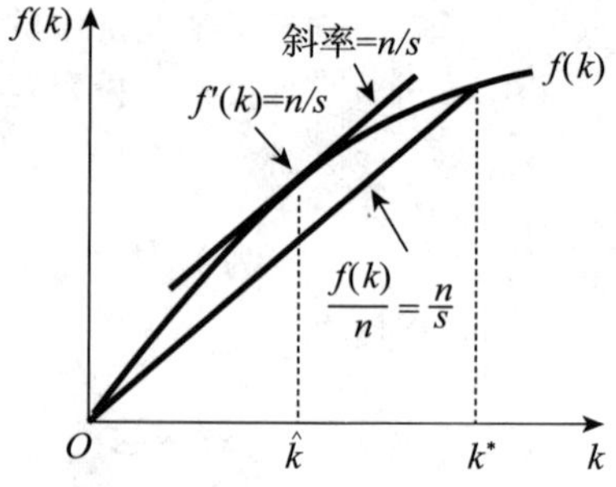

图 22.3　$f(k)$的凹性意味着$k^*>\hat{k}$

我们利用上述所有信息来生成图 22.4 所示的相图。$\dot{k}$ 曲线在 $k=0$ 和 $k=k^*$ 处等于零，在$k=\hat{k}$ 处达到最大值。图中所显示的运动箭头得自以下事实：$k<k^*$ 时，$\dot{k}>0$；$k>k^*$ 时，$\dot{k}<0$。我们断定，$k=0$ 是一个不稳定的稳态均衡点，而 $k=k^*$ 是一个稳定的稳态均衡点。定理 22.2 确认了这一结论：$\dot{k}$ 曲线的斜率在 k^* 处为负，这表明了稳定性；在零点为正，这表明了不稳定性。

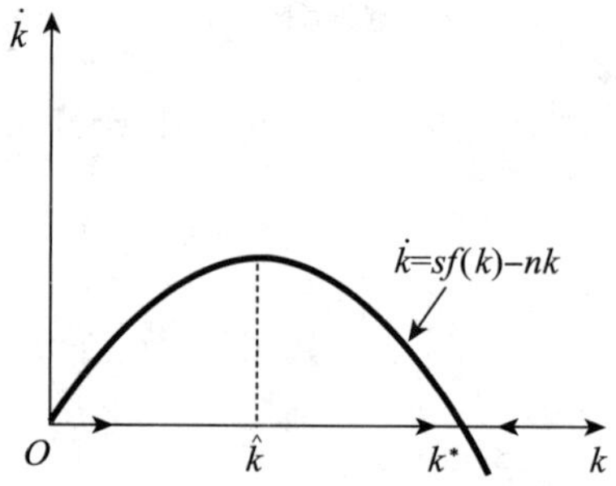

图 22.4　新古典增长模型的相图

索洛增长模型预测资本—劳动比收敛到常数 k^*。因为劳动力被假定为按照速率 n 增长，所以该模型也预测经济收敛到稳态增长路径，此时，产出、资本和劳动力都按照速率 n 增长。对该模型的经验验证表明，它很好地解释了许多国家的增长率情况，但是它无法解释多数国家所经历的全部增长情况。对这一验证的一个回应是通过假定外生的技术进步来增强这一模型的说服力。本章最后的复习题要求求解这一改进了的模型。尽管这一改进了的模型能够更好地解释观测到的增长率，但许多经济学家认为，依赖外生的技术进步使模型更好地解释观测到的增长率是一种不太令人满意的方法。因此，最近的研究已经朝着使技术进步成为模型的内生结果的方向努力。

练习

1. 利用相图和定理 22.2 对方程 $\dot{y}=-y+y^2+3/16$ 进行定性分析。
2. 利用相图和定理 22.2 对方程 $\dot{y}=y-y^2+3/16$ 进行定性分析。
3. 利用相图和定理 22.2 对方程 $\dot{y}=y-y^{1/2}$进行定性分析。
4. 利用相图和定理 22.2 对方程 $\dot{y}=y^{1/2}-y$ 进行定性分析。
5. 市场需求量由下式给出：

$$q^d=p^{-2}$$

供给量由下式给出：

$$q^s=8p$$

价格调整满足方程 $\dot{p}=\alpha(q^d-q^s)$，其中 $\alpha>0$ 为常数。试对市场价格的动态变化进行定性分析。

6. 地球大气中二氧化碳的增加已经被视为全球变暖的一个可能的原因。令 y 表示二氧化碳存量，$x>0$（常数）表示工业活动的二氧化碳排放流量。假定 y 的动态变化满足下式：

$$\dot{y}=x-y^a$$

其中，y^a 表示地球吸收大气中的二氧化碳和容许其他事物（例如，树木和海洋）吸收的能力。当 $a>0$ 和 $a<0$ 时，分别对这一模型进行定性分析。评价你所得到的结果。

22.2 两种特殊形式的一阶非线性微分方程

我们现在考虑两类可以求出显式解的一阶非线性非自治微分方程。

定义 22.2 一阶非自治微分方程的一般形式为

$$\dot{y}=f(t, y) \tag{22.5}$$

在这种一般形式下，方程可能是 y 和 t 的非线性函数。

伯努利方程

微分方程

$$\dot{y}+a(t)y=b(t)y^n \tag{22.6}$$

其中 $n\neq0$，1，称为**伯努利方程**。（如果 $n=0$，1，它就是我们已经分析过的线性微分方程。）注意，微分方程（22.3）是一个伯努利方程，其中 $n=2$，$b(t)=-1$，$a(t)=1$。

如果我们假定 $b(t)$和 $a(t)$都在某个区间上连续，我们就可以通过变量替换将方程（22.6）转换为一个线性方程。假定 $y(t)\neq0$，那么我们可以将方程两边同乘以 y^{-n}得到下式：

$$y^{-n}\dot{y}+a(t)y^{1-n}=b(t)$$

现在定义一个新变量 $x=y^{1-n}$。这意味着 $\dot{x}=(1-n)y^{-n}\dot{y}$，方程（22.6）变为

$$\frac{\dot{x}}{1-n}+a(t)x=b(t)$$

该方程现在是一个可以利用线性方法来求解的线性方程了。一旦求得 $x(t)$的解，我们就能够将它还原为 $y(t)$。不过，必须注意，这一方法只有当 $y(t)\neq0$，$\forall t\in T$ 时才有效。

在 http://mitpress.mit.edu/math_econ3 上有利用此技巧的捕捞模型。

可分离方程

我们总能够将 $\dot{y}=f(t,y)$ 中的 $f(t,y)$ 写成另外两个函数 $M(t,y)$ 和 $-N(t,y)$（我们将会看到，其中的负号是为了表示的方便）的比值。我们可以将微分方程（22.5）写为

$$M(t,y)+N(t,y)\dot{y}=0 \tag{22.7}$$

定义 22.3 如果 $M(t,y)=A(t)$ 仅为 t 的函数，$N(t,y)=B(y)$ 仅是 y 的函数，则一阶非线性微分方程是**变量可分离**的。因此，可分离的一阶非线性微分方程可以记为

$$A(t)+B(y)\dot{y}=0 \tag{22.8}$$

为什么可分离方程能够被单独拿出来作为特例呢？原因就像我们现在所说明的：它们可以通过直接积分求解。将方程（22.8）改写为

$$A(t)\mathrm{d}t+B(y)\mathrm{d}y=0$$

这一方程直接积分，可得

$$\int A(t)\mathrm{d}t+\int B(y)\mathrm{d}y=C \tag{22.9}$$

上式是可分离微分方程的解。此外，如果解还要满足初始条件 $y(t_0)=y_0$，我们就可以利用它来求式（22.9）中的常数 C，从而以这种常见的方式求得初始值问题的解。

实际上，式（22.9）中所要求的积分可能根本无法计算，这意味着我们无法求得 $y(t)$ 的显式解。但我们在 http://mitpress.mit.edu/math_econ3 上提供了一个可以求得显示解的增长模型。

练习

1. 求解

$$\dot{y}+2y=\frac{3}{y}$$

2. 假定在一个大的地理区域内有 X 个农场。在 0 时期，技术创新被引入该地区，并且逐渐在农场之间扩散。令 $N(t)$ 表示到时期 t 为止，已经采用了技术创新的农场数量，同时假定采用率与 $N(t)$ 和 $X-N(t)$ 成比例：

$$\dot{N}=\alpha N(X-N)$$

求解 $N(t)$。

3. 求解

$$\dot{y}=\frac{t^2}{y}$$

4. 求解

$$\dot{y}=\frac{t^2}{y(1+t^3)}$$

5. 求解

$$\dot{y}=\frac{-t}{y^2}$$

6. 假定人口增长率随时间下降，因此人口的增长满足下式：

$$\dot{y}=\frac{t}{t^2+1}y$$

求解 $y(t)$。

本章小结

关键词

运动箭头	伯努利方程	初始值问题
相图	定性分析	变量可分离方程
稳定的稳态均衡点	不稳定的稳态均衡点	

思考题

1. 解释微分方程的相图与差分方程的相图有何不同。
2. 定理 22.2 和相图之间有什么关系？
3. 了解稳态均衡点的收敛性有什么重要意义？

复习题

1. 画出方程 $\dot{y}=2y-6y^2$ 的相图，并且求解该方程。
2. 画出方程 $\dot{y}=ry(1-ky)$的相图，并且求解该方程。

3. 求解可分离的非线性微分方程 $\dot{y}=t/y$。

4. 尽可能地求解可分离的非线性微分方程：

$$\dot{y}=\frac{t+1}{y^4+1}$$

5. 完全竞争厂商通过生产使边际成本等于价格这一数量的产品来最大化自身利润。假定厂商改变自身的产量需要时间，令厂商产出水平的调整与价格和边际成本之间的缺口成比例。也就是说，假定

$$\dot{q}=\alpha[p-MC(q)]$$

其中，q 为产出量，p 为产出价格，$MC(q)$为边际成本函数。令边际成本函数为 $MC(q)=aq^2$，其中 a 为正常数。画出 $q(t)$的非线性微分方程的相图，利用相图判断稳态均衡是否稳定。利用定理 22.2 验证你的结论。

6. 再次考虑复习题 5 中的模型。不过，现在假定边际成本函数为 $MC(q)=aq^{-1}$，画出相图，并且利用相图和定理 22.2 判断稳态均衡是否稳定。

第 23 章　二阶线性微分方程

我们鼓励读者通过我们的网站 http：//mitpress. mit. edu/math _ econ3 来获得如下有助于学习本章的材料：

- 自由进出的瓦尔拉斯价格调整模型
- 练习题

到目前为止，我们一直将对微分方程的分析局限在一阶微分方程上。本章我们将考察常系数二阶线性微分方程。在 23.1 节中，我们关注的焦点是自治情形。在 23.2 节中，考虑一种特殊的非自治情形。

23.1　二阶线性自治微分方程

我们先解释如何求解二阶线性自治微分方程。

定义 23.1　（带有常系数和常数项的）**二阶线性自治微分方程**可以表示为

$$\ddot{y}+a_1\dot{y}+a_2y=b \tag{23.1}$$

方程（23.1）是线性的，因为 y、$\dot{y}$ 和 $\ddot{y}$ 的幂都是 1。它是自治的，因为它的系数为常数 a_1 和 a_2，并且有一个常数项 b。如果系数或者常数项随着 t 变化，方程就是非自治的。在 23.2 节中，我们考虑可变项的情形。

我们并不试图在一步之内就求出通解，而是利用如下事实：线性微分方程的

通解等于齐次形式的解与完全方程的一个特解之和。用符号表示为

$$y=y_h+y_p \tag{23.2}$$

其中，y 为通解，y_h 为齐次形式的解，y_p 为一个特解。许多读者可能很熟悉这一求解方法，因为在前面几章里，我们用过这种方法求解一阶线性微分方程和线性差分方程。

齐次方程的通解

求解二阶线性自治微分方程的第一步是求解方程（23.1）的齐次形式。

定义 23.2 常系数二阶线性微分方程的齐次形式为

$$\ddot{y}+a_1\dot{y}+a_2y=0 \tag{23.3}$$

为了求解二阶微分方程，我们将会利用我们所知道的有关常系数一阶线性齐次微分方程的解的知识。在第 21 章我们已经知道，这类方程的解具有如下形式：

$$y(t)=Ae^{rt} \tag{23.4}$$

其中，A 和 r 的值由方程的系数和初始条件确定。一个合理的假设是，二阶方程的解也具有相同的形式。具体而言，我们猜测式（23.4）是方程（23.3）的一个解。如果我们是正确的，那么式（23.4）就必须满足方程（23.3）。为了验证这一点，对式（23.4）两边求微分，可得

$$\dot{y}=rAe^{rt} \tag{23.5}$$

对上式再求微分，可得

$$\ddot{y}=r^2Ae^{rt} \tag{23.6}$$

将假设的解和其导数，即式（23.4）～式（23.6）代入方程（23.3）左边，验证它是否满足方程（23.3）。左边变为

$$\begin{aligned}\ddot{y}+a_1\dot{y}+a_2y&=r^2Ae^{rt}+a_1rAe^{rt}+a_2Ae^{rt}\\&=Ae^{rt}(r^2+a_1r+a_2)\end{aligned}$$

排除 $A=0$ 这一特殊（不重要）情形，如果括号中的表达式等于零，那么我们的猜测就是正确的，因为如果那样，我们猜测的解就满足了方程（23.3）。由于 r 是解中的一个未指定参数，因此，我们可以自由选取 r 值，使得括号中的表达式恰好等于零。换句话说，如果我们选取 r 满足下式：

$$r^2+a_1r+a_2=0 \tag{23.7}$$

式（23.4）就确实为方程（23.3）的解。

方程（23.7）为特征方程，它在求解方程（23.3）的过程中发挥着重要作用。

定义 23.3 二阶常系数线性微分方程的特征方程为

$$r^2+a_1r+a_2=0$$

满足上述特征方程的 r 值为特征方程的**特征根**（或者直接称为根）或者**特征值**。由于二阶微分方程的特征方程为二次的，因此，它有两个特征根，我们分别称之为 r_1 和 r_2。它们的值为

$$r_1, r_2=\frac{-a_1\pm\sqrt{a_1^2-4a_2}}{2} \tag{23.8}$$

如果满足特征方程的两个根不同，我们实际上就得到了方程（23.3）的两个解。它们是

$$y_1=A_1e^{r_1t}, \quad y_2=A_2e^{r_2t} \tag{23.9}$$

下面，我们来验证这两个解都是方程（23.3）的解。我们只以第一个解 y_1 为例，第二个解 y_2 的验证留给读者。将 y_1 和它的一阶、二阶导数代入方程（23.3），看一下方程（23.3）是否成立（也就是说，看看方程的左边是否等于零）。一阶导数为

$$\dot{y}_1=r_1A_1e^{r_1t}$$

二阶导数为

$$\ddot{y}=r_1^2A_1e^{r_1t}$$

替换后，方程（23.3）的左边变为

$$\begin{aligned}\ddot{y}+a_1\dot{y}+a_2y&=r_1^2A_1e^{r_1t}+a_1(r_1A_1e^{r_1t})+a_2(A_1e^{r_1t})\\&=(r_1^2+a_1r_1+a_2)A_1e^{r_1t}\end{aligned}$$

因为括号中的表达式是特征方程，所选的 r_1 使该表达式等于零，所以上式等于零，从而满足方程（23.3）。因此，我们确信 y_1 是方程（23.3）的解。

我们已经发现，二阶常系数线性微分方程的齐次形式有两个不同的解。不过，我们正设法找到一个通解，也就是一个能代表所有可能解的解。事实上，我们已经找到了。定理 23.1 对此做了解释。

定理 23.1 令 y_1 和 y_2 为微分方程（23.3）的两个不同解。如果 c_1 和 c_2 为两个任意常数，那么函数 $y=c_1y_1+c_2y_2$ 为方程（23.3）的解。相反，如果 y 为方程（23.3）的任意解，那么存在唯一的常数 c_1 和 c_2 满足 $y=c_1y_1+c_2y_2$。

证明：我们只证明该定理的第一部分。如果 y_1 和 y_2 为方程（23.3）的两个解，则有

$$\ddot{y}_1+a_1\dot{y}_1+a_2y_1=\ddot{y}_2+a_1\dot{y}_2+a_2y_2=0$$

我们知道 $y=c_1y_1+c_2y_2$。如果 y 是一个解，那么一定有下式成立：

$$\ddot{y}+a_1\dot{y}+a_2y=0$$

我们看看这是否成立。利用 y 的定义可以求得 $\dot{y}$ 和 $\ddot{y}$，然后代入上式看看方程是否成立。对 y 的定义式微分，可得

$$\dot{y}=c_1\dot{y}_1+c_2\dot{y}_2$$

再次微分，可得

$$\ddot{y}=c_1\ddot{y}_1+c_2\ddot{y}_2$$

替换后得到

$$\begin{aligned}\ddot{y}+a_1\dot{y}+a_2y&=(c_1\ddot{y}_1+c_2\ddot{y}_2)+a_1(c_1\dot{y}_1+c_2\dot{y}_2)+a_2(c_1y_1+c_2y_2)\\&=c_1(\ddot{y}_1+a_1\dot{y}_1+a_2y_1)+c_2(\ddot{y}_2+a_1\dot{y}_2+a_2y_2)\\&=0\end{aligned}$$

因此，y 是方程（23.3）的解。定理的第二部分是说，通过选择适当的常数 c_1 和 c_2，微分方程的任何解（例如，满足特定初始条件的解）都可以表示为 y_1 和 y_2 的线性组合。这还要求 y_1 和 y_2 是不同的，也就是说，它们必须是线性无关的。 ■

定理 23.1 的含义是方程（23.3）的齐次形式的通解为

$$y_h=C_1\mathrm{e}^{r_1t}+C_2\mathrm{e}^{r_2t} \tag{23.10}$$

其中，我们定义了新的常数 $C_1=c_1A_1$ 和 $C_2=c_2A_2$。现在很清楚，我们需要两个不同的解 y_1 和 y_2 来形成通解。如此要求的理由是，在求函数 $y(t)$ 的二阶导数的过程中，两个常数被去掉了，所以我们实际上需要两个不同解，从而在求解二阶微分方程的过程中将这两个常数复原。

如果 $r_1=r_2=r$，那么方程（23.3）的两个不同解为

$$y_1=A_1\mathrm{e}^{rt},\quad y_2=tA_2\mathrm{e}^{rt} \tag{23.11}$$

这两个解不同，因为它们线性无关。（$A_1\mathrm{e}^{rt}$ 不可能通过乘以一个常系数而等于 $tA_2\mathrm{e}^{rt}$。）我们也可以证明第二个解满足方程（23.3）。为此，首先注意到重根出现时，下式成立：

$$a_1^2-4a_2=0$$

这意味着特征方程的解为 $r_1=r_2=r=-a_1/2$。

接下来对 y_2 求微分，可得

$$\dot{y}_2=A_2\mathrm{e}^{rt}+rtA_2\mathrm{e}^{rt}$$

再次微分，可得

$$\ddot{y}_2=rA_2\mathrm{e}^{rt}+rA_2\mathrm{e}^{rt}+r^2tA_2\mathrm{e}^{rt}$$

将 y_2 和它的两个导数（和 r 的值）代入方程（23.3），并且检验。方程（23.3）的左边变为

$$\begin{aligned}\ddot{y}+a_1\dot{y}+a_2y&=2rA_2\mathrm{e}^{rt}+r^2tA_2\mathrm{e}^{rt}+a_1(A_2\mathrm{e}^{rt}+rtA_2\mathrm{e}^{rt})+a_2(tA_2\mathrm{e}^{rt})\\&=A_2\mathrm{e}^{rt}[t(r^2+a_1r+a_2)+2r+a_1]\\&=A_2\mathrm{e}^{rt}[t(a_1^2/4-a_1^2/2+a_2)-a_1+a_1]\\&=A_2\mathrm{e}^{rt}\left[\frac{t}{4}(4a_2-a_1^2)\right]\end{aligned}$$

最后一个表达式等于零，因为在重根的情形中，$a_1^2-4a_2=0$。这证明了 y_2 为方程（23.3）的解。

定理 23.2 总结了到目前为止我们已经得到的结论。

定理 23.2 二阶常系数线性微分方程齐次形式的解为

$$y_h(t)=C_1\mathrm{e}^{r_1 t}+C_2\mathrm{e}^{r_2 t},\quad r_1\neq r_2 \tag{23.12}$$

$$y_h(t)=C_1\mathrm{e}^{rt}+C_2 t\mathrm{e}^{rt},\quad r_1=r_2=r \tag{23.13}$$

其中，C_1 和 C_2 为任意积分常数，下标 h 表示齐次方程的解，r_1 和 r_2 由下式给出：

$$r_1,r_2=\frac{-a_1\pm\sqrt{a_1^2-4a_2}}{2} \tag{23.14}$$

例 23.1 求解下列齐次微分方程：

$$\ddot{y}+\frac{1}{2}\dot{y}+\frac{3}{64}=0$$

解： 特征方程为

$$r^2+\frac{1}{2}r+\frac{3}{64}=0$$

其根可以表示为

$$r_1,r_2=\frac{-1/2\pm\sqrt{1/4-4\times(3/64)}}{2}$$

进一步可得 $r_1=-1/8$，$r_2=-3/8$。由定理 23.2，微分方程的解为

$$y_h(t)=C_1\mathrm{e}^{-t/8}+C_2\mathrm{e}^{-3t/8}$$

图 23.1 给出了对应于不同积分常数值的解的代表性图形。在解释了如何求得通解之后，我们将会说明当初始条件作为问题的一部分给定的时候，如何确定积分常数。■

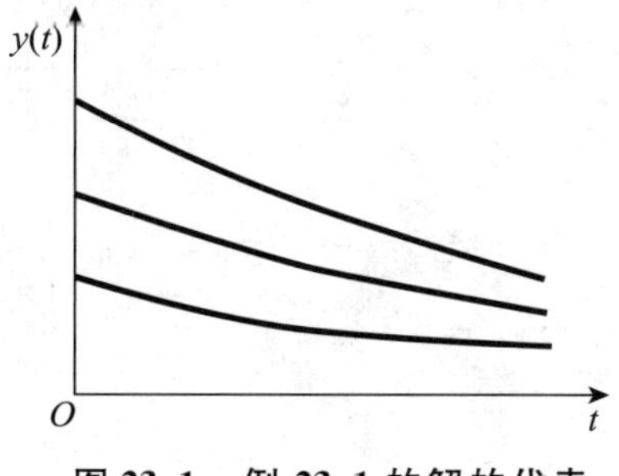

图 23.1 例 23.1 的解的代表性轨迹

例 23.2 求解下面的齐次微分方程：

$$4\ddot{y}-8\dot{y}+3=0$$

解：方程两边同除以 4 之后，特征方程为

$$r^2-2r+\frac{3}{4}=0$$

两个特征根分别为 $r_1=1/2$，$r_2=3/2$。根据定理 23.2，微分方程的解为

$$y_h(t)=C_1e^{t/2}+C_2e^{3t/2}$$

图 23.2 给出了对应于不同积分常数值的解的代表性图形。■

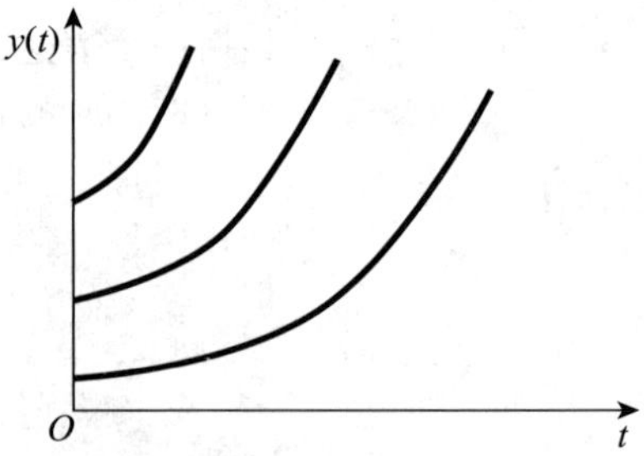

图 23.2　例 23.2 的解的代表性轨迹

例 23.3　求解下面的齐次微分方程：

$$\ddot{y}-4\dot{y}+4=0$$

解：特征方程为

$$r^2-4r+4=0$$

两个特征根为 $r_1=r_2=2$。根据定理 23.2 中等特征根情形的解可知，微分方程的解为

$$y_h(t)=C_1e^{2t}+C_2te^{2t}$$

图 23.3 给出了该解的各种图形。■

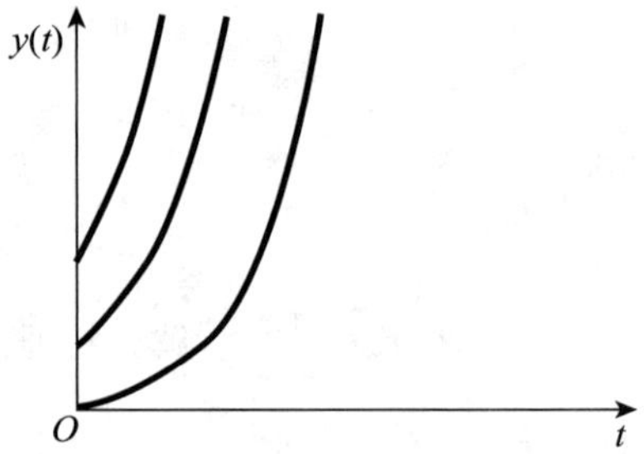

图 23.3　例 23.3 的解的代表性轨迹

复根

当 $a_1^2-4a_2<0$ 时，特征根为复根。在这种情形中，定理 23.2 中的解仍然适用，不过表达方式不同。为了说明这一点，首先将特征方程的解记为

$$r_1,\ r_2=\frac{-a_1\pm\sqrt{(-1)(4a_2-a_1^2)}}{2}$$

$$=\frac{-a_1\pm\sqrt{-1}\sqrt{4a_2-a_1^2}}{2}$$

利用虚数的概念，$i=\sqrt{-1}$，我们将特征方程的根写成共轭复数：

$$r_1,\ r_2=h\pm vi$$

其中，

$$h=\frac{-a_1}{2},\quad v=\frac{\sqrt{4a_2-a_1^2}}{2}$$

现在我们可以将解表示为

$$y_h=C_1e^{(h+vi)t}+C_2e^{(h-vi)t}=e^{ht}(C_1e^{vit}+C_2e^{-vit})$$

我们能够利用欧拉公式将带虚数的指数函数 e^{vit} 和 e^{-vit} 分别表示为

$$e^{i(vt)}=\cos vt+i\sin vt$$
$$e^{-i(vt)}=\cos vt-i\sin vt$$

利用上述关系式，我们可以将微分方程齐次形式的解表示为

$$y_h=e^{ht}[C_1(\cos vt+i\sin vt)+C_2(\cos vt-i\sin vt)]$$

或者

$$y_h=e^{ht}(C_1+C_2)\cos vt+e^{ht}(C_1-C_2)i\sin vt$$

由于 (C_1+C_2) 和 $(C_1-C_2)i$ 都是任意常数，我们可以将它们重新命名为 A_1 和 A_2：

$$A_1=C_1+C_2,\quad A_2=(C_1-C_2)i$$

很重要的一点是，A_1 和 A_2 都是实数，因为 C_1 和 C_2 就像两个复根一样，也是共轭复数。正如我们在 http：//mitpress. mit. edu/math _ econ3 中的复习部分所示，两个共轭复数的和总是一个实数，两个共轭复数之差与 i 的乘积也是一个实数。因此，尽管两个根都是复数，我们仍然得到了微分方程的实值解。

定理 23.3 如果特征方程的两个根都是复数，二阶常系数线性微分方程齐次形式的解可以表示为

$$y_h=A_1e^{ht}\cos vt+A_2e^{ht}\sin vt \tag{23.15}$$

其中，

$$h=\frac{-a_1}{2},\quad v=\frac{\sqrt{4a_2-a_1^2}}{2}$$

当特征方程的两个根都是复数的时候，解中含有 t 的圆函数，或者说三角函数(正弦和余弦)。这在经济学中有很多有趣的应用，因为三角函数是 t 的振荡函数，从而使 $y(t)$ 表现出周期行为，这一点与真实世界中的许多经济变量非常相似。

例 23.4 求解下面的齐次微分方程：

$$\ddot{y}+2\dot{y}+5y=0$$

解： 特征方程为

$$r^2+2r+5=0$$

相应的特征根为

$$r_1, r_2=\frac{-2}{2}\pm\frac{1}{2}\sqrt{4-4\times5}$$
$$=-1\pm2i$$

在本例中 $h=-1$，$v=2i$。根据定理 23.3，解为

$$y_h(t)=A_1e^{-t}\cos 2t+A_2e^{-t}\sin 2t$$

图 23.4 给出了该解的一个代表性轨迹。■

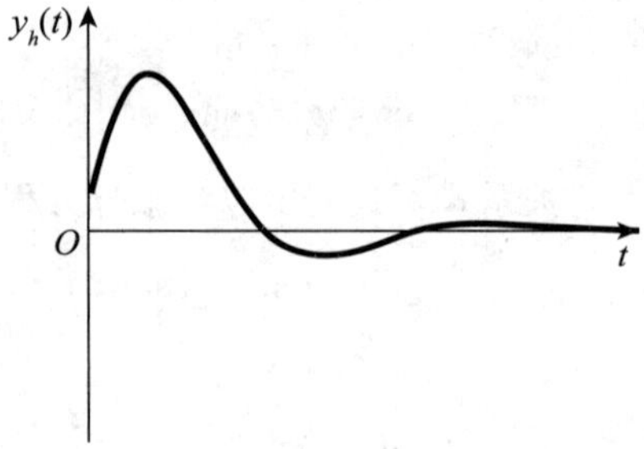

图 23.4　例 23.4 解的一个代表性轨迹

特解

我们已经找到了方程（23.1）的齐次形式的解。现在如果能够找到方程（23.1）的特解，就能够通过将两个解相加得到通解。

与前面几章一样，我们在自治方程中所要找的特解就是 y 的稳态解。如果 $\bar{y}$ 是一个稳态值，那么在该值处一定有 $\ddot{y}=\dot{y}=0$。令完全方程（23.1）中的 $\ddot{y}=\dot{y}=0$ 来求解 $\bar{y}$，由此得到

$$\bar{y}=\frac{b}{a_2},\quad a_2\neq 0$$

只要 $a_2\neq 0$，稳态解就存在。在本节剩下的部分里，我们假定 $a_2\neq 0$。于是，稳态解就可以充当我们所要求的特解了：

$$y_p=b/a_2$$

其中，下标 p 表示特解。如果 $a_2=0$，稳态值就没有定义，我们就必须改用 23.2 节中所介绍的其他方法来求特解。

例 23.5　求下面微分方程的特解：

$$\ddot{y}-5\dot{y}+2y=10$$

解：令 $\ddot{y}=\dot{y}=0$，求出稳态值，用该稳态值充当特解。由此得到

$$y_p=5$$

■

例 23.6　求下面微分方程的特解：

$$2\dot{y}-3y=-21$$

解：令 $\dot{y}=0$，求出稳态值，用该稳态值充当特解。由此得到

$$y_p=7$$

■

通解

二阶微分方程的通解为齐次解和特解之和

$$y=y_h+y_p$$

在定理 23.4 中，我们利用这一结论将目前为止在本章中所导出的结果概括一下。

定理 23.4 （带常系数和常数项的）二阶线性自治微分方程（23.1）的通解为

$$y(t)=C_1e^{r_1t}+C_2e^{r_2t}+\frac{b}{a_2},\quad r_1\neq r_2$$

$$y(t)=C_1e^{rt}+tC_2e^{rt}+\frac{b}{a_2},\quad r_1=r_2=r$$

$$y(t)=e^{ht}(A_1\cos vt+A_2\sin vt)+\frac{b}{a_2},\quad \text{根为复数}$$

其中，r_1，$r_2=-a_1/2\pm\sqrt{a_1^2-4a_2}/2$，$h=-a_1/2$，$v=\sqrt{4a_2-a_1^2}/2$。

包含存货的价格调整模型

在第 21 章里，我们研究了竞争市场模型中的价格调整动态学。我们假定价格按照如下方程对供求缺口做出反应：

$$\dot{p}=\alpha(q^D-q^S),\quad \alpha>0$$

其中，q^D 和 q^S 分别为需求量和供给量。但是，这一模型忽略了存在过度供给时未卖出的商品存货。如果我们考虑了这一存货，那么价格调整的动态行为又会受到何种影响呢？为了回答这一问题，我们假定，在当前价格下存在过度供给或者存在未卖出商品的存货时，都会出现迫使价格向下调整的压力。这一思想的数学表示如下：

$$\dot{p}=\alpha(q^D-q^S)-\beta\int_0^t[q^S(s)-q^D(s)]ds,\quad \alpha>0,\beta>0 \qquad (23.16)$$

第一项为当前价格下的需求供给缺口。在 $\alpha>0$ 时，如果存在过度需求，这一项就向上调整；如果存在过度供给，这一项就向下调整。第二项是供给和需求量之间过去差额（的累积存量）的积分。其本身实际上是未卖出的商品存货。在 $\beta>0$ 时，如果存货大于零，这一项就会使价格向下调整。为了简化对该问题的分析，我们假定未卖出的商品存货总是非负的，因此，我们就无须引入对存货的非负约束了。因为引入对存货的非负约束会使问题更复杂，并且分散我们对主要任务的注意力。如此一来，方程（23.16）就是我们所要分析的微分方程了。尽管它看上去似乎是一个一阶微分方程，但由于对供给和需求的时间积分的存在，它实际上包含二阶微分。为了清楚地说明这一点，方程（23.16）的两边对时间求

导。由此可得

$$\ddot{p}=\alpha(\dot{q}^D-\dot{q}^S)-\beta[q^S(t)-q^D(t)]$$

与前面一样，如果我们假定需求曲线为 $q^D=A+Bp$，供给曲线为 $q^S=F+Gp$，那么价格调整模型就由下面的二阶线性微分方程描述：

$$\ddot{p}+\alpha(G-B)\dot{p}+\beta(G-B)p=\beta(A-F)$$

为了求解，我们先从齐次形式着手：

$$\ddot{p}+\alpha(G-B)\dot{p}+\beta(G-B)p=0$$

特征方程为

$$r^2+\alpha(G-B)r+\beta(G-B)=0$$

两个特征根为

$$r_1, r_2=\frac{-a_1\pm\sqrt{a_1^2-4a_2}}{2}$$

其中，$a_1=\alpha(G-B)$，$a_2=\beta(G-B)$。

现在假定两个根为不同实值根，将齐次形式的解写为

$$p_h=C_1e^{r_1t}+C_2e^{r_2t}$$

下面来求特解。我们所用的特解是价格的稳态值。在完全方程中令 $\ddot{p}=\dot{p}=0$，然后求解，可得

$$p_p=\bar{p}=\frac{A-F}{G-B},\quad G-B\neq0$$

根据定理 23.3，针对不同实根的情形，该模型中价格的二阶线性微分方程的通解为

$$p(t)=C_1e^{r_1t}+C_2e^{r_2t}+\frac{A-F}{G-B}$$

例 23.7 不同实根

利用下面的参数值来求解价格调整模型中价格的微分方程：$\alpha=0.25$，$\beta=0.2$，$G-B=20$ 和 $A-F=100$。

解： $a_1=5$，$a_2=4$，$\bar{p}=5$。则特征根为 $r_1=-1$ 和 $r_2=-4$，通解为

$$p(t)=C_1e^{-t}+C_2e^{-4t}+5$$ ■

例 23.8 相等实根

利用下面的参数值来求解价格调整模型中价格的微分方程：$\alpha=0.2$，$\beta=0.2$，$G-B=20$ 和 $A-F=100$。

解： 特征根为 $r=-2$，通解为

$$p(t)=C_1e^{-2t}+C_2te^{-2t}+5$$ ■

例 23.9 复根

利用下面的参数值求解价格调整模型中价格的微分方程：$\alpha=0.05$，$\beta=0.5$，$G-B=20$ 和 $A-F=100$。

解： $a_1=1$，$a_2=10$。则特征根为 r_1，$r_2=-0.5\pm1.5i$。通解为

$$p(t)=5+e^{-0.5t}[A_1\cos(1.5t)+A_2\sin(1.5t)]$$ ■

积分常数

我们可以通过初始条件来确定通解中的积分常数。由于通解中有两个常数，因此，需要两个初始条件。通常，给定的初始条件为 y 和 $\dot{y}$ 在 $t=0$ 的值。

例 23.10 如果 $p(0)=30$，$\dot{p}(0)=-3$，求价格调整模型中如下价格通解的积分常数：

$$p(t)=C_1e^{-t}+C_2e^{-4t}+5$$

解： 利用给定的初始条件计算 $t=0$ 时解的表达式：

$$p(0)=C_1+C_2+5$$

令 $C_1=30-5-C_2$。为确定第二个常数的值，对解求一阶微分，可得

$$\dot{p}=-C_1e^{-t}-4C_2e^{-4t}$$

计算上式在 $t=0$ 时的值：

$$\dot{p}(0)=-C_1-4C_2$$

由上式得到关于 C_1 的另一个方程：$C_1=-4C_2+3$。利用已知的两个方程可以求出 C_1 和 C_2：

$$C_1=97/3,\ C_2=-22/3。$$ ■

例 23.11 如果 $p(0)=30$，$\dot{p}=-3$，求价格调整模型中如下价格通解的积分常数：

$$p(t)=C_1e^{-2t}+C_2te^{-2t}+5$$

解： 我们可以运用例 23.10 中的方法确定积分常数。在本例中，

$$C_1=25,\ C_2=47$$ ■

例 23.12 如果 $p(0)=30$，$\dot{p}(0)=-3$，求价格调整模型中如下价格通解的积分常数：

$$p(t)=5+e^{-0.5t}[A_1\cos(1.5t)+A_2\sin(1.5t)]$$

解： 在复根的情形中，求解积分常数的值需要了解三角函数的一些性质。$t=0$时解的表达式如下：

$$p(0)=5+A_1$$

上式中我们利用了 $\cos 0=1$ 和 $\sin 0=0$。由于 $p(0)=30$，我们得到 $A_1=25$。下面，利用性质 $\mathrm{d}\sin x/\mathrm{d}x=\cos x$，$\mathrm{d}\cos x/\mathrm{d}x=-\sin x$，可得

$$\dot{p}(0)=-0.5A_1+1.5A_2$$

由于 $\dot{p}(0)=-3$，我们得到 $A_2=19/3$。 ■

稳态和收敛

很自然地，人们会问二阶线性微分方程的解是否会收敛到稳态均衡值呢？如果是，我们就说该稳态是一个稳定均衡。相反，如果解发散，我们就说该稳态是一个不稳定均衡。在经济应用中，判断一个均衡的稳定性很重要。只有当均衡稳定的时候，我们才能够说相关经济变量会收敛到均衡值。其重要性在于，在这种情况下，我们才能够用理论来解释经济变量随时间的变化。定理 23.5 表述了**收敛条件**。

定理 23.5 当且仅当特征方程根的实部为负时，带有常系数和常数项的二阶线性微分方程的解才会收敛到稳态均衡。当特征根为实数时，特征根的实部就是特征根自身；当特征根为复数时，实部为 h。

证明：我们依次考虑三种可能的情形。

情形 1：不同实根。此时方程的通解为

$$y(t)=C_1\mathrm{e}^{r_1t}+C_2\mathrm{e}^{r_2t}+\frac{b}{a_2}$$

为了判断 $y(t)$ 是否收敛，$t\to\infty$ 时在上式两端取极限可得

$$\lim_{t\to\infty}y(t)=C_1\lim_{t\to\infty}(\mathrm{e}^{r_1t})+C_2\lim_{t\to\infty}(\mathrm{e}^{r_2t})+\frac{b}{a^2}$$

如果 r_1 和 r_2 都是负数，那么包含 t 的两个指数项都会收敛到极限零，因此，$y(t)$ 收敛到 b/a_2。如果 r_1 和 r_2 都是正数，那么包含 t 的两个指数项都会趋于无穷，因此，依 C_1 和 C_2 的符号，$y(t)$ 发散到 $+\infty$ 或者 $-\infty$。如果一个根为正数，另一个根为负数，那么包含负根的项会收敛到零，而另一项，除了积分常数为零这一特殊情况外，都会发散到无穷。结果，除了前面所说的特殊情况外，$y(t)$ 发散。因此，对于任意的积分常数，$y(t)$ 都收敛到它的稳态均衡值 b/a_2，当且仅当两个特征根都是负数。

情形 2：相等实根。此时通解为

$$y(t)=C_1\mathrm{e}^{rt}+C_2t\mathrm{e}^{rt}+\frac{b}{a^2}$$

两边取极限，可得

$$\lim_{t\to\infty} y(t)=\frac{b}{a_2}+C_1\lim_{t\to\infty}(e^{rt})+C_2\lim_{t\to\infty}(te^{rt})$$

如果重根 r 是正数，$y(t)$就会发散到正无穷或者负无穷。如果重根为负数，$y(t)$就会收敛到 b/a_2；不过，要在当前的情形中看清这一点比在情形 1 中要难一些。原因在于当 $r<0$ 时，te^{rt}项的极限是$(\infty\cdot 0)$形式的。要求极限，我们必须先将它改写为 t/e^{-rt}，从而将其极限转化为(∞/∞)形式。然后，我们利用洛必达法则，该法则意味着当 $r<0$ 时，t/e^{-rt}的极限等于分子（关于 t 的）导数的极限与分母（关于 t 的）导数的极限之比。分子分母求导可得$(-1/r)e^{rt}$，该式在 $r<0$ 时的极限为零。

情形 3：复根。此时通解为

$$y(t)=e^{ht}(A_1\cos vt+A_2\sin vt)+\frac{b}{a_2}$$

其中，$h=-a_1/2$，$v=\sqrt{4a_2-a_1^2}$。

当 $t\to\infty$时，$y(t)$的极限是多少呢？首先，正弦和余弦函数都是界于$-A_i$和$+A_i$之间的圆函数。因此，当 $t\to\infty$时，括号内的项为一个有界振荡函数。该项与 e^{ht}相乘，后者在 $h>0$ 时会无限增加；在 $h<0$ 时，收敛到零。因此，当 $h>0$ 时，$y(t)$发散，振荡的幅度越来越大；当 $h<0$ 时，$y(t)$以越来越小的振荡幅度收敛到 b/a_2。既然 h 通常被称为复根的实部，我们可得如下结论：如果复根的实部为负数，$y(t)$就会收敛到 b/a_2。

在复根的情形中，当系数 $a_1=0$ 时，就会出现一种非常有趣的特殊情况。此时，$e^{ht}=1$，$y(t)$既不会收敛到 b/a_2，也不会远离 b/a_2。$y(t)$本身就是一个圆函数，它总是按照固定的周期和振幅在 b/a_2 附近波动。 ■

例 23.13 包含存货的价格调整模型的收敛性

为使（自任意初始值出发的）所有价格轨迹都收敛到稳态均衡价格，确定价格调整模型中的参数需要满足的约束。

解： 该模型特征方程的根为

$$r_1,\ r_2=\frac{-a_1\pm\sqrt{a_1^2-4a_2}}{2}$$

其中 $a_1=\alpha(G-B)$和 $a_2=\beta(G-B)$。确保 r_1 和 r_2 为负值要求 $a_1>0$ 和 $a_2>0$。为了说明这一点，注意到如果 $a_1<0$，那么两个根中至少有一个为正。如果 $a_1>0$而 $a_2<0$，那么两个根中一个$(r_1=-a_1/2-\sqrt{a_1^2-4a_2}/2)$为负，另一个$(r_2=-a_1/2+\sqrt{a_1^2-4a_2}/2)$可能为正。

由于α，$\beta>0$，约束 $a_1>0$ 和 $a_2>0$ 等价于要求 $G-B>0$。这与第 21 章中所分析的不考虑存货的价格调整模型所要求的收敛条件相同。

如果 $a_1>0$ 和 $a_2>0$，并且 a_2 足够大使得 $a_1^2-4a_2\leqslant 0$，那么特征根为复数。此时，我们只要求根的实部为负，这意味着 $a_1>0$。不过，由于只有当 $a_2>0$ 时，这种情形才会出现，所以收敛条件在复根的情形下没有什么不同。

如果稳定性条件得到满足，那么无论根是实数还是复数，$p(t)$都会收敛到

$\bar{p}$；但是，$p(t)$趋于 $\bar{p}$ 的路径有所不同。在图 23.5 到图 23.7 中，我们说明了这一点。图 23.5 描述了起初位于均衡点(q_0, p_0)，即需求曲线 D_0 和供给曲线 S_0 交点处的市场。现在假定需求曲线向左移动，新的均衡点为$(\bar{q}, \bar{p})$。

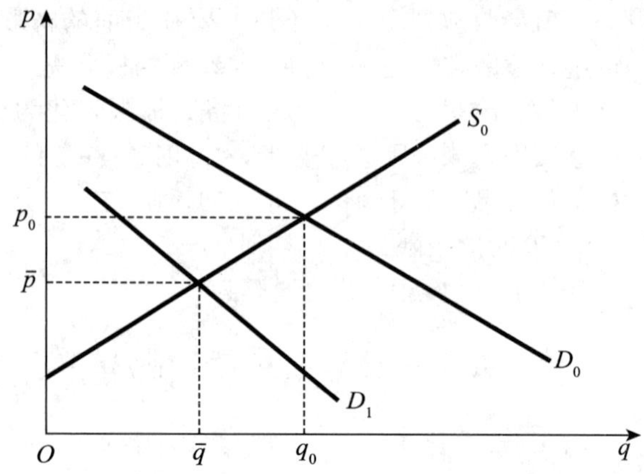

图 23.5　价格必须从初始均衡 p_0 调整到新的均衡 $\bar{p}$

如果特征方程的根为两个不同的负实数根，那么价格从初始值 p_0开始到新的均衡值 $\bar{p}$ 所走过的路径将会是**单调的**，如图 23.6 所示。如果特征方程的根是实部为负的复根，那么价格到达新的均衡值所经历的路径会呈现出日趋衰弱的振荡，如图 23.7 所示。图 23.7 清楚地说明了如果特征根是复数，那么当前的价格调整模型会产生一些看上去相当复杂的价格行为：由于市场的外生冲击（需求曲线的移动），经济活动周期会产生，但是随着时间的推移，市场逐渐收敛到新的均衡，经济周期也逐渐衰退。■

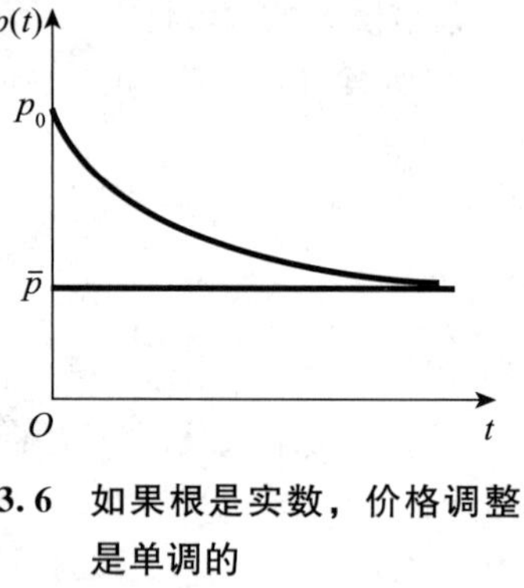

图 23.6　如果根是实数，价格调整就是单调的

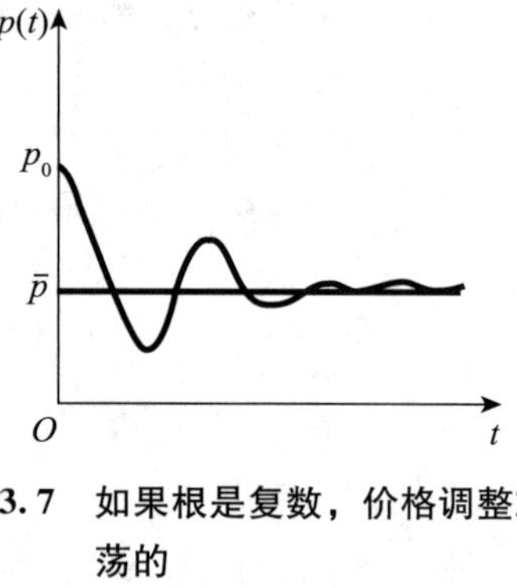

图 23.7　如果根是复数，价格调整就是振荡的

练习

1. 利用初始条件 $y_0=10$ 和 $\dot{y}_0=8$，求解下面的二阶线性微分方程，包括积分常数：

(a) $3\ddot{y}+6\dot{y}-9y=-18$

(b) $\ddot{y}+\dot{y}+\frac{1}{4}y=2$

(c) $2\ddot{y}-\frac{1}{3}\dot{y}-\frac{1}{3}y=10$

(d) $3\ddot{y}+6\dot{y}+3y=9$

2. 利用初始条件 $y_0=10$ 和 $\dot{y}_0=8$，求解下面的二阶线性微分方程。同时，求出方程（a）和方程（b）通解中的积分常数：

(a) $\ddot{y}+5\dot{y}-6y=36$

(b) $\ddot{y}-5\dot{y}+6y=3$

(c) $\ddot{y}-2\dot{y}+2y=1$

(d) $\ddot{y}+\dot{y}+\frac{5}{4}y=20$

3. 在有存货的价格调整模型中，$\alpha=0.25$，$\beta=0.2$，$A-F=10$，$G=10$，试导出确保价格收敛到稳态 B 所要满足的条件。

4. 在有存货的价格调整模型中，$\alpha=0.05$，$\beta=0.5$，$A-F=10$，$B=-2$，试导出确保价格收敛到稳态 G 所要满足的条件。

23.2 可变项二阶线性微分方程

如果微分方程中的 $b(t)$ 项不是一个常数，那么稳态解通常不存在。此时，我们就必须用其他解来代替稳态解充当特解。如果 $b(t)$ 的形式相当简单，那么这也不难。但是在其他情况下，难度很大。求特解的方法很多，但是本书不讨论这些。不过，第 20 章所介绍的求差分方程特解的方法同样适用于微分方程。下面，我们介绍如何利用所谓的待定系数法来求解带有可变项的二阶线性微分方程。

在第 20 章中，我们已经说过，这种方法取决于个人猜测特解形式的能力。下面是两条方便猜解的指导原则：

情形 1：如果 $b(t)$ 为 t 的 n 次多项式，譬如说 $p_n(t)$，那么假定特解也是一个多项式。即假定

$$y_p=A_nt^n+A_{n-1}t^{n-1}+\cdots+A_1t+A_0$$

其中，A_i 为常数，它的值可以通过将假定特解代入微分方程，然后令同类项系数相等求得。下面的例子说明了这一点。

情形 2：如果 $b(t)$ 的形式为 $e^{\alpha t}p_n(t)$，其中，$p_n(t)$ 与情形 1 中的一样，为 t 的多项式，α 为已知常数，那么假定特解为

$$y_p=e^{\alpha t}(A_nt^n+A_{n-1}t^{n-1}+\cdots+A_1t+A_0)$$

其中，A_i 的确定方法同情形 1。

我们应该注意上述猜解规则的一个重要例外。如果不考虑与之相乘的常数，特解中的某项也是 y_h（齐次解）的一项，那么必须对所假定的特解做如下修正：用 t^k 乘以假定解，其中 k 为使共同项得以消除的最小正整数。参见下面的例 23.15。

例 23.14 求解 $\ddot{y}+3\dot{y}-4y=t^2$。

解： 首先，我们求解齐次形式的方程：

$$\ddot{y}+3\dot{y}-4y=0$$

其特征方程为 $(r^2+3r-4)=0$。该方程的根分别为 -4 和 1。因此，

$$y_h=C_1e^{-4t}+C_2e^t$$

为求特解，我们注意到 $b(t)$ 为 t 的二次多项式。因此，我们猜测

$$y_p=A_2t^2+A_1t+A_0$$

为确定 A_0，A_1 和 A_2 的值，对上述表达式微分，可得

$$\dot{y}_p=2A_2t+A_1$$

再次微分得到

$$\ddot{y}_p=2A_2$$

由于特解必须满足微分方程，所以将这些表达式代回完全方程得到

$$2A_2+3(2A_2t+A_1)-4(A_2t^2+A_1t+A_0)=t^2$$

合并同类项可得

$$-(4A_2+1)t^2+(6A_2-4A_1)t+(2A_2+3A_1-4A_0)=0$$

要使上式对所有 t 都成立，括号中的表达式每一个都必须恒等于零。由此，我们可以确定假定特解中的常数值。具体而言，我们有

$$A_0=-\frac{13}{32},\quad A_1=-\frac{3}{8},\quad A_2=-\frac{1}{4}$$

利用 $y=y_h+y_p$ 这一事实，我们得到该问题的如下解：

$$y(t)=-\frac{1}{4}t^2-\frac{3}{8}t-\frac{13}{32}+C_1e^{-4t}+C_2e^t$$ ■

例 23.15 求解 $\ddot{y}+3\dot{y}-4y=5e^t$。

解： 齐次解与例 23.14 中的相同。特解可以通过如下猜测求得：

$$y_p=A_0e^t$$

不过，它同 y_h 的某个项具有相同形式（不考虑与之相乘的常数）。因此，我们必须对所猜的特解进行修正方可继续下去。我们用 t（此处 $k=1$）乘以前面所猜的特解。由此得到

$$y_p=tA_0e^t$$

其形式不同于 y_h 中的任何项。然后同往常一样，我们对 y_p 微分，可得

$$\dot{y}_p = A_0 \mathrm{e}^t + tA_0 \mathrm{e}^t$$

和

$$\ddot{y}_p = 2A_0 \mathrm{e}^t + tA_0 \mathrm{e}^t$$

将这些式子代回完全方程，合并同类项，求解可得 $A_0 = 1$。因此，解为

$$y(t) = t\mathrm{e}^t + C_1 \mathrm{e}^{-4t} + C_2 \mathrm{e}^t$$ ■

非自治污染模型

全球大气中的二氧化碳存量会对全球变暖产生正面影响。这一存量会随着燃烧化石燃料所带来的二氧化碳的工业排放而增加，但它也会由于海洋和植被的自然吸收而出现一定数量的下降。在本模型中，我们将考察全球二氧化碳存量的动态演变。随着时间的推移，这一存量倾向于随着全球经济活动扩张引发的工业排放量的增加而增加。另一方面，随着全球变暖问题的恶化，环境污染控制也越来越严格，这一存量也受到了这个因素的负面影响。

令 y 表示二氧化碳存量。假定存量根据如下方程变化：

$$\dot{y} = x - \alpha y \tag{23.17}$$

其中，x 表示二氧化碳的工业排放量，$\alpha > 0$ 为参数，它确定了自然环境吸收二氧化碳的速度。进一步假定，工业排放量随着时间的变化如下：

$$\dot{x} = a\mathrm{e}^{bt} - \beta y \tag{23.18}$$

其中，a、b 和 β 为正常数。上式中的第一项使排放量随着 t 增加，该项表示经济活动扩张对二氧化碳工业排放量的影响。第二项使二氧化碳排放量受二氧化碳存量的负面影响。该项体现了如下假设：随着污染问题的恶化，政府对工业二氧化碳的排放进行了更为严格的控制。

对方程（23.17）两边微分，得到

$$\ddot{y} = \dot{x} - \alpha \dot{y}$$

用方程（23.18）替换 $\dot{x}$，重新整理后得到 y 的二阶微分方程：

$$\ddot{y} + \alpha \dot{y} + \beta y = a\mathrm{e}^{bt}$$

这是一个可以求解的二阶线性非自治方程。方程的齐次形式为

$$\ddot{y} + \alpha \dot{y} + \beta y = 0$$

特征方程为

$$r^2 + \alpha r + \beta = 0$$

特征根为

$$r_1, r_2 = \frac{-\alpha}{2} \pm \frac{1}{2}\sqrt{\alpha^2 - 4\beta}$$

因为已经假定 α 和 β 为正数，所以如果两个根为实根，那么它们都是负的；如果两个根都是复根，那么实部是负的。齐次形式的解为

$$y_h = C_1 e^{r_1 t} + C_2 e^{r_2 t}$$

为求特解，我们注意到可变项为 t 的指数函数。因此，我们尝试相同形式的特解：

$$y_p = A_0 e^{bt}$$

为确定系数 A_0，对上式求微分，得到

$$\dot{y}_p = bA_0 e^{bt}$$

再次微分可得

$$\ddot{y}_p = b^2 A_0 e^{bt}$$

现在将所猜测的特解和它的两个导数代回完全方程。可得

$$b^2 A_0 e^{bt} + \alpha b A_0 e^{bt} + \beta A_0 e^{bt} = a e^{bt}$$

求出 A_0：

$$A_0 = \frac{a}{b^2 + \alpha b + \beta}$$

因此，特解为

$$y_p = \frac{a}{b^2 + \alpha b + \beta} e^{bt}$$

微分方程的通解为

$$y(t) = C_1 e^{r_1 t} + C_2 e^{r_2 t} + \frac{a}{b^2 + \alpha b + \beta} e^{bt}$$

该解向我们说明了模型中的二氧化碳存量如何随着时间而变化。我们已经确定两个根都是负数，因此，随着 $t \to \infty$，解中的前两项趋于零。如果 $b=0$，那么第三项就变为 a/β。我们的结论是，二氧化碳存量随着时间收敛到 a/β，这对于未来的子孙而言是个好消息。另一方面，如果 $b>0$，那么第三项就是 t 的增函数，因此它会无限制地增长，从而使得 y 也无限制地增加。

练习

求解下列二阶线性微分方程：

1. $3\ddot{y} + 6\dot{y} - 9y = -18e^{2t}$
2. $\ddot{y} + 5\dot{y} - 6y = 2e^{t}$
3. $\ddot{y} - 5\dot{y} + 6y = e^{-t/2}$
4. $\ddot{y} + \dot{y} = 2$

5. $\ddot{y}+\frac{1}{2}\dot{y}=4$

6. 利用给定的参数值：$\alpha=0.5$，$\beta=1/18$，$a=b=1$，$y_0=100/14$ 和 $\dot{y}_0=-1$ 求解非自治污染模型。

本章小结

关键词

特征方程	特征根	复根	通解
收敛	特征值	齐次解	单调路径
振荡路径	特解	可变项	

思考题

1. 什么是特征方程？它在求解二阶线性微分方程中有什么作用？

2. 在什么条件下，稳态解就是一个特解？

3. 在什么条件下，二阶线性自治方程会产生振荡路径？在什么条件下，它会产生单调路径？

4. 陈述收敛到稳态的充分必要条件。

5. 什么情况下可以利用待定系数法来求特解？

复习题

1. 求解下列二阶线性微分方程：

(a) $\ddot{y}-\dot{y}-2y=10$

(b) $\ddot{y}+6\dot{y}+9y=27$

(c) $\ddot{y}+4\dot{y}+5y=10$，$y(0)=2$，$\dot{y}(0)=1$

2. 求解下列二阶线性微分方程：

(a) $4\ddot{y}+12\dot{y}-7y=28$，$y(0)=2$，$\dot{y}(0)=1$

(b) $\ddot{y}+6\dot{y}+9y=27t$

(c) $\ddot{y}+4\dot{y}+5y=10t^2$，$y(0)=2$，$\dot{y}(0)=1$

3. 考虑下面的一阶线性微分方程：

$$\dot{y}=a_{11}y+a_{12}x$$
$$\dot{x}=a_{21}y$$

利用这些方程导出一个关于 y 的二阶微分方程。求解 $y(t)$ 并且导出为使 $y(t)$ 收敛到稳态值 $y=0$，参数需要满足的条件。

4. 考虑一个市场均衡模型。其中，厂商的当前供给是预计产品销售时通行价格的函数。假定市场供给方程为

$$q^S(t)=F+Gp^e$$

其中，p^e 是预期价格，F 和 G 是供给方程的常数参数。进一步假定供应商利用有关当前实际价格的信息和它关于时间的一阶、二阶导数来形成它们对产品上市时的通行价格的预测。具体而言，假定

$$p^e=p+b\dot{p}+c\ddot{p}$$

其中，$b>c>0$。如果当前价格固定，因此 $\dot{p}=\ddot{p}=0$，那么供应商会预计未来的通行价格就等于当前价格。如果当前价格上升，因此 $\dot{p}>0$，那么供应商会预计未来通行价格高于当前价格。高多少取决于当前价格是以递增的速度上升，即 $\ddot{p}>0$，还是以递减的速度上升，即 $\ddot{p}<0$。进行相关替代后，供给方程变为

$$q^S=F+Gp+Gb\dot{p}+Gc\ddot{p}$$

市场均衡模型剩下的部分为一个线性需求方程：

$$q^D=A+Bp$$

和一个线性价格调整方程，该方程意味着当存在过度需求时，价格上升；存在过度供给时，价格下降：

$$\dot{p}=\alpha(q^D-q^S)$$

其中 $\alpha>0$，为市场失衡时决定价格调整速度的常数。A 和 B 为需求方程的常数参数。

试导出该模型所暗含的二阶线性微分方程。求该方程的显式解。要确保均衡的稳定性，供给和需求函数的参数需要满足哪些限制条件？

5. 利用下面给定的参数，求解复习题 4 中的二阶线性微分方程：

(a) $\alpha=0.1$，$G=25$，$B=-20$，$b=0.5$，$c=0.1$

(b) $\alpha=0.4$，$G=25$，$B=-20$，$b=0.5$，$c=0.1$

6. 假定当未卖出商品的累积存货超过某个临界（常数）值 $Z(Z>0)$ 时，价格不会对需求和供给缺口做出反应，而只会下降。我们将上述内容用数学表示：

$$\dot{p}=\beta\left\{Z-\int_0^t[q^S(s)-q^D(s)]\mathrm{d}s,\ \beta>0\right\}$$

假定 $q^D=A+Bp$ 和 $q^S=F+Gp$。试导出该模型所暗含的二阶线性微分方程。证明：稳定性条件意味着价格既不会收敛到均衡值，也不会在均衡值处发散，而是在均衡值附近永远振荡下去。

第 24 章　微分和差分方程组

我们鼓励读者通过我们的网站 http：//mitpress. mit. edu/math _ econ3 来获得如下有助于学习本章的材料：

- 自由进入的瓦尔拉斯价格调整模型
- 解雇工人的马尔可夫模型
- 练习题

在经济学模型中，同时确定两个或者更多个变量的情形很常见。当模型是动态的并且包含两个或者更多个变量的时候，微分或者差分方程组便产生了。本章的目的是推广单个方程的求解方法，以求解自治微分和差分方程组。

24.1　线性微分方程组

我们从最简单的情形——两个线性微分方程构成的方程组——开始，利用**替换法**来求解。然后介绍更一般的**直接法**，它可以用来求解由多个方程构成的线性微分方程组。

替换法

这一方法适用于求解恰由两个线性微分方程组成的方程组。

定义 24.1 两个自治微分方程构成的线性方程组表示为

$$\dot{y}_1 = a_{11}y_1 + a_{12}y_2 + b_1 \tag{24.1}$$

$$\dot{y}_2 = a_{21}y_1 + a_{22}y_2 + b_2 \tag{24.2}$$

该方程组是线性的，因为它只包含线性微分方程，即 y_i 和 $\dot{y}_i$ 的幂都恰好为 1。该方程组是自治的，因为系数 a_{ij} 和 b_i 项都是常数。由于 $\dot{y}_1$ 依赖于 y_2 的解，$\dot{y}_2$ 依赖于 y_1 的解，因此，两个方程必须同时求解。

与前面有关线性微分和差分方程的章节相同，我们将求通解这一问题分为两步：先求齐次解，然后再求**特解**。通解即为齐次解和特解之和。用符号表示为

$$y_1 = y_1^h + y_1^p$$

$$y_2 = y_2^h + y_2^p$$

其中，y_i 为通解，y_i^h 为 y_i 的齐次通解，y_i^p 为 y_i 的特解。

齐次形式的通解

求通解的第一步是将微分方程组转化为它的齐次形式。这可以通过令每个方程中的常数项为零得到。

定义 24.2 两个一阶线性微分方程（24.1）和方程（24.2）所构成的方程组的齐次形式为

$$\dot{y}_1 = a_{11}y_1 + a_{12}y_2 \tag{24.3}$$

$$\dot{y}_2 = a_{21}y_1 + a_{22}y_2 \tag{24.4}$$

利用微分和替换两种手段，可以将这个含有两个一阶线性微分方程的方程组转化为一个二阶线性微分方程。由于我们已经知道如何求解二阶线性微分方程，因此，这一转换提供了求解的简便途径。

为将方程组转换为一个二阶微分方程，对方程（24.3）微分，可得

$$\ddot{y}_1 = a_{11}\dot{y}_1 + a_{12}\dot{y}_2$$

这是一个二阶方程，但它仍然依赖于 $\dot{y}_2$。因此，利用方程（24.4）来替换 $\dot{y}_2$，由此得到

$$\ddot{y}_1 = a_{11}\dot{y}_1 + a_{12}(a_{21}y_1 + a_{22}y_2)$$

再利用方程（24.3）得到可以用于替换 y_2 的如下表达式：

$$y_2 = \frac{\dot{y}_1 - a_{11}y_1}{a_{12}} \tag{24.5}$$

我们假定 $a_{12} \neq 0$。（当该假设不成立的时候，我们可以将方程（24.3）视为单个微分方程来求解，因为它不再依赖于 y_2。）利用该表达式替换 y_2，可得

$$\ddot{y}_1 = a_{11}\dot{y}_1 + a_{12}\left(a_{21}y_1 + a_{22}\frac{\dot{y}_1 - a_{11}y_1}{a_{12}}\right)$$

化简整理后得到

$$\ddot{y}_1-(a_{11}+a_{22})\dot{y}_1+(a_{11}a_{22}-a_{12}a_{21})y_1=0 \tag{24.6}$$

这是一个常系数二阶线性微分方程。在第 23 章中，此类方程被写成如下形式：

$$\ddot{y}+a_1\dot{y}+a_2y=0$$

对于特征根为实数的情形，方程的解由定理 23.2 给出；对于特征根为复数的情形，解由定理 23.3 给出。将这些定理用于方程（24.6）可以得到 $y_1(t)$。然后通过替代就可以得到 $y_2(t)$。下面我们分别针对特征根的三种情况进行讨论。

1. 不同实根。定理 23.2 给出了方程（24.6）的如下解：

$$y_1^h(t)=C_1\mathrm{e}^{r_1t}+C_1\mathrm{e}^{r_2t} \tag{24.7}$$

其中，特征根 r_1 和 r_2 为下面的特征方程的解：

$$r^2-(a_{11}+a_{22})r+(a_{11}a_{22}-a_{12}a_{21})=0$$

它们的表达式为

$$r_1, r_2=\frac{a_{11}+a_{22}}{2}\pm\frac{1}{2}\sqrt{(a_{11}+a_{22})^2-4(a_{11}a_{22}-a_{12}a_{21})} \tag{24.8}$$

$y_2^h(t)$的解由式（24.5）给出，它将 y_2 表示为 y_1 和 $\dot{y}_1$ 的表达式。y_1 的解由式（24.7）给出。取其导数可得

$$\dot{y}_1=r_1C_1\mathrm{e}^{r_1t}+r_2C_2\mathrm{e}^{r_2t}$$

将它们都代入式（24.5），得到

$$y_2^h(t)=\frac{r_1C_1\mathrm{e}^{r_1t}+r_2C_2\mathrm{e}^{r_2t}}{a_{12}}-\frac{a_{11}}{a_{12}}(C_1\mathrm{e}^{r_1t}+C_2\mathrm{e}^{r_2t})$$

化简后得到

$$y_2^h(t)=\frac{r_1-a_{11}}{a_{12}}C_1\mathrm{e}^{r_1t}+\frac{r_2-a_{11}}{a_{12}}C_2\mathrm{e}^{r_2t} \tag{24.9}$$

在不同实根的情形中，方程（24.7）和方程（24.9）共同构成了定义 24.2 中两个一阶线性微分方程所构成的方程组的齐次形式的解。

2. 相等实根。当下式成立时，这一情形出现：

$$(a_{11}+a_{22})^2-4(a_{11}a_{22}-a_{12}a_{21})=0$$

定理 23.2 给出了如下解：

$$y_1^h(t)=C_1\mathrm{e}^{rt}+C_2t\mathrm{e}^{rt} \tag{24.10}$$

与前面一样，利用式（24.5）求出 $y_2(t)$。对式（24.10）取导数，得到

$$\dot{y}_1(t)=rC_1\mathrm{e}^{rt}+rC_2t\mathrm{e}^{rt}+C_2\mathrm{e}^{rt}$$

然后将上式和 y_1* 的解代入式（24.5），由此得到

---

* 此处原书中为 y_2，疑误。——译者注

$$y_2^h(t)=\frac{(rC_1+rC_2t+C_2)e^{rt}-a_{11}(C_1+C_2t)e^{rt}}{a_{12}}$$

化简后得到 y_2 的解：

$$y_2^h(t)=\frac{(r-a_{11})C_1+C_2+(r-a_{11})C_2t}{a_{12}}e^{rt}$$

3. 复根。定理 23.3 给出了如下解：

$$y_1^h(t)=e^{ht}[A_1\cos(vt)+A_2\sin(vt)] \tag{24.11}$$

其中，$h=(a_{11}+a_{22})/2$ 和 $v=\sqrt{4(a_{11}a_{22}-a_{12}a_{21})-(a_{11}+a_{22})^2}/2$。

再次利用式（24.5）求出 $y_2(t)$的解。对式（24.11）取导数，得到

$$\dot{y}_1=he^{ht}[A_1\cos(vt)+A_2\sin(vt)]+e^{ht}[-vA_1\sin(vt)+vA_2\cos(vt)]$$

然后将上式和 y_2 的解代入式（24.5），由此得到

$$y_2^h(t)=e^{ht}\left[\frac{(h-a_{11})A_1+vA_2}{a_{12}}\cos(vt)+\frac{(h-a_{11})A_2-vA_1}{a_{12}}\sin(vt)\right]$$

将上述结果总结如下：

定理 24.1 由两个一阶线性微分方程（24.3）和方程（24.4）所构成的方程组的齐次形式的解为

不同实根：

$$y_1(t)=C_1e^{r_1t}+C_2e^{r_2t}$$

$$y_2(t)=\frac{r_1-a_{11}}{a_{12}}C_1e^{r_1t}+\frac{r_2-a_{11}}{a_{12}}C_2e^{r_2t}$$

相同实根：

$$y_1(t)=C_1e^{rt}+C_2te^{rt}$$

$$y_2(t)=\left[\frac{r-a_{11}}{a_{12}}(C_1+C_2t)+\frac{C_2}{a_{12}}\right]e^{rt}$$

其中，

$$r_1, r_2=\frac{a_{11}+a_{22}}{2}\pm\frac{1}{2}\sqrt{(a_{11}+a_{22})^2-4(a_{11}a_{22}-a_{12}a_{21})}$$

复根

$$y_1(t)=e^{ht}[A_1\cos(vt)+A_2\sin(vt)]$$

$$y_2(t)=e^{ht}\left[\frac{(h-a_{11})A_1+vA_2}{a_{12}}\cos(vt)+\frac{(h-a_{11})A_2-vA_1}{a_{12}}\sin(vt)\right]$$

其中，

$$h=\frac{1}{2}(a_{11}+a_{22})$$

$$V=\frac{1}{2}\sqrt{4(a_{11}a_{12}-a_{12}a_{21})^2-(a_{11}+a_{22})^2}$$

例 24.1　求解下面的齐次微分方程组：

$$\dot{y}_1 = y_1 - 3y_2$$

$$\dot{y}_2 = \frac{1}{4}y_1 + 3y_2$$

解： 对第一个方程微分，可得

$$\ddot{y}_1 = \dot{y}_1 - 3\dot{y}_2$$

利用第二个方程替换 $\dot{y}_2$。由此得到

$$\ddot{y}_1 = \dot{y}_1 - 3(0.25y_1 + 3y_2)$$

最后，再次利用第一个方程来求得 y_2 的表达式：

$$y_2 = \frac{-\dot{y}_1 + y_1}{3} \tag{24.12}$$

利用上式来替换 y_2，得到

$$\ddot{y}_1 = \dot{y}_1 - 3\left(0.25y_1 + 3\,\frac{(-\dot{y}_1) + y_1}{3}\right)$$

化简整理后得到

$$\ddot{y}_1 - 4\dot{y}_1 + \frac{15}{4}y_1 = 0$$

特征方程为

$$r^2 - 4r + \frac{15}{4} = 0$$

特征根为

$$r_1,\ r_2 = \frac{4}{2} \pm \frac{1}{2}\sqrt{16 - 4\left(\frac{15}{4}\right)}$$

计算可得 r_1，$r_2 = 3/2$，$5/2$。两个特征根为不同实数，于是，解 y_1 为

$$y_1(t) = C_1 e^{3t/2} + C_2 e^{5t/2}$$

现在利用式（24.12）便可以求得 y_2。首先，对 y_1 求微分，得到

$$\dot{y}_1(t) = \frac{3}{2}C_1 e^{3t/2} + \frac{5}{2}C_2 e^{5t/2}$$

将它和 y_1 代入式（24.12），化简后得到

$$y_2(t) = -\frac{1}{6}C_1 e^{3t/2} - \frac{1}{2}C_2 e^{5t/2}$$ ■

例 24.2　求解

$$\dot{y}_1 = -6y_1 - 8y_2$$

$$\dot{y}_2 = 2y_1 + 2y_2$$

解： 对第一个方程微分，得到

$$\ddot{y}_1 = -6\dot{y}_1 - 8\dot{y}_2$$

替换上式中的 $\dot{y}_2$，可得

$$\ddot{y}_1 = -6\dot{y}_1 - 8(2y_1 + 2y_2)$$

利用第一个方程，可得

$$y_2 = -\frac{6}{8}y_1 - \frac{1}{8}\dot{y}_1$$

然后将它代入 $\ddot{y}_1$ 的方程可得

$$\ddot{y}_1 = -6\dot{y}_1 - 8\left[2y_1 + 2\left(-\frac{6}{8}y_1 - \frac{1}{8}\dot{y}_1\right)\right]$$

化简整理后得到

$$\ddot{y}_1 + 4\dot{y}_1 + 4y_1 = 0$$

该微分方程的特征根为

$$r_1, r_2 = -\frac{4}{2} \pm \frac{\sqrt{16 - 4 \times 4}}{2}$$

它们为相等的实数：

$$r_1 = r_2 = -2$$

定理 23.2 给了出如下解：

$$y_1(t) = [C_1 + C_2 t]e^{-2t}$$

利用该解和它的导数可以求得 y_2 的如下表达式：

$$y_2(t) = \left(\frac{-1}{2}C_1 - \frac{1}{2}C_2 t + \frac{C_2}{-8}\right)e^{-2t}$$ ■

特解

我们已经找到了定义 24.1 中两个一阶线性微分方程所构成的方程组的齐次形式的解。下面我们将注意力转向求方程组的特解，然后便可以将齐次解和特解相加，求得通解。

在自治微分方程中，我们所找的特解总是稳态解。

定义 24.3 含有两个微分方程的方程组的**稳态解**是使 $\dot{y}_1$ 和 $\dot{y}_2$ 同时为零的一对 $\bar{y}_1$ 和 $\bar{y}_2$。

令完全微分方程（24.1）中 $\dot{y}_1 = 0$ 和 $\dot{y}_2 = 0$，求解 $\bar{y}_1$ 和 $\bar{y}_2$，可得

$$a_{11}\bar{y}_1+a_{12}\bar{y}_2+b_1=0$$
$$a_{21}\bar{y}_1+a_{22}\bar{y}_2+b_2=0$$

这是一个由两个方程构成的二元线性方程组。从第一个方程中求出 $\bar{y}_1$，然后代入第二个方程，得到 $\bar{y}_2$。第一个方程意味着

$$\bar{y}_1=-\frac{a_{12}}{a_{11}}\bar{y}_2-\frac{b_1}{a_{11}}$$

第二个方程意味着

$$\bar{y}_2=-\frac{a_{21}}{a_{22}}\bar{y}_1-\frac{b_2}{a_{22}}$$

将 $\bar{y}_1$的表达式代入 $\bar{y}_2$的表达式，可得

$$\bar{y}_2=-\frac{a_{21}}{a_{22}}\left(-\frac{a_{12}}{a_{11}}\bar{y}_2-\frac{b_1}{a_{11}}\right)-\frac{b_2}{a_{22}}$$

化简整理后得到

$$\bar{y}_2=\frac{a_{21}b_1-a_{11}b_2}{a_{11}a_{22}-a_{11}a_{21}} \tag{24.13}$$

将该式代入 $\bar{y}_1$的表达式，化简后得到

$$\bar{y}_1=\frac{a_{12}b_2-a_{22}b_1}{a_{11}a_{12}-a_{12}a_{21}} \tag{24.14}$$

式（24.13）和式（24.14）即为方程的稳态解。它们存在，当且仅当$(a_{11}a_{22}-a_{12}a_{21})\neq 0$，本章中假设这一点总成立。注意，这类似于第 23 章中关于二阶微分方程的假定 $a_2\neq 0$。如果这一假设不成立，仍有可能找到特解，但它必须是稳态解的一个替代解。

假设$(a_{11}a_{22}-a_{12}a_{21})\neq 0$，两个线性微分方程所构成的完全方程组的特解由稳态解给出。也就是

$$y_1^p=\bar{y}_1$$
$$y_2^p=\bar{y}_2$$

例 24.3 求下列方程组的特解：

$$\dot{y}_1=y_1-3y_2+1$$
$$\dot{y}_2=\frac{1}{4}y_1-y_2+2$$

解： 令 $\dot{y}_1=0$，求解 $\bar{y}_1$，得到

$$\bar{y}_1=3y_2-1$$

令 $\dot{y}_2=0$，求解 $\bar{y}_2$，得到

$$\bar{y}_2=\frac{1}{4}y_1+2$$

将 $\bar{y}_1$ 的表达式代入 $\bar{y}_2$，得到

$$\bar{y}_2=\frac{1}{4}(3y_2-1)+2$$

求出 $\bar{y}_2=7$。将该值代回 $\bar{y}_1$ 的表达式，得到 $\bar{y}_1=20$。 ■

通解

定义 24.1 中包含两个线性方程的方程组的通解为齐次解和特解之和。定理 24.2 提供了可能出现的三种类型的通解。

定理 24.2 包含线性方程（24.1）和方程（24.2）的方程组的通解为

不同实根：

$$y_1(t)=C_1e^{r_1t}+C_2e^{r_2t}+\bar{y}_1$$

$$y_2(t)=\frac{r_1-a_{11}}{a_{12}}C_1e^{r_1t}+\frac{r_2-a_{11}}{a_{12}}C_2e^{r_2t}+\bar{y}_2$$

相等实根：

$$y_1(t)=C_1e^{rt}+C_2te^{rt}+\bar{y}_1$$

$$y_2(t)=\left[\frac{r-a_{11}}{a_{12}}(C_1+C_2t)+\frac{C_2}{a_{12}}\right]e^{rt}+\bar{y}_2$$

其中

$$r_1, r_2=\frac{a_{11}+a_{22}}{2}\pm\frac{1}{2}\sqrt{(a_{11}+a_{22})^2-4(a_{11}a_{22}-a_{12}a_{21})}$$

复根：

$$y_1(t)=e^{ht}[A_1\cos(vt)+A_2\sin(vt)]+\bar{y}_1$$

$$y_2(t)=e^{ht}\left[\frac{(h-a_{11})A_1+vA_2}{a_{12}}\cos(vt)+\frac{(h-a_{11})A_2-vA_1}{a_{12}}\sin(vt)\right]+\bar{y}_2$$

其中

$$h=\frac{1}{2}(a_{11}+a_{22})$$

$$v=\frac{1}{2}\sqrt{4(a_{11}a_{22}-a_{12}a_{21})^2-(a_{11}+a_{22})^2}$$

$$\bar{y}_1=\frac{a_{12}b_2-a_{22}b_1}{a_{11}a_{22}-a_{12}a_{21}}$$

$$\bar{y}_2=\frac{a_{21}b_1-a_{11}b_2}{a_{11}a_{22}-a_{12}a_{21}}$$

例 24.4 求下列微分方程组的通解：

$$\dot{y}_1=y_1-3y_2-5$$

$$\dot{y}_2=\frac{1}{4}y_1+3y_2-5$$

解：首先，将方程组化为齐次形式：

$$\dot{y}_1=y_1-3y_2$$
$$\dot{y}_2=\frac{1}{4}y_1+3y_2$$

这正是例 24.3 中求解过的齐次方程组。其解为

$$y_1^h(t)=C_1\mathrm{e}^{3t/2}+C_2\mathrm{e}^{5t/2}$$
$$y_2^h(t)=-\frac{1}{6}C_1\mathrm{e}^{3t/2}-\frac{1}{2}C_2\mathrm{e}^{5t/2}$$

下面，求可以充当特解的稳态解。令完全方程中的 $\dot{y}_1=0$ 和 $\dot{y}_2=0$，得到

$$\bar{y}_1-3\bar{y}_2-5=0$$
$$\frac{1}{4}\bar{y}_1+3\bar{y}_2-5=0$$

解方程组，得到

$$\bar{y}_1=8，\bar{y}_2=1$$

将齐次解和特解相加得到通解：

$$y_1(t)=C_1\mathrm{e}^{3t/2}+C_2\mathrm{e}^{5t/2}+8$$
$$y_2(t)=-\frac{1}{6}C_1\mathrm{e}^{3t/2}-\frac{1}{2}C_2\mathrm{e}^{5t/2}+1$$ ■

初始条件

给定初始条件时，必须适当地选取积分常数值，以使通解满足初始条件。通常给出的初始条件为 $t=0$ 时 y_1 和 y_2 的值。

例 24.5 求例 24.4 中满足初始条件 $y_1(0)=1$ 和 $y_2(0)=3$ 的通解的积分常数。

解：计算 $t=0$ 时解的值

$$y_1(0)=C_1+C_2+8$$
$$y_2(0)=-\frac{1}{6}C_1-\frac{1}{2}C_2+1$$

令 $y_1(0)=1$，从第一个方程中解出 C_1：

$$C_1=1-C_2-8$$

令 $y_2(0)=3$，从第二个方程中解出 C_2：

$$C_2=-\frac{2}{6}C_1-2\times3+2$$

将 C_1 代入 C_2，得到 $C_2=-5/2$。然后再代入 C_1 的表达式，解得 $C_1=-9/2$。则通解变为

$$y_1(t)=-\frac{9}{2}e^{3t/2}-\frac{5}{2}e^{5t/2}+8$$

$$y_2(t)=\frac{3}{4}e^{3t/2}+\frac{5}{4}e^{5t/2}+1$$

■

例 24.6 求下列微分方程组满足初始条件 $y_1(0)=4$ 和 $y_2(0)=5$ 的通解：

$$\dot{y}_1=2y_1+5y_2+2$$

$$\dot{y}_2=-\frac{1}{2}y_1-y_2-5$$

解： 首先，将方程组化为齐次形式

$$\dot{y}_1=2y_1+5y_2$$

$$\dot{y}_2=-\frac{1}{2}y_1-y_2$$

对第一个方程微分，得到

$$\ddot{y}_1=2\dot{y}_1+5\dot{y}_2$$

利用第二个方程替换 $\dot{y}_2$，得到

$$\ddot{y}_1=2\dot{y}_1+5\left(-\frac{1}{2}y_1-y_2\right)$$

再利用第一个方程替换 y_2，得到

$$\ddot{y}_1=2\dot{y}_1+5\left[-\frac{1}{2}y_1-\left(\frac{\dot{y}_1-2y_1}{5}\right)\right]$$

化简得

$$\ddot{y}_1-\dot{y}_1+\frac{1}{2}y_1=0$$

特征根为

$$r_1, r_2=\frac{1}{2}\pm\frac{1}{2}\sqrt{1-4\times(1/2)}=\frac{1}{2}\pm\frac{1}{2}i$$

其中，i 是虚数 $\sqrt{-1}$。这是一个复根的例子。

微分方程组的齐次形式的解为

$$y_1(t)=e^{t/2}\left[A_1\cos\left(\frac{t}{2}\right)+A_2\sin\left(\frac{t}{2}\right)\right]$$

$$y_2(t)=e^{t/2}\left[\frac{(-3A_1/2)+A_2/2}{5}\cos\left(\frac{t}{2}\right)+\frac{(-3A_2/2)-A_1/2}{5}\sin\left(\frac{t}{2}\right)\right]$$

下面，求我们用来充当特解的稳态解。令完全方程中的 $\dot{y}_1=0$ 和 $\dot{y}_2=0$，

得到

$$2\bar{y}_1+5\bar{y}_2+2=0$$
$$-\frac{1}{2}\bar{y}_1-\bar{y}_2-5=0$$

求解这两个方程，得到 $\bar{y}_1$ 和 $\bar{y}_2$：

$$\bar{y}_1=-46,\ \bar{y}_2=18$$

最后，将齐次解和特解相加得到通解：

$$y_1(t)=\mathrm{e}^{t/2}\left[A_1\cos\left(\frac{t}{2}\right)+A_2\sin\left(\frac{t}{2}\right)\right]-46$$
$$y_2(t)=\mathrm{e}^{t/2}\left[\frac{(-3A_1/2)+A_2/2}{5}\cos\left(\frac{t}{2}\right)+\frac{(-3A_2/2)-A_1/2}{5}\sin\left(\frac{t}{2}\right)\right]+18$$

要使解满足初始条件，我们必须适当地选取常数。$t=0$ 时，由于 $\cos(0)=1$，$\sin(0)=0$，所以解为

$$y_1(0)=A_1-46$$
$$y_2(0)=\frac{(-3A_1/2)+A_2/2}{5}+18$$

它们必须满足给定的初始条件 $y_1(0)=4$ 和 $y_2(0)=5$。因此，

$$4=A_1-46$$
$$5=\frac{(-3A_1/2)+A_2/2}{5}+18$$

求解关于 A_1 和 A_2 的这两个方程，得到 $A_1=50$ 和 $A_2=20$。因此，最后的通解为

$$y_1(t)=\mathrm{e}^{t/2}\left[50\cos\left(\frac{t}{2}\right)+20\sin\left(\frac{t}{2}\right)\right]-46$$
$$y_2(t)=c^{t/2}\left[-13\cos\left(\frac{t}{2}\right)-11\sin\left(\frac{t}{2}\right)\right]+18$$ ■

直接法

尽管求解由两个微分方程构成的方程组时，替换法非常奏效，但是对于更大的方程组，它就显得麻烦了。下面的直接法在求解线性微分方程组的时候可以省去很多麻烦。

定义 24.4 n 个自治微分方程的**线性方程组**的矩阵形式为

$$\dot{\mathbf{y}}=A\mathbf{y}+\mathbf{b}$$

其中，A 是 $n\times n$ 的常系数矩阵，$\mathbf{b}$ 是 n 个常数项构成的向量，$\mathbf{y}$ 是包含 n 个变量

的向量，$\dot{\mathbf{y}}$ 是 n 个导数构成的向量。

例 24.7 线性微分方程组中 $n=2$，写出 2×2 的系数矩阵和两个常数项所构成的向量。

解： 系数矩阵为

$$A=\begin{bmatrix}a_{11} & a_{12}\\ a_{21} & a_{22}\end{bmatrix}$$

常数项向量为

$$\mathbf{b}=\begin{bmatrix}b_1\\ b_2\end{bmatrix}$$ ■

令齐次解和特解相加可以得到完全方程组的解。首先，将完全方程化为齐次形式：

$$\dot{\mathbf{y}}=A\mathbf{y} \tag{24.15}$$

我们猜测齐次解具有如下形式：

$$\mathbf{y}=\mathbf{k}e^{rt}$$

其中，$\mathbf{k}$ 为 n 维常数向量，r 为标量。要判断猜测是否正确，检验所猜测的解和它的一阶导数是否满足微分方程组。所猜测解的导数为

$$\dot{\mathbf{y}}=r\mathbf{k}e^{rt}$$

将该导数和所猜测的解代入原来的方程组，得到

$$r\mathbf{k}e^{rt}=A\mathbf{k}e^{rt}$$

化简后得到

$$[A-rI]\mathbf{k}=\mathbf{0} \tag{24.16}$$

其中，I 是单位矩阵，$\mathbf{0}$ 是零向量。我们希望找出满足方程的 r 值。r 的这些值确保我们猜测的解是正确的。

在第 8 章里，我们知道类似式（24.16）这样的齐次线性方程组有奇异解，当且仅当 $[A-rI]$ 的行列式的值恒等于零。因此，可以通过求解下式得到 r 的值：

$$|A-rI|=0 \tag{24.17}$$

它是未知数 r 的 n 次多项式，也就是矩阵 A 的**特征方程**。它的解称为矩阵 A 的**特征根**或者**特征值**。在特定特征值 r_1 下，方程（24.16）的解称为矩阵相应于特征值 r_1 的**特征向量**。

当 $n=2$ 时，方程（24.17）变为

$$\begin{vmatrix}a_{11}-r & a_{12}\\ a_{21} & a_{22}-r\end{vmatrix}=0$$

化简后可得

$$r^2-(a_{11}+a_{22})r+(a_{11}a_{22}-a_{12}a_{21})=0$$

该式与利用替换法所求得的特征方程相同。

在继续讨论之前，我们先介绍下述有用的事实。在 $n=2$ 的情形中，特征方程可以写为

$$r^2-\mathrm{tr}(A)r+|A|=0$$

其中，$\mathrm{tr}(A)=a_{11}+a_{22}$ 为系数矩阵对角线元素之和，$|A|=a_{11}a_{22}-a_{12}a_{21}$ 为系数矩阵的行列式。因此，特征根可以表示为

$$r_1, r_2=\frac{\mathrm{tr}(A)}{2}\pm\frac{1}{2}\sqrt{\mathrm{tr}(A)^2-4|A|}$$

这一表达式提供了一条从系数矩阵直接计算特征根的捷径。

更一般地，微分方程组有 n 个方程和 n 个特征根，因此，微分方程组也就有 n 个解。同二维线性方程组一样，此时，齐次形式的通解为 n 个不同解的线性组合。

定理 24.3 如果 $\mathbf{y}_1$，$\mathbf{y}_2$，…，$\mathbf{y}_n$ 是方程（24.15）构成的齐次方程组的线性无关解，那么该方程组的通解为下列线性组合：

$$\mathbf{y}(t)=c_1\mathbf{y}^1(t)+c_2\mathbf{y}^2(t)+\cdots+c_n\mathbf{y}^n(t)$$

其中的常数值唯一。

例 24.8 利用直接法求解下列 2×2 的微分方程组：

$$\dot{\mathbf{y}}=\begin{bmatrix}4 & -1\\ -4 & 4\end{bmatrix}\mathbf{y}$$

解： 本例中，$\mathbf{y}$ 和 $\dot{\mathbf{y}}$ 是二维向量。特征方程为

$$|A-rI|=\begin{vmatrix}4-r & -1\\ -4 & 4-r\end{vmatrix}=0$$

即 $r^2-8r+12=0$。其解为 $r_1=2$ 和 $r_2=6$。对于 $r_1=2$，我们要计算特征向量的奇异解：

$$\begin{bmatrix}4-2 & -1\\ -4 & 4-2\end{bmatrix}\begin{bmatrix}k_1\\ k_2\end{bmatrix}=0$$

由此得到 $2k_1-k_2=0$。通常的做法是，取 $k_1=1$，由此得到 $k_2=2$。因此，第一组解为

$$\mathbf{y}^1(t)=\begin{bmatrix}1\\ 2\end{bmatrix}\mathrm{e}^{2t}$$

对于 $r_2=6$，特征向量为下式的解：

$$\begin{bmatrix}4-6 & -1\\ -4 & 4-6\end{bmatrix}\begin{bmatrix}k_1\\ k_2\end{bmatrix}=0$$

即 $-2k_1-k_2=0$。取 $k_1=1$，我们得到 $k_2=-2$。因此，第二组解为

$$\mathbf{y}^2(t)=\begin{bmatrix}1\\-2\end{bmatrix}e^{6t}$$

由于这两组解线性无关，所以通解为

$$\mathbf{y}(t)=C_1\begin{bmatrix}1\\2\end{bmatrix}e^{2t}+C_2\begin{bmatrix}1\\-2\end{bmatrix}e^{6t}$$ ■

例 24.9 用直接法求例 24.1 中的微分方程组的解。

解：方程组的系数矩阵为

$$A=\begin{bmatrix}1 & -3\\1/4 & 3\end{bmatrix}$$

特征方程为

$$\begin{vmatrix}1-r & -3\\1/4 & 3-r\end{vmatrix}=0$$

即 $r^2-4r+15/4=0$。其解为 $r_1=3/2$ 和 $r_2=5/2$。对于 $r_1=3/2$，特征向量为下式的解：

$$\begin{bmatrix}1-3/2 & -3\\1/4 & 3-3/2\end{bmatrix}\begin{bmatrix}k_1\\k_2\end{bmatrix}=0$$

由此得到 $-k_1/2-3k_2=0$。取 $k_1=1$，我们得到 $k_2=-1/6$。因此，第一组解为

$$\mathbf{y}^1(t)=\begin{bmatrix}1\\-1/6\end{bmatrix}e^{3t/2}$$

对于 $r_2=5/2$，特征向量为下式的解：

$$\begin{bmatrix}1-5/2 & -3\\1/4 & 3-5/2\end{bmatrix}\begin{bmatrix}k_1\\k_2\end{bmatrix}=0$$

由此得到 $-3k_1/2-3k_2=0$。取 $k_1=1$，我们得到 $k_2=-1/2$。因此，第二组解为

$$\mathbf{y}^2(t)=\begin{bmatrix}1\\-1/2\end{bmatrix}e^{5t/2}$$

由于这两组解线性无关，所以通解为

$$\mathbf{y}(t)=C_1\begin{bmatrix}1\\-1/6\end{bmatrix}e^{3t/2}+C_2\begin{bmatrix}1\\-1/2\end{bmatrix}e^{5t/2}$$ ■

例 24.8 和例 24.9 展示了特征根（特征值）为不同实根时如何用直接法求解。下面的例子展示了特征根为复数时如何用直接法求解。

例 24.10 求解齐次微分方程组

$$\dot{\mathbf{y}}=A\mathbf{y},\quad A=\begin{bmatrix}2 & -5\\2 & -4\end{bmatrix}$$

解：特征根为 $r_1=-1+i$ 和 $r_2=-1-i$。对于 $r_1=-1+i$，特征向量为下式的解：

$$\begin{bmatrix}3-i & -5\\ 2 & -3-i\end{bmatrix}\begin{bmatrix}k_1\\ k_2\end{bmatrix}=0$$

由此得到 $(3-i)k_1-5k_2=0$ 或者 $k_2=(3-i)k_1/5$。这一次取 $k_1=5$，得到 $k_2=3-i$。由于最终在通解中，特征向量都要与常数相乘，因此，这种缩放不会对通解产生影响。因此，第一组解为

$$\mathbf{y}^1(t)=\begin{bmatrix}5\\ 3-i\end{bmatrix}e^{(-1+i)t}$$

对于 $r_2=-1-i$，特征向量为下式的解：

$$\begin{bmatrix}3+i & -5\\ 2 & -3+i\end{bmatrix}\begin{bmatrix}k_1\\ k_2\end{bmatrix}=0$$

由此得到 $(3+i)k_1-5k_2=0$ 或者 $k_2=(3+i)k_1/5$。取 $k_1=5$，得到 $k_2=3+i$。因此，第二组解为

$$\mathbf{y}^2(t)=\begin{bmatrix}5\\ 3+i\end{bmatrix}e^{(-1-i)t}$$

两者结合得到通解：

$$\mathbf{y}(t)=C_1\begin{bmatrix}5\\ 3-i\end{bmatrix}e^{(-1+i)t}+C_2\begin{bmatrix}5\\ 3+i\end{bmatrix}e^{(-1-i)t}$$

根据欧拉公式，上式变为

$$\mathbf{y}(t)=C_1\begin{bmatrix}5\\ 3-i\end{bmatrix}e^{-t}[\cos(t)+i\sin(t)]+C_2\begin{bmatrix}5\\ 3+i\end{bmatrix}e^{-t}[\cos(t)-i\sin(t)]$$

上面第二个式子的右边为

$$\{C_1(3-i)[\cos(t)+i\sin(t)]+C_2(3+i)[\cos(t)-i\sin(t)]\}e^{-t}$$

将上式实部和虚部各自合并后，再利用 $i^2=-1$ 这一事实，得到

$$\{(C_1+C_2)[3\cos(t)+\sin(t)]+i(C_1-C_2)[-\cos(t)+\sin(t)]\}e^{-t}$$

定义新的常数 $A_1=C_1+C_2$ 和 $A_2=i(C_1-C_2)$，通解变为

$$\mathbf{y}(t)=\left\{A_1\begin{bmatrix}5\cos(t)\\ 3\cos(t)+\sin(t)\end{bmatrix}+A_2\begin{bmatrix}5\sin(t)\\ -\cos(t)+3\sin(t)\end{bmatrix}\right\}e^{-t}$$ ■

特解

稳态解提供了我们所需要的特解。在完全微分方程组中令 $\dot{\mathbf{y}}=\mathbf{0}$。由此得到

$$A\bar{\mathbf{y}}+\mathbf{b}=\mathbf{0}$$

解为

$$\bar{\mathbf{y}}=-A^{-1}\mathbf{b}$$

假定逆矩阵 A^{-1} 存在。当且仅当 A 非奇异（即行列式的值不能为零）时该矩阵存在。我们已经假定了 $n=2$ 时这一点成立。现在假定对于任意 n，都有 $|A|\neq 0$。

在结束本节之前，我们要说明，任何单个二阶微分方程都能够化为两个一阶微分方程。这一点最重要的意义在于，包含更高阶方程的方程组总是可以利用下面所介绍的方法化为只包含一阶方程的方程组。

例 24.11 考虑下面的微分方程：

$$\ddot{y}-a_1\dot{y}-a_2y=b$$

为将该二阶线性微分方程化为包含两个一阶线性微分方程的方程组，定义新变量 x 如下：

$$x=\dot{y}$$

该定义表明 $\dot{x}=\ddot{y}$，将其代入原来的二阶微分方程，可以得到一个包含两个一阶微分方程的等价方程组：

$$\dot{x}=a_1x+a_2y+b$$
$$\dot{y}=x$$

将该方程组同定义 24.1 中的一般形式比较，我们看到 $x=y_1$，$y=y_2$，$a_1=a_{11}$，$a_2=a_{12}$，$a_{21}=1$ 和 $a_{22}=0$。利用本章所介绍的方法，可以同时求解 $y(t)$ 和 $x(t)$。当然，在当前特殊情形中，我们只对 $y(t)$ 感兴趣。■

练习

1. 将下列二阶微分方程化为两个一阶微分方程构成的方程组，并且求解。

(a) $2\ddot{y}-5\dot{y}+y-10=0$
(b) $\ddot{y}-2y=1$
(c) $\ddot{y}+10\dot{y}+y=1$

2. 分别利用替换法和直接法，求满足所给定初始条件的下列线性微分方程组的解：

(a) $\dot{y}_1=y_1+5y_2$，$\dot{y}_2=\frac{1}{4}y_1-y_2$

(b) $\dot{y}_1=y_1+5y_2+18$，$\dot{y}_2=\frac{1}{4}y_1-y_2+9$，且 $y_1(0)=6$，$y_2(0)=0$

(c) $\dot{y}_1=2y_1+y_2/2$，$\dot{y}_2=7y_1/2-y_2+15$，且 $y_1(0)=2$，$y_2(0)=4$

(d) $\dot{y}_1=3y_1+y_2+4$，$\dot{y}_2=2y_1+2y_2-12$，且 $y_1(0)=-2$，$y_2(0)=5$

3. 分别利用替换法和直接法，求满足所给定初始条件的下列线性微分方程组的解：

(a) $\dot{y}_1=-2y_1+2y_2+12$，$\dot{y}_2=y_1-3y_2-12$，且 $y_1(0)=-2$，$y_2(0)=5$

(b) $\dot{y}_1=-y_1-9y_2/4+2$，$\dot{y}_2=-3y_1+2y_2-1$，且 $y_1(0)=20$，$y_2(0)=2$

(c) $\dot{y}_1=2y_1-2y_2+5$，$\dot{y}_2=2y_1+2y_2+1$，且 $y_1(0)=2.5$，$y_2(0)=-1$

24.2 稳定性分析和线性相图

如果方程组收敛到稳态解，则称自治微分方程组的稳态解是稳定的；否则，称其为不稳定的。跟前面几章一样，这里我们要强调稳定性问题，因为它在经济应用中非常重要。

在第 21 章到第 23 章中我们发现，微分方程的稳定性特征依赖于特征根的符号。特征根的实部为负数时，微分方程收敛到稳态（稳定）；特征根的实部为正数时，微分方程从稳态发散（不稳定）。

本节中我们会看到，微分方程组的稳定性也依赖于特征根的符号。定理 24.4 阐述了收敛条件。

定理 24.4 线性自治微分方程组的稳态解是渐近稳定的，当且仅当特征根为负（在复根的情形中，实部为负）。

证明：无论方程组中含有多少个方程，定理 24.4 都适用，不过，我们只证明有两个方程的情形。考虑可能出现的三种类型的特征根：

不同实根：含有两个线性自治微分方程的方程组的解为

$$y_1(t)=C_1e^{r_1t}+C_2e^{r_2t}+\bar{y}_1$$

$$y_2(t)=\frac{r_1-a_{11}}{a_{12}}C_1e^{r_1t}+\frac{r_2-a_{11}}{a_{12}}C_2e^{r_2t}+\bar{y}_2$$

在什么条件下，$y_1(t)$收敛到 $\bar{y}_1$，$y_2(t)$收敛到 $\bar{y}_2$呢？方程组的解表明，如果 r_1 和 r_2 都是负的，那么随着 $t\to\infty$，指数项 e^{r_1t}和 e^{r_2t}趋于极限零。因此，对于积分常数的所有取值，两个解都会随着 $t\to\infty$收敛到稳态。因为只有当 $t\to\infty$时，$y_i(t)$才会收敛到 $\bar{y}_i(i=1,2)$，所以 $y_i(t)$渐近趋向于值 $\bar{y}_i$。因此，如果两个根都是负的，稳态就是渐近稳定的。

如果 r_1 和 r_2 都是正的，那么随着 $t\to\infty$，指数项 e^{r_1t}和 e^{r_2t}趋于无穷。因此，除非积分常数都为零，否则两个解都会偏离稳态。所以，当两个根都是正数时，稳态不稳定。

如果一个根为负，另一个根为正，随着 $t\to\infty$，包含负根的指数项会趋于零，包含正根的指数项会发散到无穷。因此，除非发散指数项的积分常数为零

（这一特殊情况实际上在经济应用中发挥着重要作用，我们会进一步讨论它），否则两个解都会偏离稳态。因此，即便只有一个根为正，稳态也是不稳定的。

相等实根：含有两个线性自治微分方程的方程组的解为

$$y_1(t)=C_1e^{rt}+C_2te^{rt}+\bar{y}_1$$

$$y_2(t)=\left[\frac{r-a_{11}}{a_{12}}(C_1+C_2t)+\frac{C_2}{a_{12}}\right]e^{rt}+\bar{y}_2$$

两个相等的根要么都是正的，要么都是负的。如果是正的，当 $t\to\infty$ 时，指数项趋于无穷，因此两个解都会偏离稳态。如果是负的，当 $t\to\infty$ 时，两个解都收敛到它们的稳态值。其证明与第 23 章二阶微分方程相等实根情形中收敛性的证明完全相同。

复根：此时，解为

$$y_1(t)=e^{ht}[A_1\cos(vt)+A_2\sin(vt)]+\bar{y}_1$$

$$y_2(t)=e^{ht}\left[\frac{(h-a_{11})A_1+vA_2}{a_{12}}\cos(vt)+\frac{(h-a_{11})A_2-vA_1}{a_{12}}\sin(vt)\right]+\bar{y}_2$$

当 $t\to\infty$ 时，正弦函数和余弦函数都有界，因此，如果特征根的实部为正，即 $h>0$，那么解发散；如果特征根的实部为负，即 $h<0$，那么解收敛。 ■

定理 24.4 说明，如果特征根为负，那么无论积分常数取何值，y_1 和 y_2 都分别收敛到 $\bar{y}_1$ 和 $\bar{y}_2$。既然积分常数由初始条件决定，我们就可以将这一结果解释为：如果特征根为负，那么无论初始条件如何，$y_1(t)$和 $y_2(t)$都分别收敛到 $\bar{y}_1$ 和 $\bar{y}_2$。

在动态最优化经济模型中，一个特征根为正，另一个为负的微分方程组经常出现。下面我们分析一下这一重要情形。

定理 24.5 如果一个特征根为正，另一个为负，稳态均衡就称为**鞍点**均衡，它是不稳定的。不过，如果 y_1 和 y_2 的初始条件满足下式：

$$y_2=\frac{r_1-a_{11}}{a_{12}}(y_1-\bar{y}_1)+\bar{y}_2$$

其中，r_1 为负根，r_2 为正根，$y_1(t)$ 和 $y_2(t)$ 就会收敛到它们的稳态解。满足该方程的点（y_1，y_2）的轨线称为**鞍点路径**。

证明：如果特征根的符号相反，那么它们是实数。方程组的解为

$$y_1(t)=C_1e^{r_1t}+C_2e^{r_2t}+\bar{y}_1$$

$$y_2(t)=\frac{r_1-a_{11}}{a_{12}}C_1e^{r_1t}+\frac{r_2-a_{11}}{a_{12}}C_2e^{r_2t}+\bar{y}_2$$

不失一般性，假定 r_1 为负根，r_2 为正根，那么 $y_1(t)$和 $y_2(t)$收敛到稳态值，当且仅当 $C_2=0$ 时成立。求上面两个解中的 C_1 和 C_2 可得

$$C_1=\frac{(y_1-\bar{y}_1)(r_2-a_{11})-a_{12}(y_2-\bar{y}_2)}{r_2-r_1}e^{-r_1t}$$

$$C_2=\frac{a_{12}(y_2-\bar{y}_2)-(y_1-\bar{y}_1)(r_1-a_{11})}{r_2-r_1}e^{-r_2t}$$

上式隐去了 y_1 和 y_2 中的 t，以简化表达式。令 $C_2=0$，然后化简，得到

$$y_2=(y_1-\bar{y}_1)\frac{r_1-a_{11}}{a_{12}}+\bar{y}_2 \qquad \blacksquare$$

定理 24.5 告诉我们，从任意选定的初始值出发，只要有一个特征根为正，解就不会收敛到稳态；另一方面，如果 y_1 和 y_2 的初始条件恰好满足定理 24.5 所要求的条件，解就收敛。这称为鞍点均衡，它只会出现在不同实根的情形中。它在经济动态学中发挥着相当重要的作用，因此，在本章和下一章中，我们会经常提到它。

线性相图

在第 22 章中，我们已经看到，对单个非线性微分方程进行定性分析时，相图是个有用的工具。在对含有两个微分方程的方程组的分析中，它具有同样的价值。我们从含有两个线性微分方程的方程组着手来说明构造相图的方法。这一方法以及可能出现的各种有趣的路径系统，可以用于分析包含两个非线性微分方程的方程组。

在第 22 章中，我们构造了单个非线性微分方程的相图。方法是画出以 y 为横轴、$\dot{y}$ 为纵轴的平面图形，如此一来，我们可以看出 $\dot{y}$ 取正值和负值时所对应的 y 的取值范围。这允许我们看清 y 是否收敛，以及收敛到何值。在对含两个微分方程的方程组的分析中，相图的使用目的与前面相同，不过构造方法略有不同。我们通过例子来解释这一方法。

例 24.12　两个根都是负数时的相图（稳定结点）。

求解下列微分方程组，并且作出相图：

$$\dot{y}_1=-2y_1+2$$
$$\dot{y}_2=-3y_2+6$$

解：由于 $a_{12}=0=a_{21}$，即这些微分方程实际上彼此独立，因此可以作为单个方程独立求解。由第 21 章可知，解为

$$y_1(t)=C_1\mathrm{e}^{-2t}+1$$
$$y_2(t)=C_2\mathrm{e}^{-3t}+2$$

其中，C_1 和 C_2 为任意积分常数。显然，在该方程组中，因为当 $t\to\infty$ 时，指数项收敛到零，$y_1(t)$收敛到它的稳态解 $\bar{y}_1=1$，$y_2(t)$收敛到它的稳态解 $\bar{y}_2=2$。因此，稳态点（1，2）是一个稳定均衡。

假设我们选取的初始值为 $y_1^0=3$ 和 $y_2^0=1/2$。图 24.1 给出了 $y_1(t)$和 $y_2(t)$从这些初始值出发的轨线。随着 $y_1(t)$的收敛，它的轨线下降（因为它从稳态解的上方出发）；随着 $y_2(t)$的收敛，它的轨线上升（因为它从稳态解的下方出发）。

图 24.1 提供了一条“看清”$y_1(t)$和 $y_2(t)$的有用途径。不过，我们并不总是能够求得方程（对于非线性微分方程）的显式解，所以 y_1 和 y_2 并不总是可以表示为时间的显函数。因此，我们并不总是能够构造出图 24.1 那样的图像。相

图规避了上述问题，而且提供了“看清”解的不同途径。

含有两个微分方程的方程组的相图以 y_1 为横轴、y_2 为纵轴。y_1 和 y_2 构成的平面称为**相平面**。我们分两步来构造本例的相图。

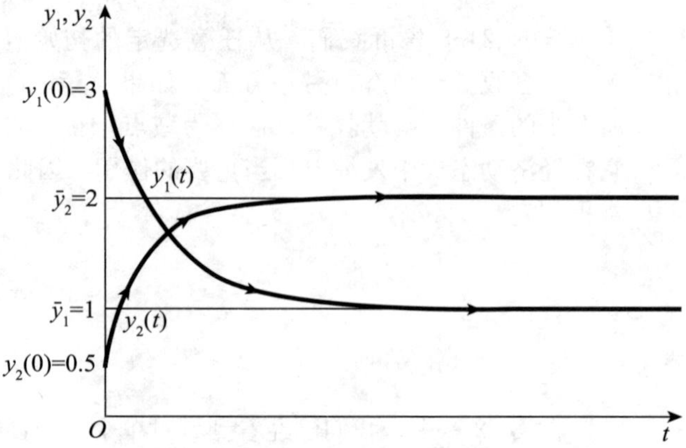

图 24.1　作为时间的显函数的 y_1 和 y_2 的解

第 1 步：确定 y_1 在相图中的运动方向。先画出 $\dot{y}_1=0$ 的点的轨迹。令 $\dot{y}_1=0$，得到

$$y_1=1$$

在图 24.2 中，直线 $y_1=1$ 给出了这些点的轨迹。这条直线称为 y_1 的等斜线；它将相平面分成了两个区域或者等斜区。在等斜线右边($y_1>1$)，y_1 的微分方程表明，$\dot{y}_1$ 是负的；在等斜线的左边($y_1<1$)，y_1 的微分方程表明，$\dot{y}_1$ 是正的。

我们已经确定了在被 y_1 的等斜线分隔开的两个区域中 y_1 的运动情况：在等斜线的右边，y_1 递减（因为 $\dot{y}_1<0$）；在等斜线的左边，y_1 递增（因为 $\dot{y}_1>0$）。为了在图像中表示出这一运动情况，我们画出指向相关方向的水平箭头。

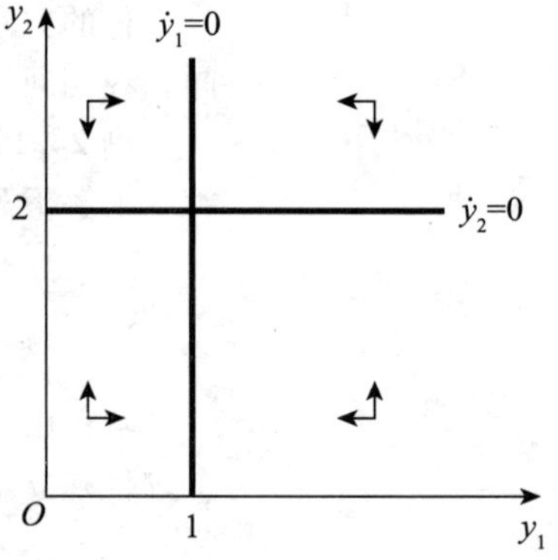

图 24.2　例 24.12 的相图

第 2 步：确定 y_2 的运动情况。先画出 y_2 的等斜线。令 $\dot{y}_2=0$，得到

$$y_2=2$$

即图 24.2 中的等值曲线 $y_2=2$。它也将平面分成了两个区域。y_2 的微分方程表明，在等斜线的上方（即 $y_2>2$），$\dot{y}_2$是负的；在等斜线的下方（即 $y_2<2$），$\dot{y}_2$ 是正的。为了在图像中表示出 y_2 的运动情况，我们画出指向相关方向的垂直箭头。

在这两条等斜线的交点处，$\dot{y}_1$ 和 $\dot{y}_2$都等于零。根据定义 24.3，这是一个稳态点。在图 24.2 中，该点即为(1,2)。

运动箭头粗略地描述了相图中的轨线的特征以及它们是否朝着稳态移动。例如，在稳态解的东南方向，运动箭头表明，相平面中这一部分的轨线朝着西北方

向移动，这意味着 $y_1(t)$随着时间下降，$y_2(t)$随着时间上升。相平面西南部分的轨线朝着东北方向移动，西北的轨线朝着东南移动，东北的轨线朝着西南移动。总之，运动箭头告诉我们，无论我们从相平面的哪一部分开始，轨线总是朝着稳态移动。因此，相图很好地说明了稳态是全局稳定的。

准确的轨线需要依靠两个微分方程的解才能画出。我们在图 24.3 中画出了准确的轨线。

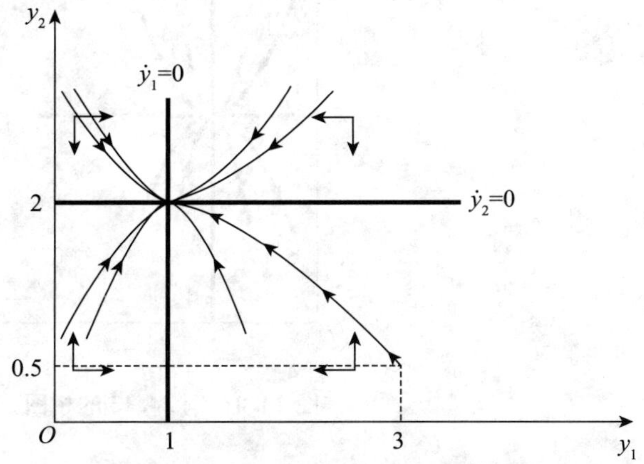

图 24.3　例 24.12 的相图（其中包含一些代表性轨线）：一个稳定结点

y_1 和 y_2 相平面中的**轨线**是 y_1 和 y_2 组合所遵从的路径。例如，假设我们从点(3,0.5)出发，这也是图 24.1 中所用的初始点。源自这一初始点的轨线随着时间移向西北。比较(y_1,y_2)的轨线以及图 24.1 中 y_1 和 y_2 以 t 为横轴的轨线。尽管时间没有明确出现在相图中，但它暗含在轨线中。例如，在 $t=0$ 时，轨线位于点(3,0.5)。随着时间的推移，$y_1(t)$和 $y_2(t)$这对组合已经沿着轨线移向了西北。这意味着 $y_1(t)$已经下降了，而 $y_2(t)$则上升了。图 24.1 明确地表明了这一点。再过一段时间，这对组合沿着轨线走得就更远了。这意味着 $y_1(t)$进一步下降，而 $y_2(t)$进一步上升，如图 24.1 所示。在图 24.3 中，随着 $t\to\infty$，$y_1(t)$和 $y_2(t)$这对组合收敛到点(1,2)，如同图 24.1 中 $y_1(t)$和 $y_2(t)$这对组合收敛到 $\bar{y}_1$ 和 $\bar{y}_2$。

两个根都为负的动态系统有一个重要特征：无论 y_1 和 y_2 的初始值如何，它们的路径都会收敛到稳态。图 24.3 给出的许多代表性轨线充分说明了这一点。相平面中的所有轨线都渐近收敛到稳态。这类均衡称为**稳定结点**。■

例 24.13　两个特征根皆为正数时的相图（不稳定结点）。

求解下面的微分方程组，并且作出相图：

$$\dot{y}_1=2y_1-2$$
$$\dot{y}_2=3y_2-6$$

解：这两个方程与例 24.12 中的方程之间的唯一区别在于系数和项的符号。方程组的解为

$$y_1(t)=C_1\mathrm{e}^{2t}+1$$
$$y_2(t)=C_2\mathrm{e}^{3t}+2$$

相图的构造方法与前面例子中的相同。它们具有相同的等斜线，但是运动方向正好相反。因此，图 24.4 中所绘相图的轨线的形状同前面例子中的相同，但运动方向相反。结果，我们清楚地看到，除了稳态点之外，从相平面中的任何点出发，系统都会偏离稳态。此时，稳态称为**不稳定结点**。

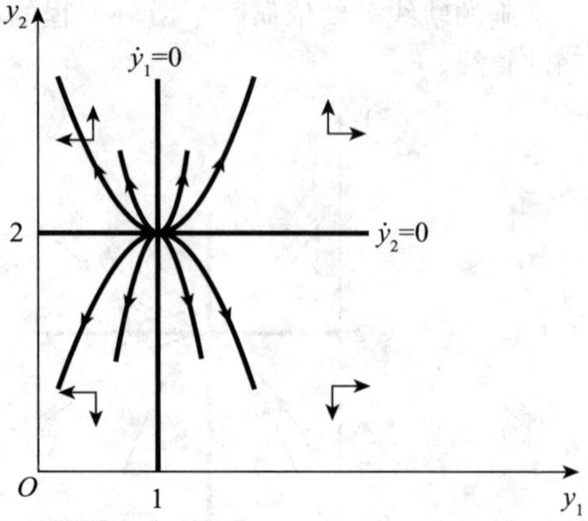

图 24.4　例 24.13 的相图：不稳定结点

在相等实根的情形中，动态系统被称为**不恰当结点**。这里，我们不画该情形的相图。注意以下两点就足以达到我们的目的了：如果重根为负，所有轨线都会收敛到稳态；如果重根为正，所有轨线都会偏离稳态。 ■

例 24.14　两个特征根符号相反时的相图（鞍点）。

画出下列方程组的相图：

$$\dot{y}_1 = y_2 - 2$$

$$\dot{y}_2 = \frac{y_1}{4} - \frac{1}{2}$$

解：特征方程为

$$|A - rI| = \begin{vmatrix} 0-r & 1 \\ 1/4 & 0-r \end{vmatrix} = 0$$

特征根为 $r_1 = -1/2$，$r_2 = 1/2$。由于特征根符号相反，所以稳态解为鞍点均衡。

构造相图：

第 1 步：确定 y_1 的运动方向。先画 y_1 的等斜线：令 $\dot{y}_1 = 0$ 以找出等斜线，得到等值曲线 $y_2 = 2$。接着，我们注意到，在等斜线的下方（当 $y_2 < 2$ 时）$\dot{y}_1 < 0$；在等斜线的上方（当 $y_2 > 2$ 时），$\dot{y}_1 > 0$。图 24.5 给出了表示相关运动方向的水平箭头。

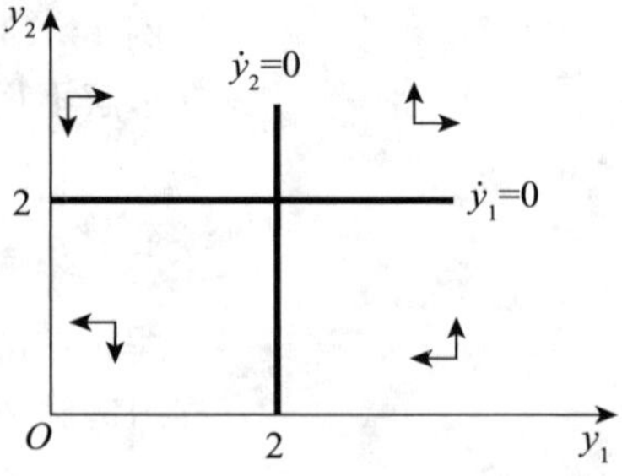

图 24.5　例 24.14 的相图

第 2 步：确定 y_2 的运动方向。先画 y_2 的等斜线：令 $\dot{y}_2 = 0$，得到垂直线 $y_1 = 2$。在等斜线的右边（当 $y_1 > 2$ 时），$\dot{y}_2 > 0$；在等斜线的左

边（当 $y_1<2$ 时），$\dot{y}_2<0$。相图中给出了表示相关运动方向的垂直箭头。

图 24.5 中的运动箭头显示，相平面西南和东北部分的轨线必定偏离稳态。但是，西北和东南部分的运动箭头则表明轨线会移向稳态。那么轨线实际如何呢？

图 24.6 描绘了几条代表性轨线。考虑图 24.6 中的任意初始点，譬如说点 a。在该点处，运动箭头显示，y_1 递减，y_2 递增。因此，运动方向指向西北。沿着这条轨线，随着它接近使 $\dot{y}_1=0$ 的 y_1 的等斜线，y_1 运动速度下降，而 y_2 继续递增。因此，轨线向上弯曲。当它跨越 y_1 的等斜线时，y_1 很快稳定下来，而 y_2 继续递增。结果，轨线在交叉点必然垂直。此后，它进入一个新的等斜区，在这里，y_1 和 y_2 都递增。因此，轨线后弯，朝着东北方向前进。此后，它会待在那个等斜区，离稳态越来越远。

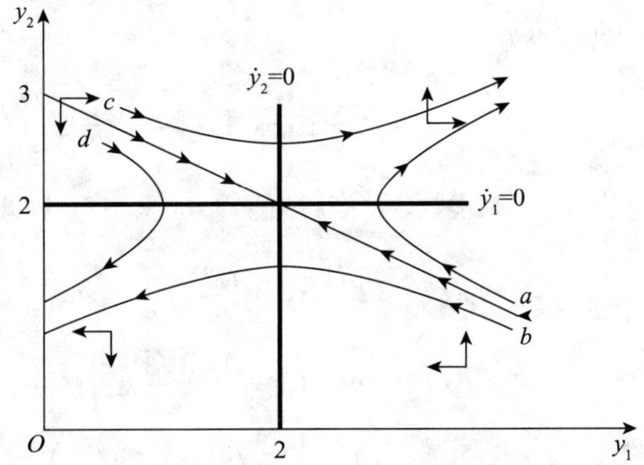

图 24.6　例 24.14 代表性轨线的相图

考虑始自 b 点的轨线。同始自 a 点的轨线一样，它也朝着西北方向运动。不过，现在，随着轨线接近使 $\dot{y}_2=0$ 的 y_2 的等斜线，y_2 逐渐下降，而 y_1 持续递减。因此，轨线左弯。当它跨越 y_2 的等斜线时，它是水平的，因为尽管 y_1 持续递减，但 y_2 在该点处稳定下来。在新的等斜区，轨线移向西南，沿着这一方向偏离稳态。

图中还给出了始自点 c 和点 d 的轨线。这些轨线是始自点 a 和点 b 的轨线的镜像。这四条任意选择的轨线证明，多数轨线最终偏离鞍点均衡稳态。这些轨线也展示了重要性质：轨线一定遵照箭头所示方向运动，当它们跨越 y_2 的等斜线时，一定是水平的；当它们跨越 y_1 的等斜线时，一定是垂直的。

既然稳态是鞍点均衡，我们知道，如果轨线从满足定理 24.5 的初始条件出发，它们会收敛到稳态。根据定理 24.5，鞍点路径为

$$y_2=3-\frac{1}{2}y_1$$

图 24.6 给出了该方程的图形，它是一条截距为 3、斜率为 $-1/2$ 的直线。如果 y_1 和 y_2 的初始值点位于这条线上，那么 $y_1(t)$ 和 $y_2(t)$ 的组合点就会收敛到

稳态。既然始自这条线上任一点的轨线都收敛，那么我们可以将这条线自身看成一条轨线。它具有一个特殊性质：它是收敛到鞍点均衡的唯一路径。这就是它被称为鞍点路径的原因。 ■

例 24.15 特征根为带有负实部的复根时的相图（稳定聚点）。

求解下列方程组，并画出相图：

$$\dot{y}_1=-y_2+2$$
$$\dot{y}_2=y_1-y_2+1$$

解： 方程组的齐次形式的矩阵表示为

$$\begin{bmatrix}\dot{y}_1\\ \dot{y}_2\end{bmatrix}=\begin{bmatrix}0 & -1\\ 1 & -1\end{bmatrix}\begin{bmatrix}y_1\\ y_2\end{bmatrix}$$

特征根为

$$r_1,\ r_2=-\frac{1}{2}\pm\frac{1}{2}\sqrt{1-4}=-\frac{1}{2}\pm\frac{\sqrt{3}}{2}i$$

其中，i 是虚数。稳态解为 $\bar{y}_1=1$，$\bar{y}_2=2$，因此，通解为

$$y_1(t)=\mathrm{e}^{-t/2}\left[A_1\cos\left(\frac{\sqrt{3}}{2}t\right)+A_2\sin\left(\frac{\sqrt{3}}{2}t\right)\right]+1$$

$$y_2(t)=-\mathrm{e}^{-t/2}\left[\left(-\frac{A_1}{2}+\frac{\sqrt{3}}{2}A_2\right)\cos\left(\frac{\sqrt{3}}{2}t\right)\right.$$
$$\left.+\left(-\frac{A_2}{2}-\frac{\sqrt{3}}{2}A_1\right)\sin\left(\frac{\sqrt{3}}{2}t\right)\right]+2$$

构造该方程组的相图。

首先，确定 y_1 的运动方向。令 $\dot{y}_1=0$，得到 y_1 的等斜线：水平线 $y_2=2$，如图 24.7 所示。当 $y_2>2$ 时，$\dot{y}_1<0$，因此，在等斜线上方，y_1 递减；在等斜线下方，y_1 递增。

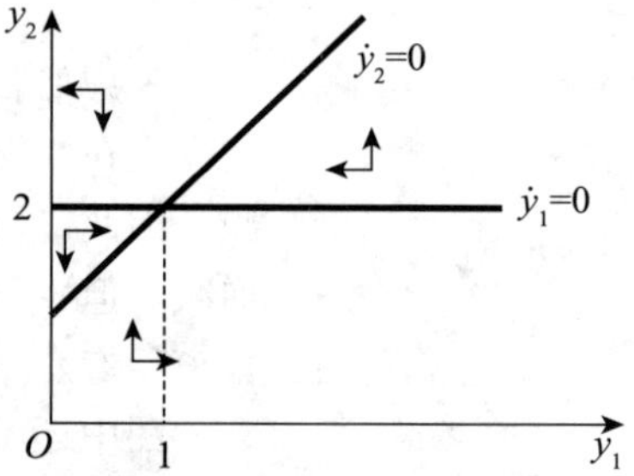

图 24.7 例 24.15 的相图

其次，确定 y_2 的运动方向。y_2 的等斜线在线 $y_2=y_1+1$ 上。它是一条截距为 1、斜率为 1 的直线，如图 24.7 所示。确定 y_2 在等斜线所分隔开的两个等斜区中的运动方向比以前要难一些，因为 $\dot{y}_2$ 既依赖于 y_1，又依赖于 y_2。考虑等斜线上的任意一点，保持 y_2 不变，将该点移到它右边的一点。既然这一运动在保持 y_2 不变的同时使 y_1 增加，那么微分方程表明 $\dot{y}_2$ 变成了正值。由此可知，在等斜线的右边，$\dot{y}_2>0$。类似地，从等斜线上的任一点左移，在保持 y_2 不变的同时，使 y_1 下降。微分方程表明，在等斜线的左边，$\dot{y}_2<0$。

在相图构造中，上述确定 y_2 在等斜线两边运动情况的方法起着重要作用。因此，有必要对其进行说明。实际上，该方法等价于方程 $\dot{y}_2$ 对 y_1 求偏导数。我们看到，$\partial\dot{y}_2/\partial y_1=1>0$。这意味着在相平面中，向右方（左方）的水平移动使 $\dot{y}_2$ 增加

(减少)。因此,在等斜线(此处 $\dot{y}_2=0$)的右边,$\dot{y}_2>0$;在等斜线的左边,$\dot{y}_2<0$。

运动箭头表明,轨线可能是螺旋线。这是事实,但是,相图本身无法进一步说明,螺旋线是否收敛到稳态。不过,由于特征根的实部为负,定理 24.4 告诉我们,轨线收敛。图 24.8 给出了代表性轨线。

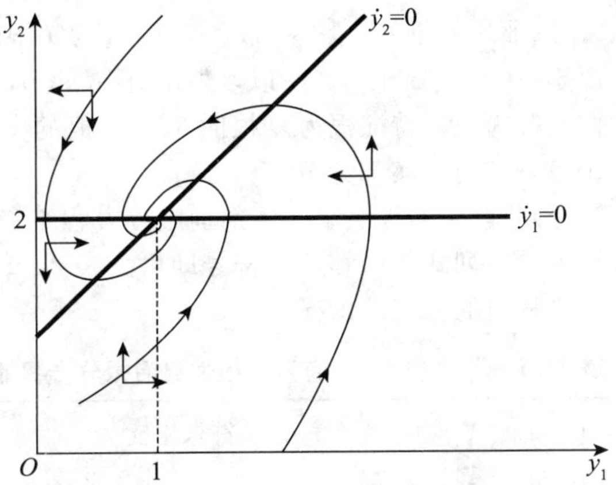

图 24.8　例 24.15 的相图(含代表性轨线):稳定聚点

该方程组的轨线是环绕点(1,2)的螺旋线,并且它们收敛到该点。这种情形中的稳态称为**稳定聚点**。螺旋线收敛到稳态,因为复根的实部为负。如果复根实部为正,那么轨线将会朝着相反的方向运动,偏离稳态。这种情形称为**不稳定聚点**。如果复根的实部为零,那么轨线既不会收敛,也不会发散,而是绕着稳态无休止地旋转。这一稳态是一个**中心**。■

通过系数矩阵进行稳定性判别

计算特征根的值可以使我们断定稳态是否稳定;不过,如果有更快、更直接的稳定性判别方法,就更好了。事实上,存在这样的方法:可以直接通过微分方程的系数矩阵来判断稳定性。定理 24.6 陈述了这一结果。

定理 24.6　令 $|A|=a_{11}a_{22}-a_{12}a_{21}$ 为含有两个线性微分方程的方程组的系数矩阵 A 的行列式,假定 $|A|\neq 0$。令 $\mathrm{tr}(A)=a_{11}+a_{22}$ 为 A 的迹。方程组的稳态均衡的稳定性判别如下:

(ⅰ)如果 $|A|<0$,特征根为符号相反的实根。此时,稳态为鞍点均衡。

(ⅱ)如果 $|A|>0$,特征根为同号的实根,或者为复根。如果 $\mathrm{tr}(A)<0$,两个根的实部都为负,稳态渐近稳定;如果 $\mathrm{tr}(A)>0$,两个根的实部都为正,稳态不稳定。

证明:该证明利用了定理 10.6 和定理 10.7 中关于特征根(特征值)的两个性质,即矩阵 A 的两个特征根之和等于 A 的迹:

$$r_1+r_2=\mathrm{tr}(A)$$

A 的两个特征根之积等于 A 的行列式的值：

$$r_1r_2=|A|$$

（ⅰ）由于 $|A|=r_1r_2$，那么，如果 $|A|<0$，r_1 和 r_2 的符号必定相反。

（ⅱ）如果 $|A|>0$，那么 r_1 和 r_2 为实根时，要么同时为正，要么同时为负。由于 $\mathrm{tr}(A)=r_1+r_2$，所以，如果 $\mathrm{tr}(A)<0$，它们同时为负；如果 $\mathrm{tr}(A)>0$，它们同时为正。特征根为复根时，特征根的实部等于 $\mathrm{tr}(A)/2$。因此，当且仅当 $\mathrm{tr}(A)<0$ 时，实部为负。■

定理 24.6 提供了一条判别微分方程组稳定性的捷径。我们只需要计算系数矩阵的行列式的值和迹的符号即可。表 24.1 总结了含有两个线性自治微分方程的方程组的稳定性情况。

表 24.1　含有两个线性自治微分方程的方程组的稳态类型

1. 如果 $\|A\|<0$，那么 r_1，r_2 符号相反	鞍点
2. 如果 $\|A\|>0$，那么：	
r_1，$r_2<0$	稳定结点
r_1，$r_2>0$	不稳定结点
$r_1=r_2=r<0$	不恰当稳定结点
$r_1=r_2=r>0$	不恰当不稳定结点
r_1，r_2 为复根，$a_{11}+a_{22}<0$	稳定聚点
r_1，r_2 为复根，$a_{11}+a_{22}>0$	不稳定聚点
r_1，r_2 为复根，$a_{11}+a_{22}=0$	中心

多恩布什汇率超调模型

经济中的价格水平和汇率如何对货币供给做出反应呢？多恩布什（Dornbusch）的超调模型为分析这一有趣的问题和其他相关问题提供了一个框架。此外，它也提供了包含两个一阶线性微分方程的方程组的稳态为鞍点均衡的经典例子。

模型中有两个市场：决定汇率 e 的资本市场和决定国内价格水平 p 的商品市场。我们先看资本市场。

货币需求 m^D 由下式给出：

$$m^D=-ar+b\bar{y}$$

其中，r 是国内利率，$\bar{y}$ 为国内产出水平，假定它为常数，a 和 b 为货币需求函数的正常数系数。

在多恩布什模型中，所有的小写变量都是对数形式的。因此，实际货币供应量为 $m-p$，其中，m 为外生名义货币供给。资本市场的均衡要求供给等于需求：

$$m-p=-ar+b\bar{y} \qquad (24.18)$$

如果该国不同其他国家进行贸易，上述方程就确定了均衡利率 r。但是，因为经济是开放的，所以在不存在汇率波动的情况下，国际资本的流动会迫使利率等于世界利率 r^*。不过，当汇率发生变化时，等于本币期望贬值率的利率变化也会持续存在。用符号来表示，这意味着

$$r=r^*+E(\dot{e}) \tag{24.19}$$

其中，$E(\dot{e})$为汇率的期望贬值率，汇率 e 定义为外币的本币价格。注意，由于 e 为实际汇率的对数，所以将 $\dot{e}$ 解释为贬值率或者变化率是正确的。下面的例子解释了如下关系：如果预期美元对其他货币贬值 1%，那么美国的利率会高出世界均衡利率 1%。投资者不愿意继续利用这一利差，因为它们的收益是用预期贬值 1%的美元标价的，这样会轧平更高的利率。

多恩布什假定在预测汇率的变化时，经济行为人具有完全预期。这意味着汇率的期望和实际贬值率相同。即有

$$\dot{e}=E(\dot{e}) \tag{24.20}$$

将该式代入式（24.19），再将式（24.19）代入式（24.18），整理后得到

$$\dot{e}=\frac{p}{a}+\frac{b\bar{y}-m}{a}-r^*$$

这是模型的两个线性微分方程之一。我们将要导出的第二个方程描述了国内价格水平的动态变化。

在假定资本市场总是处于均衡（汇率和利率连续调整）的同时，我们也假定国内价格对于过度需求做出缓慢调整。具体而言，我们假定

$$\dot{p}=\alpha(y^D-y^S),\quad \alpha>0$$

其中，y^D 和 y^S 分别为总需求和总供给（的对数），α 为调整速度系数。假定供给固定在 $\bar{y}$，需求满足下式：

$$y^D=u+v(e-p)$$

其中，$e-p$ 为国内商品的相对价格，u 和 v 为需求函数的正系数，则价格微分方程为

$$\dot{p}=-\alpha vp+\alpha ve+\alpha(u-\bar{y})$$

至此，我们完整地描述了模型。一阶线性微分方程组可以写为

$$\begin{bmatrix}\dot{p}\\ \dot{e}\end{bmatrix}=\begin{bmatrix}-\alpha v & \alpha v\\ 1/a & 0\end{bmatrix}\begin{bmatrix}p\\ e\end{bmatrix}+\begin{bmatrix}\alpha(u-\bar{y})\\ (b\bar{y}-m)/a-r^*\end{bmatrix} \tag{24.21}$$

利用定理 24.2，我们得到如下解：

$$p(t)=C_1\mathrm{e}^{r_1t}+C_2\mathrm{e}^{r_2t}+\bar{p} \tag{24.22}$$

$$e(t)=\frac{r_1+\alpha v}{\alpha v}C_1\mathrm{e}^{r_1t}+\frac{r_2+\alpha v}{\alpha v}C_2\mathrm{e}^{r_2t}+\bar{e} \tag{24.23}$$

其中，

$$r_1, r_2 = \frac{-\alpha v}{2} \pm \frac{1}{2}\sqrt{\alpha^2 v^2 + \frac{4\alpha v}{a}}$$

$\bar{p}$ 和 $\bar{e}$ 分别为稳态价格和汇率，可以通过令 $\dot{p}=\dot{e}=0$ 求得：

$$\bar{p} = ar^* - b\bar{y} + m$$

$$\bar{e} = \bar{p} - \frac{u-\bar{y}}{v}$$

系数矩阵的行列式为负（$|A| = -\alpha v/a < 0$）。由此可知，特征根为实数，符号相反。因此，稳态为鞍点均衡。

图 24.9 给出了式（24.21）中线性微分方程组的相图。令 $\dot{p}=0$，求出 p 的如下等斜线：

$$p = e + \frac{u-\bar{y}}{v}$$

令 $\dot{e}=0$，可以得到 e 的如下等斜线：

$$p = \bar{p}$$

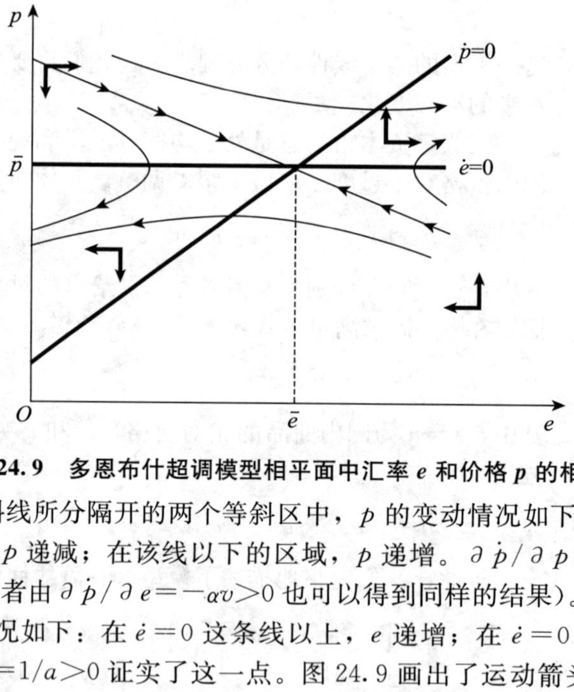

图 24.9　多恩布什超调模型相平面中汇率 e 和价格 p 的相图

在 p 的等斜线所分隔开的两个等斜区中，p 的变动情况如下：在 $\dot{p}=0$ 这条线以上的区域，p 递减；在该线以下的区域，p 递增。$\partial\dot{p}/\partial p = -\alpha v < 0$ 也证实了这一点（或者由 $\partial\dot{p}/\partial e = -\alpha v > 0$ 也可以得到同样的结果）。

e 的变动情况如下：在 $\dot{e}=0$ 这条线以上，e 递增；在 $\dot{e}=0$ 这条线以下，e 递减。$\partial\dot{e}/\partial p = 1/a > 0$ 证实了这一点。图 24.9 画出了运动箭头、一些代表性轨线以及鞍点路径。

为什么这是一个“超调”模型呢？在图 24.10 的相图中，经济起初位于长期均衡点 1 处，相应的等斜线都带有下脚标 1。现在假定名义货币供应量 m 外生增加。这使得 e 的等斜线向上移动到带有下脚标 2 的直线处，但不会影响 p 的等斜线。结果，$\bar{p}$ 和 $\bar{e}$ 以相同的幅度上升（相图清楚地显示了这一点，因为 p 的等斜线的斜率为 1）。新的长期均衡位于点 2。

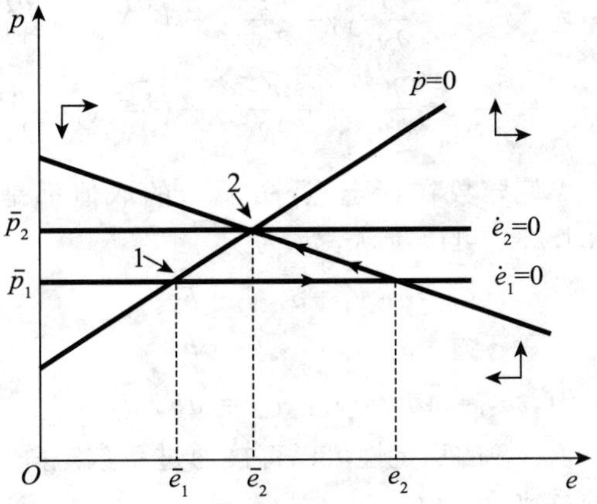

图 24.10　汇率从 $\bar{e}_1$ 到 e_2 的短期增加超过了从 $\bar{e}_1$ 到 $\bar{e}_2$ 的长期增加

然而，因为国内价格 p 调整缓慢，所以经济无法瞬间就跳到新的稳态，而 e 则能够进行瞬时调整。给定模型中的经济行为人具有完全预期这一很强的假设，汇率将跳到点 e_2，进入新的鞍点路径。(只有这一跳跃才同实现新长期均衡的经济相一致。)随后，经济沿着鞍点路径向新的稳态前进。因此，在模型中，汇率的短期增加超过了长期增加。

非线性微分方程组的稳定性分析

在经济应用中，微分方程组中经常含有非线性微分方程。此时，相图在含有两个微分方程的方程组的动态分析中非常有用。此外，对非线性模型的线性近似可以说明非线性微分方程组在稳态(如果存在)附近的性态。这一结果极其有用，因为它允许我们通过判断均衡点处线性化系统特征根的符号来弄清一个非线性系统是一个稳定结点、不稳定结点、鞍点、聚点，还是一个中心。

定义 24.5　含有两个自治微分方程的非线性方程组的一般形式为

$$\dot{y}_1=F(y_1, y_2)$$
$$\dot{y}_2=G(y_1, y_2)$$

假定稳态点为$(\bar{y}_1, \bar{y}_2)$。因此，$F(\bar{y}_1,\bar{y}_2)=G(\bar{y}_1,\bar{y}_2)=0$。假定 F 和 G 都有连续的二阶导数，我们可以在$(\bar{y}_1, \bar{y}_2)$附近取 y_1 和 y_2 微分方程的一阶线性近似。由此得到

$$\dot{y}_1=F(\bar{y}_1, \bar{y}_2)+\frac{\partial F(\bar{y}_1, \bar{y}_2)}{\partial y_1}(y_1-\bar{y}_1)+\frac{\partial F(\bar{y}_1, \bar{y}_2)}{\partial y_2}(y_2-\bar{y}_2)$$

$$\dot{y}_2=G(\bar{y}_1,\bar{y}_2)+\frac{\partial G(\bar{y}_1, \bar{y}_2)}{\partial y_1}(y_1-\bar{y}_1)+\frac{\partial G(\bar{y}_1, \bar{y}_2)}{\partial y_2}(y_2-\bar{y}_2)$$

由于 $F(\bar{y}_1,\bar{y}_2)=G(\bar{y}_1,\bar{y}_2)=0$，上式简化为

$$\dot{y}_1=\frac{\partial F}{\partial y_1}y_1+\frac{\partial F}{\partial y_2}y_2-\left(\frac{\partial F}{\partial y_1}\bar{y}_1+\frac{\partial F}{\partial y_2}\bar{y}_2\right) \tag{24.24}$$

$$\dot{y}_2=\frac{\partial G}{\partial y_1}y_1+\frac{\partial G}{\partial y_2}y_2-\left(\frac{\partial G}{\partial y_1}\bar{y}_1+\frac{\partial G}{\partial y_2}\bar{y}_2\right) \tag{24.25}$$

偏导数在特定点$(\bar{y}_1,\bar{y}_2)$的取值都是常数。因此，方程（24.24）和方程（24.25）可以重新表示为

$$\dot{y}_1=a_{11}y_1+a_{12}y_2+b_1$$
$$\dot{y}_2=a_{21}y_1+a_{22}y_2+b_2$$

其中，$a_{11}=\partial F/\partial y_1$，$a_{12}=\partial F/\partial y_2$ 等。在当前的线性微分方程组中，稳态点$(\bar{y}_1,\bar{y}_2)$的稳定性可以直接通过系数矩阵判定。方程（24.24）和方程（24.25）的系数矩阵为

$$A=\begin{bmatrix}\dfrac{\partial F(\bar{y}_1,\bar{y}_2)}{\partial y_1} & \dfrac{\partial F(\bar{y}_1,\bar{y}_2)}{\partial y_2}\\ \dfrac{\partial G(\bar{y}_1,\bar{y}_2)}{\partial y_1} & \dfrac{\partial G(\bar{y}_1,\bar{y}_2)}{\partial y_2}\end{bmatrix} \tag{24.26}$$

下面的定理说明了该矩阵的作用。

定理 24.7 如果式（24.26）中系数矩阵的行列式的值非零，定义 24.5 中非线性方程组的轨线在其稳态点$(\bar{y}_1,\bar{y}_2)$附近的性态与方程（24.24）和方程（24.25）构成的线性齐次方程组的轨线性态相同，除非线性方程组是一个中心。此时，非线性方程组可能是一个中心或者聚点。

定理 24.7 表明，非线性微分方程组的局部稳定特性可以直接由线性化形式的系数矩阵决定。因此，稳定性结果可用于确定非线性方程组的轨线在稳态附近的性态。例如，如果方程（24.26）中 A 的行列式为负，那么非线性方程组的稳态是鞍点，于是轨线至少在局部展示了鞍点的特性。结果的局部有效性是非线性方程组的线性性质只在稳态的局部领域有效这一事实的直接结果。

例 24.16 判定下列非线性微分方程组的轨线在稳态附近的性态：

$$\dot{y}_1=ay_1-by_2^{b-1}$$
$$\dot{y}_2=y_1-cy_2$$

其中，a 和 c 为正常数，$0<b<1$。

解： 令 $\dot{y}_1=0=\dot{y}_2$，可得

$$y_2(ac-by_2^{b-2})=0$$

解为 $\bar{y}_2=0$ 和

$$\bar{y}_2=\left(\frac{ac}{b}\right)^{1/(b-2)}>0$$

y_1 的解为 $\bar{y}_1=c\bar{y}_2$。我们关注的焦点是两个稳态值严格为正的情形。非线性方程组的一阶线性近似的系数矩阵为

$$A=\begin{bmatrix} a & -(b-1)b\bar{y}_2^{b-2} \\ 1 & -c \end{bmatrix}$$

系数矩阵的行列式的值为$-ac+(b-1)b\bar{y}_2^{b-2}$，由于 a 和 c 为正常数，$0<b<1$，因此，它为负。于是，我们立刻知道，严格正的稳态为鞍点均衡。所以，我们断定，非线性方程组在稳态点附近是鞍点均衡的。

确定非线性方程组的**全局**稳定性更难。不过，就经济学和本书中的很多问题而言，非线性微分方程组表现良好，其全局稳定性可以通过相图分析和定理 24.7 来确定。 ■

例 24.17 非线性相图

构造例 24.16 中非线性微分方程组的相图。

解：非线性方程组的相图构造方法与线性方程组的相同，不过，利用显式方程绘图要被这里的定性绘图方法取代。先分析 y_1 的运动情况。

令 $\dot{y}_1=0$，得到 y_1 的等斜线：

$$y_2=\left(\frac{a}{b}y_1\right)^{1/(b-1)}$$

为确定上式所对应的曲线的形状，应尽可能了解它的斜率和截距。由于指数项为负($0<b<1$)，因此，随着 $y_1\to 0$，$y_2\to\infty$。此外，随着 $y_1\to\infty$，$y_2\to 0$。因此，它的图像渐近趋于两个坐标轴。斜率为

$$\frac{\mathrm{d}y_2}{\mathrm{d}y_1}=\frac{1}{b-1}\left(\frac{a}{b}y_1\right)^{(2-b)/(b-1)}<0$$

图 24.11 显示了 y_1 的等斜线：$\dot{y}_1=0$。

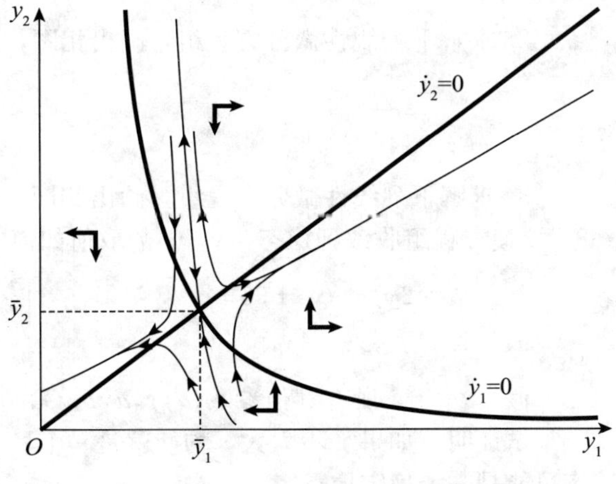

图 24.11 例 24.16 的相图

不在等斜线上的 y_1 的变动情况如下：计算可得

$$\frac{\partial \dot{y}_1}{\partial y_1}=a>0$$

因此，在等斜线右边，y_1 递增。既然 $\dot{y}_1$ 随 y_1 单调增加，那么在等斜线的右边，y_1 必定处处递增。根据类似的推理，在等斜线的左边，$\dot{y}_1<0$。图 24.11 中标出了相关的水平箭头。

现在确定 y_2 的运动情况。由于 $\dot{y}_2$ 为线性微分方程，因此，分析就相对直接一些：y_2 的等斜线为 $y_2=y_1/c$。在 y_2 等斜线的上方，y_2 递减；在 y_2 等斜线的下方，y_2 递增。

图 24.11 给出了相图。我们已经确定稳态为鞍点均衡，因此，我们知道，在稳态附近存在一条鞍点路径，而所有其他轨线都发散。相图分析表明，就全局而言，轨线的性态同鞍点的存在是一致的。 ■

练习

1. 判断下列微分方程组是具有稳定结点、不稳定结点、鞍点、稳定聚点、不稳定聚点，还是中心：

(a) $\dot{y}_1=10y_1+3y_2+2$

$\dot{y}_2=-3y_1+y_2+1$

(b) $\dot{y}_1=y_1+3y_2+10$

$\dot{y}_2=-2y_1+y_2-5$

(c) $\dot{y}_1=2y_1-6y_2-1$

$\dot{y}_2=-3y_1+5y_2+2$

(d) $\dot{y}_1=-2y_1-4y_2+5$

$\dot{y}_2=-2y_1-9y_2+1$

2. 求解下列线性微分方程组，画出相图，给出鞍点路径方程：

$$\dot{y}_1=2y_1-9y_2$$
$$\dot{y}_2=-3y_1-4y_2$$

3. 求解下列线性微分方程组，画出相图，给出鞍点路径方程。如果$y_1(0)=8$，要使方程组收敛到稳态，$y_2(0)$的取值如何？

$$\dot{y}_1=2y_1-9y_2+35$$
$$\dot{y}_2=-3y_1-4y_2+70$$

假定 $b<0$，所有其他参数$(\alpha,\gamma,a,F,G,\bar{c})$都大于零。

试证明：如果 γ 不太大，均衡就是一个稳定结点；但是 γ 足够大的时候，稳态可能是一个稳定聚点。

4. 在多恩布什模型中，利用下面的参数值：$\alpha=1$，$v=1$，$a=4/3$，$\bar{y}=3.4$，$m=3$，$r^*=0.1$ 和 $u=4$，求解稳态价格 $\bar{p}$ 和均衡汇率 $\bar{e}$；求解微分方程组。如果 $p(0)=4$，要使经济进入鞍点路径，$e(0)$必须“跳”到何值？

24.3 线性差分方程组

求解线性差分方程组的方法类似于 24.1 节中所介绍的求解线性微分方程组的方法。因此，我们只对这一内容做一个简要介绍。

定义 24.6 含有两个常系数和常数项的线性差分方程的方程组的一般形式为

$$y_{t+1}=a_{11}y_t+a_{12}x_t+b_1$$
$$x_{t+1}=a_{21}y_t+a_{22}x_t+b_2$$

与通常情况相同，两个完全方程的解等于齐次解与完全方程的特解之和。我们先求齐次解。

齐次解

先将差分方程组化为它的齐次形式：

$$y_{t+1}=a_{11}y_t+a_{12}x_t \tag{24.27}$$
$$x_{t+1}=a_{21}y_t+a_{22}x_t \tag{24.28}$$

我们介绍求解差分方程齐次方程组的两种方法。第一种是**替换法**，第二种是**直接法**。

替换法

在这种方法中，我们通过替换将由两个一阶差分方程构成的方程组化为一个二阶差分方程。由方程（24.27）我们知道

$$y_{t+2}=a_{11}y_{t+1}+a_{12}x_{t+1}$$

利用方程（24.28）替换 x_{t+1}，我们有

$$y_{t+2}=a_{11}y_{t+1}+a_{12}(a_{21}y_t+a_{22}x_t)$$

这是一个二阶差分方程。由于它仍然依赖于 x_t，所以我们再次利用方程(24.27)，得到如下表达式：

$$x_t=\frac{y_{t+1}-a_{11}y_t}{a_{12}},\quad a_{12}\neq 0 \tag{24.29}$$

注意，约束条件 $a_{12}\neq 0$。如果这一条件不成立，y_{t+1} 就不依赖于 x_t，那么方程（24.27）就是独立的一阶差分方程，我们就可以直接求解。利用该式替换

x_t，得到

$$y_{t+2}=a_{11}y_{t+1}+a_{12}a_{21}y_t+a_{12}a_{22}\left(\frac{y_{t+1}-a_{11}y_t}{a_{12}}\right)$$

化简整理后得到

$$y_{t+2}-(a_{11}+a_{22})y_{t+1}+(a_{11}a_{22}-a_{12}a_{21})y_t=0$$

这是一个二阶常系数线性齐次差分方程。在第 20 章中，我们解过这样的方程；定理 20.2 给出如下解（对于不同实根的情形）：

$$y_t=C_1r_1^t+C_2r_2^t \tag{24.30}$$

其中，C_1 和 C_2 为任意常数（其值由初始条件确定），r_1 和 r_2 为该二阶差分方程的特征根：

$$r^2-(a_{11}+a_{22})r+(a_{11}a_{22}-a_{12}a_{21})=0$$

为求 x_t，我们只需要将 y_t 的解代回式（24.29）。由此得到

$$x_t=\frac{C_1r_1^{t+1}+C_2r_2^{t+1}-a_{11}(C_1r_1^t+C_2r_2^t)}{a_{12}}$$

将该表达式化简，得到

$$x_t=\frac{r_1-a_{11}}{a_{12}}C_1r_1^t+\frac{r_2-a_{11}}{a_{12}}C_2r_2^t \tag{24.31}$$

式（24.30）和式（24.31）一起给出了不同实根情形中方程（24.27）和方程（24.28）所构成的差分方程组的解。

如果特征根是相等实根或者复根，我们会利用 y_t 的二阶差分方程的适当解，然后通过替换求得 x_t 的解。

例 24.18 求解下列齐次差分方程组：

$$y_{t+1}=6y_t+8x_t$$
$$x_{t+1}=y_t+x_t$$

解：第一个差分方程意味着

$$y_{t+2}=6y_{t+1}+8x_{t+1}$$

将 x_{t+1}代入上式，得到

$$y_{t+2}=6y_{t+1}+8(y_t+x_t)$$

再次利用第一个方程得到 x_t 的如下表达式：

$$x_t=\frac{-6y_t+y_{t+1}}{8}$$

用它替换 x_t，得到

$$y_{t+2}=6y_{t+1}+8y_t+8\left(\frac{-6y_t+y_{t+1}}{8}\right)$$

重新整理上式，得到

$$y_{t+2}-7y_{t+1}-2y_t=0$$

特征方程为

$$r^2-7r-2=0$$

它的两个不同实根为 r_1，$r_2=7/2\pm\sqrt{57}/2$，解为

$$y_t=C_1r_1^t+C_2r_2^t$$

将 y_t 代回 x_t 的表达式可以得到 x_t：

$$x_t=\frac{-6}{8}(C_1r_1^t+C_2r_2^t)+\frac{1}{8}(C_1r_1^{t+1}+C_2r_2^{t+1})$$

化简后，上式变为

$$x_t=\frac{r_1-6}{8}C_1r_1^t+\frac{r_2-6}{8}C_2r_2^t$$ ■

直接法

直接法可以很容易地扩展到包含两个以上差分方程的情形。

利用矩阵可将齐次差分方程组表示为

$$\mathbf{y}_{t+1}=A\mathbf{y}_t$$

其中，A 是 $n\times n$ 常系数矩阵，$\mathbf{y}_{t+1}$ 和 $\mathbf{y}_t$ 为含有 n 个变量的向量。模仿单个差分方程，我们假定解为

$$\mathbf{y}_t=\mathbf{k}r^t$$

其中，$\mathbf{k}$ 为任意常数向量，r 为标量。如果正确的话，该解必须满足齐次差分方程。将所猜测的解代入差分方程，看看它是否真的满足方程：

$$\mathbf{k}r^{t+1}=A\mathbf{k}r^t$$

化简并且排除非奇异解 $r=0$ 后，上式变为

$$(A-rI)\mathbf{k}=\mathbf{0} \tag{24.32}$$

其中，I 为单位矩阵，$\mathbf{0}$ 为零向量。如果我们选择满足方程组的 r，那么猜测的解就有效！与微分方程的情形一样，r 的值可以通过求解下式得到：

$$|A-rI|=0$$

这是关于未知数 r 的 n 次多项式。同样，这也是矩阵 A 的特征方程，它的解为矩阵 A 的特征根（特征值）。对于特定的特征值 r_1，方程（24.32）的解——非零向量 $\mathbf{k}_1$——称为矩阵 A 相应于特征值 r_1 的特征向量。

一般而言，方程组含有 n 个方程和 n 个特征根，因此，差分方程组有 n 个解。齐次形式的通解为 n 个不同解的线性组合。

例 24.19 求解下面的齐次差分方程组：

$$\mathbf{y}_{t+1}=\begin{bmatrix}6 & -8\\ 1 & 0\end{bmatrix}\mathbf{y}_t$$

解：特征根为下式的解：

$$|A-rI|=\begin{vmatrix}6-r & -8\\ 1 & 0-r\end{vmatrix}=0$$

上式给出了特征方程：

$$r^2-6r+8=0$$

特征根为 $r_1=2$ 和 $r_2=4$。

对于 $r_1=2$，特征向量为下式的解：

$$(A-rI)\mathbf{k}=\begin{bmatrix}6-2 & -8\\ 1 & 0-2\end{bmatrix}\begin{bmatrix}k_1\\ k_2\end{bmatrix}=0$$

由上式得到 $4k_1-8k_2=0$。令 $k_1=1$，得到 $k_2=1/2$。因此，第一组解为

$$\mathbf{y}_t^1=\begin{bmatrix}1\\ 1/2\end{bmatrix}2^t$$

对于 $r_2=4$，特征值为下式的解：

$$(A-rI)\mathbf{k}=\begin{bmatrix}6-4 & -8\\ 1 & 0-4\end{bmatrix}\begin{bmatrix}k_1\\ k_2\end{bmatrix}=0$$

由上式得到 $2k_1-8k_2=0$。令 $k_1=1$，得到 $k_2=1/4$。因此，第二组解为

$$\mathbf{y}_t^2=\begin{bmatrix}1\\ 1/4\end{bmatrix}4^t$$

则齐次通解为

$$\mathbf{y}_t=C_1\begin{bmatrix}1\\ 1/2\end{bmatrix}2^t+C_2\begin{bmatrix}1\\ 1/4\end{bmatrix}4^t$$ ■

特解（稳态解）

如果稳态解存在，我们所用的定义 24.6 中的完全差分方程组的特解就是稳态解。令 $y_{t+1}=y_t=\bar{y}$ 和 $x_{t+1}=x_t=\bar{x}$，则可得稳态解：

$$\bar{y}=a_{11}\bar{y}+a_{12}\bar{x}+b_1$$
$$\bar{x}=a_{21}\bar{y}+a_{22}\bar{x}+b_2$$

解得

$$\bar{y}=\frac{(1-a_{22})b_1+a_{12}b_2}{(1-a_{11})(1-a_{22})-a_{12}a_{21}} \tag{24.33}$$

$$\bar{x}=\frac{a_{21}b_1+(1-a_{11})b_2}{(1-a_{11})(1-a_{22})-a_{12}a_{21}} \tag{24.34}$$

本章中，我们假定式（24.33）和式（24.34）中的分母不等于零，则稳态解存在。

通解

将式（24.33）和式（24.34）所给出的特解同齐次解相加便得到通解。定理24.8给出了通解。

定理 24.8 由含有两个常系数和常数项的线性差分方程所构成的方程组的一般形式的通解为：

不等实根：

$$y_t=C_1r_1^t+C_2r_2^t+\bar{y}$$

$$x_t=\frac{r_1-a_{11}}{a_{12}}C_1r_1^t+\frac{r_2-a_{11}}{a_{12}}C_2r_2^t+\bar{x}$$

相等实根：

$$y_t=(C_1+C_2t)r^t+\bar{y}$$

$$x_t=\left[\frac{r-a_{11}}{a_{12}}(C_1+C_2t)+\frac{r}{a_{12}}C_2\right]r^t+\bar{x}$$

其中，

$$r_1,\ r_2=\frac{\mathrm{tr}(A)}{2}\pm\frac{1}{2}\sqrt{(\mathrm{tr}(A))^2-4|A|}$$

$$\mathrm{tr}(A)=a_{11}+a_{22},\quad |A|=a_{11}a_{22}-a_{12}a_{21}$$

复根：

$$y_t=R^t[C_1\cos(\theta t)+C_2\sin(\theta t)]+\bar{y}$$

$$x_t=R^t\left[\frac{C_1R\cos(\theta)+C_2R\sin(\theta)-a_{11}C_1}{a_{12}}\right]\cos(\theta t)$$

$$+R^t\left[\frac{C_2R\cos(\theta)-C_1R\sin(\theta)-a_{11}C_2}{a_{12}}\right]\sin(\theta t)+\bar{x}$$

其中，$R=\sqrt{|A|}$，$\cos(\theta)=\mathrm{tr}(A)/2R$，$\sin(\theta)=\sqrt{4|A|-\mathrm{tr}(A)^2}/(2R)$。

例 24.20 求解下列差分方程组：

$$y_{t+1}=6y_t-8x_t+10$$
$$x_{t+1}=y_t+1$$

解： 例 24.19 已经求解过该方程组的齐次形式，因此，我们只需要求完全方程的特解。

为确定 $\bar{y}$ 和 $\bar{x}$ 的值，令 $y_{t+1}=y_t=\bar{y}$ 和 $x_{t+1}=x_t=\bar{x}$：

$$\bar{y}=6\bar{y}-8\bar{x}+10$$
$$\bar{x}=\bar{y}+1$$

第一个方程可简化为

$$\bar{y}=\frac{8}{5}\bar{x}-\frac{10}{5}$$

将它代入 $\bar{x}$ 的表达式，化简可得 $\bar{x}=\frac{5}{3}$。将此代回 $\bar{y}$ 的表达式，化简后得到 $\bar{y}=\frac{2}{3}$。

利用例 24.19 中所得到的齐次解，可得通解：

$$y_t=C_1 2^t+C_2 4^t+\frac{2}{3}$$
$$x_t=\frac{C_1}{2}2^t+\frac{C_2}{4}4^t+\frac{5}{3}$$ ■

例 24.21 求解下列差分方程组：

$$y_{t+1}=2y_t+\frac{1}{2}x_t+1$$
$$x_{t+1}=\frac{-9}{2}y_t-x_t+2$$

解： 系数矩阵为

$$A=\begin{bmatrix} 2 & 1/2 \\ -9/2 & -1 \end{bmatrix}$$

特征方程的根（A 的特征值）为

$$r_1, r_2=\frac{1}{2}\pm\frac{1}{2}\sqrt{1-4((-2)+9/4)}=\frac{1}{2}\pm 0=\frac{1}{2}$$

特征根为相等实根。利用替换法或者直接法，定理 24.8 给出了如下解：

$$y_t=(C_1+C_2 t)\left(\frac{1}{2}\right)^t+\bar{y}$$
$$x_t=(-3C_1-3C_2 t+C_2)\left(\frac{1}{2}\right)^t+\bar{x}$$

$\bar{y}$ 和 $\bar{x}$ 可通过求解下式得到：

$$\bar{y}=2\bar{y}+\frac{\bar{x}}{2}+1$$
$$\bar{x}=\frac{-9}{2}\bar{y}-\bar{x}+2$$

解得 $\bar{y}=12$，$\bar{x}=-26$。■

例 24.22　求解下列差分方程组：

$$y_{t+1}=2y_t+5x_t+2$$
$$x_{t+1}=-\frac{1}{2}y_t-x_t-1$$

解：系数矩阵为

$$A=\begin{bmatrix}2 & 5\\ -1/2 & -1\end{bmatrix}$$

特征方程的根（A 的特征值）为

$$r_1,r_2=\frac{1}{2}\pm\frac{1}{2}\sqrt{1-4\times(1/2)}=\frac{1}{2}\pm\frac{1}{2}\sqrt{-1}=\frac{1}{2}\pm\frac{1}{2}i$$

其中，i 为虚数。特征根为复数。定理 24.8 给出的该情形的解为

$$y_t=R^t[C_1\cos(\theta t)+C_2\sin(\theta t)]+\bar{y}$$
$$x_t=R^t\left[\frac{C_1R\cos(\theta)+C_2R\sin(\theta)-a_{11}C_1}{a_{12}}\right]\cos(\theta t)+R^t\left[\frac{C_2R\cos(\theta)-C_1R\sin(\theta)-a_{11}C_2}{a_{12}}\right]\sin(\theta t)+\bar{x}$$

其中，$R=\sqrt{|A|}=(1/2)^{1/2}$，$\bar{y}=-2$，$\bar{x}=-6$。

为了确定 θ 的值，我们利用 $\cos(\theta)=\mathrm{tr}(A)/2R=\sqrt{2}/2$。因此，我们知道 $\theta=\pi/4$（也就是说，用弧度表示的 $\sqrt{2}/2$ 的反余弦为 $\pi/4$）。

因此，通解变为

$$y_t=\left(\frac{1}{2}\right)^{t/2}\left[C_1\cos\left(\frac{\pi}{4}t\right)+C_2\sin\left(\frac{\pi}{4}t\right)\right]-2$$
$$x_t=\left(\frac{1}{2}\right)^{t/2}\left[\frac{C_1\sqrt{1/2}\cos(\pi/4)+C_2\sqrt{1/2}\sin(\pi/4)-2C_1}{5}\right]\cos\left(\frac{\pi}{4}t\right)+\left(\frac{1}{2}\right)^{t/2}\left[\frac{C_2\sqrt{1/2}\cos(\pi/4)-C_1\sqrt{1/2}\sin(\pi/4)-2C_2}{5}\right]\sin\left(\frac{\pi}{4}t\right)-6$$

■

初始条件

如果要求通解满足给定的初始条件，那么 C_1 和 C_2 就必须取特定值。

例 24.23　求例 24.20 中满足初始条件 $y_0=2$ 和 $x_0=1$ 的差分方程组的通解中的 C_1 和 C_2。

解：在例 24.20 所给解中令 $t=0$，$y_0=2$ 和 $x_0=1$，由此得到

$$2=C_1+C_2+2$$

$$1=\frac{C_1}{2}+\frac{C_2}{4}+3$$

求解上述方程组，化简后得到 $C_1=-8$ 和 $C_2=8$。 ■

稳态和稳定性

在第 18 章到第 20 章中，我们知道，如果特征根 r_1 和 r_2 介于 -1 和 $+1$ 之间，那么单个差分方程会收敛到稳态，否则发散。同样的性质对于差分方程组也成立。

定理 24.9 由含有两个常系数和常数项的线性差分方程所构成的方程组渐近稳定，当且仅当两个特征根的绝对值都小于 1。

证明： 该定理的证明几乎同二阶差分方程的收敛性定理，即定理 20.5 的证明完全相同，因此，我们不在此重复了。重要的一点是，当 $t\to\infty$ 时，包含 r^t 的项收敛到零，当且仅当 r 的绝对值小于 1。 ■

例 24.24 判定例 24.19 中的差分方程组是否稳定。

解： 我们求出该方程组的特征根为 2 和 4。因此，该方程组不稳定。该方程组所生成的点列(y_t, x_t)偏离稳态。 ■

例 24.25 判定例 24.21 中的差分方程组是否稳定。

解： 我们求出该方程组有两个相等特征根 1/2。因此，该方程组渐近稳定。无论初始值如何，点列(y_t, x_t)将收敛到相同的稳态$(\bar{y}, \bar{x})$。 ■

例 24.26 判定例 24.22 中的差分方程组是否稳定。

解： 该方程组的特征根为复根。不过，复根的绝对值为 1/2。因此，该方程组渐近稳定。 ■

价格战

在这一应用中，我们考虑采用特定形式的定价策略的两个零售商之间的竞争的可能含义。令 y_t 表示零售商 1 索要的价格，令 x_t 表示零售商 2 索要的价格。它们分别位于一条大街的两边，销售同样的商品。由于销售相同的商品，它们可以选择合作（合谋）设定共同价格或者不合作。第一个选择本身是不合法的，第二个选择则会导致价格战。假定它们不会合作，进一步假定，零售商 1 采取如下定价策略：

$$y_{t+1}=y_t-\alpha(y_t-x_t)$$

这说明，在时期 $t+1$，零售商 1 所设定的价格等于前期价格减去比例系数 α 与前期它所设价格和对手所设价格之差的乘积。如果在上一期，对手的价格(x_t)低于它自身的价格(y_t)，那么零售商 1 将会在本期降低价格。我们假定零售商 2 采取对称的策略：

$$x_{t+1}=x_t-\beta(x_t-y_t)$$

唯一的区别在于，我们允许零售商 2 的比例系数 β 不同于 α。同零售商 1 一样，如果在前一期，对手的价格低于它的价格，那么在 $t+1$ 期零售商 2 会降低它的价格。相反地，如果在前一期，对手的价格高于它们自身的价格，那么它们会在本期提高自己的价格。

下面举一个具体的例子。想象一下，两个零售商在繁忙的十字路口的对角处经营加油站。时期的长度可以为一个小时。假定每个业主都采取上述定价策略，比例系数分别为 α 和 β。

当前的问题是确定这些定价策略的含义。它们的发展趋势如何？价格倾向于收敛到稳态值吗？竞争对手可能采取这样的定价策略吗？

为了回答这些问题，先求解齐次差分方程组。将它写成矩阵形式：

$$\begin{bmatrix} y_{t+1} \\ x_{t+1} \end{bmatrix} = \begin{bmatrix} 1-\alpha & \alpha \\ \beta & 1-\beta \end{bmatrix} \begin{bmatrix} y_t \\ x_t \end{bmatrix}$$

系数矩阵的行列式的值为 $(1-\alpha)(1-\beta)-\alpha\beta$，化简可得 $1-\alpha-\beta$。因此，特征值（根）为

$$r_1, r_2 = \frac{2-\alpha-\beta}{2} \pm \frac{1}{2}\sqrt{(2-\alpha-\beta)^2-4(1-\alpha-\beta)}$$

计算可得

$$r_1=1, \quad r_2=1-(\alpha+\beta)$$

解为

$$y_t = C_1 + C_2(1-\alpha-\beta)^t$$
$$x_t = C_1 - C_2(1-\alpha-\beta)^t$$

下面假定系统的初始状态为 $t=0$，价格分别为 y_0 和 x_0。我们利用这些初始条件来确定常数 C_1 和 C_2 的值。令 $t=0$ 得到

$$y_0 = C_1 + C_2$$
$$x_0 = C_1 - C_2$$

求解 C_1 和 C_2 可得

$$C_1 = \frac{y_0+x_0}{2}$$

$$C_2 = \frac{y_0-x_0}{2}$$

于是，解变为

$$y_t = \frac{y_0+x_0}{2} + \frac{y_0-x_0}{2}(1-\alpha-\beta)^t$$

$$x_t = \frac{y_0+x_0}{2} - \frac{y_0-x_0}{2}(1-\alpha-\beta)^t$$

现在，我们用上述解来确定这些定价策略的含义。上述解显示，如果 $\alpha+$

$\beta<1$，那么随着 $t\rightarrow\infty$，这两个解收敛到两个初始价格的平均值。因此，如果两个零售商对于自己和对手的价格之差的反应都不大，那么定价策略的最终结果是两个零售商索要相同的价格，即 y_0 和 x_0 的平均值。

当 $\alpha+\beta>1$ 时，情形又如何呢？此时，$1-\alpha-\beta<0$。* 因此，价格不收敛。相反，它们以不断增加的幅度振荡发散。动态系统将会演变到如下地步：当天，某个零售商要价太高，销售量为零，而对手的价格太低，销售量巨大，但是价格低于成本，所以利润为负；第二天，情形正好反过来；接下来的一天，情形又反过来了，如此循环往复。显然，这种形势对双方都不利。综上所述，我们断定，如果观测到了这样的定价策略，就可以认为 $\alpha+\beta<1$。

练习

1. 给定 $y_0=6$ 和 $x_0=-1$，求解下列差分方程组：

$$y_{t+1}=y_t+5x_t-10$$
$$x_{t+1}=\frac{1}{4}y_t-x_t+10$$

2. 给定 $y_0=4$ 和 $x_0=-2$，求解下列差分方程组：

$$y_{t+1}=2y_t+\frac{1}{2}x_t+3$$
$$x_{x+1}=\frac{7}{2}y_t-x_t+3$$

3. 给定 $y_0=5$ 和 $x_0=8$，求解下列差分方程组：

$$y_{t+1}=-y_t+\frac{3}{4}x_t$$
$$x_{t+1}=-3y_t+2x_t$$

4. 给定 y_0 和 x_0，求解下列差分方程组：

$$y_{t+1}=2y_t-2x_t$$
$$x_{t+1}=2y_t+2x_t$$

5. 考虑两个厂商分享某一产品市场的古诺双寡头模型。每个厂商所选择的生产策略由下面的“反应函数”给定：

$$y_{t+1}=60-\frac{1}{4}x_t$$
$$x_{t+1}=60-\frac{1}{4}y_t$$

---

* 原书为 $1-\alpha-\beta<-1$，疑误。——译者注

其中，y 为厂商 1 的产出，x 为厂商 2 的产出。求该差分方程组，判别稳态是否稳定。

6. 用下面的反应函数替换练习 5 中的反应函数：

$$y_{t+1}=60-\frac{1}{2}x_t$$

$$x_{t+1}=60-\frac{1}{2}y_t$$

假定 $y_0=0$ 和 $x_0=60$，求解差分方程组，并且以 t 为横坐标，画出 $t=0$，1，2，3，4，5 时，y_t 和 x_t 的图像。

7. 两个相互竞争的零售商都采取如下定价策略：令今天的价格比对手昨天的价格低 10%。设零售商 1 的价格为 y，零售商 2 的价格为 x，写出两个价格的差分方程组。假定 $y_0=x_0$，求解方程组。证明价格收敛到零。

本章小结

关键词

中心	特征方程
通解	直接法
特征值	特征向量
一般形式	全局稳定性
齐次解	不恰当稳定结点
不恰当不稳定结点	等斜线
等斜区	局部稳定性
特解	相图
相平面	鞍点路径
鞍点	鞍点均衡
方程组	稳定聚点
稳定结点	稳态
替换法	轨线
不稳定聚点	不稳定结点

思考题

1. 解释如何导出特征方程，以及如何用它来求微分或者差分方程的特征根。

2. 在什么条件下，稳态解可以充当：(a) 含有两个微分方程的方程组，(b)

含有两个差分方程的方程组的特解？

3. 如果含有两个微分方程的方程组的稳态为稳定聚点，画出 y_1 和 y_2 所遵从的时间路径。

4. 为什么尽管鞍点路径收敛到稳态，但是我们仍然称鞍点均衡不稳定呢？

5. 说明微分方程组稳定的条件。

6. 说明差分方程组稳定的条件。

复习题

1. 利用替换法求解下列线性微分方程组，并判别稳态的稳定性：

(a) $\dot{y}_1=\frac{1}{2}y_1+\frac{1}{4}y_2+3$

$\dot{y}_2=3y_1+\frac{1}{2}y_2+2$

(b) $\dot{y}_1=-y_1+\frac{3}{4}y_2-4$

$\dot{y}_2=-3y_1+2y_2-1$

2. 利用直接法求解下列线性微分方程组，并判别稳态的稳定性：

(a) $\dot{y}_1=y_1+5y_2-10$

$\dot{y}_2=\frac{1}{4}y_1-y_2+10$

(b) $\dot{y}_1=2y_1+\frac{1}{2}y_2+1$

$\dot{y}_2=\frac{7}{2}y_1-y_2-8$

(c) $\dot{y}_1=2y_1-6y_2+1$

$\dot{y}_2=-3y_1+5y_2+2$

3. 令 y 表示污染存量，x 表示工业所产生的污染流量。污染存量中，一部分通过自然过程被环境所吸收。污染存量的微分方程为

$$\dot{y}=-\alpha y+x$$

其中，α 决定了自然吸收率。假定污染的工业排放流量满足下面的方程：

$$\dot{x}=-\beta y+a$$

其中，$a>0$ 为常数。该方程意味着，更大的污染存量会带来负的排放量变化（也就是说，政府管制的增加带来的负面影响）。

试求解该线性微分方程组，解释你的结果，分析稳态的稳定性。

4. 令 x 表示商业渔场的鱼存量，N 表示资本（渔船）存量。渔场中鱼的自然增长率满足前面几章中研究过的逻辑斯蒂方程：$rx(1-x)$。假设鱼的实际增

加量为自然增加量减去商业捕捞量。假定每单位捕捞资本的捕捞量为 1 单位鱼，那么 N 为总的商业捕捞量。鱼存量的微分方程为

$$\dot{x}=rx(1-x)-N$$

如果利润为正，那么捕捞资本就会流入该行业，反之则离开该行业。假定鱼的售价为常数 p，单位捕捞成本为 c/x，其中，$c>0$ 为常数，则捕捞资本的微分方程为

$$\dot{N}=\alpha\left(p-\frac{c}{x}\right)$$

其中，$\alpha>0$ 为决定捕捞资本存量调整速度的参数。以 x 为横轴、N 为纵轴，画出该非线性微分方程组的相图，确定稳态渐近稳定的条件。

5. 在下面的非线性微分方程组中，$I(t)$为厂商在时刻 t 的投资，$K(t)$为时刻 t 的资本存量，δ 为资本折旧率，α 为厂商生产函数的参数，$0<\alpha<1$：

$$\dot{I}=\delta I-\frac{\alpha K^{\alpha-1}}{2}$$

$$\dot{K}=I-\delta K$$

找出稳态点，证明它是鞍点并画出相图。

6. 下面的非线性微分方程组是两种鱼的残杀模型。令 y_1 表示鱼种 1 的群体规模（单位：百万千克），y_2 表示鱼种 2 的群体规模。找出四个稳态点，判别每个稳态点的局部稳定性并画出相图。

$$\dot{y}_1=0.8y_1\left(1-\frac{y_1}{200}\right)-0.02y_1y_2$$

$$\dot{y}_2=0.5y_2\left(1-\frac{y_2}{100}\right)-0.01y_1y_2$$

7. 利用替换法求解下列线性差分方程组：

(a) $y_{t+1}=y_t+x_t+1$

$x_{t+1}=y_t+x_t+2$

(b) $y_{t+1}=-2y_t+2x_t+1$

$x_{t+1}=y_t-3x_t+2$

8. 利用直接法求解下列线性差分方程组：

(a) $y_{t+1}=5y_t-4x_t+2$

$x_{t+1}=2y_t+x_t-10$

(b) $y_{t+1}=-y_t+8x_t+10$

$x_{t+1}=3y_t+4x_t-15$

(c) $y_{t+1}=\frac{1}{2}y_t+\frac{1}{2}x_t+5$

$x_{t+1}=\frac{3}{10}y_t+\frac{1}{10}x_t+15$

第 25 章　最优控制理论

我们鼓励读者通过我们的网站 http：//mitpress. mit. edu/math _ econ3 来获得如下有助于学习本章的材料：

- 最优控制理论必要条件的推导
- 对 λ 的解释
- 条件 $H(T)=0$ 的推导
- 练习题

在本章，我们考虑动态最优化问题。在经济学中，这类问题很常见。例如，在投资理论中，假定厂商选择投资支出的时间路径来最大化各个时期利润（贴现值）之和。在储蓄理论中，假定个体选择消费和储蓄的时间路径来最大化终生效用（贴现值）之和。这些都是动态最优化问题的例子。在这一章里，我们研究一种解决动态最优化问题的新方法——最优控制理论。

厂商或者消费者等经济行为人的行为是最优化的，这是经济学中的基本假定。第 6、12 和 13 章已经介绍了求解静态最优化问题的方法。为什么我们还需要学习处理动态最优化问题的新的数学理论（最优控制理论）呢？为了说明必要性，我们考虑下面的经济学例子。

静态和动态最优化：以投资为例

假定厂商的产出只依赖它所利用的资本量。令

$$Q=q(K)$$

其中，Q 为厂商的产出水平，q 为生产函数，K 为所利用的资本量。假定存在厂商所用资本的运转良好的租赁市场，厂商能够以给定的单位租金 R 借到所需的任意数量的资本。为了使本例更具体一些，将该厂商设想为一个捕鱼公司，该公司按天租借若干捕捞工具包（一个捕捞工具包包括船、网、燃料、工作人员等）。Q 为每天的捕鱼量，K 为每天所投入的捕捞资本量。如果 p 为鱼的销售价格，那么当前利润取决于捕捞量，后者又依赖于所投入的 K。利润函数$\pi(K)$为

$$\pi(K)=pq(K)-RK$$

如果厂商的目标是选择 K 来最大化当前的利润，那么 K 的最优值通常由以下一阶条件隐含地给出：

$$\pi'(K)=pq'(K)-R=0$$

但是，为什么厂商只关心当前的利润呢？为什么它不做长远考虑，也关心一下未来的利润呢？一个更现实的假设就是厂商的目标为最大化从当前($t=0$)到给定期限 T 这段时间内的利润贴现值之和。这一目标由下列泛函给出：

$$\max J[K(t)]=\int_0^T \mathrm{e}^{-\rho t}\pi[K(t)]\mathrm{d}t$$

其中，ρ 为厂商的贴现率，$\mathrm{e}^{-\rho t}$为连续时间贴现因子。$J[K(t)]$ 称为**泛函**，以区别于函数。函数将类似于 K 这样的变量的单个值（或者有限个值，如果 K 为不同类型资本的向量）映射为类似于当前利润这样一个数。而泛函则将$K(t)$这样的函数——或者有限个函数，如果资本不止一种类型的话——映射为类似于利润贴现和这样一个数。

现在，我们似乎有了一个动态最优化问题。它和静态最优化问题之间的区别在于，现在我们必须选择 K 值的一条路径。换句话说，我们需要选择一个关于时间的函数 $K(t)$来最大化 J，而不是选择 K 的某个值去最大化$\pi(K)$。这正是我们需要新的数学理论的主要原因。微积分能够帮助我们找到最大化函数$\pi(K)$的值，因为我们可以求 $\pi(K)$ 关于 K 的微分，从而找到 $\pi(K)$ 的最大值。但是，一般而言，微积分不适于帮助我们求最大化泛函 $J[K(t)]$ 的函数 $K(t)$，因为我们无法求泛函 $J[K(t)]$关于 $K(t)$ 的微分。

实际上，在这个例子中，我们并没有接触到真正的动态最优化问题。因此，微积分仍然适用于求解这一特殊问题。原因是在任何时期 t，租赁的资本的数量 K 只影响当期的利润，而不影响任何其他时期的利润。因此，很显然，利润贴现值之和的最大值可以通过最大化每个时点的利润求得。所以，这一动态问题本质上是一个静态最优化问题序列。因此，它的解也只是这一序列的静态最优化问题的序列解。实际上，这也是在经济学中我们将大量时间花费在静态最优化问题上的原因。

只有在当期所做的经济选择不仅影响当期收益（利润），而且影响后期收益（利润）的时候，一个最优化问题才成为真正的动态问题。其直觉在于如果当期的产出只影响当期利润，那么在选择当期产出的时候，我们只需要关注它对当期利润的影响。因此，我们会选择当期产出来最大化当期利润。但是，如果当期产

出影响当期利润和未来利润，那么在选择当期产出的时候，我们需要关注它对当期和未来利润的影响。这就是一个动态问题。

为了将捕捞厂商的例子转化为一个真正的动态最优化问题，我们去掉存在捕捞资本租赁市场这一假设。取而代之，我们假设厂商必须购买自己的资本，资本被购买后会长期存在。令 $I(t)$ 表示 t 时刻购买的资本量（投资），假定资本折旧率为 δ。厂商在时刻 t 所拥有的资本（存）量为 $K(t)$，它的变化满足如下微分方程：

$$\dot{K}=I(t)-\delta K(t)$$

该式意味着在每一时刻，厂商的资本存量按照投资量增加，随着折旧额下降。

令 $c[I(t)]$ 为成本函数，表示在时刻 t 购买（投资）资本量 $I(t)$ 所花费的成本，那么时刻 t 的利润为

$$\pi[K(t),I(t)]=pq[K(t)]-c[I(t)]$$

捕捞厂商在每个时刻所面临的问题是决定购买多少资本。这是一个真正的动态问题，因为当前的投资是当前的一项支出，影响当前的利润，而且由于它影响可用于未来生产的资本量，所以也影响未来利润。

如果厂商的目标是最大化从时刻 0 到时刻 T 的利润贴现值之和，那么它会最大化下式：

$$J[I(t)]=\int_0^T \mathrm{e}^{-\rho t}\pi[K(t),\ I(t)]\mathrm{d}t$$

$$\text{s. t.}\begin{cases}\dot{K}=I(t)-\delta K\\ K(0)=K_0\end{cases}$$

一旦 $I(t)$ 的路径被选定，$K(t)$ 的路径也就完全确定了，因为资本存量的初始条件 K_0 已经给定。因此，泛函 J 依赖所选择的 $I(t)$ 的特定路径。

可供选择的 $I(t)$ 路径有无穷多条。下面给出了几条可行路径：

（ⅰ）$I(t)=\delta K_0$。这表示一个不变投资量，它足以补偿折旧，从而使资本存量总是保持在初始水平上。

（ⅱ）$I(t)=0$。这是一条不进行投资的路径。

（ⅲ）$I(t)=A\mathrm{e}^{\alpha t}$。这条投资路径从 $I(0)=A$ 开始，然后随着时间以速率 α 增加（如果 $\alpha>0$），或者以速率 α 递减（如果 $\alpha<0$）。

我们只是任意选了这几条路径来说明问题。实际上，t 的任意函数都是一条可行路径。问题是选择最大化 $J[K(t)]$ 的路径。我们对时间的函数一无所知，因此，选择正确的路径似乎是一项艰巨的任务。

实际上，在 $T=\infty$，函数 $\pi[K(t),I(t)]$ 为下面的二次函数这种特殊情形中：

$$\pi[K(t),I(t)]=K-aK^2-I^2$$

上述问题的解为

$$I^*(t)=\frac{a(K_0-\overline{K})}{r_1-\delta-\rho}\mathrm{e}^{r_1 t}+\delta\overline{K}$$

其中，r_1 为求解动态最优化问题所得到的微分方程组的负特征根，$\bar{K}$ 为厂商意愿的稳态资本存量水平，它由下式给出：

$$\bar{K}=\frac{1}{2[\delta(\rho+\delta)+a]}$$

图 25.1 展示了 $K_0<\bar{K}$ 时最优的投资路径。沿着这条最优路径，投资减少。随着$t\to\infty$，投资收敛到常数 $\delta\bar{K}$（因为 $r_1<0$），从而厂商的长期投资仅仅是替换折旧。

如何找到这条路径呢？我们是利用最优控制理论找到它的。下面就来介绍这一理论。

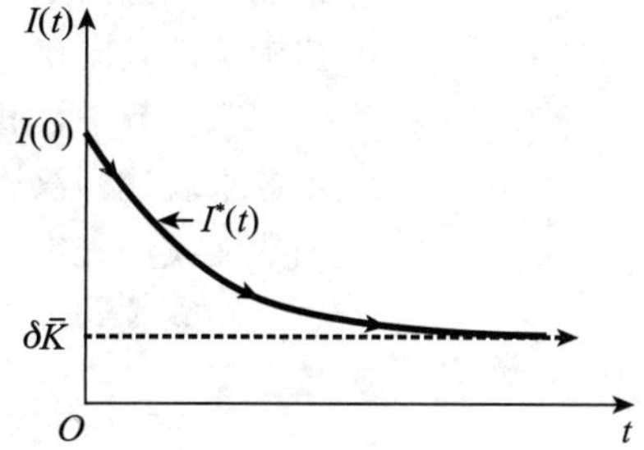

图 25.1　一段时间内投资的最优路径

25.1　最大值原理

最优控制理论非常倚重最大值原理，后者是一组仅在最优路径上成立的必要条件。一旦知道如何利用这些必要条件，你只需要掌握关于微积分和微分方程的基本知识就可以求解类似于上面所介绍的动态最优化问题。本节中，我们将阐述最大值原理的必要条件，然后说明理由。此外，我们还举例说明最大值原理的用法。

我们先给出本节待研究的动态最优化问题的一般形式的定义。

定义 25.1　在连续时间模型中，有限时间水平和自由终结点的**动态最优化问题**的一般形式为

$$\max J=\int_0^T f[x(t),\ y(t),\ t]\mathrm{d}t \tag{25.1}$$

$$\text{s. t.}\begin{cases}\dot{x}=g[x(t),y(t),t]\\ x(0)=x_0>0\quad（给定）\end{cases}$$

自由终结点意味着 $x(T)$不受约束，因此，可以自由进行最优选择。下面将会更详细地探讨它的意义所在。

在一般形式下，J 为有待最大化的泛函的值，$x(t)$为**状态变量**，$y(t)$为**控制变量**。正如名字所示，控制变量是直接被选择或者被控制的变量。由于给定的微分方程将控制变量和状态变量联系了起来，所以控制变量的选择会间接影响状态变量。

在上面提出的捕捞厂商的例子中，状态变量为厂商所拥有的资本量，控制变量为投资。这个例子是一个自由终结点问题，因为不存在对最终资本存量的限制。此外，被积函数 $f[x(t),y(t),t]$为 $\pi[K(t),I(t)]\mathrm{e}^{-\rho t}$，状态变量的微分方程 $g[x(t),y(t),t]$为 $I(t)-\delta K(t)$。

在后面的部分中，我们将会研究上述一般形式的几种重要变体。在 25.3 节

中，分析**固定终结点**问题。这意味着 $x(T)$，即状态变量的终值要满足一个等式约束。在 25.4 节中，考虑 T 是无穷的这一情形。最后，在 25.6 节中，考虑时间水平 T 也是自由变量的情形。

假定定义 25.1 中的动态最优化问题有唯一解。该解为控制变量 $y(t)$ 的一条路径。一旦指定这条路径，状态变量的路径就会由状态变量的微分方程和给定的初始条件共同确定。我们假定跟状态变量一样，控制变量也是时间的连续函数（在 25.5 节中，我们放松这一假定）。构成最大值原理的必要条件通过汉密尔顿函数来表述。汉密尔顿函数类似于用来求解有约束条件的最优化问题的拉格朗日函数。我们先定义这一函数：

定义 25.2　定义 25.1 中的动态最优化问题的**汉密尔顿函数** H 为

$$H[x(t),y(t),\lambda(t),t]=f[x(t),y(t),t]+\lambda(t)g[x(t),y(t),t]$$

其中，$\lambda(t)$ 为**协状态变量**，类似于有约束条件的最优化问题中的拉格朗日乘子。

汉密尔顿函数的构造很直观：将 $\dot{x}$ 的方程与尚未具体指定的时间函数 $\lambda(t)$ 的乘积加到被积函数（积分号下面的函数）上即可。

下面，我们陈述必要条件。

定理 25.1　定义 25.1 中的动态最优化问题的控制变量 $y(t)$ 的最优解路径必须满足如下必要条件：

（ⅰ）所选取的控制变量在每个时点上都最大化 H：$y(t)$ 最大化 $H[x(t),y(t),\lambda(t),t]$。也就是

$$\frac{\partial H}{\partial y}=0$$

（ⅱ）$x(t)$ 和 $\lambda(t)$（状态和协状态变量）的路径由以下微分方程组的解给出：

$$\dot{\lambda}=-\frac{\partial H}{\partial x}$$

$$\dot{x}=g[x(t),y(t),t]$$

（ⅲ）用于求解微分方程组的两个边界条件如下：

$$x(0)=x_0,\quad \lambda(T)=0$$

在写出第一个必要条件的时候，我们已经假定，汉密尔顿函数为 y 的严格凹函数。这一假定意味着，H 关于 y 的最大值为内点解，因此，它可以通过令 H 关于 y 在每个时点的导数等于零求得。在 25.5 节中，我们放松了这一假设。

第二个必要条件为一个微分方程组。第一个方程是通过汉密尔顿函数对状态变量 x 求导，然后令 $\dot{\lambda}$ 等于该导数的相反数得到的。第二个方程就是最优化问题中所给出的状态变量的微分方程。

必要条件（ⅰ）和（ⅱ）构成了最大值原理。必要条件（ⅲ）通常称为**边界条件**。在自由终结点问题中，一个边界条件由 $x(0)$ 给定，另一个由**横截条件** $\lambda(T)=0$ 给定。本章后面会解释这一横截条件。现在，我们只是说一下，当

$x(T)$可以自由选择的时候，它是确定 $x(T)$的最优值的一个必要条件。

最大值原理给出了一阶条件。最优控制理论中的二阶条件如何？换句话说，在什么时候，必要条件也是确保解路径最大化式（25.1）中的目标泛函的充分条件呢？尽管证明超出了我们的考虑范围，但我们仍然给出了答案：

定理 25.2 定理 25.1 中所指出的必要条件也是式（25.1）中 J 的最大化问题的充分条件，如果下列条件成立：

（ⅰ）$f(x,y,t)$可微，并且是关于 x 和 y 的凹函数。

（ⅱ）下列条件之一成立：

$g(x,y,t)$关于(x,y)是线性的；

$g(x,y,t)$关于(x,y)是凹的，并且 $\forall t\in(0,T)$，$\lambda(t)\geqslant 0$；

$g(x,y,t)$关于(x,y)是凸的，并且 $\forall t\in(0,T)$，$\lambda(t)\leqslant 0$。

对于本章所分析的所有问题，充分条件均成立。因此，在求解动态最优化问题时，我们只需要考察必要条件。

例 25.1 求解下列问题：

$$\max\int_0^1 (x-y^2)\,\mathrm{d}t$$

$$\text{s.t.}\begin{cases}\dot{x}=y\\ x(0)=2\end{cases}$$

解： 第 1 步：构造汉密尔顿函数：

$$H=x-y^2+\lambda y$$

第 2 步：应用最大值原理。由于汉密尔顿函数是控制变量 y 的严格凹函数，而且不存在对 y 的其他限制，所以 H 关于 y 的最大值可以通过如下一阶条件求出：

$$\frac{\partial H}{\partial y}=-2y+\lambda=0$$

由此得到

$$y(t)=\frac{\lambda(t)}{2} \tag{25.2}$$

第 3 步：$\lambda(t)$的微分方程为

$$\dot{\lambda}=-\frac{\partial H}{\partial x}=-1$$

于是，我们得到两个微分方程构成的方程组。利用等式（25.2）可进一步得到

$$\dot{\lambda}=-1 \tag{25.3}$$

$$\dot{x}=\frac{\lambda}{2} \tag{25.4}$$

第 4 步：我们求边界条件。这是一个自由终结点问题，因为在当前的问题中

没有指定 $x(1)$ 的值。因此，边界条件为

$$x(0)=2, \quad \lambda(1)=0$$

第 5 步：求解或者分析微分方程组。在本例中，我们面临着一个线性微分方程组，因此，可以求得显式解。因为第一个微分方程（25.3）不依赖于 x，所以我们可以直接求解，然后再将解代入第二个方程。

解方程（25.3）得到 $\lambda(t)=C_1-t$，其中 C_1 为任意积分常数，其值满足边界条件 $\lambda(1)=0$。由此得到 $0=C_1-1$，解得 $C_1=1$。因此，我们有 $\lambda(t)=1-t$。

将该解代入方程（25.4），可得

$$\dot{x}=\frac{1-t}{2}$$

其解为

$$x(t)=\frac{t}{2}-\frac{t^2}{4}+C_2$$

其中，C_2 为任意积分常数。其值由边界条件 $x(0)=2$ 确定。由此得到 $C_2=2$。所以解变为

$$x(t)=\frac{t}{2}-\frac{t^2}{4}+2$$

为了完成对最优化问题的求解，我们将这些解代回式（25.2），得到

$$y(t)=\frac{1-t}{2}$$

这是控制变量的解路径。$t=0$ 时，$y(0)=1/2$。然后，它随着时间减小，最后在 $t=1$ 处，$y(1)=0$。 ■

投资问题

假定厂商唯一的生产要素为资本存量 K，它的生产函数为

$$Q=K-aK^2, \quad a>0$$

其中，Q 为产出量。假定资本折旧率为 $\delta>0$，那么资本存量的变化等于厂商的投资 I 减去折旧 δK：

$$\dot{K}=I-\delta K$$

如果厂商产出品的价格为常数 1 美元，投资成本等于 I^2 美元，那么厂商在每个时点的利润为

$$\pi=K-aK^2-I^2$$

我们现在考虑的最优化问题为最大化在给定时段 $(0,T)$ 上的利润积分和。一个更现实的目标是最大化利润积分和的现值，不过，我们将这一问题推迟到下一节。相关方程组为

$$\max\int_0^T (K-aK^2-I^2)\mathrm{d}t$$

$$\text{s.t.}\begin{cases}\dot{K}=I-\delta K\\ K(0)=K_0 \qquad \text{（给定）}\end{cases}$$

为了求解，我们遵从以下步骤：

第 1 步：构造汉密尔顿函数：

$$H=K-aK^2-I^2+\lambda(I-\delta K)$$

第 2 步：应用最大值原理。由于汉密尔顿函数是控制变量 I 的严格凹函数，所以我们可以直接利用一阶条件来求最大化汉密尔顿函数的 I：

$$\frac{\partial H}{\partial I}=-2I+\lambda=0 \tag{25.5}$$

由于 $\partial^2 H/\partial I^2=-2$ 为负，这给出了一个最大值。解为

$$I(t)=\frac{\lambda(t)}{2} \tag{25.6}$$

第 3 步：构造微分方程组。必须满足以下方程：

$$\dot{\lambda}=-\frac{\partial H}{\partial K}=-(1-2aK-\lambda\delta)$$

利用式（25.6）替换 $I(t)$，方程组为

$$\dot{\lambda}=\lambda\delta+2aK-1 \tag{25.7}$$

$$\dot{K}=\frac{\lambda}{2}-\delta K \tag{25.8}$$

第 4 步：求得边界条件。$K(t)$的边界条件由初始条件 $K(0)=K_0$ 给出，$\lambda(t)$的边界条件为 $\lambda(T)=0$。

第 5 步：求解或者分析微分方程组。如果方程组跟本例中的一样，为线性的，就可以利用第 24 章中介绍的方法来求取显式解。稍后我们会求解本例中的方程组。如果方程组是非线性的，那么有可能无法求出显式解。此时，可以利用第 24 章中介绍的方法，最好是在相图的辅助下，进行定性分析。无论如何都要记住，利用最优控制理论得到的微分方程组提供了最优化问题的最优解。

微分方程（25.7）和方程（25.8）所构成的方程组的显式解可以利用第 24 章所介绍的方法求得。该方程组的齐次形式可以用矩阵表示为

$$\begin{bmatrix}\dot{\lambda}\\ \dot{K}\end{bmatrix}=\begin{bmatrix}\delta & 2a\\ 1/2 & -\delta\end{bmatrix}\begin{bmatrix}\lambda\\ K\end{bmatrix} \tag{25.9}$$

齐次方程组系数矩阵的行列式为$(-\delta^2-a)$，是一个负数。因此，我们立刻知道稳态均衡是鞍点均衡。

根据定理 24.2，方程（25.7）和方程（25.8）所构成的微分方程组的解为

$$\lambda(t)=C_1\mathrm{e}^{r_1 t}+C_2\mathrm{e}^{r_2 t}+\bar{\lambda} \tag{25.10}$$

$$K(t)=\frac{r_1-\delta}{2a}C_1e^{r_1t}+\frac{r_2-\delta}{2a}C_2e^{r_2t}+\bar{K} \tag{25.11}$$

其中，r_1 和 r_2 为式（25.9）中的系数矩阵的特征值或者特征根，C_1 和 C_2 为任意积分常数，$\bar{\lambda}$ 和$\bar{K}$为方程组的稳态值，可以作为通解中的特解。

假定 A 表示式（25.9）中的系数矩阵，它的特征根（特征值）由下式给出：

$$r_1,r_2=\frac{\mathrm{tr}(A)}{2}\pm\frac{1}{2}\sqrt{\mathrm{tr}(A)^2-4|A|}$$

其中，$\mathrm{tr}(A)$表示 A 的迹（对角线元素之和）。于是，式（25.9）的根为

$$r_1,r_2=\pm\sqrt{\delta^2+a}$$

λ 和 K 的稳态值可以通过令 $\dot{\lambda}=0$ 和 $\dot{K}=0$ 求得。计算化简后得到

$$\lambda=\frac{1-2ak}{\delta}$$

$$K=\frac{\lambda}{2\delta}$$

求解 λ 和 K 的上述方程，得到稳态值

$$\bar{\lambda}=\frac{\delta}{\delta^2+a},\quad \bar{K}=\frac{1}{2(\delta^2+a)}$$

因为稳态为鞍点，所以它只能通过鞍点路径，在外生给定的时间水平 T 足够大的情况下达到。

剩下的事情就是确定任意积分常数的值了。通常，它们是由边界条件$K(0)=K_0$ 和 $\lambda(T)$决定的。首先，令 $K(t)$满足它的初始条件：

$$K_0=\frac{r_1-\delta}{2a}C_1+\frac{r_2-\delta}{2a}C_2+\bar{K}$$

化简后得到

$$C_1=\frac{2a(K_0-\bar{K})-(r_2-\delta)C_2}{r_1-\delta}$$

然后，令 $\lambda(t)$满足它的终结条件：

$$0=C_1e^{r_1T}+C_2e^{r_2T}+\bar{\lambda}$$

从中，我们得到了 C_2 关于 C_1 的表达式：

$$C_2=-C_1e^{(r_1-r_2)T}-\bar{\lambda}e^{-r_2T}$$

将它代入 C_1 的表达式，化简后得到 C_1 的值：

$$C_1=\frac{2a(K_0-\bar{K})+(r_2-\delta)\bar{\lambda}e^{-r_2T}}{(r_1-\delta)-(r_2-\delta)e^{(r_1-r_2)T}}$$

将该解代入 C_2 的表达式，化简后得到 C_2 的显式解：

$$C_2=\frac{-2a(K_0-\overline{K})\mathrm{e}^{(r_1-r_2)T}-\overline{\lambda}(r_1-\delta)\mathrm{e}^{-r_2T}}{r_1-\delta-(r_2-\delta)\mathrm{e}^{(r_1-r_2)T}}$$

求解过程到此结束。

利用式（25.6）可以得到投资的最优路径。如果我们用 $\lambda^*(t)$ 表示式（25.10）中 $\lambda(t)$ 的解，那么投资的解 $I^*(t)$ 可以表示为

$$I^*(t)=\frac{\lambda^*(t)}{2}$$

该解给出了最大化计划期总利润的投资路径。图 25.2 描绘了两条可能的解路径。当 $K_0<\overline{K}$ 时，解路径 $I_1(t)$ 从较高的值出发，随后单调下降，在时刻 T 跌至零。当 $K_0>\overline{K}$ 时，解路径为负投资 $I_2(t)$，从时刻 0 至时刻 T，它都一直为负。

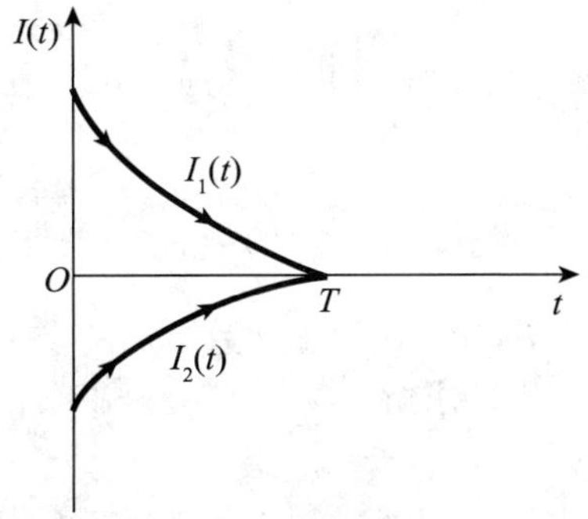

图 25.2　$K_0<\overline{K}$ 时投资的解路径 $I_1(t)$ 以及 $K_0>\overline{K}$ 时投资的解路径 $I_2(t)$

λ 和汉密尔顿函数的经济解释

我们用 $\lambda(t)$ 表示拉格朗日乘子的路径或者序列值。实际上，对这一协状态变量有一个自然的经济解释。就直觉而言，$\lambda(t)$ 可以被解释为状态变量 $x(t)$ 的边际（数）值或者影子价格。这一解释不严格地模仿了对拉格朗日乘子的解释。但是它也可以被正式地导出，就如我们在 http://mitpress.mit.edu/math_econ3 中所做的一样。在那里，$\lambda(0)$ 表示 $x(0)$（状态变量的初始值）少量增加时，J^*（最大值函数）的增加量。因此，$\lambda(0)$ 为时刻 $t=0$ 的状态变量的边际增加值，它可以解释为在时刻 $t=0$，为了多获得一点儿，我们所愿意支付的（影子价格）最大值。进一步扩展，$\lambda(t)$ 可以解释为影子价格或者状态变量在任意时刻 t 的数值。

在前面考察的投资问题中，$\lambda(t)$ 给出了时刻 t 厂商资本存量的边际（数）值或者影子价格。有了这一解释，一阶条件式（25.5）也就有了经济意义：它说明在每一时刻，厂商的投资量都应该满足下面的等式：

$$2I(t)=\lambda(t)$$

左边为投资的边际成本；右边为资本的边际值，即表示投资的边际收益。因此，最大值原理的一阶条件给出了一条非常简单的投资规则：不断增加投资，直到边

际成本等于边际收益。

汉密尔顿函数也可以被赋予经济含义。一般而言，H 测度了控制变量对目标函数的瞬时总经济贡献。在投资问题中，H 为某个时点所赚取的总利润与该时点用影子价格标价的资本增加额之和。因此，H 为控制变量对利润总和 J 的瞬时总贡献。因此，选择控制变量来最大化每个时点的 H 是合理的。当然，这也正是最大值原理所要求的。

练习

1. 求解

$$\max \int_0^T -(ay+by^2)\,\mathrm{d}t$$

$$\text{s. t.} \begin{cases} \dot{x}=x-y \\ x(0)=x_0 \end{cases}$$

其中，a，b 为正常数。

2. 求解

$$\max \int_0^T (xy-y^2-x^2)\,\mathrm{d}t$$

$$\text{s. t.} \begin{cases} \dot{x}=y \\ x(0)=x_0 \end{cases}$$

3. 求解

$$\max \int_0^T -(ay+by^2+cx)\,\mathrm{d}t$$

$$\text{s. t.} \begin{cases} \dot{x}=\alpha x+\beta y \\ x(0)=x_0 \end{cases}$$

4. 求解

$$\max \int_0^T (ay-by^2+fx-gx^2)\,\mathrm{d}t$$

$$\text{s. t.} \begin{cases} \dot{x}=x+y \\ x(0)=x_0 \end{cases}$$

5. 求解

$$\max \int_0^T (y-y^2-4x-3x^2)\,\mathrm{d}t$$

$$\text{s. t.} \begin{cases} \dot{x}=x+y \\ x(0)=x_0 \end{cases}$$

6. 在方程（25.7）和方程（25.8）中，微分方程组是用 λ 和 K 表示的。对于同样的模型，将这一微分方程组化为用 I 和 K 表示的方程组。求解 $I(t)$和 $K(t)$构成的方程组。

7. 假定价格为常数 p，投资成本为 bI^2，其中，b 为正常数。求解下面的问题：

$$\max\int_0^T[p(K-aK^2)-bI^2]\mathrm{d}t$$

$$\text{s. t.}\begin{cases}\dot{K}=I-\delta K\\K(0)=K_0\end{cases}$$

25.2 贴现最优化问题

贴现是经济动态学中动态最优化问题的基本特征。在本章剩下的部分里，我们假定 ρ 为经济中通行的收益率，它是确定的常数。回忆一下，在第 3 章里，$y_0=y(t)\mathrm{e}^{-\rho t}$为 $y(t)$的贴现值（或者说现值）。在本章随后所分析的所有模型和例子中，厂商和消费者都是追求未来收入或者去除成本后收益流的贴现值（或者说现值）最大化的。

自治最优化问题的一般形式

经济学中的多数动态最优化问题都涉及贴现。因此，时间通过项 $\mathrm{e}^{-\rho t}$公开进入目标函数。不过，如果这是变量 t 公开进入最优化问题的唯一方式，微分方程组可以被转化成自治的。这一事实的意义在于，自治微分方程（不显含 t 的方程）比非自治微分方程更容易求解。

我们将定义 25.1 中的被积函数的一般形式记为 $f(x,y,t)$。如果该式可以简化为 x 和 y 的函数与 $\mathrm{e}^{-\rho t}$项的乘积，譬如说 $F(x,y)\mathrm{e}^{-\rho t}$，并且所给状态变量的微分方程不显性依赖于 t（是自治的），那么 $g(x,y,t)$可以专门用 $G(x,y)$来表示，于是，我们有如下定义。

定义 25.3　自治最优化问题的一般形式为

$$\max J=\int_0^T F[x(t),y(t)]\mathrm{e}^{-\rho t}\mathrm{d}t \tag{25.12}$$

$$\text{s. t.}\begin{cases}\dot{x}=G[x(t),y(t)]\\x(0)=x_0\end{cases}$$

这一问题的汉密尔顿函数为

$$H=F(x,y)\mathrm{e}^{-\rho t}+\lambda G(x,y)$$

假定内点解存在，则当下式成立时，关于 y 的最大值出现：

$$F_y(x,y)\mathrm{e}^{-\rho t}+\lambda G_y(x,y)=0$$

我们还可以将该式记为

$$F_y(x,y)+(\lambda e^{\rho t})G_y(x,y)=0$$

上式将 y 表示为 x 和 $\lambda e^{\rho t}$ 的隐函数，记为 $\phi(x,\lambda e^{\rho t})$。$\lambda$ 的微分方程为

$$\dot{\lambda}=-\frac{\partial H}{\partial x}=-e^{-\rho t}F_x(x,y)-\lambda G_x(x,y)$$

将 $y=\phi(x,\lambda e^{\rho t})$ 代入上式，然后两边同乘以 $e^{\rho t}$，可得

$$\dot{\lambda}e^{\rho t}=-F_x[x,\phi(x,\lambda e^{\rho t})]-\lambda e^{\rho t}G_x[x,\phi(x,\lambda e^{\rho t})] \tag{25.13}$$

方程组中的第二个方程为

$$\dot{x}=G[x,\phi(x,\lambda e^{\rho t})] \tag{25.14}$$

两个边界条件为 $x(0)=x_0$ 和 $\lambda(T)=0$。

对于此类问题，我们已经导出了微分方程（25.13）和方程（25.14）构成的方程组的一般形式，但是，很显然，它不是自治的。不过，简单的变量变换便可以将它转化为一个自治方程组。在这一过程中，需要将 λ 的微分方程变形，其原因一目了然。定义新的变量 $\mu(t)$：

$$\mu(t)=\lambda(t)e^{\rho t}$$

对该表达式取时间导数，可得

$$\dot{\mu}=\rho\lambda e^{\rho t}+\dot{\lambda}e^{\rho t}=\rho\mu+\dot{\lambda}e^{\rho t}$$

替换方程（25.13）中的 $\lambda e^{\rho t}$ 和 $\dot{\lambda}e^{\rho t}$ 便得到两个新的微分方程：

$$\begin{cases}\dot{\mu}=\rho\mu-F_x[x,\phi(x,\mu)]-\mu G_x[x,\phi(x,\mu)]\\ \dot{x}=G(x,\phi(x,\mu))\end{cases}$$

上面是两个变量 μ 和 x 的微分方程组，这两个变量都是时间的函数；不过，它们都没有显性地包含变量 t。因此，转换后的方程组是自治的。这使得微分方程组的求解变得更容易了。但是，或许更重要的是，这使得利用相图对非线性微分方程组进行定性分析成为可能。这是一个重要的优势。我们很难画出非自治方程组的相图，因为 $\dot{\lambda}=0$ 和 $\dot{x}=0$ 的点的轨迹依赖于时间 t，因此会随着时间到处移动。相比之下，$\dot{\mu}=0$ 和 $\dot{x}=0$ 的点的轨迹是平稳的。

当 t 只通过贴现项进入微分方程的时候，利用刚才所介绍的方法可以得到自治微分方程组。不过，更容易（也更经常见）的方法是利用当前值汉密尔顿函数而不是常规的汉密尔顿函数。下面我们就来介绍它。

当前值汉密尔顿函数

当变量 t 仅通过贴现项公开进入最优化问题的时候，对汉密尔顿函数的定义进行一个小的修正会自动产生一个自治微分方程组。

一般而言，贴现最大化问题可以定义为

$$\max J=\int_{0}^{T} e^{-\rho t} F[x(t), y(t)] \mathrm{d} t \tag{25.15}$$

$$\text{s.t.}\begin{cases}\dot{x}=G[x(t), y(t)] \\ x(0)=x_{0}>0 \quad (给定)\end{cases}$$

这一问题的常规的汉密尔顿函数为

$$H=e^{-\rho t} F[x(t), y(t)]+\lambda G[x(t), y(t)]$$

当前值汉密尔顿函数 $\mathscr{H}$ 定义为

$$\mathscr{H}=H e^{\rho t}$$

即常规的汉密尔顿函数乘以 $e^{\rho t}$。将关系式倒过来，可得

$$H=\mathscr{H} e^{-\rho t}$$

这使我们可以将常规的汉密尔顿函数解释为一个当前值汉密尔顿函数。

前面，我们已经定义了一个新的协状态变量 μ：

$$\mu=\lambda e^{\rho t}$$

上式表明，我们把 μ 解释为当前值协状态变量，λ 解释为当前值协状态变量。有了这些关系，就可以给出当前值汉密尔顿函数的正式定义。由于它跟常规的汉密尔顿函数略有不同，因此，必要条件也要相应做一些调整。我们先给出必要条件，然后说明为何要进行这些虽然不大但很重要的调整。

定义 25.4 定义 25.3 中自治最优化问题的**当前值汉密尔顿函数** $\mathscr{H}$ 为

$$\mathscr{H}[x(t), y(t), \mu(t)]=F[x(t), y(t)]+\mu G[x(t), y(t)] \tag{25.16}$$

且必要条件为

（ⅰ）所选取的控制变量在每个时点上都最大化 $\mathscr{H}$：$y(t)$ 最大化 $\mathscr{H}[x(t), y(t), \mu(t)]$。也就是

$$\frac{\partial \mathscr{H}}{\partial y}=0$$

（ⅱ）$x(t)$ 和 $\mu(t)$（状态和协状态变量）的路径由下列微分方程组的解给出：

$$\dot{\mu}-\rho \mu=-\frac{\partial H}{\partial x}$$

$$\dot{x}=g[x(t), y(t)]$$

（ⅲ）用于求解微分方程组的两个边界条件如下：

$$x(0)=x_{0}, \quad \mu(T) e^{-\rho T}=0$$

注意，包含新的协状态变量 μ 的第二个条件与前面不同，这也是对必要条件所做的唯一调整。容易看到，这些变化来自变量的变化关系。首先，当前值汉密尔顿函数为

$$\mathscr{H}=He^{\rho t}=F[x(t),y(t)]+\lambda e^{\rho t}G[x(t),y(t)]$$

即

$$\mathscr{H}=F[x(t),y(t)]+\mu G[x(t),y(t)]$$

必要条件的变化也直接来自变量的变化关系。由于 $H=\mathscr{H}e^{-\rho t}$，而关于 y 求 H 的最大值时 $e^{-\rho t}$ 为常数项，所以最大化 H 的 y 必然最大化 $\mathscr{H}$。这一点对于内点解，即 H 关于 y 的导数等于零的点而言，看得可能更清楚一些。这意味着

$$\frac{\partial \mathscr{H}}{\partial y}e^{-\rho t}=0$$

由于 $e^{-\rho t}$ 可以约掉，所以上式等价于

$$\frac{\partial \mathscr{H}}{\partial y}=0$$

因此，最大值原理的这一部分并没有发生改变。我们仍然希望在每个时点上都最大化当前值汉密尔顿函数。

最大值原理还要求协状态变量满足微分方程

$$\dot{\lambda}=-\frac{\partial H}{\partial x} \tag{25.17}$$

该式可以转换为关于新变量 μ 的相应的微分方程。为了导出该方程，注意到

$$-\frac{\partial H}{\partial x}=-\frac{\partial \mathscr{H}}{\partial x}e^{-\rho t} \tag{25.18}$$

且 $\lambda=\mu e^{-\rho t}$，则有

$$\dot{\lambda}=-\rho\mu e^{-\rho t}+\dot{\mu}e^{-\rho t}$$

将上式代入方程（25.17），可得

$$-\rho\mu e^{-\rho t}+\dot{\mu}e^{-\rho t}=-\frac{\partial \mathscr{H}}{\partial x}e^{-\rho t}$$

化简该式，得到新（当前值）协状态变量必须满足的微分方程：

$$\dot{\mu}-\rho\mu=-\frac{\partial \mathscr{H}}{\partial x} \tag{25.19}$$

最后，横截条件也略有变化。$\mu(T)e^{-\rho T}=0$ 取代了 $\lambda(T)=0$。如果 T 是有限的，那么该式可简化为 $\mu(T)=0$。

例 25.2 求解下面的最优化问题：

$$\max\int_0^T e^{-\rho t}[ax-bx^2-cy^2]\mathrm{d}t$$

$$\text{s.t.}\begin{cases}\dot{x}=y-\alpha x\\ x(0)=x_0\end{cases}$$

解： 第 1 步：当前值汉密尔顿函数为

$$\mathscr{H}=ax-bx^2-cy^2+\mu(y-\alpha x)$$

第 2 步：$\mathscr{H}$关于控制变量 y 的最大值由下式求得：

$$\frac{\partial \mathscr{H}}{\partial y}=-2cy+\mu=0$$

可得 $y=\mu/2c$。

第 3 步：μ 的微分方程为

$$\dot{\mu}-\rho\mu=-\frac{\partial H}{\partial x}=-(a-2bx-\mu\alpha)$$

因此，微分方程组变为

$$\dot{\mu}=(\rho+\alpha)\mu+2bx-a$$

$$\dot{x}=\frac{\mu}{2c}-\alpha x$$

第 4 步：第一个边界条件为 $x(0)=x_0$。因为这是一个自由终结点问题（$x(T)$的值没有给定），T 又是有限值，所以第二个边界条件为 $\mu(T)=0$。

第 5 步：该线性微分方程组的解由定理 24.2 给出：

$$\mu(t)=C_1\mathrm{e}^{r_1 t}+C_2\mathrm{e}^{r_2 t}+\bar{\mu}$$

$$x(t)=\frac{r_1-\rho-\alpha}{2b}C_1\mathrm{e}^{r_1 t}+\frac{r_2-\rho-\alpha}{2b}C_2\mathrm{e}^{r_2 t}+\bar{x}$$

其中，r_i、$\bar{\mu}$ 和 $\bar{x}$ 可以通过微分方程直接确定，而积分常数 C_i 则由两个边界条件确定。我们将剩下的工作作为学生的课后练习。 ■

贴现投资问题：定性分析

下面我们不指定厂商生产函数的具体形式，而将投资模型一般化。我们放松 $f(K)=K-aK^2$ 这一假定，取而代之的是假定 $f(K)$可以是满足下列性质的任何函数：

$f(K)$在 $K\geqslant 0$ 上连续，并且具有连续的一阶和二阶导数，且它们满足下列条件：

$$f'(K)>0,\ K\geqslant 0$$

$$f''(K)<0,\ K\geqslant 0$$

此外，我们假定 $f'(0)=\infty$和 $f'(\infty)=0$。这两个假定的重要性会在下面的内容里显示出来。

我们进一步假定，厂商产出品的价格为 1 美元，以速率 I 投资的成本为 I^2 美元。于是，动态最优化问题为

$$\max\int_0^T \mathrm{e}^{-\rho t}[f(K)-I^2]\mathrm{d}t$$

$$\text{s. t.}\begin{cases}\dot{K}=I-\delta K\\ K(0)=K_0\end{cases}$$

在这一问题中，变量 t 通过贴现项进入最优化问题。我们确信，将最大值原

理应用于当前值汉密尔顿函数将会产生一个自治微分方程组。

第 1 步：当前值汉密尔顿函数为

$$\mathscr{H}=f(K)-I^2+\mu(I-\delta K)$$

第 2 步：最大化 $\mathscr{H}$ 的必要条件为

$$-2I+\mu=0$$

$\mathscr{H}$ 是 I 的凹函数保证了上式会得出最大值。

第 3 步：当前值协状态变量必须满足

$$\dot{\mu}-\rho\mu=-\frac{\partial\mathscr{H}}{\partial K}=-f'(K)+\mu\delta$$

因此，微分方程组变为

$$\dot{\mu}=\mu(\delta+\rho)-f'(K) \tag{25.20}$$

$$\dot{K}=\frac{\mu}{2}-\delta K \tag{25.21}$$

第 4 步：边界条件为 $K(0)=K_0$ 和 $\mu(T)=0$。

第 5 步：因为微分方程组包含了一个隐函数，我们无法取得显式解。取而代之，我们利用相图对方程组进行定性分析。

为了画出方程（25.20）和方程（25.21）构成的方程组的相图，我们遵照第 24 章所列的步骤。

首先，确定 μ 的运动情况。先画出 μ 的等斜线。它是 (μ,K) 平面中 $\dot{\mu}=0$ 的点的轨迹。令方程（25.20）等于零，得到这些点所满足的关系式：

$$\mu=\frac{f'(K)}{\delta+\rho}$$

为了在 (μ,K) 相平面中画出图像，注意到所求曲线的斜率为负：

$$\frac{\mathrm{d}\mu}{\mathrm{d}K}=\frac{f''(K)}{\delta+\rho}<0$$

因为 $f''(K)<0$，δ 和 ρ 都是正数。下面，注意到假定 $f'(0)=\infty$ 意味着图像不会在有限值 μ 处与纵轴相交。类似地，我们的假定 $f'(\infty)=0$ 意味着图像渐近趋于横轴。这两个假定确保在二者等斜线的交点处，μ 和 K 严格为正。换句话说，稳态解必然是内点解。图 25.3 给出了 μ 的等斜线。

下面确定被 μ 的等斜线分隔开的两个区域中 $\dot{\mu}$ 的符号。这需要分析 μ 的微分方程。计算方程（25.20）关于 μ 的偏导数，可得

$$\frac{\partial\dot{\mu}}{\partial\mu}=\delta+\rho>0$$

该式意味着，保持 K 不变，μ 的增加（减少）会带来 $\dot{\mu}$ 的增加（减少）。结果，在 $\dot{\mu}=0$ 的上方，$\dot{\mu}$ 为正；在 $\dot{\mu}=0$ 的下方，$\dot{\mu}$ 为负。

其次，确定 K 的运动。令 $\dot{K}=0$ 可以得到 K 的等斜线：

$$\mu=2\delta K$$

该式的图形是从原点出发、斜率为 2δ 的直线。然后通过方程（25.21）对 K 求偏微分来确定 K 在等斜线两边的区域中的运动。微分得到

$$\frac{\partial \dot{K}}{\partial K}=-\delta<0$$

上式意味着 $\dot{K}$ 在 $\dot{K}=0$ 的右边为负，在 $\dot{K}=0$ 的左边为正。

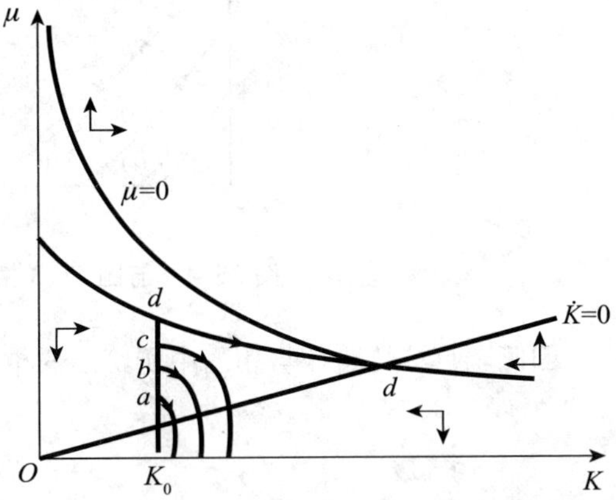

图 25.3　贴现投资问题的相图

相图中的运动箭头大致给出了轨线所遵从的路径。它们表明稳态确实为鞍点均衡。这也可以通过微分方程组在稳态点附近线性化以后的特征值的符号来证实。线性化之后方程组的系数矩阵为

$$\begin{bmatrix}\delta+\rho & -f'' \\ 1/2 & -\delta\end{bmatrix}$$

它的行列式的值为 $-\delta(\delta+\rho)+f''/2<0$。负的行列式值确保特征值有相反的符号。对于断定我们确实得到了一个鞍点均衡而言，这就足够了。

图 25.3 描述了相平面中的几条代表性轨线。要满足边界条件，最优轨线必须从 $K(0)=K_0$ 出发，在 $\mu(T)=0$ 时结束。假定厂商所拥有的初始资本存量 K_0 相对于稳态资本存量 $\bar{K}$ 较小。给定 K_0，(μ,K)所遵从的实际最优轨线依赖于最优化问题中所指定的 T 的长短。如果 T 较短，那么时间就不够充分，轨线在达到终结点 $\mu(T)=0$ 之前，不会走太远，自 a 开始的轨线描述了这一情形。如果 T 更长一些，轨线就更长一些，自 b 开始的轨线描述了这一情形。如果 T 再长一些，轨线就如同图中自 c 开始的轨线。随着 T 趋于无穷，最优轨线将会逼近鞍点路径 dd。尽管鞍点路径似乎长度有限，但是，走完这段路需要无穷多的时间，因为随着 μ 和 K 接近稳态值，它们的移动速度接近于零。

注意，在图 25.3 中，无论 T 取什么样的有限值，横截条件都要求 $\mu(T)=0$。不过，对于不同的 T 值，$K(T)$差异较大。只有当厂商的时间水平趋于无穷的时候，它的资本存量才会接近稳态值。

图 25.4 显示了相应于图 25.3 中前三条轨线的 $I(t)$的路径。它们有着不同的

时间期限，$T_1<T_2<T_3$。在每一条路径上，投资额都会单调下降，最终变为零。我们从如下的一阶条件可以知道这一点：

$$I(t)=\frac{\mu(t)}{2}$$

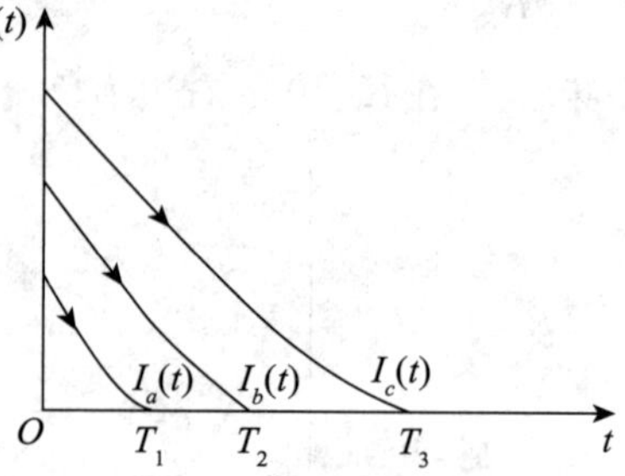

图 25.4　与图 25.3 相应的投资路径

因此，$I(t)$的路径与相图中所给出的单调下降至零的$\mu(t)$的路径形状相同。

练习

1. 求解

$$\max\int_0^T -e^{-\rho t}y^2\,dt$$

$$\text{s. t.}\begin{cases}\dot{x}=x+y\\ x(0)=x_0\end{cases}$$

2. 求解

$$\max\int_0^T -e^{-\rho t}(ay+by^2)\,dt$$

$$\text{s. t.}\begin{cases}\dot{x}=x+y\\ x(0)=x_0\end{cases}$$

其中，a 和 b 为正常数。

3. 求解

$$\max\int_0^T e^{-\rho t}(yx-y^2-x^2)\,dt$$

$$\text{s. t.}\begin{cases}\dot{x}=x+y\\ x(0)=x_0\end{cases}$$

4. 求解

$$\max\int_0^T e^{-\rho t}(ay-by^2+fx-gx^2)\,dt$$

$$\text{s. t.}\begin{cases}\dot{x}=y\\x(0)=x_0\end{cases}$$

5. 假设厂商的生产函数只依赖于劳动 L：产出等于 $L-aL^2$。厂商为每单位雇佣劳动支付固定工资 w，雇佣成本等于 qH^2，其中 H 为新雇用的劳动数量，每单位产出的价格为 p。厂商对劳动力有一个固定的解聘率 δ。求解雇佣路径，即下述问题的解：

$$\max\int_0^T e^{-\rho t}[p(L-aL^2)-\omega L-qH^2]\mathrm{d}t$$

$$\text{s. t.}\begin{cases}\dot{L}=H-\delta L\\L(0)=L_0\end{cases}$$

6. 利用相图（在(μ,K)空间）对下面的投资问题进行定性分析：

$$\max\int_0^T e^{-\rho t}[K-aK^2-c(I)]\mathrm{d}t$$

$$\text{s. t.}\begin{cases}\dot{K}=I-\delta K\\K(0)=K_0\end{cases}$$

其中，$c(I)$为投资成本函数，具有下列性质：$c'(I)>0, c''(I)>0$ 且 $c(0)=0$。

7. 在(I,K)空间中画出练习 6 的相图。

25.3 关于 $x(T)$的其他边界条件

多数动态最优化问题都会限制状态变量的终值。这可能仅仅是一个非负性约束 $x(T)\geqslant 0$，也可能是某种其他类型的不等式约束 $x(T)\geqslant b$，或者等式约束 $x(T)=b$，其中 b 为模型的某个外生参数。本节中，我们通过对 $x(T)$不受约束时的横截条件 $\mu(T)=0$ 稍做调整，说明这种类型的约束很容易被吸收到最优控制理论中。

固定终结点问题：$x(T)=b$

当状态变量的终值必须满足下述给定形式的等式约束时，我们如何求解最优控制问题：

$$x(T)=b \tag{25.22}$$

其中，$b>0$ 为既定值呢？答案很简单：最大值原理的必要条件仍然不变，但是 $x(T)=b$ 替换了原来的横截条件 $\mu(T)=0$。下面的定理描述了全部必要条件：

定理 25.3 定义 25.1 中的动态最优化问题满足追加的等式约束（25.22），则控制变量 $y(t)$的最优解路径必须满足如下条件：

（i）所选取的控制变量在每个时点上都最大化 H：$y(t)$最大化 $H[x(t), y(t), \lambda(t), t]$。也就是

$$\frac{\partial H}{\partial y}=0$$

（ⅱ）$x(t)$和$\lambda(t)$（状态和协状态变量）的路径由下列微分方程组的解给出：

$$\dot{\lambda}=-\frac{\partial H}{\partial x}$$

$$\dot{x}=g[x(t),y(t),t]$$

（ⅲ）用于求解微分方程组的两个边界条件如下：

$$x(0)=x_0,\quad x(T)=b$$

证明：严格的证明超出了本书的范围。不过，我们这里提供一个解释性的说明。同时注意，尽管我们利用常规的（或者说现值）汉密尔顿函数给出了必要条件，但是它们也可以很容易地由当前值汉密尔顿函数给出。

我们是如何得到这一对必要条件的小的修正的呢？下式可以给出一个直觉的解释：

$$\frac{dJ^*}{dx(T)}=-\lambda(T)$$

该式出现在 http://mitpress.mit.edu/math_econ3 中，是针对$x(T)$的无约束情形。该式说明，$x(T)$的边际增加导致目标值（贴现利润的积分值）下降$\lambda(T)$。如果我们可以自由选择$x(T)$，那么我们当然会选择最大化J，即满足$dJ/dx(T)=0$的值。因此，令$\lambda(T)=0$就可以确保我们选择的是最优的$x(T)$。不过，如果我们不能自由选择$x(T)$，而且必须确保$x(T)$等于某个外生指定的数，那么在$x(T)=b$处，$dJ/dx(T)$不等于零。因此，除非巧合，在$x(T)=b$处，$\lambda(T)\neq 0$。■

例 25.3　求解下列问题：

$$\max\int_0^1 (x-y^2)dt$$

$$\text{s.t.}\begin{cases}\dot{x}=y\\ x(0)=2\\ x(1)=b\end{cases}$$

解：该最大化问题的汉密尔顿函数为

$$H=x-y^2+\lambda y$$

除了$x(1)$必须等于b之外，这一问题与例 25.1 所求解的方程组完全相同。关于y最大化H，可得

$$y(t)=\frac{\lambda(t)}{2}$$

在得到协状态变量的微分方程后，描述该最大化问题的解路径的两个微分方程的方程组变为

$$\dot{\lambda}=-1$$

$$\dot{x}=\frac{\lambda}{2}$$

该问题的边界条件不同于例 25.1 中的。在例 25.1 中，当 $x(1)$ 不受约束的时候，我们令 $\lambda(1)=0$，它和给定的初始条件 $x(0)=2$ 一起构成边界条件。在当前的例子中，$x(1)$ 必须等于 b，因此边界条件变为

$$x(0)=2,\quad x(1)=b$$

求解 $\lambda(t)$ 的微分方程得到

$$\lambda(t)=C_1-t$$

这与例 25.1 相同。其中，C_1 为积分常数。利用该解可以将 x 的微分方程写为

$$\dot{x}=\frac{C_1-t}{2}$$

我们直接求解该方程，得到

$$x(t)=\frac{C_1}{2}t-\frac{t^2}{4}+C_2$$

其中，C_2 为另一个积分常数。下面利用两个边界条件来确定积分常数。首先，在 $t=0$ 时，我们有 $x(0)=2$。由此得到 C_2 的解：

$$2=0+C_2$$

其次，在 $t=1$ 时，我们有 $x(1)=b$。由此得到

$$b=\frac{C_1}{2}-\frac{1}{4}+C_2$$

重新整理，并且将 C_2 的值代入上式，得到

$$C_1=2b-\frac{7}{2}$$

因此，

$$\lambda(t)=2b-\frac{7}{2}-t$$

$$y(t)=b-\frac{7}{4}-\frac{t}{2}$$

为区间 $t\in[0,1]$ 上的解路径。 ■

例 25.4 最优消费路径

在 0 时刻，个体在银行账户中的货币量为 x_0。银行账户的利率为 r。令 $c(t)$ 表示在时刻 t 从银行账户提取出来用于消费的货币量。银行账户余额满足的微分方程为

$$\dot{x}=rx-c$$

初始条件为 $x(0)=x_0$。现在我们假定，个体希望选择一条最大化下式所给出的终身效用的消费路径：

$$u=\int_0^T \mathrm{e}^{-\rho t}U(c(t))\mathrm{d}t$$

其中，时间区间$(0,T)$为个体的寿命，$U(c(t))$为时刻 t 消费 $c(t)$的瞬时效用，$\rho\geqslant 0$为个体的时间偏好率。我们假定效用函数为对数形式：

$$U(c(t))=\ln c(t)$$

最后，我们假定个体必须在银行账户中留下一笔既定数量为 b 的遗产。于是，最优化问题可以概括如下：

$$\max\int_0^T \mathrm{e}^{-\rho t}\ln c\,\mathrm{d}t$$

$$\text{s. t.}\begin{cases}\dot{x}=rx-c\\ x(0)=x_0>0\\ x(T)=b>0\end{cases}$$

解： 第 1 步：当前值汉密尔顿函数为

$$\mathscr{H}=\ln c+\mu(rx-c)$$

第 2 步：关于控制变量 c 最大化汉密尔顿函数，得到

$$\frac{1}{c}-\mu=0$$

求解 $c(t)$，得到

$$c(t)=\mu(t)^{-1}$$

第 3 步：协状态变量的微分方程为

$$\dot{\mu}-\rho\mu=-\mu r$$

则微分方程组为

$$\dot{\mu}=\mu(\rho-r)$$
$$\dot{x}=rx-\mu^{-1}$$

因为这是一个线性微分方程组，所以我们可以求得显式解。μ 的微分方程只依赖于 μ，因此，我们利用单个方程的求解方法。直接利用第 21 章所介绍的方法得到

$$\mu(t)=C_1\mathrm{e}^{(\rho-r)t}$$

其中，C_1 为积分常数。利用该解，我们可以将 x 的微分方程改写为

$$\dot{x}-rx=-C_1^{-1}\mathrm{e}^{-(\rho-r)t}$$

两边同时乘以积分因子 e^{-rt}，可得

$$\frac{\mathrm{d}}{\mathrm{d}t}[x\mathrm{e}^{-rt}]=-C_1^{-1}\mathrm{e}^{-(\rho-r)t}\mathrm{e}^{-rt}$$

化简右边的式子，然后两边积分，得到

$$x\mathrm{e}^{-rt}=-C_1^{-1}\int_0^t \mathrm{e}^{-\rho s}\mathrm{d}s+C_2$$

其中，C_2 为另一个积分常数。计算积分，化简后得到

$$x(t)=C_1^{-1}\frac{(\mathrm{e}^{-\rho t}-1)}{\rho}\mathrm{e}^{rt}+C_2\mathrm{e}^{rt} \tag{25.23}$$

我们利用边界条件来求解两个积分常数，从而结束求解过程。首先，我们令 $x(0)=x_0$，即

$$x_0=0+C_2$$

由此可得到 C_2 的值。然后，我们令 $x(T)=b$。由此得到

$$b=C_1^{-1}\frac{\mathrm{e}^{-\rho T}-1}{\rho}\mathrm{e}^{rT}+C_2\mathrm{e}^{rT}$$

化简并且利用 $C_2=x_0$，可以求出 C_1：

$$C_1=\frac{(\mathrm{e}^{-\rho T}-1)\mathrm{e}^{rT}}{\rho(b-x_0\mathrm{e}^{rT})}$$

将该式代入 $\mu(t)$ 的表达式，然后将得到的结果代入 $c(t)$，便得到个体所选择的最优消费路径：

$$c(t)=\rho\frac{(b\mathrm{e}^{-rT}-x_0)}{\mathrm{e}^{-\rho T}-1}\mathrm{e}^{(r-\rho)t}$$

一个有趣的情形是 $b=x_0$，即要求时刻 T 的银行存款等于它的初始值。显然，满足这一约束的一条消费路径就是只消费利息。也就是说，令 $c(t)=rx_0$，那么银行存款既不会增加也不会减少。但是，从我们的解中可以清楚地看到，一般而言，这种情形不是效用最大化的。为了说明这一点，令 $b=x_0$。由此得到

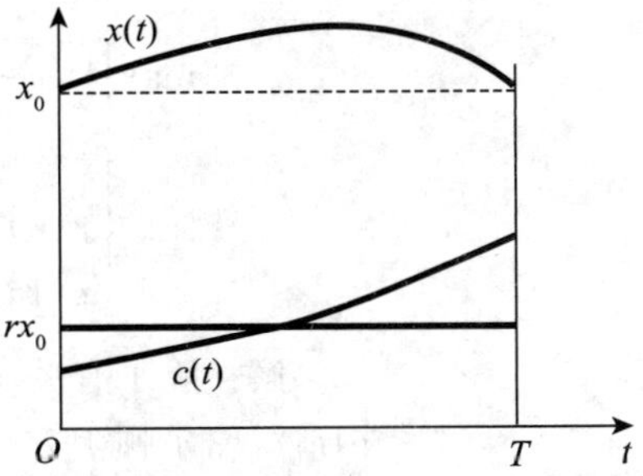

图 25.5　当 $x(T)=x_0$ 和 $\rho<r$ 时，最优消费路径 $c(t)$ 和银行存款路径 $x(t)$

$$c(t)=\rho x_0\frac{(\mathrm{e}^{-rT}-1)}{\mathrm{e}^{-\rho T}-1}\mathrm{e}^{(r-\rho)t}$$

在个体的时间偏好率等于市场利率，即 $\rho=r$ 的特殊情形中，方程简化为

$$c(t)=rx_0$$

因此，仅当 $\rho=r$，即个体未来效用的贴现率等于市场收益率时，只消费利息才会最大化效用。在图 25.5 和图 25.6 中，直线 rx_0 反映了这一点。另一方面，如果个体未来效用的贴现率低于市场收益率，即 $\rho<r$ 时，个体在生命的早期会少消费（多储蓄）以利用储蓄的高收益率，而在生命的后期会多消费以使他的境况变得更好。此时，消费是时间的增函数。图 25.5 给出了这一消费路径和

相关的银行存款路径。最后，如果 $\rho>r$，那么消费为时间的单调减函数。个体在早期多消费，晚期开始储蓄，从而使银行存款满足所要求的遗产水平。图 25.6 给出了这一消费路径和相关的银行存款路径 $x(t)$。■

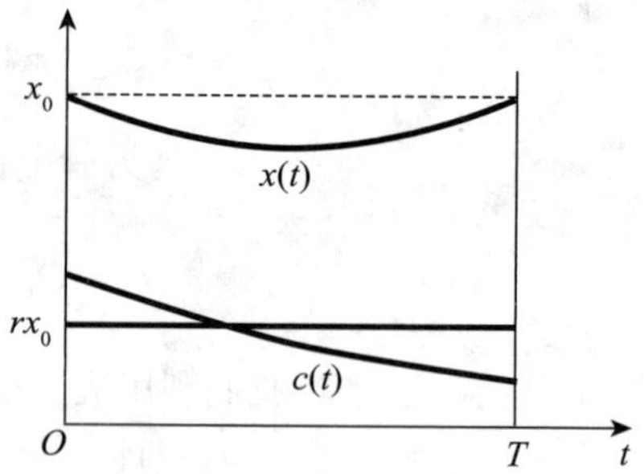

图 25.6　当 $x(T)=x_0$ 和 $\rho>r$ 时，最优消费路径 $c(t)$ 和银行存款路径 $x(t)$

不等式约束的终结点问题：$x(T)\geqslant b$

当状态变量的终值必须满足一个不等式约束时，只要我们的选择不会破坏这一约束，就可以自由选择最优值。因此，我们求解最优控制问题的方式依赖于约束是否起作用。如果我们选择的最优（无约束）$x(T)$满足这一约束，那么实际上我们的问题就是一个自由终结点问题。$x(T)$的相关边界条件为$\lambda(T)=0$。另一方面，如果我们的无约束最优选择 $x(T)$小于 b，就必须令 $x(T)=b$，从而实际上得到一个固定终结点问题。$x(T)$的相关边界条件为$x(T)=b$。因此，此类最大化问题的新颖之处仅仅在于，我们必须确定 $x(T)$的约束是否起作用。

实际上，判断 $x(T)$的约束是否起作用的最容易、最可靠的方法是，先求无约束问题的最优值 $x^*(T)$，然后将该值与 b 比较。于是，判断 $x^*(T)$是否自动满足约束就很容易了。

例 25.5　求解下面的问题：

$$\max\int_0^1 (x-y^2)\,\mathrm{d}t$$

$$\text{s. t.}\begin{cases}\dot{x}=y\\ x(0)=2\\ x(1)\geqslant b\end{cases}$$

解： 除了有关 $x(1)$的约束外，该问题与例 25.1 中的自由终结点问题相同。构造汉密尔顿函数，并且关于控制变量 y 最大化汉密尔顿函数，可以得到下面的微分方程组：

$$\dot{\lambda}=-1 \tag{25.24}$$

$$\dot{x}=\frac{\lambda}{2} \tag{25.25}$$

第一个边界条件为 $x(0)=2$。我们现在必须确定恰当的第二个边界条件是 $\lambda(1)=0$（如果 $x(1)$的约束不起作用），还是 $x(1)=b$（如果 $x(1)$的约束起作用）。为此，我们先忽略对 $x(1)$的约束（求解自由终结点问题）。我们得到最优值 $x^*(1)$，然后将它同 b 比较，看看约束是否起作用。在例 25.1 中，我们已经求解了自由终结点问题，并且得到了状态变量的最优解路径：

$$x^*(t)=\frac{t}{2}-\frac{t^2}{4}+2$$

令 $T=1$，$x(1)$的最优值为

$$x^*(1)=\frac{1}{2}-\frac{1}{4}+2=\frac{9}{4}$$

从而可能会出现如下两种情形：

情形 1：$b\leqslant 9/4$。因为 $x^*(1)\geqslant b$，所以约束不起作用。因此，问题至此已经得到解决。

情形 2：$b>9/4$。因为 $x^*(1)<b$，所以约束起作用。因此，我们前面选择的 $x(1)$行不通。次优选择就是令 $x(1)=b$。然后，我们必须利用正确的边界条件$x(0)=2$和 $x(1)=b$ 来重新求解微分方程。而这正是我们在例 25.5 中求解的固定终结点问题。■

例 25.6 求解含有关于 $x(T)$的不等式约束的最优消费问题：

$$\max\int_0^T \mathrm{e}^{-\rho t}\ln c\,\mathrm{d}t$$

$$\text{s. t.}\begin{cases}\dot{x}=rx-c\\ x(0)=x_0\\ x(T)\geqslant b\end{cases}$$

解：我们已经求解了含有固定终结点约束的最优消费模型。现在，我们要重新考虑含有关于 $x(T)$的不等式约束的这一问题。它与固定终结点问题的唯一区别在于 $x(T)$的边界条件。因此，在确定边界条件之前，两个问题的解是完全相同的。利用初始条件 $x(0)=x_0$，我们得到 $x(t)$的解：

$$x(t)=-C_1^{-1}\frac{(1-\mathrm{e}^{-\rho t})}{\rho}\mathrm{e}^{rt}+x_0\mathrm{e}^{rt} \tag{25.26}$$

当前值协状态变量 $\mu(t)$的解为

$$\mu(t)=C_1\mathrm{e}^{(\rho-r)t}$$

为了求积分常数 C_1 的值，我们需要利用边界条件 $\mathrm{e}^{-\rho T}\mu(T)=0$（如果$x(T)$的约束不起作用）或者 $x(T)=b$（如果 $x(T)$的约束起作用）。为了确定边界条件，先求无约束的 $x^*(T)$。令 $\mathrm{e}^{-\rho T}\mu(T)=0$。由于 T 是有限值，这相当于令 $\mu(T)=0$，由此得到 $C_1=0$。但是，考察一下式（25.26）便会发现，对于所有 t 值，包括$t=T$，当 $C_1\to 0$ 时，$x(t)\to -\infty$。这显然破坏了约束 $x(T)\geqslant b$。因此，下面，我们应该将该问题作为一个固定终结点问题来求解。

确定本问题中的约束是否起作用还有一个相关的方法。注意，如果 $C_1=0$，那么对所有 $t\in(0,T)$，$\mu(t)=0$。然而，$c(t)$的一阶条件表明，随着 $\mu(t)\to 0$，$c(t)\to\infty$。也就是说，随着 $\mu(t)$趋于零，消费速度趋于无穷大。这显然是不可能的，因为这不但会耗尽银行存款，而且就像我们上面所确定的，会使其趋于负无穷。

我们的结论是，当模型中不存在遗产约束时，到期末 T，最优消费路径会使银行存款降低到所允许的最低水平 b。现实中，b 可能取得的最小值为 $b=0$。此时，最优消费路径意味着到时刻 T 会消费掉所有银行存款。■

可耗竭资源的最优消耗

设想一下，一个人被困在荒岛上，他唯一的食物来源就是数量固定的可耗竭资源。资源不会腐烂，但是也不会增加或者再生。假定个体生存的期限为时刻 0（现在）到 T，并且假定他确切地知道这一点。个体必须在知道食物存量会耗竭的情况下选择自己的消费路径。我们假定所选择的路径能最大化效用的贴现和。最大化问题是

$$\max\int_0^T e^{-\rho t}U[c(t)]\mathrm{d}t$$

$$\text{s. t.}\begin{cases}\dot{R}=-c\\R(0)=R_0\\R(T)\geqslant 0\end{cases}$$

其中，$U[c(t)]$为时刻 t 的瞬时效用，ρ 为个人的时间偏好率。

微分方程表明，资源存量 $R(t)$是消耗量 $c(t)$的减函数。资源存量的初始值为 R_0，并且不会出现负值。于是，我们面临着一个带有不等式约束的终结点问题。

当前值汉密尔顿函数为

$$\mathscr{H}=U(c)-\mu c$$

假定$U'>0$，$U''<0$（边际效用为正，并且递减）意味着在最优消费路径上，下面的条件成立：

$$U'(c)-\mu=0 \tag{25.27}$$

该式给出了 μ 的隐函数 c 的解，我们记为

$$c=\phi(\mu)$$

此外，由于 $\partial H/\partial R=0$，因此，协状态变量必须满足

$$\dot{\mu}-\rho\mu=0$$

于是，微分方程组为

$$\dot{\mu}=\rho\mu$$
$$\dot{R}=-\phi(\mu)$$

相关的边界条件为 $R(0)=R_0$，横截条件或者为 $\mu(T)=0$，或者为 $R(T)=0$。第一个微分方程的解为

$$\mu(t)=C_1e^{\rho t} \tag{25.28}$$

其中，C_1 为积分常数。如果我们加上条件 $\mu(T)=0$，便可以得到解 $C_1=0$。由此我们可以立刻断定对于所有 $t\in(0,T)$，$\mu(t)=0$。这是否会破坏约束 $R(T)\geqslant 0$ 呢？答案取决于效用函数的形式。如果在某个消费水平，譬如说 $\hat{c}$ 上，边际效用下降为零，那么在 $\mu(t)=0$ 的条件下，对于所有 $t\in(0,T)$，方程（25.27）的解为 $c(t)=\hat{c}$。终生消费为 $\hat{c}T$。如果 $\hat{c}T<R_0$，那么 $R(T)$显然为正，因此，资源约束不起作用。此时，资源并不稀缺：它超过了维持消费者意愿的终生消费所需要的

水平，因此，它没有经济价值。所以，它的影子价格为零。

另一方面，如果 $\hat{c}T>R_0$，那么资源约束就会起作用，$\mu(T)=0$ 就是错误的边界条件。$R(T)=0$ 才是正确的边界条件。

如果效用函数没有厌足点（我们通常假定这一点成立），那么无论消费速度有多快，边际效用永远都不会变为零。到目前为止，本章所分析过的效用函数就属于这一情形。例如，如果 $U(c)=\ln c$，那么 $U'(c)=1/c$，它随着 $c\rightarrow\infty$ 而趋于零。此时，方程（25.27）在 $\mu(t)=0$ 时的解为一个无穷大的消费速度。显然，这会使资源存量趋于负无穷，因此违反约束。所以，$\mu(T)=0$ 为错误的边界条件，而 $R(T)=0$ 才是正确的边界条件。

为了完成求解，我们将假定资源在经济上是稀缺的。这意味着，我们需要假定不存在有限的厌足点，或者假定即便存在厌足点，它也会达到一个足以使资源约束起作用的消费速度。因此，相关的第二个边界条件为 $R(T)=0$。

因为我们没有给出具体的函数形式，所以我们无法求出该问题的显式解。不过，我们会尽可能给出隐式解，并且画出相图。

求解第二个微分方程，并且利用式（25.28），可以得到

$$R(t)=-\int_0^t \phi(C_1 e^{\rho s})\mathrm{d}s+C_2$$

在该式中，代入初始条件 $R(0)=R_0$，得到 $C_2=R_0$。接下来计算 $t=T$ 时该式的值，利用第二个边界条件 $R(T)=0$，可得

$$R(T)=R_0-\int_0^T \phi(C_1 e^{\rho s})\mathrm{d}s=0$$

我们对隐式解的处理到此为止。不过，如果给出效用函数的具体形式，就可以求出函数 ϕ 的表达式。原则上，从上面的式子中，可以求出 C_1。将它代入 $\phi[\mu(t)]$，便可以求出消费路径的解。

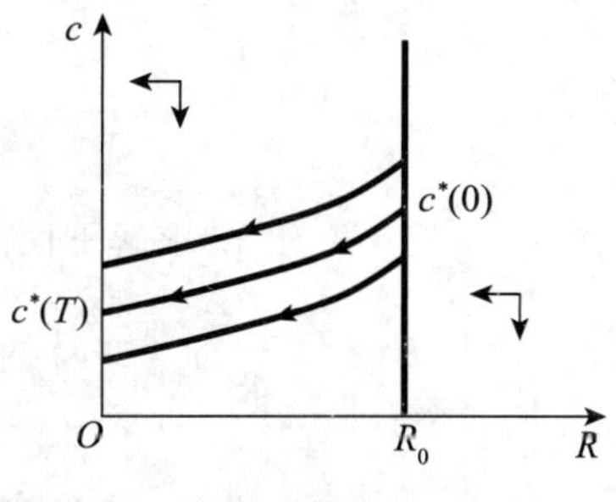

图 25.7　可耗竭资源问题在 (R,c) 空间中的相图（R 为资源存量剩余，C 为消费）

相图有助于说明解的性质。我们不在 (R,μ) 空间中画相图，而是遵从另种方法，在 (R,c) 空间中画出相图（参见图 25.7）。

方程（25.27）关于 t 微分，得到 c 的如下微分方程：

$$U''(c)\dot{c}=\dot{\mu}$$

将 $\dot{\mu}$ 代入，并且再次利用方程（25.27），得到

$$\dot{c}=\frac{U'(c)}{U''(c)}\rho$$

该式同下式一起共同构成了图 25.7 所示相图的微分方程组：

$$\dot{R}=-c$$

c 的等斜线为 $\dot{c}=0$ 的点的轨迹。它们满足 $U'(c)=0$，该式的解为 $\hat{c}$；这个解是上面所定义的厌足点。我们已经假定 $\hat{c}$ 足够大（可能是无穷大），以至于消费的速率不可能达到这么快，因而满足可耗竭资源约束。为了画相图，我们假定 $\hat{c}$ 足够大，从而可以毫无问题地忽略它，不去画 c 的等斜线。换句话说，所有相关的轨线都在等斜线之下。由于 $U'>0$，$U''<0$，因此，在等斜线的下方，c 递减。R 的等斜线为 $c=0$。当 $c>0$ 时，R 递减。

相图中描绘了几条与微分方程组一致的代表性轨线。为了满足边界条件，解的轨线必须始自 $R(0)=R_0$ 这条垂线，并且终结于 $R(T)=0$ 这条垂线。最后，解的轨线从 $R(0)=R_0$ 运行到 $R(T)=0$ 所花费的时间必须等于 T。只有一条轨线满足所有这些条件。

相图能够帮助我们识别该解。在 $t=0$ 时，消费达到最高水平，然后开始单调下降。而且我们注意到，轨线的斜率主要由个人的时间偏好率决定。我们如何得知这一点呢？所有轨线的斜率都由下式给出：

$$\frac{\mathrm{d}c}{\mathrm{d}R}=\frac{\mathrm{d}c/\mathrm{d}t}{\mathrm{d}R/\mathrm{d}t}=\frac{\dot{c}}{\dot{R}}=-\rho\,\frac{U'(c)}{cU''(c)}$$

因为 $U''<0$，ρ、c 和 $U'>0$，所以轨线的斜率为正，而且 ρ 越小，斜率越小。因此，最优消费路径随时间而下降，但是 ρ 越小，斜率的陡峭程度越小。直觉上，个体的贴现率越低，相对于当前效用而言，未来效用就越重要；贴现率越高，相对于当前效用而言，未来效用就越不重要。因此，较低的贴现率导致了更平坦的时间消费路径。

练习

1. 求解下面的问题：

$$\max\int_0^T \mathrm{e}^{-\rho t}(yx-y^2-x^2)\,\mathrm{d}t$$

$$\text{s. t.}\begin{cases}\dot{x}=x+y\\ x(0)=x_0\\ x(T)=x_T\end{cases}$$

2. 求解下面的问题：

$$\max\int_0^T \mathrm{e}^{-\rho t}(ay-by^2+fx-gx^2)\,\mathrm{d}t$$

$$\text{s. t.}\begin{cases}\dot{x}=x+y\\ x(0)=x_0\\ x(T)=x_T\end{cases}$$

3. 求解下面模型中的最优消费路径 $c^*(t)$：

$$\max\int_0^T \mathrm{e}^{-\rho t}\,\frac{c^{1-\alpha}}{1-\alpha}\,\mathrm{d}t$$

$$\text{s. t.}\begin{cases}\dot{x}=rx-c\\x(0)=x_0\\x(T)=x_T\end{cases}$$

其中，$0<\alpha<1$。

4. 假设某种商品 y 的生产既会带来经济收益，也会提高“坏”商品——污染——的存量 x。瞬时净收益为 $y-y^2-x^2$。如果污染存量的折旧率（它在环境中自然消解的速度）为 δ，求下列问题中的最优消费路径：

$$\max\int_0^T e^{-\rho t}[y-y^2-x^2]dt$$

$$\text{s. t.}\begin{cases}\dot{x}=y-\delta x\\x(0)=x_0\\x(T)=x_T\end{cases}$$

5. 画出练习 4 的相图。假定 $x_0<x_T<\bar{x}$，其中，$\bar{x}$ 为 x 的稳态值。说明如果 T 不够大，那么解可能不存在。同时说明随着 T 的增大，解路径逼近鞍点路径。

6. 本题中，你要分析与练习 4 略有不同的更一般的版本。令瞬时净收益为 $B(y)-c(x)$，其中，$B'(y)>0$，$B''(y)<0$，$c'(x)>0$，$c''(x)>0$。另外两个有助于你画相图的假定为 $B'(0)=p>0$（$y=0$ 时的净边际收益为正的常数），$c'(0)=0$（$x=0$ 时的边际成本等于 0）。画出下面问题的相图：

$$\max\int_0^T e^{-\rho t}[B(y)-c(x)]dt$$

$$\text{s. t.}\begin{cases}\dot{x}=y-\delta x\\x(0)=x_0\\x(T)=x_T\end{cases}$$

7. 求解下面可耗竭资源问题的最优开采路径：

$$\max\int_0^T e^{-\rho t}\ln y\,dt$$

$$\text{s. t.}\begin{cases}\dot{x}=-y\\x(0)=x_0\\x(T)\geqslant 0\end{cases}$$

8. 求解下面可耗竭资源问题的最优开采路径：

$$\max\int_0^T e^{-\rho t}\frac{y^{1-\alpha}}{1-\alpha}dt$$

$$\text{s. t.}\begin{cases}\dot{x}=-y\\x(0)=x_0\\x(T)\geqslant 0\end{cases}$$

其中，$0<\alpha<1$。

25.4 无穷时间水平问题

在某些经济模型中，假定时间水平有限是不现实的。例如，我们很难为厂商的计划期有限这一假定提供合理的解释。因为那将意味着，厂商的行为表现就好像它只会在时期$(0,T)$内生存一样。为什么它要忽略 T 期以后的利润呢？类似地，为什么我们在求解经济的最优消费和资本积累路径时，只考虑有限的计划水平呢？为什么我们要忽略 T 期之后的人所获取的收益呢？在这些情形中，假定最大化问题具有**无穷时间水平**，即 $T=\infty$更合理。

定义 25.5 无穷时间水平的**自治动态最优化问题**的一般形式为

$$\max J=\int_0^{\infty} F(x,y)\mathrm{e}^{-\rho t}\,\mathrm{d}t$$

$$\text{s. t.}\begin{cases}\dot{x}=G(x,y)\\ x(0)=x_0\end{cases}$$

在无穷问题中，可能出现的第一个问题是所要最大化的积分不收敛。因为要在无穷的时间区间上积分，所以积分值就可能趋于无穷，此时，最大值不存在。不过，在贴现率为正的自治问题中，如果 $F(x,y)$有上界，那么积分值就不会趋于无穷。原因是当 $t\to\infty$时，被积项 $F(x,y)e^{-\rho t}\to 0$。

幸运的是，在最优控制理论中，我们已经得到的关于有限时间水平问题的大多数结果都可以扩展到无穷时间水平问题的情形。我们仍然要在每个时点关于控制变量最大化汉密尔顿函数：

$$\frac{\partial H}{\partial y}=0$$

或者，用当前值汉密尔顿函数表示：

$$\frac{\partial \mathscr{H}}{\partial y}=0$$

协状态变量仍然必须满足微分方程：

$$\dot{\lambda}=-\frac{\partial H}{\partial x}$$

或者用当前值汉密尔顿函数表示：

$$\dot{\mu}-\rho\mu=-\frac{\partial \mathscr{H}}{\partial x}$$

因此，我们仍然得到了如下两个微分方程构成的方程组：

$$\dot{\mu}=\rho\mu-\frac{\partial \mathscr{H}}{\partial x} \tag{25.29}$$

$$\dot{x}=G(x,y) \tag{25.30}$$

这与有限水平问题中的相同。正如我们所预计的，唯一的区别在于用来求解微分方程的边界条件。对于固定终结点问题，边界条件在最大化问题中给出。它们是

$$x(0)=x_0,\ \lim_{t\to\infty}x(t)=b$$

注意，第二个边界条件是 T 有限时 $x(T)=b$ 这一要求在无穷期限问题中的等价形式。

在自由终结点问题中，当 $t\to\infty$ 时，$x(t)$ 可以自由选取最优值。当 $t\to\infty$ 时，T 有限时的横截条件$[\mathrm{e}^{-\rho T}\mu(T)=0]$通常被 $\mathrm{e}^{-\rho t}\mu(t)\to 0$ 所取代，但是，这一条件实际上并不十分有用，而且也不总是正确。因此，通常的做法是假定当 $t\to\infty$ 时，状态变量的稳态值提供了 x 的最优边界条件。只要稳态是鞍点均衡（几乎总是如此），这一假定就是正确的。因此，自由终结点问题的边界条件为

$$x(0)=x_0,\ \lim_{t\to\infty}x(t)=\bar{x}$$

其中，$\bar{x}$ 为 x 的稳态值。

实际上，在无穷时间水平的自治问题中，如果 $F(x,y)$和 $G(x,y)$都是 x 和 y 的凹函数，并且状态变量只有一个，那么解具有两个有趣的性质。第一，方程（25.29）和方程（25.30）所给出的动态系统要么是一个鞍点（此时，最优轨线为鞍点路径），要么完全不稳定。几乎在你可能碰到的所有问题中，解都是一个鞍点。确实，如果贴现率很小，这一点就能够得到保证。第二，状态变量 $x(t)$ 沿着鞍点路径是单调的。也就是说，状态变量在逼近稳态的过程中从不改变方向：它要么一直递增到极限值 $\bar{x}$，要么一直递减到极限值 $\bar{x}$，要么为常数。

我们不打算在这里证明第一条性质，但是我们必须指出，要证明这条性质，在将微分方程（25.29）和方程（25.30）构成的方程组在稳态附近线性化之后，你必须确定系数矩阵特征值的符号。从中你会发现，F 和G 的凹性意味着至少有一个特征值总是正的，因此，稳态结点不可能存在。此外，你还会发现，除非贴现率非常大，否则另一个特征值很有可能为负。结果，最有可能的均衡就是鞍点均衡。第二条性质可以严格证明，但它的有效性也可以通过分析本章和第 24 章所构造的鞍点均衡相图来说明。

本节介绍最优控制理论在无穷时间模型中的两个经济应用实例。我们已经在本章中分析了这些模型的有限时间版本，而无穷时间模型只是边界条件发生了变化。第一个是一个固定终结点问题，第二个是一个自由终结点问题。

例 25.7 求解固定终结点、无穷时间水平的最优消费模型：

$$\max\int_0^{\infty}\mathrm{e}^{-\rho t}\ln c\,\mathrm{d}t$$

$$\text{s.t.}\begin{cases}\dot{x}=rx-c\\ x(0)=x_0\\ \lim\limits_{t\to\infty}x(t)=0\end{cases}$$

我们在前面已经考察过这个最优消费模型，不过现在它是一个无穷时间水平

问题。该问题中，银行存款必须满足一个合理的固定终结点条件：随着时间趋于无穷，银行存款的极限为零。

解：在导出边界条件之前，无穷时间水平模型的解跟有限时间水平问题的完全相同。因此，将最大值原理应用于当前的问题所导出的微分方程组跟前面的相同。关于控制变量 c 最大化当前值汉密尔顿函数，并且找出微分方程，由此我们得到了 $x(t)$ 的解：

$$x(t)=C_1^{-1}\frac{(e^{-\rho t}-1)}{\rho}e^{rt}+C_2e^{rt} \tag{25.31}$$

其中，C_1 和 C_2 为由边界条件所确定的积分常数。由第一个边界条件 $x(0)=x_0$ 可得 $C_2=x_0$。将它代入 $x(t)$ 的表达式，得到

$$x(t)=\frac{e^{(r-\rho)t}}{\rho C_1}-\frac{e^{rt}}{\rho C_1}+x_0e^{rt} \tag{25.32}$$

然后求解常数 C_2，它使解满足边界条件：$t\to\infty$，$x(t)\to 0$。显然，如果 $r-\rho<0$，那么随着 $t\to\infty$，右边第一项趋于零，这意味着如果我们令

$$C_1=\frac{1}{\rho x_0}$$

并且假定

$$r-\rho<0$$

$x(t)$ 的解就满足边界条件。因此，$x(t)$ 的解变为

$$x(t)=x_0e^{(r-\rho)t}$$

■

例 25.8 求解自由终结点的无穷时间投资模型：

$$\max\int_0^{\infty}e^{-\rho t}[K-aK^2-I^2]dt$$

$$\text{s. t.}\begin{cases}\dot{K}=I-\delta K\\ K(0)=K_0\end{cases}$$

我们在前面已经考察过该投资模型，不过现在它是一个无穷时间水平问题。注意，该问题没有指定 $K(t)$ 的极限值。

解：当前值汉密尔顿函数为

$$\mathscr{H}=K-aK^2-I^2+\mu(I-\delta K)$$

关于控制变量 I 最大化该函数，化简后得到

$$I(t)=\frac{\mu(t)}{2}$$

关于 μ 的微分方程为

$$\dot{\mu}-\rho\mu=-\frac{\partial\mathscr{H}}{\partial K}=-(1-2aK-\mu\delta)$$

相应的微分方程组为

$$\dot{\mu}=\mu(\delta+\rho)+2aK-1 \tag{25.33}$$

$$\dot{K}=\frac{\mu}{2}-\delta K \tag{25.34}$$

其解为

$$\mu(t)=C_1\mathrm{e}^{r_1 t}+C_2\mathrm{e}^{r_2 t}+\bar{\mu} \tag{25.35}$$

$$K(t)=\frac{r_1-\delta-\rho}{2a}C_1\mathrm{e}^{r_1 t}+\frac{r_2-\delta-\rho}{2a}C_2\mathrm{e}^{r_2 t}+\overline{K} \tag{25.36}$$

其中，$\bar{\mu}$ 和 $\overline{K}$ 分别为 $\mu(t)$ 和 $K(t)$ 的稳态值。它们可以通过令 $\dot{\mu}=0=\dot{K}$ 求得：

$$\bar{\mu}=\frac{\delta}{\delta(\delta+\rho)+a}$$

$$\overline{K}=\frac{1}{2[\delta(\delta+\rho)+a]}$$

为了完成求解，我们要考虑两个边界条件。第一个为

$$K(0)=K_0$$

第二个为

$$\lim_{t\to\infty}K(t)=\overline{K}$$

假定 $(\bar{\mu},\overline{K})$ 为鞍点均衡。为了证实这一点，写出方程（25.33）和方程（25.34）所构成的方程组的齐次形式：

$$\begin{bmatrix}\dot{\mu}\\ \dot{K}\end{bmatrix}=\begin{bmatrix}\delta+\rho & 2a\\ 1/2 & -\delta\end{bmatrix}\begin{bmatrix}\mu\\ K\end{bmatrix}$$

系数矩阵的行列式的值为 $-\delta(\delta+\rho)-a<0$。因此，特征根的符号必定相反，这表明 $(\bar{\mu},\overline{K})$ 为鞍点均衡。

假定 r_1 为负根，r_2 为正根，那么从式（25.36）显然可知，边界条件 $K(t)$ 得以满足的唯一途径就是 $C_2=0$。因此，解变为

$$K(t)=\frac{r_1-\delta-\rho}{2a}C_1\mathrm{e}^{r_1 t}+\overline{K}$$

由另一个边界条件 $K(0)=K_0$，我们得到

$$C_1=\frac{2a(K_0-\overline{K})}{r_1-\delta-\rho}$$

则最终的解为

$$K(t)=(K_0-\overline{K})\mathrm{e}^{r_1 t}+\overline{K}$$

则很容易得到 $\mu(t)$ 的解：

$$\mu(t)=\frac{2a(K_0-\overline{K})}{r_1-\delta-\rho}e^{r_1 t}+\bar{\mu}$$

最后，$I(t)$的解为

$$I^*(t)=\frac{a(K_0-\overline{K})}{r_1-\delta-\rho}e^{r_1 t}+\delta\overline{K}$$

其中，我们已经用到了 $\bar{\mu}/2=\delta\overline{K}$。如果初始资本存量低于稳态值，即 $K_0<\overline{K}$，那么最优投资路径从高处开始，然后单调下降（因为 $r_1<0$），极限值为 $\delta\overline{K}$，这刚好补偿折旧并且使资本存量处于它的稳态水平。 ■

新古典增长模型

在第 21 章，我们研究了描述经济增长的索洛模型的均衡特征。该模型假定储蓄率为外生参数 s。这一外生储蓄率给出了资本累积路径，并且最终通向稳态均衡。均衡时，人均产出不随时间变化。在新古典增长模型中，我们视储蓄为内生的。也就是说，我们寻找使贴现的总效用最大化的储蓄的时间路径。

回忆一下，在前面，描述资本—劳动比的微分方程为

$$\dot{k}=f(x)-c-(\delta+n)k$$

其中，$f(k)$为生产函数，给出了人均产出，k 是人均资本存量，c 是人均消费，δ 和 n 分别为资本折旧率和人口（劳动力）增长率。

如果 $k(0)$给定，那么一旦我们选择了消费路径 $c(t)$，$k(t)$的整个路径也就随之确定了。在索洛增长模型中，我们假定 $c=(1-s)f(k)$，其中，$0\leqslant s\leqslant 1$ 为外生储蓄率。在那个模型中，我们假定消费总是等于产出的一个固定比例。现在我们希望选择一条消费路径，它能够最大化

$$\int_0^{\infty}e^{-\rho t}U[c(t)]N(t)dt$$

其中，$U[c(t)]$为个体在时刻 t 的瞬时效用函数，$N(t)$为时刻 t 的总人口。在个体完全相同这一简化假定下，$U[c(t)]N(t)$为时刻 t 所有人口的总效用。假定人口的增长速度为 n，且满足

$$N(t)=N_0e^{nt}$$

其中，N_0 为初始人口水平，为了简单起见，我们令它等于 1。因此，$N(t)=e^{nt}$。社会的时间偏好率（贴现率）为 $0\leqslant\rho\leqslant 1$，同时我们假定一个无穷时间水平。

因此，我们所面临的问题是

$$\max\int_0^{\infty}e^{-(\rho-n)t}U[c(t)]dt \tag{25.37}$$

$$\text{s. t.}\begin{cases}\dot{k}=f(k)-c-(\delta+n)k\\ k(0)=k_0>0 \qquad \text{（给定）}\\ k(t)\geqslant 0\\ c(t)\geqslant 0\end{cases}$$

我们假定 $\rho-n>0$，否则积分值就是无界的。此外，目前我们也不用担心对 $k(t)$ 或者 $c(t)$ 的非负性约束。我们将会对 $U(c)$ 和 $f(k)$ 的结构做一些假设，从而确保上述约束不起作用。在下一节我们会说明如何将有关控制变量的假设纳入最优控制理论。

在方程（25.37）中，有效贴现因子为 $\rho-n$。考虑到这一点，该问题的当前值汉密尔顿函数为

$$\mathscr{H}=U(c)+\mu[f(k)-c-(\delta+n)k]$$

最大值原理要求我们选择 c 以最大化 $\mathscr{H}$。假定 $c\to 0$ 时，$U'(c)\to\infty$，从而确保解有界且不等于零。关于 c 最大化 $\mathscr{H}$，可得

$$\frac{\partial\mathscr{H}}{\partial c}=U'(c)-\mu=0 \tag{25.38}$$

这将 c 表示为 μ 的隐函数。我们将它记为 $c=\phi(\mu)$。

当前值协状态变量必须满足

$$\dot{\mu}-(\rho-n)\mu=-\frac{\partial\mathscr{H}}{\partial k}=-\mu[f'(k)-(\delta+n)] \tag{25.39}$$

微分方程组为

$$\dot{\mu}=\mu[\rho+\delta-f'(k)] \tag{25.40}$$

$$\dot{k}=f(k)-\phi(\mu)-(\delta+n)k \tag{25.41}$$

两个边界条件为 $k(0)=k_0$（给定），假定鞍点均衡（我们后面会证明这一点），那么随着 $t\to\infty$，$k(t)\to\bar{k}$。下面，我们利用相图分析该微分方程组。

我们不在 (k,μ) 空间中构造方程（25.40）和方程（25.41）所构成的方程组的相图，而是在 (k,c) 空间中构造这一相图。原因是我们的兴趣在于理解最优消费路径的性质，而这一方法允许我们直接考察这一点。μ 和 c 当然是通过方程（25.38）联系起来的，它给出了 c 与 μ 之间的函数关系。对方程（25.38）两边微分，得到

$$U''(c)\dot{c}=\dot{\mu}$$

利用方程（25.40）和方程（25.38），上式变为

$$\dot{c}=\frac{U'(c)}{U''(c)}[\rho+\delta-f'(k)] \tag{25.42}$$

将它与 k 的微分方程结合：

$$\dot{k}=f(k)-c-(\delta+n)k \tag{25.43}$$

则方程（25.42）和方程（25.43）共同构成了我们要用相图分析的非线性自治微分方程组。

首先，分析 c 在 (k,c) 空间中的运动。先画出 c 的等斜线。令 $\dot{c}=0$，得到等斜线所满足的方程：

$$f'(k)=\delta+\rho$$

如图 25.8 所示，该方程有唯一解。用 $\bar{k}$ 表示该解。当 $k=\bar{k}$ 时，无论 c 取何值，方程组都有 $\dot{c}=0$。在图 25.9 所示的相图中，这条线为一条位于 $\bar{k}$ 的垂线。

等斜线$\dot{c}=0$将正的(k,c)相平面分为两个区域。c在每个区域中的运动通过$\dot{c}$所满足的方程对k求偏导数来判断。偏导数为

$$\frac{\partial \dot{c}}{\partial k}=-\frac{U'(c)}{U''(c)}f''(k)<0$$

根据假定$U'>0$，$U''<0$和$f''<0$，偏导数的符号为负。这意味着$\dot{c}$的变化与k的变化方向相反。因此，在等斜线的右边，$\dot{c}$为负，在等斜线的左边*，$\dot{c}$为正。

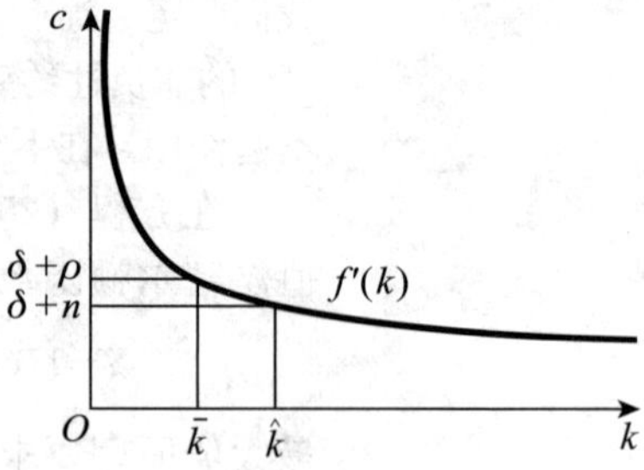

图 25.8　$\bar{k}$ 和 $\hat{k}$ 的值

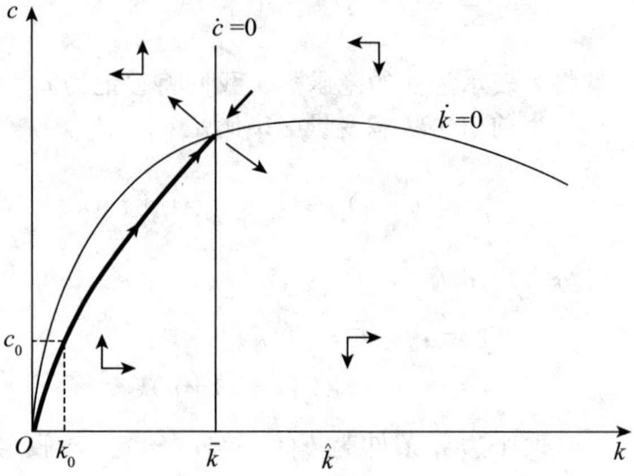

图 25.9　新古典增长模型的相图

其次，分析k在(k,c)空间中的运动。令$\dot{k}=0$，得到k的等斜线方程：

$$c=f(k)-(\delta+n)k$$

为了画出该方程的图像，分析一下图25.10会有所帮助。图25.10给出了凹函数$f(k)$（根据假设$f'>0$，$f''<0$）的图像、直线$(\delta+n)k$，以及二者之差。这个差额曲线就是k的等斜线，它被转移到了图25.9上。

在图25.9中，我们将等斜线$\dot{k}=0$的峰值放到了$\bar{k}$右边。为什么这样做呢？等斜线的斜率由下式给出：

$$\frac{\mathrm{d}c}{\mathrm{d}k}=f'(k)-(\delta+n)$$

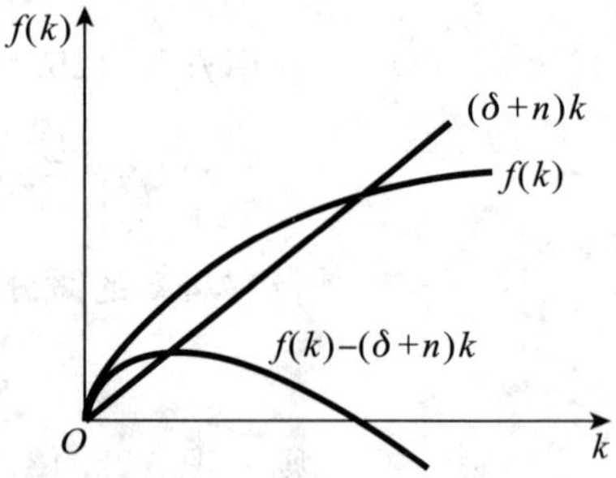

图 25.10　$f(k)$和$(\delta+n)k$的差给出了图25.9中k的等斜线

这条等斜线的峰值满足$f'(k)=\delta+n$，称k的这个值为$\hat{k}$。由于我们已经假定$n<\rho$

* 原文为“在等斜线的右边”，疑误。——译者注

(也就是说，人口增长率小于社会贴现率)，因此，图 25.8 表明 $\hat{k}>\bar{k}$。

等斜线 $\dot{k}=0$ 将相平面分成了两个等斜区。不过，现在当我们利用偏导数来确定 $\dot{k}$ 在每个区域的单调性时必须谨慎，因为等斜线不是单调的。例如，从等斜线向上倾斜的部分右移，实际上会使我们置于向下倾斜部分的左边。因此，计算 $\partial\dot{k}/\partial k$ 无法给出明确的答案，它的取值依赖于我们所考虑的点位于等斜线向上倾斜的部分还是向下倾斜的部分。不过，计算 $\partial\dot{k}/\partial c$ 能够给出在等斜线的上方和下方关于 $\dot{k}$ 的变化情况的明确说明。计算可得

$$\frac{\partial\dot{k}}{\partial c}=-1$$

在 $\dot{k}$ 等斜线的上方，k 递减；在 $\dot{k}$ 等斜线的下方，k 递增。相图中标出了相关的运动箭头。

运动箭头表明，稳态均衡点为鞍点。我们通过考察线性化之后系数矩阵的特征根来证实这一点。

方程 (25.42) 和方程 (25.43) 构成的微分方程组为

$$\dot{c}=\Phi(c,k)$$
$$\dot{k}=\Omega(c,k)$$

根据第 24 章所介绍的方法，该方程组在稳态均衡附近线性化之后的系数矩阵为偏导数在稳态值处的取值所构成的矩阵：

$$A=\begin{bmatrix}\partial\Phi/\partial c & \partial\Phi/\partial k\\ \partial\Omega/\partial c & \partial\Omega/\partial k\end{bmatrix}$$

由方程 (25.42) 和方程 (25.43) 可得该矩阵：

$$A=\begin{bmatrix}\dfrac{\partial}{\partial c}\left[\dfrac{U'(c)}{U''(c)}\right][\rho+\delta-f'(\bar{k})] & -\left[\dfrac{U'(c)}{U''(c)}\right]f''(\bar{k})\\ -1 & f'(\bar{k})-(\delta+n)\end{bmatrix}$$

由于当 $k=\bar{k}$ 时，$f'(k)=\rho+\delta$，因此，该矩阵左上方的元素取值为零。结果，行列式的值为

$$|A|=-\frac{U'(c)}{U''(c)}f''(\bar{k})$$

根据假定 $U'>0$，$U''<0$ 和 $f''<0$，行列式的值为负。因此，我们马上知道，两个特征根符号相反，稳态点 $(\bar{k},\bar{c})$ 为鞍点均衡。

相图是完整的，它描述了关于 c 和 k 的微分方程组的轨线。下面，我们利用边界条件来完成对解的定性分析。解的轨线必须满足 $k(0)=k_0$，这意味着它必须始自垂线 k_0，随着 $t\to\infty$，$\lim k(t)=\bar{k}$。由于这是一个鞍点均衡，因此，只有鞍点路径收敛到稳态。所以，边界条件意味着最优轨线必须始自鞍点路径且满足 $k(0)=k_0$。

假定 k_0 小于稳态资本存量，如图 25.9 所示，那么最优增长问题的解将会从较低

的消费量 $c(0)$ 开始进行资本积累。随着资本存量的增加，消费速度加快。注意，资本存量和消费量都会沿着鞍点路径单调增长，并且逼近它们的极限值——稳态。

练习

1. 求解如下自由终结点无穷时间水平消费模型的最优消费路径。假定 $\rho - r < 0$。

$$\max \int_0^{\infty} e^{-\rho t}[c - ac^2]dt$$

$$\text{s. t.} \begin{cases} \dot{x} = rx - c \\ x(0) = x_0 \\ x(t) \geqslant 0 \end{cases}$$

2. 利用 (k, μ) 空间中的相图分析如下最优增长模型的解。

$$\max \int_0^{\infty} e^{-\rho t} \ln c \, dt$$

$$\text{s. t.} \begin{cases} \dot{k} = \dfrac{k^{1-\alpha}}{1-\alpha} - c - \delta k \\ k(0) = k_0 \\ k(t) \geqslant 0 \end{cases}$$

3. 在 (k, c) 空间中重做练习 2。

4. 商品 y 的生产既会带来经济收益，也会增加"坏"商品——污染——的存量 x。瞬时净收益为 $y - y^2 - x^2$，污染存量以速度 δ 折旧（在环境中自然消解）。求下列问题的最优消费路径：

$$\max \int_0^{\infty} e^{-\rho t}[y - y^2 - x^2]dt$$

$$\text{s. t.} \begin{cases} \dot{x} = y - \delta x \\ x(0) = x_0 \\ x(t) \geqslant 0 \end{cases}$$

试证明该解与多数可持续发展的观念相一致。也就是说，在极限状态，y 的产出水平使污染存量保持不变。

5. 求解如下可耗竭资源问题的最优开采路径：

$$\max \int_0^{\infty} e^{-\rho t} \ln y \, dt$$

$$\text{s. t.} \begin{cases} \dot{x} = -y \\ x(0) = x_0 \\ x(t) \geqslant 0 \end{cases}$$

6. 某渔场资源的自然增长函数如下：

$$F(x)=rx(1-x),\quad r>0$$

令 $U(h)$ 表示收获 h 单位的鱼所得到的瞬时社会收益。假定 $U'(h)>0$，$U''(h)<0$。此外，可以假定随着 $h\to 0$，$U'(h)\to\infty$，从而排除角点解 $h=0$。利用相图，分析如下社会收益贴现和最大化问题的解：

$$\max\int_0^{\infty} e^{-\rho t}U(h)\mathrm{d}t$$

$$\text{s. t.}\begin{cases}\dot{x}=F(x)-h\\ x(0)=x_0\\ x(t)\geqslant 0\end{cases}$$

25.5 对控制变量的约束

在经济问题中，我们经常碰到对控制变量的约束。其中，最常见的是非负性约束。例如，厂商的产出经常被限制为大于或者等于零的数。约束也可能以其他形式出现，例如控制变量的上界。当控制变量的值受到约束时，最大值原理需要考虑这一约束，并做出相应的调整。假设控制变量 y 在每个时刻都必须满足下面的一般形式的不等式约束：

$$y\leqslant h(x,y,t)$$

定义 25.6 带有变量的不等式约束的**一般最优控制问题**（自由终结点问题）为

$$\max J=\int_0^T f[x(t),y(t),t]\mathrm{d}t$$

$$\text{s. t.}\begin{cases}\dot{x}=g[x(t),y(t),t]\\ x(0)=x_0\\ h[x(t),y(t),t]-y(t)\geqslant 0\end{cases}$$

这一问题的汉密尔顿函数通常为

$$H=f(x,y,t)+\lambda g(x,y,t)$$

我们希望关于 y 最大化 H，但是现在 y 必须满足不等式约束。为此，我们构造常见的拉格朗日函数：

$$\mathscr{L}=H+\theta[h(x,y,t)-y]$$

它吸收了不等式约束，其中 θ 为拉格朗日乘子。那么必要条件为

$$\frac{\partial\mathscr{L}}{\partial y}=0 \tag{25.44}$$

$$\theta\geqslant 0;\theta[h(x,y,t)-y]=0$$

$$\dot{\lambda}=-\frac{\partial \mathscr{L}}{\partial x} \tag{25.45}$$

$$\lambda(T)=0 \tag{25.46}$$

最重要的区别体现在式（25.44）和式（25.45）。在式（25.44）中，我们得到了确定控制变量 y 的必要条件。通常，这些条件还要满足互补松弛条件。如果 $\theta=0$，那么约束不起作用，我们有 $y<h(x,y,t)$；如果 $\theta>0$，那么约束起作用，因此，我们有 $y=h(x,y,t)$。

在式（25.45）中，协状态变量的微分方程等于拉格朗日函数的负导数，而不仅仅是汉密尔顿函数的负导数。原因在于协状态变量的时间路径必须反映出对控制变量的约束是否起作用。

"砰砰"解

到目前为止，我们都一直假定汉密尔顿函数是控制变量的严格凹函数。但是，在经济学所研究的某些问题中，汉密尔顿函数为控制变量的线性函数。这会导致控制变量解路径的不连续。这使得问题复杂化，因为到目前为止，我们所分析的问题中的控制变量都是时间的连续函数，而最优控制理论也只适用于求解这类问题。下面我们介绍（关于控制变量解路径是不连续的）两个经济实例。

线性投资问题

假设厂商的生产函数为 $Q=f(K)$，其中，K 为资本存量，Q 为产出量。令 $p(t)$表示产出价格，$q(t)$表示单位资本的价格。如果 $I(t)$为时刻 t 的投资（资本采购），那么厂商希望

$$\max\int_0^T e^{-\rho t}\{p(t)f[K(t)]-q(t)I(t)\}\mathrm{d}t$$

$$\text{s.t.}\begin{cases}\dot{K}=I(t)-\delta K(t)\\K(0)=K_0\\0\leqslant I(t)\leqslant b\end{cases}$$

当前的投资模型与前面所分析过的模型之间的区别在于：第一，当前的投资成本为线性函数 $c(I)=qI$；第二，对控制变量 I 施加了上界和下界。也就是说，投资大于或者等于零，小于或等于外生的上界 b。

当前值汉密尔顿函数为

$$\mathscr{H}=pf(K)-qI+\mu(I-\delta K)$$

最大值的必要条件要求 $\mathscr{H}$ 在下列约束下达到关于 I 的最大化：

$$I\geqslant 0,\ b-I\geqslant 0$$

拉格朗日函数为

$$\mathscr{L}=\mathscr{H}+\theta_1 I+\theta_2(b-I)$$

其中，θ_1 和 θ_2 为与两个约束相联系的拉格朗日乘子。最大化 $\mathscr{L}$ 的必要条件为

$$\frac{\partial \mathscr{L}}{\partial I}=-q+\mu+\theta_1-\theta_2=0 \tag{25.47}$$

互补松弛条件为

$$\theta_1 \geqslant 0,\ \theta_1 I=0$$
$$\theta_2 \geqslant 0,\ \theta_2(b-I)=0$$

这些条件意味着只要 $I>0$，就有 $\theta_1=0$（$I=0$ 意味着 $\theta_1 \geqslant 0$）；只要 $I<b$，就有 $\theta_2=0$（$I=b$ 意味着 $\theta_2 \geqslant 0$）。尽管我们无法利用这些一阶条件求出作为 μ 的函数的 I 的显式解（通常都能这么做），但是在求解过程中，这些条件实际上明确表明了 I 是 μ 的函数。为了方便，我们将它记为 $I(\mu)$。

协状态变量必须满足

$$\dot{\mu}-\rho\mu=-\frac{\partial \mathscr{L}}{\partial K}=-pf'(K)+\mu\delta$$

则微分方程组为

$$\dot{\mu}=\mu(\rho+\delta)-pf'(K) \tag{25.48}$$
$$\dot{K}=I(\mu)-\delta K \tag{25.49}$$

第一个边界条件为 $K(0)=K_0$。因为 $K(T)$ 可以被自由选择，所以第二个边界条件为如下横截条件：

$$e^{-\rho T}\mu(T)=0$$

现在，我们必须分析微分方程组，从而得到关于解的一些性质。首先注意到，如果在某个时间区间上，I 的最优解使得两个约束都不起作用（$0<I<b$），那么在该区间上 $\theta_1=\theta_2=0$。因此，由式（25.47）我们知道，在该区间上 $\mu=q$。结果，$\dot{\mu}=\dot{q}$。将这些代入式（25.48），重新整理得到如下表达式，它必须在该时间区间上成立：

$$pf'(K)=q\left(\rho+\delta-\frac{\dot{q}}{q}\right) \tag{25.50}$$

这一表达式是资本理论中界定最优资本存量的标准规则。它要求资本的边际产品（式子左侧）等于资本的使用成本（式子右侧）。资本的使用成本为放弃的利息（ρq）加上折旧（δq），再减去资本收益（$\dot{q}$）。这一条件隐含地界定了 K 的值，该值为我们后面很快就要看到的稳态值 $\bar{K}$。

现在假定价格为常数（$\dot{q}=0$，$\dot{p}=0$），于是我们便得到了一个自治微分方程组。下面我们构造相图。相图的构造比以往更困难，因为决定 $I(\mu)$ 的一阶条件依赖于拉格朗日乘子。规避这一困难的办法是分别考虑 $I=0$，$I=b$ 和 $0<I<b$ 这三种情形。我们分别画出每一种情形的相图。

情形 1：$I=0$，我们有 $\theta_1 \geqslant 0$ 和 $\theta_2=0$。因此，从式（25.47）得到

$$\mu=q-\theta_1$$

特别地，我们看到 $\mu\leqslant q$，其中，q 为外生的资本品价格。

情形 2：$I=b$，我们有 $\theta_1=0$ 和 $\theta_2\geqslant 0$。因此，

$$\mu=q+\theta_2$$

特别地，$\mu\geqslant q$。

情形 3：$0<I<b$。我们有 $\theta_1=\theta_2=0$。因此，$\mu=q$。

这三种情形对应于相图中的三个区域：$\mu<q$，$\mu>q$ 和 $\mu=q$。在区域 1，$I=0$，因此 $\dot{K}=-\delta K<0$。沿 $K=0$ 有等斜线 $\dot{K}=0$，且 $K>0$ 时 K 递减。在区域 2，$I=b$，因此 $\dot{K}=b-\delta K$。沿 $K=b/\delta$ 有等斜线 $\dot{K}=0$。容易看到 $K<b/\delta$ 时，有 $\dot{K}>0$ 成立；$K>b/\delta$ 时，有 $\dot{K}<0$ 成立。我们假定 b/δ 是一个足够大的数，因此 $\dot{K}>0$。换句话说，除了资本存量非常大的情形外，投资的最大值足以补偿折旧。

下面，我们在(K,μ)空间中分析 K 的运动。将上述内容转换到图 25.11 的相图上。接着，我们必须确定 μ 的运动。因为$\dot{\mu}$ 的方程不显含 $I(\mu)$，没有必要对其运动进行逐一分析。我们利用标准的方法即可。令 $\dot{\mu}=0$，得到如下等斜线方程：

$$\mu=\frac{pf'(K)}{\rho+\delta}$$

为了画出该式的图像，我们假定 $f'(0)=\infty$（即随着资本存量趋于零，资本的边际产品变得无穷大），这意味着随着 K 趋于零，μ 变得无穷大。我们也注意到，因为 $f'(K)$为 K 的减函数（即边际生产率递减），所以图像的斜率为负。我们可以通过计算图形的斜率来证明这一点：

$$\frac{\mathrm{d}\mu}{\mathrm{d}K}=\frac{pf''(K)}{\rho+\delta}$$

因为 $f''(K)<0$，所以斜率为负。进一步假定仅当资本存量趋于无穷大时，资本的边际产品才趋于零意味着仅当 K 趋于无穷时，μ 趋于零。μ 的等斜线如图 25.11 所示。

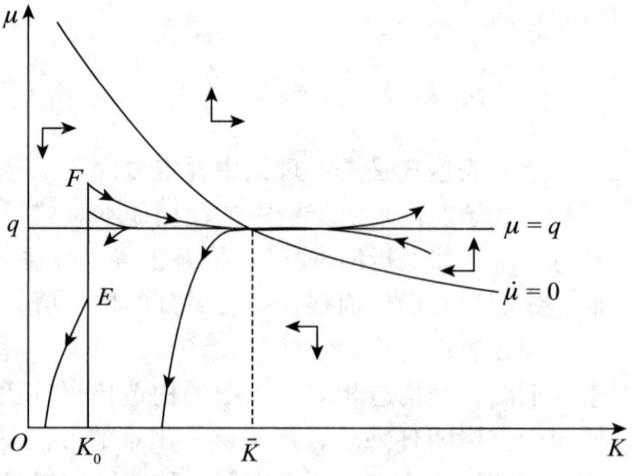

图 25.11　线性投资问题的相图

通过计算 $\dot{\mu}$ 关于 μ 在 $\dot{\mu}=0$ 附近的偏导数，最容易确定 μ 的运动。对式 (25.48) 求偏导数，可得

$$\frac{\partial \dot{\mu}}{\partial \mu}=\rho+\delta>0$$

该式表明，μ 在 μ 的等斜线上方递增，在 μ 的等斜线下方递减。运动箭头已经转移到了相图上。

相图分析给出了轨线的大致形状，不过还需要一些分析来补充细节。特别是轨线在跨越直线 $\mu=q$ 时会如何变化？首先，要记住直线 $\mu=q$ 不是等斜线。因此，在轨线跨越它的时候，μ 和 K 都不会停止运动。相反，$\dot{K}$ 在这一点上不连续地改变符号，因为 I 在 $0\sim b$ 之间发生了不连续的变动。结果，轨线在跨越直线 $\mu=q$ 时并没有弯曲；相反，当它们突然改变方向的时候，它们出现了折断。

有两条轨线例外。它们在穿越直线 $\mu=q$ 时，同 $\dot{\mu}=0$ 等斜线相交。为什么呢？在该点处，$\mu=q$ 并且 $\dot{\mu}=0$，因此，$\mu=q$ 可以持续一段时间。而在其他点处，这是不可能的。但是，我们知道如果 $\mu=q$ 出现在某个时间段上，K 就固定在方程 (25.50) 所确定的 $\overline{K}$ 上。这两条轨线类似于鞍点均衡中的鞍点路径。区别在于，这些轨线会在有限的时间内达到稳态均衡，原因是随着系统逼近稳态，它的速度不会放慢。相反，沿着这些轨线，I 或者等于 b 或者等于零。直到达到 $K=\overline{K}$ 时，I 迅速转移到方程 (25.50) 所隐含的奇异解。

我们考虑一个可能解。假定 $K_0<\overline{K}$，如图 25.11 所示。如果时间不多 (T 非常小)，那么解要求从 $\mu<q$ 的某点，譬如说 E 开始。自该点开始，$I=0$，资本存量因为折旧的原因下降，这一过程一直持续到 $\mu(T)=0$。如果时间更多的话，起始点会沿着位于 K_0 点的垂线上移。如果时间充分的话，解的最高出发点可以达到点 F。在那里，$I=b$，系统沿着轨线进入稳态 $\overline{K}$，在该点逗留到所剩时间恰好可用来达到 $\mu(T)=0$ 时离开。如果时间更宽裕的话，系统会从 F 出发，但会在稳态逗留更长时间。

线性控制问题之所以得名 **“砰砰”** (bang-bang)，是因为控制变量在解路径上出现了不连续变换。譬如说，沿着始自点 F 的路径，起初 I 位于它的上界处，并一直保持该值，直到达到稳态。当离开稳态的时候，I 处于它的下界，并且一直保持该值，直到 $\mu(T)=0$。在这一意义上，解“砰”的一下（尽可能快地）就逼近稳态，然后又“砰”的一下（尽可能快地）离开稳态。

最优捕捞模型

鱼存量的增长满足下面的微分方程：

$$\dot{x}=F(x)-h$$

其中，x 为鱼的存量，h 为捕捞量（二者都用吨表示）。$F(x)$ 为鱼的生物增长函数，它是图 25.12 所示的山形函数。

捕捞上来的鱼的价格为常数 p，捕捞成本假定为

$$总成本=c(x)h$$

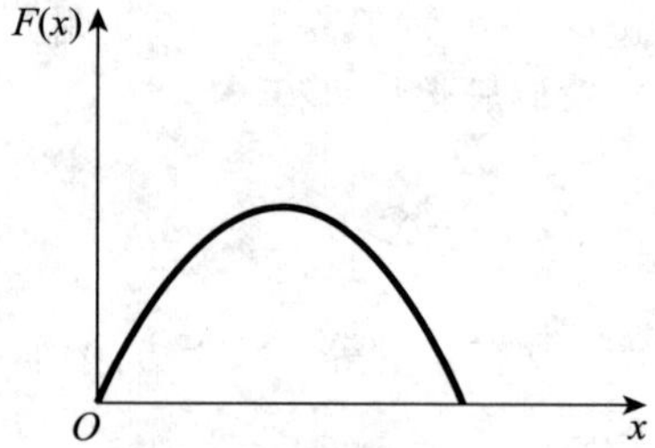

图 25.12　最优捕捞量模型的生物增长函数

其中，$c(x)$为捕捞鱼的单位成本。$c'(x)<0$ 反映了如下假定：当鱼的存量较大的时候，捕捞鱼的成本较低（因为此时寻找和捕捞鱼的努力较少）；当鱼的存量较小的时候，捕捞鱼的成本较高。我们还假定 $c''(x)>0$。

下面求解最大化渔场经济收益贴现和的捕捞政策。该问题可正式表述如下：

$$\max\int_0^T e^{-\rho t}[p-c(x)]h\,dt$$

$$\text{s. t.}\begin{cases}\dot{x}=F(x)-h \\ x(0)=x_0>0 \qquad \text{（给定）} \\ x(T)\geqslant 0 \\ 0\leqslant h\leqslant h_{\max}\end{cases}$$

该问题的当前值汉密尔顿函数为

$$\mathscr{H}=[p-c(x)]h+\mu[F(x)-h]$$

控制变量的两个约束为 $h\geqslant 0$ 和 $h_{\max}-h\geqslant 0$。引入拉格朗日乘子 θ_1 和 θ_2，拉格朗日函数为

$$\mathscr{L}=\mathscr{H}+\theta_1 h+\theta_2(h_{\max}-h)$$

关于控制变量 h 最大化 $\mathscr{L}$，得到

$$\frac{\partial\mathscr{L}}{\partial h}=p-c(x)-\mu+\theta_1-\theta_2=0$$

由这一条件，根据下述三种情形，可以确定 μ 的函数 h：

情形 1：$h=h_{\max}$意味着 $\theta_1=0$，$\theta_2\geqslant 0$，$\mu=p-c(x)-\theta_2$，因此，$\mu\leqslant p-c(x)$。

情形 2：$h=0$ 意味着 $\theta_1\geqslant 0$，$\theta_2=0$，$\mu=p-c(x)+\theta_1$，因此，$\mu\geqslant p-c(x)$。

情形 3：$c<h<h_{\max}$意味着 $\theta_1=\theta_2=0$，$\mu=p-c(x)$。

协状态变量必须满足微分方程

$$\dot{\mu}-\rho\mu=-[-c'(x)h+\mu F'(x)]$$

则微分方程组为

$$\dot{\mu}=\mu[\rho-F'(x)]+c'(x)h(\mu)$$
$$\dot{x}=F(x)-h(\mu)$$

相关的边界条件为给定的初始条件 $x(0)=x_0$ 和横截性条件：如果 $x(T)>0$，

$e^{-\rho t}\mu(T) = 0$。

为了分析最优捕获量问题的解，我们先确定稳态解的性质。为此，我们令 $\dot{\mu}=0$ 和 $\dot{x}=0$。首先，

$$\dot{x}=F(x)-h=0$$

由此得到 $h=F(x)$。其次，

$$\dot{\mu}=\mu[\rho-F'(x)]+c'(x)h=0$$

化简整理后得到

$$F'(x)=\rho+\frac{c'(x)F(x)}{p-c(x)} \tag{25.51}$$

该式隐含地给出了 x 的稳态值。对这一条件的经济解释为，鱼存量的最优稳态值在增长率的变化（它可以解释为作为资本的鱼存量的内部报酬率）等于贴现率（外部报酬率）加上一个反映捕捞成本的项时取得。记稳态存量为 $\bar{x}$，稳态捕捞量为 $\bar{h}=F(\bar{x})$。

如果在某个时间区间上，动态系统一直保持在稳态，那么我们一定有 $\mu=p-c(\bar{x})$，因为这是（前面所列 3 种情形中）捕捞量非零或者等于 $h_{\max}$ 的唯一情形。在这一时间区间上，μ 和 x 都是常数。

如果时间充裕（T 足够大），那么最优解 $h=0$ 或者 $h=h_{\max}$（依赖于 $p-c(x)$）会在有限时间内达到稳态，并在那里逗留一段时间，在所剩时间恰好满足横截性条件时，离开稳态。T 越大，在稳态逗留的时间就越长。随着 T 趋于无穷，在稳态逗留的时间也趋于无穷。

该解最有趣的经济含义是，尽可能快地使鱼的存量达到最优的稳态规模是最有利的。这正是所谓的最快速度逼近解。如果 $x(0)<\bar{x}$，该解意味着延迟捕捞（$h=0$）；如果 $x(0)>\bar{x}$，该解意味着 $h=h_{\max}$。图 25.13 描绘了每种可能的情形中鱼存量的时间路径。

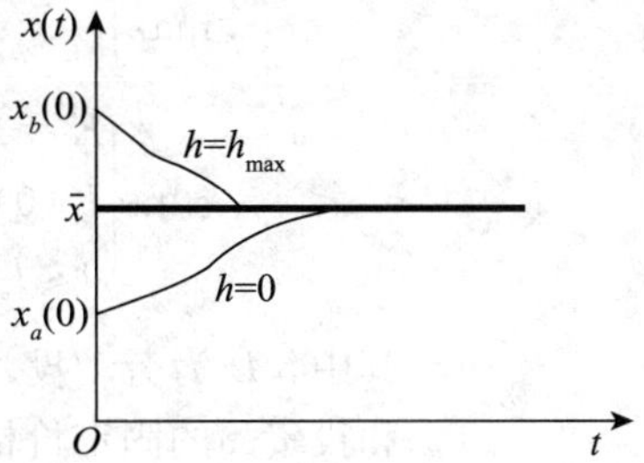

图 25.13　当 $x_0<\bar{x}(h=0)$ 和 $x_0>\bar{x}(h=h_{\max})$ 时，鱼存量的最优时间路径

练习

1. 假定 $\rho<r$，利用相图求解下面的最优线性消费模型：

$$\max\int_0^T e^{-\rho t}c\,dt$$

$$\text{s.t.}\begin{cases}\dot{x}=rx-c\\x(0)=x_0\\x(T)=x_T\\0\leqslant c\leqslant c_{\max}\end{cases}$$

2. 求解下面的线性可耗竭资源模型的最优开采路径：

$$\max\int_0^T \mathrm{e}^{-\rho t}(p-c)y\mathrm{d}t$$

$$\text{s.t.}\begin{cases}\dot{x}=-y\\x(0)=x_0\\x(T)\geqslant 0\\0\leqslant y\leqslant y_{\max}\end{cases}$$

其中，$p-c>0$ 为提取每单位资源所能获得的利润，它为常数。

3. 在投资模型中，我们将第二个选择变量——劳动——引入最大化问题。不过，我们假定不存在劳动的状态方程。本质上，我们假定不存在劳动存量；企业每个时刻都可以雇用到意愿的劳动力。为了求解该问题，在每个时刻关于 I 和 L 最大化汉密尔顿函数。求用 K 表示的 L 的一阶条件，利用这一表达式从你所得到的所有表达式中消掉 L。假定 $K_0<\overline{K}$，利用相图求解该问题的最优投资、资本积累和劳动需求路径：

$$\max\int_0^\infty \mathrm{e}^{-\rho t}[pK^\alpha L^\beta-\omega L-qI]\mathrm{d}t$$

$$\text{s.t.}\begin{cases}\dot{K}=I-\delta K\\K(0)=K_0\\0\leqslant I\leqslant b\end{cases}$$

其中，L 为劳动投入，K 为资本存量，I 为投资，p、w 和 q 分别为产出、劳动和投资品的固定价格，α 和 β 为正常数，且 $\alpha+\beta<1$。

25.6 自由终结时间问题（T 不固定）

直到现在，我们都假定 T 是外生给定的。然而，在经济学所研究的某些问题中，允许 T 被内生决定更为恰当。例如，在不可再生资源的经济学问题中，T 可能代表矿井的关闭日期；或者经济从可耗竭能源最优地转向可再生能源的日期，例如由石油转向太阳能。

在最优控制问题中，要多确定一个内生变量就多需要一个必要条件。我们先陈述这一条件，然后加以说明。

定义 25.7 如果 T 可以内生自由选择，那么需要追加的必要条件为

$$H[x(T),y(T),\lambda(T),T]=0$$

或者用当前值汉密尔顿函数等价地表示为

$$e^{-\rho T}\mathscr{H}[x(T),y(t),\mu(T),T]=0$$

为了说明在 T 的最优值处这一条件为何必须成立，考虑定义 25.1 中的有限时间水平问题的一般形式：

$$\max J=\int_0^T f[x(t),y(t),t]\mathrm{d}t$$

$$\text{s. t.}\begin{cases}\dot{x}=g[x(t),y(t),t]\\x(0)=x_0\end{cases}$$

该问题的解赋予目标泛函 J 一个特定值。J 的值依赖于 T 的实际指定值，我们用 $J(T)$ 表示。T 的不同值代表不同的解路径，因而给出了不同的 J 值。当可以自由选择 T 的时候，我们的目标就是找出使 J 最大的 T 值。既然 J 为 T 的函数，那么在最大值处下式成立：

$$J'(T)=0$$

$J'(T)=0$ 为时间水平略微增加时，价值函数 J 的变化量。但是，正如我们已经指出的，在任何时点，包括 $t=T$ 时，J 的变化完全归于汉密尔顿函数（直接加上状态变量在边际值处的变化）。因此，如果 T 边际增加了，J 的变化量就等于 T 时汉密尔顿函数的值：

$$J'(T)=H(x(T),y(T),\lambda(T),T)$$

由该式可得定义 25.7 中给出的条件。

下面的实例给出了对这一追加条件的直觉解释。

例 25.9 厂商希望选择一条最大化利润现值的投资路径：

$$\max\int_0^T e^{-\rho t}[p(t)f(K)-c(I)]\mathrm{d}t$$

$$\text{s. t.}\begin{cases}\dot{K}=I-\delta K\\K(0)=K_0\\K(T)\geqslant 0\end{cases}$$

其中，$f(K)$ 为生产函数，$c(I)$ 为投资成本函数，$p(t)$ 为价格，δ 为折旧率。

解： 在时间 T，一个必要条件为资本影子价格的现值在 T 时为零：$e^{-\rho T}\mu(T)=0$。如果 T 有限，这意味着 $\mu(T)=0$，则当前值汉密尔顿函数为

$$\mathscr{H}(T)=\rho(T)f[K(T)]-c(I(T))$$

这正好是 T 时的收入与成本之差。如果 $H(T)>0$，那么很显然，继续生产更有利，因为那样意味着更多利润。如果 $H(T)<0$，这意味着厂商继续生产会带来损失，所以应该早点停产。最优的关门时间为 $\mathscr{H}(T)=0$，此时继续生产的利润正好为零。

在当前的投资问题中，如果 $p(t)=p$ 为常数，那么 $\mathscr{H}(T)$ 总是为正。这一点非常有趣。只要 $f(K)>0$，$c(0)=0$，利润就为正，而只要利润曾经为正，它们就永远都不会趋于零。因此，继续生产总是有利可图的，因此，最优的时间期限

实际上是 $T=\infty$。在这种情形中，T 不是有限值，所以定义 25.7 中的条件变为

$$\lim_{t\to\infty} e^{-\rho t}\mathscr{H}(t)=0$$

■

最优开采问题

一个采矿公司的矿藏储量为 R_0。它所开采出来的矿石的价格为常数 p，开采矿石的成本函数为

$$C(y)=\frac{y^2}{2}$$

其中，y 为开采量。假定不存在任何不确定性。厂商希望选择最大化利润现值的开采路径：

$$\max\int_0^T e^{-\rho t}\left[py(t)-\frac{y(t)^2}{2}\right]dt$$

$$\text{s. t.}\begin{cases}\dot{R}=-y(t) \\ R(0)=R_0>0 \quad \text{（给定）} \\ R(T)\geqslant 0 \\ T\geqslant 0 \quad \text{（自由的）}\end{cases}$$

上述约束条件分别说明：剩下的储备存量随开采量增加而下降；开采量的初始值为 R_0；在时刻 T，开采量必须大于或者等于零；T 不受限制，是内生决定的。

当前值汉密尔顿函数为

$$\mathscr{H}=py-\frac{y^2}{2}-\mu y$$

关于 y 最大化 $\mathscr{H}$ 意味着

$$p-y-\mu=0 \tag{25.52}$$

因此，

$$y(t)=p-\mu(t) \tag{25.53}$$

协状态变量必须满足微分方程

$$\dot{\mu}-\rho\mu=-\frac{\partial\mathscr{H}}{\partial R}=0$$

则最优控制问题的微分方程组为

$$\dot{\mu}=\rho\mu \tag{25.54}$$

$$\dot{R}=-(p-\mu) \tag{25.55}$$

给定两个边界条件和 T 的值，我们可以求解方程组，得到矿石的开采路径。那么边界条件是什么呢？首先，我们有 $R(0)=R_0$。其次，由于 $R(T)$ 在满足非负性约束的条件下可以任意选择，因此我们的第二个边界条件或者为 $R(T)>0$，$e^{-\rho T}\mu(T)=0$，或者为 $R(T)=0$ 且 $e^{-\rho T}\mu(T)$ 任意取值。为了明确到底应该使用哪一个条件，我们试试 $\mu(T)=0$。方程（25.54）的解为

$$\mu(t)=C_1 e^{\rho t} \tag{25.56}$$

其中，C_1 为任意积分常数。如果 $\mu(T)=0$，那么 $C_1=0$，这意味着对所有 t 都有 $\mu(t)=0$。但是，这反过来又意味着 $y(t)=p$ 为一个常数，因此很显然矿石储备会在有限的时间内耗竭，这说明对 $R(T)$的约束起作用。因此，假定 $\mu(T)=0$ 是不正确的。因此，该问题的第二个边界条件为 $R(T)=0$。

将 $\mu(t)$的表达式代入方程（25.55）并且求解，得到

$$R(t)=-\int_0^t [p-C_1 e^{\rho s}]ds+C_2$$

其中，C_2 为另一个任意积分常数，它的值由第一个边界条件 $R(0)=R_0$ 确定。由此得到 $C_2=R_0$。于是，我们有

$$R(t)=R_0-\int_0^t [p-C_1 e^{\rho s}]ds$$

第二个边界条件为 $R(T)=0$。因此，我们得到

$$R(T)=R_0-\int_0^T [p-C_1 e^{\rho s}]ds=0 \tag{25.57}$$

如果 T 已知，从上式中就可以求出 C_1，从而得到通解。不过，T 的值还有待确定。决定 T 的新的边界条件意味着

$$e^{-\rho T}\mathscr{H}(T)=py(T)-\frac{y(T)^2}{2}-\mu(T)y(T)=0$$

从式（25.52）我们知道，$\mu(T)=p-y(T)$。将它代入上式，可得

$$py(T)-\frac{y(T)^2}{2}-[p-y(T)]y(T)=0$$

化简该表达式得到

$$\frac{y(T)^2}{2}=0$$

其解为 $y(T)=0$。这告诉我们，在 $t=T$ 时最优的矿石开采量为零。这一额外信息是我们继续求解 T 的最优值所需的全部信息。首先，将它代入式（25.52）求得 $\mu(T)$：

$$\mu(T)=p$$

然后，用它充当式（25.56）的边界条件来求解 C_1。由此得到

$$\mu(T)=C_1 e^{\rho T}=p$$

于是，

$$C_1=pe^{-\rho T}$$

已知 C_1 是 T 的函数，我们可以通过式（25.57）求解 T。将 C_1 的值代入式（25.57），可得

$$R(T)=R_0-\int_0^T p[1-e^{-\rho(T-s)}]ds=0$$

计算该积分可得

$$R_0-p\left[s-\frac{e^{-\rho(T-s)}}{\rho}\right]_0^T=0$$

进一步计算得到

$$R_0-p\left[T-\frac{1}{\rho}+\frac{e^{-\rho T}}{\rho}\right]=0$$

由此我们得到了一个隐含 T 的非线性函数。我们无法求其显式解。给定 R_0、p 和 ρ，我们可以求得数值解；或者我们通过下述做法对 T 进行定性分析。将 T 的表达式重新写为

$$\frac{R_0}{p}+\frac{1}{\rho}-T=\frac{e^{-\rho T}}{\rho}$$

定义左边为 $\phi_L(T)$，右边为 $\phi_R(T)$。画出这两个函数的图像，找出它们的交点。在图 25.14 中，$\phi_L(T)$为斜率等于-1、纵轴截距为 $R_0/p+1/\rho$、横轴截距为 $\hat{T}=R_0/p+1/\rho$ 的函数。$\phi_R(T)$也是一个斜率为负的函数。它的纵轴截距为 $1/\rho$，小于 $\phi_L(T)$的纵轴截距；横轴截距大于 $\phi_L(T)$的横轴截距。因此，两条曲线必然相交于小于 $\hat{T}$ 的某个 T 值。我们称该值为解 T^*。p 越大，ρ 越大，或者 R_0 越小，T^* 越小。

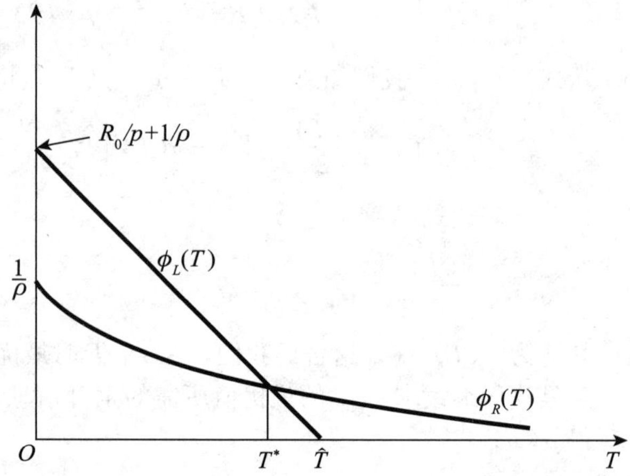

图 25.14　停止开采矿藏的最优时间由两条曲线的交点决定

在（隐含地）确定了 T^* 之后，第一个积分常数也随之（隐含地）确定了。将 C_1 的解代入式（25.56），然后再将式（25.56）代入式（25.53），便可以得到最优矿石开采路径：

$$y^*(t)=p\left[1-e^{-\rho(T^*-t)}\right]$$

图 25.15 给出了最优开采路径的图像。它从高处开始，随着时间的推移单调递减，最终在矿井关闭日开采量下降至零。

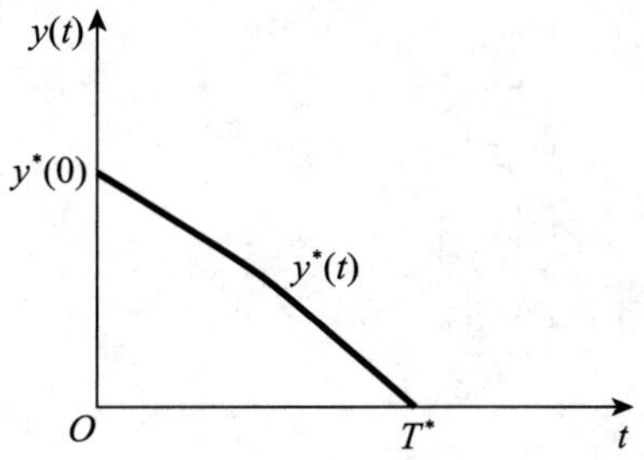

图 25.15　采矿问题中的最优开采路径

练习

1. 求解如下可耗竭资源问题的最优开采路径：

$$\max\int_0^T e^{-\rho t}\left(\frac{y^{1-\alpha}}{1-\alpha}-c\right)dt$$

$$\text{s. t.}\begin{cases}\dot{x}=-y\\ x(0)=x_0\\ x(T)\geqslant 0\\ T\geqslant 0 \quad \text{（自由的）}\end{cases}$$

其中，$c>0$ 为常数，表示固定开采成本。假定 $0<\alpha<1$。

2. 求解如下可耗竭资源问题的最优开采路径：

$$\max\int_0^T e^{-\rho t}\frac{(y-a)^{1-\alpha}}{1-\alpha}dt$$

$$\text{s. t.}\begin{cases}\dot{x}=-y\\ x(0)=x_0\\ x(T)\geqslant 0\\ T\geqslant 0 \quad \text{（自由的）}\end{cases}$$

其中，$\alpha>0$ 为常数，表示所要求的最低消费水平。

3. 求解如下可耗竭资源问题的最优开采路径：

$$\max\int_0^T e^{-\rho t}\frac{y^{1-\alpha}}{1-\alpha}dt$$

$$\text{s. t.}\begin{cases}\dot{x}=-y\\ x(0)=x_0\\ x(T)\geqslant 0\\ T\geqslant 0 \quad \text{（自由的）}\end{cases}$$

证明 T 的最优值为无穷大。

本章小结

关键词

自治最优化问题	“砰砰”解	边界条件
控制变量	协状态变量	当前值汉密尔顿函数
贴现	动态最优化	固定终结点
自由终结点	自由终结时间	泛函
汉密尔顿函数	无穷时间水平	最大值原理
扰动路径	影子价格	状态变量
横截性条件		

思考题

1. 静态最优化问题和动态最优化问题之间的关键区别是什么？
2. 为什么求解动态最优化问题需要新的数学理论？
3. 说明最大值原理在动态最优控制理论中的作用。
4. 说明边界条件在动态最优控制理论中的作用。
5. 在什么条件下，最优控制理论中的必要条件也是求最优解的充分条件？
6. 当前值汉密尔顿函数同现值汉密尔顿函数之间有何区别？前者有何优势？
7. 自由终结点问题和固定终结点问题之间的区别是什么？
8. 说明为什么当汉密尔顿函数为控制变量的线性函数时，“砰砰”解问题会产生。

复习题

1. 考虑下面的最大化问题：

$$\max\int_0^T F(x,y)\mathrm{d}t$$

$$\text{s. t.}\begin{cases}\dot{x}=G(x,y)\\x(0)=x_0\end{cases}$$

试证明在最优路径上，现值汉密尔顿函数是不随时间变化的常数，也就是说，证明当必要条件成立时，$\dot{H}=0$。

2. 考虑下面的最大化问题：

$$\max\int_0^T e^{-\rho t}F(x,y)\mathrm{d}t$$

$$\text{s. t.}\begin{cases}\dot{x}=G(x,y)\\x(0)=x_0\end{cases}$$

证明在最优路径上，当前值汉密尔顿函数随着时间以 $\rho\mu G(x,y)$ 的速度增加。

3. 厂商的生产函数为 K^α，$0<\alpha<1$。产品的价格为 1 美元，投资成本为 I^2。（在 (K,μ) 空间中）利用相图对如下问题的解进行定性分析：

$$\max\int_0^T e^{-\rho t}[K^\alpha-I^2]\mathrm{d}t$$

$$\text{s. t.}\begin{cases}\dot{K}=I-\delta K\\K(0)=K_0\end{cases}$$

4. 重做复习题 3，不过这一次在 (K,I) 空间中画相图。

5. 求解如下消费模型的最优消费路径：

$$\max\int_0^T e^{-\rho t}\frac{y^{1-\alpha}}{1-\alpha}\mathrm{d}t$$

$$\text{s. t.}\begin{cases}\dot{x}=rx-y\\x(0)=x_0\\x(T)\geqslant 0\\T\geqslant 0\quad\text{（给定）}\end{cases}$$

其中，$0<\alpha<1$。

6. 求解下面的可耗竭资源问题，尽你所能给出最优开采路径。画出相图，然后说明稳态为一个鞍点，最优的 T 为无穷大。

$$\max\int_0^T e^{-\rho t}\left(py-\frac{y^2}{2R}+2kR^{1/2}\right)\mathrm{d}t$$

$$\text{s. t.}\begin{cases}\dot{R}=-y\\R(0)=R_0\geqslant 0\\R(T)\geqslant 0\\T\geqslant 0\quad\text{（自由的）}\end{cases}$$

其中，p 和 k 都是正常数。

7. 求解下面的可耗竭资源问题，尽你所能给出最优开采路径。画出相图，然后说明最优的 T 为有限值，稳态无法达到。

$$\max\int_0^T e^{-\rho t}\left[py-\frac{y^2}{2(R+\alpha)}\right]\mathrm{d}t$$

$$\text{s. t.}\begin{cases}\dot{R}=-y\\R(0)=R_0>0\\R(T)\geqslant 0\\T\geqslant 0\quad\text{（自由的）}\end{cases}$$

其中，p 和 α 都是正常数。

8. 画出如下最优增长模型的相图，说明在有限的时间内，鞍点路径会达到稳态。

$$\max\int_0^T e^{-\rho t} c\,dt$$

$$\text{s. t.}\begin{cases}\dot{k}=f(k)-c-\delta k\\ k(0)=k_0\\ k(T)=k_T\\ 0\leqslant c\leqslant f(k)\end{cases}$$

其中，$f(0)=0$，$f'(k)>0$，$f''(k)<0$。注意，消费水平 c 非负，且不能超过产量。假定 $r>\rho$。

9. 求解下面的最优捕捞模型：

$$\max\int_0^\infty e^{-\rho t}\left(p-\frac{c}{x}\right)h\,dt$$

$$\text{s. t.}\begin{cases}\dot{x}=rx(1-x)-h\\ x(0)=x_0\\ 0\leqslant h\leqslant h_{\max}\end{cases}$$

答　案

下面是所有练习和复习题中单数题的答案。除非有必要，否则我们在答案中不给出图表。包括图表的完整答案可以在与本书配套的学生习题解中找到。

第 2 章

2.1　练习

1. 由 $A \subset X$ 推出 $x \in X$，但是反之则不成立。
3. 有 32 个可能的子集合。
5. 是的，集合中元素的顺序不重要（定义 2.3）。
7. (a) B 是消费者能够承担的商品 1 和商品 2 的消费组合的集合；C 是消费者物质上能够消费的商品 1 和商品 2 的组合的集合。
   (b) $B \cup C$ 是消费者能够承担的商品 1 和商品 2 的消费组合的集合或者是消费者物质上能够消费的商品 1 和商品 2 的组合的集合。
   (c) $B \cap C$ 是消费者物质上能够消费的且能够承担的商品 1 和商品 2 的消费组合的集合。
9. P 包括所有的技术上可行的投入—产出组合，$\bar{x}$ 是可被雇用的最大的劳动力数量。

2.2　练习

1. (a) $\mathbf{Z}_+$ 有下界 1，但没有上界。
   (b) $\mathbf{Z}$ 无界。
   (c) $\mathbf{R}_+$ 有下界 0，但没有上界。

(d) $\mathbf{R}_+$ 有上界 0，但没有下界。

(e) S 的下界为 0，上界为$\sqrt{2}$。

3. (a) $\dfrac{美元}{产量}$

(b) 纯数

(c) $\dfrac{美元}{投入量}$

(d) $\dfrac{商品数量}{美元}$

(e) $\dfrac{美元}{进口商品数量}$

5. 具有最大值的集合是 $\mathbf{R}_- = \{x \in \mathbf{R}: x \leqslant 0\}$ 和 $T = \{x \in \mathbf{R}: x \leqslant 5\}$

具有最小值的集合是 $\mathbf{R}_+ = \{x \in \mathbf{R}: x \geqslant 0\}$ 和 $S = \{x \in \mathbf{R}: x < 5\}$

2.3 练习

1. (a) $\{1,2,3,4,5,6\} \otimes \{7,8,9\} = \{\{1,7\},\{1,8\},\{1,9\},$
$\{2,7\},\{2,8\},\{2,9\},$
$\{3,7\},\{3,8\},\{3,9\},$
$\{4,7\},\{4,8\},\{4,9\},$
$\{5,7\},\{5,8\},\{5,9\},$
$\{6,7\},\{6,8\},\{6,9\}\}$

(b) $\mathbf{Z}_+ \otimes \mathbf{Z}_+ = \{(x,y): x \in \mathbf{Z}_+, y \in \mathbf{Z}_+\}$

(c) $\left\{(x,y): x \in \mathbf{Z}_+ 且 \dfrac{x}{2} \in \mathbf{Z}_+, y \in \mathbf{Z}_+ 且 \dfrac{y+1}{2} \in \mathbf{Z}_+\right\}$

3. B 是封闭的、有界的、凸的。设 x' 和 y' 表示生活必需品的消费，$X=\phi$ 表示消费者无力承担生存必需品的消费集合。

5. (a) $d(4,-5) = \sqrt{[4-(-5)]^2} = 9$

(b) $d[(-6,2),(8,-1)]$
$= \sqrt{[(-6)-8]^2 + [2-(-1)]^2} \doteq 14.32$

(c) $d[(5,-3,0,8),(12,-6,3,1)]$
$= \sqrt{(5-12)^2 + [(-3)-(-6)]^2 + (0-3)^2 + (8-1)^2}$
$\doteq 10.77$

7. (a) $N_\varepsilon(-1) = \{x \in \mathbf{R}: \sqrt{(x+1)^2} < \varepsilon\}$。对于 $\varepsilon = 0.1$，$N_\varepsilon(-1)$是开区间 $(-1.1, -0.9)$。对于 $\varepsilon = 10$，$N_\varepsilon(-1)$是开区间 $(-11, -9)$。

(b) $N_\varepsilon(-1,1) = \{(x,y) \in \mathbf{R}^2: \sqrt{(x+1)^2 + (y-1)^2} < \varepsilon\}$。$N_\varepsilon(-1,1)$是 $\mathbf{R}^2$ 空间以$(-1,1)$为圆心、以 ε 为半径的圆内的点的集合。

(c) $N_\varepsilon(-1,1,-1) = \{(x,y,z) \in \mathbf{R}^3: \sqrt{(x+1)^2 + (y-1)^2 + (z+1)^2} < \varepsilon\}$。$N_\varepsilon(-1,1,-1)$是 $\mathbf{R}^3$ 空间位于以$(-1,1,-1)$为球心、以 ε 为半径的球体内的点的集合。

2.4 练习

1. (a) $y = 1 - 2x$

(b) $y=-8-5x$

(c) $y=-\frac{1}{2}-\frac{3}{2}x$

3. (a) $\bar{x}=4-6\lambda$，$\lambda\in[0,1]$

(b) $(\bar{x},\bar{y})=(3-4\lambda,\ 4-3\lambda)$，$\lambda\in[0,1]$

(c) $(\bar{x},\bar{y},\bar{z})=(1-3\lambda,-2+2\lambda,2-\lambda)$

5. $x=10\pm\sqrt{10}$

7. (a) 严格拟凸，凸。

(b) 严格拟凸，凸。

(c) 严格拟凹，凹。

9. 函数 $y=x_1^2x_2^2$ 是严格拟凹函数，但不是凹函数。

11. 如果对任何 $\lambda\in(0,1)$，$\sqrt{\lambda x'+(1-\lambda)x''}>\lambda\sqrt{x'}+(1-\lambda)\sqrt{x''}$，从而 $(x'-x'')^2>0$，函数 $y=x^{1/2}=\sqrt{x}$，$x>0$ 就是严格的凹函数。

复习题

1. (a) $\lambda(-2)+(1-\lambda)2=2-4\lambda$

(b) $\lambda(-2,2)+(1-\lambda)(-3,3)=(-3+\lambda,3-\lambda)$

(c) $\lambda(0,0)+(1-\lambda)(x_1,x_2)=(1-\lambda)(x_1,x_2)$

(d) $\lambda(-2,2,5)+(1-\lambda)(-3,3,8)=(-3+\lambda,3-\lambda,8-3\lambda)$

3. (a) $y=22+2x$ (b) $y=\frac{5}{2}+\frac{3}{4}x$

5. (a) ab^2

(b) $a^{(1-q)bq}$

(c) $y=5^8x^2$

(d) $3x$

7. 要证明凹性，我们必须证明：

$$10-[\lambda x'+(1-\lambda)x'']>\lambda(10-x'^2)+(1-\lambda)(10-x''^2)$$

从而 $(x'-x'')^2>0$。

9. 要证明凹性，我们必须证明：

$[\lambda x'_1+(1-\lambda)x''_1+\lambda x'_2+(1-\lambda)x''_2]^{1/2}>\lambda(x'_1+x'_2)^{1/2}+(1-\lambda)(x''_1+x''_2)^{1/2}$

即 $[(x'_1+x''_2)^{1/2}-(x''_1x''_2)^{1/2}]^2>0$。

第3章

3.1 练习

1. (a) 6，5.5，5.33，5.25，5.20，5.17，5.14，5.125，5.11，5.1

(b) 数列 $f(n)=5n/(2^n)$ 的前 10 项是 2.5，2.5，1.875，1.25，0.78，0.47，0.27，0.16，0.088，0.049

(c) 3，4，5，6，7，8，9，10，11，12

3. 数列 $\hat{f}(n)=2(n-1)$，$n=1$，2，3，…等于数列 $f(n)=2n$，$n=0$，1，2，3，…（察看数列的前 5 项）。

5. 数列 $\hat{f}(n)=(1+r)^{n+25}$，$n=1, 2, 3, \cdots$ 等于数列 $f(n)=(1+r)^n$，$n=1, 2, 3, \cdots$ 从 26 项开始，即：$f(n)=(1+r)^n$，$n=26, 27, 28, \cdots$。

3.2 练习

1. (a) 我们需要证明对任何 $\varepsilon>0$，必存在一些 N，对 $n>N$，有 $\left|\frac{n}{n+1}-1\right|<\varepsilon$，也就是$\frac{1}{n+1}<\varepsilon \Rightarrow \frac{1}{\varepsilon}<n+1$ 对任何 $n>\left(\frac{1}{\varepsilon}\right)-1$ 都成立。因此，我们通过选择大于数$\left(\frac{1}{\varepsilon}\right)-1$ 的下一个整数 N，对任何$n>N$,可满足$|[n/(n+1)]-1|<\varepsilon$。

   (b) 我们需要证明对任何 $\varepsilon>0$ 必存在一些 N，对 $n>N$，有 $\left|5+\frac{1}{n}-5\right|<\varepsilon$，也就是$\frac{1}{n}<\varepsilon \Rightarrow n>\frac{1}{\varepsilon}$对任何 $n>N$ 都成立。因此我们通过选择大于数$\frac{1}{\varepsilon}$的下一个整数 N，对任何 $n>N$，可满足 $|5+(1/n)-5|<\varepsilon$。

   (c) 我们需要证明对任何 $\varepsilon>0$ 必存在一些 N，对 $n>N$，有 $\left|\left(-\frac{1}{2}\right)^n-0\right|<\varepsilon$，也就是 $\frac{1}{2^n}<\varepsilon \Rightarrow 2^n>\frac{1}{\varepsilon} \Rightarrow n>\log_2\left(\frac{1}{\varepsilon}\right)$对任何 $n>N$都成立。因此，我们通过选择大于数 $\log_2\left(\frac{1}{\varepsilon}\right)$的下一个整数 N，对任何 $n>N$，可满足$\left|\left(-\frac{1}{2}\right)^n-0\right|<\varepsilon$。

3. (a) $\lim\limits_{n\to\infty} n^2=\infty$

   注意，对任意的 K 值，总可找到一个足够大的 N，对每一个 $n>N$，有 $n^2>K$。选择大于数$\sqrt{K}$ 的下一个整数 N，可满足条件。

   (b) $\lim\limits_{n\to\infty}(-n)^3=-\infty$

   注意，对任意的 K 值，总可找到一个足够大的 N，对每一个 $n>N$，有$(-n)^3<-K$。因为$(-n)^3=-n^3$，所以不等式两边乘以-1，有 $n^3>K$。选择大于数 $K^{\frac{1}{3}}$ 的下一个整数 N，可满足条件。

   (c) 如果 $|c|>1$，则数列$(-c)^n$ 是发散的，但不是绝对发散。

   如果$|c|<1$，那么，

   $$\lim_{n\to\infty}(-c)^n=0$$

   如果 $c>0$，那么，当 n 为偶数时，$(-c)^n>0$，当 n 为奇数时，$(-c)^n<0$。

   如果 $c<0$，那么，当 n 为偶数时，$(-c)^n>0$，当 n 为奇数时，$(-c)^n>0$。

   因此，当 $|c|>1$ 时，对任意 N，数列$(-c)^n$ 包括任意大的正值和负值。(根据$|(-c)^n|=|c|^n$ 和$\lim\limits_{n\to\infty}|c|^n=+\infty$（$|c|>1$）得出。)故数列是发散的，但不是绝对发散。如果 $|c|<1$，那么我们可用证

明练习 1(c)的方法来证明数列收敛于极限 0。也就是说，我们要证明对任意的 $\varepsilon>0$，必存在一些 N，对 $n>N$，有 $|(-c)^n-0|<\varepsilon$，也就是 $|(-c)^n|<\varepsilon$ 或者 $|c|^n<\varepsilon$。

如果在 $b=|c|<1$ 两边取对数，我们有 $n\log_b b>\log_b\varepsilon$，因为 $\log_b b=1$，故 $n>\log_b\varepsilon$。

因此，我们通过选择大于数 $\log_b\varepsilon$ 的下一个整数 N，对任何 $n>N$，可满足 $|(-c)^n-0|<\varepsilon$。

3.3 练习

1. 71.18

3. (a) 如果利息是年复利，在每种情况下现值是一样的，那么

$$\frac{V_2}{(1+r)^{t_2}}=\frac{V_1}{(1+r)^{t_1}}\Rightarrow\frac{V_2}{V_1}=\frac{(1+r)^{t_2}}{(1+r)^{t_1}}$$

现在，因为 $t_2>t_1$，我们有 $(1+r)^{t_2}>(1+r)^{t_1}$，所以

$$\frac{(1+r)^{t_2}}{(1+r)^{t_1}}>1\Rightarrow\frac{V_2}{V_1}>1\Rightarrow V_2>V_1$$

(b) 我们需要证明

$$\frac{V_2}{(1+r)^{t_2+k}}=\frac{V_1}{(1+r)^{t_1+k}}$$

即

$$\frac{V_2}{(1+r)^{t_2}(1+r)^k}=\frac{V_1}{(1+r)^{t_1}(1+r)^k}$$

$$\Rightarrow\frac{V_2}{(1+r)^{t_2}}=\frac{V_1}{(1+r)^{t_1}}$$

5. (a) $Z_5=10\,000e^{0.02\times5}=10\,000e^{0.10}=11\,052$（万人）

(b) $Z_{10}=10\,000e^{0.02\times10}=10\,000e^{0.20}=12\,214$（万人）

(c) $Z_{20}=10\,000e^{0.02\times20}=10\,000e^{0.40}=14\,918$（万人）

3.4 练习

1. 根据定理 3.3 我们知道，一单调数列当且仅当有界的时候才是收敛的。设 $a_t=V/(1+r)^t$ 为数列的一般项，我们先来证明它是单调数列。

$$\frac{a_{t+1}}{a_t}=\frac{V/(1+r)^{t+1}}{V/(1+r)^t}=\frac{(1+r)^t}{(1+r)^{t+1}}=\frac{1}{1+r}$$

所以

$$a_{t+1}=\frac{a_t}{1+r}$$

所以当 $r>0$ 时，数列是单调递减的，当 $-1<r<0$ 时，数列是单调递增的。

当 $r>0$ 时，$a_t=V/(1+r)^t$ 的下界为 0，上界为 V，故数列是收敛的。

当$-1<r<0$时，我们有$0<1+r<r$和$\lim\limits_{t\to\infty}\frac{V}{(1+r)^t}=+\infty$，数列无界，故数列不收敛。

3. 证明步骤如下：(ⅰ) 对任何（大）的$\bar{K}$，存在一个N_1，对$n>N_1$，有$b_n>\bar{K}$。(ⅱ) 对任何$\varepsilon>0$，存在一个N_2，对$n>N_2$，有$|a_n-L^a|<\varepsilon$。(ⅲ)证明对任何$K>0$，存在一个足够大的N，对$n>N$，有$a_n-b_n<-K$。(我们选择$N=\max\{N_1,N_2\}$。)

3.5 练习

1. $\lim\limits_{n\to\infty}\left|\frac{a_{n+1}}{a_n}\right|=\lim\limits_{n\to\infty}\left|\frac{c}{c}\right|=1$

且

$$S_n=\sum_{t=1}^{n}a_t=a_1+a_2+\cdots+a_n$$
$$=c+c+\cdots+c=nc$$

因为$c>0$，显然$\lim\limits_{n\to\infty}S_n=\lim\limits_{n\to\infty}nc=+\infty$，故序列发散。

3. $s_n=a\rho+a\rho^3+a\rho^5+\cdots+a\rho^{2n-3}+a\rho^{2n-1}$

上面的式子乘以ρ^2，得

$$\rho^2s_n=a\rho^3+a\rho^5+a\rho^7+\cdots+a\rho^{2n-1}+a\rho^{2n+1}$$

所以

$$s_n-\rho^2s_n=a\rho-a\rho^{2n+1}$$

那么

$$(1-\rho^2)s_n=a\rho-a\rho^{2n+1}$$

且

$$s_n=\frac{a\rho-a\rho^{2n+1}}{1-\rho^2}$$

即对$|\rho|<1$，

$$\lim_{n\to\infty}s_n=\frac{a\rho}{1-\rho^2}$$

5. (a) 净运转收入的$PV=5\ 787\ 037$美元，建设成本的$PV=10\ 000\ 000$美元，因为建设成本的现值超出了净运转收入的现值，故项目无利可图。

(b) $r=0.048$

复习题

1. (a) 1，0.25，0.111，0.063，0.04。

(b) 1，2.5，1.67，2.25，1.8。

(c) 0.2，0.25，0.273，0.286，0.294。

(d) −1，−4，−9，−16，−25。

(e) 2，3，4，5，6。

(f) 6，5.5，5.33，5.25，5.2。

(g) 4，4.5，4.67，4.75，4.8。

3. (a) (ⅰ) $PV_1=\frac{100}{1.08}=92.59$（美元）

(ⅱ) $PV_5=\frac{150}{(1.08)^5}=102.09$（美元）

(b) 经济个体选择(ⅱ)更佳。尽管经济个体想提前5年获利，但是选择(ⅱ)优于选择(ⅰ)，因为在利率为8%的时候，相比1年收益100美元所能得到的，她可以现在借更多的钱，5年后收益150美元时再偿还。

5. (a) 1 000 美元

(b) 907.70 美元

(c) 92.30 美元

7. (a) 增加的收入的现值为23 148美元，由于这超过了成本，她应该接受。

(b) 内部回报率是0.092或者9.2%。如果利率低于这一水平，她就应该接受。

(c) 不。

(d) 失业的人不考虑放弃的收入。

第4章

4.1 练习

1. (a) $f(x_n)=10-5/n$，$n=1, 2, 3, \cdots$，即

$$\lim_{x\to 2^-}f(x)=10$$

(b) $f(x_n)=-2+3/n$，$n=1, 2, 3, \cdots$，即

$$\lim_{x\to 2^-}f(x)=-2$$

(c) $f(x_n)=2m+b-m/n$，$n=1, 2, 3, \cdots$，即

$$\lim_{x\to 2^-}f(x)=2m+b$$

(d) $f(x_n)=4-\frac{4}{n}+\frac{1}{n^2}$，$n=1, 2, 3, \cdots$，即

$$\lim_{x\to 2^-}f(x)=4$$

3. (a) 函数在点 $x=1$ 处不连续，因为在点 $x=1$ 处左极限不等于右极限：

$$\lim_{x\to 1^-}f(x)=5,\ \lim_{x\to 1^+}f(x)=6$$

所以定义4.3的条件（ⅰ）的第二部分在点 $x=1$ 处不满足。

(b) 函数在点 $x=0$ 处不连续，因为函数在点 $x=0$ 处没有定义。而且在点 $x=0$ 处左极限不等于右极限：

$$\lim_{x\to 0^-} f(x) = -\infty, \quad \lim_{x\to 0^+} f(x) = +\infty$$

所以定义 4.3 的条件（ⅰ）在点 $x=0$ 处不满足。

(c) 函数在点 $x=3$ 处不连续，因为函数在点 $x=3$ 处没有定义。但是在点 $x=3$ 处左极限等于右极限：

$$\lim_{x\to 3^-} f(x) = +\infty, \quad \lim_{x\to 3^+} f(x) = +\infty$$

所以定义 4.3 的条件（ⅰ）的第一部分在点 $x=3$ 处不满足。

(d) 函数在点 $x=2$ 处不连续，因为函数在点 $x=2$ 处没有定义。但是在点 $x=2$ 处左极限等于右极限：

$$\lim_{x\to 2^-} f(x) = \frac{1}{3}, \quad \lim_{x\to 2^+} f(x) = \frac{1}{3}$$

所以定义 4.3 的条件（ⅰ）的第一部分在点 $x=2$ 处不满足。在点 $x=-1$处，我们有：

$$\lim_{x\to 1^-} = -\infty, \quad \lim_{x\to 1^+} = +\infty$$

所以定义 4.3 的条件（ⅰ）在点 $x=-1$ 处不满足。

5. (a) $f(x)=4x+3$ 在 $x\in\mathbf{R}$ 的每一点都连续。(在应用定义 4.4 时，我们选择 $\delta=\varepsilon/4$。)

(b) $f(x)=mx+b$ 在$x\in\mathbf{R}$ 的每一点都连续。(在应用定义 4.4 时，我们选择 $\delta=\varepsilon/m$。)

7. 函数在 $x\in[0,10]$的每一点都有定义，但是在点 $x=1$，2，…，9 处不连续，因为在这些点处，左极限不等于右极限。但是对每一个子区间来说，函数是连续的。

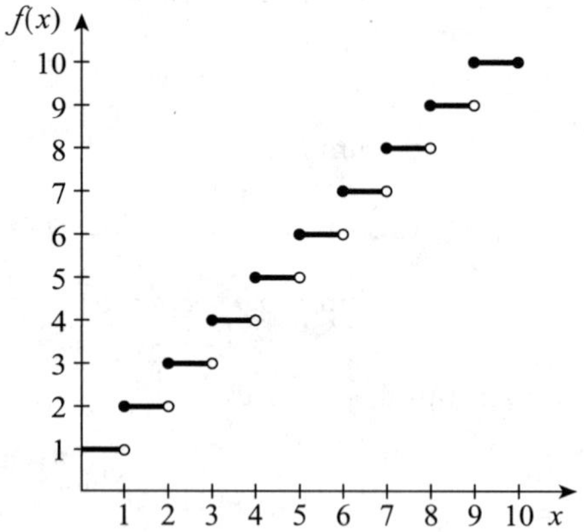

4.2 练习

1. $C(Q)=c_0+(w/b)Q$，故 $\pi(Q)=\bar{p}Q-c_0-(w/b)Q$。

生产函数是连续的，故根据定理 4.1 的（ⅰ）、（ⅱ）、（ⅵ），成本函数是连续的。收益函数也是连续的，故根据定理 4.1 的（ⅱ），两个连续函数的差（利润函数）也是连续的。

3.

$$P(S)=\begin{cases}800+0.15S, & S\leqslant 10\,000\\ 1\,800+0.15S, & 10\,000<S\leqslant 15\,000\\ 4\,300+0.15S, & S>15\,000\end{cases}$$

在 $S=10\,000$ 处，左极限和右极限为：

$$\lim_{S\to 10\,000^-} P(S)=2\,300,\ \lim_{S\to 10\,000^+} P(S)=3\,300$$

故函数在点 $S=10\,000$ 处不连续，同样地，函数在点 $S=15\,000$ 处也不连续。

5. 设 x 为税前收入，$y=f(x)$ 为税后收入：

$$f(x)=\begin{cases}x, & x\leqslant 20\,000\\ 5\,000+0.75x, & 20\,000<x<60\,000\\ 4\,000+0.75x, & x\geqslant 60\,000\end{cases}$$

在 $x=60\,000$ 处，左极限为 50 000，右极限为 49 000，故在 $x=60\,000$ 处，函数不连续。

7. (a) 劳动力的边际产品是：

$$MP(h)=\begin{cases}1/20, & 0\leqslant h\leqslant 336\,000\\ 0, & h>336\,000\end{cases}$$

在点 336 000 处，左极限为 1/20，右极限为 0，故在此点处，函数不连续。

(b)

$$\pi(y)=\begin{cases}1\,000-600=400, & 0\leqslant y\leqslant 12\,000\\ 1\,000-1\,200=-200, & 12\,000<y\leqslant 16\,800\end{cases}$$

在 $y=12\,000$ 处，有一间断点。

9. (a) 如果厂商 2 定价 $p_2=5$，那么厂商 1 只要定价低于 5 美元，就能获得整个市场：$y_1=20-p_1$（即 $p_1<5$（美元））。在这种情况下，厂商 1 的收益为：

$$R_1(p_1)=p_1\,y_1=p_1(20-p_1),\quad p_1<5$$

如果厂商 1 和厂商 2 制定相同的价格（即 $p_1=5$（美元）），它就会与厂商 2 平分整个市场。总共卖掉 $y=20-p=20-5=15$，因此它们会各自以 5 美元的价格卖 7.5 个单位的产品，因此，

$$R_1(p_1)=5\times 7.5=37.5,\quad p_1=5$$

如果厂商 1 定价高于 5 美元，那么它卖出的产品以及收益都为 0：

$$R_1(p_1)=0,\quad p_1>5$$

综上所述，厂商的收益函数为：

$$R_1(p_1)=\begin{cases}p_1(20-p_1), & p_1<5\\ 37.5, & p_1=5\\ 0, & p_1>5\end{cases}$$

为了得到利润函数，我们只需要用收益减去成本，当 $p_1<5$ 时，$C(y_1)=2y_1$，又因为$y_1=20-p_1$，我们得到：

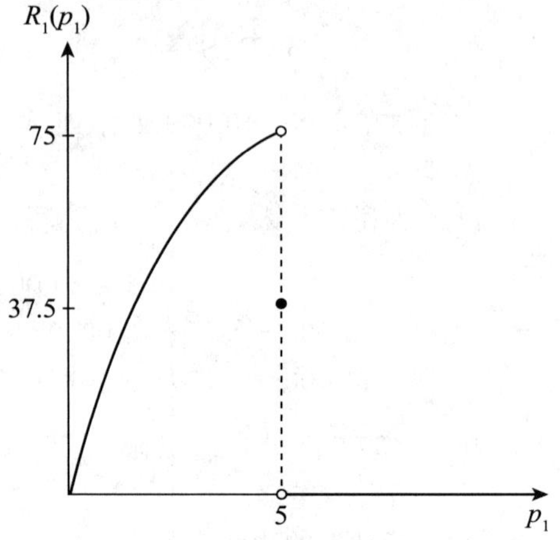

图 4.2.10 (a) *i*

$$C_1(p_1)=2(20-p_1),\ p_1<5$$

当 $p_1=5$ 时，厂商 1 将生产 7.5 个单位，因此成本为：

$$C_1(p_1)=2\times7.5=15,\ p_1=5$$

当 $p_1>5$ 时，厂商 1 产出为零，成本为零，即：

$$C_1(p_1)=0,\ p_1>5$$

将成本函数和收益函数相结合，得到如下的利润函数$\pi_1(p_1)=R_1(p_1)-C_1(p_1)$：

$$\pi_1(p_1)=\begin{cases}p_1(20-p_1)-2(20-p_1), & p_1<5\\ 37.5-15=22.5, & p_1=5\\ 0, & p_1>5\end{cases}$$

函数 $R_1(p_1)$和 $\pi_1(p_1)$在 $p_1=5$ 处是不连续的。当 $p_1<5$ 时，因为厂商 2 卖掉的产品在 $p_1<p_2=5$ 时为零，厂商 1 实际上是一个垄断厂商。由于收益函数和利润函数都是连续的，因此 p_1 的边际增加将使收益和利润都边际增加。但是，一旦 p_1 达到 5，厂商 2 将获得市场的一半，厂商 1 也将失去市场的一半。结果就是厂商 1 的收益和利润都在该价格下不连续地下降。如果厂商 1 制定的价格哪怕高于 5 美元一点点，它就会丢掉整个市场，收益和利润都下降为 0。

(b) 对于厂商 2 制定的任意价格$\bar{p}_2$（当$\bar{p}_2>2$ 时），相同的规律仍像（a）

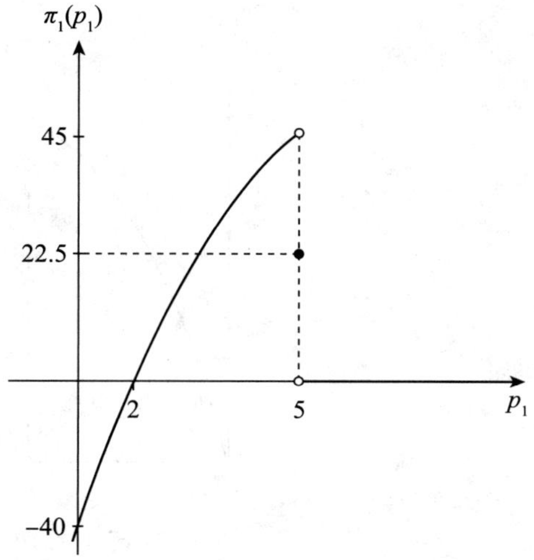

图 4.2.10 (a) ii

中那样适用于 $R_1(p_1)$和 $\pi_1(p_1)$。如果 $p_1<\bar{p}_2$，厂商 1 将获得整个市场，因此它的收益和利润函数都基于它的需求即为市场需求这一前提。但是，一旦厂商 1 将其价格提高至 $p_1=\bar{p}_2$，它就要与厂商 2 平分市场，因此厂商 1 的收益和利润都会不连续地下降至原来的一半（相比 p_1边际小于$\bar{p}_2$时）。如果厂商 1 定价使 $p_1>\bar{p}_2$，那么其收益和利润都下降为 0。因此，收益函数和利润函数分别是：

$$R_1(p_1)=\begin{cases}p_1(20-p_1), & p_1<\bar{p}_2\\ \dfrac{1}{2}p_1(20-p_1), & p_1=\bar{p}_2\\ 0, & p_1>\bar{p}_2\end{cases}$$

$$\pi_1(p_1)=\begin{cases}p_1(20-p_1)-2(20-p_1), & p_1<\bar{p}_2\\ \dfrac{1}{2}[p_1(20-p_1)-2(20-p_1)], & p_1=\bar{p}_2\\ 0, & p_1>\bar{p}_2\end{cases}$$

(c) 厂商 2 知道如果它定价高于 2 美元，那么厂商 1 将会使自己的定价略低于厂商 2 的定价以获得整个市场（从 (b) 中，当 $p_2>2$ 时，这确实是厂商 1 的最优反应）。反过来，结论依然成立。厂商 1 知道如果它定价高于 2 美元，那么厂商 2 的最优反应是使自己的定价略低于厂商 1 的定价以获得整个市场。因此，任意厂商定价高于 2 美元都会没有市场。所以唯一的均衡是两家厂商的价格都为 2 美元，从而平分市场。

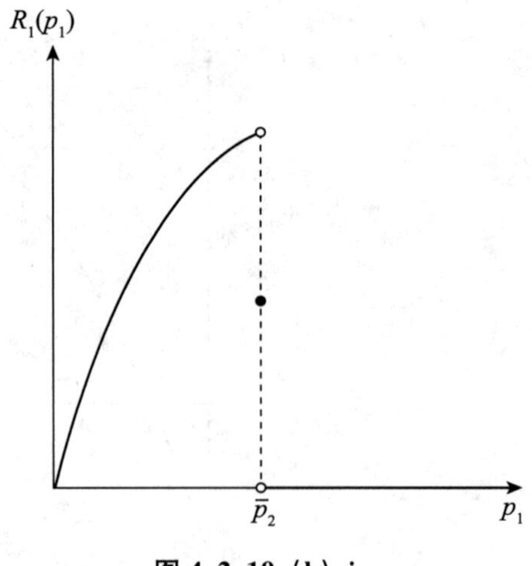

图 4.2.10（b）i

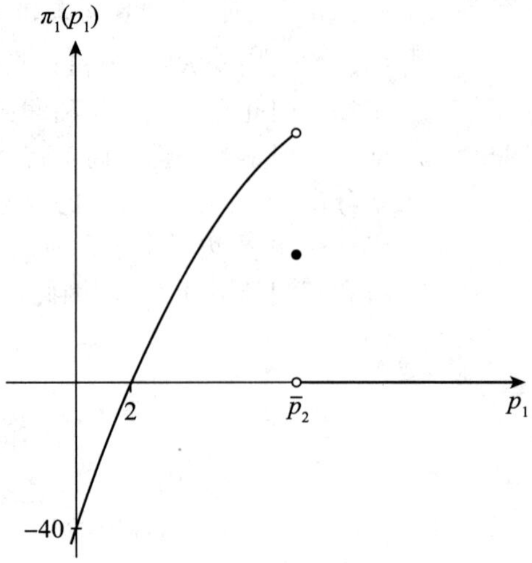

图 4.2.10（b）ii

复习题

1. (a) 在 $x=5$ 处中，

$$\lim_{x\to5^-}f(x)=10,\lim_{x\to5^+}f(x)=11$$

故函数在 $x=5$ 处不连续。

(b) 在 $x=1$ 处，

$$\lim_{x\to1^-}f(x)=-\infty,\lim_{x\to1^+}f(x)=+\infty$$

故函数在 $x=1$ 处没有定义。

3.

$$y=\begin{cases}x, & x\leqslant 25\ 000\\ 35\ 000-0.4x, & 25\ 000<x<100\ 000\\ 33\ 000-0.4x, & x\geqslant 100\ 000\end{cases}$$

由于加税，函数在 $x=100\ 000$ 处有间断点。

5. (a) 1 500 美元

(b) 0

(c) 800 美元

(d)(ⅰ)y 个顾客时的总成本为：

$$C(y)=\begin{cases}0, & y=0\\ 1\,500, & 0<y\leqslant 50\\ 2\,300, & 50<y\leqslant 100\\ 2\,900, & 100<y\leqslant 150\\ 3\,100, & 150<y\leqslant 200\\ 3\,900, & 200<y\leqslant 250\\ 5\,100, & 250<y\leqslant 300\\ 8\,500, & 300<y\leqslant 350\end{cases}$$

(ⅱ)平均成本是：

$$AC(y)=\begin{cases}\text{无定义}, & y=0\\ 1\,500/y, & 0<y\leqslant 50\\ 2\,300/y, & 50<y\leqslant 100\\ 2\,900/y, & 100<y\leqslant 150\\ 3\,100/y, & 150<y\leqslant 200\\ 3\,900/y, & 200<y\leqslant 250\\ 5\,100/y, & 250<y\leqslant 300\\ 8\,500/y, & 300<y\leqslant 350\end{cases}$$

函数在 50 个顾客的整数倍处有一个间断点。

第 5 章

5.1 练习

1.

Q_i	(25,625)	(24,576)	(23,529)	(22,484)	(21,441)
Δx	5	4	3	2	1
Δy	225	176	129	84	41
$\Delta y/\Delta x$	45	44	43	42	41

是的，数列看上去像是收敛。(用类似图 5.3 的图来说明。)

2. $y=6x-9$。用类似图 5.5 的图来说明。

5.2 练习

1. (a) $f'(x)=\lim\limits_{\Delta x\to 0}\dfrac{[3(x+\Delta x)-5]-[3x-5]}{\Delta x}=\lim\limits_{\Delta x\to 0}\dfrac{3\Delta x}{\Delta x}=3$

(b) $f'(x)=\lim\limits_{\Delta x\to 0}\dfrac{8(x+\Delta x)-8x}{\Delta x}=\lim\limits_{\Delta x\to 0}\dfrac{8\Delta x}{\Delta x}=8$

(c) $f'(x)=\lim\limits_{\Delta x\to 0}\dfrac{3(x+\Delta x)^2-3x^2}{\Delta x}=\lim\limits_{\Delta x\to 0}\dfrac{6x\Delta x+3(\Delta x)^2}{\Delta x}=6x$

3.

Q_i	(25,625)	(24,576)	(23,529)	(22,484)	(21,441)
Δx	5	4	3	2	1
Δy	225	176	129	84	41
$\mathrm{d}y=f'(x)\mathrm{d}x$	250	192	138	88	42
ε	−11.1%	−9.1%	−7.0%	−4.8%	−2.4%

这说明 Δx 或者 $\mathrm{d}x$ 越小，Δy 越接近实际的变化。

5.3 练习

1. (a) $\lim\limits_{\Delta x\to 0^-}\dfrac{f(x+\Delta x)-f(x)}{\Delta x}=\lim\limits_{\Delta x\to 0^-}\dfrac{[3(x+\Delta x)+2]-[3x+2]}{\Delta x}=3$

$\lim\limits_{\Delta x\to 0^+}\dfrac{f(x+\Delta x)-f(x)}{\Delta x}=\lim\limits_{\Delta x\to 0^+}\dfrac{[(x+\Delta x)+12]-[x+12]}{\Delta x}=1$

因为函数在 $x=5$ 处的左极限和右极限不等，所以函数在此点不可微。

(b) $\lim\limits_{\Delta x\to 0^-}\dfrac{f(x+\Delta x)-f(x)}{\Delta x}=\lim\limits_{\Delta x\to 0^-}\dfrac{-(x+\Delta x)-x}{\Delta x}=-1$

$\lim\limits_{\Delta x\to 0^+}\dfrac{f(x+\Delta x)-f(x)}{\Delta x}=\lim\limits_{\Delta x\to 0^+}\dfrac{(x+\Delta x)-x}{\Delta x}=1$

因为函数在 $x=0$ 处的左极限和右极限不等，所以函数在此点不可微。

(c) $\lim\limits_{\Delta x\to 0^-}\dfrac{f(x+\Delta x)-f(x)}{\Delta x}=\lim\limits_{\Delta x\to 0^-}\dfrac{[4(x+\Delta x)+1]-[4x+1]}{\Delta x}=4$

$\lim\limits_{\Delta x\to 0^+}\dfrac{f(x+\Delta x)-f(x)}{\Delta x}=\lim\limits_{\Delta x\to 0^+}\dfrac{[11-(x+\Delta x)]-[11-x]}{\Delta x}=-1$

因为函数在 $x=2$ 处的左极限和右极限不等，所以函数在此点不可微。

3. (a) $T(y)=\begin{cases}0, & 0\leqslant y\leqslant 6\,000\\ 0.20y-1\,200, & 6\,000<y\leqslant 16\,000\\ 0.30y-2\,800, & 16\,000<y\leqslant 46\,000\\ 0.40y-7\,400, & y>46\,000\end{cases}$

(b) 函数的不可微点是：$y=6\,000$，$y=16\,000$，$y=46\,000$。

(c) $AT(y)=\begin{cases}0, & 0\leqslant y\leqslant 6\,000\\ 0.20-1\,200/y, & 6\,000<y\leqslant 16\,000\\ 0.30-2\,800/y, & 16\,000<y\leqslant 46\,000\\ 0.40-7\,400/y, & y>46\,000\end{cases}$

5. (a) $P(S)=\begin{cases}600, & S=0\\ 600+0.1S, & 0<S\leqslant 10\,000\\ -400+0.2S, & S\geqslant 10\,000\end{cases}$

(b) 函数只有一个不可微点：$S=10\,000$。

5.4 练习

1. (a) $f(L)=10L$，$f'(L)=10$，$f''(L)=0$，所以，随着投入的增加，产出不变。

(b) $f(L)=8L^{1/3}$，$f'(L)=(8/3)L^{-2/3}$，$f''(L)=(-16/9)L^{-5/3}<0$，所

以，随着投入的增加，产出下降。

(c) $f(L)=3L^4$，$f'(L)=12L^3$，$f''(L)=36L^2>0$，所以，随着投入的增加，产出增加。

3. (a) $q_S^A=0.25p-2.5$ 是 A 公司的供给曲线，其中，$q_S^A \geqslant 0 \Leftrightarrow p \geqslant 10$。

$q_S^B=0.5p-7.5$ 是 B 公司的供给曲线，其中，$q_S^B \geqslant 0 \Leftrightarrow p \geqslant 15$。

这些函数在其定义域上都是可微的。

(b) $q=\begin{cases}0, & p<10\\ 0.25p-2.5, & 10\leqslant p<15\\ 0.75p-10, & p\geqslant 15\end{cases}$

总供给函数在 $0\leqslant p<15$ 的价格波动范围内是可微的，但是在点 $p=15$ 处函数不可微。

5. $L(q)=(1/4)q^{1/2}$，所以成本函数是 $C(q)=c_0+wL(q)=c_0+(1/4)wq^{1/2}$。$\mathrm{d}q/\mathrm{d}L=32L$ 随着 L 的增加而递增，$\mathrm{d}C/\mathrm{d}q=(1/8)/q^{1/2}$ 随着 q 的增加而递减。

7. (a) $\varepsilon=(100-y)/y$

(b) $\varepsilon=\dfrac{1\,200-12y}{12y}=(100-y)/y$

5.5 练习

1. 对 $x\in R$，$f'(x)=4x^3$，$f''(x)=12x^2$，且只有在 $x=0$ 处，$f''(x)=0$，所以 f 是严格凸的。

3. $C(y)=c_0+ry^3$，$C''(y)=6ry>0$，所以 $C(y)$ 是严格凸的。$y=x^{1/3}$ 是严格凹的，因为 $\mathrm{d}^2y/\mathrm{d}x^2=(-2/9)x^{-5/3}<0$。

5. $\pi'(y)=-15-3y^2+18y$，$\pi''(y)=-6y+18$，所以对于 $y<3$，$\pi''(y)>0$（$\pi(y)$ 严格凸），对于 $y>3$，$\pi''(y)<0$（$\pi(y)$ 严格凹）。

y	$\pi(y)$	$\pi'(y)$	$\pi''(y)$
0	−10	−15	18
1	−17	0	12
2	−12	9	6
3	−1	12	0
4	10	9	−6
5	15	0	−12
6	8	−15	−18
7	−17	−36	−24
8	−66	−63	−30
9	−145	−96	−36
10	−260	−135	−42

5.6 练习

1. $e^{-x}=-1-x+\dfrac{x^2}{2!}-\dfrac{x^3}{3!}+\dfrac{x^4}{4!}-\dfrac{x^5}{5!}+\cdots+(-1)^{n-1}\dfrac{x^{n-1}}{(n-1)!}+R_n$

$|R_n|=\xi^n/n!$，ξ 在 0 和 x 之间。为恰好处在 0.001 之内，n 必须足够

大，以使 $|R_n|\leqslant 0.001$，或 $n!\geqslant 1\,000$，或 $n=7$。

3. $\varepsilon=-\dfrac{(x-x_0)^2}{8\xi^{3/2}}\leqslant 0$

所以 $dy\geqslant\Delta y$，x 的变化量 dx 而导致的 y 的变化会超过 y 的实际变化。

复习题

1. $f'(x)=\lim\limits_{\Delta x\to 0}\dfrac{[(x+\Delta x)^2+3(x+\Delta x)-4]-[x^2+3x-4]}{\Delta x}$

$$=\lim_{\Delta x\to 0}\frac{2x\Delta x+x^2+3\Delta x}{\Delta x}=2x+3$$

3. (a) $f(L)=64L^{1/4}\Rightarrow f'(L)=16L^{-3/4}\Rightarrow f''(L)=-12L^{-7/4}<0$

(b) $f(L)=10L+2L^{1/2}\Rightarrow f'(L)=10+L^{-1/2}\Rightarrow f''(L)=-(1/2)L^{-3/2}<0$

(c) $f(L)=5L^3\Rightarrow f'(L)=15L^2\Rightarrow f''(L)=30L>0$

(d) $f(L)=-L^3+12L^2+3L\Rightarrow f'(L)=-3L^2+24L+3\Rightarrow f''(L)=-6L+24$，因此，

$$f''(L)=24-6L\begin{cases}>0, L<4\\=0, L=4\\<0, L>4\end{cases}$$

5. $\varepsilon=(-)(-5)p/y=5p/y=5p/(200-5p)$，故 $p<20$ 时 $\varepsilon<1$，$p=20$ 时 $\varepsilon=1$，$p>20$ 时 $\varepsilon>1$。

7. $L(q)=(q/a)^{1/b}$，$C(q)=c_0+w(q/a)^{1/b}$

$\dfrac{dq}{dL}=\dfrac{ab}{L^{1-b}}$，$\dfrac{dC}{dq}=\dfrac{(w/a^{1/b})(1/b)}{q^{1-(1/b)}}$

如果 $b<1$，那么 dq/dL 随着 L 递减，dC/dq 随着 q 递增。如果 $b>1$，那么 dq/dL 随着 L 递增，dC/dq 随着 q 递减。如果 $b=1$，那么 dq/dL 和 dC/dq 既不递增也不递减。

9. $C'(y)=3y^2-24y+50$，$C''(y)=6y-24$，所以当 $y>4$ 时，$C''(y)>0$（$C(y)$严格凸），当 $y<4$ 时，$C''(y)<0$（$C(y)$严格凹）。

y	$C(y)$	$C'(y)$	$C''(y)$
0	20	50	−24
1	59	29	−18
2	80	14	−12
3	89	5	−6
4	92	2	0
5	95	5	6
6	104	14	12
7	125	29	18
8	164	50	24
9	227	77	30
10	320	110	36

第 6 章

6.1 练习

1. (a) $x_1=0$（局部最大），$x_2=2$（局部最小）

   (b) $x_1=0$（局部最小），$x_2=1.5$（拐点）

   (c) $x_1=\sqrt{1/3}$（局部最小），$x_2=-\sqrt{1/3}$（局部最大）

   (d) $x_1=0$（局部最小），$x_2=0.5$（局部最大），$x_3=2$（局部最小）

   (e) $x_1=1$（局部最大），$x_2=-1$（局部最小）

3. 对于 $p\geqslant 3$，$x(p)=12.5p-37.5$。对于 $p<3$，$x(p)=0$。

5. 如果（反）线性需求函数是 $p(x)=a-bx$，销售额最大化的产量是 $x_{sm}=a/2b$，而价格为 0 时的产量为 $x_{zp}=a/b$。

6.2 练习

1. (a) $f''(x)=6x-6$，$f''(0)=-6$，$f''(2)=6$

   (b) $f''(x)=12x^2-24x+9$，$f''(0)=9$，$f''(1.5)=0$

   (c) $f''(x)=18x$，$f''(\sqrt{1/3})=10.44$，
   $f''(-\sqrt{1/3})=-10.44$

   (d) $f''(x)=36x^2-60x+12$，$f''(0)=12$，
   $f''(0.5)=-9$，$f''(2)=36$

   (e) $f''(x)=\dfrac{4x^3-12x}{(x^2+1)^2}$，$f''(1)=-8$，$f''(-1)=8$

3. $b\leqslant a^2/80$，利润函数的二阶导数在利润最大化的产量处不为正。

5. (a) 生产函数的反函数是 $L(x)$，成本函数为 $C(x)=wL(x)$，其中 w 为（恒定）的工资率。设价格等于边际成本，得 $p=w\mathrm{d}L/\mathrm{d}x$ 或 $p(\mathrm{d}x/\mathrm{d}L)=w$，在等式左边是边际产品价值（价格×边际产品）。

   (b) 将 (a) 中的价格换为边际收入，所以 $p(x)+p'(x)x=wdL/dx$，其余相同。

   (c) 生产函数是严格凹的。

6.3 练习

1. (a) $x=10$，$y=23$

   (b) $x=20$，$y=4\,001$

   (c) $x=10$，$y=-95$

   在以上情况的最优化中，一阶导数不等于 0。

3. (a) 0.8

   (b) 80

复习题

3. (a) $x=2$（局部最小）

   (b) $x_1=0$（局部最大），$x_2=2$（局部最小）

   (c) $x_1=-1$（局部最小），$x_2=2$（拐点）

   (d) $x_1=-1$（局部最大），$x_2=1$（局部最小）

(e) $x_1=-1$（局部最大），$x_2=1$（局部最小）

(f) $x_1=0$（局部最小），$x_2=1/2$（局部最大），$x_3=2$（局部最小）

(g) $x=0$（局部最大）

(h) $x=0$（局部最大）

(i) $x_1=0$（局部最大），$x_2=4$（局部最小）

(j) $x_1=5$（局部最小）

5. 当 $p_1=1$，$p_2=2$，公司的产量为 0。

7. 公司的最高报价为 9.562 5 美元。

9. $t_1=100/9$，$t_2=440/9$。

第 7 章

7.1 练习

1. (a) $x=2$，$y=4$

(b) 无穷多个解。两方程相等。

(c) 无解。直线平行。

(d) $x=10/3$，$y=20/3$

3. (a) 如果 $c=4$，它们平行。

(b) 对于 c 的任何其他值，有一个解。

5. $\beta_{21}>0$ 意味着商品 1 价格的上升导致商品 2 的供给增多。

7. (a) $M=25$，$R=10$

(b) 方程式不连续。

7.2 练习

1. (a) $x=5$，$y=-3/5$，$z=13/5$

(b) 线性相关：方程 1=(方程 2+方程 3)×2

(c) $x_1=11/2$，$x_2=-3/2$，$x_3=-7/2$

(d) $x_1=2$，$x_2=1$，$x_3=0$，$x_4=-2$

(e) 线性相关：方程 1=方程 3+方程 4

3. (a) $x_1=4/3$，$x_2=8/3$，$x_3=80/3$，$x_4=106/3$

(b) $x_1=-50/3$，$x_2=20$，$x_3=-10/3$

5. $p_1=8$，$p_2=5$，$p_3=2$，$p_4=1$

复习题

1. (d) 和 (e)。

3. (a) 不连续。(b) $x=y=z=0$ 是唯一解。

5. $M=15$。

第 8 章

8.1 练习

1. $x=2$，$y=2$
3. 使 $x=y$ 的任何 x 和 y。
5. 使这些矩阵相等的 y 和 z 不存在。

8.2 练习

1. $3A=\begin{bmatrix}3&0&0\\0&3&0\\0&0&3\end{bmatrix}$
3. $\mathbf{ab}=-1$，

$$\mathbf{ba}=\begin{bmatrix}-1&-2&0\\0&0&0\\1&2&0\end{bmatrix}$$

5. 利润是 94 000。

8.3 练习

1. (a) I_3 的转置是 I_3 本身。
   (b) A 的转置是 A 本身。
3. (a) $(AB)^T=B^TA^T=\begin{bmatrix}4&0\\3&2\end{bmatrix}$
   (b) $(AB)^T=B^TA^T=\begin{bmatrix}1&3\\2&0\\3&1\end{bmatrix}$
5. B 是 5×7。
7. B 有 2 行。

8.4 练习

1. $I_3I_3=I_3$
3. $AA=A$
5. (a) $\text{tr}(A)=\text{tr}(AA)=\text{tr}(AAA)=1$
   (b) $\text{tr}(A)=\text{tr}(AA)=\text{tr}(AAA)=2$

复习题

1. (a) AB 是 2×2 的。
   (b) A^TB 是一常数。
   (c) A^TBA 是一常数。
   (d) AA^TB 是 5×5 的。
3. $(A\mathbf{x})^T=[-4\quad 2]$，$\mathbf{x}^TA^T=[-4\quad 2]$，$\mathbf{xx}^T=\begin{bmatrix}25&15\\15&9\end{bmatrix}$

   $\mathbf{x}^T\mathbf{x}=34$，$A^T\mathbf{x}^T$ 无定义。

5. $k=9$

7. $x^4=\begin{bmatrix}6.3336\\4.9423\\9.6943\end{bmatrix}$

第9章

9.1 练习

1. (a) $\begin{bmatrix}1/5 & 0\\0 & 1/3\end{bmatrix}$

   (b) $\begin{bmatrix}1/5 & -2/5\\1/5 & 3/5\end{bmatrix}$

   (c) 逆矩阵不存在。

3. (a) $z_1=20$，$z_2=55$

   (b) $\mathbf{w}^T A\mathbf{y}=650$ （一个数，表示总成本）。

5. $R=14$，$Y=440$。预算赤字是$G-T=9$，贸易赤字是$-X=4.4$。

9.2 练习

1. (a) $|A|=1$

   (b) $|B|=-5$

   (c) $|C|=-23$

   (d) $|D|=4$

3. $|B|=3|A|=21$

5. $|D|=3|A|=9$

7. $|A^3|=-8$

9.3 练习

1. 逆矩阵是

   (a) $\begin{bmatrix}1 & -2 & 1\\0 & 1 & -2\\0 & 0 & 1\end{bmatrix}$

   (b) $\begin{bmatrix}-3/2 & 4 & -1/2\\0 & 1 & 0\\-5/2 & 6 & -1/2\end{bmatrix}$

   (c) $\begin{bmatrix}-1/3 & 0 & 0\\0 & -1 & 0\\0 & 0 & 1/3\end{bmatrix}$

3. $z_1=55$，$z_2=10$，$z_3=85$

5. (a) $|A|=3$

   (b) $|B|=0$

   (c) $|C|=60$

9.4 练习

1. $x_1=6/4$，$x_2=4$，$x_3=-14/4$

3. $x_1=1$，$x_2=0$，$x_3=5$

5. $Y=\dfrac{(a+e+G)h+\overline{M}}{h[1-b(1-t)]+lk}$

$$C=\frac{alk+h[a+(e+G)b(1-t)]+\overline{M}lb(1-t)}{h[1-b(1-t)]+lk}$$

复习题

1. A 的行列式值为 0，故无逆矩阵。

3. $|A|=-2$

5. $x_1=11/4$，$x_2=-10/4$，$x_3=1/4$

7. $|A|^2=1$，故 $|A|=\sqrt{1}=\pm1$。

9. 当且仅当 $|A|=0$ 时，$|A^3|=0$。

第10章

10.1 练习

1. $\|\mathbf{y}\|=\sqrt{6}$，$\|\mathbf{w}\|=\sqrt{6}$，$\|\mathbf{z}\|=1$，$\|\mathbf{v}\|=1/\sqrt{3}$

3. (a) $\lambda_1\mathbf{e}_1+\lambda_2\mathbf{e}_2+\lambda_3\mathbf{e}_3+\lambda_4\mathbf{e}_4=0$ 意味着 $\lambda_1=\lambda_2=\lambda_3=\lambda_4$。

   (b) $\lambda_1\mathbf{v}_1+\lambda_2\mathbf{v}_2+\lambda_3\mathbf{v}_3+\lambda_4\mathbf{v}_4=0$ 意味着 $\lambda_1=\lambda_2=\lambda_3=\lambda_4$。

5. 在每种情况中 $\mathbf{y}^t\mathbf{w}=0$。

7. $\mathscr{V}$为正象限，故 (a) $\mathbf{u}+\mathbf{v}$ 非负，在 $\mathscr{V}$中；(b) 如果 $\lambda<0$，那么 $\lambda\mathbf{u}$ 不在 $\mathscr{V}$ 中，$\mathscr{V}$不是向量空间。

9. $\text{rank}(A)=3$，$\text{rank}(B)=3$。

10.2 练习

1. (a) $(2-\lambda)^2-1=0$，$\lambda_1=3$，$\lambda_2=1$

   (b) $\mathbf{q}_1=\begin{bmatrix}1/\sqrt{2}\\1/\sqrt{2}\end{bmatrix}$，$\mathbf{q}_2=-\mathbf{q}_1$

   (c) $Q^TAQ=\begin{bmatrix}3&0\\0&1\end{bmatrix}$

3. (a) $PP=X(X^T)^{-1}X^TX(X^TX)^{-1}X^T=X(X^TX)^{-1}X^T=P$

   (b) $\text{tr}(P)=\text{rank}(P)=2$，有两个单位特征值和两个零特征值。

5. 设 A、B 为两个正交矩阵，那么 $(AB)^TAB=B^TA^TAB=B^TB=I$。

10.3 练习

1. A 是正定的，B 是正定的，C 是半正定的。

3. $g(\mathbf{x})=\mathbf{x}^TA\mathbf{x}=[x_1\quad x_2\quad x_3]\begin{bmatrix}5&-1/2&0\\-1/2&3&4\\0&4&2\end{bmatrix}\begin{bmatrix}x_1\\x_2\\x_3\end{bmatrix}$

5. 顺序主子式为 3、2 和 −10，因此是不定的。

复习题

1. (a) 线性无关。

   (b) 线性相关。

   (c) 线性无关。

3. (a) 秩最大可能为 7。

   (b) 秩最大可能为 7。

5. $\mathbf{R}^3$ 空间上任意 3 个线性无关的向量组成一个基，例如：

   (a) $\mathbf{v}_1=\begin{bmatrix}2\\0\\0\end{bmatrix}$，$\mathbf{v}_2=\begin{bmatrix}1\\1\\0\end{bmatrix}$，$\mathbf{v}_3=\begin{bmatrix}1\\1\\1\end{bmatrix}$

   (b) $\mathbf{w}_1=\begin{bmatrix}3\\0\\0\end{bmatrix}$，$\mathbf{w}_2=\begin{bmatrix}2\\2\\0\end{bmatrix}$，$\mathbf{w}_3=\begin{bmatrix}2\\2\\2\end{bmatrix}$

7. (a) $\lambda_1=3$，$\lambda_2=-7$

   (b) $\lambda_1=9$，$\lambda_2=-5$

9. $Q=\begin{bmatrix}2/\sqrt{5} & 1/\sqrt{5}\\ 1/\sqrt{5} & -2\sqrt{5}\end{bmatrix}$

   且 $Q^TAQ=\Lambda$。

第 11 章

11.1 练习

1. $$\frac{\partial f(x_1,x_2)}{\partial x_1}=\lim_{\Delta x_1\to 0}\frac{f(x_1+\Delta x_1,x_2)-f(x_1,x_2)}{\Delta x_1}$$
$$=\lim_{\Delta x_1\to 0}\frac{[3(x_1+\Delta x_1)+5x_2]-[3x_1+5x_2]}{\Delta x_1}$$
$$=\lim_{\Delta x_1\to 0}\frac{3\Delta x_1}{\Delta x_1}=3$$
$$\frac{\partial f(x_1,x_2)}{\partial x_2}=\lim_{\Delta x_2\to 0}\frac{f(x_1,x_2+\Delta x_2)-f(x_1,x_2)}{\Delta x_2}$$
$$=\lim_{\Delta x_2\to 0}\frac{[3x_1+5(x_2+\Delta x_2)]-[3x_1+5x_2]}{\Delta x_2}$$
$$=\lim_{\Delta x_2\to 0}\frac{5\Delta x_2}{\Delta x_2}=5$$

3. $$\frac{\partial R(x_1,x_2)}{\partial x_2}=\lim_{\Delta x_2\to 0}\frac{R(x_1,x_2+\Delta x_2)-R(x_1,x_2)}{\Delta x_2}$$
$$=\lim_{\Delta x_2\to 0}\frac{[p_1x_1+p_2(x_2+\Delta x_2)]-[p_1x_1+p_2x_2]}{\Delta x_2}$$
$$=\lim_{\Delta x_2\to 0}\frac{p_2\Delta x_2}{\Delta x_2}=p_2$$

$\partial R/\partial x_2$ 是 x_2 每增加 1 单位收入的增加率，它等于竞争性公司商品 2 的价格。

5. $$\frac{\partial f(x_1,x_2)}{\partial x_2}=\lim_{\Delta x_2\to 0}\frac{[x_1^2(x_2+\Delta x_2)]-[x_1^2x_2]}{\Delta x_2}$$
$$=\lim_{\Delta x_2\to 0}\frac{x_1^2\Delta x_2}{\Delta x_2}=x_1^2$$

7. $$\frac{\partial y}{\partial x_1}=\frac{5x_2^{1/3}x_3^{1/4}}{x_1^{1/2}}$$
$$\frac{\partial y}{\partial x_2}=\frac{10x_1^{1/2}x_3^{1/4}}{x_2^{2/3}}$$
$$\frac{\partial y}{\partial x_3}=\frac{2.5x_1^{1/2}x_2^{1/3}}{x_3^{3/4}}$$

9. $$\frac{\partial y}{\partial x_1}=(4.8)x_1^{-3/2}[0.4x_1^{-1/2}+0.6x_2^{-1/2}]^{-3}$$
$$\frac{\partial y}{\partial x_2}=(7.2)x_1^{-3/2}[0.4x_1^{-1/2}+0.6x_2^{-1/2}]^{-3}$$

11. $$\frac{\mathrm{d}Y}{\mathrm{d}t}=0.1(1+t)^{-1/2}K_0e^{0.05t}+0.001(1+t)^{1/2}K_0e^{0.05t}$$

11.2 练习

1. $\nabla f=\begin{bmatrix}a_1\\a_2\end{bmatrix}$, $\quad\nabla_2F=\begin{bmatrix}0&0\\0&0\end{bmatrix}$

3. $\nabla f=\begin{bmatrix}3x_1^2x_2^4\\4x_1^3x_2^3\end{bmatrix}$，$\nabla_2F=\begin{bmatrix}6x_1x_2^4&12x_1^2x_2^3\\12x_1^2x_2^3&12x_1^3x_2^2\end{bmatrix}$

5. $\nabla f=\begin{bmatrix}2x_1\\2x_2\end{bmatrix}$，$\nabla_2F=\begin{bmatrix}2&0\\0&2\end{bmatrix}$

7. $$\frac{\partial y}{\partial x_1}=25x_1^{-1/2}x_2^{2/3}>0$$
$$\frac{\partial y}{\partial x_2}=\frac{100}{3}x_1^{1/2}x_2^{-1/3}>0$$
$$\frac{\partial^2 y}{\partial x_1^2}=\frac{-25}{2}x_1^{-3/2}x_2^{2/3}<0$$
$$\frac{\partial^2 y}{\partial x_2^2}=-\frac{100}{9}x_1^{1/2}x_2^{-4/3}<0$$
$$\frac{\partial^2 y}{\partial x_1\partial x_2}=\frac{\partial^2 y}{\partial x_2\partial x_1}=\frac{50}{3}x_1^{-1/2}x_2^{-1/3}>0$$

所以这两种投入品的边际产品都为正，一种投入品的边际产品随着其投入增多而降低，随着另一种投入品投入增多而增加。

9. $f_{12}=f_{21}=(6x_1+3x_1^2x_3)\mathrm{e}^{3x_2+x_1x_3}-6x_2^2/x_1^2$

$f_{13}=f_{31}=(3x_1^2+x_1^3x_3)\mathrm{e}^{3x_2+x_1x_3}$

11.3 练习

1. (a) $\mathrm{d}u=5\mathrm{d}x_1+3\mathrm{d}x_2$

(b)

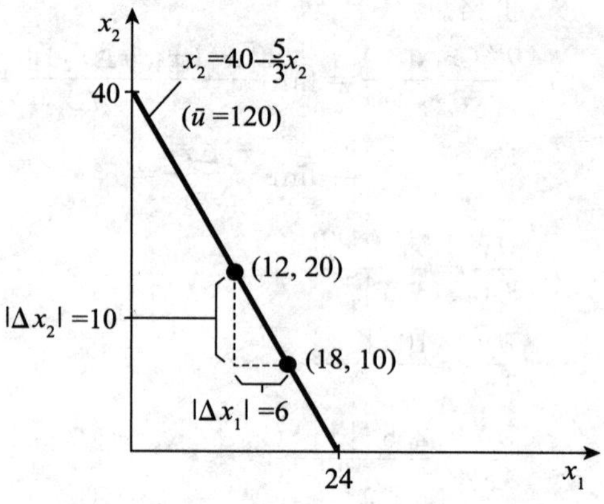

(c) 因为 $u=5x_1+3x_2$ 是一线性函数，故 MRS$=5/3$（我们不需取 $\Delta x_1\to 0$ 的极限）。

3. $dy=0\Rightarrow x_2dx_1+x_1dx_2=0$，或 MRTS$=-dx_2/dx_1=x_2/x_1$，故等产量曲线方程为 $x_2=\bar{y}/x_1$，所以 $dx_2/dx_1=\bar{y}/x_1^2<0$，$d^2x_2/dx_1^2=2\bar{y}/x_1^3>0$，故等产量曲线的斜率为负，并且为严格凸的。

5. (a) $dx_2/dx_1=-x_2/x_1$

(b) $dx_2/dx_1=-x_2/x_1$

(c) $dx_2/dx_1=-x_2/x_1$

7. 沿等产量曲线自左至右，即随着 x_1 增大和 x_2 减小，MRTS$=3x_2^4/7x_1^4$ 变小，因此等产量曲线严格凸向原点。用 $x_2=g(x_1)$的形式写出等产量曲线的方程，然后求 dx_2/dx_1 和 d^2x_2/dx_1^2，可以更清楚地看到这一点。

9. $u(8,1)=8^2\times 1=64$，$u(4,4)=4^2\times 4=64$，$u(2,16)=2^2\times 16=64$，故点 A、B、C 在同一条无差异曲线上。

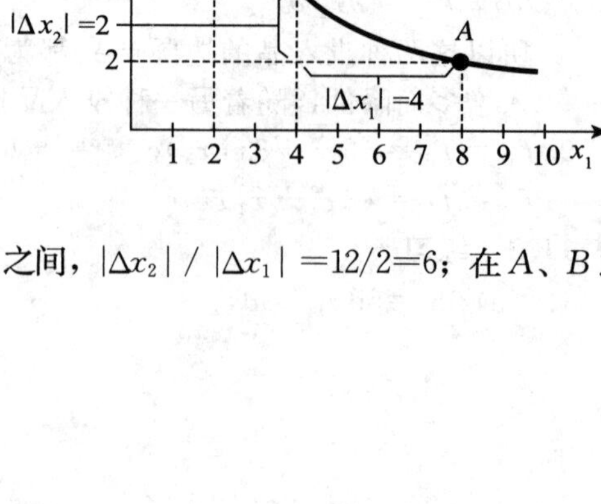

在 B、C 之间，$|\Delta x_2|/|\Delta x_1|=12/2=6$；在 A、B 之间，$|\Delta x_2|/|\Delta x_1|=4/2=2$。

11.4 练习

1. $d^2y=2dx_1^2+4dx_1dx_2+2dx_2^2=2(dx_1+dx_2)^2\geqslant 0$，故 f 是凸的。
3. 找出并证明 $|H_1|<0$，$|H_2|>0$，H 为负定的（见定理 11.9），故 f 为严格凹的。
5. $d^2y=-\dfrac{1}{4}(x_1+x_2)^{-3/2}(dx_1+dx_2)^2\leqslant 0$，故 f 是凹的。
7. 若对于所有的 $i\neq j$，$f_{ij}=0$，那么 $d^2y=\sum\limits_{i=1}^{n}f_{ii}dx_i^2$。如果 $f_{ii}\leqslant 0$，那么 $d^2y\leqslant 0$（因为 $dx_i^2>0$），这证明了必要性。此外，只要对于所有的 i，$f_{ii}\leqslant 0$，那么对于所有的 dx_i，$d^2y\leqslant 0$。

11.5 练习

1. (a) f 是拟凹的，因为

$$|\overline{H}_2|=|\overline{H}|=-f_1^2f_{22}+2f_1f_2f_{12}-f_2^2f_{11}=\frac{3}{32}x_1^{-1/2}x_2^{-5/4}>0$$

f 也是严格凹的，因为

$$f_{11}=-\frac{1}{4}x_1^{-3/2}x_2^{1/4}<0$$

$$f_{11}f_{22}>f_{12}^2\Leftrightarrow\frac{3}{64}x_1^{-1}x_2^{-3/2}>\frac{1}{64}x_1^{-1}x_2^{-3/2}$$

(b) f 是拟凹的

$$|\overline{H}|=-f_1^2f_{22}+2f_1f_2f_{12}-f_2^2f_{11}=\frac{18}{81}x_1^{-1}>0$$

f 不是严格凹的，因为 $f_{11}f_{22}=f_{12}^2$。

而 $|H_1^*|=f_{11},f_{22}$，二者都小于等于零，$|H_2^*|=|H|=f_{11}f_{22}-f_{12}^2\leqslant 0$，故 f 是（弱）凹的。

(c) f 是拟凹的，因为

$$|H|=-f_1^2f_{22}+2f_1f_2f_{12}-f_2^2f_{11}=30x_1^4x_2^4>0$$

f 既不是严格凹，也不是（弱）凹，因为 $f_{11}f_{22}<f_{12}^2$。

3. (a) 对于拟凹，

$$|\overline{H}_2|=\frac{7}{144}x_1^{-5/4}x_2^{-1}x_3^{3/4}>0$$

$$|\overline{H}_3|=|\overline{H}|<0$$

我们有

$$|\overline{H}|=-f_1\begin{vmatrix}f_1&f_{12}&f_{13}\\f_2&f_{22}&f_{23}\\f_3&f_{32}&f_{33}\end{vmatrix}+f_2\begin{vmatrix}f_1&f_{11}&f_{13}\\f_2&f_{21}&f_{23}\\f_3&f_{31}&f_{33}\end{vmatrix}-f_3\begin{vmatrix}f_1&f_{11}&f_{12}\\f_2&f_{21}&f_{22}\\f_3&f_{31}&f_{32}\end{vmatrix}$$

第一项为

$$-f_1\frac{12}{576}x_1^{-1/4}x_2^{-1/2}x_3^{-5/4}<0$$

展开其他两项，证明 $|\overline{H}|<0$，即具拟凹性。

（b）函数是拟凹的，证明步骤同（a）。

5. 通过计算偏微分 f_1 和 f_2，我们得到：

$$f_1=\alpha Ax_1^{\alpha-1}x_2^{\beta} \qquad 和 \qquad f_2=\beta Ax_1^{\alpha}x_2^{\beta-1}$$

因此

$$\begin{aligned}f_1x_1+f_2x_2&=(\alpha Ax_1^{\alpha-1}x_2^{\beta})x_1+(\beta Ax_1^{\alpha}x_2^{\beta-1})x_2\\&=\alpha Ax_1^{\alpha}x_2^{\beta}+\beta Ax_1^{\alpha}x_2^{\beta}\\&=(\alpha+\beta)Ax_1^{\alpha}x_2^{\beta}\end{aligned}$$

因此 $f_1x_1+f_2x_2=kf(x_1,x_2)$，其中 $k=\alpha+\beta$，符合欧拉定理，并且如果 $\alpha+\beta=1$，那么 $f_1x_1+f_2x_2=f(x_1,x_2)$。

11.6 练习

1. $\Delta y=f(3,4)-f(1,1)=-15-8=-23$。
$dy=2f_1(1,1)+3f_2(1,1)=-10$，故 $dy>\Delta y$。

复习题

1. $f_1=\alpha Ax_1^{\alpha-1}x_2^{\beta}$，$f_2=\beta Ax_1^{\alpha}x_2^{\beta-1}$

3. $f_1=a$，$f_{11}=0$，$f_{12}=0$，$f_{13}=0$，$f_2=\beta x_2^{\beta-1}x_3^{\gamma}$，$f_{21}=0$
$f_{22}=\beta(\beta-1)x_2^{\beta-2}x_3^{\gamma}$，$f_{23}=\gamma\beta x_2^{\beta-1}x_3^{\gamma-1}$，$f_3=\gamma x_2^{\beta}x_3^{\gamma-1}$
$f_{31}=0$，$f_{32}=\gamma\beta x_2^{\beta-1}x_3^{\gamma-1}$，$f_{33}=\gamma(\gamma-1)x_2^{\beta}x_3^{\gamma-2}$
注意杨氏定理的应用：$f_{12}=f_{21}$，$f_{13}=f_{31}$，$f_{23}=f_{32}$。

5. $|H_1|=f_{11}=-(3/16)x_1^{-7/4}x_2^{1/2}<0$
$|H_2|=(1/32)x_1^{-6/4}x_2^{-1}>0$

7.

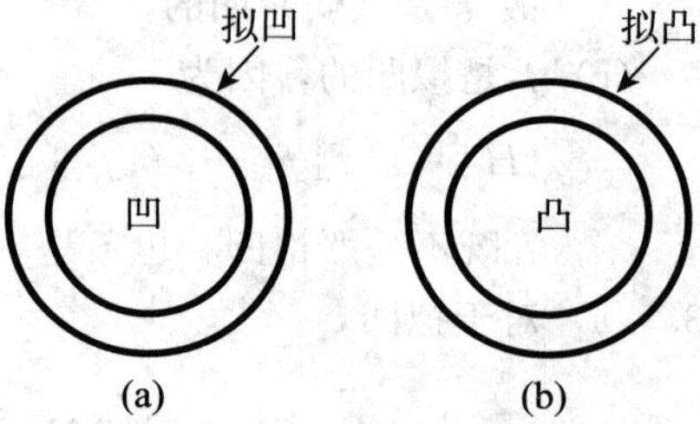

9. （a）$MRTS=0.3x_2{}^3/0.7x_1{}^3$ 随着等产量曲线从左向右移动而减小（即当 x_1 增加且 x_2 减少时）。因此等产量曲线是严格凸向原点的。

（b）我们需证明

$$|\overline{H}_2|=-f_1^2f_{22}+2f_1f_2f_{12}-f_2^2f_{11}>0$$

我们有

$$f_1=0.3x_1^{-3}[0.3x_1^{-2}+0.7x_2^{-2}]^{-3/2}>0$$
$$f_2=0.7x_2^{-3}[0.3x_1^{-2}+0.7x_2^{-2}]^{-3/2}>0$$

同时 $f_{11}<0$，$f_{22}<0$，$f_{12}>0$，因此 $|\bar{H}_2|>0$。具体请参考学生习题解。

(c) 为了证明 f 是凹的，我们要利用定理 11.9。在 (b) 中我们已经证明 $|H_1^*|=f_{11}$，$f_{22}<0$，我们仍需要证明 $|H_2^*|=\begin{vmatrix} f_{11} & f_{12} \\ f_{21} & f_{22} \end{vmatrix}\geqslant 0$。也就是，$f_{11}f_{22}>f_{12}^2$。利用 (b) 中 f_{11}，f_{22}，f_{12} 的表达式，同时用替代 $z=[0.3x_1^{-2}+0.7x_2^{-2}]$ 我们可以证明出不平等。

(d)

$$\begin{aligned} f(sx_1,sx_2)&=[0.3(sx_1)^{-2}+0.7(sx_2)^{-2})]^{-1/2} \\ &=[s^{-2}(0.3x_1^{-2}+0.7x_2^{-2})]^{-1/2} \\ &=s[0.3x_1^{-2}+0.7x_2^{-2}]^{-1/2} \\ &=sf(x_1,x_2) \end{aligned}$$

(e) 将 $f_1x_1+f_2x_2=(0.3x_1^{-3}[0.3x_1^{-2}+0.7x_2^{-2}]^{-\frac{3}{2}})x_1+(0.7x_2^{-3}[0.3x_1^{-2}+0.7x_2^{-2}]^{-\frac{3}{2}})x_2$ 简化得到 $f_1x_1+f_2x_2=[0.3x_1^{-2}+0.7x_2^{-2}]^{-1/2}=f(x_1, x_2)$

(f)

$$\frac{f_1}{f_2}=\frac{0.3}{0.7}\left(\frac{x_2}{x_1}\right)^3\Rightarrow\left(\frac{x_2}{x_1}\right)^3=\left(\frac{0.7}{0.3}\right)\left(\frac{f_1}{f_2}\right)$$

$$\Rightarrow\left(\frac{x_2}{x_1}\right)=\left(\frac{0.7}{0.3}\right)^{1/3}\left(\frac{f_1}{f_2}\right)^{1/3}$$

结合得到

$$\ln\left(\frac{x_2}{x_1}\right)=\frac{1}{3}\ln\left(\frac{0.7}{0.3}\right)+\frac{1}{3}\ln\left(\frac{f_1}{f_2}\right)$$

因此

$$\sigma=\frac{\mathrm{dln}(x_2/x_1)}{\mathrm{dln}(f_1/f_2)}=1/3$$

第12章

12.1 练习

1. (a) (0, 0)
   (b) (0, 0)
   (c) (17/47, 8/47)
   (d) (11/20, 17/20)
   (e) (−17/24, 17/32)
   (f) (6, 16/9)
   (g) (0, 0, 0)
   (h) (1/8, 0, −5/2)
   (i) (0, 0) 和 (1, 1)
   (j) (0, 0)，($\sqrt{2}$，$-\sqrt{2}$) 和 ($-\sqrt{2}$，$\sqrt{2}$)

3. $p_1=60$：$q_1^*=10$，$q_2^*=20$，$p_2^*=80$

$p_1=10$：$q_1^*=0$，$q_2^*=25$，$p_2^*=75$

5. 古诺：$q_1^*=33.33$，$q_2^*=30.83$，$p^*=3.58$。联合利润最大化：$q_1^*=48.75$，$q_2^*=0$，$p^*=5.13$，利润增加。

7. $q_1^*=13.64$，$q_1^*=9.09$，$p^*=77.27$。

12.2 练习

1. (a) 最小值
   (b) 鞍点
   (c) 最大值
   (d) 最大值
   (e) 鞍点
   (f) 最大值
   (g) 最大值
   (h) 最大值
   (i) (0, 0)：即非极点也非鞍点
   (1, 1)：最小值
   (j) (0, 0)：既非极点也非鞍点
   $(\sqrt{2}, -\sqrt{2})$：最大值
   $(-\sqrt{2}, \sqrt{2})$：最大值

3. 海塞矩阵

$$H_i^*=\begin{bmatrix}-2 & -1\\ -1 & -2\end{bmatrix},\quad i=1,2$$

为负定的。

5. $K^*=L^*=4\ 096$。海塞矩阵

$$H^*=\frac{1}{8\ 192}\begin{bmatrix}-3 & 2\\ 2 & -4\end{bmatrix}$$

为负定的。

7. (0, 0) 最大化 y。问题是 $|H^*|=0$。

12.3 练习

1. (a) (0, 2)
   (b) (17/47, 8/47)
   (c) (1, 1)
   (d) (0.5, 1)
   (e) (0, 1)
   (f) (0, 1) 和 (1, 1)

3. 提示：$\partial\pi/\partial q_i$ 独立于 q_j，$i\neq j$。解释是国家 2 的配额导致的产量减少不影响 q_1 的边际成本曲线，故国家 1 的价格和产量无需调整。

复习题

1. (a)(0，0)(最小值)

   (b)(1，1)(最小值)

   (c)(−50/21，−52/21)(既非极值也非鞍点)

   (d)(0，0)(即非极值也非鞍点)；(2/3，2/3)(最大值)

   (e)(0，0)(即非极值也非鞍点)；(4/3，4/3)(最小值)

   (f)(1，2)(最小值)

   (g)(0，0)(鞍点)

3. (a) 24.8 美元

   (b) 可乐和热狗是互补品。

5. (a) $q_1=2\frac{6}{7}$，$q_2=1\frac{3}{7}$，$p_1=p_2=7\frac{1}{7}$。

   (b) 解取决于 b，如下表所示：

	$b\leqslant 2$	$2\leqslant b\leqslant 5\frac{5}{9}$	$5\frac{5}{9}\leqslant b\leqslant 7\frac{1}{7}$
国内市场：			
产量	0	$(5b-10)/4$	$10-b$
价格	—	b	b
国外产量：			
产量	2	$(10-b)/4$	$b/5$
价格	6	$5+0.5b$	$10-0.4b$

第 13 章

13.1 练习

1. (a) $\left(\frac{5}{3}\sqrt{\frac{18}{19}},\sqrt{\frac{18}{19}}\right)$

   (b)(7.38，11.07)

   (c)(3，4)

   (d)(5，0)，(−5，0)

3. 拉格朗日定理的一阶条件给出

$$\frac{r_1}{r_2}=\frac{a_2\, y_1^{(1-\alpha_1)/\alpha_1}}{a_1\, y_2^{(1-\alpha_2)/\alpha_2}}$$

再根据 $y_1^{1/\alpha_1}+y_2^{1/\alpha_2}=\bar{l}$ 给出最优产量。

5. $x_1=\alpha\frac{m-p_2c_2}{p_1}+(1-\alpha)c_1$

$$x_2=(1-\alpha)\frac{m-p_1c_1}{p_2}+\alpha c_2$$

7. 提示：应用一阶条件求 $\lambda(r,w,\bar{y})$，将 $K(r,w,\bar{y})$ 和 $L(r,w,\bar{y})$ 代入拉格

朗日方程并对 $\bar{y}$ 求微分。考虑对于所有的 $\bar{y}$，最优的拉格朗日值与成本函数值相同。

13.2 练习

1. (a)

$$H^*=\begin{bmatrix}-1.23 & 0 & -4\\ 0 & -3.1 & -10\\ -4 & -10 & 0\end{bmatrix},\ |H^*|>0\text{（检验）}$$

(b)

$$H^*=\begin{bmatrix}0.203 & 0.135 & -0.339\\ 0.135 & 0.090 & -0.678\\ -0.339 & -0.678 & 0\end{bmatrix},\ |H^*|<0\text{（检验）}$$

(c)

$$H^*=\begin{bmatrix}-2 & -2 & -2\\ -2 & -1 & -1\\ -2 & -1 & 0\end{bmatrix},\ |H^*|<0\text{（检验）}$$

3. 因为 $(a_2-1)<0$，$(a_1-1)<0$，故

$$|H^*|=-r_2a_2(a_2-1)l_2^{a_2-2}-r_1a_1(a_1-1)l_1^{a_1-2}>0$$

13.3 练习

1. 对于 (a)，$f(x_1,x_2)=2x_1+3x_2$，$g(x_1,x_2)=10-2x_1^2-5x_2^2$。$f$ 是拟凹的，因为它有线性等值曲线。g 是拟凹的，因为根据定理 11.2，对于 x_1，$x_2>0$，$|\overline{H}_2|=-160x_1-400x_2<0$。应用定理 13.4 证明，对于 $\lambda>0$，

$$\begin{vmatrix}\mathscr{L}_{11} & \mathscr{L}_{12} & g_1\\ \mathscr{L}_{21} & \mathscr{L}_{22} & g_2\\ g_1 & g_2 & 0\end{vmatrix}=\lambda(120x_1^2+400x_2^2)>0$$

3. 参见学生习题解，并讨论。
5. 当有两个变量和一个约束条件时，我们应用有两种商品和一个预算约束的效用最大化问题。

复习题

1. 生产函数为：$y_1=f(l_1)$，$y_2=g(l_2)$
   最优条件为：$p_1f'(l_1)=p_2g'(l_2)$
   投入增加所导致的利润增加值是最优的拉格朗日乘数。
3. 若 A 为投资数量，M 为可利用的货币，r 为年利率，Y 为利润，那么最优投资数量是 $Y(A^*)=1+r$ 的解。如果 $A^*<M$，那么经济个体就储蓄；如果 $A^*>M$，那么经济个体就借贷。

第 14 章

14.1 练习

1. 初始均衡收入水平是 $Y_0=5\ 000$，最终收入水平是 $Y_1=6\ 000$，乘数是 5。
3. 在 $t=1$ 美元处，利润最大化的产量是 $q_1=33$。在 $t=2$ 美元处，产量是

$q_2=32\frac{2}{3}$。

5. (a) $dY^*/dc=1/(1-c)^2>0$

(b) $\frac{dp^*}{db}=\frac{dp^*}{d\beta}=-\frac{a-\alpha+cy}{(b+\beta)^2}<0$

$\frac{dp^*}{dc}=\frac{y}{b+\beta}>0$

$\frac{dp^*}{dp}=-\frac{\beta p^*}{b+\beta}<0$，$\frac{dq^*}{d\beta}=\frac{bp^*}{b+\beta}>0$

$\frac{dq^*}{dc}=\frac{\beta y}{b+\beta}>0$

(c) $\frac{dq^*}{da}=\frac{1}{2(b+c)}>0$

$\frac{dp^*}{da}=\frac{b+2c}{2(b+c)}>0$

$\frac{dq^*}{dc}=-\frac{q}{b+c}<0$

$\frac{dp^*}{dc}=\frac{bq}{b+c}>0$

7. $r=\frac{a-\alpha+cY_R-\gamma Y_D}{b+\beta}$

所以

$$\frac{dr}{dY_R}=\frac{c}{b+\beta}>0,\ \frac{dr}{dY_D}=-\frac{\gamma}{b+\beta}<0$$

$$Y_D=\frac{a-\alpha-(b+\beta)r+cY_R}{\gamma}$$

所以

$$\frac{dY_D}{dr}=-\frac{\beta+b}{\gamma}<0,\ \frac{dY_D}{dY_R}=\frac{c}{\gamma}>0$$

如果 r 和 Y_D 为内生的，那么存在一个连续统（Y_D，r），可使贸易平衡实现均衡。

14.2　练习

1. $\frac{\partial Y^*}{\partial M}=\frac{E_R}{(1-E_Y)L_R+L_YE_R}>0$

$\frac{\partial R^*}{\partial M}=\frac{1-E_Y}{(1-E_Y)L_R+L_YE_R}<0$

3. (a) $\frac{\partial x_1^*}{\partial p_1}=-\frac{\lambda^* P_2^2}{|D|}-x_1^*\frac{p_2}{|D|}$

其中，$|D|=2p_1p_2$。收入效应是负的，因此 $\partial x_1^*/\partial p_1<0$，效用函数是对称的。

(b) $\dfrac{\partial x_1^*}{\partial p_1}=-\dfrac{\lambda^* p_2^2}{|D|}$

$|D|=0.25p_2^2x_1^{-1.5}$，收入效应为零：

$$\frac{\partial x_2^*}{\partial p_2}=-\frac{\lambda^* p_1^2}{|D|}-x_2^*\frac{0.25x_1^{-1.5}p_2}{|D|}$$

收入效应为负。

5. 斯卢茨基方程式是：

$$\frac{\partial x_1^*}{\partial p_1}=\lambda^*|D|^{-1}\begin{vmatrix}u_{22} & u_{23} & -p_2\\ u_{32} & u_{33} & -p_3\\ -p_2 & -p_3 & 0\end{vmatrix}$$

$$-x_1^*|D|^{-1}\begin{vmatrix}u_{12} & u_{13} & -p_1\\ u_{22} & u_{23} & -p_2\\ u_{32} & u_{33} & -p_3\end{vmatrix}$$

其中

$$|D|=\begin{vmatrix}u_{11} & u_{12} & u_{13} & -p_1\\ u_{21} & u_{22} & u_{23} & -p_2\\ u_{31} & u_{32} & u_{33} & -p_3\\ -p_1 & -p_2 & -p_3 & 0\end{vmatrix}$$

7. $\partial Y_1^*/\partial I_1^0=3.2$，$\partial Y_2^*/\partial I_1^0=1.2$，$\partial Y_1^*/\partial I_2^0=2$，$\partial Y_2^*/\partial I_2^0=2$

14.3　练习

1. $L_1=L_2=500$，$x_1=2\ 236$，$x_2=1\ 118$，$\lambda=2.236$

3. $V(p,w,r)=Ap^5w^{-2.5}r^{-1.5}$，其中

$$A=0.2(0.8)^4\left[\left(\frac{3}{5}\right)^{5/8}+\left(\frac{5}{3}\right)^{3/8}\right]^{-4}\doteq 0.005\ 8$$

5. $V(p,m)=\alpha^\alpha(1-\alpha)^{1-\alpha}p_1^{-\alpha}p_2^{\alpha-1}(m-p_1c_1-p_2c_2)$

$E(p,\ u)=\alpha^{-\alpha}(1-\alpha)^{\alpha-1}p_1^\alpha p_2^{1-\alpha}u+p_1c_1+p_2c_2$

7. 提示：$C(y_a)=c[y_a,\ k(y_a)]$对 y 求在 y_a 处的微分，考虑$\partial c/\partial k$ 在 y_a 处的值。

复习题

1. 价值函数如下。变量 α 变化产生的比较静态效应可以通过对价值函数关于 α 求偏导求出来。

(a) $V=0.88\alpha$

(b) $V=\left(\dfrac{20}{3\alpha_1}+2\right)\sqrt{\dfrac{9\alpha_1\alpha_2}{100+45\alpha_1}}$

(c) $V=0.38\sqrt{\alpha}$

(d) $V=2^{2.75}\alpha$

(e) $V=\left(\dfrac{\alpha+3}{2}\right)^2$

(f) $V=2(\sqrt{\alpha_1\alpha_2}-\alpha_1)-1$

3. (a) 拉格朗日乘数相等的条件是

$$\left|\frac{\mathrm{d}x_{2i}}{\mathrm{d}x_{1i}}\right|_{\mathrm{d}u=0,\ \beta\in(0,1)}=\frac{1}{\beta}\left|\frac{\mathrm{d}x_{2i}}{\mathrm{d}x_{1i}}\right|_{\mathrm{d}u=0,\ \beta=0}$$

5. 设 $H_i(r,u)=m_i(r,\ m_2^*(r,\ u))$，$i=1$，2，$m_2^*$ 是给定收入 $\overline{m}_1$ 和 r 时达到效用水平 u 的第 2 时期的最小收入，斯卢茨基方程为

$$\frac{\partial m_i}{\partial r}=\frac{\partial H_i}{\partial r}-\frac{\partial m_i}{\partial \overline{m}_2}(H_1-\overline{m}_1),\quad i=1,2$$

第 15 章

15.1 练习

1. 可行性集合只包括原点，故不满足 K－T 条件，斯莱特条件不满足。
5. (a) $L_1=7.83$，$L_2=4.17$，$\lambda=8.7$

   (b) $L_1=10$，$L_2=5\frac{1}{3}$，$\lambda=0$

15.2 练习

2. $x_1=32$，$x_2=12$，$\lambda=2.3$，$\mu=7.4$
3. $y_1=293.6$，$y_2=58.7$

   $l_1=862.1$，$l_2=137.9$

   $x_1=68.1$，$x_2=340.6$

   影子工资率为 $\lambda=0.29$。

复习题

1. 提示：解拉格朗日方程

$$\mathscr{L}(x_1,x_2,\lambda,\mu_1,\mu_2)=x_1x_2+\lambda(m-x_1+wT-wx_2)+\mu_1(x_2+H-T)+\mu_2(T-x_2)$$

   考虑下面的情况：(ⅰ) $\mu_1=\mu_2=0$，(ⅱ) $\mu_1=0$ 和 $\mu_2\geqslant0$，(ⅲ) $\mu\geqslant0$ 和 $\mu_2=0$。

3. 投资者将借入约 39 美元。
5. 对于 $p_1=10$ 和 $p_2=1$：$x_1^*=4$，$x_2^*=40$。对于 $p_1=10$，$p_2=1.60$：$x_1^*=0$，$x_2^*=50$。

第 16 章

16.1 练习

1. (a) $x^5/5+x^4/2+2x^2+10x+C$

   (b) $3/5x^{5/3}+C$

   (c) $10e^x+C$

   (d) $3e^{x^2}+C$

   (e) $\ln(x^3+2x)+C$

3. (a) $F(x)=2x$

(b)$F(x)=3x^2+5$

(c)$F(x)=(5/4)x^4+x^2+6x$

(d)$F(x)=x^2+1$

5. $Q(L)=(20/3)L^{3/2}$

7. 我们有

$$\frac{\mathrm{d}[F(x)]}{\mathrm{d}x}=f(x), \frac{\mathrm{d}[G(x)]}{\mathrm{d}x}=g(x)$$

故

$$\frac{\mathrm{d}[F(x)\pm G(x)]}{\mathrm{d}x}=f(x)\pm g(x)$$

这是被积函数的表达式，结果得证。

16.2　练习

1. (a) 面积=2.5

(b) $S_{\min}=2$，$S_{\max}=3$

(c) $S_{\min}=2.2$，$S_{\max}=2.8$

(d) $S_{\min}=2.5-1.5/n$，$S_{\max}=2.5+1.5/n$

那么

$$\lim_{n\to\infty}S_{\min}=\lim_{n\to\infty}S_{\max}=2.5$$

3. (a) 12.7

(b) 19.2

(c) 6.321

(d) 155.645

(e) 1.386

5. $K(5)\doteq K^0+74.53$

7. 根据导数的定义，我们有

$$F'(x)=\lim_{\Delta x\to 0}\frac{F(x+\Delta x)-F(x)}{\Delta x}$$

其中

$$F(x)=\int_a^x f(t)\mathrm{d}t$$

$$F(x+\Delta x)=\int_a^{x+\Delta x} f(t)\mathrm{d}t$$

根据 16.3 节的性质 1，有

$$F'(x)=\lim_{\Delta x\to 0}\frac{\int_x^{x+\Delta x} f(t)\mathrm{d}t}{\Delta x}=\lim_{\Delta x\to 0}\frac{f(x)\Delta x}{\Delta x}=f(x)$$

结果得证。

16.3 练习

1.(a) $PS(p_0)=5\frac{1}{3}$

(b) $PS(\hat{p})=18$

(c) $\Delta PS=18-5\frac{1}{3}=12\frac{2}{3}$

3.(a) $CS(p_0=1)=74\frac{2}{3}$

(b) $CS(\hat{p}=4)=54$

(c) $\Delta CS=-20\frac{2}{3}$

16.4 练习

1\. 15

3\. (a) 15

(b) $+\infty$

对于(b)中的需求函数，ΔCS 不能计算（即它不是一个确定值）。

5\. 25 000 美元

16.5 练习

1.(a) $(1/11)(x^3+5x)^{11}+C$

(b) $(1/2)(e^{x^2}+4x)^2+C$

(c) $(e^x+3x^2)^2+C$

(d) $-(1/9)(x^2+2)^{-9}+C$

(e) $-2(x^3+4x)^{-1}+C$

3.(a) $x^2e^x-2(xe^x-e^x)+C$

(b) $x^2(1+x^2)^{1/2}-(2/3)(1+x^2)^{3/2}+C$

(c) $(x^2/2)\ln x-(x^2/4)+C$

复习题

1.(a) $x^3/3+C$

(b) $x^4/2+(5/3)x^3+x^2/2+5x+C$

(c) $\sum_{i=0}^{n}a_i[x^{i+1}/(i+1)]$

3\. $TP(L)=(15/4)L^{4/3}$

5.(a) $PS(p_0)=3/5$

(b) $PS(\hat{p})=614.4$

(c) $\Delta CS=613.8$

7\. $CS=6$

9\. $(1/5)(x^3+4x^2+3)^5+C$

第 17 章

1.(a) 一阶，(b) 线性，(c) 自治，(d) 差分方程

3.(a) 一阶，(b) 线性，(c) 非自治，(d) 差分方程

5.(a) 一阶，(b) 非线性，(c) 非自治，(d) 差分方程

7. (a) 二阶，(b) 线性，(c) 非自治，(d) 差分方程

9. (a) 二阶，(b) 线性，(c) 非自治，(d) 差分方程

11. (a) 一阶，(b) 非线性，(c) 非自治，(d) 微分方程

13. (a) 二阶，(b) 线性，(c) 非自治，(d) 微分方程

15. (a) 一阶，(b) 线性，(c) 非自治，(d) 微分方程

17. (a) 三阶，(b) 线性，(c) 自治，(d) 微分方程

19. (a) 二阶，(b) 线性，(c) 非自治，(d) 微分方程

第 18 章

18.1 练习

1. (ⅰ) a. $y_t=C2^t+10(1-2^t)$

   b. $y_t=(y_0-10)2^t+10$

   c. $\bar{y}=10$，不收敛

   (ⅱ) a. $y_t=C$

   b. $y_t=y_0$

   c. $\bar{y}$ 不存在

   (ⅲ) a. $y_t=C(0.5)^t+(1-0.5^t)/0.5$

   b. $y_t=(y_0-2)(0.5)^t+2$

   c. $\bar{y}=2$，收敛

3. 1 819.40 美元

5. $K_{t+1}=K_t(1-\delta)+I$

   $K_t=[K_0-(I/\delta)](1-\delta)^t+(I/\delta)$

7. $Y_{t+1}=BY_t+A+I$

   $$Y_t=\left(Y_0-\frac{A+I}{1-B}\right)B^t+\frac{A+I}{1-B}$$

   在建模时给出 $B>0$，我们再加一个限制条件 $B<1$ 保证收敛。

   即时影响为 $\partial Y_t/\partial I=1$，长期影响是$\partial\bar{Y}/\partial I=1/(1-B)$。

18.2 练习

1. $y_t=\alpha^t/t!$

3. $y_t=y_0t!+\sum_{k=0}^{t-1}b[t!/(k+1)!]$

5. $y_t=y_0\alpha^{t(t-1)/2}+b\sum_{k=0}^{t-1}(\prod_{i=k}^{t-1}\alpha^i/\alpha^k)$

7. $y_{t+1}=(1+r_t)y_t+100$

   $y_t=\prod_{i=0}^{t-1}(1+r_i)100+100\sum_{k=0}^{t-1}\prod_{i=k}^{t-1}[(1+r_i)/(1+r_k)]$

复习题

1. (ⅰ) a. $y_t=C(0.8)^t+5(1-0.8^t)$

   b. $y_t=(y_0-5)(0.8)^t+5$

   c. $\bar{y}=5$，收敛

   (ⅱ) a. $y_t=C+10t$

   b. $y_t=y_0+10t$

   c. $\bar{y}$ 不存在

(ⅲ) a. $y_t=C(-0.1)^t+9(1-(-0.1)^t)$

b. $y_t=(y_0-9)(-0.1)^t+9$

c. $\bar{y}=9$，收敛

3. (ⅰ) a. $y_t=2(-1)^t+(1-(-1)^t)$

b. $\{y_t\}=\{0,2,0,2,0\}$

c. $y_5=0$

(ⅱ) a. $y_t=3^t+0.5(1-3^t)$

b. $\{y_t\}=\{2, 5, 14, 41, 122\}$，$\bar{y}=100$

c. $y_5=122$

(ⅲ) a. $y_t=50(0.5)^t+100(1-0.5^t)$

b. $\{y_t\}=\{75, 87.5, 93.75, 96.88, 98.44\}$，$\bar{y}=100$

c. $y_5=98.44$

(ⅳ) a. $y_t=2(-2/3)^t+0.2[1-(-2/3)^t]$

b. $\{y_t\}=\{-1, 1, -0.33, 0.56, -0.04\}$，$\bar{y}=0.2$

c. $y_5=-0.04$

(ⅴ) a. $y_t=2+\sum_{k=0}^{t-1}(-1)^k$

b. $\{y_t\}=\{3, 2, 3, 2, 3\}$

c. $y_5=3$

(ⅵ) a. $y_t=2(-1)^t+\sum_{k=0}^{t-1}(-1)^{t-1}$

b. $\{y_t\}=\{-1, 0, 1, -2, 3\}$

c. $y_5=3$

(ⅶ) a. $y_t=2(-1)^{t(t-1)/2}+\sum_{k=0}^{t-1}\left[\prod_{i=k}^{t-1}(-1)^i/(-1)^k\right]$

b. $\{y_t\}=\{3, -2, -1, 2, 3\}$

c. $y_5=3$

5. $Q_{t+1}=\dfrac{\theta G}{G-B}Q_t+\dfrac{AG-BF}{G-B}$

$$Q_t=Q_0\left(\frac{\theta G}{G-B}\right)^t+\frac{AG-BF}{G(1-\theta)-B}\left[1-\left(\frac{\theta G}{G-B}\right)^t\right]$$

$$\bar{Q}=\frac{AG-BF}{G(1-\theta)-B}$$

解单调收敛于 $\bar{Q}$。

7. $U_t=\left(U_0-\dfrac{\alpha}{1-\beta}\right)\beta^t+\dfrac{\alpha}{1-\beta}$

$\bar{U}=\alpha/(1-\beta)$，我们加上一个限制条件 $\beta<1$：

(a) $U_t=U_0\beta^t+\sum_{k=0}^{t-1}(\alpha+e_k)\beta^{t-k-1}$

(b) $U_t=U_0\beta^t+\alpha(\beta^{t-1}+\beta^{t-2}+\cdots+\beta+1)+e_0\beta^{t-1}+e_1\beta^{t-2}+\cdots+e_{t-1}$

(c) $\bar{U}=6$，$U_0=6$，$U_1=9$，$U_2=7.5$，$U_3=6.75$，$U_4=6.38$，$U_5=5.19$，$U_6=5.59$

(d) $\bar{U}=6$，$U_0=6$，$U_1=9$，$U_2=8.4$，$U_3=7.92$，$U_4=7.54$，$U_5=6.23$，

$U_6=6.18$

第19章

19.1 练习

1. $\bar{y}=3/4$ 不稳定；$\bar{y}=1/4$ 局部稳定。相图表明：如果 $0<y_0<3/4$，那么 y_t 收敛于1/4；如果 $y_0>3/4$，y_t 发散到无穷。
3. 正的稳态是稳定的：$\bar{y}=9/2$，相图显示无论从何正值出发，y_t 将振荡收敛于9/2。

19.2 练习

1. $\bar{y}=1/3$ 局部稳定。$\bar{y}=0$ 不稳定。从 $y_0=2/3$ 开始，y_1 将跳到1/3以下，但之后的路径是单调的。
3. $E_{t+1}=baE_t\,(1-E_t)$；$\bar{E}=0$ 和 $\bar{E}=1-1/\,(ba)$。
   $\bar{E}>0$ 时，只有 $1<ba<3$ 才能保证稳定性。
5. $\bar{y}=0.1$ 是不稳定的。$\bar{y}=0.4$ 局部稳定，从 $y_0=0.75$，$y_1=0.295$，$y_2=0.336\,0$，$y_3=0.366\,2$，$y_4=0.384\,2$ 开始。

复习题

1. 如果从 $y_0<1/10$ 开始，到达1/10的路径是单调的，如果以 $y_0>1/10$ 为起点，y_1 将跳到1/10以下，之后的路径是单调的。
3. $\bar{y}=0$ 和 $\bar{y}=(a-1)/b$，dy_{t+1}/dy_t 分别为0和 $2-a$，所以稳定性不受 b 影响。
5. $P_{t+1}=2-P_t^{0.5}$；$\bar{P}=1$ 是局部稳定的。相图证实 P_t 从任何点都收敛于1。
7. $\bar{y}=7/12$ 局部稳定，$\bar{y}=1/12$ 不稳定。

第20章

20.1 练习

1. (a) $y_t=C_1+C_2(-1)^t$
   (b) $y_t=C_1 2^t+C_2(0.5)^t-4$
   (c) $y_t=(C_1+C_2 t)(-1)^t+4$
   (d) $y_t=\sqrt{18}^{\,t}\left[C_1\cos\left(\frac{\pi}{4}t\right)+C_2\sin\left(\frac{\pi}{4}t\right)\right]+2$
3. $x_{t+2}-\frac{1}{4}x_t=\frac{A}{4B}$

   $x_t=C_1(0.5)^t+C_2(-0.5)^t+\frac{A}{3B}$
5. $Y_{t+2}-\frac{\alpha}{1-m}Y_{t+1}+\frac{\alpha}{1-m}Y_t=\frac{\bar{G}}{1-m}$

   其根为

   $$r_1,\ r_2=\frac{-\alpha}{2(1-m)}\pm\frac{1}{2}\sqrt{\frac{\alpha^2}{(1-m)^2}-\frac{4\alpha}{(1-m)}}$$

   为了收敛，我们要求 $\frac{\alpha}{1-m}<1$，解为

$$Y_t = \sqrt{\alpha/(1-m)}\, t(C_1\cos\theta t + C_2\sin\theta t) + \bar{G}/(1-m)$$
$$\cos\theta = \sqrt{\alpha/(1-m)}/2$$

20.2　练习

1. (a) $y_t = C_1 2^t + C_2 - 12t$

(b) $y_t = C_1 2^t + C_2(0.5)^t + \frac{2}{5}3^t$

(c) $y_t = (C_1 + C_2 t)(-1)^t - \frac{1}{4} + \frac{t}{4}$

复习题

1. $y_t = (C_1 + C_2 t)\left(\frac{1}{3}\right)^t + 4$

3. $y_t = C_1(2)^t + C_2\left(\frac{1}{2}\right)^t - 10$

5. $y_t = C_1 + C_2 t + t^2$

7. $y_t = \sqrt{4/3}^{\,t}\left[C_1\cos\left(\frac{\pi}{6}t\right) + C_2\sin\left(\frac{\pi}{6}t\right)\right] + 14$

9. (1) $C_1 = -3 C_2 = -12$

(3) $C_1 = 7/3 C_2 = 26/3$

(5) $C_1 = 1 C_2 = -3$

(7) $C_1 = -13 C_2 = -2\sqrt{3}$

11. $x_{t+2} - \beta\alpha x_t = b(1-\beta)$；$x_t = C_1\sqrt{\beta\alpha}^{\,t} + C_2(-\sqrt{\beta\alpha})^t + b(1-\beta)/(1-\beta\alpha)$

13. $y_{t+2} - (\rho+\beta)y_{t+1} + \rho\beta y_t = u_{t+2}$

15. $y_t = C_1 r_1^t + C_2 r_2^t$，其中

$$r_1,\ r_2 = \frac{\rho+\beta}{2} \pm \frac{1}{2}\sqrt{(\rho+\beta)^2 - 4\alpha\beta}$$

如果 ρ 和 β 都在 -1 和 1 之间，那么可保证收敛。

第 21 章

21.1　练习

1. (a) $y(t) = e^t$

(b) $y(t) = 6e^{-3t} + 4$

(c) $y(t) = -14e^{-t/4} + 24$

(d) $y(t) = 5t + 1$

(e) $y(t) = 2e^{6t} + 1$

3. $p(t) = 100e^{0.05t}$

5. $y(t) = 500e^{-\alpha t} \times 10^6$

7. $q^e = \frac{a-g}{h-b}$；$q(t) = [q_0 - \bar{q}]e^{\alpha(b-h)t} + \bar{q}$，$\bar{q} = q^e$，$b-h<0$ 是稳定性的条件。

21.2　练习

1. $y(t) = e^{2t}$

3. $y(t)=-\frac{1}{3}+Ce^{-3t^{-1}}$

5. $m(4)=18m(6)=28$

7. $k(t)=\frac{\beta}{\alpha}+\left(k_0-\frac{\beta}{\alpha}\right)e^{\alpha t^2/2}$

$\bar{k}=\beta/\alpha$ 是稳定状态，但是 $k(t)$ 不收敛于它。

复习题

1. $E(t)=2e^{0.02(t-t_0)}$

3. $K(t)=-1\,500e^{-0.05t}+2\,000$，$\bar{K}=2\,000$，$K(t)$ 收敛于 $\bar{K}$，因为 $e^{-0.05t}$ 的极限为 0。

5. $\dot{K}(t)=\alpha(K(t)-K^*)$

$K(t)=(K_0-K^*)e^{\alpha t}+K^*$

当 $t\to\infty$ 时，$K(t)$ 收敛于稳态 K^*。

7. $\frac{\dot{k}(t)}{k(t)}=s\alpha t1/2$

所以 $k(t)=k_0e^{2/3s\alpha t^{3/2}}$

第 22 章

22.1 练习

1. 点 $\bar{y}=1/4$ 是稳定状态；$\bar{y}=3/4$ 是不稳定状态。

3. 点 $\bar{y}=0$ 是稳定状态；$\bar{y}=1$ 是不稳定状态。

5. 均衡价格 $\bar{p}=1/2$ 是稳定状态。

22.2 练习

1. $y(t)=(Ce^{-4t}+3/2)^{1/2}$

3. $y(t)=(2t^3/3+2C)^{1/2}$

5. $y(t)=(-3t^2/2+3C)^{1/3}$

复习题

1. $y(t)=1/(Ce^{-2t}+3)$

3. $y(t)=(t^2+2C)^{1/2}$

5. 点 $\bar{q}=(p/a)^{1/2}$ 是稳定状态。

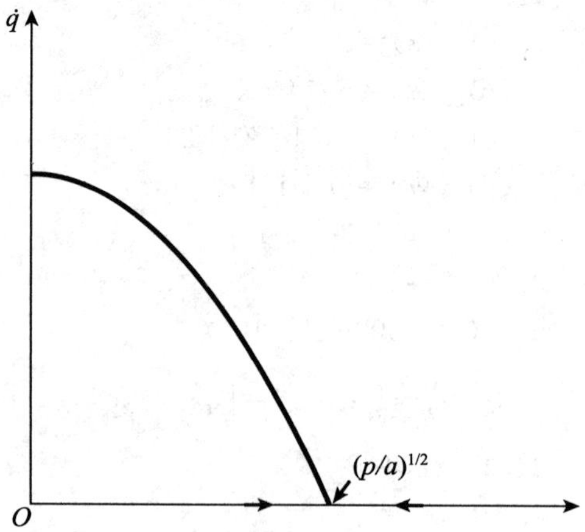

第 23 章

23.1 练习

1. (a) $y(t)=8e^{t}+2$
   (b) $y(t)=2e^{-t/2}+9te^{-t/2}+8$
   (c) $y(t)=25.6e^{t/2}+14.4e^{-t/3}-30$
   (d) $y(t)=7e^{-t}+15te^{-t}+3$
3. $B<10$

23.2 练习

1. $y(t)=C_1e^{t}+C_2e^{-3t}-18e^{2t}/15$
3. $y(t)=C_1e^{3t}+C_2e^{2t}+4e^{-t/2}/35$
5. $y(t)=C_1+C_1e^{-t/2}+8t$

复习题

1. (a) $y(t)=C_1e^{2t}+C_2e^{-t}-5$
   (b) $y(t)=C_1e^{-3t}+C_2te^{-3t}+3$
   (c) $y(t)=e^{-2t}\sin t+2$
3. $\ddot{y}-a_{11}\dot{y}-a_{12}a_{21}y=0$,解为 $y(t)=C_1e^{r_1t}+C_2e^{r_2t}$。我们要求 $a_{11}<0$, $a_{12}a_{21}<0$ 以保证收敛。
5. (a) $y(t)=C_1e^{-3t}+C_2e^{-6t}+(A-F)/45$
   (b) $y(t)=e^{-3t}[A_1\cos(3t)+A_2\sin(3t)]+(A-F)/45$

第 24 章

24.1 练习

1. (a) $y(t)=C_1e^{r_1t}+C_2e^{r_2t}+20$
   $x(t)=r_1C_1e^{r_1t}+r_2C_2e^{r_2t}+0$
   $r_1, r_2=1.25\pm0.25\sqrt{21}$
   (b) $y(t)=C_1e^{r_1t}+C_2e^{r_2t}-1/2$
   $x(t)=r_1Ce^{r_1t}+r_2C_2e^{r_2t}+0$
   $r_1, r_2=\pm\sqrt{2}$
   (c) $y(t)=C_1e^{r_1t}+C_2e^{r_2t}+1$
   $x(t)=r_1C_1e^{r_1t}+r_2C_2e^{r_2t}+0$
   $r_1, r_2=-5\pm2\sqrt{6}$
3. (a) $y_1(t)=2e^{-t}-7e^{-4t}+3$
   $y_2(t)=e^{-t}+7e^{-4t}-3$
   (b) $y_1(t)=4.5e^{7t/2}+15.3e^{-5t/2}+0.2$
   $y_2(t)=-9e^{7t/2}+10.2e^{-5t/2}+0.8$
   (c) $y_1(t)=4\cos(2t)e^{2t}+2\sin(2t)e^{2t}-1.5$
   $y_2(t)=4\sin(2t)e^{2t}-2\cos(2t)e^{2t}+1$

24.2 练习

1. (a) 不稳定结点

   (b) 不稳定聚点

   (c) 鞍点

   (d) 稳定结点

3. $y_1(t)=C_1 e^{5t}+C_2 e^{-7t}+14$

   $y_2(t)=-\dfrac{C_1}{3}e^{5t}+C_2 e^{-7t}+7$

   稳定路径方程是 $y_2=y_1-7$。

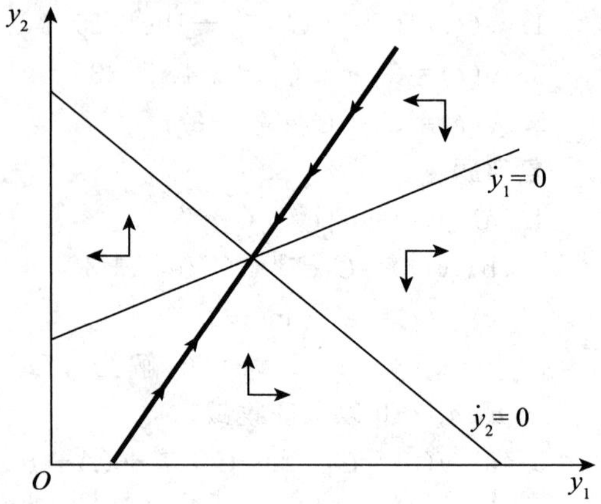

24.3 练习

1. $y_t=20(1.5)^t+10(-1.5)^t-24$

   $x_t=2(1.5)^t-5(-1.5)^t+2$

3. $y_t=(5-3t)(0.5)^t$

   $x_t=(8-6t)(0.t)^t$

5. $y_t=C_1(0.25)^t+C_2(-0.25)^t+48$

   $x_t=-C_1(0.25)^t+C_2(-0.25)^t+48$

   稳态是稳定的。

7. $y_t=y_0(0.9)^t$

   $x_t=y_0(0.9)^t$

复习题

1. (a) $y_1(t)=C_1 e^{r_1 t}+C_2 e^{r_2 t}+2$

   $y_2(t)=2\sqrt{3}C_1 e^{r_1 t}-2\sqrt{3}C_2 e^{r_2 t}-16$

   其中 r_1，$r_2=1/2\pm\sqrt{3}/2$

   稳态是鞍点。

   (b) $y_1(t)=(C_1+C_2 t)e^{t/2}+29$

   $y_2(t)=2(C_1+C_2 t)e^{t/2}+\dfrac{4}{3}C_2 e^{t/2}+44$

   稳态是不稳定的不恰当结点。

3. 如果是实数根，解为

$$y(t)=C_1\mathrm{e}^{r_1t}+C_2\mathrm{e}^{r_2t}+\frac{a}{\beta}$$

$$x(t)=(r_1+\alpha)C_1\mathrm{e}^{r_1t}+(r_2+\alpha)C_2\mathrm{e}^{r_2t}+\frac{\alpha a}{\beta}$$

r_1，$r_2=-\alpha/2\pm\sqrt{\alpha^2-4\beta}/2$，人口存量收敛于稳态值 a/β。

5. 稳态值是

$$\overline{K}=\left(\frac{2\delta^2}{\alpha}\right)^{1/(\alpha-2)},\quad \overline{I}=\delta\overline{K}$$

线性方程组的系数矩阵的行列式为

$$-\delta^2+\frac{(\alpha-1)\alpha\overline{K}^{\alpha-2}}{2}<0$$

它是负值，因为 $\delta>0$，$0<\alpha<1$，$\overline{K}>0$。因此，稳态是鞍点。

7. (a) $y_t=C_2(2)^t-2$

$x_t=C_2(2)^t-1$

(b) $y_t=C_1(-4)^t+C_2(-1)^t+0.8$

$$x_t=-C_1(-4)^t+\frac{C_2}{2}(-1)^t+0.7$$

第25章

25.1 练习

1. $x(t)=(x_0+a/2b)\mathrm{e}^t-a/2b$

3. $x(t)=x_0\mathrm{e}^{\alpha t}+\dfrac{\beta^2c\mathrm{e}^{-\alpha t}}{4b\alpha^2}+\dfrac{\alpha\beta+\beta^2c}{4b\alpha^2}(\alpha^{\alpha T}-2)(1-\mathrm{e}^{\alpha t})$

5. $\lambda(t)=C_1\mathrm{e}^{2t}+C_2\mathrm{e}^{-2t}+\dfrac{1}{4}$

$$x(t)=\frac{C_1}{2}\mathrm{e}^{2t}-\frac{C_2}{6}\mathrm{e}^{-2t}-\frac{5}{8}$$

其中

$$C_1=\frac{6x_0\mathrm{e}^{-4T}+3.5\mathrm{e}^{-2T}}{1+3\mathrm{e}^{-4T}}$$

$$C_2=\frac{-(0.75\mathrm{e}^{-2T}+6x_0+15/4)}{1+3\mathrm{e}^{-4T}}$$

7. $\lambda(t)=C_1\mathrm{e}^{r_1t}+C_2\mathrm{e}^{r_2t}+\dfrac{b\delta p}{b\delta^2+pa}$

$$K(t)=\frac{r_1-\delta}{2pa}C_1\mathrm{e}^{r_1t}+\frac{r_2-\delta}{2pa}C_2\mathrm{e}^{r_2t}+\frac{p}{2(b\delta^2+pa)}$$

其中，$r_1,r_2=\pm\sqrt{\delta^2+pa/b}$ 且

$$C_1=\frac{-2pa(K_0-\overline{K})\mathrm{e}^{(r_2-r_1)T}-(r_2-\delta)\overline{\lambda}\mathrm{e}^{-r_1T}}{r_2-\delta-(r_1-\delta)\mathrm{e}^{(r_2-r_1)T}}$$

$$C_2=\frac{2pa(K_0-\overline{K})+(r_1-\delta)\overline{\lambda}\mathrm{e}^{-r_1T}}{r_2-\delta-(r_1-\delta)\mathrm{e}^{(r_2-r_1)T}}$$

25.2 练习

1. $x(t)=x_0\mathrm{e}^t$，$\mu(t)=0$

3. $\mu(t)=C_1\mathrm{e}^{r_1t}+C_2\mathrm{e}^{r_2t}$

$$x(t)=\frac{r_1-\rho+3/2}{3/2}C_1\mathrm{e}^{r_1t}+\frac{r_2-\rho+3/2}{3/2}C_2\mathrm{e}^{r_2t}$$

其中

$$C_1=\frac{-x_0\mathrm{e}^{(r_2-r_1)T}}{k_2-k_1\mathrm{e}^{(r_2-r_1)T}}$$

$$C_2=\frac{x_0}{k_2-k_1\mathrm{e}^{(r_2-r_1)T}}$$

$$k_i=\frac{r_i-\rho+3/2}{3/2},\quad i=1,2$$

$$r_1,\ r_2=\frac{\rho}{2}\pm\frac{\sqrt{\rho^2-6\rho+12}}{2}$$

5. $H(t)=\dfrac{C_1}{2}\mathrm{e}^{r_1t}+\dfrac{C_2}{2}\mathrm{e}^{r_2t}+\dfrac{q\delta(p-w)}{2q\delta(p+\delta)+2pa}$

其中

$$C_1=\frac{-(L_0-\overline{L})\mathrm{e}^{(r_2-r_1)T}-2k_2\overline{H}\mathrm{e}^{-r_1T}}{k_2-k_1\mathrm{e}^{(r_2-r_1)T}}$$

$$k_i=\frac{r_i-\rho-\delta}{2pa},\quad i=1,2$$

$$r_1,\ r_2=\frac{\rho}{2}\pm\frac{1}{2}\sqrt{\rho^2+4\delta(\rho+\delta)+\frac{4pa}{q}}$$

7. 稳态是鞍点，最优轨线由 $K(0)=K_0$ 开始，结束于 $\mu(T)=0$，$\mu(T)=0$ 意味着若 $c'(0)=0$，那么 $I(T)=0$，所用时间恰好等于 T。

25.3 练习

1. $\mu(t)=C_1\mathrm{e}^{r_1t}+C_2\mathrm{e}^{r_2t}$

$x(t)=k_1C_1\mathrm{e}^{r_1t}+k_2C_2\mathrm{e}^{r_2t}$

其中

$$k_i=\frac{r_i-\rho+3/2}{3/2},\quad i=1,\ 2$$

$$r_1,\ r_2=\rho/2\pm\sqrt{\rho^2-6\rho+12}/2$$

$$C_1=\frac{-x_0\mathrm{e}^{(r_2-r_1)T}+x_T\mathrm{e}^{-r_1T}}{k_2[1-\mathrm{e}^{(r_2-r_1)T}]}$$

$$C_2=\frac{x_0-x_T\mathrm{e}^{-r_1T}}{k_2[1-\mathrm{e}^{(r_2-r_1)T}]}$$

3. $c^*(t)=\dfrac{(r-\rho-r\alpha)(x_0\mathrm{e}^{rT}-x_T)}{\alpha[\mathrm{e}^{(r-\rho)T/\alpha}-\mathrm{e}^{rT}]}$

5. 不是所有的由 $x(0)=x_0$ 开始的轨线都到达 x_T。如果 T 非常小，也许在 T 时间内不会有任何轨线到达 x_T。当 T 足够大时，我们可以选择

一条到达 x_T 且 $\mu(t)=0$ 的轨线。T 越大，我们越接近鞍点路径。

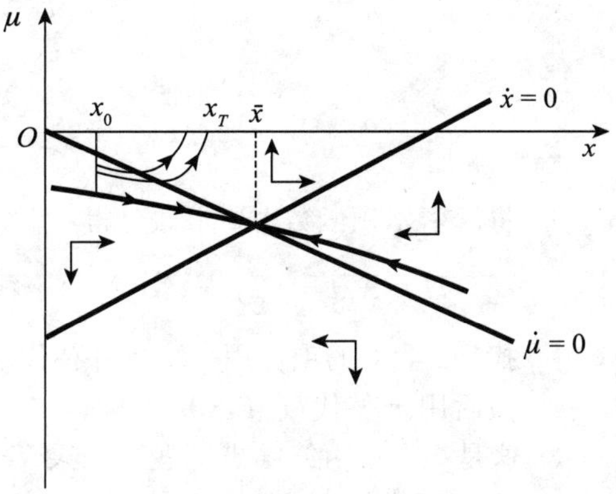

7. $y^*(t)=\dfrac{\rho x_0 e^{-\rho t}}{1-e^{-\rho t}}$

25.4 练习

1. $c^*(t)=r\bar{x}-(x_0-\bar{x})(\rho-2r)e^{(\rho-r)t}$

3.

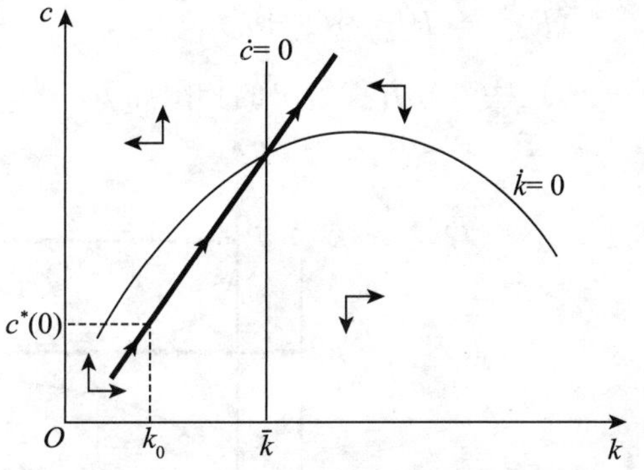

如果 $k_0<\bar{k}$，那么解要求一开始选择一个低的消费值 $c^*(0)$，这意味着一个高的储蓄水平，我们将得到，沿着鞍点路径，资本存量是增加的，且当 $c(t)$和 $k(t)$逼近稳定状态时它们是递增的。

5. $y^*(t)=\rho x e_0^{-\rho t}$

25.5 练习

1. 假设 $x_0<x_T$，那么解要选择一个 $\mu(0)$来确定一条路径，在它到达 $\mu=1$ 之前，轨线向右($c=0$，$\dot{x}>0$)，然后转向左($c=c_{\max}$，$\dot{x}<0$)，直到到达 x_T，许多轨线都是这样，但是我们选择所用时间为 T 的路径。

3. 相图具有与图 25.13 相同的性质，解要在有限的时间内沿鞍点路径到达稳态，然后永远停留在那里。

25.6 练习

1. $y^*(t)=\dfrac{\rho x_0/\alpha}{1-e^{-\rho T/\alpha}}e^{-\rho t/\alpha}$

其中

$$T=\frac{\alpha}{\rho}\ln\left[1+\frac{\rho x_0}{\alpha}\left(\frac{c(1-\alpha)}{\alpha}\right)^{-1/(1-\alpha)}\right]$$

3. $y^*(t)=\frac{\rho x_0}{\alpha}e^{-\rho t/\alpha}$

复习题

1. 将汉密尔顿函数对 t 求微分得

$$\dot{H}=F_x\dot{x}+F_y\dot{y}+\dot{\lambda}G(x,y)+\lambda(G_x\dot{x}+G_y\dot{y})$$

找到 $\dot{x}$，$\dot{y}$ 的项。用一阶条件替代 y 和最优路径上必然成立的 $\dot{\mu}$ 的方程，最后用 $\dot{x}$ 替代 $G(x,y)$。

3. 这是一个自由终结点问题，如果 T 固定，边界条件为 $\mu(T)=0$，$K(0)=K_0$。最优化路径从 $K(0)=K_0$ 开始，终结于 $\mu(T)=0$，所用时间恰好等于 T。

5. $y^*(t)=\frac{(\rho-r+r\alpha)x_0}{\alpha[1-e^{-(\rho-r)T/\alpha}e^{-rT}]}e^{-(\rho-r)t/\alpha}$

7. $\dot{\mu}=\rho\mu-\frac{(P-\mu)^2}{2}$

$\dot{R}=-(P-\mu)(R+\alpha)$

这些微分方程给出的相图如下：

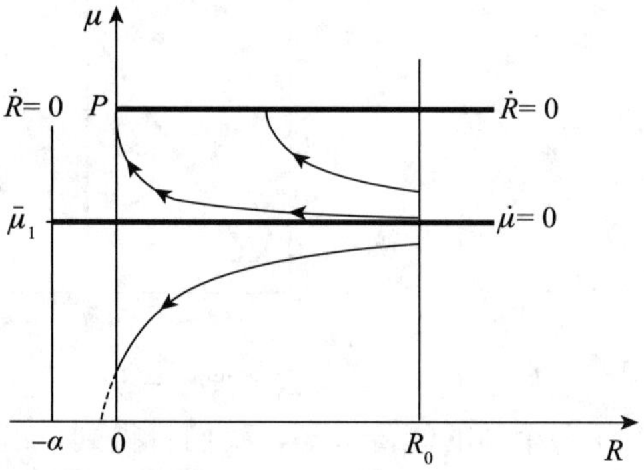

这些相图表明鞍点路径是水平线，在 $\bar{R}=-\alpha$，$\mu=\bar{\mu}_1$ 时到达稳态，显然不可能到达一个负的资源存量。

最优化轨线从 $R(0)=R_0$ 开时，终结于 $R(T)=0$ 且满足 $\mu(T)=P$。这是在有限的时间内发生的，因为点($R=0$，$\mu=P$)不是稳态。

9. x 的稳态值是 $x^2+x\frac{[P(\rho-r)-cr]}{2rP}-\frac{\rho c}{2rP}=0$ 的正的解，如果 $x_0<\bar{x}$，

我们设 $h=0$，那么 $\mu(t)$递减，$x(t)$递增，直至到达 $\bar{x}$，在此点跳跃到$h=r\bar{x}(1-\bar{x})$ 并永远停留在那里。

如果 $x_0>\bar{x}$，我们设 $h=h_{\max}$，那么 $\mu(t)$ 递增，$x(t)$ 递减，直至到达 $\bar{x}$，然后跳跃到 $h=r\bar{x}(1-\bar{x})$并永远停留在那里。

术语表

Added-worker effect，励志工作者效应
Additively separable function，加性可分函数
Adjoint matrix，伴随矩阵
Antidifferentiation，积分、逆微分
Arc elasticity，弧弹性
  of demand，需求弧弹性
Arrows of motion，箭头运动
Associative laws，结合律
Asymptote，渐近线
Autonomous dynamic optimization problem，自主动态最优化问题
Autonomous optimization problem，自主最优化问题
Average-cost curve，平均成本曲线
Average propensity to consume，平均消费倾向
Average value function，平均价值函数

Bang-bang control，“砰砰”解
Base of a function，函数基
Basic variables，基本变量
Basis，基
Bernoulli's equation，伯努利方程
Bertrand model，伯特兰德模型
“Best reply” function，最优回报函数
“Best response” function，最优响应函数
Better set，更佳集合
Bordered Hessian，加边海塞矩阵
Boundary conditions of maximum principle，最大化原理的边界条件
Boundary point，边界点
Bounded intervals，有界区间
Bounded sequence，有界序列
Bounded set，有界集合
Budget set，预算集合
Butterfly effect，蝴蝶效应

Cardinality，基数性
Cartesian product，笛卡儿乘积
Center，中心
Chain rule，链式规则、链式法则
Chaos，混沌
Closed economy model，封闭经济模型

Closed interval，闭区间
Closed set，密闭集合
Closure，封闭性
Cobb-Douglas production function，柯布-道格拉斯生产函数
Cobweb model，蛛网模型
Codomain，值域
Cofactor，余子式
Cofactor expansion，余子式展开
Cofactor matrix，余子式矩阵
Column matrix，列矩阵
Column vector，列向量
Commutative laws，交换律
Compact interval，密闭区间
Comparative statics，general method，比较静态，一般方法
Compensated-demand functions，补偿需求函数
Compensated-price effect，补偿价格效应
Complement of a set，补集
Completeness，完备性
Completeness property，完备性性质
Composite mapping，复合映射
Concave function，凹函数
Concave programming，凹规划
Concavity，凹性
Conformable matrices，适合的矩阵
Constant elasticity，不变弹性
  demand function，需求函数的不变弹性→弹性不变的需求函数
  of substitution production function，常替代弹性生产函数
Constant function，derivative of，常数函数，导数
Constant multiple of a function，derivative of，函数的常数乘积，导数
Constant of integration，积分常数
Constrained problem，约束问题
Constraint qualification，约束条件
Consumer behavior，消费者行为
Consumer's surplus，消费者剩余
Consumption function，消费函数
Consumption set of a good，商品的消费集合
Continuity，连续性
Continuity of a function，函数连续性
Continuous compounding，连续复利
Continuous function，连续函数
Control variable，控制变量
Convergent sequence，收敛数列
Convex combination，凸组合
Convex function，凸函数
Convex set，凸集合
Convexity，凸性
Coordinate system，坐标系
Cost function，成本函数
Cost minimization，成本最小化
  short-run，短期
Costate variable，协变量
Cournot model，古诺模型
Cournot model，古诺模型
Cournot，Augustin，奥古斯丁·古诺
Cramer's rule，克莱姆法则
Cross-partial derivative，交叉偏导数
Cubic cost function，立方成本函数
Current-valued Hamiltonian，当前值汉密尔顿函数

Definite integral，定积分
Definitely divergent sequence，绝对发散数列
Demand theory，需求理论
Demand function，需求函数
Dependent variable，因变量
Derivative of a function，函数的导数
Determinant，geometric interpretation of，行列式的几何解释
Determinant of a 2×2 matrix，2×2 矩阵的行列式
Determinant of a 3×3 matrix，3×3 矩阵的行列式
Diagonal matrix，对角矩阵
Difference equation，差分方程
  autonomous，自治差分方程
  linear，线性差分方程
  linear，autonomous，first-order，一阶线性自

治差分方程
convergence of，差分方程的收敛
general solution to，差分方程的通解
linear，first-order，form of general，一阶线性差分方程的一般形式
stationary value，差分方程的稳态值
steady state of，差分方程的稳态
steady-state equilibrium of，差分方程的稳态均衡
steady-state value of，差分方程的稳态值
linear，autonomous，second-order，二阶线性自治差分方程
characteristic equation of，差分方程的特征方程
characteristic roots of，差分方程的特征根
eigenvalues of，差分方程的特征值
homogeneous form of，差分方程的齐次形式
linear，second-order with a variable term，二阶线性可变项差分方程
nonlinear，非线性差分方程
nonlinear，autonomous，first-order，一阶非线性自治差分方程
global stability of，差分方程的整体稳定性
locally stable equilibrium of，差分方程的局部稳定均衡
order of，差分方程的阶次
phase diagram of，差分方程的相图
solution to，差分方程的解
stable limit cycle，差分方程的稳定极限循环
steady-state equilibrium of，差分方程的稳态均衡
unstable equilibrium of，差分方程的不稳定均衡
Differential，微分
Differential equation，微分方程
autonomous，自治微分方程
linear，线性微分方程
ordinary，常微分方程
order of，微分方程的阶次
partial，偏微分方程
solution，微分方程的解
linear，autonomous，first-order，一阶线性自治微分方程
general solution，微分方程的通解
general solution of homogeneous form，齐次微分方程的通解
homogeneous form，微分方程的齐次形式
particular solution，微分方程的特解
stable equilibrium of，微分方程的稳定均衡
steady，state value of，微分方程的稳态值
unstable equilibrium of，微分方程的不稳定均衡
linear，autonomous，second-order，二阶线性自治微分方程
characteristic equation of，微分方程的特征方程
characteristic roots of，微分方程的特征根
complete solution，微分方程的通解
convergence of，微分方程的收敛
homogeneous form of，微分方程的齐次形式
eigenvalues of，微分方程的特征值
particular solution，微分方程的特解
linear，nonautonomous，first-order，一阶线性非自治微分方程
general solution，微分方程的通解
linear，second-order with a variable term，二阶可变项线性微分方程
nonlinear，autonomous，first-order，一阶非线性自治微分方程
initial-value problem，微分方程的初始值问题
qualitative analysis of，微分方程的定性分析
stability analysis of，微分方程的稳定性分析
steady-state equilibrium point of，微分方程的稳态均衡点
nonlinear，nonautonomous，first-order，一阶非线性非自治微分方程
separable equations，可分离微分方程
nonlinear system of two autonomous differential

equations，非线性自治微分方程组
global behavior of，微分方程的全局性态
phase diagram of，微分方程的相图
Differentiation rules，微分法则
Dimension of a space，空间维数
Dimensions of variables，变量的维数
Diminishing marginal productivity，边际生产率递减
of an input，law of，一种投入品的边际生产率递减规则
Discontinuous function，不连续函数
Discount factor，贴现因子
Discount rate，贴现率
Discounting，贴现
Discrete compounding，离散复利
Discriminating monopoly，价格歧视垄断
Disjoint set，互斥集合
Disposable income，可支配收入
Distance between points，两点间距离
Distributive law，分配律
Divergent sequence，发散数列
Domain，定义域
Dornbusch overshooting model，多恩布什超调模型
Dual consumer problem，消费者的对偶问题
Dynamic optimization problem，general form，动态优化问题的一般形式

ε-neighborhood，ε 邻域
Economic dynamics，动态经济学
Eigenvalue problem，特征值问题
Eigenvalue of a matrix，矩阵的特征值
Eigenvector，特征向量
Elasticity，弹性
Elasticity of substitution，替代弹性
Elements of a set，集合的元素
Empty set，空集
Endogenous variables，内生变量
Envelope theorem，包络定理
Equality，相等性
Equilibrium，均衡
in n-markets，n 个市场的均衡
in three markets，三市场的均衡
in two markets，两市场的均衡
Equilibrium price，均衡价格
Euclidean distance，欧几里得距离
Euclidean distance condition，欧几里得距离条件
Euclidean norm，欧几里得模
Euler's theorem，欧拉定理
Excess demand，超额需求
Exogenous variables，外生变量
Expenditure function，支出函数
Exponent，指数
Exponential function，指数函数
derivative of，指数函数的导数
Exponential rule，指数法则
Extreme values，极值

Feasible set，可行集
Finite-dimensional space，有限维空间
First derivative function，一阶导函数
First-order condition，一阶条件
First-order total differential，一阶全微分
Fixed-endpoint problem，固定终结点问题
Flow variable，流量
Free endpoint，自由终结点
Free-endpoint problem，自由终结点问题
Free-terminal-time problems，自由终结时间问题
Free variable，自由变量
Function，函数
Functional，函数的
Fundamental theorem of integral calculus，积分基本定理
Fundamental equation，基本方程

Gauss-Jordan elimination，高斯-约当消去法
General optimal control problem，一般最优控制问题
Geometric series，几何数列
Giffen good，吉芬商品
Global maximum，整体最优解
Gradient vector，梯度向量

Half-open interval，半开区间
Hamiltonian function，汉密尔顿函数
current-valued，当前值汉密尔顿函数
Harmonic series，调和级数
Hessian matrix，海塞矩阵
Homogeneous function，齐次函数
Homogeneous system of equations，齐次方程组
Hotelling' s location model，霍特林位置模型

Idempotent matrices，幂等矩阵
Identity matrix，单位矩阵
Image，映射
Image set，映射集合
Implicit function theorem，隐函数定理
Implicit differentiation，隐函数微分法
Implicit function，隐函数
Improper integrals，广义积分
Improper node，不恰当结点
Income effect，收入效应
Inconsistent system of equations，非齐次方程组
Indefinite integral，不定积分
Independent variable，自变量
Indifference curves，无差异曲线
Indirect utility function，间接效应函数
Industry of a good，产业
Inequality-constrained endpoint problem，不等式约束的终结点问题
Infinite time horizon，无穷期限
Inner product，内积
Input-output matrix，投入产出矩阵
Input-output model，投入产出模型
Input-requirements matrix，投入需求矩阵
Instantaneous rate of change，即时变化率
Integers，整数
Integrable function，可积函数
Integral of a constant multiple，数乘的积分
Integral of a sum，和积分
Integrand，积分
Integrating factor，积分因子
Integration，积分
by parts，分部积分
Intercept term，截距
Interior point，内点
Interior solution，内解
Intermediate-value theorem，介值定理
Internal rate of return，内部收益率
Intersection of sets，集合的交集
Intervals，区间
Inverse function rule，反函数法则
Inverse matrix，逆矩阵
Inverse of a 2×2 matrix，2×2 矩阵的逆矩阵
Inverse of a 3×3 matrix，3×3 矩阵的逆矩阵
Inverse of a function，derivative of，反函数，反函数的导数
Inverse of an $n\times n$ matrix，$n\times n$ 矩阵的逆矩阵
Investment，theory，of，投资理论
Investment function，投资函数
Irrational numbers，无理数
IS curve，IS 曲线
IS-LM model，IS－LM 模型
linear，线性 IS－LM 模型
IS-LM-BP model，IS－LM－BP 模型
Isocline，等斜线
Isoquant，等产量
Isosectors，等斜区

Keynesian consumption function，凯恩斯消费函数
Keynesian model of income determination，凯恩斯收入决定模型
Keynesian multiplier，凯恩斯乘数
Kronecker delta，克罗内克符号
Kuhn-Tucker (K-T) conditions，库恩-塔克条件
Kuhn-Tucker theorem，库恩-塔克定理

Lagrange function，拉格朗日函数
Lagrange method，拉格朗日法
Lagrange multiplier，拉格朗日乘子
Lagrangean，拉格朗日
Latent root，隐根
Latent vector，隐向量
Leading principal minors，顺序主子式

Leading principal submatrix，顺序主子矩阵
Left-hand derivative，左导数
Left-hand limit of a function，函数的左极限
Leontief model，"closed，"封闭的列昂惕夫模型
Leontief model，"open，"开放的列昂惕夫模型
Level curve，等值曲线
Level set，水平集
Level set of a function，函数的水平集
Limit of a sequence，数列的极限
Linear dependence，线性相关
Linear differential equation system，线性微分方程组
  homogeneous form of，线性微分方程组的齐次形式
  steady-state solution to，线性微分方程组的稳态解
Linear function，线性函数
  derivative of，线性函数的导数
Linear independence，线性无关
Linear indifference curves，线性无差异曲线
Linear production technology，线性生产技术
Linear programming，线性规划
Linear system of equations，线性方程组
Linear system of n autonomous differential equations，n 元自治线性微分方程组
Linear system of n-variables，n 变量线性方程组
Linearly dependent equations，线性相关方程组
Linearly dependent vectors，线性相关向量
Linearly independent equations，线性无关方程组
Linearly independent vectors，线性无关向量
LM curve，LM 曲线
Local maximum，局部最大值
Logarithmic function，对数函数
  derivative of，对数函数的导数
Logarithmic rule，对数法则
Long-run cost curves，长期成本曲线
Lower sum，下界和

Malthusian growth model，马尔萨斯增长模型
Mapping，映射
Marginal analysis，边际分析
Marginal-cost curve，边际成本曲线
Marginal cost of production，边际生产成本
Marginal product，边际产量
  curve，边际产量曲线
  function，边际产量函数
Marginal propensity to consume，边际消费倾向
Marginal rate of substitution，边际替代率
Marginal rate of technical substitution，边际技术替代率
Marginal revenue
  function，边际收益函数
  product of labor，劳动力产品
Market equilibrium，市场均衡
Markov model，马尔可夫模型
Matrix，矩阵
  addition，矩阵的加法
  arrays，矩阵的行列式
  characteristic equation of，矩阵的特征方程
  characteristic polynomial，矩阵的特征多项式
  characteristic root of，矩阵的特征根
  characteristic vector of，矩阵的特征向量
  eigenvalues，矩阵的特征值
  eigenvector，矩阵的特征向量
  equality，矩阵相等
  equation，矩阵方程式
  multiplication，矩阵的乘法
  of minors，矩阵的余子式
  operations，矩阵的变换
  reduced row-echelon form，简化行阶梯形矩阵
  subtraction，矩阵的减法
Maximum of a function，函数最大值
Maximum principle，最大值原理
Mean-value theorem，均值定理
Method of undetermined coefficients，待定系数法
Minor，余子式
Monotonic sequence，单调数列
Monotonically decreasing sequence，单调递减数列
Monotonically increasing sequence，单调递增

数列
Multimarket equilibrium，多市场均衡
Multiproduct monopoly，多产品垄断

National debt accumulation，国家债务累积
Natural logarithm，自然对数
Natural numbers，自然数
Neoclassical model of economic growth，新古典增长模型
Nonnegative real numbers，非负实数
Nonbinding constraint，无约束效力
"Nonsatiation" assumption，非饱和性假设
Nonsingular matrix，非奇异矩阵
Normalization，标准化
　nth derivative test，n 阶导数检验
Null matrix，零矩阵
Null set，空集

Oligopoly，寡头
One-to-one correspondence，一一对应
Open interval，开区间
Open set，开集合
Optimization，最优化
Ordered pair，有序对
Orthogonal matrix，正交矩阵
Orthogonal vectors，正交向量
Orthonormal basis，正交基
Overdetermined system of equations，超定方程组

Partial derivative，偏微分
Partial differentiation，偏微分
Partition of a closed interval，闭区间的分区
Partition of the universal set，集合空间的分区
Partitioned matrices，分块矩阵
Phase plane，相平面
Point elasticity of demand，需求的点弹性
Point sets，点集合
Points of inflection，拐点
Points rationing，点配给
Pointwise continuity，点连续
Positive monotonic transformation，正单调变换
Power function，幂函数
　derivative of，导数
Power rule，幂函数的积分法则
Power set，幂集
Present value，现值
Present-value calculations，现值计算
Price-adjustment model，价格调整模型
Price competition，价格竞争
Price-regulated monopoly，价格管制下的垄断
Principal submatrix，主子矩阵
Producer surplus，生产者剩余
Product matrix，生产矩阵
Production function，生产函数
Production possibility set，生产可能性集合
Production set，生产集合
Profit function，利润函数
Profit maximization，利润最大化
Profit-maximizing input choice，利润最大化投入选择
Proper subset，真子集
Proportional consumption function，平均消费函数
Pure number，纯数

Quadratic form，二次型
　indefinite，不定二次型
　negative definite，负定二次型
　negative semidefinite，半负定二次型
　positive definite，正定二次型
　positive semidefinite，半正定二次型
　statistical distribution of，统计分布
Quadratic function，二次函数
Quasiconcave function，拟凹函数
Quasiconcavity，拟凹
Quasiconvex function，拟凸函数
Quasiconvexity，拟凸

Range，范围
Rank of a matrix，矩阵的阶
Rational numbers，有理数
Reaction function，反应函数
Real line，实轴

Real numbers，实数
Real-valued functions，实值函数
Rectangular hyperbola，矩形双曲线
Reduced form，简化形式
Reduced-form equation，简化方程式
Reflexivity，反身性
Relative difference，相对差
Remainder formula，余项公式
Remainder term，余项
Returns to scale，规模报酬
Revenue function，收入函数
Riemann integral，黎曼积分
Riemann sum，黎曼和
Right-hand derivative，右导数
Right-hand limit of a function，函数的右极限
Row matrix，列矩阵
Row operations，列变换
Row vector，列向量

Saddle path，鞍点路径
Saddle point，鞍点
  conditions，鞍点条件
  equilibrium，鞍点均衡
Savings，theory of，储蓄理论
Scalar，常数
Scalar multiplication，数乘
Secant，正割
Secant line，割线
Second derivative function，二阶导数方程
Second-order conditions，二阶条件
  for constrained optimization，有约束条件的最优化
Second-order total differential，二阶全微分
Sequence，数列
Series，序列
Set，集合
Shadow price，影子价格
Shadow wage rate，影子工资率
Short-run cost curves，短期成本曲线
Short-run production function，短期生产函数
Singular matrix，奇异矩阵
Slater's condition，斯莱特条件
Slope，斜率
Slope coefficient，斜率系数
Slutsky equation，斯卢茨基方程
Solow model，索洛模型
Solow，Robert，罗伯特·索洛
Spectral decomposition，谱分解
Square matrix，方阵
St. Petersburg Paradox，圣彼得堡悖论
Stable focus，稳定聚点
Stable node，稳定结点
State variable，状态变量
Stationary value，稳态值
Step function，分段函数
Stock variable，存量
Strictly concave function，严格凹函数
Strictly convex function，严格凸函数
Strictly convex set，严格凸集合
Strictly quasiconcave function，严格拟凹函数
Strictly quasiconvex function，严格拟凸函数
Structural equations，结构方程式
Subset，子集合
Substitution effect，替代效应
Substitution rule of integration，换元积分法
Supply theory of，供给理论
Supply function，供给函数
Symmetric matrix，对称矩阵
System of two linear difference equations，general form of，线性差分方程组的一般形式

Tangent，正切
Tangent hyperplane，切超平面
Tangent line，切线
Taylor series（expansion）formula，泰勒展开公式
Theory of demand，需求理论
Theory of investment，投资理论
Theory of savings，储蓄理论
Theory of supply，供给理论
Third derivative function，三阶导函数
Time constraint，时间约束

Time-derivative of a variable，变量的时间导数
Total differential，全微分
Total-product function，总量生产函数
Total revenue，总收益
Total revenue function，总收益函数
Trace of a matrix，矩阵的迹
Trajectory，轨线
Transitivity，传递性
Transpose matrix，转置矩阵
Transpose of a matrix，矩阵的转置
Transversality condition，横截条件
Triangular matrix，三角矩阵
Twice differentiable function，二次可微函数

Unbounded intervals，无界区间
Unbounded sequence，无界数列
Uncompensated-demand functions，非补偿需求函数
Uncompensated-price effect，非补偿价格效应
Unconstrained problem，无约束问题，
Underdetermined system of equations，欠定方程组
Union of sets，集合的并集
Universal set，集合空间
Unstable focus，非稳定聚点
Unstable node，非稳定结点
Upper sum，上界和
Utility function，效应函数

Value function，价值函数
Vector，向量
  addition，向量加法
  diagonalization，向量对角化
  length，向量长度
  space，向量空间
  subtraction，向量减法
Venn diagram，维恩图
Vertical asymptote，垂直渐近线

Walrusian price adjustment model，瓦尔拉斯价格调整模型
Walrusian price adjustment model with entry，自由进入的瓦尔拉斯价格调整模型
Weierstrass's theorem，威尔斯特拉斯定理
Worse set，更劣集合

Young's theorem，杨氏定理

经济科学译丛						
序号	书名	作者	Author	单价	出版年份	ISBN
1	经济学中的数学	卡尔·P. 西蒙等	Carl P. Simon	118.00	2018	978-7-300-26292-5
2	劳动经济学(第七版)	乔治·J. 鲍哈斯	George J. Borjas	75.00	2018	978-7-300-25226-1
3	组织经济学:经济学分析方法在组织管理上的应用(第五版)	塞特斯·杜玛等	Sytse Douma	62.00	2018	978-7-300-25545-3
4	经济理论的回顾(第五版)	马克·布劳格	Mark Blaug	88.00	2018	978-7-300-26252-9
5	实地实验:设计、分析与解释	艾伦·伯格等	Alan S. Gerber	69.80	2018	978-7-300-26319-9
6	金融学(第二版)	兹维·博迪等	Zvi Bodie	75.00	2018	978-7-300-26134-8
7	空间数据分析:模型、方法与技术	曼弗雷德·M. 费希尔等	Manfred M. Fischer	36.00	2018	978-7-300-25304-6
8	《宏观经济学》(第十二版)学习指导书	鲁迪格·多恩布什等	Rudiger Dornbusch	38.00	2018	978-7-300-26063-1
9	宏观经济学(第四版)	保罗·克鲁格曼等	Paul Krugman	68.00	2018	978-7-300-26068-6
10	计量经济学导论:现代观点(第六版)	杰弗里·M. 伍德里奇	Jeffrey M. Wooldridge	109.00	2018	978-7-300-25914-7
11	经济思想史:伦敦经济学院讲演录	莱昂内尔·罗宾斯	Lionel Robbins	59.80	2018	978-7-300-25258-2
12	空间计量经济学入门——在R中的应用	朱塞佩·阿尔比亚	Giuseppe Arbia	45.00	2018	978-7-300-25458-6
13	克鲁格曼经济学原理(第四版)	保罗·克鲁格曼等	Paul Krugman	88.00	2018	978-7-300-25639-9
14	发展经济学(第七版)	德怀特·H.波金斯等	Dwight H. Perkins	98.00	2018	978-7-300-25506-4
15	线性与非线性规划(第四版)	戴维·G.卢恩伯格等	David G. Luenberger	79.80	2018	978-7-300-25391-6
16	产业组织理论	让·梯若尔	Jean Tirole	110.00	2018	978-7-300-25170-7
17	经济学精要(第六版)	巴德、帕金	Bade, Parkin	89.00	2018	978-7-300-24749-6
18	空间计量经济学——空间数据的分位数回归	丹尼尔·P. 麦克米伦	Daniel P. McMillen	30.00	2018	978-7-300-23949-1
19	高级宏观经济学基础(第二版)	本·J. 海德拉	Ben J. Heijdra	88.00	2018	978-7-300-25147-9
20	税收经济学(第二版)	伯纳德·萨拉尼耶	Bernard Salanié	42.00	2018	978-7-300-23866-1
21	国际宏观经济学(第三版)	罗伯特·C. 芬斯特拉	Robert C. Feenstra	79.00	2017	978-7-300-25326-8
22	公司治理(第五版)	罗伯特·A.G. 蒙克斯	Robert A. G. Monks	69.80	2017	978-7-300-24972-8
23	国际经济学(第15版)	罗伯特·J. 凯伯	Robert J. Carbaugh	78.00	2017	978-7-300-24844-8
24	经济理论和方法史(第五版)	小罗伯特·B. 埃克伦德等	Robert B. Ekelund. Jr.	88.00	2017	978-7-300-22497-8
25	经济地理学	威廉·P. 安德森	William P. Anderson	59.80	2017	978-7-300-24544-7
26	博弈与信息:博弈论概论(第四版)	艾里克·拉斯穆森	Eric Rasmusen	79.80	2017	978-7-300-24546-1
27	MBA宏观经济学	莫里斯·A. 戴维斯	Morris A. Davis	38.00	2017	978-7-300-24268-2
28	经济学基础(第十六版)	弗兰克·V. 马斯切纳	Frank V. Mastrianna	42.00	2017	978-7-300-22607-1
29	高级微观经济学:选择与竞争性市场	戴维·M. 克雷普斯	David M. Kreps	79.80	2017	978-7-300-23674-2
30	博弈论与机制设计	Y. 内拉哈里	Y. Narahari	69.80	2017	978-7-300-24209-5
31	宏观经济学精要:理解新闻中的经济学(第三版)	彼得·肯尼迪	Peter Kennedy	45.00	2017	978-7-300-21617-1
32	宏观经济学(第十二版)	鲁迪格·多恩布什等	Rudiger Dornbusch	69.00	2017	978-7-300-23772-5
33	国际金融与开放宏观经济学:理论、历史与政策	亨德里克·范登伯格	Hendrik Van den Berg	68.00	2016	978-7-300-23380-2
34	经济学(微观部分)	达龙·阿西莫格鲁等	Daron Acemoglu	59.00	2016	978-7-300-21786-4
35	经济学(宏观部分)	达龙·阿西莫格鲁等	Daron Acemoglu	45.00	2016	978-7-300-21886-1
36	发展经济学	热若尔·罗兰	Gérard Roland	79.00	2016	978-7-300-23379-6
37	中级微观经济学——直觉思维与数理方法(上下册)	托马斯·J·内契巴	Thomas J. Nechyba	128.00	2016	978-7-300-22363-6
38	环境与自然资源经济学(第十版)	汤姆·蒂坦伯格等	Tom Tietenberg	72.00	2016	978-7-300-22900-3
39	劳动经济学基础(第二版)	托马斯·海克拉克等	Thomas Hyclak	65.00	2016	978-7-300-23146-4
40	货币金融学(第十一版)	弗雷德里克·S·米什金	Frederic S. Mishkin	85.00	2016	978-7-300-23001-6
41	动态优化——经济学和管理学中的变分法和最优控制(第二版)	莫顿·I·凯曼等	Morton I. Kamien	48.00	2016	978-7-300-23167-9
42	用Excel学习中级微观经济学	温贝托·巴雷托	Humberto Barreto	65.00	2016	978-7-300-21628-7
43	宏观经济学(第九版)	N·格里高利·曼昆	N. Gregory Mankiw	79.00	2016	978-7-300-23038-2
44	国际经济学:理论与政策(第十版)	保罗·R·克鲁格曼等	Paul R. Krugman	89.00	2016	978-7-300-22710-8
45	国际金融(第十版)	保罗·R·克鲁格曼等	Paul R. Krugman	55.00	2016	978-7-300-22089-5
46	国际贸易(第十版)	保罗·R·克鲁格曼等	Paul R. Krugman	42.00	2016	978-7-300-22088-8
47	经济学精要(第3版)	斯坦利·L·布鲁伊等	Stanley L. Brue	58.00	2016	978-7-300-22301-8
48	经济分析史(第七版)	英格里德·H·里马	Ingrid H. Rima	72.00	2016	978-7-300-22294-3
49	投资学精要(第九版)	兹维·博迪等	Zvi Bodie	108.00	2016	978-7-300-22236-3
50	环境经济学(第二版)	查尔斯·D·科尔斯塔德	Charles D. Kolstad	68.00	2016	978-7-300-22255-4
51	MWG《微观经济理论》习题解答	原千晶等	Chiaki Hara	75.00	2016	978-7-300-22306-3
52	现代战略分析(第七版)	罗伯特·M·格兰特	Robert M. Grant	68.00	2016	978-7-300-17123-4
53	横截面与面板数据的计量经济分析(第二版)	杰弗里·M·伍德里奇	Jeffrey M. Wooldridge	128.00	2016	978-7-300-21938-7
54	宏观经济学(第十二版)	罗伯特·J·戈登	Robert J. Gordon	75.00	2016	978-7-300-21978-3

经济科学译丛						
序号	书名	作者	Author	单价	出版年份	ISBN
55	动态最优化基础	蒋中一	Alpha C. Chiang	42.00	2015	978-7-300-22068-0
56	城市经济学	布伦丹·奥弗莱厄蒂	Brendan O'Flaherty	69.80	2015	978-7-300-22067-3
57	管理经济学:理论、应用与案例(第八版)	布鲁斯·艾伦等	Bruce Allen	79.80	2015	978-7-300-21991-2
58	经济政策:理论与实践	阿格尼丝·贝纳西-奎里等	Agnès Bénassy-Quéré	79.80	2015	978-7-300-21921-9
59	微观经济分析(第三版)	哈尔·R·范里安	Hal R. Varian	68.00	2015	978-7-300-21536-5
60	财政学(第十版)	哈维·S·罗森等	Harvey S. Rosen	68.00	2015	978-7-300-21754-3
61	经济数学(第三版)	迈克尔·霍伊等	Michael Hoy	108.00	2015	978-7-300-21674-4
62	发展经济学(第九版)	A.P.瑟尔沃	A. P. Thirlwall	69.80	2015	978-7-300-21193-0
63	宏观经济学(第五版)	斯蒂芬·D·威廉森	Stephen D. Williamson	69.00	2015	978-7-300-21169-5
64	资源经济学(第三版)	约翰·C·伯格斯特罗姆等	John C. Bergstrom	58.00	2015	978-7-300-20742-1
65	应用中级宏观经济学	凯文·D·胡佛	Kevin D. Hoover	78.00	2015	978-7-300-21000-1
66	计量经济学导论:现代观点(第五版)	杰弗里·M·伍德里奇	Jeffrey M. Wooldridge	99.00	2015	978-7-300-20815-2
67	现代时间序列分析导论(第二版)	约根·沃特斯等	Jürgen Wolters	39.80	2015	978-7-300-20625-7
68	空间计量经济学——从横截面数据到空间面板	J·保罗·埃尔霍斯特	J. Paul Elhorst	32.00	2015	978-7-300-21024-7
69	国际经济学原理	肯尼思·A·赖纳特	Kenneth A. Reinert	58.00	2015	978-7-300-20830-5
70	经济写作(第二版)	迪尔德丽·N·麦克洛斯基	Deirdre N. McCloskey	39.80	2015	978-7-300-20914-2
71	计量经济学方法与应用(第五版)	巴蒂·H·巴尔塔基	Badi H. Baltagi	58.00	2015	978-7-300-20584-7
72	战略经济学(第五版)	戴维·贝赞可等	David Besanko	78.00	2015	978-7-300-20679-0
73	博弈论导论	史蒂文·泰迪里斯	Steven Tadelis	58.00	2015	978-7-300-19993-1
74	社会问题经济学(第二十版)	安塞尔·M·夏普等	Ansel M.Sharp	49.00	2015	978-7-300-20279-2
75	博弈论:矛盾冲突分析	罗杰·B·迈尔森	Roger B. Myerson	58.00	2015	978-7-300-20212-9
76	时间序列分析	詹姆斯·D·汉密尔顿	James D. Hamilton	118.00	2015	978-7-300-20213-6
77	经济问题与政策(第五版)	杰奎琳·默里·布鲁克斯	Jacqueline Murray Brux	58.00	2014	978-7-300-17799-1
78	微观经济理论	安德鲁·马斯-克莱尔等	Andreu Mas-Collel	148.00	2014	978-7-300-19986-3
79	产业组织:理论与实践(第四版)	唐·E·瓦尔德曼等	Don E. Waldman	75.00	2014	978-7-300-19722-7
80	公司金融理论	让·梯若尔	Jean Tirole	128.00	2014	978-7-300-20178-8
81	经济学精要(第三版)	R·格伦·哈伯德等	R. Glenn Hubbard	85.00	2014	978-7-300-19362-5
82	公共部门经济学	理查德·W·特里西	Richard W. Tresch	49.00	2014	978-7-300-18442-5
83	计量经济学原理(第六版)	彼得·肯尼迪	Peter Kennedy	69.80	2014	978-7-300-19342-7
84	统计学:在经济中的应用	玛格丽特·刘易斯	Margaret Lewis	45.00	2014	978-7-300-19082-2
85	产业组织:现代理论与实践(第四版)	林恩·佩波尔等	Lynne Pepall	88.00	2014	978-7-300-19166-9
86	计量经济学导论(第三版)	詹姆斯·H·斯托克等	James H. Stock	69.00	2014	978-7-300-18467-8
87	发展经济学导论(第四版)	秋山裕	秋山裕	39.80	2014	978-7-300-19127-0
88	中级微观经济学(第六版)	杰弗里·M·佩罗夫	Jeffrey M. Perloff	89.00	2014	978-7-300-18441-8
89	平狄克《微观经济学》(第八版)学习指导	乔纳森·汉密尔顿等	Jonathan Hamilton	32.00	2014	978-7-300-18970-3
90	微观经济学(第八版)	罗伯特·S·平狄克等	Robert S.Pindyck	79.00	2013	978-7-300-17133-3
91	微观银行经济学(第二版)	哈维尔·弗雷克斯等	Xavier Freixas	48.00	2014	978-7-300-18940-6
92	施米托夫论出口贸易——国际贸易法律与实务(第11版)	克利夫·M·施米托夫等	Clive M. Schmitthoff	168.00	2014	978-7-300-18425-8
93	微观经济学思维	玛莎·L·奥尔尼	Martha L. Olney	29.80	2013	978-7-300-17280-4
94	宏观经济学思维	玛莎·L·奥尔尼	Martha L. Olney	39.80	2013	978-7-300-17279-8
95	计量经济学原理与实践	达摩达尔·N·古扎拉蒂	Damodar N.Gujarati	49.80	2013	978-7-300-18169-1
96	现代战略分析案例集	罗伯特·M·格兰特	Robert M. Grant	48.00	2013	978-7-300-16038-2
97	高级国际贸易:理论与实证	罗伯特·C·芬斯特拉	Robert C. Feenstra	59.00	2013	978-7-300-17157-9
98	经济学简史——处理沉闷科学的巧妙方法(第二版)	E·雷·坎特伯里	E. Ray Canterbery	58.00	2013	978-7-300-17571-3
99	管理经济学(第四版)	方博亮等	Ivan Png	80.00	2013	978-7-300-17000-8
100	微观经济学原理(第五版)	巴德、帕金	Bade, Parkin	65.00	2013	978-7-300-16930-9
101	宏观经济学原理(第五版)	巴德、帕金	Bade, Parkin	63.00	2013	978-7-300-16929-3
102	环境经济学	彼得·伯克等	Peter Berck	55.00	2013	978-7-300-16538-7
103	高级微观经济理论	杰弗里·杰里	Geoffrey A. Jehle	69.00	2012	978-7-300-16613-1
104	高级宏观经济学导论:增长与经济周期(第二版)	彼得·伯奇·索伦森等	Peter Birch Sørensen	95.00	2012	978-7-300-15871-6
105	宏观经济学:政策与实践	弗雷德里克·S·米什金	Frederic S. Mishkin	69.00	2012	978-7-300-16443-4
106	宏观经济学(第二版)	保罗·克鲁格曼	Paul Krugman	45.00	2012	978-7-300-15029-1
107	微观经济学(第二版)	保罗·克鲁格曼	Paul Krugman	69.80	2012	978-7-300-14835-9

经济科学译丛						
序号	书名	作者	Author	单价	出版年份	ISBN
108	克鲁格曼《微观经济学(第二版)》学习手册	伊丽莎白·索耶·凯利	Elizabeth Sawyer Kelly	58.00	2013	978-7-300-17002-2
109	克鲁格曼《宏观经济学(第二版)》学习手册	伊丽莎白·索耶·凯利	Elizabeth Sawyer Kelly	36.00	2013	978-7-300-17024-4
110	微观经济学(第十一版)	埃德温·曼斯费尔德	Edwin Mansfield	88.00	2012	978-7-300-15050-5
111	卫生经济学(第六版)	舍曼·富兰德等	Sherman Folland	79.00	2011	978-7-300-14645-4
112	宏观经济学(第七版)	安德鲁·B·亚伯等	Andrew B. Abel	78.00	2011	978-7-300-14223-4
113	现代劳动经济学:理论与公共政策(第十版)	罗纳德·G·伊兰伯格等	Ronald G. Ehrenberg	69.00	2011	978-7-300-14482-5
114	宏观经济学:理论与政策(第九版)	理查德·T·弗罗恩	Richard T. Froyen	55.00	2011	978-7-300-14108-4
115	经济学原理(第四版)	威廉·博伊斯等	William Boyes	59.00	2011	978-7-300-13518-2
116	计量经济学基础(第五版)(上下册)	达摩达尔·N·古扎拉蒂	Damodar N.Gujarati	99.00	2011	978-7-300-13693-6
117	《计量经济学基础》(第五版)学生习题解答手册	达摩达尔·N·古扎拉蒂等	Damodar N. Gujarati	23.00	2012	978-7-300-15080-8
118	计量经济分析(第六版)(上下册)	威廉·H·格林	William H.Greene	128.00	2011	978-7-300-12779-8
119	国际贸易	罗伯特·C· 芬斯特拉等	Robert C.Feenstra	49.00	2011	978-7-300-13704-9
120	经济增长(第二版)	戴维·N·韦尔	David N.Weil	63.00	2011	978-7-300-12778-1
121	投资科学	戴维·G·卢恩伯格	David G. Luenberger	58.00	2011	978-7-300-14747-5
122	博弈论	朱·弗登博格等	Drew Fudenberg	68.00	2010	978-7-300-11785-0

金融学译丛						
序号	书名	作者	Author	单价	出版年份	ISBN
1	金融学原理(第八版)	阿瑟·J. 基翁等	Arthur J. Keown	79.00	2018	978-7-300-25638-2
2	财务管理基础(第七版)	劳伦斯·J. 吉特曼等	Lawrence J. Gitman	89.00	2018	978-7-300-25339-8
3	利率互换及其他衍生品	霍华德·科伯	Howard Corb	69.00	2018	978-7-300-25294-0
4	固定收益证券手册(第八版)	弗兰克·J. 法博齐	Frank J. Fabozzi	228.00	2017	978-7-300-24227-9
5	金融市场与金融机构(第8版)	弗雷德里克·S. 米什金等	Frederic S. Mishkin	86.00	2017	978-7-300-24731-1
6	兼并、收购和公司重组(第六版)	帕特里克·A. 高根	Patrick A. Gaughan	89.00	2017	978-7-300-24231-6
7	债券市场:分析与策略(第九版)	弗兰克·J·法博齐	Frank J. Fabozzi	98.00	2016	978-7-300-23495-3
8	财务报表分析(第四版)	马丁·弗里德森	Martin Fridson	46.00	2016	978-7-300-23037-5
9	国际金融学	约瑟夫·P·丹尼尔斯等	Joseph P. Daniels	65.00	2016	978-7-300-23037-1
10	国际金融	阿德里安·巴克利	Adrian Buckley	88.00	2016	978-7-300-22668-2
11	个人理财(第六版)	阿瑟·J·基翁	Arthur J. Keown	85.00	2016	978-7-300-22711-5
12	投资学基础(第三版)	戈登·J·亚历山大等	Gordon J. Alexander	79.00	2015	978-7-300-20274-7
13	金融风险管理(第二版)	彼德·F·克里斯托弗森	Peter F. Christoffersen	46.00	2015	978-7-300-21210-4
14	风险管理与保险管理(第十二版)	乔治·E·瑞达等	George E. Rejda	95.00	2015	978-7-300-21486-3
15	个人理财(第五版)	杰夫·马杜拉	Jeff Madura	69.00	2015	978-7-300-20583-0
16	企业价值评估	罗伯特·A·G·蒙克斯等	Robert A. G. Monks	58.00	2015	978-7-300-20582-3
17	基于Excel的金融学原理(第二版)	西蒙·本尼卡	Simon Benninga	79.00	2014	978-7-300-18899-7
18	金融工程学原理(第二版)	萨利赫·N·内夫特奇	Salih N. Neftci	88.00	2014	978-7-300-19348-9
19	投资学导论(第十版)	赫伯特·B·梅奥	Herbert B. Mayo	69.00	2014	978-7-300-18971-0
20	国际金融市场导论(第六版)	斯蒂芬·瓦尔德斯等	Stephen Valdez	59.80	2014	978-7-300-18896-6
21	金融数学:金融工程引论(第二版)	马雷克·凯宾斯基等	Marek Capinski	42.00	2014	978-7-300-17650-5
22	财务管理(第二版)	雷蒙德·布鲁克斯	Raymond Brooks	69.00	2014	978-7-300-19085-3
23	期货与期权市场导论(第七版)	约翰·C·赫尔	John C. Hull	69.00	2014	978-7-300-18994-2
24	国际金融:理论与实务	皮特·塞尔居	Piet Sercu	88.00	2014	978-7-300-18413-5
25	货币、银行和金融体系	R·格伦·哈伯德等	R.Glenn Hubbard	75.00	2013	978-7-300-17856-1
26	并购创造价值(第二版)	萨德·苏达斯纳	Sudi Sudarsanam	89.00	2013	978-7-300-17473-0
27	个人理财——理财技能培养方法(第三版)	杰克·R·卡普尔等	Jack R. Kapoor	66.00	2013	978-7-300-16687-2
28	国际财务管理	吉尔特·贝克特	Geert Bekaert	95.00	2012	978-7-300-16031-3
29	应用公司财务(第三版)	阿斯沃思·达摩达兰	Aswath Damodaran	88.00	2012	978-7-300-16034-4
30	资本市场:机构与工具(第四版)	弗兰克·J·法博齐	Frank J.Fabozzi	85.00	2011	978-7-300-13828-2
31	衍生品市场(第二版)	罗伯特·L·麦克唐纳	Robert L. McDonald	98.00	2011	978-7-300-13130-6
32	跨国金融原理(第三版)	迈克尔·H·莫菲特等	Michael H. Moffett	78.00	2011	978-7-300-12781-1
33	统计与金融	戴维·鲁珀特	David Ruppert	48.00	2010	978-7-300-11547-4
34	国际投资(第六版)	布鲁诺·索尔尼克等	Bruno Solnik	62.00	2010	978-7-300-11289-3

图书在版编目（CIP）数据

经济数学：第 3 版/(加）霍伊等著；张伟等译．—北京：中国人民大学出版社，2015.7
（经济科学译丛）
ISBN 978-7-300-21674-4

Ⅰ.①经…　Ⅱ.①霍…　②张…　Ⅲ.①经济数学　Ⅳ.①F224.0

中国版本图书馆 CIP 数据核字（2015）第 153315 号

经济科学译丛
经济数学（第三版）
迈克尔·霍伊　约翰·利弗诺　克里斯·麦克纳
雷·里斯　萨纳西斯·斯坦格斯　著
张　伟　范　舟　顾晓波　等　译
Jingjishuxue

出版发行	中国人民大学出版社		
社　　址	北京中关村大街 31 号	**邮政编码**	100080
电　　话	010－62511242（总编室）		010－62511770（质管部）
	010－82501766（邮购部）		010－62514148（门市部）
	010－62515195（发行公司）		010－62515275（盗版举报）
网　　址	http://www.crup.com.cn		
经　　销	新华书店		
印　　刷	涿州市星河印刷有限公司		
规　　格	185 mm×260 mm　16 开本	**版　　次**	2015 年 7 月第 1 版
印　　张	47.25　插页 2	**印　　次**	2022 年 12 月第 4 次印刷
字　　数	1 003 000	**定　　价**	108.00 元